dOCUMENTA (13)

Das Begleitbuch / The Guidebook

KATALOG / CATALOG 3/3

HATJE CANTZ

Die dOCUMENTA (13)
widmet sich der
künstlerischen Forschung
und Formen
der Einbildungskraft, die
Engagement, Materie,
Dinge, Verkörperung und
tätiges Leben in Verbindung
mit Theorie untersuchen,
ohne sich dieser jedoch
unterzuordnen.

Dabei handelt es sich um
Gebiete, in denen
Politisches untrennbar
ist von einem sinnlichen,
energetischen und
weltgewandten
Bündnis zwischen der
aktuellen Forschung
auf verschiedenen
wissenschaftlichen
und künstlerischen Feldern
und anderen, historischen
ebenso wie zeitgenössischen
Erkenntnissen.

Die dOCUMENTA (13)
wird von einer
ganzheitlichen und
nichtlogozentrischen Vision
angetrieben, die dem
beharrlichen Glauben an
wirtschaftliches Wachstum
skeptisch gegenübersteht.
Diese Vision teilt und
respektiert die Formen und
Praktiken des Wissens aller
belebten und unbelebten
Produzenten der Welt,
Menschen inbegriffen.

Carolyn Christov-Bakargiev

dOCUMENTA (13)
is dedicated
to artistic research
and forms of imagination
that explore commitment,
matter, things, embodiment,
and active living
in connection with,
yet not subordinated to,
theory.

These are terrains
where politics
are inseparable
from a sensual,
energetic,
and worldly alliance
between current research
in various scientific
and artistic fields
and other knowledges,
both ancient
and contemporary.

dOCUMENTA (13)
is driven by a holistic
and non-logocentric vision
that is skeptical
of the persisting belief
in economic growth.
This vision is shared with,
and recognizes,
the shapes and practices of
knowing
of all the animate
and inanimate
makers of the world,
including people.

Carolyn Christov-Bakargiev

Kassel
9/6 – 16/9/2012

Kabul
20/6 – 19/7/2012

Alexandria—Kairo
1/7 – 8/7/2012

Banff
2/8 – 15/8/2012

INHALT / CONTENTS

EINFÜHRUNG

Das Buch, das Sie in den Händen halten, ist das Bindeglied zwischen den Kunstwerken und den Orten, an denen sie in Kassel, Kabul, Alexandria und Banff für die dOCUMENTA (13) ausgestellt werden. Die Künstler, Kunstwerke und Veranstaltungen besetzen diese vier Positionen gleichzeitig.

Diese Orte, und einige andere, die Sie bei Ihrem Besuch entdecken werden, sind sinnlich wahrnehmbare Räume, die die Bedingungen verkörpern, unter denen Künstler und Denker in der Gegenwart agieren – »auf der Bühne« / »im Belagerungszustand« / »im Zustand der Hoffnung« / »auf dem Rückzug«; sie lösen die Verknüpfungen, die man üblicherweise mit diesen Orten herstellt, und betonen stattdessen ihre permanente Veränderung. Die Topologie der dOCUMENTA (13) umfasst diese vier Standorte, wobei die Bedingung, dass etwas an Orten stattfindet, von denen man nur hört oder liest, für den Betrachter eine Frage aufwirft, die unser derzeitiges Verhältnis zu vielen Orten prägt: Was bedeutet es, Dinge zu kennen, die wir nicht physisch mit unseren Sinnen wahrnehmen können? Was bedeutet die Aufgabe, sich gedanklich auf diese Orte auszurichten?

Der menschliche Körper gestaltet und fördert die Besonderheit eines Ortes; auch Kunstwerke tun dies. Nehmen Sie beispielsweise das One Hotel in Kabul: 1971 von Alighiero Boetti gegründet und bis 1977 sein zweites Zuhause, Gästehaus und Arbeitsplatz, wurde es zu einem Bezugspunkt der dOCUMENTA (13). Die Vorstellung von diesem Haus und seinem Standort erhellt die einfache Idee, dass Orte Räume erzeugen und dass Räume der Bereich des Möglichen sind.

Alles, was ist, ist irgendwo und irgendwann. Diese Überlegung umfasst sowohl die Geschichte der documenta-Ausstellungen, die untrennbar mit der Geschichte Kassels verbunden ist, als auch die Bedeutung, welche die dOCUMENTA (13) dem Akt der Postierung verleiht.

Eine Ausstellung besteht immer in dem Akt, Kunstwerke und Körper zu verorten, um ein Verständnis für die Rolle des Partiellen und für die Bedeutung einer Auseinandersetzung mit einem Ort zu erzeugen und zugleich einen Polylog mit anderen Orten herzustellen. Ein Ort ist nichts Unveränderliches; er hat eine episodenhafte Geschichte und nimmt seine besondere Erscheinung durch intensive Immersion an.

Neben den traditionellen Hauptorten der documenta in Kassel, Fridericianum, documenta-Halle und Neue Galerie – Museumsräume und White Cubes –, findet die dOCUMENTA (13) auch in einer Vielzahl anderer Räume statt, die unterschiedliche physische, psychologische, historische und kulturelle Bereiche und Realitäten repräsentieren. Sie findet in Räumen statt, die der Natur- und Technikgeschichte gewidmet sind, wie das Ottoneum und die Orangerie, und in kleinen Komponenten, die sich über die großartigen ausgedehnten Grünflächen der barocken Karlsaue verteilen. Ein Gegenstück zum Park und seinen Sphären der Aufklärung bilden die industriellen Räume hinter dem früheren Hauptbahnhof, Kassels ehemals wichtigstem Bahnhof, der heute nur noch für den Regionalverkehr genutzt wird – ein dystopischer Raum, verbunden mit der Fabrikwelt, die im 20. Jahrhundert für das nationalsozialistische Regime Panzer produzierte. Und sie findet in einer Vielzahl anderer, noch genutzter oder schon vergessener »bürgerlicher« Räume abseits der Hauptorte statt.

INTRODUCTION

The book you hold in your hands presents the bond between the artworks and the places in which they are exhibited for dOCUMENTA (13) in Kassel, Kabul, Alexandria, and Banff. Artists, artworks, and events occupy these four positions simultaneously.

These places, and some others that you will discover through your visit, are phenomenal spatialities that embody the conditions in which artists and thinkers find themselves acting in the present—of being "on stage" / "under siege" / "in a state of hope" / "on retreat"—unfreezing the associations that are typically made with those places and stressing their continual shifting. These four grounds of dOCUMENTA (13) constitute its topology, where the condition of something happening in places one only hears or reads about, poses a question to the visitor, a question that defines our relationship to many places today: What does it mean to know things that are not physically perceivable to us through our senses? What is the meaning of the exercise of orienting in thought toward these locations?

The human body shapes and supports the particularity of a place, and so do artworks. Take for example the One Hotel in Kabul, established by Alighiero Boetti in 1971 and inhabited by him until 1977 as a second home, a guesthouse and working space, which has become a reference point of dOCUMENTA (13). The imagination of this house and its location illuminates the simple idea that places generate space, and space is the region of the possible.

Whatever is, is somewhere and somewhen. In this reflection is contained both the history of documenta exhibitions, inextricably connected to the history of Kassel, and a significance given by dOCUMENTA (13) to the act of being emplaced.

An exhibition is always the act of locating artworks and bodies producing an understanding of the role of partiality, of the importance of engaging with a site and, at the same time, producing a polylogue with other places. A place is no fixed thing; it has an episodic history and takes its particular aspect through an intense immersion.

In Kassel, besides the traditional main venues of documenta, the Fridericianum, the documenta-Halle, and the Neue Galerie—museum spaces and white cubes—dOCUMENTA (13) takes place in a variety of other spaces that represent different physical, psychological, historical, cultural realms and realities. It takes place in spaces devoted to natural and technical science, such as the Ottoneum and the Orangerie, and it takes place in little components throughout the magnificent wide green of the Baroque Karlsaue park. Counterparts to the park and its spheres of enlightenment are the industrial spaces behind the former Hauptbahnhof, once Kassel's main train station but now only used for local transport—a dystopian space connected to the factory world that produced the military tanks for the National Socialist regime in the twentieth century. And it takes place in a variety of "bourgeois" spaces of a different nature, off the main venues, places that are still in normal use, or on the other hand, places that have been forgotten.

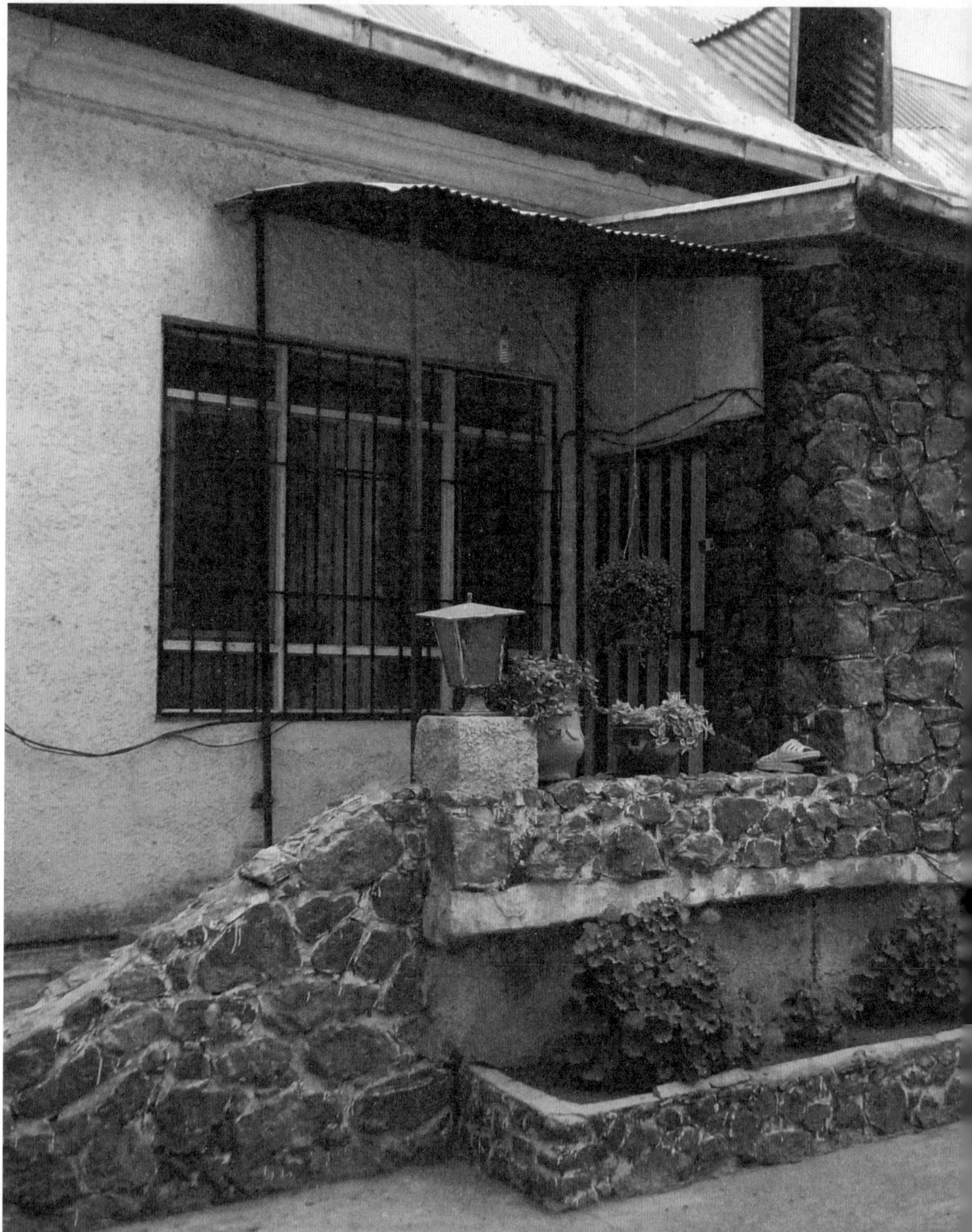

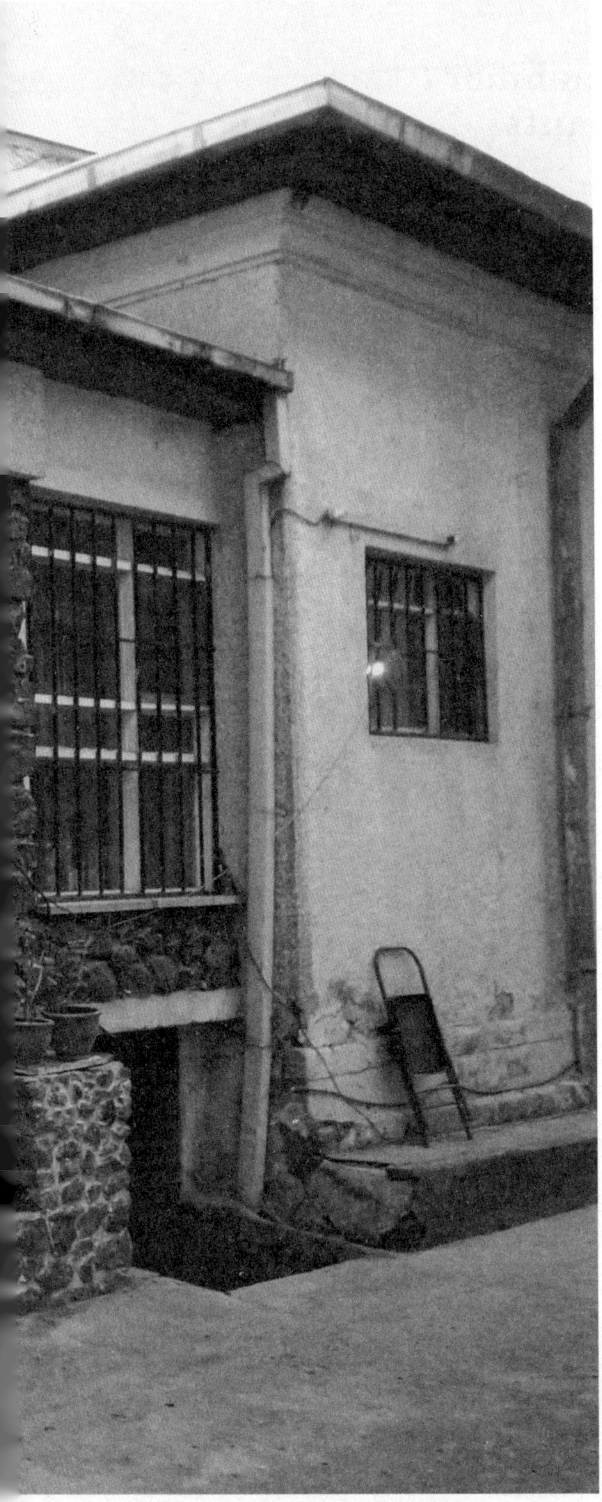

One Hotel, Kabul, 2010

KÜNSTLER und andere Teilnehmer / ARTISTS and Other Participants

A

B

C

D

E

F

G

H

I

J

K

L

M

N

O

P

R

S

T

V

W

Y

Z

I.

KASSEL

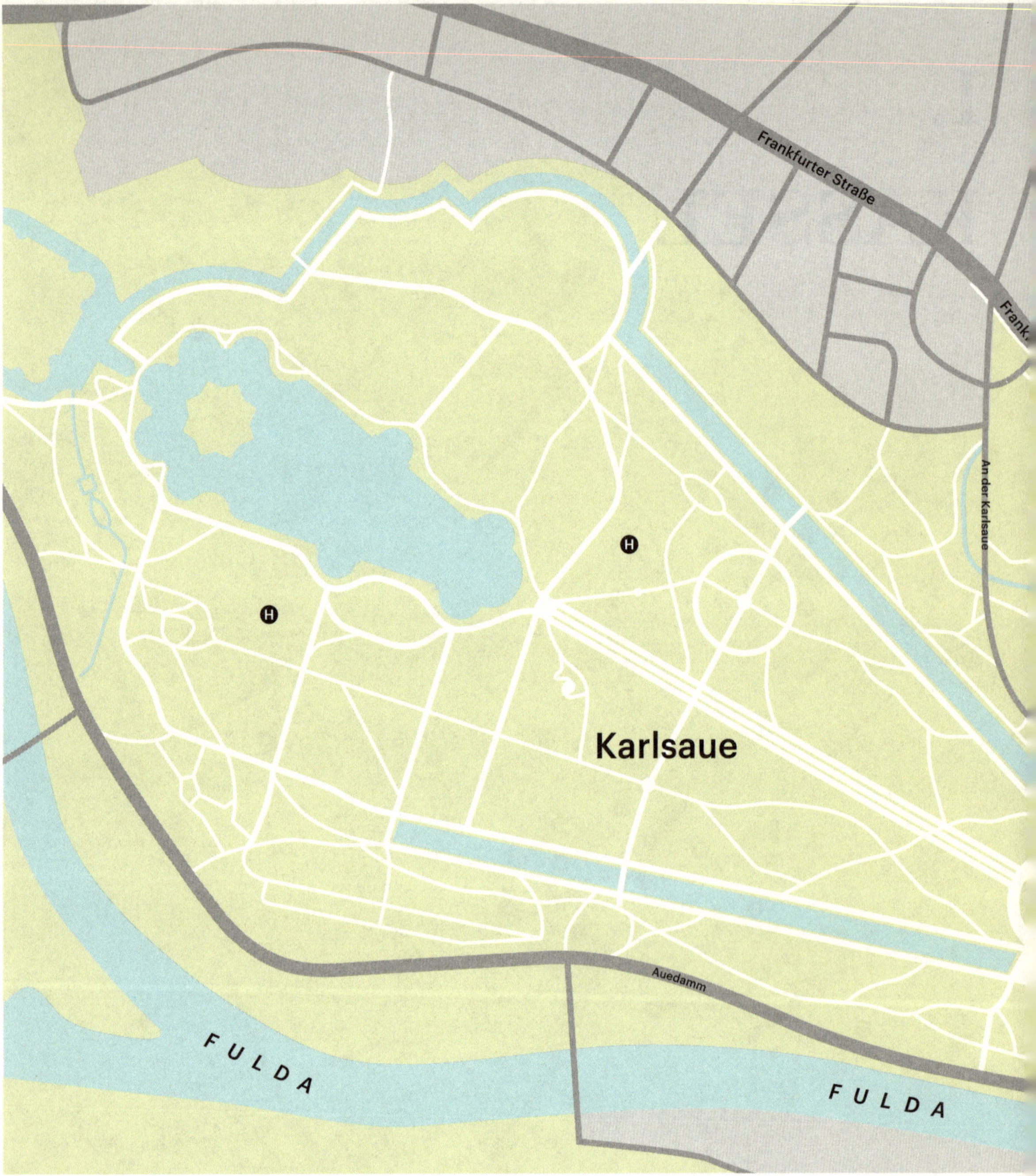

A Fridericianum

B Friedrichsplatz

C documenta-Halle

D Neue Galerie

E Brüder Grimm-Museum / Brothers Grimm Museum

F Ottoneum

G Orangerie

H Karlsaue / Karlsaue park

I Hauptbahnhof

J Oberste Gasse 4 (ehemaliges Elisabeth Krankenhaus / Ex-Elisabeth Hospital)

K Untere Karlsstr. 14 (nie realisierte Moschee / Never-Mosque)

L Grand City Hotel Hessenland

M Hugenottenhaus / Huguenot House

N Obere Karlsstr. 4 (ehemalige Bäckerei / Ex-Bakery)

O Friedrichsstr. 28

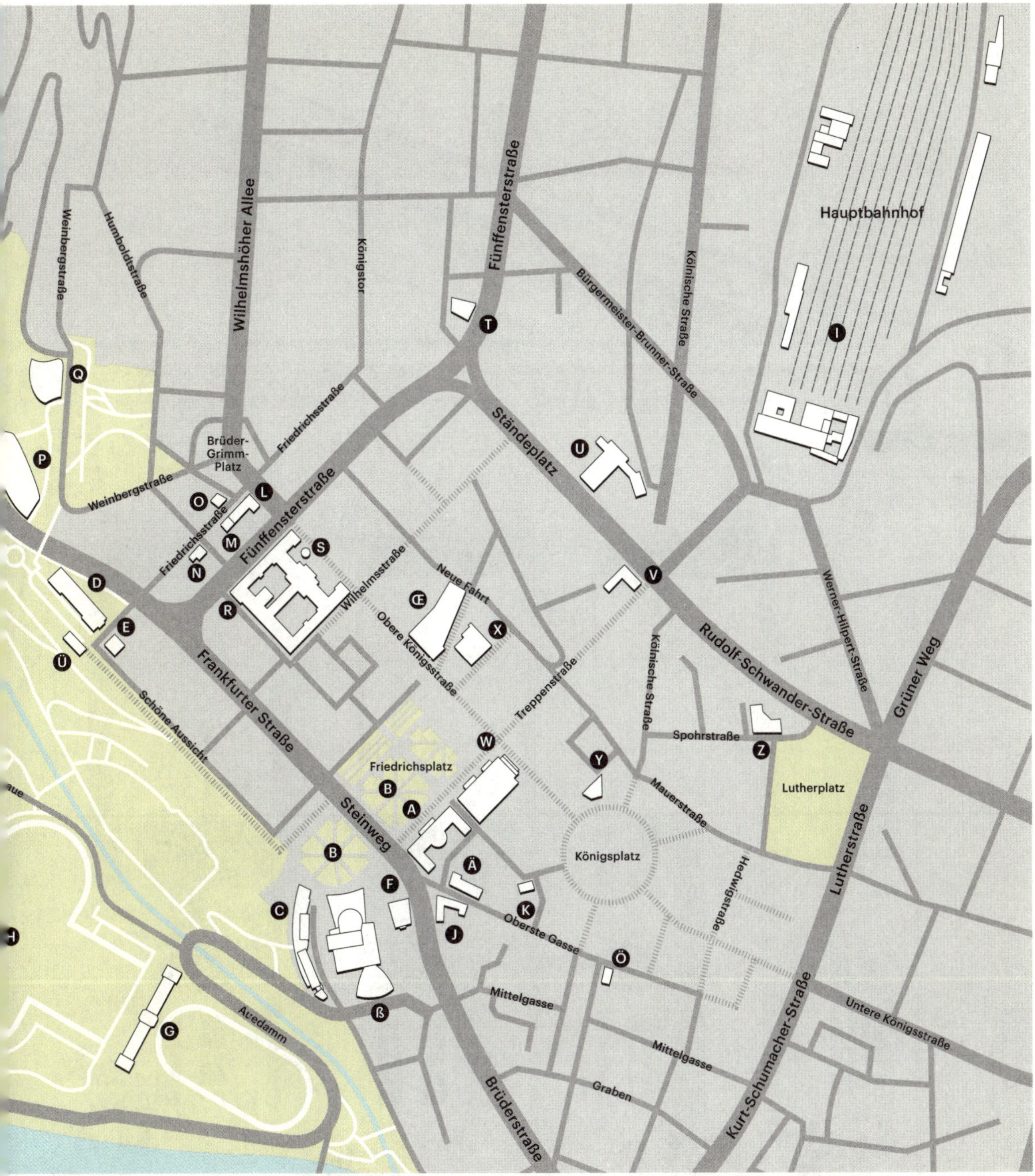

P Bunker im Weinberg / Weinberg Bunker

Q Weinbergterrassen / Weinberg Terraces

R Zentralbibliothek im Rathaus / Library in City Hall

S Aschrottbrunnen / Aschrott Fountain

T Gloria Kino / Gloria Cinema

U Ständehaus

V Handwerkskammer

W Kaufhaus / Department Store SinnLeffers

X Kaufhaus / Department Store C&A

Y Kaskade-Kino / Kaskade Cinema

Z Spohrstr. 7 (ehemaliges Finanzamt / Ex-Finance Building)

Ä Dock 4 Studiobühne

Ö Jugendbücherei / Youth Library

Ü Bolero Kassel

ß Staatstheater

Œ Kaufhaus / Department Store Galeria Kaufhof

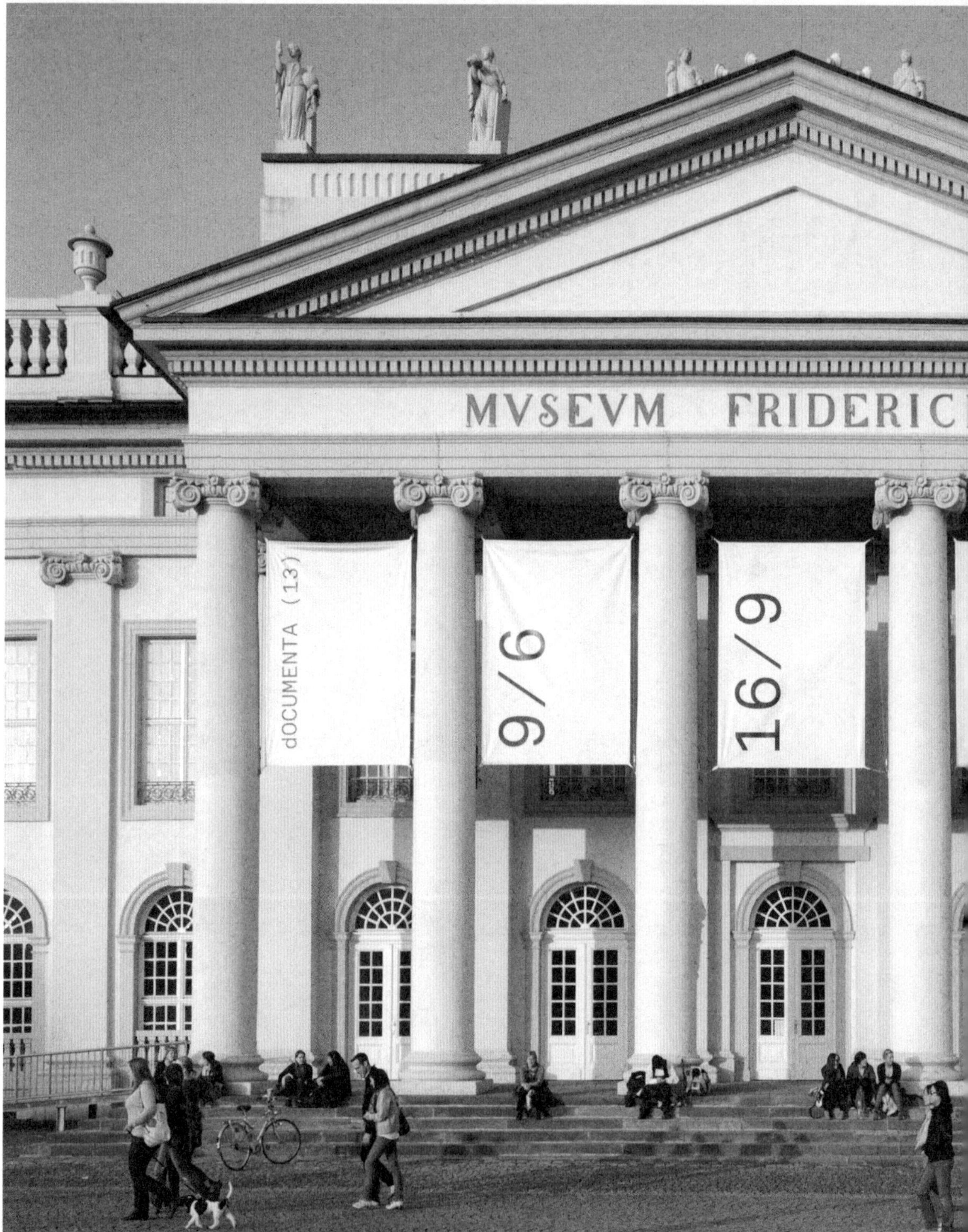
MVSEVM FRIDERIC
dOCUMENTA (13)
9/6
16/9

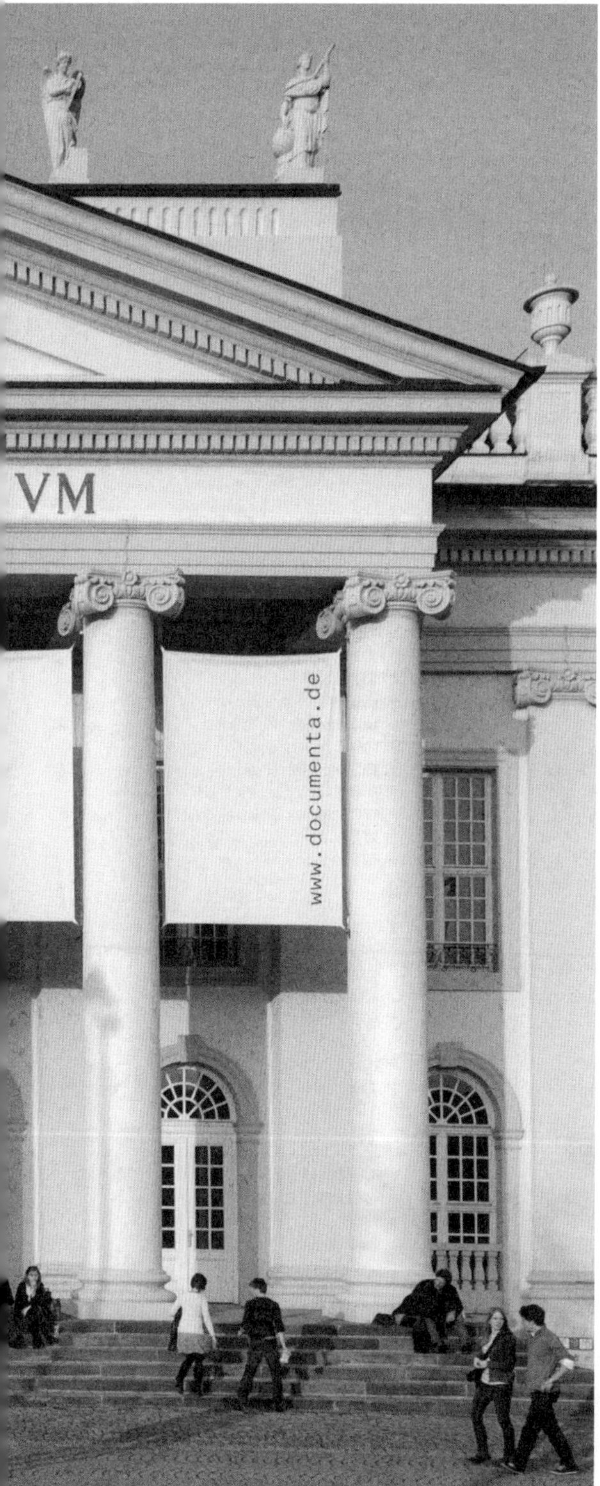

FRIDERICIANUM / FRIEDRICHSPLATZ

Das 1779 fertiggestellte Gebäude wurde als eines der ersten öffentlichen Museen Europas entworfen und beherbergte die Kunstsammlung und die Bibliothek der Landgrafen von Hessen-Kassel. Seit 1955 dient das Fridericianum traditionell als Hauptveranstaltungsort der documenta.

Completed in 1779, the building was conceived as one of the first public museums in Europe and held the art collection and library of the Landgraves of Hesse-Kassel. Since 1955, the Fridericianum has traditionally been the main venue of documenta.

FRIDERICIANUM / FRIEDRICHSPLATZ

▼ KÜNSTLER / ARTISTS
ROTUNDE / ROTUNDA

- ▷ **3** Etel Adnan
- ▷ **5** Vyacheslav Akhunov
- ▷ **14** Mohammad Yusuf Asefi
- ▷ **18** Baktrische Prinzessinnen / Bactrian Princesses
- ▷ **21** Judith Barry
- ▷ **23** Gianfranco Baruchello
- ▷ **24** Ahmed Basiony
- ▷ **46** Antoni Cumella
- ▷ **48** Tacita Dean
- ▷ **53** Sam Durant
- ▷ **78** Tamara Henderson
- ▷ **80** Horst Hoheisel
- ▷ **81** Judith Hopf
- ▷ **89** Rudolf Kaesbach
- ▷ **97** Horacio Larrain Barros
- ▷ **109** Man Ray
- ▷ **111** Francesco Matarrese
- ▷ **116** Gustav Metzger
- ▷ **117** Lee Miller
- ▷ **121** Giorgio Morandi
- ▷ **126** Objekte, die im libanesischen Bürgerkrieg beschädigt wurden / Objects damaged during the Lebanese Civil War
- ▷ **133** Giuseppe Penone
- ▷ **151** Juana Marta Rodas und / and Julia Isidrez
- ▷ **166** Tamás St.Turba
- ▷ **177** Vandy Rattana
- ▷ **181** Vu Giang Huong
- ▷ **186** Lawrence Weiner
- ▷ **193** Konrad Zuse

▼ KÜNSTLER / ARTISTS
ERDGESCHOSS / GROUND FLOOR

- ▷ **62** Ceal Floyer
- ▷ **67** Ryan Gander
- ▷ **74** Julio González
- ▷ **82** Khaled Hourani mit / with Rashid Masharawi und / and Amjad Ghannam
- ▷ **114** John Menick
- ▷ **186** Lawrence Weiner

▼ KÜNSTLER / ARTISTS
FRIEDRICHSPLATZ

- ▶ **B** Buchladen / Bookshop
- ▶ **S** Shop
- ▷ **33** Kristina Buch
- ▷ **57** Guillermo Faivovich & Nicolás Goldberg
- ▷ **104** Renata Lucas
- ▷ **141** Seth Price
- ▷ **142** Ana Prvacki
- ▷ **173** Warwick Thornton

▼ KÜNSTLER / ARTISTS
ERSTER STOCK / FIRST FLOOR

- ▷ **4** Korbinian Aigner
- ▷ **13** Ida Applebroog
- ▷ **20** Amy Balkin
- ▷ **30** Alighiero Boetti
- ▷ **31** Anna Boghiguian
- ▷ **47** Salvador Dalí
- ▷ **57** Guillermo Faivovich & Nicolás Goldberg
- ▷ **69** Mario Garcia Torres
- ▷ **102** Mark Lombardi
- ▷ **112** Fabio Mauri
- ▷ **136** Pratchaya Phinthong
- ▷ **144** Michael Rakowitz
- ▷ **146** Doreen Reid Nakamarra
- ▷ **153** Hannah Ryggen
- ▷ **156** Charlotte Salomon
- ▷ **170** Alexander Tarakhovsky
- ▷ **175** Warlimpirrnga Tjapaltjarri
- ▷ **192** Anton Zeilinger

▼ KÜNSTLER / ARTISTS
ZWEITER STOCK / SECOND FLOOR

- ▷ **17** Kader Attia
- ▷ **63** Llyn Foulkes
- ▷ **72** Mariam Ghani
- ▷ **106** Goshka Macuga
- ▷ **137** Sopheap Pich
- ▷ **178** Vann Nath

▼ KÜNSTLER / ARTIST
KELLER / BASEMENT

- ▷ **104** Renata Lucas

▼ KÜNSTLER / ARTISTS
ZWEHRENTURM

- ▷ **39** Mariana Castillo Deball
- ▷ **85** Emily Jacir
- ▷ **115** Christoph Menke

Rotunde / Rotunda

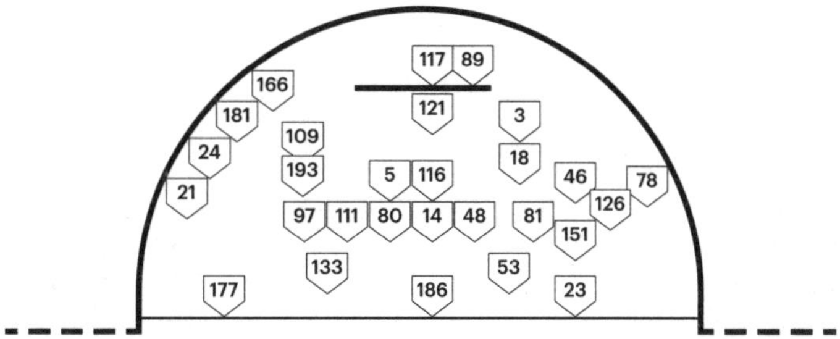

Erdgeschoss / Ground floor

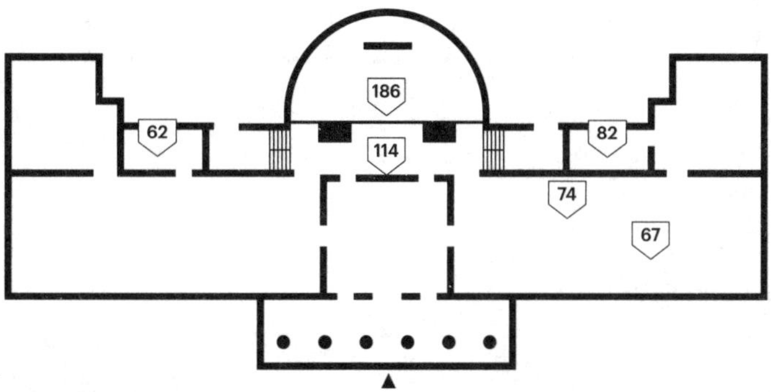

Friedrichsplatz

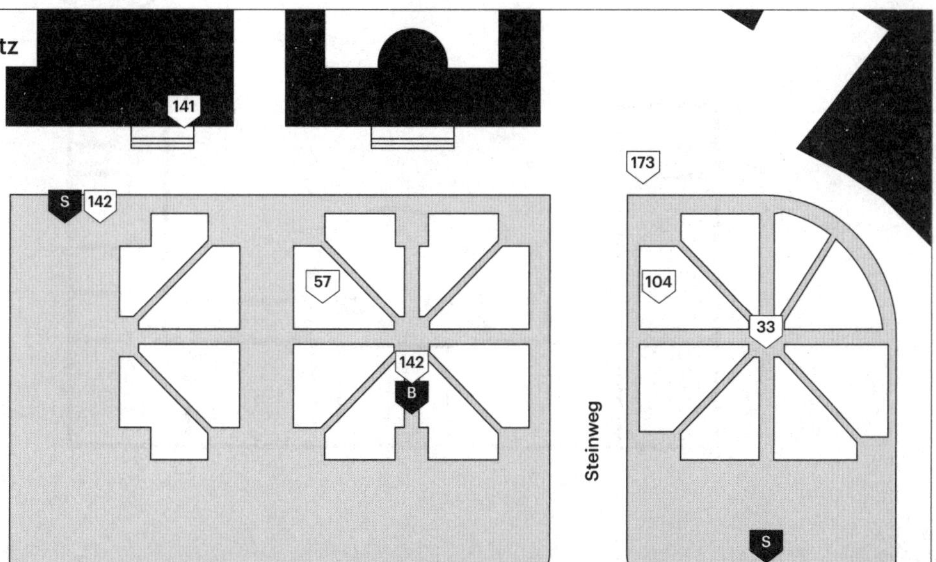

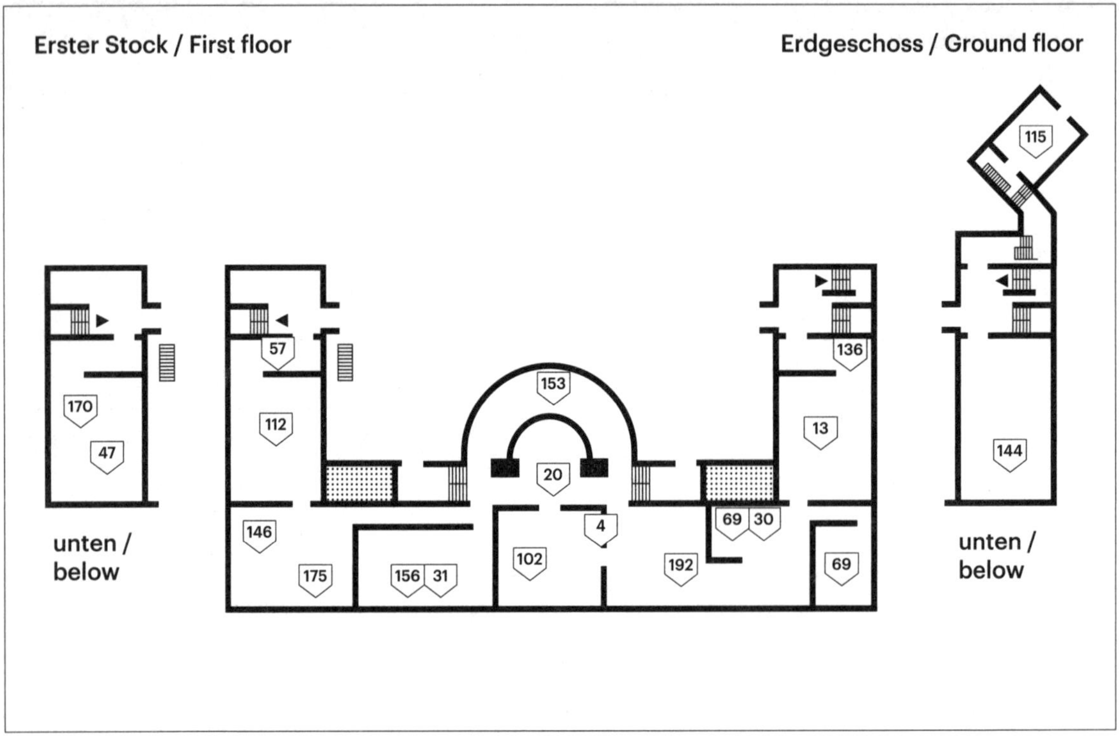
Erster Stock / First floor
Erdgeschoss / Ground floor
115
57
136
153
170
112
13
144
47
20
4
69
30
146
102
192
69
175
156
31
unten / below
unten / below

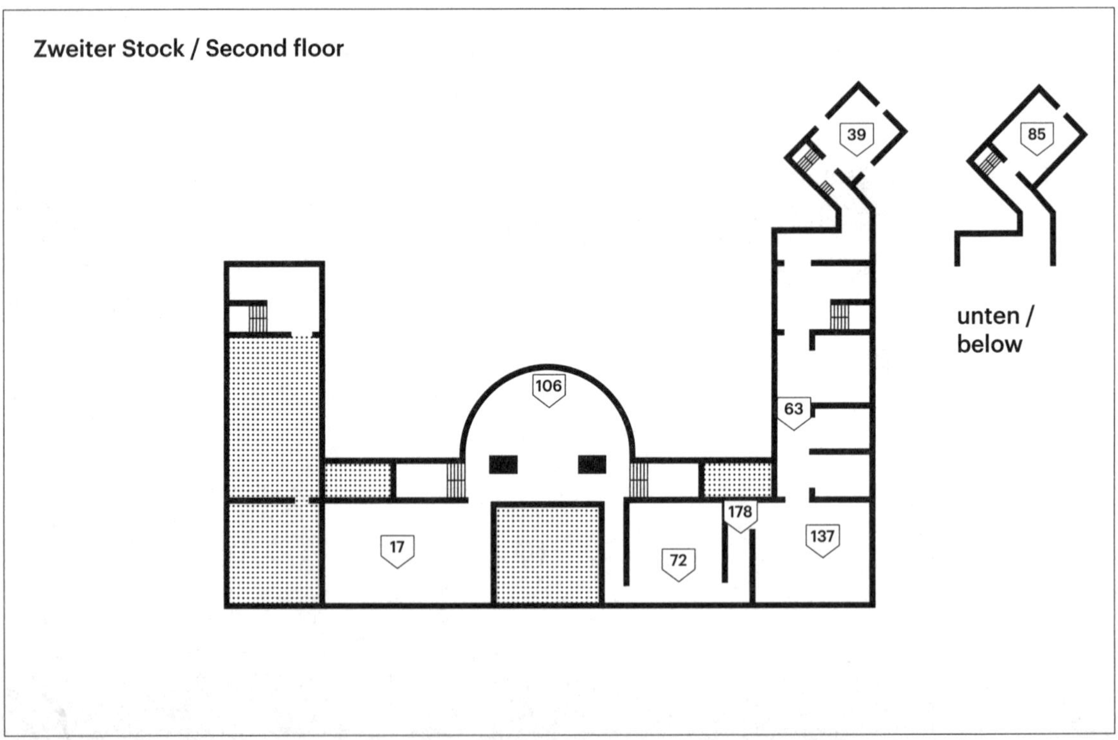
Zweiter Stock / Second floor
39
85
106
63
178
17
72
137
unten / below

Keller / Basement

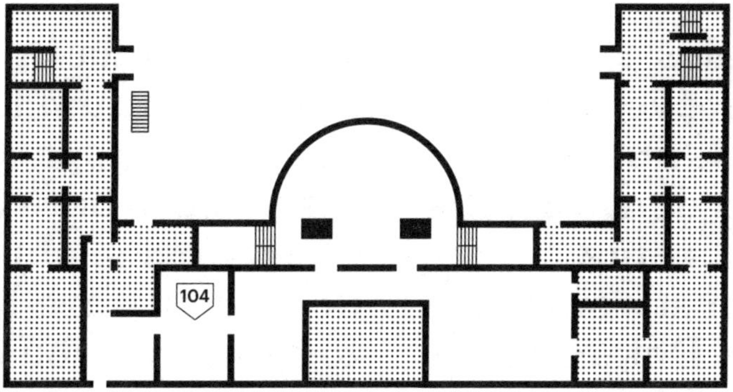

ROTUNDE IM FRIDERICIANUM: DAS »BRAIN«

Die Rotunde des Fridericianums ist ein assoziativer Raum der Forschung, in dem anstelle eines Konzepts eine Reihe von Kunstwerken, Objekten und Dokumenten versammelt sind.

Dieses »Brain« der dOCUMENTA (13) ist ein Raum, der durch eine Glaswand abgetrennt wird. *THE MIDDLE OF THE MIDDLE OF THE MIDDLE OF* (2012) von Lawrence Weiner lässt sich auf der Innenseite der Glaswand lesen und verweist auf die Vorläufigkeit jeder Orientierung.

Die zahlreichen Stränge der dOCUMENTA (13) in Kassel und außerhalb der Stadt sind auf ungesicherte Weise miteinander verknüpft in diesem »Brain«, dem Miniatur-Puzzle einer Ausstellung, das die Gedankengänge der dOCUMENTA (13) als Ganzer bündelt und zentriert. Gleichzeitig wiederholen sich in den Gegenständen, die dieser Raum enthält, die kleinen Formate der heutigen Warenwelt und der technischen Konsumgüter, von Geräten wie Tablet-PCs und Smartphones, bei denen es um Verkleinerung geht. Diese Ausstellung spricht von unserer Beziehung zu Objekten und von der Faszination, die sie auf uns ausüben. Sie erforscht die individuellen, bewegten Geschichten dieser Objekte und ihrer wechselnden Bedeutungen. Die Materialien sind irdisch, von hartem, gemeißeltem Stein hin zu Keramik, beständig aber zerbrechlich. Es sind exzentrische, prekäre und fragile Objekte, uralte und zeitgenössische Objekte, unschuldige Objekte und Objekte, die etwas verloren haben, zerstörte, beschädigte und unzerstörbare Objekte, gestohlene Objekte, versteckte oder verkleidete Objekte, Objekte auf dem Rückzug, nach Zuflucht suchende Objekte, traumatisierte Objekte, Übergangsobjekte.

ROTUNDA IN THE FRIDERICIANUM: THE BRAIN

The Rotunda in the Fridericianum is an associative space of research where a number of artworks, objects, and documents are brought together in lieu of a concept.

This "Brain" of dOCUMENTA (13) is a space separated by a glass wall. *THE MIDDLE OF THE MIDDLE OF THE MIDDLE OF* (2012) by Lawrence Weiner is readable on the glass from the inside out, and points to the provisional positioning of any orientation.

The many threads of dOCUMENTA (13) inside and outside Kassel are held together precariously in this "Brain," a miniature puzzle of an exhibition that condenses and centers the thought lines of dOCUMENTA (13) as a whole. At the same time, the objects it contains repeat the small scale of contemporary consumer culture and technology, of devices like tablets and smartphones, which are concerned with miniaturization. It speaks about our relationship with objects and our fascination with them. It explores the individual and troubled histories of these objects, and their shifting connotations. The materials are earthly: from solid carved stone to ceramics, permanent yet breakable. There are eccentric, precarious, and fragile objects, ancient and contemporary objects, innocent objects and objects that have lost something; destroyed objects, damaged objects and indestructible objects, stolen objects, hidden or disguised objects, objects on retreat, objects in refuge, traumatized objects, transitional objects.

Unter den Objekten und Artefakten im »Brain« finden sich:

Among the objects and artifacts in the Brain are:

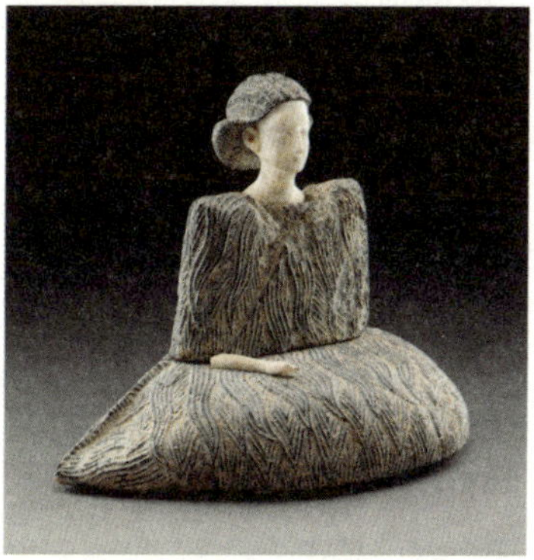

Die sogenannten »Baktrischen Prinzessinnen«, sitzende, überwiegend weibliche Statuetten, die aus einer Kultur des späten dritten und frühen zweiten Jahrtausends v. Chr. in Zentralasien, dem heutigen Turkmenistan, Usbekistan und Nordafghanistan, stammen. Es handelt sich um aus verschiedenen Materialien zusammengesetzte Figuren aus weichem grünen Chlorit oder Speckstein mit Köpfen aus weißem Kalkstein, teilweise mit Intarsien aus Lapislazuli.

The so-called Bactrian Princesses: seated figurines, mostly female, stemming from a civilization of the late third and early second millennia B.C. in Central Asia, today Turkmenistan, Uzbekistan, and northern Afghanistan. They are composite figures of soft green chlorite or steatite, with heads of white limestone, at times with lapis lazuli inlays.

Ein kleines Landschaftsbild von Mohammad Yusuf Asefi, der in den späten 1990er und frühen 2000er Jahren vorgab, figurative Gemälde zu restaurieren, indem er die Gestalten von Tieren und Menschen in der Nationalgalerie von Kabul mit Aquarellfarben übermalte und auf diese Weise mehr als achtzig Gemälde vor der Zerstörung retten konnte.

A small landscape painting by Mohammad Yusuf Asefi, who in the late 1990s and early 2000s pretended to restore figurative paintings by covering the figures of animals and humans in the National Gallery of Kabul with watercolor and was able to save about eighty paintings from destruction.

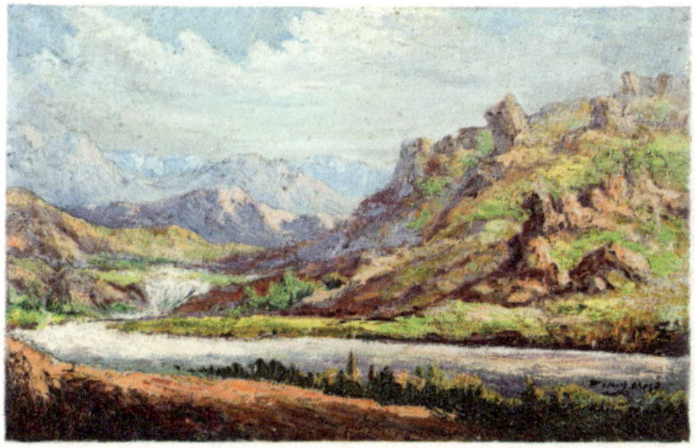

Drei der Originalgefäße, die Giorgio Morandi während des Zweiten Weltkriegs malte, und seine Gemälde aus der Zeit nach 1949. Diese Flaschen wurden zunächst mit Ölfarbe bemalt und dienten dann als Modelle für Morandis Darstellungen von Flaschen in seinen Bildern.

Three of the original vases that Giorgio Morandi painted during the time of World War II, and his paintings from 1949 onward. These bottles were first painted over in oil paint and then, once painted, were models for Morandi's depiction of bottles in his canvases.

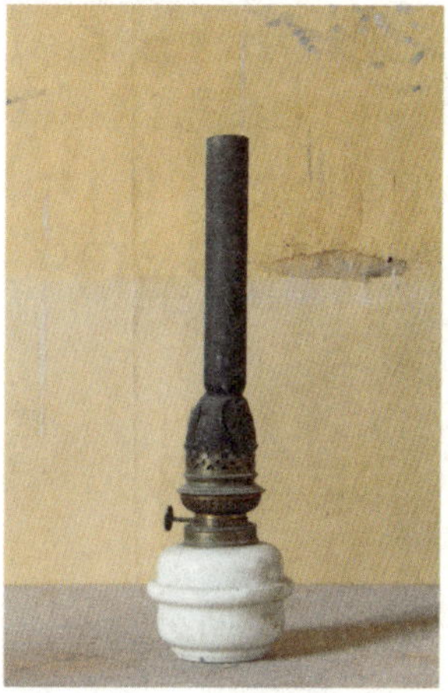

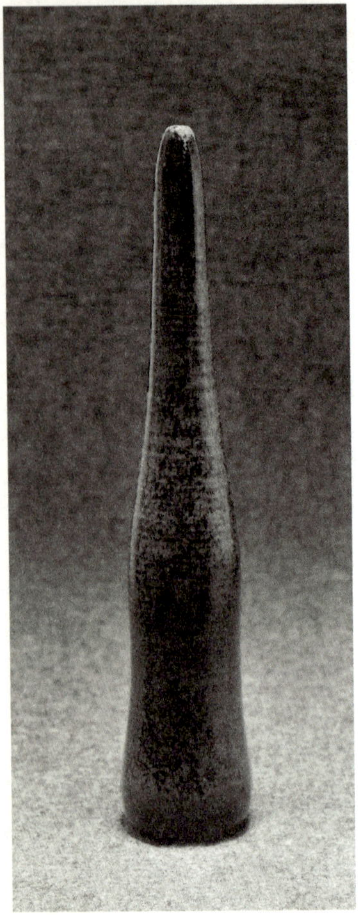

Eine Zusammenstellung von zwei Keramiken der paraguayischen Töpferinnen Julia Isidrez und Juana Marta Rodas sowie einer Arbeit des katalanischen Keramikers Antoni Cumella (1913–1985), dessen Werk die Formensprache der Moderne in Spanien veränderte.

A set of two ceramics by the Paraguayan potters Julia Isidrez and Juana Marta Rodas, and one by the Catalan ceramicist Antoni Cumella (1913–1985), whose work transformed the language of modernity in Spain.

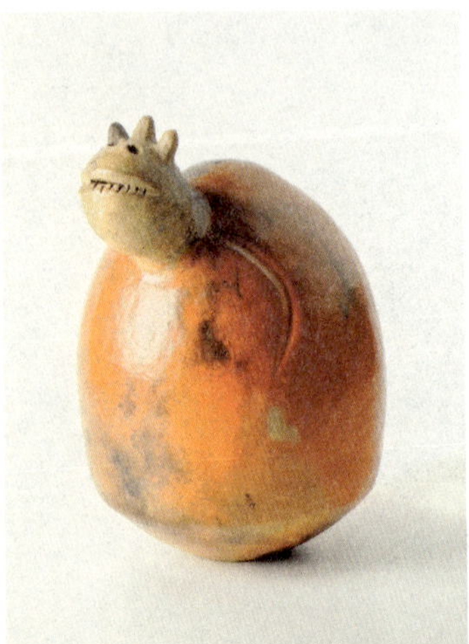

Eine Porzellanfigur einer Frau mit erhobenem Arm im realistisch-nationalistischen neoklassischen Stil, der im Deutschland und Italien der 1930er und frühen 1940er Jahren verbreitet war; der Entwurf von Rudolf Kaesbach wurde 1936 von Rosenthal als Edition mit dem Titel *Die Ausschauende* produziert. Die Skulptur befand sich in Adolf Hitlers Münchner Wohnung und erscheint auf einer Fotografie von David E. Scherman, auf der Lee Miller (mit erhobenem Arm) am 30. April 1945 in Hitlers Badewanne posiert; dem Tag, an dem Miller in Dachau gewesen ist und an dem Hitler und Eva Braun Selbstmord begangen haben.

A porcelain figurine of a woman with raised arm in the realist-nationalist neoclassical style of Germany and Italy in the 1930s and early 1940s, designed by Rudolf Kaesbach and produced as an edition by Rosenthal in 1936 with the title *Die Ausschauende*. The sculpture stood in Adolf Hitler's Munich apartment and appears in a photograph of Lee Miller, taken by David E. Scherman, in which Miller poses (with raised arm) in Hitler's bathtub on April 30, 1945, the day she visited Dachau and the day Hitler and Eva Braun committed suicide.

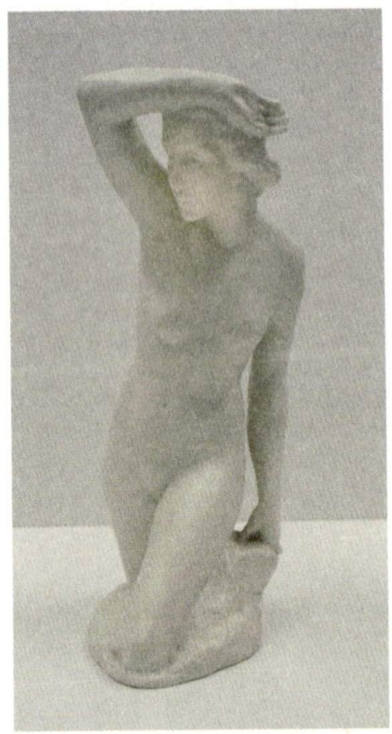

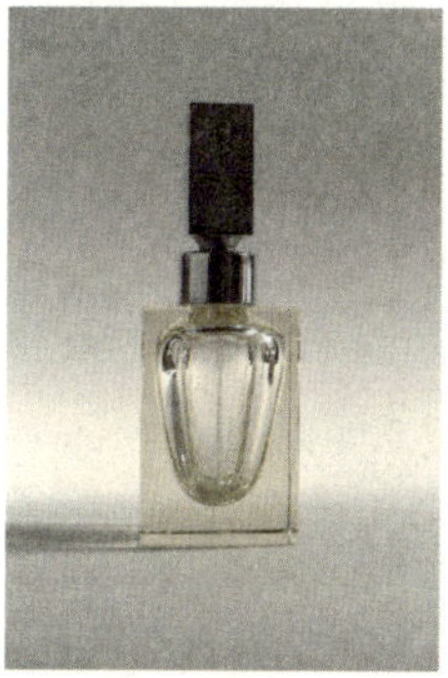

Eine Auswahl von Gegenständen aus dem Badezimmer von Hitlers Wohnung, die Miller an sich nahm, als sie die Wohnung als Kriegsberichterstatterin betrat, darunter ein Handtuch mit den Initialen A. H., ein Parfumflakon und Eva Brauns Puderdose.

A selection of bathroom articles once belonging to Hitler's apartment that Miller took away with her when she visited the apartment as an embedded photo journalist, among them a towel with the initials A. H., a perfume flacon, and Eva Braun's powder compact.

Ein Selbstporträt von Lee Miller (um 1930) und ein Lee-Miller-Porträt von Man Ray.

A self-portrait by Lee Miller (c. 1930) and a portrait of her by Man Ray.

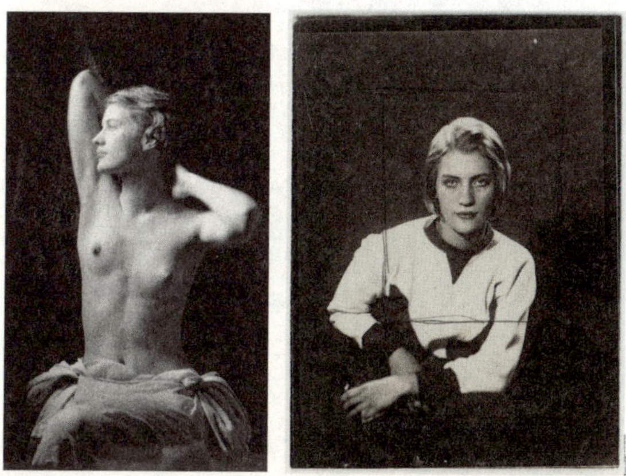

Eine Auswahl der verschiedenen Editionen von Man Rays *Object to be Destroyed / Object of Destruction / Indestructible Object*, die zwischen 1932 und 1971 nach dem verlorenen/zerstörten Original von 1923 entstanden. Es handelt sich um ein Readymade, ein Metronom, an dessen Pendel er ein aus einer Fotografie ausgeschnittenes Auge seiner Geliebten Lee Miller befestigte.

A selection of the various editions of Man Ray's *Object to be Destroyed / Object of Destruction / Indestructible Object*, made after the lost/destroyed original of 1923, between 1932 and 1971. The artwork is a readymade, a metronome on whose arm he clipped the cutout eye of his lover Lee Miller.

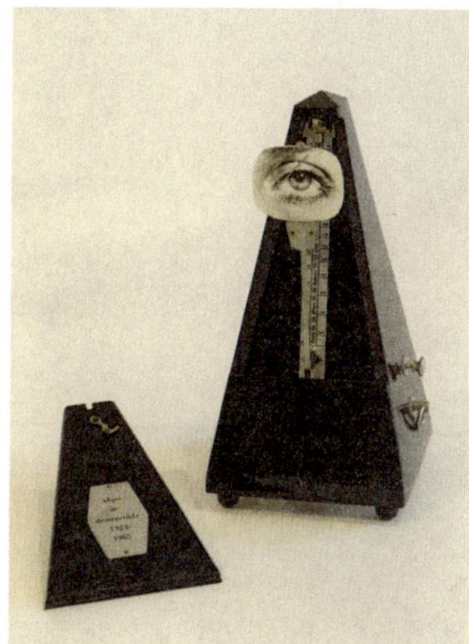

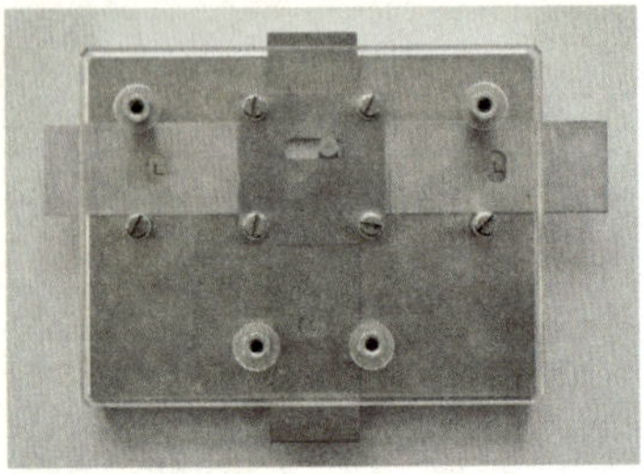

Ein Funktionsmodell Konrad Zuses für die Zuse 1, 1/5, 1936–1937, Schenkung an Friedrich Genser.

A function model by Konrad Zuse for Zuse 1, 1/5, 1936–37, gifted to Friedrich Genser.

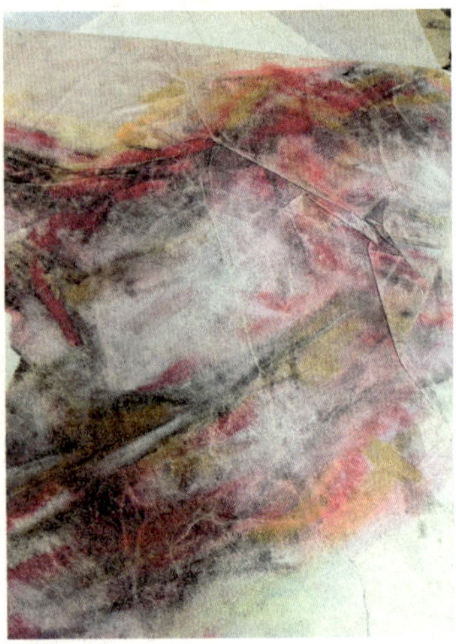

Eine frühe Zeichnung von Gustav Metzger, die Anfang der 1950er Jahre, noch vor seinem ersten Manifest der autodestruktiven Kunst von 1959 entstand; sie wurde durch Feuchtigkeit und Knicke beschädigt, als sie bis 2010 in einem Koffer aufbewahrt wurde.

An early drawing by Gustav Metzger, made in the early 1950s, previous to his Manifesto of Auto-destructive Art of 1959, which was damaged by humidity and folding while it was stored in a suitcase until 2010.

Skizzen von Horst Hoheisel zu seinem Gegen-Denkmal für den zerstörten Kasseler Aschrottbrunnen (1908) als umgekehrte Negativform, Überreste der monatlichen Reinigung des unterhalb des Straßenniveaus liegenden Brunnens vom Frühjahr 2011 sowie eine Zeichnung von Hoheisel.

Sketches by Horst Hoheisel for his counter-monument to the destroyed fountain in Kassel (Aschrott Fountain, 1908) as an inverted negative form, and remnants from the monthly cleaning of the fountain below street level, in the spring of 2011, as well as a drawing by Hoheisel.

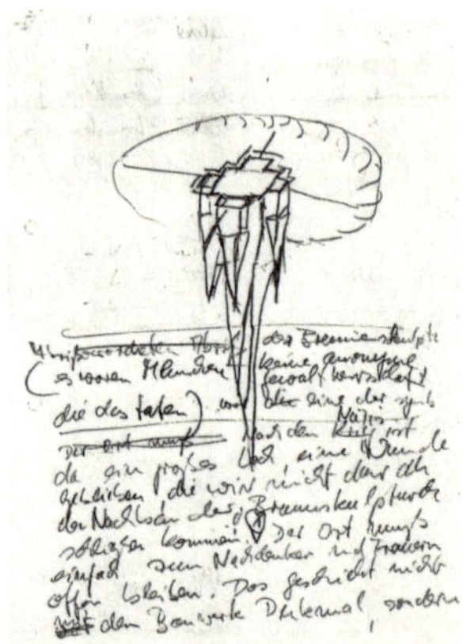

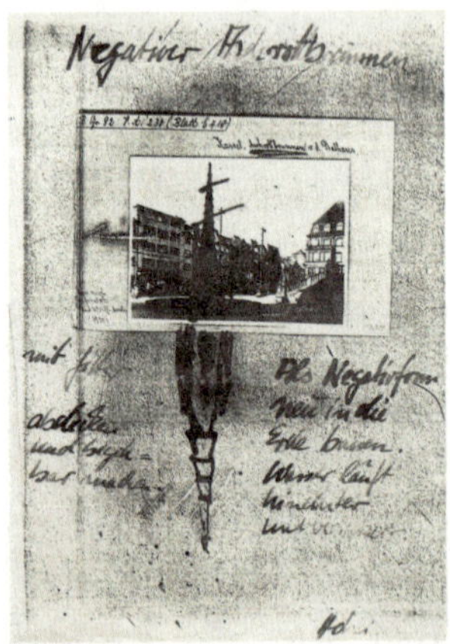

Ein Flussstein und eine Kopie dieses Steins aus Carrara-Marmor von Giuseppe Penone mit dem Titel *Essere fiume 6* (1998).

A river stone and a copy of it made in Carrara marble by Giuseppe Penone titled *Essere fiume 6* (1998).

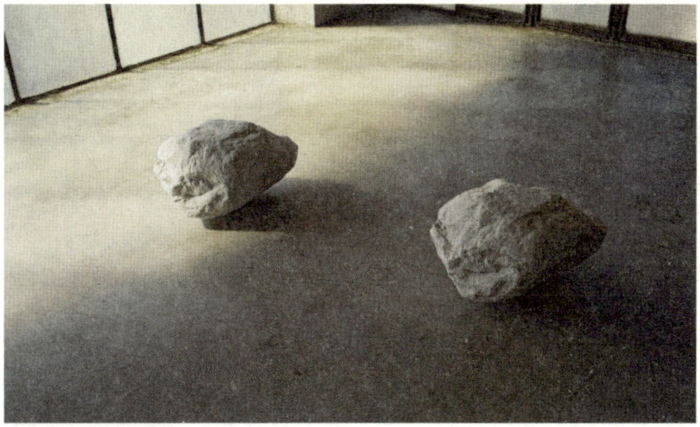

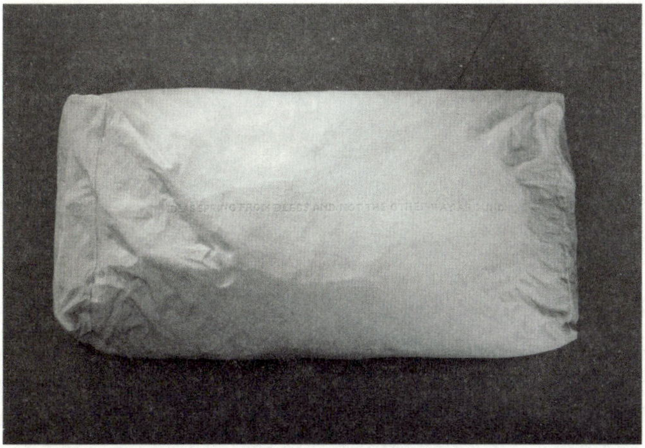

Die Skulptur *Calcium Carbonate (ideas spring from deeds and not the other way around)* (2011) von Sam Durant aus einem Block Carrara-Marmor, der aussieht wie ein Sack Marmormehl – der Titel verweist ebenso auf die chemische Materialbezeichnung wie auf ein Zitat aus *Il testamento politico* (Politisches Testament) von Carlo Pisacane (1819–1857), eines frühsozialistischen italienischen Denkers, der den Anarchismus in Italien einführte. Die Skulptur deutet darauf hin, dass Marmor heute vor allem als Marmormehl für die Farbproduktion und weniger zur Herstellung von Skulpturen und Marmorplatten abgebaut wird.

A sculpture by Sam Durant made from a block of Carrara marble that looks like a bag of marble powder, *Calcium Carbonate (ideas spring from deeds and not the other way around)* (2011)—the title is referring to the sculpture's chemical material description as well as to a quote from *Il testamento politico* (Political Testament) by Carlo Pisacane (1819–1857), an early Italian socialist thinker who introduced anarchism to Italy. The sculpture points to the way marble is quarried today to produce powder as a base for paint, and not primarily to make sculptures or marble slabs.

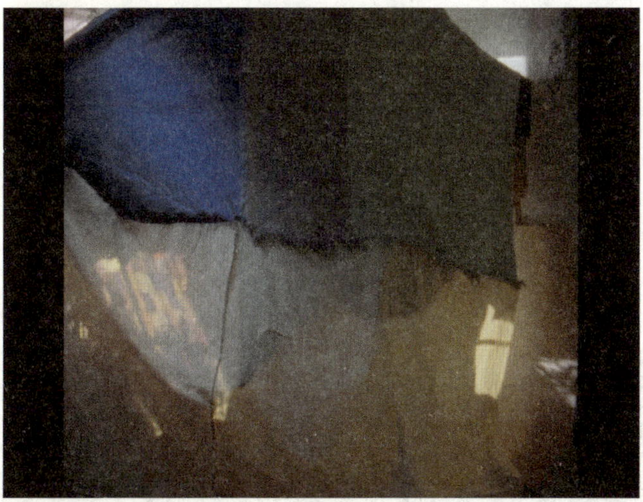

Tamara Hendersons Video *Sloshed Ballot & Anonymous Loan* (2011) über das Leben von Objekten.

The video *Sloshed Ballot & Anonymous Loan* (2011), on the life of objects, by Tamara Henderson.

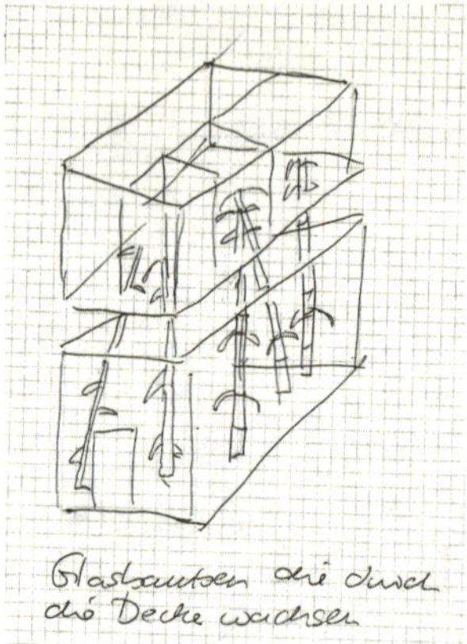

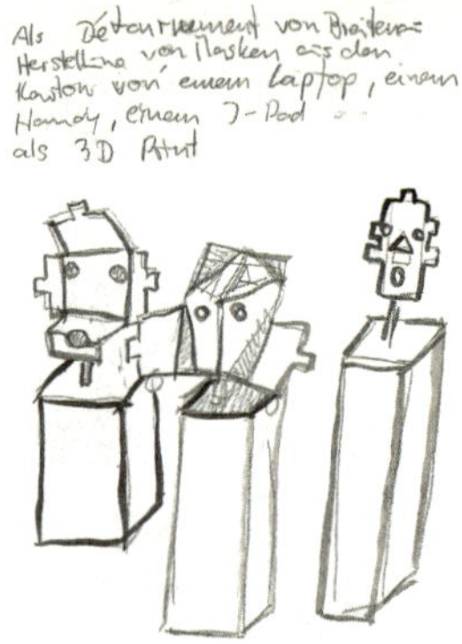

Die Skulpturen aus Produktverpackungen von Judith Hopf sind nicht nur eine Kritik der Objekte oder ihres Konsums, sondern auch eine seltsame Feier der Materie, eine »neue Wahrheit« jenseits der Negativität kapitalistischer »Wahrheiten«.

Sculptures of product packaging by Judith Hopf that are not only a critique of the objects or their consumption, but a weird celebration of matter, a "new truth" beyond the negativity of capitalist "truths."

Eine Zeichnung von Gianfranco Baruchello mit dem Titel *Hypothalamic Brainstorming* (1962), 110 × 220 cm, stellt das Projekt eines analogen, nichteuklidischen mentalen Raums dar.

A drawing by Gianfranco Baruchello titled *Hypothalamic Brainstorming* (1962), 110 × 220 cm, constituting the project for an analogical, non-Euclidean mental space.

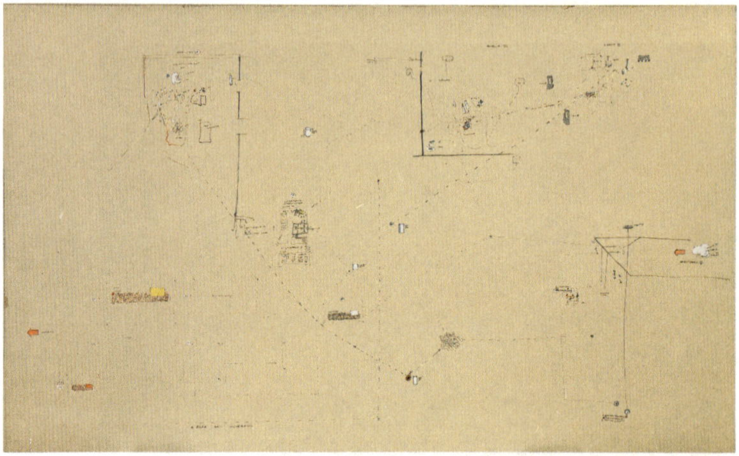

Fotografien eines Nebelfänger-Projekts in der südamerikanischen Atacama-Wüste von Horacio Larrain Barros.

Photographs of a fog-catcher project in the Atacama Desert in South America by Horacio Larrain Barros.

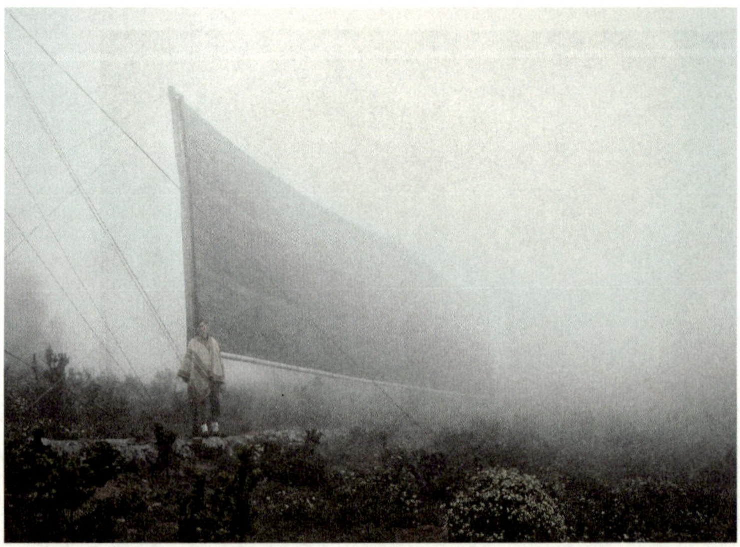

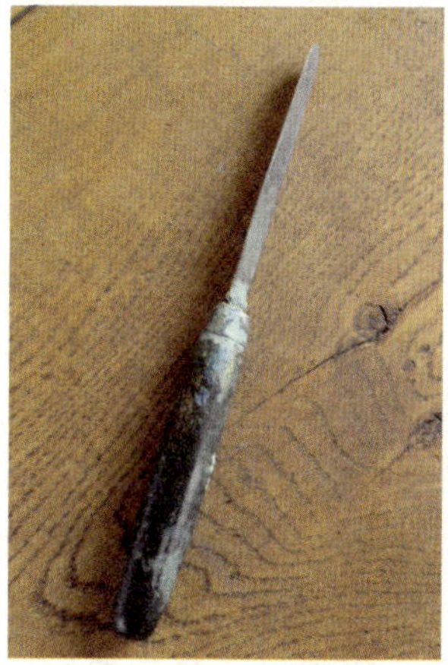

Ein Palettmesser, das Etel Adnan von 1970 bis 2011 verwendete, um die Bilder in der documenta-Halle zu malen.

A palette knife used by Etel Adnan from 1970 to 2011 to paint the paintings in the documenta-Halle.

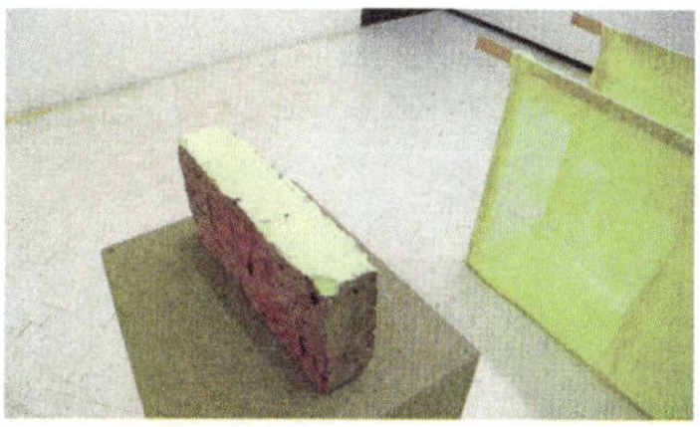

Die Skulptur *Czechoslovak Radio 1968* (1969) von Tamás St.Turba: ein Ziegelstein, der auf das Verhältnis von Aktivismus und Medien anspielt.

The sculpture *Czechoslovak Radio 1968* (1969) by Tamás St.Turba: a brick, suggesting the relationship between media and activism.

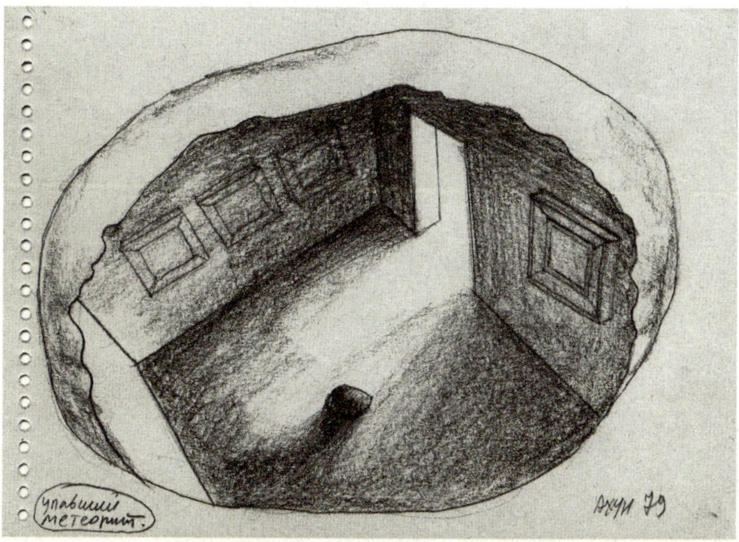

Eines von 200 Notizbüchern mit insgesamt 3.000 Bildern, die Vyacheslav Akhunov zwischen 1974 und 2000 im usbekischen Taschkent schrieb und zeichnete.

A notebook by Vyacheslav Akhunov, from his 200 notebooks with 3,000 images, which he drew and wrote between 1974 and 2000 in Tashkent, Uzbekistan.

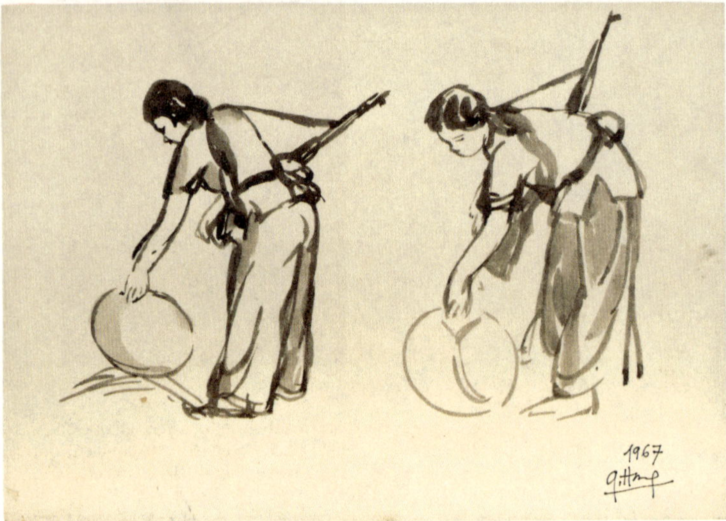

Eine Doppelzeichnung auf Papier von einer Vietcong-Frau, die ihren Hut aufhebt, von Vu Giang Huong (1930–2011), einer Künstlerin, die zur Zeit des amerikanischen Vietnamkriegs das Alltagsleben des Vietcong darstellte.

A double drawing on paper of a Vietcong woman picking up her hat by Vu Giang Huong (1930–2011), an artist who during the American Vietnam War often portrayed the daily life of the Vietcong.

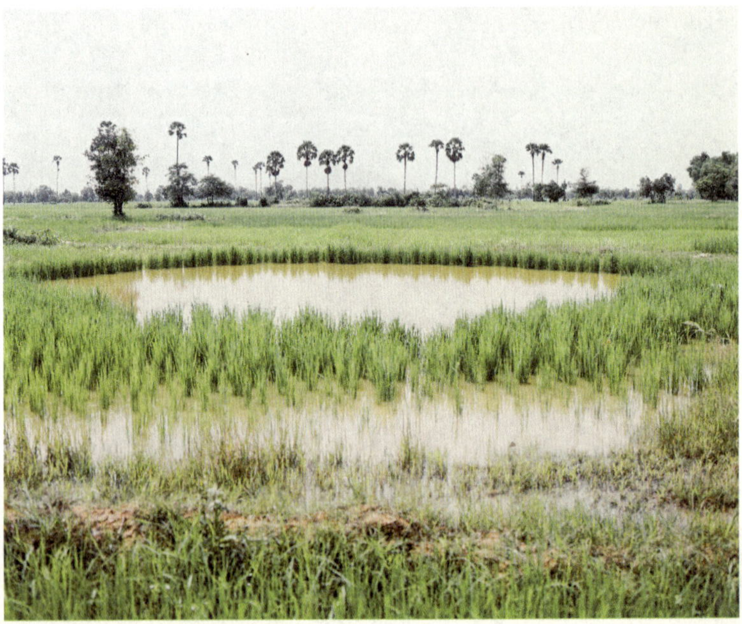

Eine Fotografie, die Vandy Rattana während der Reise durch die zehn am stärksten durch den amerikanischen Vietnamkrieg zerstörten Provinzen Kambodschas aufnahm. Heute werden diese Krater auf Khmer als »Bombenteiche« bezeichnet.

A photograph made by Vandy Rattana while traveling to the ten Cambodian provinces most severely damaged during the American Vietnam War. Today, these craters are known in the Khmer language as the "bomb ponds."

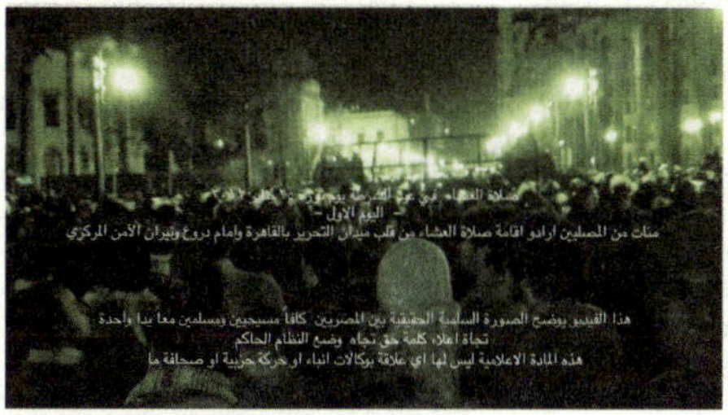

Ein Ausschnitt aus einem Video, das der ägyptische Künstler Ahmed Basiony am 25. Januar 2011 von den Aufständen auf dem Tahrir-Platz in Kairo drehte. Basiony erlag am 28. Januar den Schussverletzungen, die ihm Scharfschützen der ägyptischen Polizeikräfte auf dem Platz zugefügt hatten.

An excerpt of a video made by the Egyptian artist Ahmed Basiony on January 25, 2011, as he filmed the uprisings at Tahrir Square in Cairo. On January 28, Basiony died of gunshot wounds inflicted by snipers from the Egyptian police forces on the square.

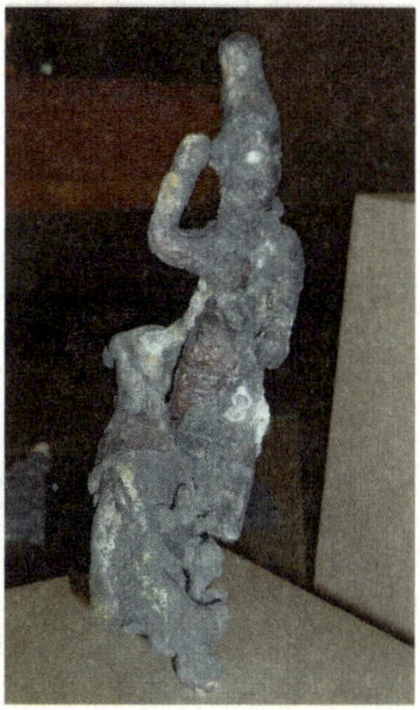

Eine Auswahl von Artefakten (aus Metall, Elfenbein, Glas und Terrakotta) aus dem Nationalmuseum von Beirut, die aufgrund der Bombardierungen während des Bürgerkriegs von 1975 bis 1990, als das Museum im Stadtzentrum an der Frontlinie verschiedener Konfliktparteien lag, miteinander verschmolzen sind.

A selection of artifacts (made from metal, ivory, glass, and terra-cotta) from the National Museum in Beirut that had melted together in shell fire during the civil war between 1975 and 1990, when the museum was on the front line of various factions in downtown Beirut.

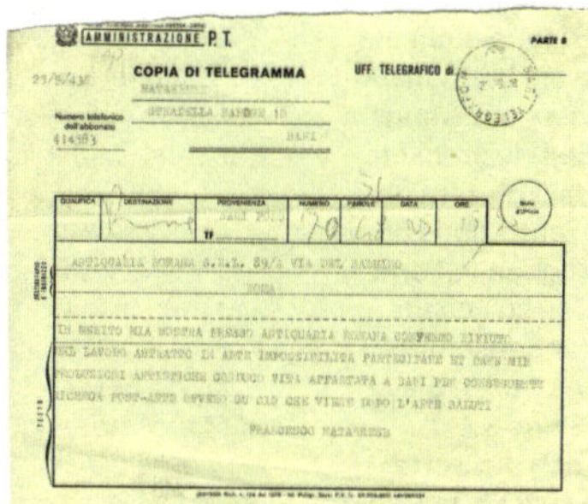

Briefe und Dokumente von Francesco Matarrese, einem Künstler, der 1978 seine Kunstproduktion aufgegeben hat.

Letters and documents by Francesco Matarrese, an artist who withdrew from art-making in 1978.

Ein Kurzführer zum »Brain« von der Künstlerin Judith Barry.

A short guide to the Brain by artist Judith Barry.

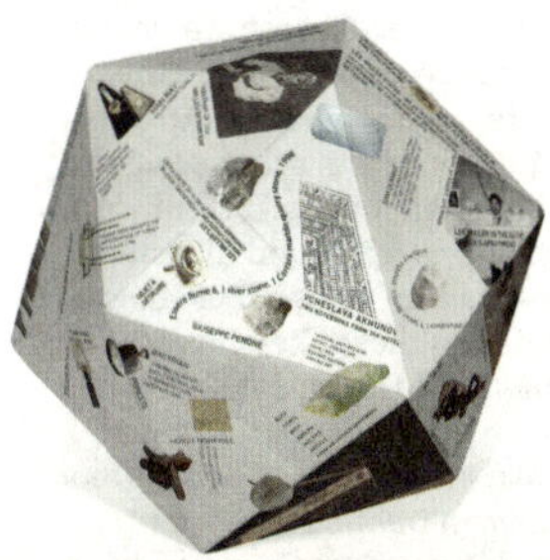

Korbinian Aigner

geb. / b. 1885 in Hohenpolding
gest. / died 1966 in Freising

Die zunächst als KZ-3 bekannte und später in Korbiniansapfel umbenannte Obstsorte züchtete Korbinian Aigner, genannt der »Apfelpfarrer«, während seiner Inhaftierung im Konzentrationslager Dachau. Aigner, ein bayerischer Dorfpfarrer, wurde mit Geldstrafen belegt, gefangen genommen und schließlich ins KZ verschleppt, weil er in den 1930er Jahren offen den Nationalsozialismus kritisiert hatte. Er griff die Nazis in seinen Predigten an, weigerte sich, Kinder auf den Namen Adolf zu taufen, und erkannte die Hakenkreuzfahne nicht als deutsche Nationalflagge an. In Dachau und Sachsenhausen musste er Zwangsarbeit in der Landwirtschaft leisten; er legte einen Garten mit Heilkräutern an.

Ausgerechnet im Konzentrationslager gelang es Aigner, neues Leben in Form von vier neuen Apfelsorten zu schaffen. In jedem Jahr seiner Gefangenschaft entwickelte er jeweils eine Sorte, die er heimlich KZ-1, KZ-2, KZ-3 und KZ-4 taufte. Heute wird nur noch die Sorte KZ-3 angebaut. Seit den 1980er Jahren ist sie unter dem Namen Korbiniansapfel bekannt, bis dahin trug sie ihren ersten, lakonischen und wenig heldenhaften Namen. Wenn Aigners Züchtung neuer Apfelsorten ein poetischer Akt des Widerstands im Angesicht des Völkermordes war, so bringen die Namen, die er ihnen gab, zum Ausdruck, dass keine Manifestation des Lebens von der Pervertierung des aufgeklärten Denkens im Faschismus unberührt existieren konnte. In diesem Licht betrachtet bilden Aigners KZ-Äpfel ein bewegendes Symbol für den Holocaust als den Sündenfall der Moderne.

Aigner war auch Künstler; sein Werk ähnelt dem eines Konzeptkünstlers, der unbeirrbar über Jahrzehnte demselben ästhetischen Dogma folgt. Über fünfzig Jahre, von den frühen 1910ern bis in die 1960er Jahre, schuf er etwa 900 Zeichnungen im Postkartenformat, die verschiedene Äpfel und Birnen einzeln oder in Paaren zeigen. Zusätzlich zur Präsentation dieser Zeichnungen auf der dOCUMENTA (13) ist ein Korbiniansapfelbaum in der Karlsaue gepflanzt worden – ein informelles (Gegen-)Denkmal, das dem in Dachau entspricht: »Auf einem kleinen Platz, der von Bürogebäuden und den Geschäftsräumen eines Autohändlers umgeben ist, gleich neben dem Museum der Dachauer Gedenkstätte, hat jemand auf einer Grünfläche […] ihm zu Ehren einen zierlichen Apfelbaum gepflanzt; eine kleine Plakette erzählt seine Geschichte an der Stelle, wo einmal der Dachauer Kräutergarten war mit all den Schmerzen, die sich mit ihm verbanden, wo einmal der Salbei und der Rosmarin und die Petersilie und die Apfelbäume und die Heilkräuter wuchsen und den Menschen zusahen und sich stumm vor ihnen entsetzten« (Carolyn Christov-Bakargiev).

The fruit once known as KZ-3 and now renamed the Korbinian Apple was cultivated by Korbinian Aigner, the *Apfelpfarrer*—"apple priest"—when he was an inmate in Dachau concentration camp. A Bavarian village pastor, Aigner was fined, jailed, and eventually deported for openly criticizing National Socialism during the 1930s. He made anti-Nazi statements in his sermons, refused to baptize children with the name Adolf, and would not acknowledge the swastika as the German national flag. In Dachau and Sachsenhausen, he was forced to work in agriculture, tending a garden of medicinal herbs.

In this unlikeliest of places—the concentration camp—Aigner succeeded in creating new life in the form of four new strains of apples. Aigner developed a strain for every year of his internment, secretly naming the apple sorts KZ-1, KZ-2, KZ-3, and KZ-4—"KZ" being the German abbreviation for "concentration camp."

Today, only KZ-3 is grown. Since the 1980s, it has been known as the Korbinian Apple, but until then it carried its laconic and un-heroic original name. Even if Aigner's cultivation of new apple strains was a poetic act of resistance in the face of genocide, the names that he gave to them suggest that no manifestation of life could remain untouched by fascism's abuse of enlightened thought. In this light, Aigner's KZ apples poignantly symbolize the Holocaust as the fall of modernity.

Aigner was also an artist, whose work resembles that of a Conceptualist who unwaveringly follows the same aesthetic dogma for decades. During fifty years, from the early 1910s until the 1960s, he created around 900 postcard-size drawings of apples and pears, depicted alone or in pairs. In addition to the presentation of these drawings at dOCUMENTA (13), a Korbinian Apple tree has been planted in the Karlsaue park—an informal (anti) monument to Aigner that corresponds to one in Dachau: "In a little square, on a patch of green surrounded by office buildings and a car sales office, right next to the Dachau memorial site museum . . . someone planted a little apple tree in his honor, and a small plaque tells his story, on the spot where the Dachau herb garden, with all its pain, once stood, where the sage and the rosemary and the parsley and the apple trees, and the medicinal herbs once grew and watched the humans, and were silently horrified by them" (Carolyn Christov-Bakargiev). LBL

Sechs Obstsortenbilder: Äpfel / Six images of different fruits (apples), ca. 1913–1960
Von links nach rechts (mit Blatt-Nr.) / From left to right (with sheet no.):
Creo (563), Gewürzluikenapfel (569), Vara (572), Korbiniansapfel (600), King Eduard (245), Rheinische Schafsnase (42)

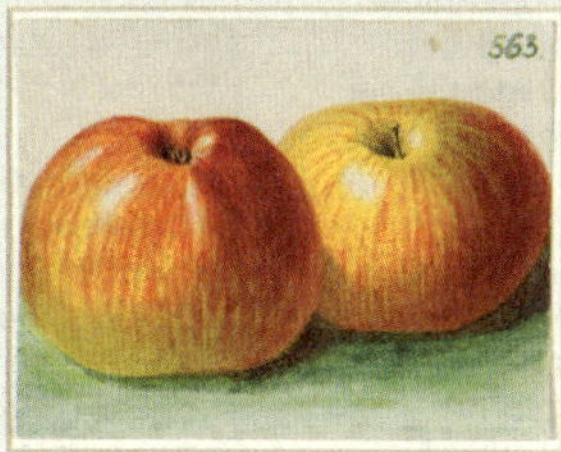
563.

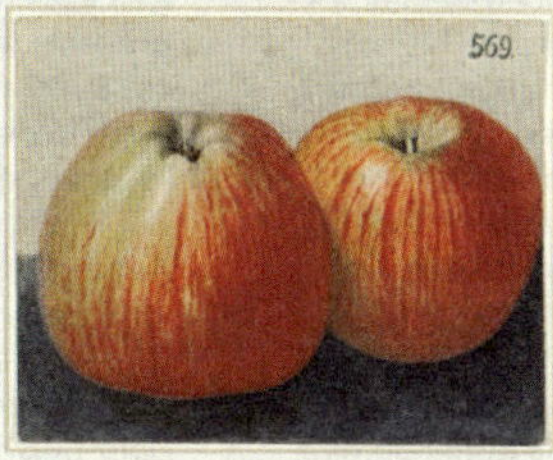
569.

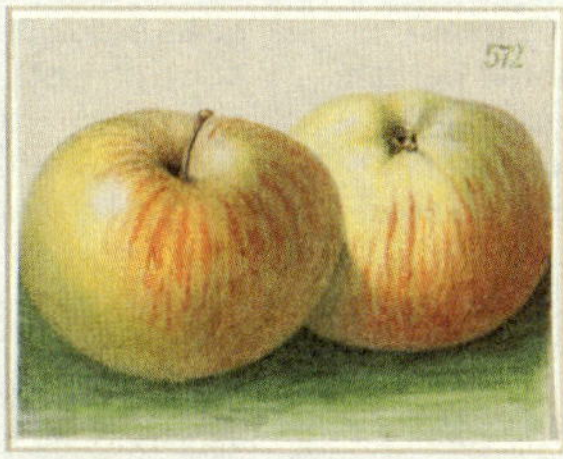
572.

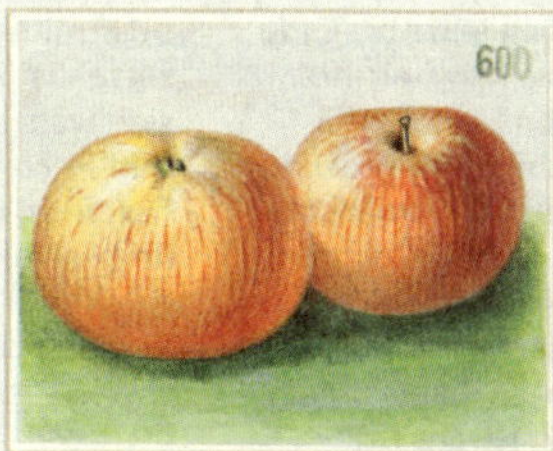
600

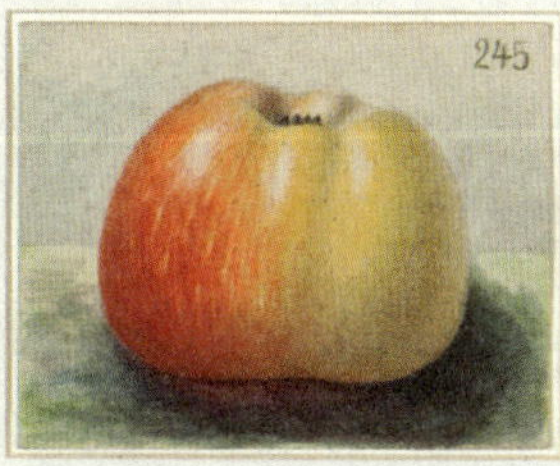
245

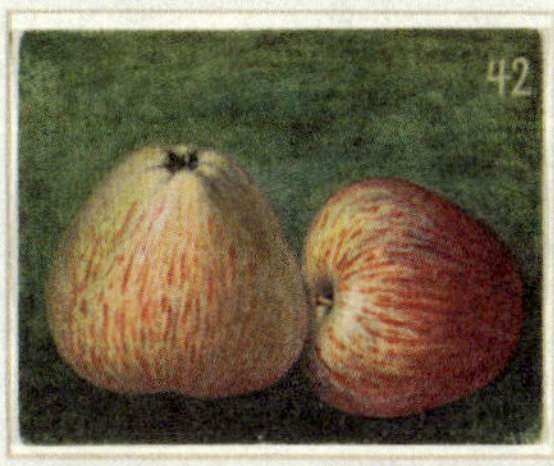
42

Ida Applebroog

geb. / b. 1929 in der / the Bronx (New York)
lebt / lives in New York

Im Mittelpunkt von Ida Applebroogs Werk steht die menschliche Gestalt mit all ihren Neurosen und in ihrer ganzen Vielschichtigkeit. Die Kuratorin Helen Molesworth bemerkte zu ihrer oft beunruhigenden Bilderwelt: »Ihre Sujets reichen von Galileos Tochter bis zur Geburt eines Kindes, von Familiendramen bis zu den Schwierigkeiten zwischenmenschlicher Verständigung. Mit dem Schwerpunkt auf Sprache und Wiederholung besaß ihre Kunst oft eine starke erzählerische Dimension, die noch gesteigert wurde durch die formale Gestaltung ihrer Gemälde, die sämtlich in stilisierten flachen Strichen in zellenartigen Strukturen gezeichnet waren und sich so an Szenenbuch-Entwürfe für einen Film anlehnten. Gegen Mitte bis Ende der 1980er Jahre wich die Kargheit ihrer Werke üppig aufgebauten Farboberflächen. Als wollten sie an die komplexe und vielschichtige Qualität zwischenmenschlicher Verständigung gemahnen, gingen diese Arbeiten von der Annahme aus, dass die Leinwand niemals ein ›unbeschriebenes Blatt‹, sondern immer schon mit Informationen gefüllt ist. Die Leinwand wird zum Ort einer Anreicherung mit Farben und Collageelementen. Die Leinwand ist ein Ort, an dem Bedeutung geschaffen wird.«

Die frühen, von Storyboards inspirierten Zeichnungen entwickelten sich zu nach Art von Altarbildern aus mehreren Feldern zusammengesetzten Gemälden. Die Serie *Marginalia*, an der die Künstlerin in den frühen 1990er Jahren zu arbeiten begann, besteht aus Gruppen kleinerer, »marginaler« Bilder, die um ein zentrales Motiv angeordnet sind. *Modern Olympia* (1997–2001) ist eine Serie von zarten, grazilen Frauendarstellungen, die sich auf Manets berühmtes Gemälde *Olympia* aus dem Jahr 1863, aber auch auf massenmediale Bilder von Frauen beziehen. Die Zeichnungen reduzierter Umrisse, vielleicht Applebroogs bekannteste Arbeiten, sind auf einem besonderen japanischen Papier ausgeführt, das mit Acryl behandelt wird, bis es durchscheinend wie Haut ist. Applebroog sieht ihre Arbeiten eher als Objekte denn als zweidimensionale Gemälde oder Zeichnungen und inszeniert sie in Rauminstallationen. *Monalisa* (2010) besteht aus einer Holzstruktur in Gestalt eines Hauses, dessen Wände aus vergrößerten und am Computer überarbeiteten Faksimiles von Zeichnungen ihrer eigenen Vagina auf japanischem Gampi-Papier zusammengesetzt sind. Die Künstlerin hat diese Arbeiten im Jahr 1969 mithilfe eines Spiegels geschaffen; dazu schloss sie sich in ihrem »kleinen Heiligtum«, ihrem Badezimmer, ein. Die 160 Zeichnungen waren vor *Monalisa* nie öffentlich präsentiert worden – als Applebroog sie 2009 wiederentdeckte, lagerten sie noch in denselben Kisten, in denen sie 1969 abgelegt worden waren.

Für die dOCUMENTA (13) schlägt Applebroog ein weiteres Kapitel aus ihrem privaten Archiv auf. Persönliche Unterlagen, die seit dreißig bis vierzig Jahren von niemandem angerührt oder betrachtet worden sind, werden plötzlich öffentlich. Die Installation besteht aus Offsetdruck-Reproduktionen zahlreicher privater Aufzeichnungen und Papiere, die an die Wände geheftet sind und in Stapeln bereitliegen; die Besucher können sie herunterreißen oder mitnehmen. Wie eine Gruppe surrealistischer Demonstranten werden sich während der Eröffnungswoche fünf Reklameträger Klappschilder mit Textauszügen umhängen und in Kassel umherlaufen.

At the center of Ida Applebroog's work stands the human figure, with all its neuroses and complexities. The curator Helen Molesworth wrote of her often disquieting imagery: "Her subject matter ranged from Galileo's daughter, to childbirth, to domestic dramas, to the difficulty of interpersonal communication. Her emphasis on language and repetition meant that her work often had a strong narrative dimension, one amplified by the formal dimension of her paintings, which were all drawn in a stylized flat line within cellular structures that mimicked cartoons of the story boarding of a movie script. The sparseness of her work gave way to lushly built up painted surfaces in the mid-to-late 1980s. As if to suggest the complicated and layered nature of interpersonal communication, this work started with the premise that the canvas is never a 'blank surface' but rather always already filled with information. The canvas is a site to be augmented with paint and collage elements. The canvas is a place where meaning is made."

The early storyboard-like drawings developed into multipanel paintings, assembled like altarpieces. Her *Marginalia* series, started in the early 1990s, consists of clusters of smaller, "marginal" paintings arranged around a central motif. *Modern Olympia* (1997–2001) is a series depicting women, referring to Manet's famous 1863 painting *Olympia*, as well as to popular media images of women, rendered in a delicate, tender way. Her trademark simplified outline drawings are applied on special Japanese paper treated with acrylic until it becomes translucent, like skin. Applebroog likes to think of her works as objects, rather than two-dimensional paintings or drawings, and stages them in spatial installations. *Monalisa* (2010) consists of a wooden structure in the form of a house, the walls assembled from enlarged, computer-manipulated facsimiles on Japanese gampi paper of drawings of her own vagina. The artist originally made them in 1969 using a mirror, locked up in the "little sanctuary" of her bathroom. These 160 drawings had never been shown before *Monalisa*—when the artist discovered them in 2009, they were still stored in their original boxes.

For dOCUMENTA (13), Applebroog opens up another chapter of her personal archive. Private files that have remained untouched and unseen for thirty to forty years suddenly become public. Her installation consists of offset print reproductions of many private notes and papers pinned to the walls and stacked for visitors to tear off or take away. During the opening week, five people will walk around Kassel with sandwich boards bearing text excerpts, like a group of Surrealist demonstrators. ES

Tagebucheintrag / Diary entry, 1975

- ~~try on white ragged paper to give border~~

- Mary

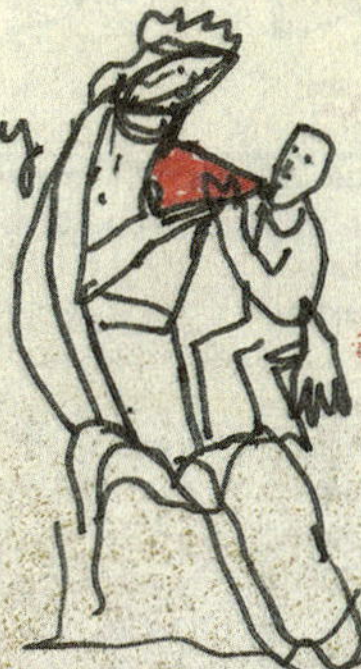

Psalter in Latin
13th c.

- Bust of figures straight ahead no breaks → 9999

- My first sexual experience
It doesn't hurt
I don't know the difference
There are tears in my eyes

Kader Attia

geb. / b. 1970 in Dugny,
Seine-Saint-Denis (Frankreich / France)
lebt / lives in Berlin

Die Erfahrung, zwischen Algerien und einer Pariser Vorstadt aufzuwachsen, hat Kader Attias künstlerische Praxis geprägt. Als Mise-en-abyme paradoxer und doch fundamentaler Inhalte ist seine Arbeit in die komplexen kulturellen, ökonomischen, politischen, genderspezifischen und religiösen Dualismen von Ost und West eingebettet. Seine Fotografien, Filme, Skulpturen und Installationen leben von der Spannung zwischen äußerlich-sinnlichem Reiz und kontroversen Inhalten und bedienen sich eines allegorischen Minimalismus, um die post-idealistische Geisteshaltung der globalisierten Welt zu hinterfragen. Auch wenn sie beträchtliche Ausmaße annehmen können, vermitteln seine aus unbearbeiteten Materialien oder gefundenen Gegenständen hergestellten Installationen oft eine ephemere und unmonumentale Erfahrung, in der die Leere eine poetische wie auch politische Referenz darstellt.

***Ghost* (2007), eine Arbeit, die Attia einmal als »eine Synthese meiner Reflexionen auf die Grenze zwischen soziopolitischer Kunst und der alltäglichen Wirklichkeit« beschrieb, ist eine geisterhafte Armee kniender Hohlfiguren, die an betende Musliminnen erinnern; sie sind aus handelsüblicher Alufolie gemacht – leere Hüllen ohne Körper. Wie die Bodenskulpturen Carl Andres lädt *Kasbah* (2009), eine architektonische Intervention aus Bestandteilen von Dächern, die der Künstler in Armutsvierteln an verschiedenen Orten der Welt gesammelt hat, zum Betreten ein – ein formaler Verweis auf den Minimalismus. Die Partizipation gerät hier zum Balanceakt – nicht nur wegen der Wellbleche, die jeden Schritt zu einem Wagnis machen, sondern vor allem durch die Bewusstmachung der gesellschaftlichen Realität und der wirtschaftlichen Machtverhältnisse, die diese Strukturen repräsentieren. Weiterhin verweist die Arbeit auf die Organisation von Armutsvierteln als funktionalen Repliken der arabischen Medina.**

Das Projekt *The Repair from Occident to Extra-Occidental Cultures* (2012) hat sich aus Attias fortlaufendem Konzept der »kulturellen Rückaneignung« heraus entwickelt. Während der Jahre, die er zwischen Algerien und Kinshasa und Brazzaville im Kongo verbrachte, entwickelte Attia eine Faszination für afrikanische Objekte, die repariert worden waren – jedoch nicht so, dass man versucht hätte, ihren ursprünglichen Zustand wiederherzustellen, sondern indem man die Reparatur sichtbar machte und so dem Objekt eine neue Ästhetik verlieh. Oft wurden dazu von den Kolonialmächten eingeführte Materialien wie alte Knöpfe, Spiegelscherben oder französisches Tuch verwendet. Diese Artefakte scheinen in ihrer heterogenen Ästhetik nicht der westlichen Vorstellung von »afrikanischem Kunsthandwerk« zu entsprechen und tauchen deshalb in den Ausstellungen und Inventarlisten der ethnologischen Sammlungen europäischer Museen nicht auf. Attia zeigt so erstaunliche wie verstörende Analogien zwischen diesen Objekten und zeitgenössischen afrikanischen Skulpturen auf, die nach Fotografien von plastischen Operationen an Soldaten aus dem Ersten Weltkrieg angefertigt wurden – Gesichter, die ebenfalls zerstört waren und »repariert« wurden. Indem Attia die reparierten Gegenstände diesen lebensgroßen Holzskulpturen und medizinischen Abgüssen gegenüberstellt, wirft er fundamentale Fragen nach den unterschiedlichen ethischen und ästhetischen Vorstellungen von »Reparatur« und nach der westlichen Illusion von Perfektion und posttraumatischer Heilung auf. Attia zeigt diese Objekte, die eine starke sinnliche und körperliche Erfahrung hervorrufen, neben leeren Vitrinen.

Kader Attia's artistic practice is informed by the experience of growing up between Algeria and a Parisian *banlieue*. A mise en abyme of paradoxical yet fundamental issues, his work is embedded within the complex dualities—cultural, economical, political, gender, and religious—of East and West. Charged by the tension of external sensory appeal and controversial content, his photographs, films, sculptures, and installations use an allegorical minimalism to question the post-idealistic state of mind of the globalized world. Even if executed on a large scale, his installations, made from raw or found materials, often constitute an ephemeral, un-monumental experience in which emptiness is used as both a political and a poetic referent.

Ghost (2007), which Attia once described as "a synthesis of my reflections on the boundary between socio-political art and the reality of everyday life," is a ghostly army of hollow, kneeling figures resembling Muslim women during prayer, made from cheap domestic tinfoil—vacant shells without a body. Making formal reference to Minimalism, the architectonic intervention *Kasbah* (2009), assembled from rooftop materials collected from shanty towns around the world, invites visitors to walk across it like one of Carl Andre's floor sculptures. Here, participation becomes a charged act—not only due to the corrugated metal sheets that make each step a physical venture but also through the awareness of the social reality and economic power matrix that these structures represent. It also refers to the organization of shantytowns as functional replicas of the Medina.

The project *The Repair from Occident to Extra-Occidental Cultures* (2012) was developed from Attia's ongoing concept of "cultural re-appropriation." During the years he spent moving between Algiers and Kinshasa and Brazzaville in the Congo, he became fascinated by African objects that had been repaired, not in a way that put them back to their original state, but by making the mend visible, adding another aesthetic to the object. Many of these repairs made use of colonial materials like old buttons, mirror shards, or French fabric. These artifacts were, however, never registered or displayed in the ethnological collections in European museums, since their heterogenic aesthetic apparently didn't fit the Western idea of "African arts and crafts." Attia makes striking yet disturbing analogies between these objects and contemporary African sculptures made after photographs of plastic surgeries performed on European soldiers who were injured and deformed during World War I—faces that had been likewise broken and "repaired." By juxtaposing the repaired objects with these life-size wooden sculptures and with medical casts, he asks fundamental questions about the different ethical and aesthetical concepts of "repair," the Western illusion of perfection and post-traumatic healing. While the objects create a strong sensual and physical experience, Attia displays them alongside empty vitrines. ES

***The Repair*, 2012**
Diaprojektion und originale Artefakte aus Afrika / Slide show projection and genuine artifacts from Africa
Maße variabel / Dimensions variable

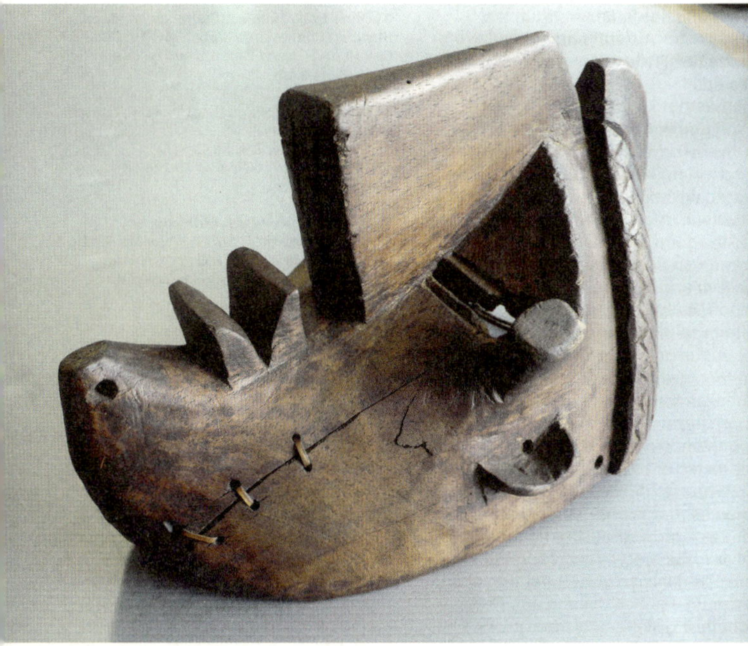
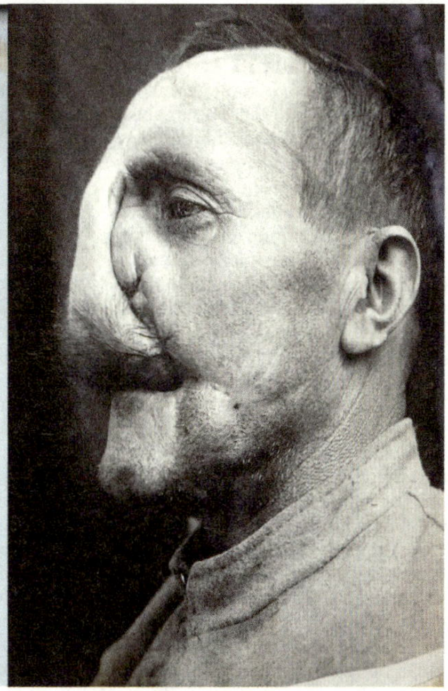

Baktrische Prinzessinnen / Bactrian Princesses und / and Balafré

2500–1500 v. Chr. / B.C., Turkmenistan, Usbekistan / Uzbekistan, nördliches / northern Afghanistan

Die sogenannten »Baktrischen Prinzessinnen« sind Figurinen, die im späten dritten und frühen zweiten vorchristlichen Jahrtausend im westlichen Zentralasien – im Gebiet der heutigen Staaten Turkmenistan und Usbekistan und im Norden Afghanistans – geschaffen wurden. Die mehrteiligen steinernen Figuren sind aus dunkelgrünem oder -grauem Chlorit oder Speckstein gearbeitet und tragen Köpfe aus weißem Kalkstein, zu denen manchmal Elemente aus Lapislazuli kommen. Die zwei oder mehr Bestandteile sind lose und ohne Klebstoffe oder eine andere dauerhaftere Verbindung zusammengefügt. Manche der Figuren haben noch ihre detailliert aus dem Kalkstein herausgearbeiteten Arme oder Füße. Obwohl es Gemeinsamkeiten gibt, wiederholen sich die Figurinen nie; jede ist in ihrer sitzenden oder hockenden Haltung, ihrem Gesichtsausdruck und ihrem Schmuck einzigartig. Manche tragen einen Kopfputz, eine Haube oder ein Haarteil, das aus einem eigenen Stück Stein gearbeitet ist. Der dunkle Umhang zeigt ein zierlich eingemeißeltes grafisches Muster, das an die Formen von Federn, Blättern oder Wellen erinnert.

In ihrer fragilen Aneinanderfügung einzelner Teile lassen sich die Figuren als Metaphern für die Möglichkeit lesen, verschiedene Bruchstücke als eine Einheit zusammenzuhalten: Das Fortbestehen der Gesamtheit ihrer kompakten und doch zerbrechlichen materiellen Gestalt ist auf die Hingabe und Pflege angewiesen, die ihnen seit Jahrtausenden zuteilwurden. Ihre bescheidenen Dimensionen (sie sind selten mehr als zwanzig Zentimeter hoch) und ihre ausgeprägte »Objekthaftigkeit« lassen sie trotz ihres hohen Alters geradezu zeitgenössisch wirken – sie sind so groß wie unsere Smartphones oder andere technische Apparate, stellen aber nicht die digitale, sondern die erdverbundene Seite des körperlichen Lebens dar und führen uns die Zerbrechlichkeit aller Körper, auch der kulturellen, vor Augen.

Heute existieren weltweit nur ungefähr achtzig dieser einzigartigen Figurinen; sie sind im Besitz von Museen und Privatsammlungen. Die dOCUMENTA (13) zeigt neun von ihnen, acht weibliche Gestalten sowie eine männliche »Balafré«-Figur, die im »Brain« der Ausstellung in der Rotunde des Fridericianums versammelt sind.

The so-called Bactrian Princesses are figurines made in the late third and early second millennia B.C. in western Central Asia—today, Turkmenistan, Uzbekistan, and northern Afghanistan. These composite stone figures are made of dark green or gray chlorite or steatite, with heads of white limestone, and at times with lapis lazuli elements as well. The two or more elements are slotted together loosely, without glue or any other means to attach them more permanently. Some still have fine arms or feet made from limestone. Though they share similarities, they never repeat themselves; each figurine is unique in her seated or crouching posture, facial expression, and decoration. Some have a headdress, cap or hair made from a separate piece of stone. The dark gown has a delicately carved graphic pattern that recalls the form of feathers, leaves, or waves.

With their delicate assemblage of separate parts, the figures can be read as metaphors for the possibility of holding together fragments as a whole, the entity of their compact yet fragile materiality dependent on commitment and care over thousands of years. Their modest scale (the height seldom exceeds twenty centimeters) and distinct "objecthood" make them appear extremely current, despite their ancient origin. Indeed, they are the size of our smartphones and other technical devices, although they define for us not the digital but the grounded nature of embodied life, as well as the precariousness of all bodies, including bodies of culture.

Today, only about eighty of these unique figurines exist worldwide in museums and private collections. dOCUMENTA (13) exhibits nine of them, eight female plus one male "Balafré," to bring them together in the Brain of the exhibition in the Rotunda in the Fridericianum. ES

**1 | *Ohne Titel / Untitled (Auf der Seite sitzende Prinzessin / Princess Sitting on the Side)*,
ca. 2500–1500 v. Chr. / B.C.
Chlorit und Calzit / Chlorite and calcite
10.7 × 12.5 × 7 cm**

**2 | *Ohne Titel / Untitled* (*Sitzende Prinzessin / Seated Princess*), ca. 2500–1500 v. Chr. / B.C.
Chlorit und Calzit / Chlorite and calcite
16.2 × 8.1 × 11.9 cm**

**3 | *Ohne Titel / Untitled* (*Stehende Prinzessin / Standing Princess*), ca. 2500–1500 v. Chr. / B.C.
Chlorit und Calzit / Chlorite and calcite
14.5 × 8.5 × 4 cm**

**4 | *Ohne Titel / Untitled* (*Gestreckte Prinzessin / Elongated Princess*),
ca. 2500–1500 v. Chr. / B.C.
Chlorit und Calzit / Chlorite and calcite
9 × 16.3 × 14.5 cm**

**5 | *Ohne Titel / Untitled* (*»Kubistische« sitzende Prinzessin / "Cubist" Princess Sitting*),
ca. 2500–1500 v. Chr. / B.C.
Chlorit und Calzit / Chlorite and calcite
10.3 × 9.1 × 5.8 cm**

**6 | *Ohne Titel / Untitled*,
ca. 2500–1500 v. Chr. / B.C.
Chlorit und Kalkstein / Chlorite and limestone
7.2 × 6.5 × 4.3 cm**

**7 | *Ohne Titel / Untitled*,
ca. 2500–1500 v. Chr. / B.C.
Chlorit und Calzit / Chlorite and calcite
12.2 × 10.2 × 10 cm**

**8 | *Ohne Titel / Untitled* (*Thronende Prinzessin / Enthroned Princess*),
ca. 2500–1500 v. Chr. / B.C.
Chlorit, Calzit und Lapislazuli / Chlorite, calcite, and lapis lazuli
12.2 × 10.7 × 6.1 cm**

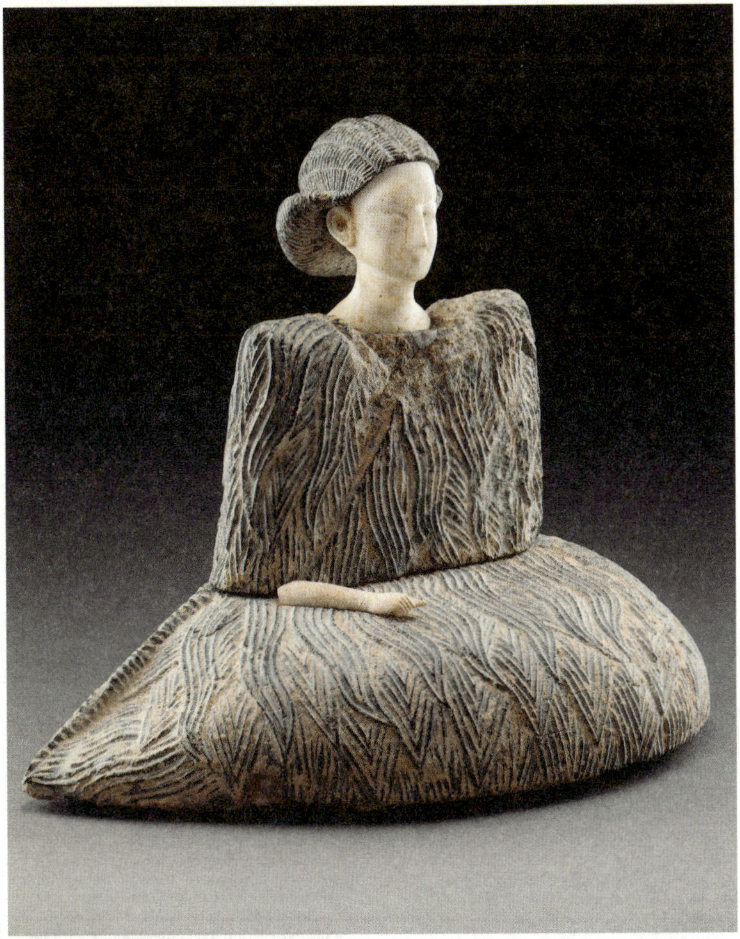
1

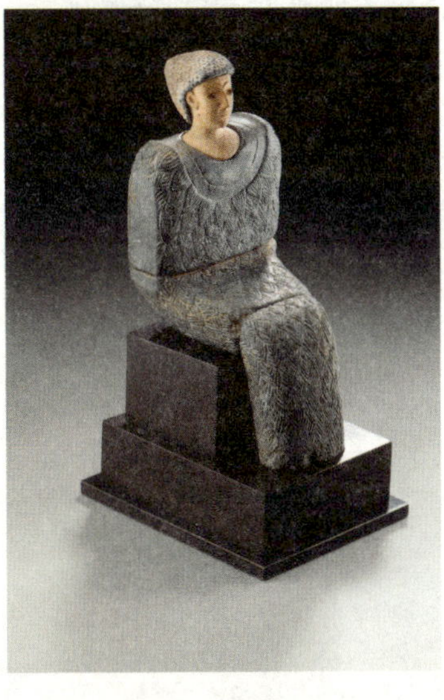
2

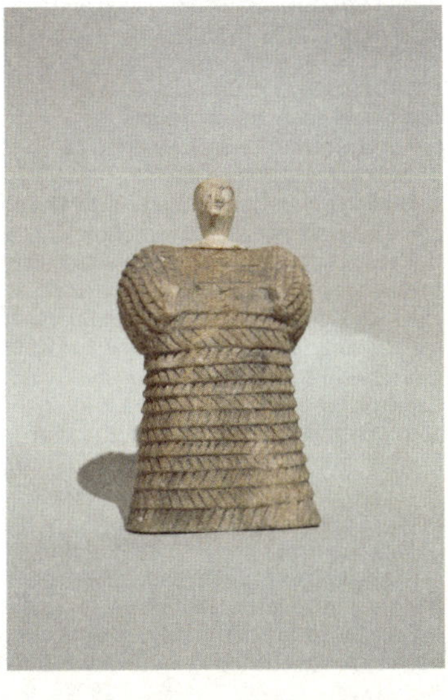
3

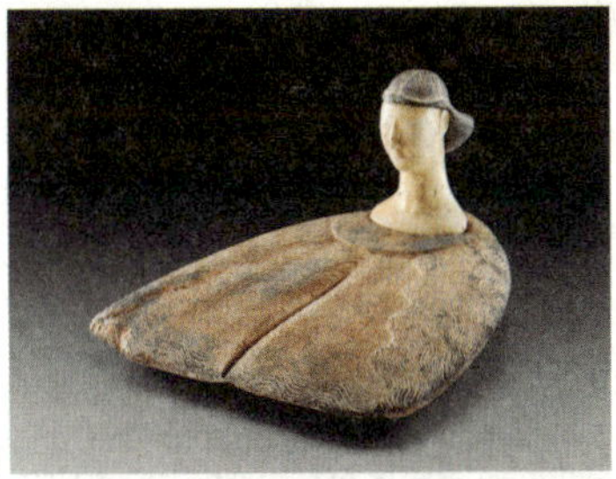
4

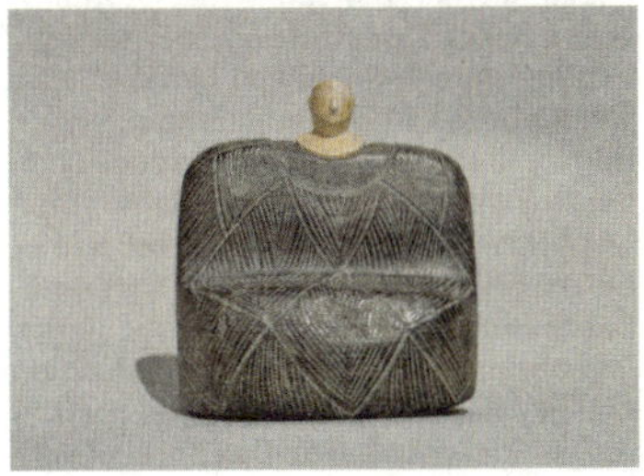
5

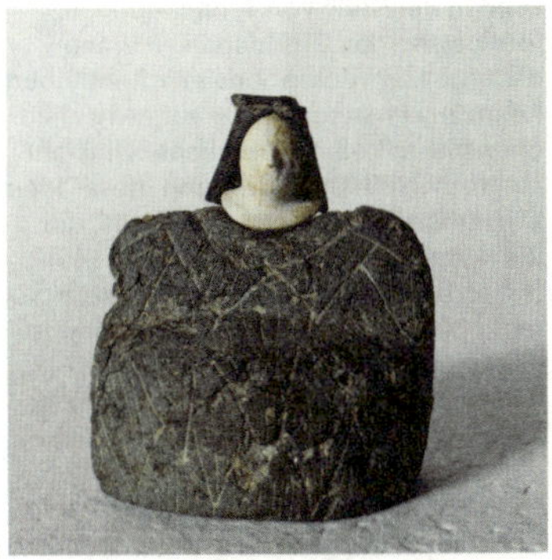
6

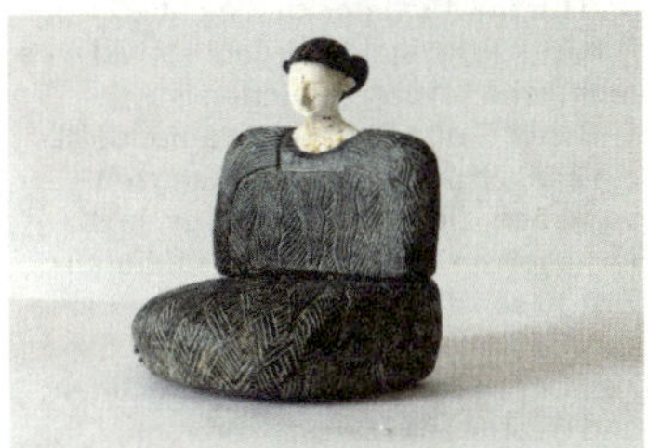
7

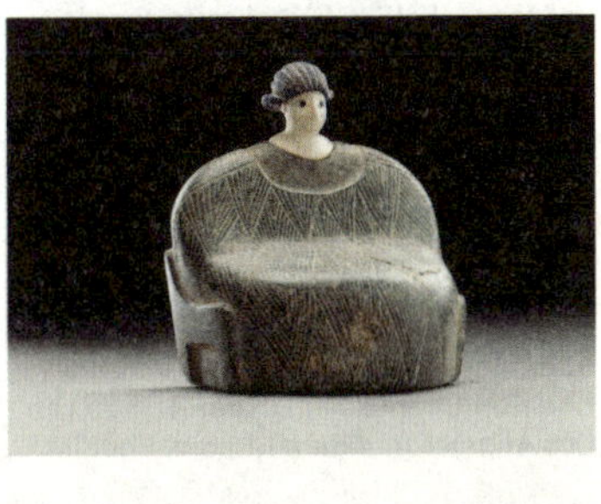
8

Amy Balkin

geb. / b. 1967 in Baltimore (Maryland)
lebt / lives in San Francisco (Kalifornien / California)

Amy Balkins prozessorientierte und forschungsbasierte Arbeiten befassen sich mit Land und Himmel und den geopolitischen Beziehungen, die sie in Beschlag nehmen. Ihre Projekte nehmen die Form von Websites, Audioerzählungen, Vorträgen, Karten, Fotografien, Videos und der Dokumentation umfangreicher Briefwechsel und Rechtsgeschäfte an. Balkin, die am ehesten als Konzeptaktivistin zu beschreiben ist, geht Fragen rund um Eigentum, öffentlichen Raum, Ökologie und globale Wirtschaftssysteme nach.

Für *This is the Public Domain* (2003–fortlaufend) kaufte Balkin 1,012 Hektar Land in der Nähe von Tehachapi, Kalifornien, um das Grundstück in einen dauerhaften internationalen öffentlichen Raum zu verwandeln, der auf ewig allen offenstehen soll. In rechtlicher Hinsicht stellte sich die Durchführung dieser Idee als umfangreiche Aufgabe heraus, die die Künstlerin mit verschiedenen Strategien basierend auf dem Grundstücksrecht bis hin zum Urheberrecht angeht. Im Rahmen einer solchen Strategie hin zu einer Übergabe des Grundstücks an die weltweite Öffentlichkeit wurde eine Sitzbank hergestellt, die eine Plakette mit der Inschrift »This Is the Public Domain« trägt; sie soll auf dem Grundstück – das nach wie vor unerschlossen und für die Allgemeinheit nicht zugänglich ist – aufgestellt werden, sobald eine rechtliche Lösung gefunden ist.

***Public Smog* (2004–fortlaufend) ist ein ähnlich ambitioniertes Langzeitvorhaben. Ziel der Arbeit ist es, in der Atmosphäre einen Park der sauberen Luft zu schaffen; dazu sollen eine Reihe konzeptueller, gesellschaftlicher, ökonomischer und politischer Tätigkeiten und Gesten zum Einsatz kommen, darunter die Eintragung der Erdatmosphäre als UNESCO-Welterbe. *Public Smog* wurde im Sommer 2004 in der Troposphäre über dem südlichen Kalifornien eröffnet, indem die Künstlerin auf einem regionalen Treibhausgasemissionsmarkt das Recht auf die Emission von elf Kilogramm Stickoxid erwarb und nicht wahrnahm – eine Minimaltransaktion, die dem Markt eine kleine, aber messbare Menge Smog verursachender Chemikalien in der Region von Los Angeles und dem Himmel über ihr entzog. Den Park der sauberen Luft dauerhaft zu erhalten und seine Aufnahme in das Welterbeverzeichnis zu erreichen, würde letztlich bedeuten, ihn auf die gesamte Atmosphäre auszudehnen. Um am offiziellen Bewerbungsverfahren teilzunehmen, machte Balkin eine Aufstellung sämtlicher Kriterien, nach denen die Atmosphäre ein einmaliges Gut darstellt und deshalb als Weltnaturerbe in Betracht zu ziehen ist, das Schutz und Erhaltung verdient. Zu den großen Herausforderungen, vor denen das Projekt steht, zählt die Tatsache, dass die Atmosphäre ein grenzenloses Reich ist, während nur Staaten Stätten innerhalb ihrer Grenzen nominieren dürfen sowie vor ihren Küsten gelegene Stätten, auf die sie politischen Anspruch erheben oder die sie gemeinsam vorschlagen. Bisher hat die dOCUMENTA (13) Anfragen mit der Bitte um Unterstützung in sechs Sprachen an 186 UNESCO-Länder versandt, in denen diese dazu eingeladen wurden, sich – einzeln oder im Rahmen eines Koalitionskomitees – an die Spitze des Projekts zu setzen, um ein außergewöhnliches Verfahren voranzutreiben. Die Schriftstücke, die sich im Verlauf dieses Prozesses angesammelt haben, offenbaren die Lücken im internationalen Recht und die Hindernisse, die es dem gemeinschaftlichen Vorgehen gegen den Klimawandel in den Weg stellt.**

Amy Balkin's process-oriented, research-based work involves the land and the sky and the geopolitical relationships that claim them. Her projects take the form of websites, audio narratives, talks, maps, photographs, video, and the documentation of extensive correspondence and legal transactions. Best described as a conceptual activist, Balkin pursues questions of property, public space, ecology, and global economic systems.

For *This is the Public Domain* (2003–ongoing), Balkin purchased 1.012 hectares of land near Tehachapi, California, to turn it into a permanent international commons, free to all in perpetuity. The legal aspects of this idea turned into an ongoing effort, involving various strategies ranging from real-property law to copyright law. As just one strategy toward a handover of the land to the global public, a bench has been created with a plaque stating "This Is the Public Domain" to be placed on the land—to date still landlocked and publicly inaccessible—once a juridical solution is found.

Public Smog (2004–ongoing) is a similarly ambitious, long-term undertaking. The aim of the work is to create a clean-air park in the atmosphere through a range of conceptual, social, economic, and political activities and gestures—one of which is to add Earth's atmosphere to the UNESCO World Heritage List. *Public Smog* first opened in the troposphere over Southern California in summer 2004, with the purchase and withholding of the right to emit eleven kilograms of nitrogen oxide in a regional greenhouse-gas-emission trading market—a micro-trade that removed a small but real amount of smog-causing chemicals from market availability in the Los Angeles area and the sky above it. To preserve the clean-air park permanently and to achieve its inclusion on the World Heritage List would ultimately mean to extend it to the entire atmosphere. In order to follow the official application procedure, Balkin drafted a list stating all the criteria that identify the atmosphere as a unique property and therefore appropriate for consideration to be protected and preserved as a natural World Heritage Site. One of the project's major challenges is that while the atmosphere is a borderless realm, only state parties can nominate sites within their own borders or offshore sites they claim politically or co-nominate. At the time of writing, dOCUMENTA (13) has sent support requests in six languages to 186 UNESCO countries, inviting them to act as leading state parties—individually or in a coalition committee—to facilitate an extraordinary procedure. The amount of paperwork gathered during this process reveals the gaps and obstacles of international law in the collaborative action against climate change. ES

***Public Smog*: Endgültige Antwort des Bundesministeriums für Umwelt, Naturschutz und Reaktorsicherheit im Auftrag von Bundesumweltminister Norbert Röttgen / Final answer from the Federal Ministry for the Environment, Nature Conservation and Nuclear Safety on behalf of Federal Environment Minister Norbert Röttgen**

Bundesministerium
für Umwelt, Naturschutz
und Reaktorsicherheit

2010 Internationales Jahr der biologischen Vielfalt

Bundesministerium für Umwelt, Naturschutz und Reaktorsicherheit, G, 11055 Berlin

An die Künstlerische Leiterin der Dokumenta (13)
Frau Carolyn Christov-Bakargiev

Friedrichsplatz 18
34117 Kassel

[redacted]

www.bmu.de

EINGEGANGEN
26. Nov. 2010
Erl. ....

Aktenzeichen: G- 45080/0

Berlin, 25.11.2010

Sehr geehrte Frau Christov-Bakargiev,

Herr Minister Röttgen bat mich, Ihnen für Ihr Schreiben vom 13. September zu danken und Ihnen zu antworten. Die Projektidee der Künstlerin Amy Balkin, die Erdatmosphäre als Welterbe eintragen zu lassen, ist eine kreative Idee, deren Diskussion sicherlich wichtige und interessante Prozesse initiieren kann.

Nach ausführlicher Prüfung und Beratungen mit dem für die Welterbekonvention zuständigen Auswärtigen Amt muss ich Ihnen aber leider mitteilen, dass eine Unterstützung seitens des Bundesumweltministeriums nicht möglich ist.

Mit freundlichen Grüßen
Im Auftrag
[redacted]

Zustelladresse: Robert-Schuman-Platz 3, 53175 Bonn, Lieferadresse: Alexanderstraße 3, 10178 Berlin
Verkehrsanbindung: Haltestelle Alexanderplatz, S-/U-Bahn: S3, S5, S7, S75, U2, U5, U8, Tram: M2, M4, M5, M6, Bus: 100, 200, 248, TXL, M48

Judith Barry

geb. / b. in 1954 in Columbus
lebt / lives in New York und / and Berlin

Judith Barry, eine Wegbereiterin der Installationskunst und recherchebasierter Projekte, arbeitet seit den späten 1970er Jahren in den Bereichen Architektur, Performance, Film und Video, Installation, Plastik und Fotografie. Sie untersucht Wahrnehmungs-, anthropologische und kulturelle Phänomene, die mit Fragen der Repräsentation zu tun haben – insbesondere die Konstruktion von Subjektivität und Geschlecht in einer von Medien bestimmten und von Machtverhältnissen durchdrungenen Gesellschaft, in der verschiedene Formen visueller Darstellung allgegenwärtig sind und sich überlagern.

Barrys Installationen wie etwa *In the shadow of the city ... vam p r y* (1985) sind oft in einem architektonischen Umfeld angesiedelt, das es unklar erscheinen lässt, wo das Bild endet und der Raum beginnt. Sie stellt, so sagt sie, »Subjektpositionen« her, die die Betrachter einnehmen können, aushandlungsfähige Schwellenräume, in denen verschiedene Bedeutungen erkennbar werden. Auch ihre Ausstellungsgestaltungen, die Teil ihrer künstlerischen Praxis sind, bringen die Sprachen von Architektur, Design und Medien zum Einsatz, um Fragen aufzuwerfen und vielfältige Lesarten rund um ein bestimmtes Thema zu evozieren. Ihr künstlerischer Beitrag zu »Damaged Goods« im New Museum, New York (1986), der ersten Ausstellung in einem Museum, bei der Appropriation Art gezeigt wurde, bestand in der Ausstellungsgestaltung.

Für die dOCUMENTA (13) hat Barry ein Miniaturbuch geschaffen, das Zugänge in, durch und rund um die Objekte und Kunstwerke im Kern der Ausstellung, die Sektion »Brain«, anbietet. Die Exemplare stehen für die Besucher in der Ausstellung zur Ansicht bereit.

A pioneer of installation and research-based projects, Judith Barry has worked between architecture, performance, film/video, installation, sculpture, and photography since the late 1970s. She investigates perceptual, anthropological, and cultural phenomena in relation to issues of representation—in particular the construction of subjectivity and gender in a media-defined society pervaded by power relations and the omnipresence and simultaneity of visual modes.

Often, Barry's installations, such as *In the shadow of the city . . . vam p r y* (1985), are set in architectural environments that provoke questions about where the image ends and the room begins. She produces what she calls "subject positions," which viewers inhabit and negotiate as liminal spaces where a variety of different meanings become apparent. Similarly, as part of her artistic practice, her exhibition designs employ the languages of architecture, design, and media to pose questions and evoke a variety of readings around a particular subject. Her artistic contribution to "Damaged Goods" at the New Museum, New York (1986), the first museum show to present appropriation art, was the exhibition design.

For dOCUMENTA (13), Barry has produced a miniature book that provides points of access into, through, and around the objects and artworks in the core section of the exhibition, the Brain. Copies of the books are available to viewers within the exhibition. ES

***For when all that was read was so as not to be unknown Codex*, 2012**
Polyeder-Modellskizze / Polyhedron model sketch
Verschiedene Materialien / Mixed media
Maße variabel / Dimensions variable

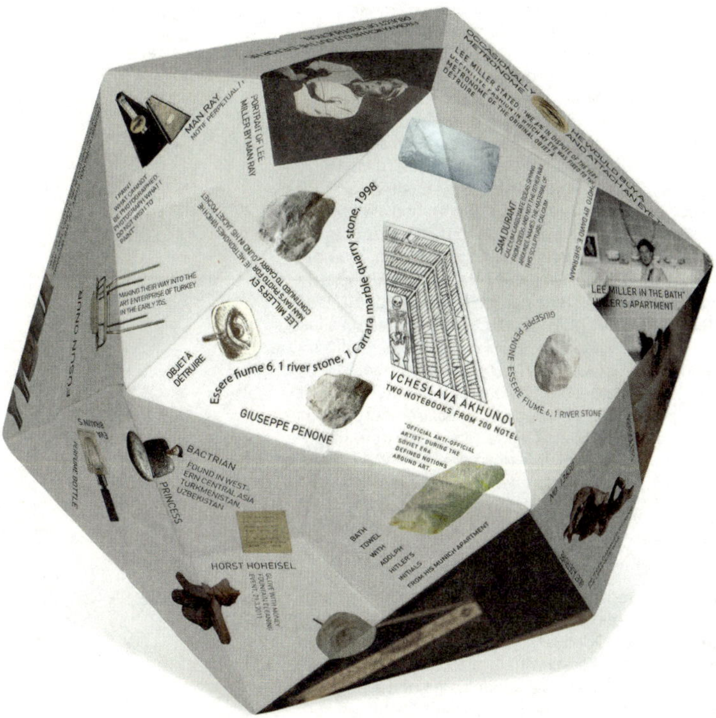
OCCASIONALLY
METRONOME
HE WOULD BUY A
AND ATTACH AN EYE
LEE MILLER STATED:
MAN RAY
MOTIF PERPETUAL
PORTRAIT OF LEE MILLER BY MAN RAY
I PAINT WHAT CANNOT BE PHOTOGRAPHED. I PHOTOGRAPH WHAT I DO NOT WISH TO PAINT
LEE MILLER'S EY
OBJET À DÉTRUIRE
Essere fiume 6, 1 river stone, 1 Carrara marble quarry stone, 1998
GIUSEPPE PENONE
SAM DURANT
PHOTO BY DAVID E SHERMAN
LEE MILLER IN THE BATH
VCHESLAVA AKHUNOV
TWO NOTEBOOKS FROM 200 NOTEB
GIUSEPPE PENONE ESSERE FIUME 6, 1 RIVER STONE
MAKING THEIR WAY INTO THE ART ENTERPRISE OF TURKEY IN THE EARLY 70S.
FÜSUN ONUR
"OFFICIAL ANTI-OFFICIAL ARTIST" DURING THE SOVIET ERA DEFINED NOTIONS AROUND ART.
BACTRIAN
FOUND IN WEST-ERN CENTRAL ASIA TURKMENISTAN, UZBEKISTAN.
PRINCESS
PERFUME BOTTLE
HORST HOHEISEL
BATH TOWEL WITH ADOLPH HITLER'S INITIALS FROM HIS MUNICH APARTMENT

Alighiero Boetti

geb. / b. 1940 in Turin
gest. / died 1994 in Rom / Rome

Alighiero Boetti, ursprünglich ein Vertreter der Arte Povera, verfolgte ab der Mitte der 1960er Jahre eine vielschichtige und weitsichtige künstlerische Praxis, die sich um Begriffe wie multiple Identität, Serialität, Wiederholung und gemeinschaftliche Arbeit drehte und die Grenzen zwischen Kunst und anderen Disziplinen wie Geografie, Geometrie, Mathematik, Philosophie, Literatur und Politik verwischte. In beharrlicher Verfolgung seines Wahlspruchs *Mettere al mondo il mondo* (Die Welt zur Welt bringen) schuf er Werke als Formen eines gemeinsamen Wissens von der Welt, wie sie wirklich ist.

Schon einige Jahre vor seiner ersten Afghanistanreise im Jahr 1971 hatte Boetti seine Aufmerksamkeit nach Osten gerichtet, wie sein Gemälde *Verso sud l'ultimo dei paesi abitati è l'Arabia* (1968) zeigt; den Titelsatz, der aus Herodots *Historien* (450–420 v. Chr.) stammt, schrieb er auf eine schnell trocknende Oberfläche. Diese Arbeit erscheint auf der dOCUMENTA (13) als Element einer größeren Inszenierung von Archivmaterialien mit Bezug auf Boetti, die in Zusammenarbeit mit dem Künstler Mario Garcia Torres ausgewählt wurden und als Bestandteil von dessen Beitrag zur dOCUMENTA (13) gezeigt werden. Diese Sammlung ergänzt nicht nur Garcia Torres' andauernde Forschungen zum Nachleben und Ort des One Hotel in Kabul, wo Boetti von 1971 bis 1977 jedes Jahr mehrere Monate wohnte, sondern bringt auch verschiedene »glückliche Zufälle« zum Vorschein, die die zwei Künstler miteinander sowie die dOCUMENTA (13) mit ihrer Geschichte und Kassel mit Afghanistan verbinden.

Neben einigen Originalbriefen aus dem Schriftwechsel zwischen Boetti und dem Kurator Harald Szeemann, in denen die beiden die Teilnahme des Künstlers an der documenta 5 (1971) diskutieren, wird *Mappa* (1971) gezeigt, der erste aus einer Serie von mit Weltkarten bestickten Wandteppichen, die Boetti in verschiedenen Fassungen in Afghanistan verwirklichte; durch sich verschiebende Grenzen und neue Fahnen, die die verschiedenen Länder identifizieren, spiegeln sie fortlaufend die politischen Veränderungen auf der ganzen Welt wider. Die Arbeit sollte ursprünglich auf der documenta 5 gezeigt werden und ist im Katalog (unter dem Titel *L'arazzo*) abgebildet. Doch die *Mappa* wurde erst im Frühling 1972 nach Europa geliefert; vielleicht wurde deshalb in Kassel letztlich eine andere Arbeit ausgestellt, *Lavoro postale (permutazione)* (1972), im Katalog unter dem Titel *Senza numero* geführt. Garcia Torres vervollständigt die aktuelle Präsentation mit einer Metalltafel, dem Modell für ein Bronzeschild mit Boettis Namen, das dieser am Eingang des Museum Fridericianum anzubringen erwog, ein Plan, der nie umgesetzt wurde. Ganz seinem Diskurs vom gespaltenen Selbst (er nannte sich »Alighiero e Boetti«) entsprechend schrieb der italienische Künstler damals an Szeemann: »Es gibt einen Boetti, der die Wandteppicharbeit zeigen will, aber ein anderer will die Bronzetafel.«

Originally a representative of Arte Povera, from the mid-1960s on Alighiero Boetti pursued a multi-layered artistic practice that presciently focused on concepts such as multiple identity, seriality, repetition, and collaboration, blurring the distinctions between art and disciplines like geography, geometry, mathematics, philosophy, literature, and politics. Constantly following his motto, *Mettere al mondo il mondo* (Bring the world to the world), he produced works that are forms of shared knowledge of the world just as it is.

A few years before his first trip to Afghanistan in 1971, Boetti had already turned his attention to the East, as is evident in his painting *Verso sud l'ultimo dei paesi abitati è l'Arabia* (1968), where the title sentence, taken from Herodotus' *Histories* (450–420 B.C.), was written on a fast-drying surface. This work is represented in dOCUMENTA (13) as an element in a larger staging of archival material related to Boetti, selected in collaboration with the artist Mario Garcia Torres as part of his own participation in dOCUMENTA (13). The selection not only complements Garcia Torres' ongoing research into the survival and location of the One Hotel in Kabul, where Boetti lived for several months per year from 1971 to 1977, but also recognizes several "happy coincidences" connecting the two artists, as well as dOCUMENTA (13) with its historical past, and Kassel with Afghanistan.

Shown alongside some of the original correspondence between Boetti and curator Harald Szeemann, in which the two discuss the artist's participation in documenta 5 (1972), is *Mappa* (1971), the first in Boetti's series of embroidered tapestries of the world map, which he realized in various versions in Afghanistan, constantly reflecting global political changes through the shifting boundaries and updated flags that identify the various countries. This work was intended for exhibition in documenta 5 and is featured in the catalog (under the title *L'arazzo*). *Mappa* was delivered to Europe only in the spring of 1972, which might have been the reason why another work was in fact exhibited in Kassel—*Lavoro postale (permutazione)* (1972), listed in the catalog as *Senza numero*. Garcia Torres completes the current presentation with a metal plaque—the model for a bronze sign bearing Boetti's name that the latter had contemplated placing at the entrance of the Museum Fridericianum, but which was never realized. Very much in keeping with his discourse of a split self (he called himself "Alighiero e Boetti"), the Italian artist once wrote to Szeemann: "There is one Boetti who wants to show the tapestry work, but another who wants the brass plaque." ES/AV

***Mappa*, 1971**
Gewebter Wandteppich, hergestellt in Afghanistan / Embroidered tapestry made in Afghanistan
147 × 228 cm

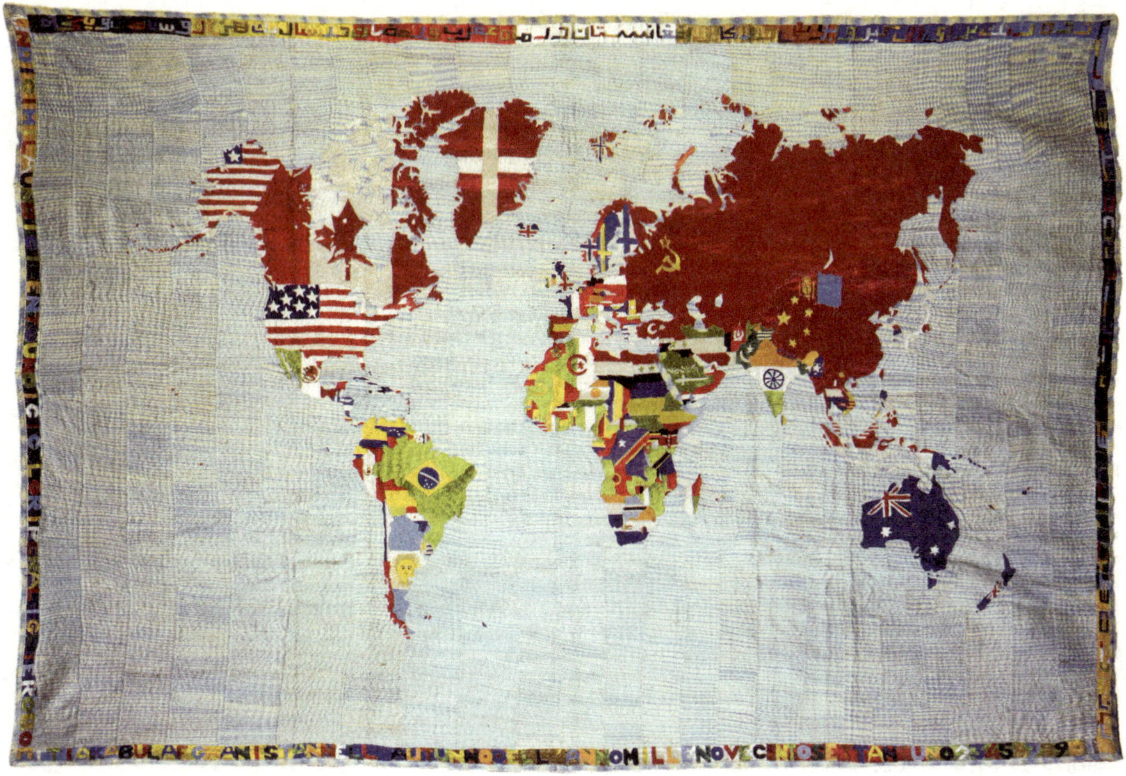

Anna Boghiguian

geb. / b. 1946 in Kairo / Cairo
lebt in dieser Welt / lives in this world

Anna Boghiguian zeichnet und malt Menschen und Städte; ihre künstlerische Arbeit stellt den beharrlichen Versuch dar, ihre Wahrnehmung der Welt um sich herum zu kartieren. Boghiguian glaubt, dass das Seelenleben der Menschen durch das Gefüge der Städte geprägt ist, dass das Selbst von den Mauern der kulturellen Konstrukte bestimmt wird, die die Städte füllen. Außerhalb dieser Mauern ist man ein anderer Mensch. Bei ihren Reisen rund um den Erdball sammelt die Künstlerin Aufzeichnungen und Eindrücke, nur um regelmäßig in ihre Heimatstadt Kairo zurückzukehren, die sie mit all ihrer hektischen Bewegung, ihrem Lärm und Rauch darstellt: den Verkehr in den Straßen, die Menschen in den Kaffeehäusern, aber auch die reglose Stille der Stadt der Toten und in jüngster Zeit die Spuren von Kampf und Zusammenbruch.

Ihr Werk, das den Betrachter auf eine visuelle und literarische Reise entführt, ist von antiken Zivilisationen und den Straßen moderner Metropolen inspiriert. Ihre Zeichnungen von Städten in Ägypten, Kanada, Indien, der Türkei, Griechenland, Italien und Frankreich sind dichte Kompositionen aus Text und Bildern, die Körper mit den Strukturen verweben, die einen Ort ausmachen. Wenn sie nicht ihre eigenen Schriften in ihre Werke einarbeitet, sieht Boghiguian die Welt auch durch die Augen ihrer Vorgänger. Sie holt die Stadt Alexandria so ins Bewusstsein zurück, wie sie der griechische Dichter Konstantinos Kavafis (1863–1933) sah; ihn – und seine alexandrinischen Mitbürger wie Kleopatra, Marcus Antonius, Dionysius und Adonis – porträtiert sie in einer Serie dicht komponierter Zeichnungen und Aquarelle mit dem Titel *A Poet on the Edges of History (Constantine P. Cavafy)* (2009). Sie streift auf den Spuren von Rabindranath Tagore durch Kalkutta und zieht Parallelen zu Ahmed Shawqis Kairo – beides Städte, die damals im Kampf um die Befreiung von der britischen Kolonialherrschaft standen. Boghiguians Zeichnungen erzählen Geschichten, die Persönliches und Politisches vermischen und zwischen Vergangenheit, Gegenwart und der mythologischen Zeit wechseln, um die »Faktizität« der Geschichte zu dekonstruieren und sie in Poesie zu verwandeln.

In ihren jüngsten Zeichnungen ist der Körper fragmentiert: das Gehirn, die Lippen, das Auge und das Ohr – losgelöste Körperteile, die ineinander widerhallen und sich durchdringen. Man findet aber auch Ketten und Stacheldraht, Militärzelte und tote Bienen. *Unfinished Symphony* (2012), Boghiguians Installation für die dOCUMENTA (13), übersetzt die sinnliche Dichte und Komplexität der Zeichnungen in einen metaphysischen Raum, den man körperlich betreten kann. Er umfasst eine Skulptur, die das Symbol des hörenden Ohrs darstellt, sowie medizinische Gefäße, die die Flüssigkeiten und chemischen Substanzen enthalten, aus denen der menschliche Körper besteht. Umgeben von Zeichnungen, die Motive religiösen Glaubens und politischer Macht, Hegel'sche Dialektik und westliche Politik reflektieren, sowie von Bildern von Flüssen – dem Ganges und dem Nil –, die die Kräfte der Natur und den Lebenskampf symbolisieren, gilt das Kunstwerk dem göttlichen wie dem menschlichen Wesen in seiner ganzen Kostbarkeit und Flüchtigkeit.

Anna Boghiguian makes drawings and paintings of people and cities; her artistic labor is a constant mind-mapping of the world that surrounds her. For Boghiguian, people's psyches are shaped through the fabric of cities, and the self is determined by the walls of the cultural constructions that populate them. Outside these walls, one is another person. Traveling the globe and collecting notes and impressions, she frequently returns to her hometown, Cairo, which she depicts with all its velocity, noise, and smoke: the traffic on the streets, the people in the coffeehouses, but also the stillness of the City of the Dead and, recently, the signs of conflict and collapse.

Taking the viewer on a visual-literary journey, her work finds inspiration in ancient civilizations and in the streets of the modern metropolis. Her drawings of cities in Egypt, Canada, India, Turkey, Greece, Italy, and France are dense compositions of texts and images, interweaving bodies with the textures of places. Besides incorporating her own writings, Boghiguian also looks at the world through the eyes of her predecessors. She revisits Alexandria as seen by the Greek poet Constantine P. Cavafy (1863–1933), whom she portrays—along with fellow Alexandrians such as Cleopatra, Mark Antony, Dionysius, and Adonis—in the series of densely composed drawings and watercolors *A Poet on the Edges of History (Constantine P. Cavafy)* (2009). She retraces the steps of Rabindranath Tagore in Calcutta and draws parallels with Ahmed Shawky's Cairo—both cities, at that time, were in the midst of their struggle for liberation from British colonialist rule. The narratives of Boghiguian's drawings merge the personal with the political, shifting between past, present, and mythical time, dismantling the "factuality" of history and turning it into poetry.

In her recent drawings, the body is fragmented: the brain, the lips, the eye, and the ear—isolated body parts, resonating with and penetrating one another. But there are also chains and barbed wire, military tents and dead bees. *Unfinished Symphony* (2012), Boghiguian's installation for dOCUMENTA (13), translates the sensual density and complexity of the drawings into a metaphysical space that one enters physically. It includes a sculpture of the symbolic hearing ear and medical tubes containing the fluids and chemicals that constitute the human body. Surrounded by drawings that reflect on religious belief and political authority, on Hegel's dialectics and Western politics, and by images of rivers—the Ganges and the Nile—symbolizing the forces of nature and the struggle of life, the artwork embraces both the divine being and the human being in all their preciousness and volatility. ES

***I Dance and I Dance the Cosmic Dance of the Atom*, 2011**
Gouache und Bleistift auf Papier / Gouache and pencil on paper
39.6 × 29.7 cm

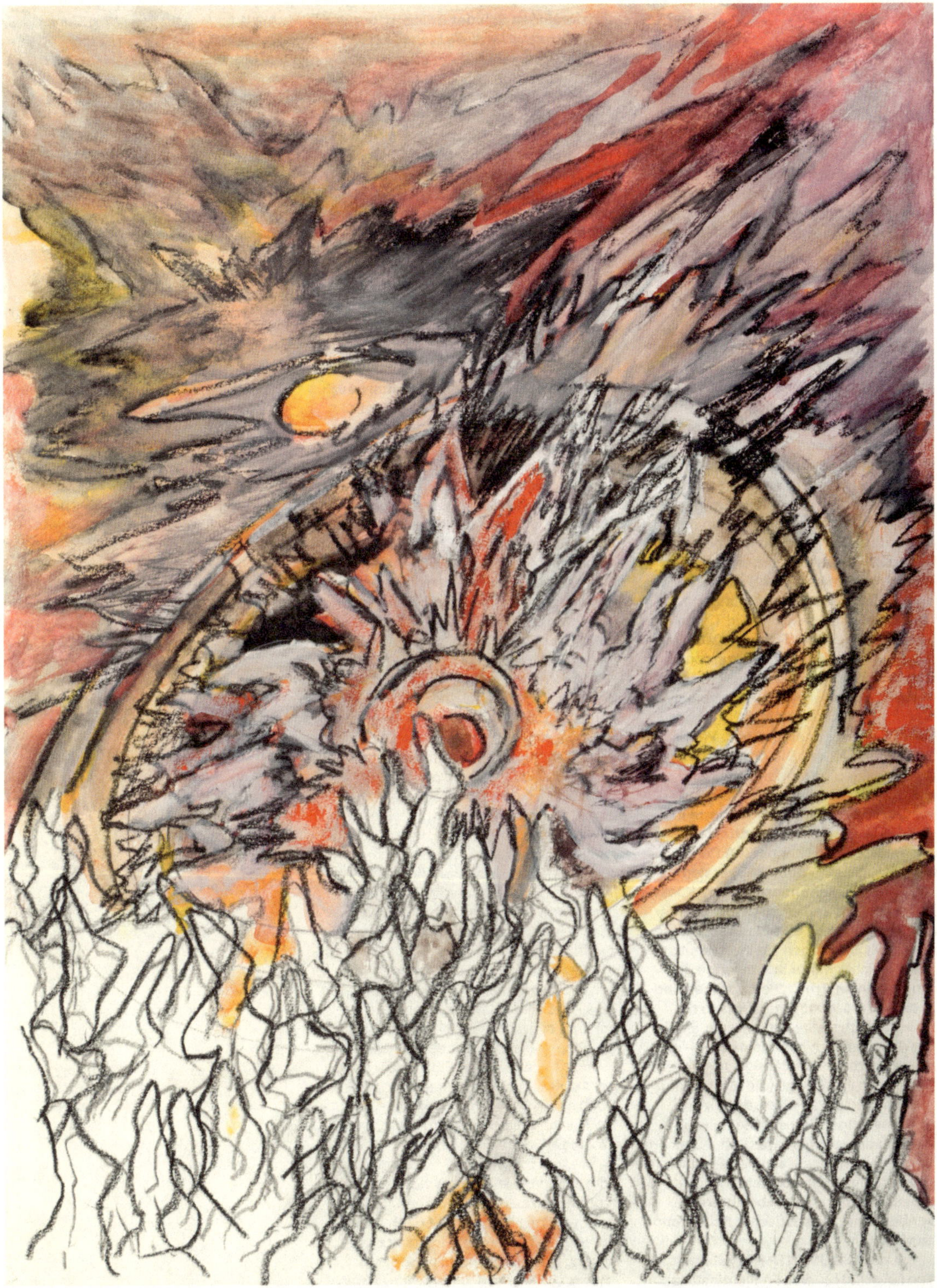

Kristina Buch

geb. / b. 1983 in Meerbusch (Germany)
lebt / lives in Düsseldorf

Bevor die industrielle Landwirtschaft die Landschaft zu einem Patchwork-Teppich aus Monokulturen einebnete und eine unheimliche Stille sich über die Natur senkte, waren die Schmetterlinge, die die Luft erfüllten, eines der erhabensten Schauspiele, in denen sich der Überreichtum des Lebens offenbarte. Ein oder zwei Exemplare aus solcher Fülle mit einem Netz zu fangen und sie mit einer Nadel auf ein Brett zu heften, war eine achtbare und sogar würdige Beschäftigung, in der sich wissenschaftliche Neugier mit ästhetischer Wertschätzung verband.

Kristina Buch verdeutlicht eine andere Vereinigung von wissenschaftlicher Kenntnis und künstlerischer Empfindung. Sie hat einen Abschluss in Biologie und studierte außerdem Theologie; in ihre künstlerischen Arbeiten fließen neben mechanischen und aleatorischen Elementen Beobachtungen zum Verhalten von Menschen und Tieren ein. Für *Before the I Was Folded* (2009) gab Buch drei Schimpansen im Londoner Zoo Tonklumpen; die Ergebnisse zeigte sie in ihrer Master-Ausstellung im Royal College of Art neben einer Plastiktüte, die mit einer Schnur an einem Ventilator befestigt war. Die Arbeit erinnert an die kurzlebige Modeerscheinung der Schimpansenkunst – der Zoologe Desmond Morris präsentierte in den 1950er Jahren die »abstrakten« Ölgemälde des Schimpansen Congo, »Werke«, die eine Debatte über den Wert der Arbeiten nichtmenschlicher »Künstler« auslösten –, aber Buch mischt ihrer poetischen Arbeit eine Dosis subtiler Ironie bei, um Fragen zur Wertschätzung menschlicher Kultur aufzuwerfen. In einer anderen Arbeit, *Perhaps the Wind Is to the Tree What Curiosity Is to the Mind* (2009), stellte sie drei sehr ähnliche Zeichnungen nebeneinander – eine, die sie selbst als Dreijährige angefertigt hatte, eine von Congo (die Morris dafür stiftete) und die Zeichen, die ein an einem windigen Tag an einem Zweig eines Baumes befestigter Stift auf einem Blatt Papier hinterlassen hatte –, um ihre Untersuchung von absichtlicher und unbeabsichtigter, von »belebter« und »unbelebter« künstlerischer Schöpfung zu vertiefen.

Für die dOCUMENTA (13) hat Buch *The Lover* (2012), eine Freilichtinstallation mit lebenden Schmetterlingen, vor dem Staatstheater Kassel geschaffen. Auf einem erhöhten Podium pflanzte sie eine Vegetation an, die ideale Nahrungsbedingungen für heimische Tagfalterarten bietet: Brennnesseln und Disteln wachsen entlang den Rändern rund um eine farbige Blütenpracht und Flecken trockenen, unbepflanzten Bodens – ein hängender Garten *en miniature*. Vor und während der Ausstellung werden Hunderte gezüchteter Tagfalter aus ihren Puppen schlüpfen und die Gelegenheit haben, die Blumeninsel zu bevölkern. Als symbolische Geste der Wiederherstellung, der die Möglichkeit des Scheiterns schon innewohnt, erstattet die Arbeit dem Land ein absurd kleines Bruchstück des biologischen Reichtums zurück, den es einmal besaß. In Schmetterlingen mit ihrem Tanz von Blüte zu Blüte mag man eine Metapher der Freiheit erkennen, hier aber sind sie nicht weniger an ihre Nahrungsquelle gebunden, als es die Tüte an den Ventilator war, Gefangene auf einer Insel des Überflusses in der kultivierten Wüste, die sich ringsumher erstreckt. Eine ähnliche Tröstung bieten Künstler dem Betrachter: Inseln, auf denen scheinbar Handlungsfreiheit herrscht, inmitten der kulturellen Wüste der Markenmonokulturen.

Before the land was flattened by industrial farming into a patchwork of monocultures and the countryside fell eerily silent, one of the most sublime spectacles of living abundance was the swarms of butterflies that filled the air. To net one or two specimens from such profusion and pin them to a board was a respectable and even worthy pursuit, combining scientific curiosity and aesthetic appreciation.

Kristina Buch offers a different confluence of scientific knowledge and artistic sensibility. She has a degree in biology and also studied theology, and her artistic work has drawn on observations of human and animal behavior, set alongside mechanical and aleatory elements. For *Before the I Was Folded* (2009), Buch gave chunks of clay to three chimpanzees at London Zoo and exhibited the results in her M.A. exhibition at the Royal College of Art, next to a plastic bag bound with a string to a fan. The piece recalls the fad for chimpanzee art in which zoologist Desmond Morris in the 1950s presented the "abstract" oil painting of the chimpanzee Congo, whose "works" aroused discussion about the value of art made by non-humans, but Buch subtly weaves some irony into her poetic work, raising questions about the prizing of human culture. In another work, *Perhaps the Wind Is to the Tree What Curiosity Is to the Mind* (2009), she juxtaposed three very similar drawings—the artist's own as a three year-old, one of Congo's (donated by Morris), and the marks left by a pen on a piece of paper while attached to the branch of a tree on a windy day—further exploring the qualities of intentional and unintentional, "animate" and "inanimate" creation.

For dOCUMENTA (13), Buch has created *The Lover* (2012), an open-air, live butterfly installation in front of the Staatstheater Kassel. On a raised platform, she has planted ideal food plants for indigenous butterfly species, with nettles and thistles on the edges and a colorful flowering center with patches of dry, bare soil—a miniature hanging garden. Before and during the exhibition, hundreds of bred butterflies will emerge from their chrysalises with the opportunity to populate the flower island. A token act of restoration already implying the possibility of failure, it brings back to the land an absurdly tiny fragment of the biological riches it once held. Butterflies may be seen as metaphors for freedom, in their dancing from flower to flower, yet here they are as tied to their food sources as the bag was to the fan, imprisoned on an island of abundance in the cultivated desert that stretches beyond. Similarly, artists console viewers with islands of apparent free action amid the cultural desert of branded monocultures. ES

"Untitled Future"

Among the variety of driving forces manifested within beings, the only one that is truly precious is the will to the absurd. It has the power to create a radical future for a creature. This specific will leads a being to overcome its very constitution, to move towards the undefined Other; in the most powerful cases it has the strength to transform a being into something it is not, and never could have been. This is the progression which drives one towards sheer accident, the transgression into the unknown. In this kind of dynamic, the goal – the radical future – is not connected with profit, wealth or power, with having or expending, not even with the desires of possible forms.

Only darkness provides fruitful conditions for this dynamic towards the absurd; merrily shining cave suns have nothing to do with it. Only bitter poisons in grasses and flesh – inside words and events – can nourish this progression and move the body towards the ultimate denial of its own destiny...

Creating a tight sack for self-enclosure into the pitch darkness, the body without a message works hard to ensure what it can't comprehend itself – the birth of a "yet" never traced out. Within a totality of introverted space, inside its destined hopelessness, the body of slime, blood, soft tissues and glands scrupulously attempts to deconstruct itself for the unknown – which can then manifest further. It works in despair for its minuscule hope, the ceaseless dream about a nameless sensation, its dignified participation in never ever blown wide open.

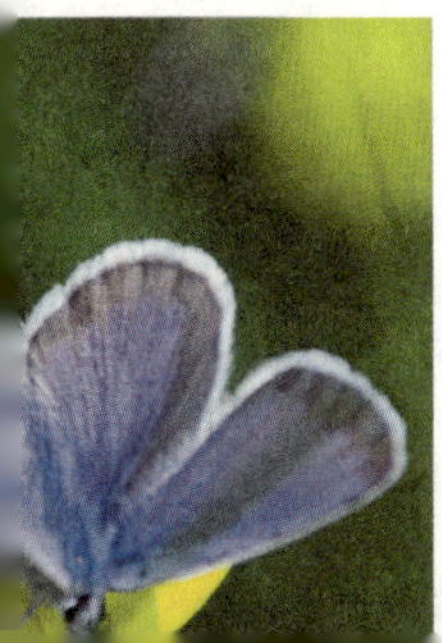

Unrelated to anything, this obscure body blindly pursues its concealed work – it is not aware that what is coming is the birth of the uniquely blissful – the flight into and the gulp of the glowing thin air, the very source of all. The yawning glooms of its limits hide from this body the real nature of its desire – to become a total seduction of the light, to become light's flamboyant dance partner and its only bride, to become a concubine of the most intimate lover.

As a result of the body's rigorous attempts (though utterly unexpected by the body itself), repulsively crooked tentacles tightly clinch round one another, gradually but surely transforming into enormously extended, flawlessly smooth and exuberantly ornamented, colourful wings. These wings, the consequence of the heroic pursuit of the absurd, will ensure the performance of random flutters and circling arabesques in the air, the joy of free–falls and –rises inside the abyss of the wide open.

And now comes the moment when the waters are turned into wine and the old skin of the dark monadic factory, unable to bear the bubbling force of the young wine, starts to crack...

The newly-formed colossal wings, touching thin air, are rowing the shining warship of light and colours, absorbing space after space, level after level, horizon after horizon. The internalised boundlessness begins to breathe broadly in the stillness. The occurred miracle sees many, many wonders around – accomplished wonders, accomplished bless.

That's how to engender and manifest Poiesis.

Gia Edzgveradze, January 2012

Mariana Castillo Deball

geb. / b. 1975 in Mexiko-Stadt / Mexico City
lebt / lives in Berlin und / and Amsterdam

Mariana Castillo Deballs Werk entzieht sich einsinniger Deutung – stattdessen integriert sie eine Vielzahl von Stimmen in ihre Kunst. Als Künstlerin, »die von allem etwas versteht, aber nichts wirklich beherrscht«, bedient sich Castillo Deball für ihre Praxis der Methodiken anderer Felder – Philosophie, Archäologie, Wissenschaft, bildende Kunst und Geschichtenerzählen. Diese spielerische Herangehensweise an Wissen und die Freiheit, sich nicht für eine Disziplin zu Ungunsten einer anderen entscheiden zu müssen, erlauben es ihr, den für ihre Arbeit unverzichtbaren Humor nicht zu verlieren. Durch eine interdisziplinäre und nichtlineare Schichtung, Collagierung, Anordnung und Umordnung von Informationen, Bildern und Erzählungen verweben ihre Skulpturen, Installationen, Filme, Interventionen und Buchprojekte historische Tatsachen mit Mythen, um so vorgezeichnete Geschichten und Klassifikationen zu dekonstruieren und ihre Inhalte von den ihnen übergestülpten Ideologien zu befreien, so dass neue Lesarten möglich werden. Die Rolle des Zufalls und der Begriff des Scheiterns sind zentral für Castillo Deballs Arbeiten, die ein Schlaglicht auf Individuen und Objekte werfen, die sich den Wirkungen dessen, was die Soziologen Michel Callon und Bruno Latour »black-boxing« genannt haben, entziehen: Dabei werden wissenschaftliche Vereinfachungen zu »Wahrheiten«, die anschließend nicht mehr ausreichend geprüft werden.

Castillo Deballs Schriften und Filme werden von ruhelosen Wissenschaftlern und Alchemisten und ihren eigenwilligen Erfindungen bevölkert – Maschinen, die ein Eigenleben entfalten, wie etwa die das Altern beschleunigende Maschine, die in ihrem Film *Nobody Was Tomorrow* (2007) in der Serbischen Nationalbibliothek in Belgrad ihr Unwesen treibt. Eine jüngere Serie von Arbeiten nähert sich zwei Hauptfiguren der Mythologie der Azteken, Coatlicue und Coyolxauhqui, über ihre komplexe Geschichte und ihre ideologischen Verwandlungen im Zusammenhang mit der mexikanischen Archäologie und der nationalen Identität des Landes. In der Installation *Between You and the Image of You That Reaches Me* (2010) zum Beispiel schafft Castillo Deball zwei grazile und fragmentierte »Anti-Denkmäler« für diese Göttinnen.

Für die dOCUMENTA (13) nimmt sie die reiche Geschichte der Wissenschaften und der Alchemie in Kassel zum Ausgangspunkt. *Uncomfortable Objects. Finding Oneself Outside* (2012) beruht auf einer Reihe textbasierter Porträts von nichtmenschlichen Wesen – Tieren, mythischen Kreaturen, Pflanzen, unbelebten Objekten, Maschinen und Naturkräften –, deren Autoren mit ihnen arbeiten oder sie erforschen. Diese Darstellungen liegen mehreren Dialogen über Artengrenzen überschreitende Beziehungen zugrunde, die die heutige Gesellschaft aus nichtmenschlicher Perspektive schildern wollen. Sichtbarer Ausdruck des Projekts ist eine neue großformatige Plastik, die in der Gießerei des Sitterwerks im schweizerischen St. Gallen hergestellt wurde. Die Künstlerin sieht in ihr eine »Ansammlung unbehaglicher Objekte, eine diagonalwissenschaftliche Versuchsanordnung, in der verschiedene Disziplinen nebeneinander bestehen«, wie ein rätselhaftes archäologisches Fundstück aus der Zukunft: weggeworfene und kaputte Gegenstände, Nachbildungen archäologischer Artefakte, Gips, Sand, Steine, Pigmente, Textilien und Werkzeuge. *Never Odd or Even* (2012) ist eine Anthologie von dreißig Schutzumschlägen für Bücher, die es gar nicht gibt. Ihr Inhalt wird in einer Serie von Live-Performances im Ständehaus enträtselt, bei denen Schriftsteller, Künstler und Theoretiker jeweils eingeladen sind, in jeglicher Form auf einen der Titel in diesem Kompendium zu antworten.

Mariana Castillo Deball's work resists singular interpretation—instead, she incorporates a multiplicity of voices into her art. "A jack-of-all-trades, master of none," Castillo Deball adopts methodologies from other fields—philosophy, archaeology, science, fine art, and storytelling—within her practice. This playful approach to knowledge, and the freedom of not having to choose one discipline above another, allows her to maintain the sense of humor that is essential to her work. Through an interdisciplinary and non-linear layering, collaging, ordering, and re-ordering of information, images, and narratives, her sculptures, installations, films, interventions, and book projects interweave historical fact with myth, deconstructing predetermined histories and classifications to free their content from imposed ideologies and to make new readings possible. The role of chance and the notion of failure are central to Castillo Deball's work, which focuses on individuals and objects that evade the effect of what the sociologists Michel Callon and Bruno Latour have called "black-boxing," where scientific simplifications become "truths" that are subsequently insufficiently scrutinized.

Castillo Deball's writings and films are inhabited by restless scientists, alchemists, and their self-willed inventions—machines that develop a life on their own, like the age-accelerating machine that haunts Belgrade's National Library of Serbia in her film *Nobody Was Tomorrow* (2007). A recent series of works approaches two crucial figures of Aztec mythology, Coatlicue and Coyolxauhqui, through their complex history and ideological transformations in the context of Mexican archaeology and national identification. In the installation *Between You and the Image of You That Reaches Me* (2010), for example, Castillo Deball creates two delicate, fragmented "anti-monuments" to these goddesses.

For dOCUMENTA (13), her starting point is the rich history of science and alchemy in Kassel. *Uncomfortable Objects. Finding Oneself Outside* (2012) is based on a series of textual portraits of non-humans—animals, mythical creatures, plants, inanimate objects, machines, and forces of nature—written by people who work with or study them. These depictions inform a number of dialogues about trans-species relationships that seek to portray contemporary society through non-human eyes. The project´s manifestation is a new large-scale sculpture, produced at the Sitterwerk foundry in St. Gallen, Switzerland. The artist sees it as "a cluster of uncomfortable objects, an experiment in diagonal sciences where different disciplines coexist," like a baffling archaeological find of the future: discarded and broken objects, copies of archaeological artifacts, plaster, sand, stones, pigment, fabric, and tools. *Never Odd or Even* (2012) is an anthology of thirty dust jackets for nonexistent books. Their content is unraveled in a series of live performances at the Ständehaus, where writers, artists, and theorists are each invited to respond freely to one of the titles in this compendium. ES

***Sciences Diagonales*, 2011**
Aquarell auf Papier / Watercolor on paper
18 × 29 cm

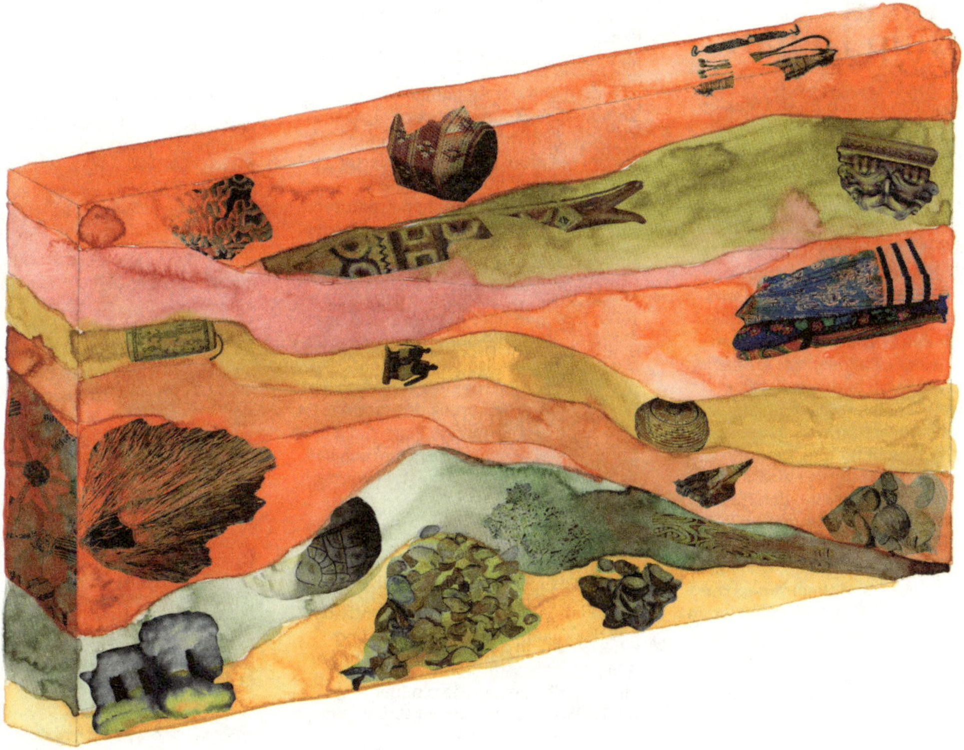

Abraham Cruzvillegas

geb. / b. 1968 in Mexiko-Stadt / Mexico City
lebt / lives in Mexiko-Stadt / Mexico City

er ist Mitglied der Internationalen Gesellschaft für Taoistisches Tai Chi / he is a member of the International Taoist Tai Chi Society

Wie heute eine lebende Plastik hervorbringen?
Eine Plastik ohne feste Form/Gestalt?
Eine aus sich selbst heraus gebildete Plastik?
Eine nicht populistische, demokratische Plastik?
Eine Plastik, die ja sagt?
Eine Plastik, die optimistisch sein kann, nachdem (oder noch besser: eben während) die Verheißung des Konsums zunichtewird?
Eine definitiv unvollendete Plastik?
Eine schwache, gefühlsbetonte, emotionale, unwirtschaftliche, widersprüchliche, delirierende, instabile, bruchstückhafte Plastik, eine mit-der-Szenerie-stimmige (nukleare Hekatombe, Tsunami, Drogenkartelle, Gewalt, Korruption, HIV, Elend, Intoleranz, Macht, Wucher)?
Eine Plastik ohne Etat?
Eine nicht überproduzierte Plastik?
Eine improvisierte Plastik?
Eine glückliche, freudige, anstößige, sinnliche, freundliche, sexy, knappe, großzügige, verschwitzte, lachende Plastik?
Eine Plastik, die aus nichts gemacht ist?
Eine Geschichte, die als Plastik geschrieben/erzählt wird?
Einen Raum, in dem Teilhabe, Arbeit, Spiel, Liebe stattfinden?
Eine Plastik, die an jedem neuen Tag die Verlängerung einer verbindlichen Verpflichtung sein will?
Eine Plastik, die das Leben als Blind Date akzeptieren will?
Eine warme Plastik?
Eine Plastik, die sich auf Solidarität erhebt?
Eine bedürftige Plastik?
Wie?
Indem ich meine Ahnenreihe nachzeichne, werde ich versuchen, einige weitere Fragen zu finden, die meine Plastik möglich machen sollen.
Keine Nostalgie, sondern Fakten.
Alles Liebe,
AC

How to generate a living sculpture nowadays?
A sculpture without a fixed form/shape?
A self-constructed sculpture?
A non-populist democratic sculpture?
An affirmative sculpture?
A sculpture that can be optimistic after (or even better: simultaneous with) the failure of the promise of consumption?
A definitely unfinished sculpture?
A weak, affective, emotional, inefficient, contradictory, delirious, unstable, fragmentary sculpture coherent-with-the-landscape (nuclear hecatomb, tsunami, drug cartels, violence, corruption, HIV, misery, intolerance, power, usury)?
A non-budgetary sculpture?
A not-overproduced sculpture?
An improvised sculpture?
A happy, joyful, indecent, sensual, pleasant, sexy, brief, generous, sweaty, laughing sculpture?
A sculpture made with nothing?
A tale that is being written/told as a sculpture?
A space for sharing, working, playing, loving?
A sculpture that wants to be an every-new-day renewal of a commitment contract?
A sculpture that wishes to accept life as a blind date?
A warm sculpture?
A sculpture standing on solidarity?
A needy sculpture?
How?
Tracing my genealogy, I will try to find some more questions to make my sculpture possible.
No nostalgia, but facts.
Love,
AC

Selbstporträt als Melquiades Herrera in großer toller schwitziger mystischer taoistischer tantrischer Ekstase im Terminal 2F, 28. Mai 2011 / Self-portrait as Melquiades Herrera in Great Gorgeous Sweaty Mystical Taoist Tantric Ecstasy at Terminal 2F, May 28, 2011

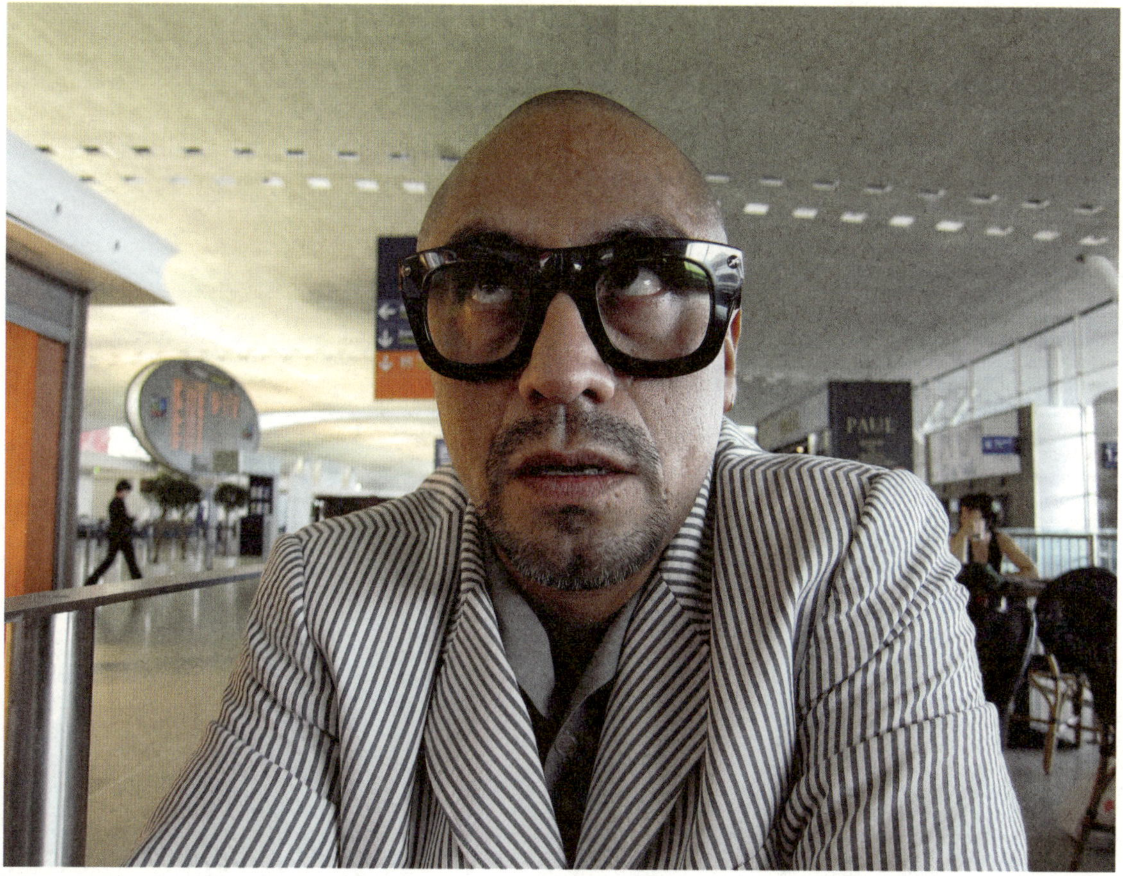
PAUL

Antoni Cumella

geb. / b. 1913 in Granollers (Spanien / Spain)
gest. / died 1985 in Granollers

Man stelle sich zwei Vasen vor. Die eine ist runder als die andere, ähnlich solchen, die von Hand auf einer Töpferscheibe aus Ton geformt wurden. Daneben steht eine andere, die eher die Form einer Flasche hat, mit einem schmalen Hals, nicht lang genug, um schick zu sein; ihre Öffnung ist so winzig, dass es beinahe unmöglich scheint, Flüssigkeit in sie zu gießen. Ihre Oberflächen sind mit einer Aschenglasur überzogen, die ihnen die charakteristische braune Farbe verleiht. Diese zwei Objekte gehören zum Kosmos Antoni Cumellas, eines abstrakten Künstlers, dessen bemerkenswerter Ehrgeiz es war, eine neue Synthese von Material und Form in den Mittelpunkt eines politisch und ästhetisch notwendigen Projekts zu stellen – vermittels der Töpferkunst. Während der 1940er und 1950er Jahre nahm seine gesamte Produktion die Form einer beschwerlichen Suche nach einem Archetyp an, einer einfachen individuellen Gestalt, die stellvertretend für alle Formen stehen konnte. Und darin liegt die politische Dimension seiner Arbeiten. Diese Stücke sind stumm; sie sagen uns nicht, wer sie sind oder was sie eigentlich tun. Im Widerstand gegen die verbreitete Auffassung von »einer Kunst ihrer Zeit« – denn ihr Ort ist außerhalb der Zeit – wie auch gegen die Vorstellung, Design ergebe sich aus Funktion, sind sie von beinahe hysterischer Bescheidenheit.

Imagine two vases. One is rounder than the other, like those formed by hand from clay on a wheel. Next to it is another, shaped more like a bottle, with a narrow neck, not long enough to be stylish, whose mouth is so tiny that pouring liquid inside seems hardly possible. Their surfaces have an ash glaze, which gives them their characteristic brown shade. These two objects are part of the universe of Antoni Cumella, an abstract artist whose intriguing ambition was to place a new synthesis of material and form at the core of a politically and aesthetically necessary project—through ceramics. During the 1940s and 1950s his entire production took the form of an arduous search for an archetype, a simple individual form that could represent all forms. And therein lies the political dimension of his works. These pieces are mute; they do not tell us who they are or what they actually do. Resisting the common view of "an art of its time," since the works are located beyond time, and of design as function, their humbleness is almost hysterical. CM

***Ohne Titel / Untitled*, 1955**
Steingut / Stoneware
Höhe / Height: 31 cm; ø 14 cm

***Ohne Titel / Untitled*, 1957**
Steingut / Stoneware
Höhe / Height: 42 cm; ø 8 cm

***Ohne Titel / Untitled*, 1954**
Steingut / Stoneware
Höhe / Height: 15 cm; ø 25 cm

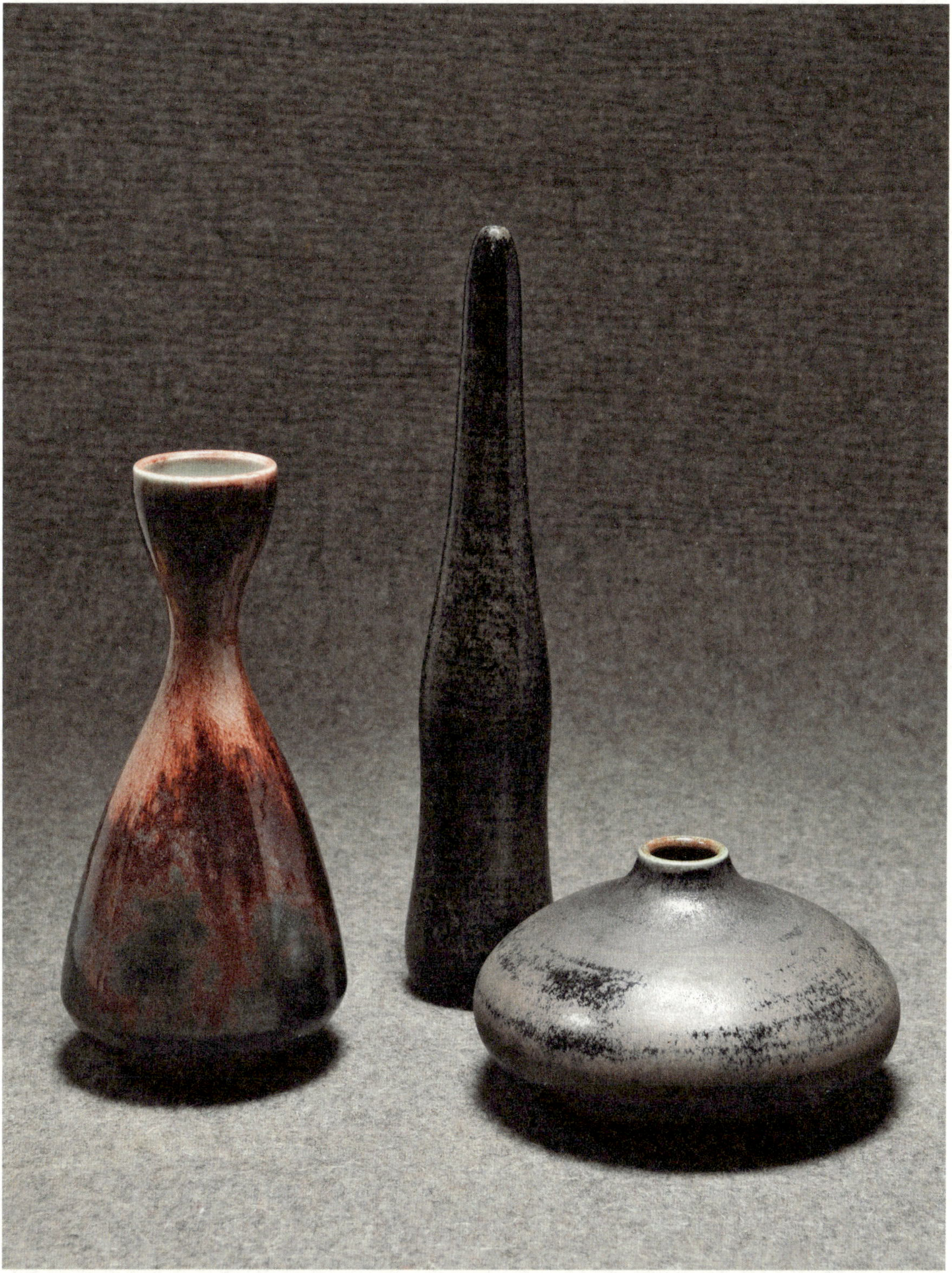

Salvador Dalí

geb. / b. 1904 in Figueres (Spanien / Spain)
gest. / died 1989 in Figueres

Die Auffassung von zeitgenössischer Kunst, so könnte man sagen, hat Salvador Dalí viel zu verdanken: Sein unverkennbarer Stil, sein kommerzieller Erfolg und sein Gespür dafür, wie man eine Kontroverse auslöst, machten seinen Namen noch zu Lebzeiten zu einem festen Begriff. Doch seine öffentliche Persönlichkeit war nur ein Aspekt seiner Wirkung; in seinem Werk setzte er sich mit vielen Ebenen der psychologischen, geschichtlichen und materiellen Wirklichkeit auseinander.

Dalís *méthode paranoïaque-critique*, die er 1930 in seinem Essay »L'Âne pourri« (»Der Eselskadaver«) umriss, war eine wichtige Formulierung des Surrealismus. Darin entwickelt er eine theoretische Auffassung von der Paranoia als künstlerischer Kraft, als schöpferischer Verzerrung: »Ich glaube, dass der Augenblick nahe ist, da es durch einen paranoiden und tätigen Fortschritt des Denkens möglich sein wird, [...] die Verwirrung zu systematisieren und dadurch dazu beizutragen, die Welt der Realität vollends in Verruf zu bringen.« Indem sie das Fremdartige des Denkens widerspiegelt und Maßnahmen zur Entfremdung der bestehenden Kultur ergreift, widersetzt sich die paranoid-kritische Methode bewusst der Zusammenstimmung mit der Wirklichkeit. Stattdessen ist sie eine aktive Halluzination, die verstörende und berauschende Bilder freisetzt.

In den Gemälden *Le grand paranoïaque* (1936) und *Espagne* (1938) wandte Dalí seine paranoide Methode auf die Herstellung bildnerischer Beziehungen an, in denen diskrete Elemente sich vervielfältigen und in ineinander verschränkten Bildern neu verbinden. In beiden Arbeiten mit ihren Wüstenpanoramen und gespenstischen insektenhaften Figuren klingen der Spanische Bürgerkrieg und die faschistischen Mobilmachungen der 1930er Jahre an. Anders als etwa antifaschistische Werke wie Picassos *Guernica* und Alexander Calders *Quecksilberspringbrunnen* (beide 1937) nimmt keines seiner Gemälde ausdrücklich auf bestimmte historische Ereignisse Bezug. Bedeutsam bleibt, dass Dalís Werke die Gepflogenheiten der Historienmalerei auf den Kopf stellen, indem sie durch das Fehlen von Handlung und die Abwesenheit der Figur des Souveräns eine geschichtliche Lähmung darstellen: Alles in diesen Traumlandschaften scheint wahnsinnig und ausgezehrt, das Vorspiel zu einem Krieg.

Doch sein Surrealismus war nicht nur der Fieberwahn von Vernunft und Moral, wie er aus der Freud'schen Psychoanalyse und ihrer Deutung von Begehren und Träumen erwuchs. Dalí ließ sich auch von weniger kontroversen Quellen inspirieren, darunter exakte Wissenschaften wie die Quantenphysik, und entnahm mathematischen Theorien über andere Dimensionen Begriffe und Motive für sein Werk. René Thoms Katastrophentheorie und James Watsons und Francis Cricks Beschreibung der Struktur der DNA faszinierten ihn. So begann das nicht Wahrnehmbare seit dem Zweiten Weltkrieg eine wichtige Rolle in Dalís Werken zu spielen, in Darstellungen des Aufbaus der materiellen Welt, der selbst den menschlichen Sinnen nicht zugänglich ist; eine widerspenstige Verwandtschaft zwischen dem Menschlichen und dem Außermenschlichen, die er aufs Neue mit religiösen Motiven und theologischen Spekulationen verband.

Arguably, the very notion of contemporary art owes a great deal to Salvador Dalí: his signature style, his commercial success, and his instinct for controversy made him a household name in his lifetime. Beyond his public persona, however, his work dealt with many levels of psychic, historical, and material reality.

Dalí's *méthode paranoïaque-critique* was an important formulation of Surrealism, which he outlined in his 1930 essay "L'Âne pourri" (The Rotten Donkey). Here, he theorizes paranoia as an artistic force, a creative distortion: "I believe the moment is at hand when, by a paranoiac and active advance of the mind, it will be possible . . . to systematize confusion and thus to help to discredit completely the world of reality." Mirroring the alien quality of the mind and acting to estrange existing culture, the paranoiac-critical method deliberately fails to harmonize with reality. Instead it is an active hallucination that releases disturbing and intoxicating images.

In the paintings *Le grand paranoïaque* (1936) and *Espagne* (1938), Dalí applied his paranoid method to produce visual relations in which discrete elements multiply and recombine in interlocking imagery. Both works, with their desert vistas and spectral, insect-like figures, resonate with the Spanish Civil War and the Fascist mobilizations of the 1930s. None of his paintings make explicit reference to specific historical events (as, for instance, anti-Fascist works such as Picasso's *Guernica* and Alexander Calder's *Mercury Fountain* did in 1937). But it is significant that Dalí's works reverse the convention of history painting by depicting a historical paralysis through a lack of action and the absence of the figure of the sovereign: everything in the oneiric landscapes seems mad and spent, in a prelude to war.

However, his Surrealism was not only the delirium of reason and morality, based in Freudian psychoanalysis and its interpretation of desire and dreams. Dalí was also—and less controversially—inspired by exact sciences such as quantum physics, and gleaned concepts and motifs for his work from mathematical theories about other dimensions. He was fascinated by René Thom's catastrophe theory and by James Watson and Francis Crick's description of the structure of DNA. Thus the imperceptible came to play an important role in Dalí's work after World War II, in depictions of the constitution of the material world that is not present to the human senses; a fractious kinship between the human and the nonhuman that he re-connected to religious motifs and theological speculation. LBL

***Le grand paranoïaque*, 1936**
Öl auf Leinwand / Oil on canvas
62 × 62 cm
Museum Boijmans Van Beuningen, Rotterdam

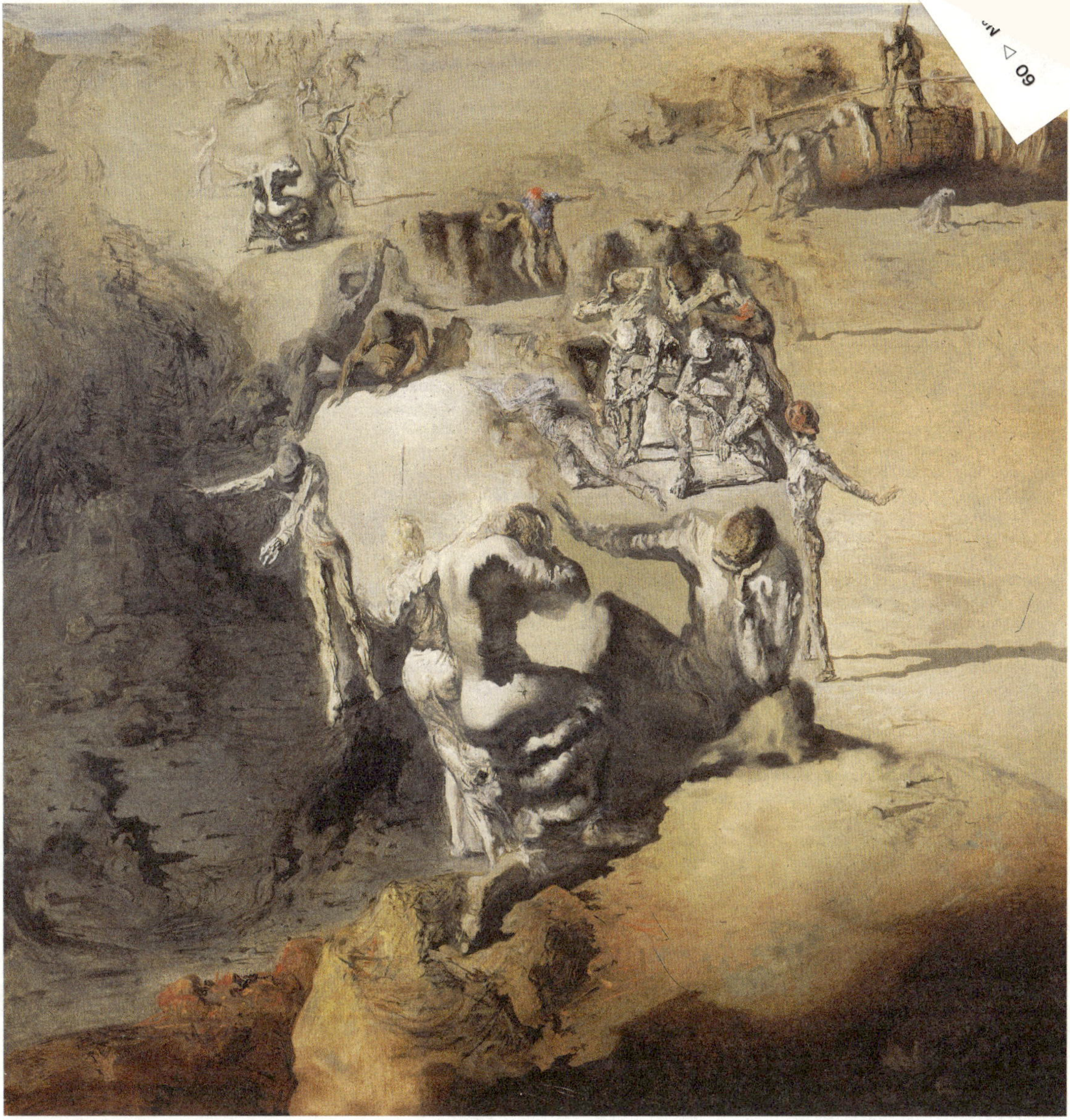

Guillermo Faivovich & Nicolás Goldberg

geb. / b. 1977 in Buenos Aires

geb. / b. 1978 in Paris

leben / live in Buenos Aires

Mit 37 Tonnen ist El Chaco der zweitgrößte Meteorit auf der Erde und das schwerste außerirdische Objekt, das je transportiert wurde. Seine befristete Verlagerung vom Campo del Cielo nach Kassel für die dOCUMENTA (13) stellt eine Etappe des fortlaufenden Projekts *A Guide to Campo del Cielo* dar, an dem Guillermo Faivovich und Nicolás Goldberg seit 2006 gemeinsam arbeiten.

Vor 4.000 Jahren wurde der Norden Argentiniens von einem großen Meteoritenschauer getroffen. Ein etwa 800 Tonnen schwerer Eisenbrocken aus dem Asteroidengürtel zwischen Mars und Jupiter, der älter war als die Erde selbst, war in Stücke zerbrochen, so dass eine große Zahl von Meteoriten entstand. Die indigenen Bewohner des Landes, die das Gebiet Piguem Nonralta (Himmelsfeld) nannten, verehrten diese Himmelseisen, lange bevor die spanischen Eroberer im späten 16. Jahrhundert auf der Jagd nach wertvollen Metallen das Land durchstreiften. 2006 begannen Faivovich & Goldberg mit der Arbeit an diesem Ort; in ausführlicher Forschungsarbeit setzten sie das Puzzle seiner Geschichte zusammen, indem sie das irdische Leben eines jeden Fundstücks und seine wechselvolle Beziehung zur Menschheit nachzeichneten. Ein erster Schritt war die Wiedervereinigung der zwei Hälften eines einzigen zwei Tonnen schweren Meteoriten, der beinahe 45 Jahre lang zwischen Argentinien und den USA aufgeteilt gewesen war, in ihrer Ausstellung »Meteorit „El Taco"«; er war 1965–1966 im Max-Planck-Institut in Mainz zerschnitten worden, ein Vorgang, an dem drei Länder – Argentinien, die USA und Deutschland – mit ihren je eigenen Kulturen und politischen Systemen, ihren Eigenheiten in Bezug auf das Erbe, ihrem jeweiligen technologischen Entwicklungsstand und ihren institutionellen Dynamiken beteiligt waren. Begleitend zu dieser Wiedervereinigung, die im September 2010 im Portikus in Frankfurt am Main stattfand, erschien *The Campo del Cielo Meteorites – Vol. 1: El Taco*, ein von der dOCUMENTA (13) herausgegebenes Künstlerbuch.

***El Chaco en Kassel* wird auf dem Friedrichsplatz neben ikonischen Werken wie dem *Vertical Earth Kilometer*, den Walter De Maria 1977 für die documenta 6 schuf, und den ersten und letzten für Joseph Beuys' *7000 Eichen* (1982–1987) gepflanzten Bäumen aufgestellt. Beide Orte, das Campo del Cielo und der Friedrichsplatz, sind zu Pilgerzielen und Orten der Spekulation und des Spektakels geworden, der eine wegen seiner außerirdischen Fundstücke, der andere wegen des Kulturereignisses documenta. Für die Dauer von 100 Tagen überschneiden sich die Geschichten, die sich mit diesen Orten verbinden. Nach dem Ende der Ausstellung kehrt El Chaco an seinen ursprünglichen Ort zurück. Das Erscheinen dieses kosmischen »Already-Made« auf dem Friedrichsplatz bildet ein Zeitparadox, das an den rätselhaften Monolithen in Stanley Kubricks *2001: Odyssee im Weltraum* (1968) erinnert, stellt jedoch keine Nachricht aus der Zukunft, sondern ein Überbleibsel von der Geburt unseres Sonnensystems dar. Als schiere Verkörperung von Masse und Schwere besteht der Meteorit als Anachronismus in der entmaterialisierten und digitalisierten Welt von heute fort. Begleitend zu diesem Projekt erscheint der Band *The Campo del Cielo Meteorites – Vol. 2: El Chaco*.**

(Stand vom 26. Januar 2012)

At thirty-seven tons, El Chaco is the second-largest meteorite on Earth, and the heaviest extraterrestrial object to have ever been transported. Its temporary displacement from Campo del Cielo to Kassel for dOCUMENTA (13) is a further stage of the ongoing project *A Guide to Campo del Cielo*, on which Guillermo Faivovich and Nicolás Goldberg have collaborated since 2006.

Four thousand years ago, northern Argentina was struck by a large meteorite shower. Stemming from the asteroid belt between Mars and Jupiter, an estimated 800-ton iron mass older than Earth itself had shattered, creating a large number of meteorites. The indigenous inhabitants, who named the area Piguem Nonralta (Field of the Sky), worshipped these celestial irons long before the Spanish conquerors roamed the land on their hunt for precious metals in the late sixteenth century. In 2006, Faivovich & Goldberg began working on the site through in-depth research, piecing together its history by charting the earthbound lives of each specimen and its ever-changing relationship with mankind. A first step, at their exhibition "Meteorit „El Taco"," was the reunification of the two halves of a single two-ton meteorite that had been divided for almost forty-five years between Argentina and the U.S.: the rock had been cut apart in 1965–66 at the Max-Planck-Institute in Mainz, Germany, involving three countries—Argentina, the U.S.A., and Germany—each with their different cultures and politics, idiosyncrasies of patrimony, technological standards, and institutional dynamics. The reunion, which took place at Portikus, Frankfurt/Main, in September 2010, was accompanied by *The Campo del Cielo Meteorites—Vol. 1: El Taco*, an artists' book published by dOCUMENTA (13).

El Chaco en Kassel is installed on the Friedrichsplatz next to iconic works such as Walter De Maria's *The Vertical Earth Kilometer*, created for documenta 6 in 1977, and the first and last planted trees of Joseph Beuys' *7000 Oaks* (1982–87). Both sites, Campo del Cielo and Friedrichsplatz, have become places of pilgrimage, speculation, and spectacle, one for its extraterrestrial finds, the other for the cultural event of documenta. For the duration of 100 days, the story lines of these sites will intersect. After the exhibition is over, El Chaco will be returned to its original location. The appearance of this cosmic "alreadymade" on Friedrichsplatz constitutes a temporal paradox reminiscent of the mysterious monolith in Stanley Kubrick's *2001: A Space Odyssey* (1968). Yet it is not a message from the future, but a remnant from the birth of our solar system. A sheer embodiment of mass and gravity, it coexists anachronistically in our current dematerialized and digitalized world. The project is accompanied by the publication *The Campo del Cielo Meteorites—Vol. 2: El Chaco*. ES

(As of January 26, 2012)

***El Chaco en Kassel*, 2012**

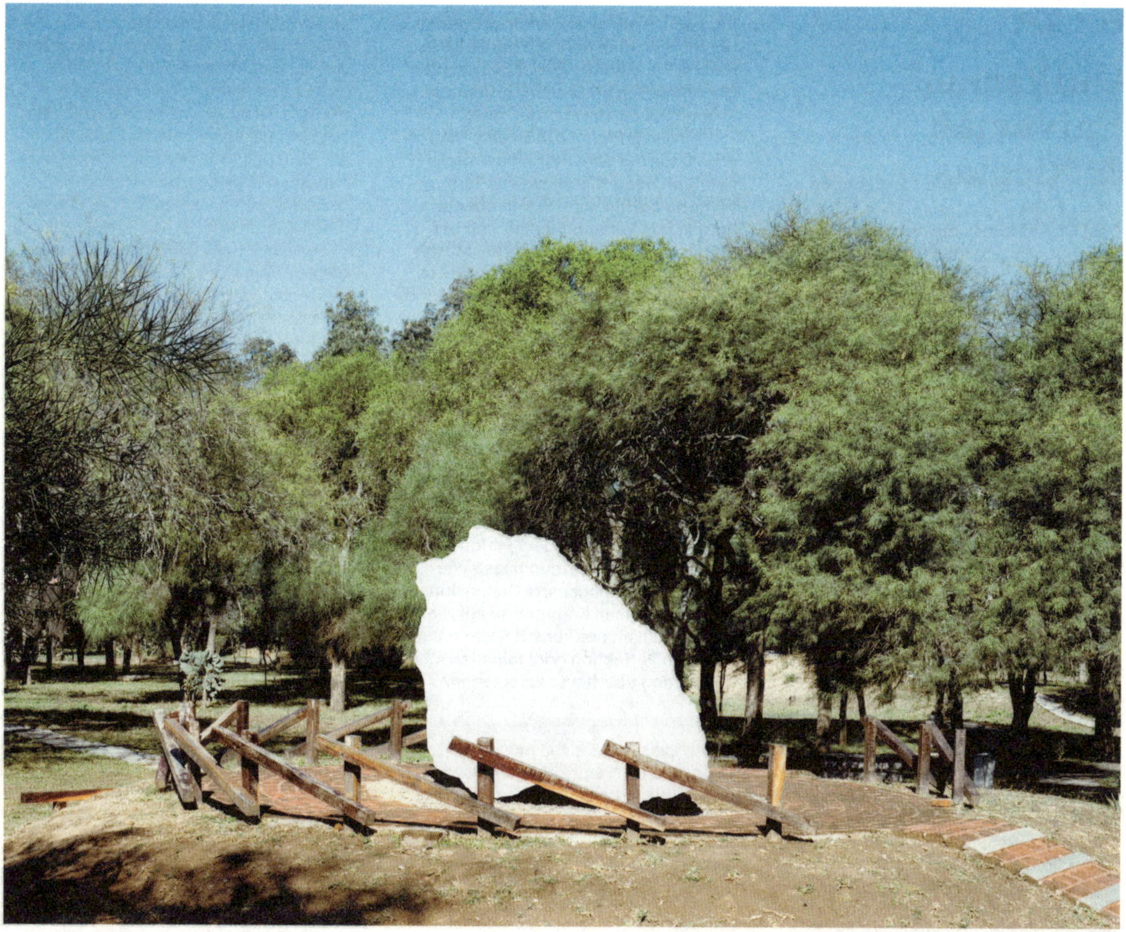

Ceal Floyer

geb. / b. 1968 in Karatschi / Karachi (Pakistan)
lebt / lives in Berlin und / and London

Ceal Floyers Kunst, die die dialektischen Spannungen zwischen Buchstäblichkeit und Banalität unter die Lupe nimmt, ist geradezu beispielhaft konzeptuell; ihre Arbeiten entstehen aus kaum mehr als einer Idee. Floyer arbeitet oft mit Projektionen – eines Bildes, einer geloopten Filmsequenz oder einfach von Licht –, aber ihre Kunst kann auch objektbasiert sein oder in Klängen oder einer Performance bestehen. In seiner täuschenden Einfachheit und dem geringstmöglichen Materialeinsatz lässt ihr Werk besonderen Humor und ein Bewusstsein für das Absurde erkennen. Indem sie ihre Themen und Medien einer radikal rationalen Lösung zuführt – und dabei mit den ihnen innewohnenden Doppeldeutigkeiten spielt und sie sichtbar macht –, analysiert Floyer in klugen und überraschenden Wendungen die Mechanismen, mittels deren wir die Wirklichkeit wahrnehmen. Die frühe Arbeit *Light Switch* (1992) kann als Beispiel für ihre Herangehensweise stehen, bei der man zweimal hinschauen muss: Ein Dia mit der Fotografie eines gewöhnlichen Lichtschalters wird auf die Wand neben einer Tür projiziert. Als perfektes Trompe-l'Œil, stünde da nicht der Diaprojektor deutlich sichtbar im Raum, entsteht das Bild durch einen Schalter aus Licht. Ähnlich *Double Act* (2006), eine kreisförmige Projektion eines Stückes roten Vorhangs auf eine Stelle an Wand und Boden, wo Licht die Arbeit beleuchtet und zugleich konstituiert.

***Nail Biting Performance*, eine Arbeit, die mit der gleichen linguistischen Strenge, aber vielleicht weniger kühlkonzeptuell vorgeht – das Stück hatte 2001 in der Birminghamer Symphony Hall Premiere und wird nun für die dOCUMENTA (13) im Staatstheater Kassel wiederaufgeführt –, fügt eine weitere Ebene hinzu: Floyer steht allein mit einem Mikrofon auf der Bühne vor einem Publikum, das gekommen ist, um ein klassisches Konzert zu hören, und liefert eine Performance, die den Titel wortgetreu darstellt; der englische Ausdruck steht für eine dramatische Darbietung, die so spannungsgeladen oder gefährlich ist, dass die Zuschauer anfangen, an ihren Nägeln zu kauen. Die Künstlerin macht nicht nur einen konzeptuellen Witz, sondern verwandelt ihn auch in einen wagemutigen Auftritt, bei dem sie eine nervöse Darstellerin darstellt und sich zugleich als nervöse Darstellerin in einer selbsterfüllenden Prophezeiung zu erkennen gibt.**

***'Til I Get It Right* (2005), eine Soundarbeit, die auf dem Refrain des gleichnamigen Song-Klassikers von Tammy Wynette beruht, nimmt sich ebenfalls Fragen von Verwundbarkeit und der Möglichkeit des Scheiterns an. Mittels digitaler Technik hat Floyer die Worte »falling in love« herausgeschnitten und den übrig gebliebenen Text »I'll just keep on / 'til I get it right« zu einer Endlosschleife verbunden. Obwohl sie behauptet, es gehe ihr darum, das, was man über die Wortbedeutung hinaus in die Arbeit hineinlesen könnte, auf ein Minimum zu reduzieren, kommt man nicht umhin, in diesem lakonischen Vers – der mit seidiger Stimme vorgetragen wird, aber in der Bearbeitung den romantischen Aspekt verloren hat und durch die erbarmungslose Wiederholung sisyphushafte Dimensionen annimmt – einen Kommentar auf die Vergeblichkeit des künstlerischen Bemühens um Perfektion oder künstlerischer Produktion überhaupt zu erkennen.**

Examining the dialectical tensions between the literal and the mundane, Ceal Floyer's work, exemplarily conceptual, needs little more than an idea to come into existence. She often works with projections—of an image, a looped film sequence, or simply of light—but her work can also be object-based, sound, or performance. In its deceptive simplicity and minimal use of material, it is informed by a particular sense of humor and an awareness of the absurd. By taking her subjects and media to a radically rational solution—playing on and pointing out their inherent double entendre—Floyer slyly dissects and twists the mechanisms by which we perceive reality. The early work *Light Switch* (1992) exemplifies her approach of the double take: a photographic slide showing a standard light switch projected onto a wall near a door. A perfect trompe l'oeil, if it were not for the prominently visible slide projector standing in the room, the image comes into being through a switch made of light. Likewise, in *Double Act* (2006), a circular projection of a piece of red curtain onto a wall and floor segment, light both illuminates and constitutes the work.

With the same linguistic rigor, but perhaps less conceptual cool, *Nail Biting Performance*, first staged at Birmingham's Symphony Hall in 2001 and reenacted for dOCUMENTA (13) in the Staatstheater Kassel, adds another layer: standing alone on a stage in front of a microphone and an audience that has come to see a classical concert, she literally performs the work's title—an expression used for a drama so suspenseful or risky that it causes spectators to bite their nails. She not only makes a conceptual joke but also turns it into a daring act, exposing herself as a nervous performer while performing a nervous performer in a self-fulfilling prophecy.

'Til I Get It Right (2005), a sound piece created from the refrain of the classic song of the same title by Tammy Wynette, also embraces notions of vulnerability and the potential of failure. Floyer digitally excised the words "falling in love" and looped the remaining "I'll just keep on / 'til I get it right" in eternal repetition. Though she claims to be trying to minimize any meaning beyond the literal that could be read into the work, one can't help but understand the laconic line—sung with a silky voice but with the romance edited out, and gaining Sisyphean dimensions through merciless repetition—as a comment on the futility of trying to reach perfection as an artist, or of artistic production itself. ES

***'Til I Get It Right (amended)*, 2012**
Gedruckter Text und Tipp-Ex auf Papier / Printed text and correction fluid on paper
29.7 × 21 cm

I'll just keep on

'Til I get it right.

Llyn Foulkes

geb. / b. 1934 in Yakima (Washington)
lebt / lives in Los Angeles

In den vergangenen fünf Jahrzehnten hat der Künstler und Musiker Llyn Foulkes ein konsequent inkonsequentes Werk geschaffen, das sich bewusst allen bekannten Kategorien entzieht. Nach seiner ersten institutionellen Ausstellung 1962 im Pasadena Art Museum wich sein emotional aufgeladener Expressionismus, der sich in seinen Assemblagen widerspiegelte, schnell einer Antwort im Sinne der Pop Art auf das Dahinschwinden des amerikanischen Traums von den unbegrenzten Möglichkeiten, für den das optimistische Wachstum von Los Angeles exemplarisch gewesen war. Die renommierte Ferus Gallery kurz nach dem Beginn seiner Laufbahn zu verlassen und sich von ihrer Vorliebe für perfekte Oberflächen – man sprach von einem »finish fetish« – zu distanzieren, war eine mutige Stellungnahme.

In den 1960er Jahren malte er Landschaftsbilder, die auf die Ikonografie von Postkarten, frühe Landschaftsfotografie und von der Route 66 inspirierte Gefahrenwarnschilder Bezug nahmen. Seit den frühen 1980er Jahren hat er sich der Arbeit an einer Serie von Tableaus zugewandt, bei denen er dreidimensionale Elemente – vorgefundene Objekte wie Kleidungsstücke, Polster, Holz, echtes Haar oder Zähne – in die Farbschicht einarbeitet. Wiederkehrende Motive sind amerikanische Ikonen wie Mickey Mouse und der Lone Ranger, intime Bildnisse seiner selbst und seiner Familie und Porträts historischer oder anonymer Figuren, die er sich aneignet und mit zutiefst bitterem Humor verstümmelt und entstellt, um die USA und ihr politisches System im Zustand des Verfalls zu dokumentieren. Seine vielen Selbstporträts zeigen ihn resigniert ob der ihn umtreibenden Allgegenwart von Mickey Mouse, einer Symbolfigur der Bilderindustrie.

Sein spätes Meisterwerk *The Lost Frontier* (1997–2005), ein Diorama, an dem er acht Jahre lang in einem fortwährenden Schaffungs- und Zerstörungsprozess in seinem Atelier gearbeitet hat, gibt ein plastisches Bild vom Tod des amerikanischen Traums. Wir sehen den Künstler von hinten, wie er in eine apokalyptische Berglandschaft hinausblickt. Für Letztere brach er Stücke aus dem hölzernen Bildträger und baute verschiedene vorgefundene Gegenstände wie einen Fernseher, leere Bierflaschen und eine tote Katze ein. Die Szenerie von Los Angeles erscheint als riesiges und grenzenloses Brachland, das eine Autobahn durchschneidet. Von entscheidender Bedeutung ist die Beleuchtung dieser Arbeit, da die dreidimensionale Oberfläche Schatten wirft, die die Erscheinung des Gemäldes verändern können. *The Lost Frontier* wird auf der dOCUMENTA (13) zusammen mit *The Awakening* (1994–2012) gezeigt, einem verstörend-lakonischen Porträt eines alternden Paares in seinem Schlafzimmer.

Foulkes' andere große Liebe gilt der Musik. »Malerei ist meine Qual, Musik meine Freude«, hat er einmal gesagt. Nachdem er in verschiedenen Formationen mitgespielt und The Rubber Band mitgegründet hatte, erfüllte er sich 1979 mit einer eigenen Einmannband einen Kindheitstraum. Dabei verwendet er eine selbstgebaute Apparatur, die er »The Machine« nennt, ein den Musiker umgebendes dichtes Gewirr von Instrumenten, die er irgendwo ergattert oder selbst erfunden hat – Basssaiten, Xylophon, Kuhglocken, Schlagzeug, darüber ein Bündel altmodischer Auto- und Fahrradhupen. The Machine wird als Teil von Foulkes' Installation in Kassel gezeigt; vom 1. Juni bis zum 19. Juli gibt er zu verschiedenen Anlässen auf dem Instrument Live-Darbietungen.

Llyn Foulkes' production as an artist and musician over the past five decades has been consistently inconsistent, deliberately circumventing any kind of labeling. Following his first museum exhibition at the Pasadena Art Museum in 1962, his emotionally charged expressionism combined with assemblage quickly migrated to a Pop response to the U.S. landscape and the vanishing dreams of American opportunity that had fostered the optimistic growth of Los Angeles. Leaving the prestigious Ferus Gallery at an early stage in his career, in a move away from its "finish fetish," was a bold statement.

Throughout the 1960s, he created landscape paintings that utilized the iconography of postcards, vintage landscape photography, and Route 66-inspired hazard signs. Since the early 1980s, he has turned to working on a series of tableaux that incorporate three-dimensional elements—found objects like pieces of clothing, upholstery, wood, real hair, or teeth—and working them into the paint. Recurring motifs are American icons like Mickey Mouse and the Lone Ranger, domestic portrayals of himself and family, and portraits of historic or anonymous figures, which he appropriates, mutilates, and deforms with the bitterest of humor, documenting the U.S.A. and its politics in a state of decay. His many self-portraits show him in a mood of resignation, haunted by the omnipresent corporate figure of Mickey Mouse.

His late masterpiece *The Lost Frontier* (1997–2005), a diorama on which he worked for eight years in his studio in a constant process of making and destroying, plastically depicts the death of the American dream. We see the artist from behind looking into an apocalyptic mountain landscape made by chipping away at the wooden picture plane and incorporating various found materials like a TV set, empty beer bottles, and a dead cat. The Los Angeles landscape is depicted as a vast, borderless wasteland, cut through by a highway. The way in which the work is lit is crucial, since the three-dimensional surface creates shadows that can change the painting's appearance. *The Lost Frontier* is shown at dOCUMENTA (13) alongside *The Awakening* (1994–2012), an uncanny and laconic portrait of an aging couple in their bedroom.

The other big love in Foulkes' life is music. "Painting is my torment and music is my joy," he once said. In 1979, having performed in several groups and formed the Rubber Band, he fulfilled his childhood dream of creating a one-man band through a self-made contraption that he calls "The Machine," a dense, wraparound nest of scavenged and invented instruments—bass strings, xylophone, cowbells, and drums, crowned by a clump of old-fashioned car and bicycle horns. The Machine will be included in Foulkes' Kassel installation, and he will perform on it live on several occasions from June 1 to July 19. ES

***The Lost Frontier*, 1997–2005**
Verschiedene Materialien / Mixed media
221 × 243.8 × 20.3 cm

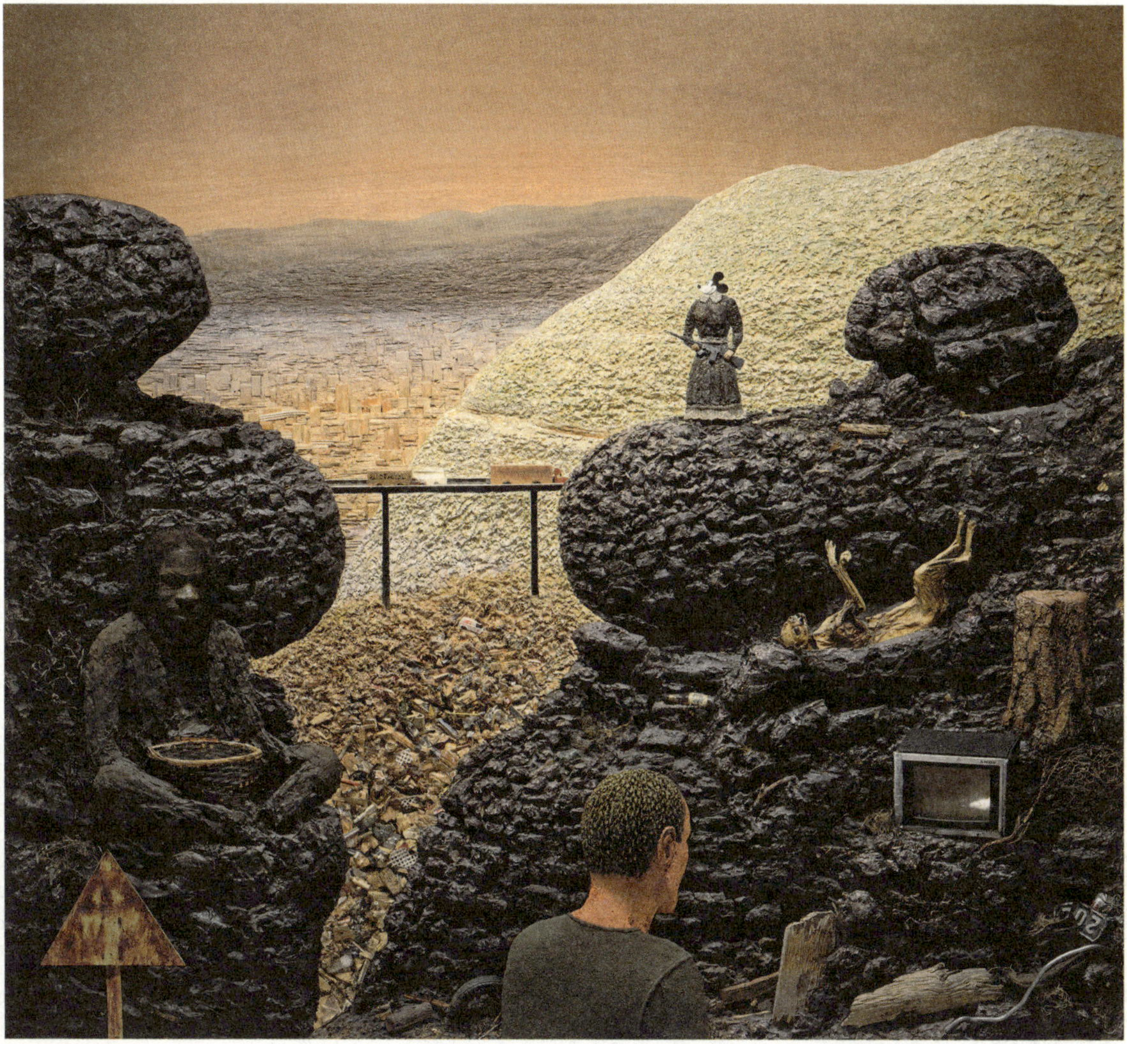

Ryan Gander

geb. / b. 1976 in Chester (England)
lebt / lives in London

1. Eine leichte Brise weht durch das gesamte Erdgeschoss des Fridericianums, dessen Räume verlassen und beinahe leer sind (*I Need Some Meaning I Can Memorise [The Invisible Pull]*, 2012). Der Wind ist nicht kräftig, nicht ohne Weiteres als künstlich erzeugt erkennbar, aber doch spürbar genug, einen Augenblick der Verwunderung bei dem Besucher hervorzurufen, der sich dort befindet, wo »das Herz« der documenta schlagen soll.
2. Ein wenig im Dickicht versteckt und fernab der markierten Wege der Karlsaue steht eine eiserne Falltür einen Spaltbreit offen. Helles blaues Licht dringt aus ihr hervor, dazu die fernen Klänge von Charlie Mingus' Album *Tijuana Moods*. Wir dürfen einen Blick hineinwerfen, aber was genau sich in diesem geheimen Elysium abspielt, ist unseren Augen verborgen, was es verspricht, unerreichbar (*Escape Hatch to Culturefield*, 2012).
3. Eine Person sitzt Tag auf Tag im Restaurant in der Orangerie; sie liest ein Buch über Improvisation und macht sich Notizen. Spricht jemand aus dem Publikum sie an, erklärt die Person, sie sei ein Theaterautor und arbeite an einem Bühnenstück über einen bekannten Hollywood-Schauspieler, der sich selbst als von den Toten Wiederauferstandenen spielen und sein Leben aus der bevorzugten Perspektive des Zurückblickenden noch einmal wahrnehmen werde (*I Had a Message from the Curator*, 2012).

Wenn diese drei Interventionen von Ryan Gander nicht viel gemeinsam zu haben scheinen außer ihrer Subtilität und beinahe vollständigen Unsichtbarkeit als Kunstwerke, so liegt das daran, dass er sich bemüht, jeden künstlerischen »Stil«, jede »Handschrift« zu vermeiden; stattdessen bedient er sich aus einem großen Vorrat an Ideen, die sich in einer Vielzahl formaler Mittel und Medien manifestieren. Dazu zählten bisher Kinderbücher, Typografie, Schmuckdesign und Vorträge neben traditionelleren künstlerischen Genres wie Zeichnungen, Skulpturen und Installationen, Fotografien, Filmen und Performances. Wie verschiedenartig, minimalistisch oder prosaisch diese einzelnen Arbeiten sein mögen, sie sind Bruchstücke einer komplexen Erzählung – einer Sammlung von durch *Loose Associations* (so der Titel von Ganders 2002 begonnener Vortragsreihe) verbundenen Anekdoten –, die sich wie ein Faden durch sein Werk zieht und dabei Tatsachen und Fiktionen, (kunst)historische und autobiografische Ereignisse miteinander vermengt.

Ganders rhizomatisches Wahrnehmungssystem lässt verschiedene Eintrittspunkte zu, widersetzt sich aber abschließenden Deutungen. Er dekonstruiert Begriffe und Definitionen im linguistischen wie formalen Sinne und durchkreuzt zugleich unseren Wunsch nach vollständiger Zugänglichkeit, Verständlichkeit oder Performativität. Der Tänzer tanzt die Augenblicke zwischen den Posen; der Schauspieler ignoriert die vierte Wand, indem er eine unmittelbare Auseinandersetzung mit dem Publikum improvisiert; der Wind ist von Zugluft nicht zu unterscheiden; und die »Rettungsluke ins Culturefield« – ein Verweis auf die Vorstellung von einem imaginären Idealort für kreatives Schaffen – bleibt eine unerreichbare Falltür.

1. A light breeze is blowing through the Fridericianum's entire ground floor, whose rooms are left almost empty (*I Need Some Meaning I Can Memorise [The Invisible Pull]*, 2012). It is not a strong wind, not immediately recognizable as artificial, but physical enough to create a moment of wonder in the viewer while standing in what is considered "the heart" of documenta.
2. Somewhat hidden in the undergrowth, well off the designated paths of the Karlsaue park, an iron trapdoor is left partly open to emit a bright blue light and the distant sound of Charlie Mingus' album *Tijuana Moods*. We are allowed a glimpse inside, but exactly what is going on in this secret elysian field is out of sight, its promised pleasures inaccessible (*Escape Hatch to Culturefield*, 2012).
3. Someone sits in the restaurant of the Orangerie day after day, reading a book about improvisation and taking notes. When approached by a member of the audience, the person explains that he or she is a dramatist, working on a stage production about a well-known Hollywood actor who will play himself, resurrected from the dead, re-observing his life with the privilege of hindsight (*I Had a Message from the Curator*, 2012).

If these three interventions by Ryan Gander seem to have little in common except their subtlety and near invisibility as artworks, it is because he takes care to avoid any "style" or "signature" as an artist, drawing instead from a deep pool of ideas that are manifested in a multitude of formal means and media. These have included children's books, typography, jewelry design, and lectures, as well as more traditional artistic genres such as drawings, sculptures, installations, photographs, films, and performances. However diverse, minimal, or prosaic, these single works are fragments of a complex narrative—a collection of anecdotes with *Loose Associations* (as Gander's ongoing lecture series, begun 2002, is titled)—that threads through his oeuvre, mingling fact and fiction, (art-)historical and autobiographical events.

Gander's rhizomatic system of perception allows for various entry points but resists conclusive interpretation. He deconstructs terms and definitions in both a linguistic and a formal sense, while at the same time frustrating our desire for full accessibility, comprehensibility, or performativity. The dancer dances the moments in between poses; the actor disregards the fourth wall by improvising a direct engagement with the public; the wind is indistinguishable from a draft; and the *Escape Hatch to Culturefield*—referring to the concept of an imaginative, ideal place for creation—remains an inaccessible trapdoor. ES

Studie zur Geschwindigkeit der Luftströmung für / Airflow-velocity study for *I Need Some Meaning I Can Memorise (The Invisible Pull)*, 2012

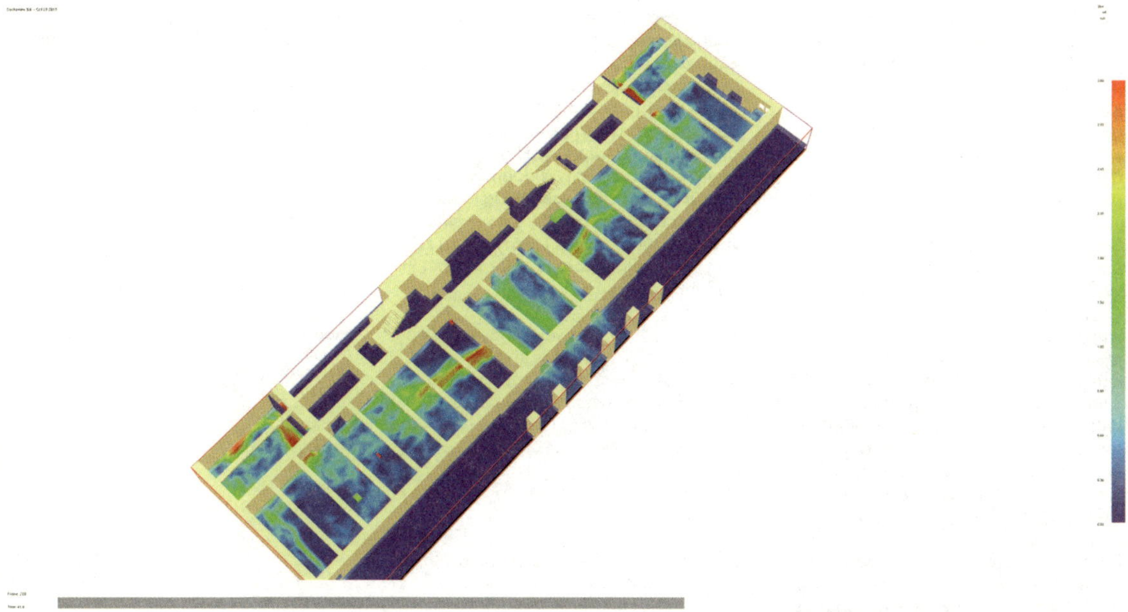

Mario Garcia Torres

geb. / b. 1975 in Monclova (Mexiko / Mexico)
lebt / lives in Mexiko-Stadt / Mexico City

Mario Garcia Torres untersucht die blinden Flecken der jüngeren Kunstgeschichte und das immaterielle Vermächtnis konzeptueller Gesten. Indem er verlorengegangene Fäden, die sich mit Künstlern wie Robert Barry, Martin Kippenberger oder Daniel Buren verbinden, wieder aufnimmt, eröffnet er neue Räume für Reflexionen über das Wesen der Kunst und ihr Verhältnis zum Leben und zu heutigen politischen Fragen.

Seit er zum ersten Mal von Alighiero Boettis One Hotel hörte – einer Herberge, die der italienische Künstler von 1971 bis 1977 in Kabul unterhielt und die wie ein zweites Zuhause für ihn war –, ist Garcia Torres immer wieder gedanklich zu diesem Ort zurückgekehrt. Hier entwarf Boetti im Herbst 1971 seine erste *Mappa*, eine gestickte Weltkarte, die zunächst als sein Beitrag für die documenta 5 gedacht war, letztlich jedoch durch *Lavoro postale (permutazione)* (1972) ersetzt wurde. Über dreißig Jahre später – sowjetische Truppen hatten Afghanistan besetzt, Boetti war gestorben, die Taliban hatten ihr Regime errichtet, und die USA waren einmarschiert – schien sich die Spur des One Hotel verloren zu haben. Garcia Torres, der vermutete, es sei verschwunden, schrieb *Share-e-Nau Wondering – A Film Treatment* (2006), eine Folge von fiktiven Faxsendungen, in denen er dem verstorbenen Künstler von einer imaginären Reise nach Kabul Ende 2001 berichtete, bei der er sich auf die Suche nach dem Gebäude machte, in dem sich das Hotel befand. Die realen Nachforschungen in Archiven und dem Internet dauerten vier Jahre und führten schließlich 2010 zu *Have You Ever Seen the Snow?*, einem audiovisuellen Essay, der von der Suche des Künstlers nach dem One Hotel erzählt, das er schließlich auch fand. Während er von seinem Schreibtisch in Los Angeles aus virtuell die Straßen Kabuls durchstreifte, dachte er über die Potenziale und Grenzen von Fotografien eines Ortes nach, den er selbst nie besucht hatte, und der Geschichte eines Künstlers, den er nie kennenlernen konnte. »Kabul war vielleicht der ideale Ort dafür, Geschichte und die verschiedenen Möglichkeiten, eine Geschichte zu erzählen, neu zu denken«, bemerkt er. »Die Geschichten, Menschen und Bauten dieser Stadt neigen dazu, spurlos zu verschwinden, aber gelegentlich tauchen sie auch ohne Vorwarnung wieder auf.«

Im Sommer 2010 besuchte Garcia Torres endlich das Gebäude, in dem einst das One Hotel untergebracht war, und nahm die Räumlichkeiten vorläufig in Beschlag. Während seines Aufenthalts nahm er bauliche Reparaturen vor, strich die Fassade neu an, renovierte die Innenräume und pflanzte im Garten einige Rosenstöcke und Granatapfelbäume. Er lebte selbst zeitweise dort, hieß neue Gäste willkommen, lud Menschen zum Tee ein, filmte in der Nachbarschaft und führte Gespräche über die Geschichte des One Hotel. Auf diese Weise förderte er die Wiederbelebung des Ortes. Für die Ausstellung in Kassel hat Garcia Torres beschlossen, seine Arbeiten rund um das One Hotel zu zeigen und endlich Boettis *Mappa* (1971) ins Fridericianum zu bringen.

Mario Garcia Torres investigates the blind spots in recent art history and the immaterial legacy of conceptual gestures. By reactivating lost threads associated with other artists such as Robert Barry, Martin Kippenberger, or Daniel Buren, he opens up new spaces for reflection about the nature of art and its relation to life and current politics.

Ever since he came across Alighiero Boetti's One Hotel, a second home and lodge that the Italian artist ran in Kabul between 1971 and 1977, Garcia Torres has repeatedly returned to this place in his mind. It was here that, in the fall of 1971, Boetti conceived his first *Mappa*, an embroidered world map that was meant to become his work for documenta 5, but was ultimately replaced by *Lavoro postale (permutazione)* (1972). More than thirty years later, after the Soviet occupation of Afghanistan, Boetti's death, the Taliban regime, and the U.S. invasion, the trail to One Hotel seemed to have gone cold. Suspecting that it had disappeared, Garcia Torres wrote *Share-e-Nau Wondering—A Film Treatment* (2006), a series of fictional faxes in which he informed the deceased artist about an imaginary journey to Kabul in late 2001, during which he went in search of the building that hosted the hotel. The actual quest, via archives and the Internet, continued over four years and gave birth in 2010 to *Have You Ever Seen the Snow?*—an audio-visual essay that narrates the artist's search for One Hotel, which was eventually found. While virtually navigating the streets of Kabul from his desk in Los Angeles, Garcia Torres contemplated the potential and limitations of photographs of a place to which he had never been, and the story of an artist he had never met. "Kabul was perhaps the ideal place to rethink history and the different ways in which a story can be told," he notes. "The city's stories, people, and buildings tend to vanish without a trace, but on occasion, they also reappear without warning."

In the summer of 2010, Garcia Torres at last visited the building that once housed the One Hotel, and he has since temporarily taken over the premises. While there, he made structural repairs, repainted the facade, refurbished the interiors, and planted some roses and pomegranates in the garden. For certain periods he lived there, welcoming new guests, inviting people to have tea on the premises, filming in the neighborhood, and talking to people about the One Hotel story. In this way, he promoted the reactivation of the site. For the exhibition in Kassel, Garcia Torres has chosen to exhibit his works around the One Hotel and to finally bring *Mappa* (1971) to the Fridericianum. ES/AV

***Have You Ever Seen the Snow?*, 2010 (Detail / detail)**
90 Farbdias, Ton / 90 color slides, sound
50 min.

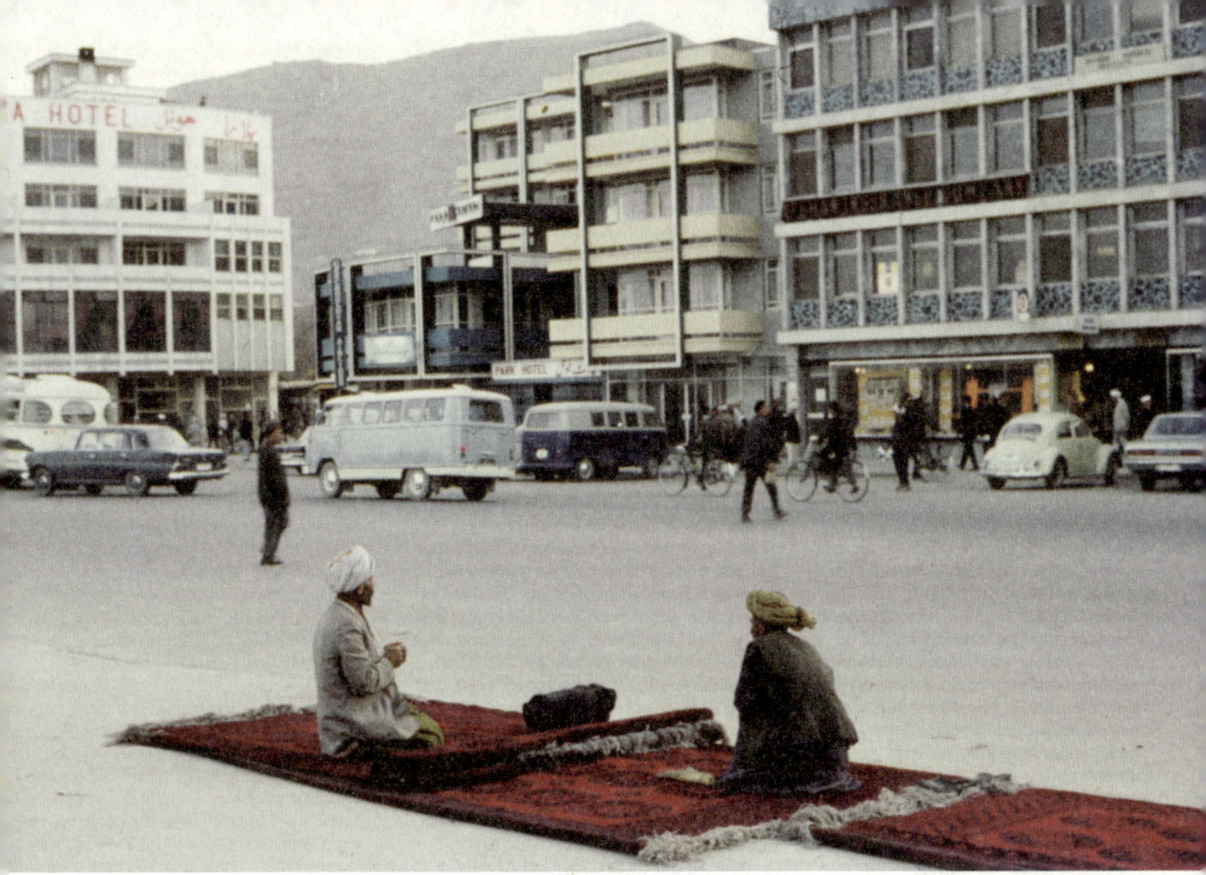
HOTEL
PARK HOTEL

Mariam Ghani

geb. / b. 1978 in New York
lebt / lives in Brooklyn und / and Kabul

Mariam Ghani untersucht Räume, die beispielhaft für die Grenzbereiche stehen, in denen sich verschiedene Phänomene kreuzen, von Militäreinsätzen nach Kriegen über das Einwanderungsrecht bis hin zu der immer weniger deutlichen Unterscheidung zwischen natürlichen und vom Menschen geformten Landschaften. Ihre oftmals in Kooperation mit anderen Künstlern geschaffenen Arbeiten umfassen Videos, Fotografien, Museumsinstallationen, Websites, Veröffentlichungen, Lesesäle, Performances und Gespräche – verschiedene Schnittstellen, die eine Vielfalt von Zugängen eröffnen.

In ihrem Projekt *Kabul: Partial Reconstructions* (2002–2007) zum Beispiel setzte sie lineare und interaktive Videoinstallationen und öffentliche Online- wie Offline-Dialoge ein, um die verschiedenen Bedeutungen zu erkunden, die der Wiederaufbau in einer Situation wie der Kabuls nach dem Einmarsch der Amerikaner annehmen kann. Wie die meisten ihrer Arbeiten verbindet das Projekt mehrere physische und metaphorische Schichten, um politischen Abstraktionen eine Ebene menschlicher Interaktionen in kleinem Rahmen entgegenzustellen. *Index of the Disappeared* (2004–fortlaufend), ein Forschungsprojekt mit offenem Ende, bei dem die Künstlerin mit Chitra Ganesh zusammenarbeitet, begann mit einem Fragebogen für Menschen, die nach dem 11. September von staatlichen Arrest- und Abschiebemaßnahmen betroffen waren, mit dem, wie Ghani es nennt, »warme Daten« gesammelt werden sollen – Datensätze, die auf persönlichen Erfahrungen beruhen, statt der Schemen aus »kalten Daten«, die bürokratische Datenbanken hervorbringen. Im Laufe der Jahre hat sich der *Index* zu einem physischen Archiv entwickelt, das private Lebenszeugnisse mit frei zugänglichen Regierungsdokumenten verbindet, um ein systematisches Bild der Lücken und Löschungen in den amtlichen Unterlagen zu schaffen, sowie zu einer Plattform für öffentliche Interventionen, die die menschlichen Kosten öffentlicher Ordnungsmaßnahmen und den Zusammenhang zwischen der Unterdrückung von Daten und dem realen Verschwinden von Menschen sichtbar machen soll.

Die Serie von Video-Sound-Installationen *Performed Places* (2004–fortlaufend) aktiviert die strukturellen und narrativen Eigenschaften von Orten in der Zusammenarbeit mit Choreografen und Komponisten. Eine dieser Arbeiten, *A Brief History of Collapses* (2011–2012), ist ein Porträt zweier Gebäude, die, obwohl sie in verschiedenen Jahrhunderten und auf verschiedenen Kontinenten errichtet wurden, erhebliche Gemeinsamkeiten nicht nur hinsichtlich der Architekturstile und Grundrisse zeigen, sondern auch in Bezug auf die symbolischen Rollen, die sie in ihren historischen und zeitgenössischen Kontexten spielen: Waren sie zur Zeit ihrer Errichtung Wahrzeichen der Modernität und der Aufklärung, wurden sie später zu Denkmälern für den Niedergang der Zivilisation durch die unmenschlichen Zerstörungen des Krieges und die rückwärtsgerichtete Revolte. Während das Fridericianum in Kassel durch die Wiedereinführung der Avantgarde mittlerweile zu einem Symbol für die Erholung eines Landes nach dem Krieg geworden ist, liegt der Darulaman-Palast in Kabul noch immer in Trümmern. Die Zweikanal-Videoinstallation erkundet die Geschichten der beiden Gebäude und die Resonanzen zwischen ihnen und legt Ähnlichkeiten wie Unterschiede bloß, indem sie parallele Spaziergänge durch ihr Inneres inszeniert. Vielleicht verfolgen die langen und sorgfältig choreografierten Kamerafahrten die Person, die vor der sich stetig fortbewegenden Kamera zu fliehen scheint und dem Rahmen des Bildes oder der Architektur zu entkommen sucht; vielleicht auch nicht. Die raffinierte Inszenierung von Objekten verweist auf die früheren Verwendungen der Gebäude, während die Tonspur wechselt zwischen Filmmusik und einer Erzählerstimme aus dem Off, die zwischen den beiden Orten Schleifen zieht und dabei historische Tatsachen mit Mythen und Spekulationen verwebt, um so einen Dialog zwischen den beiden Filmen sich entspinnen zu lassen.

Mariam Ghani investigates spaces that embody the border zones where different phenomena intersect, from post-conflict interventions to immigration laws to the increasingly fine line between natural and constructed landscapes. Often collaborative, her work encompasses videos, photographs, museum installations, websites, publications, reading rooms, performances, and conversations—different interfaces that allow various entry points.

Her project *Kabul: Partial Reconstructions* (2002–07), for example, used linear and interactive video installations and on- and off-line public dialogues to explore the multiple meanings of "reconstruction" in the context of post-invasion Kabul. Like most of her work, it operates through several physical and metaphoric layers to present a small-scale level of human interaction opposed to political abstractions. *Index of the Disappeared* (2004–ongoing), an open-ended research project in collaboration with Chitra Ganesh, started with a questionnaire for people affected by post-9/11 state detentions and deportations, designed to collect what Ghani defines as "warm data"—data portraits based on personal experiences—as opposed to the shadow bodies of "cold data" generated by bureaucratic databases. Over the years, the *Index* has developed into a physical archive that combines private testimonies with public-domain government documents to build up a systemic picture of the gaps and erasures in official records, as well as a platform for public interventions intended to make visible the human cost of public policies and the connections between data suppression and real-life disappearances.

The series of video-sound installations *Performed Places* (2004–ongoing) activates the structural and narrative qualities of places through collaborations with choreographers and composers. One of them, *A Brief History of Collapses* (2011–12), portrays two buildings that, though constructed in different centuries and on different continents, share significant parallels not only in their architectural style and layout but also in their symbolic roles within their historical and contemporary contexts: landmarks for modernity and enlightenment at the time they were built, they became monuments to the fall of civilization through the inhuman destruction of war and a reactionary revolt. While the Fridericianum in Kassel is now a symbol for postwar recovery through the reintroduction of avant-garde culture, the Dar ul-Aman Palace in Kabul is still a ruin. The two-channel video installation explores the histories and resonances of the two buildings, revealing both their similarity and their differences by staging parallel journeys through their interiors. The long, carefully choreographed tracking shots may or may not be pursuing a person who seems to flee from the steadily moving camera, escaping the frame of image or architecture. The subtle staging of objects refers to former uses of the buildings, while the soundtrack alternates a score and a voice-over narration that loops from place to place, interweaving historical fact with myth and speculation and creating a dialogue between the two films. ES

***Rec Room, Governors Island*, 2010**
Aus der Serie / From the series *Notes on Collapse*
Digitaler C-Print / Digital C-print
50.8 × 76.2 cm

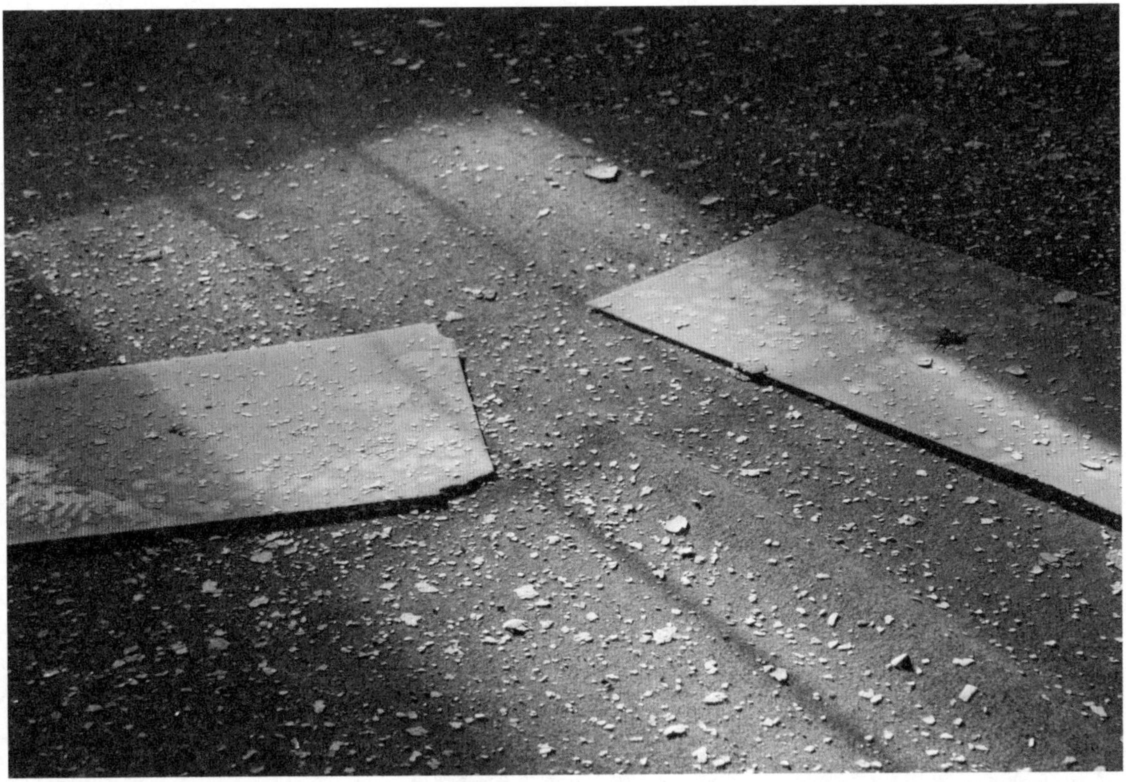

Julio González

geb. / b. 1876 in Barcelona
gest. / died 1942 in Arcueil (Frankreich / France)

Julio González, der in Barcelona geboren wurde, verbrachte den größten Teil seines Lebens in Paris, wo er mit Gertrude Stein befreundet war, Constantin Brancusi assistierte und mit Pablo Picasso zusammenarbeitete. In den Renault-Fabriken lernte er das Schweißen von Eisen, eine Industrietechnik, die er zu seiner künstlerischen Methode machte. Später zeigte er neben Picasso und Alexander Calder seine Werke in dem Pavillon, mit dem sich die Spanische Republik auf der Pariser Weltausstellung 1937 vorstellte.

González' Verfahren bei seinen Skulpturen und Objekten, die sich durch skizzenhafte Zerbrechlichkeit auszeichnen, ist als »Zeichnen im Raum« beschrieben worden: ein skelettartiger Kubismus, bei dem Linie, Gleichgewicht und Abwesenheit nicht weniger bedeutsam sind als Masse. Jean-Paul Sartres Beschreibung der Plastik eines anderen Modernisten, Alberto Giacometti, ist berühmt geworden: Sie halte einen absoluten Abstand von »zwanzig Schritten« zwischen sich und dem Betrachter, wo auch immer er stehe. Im Gegensatz zu dieser Entfernung des Werks, das sich gleichsam vom Betrachter in seine Aura zurückzieht, sind González' Skulpturen von fühlbarer Gegenwart – und doch wie unter Vorbehalt, als seien sie ständig bedroht. Die menschliche Figur erscheint hier lebhaft und unbeständig, wie eine Saite eines Musikinstruments, die jederzeit reißen kann. Menschliche und andere Lebensformen verschmelzen in seinen Werken, so in *Monsieur cactus (Homme cactus I)* (1939), einem dornenbewehrten Zwitter aus Mensch und Pflanze, der maschinenartige Auswüchse mit den weichen, ledrigen Zweigen eines Wüstenkaktus verbindet. Darüber hinaus breiten sich González' Objekte aus, verteilen sich umher, was ihnen eine nicht weniger zeitliche als räumliche Existenz verleiht: Ihre Bestandteile sind Bewegungen, gleichzeitige Ereignisse.

Obwohl González vor Ende des Zweiten Weltkriegs starb, wurden seine Skulpturen dennoch auf der II. documenta im Jahr 1959 gezeigt, deren Thema »Kunst nach 1945« lautete. Die Präsentation seiner Werke auf der dOCUMENTA (13) stellt somit eine Rückbesinnung auf das Œuvre eines wichtigen Künstlers des 20. Jahrhunderts dar und zugleich eine Wiederholung von dessen documenta-Teilnahme von vor mehr als fünfzig Jahren: die Ausstellungsstücke sind dieselben – *Tête plate* (1930), *Danseuse à la marguerite und Homme gothique* (beide 1937), drei Arbeiten, in deren Zentrum der menschliche Kopf oder Körper steht. Im heutigen Zusammenhang auf González zurückzukommen bedeutet, die Trauerarbeit – um den psychoanalytischen Begriff zu gebrauchen – wiederaufzunehmen, die die documenta in der Kunst- und Kulturgeschichte nach den weltweiten Zerstörungen und während des Wiederaufbaus Deutschlands und Europas geleistet hat. Auf der dOCUMENTA (13) bewohnen González' Werke einen geschichtlich-politischen Raum, der sich zwischen Vergangenheit und Gegenwart eröffnet und den Besucher zu einer Erkundungsreise einlädt.

A friend of Gertrude Stein's, the assistant to Constantin Brancusi, and a collaborator with Pablo Picasso, the Barcelona-born Julio González lived for most of his life in Paris, where he learned to weld iron at the Renault factories—an industrial technique that he turned into artistic method. He later exhibited in the pavilion representing Republican Spain at the 1937 Paris World's Fair alongside Picasso and Alexander Calder.

Characterized by a sketchy fragility, González's work with sculpture and object has been referred to as "drawing in space," a kind of skeletal Cubism in which line, balance, and absence are as significant as mass. Jean-Paul Sartre famously said about another modernist, Alberto Giacometti, that his sculpture always creates an absolute distance from the viewer of "twenty steps away," no matter where the viewer stands. In contrast to this kind of auratic withdrawal from the viewer, González's sculpture is palpably present—yet in a conditional, precarious way. Here, the human figure is depicted as vibrant and volatile, like a string on a musical instrument that is likely to snap. Human and non-human life-forms merge in his work, as in *Monsieur cactus (Homme cactus I)* (1939), a thorny man-plant hybrid in which machinic protuberances coexist with the soft leather branches of a desert cactus. Moreover, González's objects scatter and spread out in ways that give them a temporal existence as much as a spatial one. Their elements are movements, simultaneous events.

Even though González died before the end of World War II, his sculptures were shown at II. documenta in 1959, which was themed "Art after 1945." The presentation of his work in dOCUMENTA (13) is thus a return to the work of an important twentieth-century artist, and a repetition of his documenta participation more than fifty years ago, with the identical exhibits: *Tête plate* (1930), *Danseuse à la marguerite*, and *Homme gothique* (both 1937)—three works revolving around the human head or body. To return to González in this context is a recapitulation of the work of sorrow—to use the psychoanalytic term—that documenta historically carried out in the realm of art and culture, following global destruction, during the reconstruction of Germany and Europe. At dOCUMENTA (13), his work inhabits a historical and political space that opens up between past and present, into which the viewer is invited to travel. LBL

Links / Left:
***Homme gothique*, 1937**
Bronze
56.5 × 27 × 16 cm

Rechts / Right:
***Tête plate*, 1930**
Eisen / Steel
21.8 × 18.2 × 11.1 cm

Installationsansicht / Installation view, II. documenta, 1959

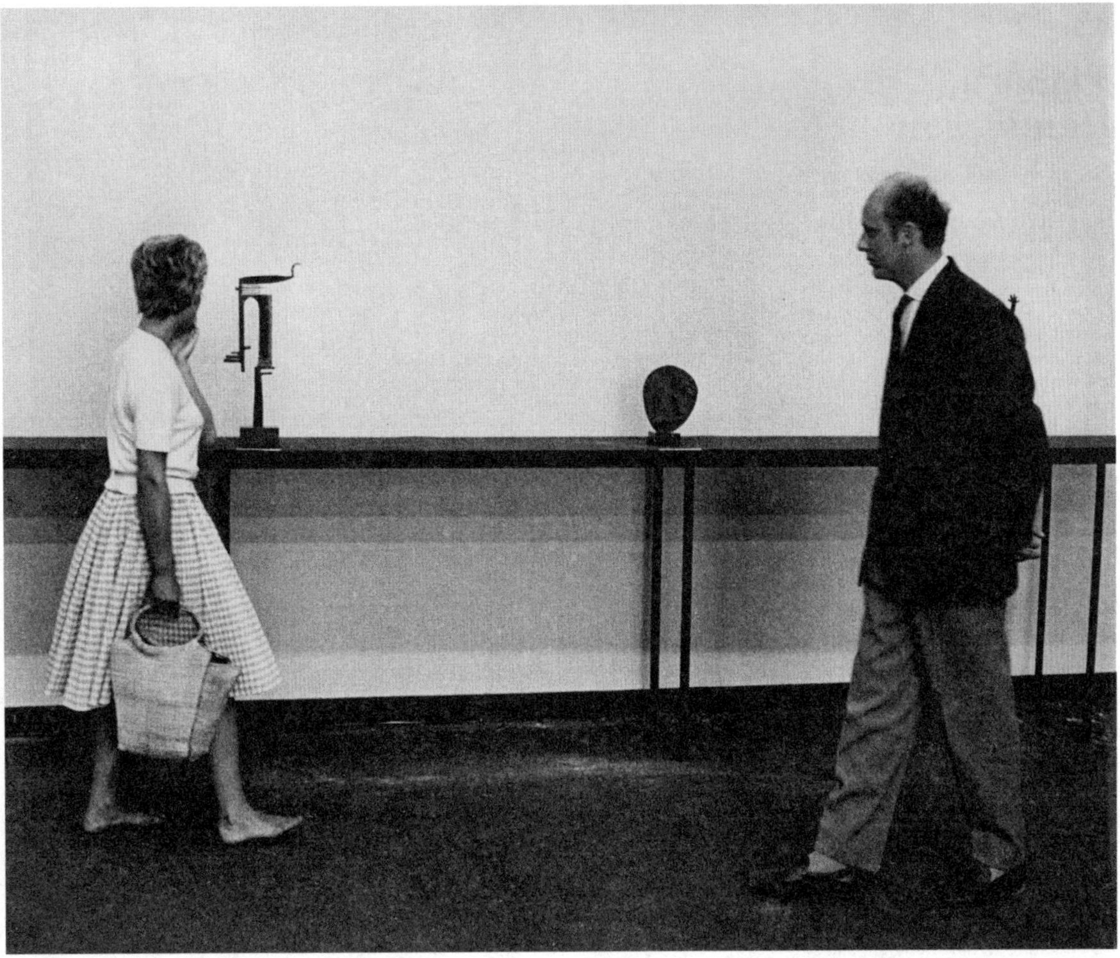

Tamara Henderson

geb. / b. 1982 in Sackville (New Brunswick)
lebt / lives in Stockholm

Wie zerbrechliche Figuren in einem Dada-Kabarett sind menschliche Gestalten in Tamara Hendersons Arbeiten einem begrifflichen Chaos und Kräften ausgesetzt, die sie nicht beherrschen können. In ihren Installationen und Performances werden die Grenzen von Medien und Präsentationsformaten mit großen, grob gefertigten Requisiten und Verfahren auf die Probe gestellt, zu denen der choreografierte Zusammenbruch von Ordnung und die sorgfältig geplante Zerstörung von Gegenständen gehören.

Die performative Dimension ihrer Kunst ist auch dann am Werk, wenn die Künstlerin selbst nicht da ist. Zum Beispiel hat Henderson unter Hypnose Möbel als Kunstwerke geschaffen: Die so entstandenen Stühle sind mit den Adressen der Behandlungsräume der verschiedenen Hypnotiseure beschriftet und verweisen dadurch auf den Prozess ihrer Gestaltung und letztlich auf das Unbewusste ihrer Schöpferin zurück.

Ihre Arbeit für die dOCUMENTA (13), der 16-mm-Film *Sloshed Ballot & Anonymous Loan* (2011), zeigt eine Dramaturgie, in der unsichtbare Hände Requisiten und nichtmenschliche Figuren verschieben. Protagonist ist ein von Henderson gebautes »Traumbett«: eine wandlungsfähige Skulptur, die der Bebrütung von Träumen dient und auf die Maquetten anspielt, die das radikale Architekturbüro Superstudio in den 1960er Jahren produzierte. Die Kamera mustert die ausladenden Bestandteile des Bettes, bevor der Film mit einer Traumsequenz schließt, die auf einem Traum beruht, den Henderson in diesem Bett schlafend hatte. Ein von der Künstlerin selbst komponierter und eingespielter Soundtrack ertönt und verklingt.

Like fragile players in a Dada cabaret, human subjects are, in Tamara Henderson's work, exposed to conceptual chaos and forces beyond their control. In her installations and performances, the boundaries of media and display formats are tested with large, crudely crafted props and procedures that involve the choreographed collapse of order and the scripted destruction of objects.

The performative dimension of her work is active even when the artist is absent. For instance, Henderson has designed furniture as artworks while under hypnosis: the resultant chairs bear the addresses of the various hypnotists' consulting rooms, pointing back to the process of design and ultimately the unconscious of the designer.

Her work for dOCUMENTA (13), the 16mm film *Sloshed Ballot & Anonymous Loan* (2011), is a dramaturgy in which invisible hands move props and non-human actors. The protagonist is a "dream bed" constructed by Henderson: a shape-shifting sculpture for incubating dreams, alluding to the maquettes of the radical 1960s architecture firm Superstudio. As the camera scrutinizes the bed's sprawling components, the film ends with an oneiric sequence scripted from a dream that Henderson had while sleeping in the bed. A soundtrack, composed and played by the artist, comes and goes. LBL

***Sloshed Ballot & Anonymous Loan*, 2011**
16-mm-Film übertragen auf Video, Farbe, Ton / 16mm film transferred to video, color, sound
3.55 min.

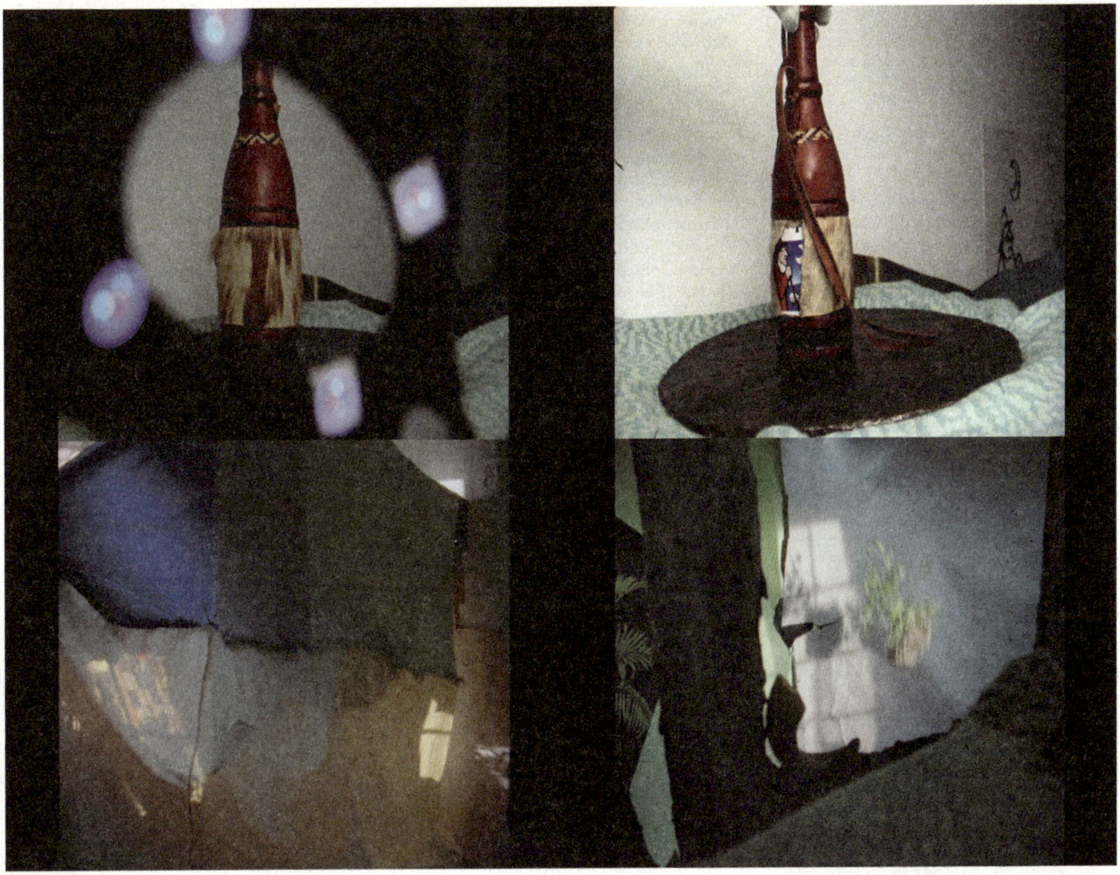

Judith Hopf

geb. / b. 1969 in Karlsruhe (Germany)
lebt / lives in Berlin

Judith Hopfs Beitrag zur dOCUMENTA (13) findet sich in der Gedenkstätte Breitenau sowie in der »Brain« genannten Sektion der Ausstellung im Fridericianum. Das ehemalige Benediktinerkloster Breitenau, das ab 1874 als gefängnisähnliches Arbeitshaus und unter anderem zwischen 1933 und 1945 als Konzentrations- und Straflager diente, ist als Ort den Arbeitsprozessen der dOCUMENTA (13) eingeschrieben, in denen es eine Art Phantombewusstsein darstellt. Alle Teilnehmer an der Ausstellung haben diesen Ort ideologischer und institutioneller Machtausübung besucht, haben von seiner Geschichte gehört und gelesen, wodurch er im gesamten Projekt bedeutsam und gegenwärtig ist. Hopf jedoch zeigt als einzige Künstlerin Arbeiten dort.

Ausgangspunkt für Hopfs Werk in Breitenau ist ein Denkprozess, der sich mit der menschlichen Erfahrung, überflüssig zu sein, auseinandersetzt, mit der Sinn- und Bedeutungslosigkeit eines Lebens, das nicht mehr von der Welt ist – einer Erfahrung, die den Häftlingen an Orten wie Breitenau durch Terror aufgezwungen wurde. Die Arbeit, eine Reihe von Glasskulpturen, die im Raum »wachsende« Bambushalme simulieren, ist von choreografischem Charakter, nicht weil die Glasbambusse sich bewegten, sondern weil sie uns zwingen, uns zu bewegen. Als moderne Subjekte können wir uns Herausforderungen auf den Gebieten der Ethik, des Gefühls oder der Politik nicht anders denn als Bewegung vorstellen: Man lässt sich für eine Sache mobilisieren. Die Reglosigkeit der Glasstäbe und der kleinen grünen Blätter auf Papier, die zwischen ihnen angeordnet sind, weist auf eine andere Art hin, Raum wahrzunehmen, die Abwesenheit von Bewegung zu deuten, Geschichte zu verstehen. Die Arbeiten bringen vollkommene Ruhe zur Aufführung, um den Fluss der Zeitläufte zu unterbrechen und uns eine Befragung der Geschichte zu ermöglichen.

In Verbindung mit dieser Arbeit hat Hopf eine Reihe von Plastiken geschaffen, die im »Brain« gezeigt werden. Unter Rückgriff auf die situationistische Strategie des *détournement* verleiht sie der Vorstellung einer von den Bewohnern Breitenaus verwirklichten ästhetischen Produktion eine seltsam verzerrte Gestalt, indem sie die Verpackungen heutiger Produkte wie etwa eines Smartphones, eines PCs und eines Tablet-Computers nachbildet. Reglosigkeit ist hier in den Fluss der Gegenwart verwandelt, für den Gegenstände stehen, die die neueste Technologie verkörpern. Die betreffenden Objekte jedoch fehlen; die in maskenähnliche Formen übersetzten Schachteln handeln unmittelbar von der neuen Zeitökonomie und zeigen so auf ironische Weise die Grenzen der Handlungsfreiheit des Einzelnen in den ihn beherrschenden Regimes von Kapital, Subjektivität, Arbeit und Mobilität auf.

Beide Arbeiten verweisen auf Geschichte: Hopf denkt in ihnen über die Funktion einer linearen und progressiven Auffassung der Zeit nach und über die Gesten, mit denen wir durch Objekte ihren Lauf verlangsamen oder sie auch nur anders verbringen.

Judith Hopf's works for dOCUMENTA (13) are situated inside the Breitenau memorial, as well as in a section of the exhibition known as the Brain in the Fridericianum. Breitenau, a former Benedictine monastery that from 1874 served as a correctional institution and was a concentration and educational work camp between 1933 and 1945, is a site inscribed in the working processes of dOCUMENTA (13), acting as a phantom consciousness. All participants in the exhibition have visited this location of ideological and institutional power, have heard and read about its history, and thus it has gained a significant presence in the project. However, only one artist, Hopf, has work on show there.

Hopf's work in Breitenau sets out from a thinking process concerned with the human experience of feeling superfluous—the futility and meaninglessness of not belonging to the world—an experience that was forced through terror upon the inmates of places like Breitenau. The piece, a series of glass elements simulating bamboo sticks "growing" in the space, has a choreographic character, not because the glass bamboo moves, but because it forces us to move. For modern subjects, it is impossible to imagine ethical, affective, and political challenges without imagining movement, in the sense of being mobilized for a cause. The stillness of the glass sticks and of the small green leaves made of paper placed between them signifies a different way of perceiving the space, of interpreting the absence of movement, of understanding history. They perform stillness in order to interrupt the historical flow and allow us to practice historical interrogation.

In connection with this piece, Hopf has created a series of sculptures located in the Brain section. Adopting the Situationist strategy of *détournement*, she twists the idea of aesthetic production carried out by the inhabitants of Breitenau by reproducing the packaging of contemporary products such as a smartphone, a desktop computer, a tablet computer, etc. Stillness has now been turned into the flow of the present, represented by objects that embody contemporary technology. The objects in question are absent, however, and the boxes, translated into mask-like forms, directly address the new economy of time, ironically revealing the limits of one's agency within controlling regimes of capital, subjectivity, labor, and mobility.

Both works refer to history: Hopf thinks in them about the function of a linear, progressive understanding of time, and about the gestures made through objects to slow it down, or just to pass it differently. CM

Entwürfe für ein Projekt im ehemaligen Benediktinerkloster Breitenau, Guxhagen, und für ein *détournement* von Breitenau zur dOCUMENTA (13) / Sketches for a project in the former Benedictine monastery in Breitenau, Guxhagen, and for a *détournement* from Breitenau to dOCUMENTA (13)
Collage, Zeichnung und Fotografie / Collage, drawing, and photography, 2012

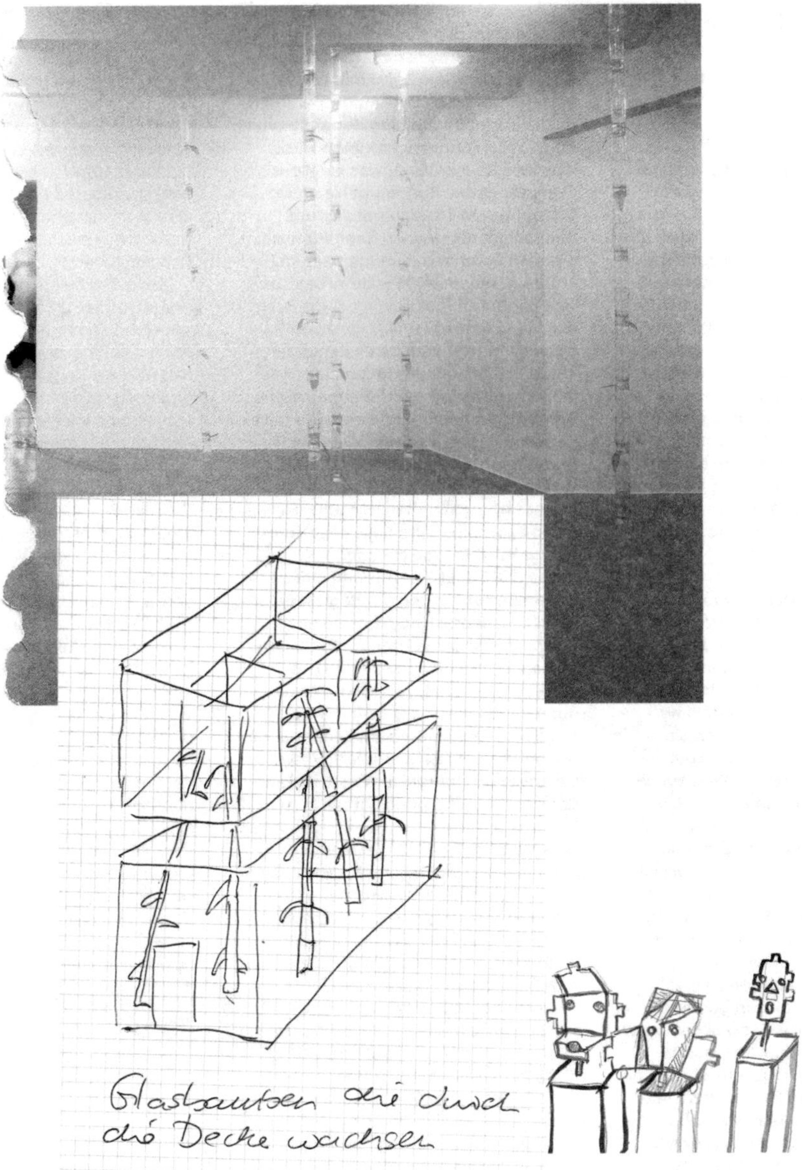

Als Détournement von Breitenar-
Herstellung von Masken aus den
Karton von einem Laptop, einem
Handy, einem I-Pad
als 3D Print

Khaled Hourani

geb. / b. 1965 in Hebron (Palästina / Palestine)
lebt / lives in Ramallah

mit / with Rashid Masharawi und / and Amjad Ghannam

Am 24. Juni 2011 wurde an der International Academy of Art Palestine (IAAP) in Ramallah eine einzigartige Ausstellung eröffnet: Zum ersten Mal in der Geschichte wurde ein Originalgemälde von Pablo Picasso in der Westbank gezeigt. Das Gemälde *Buste de femme* (1943), das zu den berühmtesten Stücken in der Sammlung des Van Abbemuseums in Eindhoven gehört, ist ein Schlüsselwerk aus Picassos expressionistischer Periode, in der er gegen den Spanischen Bürgerkrieg die Stimme erhob. Die Reise des Bildes nach Palästina ging auf die Initiative des Künstlers Khaled Hourani, des künstlerischen Leiters der IAAP, zurück. »Vielleicht können wir uns im Gespräch über sein Werk die Verhältnisse in Bezug auf kulturelle Rechte und Auseinandersetzungen auch an anderen Orten und zu anderen Zeiten vorstellen«, hieß es in der Pressemitteilung. Begleitend zur Ausstellung fand eine Reihe von »Picasso Talks« statt, bei denen Redner aus der ganzen Welt auf die künstlerischen, politischen und gesellschaftlichen Implikationen der Ausstellung eingingen, sowie eine parallele Schau in Ostjerusalem, die den Verlauf der Ausstellung in Ramallah dokumentierte und unter anderem Interpretationen von *Buste de femme* von Schülern und Studenten präsentierte.

Das Projekt setzt auf vielen verschiedenen Ebenen an. Was normalerweise ein üblicher Leihvorgang zwischen zwei Institutionen gewesen wäre, musste wegen der außergewöhnlichen Situation in Palästina und dem Fehlen anerkannter Grenzen neu überdacht werden – Protokolle mussten angepasst, gesetzliche Rahmenbedingungen in Bezug auf Versicherungen, den Versand und die Einfuhr in die Westbank neugestaltet werden. Auf seiner Reise passierte das Werk unter den wachsamen Augen einer Delegation von Museumsfachleuten aus Eindhoven israelische Militärkontrollpunkte; während der Ausstellung in einem eigens errichteten Saal, in dem die richtige Temperatur und Luftfeuchtigkeit aufrechterhalten werden konnten, wurde es von palästinensischen Soldaten bewacht.

Das Projekt richtet nicht nur ein Schlaglicht auf diese Prozeduren und Hindernisse, sondern wirft auch Fragen auf wie etwa die, was es bedeutet, ein ikonisches Werk der europäischen Moderne zu einem Zeitpunkt vor ein palästinensisches Publikum zu bringen, da die Vormachtstellung der westlichen Kunstgeschichte angefochten wird. Was kann diese Geste, was kann das Gemälde selbst überhaupt für diese Betrachter im Zusammenhang mit dem palästinensischen Kampf um einen eigenen Staat und dem Arabischen Frühling bedeuten oder bewirken? Und was bedeutet oder bewirkt seine Reise für das Kunstwerk und seine zukünftige Rezeption? Welche Beziehungen konnten im Laufe des Monats der Ausstellung geknüpft werden, und welche Art Institutionen braucht eine Stadt wie Ramallah in der Zukunft? »Das Abenteuer beginnt in dem Moment, da das Werk auf die Reise nach Palästina geht, aber es ist nicht unbedingt zu Ende, wenn es wohlbehalten nach Hause zurückgekehrt ist«, so Hourani.

Die dOCUMENTA (13) zeigt einen Dokumentarfilm, den der Regisseur Rashid Masharawi gemeinsam mit Hourani über die Vorbereitungen, den Transport und die Ausstellung des Werks gedreht hat, sowie eine Zeichnung nach Picassos Gemälde von Amjad Ghannam, der zum Zeitpunkt der Ankunft des Gemäldes inhaftiert war; sie erreichte Hourani als Postkarte aus dem Zentralgefängnis Glabou.

On June 24, 2011, a unique exhibition opened at the International Academy of Art Palestine (IAAP) in Ramallah: for the first time in history, an original painting by Pablo Picasso was shown in the West Bank. *Buste de femme* (1943), among the most iconic works in the collection of the Van Abbemuseum, Eindhoven, is a key painting of Picasso's expressionistic period, during which he spoke out in response to the Spanish Civil War. It was the initiative of artist Khaled Hourani, IAAP's Artistic Director, to bring it to Palestine. "Perhaps through his work we are able to talk about and imagine conditions in relation to cultural rights and struggles in other places and times too," stated the press release. The exhibition was accompanied by the series "Picasso Talks," where international speakers responded to the artistic, political, and social implications of the exhibition, and by a parallel exhibition in East Jerusalem that documented its process, including students' interpretations of *Buste de femme*.

The project operates on many fronts. What would normally be a standard loan procedure between two institutions had to be rethought due to the exceptional nature of the Palestinian reality and the absence of recognized borders—protocols had to be adjusted and legal frameworks reset relating to insurance, transportation, and imports into the West Bank. On its journey, watched over by a delegation of museum experts from Eindhoven, the work passed Israeli military checkpoints, and during its exhibition, in a room custom-built to provide appropriate temperature and humidity levels, it was guarded by Palestinian soldiers.

Besides highlighting these procedures and obstacles, the project asks such questions as: What does it mean to bring an icon of European modernism to a Palestinian public, at a time when the hegemony of Western art history is being contested? What could this gesture, and the painting itself, possibly mean or do for its audience in the context of the Palestinian struggle for statehood and the Arab Spring? What does the journey mean or do for the artwork and its future reception? What relationships could be established during the month of its exhibition, and what kind of institutions does a city like Ramallah need in the future? "The adventure starts when the artwork leaves for Palestine but does not necessarily end when it safely arrives back home," stated Hourani.

dOCUMENTA (13) exhibits a film made by director Rashid Masharawi and Hourani, documenting the process of preparing, transporting, and exhibiting the work, alongside a drawing after Picasso's painting by Amjad Ghannam, a prisoner at the time of the painting's arrival, that was sent to Hourani as a postcard from Glabou Central Prison. ES

***Picasso in Palestine*, 2011**
Installationsansicht / Installation view, International Academy of Art Palestine (IAAP) in Ramallah

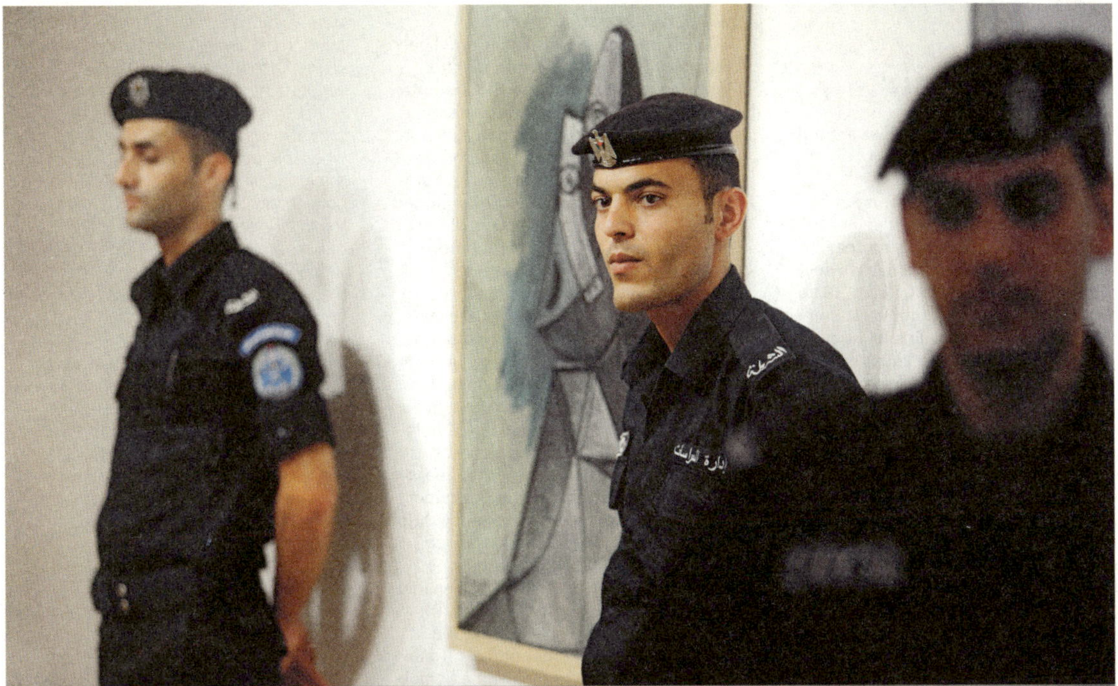

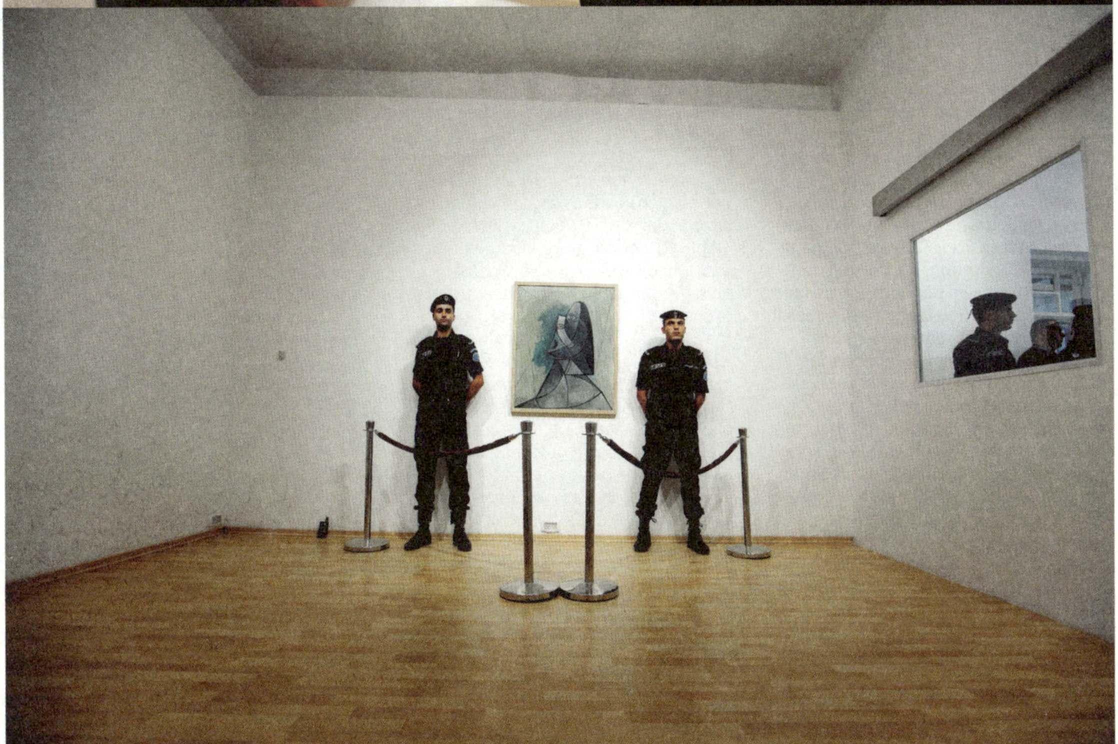

Emily Jacir

lebt im Mittelmeerraum / lives around the Mediterranean

Zu den wiederkehrenden Themen in Emily Jacirs Praxis – die sich einer Reihe von Strategien bedient, darunter Film, Fotografie, Interventionen, Archivierung, Performancekunst, Video, Texte und Sound – gehören zum Verstummen gebrachte historische Erzählungen, Widerstand, Bewegung und Austausch. Jacirs *a sketch in the Egyptian Museum April 24, 2003 Cairo* (2003), ein Film, der unmittelbar nach den katastrophalen Bestandsverlusten im Irakischen Nationalmuseum und der Nationalbibliothek von Bagdad gedreht wurde, gedenkt der kulturellen Zerstörungen, die sich in jenem April ereigneten, und weist zugleich ahnungsvoll in die Zukunft. Ein Museumswärter säubert unfachmännisch einen Stein, der eine 5.000 Jahre alte Hieroglypheninschrift trägt, während Besucher davon unberührt vorbeigehen. In dieser unspektakulären und lakonischen Arbeit scheinen die Dimensionen von Zeit, Wissen und kulturellem Erbe, für die die alte Steintafel steht, alle Bedeutung verloren zu haben. Bücher, Bibliotheken und Übersetzungen treten im Werk der Künstlerin immer wieder auf, so in *Untitled (books)* (2000), *Inbox* (2004–2005), *Material for a film* (2007) und *stazione* (2009).

In Jacirs Beitrag zur dOCUMENTA (13) mit dem Titel *ex libris* (2010–2012) geht es um die Plünderung, Zerstörung und Rückerstattung von Büchern. Ein Besuch in der Murhardschen Bibliothek in Kassel lenkte die Aufmerksamkeit der Künstlerin auf die bei einem Bombenangriff 1941 im Fridericianum, das die kurhessische Landesbibliothek beherbergte, zerstörten Bände. Die Handschriften überstanden den Angriff, da sie im angegliederten Zwehrenturm gelagert waren, den die Bomben verfehlten. Jacir stellte auch Forschungen zur Nachkriegsgeschichte an, in der das Land Hessen zur amerikanischen Besatzungszone gehörte. Sie konzentrierte sich insbesondere auf die Bemühungen der Beamten der Monuments, Fine Arts, and Archives Section im Offenbach Archival Depot, dem einzigen Archivdepot in der amerikanischen Zone, die die in der Geschichte umfangreichsten Maßnahmen zur Rückerstattung von Büchern durchführten.

Jacir hat sich den Zwehrenturm als Standort für die Ausstellung ihres eigenen Denkmals für die etwa 30.000 Bücher, die 1948 von Israel bei Plünderungen aus palästinensischen Wohnungen, Bibliotheken und Institutionen entwendet wurden, ausgesucht; 6.000 dieser Bücher befinden sich heute in der Jüdischen Nationalbibliothek in West-Jerusalem, wo sie im Katalog unter dem Kürzel »A.P.« (Abandoned Property, also herrenloses Gut) erfasst sind. Im Laufe ihrer zahlreichen Besuche fotografierte Jacir diese Bücher mit ihrem Mobiltelefon. Sie ging außerdem sämtliche Bücher im Nahost-Lesesaal der Bibliothek durch, um Bände zu finden, die ohne die Bezeichnung »A.P.« in das allgemeine Signatursystem eingegliedert worden waren. Durch eingehende Erkundung, Auswahl und Katalogisierung hat Jacir ein Verzeichnis der Bruchstücke und Spuren geschaffen, die sie fand. In der Tradition der Schreiber hat sie außerdem einige der handschriftlichen Eintragungen der ehemaligen Besitzer ins Deutsche und Englische übertragen, die jetzt in öffentlichen Räumen in ganz Kassel zu sehen sind. Die Arbeit stellt Fragen mit Blick auf die Rückführung der Bücher und die Ironien der Rückgabe. Das gemeinsame Schicksal aller dieser Bücher ist, dass sie weiteren Zerstörungen entgingen, weil sie zuvor für die Plünderung ausgewählt worden waren; die Rückerstattung des palästinensischen Besitzes steht jedoch noch aus.

Recurrent themes in Emily Jacir's practice—which spans a range of strategies including film, photography, interventions, archiving, performance, video, writing, and sound—are silenced historical narratives, resistance, movement, and exchange. Filmed in the days following the catastrophic loss of Iraq's National Library and Museum, Jacir's *a sketch in the Egyptian Museum April 24, 2003 Cairo* (2003) is at once a memorial to the cultural devastation of that April and a presage. A museum guard inexpertly cleans a stone bearing a five-thousand-year-old hieroglyphic inscription, while visitors pass by unperturbed. It is an unspectacular, laconic work, in which the dimensions of time, knowledge, and cultural heritage, represented by the ancient stone tablet, seem to have lost significance. Books, libraries, and translation recur throughout her oeuvre as in *Untitled (books)* (2000), *Inbox* (2004–05), *Material for a film* (2007), and *stazione* (2009).

Jacir's contribution to dOCUMENTA (13), *ex libris* (2010–12), addresses the looting, destruction, and restitution of books. A visit to the Murhard library in Kassel drew her attention to the volumes that were destroyed when the Fridericianum, housing the library of the Landgraves of Hesse-Kassel, was bombed in 1941. Manuscripts stored in the adjoining Zwehrenturm—which the bombs missed—survived. Jacir also researched the postwar period, when the region of Hesse belonged to the American zone of occupation. She concentrated in particular on the work of the Monuments, Fine Arts, and Archives officers and their efforts at the Offenbach Archival Depot, the sole archival depot in the U.S. zone, where the largest book restitution in history took place.

Jacir has chosen the Zwehrenturm in which to exhibit her own monument to the approximately thirty thousand books, belonging to Palestinian homes, libraries, and institutions, that were looted by Israel in 1948; six thousand of these books are kept and catalogued in the Jewish National Library in West Jerusalem under "A.P." (Abandoned Property). Jacir photographed these books with her cell phone over the course of many visits. She also went through all the books in the library's Oriental Reading Room, searching for any that had been assimilated into the main library system external to the "A.P." designation. With her intimate explorations, selection, and cataloging, Jacir creates a register of the fragments and traces she found. In the tradition of a scribe, she has also translated into German and English some of the handwritten inscriptions of the former owners, exhibiting them in public spaces throughout Kassel. The work raises questions regarding repatriation and the ironies of restitution. The fate shared by all these books is that they survived further destruction through pre-selection, but restitution of Palestinian property has yet to take place. ES

***ex libris* (A.P. #3479), 2010–2012**

Horacio Larrain Barros

geb. / b. 1929 in Santiago de Chile
lebt / lives in Iquique (Chile)

Horacio Larrain Barros, der eigentlich Experte für Ethnohistorie ist, hat sein Leben der Nebelfängerei gewidmet. Nebel ist natürlich nur mit Wasserdampf gesättigte Luft. Wasser aber ist eine Ressource von unschätzbarem Wert. Der Camanchaca-Nebel, der schon die Aufmerksamkeit des Entdeckers Alexander von Humboldt auf sich zog, als dieser Anfang des 19. Jahrhunderts Lateinamerika bereiste, trifft jeden Tag auf die Gipfel entlang der Küste der Atacama-Wüste, die sich über 1.000 Kilometer von der Südgrenze Perus bis in den Norden Chiles hinein erstreckt. Die Atacama ist der trockenste Ort des Planeten, und doch leben dort über eine Million Menschen zusammengedrängt in Küstenstädten, Bergbausiedlungen, Fischerdörfern und winzigen Oasen. Die Bewohner müssen ihr Wasser mit Tankwagen einführen. Es ist sehr teuer, und es gibt nie genug, weswegen die Wasserversorgung seit jeher eine Quelle politischer Konflikte in der Region darstellt. In den dichten Nebelschichten des Camanchaca in den Bergen jedoch ist reichlich Wasser vorhanden. Der Kulturanthropologe Larrain, der seit Jahrzehnten in der Wüste lebt, ist nicht der Einzige, der sich für die Weiterentwicklung uralter Methoden der Wassergewinnung einsetzt, wie etwa die Aufstellung eines einfachen Stoffnetzes, das den Nebel einfängt. Doch seine gewaltige Hingabe an dieses Projekt ist zu einer Inspirationsquelle für viele Lateinamerikaner geworden und hat eine Debatte über nachhaltige Bewirtschaftung der Region angestoßen, die es so vorher nicht gegeben hat. Auf der dOCUMENTA (13) zeigt er Bilder von den Nebelfängern in der Atacama-Wüste, die er seit über dreißig Jahren fotografiert.

Horacio Larrain Barros, originally an expert in ethnohistory, has become a lifelong fog-catcher. Fog is just water suspended in the air. But water is an invaluable resource. Every evening, the Camanchaca fog, which captured the attention of the explorer Alexander von Humboldt during his travels to Latin America in the early nineteenth century, visits the coastal summits of the Atacama Desert, which stretches over one thousand kilometers from the southern border of Peru into the northern part of Chile. Atacama is the driest place on the planet and yet more than a million people live there, crowded into coastal cities, mining compounds, fishing villages, and tiny oases. Residents have to import water by truck. It is very expensive and there is never enough of it, and thus it has always been a source of political conflict in the region. But in the dense layers of mountain Camanchaca, water is plentiful. Larrain, a cultural anthropologist who has lived in the desert for decades, is not alone in advocating the development of ancient ways of obtaining water, such as creating a simple cloth net to catch the fog. However, his huge commitment to the project has been a source of inspiration for many in Latin America, as well as opening up a debate on sustainability unprecedented in the area. At dOCUMENTA (13), he presents the pictures of fog catchers in the Atacama Desert that he has been taking for more than thirty years. CM

Nebelfänger am Gebirgskamm El Tofo, Atacama-Region, Chile / Fog catcher installed at the mountain crest El Tofo, Atacama Region, Chile

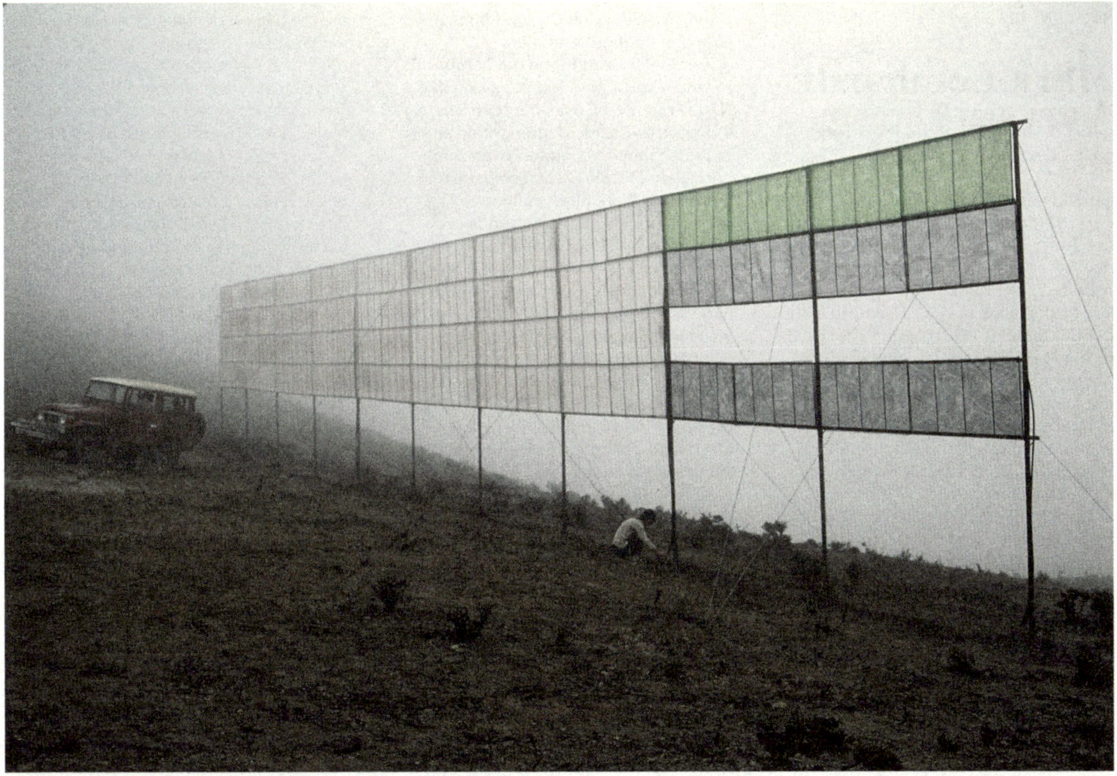

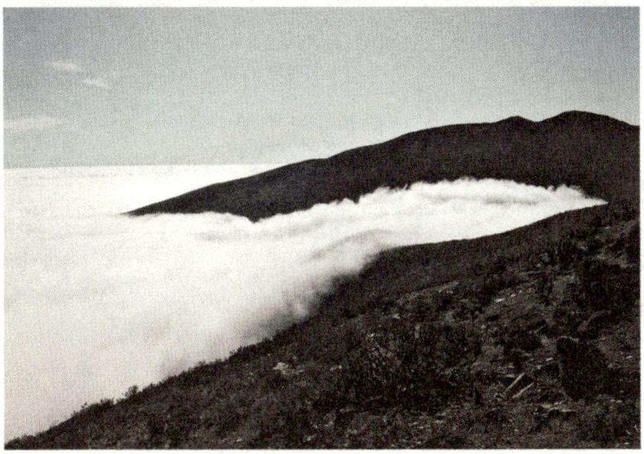

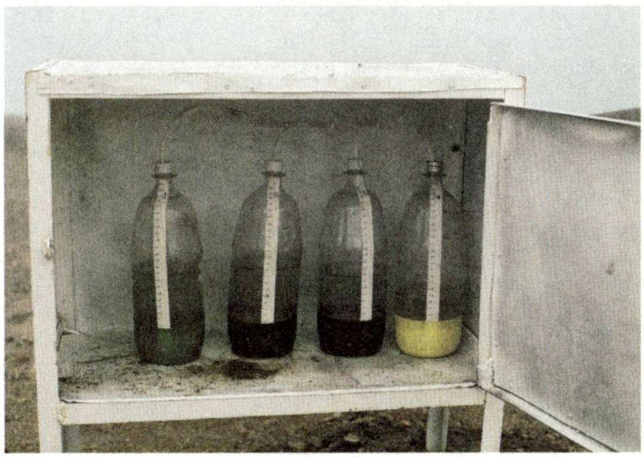

Mark Lombardi

geb. / b. 1951 in Syracuse (New York)
gest. / died 2000 in Brooklyn

Mark Lombardis *BCCI, ICIC & FAB 1972–91 (4th Version)* (1996–2000) – der Titel zitiert Akronyme aus der Welt der Wirtschaft – war die letzte größere Arbeit, die der Künstler vor seinem Tod fertigstellte. In der Präsentation auf der dOCUMENTA (13), die aus drei großformatigen Zeichnungen und einer Anzahl von Karteikarten besteht, klingt die Auswahl aus Lombardis Werk nach, die Carolyn Christov-Bakargiev für eine von ihr kuratierte Gruppenausstellung im Jahr 2000 (»Greater New York« im P.S.1) zusammenstellte.

Die Karteikarten bildeten Lombardis persönliche Aufzeichnungen und ein Archiv von Nachrichtenmeldungen, die er öffentlich verfügbaren Dokumenten zu den Finanz- und politischen Skandalen seiner Zeit wie etwa der Iran-Contra-Affäre und dem Einmarsch in Kuwait entnahm. Um die von ihm gesammelten Informationen zu veranschaulichen, begann Lombardi, *narrative Strukturen*, wie er es nannte, zu zeichnen: Schaubilder und Diagramme bilden Netzwerke der Korruption, die Politik und Großkonzerne verbinden. Lombardi sprach davon, »das Firmenvokabular der Diagramme und Grafiken zu plündern«, um die politische und gesellschaftliche Wirklichkeit, in der wir leben, zu kartografieren. Seine Diagramme bilden eine erschreckende Synthese von Daten, wie eine Art Historiengemälde, das sich um Erscheinungsbilder und Repräsentation nicht schert. Lombardi zieht in seiner Kunst ganz buchstäblich sämtliche Verbindungslinien, um beharrlich den unrechtmäßigen Mächten und Kräften auf der Spur zu bleiben, die in der Weltwirtschaft die Fäden ziehen. Die Kritikerin Frances Richard nennt Lombardis Zeichnungen »rhythmische Plots«, die »die geheimen Deals und fragwürdigen Verbindungen von Bankiers, Politikern, Firmen und Regierungen« nachzeichnen und so die Realpolitik im Zeitalter von George Bush seniors »Neuer Weltordnung« veranschaulichen. Hätte Lombardi den 11. September oder die Kriege im Irak und in Afghanistan noch erlebt, er hätte reichlich Gelegenheit gehabt, Karten von den verborgenen realen Vernetzungen hinter den in der Folge dieser Ereignisse öffentlich vorgetragenen Weltbildern anzufertigen, in denen sich Gut und Böse unversöhnlich gegenüberstehen.

Der Maler Greg Stone hat Lombardi in einem verblüffenden Vergleich in die Nähe Francisco Goyas gerückt: Beide Künstler, so Stone, »kommentierten das Zeitgeschehen mit einfachsten zeichnerischen Mitteln«. Doch selbst wenn Lombardis Werk offen politische Themen anspricht, ruft es nirgends in propagandistischer Manier zu Feindseligkeit oder Auseinandersetzung auf. Es ist emotionslos, von unerschütterlichem Stilwillen geprägt und von großer visueller Überzeugungskraft, wie eine Gleichung oder ein Soziogramm. Man kann es auch mit dem Werk des Künstlers Öyvind Fahlström (1928–1976) vergleichen, der ebenfalls »Weltkarten« aus den historischen Fakten seiner Zeit schuf – etwa zu dem von der CIA unterstützten Sturz des chilenischen Präsidenten Salvador Allende –, damit, wie Fahlström sagte, die Menschen »sowohl verstehen als auch sich empören« würden. Lombardi bevorzugte eine elegante und subtile Orchestrierung der Daten, vielleicht weil er begriff, dass keine ästhetischen Appelle an das Affektvermögen nötig sein sollten, um Empörung ob der Bedrohung der demokratischen Vernunft durch wirtschaftliche und politische Verbrechen wachzurufen.

Citing corporate acronyms for its title, Mark Lombardi's *BCCI, ICIC & FAB 1972–91 (4th Version)* (1996–2000) was the last major work that the artist completed before his death. Comprising three large-scale drawings and a number of index cards, the presentation at dOCUMENTA (13) echoes the display of Lombardi's work created by Carolyn Christov-Bakargiev at a group exhibition she curated in 2000 ("Greater New York" at P.S.1).

The index cards were Lombardi's personal notes and an archive of news stories sampled from public records on the subject of the political and financial scandals of his time, such as the Iran-Contra affair and the invasion of Kuwait. To visualize the information he compiled, Lombardi began drawing *Narrative Structures*, as he called them, charts and diagrams that make up webs of corruption connecting politics and big business. Lombardi talked about "pillaging the corporate vocabulary of diagrams and charts" in order to map the political and social reality in which we live. His diagrams chillingly synthesize information, like a kind of history painting that is unconcerned with image and representation. By literally connecting all the dots, his work doggedly pursues the illegitimate authorities and forces that mediate the global economy. The critic Frances Richard calls Lombardi's drawings "rhythmic plots" that map "the secret deals and suspect associations of financiers, politicians, corporations, and governments," thereby visualizing realpolitik in the era of George Bush Sr.'s "New World Order." Had Lombardi lived to see 9/11 or the invasions of Iraq and Afghanistan, he would have had ample opportunity to create maps of the cryptically interconnected reality behind the declarations of Manichaean worldviews that followed in the wake of these events.

The painter Greg Stone strikingly compares Lombardi to Francisco Goya: both artists, Stone says, offered "topical, political commentary in the simplest graphic terms." Yet even if overtly political in its subject matter, Lombardi's work contains no propagandistic calls for confrontation or engagement. It is unemotional, imperturbably stylized, and visually compelling, like an equation or a sociogram. One can also compare his work to that of Öyvind Fahlström (1928–1976), another artist who created "world maps" with the historical data of his time—such as the CIA-backed overthrow of the Chilean president Salvador Allende—so that people would, as Fahlström put it, "both understand and be outraged." Lombardi favored a sleek and understated orchestration of data, perhaps seeing that no aesthetic appeals to affect ought to be necessary to awaken outrage against the threat economic and political crimes pose to democratic reason. LBL

***BCCI, ICIC & FAB, 1972–91 (4th Version)* (Detail, Mitte / detail, middle)**
Aus der Serie / From the series *BCCI, ICIC & FAB*, 1996–2000
Grafit und roter Buntstift auf Papier / Graphite and red pencil on paper
129.9 × 349.9 cm

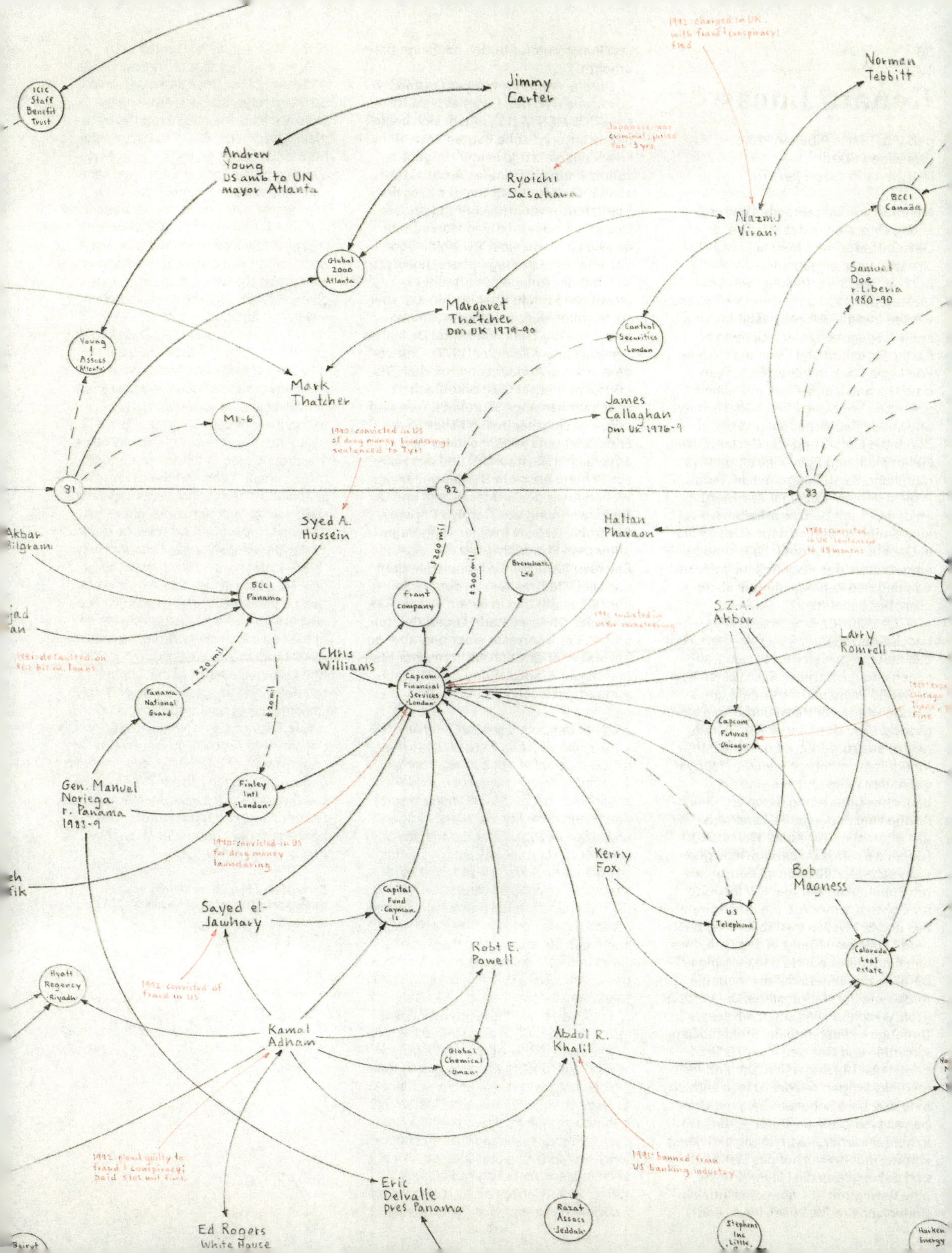

ICIC Staff Benefit Trust
Jimmy Carter
Andrew Young US amb to UN mayor Atlanta
Japanese war criminal; jailed for 3 yrs
Ryoichi Sasakawa
1992: charged in UK with fraud & conspiracy; fled
Norman Tebbitt
BCCI Canada
Nazmu Virani
Global 2000 Atlanta
Samuel Doe r. Liberia 1980-90
Margaret Thatcher pm UK 1979-90
Control Securities London
Young & Assocs Atlanta
Mark Thatcher
MI-6
James Callaghan pm UK 1976-9
1990: convicted in US of drug money laundering; sentenced to 7 yrs
81
82
83
Akbar Bilgrami
Syed A. Hussein
Hattan Pharaon
1988: convicted in UK, sentenced to 18 months
$200 mil
$200 mil
Brenchase Ltd
Front company
BCCI Panama
1991: indicted in US for racketeering
S.Z.A. Akbar
Larry Romrell
Chris Williams
Capcom Financial Services London
Capcom Futures Chicago
1981: defaulted on
$20 mil
$20 mil
Panama National Guard
Gen. Manuel Noriega r. Panama 1983-9
Finley Intl London
1990: convicted in US for drug money laundering
Kerry Fox
Bob Magness
Capital Fund Cayman Is
Sayed el-Jawhary
US Telephone
Colorado real estate
Robt E. Powell
Hyatt Regency Riyadh
1992: convicted of fraud in US
Kamal Adham
Abdul R. Khalil
Global Chemical Oman
1992: plead guilty to fraud & conspiracy; paid $105 mil fine
1991: banned from US banking industry
Eric Delvalle pres Panama
Ed Rogers White House
Razat Assocs Jeddah
Harken Energy

Renata Lucas

geb. / b. 1971 in Ribeirão Preto (Brasilien / Brazil)
lebt / lives in Rio de Janeiro

Mit ihren vorübergehenden chirurgischen Eingriffen in das städtische Gewebe verschiebt Renata Lucas die Grenzen unserer gebauten Umwelt nach außen: Sie erforscht, wie diese Umwelt die Handlungen und Verhaltensweisen unseres Alltags bestimmt, und stellt vorgegebene Definitionen von Raum, Eigentum und Ordnung infrage. Wie Lygia Clark mit ihren Faltungen oder Gordon Matta-Clark mit seinen Schnitten bricht sie ebene Oberflächen und solide Baukörper auf und bietet durch die Einführung von Gestaltbarkeit, Fiktionalität und Spiel eine alternative räumliche Vorstellungswelt an. Jedes Projekt beginnt mit einer Annäherung an den Ort, mit dem zu arbeiten sie eingeladen ist und an dem sie dann die in Gebäude und öffentliche Räume eingebettete gesellschaftliche Information und den Rahmen, den sie abstecken, beobachtet.

***ATLAS* (2006), eine Arbeit, in der Lucas Grenzen räumlicher Verletzbarkeit auslotete, organisierte den geografischen und territorialen Raum einer Galerie in São Paulo und ihr Umfeld um. Wände wurden entfernt und Zäune eingezogen, um den Umriss der Galerie neu zu strukturieren, so dass sie ihre Innenräume mit ihren engsten Nachbargebäuden teilte und wie eine Art bauliches Chamäleon deren architektonische Funktionen und Charakteristika übernahm. Für *Kunst-Werke, 2010 (Cabeça e cauda de cavalo)*, eine geometrische Modifikation an den äußersten Punkten der Berliner KW Institute for Contemporary Art, die deren Grenzen und Schwellen destabilisierte, zeichnete Lucas zwei Kreise in den Grundriss ein: Einer durchquerte den Eingangsbereich, der andere durchschnitt die Rückwand der Hauptgalerie. Der vordere Kreis verschob alles innerhalb seines Umfangs – Pflastersteine, Straßenbelag, Rinnstein und Gehweg – um 7,5 Grad gegen den Uhrzeigersinn. Der andere im rückwärtigen Teil der Anlage enthielt eine drehbare Scheibe – halb mit Gras bewachsen, halb aus Beton –, die man in gemeinsamer Anstrengung aktivieren konnte, indem man auf der Stelle lief und dabei gegen die Mauer drückte, eine Bewegung, die abwechselnd den Boden von draußen nach innen und den Innenraumfußboden nach draußen brachte.**

***Ontem, areias movediças (Yesterday, quicksands)* (2012), Lucas' Projekt für die dOCUMENTA (13), macht sich bestehende unterirdische Bauten unter dem Friedrichsplatz und seiner Umgebung zunutze, um ein fremdes Architekturelement unter den Beton des Kasseler Stadtzentrums einzuschmuggeln. Der Grundriss dieses fiktiven Monuments, das sich in Form einer Pyramide über das Straßenraster legt, überschneidet sich mit der Anlage des Friedrichsplatzes und reicht über ihn hinaus, aber seine vollen oberirdischen Ausmaße sind – wie die Tiefe von Walter De Marias *Vertical Earth Kilometer* (1977) – nur vor dem inneren Auge rekonstruierbar. Die mittels moderner Gussbetontechnik geschaffenen angedeuteten Ecken sind teilweise sichtbar in den Kellern des Fridericianums (einem ehemaligen ägyptischen Restaurant) und des Hauses Schöne Aussicht 9 – des ehemaligen Wohnhauses der Brüder Grimm und der Dienstwohnung von Carolyn Christov-Bakargiev – sowie in einer Tiefgarage unter dem Friedrichsplatz (bei deren Bau man 1995 auf die Ruinen der alten Kasseler Stadtmauer aus dem 17. Jahrhundert stieß) und in einem vierten Keller in der Oberneustadt. Lucas' Darstellungen der Überreste einer begrabenen Zukunft können auch als ironischer Kommentar zur Stadtplanung des 20. Jahrhunderts gelesen werden.**

With her temporary surgical interventions into the urban fabric, Renata Lucas pushes the boundaries of our built environment, probing its determination of our daily actions and behaviors, and questioning prescribed definitions of space, property, and order. As Lygia Clark did with folds and Gordon Matta-Clark did with cuttings, she breaks up surface planes and solid structures, offering an alternative spatial imaginary through the introduction of malleability, fiction, and play. Each project starts with an approach to the commissioned site, observing the social information embedded within a building or public space, and its confines.

Exploring the limits of spatial vulnerability, *ATLAS* (2006) reorganized the geographic and territorial space of a gallery in São Paulo and its surroundings by tearing down walls and inserting new fences to restructure the gallery's outline, so that it shared its internal spaces with its closest neighbors, assuming their architectural functions and characteristics like a kind of chameleon architecture. For *Kunst-Werke, 2010 (Cabeça e cauda de cavalo)*, a geometric alteration at the extremes of the KW Institute for Contemporary Art in Berlin that destabilized its boundaries and thresholds, Lucas drew two circles on the ground plan: one crossing the entrance area, the other bisected by the main gallery's rear wall. The circle in the front displaced everything within its circumference—cobblestones, pavement, curb, and sidewalk—anticlockwise by 7.5 degrees. The one at the back enclosed a rotating disc—half grassy, half concrete—that could be activated in a collective effort by running on the spot while pushing against the wall, a movement that alternately brought the outside ground inside and the indoor floor outside.

Ontem, areias movediças (Yesterday, quicksands) (2012), Lucas' project for dOCUMENTA (13), takes advantage of existing underground structures below Friedrichsplatz and its surroundings to insert a foreign architectural element underneath the concrete of Kassel's city center. The ground plan of this fictional monument, superimposed on the city plan in the shape of a pyramid, intersects and extends the layout of Friedrichsplatz, but its full dimension aboveground—like the depth of Walter De Maria's *Vertical Earth Kilometer* (1977)—can only be constructed mentally. Made using the modern technique of poured concrete, the suggested vertices are partially visible in the basements of the Fridericianum (a former Egyptian restaurant), the house Schöne Aussicht 9 (the former residence of the Grimm brothers and temporary home of Carolyn Christov-Bakargiev), in the car park underneath Friedrichsplatz (where in 1995, when the car park was built, the seventeenth-century ruins of Kassel's old city wall were uncovered), and in a fourth basement in the Oberneustadt. Lucas' manifestations of the remnants of a buried future could also be read as a wry comment on twentieth-century city planning. ES

Entwurf für / Sketch for *Ontem, areias movediças (Yesterday, quicksands)*, 2012

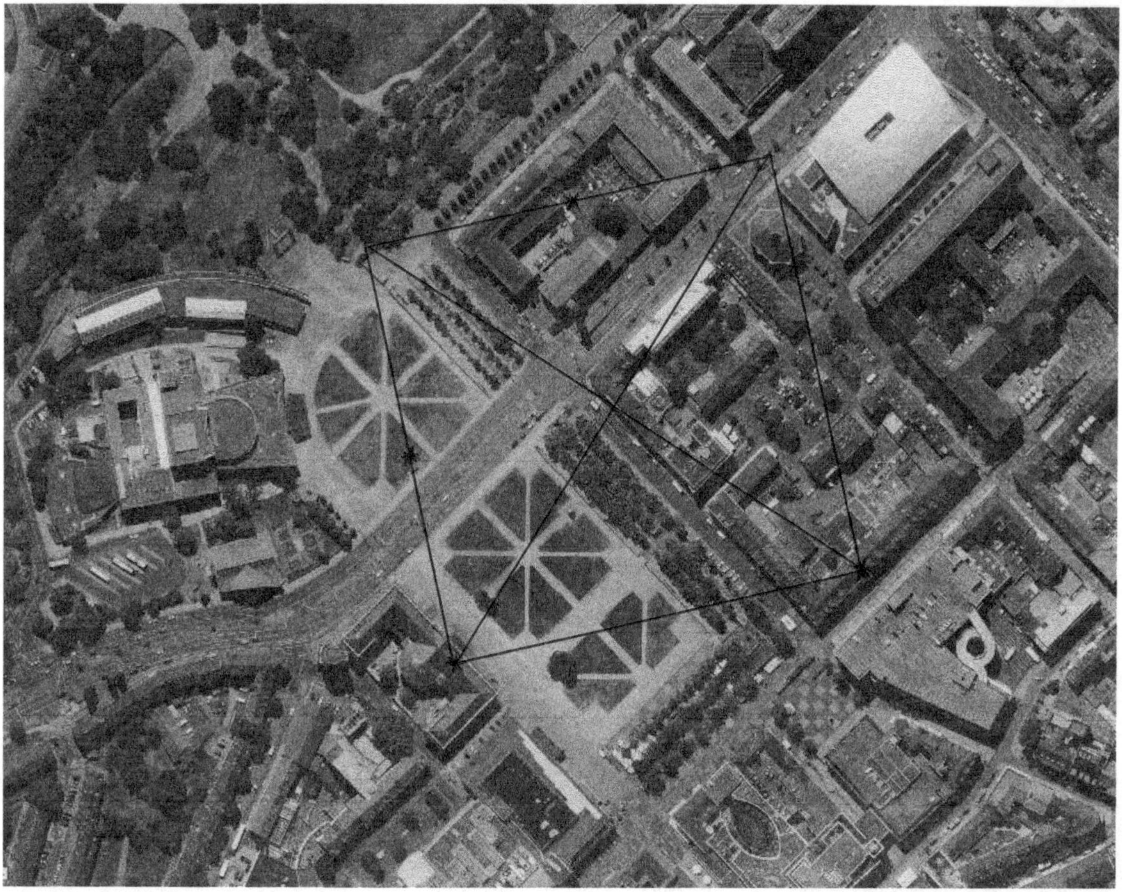

Goshka Macuga

geb. / b. in Warschau / Warsaw
lebt / lives in London

Goshka Macuga erkundet das politische Potenzial der Ausstellung als Format und sondiert künstlerische und kuratorische Methodiken und Anliegen. In ihren Arbeiten, die sich eines unbegrenzten Spektrums von Medien – darunter Installation, Skulptur, Film, Fotografie, Collage und Wandteppiche – bedienen, verknüpft sie ihre eigenen Schöpfungen mit vorgefundenen oder erworbenen Gegenständen, um schließlich vielfältige Erzählungen hervorzubringen. Eine Entdeckung in einem Archiv kann ein Netzwerk von Assoziationen wachrufen, die einer ganz persönlichen, von Intuitionen und Zufällen gelenkten Bahn folgen. In ihrem Werk verwandelt sich das »Archiv« in eine körperliche Erfahrung und eine Reise der Vorstellungskraft, die uns an das politische Potenzial der Kunst und ihrer Ausstellung erinnert. Indem sie geschichtliche Ereignisse in neue, subjektive Kontexte einbettet, legt Macuga nahe, dass Geschichte niemals objektiv geschrieben und alle Wahrheit durch den Zusammenhang bestimmt wird.

Ihre neue Arbeit erkundet eine geisterhafte Zone der Halbwahrheit, ein Gefüge aufeinander bezogener zeitlicher Ebenen, ein potenzielles Sich-einlassen auf eine Illusion, die sich mit der Rolle der Kunst und mit der Welt im Ganzen auseinandersetzt. Die architektonischen Eigenschaften der Rotunde im Fridericianum inspirierten die Künstlerin dazu, einen »Zwilling« zu schaffen – einen zweiten halbkreisförmigen Raum, der für eine weitere mögliche Halbwahrheit steht. Auf metaphorischer Ebene bilden diese zwei Halbkreise, die sich an verschiedenen Orten befinden und diverse Epochen evozieren, ein Ganzes, das geistig, aber nicht körperlich zugänglich ist. Die Arbeit besteht aus zwei Wandteppichen, vor deren einander entgegengesetzte panoramaartige Hintergründe eine Vielzahl historischer Verweise als gleichzeitig bestehende Wirklichkeiten gestellt sind. In Verkörperung der zweideutigen Rolle eines »embedded journalist« (der/die immer nur eine Seite der Wahrheit darstellt) fotografierte Macuga bei zwei Kulturereignissen, die in Kassel und Kabul stattfanden. Das Bildmaterial für den ersten Wandteppich wurde in Kassel während der Feierlichkeit zur Verleihung des Arnold-Bode-Preises im Oktober 2011 aufgenommen, wo sie sich als Preisträgerin zusammen mit dem Kuratoren- und Geschäftsleitungsteam des Preiskomitees wie auch der dOCUMENTA (13) porträtieren ließ. Diese Generalversammlung montierte Macuga auf den Rasen der Karlsaue, um ein halbfiktives Ereignis in idyllischer Umgebung zu schaffen, das auf einer gerundeten Wand in einem Pavillon im Bagh-e Babur in der Nähe des Kabuler Königinnenpalasts angebracht werden soll. Der zweite Wandteppich ist ein paralleles Bildnis der Gäste bei einem Festessen, das die Künstlerin im Februar 2012 im Bagh-e Babur abhielt. Unter den Porträtierten sind Mitarbeiter und Vertreter von Institutionen wie dem Afghanischen Ministerium für Information und Kultur und dem Afghanischen Nationalmuseum, aber auch Archäologen der UNESCO, Angestellte von Nichtregierungsorganisationen, Journalisten und Intellektuelle. Dieser friedliche Empfang in einem Garten bildet einen doppelsinnigen Hintergrund für eine Auseinandersetzung mit den politischen und wirtschaftlichen Problemen, die sich aus Zusammenbruch und Wiederaufbau ergeben, mit Fälschung und Wahrheit inmitten der Komplexitäten des heutigen Afghanistans. Indem die Arbeit die gesamte Wand der Rotunde bedeckt, spiegelt sie den anderen Halbkreis in Kabul und vervollständigt ihn zugleich – ein doppelter Versuch, das Undarstellbare darzustellen, eine skeptische Untersuchung der Kriterien, auf deren Grundlage Wahrheiten zum Ausdruck gebracht und von anderen angenommen werden.

Goshka Macuga investigates the political potential of exhibition display, probing artistic and curatorial methodologies and concerns. Working in an unlimited array of media—including installation, sculpture, film, photography, collage, and tapestry—she intertwines her own works with found or acquired objects to create manifold narratives. A discovery in an archive may trigger a network of associations that follow a personal path, directed by intuition and chance. In her work, the "archive" turns into a physical experience and an imaginative journey, reminding us of the political potential of art and its display. Re-contextualizing historic events in a subjective way, Macuga suggests that history is never written objectively and that truth is defined by context.

Her new work is an exploration of a ghostly zone of half truth, a constellation of interrelated temporalities, a potential suspension of disbelief engaging with the role of art and the world at large. The architectural features of the Rotunda in the Fridericianum inspired the idea of creating a twin space—another semicircle representing a possible half truth. Metaphorically, these two semicircles, located in different places and evoking multiple times, create a whole that is mentally but not physically accessible. The work consists of two tapestries on whose opposing panoramic backgrounds multiple historical references are superimposed as coexisting realities. Embodying the ambiguous role of an embedded journalist (who represents only one side of the truth), Macuga took pictures during two cultural events taking place in Kassel and Kabul. The image for the first tapestry was photographed in Kassel during the award ceremony of the Arnold-Bode-Preis in October 2011, portraying the artist together with the curatorial and managing staff of both the prize committee and dOCUMENTA (13). Macuga montaged this collective meeting into the grass of the Karlsaue park to create a semi-fictional event in an idyllic setting, to be installed on a curved wall in a pavilion in the Bagh-e Babur, close to the Queen's Palace in Kabul. The second tapestry is a parallel portrait of people attending a banquet organized by the artist in February 2012 in the Bagh-e Babur. The people depicted range from workers and representatives of institutions like the Afghan Ministry of Information and Culture or the National Museum of Afghanistan to UNESCO archaeologists, NGO employees, journalists, and intellectuals. This peaceful garden reception becomes an ambiguous background for dealing with political and economic issues of collapse and recovery, fake and truth, in the complex context of contemporary Afghanistan. Covering the entire wall of the Rotunda, it mirrors and completes the other semicircle in Kabul—a double attempt to represent the unrepresentable, a skeptical exploration of the criteria by which truths are stated and shared. ES/AV

Digitale Collage für / Digital collage for *Of what is, that it is; of what is not, that it is not 1*, 2012
Wandteppich / Tapestry
5.2 × 17.4 m

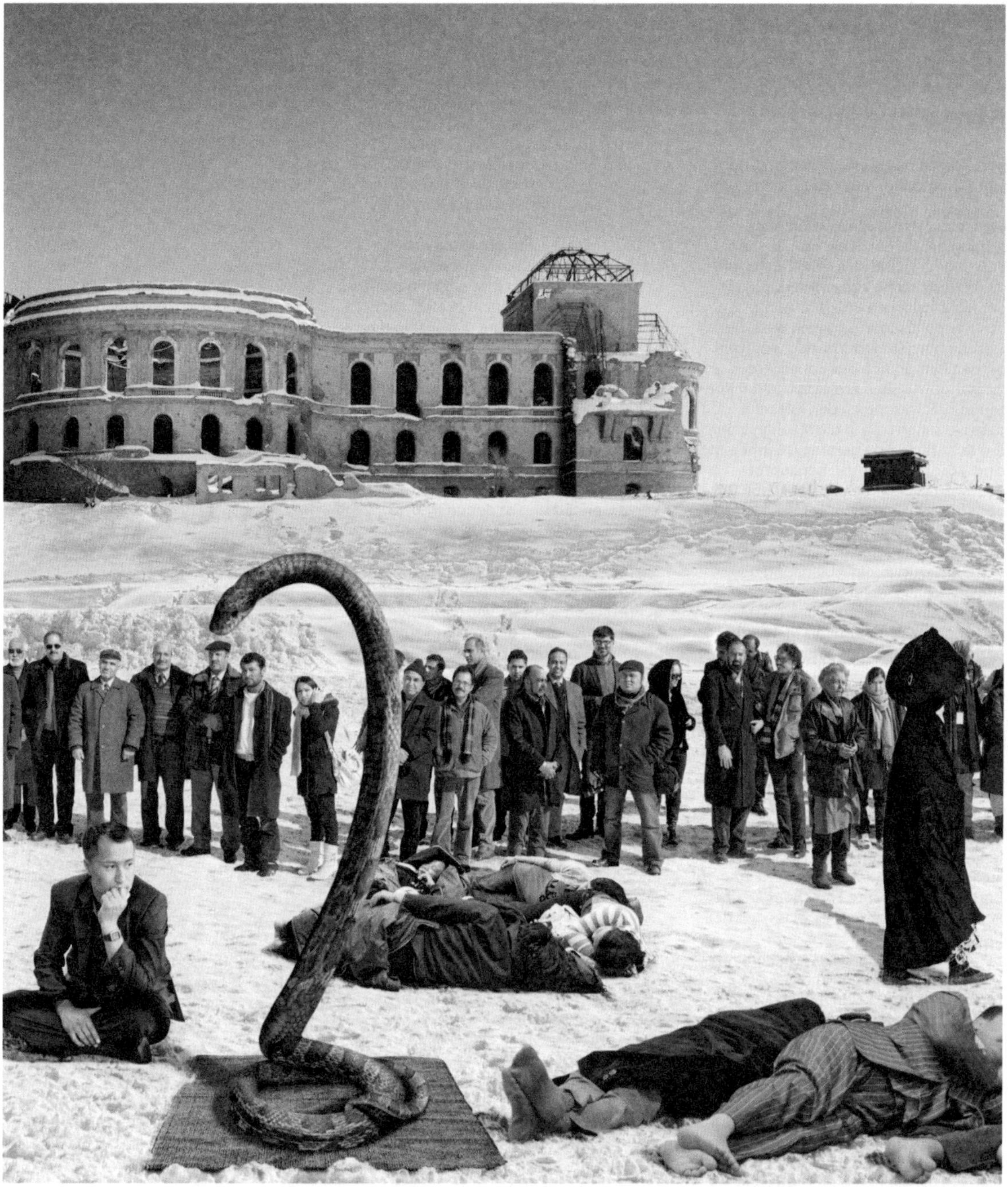

Francesco Matarrese

geb. / b. 1950 in Molfetta (Italien / Italy)
lebt / lives in Bari und / and Rom / Rome

Francesco Matarrese arbeitet seit Anfang der 1970er Jahre als Künstler. Von Beginn an hat sich sein Denken auf die Widersprüche konzentriert, die der künstlerischen Praxis hinsichtlich des politischen Engagements, der Geschichte der modernistischen Avantgarden hinsichtlich des Scheiterns ihres utopistischen Projekts und der Konzeptkunst hinsichtlich der Tatsache, dass sie schon früh in die Mechanismen der Kulturindustrie geraten ist, inhärent sind: »Die Geschichte«, behauptet der Künstler, »hat den analytischen Stil der Konzeptkunst und der formalistischen Kunst erbarmungslos in Industriedesign verwandelt.«

Seine Position der Ablehnung des künstlerischen Objekts hat ihn dazu geführt, einen *Gebrauch* des Textes als Propaganda-Schrift, als Instrument pädagogischen Engagements statt als »Ausstellungsprodukt« zu privilegieren.

Nachdem er an verschiedenen Ausstellungen in Italien und im Ausland teilgenommen hatte, schickte er 1978 als Antwort auf die Einladung zu einer weiteren Ausstellung ein Telegramm folgenden Inhalts: »Bestätige Ablehnung der abstrakten Arbeit in der Kunst, Unmöglichkeit teilzunehmen und meine künstlerische Produktion zur Verfügung zu stellen. Führe zurückgezogenes Leben in Bari für konsequente Forschungen über Post-Kunst oder über das, was nach der Kunst kommt.«

Seitdem ist Matarreses »Ablehnung« von radikaler und kompromissloser Strenge und Radikalität gekennzeichnet. Durch das Paradox einer unermüdlich verfolgten Negationsaktivität, die keinerlei Konzessionen macht – beispielsweise an die Medien oder an irgendeine Form der Vermarktung der Kunst als Event –, wird dieser Künstler zu einem paradigmatischen Beispiel für die Praxis der kritischen Negation, eine Praxis, die zu einem Gutteil die zeitgenössische Diskussion über die Unwirksamkeit, über das Sich-Entziehen und das Zurückweichen, über die Formen des Widerstands gegen die unvermeidliche Teilnahme an der (materiellen oder immateriellen) Produktion im Zeitalter des kognitiven Kapitalismus vorwegnimmt.

Seiner eigenen Aussage zufolge verbindet Francesco Matarrese eine Dimension des Nicht-Tuns, die die Kunst des 20. Jahrhunderts von Dada bis Piero Manzoni auszeichnet, mit der nachdrücklich vertretenen Position der sogenannten »operaistischen« Theorien, zuallererst derjenigen Mario Trontis, der Ablehnung der Arbeit als entfremdeter, undifferenzierter, abstrakter, das heißt »toter« Arbeit.

Dieser Dimension der toten Arbeit stellt Matarrese einen Künstler entgegen, der im vollen Bewusstsein dieses Widerspruchs eine »Nicht-Kunst« sucht und begründet, die eine Dimension des *Kampfes* ist. Eine üblicherweise einsame Praxis, die sich jedoch dem Ziel verschreibt, Zeugnis abzulegen, und daher auf die Begegnung und den Dialog mit anderen Subjekten angewiesen ist.

Auf der dOCUMENTA (13) kündigt der Künstler den Beginn des Projekts *The Challenge* an. »Das *Etwas* in der Kunst«, erklärt er, »ist der unerhörte Skandal!« Das »Etwas«, begriffen als ein Simulacrum, das das Entstehen und die Befreiung des Werks »ohne etwas« behindert. Matarrese liefert in ein paar schriftlichen Notizen, wie denjenigen, die in der Rotunde des Fridericianums zu sehen sind, die einzig mögliche Dokumentation des Beginns eines Projekts »tiefer Ablehnung«.

Francesco Matarrese started out as an artist in the early 1970s. He soon came to focus on the inherent contradictions that lie in artistic work with regard to political commitment, in the story of the modernist avant-garde movements with regard to the failure of their utopian vision, and in Conceptual art with regard to its rapid entanglement in the mechanisms of the culture industry: "In a merciless way," according to Matarrese, "history has transformed the analytic style of Conceptual and formalist art into industrial design."

His rejection of the art object led him to *make use* of text as writing/propaganda, as a pedagogical tool rather than an "exhibition product."

In 1978, after participating in various exhibitions in Italy and abroad, and upon receiving an invitation to take part in another show, Matarrese formulated and sent a telegram that read: "Confirm refusal of abstract labor in art, cannot participate by contributing my artistic output. Leading secluded life in Bari for consequent investigation into post-art, e.g., what comes after art."

Since then, Matarrese's "refusal" has continued to be scrupulous and radical in nature, without second thoughts or compromise. The paradox of an activity-of-negation that is pursued incessantly and with no concessions—to the media, for instance, or to any form of spectacularization within the art circuit—makes this artist's practice a paradigm of critical negation; a practice that prefigured much of the contemporary debate on inoperativity, on retreat, on withdrawal, on forms of resistance to one's inevitable involvement in production (both material and immaterial) in the era of cognitive capitalism.

By his own description, Matarrese combines an element of not-doing, present in twentieth century art from Dadaism to Piero Manzoni, with the position expressed by workerism theories—first and foremost, those of Mario Tronti—that reject labor in its alienated, undifferentiated, abstract form; labor that is "dead."

Matarrese counters this element of dead labor with the existence of an artist who, entering into the heart of the contradiction, seeks out and establishes a "non-art" that is an element of *struggle*. A practice that is generally solitary, yet whose story is conveyed through the encounter with other subjects who bear witness.

At dOCUMENTA (13), the artist announces the launch of *The Challenge*. "The *something* in art," he says, "is the true scandal!" Here, the "something" is considered a simulacrum that hinders the advent and liberation of the work "without something." Matarrese relies on written notes, like the ones that can be seen in the Rotunda in the Fridericianum, as the only possible way to document the undertaking of a "profound refusal." CP

The Challenge

In a world of merchandise, this is the moment of "the condition of non-art," announced in Los Angeles in 1967, and subsequently expressed in the refusal of art in general and in the "refusal of abstract labor in art." Non-art is not merely a form of art in which something is missing, but a form of art against something. Over the past few years, the critical activity inspired by this refusal has concentrated above all on the negative aspect of "something missing," ignoring the sinister presence suggested by the "something." The refusal of art in general is the utmost expression of the artist's resistance to labor that is abstract, and that, as such, is dead labor. For the artist now, to recognize this something as dead labor is to be dragged into the underworld of capitalism. Non-art and non-labor proclaim a temporary but terrifying state of struggle against the something, a struggle within this infernal underworld. The challenge is to descend into the inferno where the struggle between abstractions, and an extreme war between dead labor and living labor, is raging. This is the place of apartness, within the world. To achieve living labor, to express a life, are sentiments that still move us. By standing side by side with death, will it one day be possible to have a firmer grip on life? We call on what is best in us to embark on this challenge. On the twenty-seventh of January two thousand and twelve, at dOCUMENTA (13).

Fabio Mauri

geb. / b. 1926 in Rom / Rome
gest. / died 2009 in Rom / Rome

In seiner Kunst, die vielfältige Medien und Techniken umfasst, darunter auch Schriften und Arbeiten für die Bühne, beschäftigte Fabio Mauri sich mit den besonderen Erfahrungen, die für die Gesellschaft der Nachkriegszeit und der Gegenwart bezeichnend waren. In einer Zeit vorzeitig erwachsen geworden, die von der, wie er sagte, »kunstreichen Lüge« von Faschismus und Nationalsozialismus beherrscht wurde, war Mauri Zeuge der frühen Verbreitung massenproduzierter Kultur; auf zugleich poetische und kritische Weise analysierte er den geschichtlichen Hintergrund und die Identität einer Kultur, auf die schon alle Bilder und alle Ideologien projiziert worden waren.

Mit Pier Paolo Pasolini, mit dem er in den 1930er Jahren in Bologna eine enge Freundschaft schloss, gründete er die Zeitschrift *Il Setaccio*, später das Journal *Quindici*; seit den späten 1950er Jahren war Mauri außerdem als Leiter und später als Vizepräsident des Verlags Bompiani in Mailand tätig. Von der Notwendigkeit eines linguistischen Zugangs zur Welt überzeugt, versuchte er in seinen künstlerischen Arbeiten, die Komplexität und inneren Widersprüche der Conditio humana freizulegen und formal lesbar zu machen; besonders deutlich wird dieses Unterfangen in seinen Künstlerbüchern wie etwa *Manipolazione di cultura* (1976) und in den in große Fußmatten geschnittenen Sätzen (2009), die auf der dOCUMENTA (13) zu sehen sind.

Zu Mauris frühen Objekten gehört die Reihe *Schermi* (1957–1994), die aus weißen Leinwänden besteht, die potenziell alle Bilder enthalten. Diese Bildschirme, Leerstellen, die die Anhäufung visueller Zeichen andeuten und oft teilweise vor die Wand vorspringen, tragen manchmal die filmische Inschrift »The End« (so bei *Schermo The End*, 1970), die den vorbestimmten Charakter unserer Sehwahrnehmung noch unterstreicht. Bildet die Projektion – eine Metapher für die Vermittlung eines gegebenen Bildes, einer gegebenen Wahrheit – ein Leitmotiv in Mauris Vorstellungswelt, so hat man im Bildschirm die seinem Werk zugrunde liegende konzeptuelle Dimension erkannt. Ins physische Register dekliniert wird er in einer Arbeit wie *Intellettuale* (1975–1994), für die Pasolinis Film *Il Vangelo secondo Matteo* (1964) im Jahr 1975 auf die Brust seines Autors projiziert wurde, eine physische Leinwand, die für die Dauer des Films die Verantwortung des Künstlers seiner eigenen Arbeit gegenüber verkörperte.

Die Performance *Che cosa è la filosofia. Heidegger e la questione tedesca. Concerto da tavolo* (1989) bildet den Versuch, die zweideutige Bruchlinie zwischen den Höhenflügen des Denkens und seinem möglichen Sturz für das Publikum anschaulich zu machen. Die während der Eröffnungswoche der dOCUMENTA (13) im Kasseler Hauptbahnhof wiederaufgeführte Performance spielt an einem Tisch – Martin Heidegger, ein Cellist und andere Figuren agieren in verführerischer Atmosphäre eine Szene aus, unterbrochen durch Aufnahmen aus dem Eichmann-Prozess – und schließt mit der Verlesung eines von Mauri verfassten Textes, der auf die gemeinsamen philosophischen Grundlagen und Kontinuitäten zwischen der deutschen und der gesamteuropäischen Kultur verweist.

Using a variety of media and techniques, including writing and theater, Fabio Mauri dealt in his work with the specific experiences that characterized postwar and contemporary society. Mauri, who was precociously mature during a time dominated by what he called "the artful lie" of Fascism and Nazism, as well as a witness to the early dissemination of mass-produced culture, analyzed, in a manner simultaneously poetic and critical, the historical background and identity of a culture onto which all images, and all ideologies, had already been projected.

A founder of the magazine *Il Setaccio* with Pier Paolo Pasolini, who became a close friend during the 1930s in Bologna, as well as of *Quindici*, from the late 1950s Mauri also worked as director and was later vice president of the publishing house Bompiani in Milan. Convinced of the necessity of a linguistic understanding of the world, he attempted in his artistic work to expose and render formally legible the complexity and contradictions inherent to the human condition; this is particularly evident in his artist's books such as *Manipolazione di cultura* (1976) and in the sentences cut into the large doormats (2009) exhibited at dOCUMENTA (13).

Among Mauri's early object works is the series *Schermi* (1957–94), which consists of white canvases potentially containing all images. These screens, blank spaces hinting at the accumulation of visual signs and often partly projecting from the wall, sometimes bear the cinematographic inscription "The End" (as in *Schermo The End*, 1970), thus underlining the predetermined nature of our visual experience. If the projection—a metaphor for the act of conveying any given image or truth—constitutes a leitmotif in Mauri's imaginary, the screen has been seen as the work's underlying conceptual dimension. Its corporeal declension can be found in a work such as *Intellettuale* (1975–94), in which Pasolini's film *Il Vangelo secondo Matteo* (1964) was projected in 1975 onto the chest of its author, a corporeal screen embodying, for the duration of the film, the responsibility of the artist toward his own work.

The performance *Che cosa è la filosofia. Heidegger e la questione tedesca. Concerto da tavolo* (1989) is an attempt to make present to the spectator the ambiguous break between the heights of thought and its possible fall. Re-enacted in Kassel's Hauptbahnhof during the opening week of dOCUMENTA (13), it takes place around a table—where Martin Heidegger, a cello player, and other characters act out a scenario in a beguiling atmosphere interrupted by recordings of the Adolf Eichmann trial—and ends with the reading of a text written by Mauri pointing at the common philosophical grounds, and continuity, between German and European culture at large. CV

***L'universo, come l'infinito, lo vediamo a pezzi*, 2009**
Fußmatten-Ausschnitte / Doormat cuts
200 × 420 cm
Intallationsansicht / Installation view, Galleria Comunale d'Arte Contemporanea Monfalcone

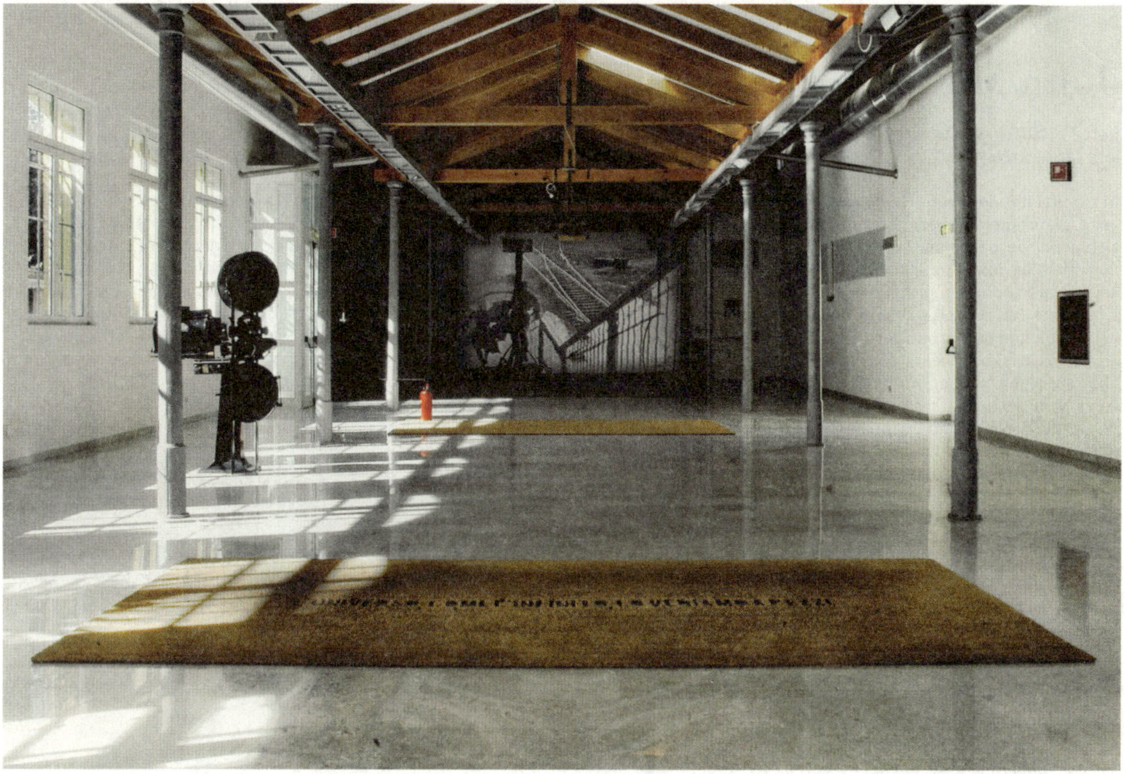

John Menick

geb. / b. 1976 in White Plains (New York)
lebt / lives in New York

In einem Interview mit *El búho*, einem venezolanischen Magazin für zeitgenössische Poesie, sagte der Künstler und Schriftsteller John Menick: »Ich habe keine einheitliche Theorie für alles, was ich mache. Ich schreibe Essays, drehe Filme, zeichne und produziere Audioarbeiten. Es ist befreiend, das nicht alles auf einen Nenner bringen zu müssen.« Menicks drei Arbeiten für die dOCUMENTA (13) – ein Buch, ein Video und eine Soundinstallation – haben an diesem bewussten Eklektizismus teil; in ihnen mischen sich Filmrezension und Fantasy, Kurzgeschichte und Reportage, psychologisches Experiment und Autobiografisches.

Die erste der drei Arbeiten, *A Report on the City* (2012), ist eine neue Sammlung von Essays und Kurzgeschichten, die in Bezug zueinander stehen und während eines Aufenthalts in Mexiko verfasst wurden. Das Land bildet die Kulisse für die Protagonisten des Buchs: einen Hypochonder ohne Zunge, wahnsinnige Reisende, einen Müllbaron, der ein ausschweifendes Leben führt, einen Snuff-Film-Dealer, einen Filmregisseur, der unerkannt bleiben möchte … Diese Gestalten setzt Menick in verschiedenen literarischen, bruchstückhaften Formen in Szene. In einer Mischung aus Journalismus, Fiktion und Unsinn erkundet *A Report on the City* das, was die Dichterin Fanny Howe die Poetik und Ethik der Irreführung genannt hat.

Die zweite Arbeit, *Starring Sigmund Freud* (2012), die im Rahmen des Filmprogramms der dOCUMENTA (13) gezeigt wird, ist ein filmisches Andenken an Sigmund Freuds wenig bekannte Filmkarriere. Das Video, das auf einem Essay beruht, den Menick 2011 in *frieze* veröffentlichte, versammelt die Dutzende Auftritte, die die Figur Sigmund Freud in Film und Fernsehen gehabt hat. Ab den 1950er Jahren, als Pillendöschen die Couch des Psychoanalytikers verdrängten, begann der Vater der Psychoanalyse eine zweite Laufbahn, indem er sich in allerlei Filmen – von einem Flop mit John Huston bis hin zu einer Folge der Serie *Star Trek* – selbst spielte. Das Video legt den Gedanken nahe, dass vor der Kamera, neben vom Chirurgen aufgemotzten Filmsternchen und computeranimierten Chimären, vielleicht der Ort ist, an dem »Herr Doktor« seine letzte Ruhestätte finden wird.

Die dritte Arbeit, *Subliminal Projection Company* (2009), die im Fridericianum präsentiert wird, stellt den Versuch dar, dem Publikum der dOCUMENTA (13) die Erinnerungen des Künstlers zu übermitteln. Die Methode dieser Übertragung – unterschwellige verbale Mitteilungen, die unter Naturklang-Effekten verborgen sind – imitiert Selbsthilfe-CDs, die Millionen benutzen, um mühelos bessere Menschen zu werden. Statt inspirierender Botschaften jedoch sendet Menicks Arbeit *sub rosa* Erinnerungen aus seiner eigenen Kindheit. *Subliminal Projection Company* kann man sich wachend oder ruhend zu Gemüte führen, aber der Künstler legt behutsam nahe, der Hörer möge den Schlaf der bewussten Aufnahme vorziehen.

In an interview with the Venezuelan contemporary-poetry magazine *El búho*, the artist and writer John Menick said: "I don't have any unified theory for what I do. I write essays, make films, drawings, and audio works. It's liberating not having to tie it all together." Menick's three works for dOCUMENTA (13)—a book, a video, and an audio installation—participate in this conscious eclecticism, mixing film criticism with fantasy, short stories with reportage, psychological experiments with autobiography.

The first of the three works, *A Report on the City* (2012), is a new collection of interrelated essays and short stories written while the artist was living in Mexico. The country provides a setting for the book's subjects: a tongueless hypochondriac, mad travelers, a dissolute garbage baron, a snuff-film dealer, an incognito film director . . . all realized through varied literary and fragmentary forms. Part journalism, part invention, part folly, *A Report on the City* is an investigation into what was called, by poet Fanny Howe, the poetics and ethics of bewilderment.

The second work, *Starring Sigmund Freud* (2012), screened as part of the dOCUMENTA (13) film program, is a video memento for Sigmund Freud's little-known film career. Based on an essay Menick published in *frieze* in 2011, the video collects the dozens of appearances that the character of Sigmund Freud has made on small and big screens. After the 1950s, when pill vials replaced analytic couches, the father of psychoanalysis found a second career impersonating himself in everything from a John Huston clunker to a *Star Trek* episode. The video suggests that maybe it is in front of the camera, alongside surgically enhanced starlets and CGI chimeras, that "Herr Doktor" will find his final resting place.

Subliminal Projection Company (2009), the third work presented in the Fridericianum, is an attempt to transmit the artist's memories to dOCUMENTA (13)'s audience. The method for the transmission—subliminal text concealed under natural sound effects—is modeled on self-help CDs used by millions for effortless self-improvement. Instead of inspirational messages, though, Menick's work broadcasts, *sub rosa*, his own childhood recollections. *Subliminal Projection Company* can be experienced awake or at rest, but the artist gently suggests that the listener choose sleep over consciousness. ES

Und dann sagte er, dies seien die verdeckt ermittelnden Polizisten, die sieben Männer, die die Müll-Mafia infiltriert haben. / And then he said these are the undercover police officers, the seven men who infiltrated the garbage mafia.

Vorgefundene Fotografie aus dem / Found photograph from the Archivo General de la Nación, Mexiko-Stadt / Mexico City

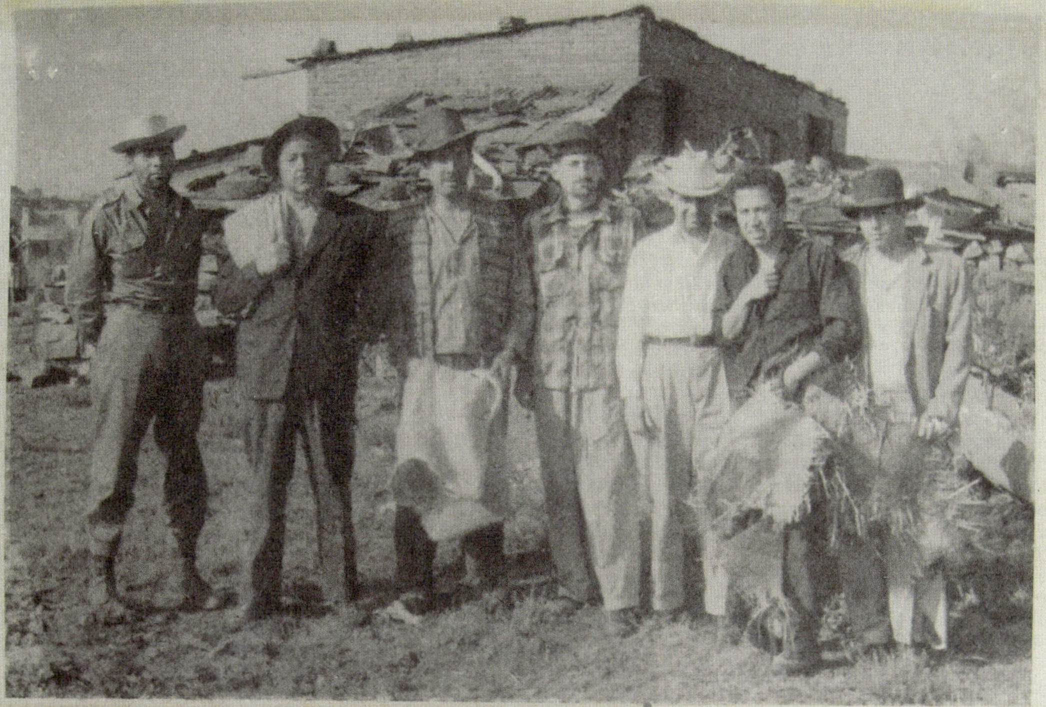

EL MISMO GRUPO DE INVESTIGADORES DISFRAZADOS DE PEPENADORES.

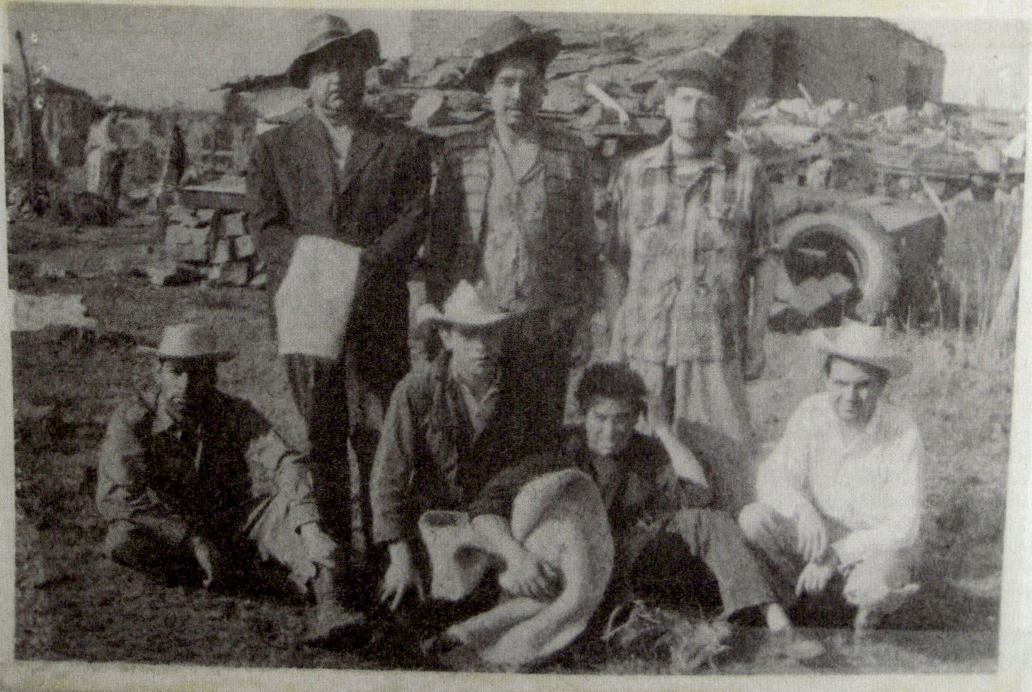

Christoph Menke

geb. / b. 1958 in Köln / Cologne
lebt / lives in Berlin

Das Denken der Philosophie beginnt damit, dass man aufhört, die Dinge anzuschauen und zu bewundern. Wenn es heißt, dass das Denken der Philosophie mit dem Staunen beginne, dann gilt dies nicht mehr dem Glanz der Erscheinung, sondern macht das Wirkliche zum Problem. Philosophisch zu staunen heißt zu fragen, wie das Wirkliche möglich ist. Die Philosophie untersucht Möglichkeitsbedingungen des Wirklichen: Sie führt das Wirkliche auf die Bedingungen zurück, die es möglich gemacht haben. Genauer: auf die Bedingungen, durch die *wir* das Wirkliche, als Werk unseres Handelns oder Gegenstand unseres Erkennens, gemacht haben. Die Philosophie beginnt mit dem problematisierenden Staunen über das Wirkliche, und sie endet mit dem Subjekt und seinen Vermögen, das Wirkliche hervorzubringen: Die Möglichkeitsbedingungen des Wirklichen sind Vermögen, die Subjekte als Mitglieder in Gemeinwesen erwerben; subjektive Vermögen sind soziale Vermögen. Das Denken der Philosophie ist Denken des Könnens und daher Können des Denkens.

Von Anfang an war die Kunst das philosophisch Undenkbare. Die Kunst ist nicht ein philosophisches Problem, die Kunst ist das Problem des philosophischen Problems. Denn die Kunst kann nicht auf die Weise begriffen werden, in der die Philosophie ihre Untersuchungen führt: Die Kunst kann nicht auf subjektiv-soziale Vermögen als Bedingung der Möglichkeit ihrer Wirklichkeit zurückgeführt werden. Kunst kommt nicht von Können. Die Kunst ist die Erfahrung eines Gelingens, ja einer Vollendung, die es zwar nicht ohne Können und zugleich nicht aufgrund von Können gibt. Die Kunst ist der Ort und die Zeit, sie ist die Szene der Selbstüberschreitung der sozial gemachten Könnerschaft des Subjekts. In ihr wirkt etwas, das nicht-, ja das vorsubjektiv und -sozial ist. In der Kunst wirkt »ästhetische Natur«. Oder: Kunst ist Kunst des Genies, und das »Genie ist wie ein blinder Seekrebs, der fortwährend nach allen Seiten tastet und *gelegentlich* etwas fängt; er tastet aber nicht, um zu fangen, sondern weil seine Glieder sich tummeln müssen« (Nietzsche). Die Kunst ist Können, nicht zu können: das Vermögen, durch die Kraft der Regression, die Regression der Kraft über die soziale Gestalt der subjektiven Vermögen hinauszugelangen: Hinausgehen über das soziale Subjekt durch Rückgang in ästhetische Natur; Ursprung ist das Ziel.

Deshalb kann die Philosophie die Kunst nicht denken – nicht so denken, wie sie das Wirkliche denkt, als ermöglicht durch Vermögen, die das Subjekt in Gesellschaft erworben hat. Daher stehen Kunst und Philosophie im Streit. Dieser Streit kann nicht geschlichtet werden, ohne entweder die Philosophie oder die Kunst zu verraten. – Aber vielleicht kann die Philosophie von der, besser *an* der Kunst *lernen*? Vielleicht kann die Philosophie an der Kunst lernen, worin sie immer noch oder schon mehr als ein Begreifen ist, das Wirkliches auf Vermögen zurückführt, weil das Denken selbst nicht auf ein Vermögen zurückgeführt werden kann, das wir sozial gelernt haben. Vielleicht kann die Philosophie an der Kunst also ein anderes Denken des Denkens lernen.

Philosophical thinking begins when one ceases to look at and marvel at things. When people say philosophical thought begins with wonder, it is the real that is at issue and not the radiance of appearances. To philosophically wonder means to inquire how the real is possible. Philosophy inquires into the conditions of the possibility of the real—it traces the real back to the conditions that made it possible, or, more accurately, to the conditions through which *we* produce the real as a product of our actions or as an object of our knowledge. Philosophy starts off with a problematizing wonder at the real and ends with the subject and its capacity to produce the real. The conditions of the possibility of the real are capacities that subjects acquire as members of communities; subjective capacities are social capacities. Philosophical thought is thinking about ability and hence thought ability.

Art has always been philosophically unthinkable. Art is not a philosophical problem but the philosophical problem's problem, because art cannot be grasped in the way in which philosophy conducts its inquiries. Art cannot be traced back to subjective and social capacities as the condition of the possibility of its reality. Art does not come from ability. Art is an experience of succeeding, nay, of perfecting, and while it depends on ability it is not a result of ability. Art is the place and the time; it is the locus where the subject's socially produced ability transcends itself. In art, something non-social, nay, pre-subjective and pre-social is at work. "Aesthetic nature" is at work in art, or: art is the art of genius, and the "genius is like a blind sea crab, constantly groping in all directions and *occasionally* catching something; it gropes not to catch, however, but because its limbs need to disport themselves" (Nietzsche). Art is the ability to be not able, it is the capacity, by dint of the power of regression, the regression of power, to reach back beyond the social form of subjective capacities—to reach back beyond the social subject by regressing to aesthetic nature; the goal is the source.

Hence philosophy cannot think art—cannot think it in the way that it thinks the real as made possible by capacities that the subject has acquired in society. This is why art and philosophy are at loggerheads. Nor can their dispute be laid to rest without betraying either philosophy or art.—But perhaps philosophy can *learn* from art or, better, *by art's example*, how philosophy is still, or already, more than an act of understanding that traces the real back to capacities—because thought itself cannot be traced back to a socially learned capacity. Perhaps, then, on the example of art, philosophy can learn to think thought differently. CME

Bode-Federholzstuhl im Zwehrenturm für »Was ist Denken?«, philosophisches Seminar am Museum Fridericianum / Bode-Federholzstuhl at Zwehrenturm for "What Is Thinking?," philosophical seminar at Museum Fridericianum, 2012

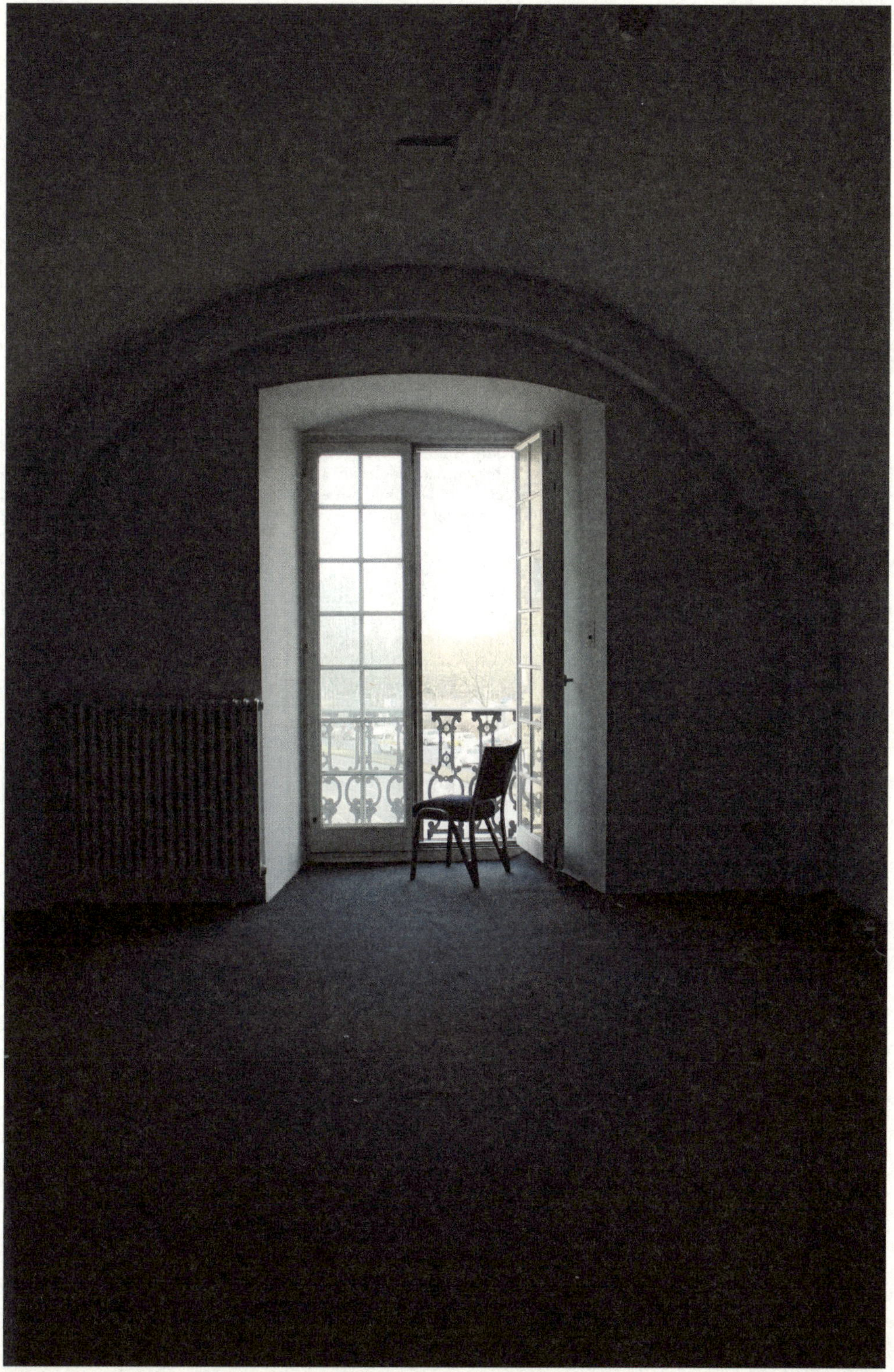

Lee Miller

geb. / b. 1907 in Poughkeepsie (New York)
gest. / died 1977 in Chiddingly (England)

In ihrem Notizbuch *Über die Zerstörung der Kunst – oder Konflikt und Kunst, oder Trauma und die Kunst des Heilens* (2011) analysiert Carolyn Christov-Bakargiev das berühmte Foto, das die Fotografin Lee Miller, die auch selbst als Fotomodell tätig war, in Adolf Hitlers Badewanne sitzend zeigt. Es entstand, als Miller mit David E. Scherman, auch er Fotograf, im Auftrag des Magazins *Life* mit den amerikanischen Truppen durch Deutschland fuhr und dabei einige Tage lang in der Münchner Wohnung des besiegten Diktators wohnte. Scherman nahm das Bild am Nachmittag des 30. April 1945 auf; den Vormittag hatten die beiden im Konzentrationslager Dachau verbracht.

Das Foto ist in zweierlei Hinsicht faszinierend. Einerseits bietet es einen, wie es scheint, intimen Einblick in das Leben des Tyrannen, vergleichbar den Bildern, die Kamerateams heute bei Besuchen in den Palästen entthronter Diktatoren aufnehmen. Andererseits wirkt es von Miller inszeniert; dem Betrachter muss der Kontrast zwischen ihren schmutzigen Kampfstiefeln und ihrer nackten Haut sowie die unerwartete Ersetzung Hitlers durch den weiblichen Körper auffallen.

Christov-Bakargiev erkennt in diesem Bild ein »indirektes Bild der Lager«: »Es ist ein ›traumatisiertes‹, schweigendes Foto, das die Unmöglichkeit des Sprechens nach dem, was sie an jenem Morgen in Dachau gesehen hatte, erkennen lässt. Am selben Tag, als das Bild aufgenommen wurde, beging Hitler in seinem Berliner Bunker Selbstmord. Auf einer symbolischen wie auch auf einer körperlichen Ebene tritt Miller an seine Stelle, schafft eine Ersatzfigur; teils wird sie auch der Täter, der sich von seinen Verbrechen reinwäscht. Es ist ein ›mythisches‹ Foto – als versuchte sie, die Menschheit von ihren Sünden zu reinigen. […] Liegt hier womöglich eine feministische Anklage gegen die patriarchalische Welt des Militärs vor, die hinter dem Bild stand?« Christov-Bakargiev bemerkt auch, dass die Kamera ein Apparat sei, der »die Obszönität der distanzierten Herrschaft der Fotografie über das Leben ermöglicht, ein Gefühl ähnlich dem Überlebenden-Syndrom, das Miller an jenem Morgen in Dachau empfunden haben mag«. Tatsächlich wurde Miller nach ihren Besuchen in den befreiten Konzentrationslagern von Depressionen heimgesucht.

Die Präsentation von Millers Kriegsfotografien auf der dOCUMENTA (13) umfasst ihre Porträts und Selbstporträts, weitere Interieurs aus Hitlers Wohnung am Prinzregentenplatz in München sowie Dokumentaraufnahmen aus den Konzentrationslagern und den zerbombten Städten Deutschlands. Außerdem werden verschiedene Gegenstände gezeigt, die Miller und Scherman fanden und mitnahmen, darunter eine Parfümflasche und eine Puderdose von Eva Braun und ein Badehandtuch mit Hitlers Initialen. Solche eigentümlichen Objekte stellen eine Herausforderung an den traumatisierten Betrachter dar, die an den Soldaten denken lässt, von dem Walter Benjamin schreibt, er kehre vom Schlachtfeld »verstummt« zurück, »nicht reicher, ärmer an mitteilbarer Erfahrung«.

In her notebook *On the Destruction of Art—or Conflict and Art, or Trauma and the Art of Healing* (2011), Carolyn Christov-Bakargiev analyzes the famous photo of the photographer and model Lee Miller sitting in Adolf Hitler's bathtub. Miller stayed in the defeated dictator's apartment in Munich for several nights together with David E. Scherman, another photographer, with whom she traveled through Germany with U.S. troops on a commission for *Life* magazine. It was Scherman who took the picture of Miller during the afternoon of April 30, 1945, after they had spent the morning at the Dachau concentration camp.

The photograph holds a double fascination. On the one the hand, it gives a supposedly intimate view of the tyrant's life, as when camera teams today visit the palaces of dethroned dictators. On the other, it appears to have been staged by Miller; the viewer is struck by the contrast of her dirty combat boots with her naked skin and the unexpected replacement of Hitler with the female body.

Christov-Bakargiev sees the photograph as an "indirect photo of the camps": "It is a 'traumatized,' silent photograph that suggests the impossibility of speech after what she had seen at Dachau that morning. The same day the picture was taken, Hitler committed suicide in his Berlin bunker. On a symbolic and also on a bodily level, Miller takes his place, creates a substitution; in part she becomes the victimizer, washing herself of his crimes.
It is a 'mythic' photograph—as if she were attempting to cleanse humanity of its sins. . . . Could this be a feminist accusation against the patriarchal military world that lay behind the image?" Christov-Bakargiev also notes how the camera is a device that "permits the obscenity of photography's detached power over life, a feeling akin to survivor syndrome that Miller may have felt in Dachau that morning with her camera." Indeed, Miller was haunted by depression after her visits to the liberated concentration camps.

The presentation of Miller's wartime photography at dOCUMENTA (13) includes her portraits and self-portraits, other interiors from Hitler's apartment on Prinzregentenplatz in Munich, and documentary photos from Germany's concentration camps and bombed-out cities. Also on display are various artifacts found and taken by Miller and Scherman, such as Eva Braun's perfume bottle and face-powder compact and a bath towel with Hitler's initials. Such intractable objects challenge the traumatized viewer, like the soldier Walter Benjamin writes about, who returns from the battlefield "silent—not richer, but poorer in communicable experience." LBL

Lee Miller in der Badewanne von Hitlers Wohnung in München / Lee Miller in the bathtub of Hitler's apartment in Munich, 1945

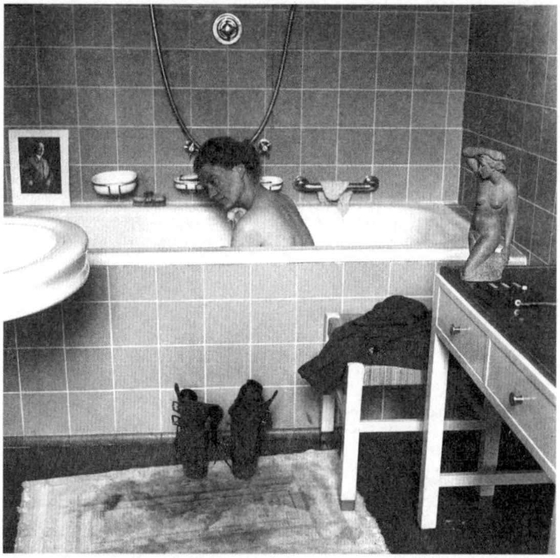
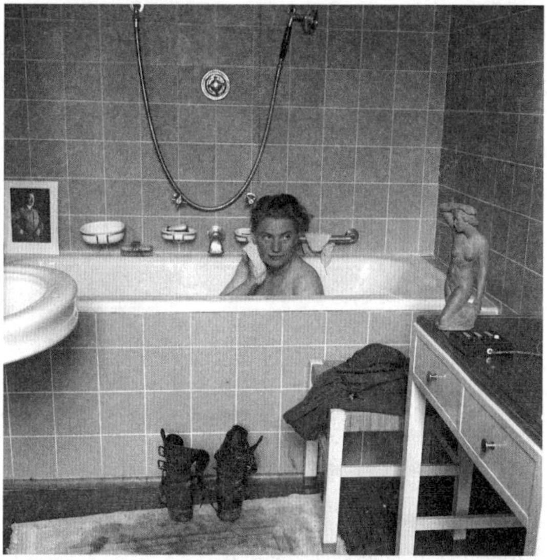
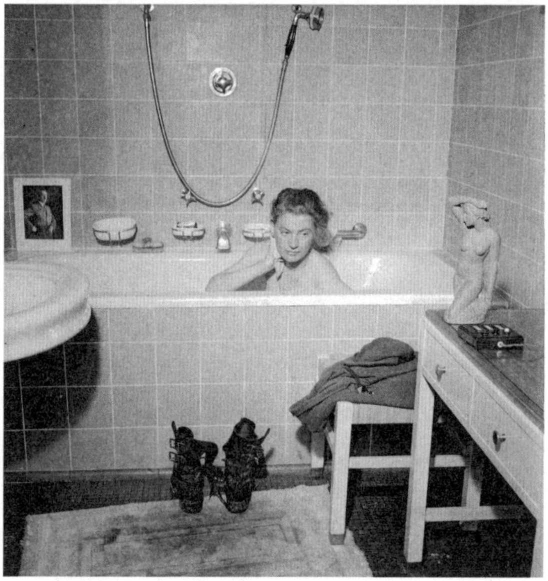
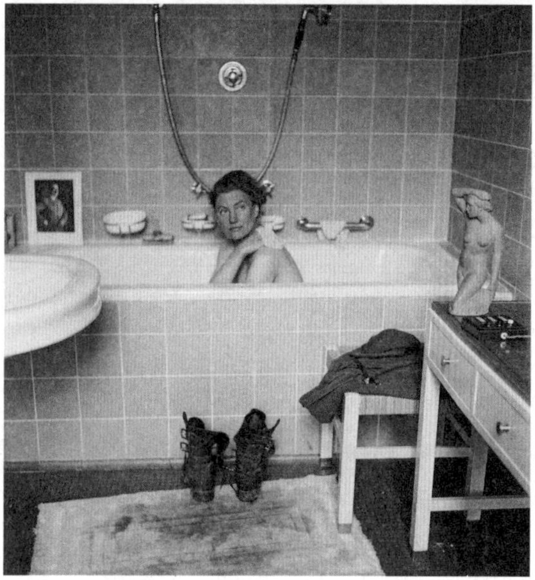

Giorgio Morandi

geb. / b. 1890 in Bologna
gest. / died 1964 in Bologna

Die Präsentation von Werken Giorgio Morandis auf der dOCUMENTA (13) stellt einen Ausschnitt aus seinem Schaffen zwischen 1936 und 1958 vor und besteht aus Stillleben, einem Landschaftsgemälde und einer Stadtansicht. Dazu wird eine Fotografie des Ateliers des Künstlers in Bologna gezeigt – hier schuf er wohl die meisten der ausgestellten Arbeiten –, außerdem Bücher aus seiner privaten Bibliothek, darunter Werke der Philosophie, der klassischen Dichtung und der Kunstgeschichte. Des Weiteren werden Flaschen präsentiert, die in den Stillleben dargestellt sind. Einige dieser Flaschen hat Morandi bemalt, was sie zwischen Kunst und Nichtkunst schillern lässt.

In Morandis einfachen und gedämpften Gemälden, den Werken eines Künstlers, der überzeugt war, dass »nichts abstrakter ist als die Wirklichkeit«, kann man Vorläufer minimalistischer Stile und heutiger konzeptueller Malerei erkennen. Die handelnde menschliche Gestalt entfernte er oft aus seinen Szenen, um es stattdessen prosaischen Objekten und Ausblicken zu überlassen, von gesellschaftlichen Verhältnissen und geschichtlichen Ereignissen zu erzählen, was dem Vertrauten eine Qualität abseits des Sagbaren verleiht.

Wie Carolyn Christov-Bakargiev schreibt, stehen »die Gemälde Giorgio Morandis für eine Form der Zurücknahme seiner selbst, die Machtverhältnisse durcheinanderbringen kann, obwohl man sich machtlos fühlt. In einer Situation genau dieser Art malte Morandi, während um ihn her der Faschismus herrschte«.

Representing a slice of his career from 1936 to 1958, the presentation of Giorgio Morandi's work at dOCUMENTA (13) consists of still-life paintings, a landscape, and a cityscape. Also on display is a photo of the artist's studio in Bologna—where he painted most of the exhibited works—as well as books from his private library, including titles on philosophy, classical poetry, and art history. Other objects in the presentation are bottles that appear in the still lifes. Some of these have been painted on by Morandi, giving them an ambiguous status between art and non-art.

The products of an artist who held that "nothing is more abstract than reality," Morandi's simple and subdued paintings can be seen as a forerunner of Minimalist styles and of contemporary conceptual painting. He often subtracted the human figure as agent and left it instead to prosaic objects and vistas to speak about social relations and historical events, thereby lending an ineffable quality to the familiar.

Carolyn Christov-Bakargiev writes that "the paintings of Giorgio Morandi represent a state of withdrawal that can disturb power relations even though one feels powerless. It is in such a condition that Morandi painted, surrounded by Fascism." LBL

Objekte aus Giorgio Morandis Atelier / Objects from Giorgio Morandi's studio

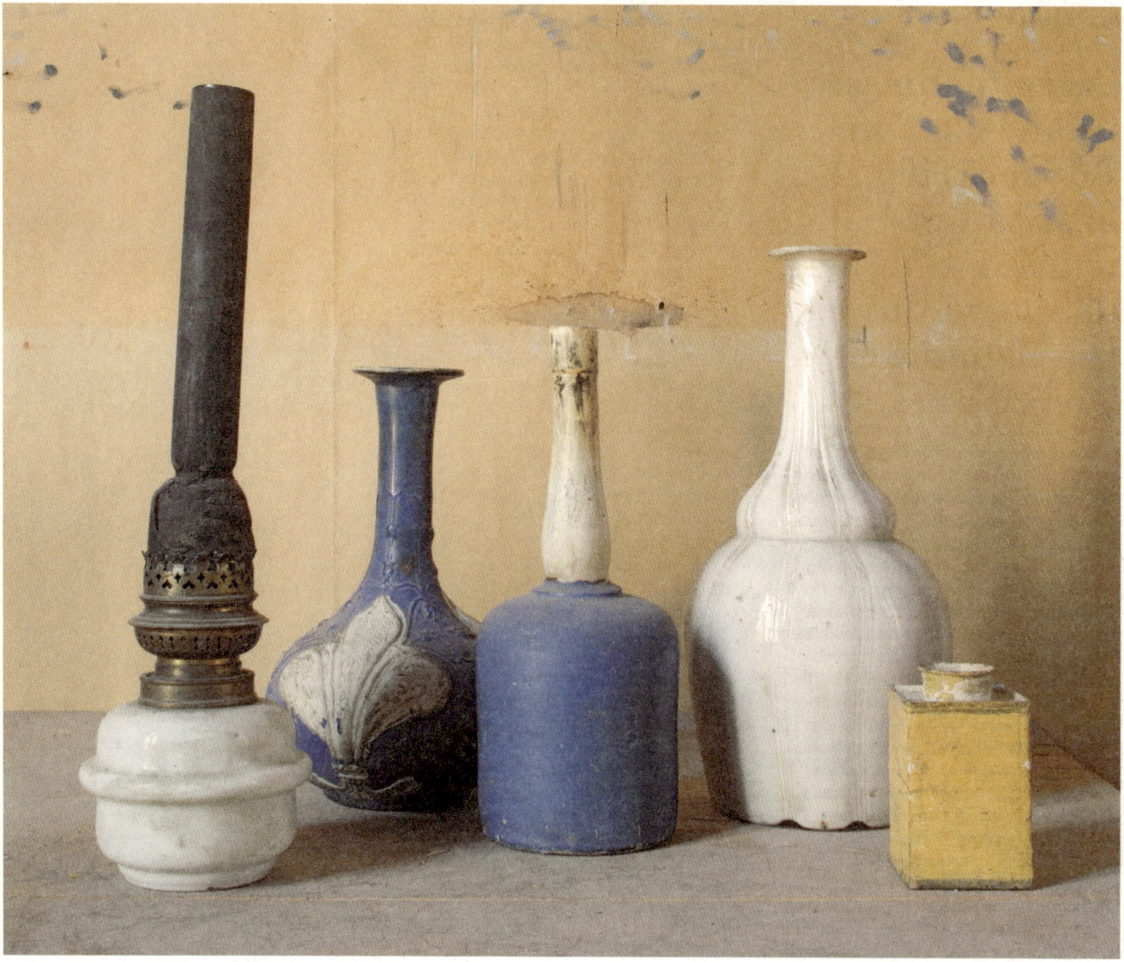

Objekte, die im libanesischen Bürgerkrieg beschädigt wurden / Objects damaged during the Lebanese Civil War

In der »Brain« genannten Sektion der dOCUMENTA (13) geht es nach den Worten von Carolyn Christov-Bakargiev um »Begriffe von Konflikt, Trauma und Zerstörung, von Zusammenbruch und Wiederaufbau«. Für diese Darstellung traumatisierter Denkweisen und Materialien hat sie zwei beschädigte Objekte aus den Sammlungen des Libanesischen Nationalmuseums ausgewählt.

Das Nationalmuseum in Beirut befindet sich dort, wo während des libanesischen Bürgerkriegs (1975–1990) die Front verlief. Durch Artilleriebeschuss, Bombardierungen und Überschwemmungen, denen das Museum im Laufe der 1980er Jahre immer wieder ausgesetzt war, wurden viele archäologische Objekte irreparabel beschädigt. Zwei Gegenstände, die jetzt die Katalognummern 13630 und 28108 tragen, entstanden, als Objekte, die sich nebeneinander befanden, schmolzen und miteinander verschweißt wurden. Nummer 13630 ist eine Mischung aus Metall-, Elfenbein-, Glas- und Terrakottateilen, die zufällig nebeneinander lagen, als in einem der Lagerräume ein Feuer ausbrach. Wie Anne-Marie Afeiche, Kuratorin am Nationalmuseum, sagt, ist es »schwierig [...] die verbrannten Objekte [...] mit Sicherheit zu identifizieren«. Nummer 28108 ist eine Verbindung zweier identifizierbarer Bronzefiguren, eine menschlich, die andere eine Tiergestalt, aus den Ausgrabungen in Byblos; sie stammen aus der Mittleren Bronzezeit.

Das Museum wurde 1999 wiedereröffnet und beherbergt noch immer eine wichtige Antikensammlung.

In the words of Carolyn Christov-Bakargiev, the Brain section of dOCUMENTA (13) revolves "around notions of conflict, trauma and destruction, collapse and recovery." She has selected two damaged objects from the collection of the Lebanese National Museum to be part of this presentation of traumatized mentalities and materials.

The National Museum of Beirut is located on what was the front line during the Lebanese Civil War (1975–90). As a result of the shelling, bombing, and flooding suffered by the museum throughout the 1980s, many archaeological objects were irreparably damaged. Two items, now catalogued as no. 13630 and no. 28108, are fusions of objects that have melted together. No. 13630 is a blend of metal, ivory, glass, and terra-cotta pieces that happened to be next to one another when a fire burned in one of the storerooms. According to Anne-Marie Afeiche, a curator at the National Museum, it is "difficult to identify . . . with certainty . . . the objects that burned." No. 28108 is a combination of two identifiable bronze figurines, one human and one zoomorphic, from the Byblos excavations, dating back to the Middle Bronze Age.

The museum reopened in 1999 and still hosts an important collection of antiquities. LBL

DGA no. 13630
Verschmelzung von Metall, Elfenbein, Glas und Terrakotta / Fusion of metal, ivory, glass, and terra-cotta

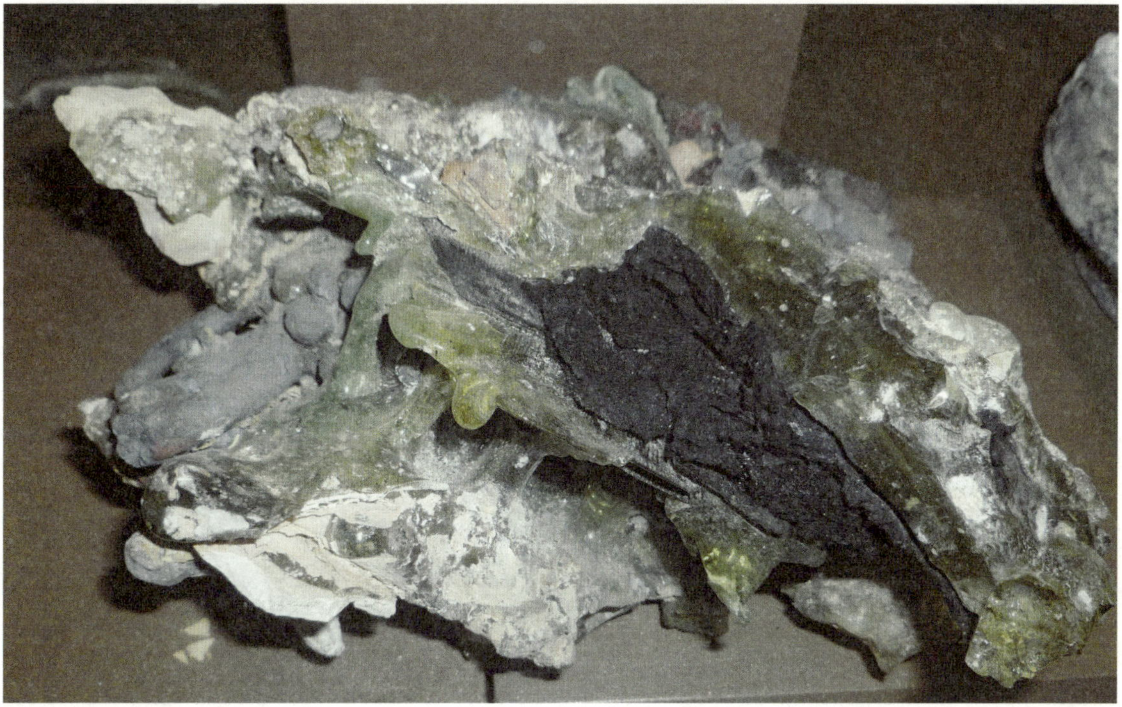

Pratchaya Phinthong

geb. / b. 1974 in Ubouratchathani (Thailand)
lebt / lives in Bangkok

Pratchaya Phinthongs künstlerische Praxis dreht sich um die Dialektik von Materialisierung und Entmaterialisierung und thematisiert den wirtschaftlichen Wert – die abstrakteste Kraft, die die Menschheit kennt, und zugleich die konkreteste und die, die das meiste Leid verursacht. Phinthongs Werk, in dem sich der unaufhörliche Wandel von Formen und Politik, von Wirtschaftsleben und Alltagserfahrung spiegelt, bildet eine poetische Übertragung der Metapher des schwankenden Werts von Währungen auf verschiedene Bereiche menschlicher Tätigkeit, bei der Geld als konzeptuelles Mittel dazu dient, Kunst zu schaffen.

Für sein Projekt *Give More Than You Take*, das er mit einem Künstlerstipendium in den Jahren 2010 und 2011 für das Centre d'art contemporain in Brétigny und die Galleria d'Arte Moderna e Contemporanea in Bergamo entwickelte, reiste er nach Nordschweden, wo er sich einer Gruppe von thailändischen Saisonarbeitern anschloss, die dort Beeren pflückten und pro Kilo bezahlt wurden. In täglichen Textnachrichten informierte er die Kuratoren der beiden Institutionen, wie viele Kilo er gesammelt hatte, mit der Bitte, im Ausstellungsraum Tag für Tag »eine Ansammlung von nutzlosen Dingen, Abfall, Wertstoffen oder Überbleibseln« desselben Gewichts zu zeigen – nach zwei Monaten waren die Haufen auf 549 Kilo angewachsen. Phinthongs Lohn betrug 8.000 Kronen, aber nach Abzügen für Benzin und Verpflegung blieben ihm nur 2.513; er ordnete die Banknoten und Münzen in Reih und Glied an und rahmte das Ganze ein (*An Average Thai Berry Picker's Income*, 2010). In der Gestaltung der Ausstellungen jedoch war diese Summe in ganz andere »ästhetische Währungen« übersetzt, da Auswahl und Anordnung der Abfallmaterialien den Kuratoren jeweils gänzlich freigestellt waren.

Der sichtbare Teil von *Sleeping Sickness* (2012), Phinthongs Beitrag zur dOCUMENTA (13), besteht aus einem einfachen weißen Sockel, dessen Oberseite für den durchschnittlichen europäischen Erwachsenen auf Augenhöhe ist. Darauf befinden sich unter einem starken würfelförmigen Glassturz zwei Tsetsefliegen, die wie Laborproben von oben ausgeleuchtet sind. Für das bloße Auge sind die zwei scheinbar schlafenden Insekten identisch; in Wirklichkeit handelt es sich um fruchtbares Weibchen und seinen sterilen Gemahl. Phinthongs Ziel war es, »eine Arbeit zu schaffen, die von der mikrobiologischen [...] Perspektive in Kassel aus ein weitaus größeres Thema, die in Afrika epidemische Schlafkrankheit, in den Blick nimmt und die Versuche der Europäer und der übrigen Welt, die tödliche Tsetsefliege in Afrika zu bekämpfen«. Er informierte sich über dieses Thema bei einer umfangreichen Forschungsreise durch Afrika, vor allem nach Äthiopien, Tansania und Sambia; diese Länder sind die Hauptschauplätze der Erprobung experimenteller umweltfreundlicher und nachhaltiger Techniken gegen die Tsetsefliege, die jährlich Tausende Menschen mit der tödlichen Schlafkrankheit infiziert. In Zusammenarbeit mit den Menschen vor Ort investiert er in einfache und billige Fallen, mit denen die Tsetsepopulation überwacht und wirksam begrenzt werden kann – eine mögliche Alternative zu der Methode, männliche Fliegen durch Bestrahlung zu sterilisieren.

Pratchaya Phinthong's artistic practice revolves around the dialectics of materialization and dematerialization, addressing economic value as both the most abstract of forces known to humanity and, at the same time, the most concrete and painfully influential. Acknowledging the perpetual transformation of forms, politics, economic reality, and daily life, Phinthong has poetically transferred the metaphor of fluctuation in currency values to various areas of human action, using money as a conceptual tool to produce art.

For his project *Give More Than You Take*, developed with an artist's grant between 2010 and 2011 for the Centre d'art contemporain in Brétigny and the Galleria d'Arte Moderna e Contemporanea in Bergamo, he traveled to northern Sweden and joined a group of seasonal Thai workers hired to pick berries and paid by the kilo. In daily text messages, he informed each institution's curator of the number of kilos he had collected and requested that "a collection of useless objects, waste, recycling, or leftover items" should be presented in the exhibition space each day to match the weight—which after two months, accumulated to 549 kilos. Phinthong was paid 8,000 krona, but after deductions for petrol and food, he was left with only 2,513, which he framed and presented in an orderly grid of notes and coins (*An Average Thai Berry Picker's Income*, 2010). The visual outcome of the exhibitions, however, translated into very different "aesthetic currencies," since each curator was entirely free regarding the choice and installation of the waste material.

The visible part of *Sleeping Sickness* (2012), Phinthong's work for dOCUMENTA (13), is a simple white plinth whose height matches the average eye level of European adults. On top of this, two tsetse flies are placed underneath a thick, cubic glass cover, lit from above like laboratory samples. Apparently sleeping, the two insects seem identical, but in fact, they are a fertile female and her sterile consort. Phinthong's aim was "to create a work that zooms out from the microbiological . . . perspective in Kassel to the field of Africa's epidemic disease, and how Europe and the rest of the world try to control the deadly tsetse fly in Africa." He studied this subject on an extensive research trip to Africa, mainly to Ethiopia, Tanzania, and Zambia, which are the central areas of the experimental quest for ecological and sustainable measures against tsetse flies, which yearly infect and kill thousands of people with sleeping sickness. Together with local people he invests in simple, inexpensive traps with which tsetse populations can be monitored and effectively controlled—as a possible alternative to the method of sterilizing male flies by irradiation. ES

***Sleeping Sickness*, 2012**
Fruchtbares Weibchen und steriler Gemahl / Fertile female and sterile consort
jeweils / each ca. 1 cm

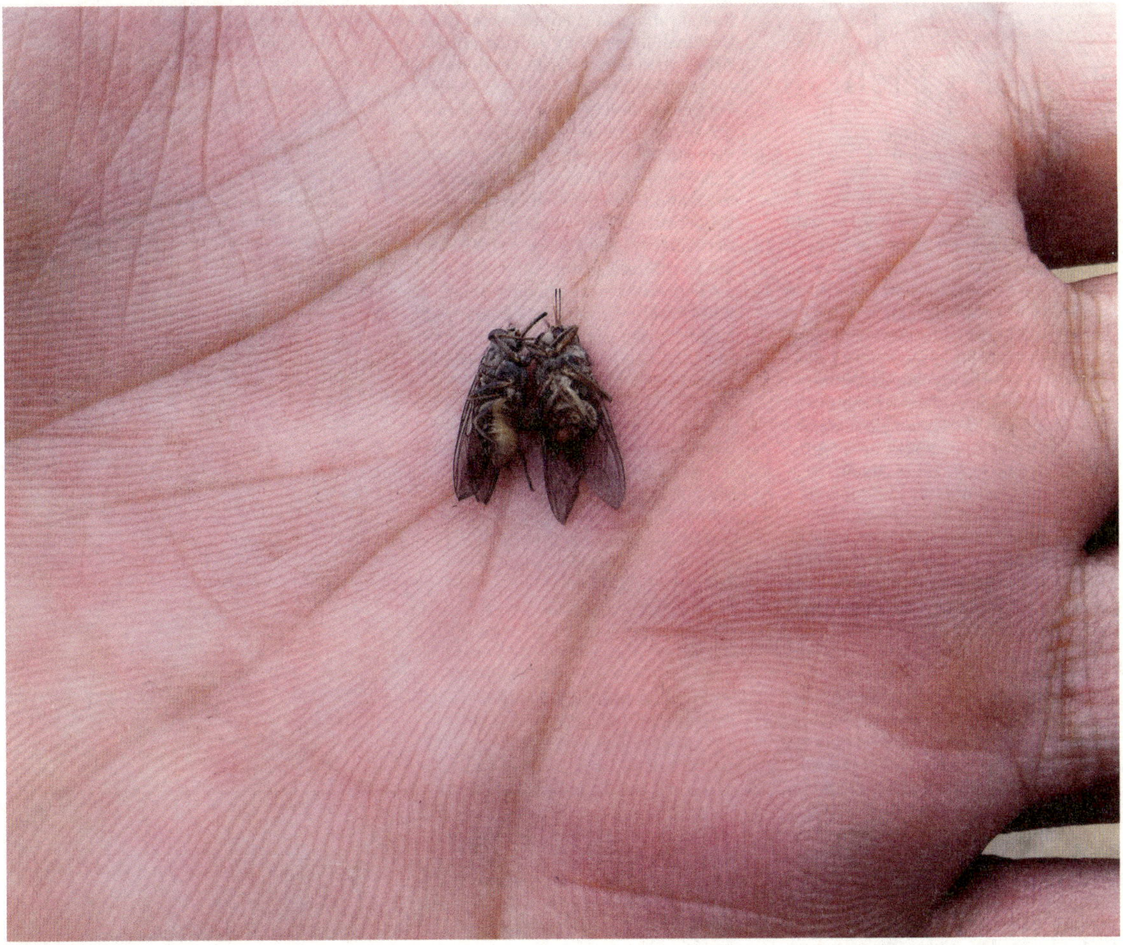

Sopheap Pich

geb. / b. 1971 in Battambang
(Kambodscha / Cambodia)
lebt / lives in Phnom Penh

Ein Künstler gehört der Welt an; er steht nicht außerhalb ihrer. Wenn ein Dichter den Namen für eine Sache benutzt – sagen wir, das Wort »Bambus« –, dann ist der Akt, ihn auszusprechen, mit einer Vielzahl von Bildern und Gefühlen beladen. Die kulturellen Assoziationen, die mit einem Material an einem bestimmten Ort verknüpft sind, sowie seine physischen und sinnlichen Eigenschaften, etwa seine Biegsamkeit oder Farbe, werden sich an jedes neue Objekt, zu dessen Gestaltung es verwendet wird, anheften. Der Künstler Sopheap Pich befasst sich mit solchen Nuancen als der Form eines hintergründigen Austauschs zwischen ihm selbst und seinen Materialien wie auch zwischen seinen Werken und dem Publikum.

Pich ist mit der Theorie der zeitgenössischen Kunst der westlichen Tradition vertraut; er schloss das Studium der Malerei an der School of the Art Institute of Chicago mit einem Master of Fine Arts ab. Doch diese Diskurse und Praktiken waren seinem Heimatland Kambodscha fremd, als er 2002 nach beinahe zwei Jahrzehnten in den USA dorthin zurückkehrte. Pich wandte sich einheimischen landwirtschaftlichen und handwerklichen Techniken wie der Arbeit mit Bambus, Rattan und Draht zu, um ein Medium zu finden, das es ihm erlauben würde, seine Ideen innerhalb dieses neuen Umfelds zu artikulieren. Er schlug eine Brücke zwischen den zwei Systemen und kommentierte die komplizierten Modernisierungsvorhaben und Gesundheitsprobleme, denen sich das Land heute gegenübersieht, indem er damit begann, die Erfahrungen, die er in Kambodscha gemacht hatte, in Form einer Erzählung nachzuzeichnen, die sich durch die Erkundung verschiedener biomorpher Gestalten aus Rattan entfaltet. Als Spiegelbild der Herausbildung des heutigen Kambodschas schuf er außerdem eine Gruppe dreidimensionaler Werke, die die Formensprache der neuen Entwicklungen reflektiert.

Auch für die dOCUMENTA (13) schlug er einen an Texturen reichen Kurs ein: Pich zeigt eine Reihe von Wandreliefs, Assemblagen, die im formalen wie im konzeptuellen Sinn des Wortes Abstraktionen darstellen. Jedes Relief besteht aus einem dreidimensionalen Kastenrahmen aus Bambus, der grob mit Sackleinen bespannt ist, wodurch die Arbeit zu einem »Kennzeichen« der Malerei zurückkehrt. Um diese Rückkehr voranzutreiben und mit autobiografischen Untertönen zu verbinden, füllt Pich die Rahmen mit Schichten aus verschiedenen Erdböden, die er überall in Kambodscha gesammelt hat, und versiegelt sie mit Bienenwachs, das er bei seinem ortsansässigen Honigbauern kauft. Die Assemblagen bilden eine buchstäbliche wie metaphorische Karte Kambodschas und hinterfragen zugleich, was es bedeutet, ein Land und das Leben seiner Bewohner zu repräsentieren.

An artist is of the world, and not outside it. When a poet reaches out for the name of a thing—"bamboo," say—the very utterance of such a word is laden with a slew of images and emotions. Along with the cultural associations embedded in a material in a specific locale, its various physical and sensory properties, whether flexibility or color, will be bound to any new object shaped through its use. Sopheap Pich is an artist who dwells on such nuances as a form of subtle communication with his materials, as well as between the work and his audience.

Although he trained in the theory of contemporary art in the Western tradition by earning an MFA in painting from the School of the Art Institute of Chicago, such discourses and practices were alien in Pich's place of birth—Cambodia—to which he returned in 2002 after living in the U.S. for nearly twenty years. Pich turned to local farming and craft techniques, such as working with bamboo, rattan, and wire, in order to find a vehicle with which to articulate his ideas within the context of this new setting. Bridging the two systems and as a commentary on the tricky modernization agendas and health issues facing the country today, he began to trace a narrative of the Cambodian experience through the exploration of various biomorphic forms sculpted in rattan. He also began to parallel the sculpting of present-day Cambodia through the formation of a body of three-dimensional work mirroring the forms of new development.

Taking another multi-textured course for dOCUMENTA (13), Pich presents a series of wall-relief assemblages that are abstractions in the formal as well as conceptual sense of the term. Each relief consists of a three-dimensional box frame in bamboo, across which burlap has been roughly stretched, returning the work to a "sign" of painting. To advance this return and wed it to autobiographical overtones, Pich fills the frames with layers of various soils collected from around Cambodia and seals them with beeswax purchased from his local honey farmer. The assemblages present a literal and metaphoric map of Cambodia, while also questioning what it means to represent a land and the lives contained within it. AK

***Seven Parts Relief*, 2012**
Bambus, Rattan, Draht, Sackleinen, Bienenwachs, naturbelassene Pigmente, Kohle / Bamboo, rattan, wire, burlap, beeswax, natural pigments, charcoal
160 × 120 × 8 cm

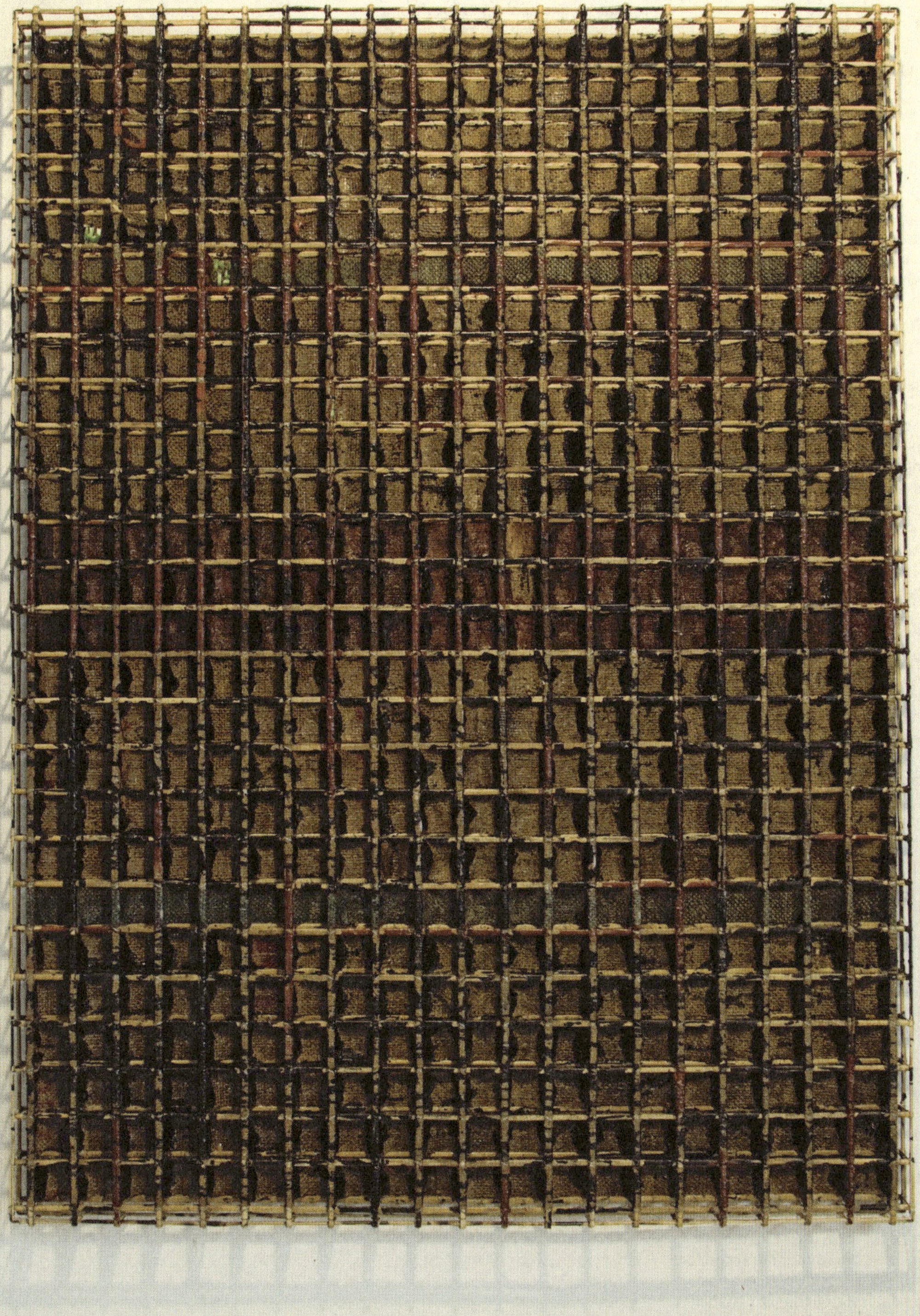

Ana Prvacki

geb. / b. 1976 in Pančevo (Serbien / Serbia)
lebt / lives in Los Angeles und / and Singapur / Singapore

Besucher der dOCUMENTA (13) werden Ana Prvackis Beitrag nicht unbedingt als greifbares Kunstwerk wahrnehmen, aber sie werden die Vorteile einer Atmosphäre gesteigerter Höflichkeit, Freundlichkeit und Gastfreundschaft genießen. Prvacki, die in ihren Arbeiten eine eingehende Untersuchung unserer zunehmend entmaterialisierten Dienstleistungs- und Ideenwirtschaft unternimmt, hat eine Gruppe professioneller Coaches und Benimmlehrer angeheuert, um möglichst vielen der für die documenta und im weiteren Zusammenhang Beschäftigten mit Besucherkontakt – etwa Ausstellungsführern, Wachpersonal, Kartenverkäufern, Garderobenbedienung – vor der Ausstellungseröffnung Unterricht in Etikette und Höflichkeit zu geben. Man möchte meinen, dass jeder über diese gesellschaftlichen Fähigkeiten verfügt – aber sie müssen erlernt und geübt werden, umso mehr, als sie von Kultur zu Kultur verschieden sind.

Prvacki, die als Rumänin in Serbien aufwuchs und als Jugendliche mit ihrer Familie nach Singapur auswanderte, wurde sich der kulturellen Unterschiede zwischen den Auffassungen von Gastfreundschaft sehr früh bewusst. Diese Erfahrung führte sie zu ihrer heutigen Erkundung sozialer Ängste, des komischen Potenzials von Entgleisungen und der gesellschaftlich-politischen Bedeutung, die es hat, den anderen willkommen zu heißen. Unter Verwendung verschiedener Bezugsquellen – von Zeus über Ludwig XIV., Derrida, Emily Post und Levinas bis hin zu Borat – analysiert Prvacki die komplexen Beziehungsgefüge und Machtstrukturen, die wir auch durch unser Verhalten gegenüber anderen gestalten. »Höflichkeit« ist seit Jahrhunderten Gegenstand von Untersuchungen und Anleitungen, von der Abhandlung über die Grundprinzipien zwischenmenschlicher Beziehungen des Adolph Freiherrn von Knigge (dessen Nachname in Deutschland zum Synonym für gute Manieren geworden ist), die immer wieder aus neuer Perspektive wiederentdeckt wird, über Einsteins Gedanken, dass die wichtigste Frage für die Menschheit die sein sollte, ob das Universum ein freundlicher Ort ist, bis hin zu Kurt Vonneguts Ruf nach »etwas weniger Liebe und etwas mehr gewöhnlichem Anstand«. Auch die jüngsten wissenschaftlichen Befunde sind aufschlussreich. So zeigt sich, dass die Geste, jemandem die Tür zu öffnen, eine wichtige stillschweigende Übereinkunft zwischen Menschen stiftet und dass Höflichkeit und Manieren helfen können, den Blutdruck auf einem gesunden Niveau zu halten.

Prvackis Projekte laden oft zur Teilnahme ein, und manchmal bieten sie dem Publikum Dienstleistungen an. Bei *The Money Mountain* im New Yorker Artists Space (2008) »wusch« sie das Papiergeld der Zuschauer, während sie sich mit ihnen über das Finanzwesen, den Wertbegriff und Hygiene unterhielt. Für die *Wandering Band* im Centre Pompidou in Paris und im Isabella Stewart Gardner Museum in Boston (2010) waren Musiker eingeladen, ihre täglichen Tonleitern und Klang- und Trillerübungen zu spielen und dabei durch die Galerieräume zu schlendern und das Museum als optisches und akustisches Umfeld zu erkunden. Mit feinem Sinn für Humor und poetische Subversion hinterfragt Prvacki Methoden der Produktion und des Konsums, »korrektes« Benehmen und die Systeme, die den Markt bestimmen.

Visitors to dOCUMENTA (13) may not necessarily experience Ana Prvacki's contribution as a tangible work of art, but they will benefit from an enhanced atmosphere of politeness, friendliness, and hospitality. Prvacki, whose work is an ongoing investigation into our increasingly dematerialized economy of services and ideas, has hired a team of professional coaches and etiquette instructors to train as many people as possible working for and with documenta in the public services—guides, guards, ticket sellers, cloakroom people, etc.—in etiquette and civility prior to the opening of the exhibition. One might think that such social skills are a given, but in fact they have to be learned and practiced, the more so since they differ from culture to culture.

Prvacki, who grew up as a Romanian in Serbia and relocated with her family to Singapore as a teenager, became aware of the cultural differences in hospitality at a very early age. These experiences led to her current exploration of social anxiety, the comedic potential of a faux pas, and the sociopolitical significance of welcoming the other. Drawing from eclectic sources ranging from Zeus, Louis XIV, Derrida, Emily Post, and Levinas to Borat, Prvacki examines the complex interrelations and power structures that are affected by our behavior toward others. "Civility" has been studied and prescribed for centuries, from the constantly re-appropriated treatise on the fundamental principles of human relations by Adolph Freiherr von Knigge (whose last name became synonymous with good manners in Germany), to Einstein's thought that the most important question facing humanity should be "Is the universe a friendly place?," to Kurt Vonnegut's call for "a little less love, and a little more common decency." The latest scientific findings are also revealing. For instance, the gesture of opening a door for someone has been found to establish an important unspoken contract between humans, while etiquette and manners are beneficial for maintaining healthy blood pressure.

Prvacki's projects are often participatory, sometimes providing services to the audience. For *The Money Mountain* at Artists Space, New York (2008), she "laundered" viewers' paper money while engaging them in conversations about finance, value, and hygiene. In the *Wandering Band* at the Centre Pompidou, Paris, and the Isabella Stewart Gardner Museum, Boston (2010), musicians were invited to exercise their daily practice of scales, tonal exercises, and trills while roaming through the galleries and exploring the visual and acoustic environment of the museum. With an acute sense of humor and poetic subversion, Prvacki questions methods of production and consumption, "proper" behavior, and the systems governing the market. ES

Buni Magda (1919–2004), meine Großmutter. Magda machte mich mit radikaler Gastfreundschaft und Zuvorkommenheit bekannt. Sie lud ortsansässige Zigeuner zum Essen ein, ebenso waren die Informanten der Securitate, die unsere Familie ausspionierten, immer in unserem Haus willkommen und wurden mit äußerster Höflichkeit behandelt. Die Akten von 1960 bis 1980 berichten, dass sie immer apart und elegant war und guten Kuchen buk. / Buni Magda (1919–2004), my grandmother. Magda introduced me to radical hospitality and civility. She invited local Gypsies for meals, and the Securitate informers spying on our family were always welcome in our house and treated with the utmost politeness. The files from 1960 to 1980 report that she was always congenial and elegant and baked good cake.

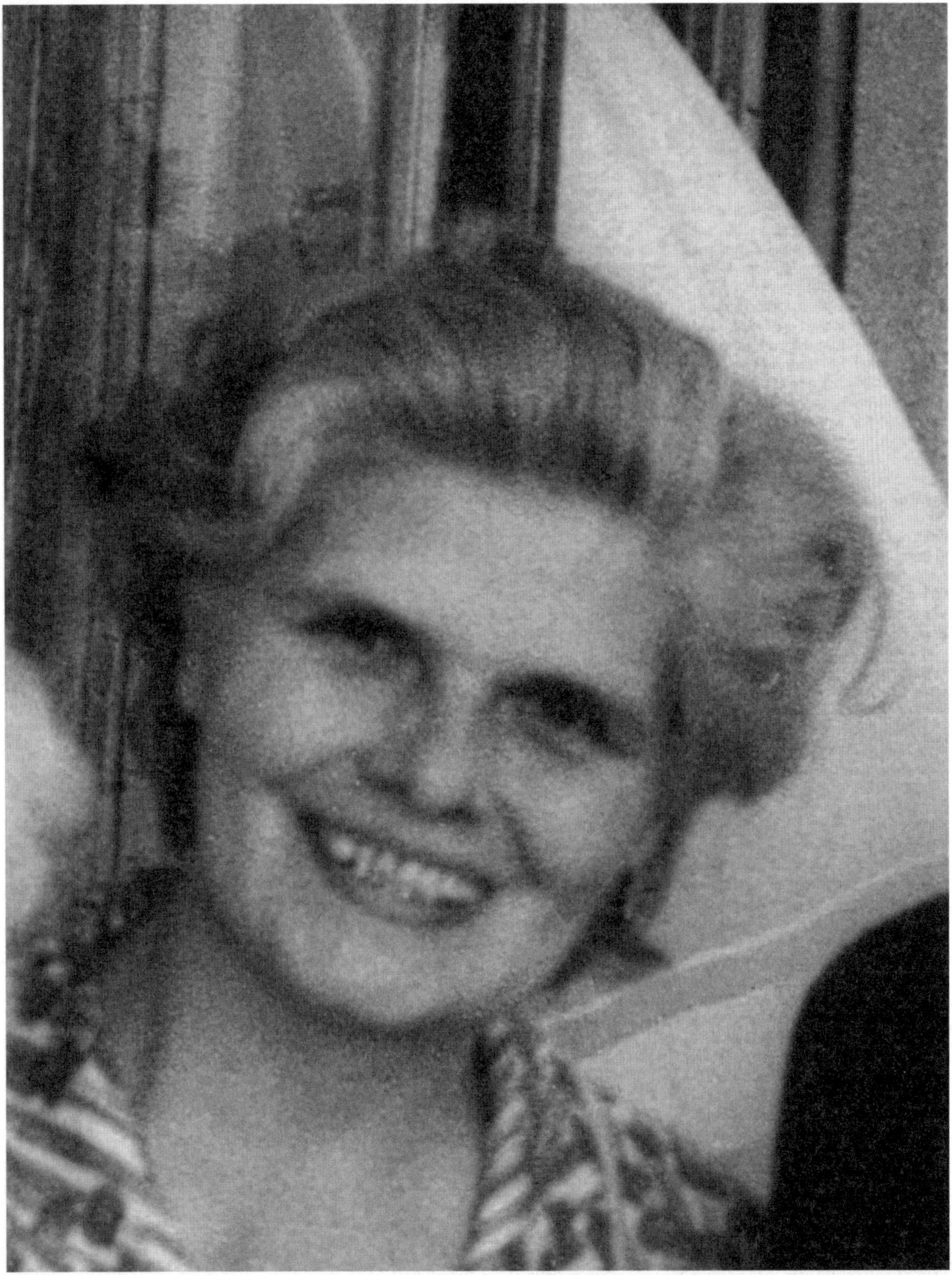

Michael Rakowitz

geb. / b. 1973 in New York
lebt / lives in Chicago

Michael Rakowitz' Kunst, eine Form sozialer Plastik, bringt metaphorische Linderung in kritischen Situationen. Sie macht Momente des Schweigens, der Auslöschung und der Unsichtbarkeit sichtbar, indem sie überraschende Netzwerke offenlegt, die Fakten und Fantasien miteinander verknüpfen. Von Eingriffen im Stadtraum bis hin zu plastischen Arbeiten von sisyphushaften Ausmaßen wie *The Invisible Enemy Should Not Exist* (2007) – eine dicht verwobene, sich durch handgefertigte Objekte, Zeichnungen, Text und Sound entfaltende Erzählung auf der Grundlage umfangreicher Forschungen zu Kunstgegenständen, die 2003 nach dem amerikanischen Einmarsch in Bagdad aus dem Nationalmuseum geplündert wurden – bleiben Rakowitz' Werke beharrlich dem Marginalisierten, Verlorenen oder vom Verschwinden Bedrohten verpflichtet.

Im Frühjahr 2012 leitete Rakowitz gemeinsam mit dem Bildhauer und Restaurator Bert Praxenthaler einen Workshop mit Schülern aus der Gegend um die archäologischen Stätten von Bamiyan, der in der Nähe einer der Nischen abgehalten wurde, in denen die 2001 zerstörten Buddha-Statuen aus dem 6. Jahrhundert einst standen. Ziel war es, die traditionellen Fertigkeiten der Kalligrafen und Steinbildhauer wiederzubeleben, die über Jahrhunderte zum Kulturerbe der afghanischen Hazara-Region gehörten. Die Ergebnisse des Seminars werden in der Ausstellung der dOCUMENTA (13) in Kabul gezeigt. Der Titel des Beitrags zur Kasseler Ausstellung, *What Dust Will Rise?* (2012), leitet sich von einem afghanischen Sprichwort über die Notwendigkeit der Zusammenarbeit her: »Wie viel Staub kann ein einzelner Reiter schon aufwirbeln?« Hier geht es um den Bestand nicht identifizierbarer Bücher, die 1941 bei der Bombardierung des Fridericianums, das einmal die kurhessische Landesbibliothek beherbergte, verbrannten. Mit der Hilfe afghanischer und italienischer Steinmetze schuf Rakowitz auf der Grundlage der wenigen überlieferten bibliografischen Angaben Nachbildungen einer Anzahl verlorener Bände aus Bamiyan-Stein. Einige dieser Kunstgegenstände, die auf die Tradition des steinernen Buchs als Ersatz für ein echtes Buch, aber auch auf Grabsteine verweisen, wurden dem Nationalmuseum Kabul geschenkt, das während der Taliban-Herrschaft schwere Schäden erlitten hat. Ungefähr fünfzig werden in historischen Kabinetten im Fridericianum gezeigt – in Verbindung mit anderen Gegenständen wie etwa dem Bruchstück eines Meteoriten, der am 11. September 1954 auf die Erde traf, einer sumerischen Keilschrift-Tontafel aus der irakischen Antike (ca. 2200 v. Chr.) – einem frühen Schriftdokument, das durch ein Feuer zufällig erhalten blieb – und einer der mittelalterlichen Handschriften, die im Feuer von 1941 bleibende Schäden davongetragen haben.

In seiner Reaktion auf die Zerstörung von Büchern und die Verwüstung von Kulturerbe und Menschenleben während des Zweiten Weltkriegs in Deutschland und in der jüngsten Vergangenheit in Afghanistan bezieht sich Rakowitz auch auf das »Edikt des Ashoka«, eine von 33 Felsinschriften des Maurya-Herrschers (269–231 v. Chr.), die am Eingang des Nationalmuseums Kabul aufgestellt wurden. Die Tafel trägt eine zweisprachige Inschrift, die den Leser dringend zu »Gottesfurcht« und einem friedlicheren Zusammenleben auffordert – eine Botschaft aus der Vergangenheit, die helfen kann, die Traumata des 20. und frühen 21. Jahrhunderts zu überwinden.

A form of social sculpture, Michael Rakowitz's art provides metaphoric relief in critical situations. It makes visible moments of silence, erasure, and invisibility by uncovering unexpected networks of connections between fact and fantasy. From interventions in urban space to sculptural works of Sisyphean dimensions like *The Invisible Enemy Should Not Exist* (2007)—which unfolds through handmade objects, drawings, text, and sound as an intricate narrative based on extensive research about artifacts looted from the National Museum in Baghdad in the aftermath of the 2003 U.S. invasion—Rakowitz's work remains relentlessly committed to what is marginalized, gone, or in danger of loss.

In the spring of 2012, Rakowitz collaborated with sculptor and restorer Bert Praxenthaler on a workshop with local students in the archaeological area of Bamiyan, close to one of the niches where the destroyed sixth-century Buddha statues stood, aiming at recuperating the traditional skills of calligraphy and stone carving that have for centuries been part of the heritage of Afghanistan's Hazara region. The results of the seminar are shown in the dOCUMENTA (13) exhibition in Kabul. *What Dust Will Rise?* (2012) for the exhibition in Kassel derived its title from an Afghan proverb on cooperation, "What dust will rise from one horseman?," and focuses on the unknown inventory of books destroyed in a fire in the Fridericianum, once housing the library of the Landgraves of Hesse-Kassel during the bombing of 1941. With the help of stone carvers from Afghanistan and Italy, Rakowitz re-created a number of the lost volumes from Bamiyan stone, based on rudimentary library information. Referring to the tradition of stone books as surrogates for real books, as well as to tombstones, some of these artifacts have been donated to the Kabul National Museum of Afghanistan, which was severely damaged under the Taliban regime. Around fifty are presented in historic cabinets in the Fridericianum—together with other objects such as a piece of meteorite that hit Earth on September 11, 1954; a Sumerian cuneiform clay tablet from ancient Iraq (c. 2200 B.C.), a first example of writing, accidentally preserved through fire; and one of the medieval manuscripts irreparably damaged in the fire of 1941.

In his response to the libricide and devastation of cultural heritage and human life that took place in World War II Germany and recent Afghanistan, Rakowitz also refers to the Edict of Ashoka, one of thirty-three rock inscriptions by the Mauryan emperor (269–231 B.C.), installed at the entrance of the National Museum of Afghanistan. The slab features a bilingual text pleading for "piety" and more peaceful coexistence, a message from the past that may help to overcome the traumas of the twentieth and early twenty-first centuries. ES/AV

***What Dust Will Rise?* (Eine Kosmologie mit Blick auf ein Projekt für die / A cosmology toward a project for dOCUMENTA (13), Kassel/Kabul), 2012**

**Fotos, von oben nach unten / Photographs, from top to bottom:
Michael Rakowitz mit 16 Jahren / age 16, 1990; Familie Daoud auf dem Boot aus dem Irak / Daoud family on boat from Iraq, 1946; Ton-Modell / clay maquette**

Alle Zeichnungen von / All drawings by Michael Rakowitz

What Dust Will Rise?

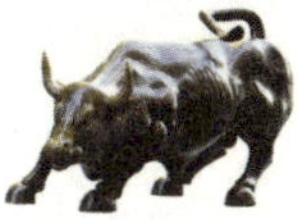

A cosmology

A photo of me, age 16, when I was pursuing an apprenticeship in stone-carving directed by the dean of my high school, Peter Defilippo. He was taught by Arturo Di Modica, the sculptor who created "Charging Bull" in NYC's Financial District.

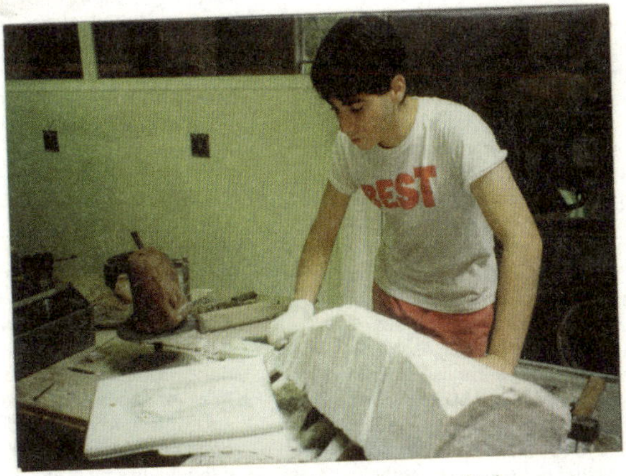

In the photo, I am wearing a shirt from BEST Products. My uncle David was a manager of the showroom in Richmond, Virginia.

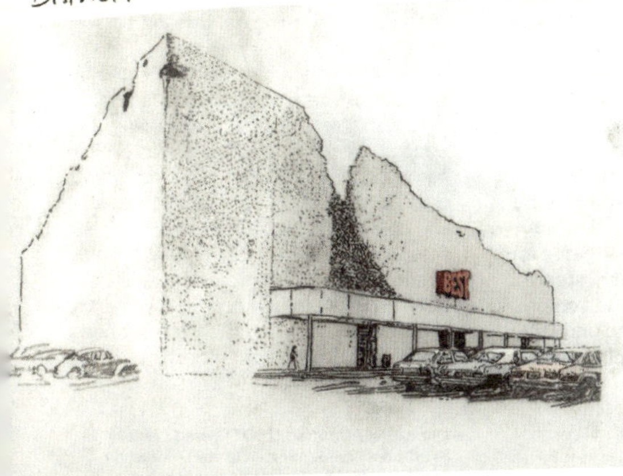

In the 1970s, most of BEST's buildings were designed by SITE (Sculpture In The Environment). Their "Indeterminate Facade" showroom in Houston fascinated me when I was a student in art school. Wanting to learn how to build ruins, I worked for them for two years.

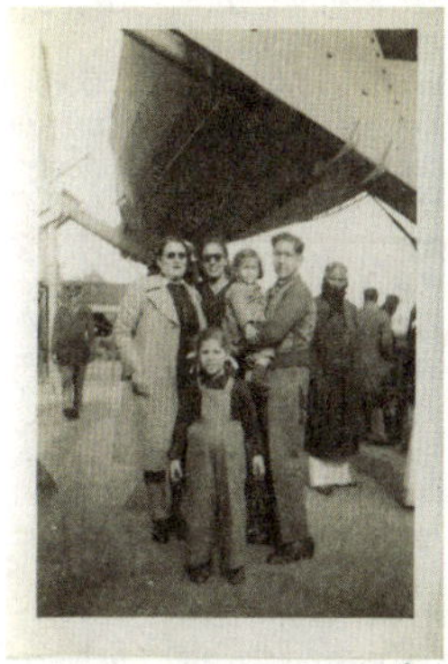

My Uncle David, pictured on the right, holding my mother on the boat that brought them from Iraq to the USA.

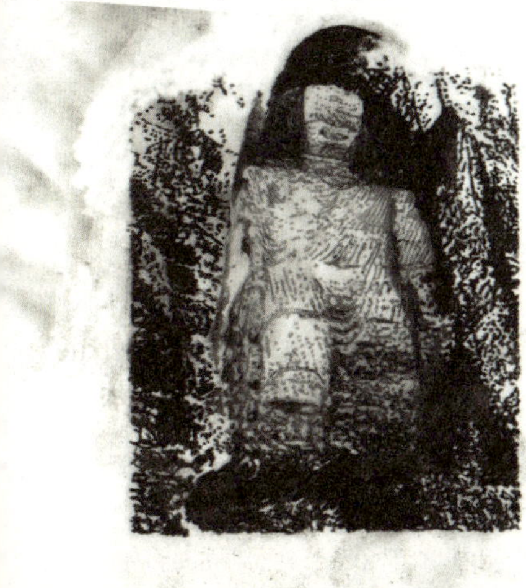

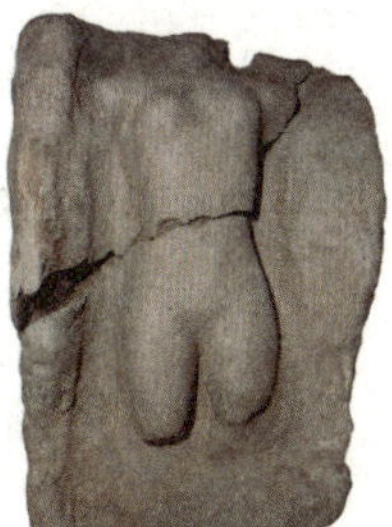

The clay maquette for the sculpture I carved in stone depicts a fragmented human torso, emerging from the raw stone. I was influenced by Michelangelo's "slaves," the Treasury building at Petra, and the Buddhas of Bamiyan.

Doreen Reid Nakamarra

**geb. / b. ca. 1950 in Warburton Ranges, Ngaanyatjarra Lands, Gibson-Wüste / Gibson Desert (Australien / Australia)
gest. / died 2009 in Adelaide**

Doreen Reid Nakamarra wurde östlich von Warburton Ranges in Westaustralien geboren. Als sie noch ein Baby war, zog ihre Familie zu Fuß durch die Wüste nach Warakurna. Ihr Vater tauschte Dingofelle gegen Nahrungsmittel ein; ihre Eltern hatten zwar selbst nichts anzuziehen, machten aber aus einer kleinen Decke Kleidung für sie. Schließlich gingen sie weiter über die Grenze ins Nordterritorium bis zum Vorratslager in Haasts Bluff. Im nahegelegenen Papunya, wo Nakamarra zur Schule ging, sah sie auf der Mauer des Schulgebäudes das Honigameisen-Wandbild, das zur Gründung des Künstlerkollektivs Papunya Tula Artists führte. Später, nach dem Tod ihres ersten Mannes, zog Nakamarra vom Land der Ngaanyatjarra in die neugegründete Siedlung der Pintupi in Walungurru (Kintore). Dort lernte sie die Arbeiten der Papunya Tula Artists kennen; zuvor »hatte sie nichts von Leinwänden gewusst«.

1984 lernte sie ihren zweiten Mann, George Tjampu Tjapaltjarri, kennen und zog mit ihm nach Kiwirrkurra um, das 1983 gegründet worden war, als die Bewegung zur Wiederbesiedlung des angestammten Landes der Pintupi auf Westaustralien übergriff. 1996 schloss sich Nakamarra den Papunya Tula Artists an, aber erst nach dem Tod Tjapaltjarris im Jahr 2005 begann sie, als eigenständige Künstlerin aufzutreten. Ungewöhnlich im Vergleich zu anderen Künstlern in der Western-Desert-Tradition ist, dass sie nicht die Heimat ihrer Vorfahren malte, sondern das Land, in das sie durch Heirat gekommen war. Ihre minuziösen und detailreichen Gemälde sind symbolische Darstellungen von Marrapinti, einer heiligen Stätte der Frauen in der Nähe von Kiwirrkurra, die die Urahninnen in der *tjukurrpa* (der Traumzeit) besuchen, wenn ältere Frauen jüngeren die Nasenscheidewand durchstechen, um die als *marrapinti* bekannten zeremoniellen Nasenknochen einzusetzen. Die wogenden Formen der riesigen Ebene mit ihren von Süßgräsern bestandenen *tali* (Sandhügeln), aus der sich die dramatische Felsformation der Stätte erhebt, hallen in den zweifarbigen Gemälden nach, die ihren auf- und absteigenden Rhythmus in den für Nakamarra charakteristischen Zickzack-Kompositionen oder in an eine Fata Morgana erinnernden Streifenmustern aus alternierenden Farben einfangen. Ihre dreidimensionalen Energiefelder lassen unsichtbare Kräfte erahnen, die hier am Werk sind: die kulturelle Energie der Zeremonie oder die Naturgewalt, mit der der Wind die flüchtigen Muster in den Wüstensand zeichnet.

Nakamarra war stolz auf die schöpferische Individualität und Unabhängigkeit, die in ihren Gemälden dauerhafte Gestalt gewannen. Ihre erste Auslandsreise führte sie 2009 nach New York, wo sie eine Ausstellung ihrer Bilder und der Werke anderer zeitgenössischer Papunya Tula Artists sowie der Gründer der Gruppe besuchte. Kurz nach ihrer Rückkehr nach Australien verstarb sie tragischerweise an den Komplikationen einer eigentlich leichten Erkrankung. In ihrem Leben als Aborigine-Frau und ihrem künstlerischen Werk stellte sie den Status quo infrage und verkörperte so die gesellschaftliche und kulturelle Neubesinnung eines Volkes.

Doreen Reid Nakamarra was born just east of the Warburton Ranges in Western Australia. When she was a baby, her family walked through the desert to Warakurna. Her father traded dingo skins for supplies, and although her parents had no clothes themselves they made garments for her from a little blanket. Eventually they walked on across the border into the Northern Territory to the ration depot at Haasts Bluff. Nakamarra attended school in nearby Papunya, where she saw the Honey Ant mural that was painted on the school wall, which had sparked the formation of the Papunya Tula Artists company. Later in life, after her first husband passed away, Nakamarra traveled from the Ngaanyatjarra lands to the newly established Pintupi settlement at Walungurru (Kintore). Here, she was introduced to the work of Papunya Tula Artists; previously she "didn't know about canvas."

In 1984, she met her second husband, George Tjampu Tjapaltjarri, and they moved to Kiwirrkurra, established in 1983 when the Pintupi homeland movement extended across the Western Australia border. Nakamarra joined Papunya Tula Artists in 1996, but it wasn't until Tjapaltjarri passed away in 2005 that she emerged as an independent artist. Unusually within the Western Desert oeuvre, she painted the country she had married into rather than her ancestral homelands. Her meticulously detailed and mesmerizing paintings symbolically represent Marrapinti, a sacred women's site near Kiwirrkurra, visited by ancestral women in the *tjukurrpa* (Dreaming), where senior women pierced the septum of younger women so they could wear the ceremonial nose bones known as *marrapinti*. The undulations of the sweeping plain of spinifex-clad *tali* (sandhills) in which the dramatic rock formation is set resonate in Nakamarra's dichromatic paintings, their rise and fall captured in her trademark zigzag composition or in mirage-like striations of alternating color. Her three-dimensional energy fields are suggestive of invisible forces at play, the cultural charge of ceremony, and the ephemeral patterning left by wind on desert sands.

Nakamarra took pride in the creative individuality and independence her paintings enshrined. Her first trip overseas was to New York in 2009 to see an exhibition of her paintings alongside works by other contemporary Papunya Tula Artists and by the collective's founders. Tragically, she died shortly after returning to Australia due to complications from a minor illness. In her life as an Aboriginal woman and her work as an artist, she challenged the status quo and epitomized the social and cultural transition of a nation. HP

***Ohne Titel / Untitled*, 2007 (Detail / detail)
Synthetische Polymerfarbe auf Leinwand / Synthetic polymer paint on canvas
183 × 244 cm
National Gallery of Australia, Canberra**

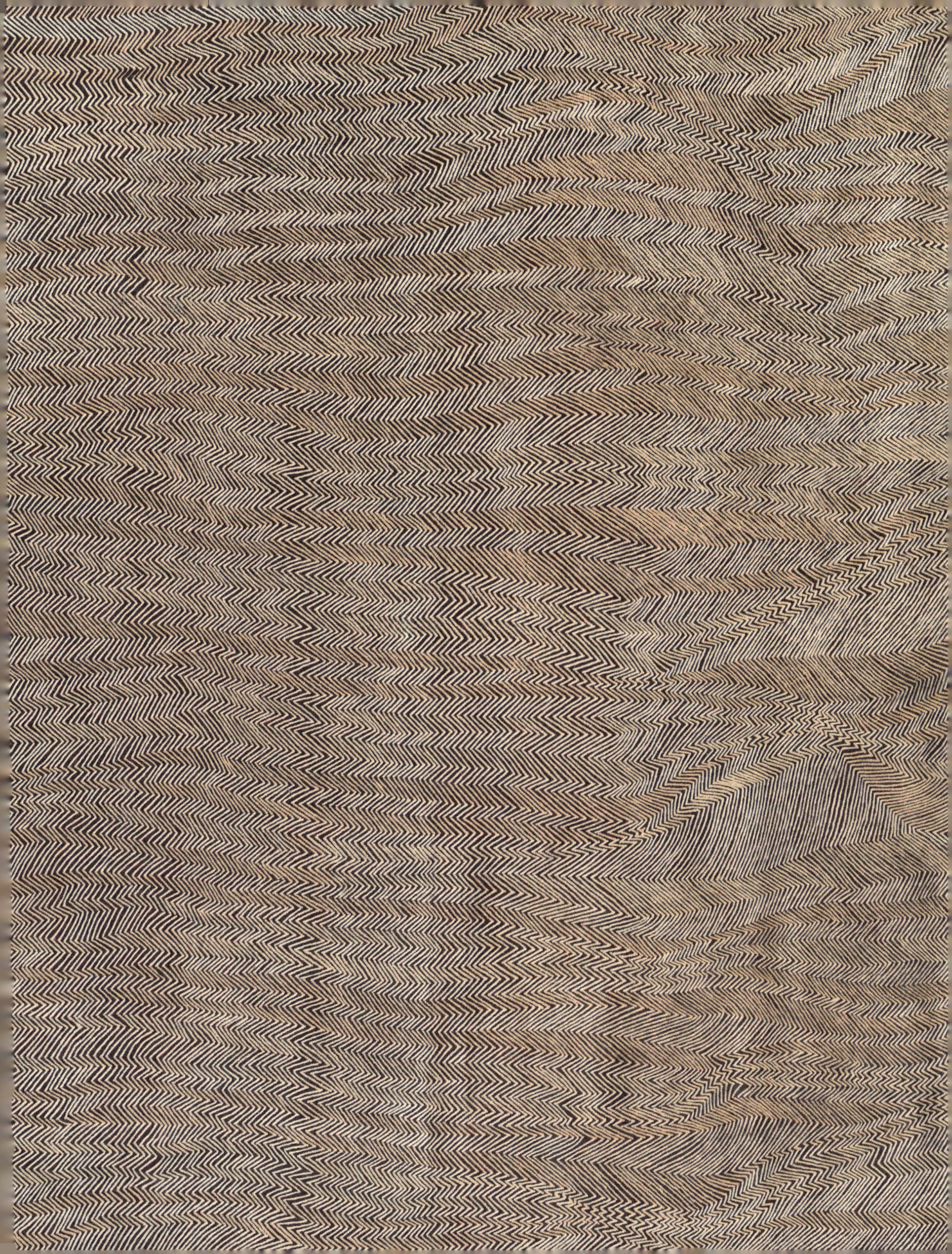

Juana Marta Rodas und / and Julia Isidrez

geb. / b. 1926 in Ità (Paraguay)

geb. / b. 1967 in Ità

leben / live in Ità

Juana Marta Rodas und ihre Tochter Julia Isidrez sind Keramikerinnen, die in einem kleinen Dorf auf dem Land in Paraguay leben. Sie produzieren schon ihr ganzes Leben lang traditionelle Keramikwaren und stellen zugleich das Verhältnis zwischen dem Traditionellen und dem Zeitgenössischen infrage. Ihre Arbeit mit jahrtausendealten materiellen, formalen und chromatischen Traditionen in einem Kontext, der völlig von allen möglichen Diskursen um sie herum losgelöst ist, schafft eine höchst produktive Unwirklichkeit, in der man die Beziehung zwischen traditionellem Handwerk und der Moderne in Paraguay verorten kann. In diesen Arbeiten ist Abstraktion eine Art Zuflucht, ein Anker für eine kritische Haltung, ein Ort, an dem Form unter einem zentralen Prinzip gefasst werden kann: dem der Spekulation. Spekulation wird hier als Akt der Betrachtung oder Versenkung in das Objekt in Verbindung mit dem Akt der Vereinigung des Objekts mit dem Beobachter verstanden. Rodas' und Isidrez' Werke lassen ein tiefes Bewusstsein der Funktion durch die radikale Wirkung ihrer Abwesenheit erkennen: Keine der Figuren funktioniert als Gefäß. In einem Umfeld, in dem man Keramiken vor allem dazu benutzt, Wasser zu tragen und Essen zu servieren, stehen sie völlig außerhalb der Tradition und sind doch innerhalb dieser Tradition als ästhetische Objekte verständlich.

Juana Marta Rodas and her daughter Julia Isidrez are ceramicists living in a small village located in the countryside of Paraguay. They have been making traditional ceramics all their lives, while at the same time challenging the relationship between the traditional and the contemporary. Their way of working with the material, formal, and chromatic traditions spanning thousands of years in a context completely apart from any form of discourse around it creates a highly productive unreality in which to locate the relationship between traditional handicraft and the modern in Paraguay. In these works, abstraction is a form of retreat, an anchor for a critical attitude, a place in which to subsume form under a central principle: speculation. Speculation here is understood as the act of viewing, contemplation, in simultaneity with the act of uniting the object with the spectator. Rodas and Isidrez's pieces reveal a deep consciousness of function through the radical effect of its absence, since none of their figures are vessels. In a context where ceramics are mainly used to carry water or serve food, they are completely outside tradition and yet comprehensible as aesthetic objects within it. CM

***Ohne Titel / Untitled*, 2011**
Keramik / Ceramics
27.5 × 28 × 33 cm

***Ohne Titel / Untitled*, 2011**
Keramik / Ceramics
40 × 26 × 35 cm

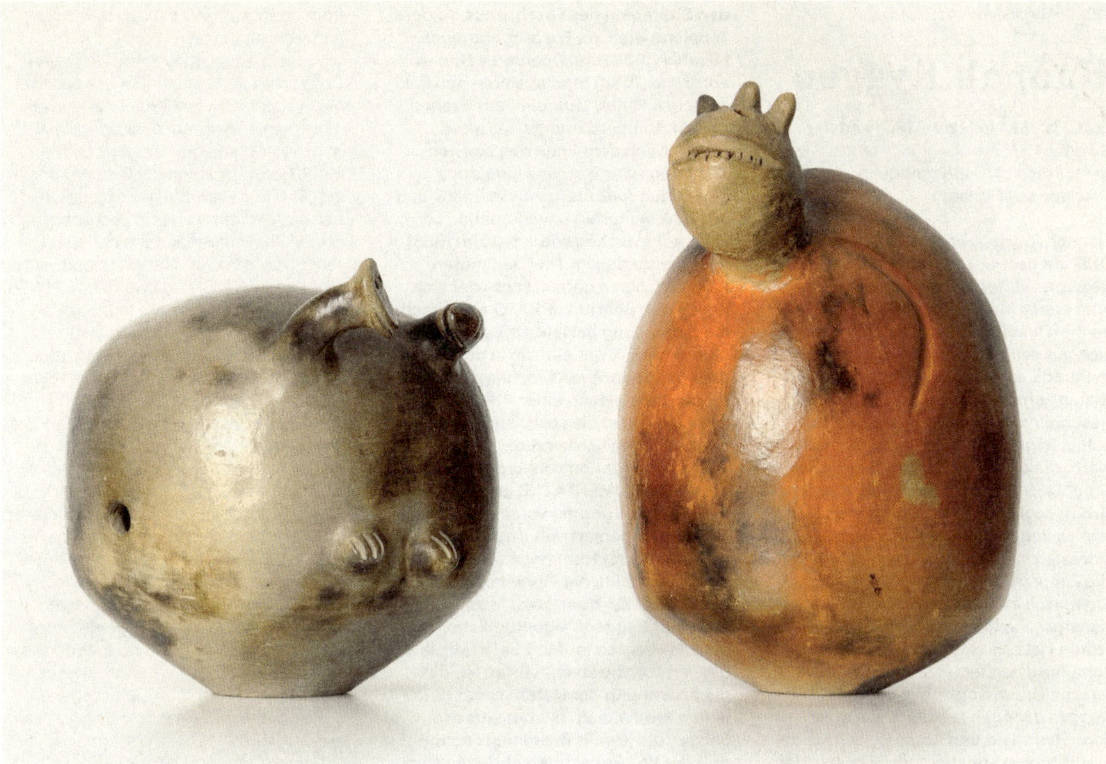

Hannah Ryggen

geb. / b. 1894 in Malmö (Schweden / Sweden)
gest. / died 1970 in Trondheim (Norwegen / Norway)

Hannah Ryggens *Etiopia* (1935) wurde 1937 auf der Pariser Weltausstellung gezeigt, auf der auch Picassos *Guernica* zum ersten Mal der Öffentlichkeit präsentiert wurde. Beide Arbeiten beziehen sich auf den Aufstieg des Faschismus in Europa, wenngleich in sehr verschiedenen Formaten. Picassos Gemälde, geschaffen im Auftrag der republikanischen Regierung in Spanien, thematisierte die deutsche Bombardierung der Stadt Guernica im Baskenland; Ryggens Arbeit dagegen ist ein Wandteppich von weitaus bescheideneren Dimensionen, der als unmittelbare Antwort auf die Zeitungsmeldung von Mussolinis Einmarsch in Äthiopien entstand. In der Kunstgeschichte hat *Guernica* einen festen Platz als exemplarische politische Auseinandersetzung eines Künstlers mit einem tragischen Ereignis. Ryggen dagegen arbeitete wie etwa John Heartfield und Käthe Kollwitz in der Tradition von Künstlern, die Aspekte der sie umgebenden politischen Wirklichkeit in ihre Arbeiten einfließen ließen, obwohl sie persönlicher Bedrohung ausgesetzt waren. Ryggen wob Themen in ihre Teppiche ein, die eine Kritik der Ideologien, der politischen Rhetorik, der gesellschaftlichen Verwahrlosung und der individuellen Entfremdung ihrer Zeit artikulierten und sich auf spezifische Ereignisse bezogen, von denen sie aus Zeitung und Radio erfuhr.

Ryggen, die in den 1930er Jahren aktives Mitglied der Kommunistischen Partei Norwegens war, trat für den Pazifismus und die internationalen Arbeiterbewegungen ein; sie machte keinen Hehl aus ihren sozialistisch geprägten politischen Überzeugungen, die seit Mitte der 1930er Jahren zu einer Radikalisierung ihrer Wandteppicharbeiten führten. Während Europa dem Aufstieg des totalitären Faschismus zusah, begann Ryggen mit der Herstellung einer Gruppe von Arbeiten, die gegen die vorherrschende Teilnahmslosigkeit antraten und den Faschismus entzaubern wollten. *Hitlerteppet* (1938) und *Drømmedød* (1936) sind Wandteppiche, die nicht nur gegen Hitler und Göring Anklage erheben, sondern auch gegen den Schriftsteller Knut Hamsun wegen seines Komplizentums mit den Strategien des Faschismus. Andere Teppiche wie *Gru. Fra borgerkriegen i Spania* (1936) und *Spania/La Hora se aproxima* (1938) thematisieren den Pakt zwischen Hitler, Mussolini und Franco, der zur Bombardierung Guernicas führte. Nach dem Ende des Zweiten Weltkriegs war Ryggens Einspruch gegen den Autoritarismus in Politik und Rhetorik weiterhin unverkennbar, so in Wandteppichen wie *Jul Kvale* (1956), mit dem sie den im Titel genannten Parteiaktivisten unterstützte, der sich gegen den Beitritt zur NATO aussprach; die Darstellung bezieht zugleich diejenigen Politiker mit ein, die in den Augen der Künstlerin Verantwortung trugen für die Entwicklung einer Rhetorik des Kalten Krieges, die sozialistische und linke Anliegen verdammte.

Zur Präsentation von Ryggens Kunst auf der dOCUMENTA (13) gehört außerdem eine Aufführung von *Vevnad* (1993), komponiert von Arne Nordheim (1931–2010) als Hommage an die Künstlerin. Nordheim, ein Pionier auf dem Gebiet der elektronischen Musik, übersetzt hier Ryggens eigentümliche Herangehensweise an ihr Medium in Musik. Die Partitur, die so entworfen ist, dass die Anordnung der Noten einem gewobenen Stoff ähnelt, besteht aus drei Sätzen, die jeweils mit einem Fachbegriff der Webkunst überschrieben sind: »Gewebe«, »Schussfaden« und »Kettfaden«. Komponiert ist das Stück für ein Disklavier – ein Instrument, dessen innenliegende Saiten und dessen mechanisches Werk an ein Schiffchen denken lassen, das durch den Zettel eines Webstuhls gleitet.

Hannah Ryggen's *Etiopia* (1935) was exhibited at the 1937 Paris Expo, at which Picasso's *Guernica* was also inaugurated. Both works relate to the rise of fascism in Europe, although on different scales. The latter was commissioned by the Spanish Republican government and reflected on the German bombing of the Basque town of Guernica, while the former is a domestic tapestry woven in direct response to a newspaper account of Mussolini's invasion of Ethiopia. *Guernica* would remain in art history a quintessential example of an artist's political engagement with a tragic event. Ryggen, on the other hand, like John Heartfield and Käthe Kollwitz, was aligned with a tradition of artists who incorporated aspects of contemporary political reality into their work despite personal endangerment. Ryggen wove themes into her tapestries that critiqued the ideologies, political rhetoric, social negligence, and individual alienation of her time and were sourced from specific events cited in newspaper and radio accounts.

Actively engaged with the Norwegian Communist Party in the 1930s, a pacifist, and a supporter of international workers' movements, Ryggen exhibited a socialist political consciousness that, by the mid-1930s, radicalized her tapestry weaving. As Europe saw the rise of totalitarian fascism, Ryggen set out to produce a body of work that challenged the prevailing sense of apathy with the will to demystify. *Hitlerteppet* (1936) and *Drømmedød* (1936) are tapestries that visually indict not only Hitler and Göring but also the writer Knut Hamsun for his complicity in fascist strategies. Other tapestries such as *Gru. Fra borgerkriegen i Spania* (1936) and *Spania/La Hora se aproxima* (1938) address the pact between Hitler, Mussolini, and Franco that resulted in the Guernica bombing. Following the end of World War II, Ryggen's opposition to authoritarian policies and rhetoric continued to be evident in tapestries such as *Jul Kvale* (1956), which she wove in support of the eponymous party worker who had dissented against joining NATO; Ryggen also integrated the politicians she held responsible for drafting a Cold War rhetoric that condemned the socialist and leftist agenda.

Part of the presentation of Ryggen's art at dOCUMENTA (13) is a performance of *Vevnad* (1993), composed by Arne Nordheim (1931–2010) as an homage to the artist. A pioneer in the field of electronic music, Nordheim reflects Ryggen's unique approach to her medium in this work. The score, drafted in such a way that the arrangement of notes visually resembles a woven fabric, is composed of three sections, each named after a technical term in weaving: "Woven Piece," "Weft," and "Warp." The work was composed for a Disklavier—an instrument whose inner strings and mechanical movements resemble a shuttle moving through the warp of a loom. MK

***Drømmedød*, 1936**
Wolle und Leinen / Wool and linen
225 × 272 cm

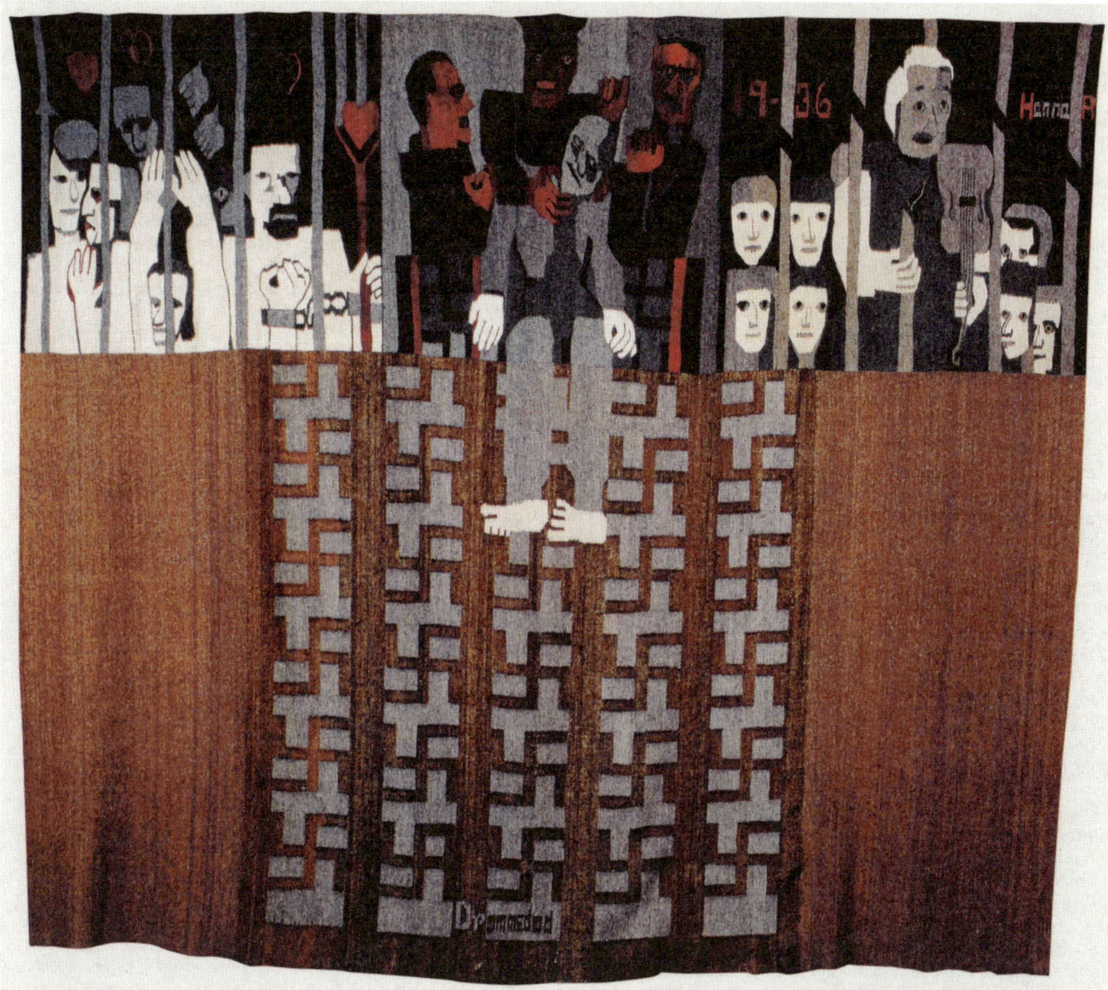
19-36
Hanna R

Charlotte Salomon

geb. / b. 1917 in Berlin
gest. / died 1943 in Auschwitz

Die deutsch-jüdische Künstlerin und gebürtige Berlinerin Charlotte Salomon wurde 1943 im Alter von 26 Jahren in Auschwitz ermordet; sie war im fünften Monat schwanger. 1939 war sie an die französische Riviera geflohen, wo sie bei ihren Großeltern lebte. Als ihre Großmutter versuchte, sich das Leben zu nehmen, erfuhr Salomon von der Geschichte mehrerer Selbstmorde unter den Frauen in ihrer Familie; auch ihre Mutter hatte sich selbst getötet. Um nicht von diesem traumatischen Wissen überwältigt zu werden, entschied sich die Künstlerin zu einem »wilden und exzentrischen Unterfangen«: In den Jahren 1941 und 1942 schuf sie 1.325 Gouachen, wobei sie nur mit den Primärfarben arbeitete. 769 von ihnen wählte sie aus und fügte sie zu einem Werk zusammen, dem sie den Titel *Leben? oder Theater? Ein Singspiel* gab – über die Bilder legte sie Texte und musikalische Anweisungen, die künstlerische Bezugnahmen, aber auch Anspielungen auf Kinofilme enthalten. Die einleitenden Seiten führen die Figuren mit fiktiven Namen ein und lassen eine beinahe Brecht'sche selbstreflexive Theatralität erkennen. Die in drei Partien – Vorspiel, Hauptteil, Epilog – geteilte Erzählung setzt im Jahr 1913 mit dem Selbstmord ihrer Tante Charlotte ein, der eine Reihe rekonstruierter Erinnerungen in Gang setzt; die minuziösen Darstellungen im Stil eines Szenenbuchs enthalten zahlreiche kunsthistorische Verweise. Im Mittelpunkt des Hauptteils stehen Vorstellungen von traumatischen Erlebnissen und die von dem Gesangslehrer ihrer Stiefmutter vertretenen Ansichten sowie Salomons Ringen um künstlerische Selbstverwirklichung unter der Herrschaft der Nazis. Der Stil wird zunehmend roh und eindringlich, auch abstrakter, als die Bildergeschichte aus dem Leben jüdischer Frauen – überschattet vom Aufstieg des Faschismus in Deutschland, erzwungener Emigration und sexuellem Missbrauch – im dritten Teil die jüngste Vergangenheit erreicht und das Hauptaugenmerk sich von selbstgeschaffenen Erinnerungen auf die psychischen Herausforderungen verschiebt, vor denen die Künstlerin angesichts der politischen Wirklichkeit des Jahres 1940 steht: Leben oder sterben?

Salomons Hauptwerk wurde nach dem Zweiten Weltkrieg in Südfrankreich, wo sie es in Verwahrung gegeben hatte, entdeckt und zuerst 1961 als ein Werk moderner Kunst ausgestellt. Seither hat es mit seiner radikalen Originalität, der gewagten Mischung von politischer Geschichte und persönlichen Erinnerungen, von Öffentlichem und Privatem und dem besonderen Augenmerk auf den Erfahrungen von Frauen das Interesse der Forschung auf sich gezogen. Dabei gab es eine Tendenz, das Werk als Autobiografie zu behandeln. Salomons Biografin Mary Felstiner nimmt eine Verschiebung vor: Sie beschreibt *Leben? oder Theater?* nicht als Autobiografie im Medium der Kunst, sondern als Kunstwerk im Medium der Autobiografie – eine Arbeit, die »die Lügen überwindet, um zu den Tatsachen zu gelangen, und dann die Tatsachen als Schauspiel inszeniert«. Nicht nur ist *Leben? oder Theater?* äußerst umfangreich und stilistisch vielseitig, es baut auch auf zahlreichen Avantgarde Traditionen auf, um sich bestehenden Definition zu entziehen – es ist weder Gemälde noch Buch, weder Musiktheater noch Bühnenstück. Wir werden nie wissen, wie Salomon selbst es sich vorstellte – ob es gesungen oder aufgeführt, gelesen oder betrachtet werden sollte. Es operiert auf allen Ebenen, auf denen wir uns ihm nähern.

Die dOCUMENTA (13) zeigt eine Auswahl von Arbeiten, die nicht nur die Bedeutung *von Leben? oder Theater?* als Schlüssel zu Salomons Leben und ihrem Selbstverständnis als Frau, Künstlerin und Schriftstellerin hervorhebt, sondern auch ein Werk moderner Kunst vorstellt, das in jenem oftmals übersehenen Raum des Schreckens und der schöpferischen Arbeit »*vor* Auschwitz« entstand.

A Jewish German artist born in Berlin, Charlotte Salomon was murdered in Auschwitz in 1943, at the age of twenty-six, five months pregnant. In 1939, she had escaped to the French Riviera to live with her grandparents. When her grandmother attempted to kill herself, Salomon learned about a history of multiple suicides of women in her family, among them her mother. To save herself from being overwhelmed by this traumatizing knowledge, the artist decided to "undertake something wildly eccentric." Between 1941 and 1942, she created 1,325 gouaches using only primary colors. From these, she selected 769 for a work she titled *Life? or Theater? A Play with Music*—overlaying images with text and musical cues, exhibiting both artistic and cinematic references. The opening pages introduce the characters with fictional names and reveal an almost Brechtian self-reflective theatricality. Divided into three parts—prelude, main part, epilogue—the narration begins in 1913 with the suicide of her aunt Charlotte, which initiates a series of reconstructed memories, meticulously painted in a storyboard style with multiple art-historical references. The main part is centered on the ideas about trauma and the voice proposed by her stepmother's singing teacher, and Salomon's struggle to become an artist under Nazism. The style becomes increasingly raw, urgent, and abstract, as Salomon's visual narrative of Jewish women's lives—overshadowed by the rise of fascism in Germany, forced migration, and sexual abuse—arrives in the third part in the recent past, and her focus shifts from created memories to her own current psychological challenges in the face of the political reality of 1940: to live or to die?

Salomon's major artwork, discovered after World War II in the South of France, where she had left it for safekeeping, was first exhibited as modern art in 1961. It has since gained scholarly attention for its radical originality, daring to mingle political history and personal memory, the public and the domestic, with special attention to the experiences of women. One tendency has been to treat the work as autobiography. Her biographer Mary Felstiner makes the shift from describing *Life? or Theater?* as an autobiography in art to an artwork whose medium is autobiography—"breaking through lies to facts, then scripting facts as a play." Not only is *Life? or Theater?* vast and stylistically diverse, it also, building on many avant-garde traditions, slips through existing definitions—it is neither painting, book, musical, nor play. We can never know how Salomon imagined this work—sung, performed, read, or viewed. It works at whatever level we encounter it.

dOCUMENTA (13) presents a selection of works, highlighting the relevance of *Life? or Theater?* not only as the key to Salomon's existence and her self-understanding as a woman, artist, and author but also as a modernist artwork created in that often overlooked space of terror and creativity "*before* Auschwitz."
ES/GP

**Gouache aus *Leben? oder Theater? Ein Singspiel* / from *Life? or Theater? A Play with Music*, 1941
32.5 × 25 cm**

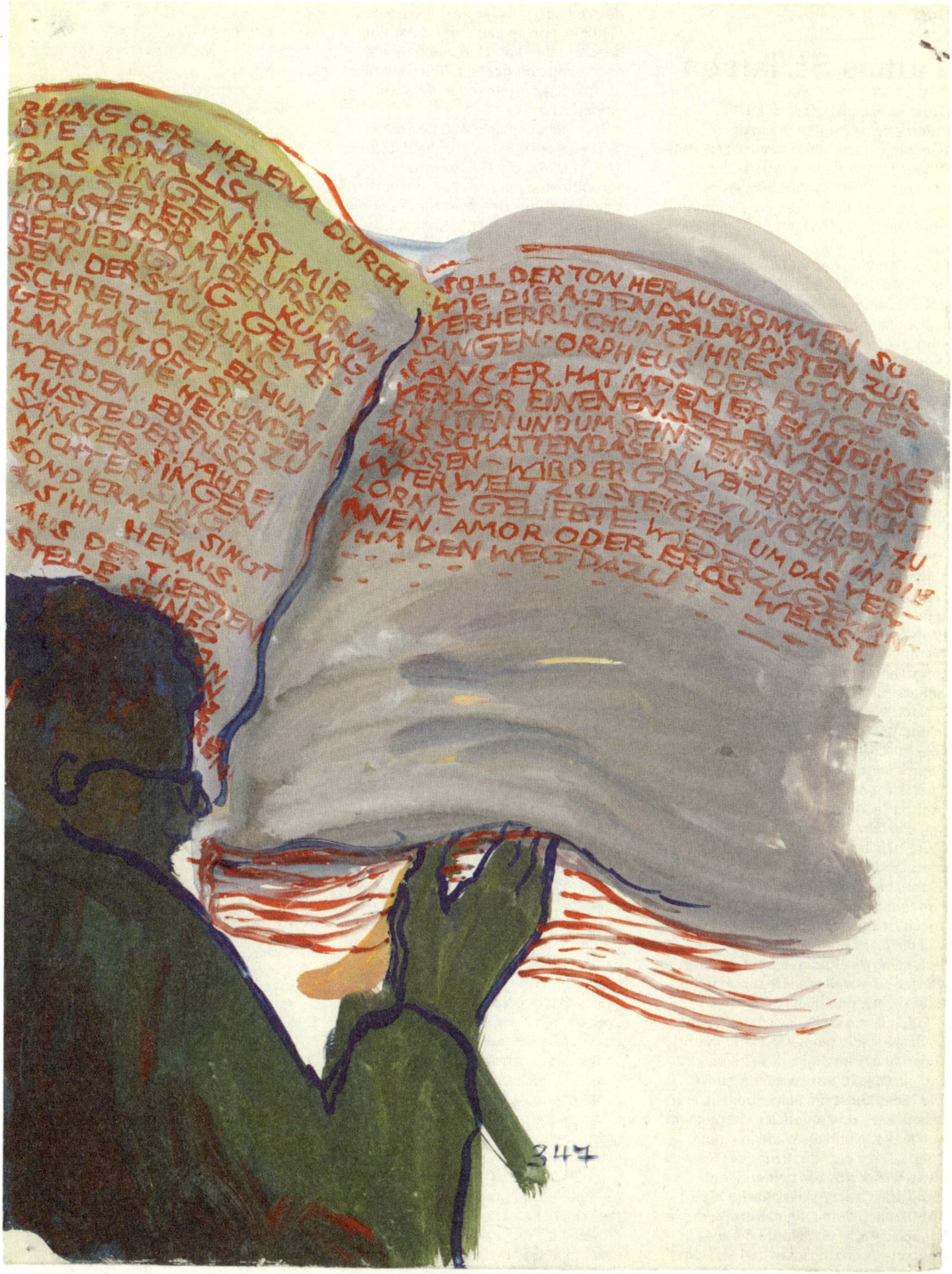
RUNG DER HELENA DURCH
DIE MONA LISA.
DAS SINGEN IST MIR
VON JEHER DIE URSPRÜN
LICHSTE FORM DER KUNST
BEFRIEDIGUNG GEWE-
SEN. DER SÄUGLING
SCHREIT WEIL ER HUN-
GER HAT. OFT STUNDEN
LANG OHNE HEISER ZU
WERDEN. EBENSO
MUSSTE DER WAHRE
SÄNGER SINGEN
NICHT ER SINGT
SONDERN ES SINGT
AUS IHM HERAUS.
AUS DER TIEFSTEN
STELLE SEINES INNEREN
SOLL DER TON HERAUSKOMMEN SO
WIE DIE ALTEN PSALMODISTEN ZUR
VERHERRLICHUNG IHRES GOTTES
SANGEN. ORPHEUS DER EWIGE
SÄNGER. HAT INDEM ER EURYDIKE
VERLOR EINEN SEELENVERLUST
ERLITTEN UND UM SEINE EXISTENZ NICHT
ALS SCHATTENDASEIN WEITERFÜHREN ZU
MÜSSEN - WIRD ER GEZWUNGEN IN DIE
UNTERWELT ZU STEIGEN UM DAS VER-
LORNE GELIEBTE WIEDERZUGEWIN-
NEN. AMOR ODER EROS WEIST
IHM DEN WEG DAZU - - -
347

Tamás St.Turba

(Trust.ee in bankruptcy of IPUT /International Parallel Union of Telecommunications/, Agent of NETRAF /Neo-Socialist. Realist. IPUT's Global Counter Arthist.ory-Falsifiers Front/) geb. / b. 1944 in Fót (Ungarn / Hungary) lebt / lives in Budapest

Als die Armeen des Warschauer Pakts am 21. August 1968 in die Tschechoslowakei einmarschierten, um die politischen Reformen der Prager Regierung zu unterdrücken, leisteten viele Menschen kreativen Widerstand. Tamás St.Turba, der auch unter den Namen Tamás Szentjóby, St.Aubsky, St.Auby, Emmy Grant, Kurt Schwitters und anderen bekannt ist, erzählt, wie die Leute mit kleinen subversiven Gesten in militärische Operationen eingriffen: Sie brachten Wegweiser an, um den Soldaten die Orientierung zu erschweren, oder vertauschten Straßennamen und Hausnummern, um geplante Verhaftungen zu verhindern. Außerdem wurde eine brandneue Untergrund-»Technologie« für den Widerstand gegen die sowjetischen Besatzer erdacht: Als das Militär ein Verbot erließ, Radiosendungen zu hören, wurde im Gegenzug das tschechoslowakische Radio erfunden.

Nach St.Turba »war dafür keinerlei Talent, Geschick, Wissen, Meisterschaft oder Virtuosität erforderlich [...] jedermann konnte eines bauen«, denn das ganz Besondere am tschechoslowakischen Radio ist, dass es gar kein Radio war, sondern ein Ziegelstein, dem die Leute zu lauschen vorgaben. Obwohl es offensichtlich ohne jeden Nutzen für den Nachrichtenverkehr war, konfiszierte die Armee Tausende Ziegelstein-»Radios«. Unklar ist immer noch, ob dies geschah, weil die Ziegelsteine tatsächlich als Verletzung des Radioverbots angesehen wurden oder weil man sie für anarchische Kunstwerke hielt.

Für St.Turba stellt das tschechoslowakische Radio ein Beispiel für »Nicht-Kunst-Kunst« im Sinne des Fluxus dar: ein Objekt, das zwischen Kunst und Nicht-Kunst die Schwebe hält, von jedermann – und jederfrau – hergestellt werden kann und als Waffe in einem Guerillakrieg der Kreativität der Massen dient. Wie er trocken bemerkt, entstand sein *Czechoslovak Radio 1968* (1969) »nach dem Originalrezept; durch minimale Änderung wurde daraus ein tragbares Antikriegsdenkmal als Hommage an die natürliche Erfindungsgabe des Volkes [...] Es ist ein unbegrenztes Multiple, und im Laufe der darauffolgenden Jahre habe ich gelegentlich noch einige hergestellt. (Ich weiß nicht, ob später auch jemand anders welche gemacht hat.)«

Das tschechoslowakische Radio lässt an das situationistische *détournement* denken: die Zweckentfremdung von Objekten mit dem Ziel, die vorherrschende Kultur zu entwerten. Es erinnert auch an Marcel Duchamps Readymade eines Urinals (*Fountain*, 1917). Während aber Duchamps Akt der Umwandlung eines Alltagsgegenstands in ein Kunstwerk die Konventionen der Kunstinstitution thematisierte, war das tschechoslowakische Radio eine symbolische Umwandlung eines Objekts, die das künstlerische Denken hinter sich ließ, um unmittelbare Aktion mit politischen Folgen zu werden. Für St.Turba stellt *Czechoslovak Radio 1968* »die Verwandlung des sozialistischen Realismus in neo-sozialistischen Realismus« vor: »eine Nicht-Kunst-Kunst für alle und von allen«.

When Warsaw Pact armies invaded Czechoslovakia on August 21, 1968, to suppress the political reforms of the Prague government, many people resisted by creative means. Tamás St.Turba, also known as Tamás Szentjóby, St.Aubsky, St.Auby, Emmy Grant, Kurt Schwitters, etc., tells how people intervened in military operations with small, subversive gestures: they would change signposts to disorient the troops or switch around street names and house numbers to interfere with arrests. Additionally, a brand-new underground "technology" was invented to resist the Soviet occupation: in a countermove to a military decree prohibiting people from listening to broadcasts, the Czechoslovak radio was invented.

According to St.Turba, "it did not require talent, skill, knowledge, masterhood, virtuosity . . . anybody could make it," since what is so special about the Czechoslovak radio is that it wasn't a radio at all, but a brick that people pretended to listen to. Even though it was patently useless as a communication device, thousands of brick "radios" were confiscated by the army. It remains uncertain whether this was because the bricks were genuinely seen to violate the prohibition against radios or whether they were considered anarchic works of art.

To St.Turba, the Czechoslovak radio represents an example of "non-art art" in the spirit of Fluxus: an object that hovers between art and non-art, produced by everyman—and everywoman—and employed as a weapon in a guerrilla warfare of popular creativity. As he wryly states, *Czechoslovak Radio 1968* (1969) was made "following the original recipe, slightly changed into a portable memorial against war as an homage to the natural inventiveness of the people . . . It is an unlimited multiple; I made several of them occasionally during the following years. (I don't know if it was also made later by someone else.)"

The Czechoslovak radio brings to mind Situationist *détournement*: the redirection of objects with a view to the devaluation of dominant culture. It also recalls Marcel Duchamp's urinal readymade (*Fountain*, 1917). But whereas Duchamp's act of transforming an everyday object into a work of art addressed the conventions of the art institution, the Czechoslovak radio was a symbolic transformation of an object that departed from artistic thinking to become direct agency with political consequences. To St.Turba, *Czechoslovak Radio 1968* (re)presents "the mutation of Socialist Realism into Neo-Socialist Realism: a non-art art for and by all." LBL

Bei der Produktion von *Czechoslovak Radio 1968* im Wohnzimmer einer Wohnung in Budapest / Producing *Czechoslovak Radio 1968* in the living room of an apartment in Budapest, 2008

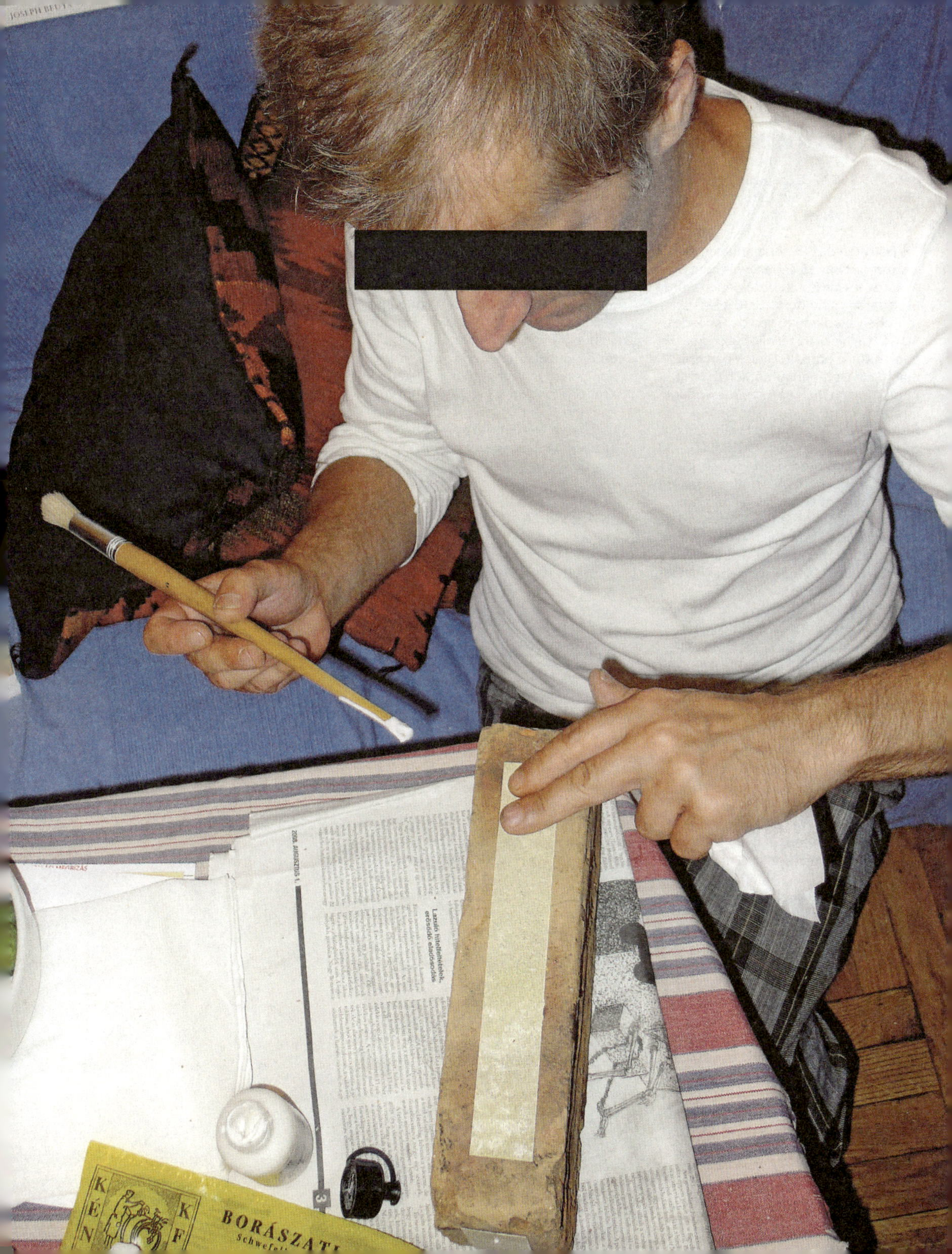
BORÁSZATI

Alexander Tarakhovsky

geb. / b. 1955 in Czernowitz / Chernivtsi (Sowjetunion / Soviet Union)
lebt / lives in New York

Sie betreten das Fridericianum in der Erwartung, etwas zu sehen, was man normalerweise als Kunst bezeichnen würde. Stattdessen sind dort 80.000 Plastikröhrchen ausgestellt, von denen jedes 60.000 in eine Art »Bibliothek« gepackte Gene enthält. Gleich dahinter macht ein Gerät unaufhörlich DNA-Kopien, wenn man es mit einer Vorlage aus dem Vorrat an diversen Genen füttert. Diese Maschine ist während der gesamten Laufzeit der dOCUMENTA (13) in Betrieb und produziert Proben, die über den gesamten Ausstellungsraum verteilt gezeigt und auch an das Publikum zum Mitnehmen verkauft werden. Fühlen Sie sich unwohl so auf engstem Raum mit Biomaterialien? Falls dem so sein sollte – fangen wir lieber einfach noch einmal von vorne an.

Alexander Tarakhovskys Forschungen auf dem Gebiet der Epigenetik – der Untersuchung der Auswirkungen, die äußere Faktoren auf die Expression von Genen haben können, ohne die DNA-Sequenz selbst zu verändern, sowie möglicher Wege, auf denen solche Ereignisse erblich weitergegeben werden können – spiegeln sein Interesse daran wider, wie man Wissen nicht nur im Verhältnis zu seinem eigenen Untersuchungsbereich verorten, sondern auch über abgegrenzte Forschungsfelder hinaus erweitern und holistisch auf das menschliche Leben und die Welt beziehen kann. Da wir Menschen alle nur kleine Rollen in einer größeren Interaktion zwischen verschiedenen globalen Typen lebendiger Materie spielen, zu denen auch Krankheitserreger und Giftstoffe gehören, sind wir ständig Umweltkonflikten ausgesetzt. Unsere Körper begegnen jeden Tag Stimulanzien und Fremdkörpern und müssen sich mit diesen neuartigen Erfahrungen auseinandersetzen, um Abwehrkräfte aufzubauen, die uns als Kollektiv stärker machen. Im Grunde könnte man diesen Tanz als eine langsam fortschreitende Verfeinerung beschreiben, bei der unsere biologischen Horizonte weiter und weiter werden. Ähnlich verhält es sich mit der Atmosphäre, in der wir denken: Sie ist voll von vorgezeichneten Verständnisformen, den Sedimenten gezähmter Ideen, die unsere Weltanschauungen prägen. Um Überspezialisierungen und die Fallen des Dogmatismus, in die sie uns locken können, zu meiden, brauchen wir intellektuelle Schocks (wie sie etwa die Kunst bietet), um unser Denken aufzufrischen – gar nicht viel anders als beim Aufbau von Immunität gegen Krankheitserreger.

Damit kommen wir zu dem Genmaterial zurück. Schon wenn wir einander die Hände schütteln oder atmen, tauschen wir viel davon miteinander aus; Tarakhovskys Ausstellung hilft uns nur dabei, uns solche abstrakte Komplexität bildhaft vorzustellen. Fürchten sollten wir uns davor, vor der Komplexität davonzulaufen, denn das würde nur unsere Immunantwort auf neue Krankheitserreger wie Selbstzufriedenheit und sogar Dogmatik schwächen – und ihnen werden »unsere« Körper unausweichlich ausgesetzt sein.

You enter the Fridericianum expecting to see what would normally be considered art. Instead, 80,000 plastic tubes, each containing 60,000 genes packed into a sort of "library," are on display. Just beyond, a device endlessly multiplies DNA when fed source material from a supply of various genes. This machine runs continually throughout dOCUMENTA (13), producing samples to be exhibited throughout the gallery, as well as being offered to the public to take with them. Does such a close exposure to biomaterial make you feel uneasy? Let's reset for a second, just in case it does.

Alexander Tarakhovsky's research in the field of epigenetics—the study of how external pressures can effect gene expression without modifying DNA sequence, and of how such events can be passed on through heredity—reflects his interest in how knowledge can not only be situated in relation to its own field of study but also expanded beyond discrete fields of study toward human life and the world holistically. Since we are all only part of a larger interaction between various global living types of matter including pathogens and toxins, human beings are beset by constant environmental conflicts. Encountering stimulants and foreign bodies on a daily basis, our bodies grapple with these novel experiences so as to build immunities that collectively make us stronger. In essence, this dance is comparable to a gradual increase in sophistication as our biological horizons expand. Similarly, the atmosphere in which we think is laden with scripted modes of understanding, the sediments of domesticated ideas that form our worldviews. In order to prevent over-specialization, and with it dogmatic traps, conceptual shocks (like those found in art) are necessary so as to refresh our minds in a fashion not dissimilar to building immunity against pathogens.

This brings us back to the genetic material. Simply touching hands or breathing already exchanges much of it; Tarakhovsky's display only helps us to visualize such abstract complexity. The thing to fear is running away from complexity, since this will only weaken our response to new pathogens—including complacency, and even dogma—which will inevitably clash with "our" bodies. AK

***DNA sequencing of genes affected by fear*, 2012**
Das Video besteht aus einer Reihe von Einzelbildern, die den Prozess der Datensequenzierung am Laboratory of Immune Cell Epigenetics and Signaling an der Rockefeller University, New York, erfassen. / The video was created from a series of still images that capture the process of data being sequenced in the Laboratory of Immune Cell Epigenetics and Signaling at the Rockefeller University, New York.

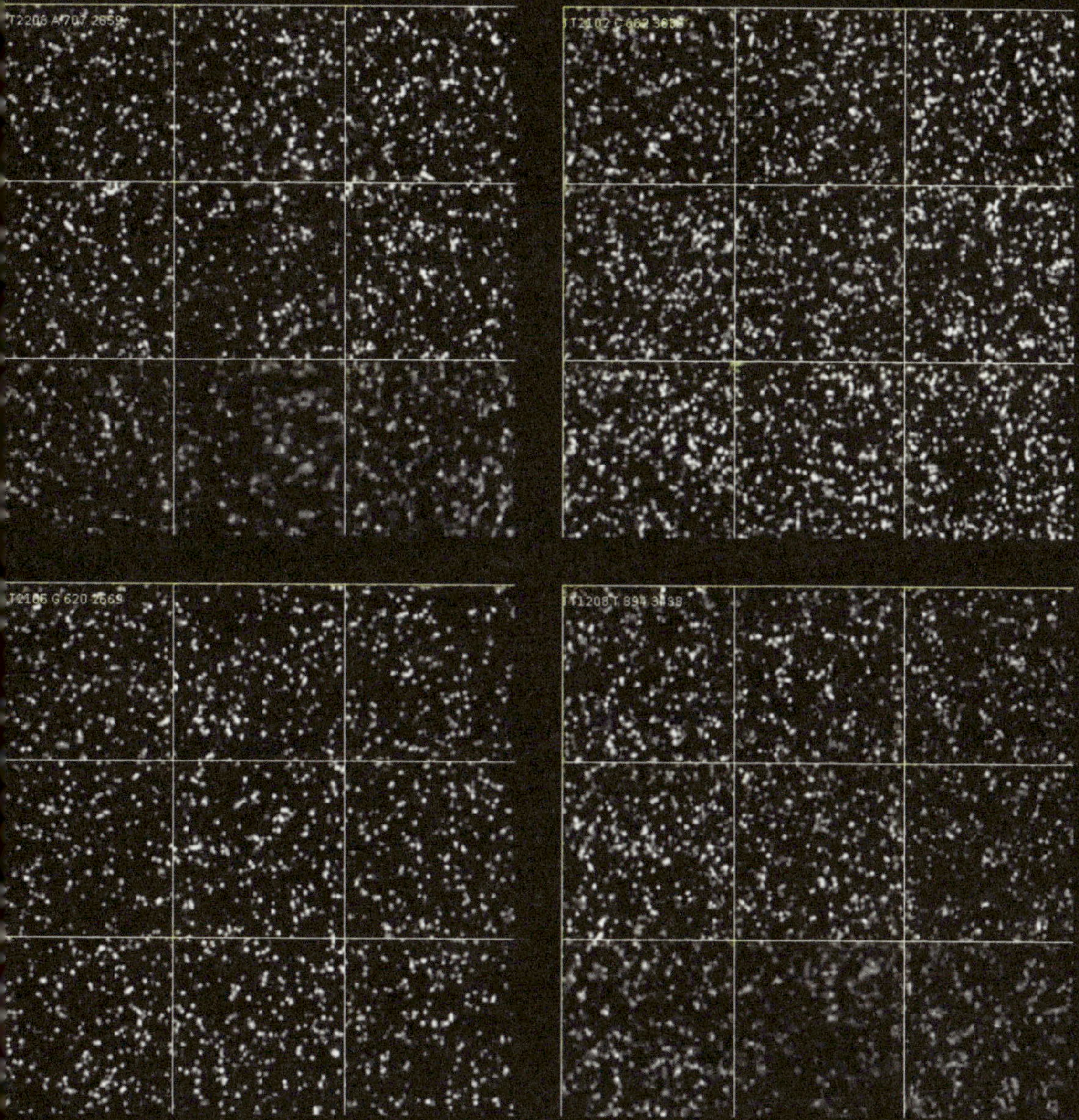

EPIGENETIC RESET

Warwick Thornton

**geb. / b. 1970 in Mparntwe, Alice Springs (Australien / Australia)
lebt / lives in Mparntwe**

Warwick Thornton war zehn Jahre alt, als die Central Australian Aboriginal Media Association (CAAMA), eine von Aborigines geführte Vereinigung, die Pionierarbeit leisten sollte, in seiner Heimatstadt Mparntwe ihre Türen öffnete. Einige Jahre später war er DJ bei dem Radiosender, der die australische Medienlandschaft mit Sendungen in den Aborigine-Sprachen revolutionierte. Später erweiterte die CAAMA ihre Aktivitäten auf die Produktion von Filmen und startete den Fernsehsender Imparja. Angeregt von dieser Entwicklung, ging Thornton an die Australian Film Television and Radio School in Sydney, um das Filmhandwerk zu lernen. Sein erster Spielfilm, *Samson and Delilah*, gewann 2009 beim Filmfestival in Cannes die Goldene Kamera.

Thorntons Arbeit für die dOCUMENTA (13), *Mother Courage and Her Children* (2012), ist eine Bearbeitung von Bertolt Brechts Stück aus dem Jahr 1939. Mutter Courage ist diesmal eine ältere Aborigine, die aus einem klapprigen Lastwagen, der den Besucherströmen durch Kassel folgt, Gemälde feilbietet. Begleitet wird sie von ihrem Sohn, der stellvertretend für die desinteressierte Jugend des Internetzeitalters steht. In das Fahrzeug hineinprojizierte Bilder der Protagonisten verstärken den Verfremdungseffekt, dem das Publikum ausgesetzt ist. In Mparntwe sind Aborigine-Künstler, die ihre Gemälde auf offener Straße neben Touristenläden schaffen und verkaufen, ein alltäglicher Anblick. Die Kunstproduktion ist in den entlegenen Ortschaften einer der wenigen Berührungspunkte zwischen schwarzen und weißen Australiern; die »Distanz« zwischen ihnen bleibt spürbar.

Mutter Courages Maltechnik mit ihrem unablässig wiederkehrenden »Punkt, Punkt, Punkt« scheint ihre Randständigkeit noch zu unterstreichen. Gegen die scheinbare Monotonie dieser Tätigkeit jedoch spricht das traditionelle Lied, das sie beinahe ohne es zu merken vor sich hinsummt. Diese subtile Verschiebung ist ein allgegenwärtiger Bestandteil künstlerischer Produktion – sei es zu zeremoniellen oder zu Ausstellungszwecken – bei den australischen Aborigines. Singen und die Geste, eine Oberfläche mit einem Zeichen zu versehen, sind gleichermaßen Akte der kulturellen Wiederholung oder Wieder-Einschreibung. In Thorntons Werk zeigen diese Akte die ihren potenziellen Kunden unsichtbare Parallelwelt an, in der Mutter Courage lebt – eine Welt, in der seit Jahrtausenden überlieferte Traditionen die Gegenwart durchdringen.

Wie viele von Thorntons Arbeiten hat auch *Mother Courage and Her Children* vage autobiografische Züge, vor allem aber klingt in ihr die fortwährende gesellschaftliche und kulturelle Randlage der Aborigines im heutigen Australien an. Thornton hat einmal gesagt, dass er Filme für seine eigenen Leute mache, aber ihre Themen sind universell – der Wandel der Generationen, Drogenabhängigkeit, Enteignung, Liebe. Mit Bezug auf die Erfahrung der Brecht'schen *Mutter Courage* warnt er vor dem Preis, den wir für den Ausverkauf unseres Kulturerbes zahlen.

Thornton steht für ein neues Verständnis der Rolle der Aborigine-Kultur im größeren Zusammenhang der Kunst Australiens. Bei seiner Erprobung verschiedener Formen, in denen er seine Ideen zum Ausdruck bringt, setzt er sich über künstlerische Grenzen hinweg: Zu seinem Werk zählen Spiel- und Dokumentarfilme, 3-D- und Experimentalfilme, Fotografien und Installationen. Seine Arbeiten bringen traditionelle Vorstellungen in der zeitgenössischen Kunstpraxis zur Geltung und geben aufschlussreichen Einblick in das Leben der Aborigine-Gemeinden im 21. Jahrhundert.

Warwick Thornton was ten years old when the trailblazing Aboriginal-run Central Australian Aboriginal Media Association (CAAMA) opened its doors in his hometown of Mparntwe. A few years later, he was DJ-ing for the radio station that revolutionized Australian media by broadcasting in Aboriginal languages. CAAMA grew to include film-production capability and the Imparja television station, inspiring Thornton to receive training in cinematography at the Australian Film Television and Radio School, Sydney. His first feature film, *Samson and Delilah*, won the Caméra d'Or at the 2009 Cannes Film Festival.

Thornton's work for dOCUMENTA (13), *Mother Courage and Her Children* (2012), is the progeny of Bertolt Brecht's 1939 play. Here, Mother Courage is an elderly Aboriginal woman peddling paintings from a beaten-up van that follows visitors around Kassel. She is accompanied by her son, a representative of the disaffected "iGeneration" youth. Images of the protagonists projected into the vehicle add to the *Verfremdungseffekt* (distancing effect) on the audience. In Mparntwe, Aboriginal artists painting and selling their work on the main street, alongside tourist outlets, are a common sight. The production of art in remote communities is one of the very few points of engagement between black and white Australians, and the "distance" between them remains palpable.

The repetitious "dot, dot, dot" of Mother Courage's painting technique seems to underscore her status as a fringe dweller. The apparent monotony of this act is, however, belied by the traditional song she hums almost unconsciously. This subtle inflection is a ubiquitous part of art-making—for ceremony or exhibition—throughout Aboriginal Australia. Singing and the gesture of marking a surface are both acts of cultural reiteration or re-inscription. In Thornton's work it signals the parallel world to that of her potential clients that Mother Courage inhabits—a world where the inherited traditions of millennia infuse the present.

Like much of Thornton's art, *Mother Courage and Her Children* is obliquely autobiographical yet finds a wider resonance in the ongoing social and cultural diaspora of Aboriginal people in contemporary Australia. Thornton has said he makes films for his people, yet they explore universal themes—intergenerational change, substance abuse, dispossession, love. Drawing on the experience of Brecht's *Mother Courage*, he warns of the cost of selling our cultural heritage.

Thornton champions a fresh understanding of the role of Aboriginal culture within the broader context of Australian art. He crosses artistic boundaries in his exploration of various forms to express his ideas: including feature, documentary, 3-D and experimental film, photography, and installation. His work brings traditional concepts into contemporary arts practice and offers an insightful commentary on twenty-first-century life in Aboriginal communities. HP

***Home & Away: Mother Courage's Van*, 2012**

VAN SIDE

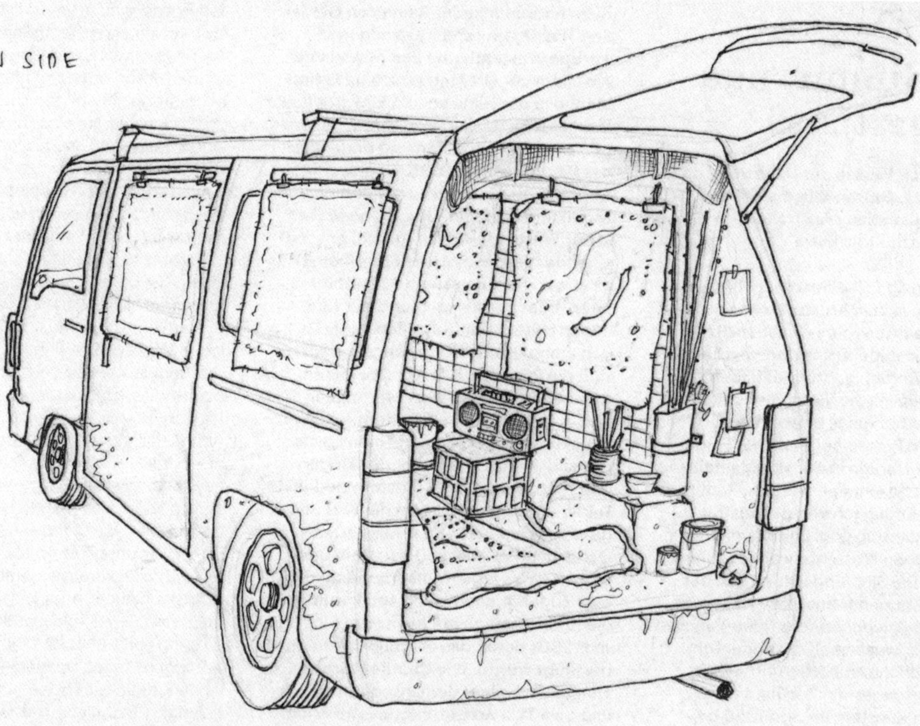

VAN BACK.

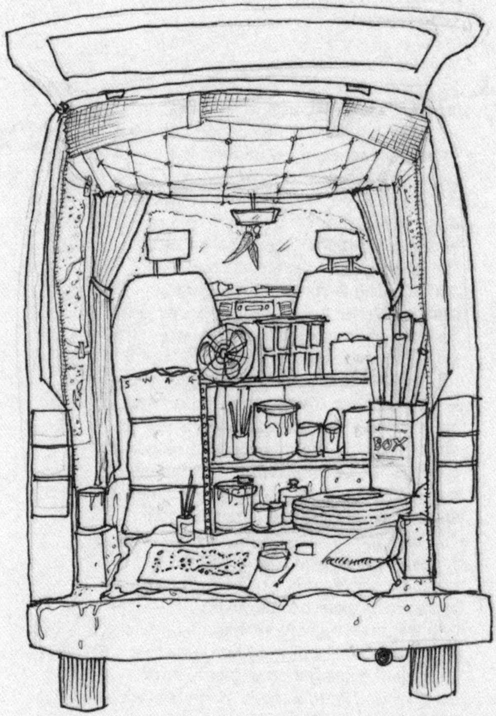

Warlimpirrnga Tjapaltjarri

geb. / b. ca. 1958 in der Nähe von / near Kiwirrkurra, Gibson-Wüste / Gibson Desert (Australien / Australia)
lebt / lives in Kiwirrkurra

Warlimpirrnga Tjapaltjarri ist Mitglied der Papunya Tula Artists, eines Kollektivs, das elf Aborigine-Künstler 1972 in Papunya mithilfe des dortigen Lehrers Geoffrey Bardon gegründet haben. Benannt wurde die Vereinigung nach dem von Aborigines bewohnten Ort und einem Paar nahegelegener Hügel, die von Vorfahren in der Honigameisen-Traumzeit geschaffen wurden. Papunya wurde ursprünglich von der australischen Regierung gegründet, um die nomadischen Wüstenbewohner zu assimilieren. Die Siedlung war wegen der bitteren Armut der aus ihren Heimatgegenden vertriebenen Aborigine-Familien berüchtigt, wozu auch die ungerechtfertigte »offene« Inhaftierung Albert Namatjiras, eines der berühmtesten Aborigine-Künstler, im Jahr 1958 beitrug. Anfang der 1970er Jahre begannen die Pintupi und andere Volksgruppen, in ihre Heimatgegenden zurückzuwandern und dort Außenstationen zu gründen, auf die später größere Siedlungen wie Walungurru (Kintore) und Kiwirrkurra folgten. Heute bedient die Künstlergesellschaft von ihrer Zentrale in Mparntwe aus ein Gebiet von vielen hundert Quadratkilometern.

In einer solchen Außenstation in der Nähe der abgelegenen Aborigine-Gemeinde Kiwirrkurra nahmen Tjapaltjarri und acht weitere Mitglieder seiner Großfamilie, die zu den Pintupi gehört, 1984 Verbindung mit Verwandten auf. Bis dahin hatte seine Familie unbeeinträchtigt von den Einflüssen der westlichen Gesellschaft zwischen den riesigen Wüstenflächen und großen Salzseen der Gibson-Wüste gelebt, in Übereinstimmung mit den Traditionen, die ihre Vorfahren jahrtausendelang gepflegt hatten. Nachdem das landesweite Aufsehen, das ihre Ankunft ausgelöst hatte, sich gelegt hatte, wurden Tjapaltjarri und seine Familie Mitglieder der Papunya Tula Artists und spielten seitdem eine Schlüsselrolle bei der Entwicklung eines unverkennbaren minimalistischen künstlerischen Stils, den man heute mit dem westlichsten Zweig der Papunya Tula Artists verbindet.

Im Mittelpunkt der Reihe von Gemälden Tjapaltjarris steht das allgegenwärtige Wüstenthema der Tingari und vor allem der Ort Marrawu, eine Lehmpfanne in der Nähe von Wilkinkarra (Lake Mackay). Die Tingari-Vorfahren, die ersten Menschen, schufen und benannten das Pintupi-Land, indem sie gewaltige Strecken überwanden, Zeremonien vollzogen und die vielen Aborigine-Völker in der Wüste im Herzen Australiens miteinander verbanden. Die Einzelheiten ihrer epischen Reisen und Schöpfertaten jedoch sind heilig und nur ranghohen Hütern der Kultur bekannt. Zu den ersten Herausforderungen, denen sich die Papunya Tula Artists stellten, gehörte die Aufgabe, diese Erzählungen in Symbolen für ein öffentliches Publikum darzustellen. In Tjapaltjarris Gemälden wird die Macht der Tingari durch schillernde, mit Mustern bedeckte Felder angedeutet, die an die Wirkung des von Sand und Salz reflektierten Lichts denken lassen. Diese Gemälde fungieren als Eigentumsurkunden, die eine Zugehörigkeit zum Land kundtun, die für die Region um Kiwirrkurra im Jahr 2001 durch das australische Recht bestätigt wurde. Wie Charlie Wartuma Tjungurrayi, einer der Gründer der Papunya Tula Artists, sagte: »Wenn ich diese Geschichte nicht male, könnte irgendein Weißer kommen und mein Land stehlen.«

Warlimpirrnga Tjapaltjarri is a member of Papunya Tula Artists, a collective established by eleven Aboriginal artists in Papunya in 1972 with the support of local schoolteacher Geoffrey Bardon. The company was named after the Aboriginal community and a pair of nearby hills created by Honey Ant ancestors. Papunya was originally established by the Australian government to assimilate the desert nomads. The destitution that characterized the lives of Aboriginal families exiled from their homelands gave the township a notoriety that was reinforced by the unjust "open" detention in Papunya of one of Australia's most famous Aboriginal artists, Albert Namatjira, in 1958. By the early 1970s, the Pintupi people and other groups were beginning to return to their homelands, establishing outstations that were followed by larger settlements such as Walungurru (Kintore) and Kiwirrkurra. Today, the artists' company services an area of many hundreds of square kilometers from its base in Mparntwe.

It was at an outstation near the remote Aboriginal community of Kiwirrkurra that Tjapaltjarri and eight other members of his extended Pintupi family made contact with relatives in 1984. Up until then, his family had lived in the tradition maintained by their ancestors for millennia amid the vast desert sweeps and great salt lakes of the Gibson Desert, unhindered by the accoutrements of Western society. Once the national furore over their arrival subsided, Tjapaltjarri and his family became members of Papunya Tula Artists and have played a key role in developing a distinctive minimalist artistic style associated with the westernmost Papunya Tula Artists.

Central to Tjapaltjarri's series of paintings is the omnipresent western desert theme of Tingari, particularly the site of Marrawu, a claypan near Wilkinkarra (Lake Mackay). The Tingari ancestors, the first people, created and named Pintupi country, traveling vast distances, performing ceremonies, and linking the many Aboriginal nations within the desert heart of Australia. The details of their epic journeys and creative agency, however, are sacred and known only to senior cultural custodians. One of the early challenges for the Papunya Tula Artists was to represent these narratives symbolically for a public audience. In Tjapaltjarri's paintings, the power of the Tingari is suggested by dazzling fields of patterning that evoke the light reflected by sand and salt. These paintings act as title deeds, proclaiming a belonging to the land that was ratified by Australian law in the Kiwirrkurra region in 2001. As Charlie Wartuma Tjungurrayi, one of the founding Papunya Tula Artists, stated: "If I don't paint this story some whitefella might come and steal my country." HP

***Tingari Men at Marawa*, 2008 (Detail / detail)**
Acryl auf Leinen / Acrylic on linen
122 × 153 cm

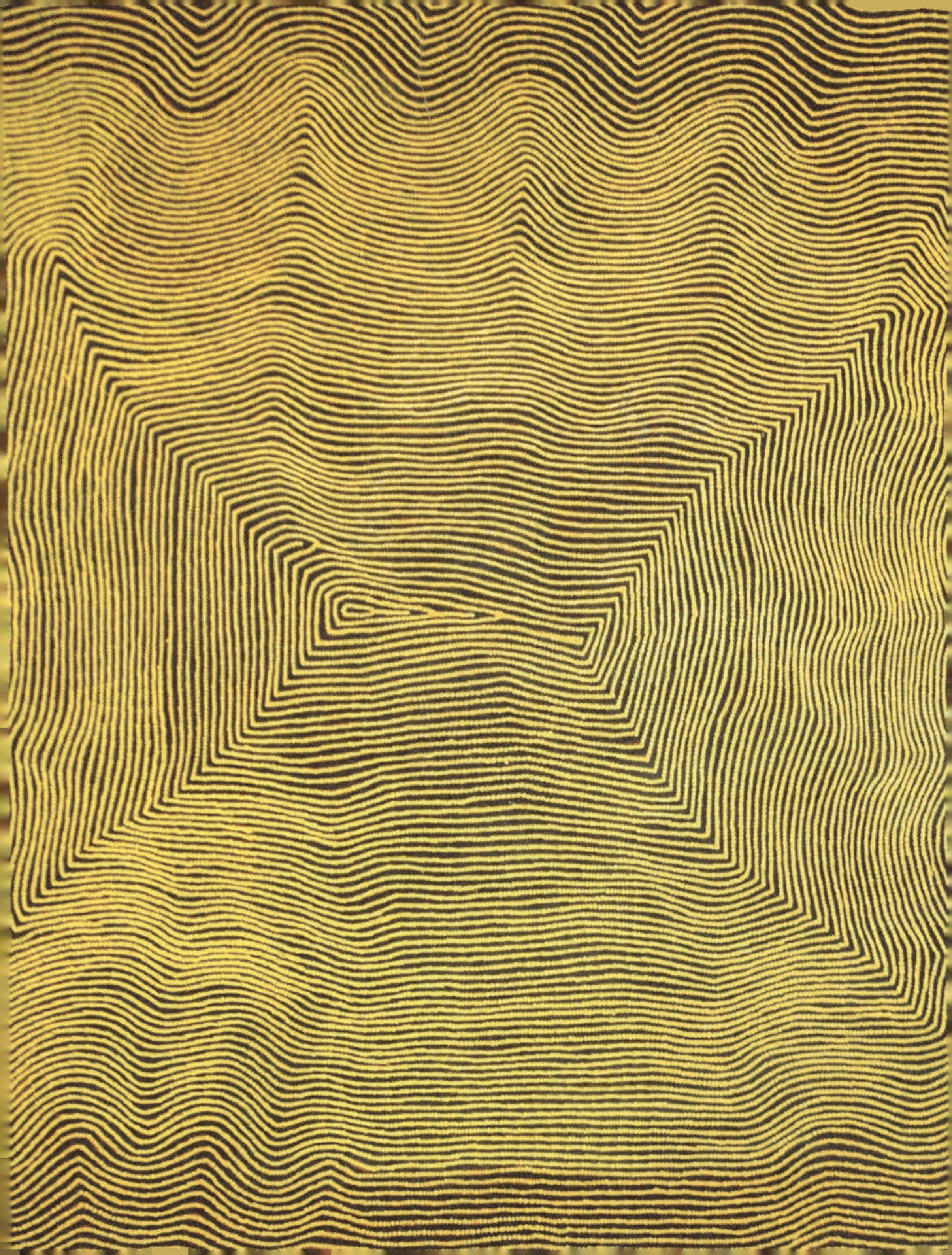

Vandy Rattana

geb. / b. 1980 in Phnom Penh
lebt / lives in Phnom Penh

Von 1964 bis 1975 warfen die Streitkräfte der USA 2.756.941 Tonnen Bomben auf Kambodscha ab. Diese Tatsache wurde bis zum Jahr 2000 totgeschwiegen, als Bill Clinton nach Vietnam reiste und ohne großes Aufhebens zuvor unter Verschluss gehaltene Daten der Air Force freigab, aus denen der Umfang des amerikanischen Bombardements im ehemaligen Indochina hervorging.

Vandy Rattana, der die zu diesem Thema existierenden Dokumentationen für unzureichend hielt, bereiste die zehn am stärksten von den Bombardierungen betroffenen Provinzen Kambodschas. Unterwegs wandte er sich an Dorfbewohner, um mit ihnen gemeinsam die Bombenkrater aufzuspüren, die heute auf Khmer als »Bombenteiche« bezeichnet werden, und ihre Zeugenaussagen zu den Geschehnissen wie auch zu den physischen und psychischen Narben, die der Krieg hinterlassen hat, zu sammeln.

Vandy Rattanas daraus resultierende Serie von Fotografien stiller Landschaften (*Takeo*, 2009) sowie sein Dokumentarfilm, ein Einkanalvideo, machen die Zerbrechlichkeit wie die Widerstandskraft der Menschen und des Landes spürbar und wirken dem Mantel des Schweigens entgegen, der über die Geschichte des amerikanischen Vorgehens während des Vietnamkriegs wie auch über spätere ähnliche Gewalttaten in aller Welt gebreitet wurde.

Between 1964 and 1975 the U.S. military dropped 2,756,941 tons of bombs across Cambodia. This figure went unacknowledged until 2000, when Bill Clinton traveled to Vietnam and quietly released previously classified U.S. Air Force data on the extent of America's bombings in the former Indochina.

Dissatisfied with the level of documentation produced on the subject, Vandy Rattana traveled to the ten Cambodian provinces most severely bombed in the U.S. military campaign during the Vietnam War. Along the way, he engaged villagers in acts of locating and testifying to the existence of the craters made by the bombings, as well as the physical and psychological impact of these scars. Today, these craters are known in the Khmer language as the "bomb ponds."

In Vandy Rattana's resulting series of quiet landscape photographs (*Takeo*, 2009) and his one-channel documentary video, both the fragility and the resilience of the people and land become palpable, serving to counter the silence surrounding the historical thread of America's actions during the Vietnam War and subsequent similar acts of violence worldwide. EG

***Kompong Cham*, 2009**
Fotografie / Photograph
90 × 105 cm

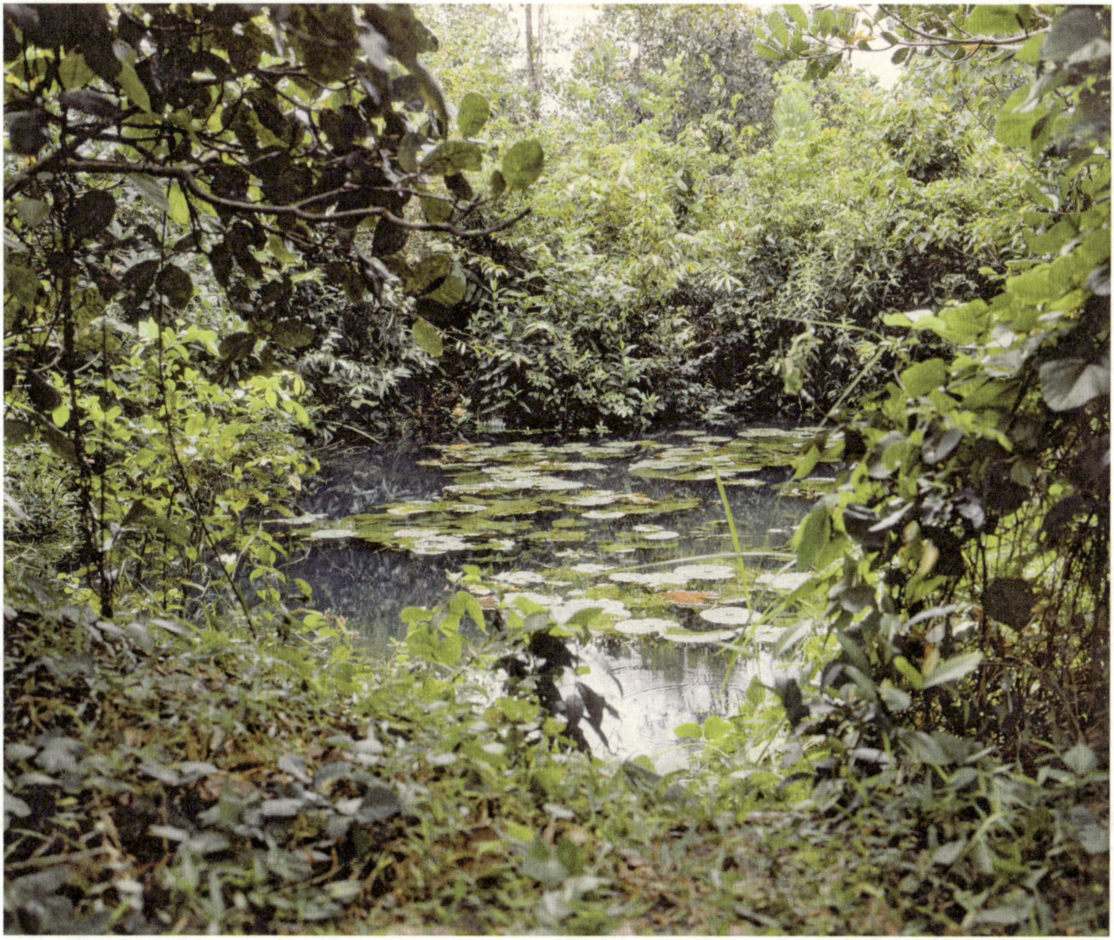

Vann Nath

geb. / b. 1946 in Wat Sopee (Kambodscha / Cambodia)
gest. / died 2011 in Phnom Penh

Ich durfte Vann Nath 2005 kennenlernen, als ich eine Gruppenausstellung der Werke kambodschanischer Künstler organisierte. Von da an bis zu seinem Tod blieb ich mit ihm in Kontakt und besuchte ihn von Zeit zu Zeit. Bei jeder dieser Begegnungen und bei den Gesprächen mit ihm war ich von der tiefen Überzeugung beeindruckt, mit der er in seinen Arbeiten Geschichten erzählte, aber auch von der Gleichmut, mit der er die Grenzen seiner Fähigkeit hinnahm, den Lauf der Geschichte so mitzugestalten, wie zum Beispiel Politiker es können. Für mich steht Vann Nath beispielhaft für die Geisteshaltung vieler Kambodschaner, die sich trotz aller Kritik weiter dem Dienst an der Bewahrung des Gedenkens an Ereignisse der Geschichte wie ihres eigenen Lebens widmen. Er malte seine Geschichte und erzählte sie jedem, der sich für sie interessierte.

Während der Herrschaft der Roten Khmer, unter denen etwa 90 Prozent aller Künstler getötet wurden, wurde Vann Naths Leben gerade deshalb geschont, weil er malen konnte. Im berüchtigten Foltergefängnis S-21 inhaftiert, wurde er gezwungen, auf der Grundlage eines kleinen Fotos immer wieder Bildnisse Pol Pots zu malen. Nach dem Sturz der Roten Khmer kehrte er zu seiner eigenen Arbeit zurück; nun, da er frei war, malte er seine Gefangenschaft. Wenn Sie das Völkermordmuseum S-21 in Kambodschas Hauptstadt Phnom Penh besuchen, sehen sie dort als festen Bestandteil der Ausstellung eine große Zahl darstellender Gemälde von Vann Nath, die die Schrecken zeigen, die Menschen einander zufügen können.

Obwohl 2000 eine seiner Nieren versagte, malte er die Geschichte seines Lebens weiterhin mit größerer Entschlossenheit, als ich sie je bei einem anderen Künstler gesehen habe. Sein Zustand verschlechterte sich, und dennoch verbrachte er seine letzten Lebensjahre mit energischer Arbeit an seinen Gemälden und Zeichnungen, die nicht nur seine Gefangenschaft, sondern auch Erinnerungen an seine Kindheit veranschaulichen. Er malte Szenen aus dem Leben auf dem Bauernhof, auf dem er aufgewachsen war – Sehnsuchtsbilder einer fernen friedlichen Zeit.

Für mich als Künstler sind Vann Naths Weisheit und Demut wie auch seine Liebe zum Medium und zur Technik der Malerei eine Quelle der Inspiration. Er malte mit großer Selbstsicherheit und blieb doch ein Schüler der Malerei. Der Formalismus in seinem Werk war nie eine Selbstverständlichkeit. Er hatte Respekt vor der Geschichte der Malerei und lernte von allen Vorbildern, die ihm zugänglich waren. Könnte er noch einmal leben, würde er, so scheint mir, auch dieses neue Leben ganz der Malerei widmen.

I had the honor and privilege of meeting Vann Nath in 2005, when I organized a group exhibition of work by Cambodian artists. After that time and up to his death, I kept in touch and visited him from time to time. What struck me about every encounter and conversation with him was his sense of conviction in telling stories through his work, and his acceptance of the limits of his ability to impact history in ways that figures like politicians could. For me, Vann Nath represents the enduring spirit of many Cambodian people who, despite criticism, continue to act in the service of preserving the memory of historical and personal events. He painted and told his story to everyone interested in knowing it.

During the reign of the Khmer Rouge, when an estimated 90 percent of artists were killed, Vann Nath's life was spared precisely because he could paint. Incarcerated in the notorious torture prison S-21, he was forced to repeatedly depict the likeness of Pol Pot based on one small photograph. After the fall of the Khmer Rouge, he resumed his own work; with his freedom, he painted his captivity. If you visit the S-21 Genocide Museum in Cambodia's capital, Phnom Penh, you will see—as a permanent fixture—a large number of Vann Nath's descriptive paintings of the horror of what human beings are capable of doing to one another.

Despite kidney failure in the year 2000, he kept on painting the story of his life with more determination than any artist I've ever known. Though his condition worsened, in the last few years of his life he painted and drew vigorously, depicting not only his memories of captivity but also those of his childhood. He painted scenes from the farm where he grew up, scenes representing a longing for a peaceful time.

As an artist, I am inspired by Vann Nath's wisdom and humility and by his love for the medium and method of painting. He painted with confidence but was also a student of painting. The formalism in his work was never taken for granted. He had respect for the history of painting and learned from all the resources he had. It seems to me that if he were to live another lifetime, he would devote it to painting once again.

Sopheap Pich, Phnom Penh, 2012

***Interrogation at the Kandal Pagoda*, 2006**
Öl auf Leinwand / Oil on canvas
70 × 100 cm

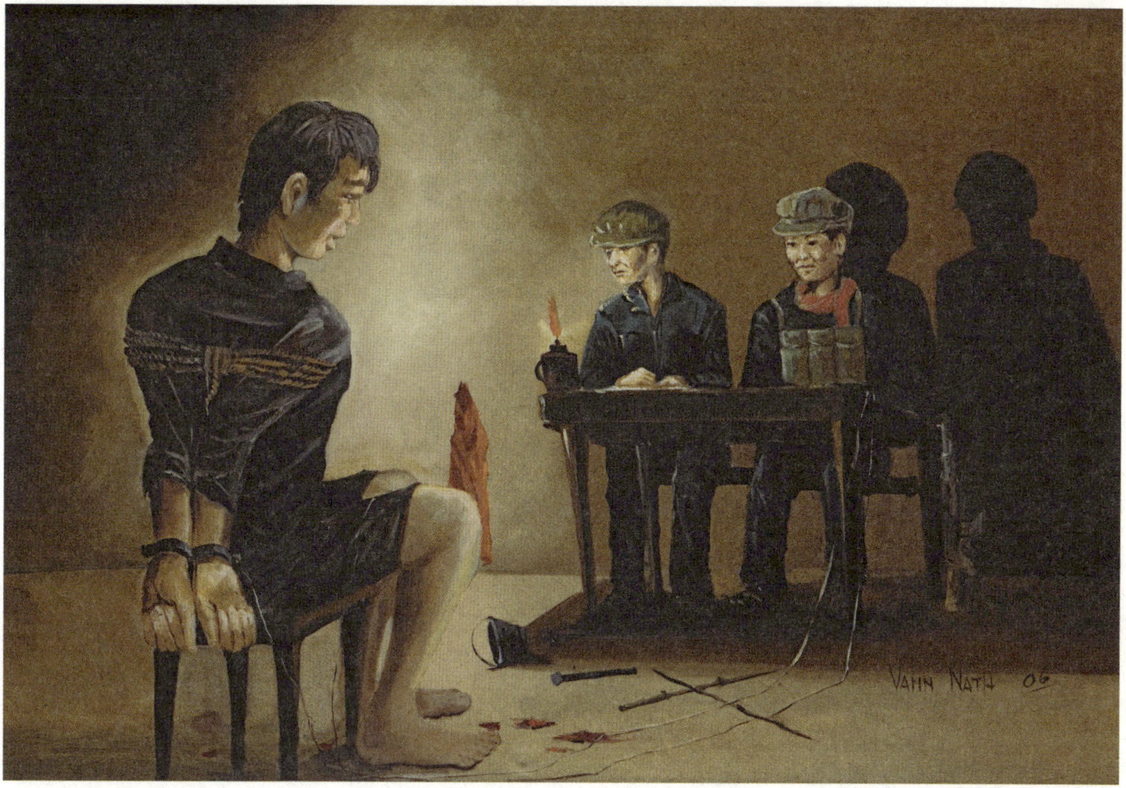
VANN NATH 06

Lawrence Weiner

geb. / b. 1942 in der / the Bronx (New York)
lebt / lives in New York und / and Amsterdam

Das wichtigste Medium des Bildhauers Lawrence Weiner, der seit fünf Jahrzehnten als Künstler tätig ist, ist die Sprache. Seine oft in Großbuchstaben gehaltenen Beschriftungen gehen den Prinzipien der Grammatik wie der Physik nach und beschwören in begrifflicher Form die physikalischen und philosophischen Bedingungen seines Werks. Diese typografischen Arbeiten, die zwischen konstruktivistischer grafischer Gestaltung, konkreter Poesie, Konzeptkunst und Minimalismus angesiedelt sind, erscheinen auf nutzbaren Oberflächen aller Art – in Büchern und auf Postern, auf Wänden und Böden, als Transparente auf Fassaden, in Zeichentrickfilmen und in Songs –, aber sie entfalten sich erst im Geist, im Vorstellungsvermögen des Betrachters, der sich mit ihnen auseinandersetzt. Die Maße der Werke sind fast immer als »variabel« angegeben; sie existieren in einem Bereich, der riesige Land-Art-Arbeiten ebenso umfasst wie flüchtige Gesten. So könnte *A TURBULENCE INDUCED WITHIN A BODY OF WATER* (1969) ein in einer Badewanne planschendes Kind sein oder ein Sturm of hoher See. *ENCASED BY + REDUCED TO RUST* (1986) ruft die Vorstellung von innerer wie äußerer Korrosion, von der Zersetzung von Eisen wach, mag aber auch einen Geisteszustand beschreiben.

Seiner noch immer gültigen Absichtserklärung aus dem Jahr 1969 zufolge können Weiners Werke vom Künstler selbst konstruiert oder von anderen angefertigt werden – oder eben unverwirklicht bleiben. Jede dieser drei Möglichkeiten spiegelt gleich gut seine Intentionen bezüglich der Form, in der das Werk existieren soll, wider. Seine jüngeren Arbeiten sind dynamische Installationen, deren treibende Kraft eine prägnante Sprache mit Sinn für Humor und politische Stellungnahmen ist; auch Schlingen, Wellenlinien, Spiralen und Pfeile kommen vor.

Weiners Arbeit für die dOCUMENTA (13) ist der Glaswand eingeschrieben, die die Rotunde im Fridericianum – sie gilt als das »Herz« aller documenta-Ausstellungen und beherbergt nun die Sektion »Brain« – abschirmt. *THE MIDDLE OF THE MIDDLE OF THE MIDDLE OF* (2012) deutet auf eine Stellung im Zusammenhang einer konzentrischen Struktur hin. Konzentrizität ist ein geschlossenes System: Es gibt – anders als bei einer ins Unendliche offenen Spirale – keine Öffnung. »Die Mitte von der Mitte von der Mitte von« könnte der Ort sein, den man einnimmt, wenn man auf den Kreis blickt, der einem auf einer Karte anzeigt: »Sie sind hier«, oder ein ins Wasser geworfener Stein, wenn die konzentrischen Wellen auf der Wasseroberfläche die Stelle anzeigen, an der er untergegangen ist.

»DAS ENTSCHEIDENDE IST NICHT DIE FRAGE, WIE VIELE ENGEL AUF EINER NADELSPITZE TANZEN KÖNNEN, SONDERN DAS STAUNEN DARÜBER, DASS SO VIELE AM SELBEN ORT ZUR SELBEN ZEIT TANZEN & EINANDER TATSÄCHLICH SO WENIG IN DIE QUERE KOMMEN KÖNNEN« (Lawrence Weiner, 2012).

Working as an artist for five decades, sculptor Lawrence Weiner uses language as his primary medium. His inscriptions, often spelled in capital letters, follow the principles of both grammar and physics, conceptually conjuring the physical and philosophical conditions of his work. These typographic pieces, situated between Constructivist graphic design, concrete poetry, Conceptualism, and Minimalism, appear on any useful surface—in books or on posters, walls, or floors, as banners on buildings, as animated cartoons or songs—but they unfold in the mind, in the imagination of the spectator engaged in interacting with them. The dimensions of the works are almost always cited as "variable"; they exist in a realm that extends from a vast piece of Land art to a fleeting gesture. For example, *A TURBULENCE INDUCED WITHIN A BODY OF WATER* (1969) could be a child splashing in a bathtub or a storm on the open sea. *ENCASED BY + REDUCED TO RUST* (1986) evokes corrosion, inside and out, degradation of iron, but it could also be assumed to be a state of mind.

According to his statement of intent of 1969, which still holds true today, Weiner's work may be constructed by the artist, may be fabricated by others, or need not to be built at all. Each of these possibilities equally reflects his intention as to how the work should exist. His more recent pieces are dynamic installations driven by pithy language that includes a sense of humor and a political stance, incorporating loops, infinity waves, spirals, and arrows.

Weiner's work for dOCUMENTA (13) is inscribed in the glass wall that protects the Rotunda in the Fridericianum, considered the "heart" of each documenta exhibition and now housing its "Brain." *THE MIDDLE OF THE MIDDLE OF THE MIDDLE OF* (2012) implies a position in the context of concentricity. Concentricity is a closed system: it has no easy exit—as opposed to an open-ended spiral. "The middle of the middle of the middle of" could be a position taken when looking at a circled spot on a site map telling you, "You are here," or a stone thrown into water, the concentric ripples giving away the location where the stone sank.

"THE QUESTION IS NOT HOW MANY ANGELS CAN DANCE ON A PINHEAD BUT THE WONDERMENT THAT SO MANY CAN DANCE AT THE SAME PLACE AT THE SAME TIME & IN FACT INTERFERE SO LITTLE WITH EACH OTHER" (Lawrence Weiner, 2012). ES

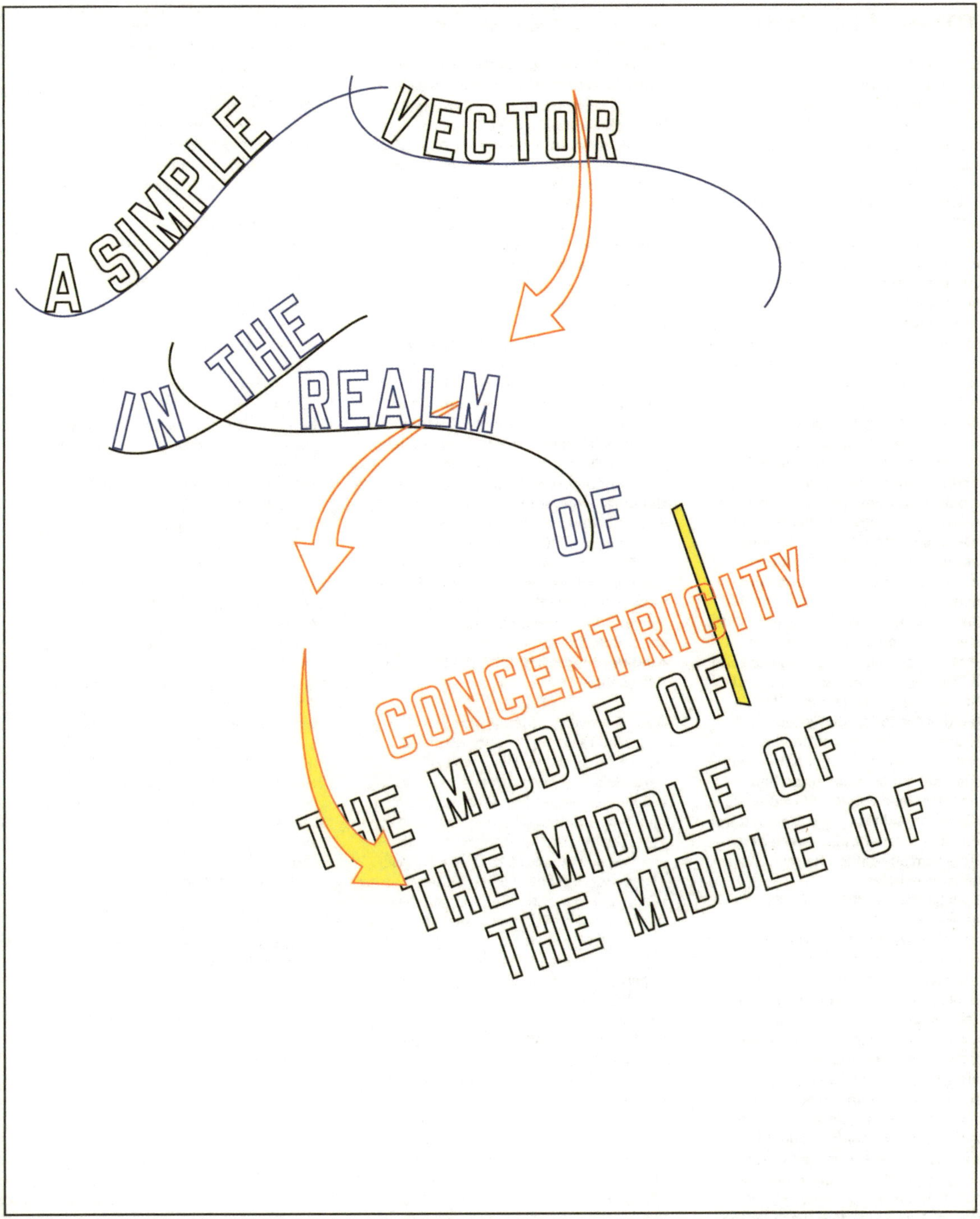

A SIMPLE
VECTOR
IN THE
REALM
OF
CONCENTRICITY
THE MIDDLE OF
THE MIDDLE OF
THE MIDDLE OF
THE MIDDLE

Anton Zeilinger

geb. / b. 1945 in Ried im Innkreis (Österreich / Austria)
lebt / lives in Wien / Vienna

Entgegen der damals vorherrschenden Theorie formulierte Max Planck, dass Licht nicht kontinuierlich, sondern in diskreten Paketen, den sogenannten »Quanten«, übertragen wird. Die Quantenphysik ist die präziseste Naturbeschreibung, die die Menschheit bis heute entdeckt hat. Sie bildet die Basis der modernen Hochtechnologie und liefert die Grundbausteine für Geräte wie den Laser oder die überall in Mikrochips anzutreffenden Halbleiter. Die Chemie wurde zur Quantenphysik der Elektronenhülle.

Heisenberg zeigte, dass ein Teilchen entweder an einer klar definierten Position zu finden ist, wobei sein Impuls dann unbestimmt bleibt, oder sein Impuls eindeutig gemessen werden kann, in welchem Fall sein Ort unklar bleibt. Ein Quantensystem kann über seine Bewegung als Wellenmuster beobachtet werden oder als Teilchen über seinen Ort.

Die Messungen von Impuls oder Ort schließen einander aus: Je mehr man über das eine weiß, desto weniger kann man über das andere wissen. Es ist dies nicht nur eine Aussage über Möglichkeiten des Wissens, sondern eine Aussage über die Eigenschaften, die ein solches System überhaupt haben kann. Die Realität der beobachteten Phänomene hängt also von der Messung ab. Die Quantenrealität wird dagegen durch einen Quantenzustand beschrieben, der in einem abstrakten Raum höherer Dimension existiert.

Zwei Quantenpartikel können verschränkt sein – Erwin Schrödinger prägte diesen Begriff. Die Messung an einem Teilchen ändert den Zustand des anderen mit sofortiger Wirkung – egal, wie weit die beiden voneinander entfernt sind. Dieser Effekt beunruhigte Albert Einstein – dementsprechend nannte er ihn eine »spukhafte Fernwirkung« – und seine Kollegen Boris Podolsky und Nathan Rosen. Die drei Männer kamen zu dem Schluss, dass die Quantenmechanik unvollständig sein müsse, und sie hofften auf eine neue Physik ohne das Phänomen der Verschränkung.

Heute wissen wir, dass die Quantenverschränkung nicht nur mit all ihren vorhergesagten Eigenschaften existiert, sie entwickelte sich auch zu einem Schlüsselkonzept für die moderne Quanteninformatik mit dem Quantencomputer oder der Quantenteleportation.

Als Einstieg in diese Debatte lud die dOCUMENTA (13) den Quantenphysiker Anton Zeilinger ein, seine Experimente zu solch verschränkten Möglichkeiten zu präsentieren. Experimente wie zum Beispiel das »Doppelspaltexperiment« werden im Rahmen der Ausstellung neu verwirklicht. Hier werden Einzelphotonen durch eine Platte mit zwei Spalten geschickt. Sie interferieren und werden dann schließlich an einem Detektor einzeln gemessen. Die Wellennatur des Lichts wird anhand eines Glasfaser-Interferometers realisiert und seine Teilchennatur durch einen Quantenzufallszahlengenerator. Auf der komplexesten Ebene wird ein Experiment mit Photonenpaaren zu sehen sein, wo zwei verschränkte Photonen in zwei verschiedene Räume geschickt werden. Die instantane Verbindung der beiden bei der Messung wird dann direkt sichtbar, erfahrbar gemacht. Das Ergebnis dieses Experiments eröffnet Möglichkeiten für ganz neue Formen der Telekommunikation und für eine Technologie zur sicheren Verschlüsselung von Daten. Über die praktischen Anwendungsmöglichkeiten hinaus deuten solche Ergebnisse auf eine Erneuerung der Diskussion über die Definition der Realität.

Against prevailing theory, Max Planck proposed that light is not transmitted continuously, but in discontinuous packets called "quanta." Today, quantum physics is the most precise theoretical description of nature ever found by humanity. It is the foundation of modern technology, providing the basis of such devices as the laser or semiconductors, which are everywhere today; and chemistry has become the quantum physics of the electron shell.

Heisenberg proved that particles either are localized and therefore their motion is uncertain, or have a well-defined motion and then their localization is uncertain. As such, a quantum system can exhibit via its motion as wave pattern or via its location as particle.

The measurements of motion and of localization are mutually exclusive: the more you know about one, the less you can know about the other. This is not only a statement about the possibilities of knowledge but actually a statement about which properties a system can carry. The reality of the phenomena depends on the measurement context. Quantum reality is rather described by the quantum state, which exists in an abstract space of high dimension.

Two quantum particles can be entangled, a notion coined by Erwin Schrödinger, in such a way that measurement of one instantly changes the state of the other one, no matter how far they are separated. This kind of proposed action at a distance troubled Albert Einstein—who called it "spooky action at a distance"—and his colleagues Boris Podolsky and Nathan Rosen. The three men concluded that quantum mechanics must be incomplete, and they were hoping for a new physics without entanglement. Today, we know that quantum entanglement not only exists with all its predicted features but has become the cornerstone concept for modern quantum information technology including quantum computation and quantum teleportation.

Entering the debate, dOCUMENTA (13) has invited quantum physicist Anton Zeilinger to reproduce his experiments on such entangled possibilities. Included are demonstrations of a "double-slit experiment." Single photons are passed through a plate with two slits, interfere with each other, and are observed one by one at the receiving detector. Also realized is the wave nature of light in a fiberglass interferometer. The particle nature of light is verified using a quantum random-number generator. The experiments are topped off by the entanglement of photon pairs, where two entangled photons are sent to two different rooms, and the instantaneous connection between the two measurements can directly be seen. This opens the door for new forms of telecommunication and of secure encryption technology. Beyond their practical application, such findings point to a renewal of the discussion of the definition of reality. AK

Oben / Top:
Prof. Dr. Anton Zeilinger

Unten / Bottom: Versuchsanordnung zur »Teleportation« einzelner Photonen / Experiment testing the "teleportation" of individual photons

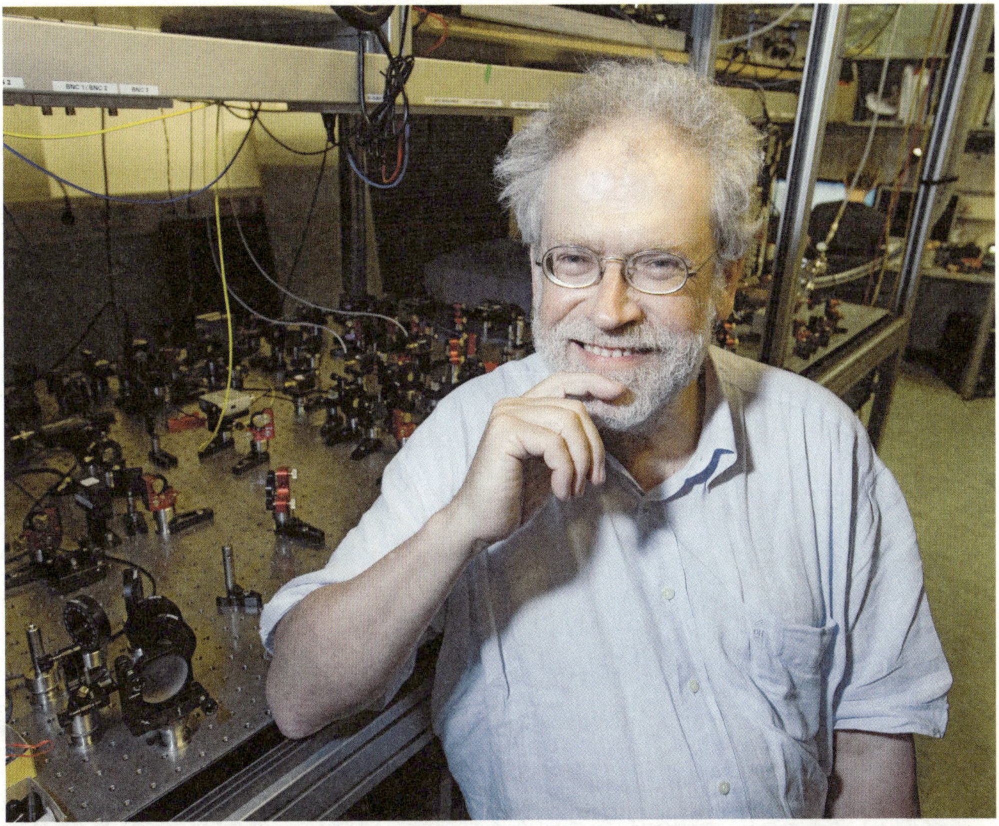

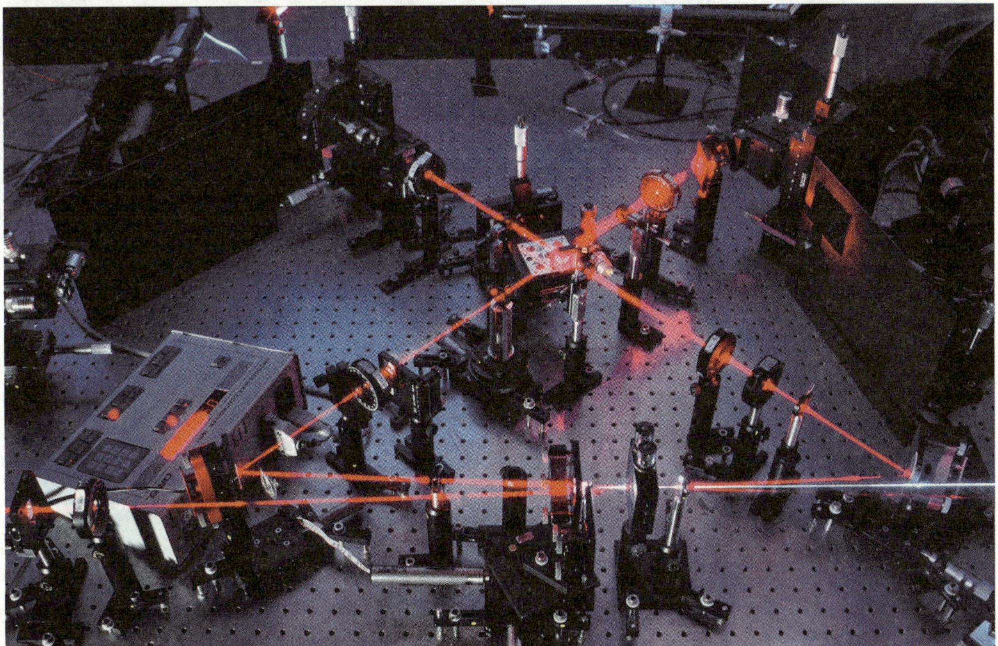

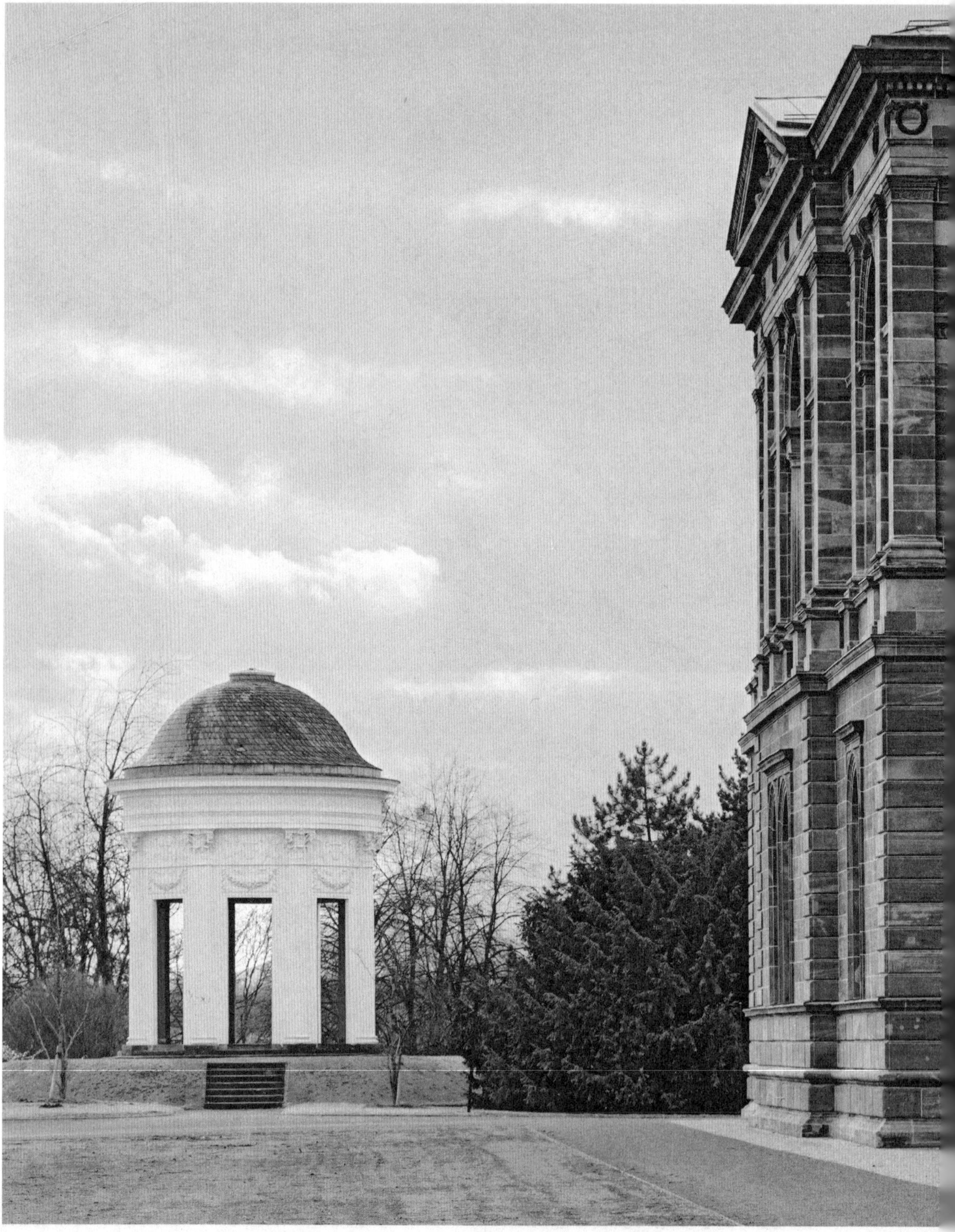

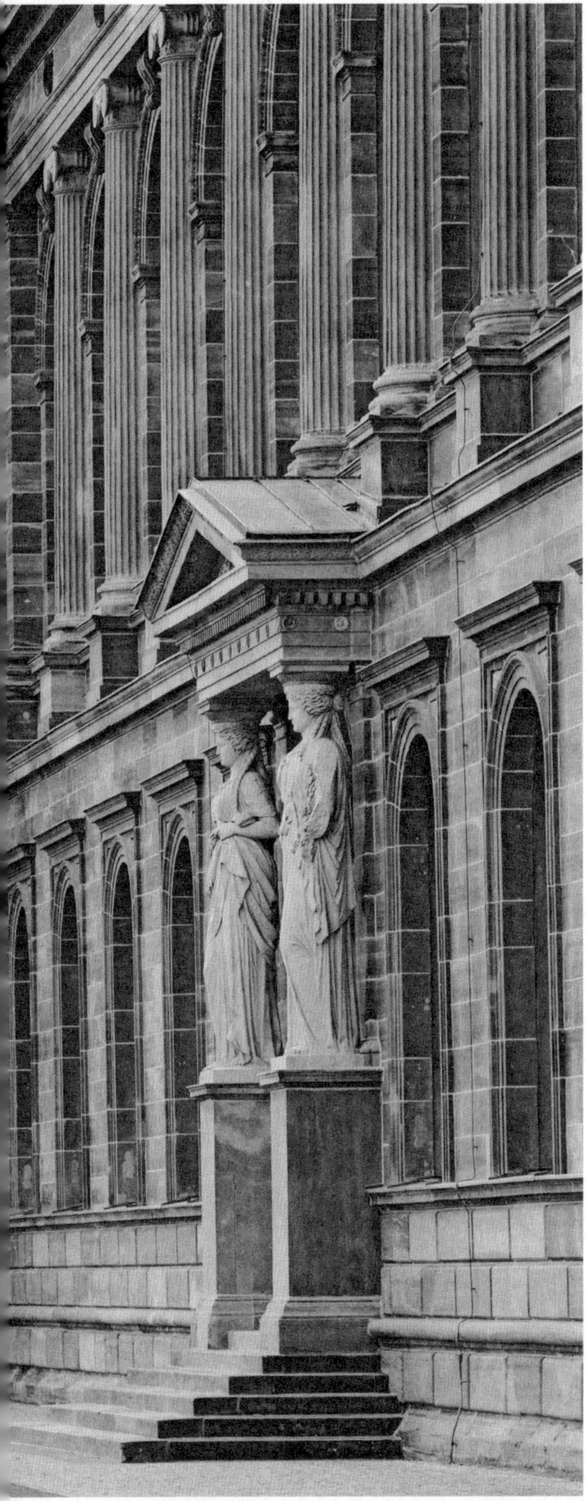

NEUE GALERIE

Diese ehemals »Königliche Gemäldegalerie« genannte Einrichtung beherbergte in der Vergangenheit die landgräfliche Sammlung Alter Meister. 1976 wurde sie unter dem Namen Neue Galerie wiedereröffnet und dient nun der Ausstellung von Werken der Plastik, der Malerei und der Neuen Medien vom 19. Jahrhundert bis in die Gegenwart.

Formerly the Königliche Gemäldegalerie, this building used to host the landgraves' collection of old masters. Renamed the Neue Galerie in 1976, it exhibits sculpture, painting, and new-media art from the nineteenth century to the present.

NEUE GALERIE

▼ **KÜNSTLER / ARTISTS**
ERSTER STOCK / FIRST FLOOR

▷ **7** Khadim Ali
▷ **27** Gordon Bennett
▷ **28** Rossella Biscotti
▷ **34** Andrea Büttner
▷ **38** Emily Carr
▷ **59** Geoffrey Farmer
▷ **79** Susan Hiller
▷ **84** Sanja Iveković
▷ **96** Adriana Lara
▷ **103** Aníbal López
▷ **110** Maria Martins
▷ **124** Zanele Muholi
▷ **130** Füsun Onur
▷ **140** Margaret Preston
▷ **149** Stuart Ringholt

▼ **KÜNSTLER / ARTISTS**
KELLER / BASEMENT

▷ **94** Hassan Khan
▷ **129** Roman Ondák
▷ **162** Wael Shawky

Erster Stock / First floor

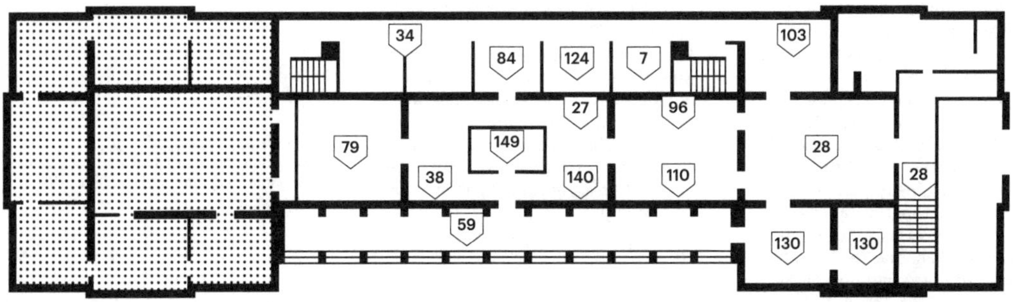

Keller / Basement

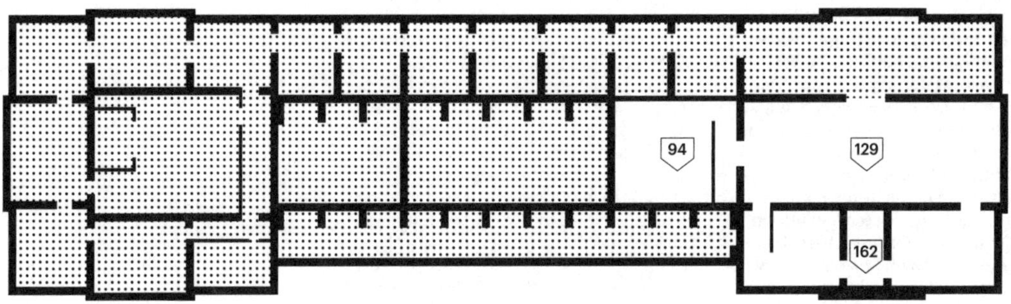

Khadim Ali

geb. / b. 1978 in Quetta (Pakistan)
lebt / lives in Sydney und / and Bamiyan

Der afghanische Künstler Khadim Ali, der als Flüchtling in Pakistan aufgewachsen ist, wurde am National College of Arts in Lahore in klassischer Miniaturmalerei und in Teheran in Wandmalerei und Kalligrafie ausgebildet.

Seine Familie kommt aus Bamiyan (Region Hazaradschat), wo im Jahr 2001 die Buddha-Kolossalstatuen aus dem 6. nachchristlichen Jahrhundert zerstört wurden. Eine frühere Installation, *The Heart That Has No Love/Pain/Generosity Is Not a Heart* (2008), für die Ali mit dem kanadischen Künstler Jayce Salloum zusammengearbeitet hat, besteht aus Fotografien, Videos und Miniaturgemälden und setzt sich mit der Zerstörung der Buddhas von Bamiyan und den darauffolgenden Kriegs- und Wiederaufbaujahren auseinander. Das Einheit stiftende literarische Kulturgut Zentralasiens ist das Shahnameh (Buch der Könige), ein ausladendes episches Gedicht in 60.000 Versen, das Hakim Abu 'l-Qasim Firdausi um 1010 am Hof des Sultans Mahmud Ghaznavi in Ghazni (im heutigen Afghanistan) verfasste. Das Epos, das die »Geschichte« der Region erzählt, überschreitet ethnische und religiöse Grenzen. Begierig lauschen die Kinder den Legenden von fünfzig Monarchen, schillernden Figuren und übernatürlichen Wesen. Alis Großvater las ihm das Shahnameh vor; die Illustrationen dazu bildeten seine erste Einführung in die Kunstgeschichte. In einer 2007 begonnenen Serie von Miniaturgemälden unternimmt Ali eine bildliche Umsetzung und Aktualisierung des Epos. Der Held, Rostam, ist ein mächtiger Krieger, der durch ruhmreiche Taten Tugend und Ehre verteidigt; ironischerweise vereinnahmten die Taliban seinen Namen für ihren fundamentalistischen Krieg. In Alis grazilen vergoldeten Miniaturen im Stil der Malerei des indischen Mogulreichs verwandelt sich Rostam in einen zweideutigen Dämon, gehörnt und mit einem langen Bart, der an die Bärte der Talibankämpfer erinnert.

Mittels einer eklektischen Vielfalt traditioneller und moderner Motive sowie Verweisen auf die Kunstgeschichte des Ostens wie des Westens erzählen Alis Gemälde Geschichten vom Verlust (des kulturellen Erbes und menschlicher Werte) und davon, wie sich Bedeutungen verschieben und Worte durch ihre ideologische Indienstnahme pervertiert werden.

Alis Projekt für die dOCUMENTA (13) besteht aus zwei Teilen. In Kassel versetzen vier neue Miniaturmalereien die mythischen Geschichten des Shahnameh in einen zeitgenössischen Kontext. Der zweite Teil ist ein Seminar für Kinder, das als Prototyp einer Kunstschule im Sommer 2012 in Bamiyan stattfindet. Mittels des Shahnameh nähert sich die Veranstaltung der verlorengegangenen Kultur des Geschichtenerzählens an, angefangen mit der ersten Illustration des Epos, einem Miniaturgemälde von Kamal ud-Din Behzad. Die Kinder hören Geschichten aus dem Shahnameh und verarbeiten sie anschließend in eigenen Zeichnungen.

Having grown up in Pakistan as a refugee, Afghan artist Khadim Ali was trained in classical miniature painting at the National College of Arts in Lahore and in mural painting and calligraphy in Tehran.

His family came from Bamiyan (Hazarajat region) where in 2001 the colossal sixth-century Buddha statues were destroyed. A previous installation, *The Heart That Has No Love/Pain/Generosity Is Not a Heart* (2008), created in collaboration with Canadian artist Jayce Salloum, consisting of photographs, video, and miniature painting, examined the destruction of the Bamiyan Buddhas and the subsequent years of war and rebuilding. The unifying cultural narrative of Central Asia is the Shahnameh (Book of Kings), a sweeping epic poem of 60,000 verses, written at the court of Sultan Mahmud of Ghazni, today Afghanistan, c. 1010, by Hakim Abu 'l-Qasim Ferdowsi. The epos, which tells the "history" of this region, crosses ethnic and religious boundaries. Children avidly devour its tales of fifty monarchs, colorful characters, and supernatural beings. The Shahnameh was read to Ali by his grandfather, and its illustrations were his first lessons in art history. In a series of miniature paintings begun in 2007, he explores and updates the epos. Its hero Rostam is a mighty warrior who upholds virtue and honor through glorious deeds; ironically, his name was appropriated by the Taliban in their fundamentalist war. In Ali's delicate, gilded miniatures in the style of Indian Mughal painting, Rostam turns into an ambiguous horned demon, with a long beard reminiscent of those worn by Taliban fighters.

Eclectically rich in traditional and modern motifs and Eastern and Western art-historical references, Ali's paintings tell stories about loss (of his own cultural heritage and of human values) and about how meaning shifts and words are perverted through ideological adoption.

Ali's project for dOCUMENTA (13) is in two parts. In Kassel, four miniature paintings further explore the mythic tales of the Shahnameh in a contemporary context. The second part is a seminar for children, conceived as a prototype for an art school, that takes place in Bamiyan during summer 2012. It focuses on the lost culture of storytelling through the Shahnameh, starting from its first illustration, a miniature painting by Kamal ud-Din Behzad. After listening to stories from the epic, the children respond through drawings. ES/AV

***The Haunted Lotus*, 2011–2012**
Gouache, Tinte und Blattgold auf Wasli-Papier / Gouache, ink, and gold leaf on wasli paper
70 × 54 cm

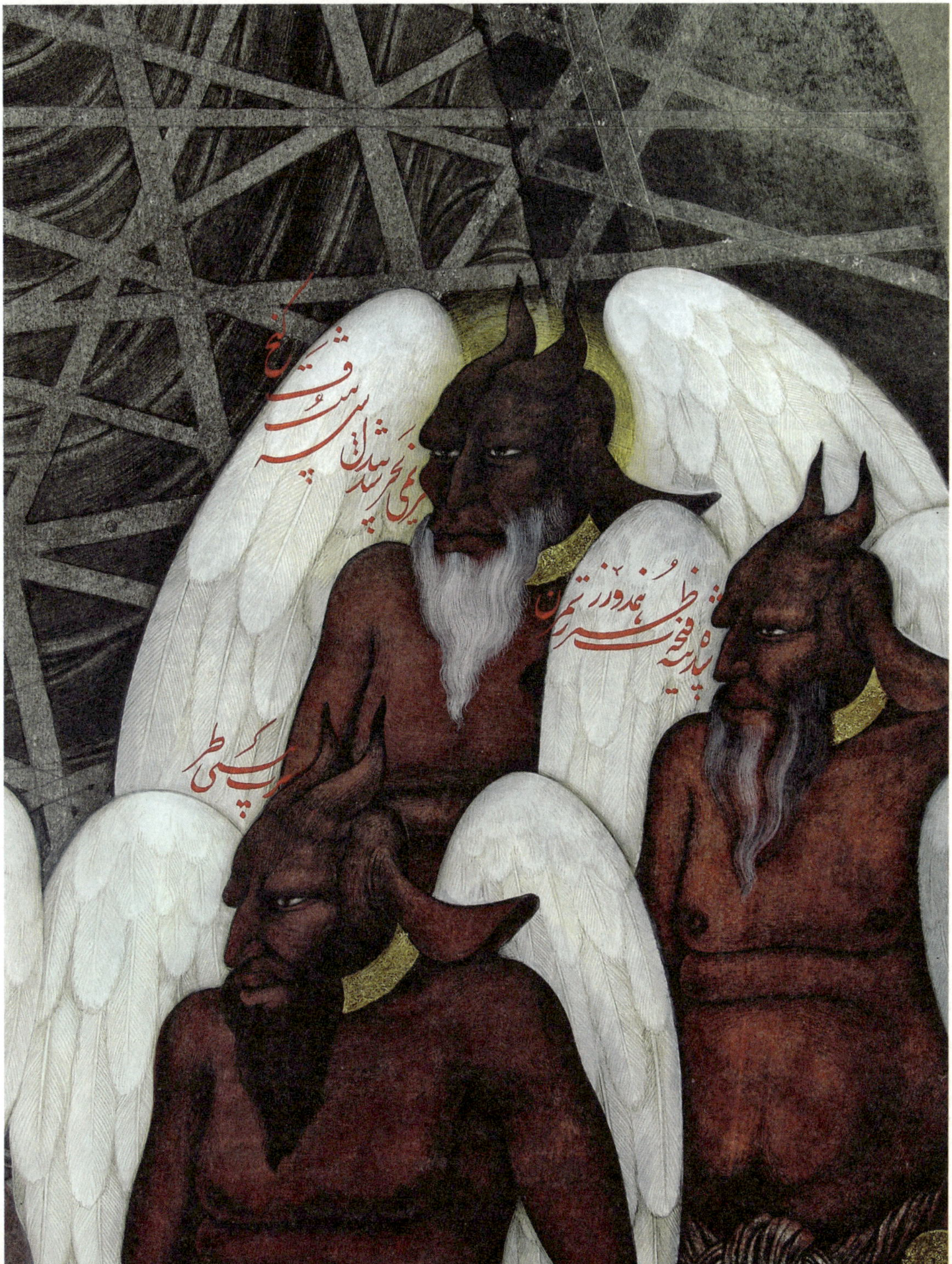

Gordon Bennett

geb. / b. 1955 in Monto (Australien / Australia)
lebt / lives in Brisbane

Gordon Bennett zog beinahe unmittelbar nach seinem Abschluss am Queensland College of Art im Jahr 1988 die Aufmerksamkeit der Kunstwelt auf sich. Australien feierte damals das zweihundertjährige Bestehen der Kolonisierung des Landes durch die Europäer; dies wurde von manchen leidenschaftlich bejubelt, während andere protestierten. In diesem Zusammenhang wurde Bennetts Gemälde *Outsider* (1988) von vielen als der Auftritt einer kraftvollen neuen Stimme in der zeitgenössischen Kunst wahrgenommen. Das Bild war und ist noch heute von großer Sprengkraft. Es zeigt einen enthaupteten Aborigine, dessen Blut in einer Spiralform aus seinem Hals und aus van Goghs Schlafkammer in Arles hervorschießt, um in die Sternennacht einzugehen. In einem Moment, da der durch die Feierlichkeiten des Jahres 1988 neu entfachte Patriotismus der Australier ihr Augenmerk auf die bisher weithin ignorierte Kunst der Aborigines lenkte und insbesondere auf den Pointillismus der Western-Desert-Malerei, den ikonischen Ausdruck einer unverwechselbar australischen Kultur, stellten Bennetts »Zitate« ein Eingreifen zur rechten Zeit dar: Sie hielten der modernistischen Aneignung von »Außenseiter«-Kunst den Spiegel vor.

Bennetts beharrliche Kritik der Sozial- und Kulturgeschichte findet in erster Linie mittels Verweisen auf Werke von Kultfiguren der Moderne und der Postmoderne statt. So bildeten die Gemälde und Drucke der australischen Modernistin Margaret Preston (1875–1963) und des Niederländers Piet Mondrian (1872–1944) den Ausgangspunkt für Bennetts 1996 begonnene Reihe *Home Décor*. In der Serie *Home Décor (after Margaret Preston)* aus dem Jahr 2010 verlagert Bennett Prestons Aufruf zu einer Domestizierung der Aborigine-Kultur in die Welt der zeitgenössischen Kunst. Mit ihren Umkehrungen und farblichen Verwandlungen sowie der dramatischen Vergrößerung von Bildern und ihrer Einbettung in neue Zusammenhänge lassen sich Bennetts Gemälde als eine Form der Rückführung lesen. Er verzichtet auf beschreibende Titel und verlässt sich auf die visuelle Wirkung seiner Kompositionen, um ihren rituellen Hintergrund anzudeuten, eine Strategie, der sich auch ältere Künstler in der Aborigine-Gemeinschaft bedienen, um die Macht ihrer Kultur zu artikulieren, ohne die dahinterstehende heilige oder »innere« Erzählung zu offenbaren. Indem Bennett die Bilder auf große Formate bringt, so Ian McLean, »gibt er ihrer formalen Kraft ihre Eigenständigkeit zurück und macht ihre Wurzeln in der Traumzeit sichtbar«.

Bennetts Aneignungen sind nicht eine bloße »Widerspiegelung« des Narzissmus der Kunst; wie McLean schreibt, ist sein »Retroismus keine geistlose Mimikry«. Der malerische »Spiegel«, den der Künstler uns vorhält, zwingt uns, unsere Identitäten kritisch zu prüfen und uns wie Dorian Gray den hässlichen Tatsachen zu stellen, die wir auf den Dachboden verbannt haben. Identität ist seit Langem ein zentrales Motiv in der komplexen Matrix von Themen, die Bennetts Kunst prägen, aber nicht immer steht die reine Selbstreflexion im Vordergrund, selbst wenn der Künstler mit Referenzen auf seine eigene Kunst und sein Leben arbeitet. In seinem Manifest »The Manifest Toe« (1996) schreibt Bennett, dass Identität »weder etwas sein sollte, was einschränkt, noch etwas, was einem von außen aufgezwungen wird wie ein Gefängnis«.

Gordon Bennett came to the art world's attention almost immediately upon his graduation from the Queensland College of Art in 1988. In Australia's Bicentennial year and in the midst of fervent celebration of and protests against the country's European colonization, his painting *Outsider* (1988) was seized upon as the harbinger of a powerful new voice in contemporary art. This painting was—and remains—explosive, featuring a decapitated "tribal" Aboriginal man whose surging blood spirals up and out of van Gogh's Arles bedroom to merge with the starry night. In 1988, when bicentennial-fueled patriotism turned the hitherto blind eye of Australia to Aboriginal art (particularly the pointillism of Western Desert painting as an iconic expression of a uniquely Australian culture), Bennett's "quotations" offered a timely intervention by turning a mirror on the modernist practice of appropriating "outsider" art.

Bennett's ongoing critique of social and cultural history is primarily conducted through references to artworks by modernist and postmodernist artists. For example, the paintings and prints of the Australian and Dutch modernists Margaret Preston (1875–1963) and Piet Mondrian (1872–1944) were the starting points of Bennett's *Home Décor* series, begun in 1996. In the 2010 *Home Décor (after Margaret Preston)* series, Bennett deflects into the world of contemporary art Preston's exhortations to domesticize Aboriginal culture. With their inversion, re-coloring, dramatic up-scaling, and re-contextualizing of images, Bennett's paintings can be read as a form of repatriation. Forsaking descriptive titles, he relies on the visual impact of the compositions to suggest their ceremonial origins, a strategy employed by senior artists in Aboriginal communities to express cultural power without compromising or revealing the sacred, or "inside," story. As Ian McLean observes, by enhancing their scale, Bennett "returns an agency to the formal power of the designs and their origin in Dreaming."

Bennett's appropriations do more than "mirror" the narcissism of art; as McLean has written, his "retroism is no mindless mimicry." The artist's painterly "looking glass" compels us all to critically examine our identities and, like Dorian Gray, to confront the ugly truths hidden in the attic. Identity has been a central theme within the complex matrix of issues that inform Bennett's work, but not in an exclusively self-reflexive manner—even when he references his own art and life. In his 1996 essay "The Manifest Toe," Bennett writes that identity "shouldn't be a thing that constricts nor should it be an imposed thing, from outside oneself, like a prison." HP

***Home Décor (after Margaret Preston) #8*, 2010**
Acryl auf Leinen / Acrylic on linen
182.5 × 152 cm

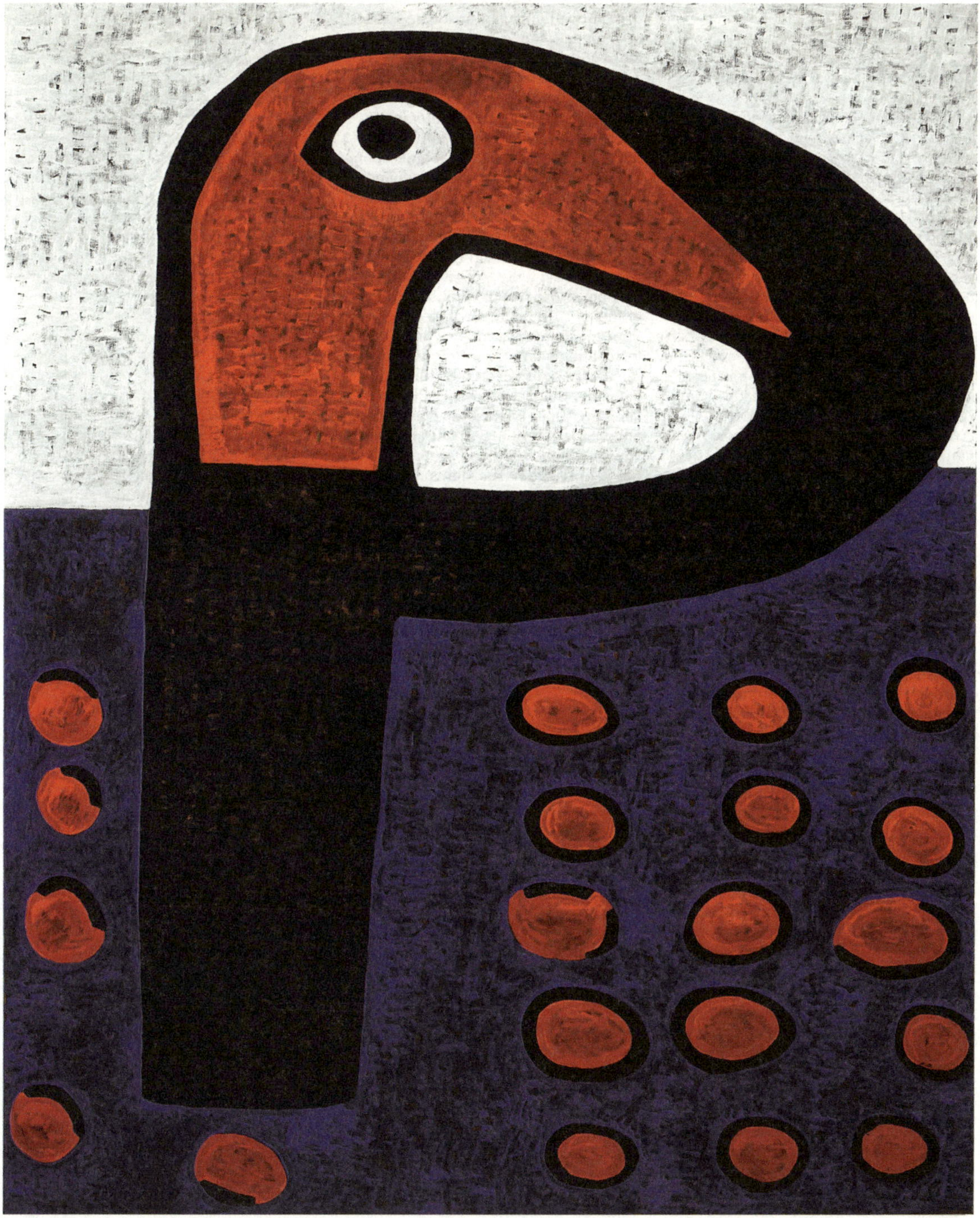

Rossella Biscotti

geb. / b. 1978 in Molfetta (Italien / Italy)
lebt / lives in Amsterdam

Als Archäologin der Geschichte des 20. Jahrhunderts rekonstruiert Rossella Biscotti mithilfe von vorgefundenem Filmmaterial, Objekten und überbordenden Recherchen vergessene Augenblicke der Vergangenheit, die sie mit der Gegenwart verbindet, indem sie die Bedeutung der von ihr geretteten Materialien aus zeitgenössischer Perspektive untersucht. Ihr Werk umfasst Video- und Audioarbeiten, Fotografien, Installationen und Performances, die die Idee von Zeit in all ihren Dimensionen – der historischen, der realen, der fiktionalen – hinterfragen. Ihr Hauptaugenmerk liegt auf persönlichen Erzählungen und Erinnerungen und deren Verhältnis zu Konsequenzen, die eine größere Gemeinschaft betreffen. Dennoch beschränkt sie ihre Forschungen nicht auf Archive, sondern bezieht persönliche Begegnungen und mündliche Befragungen mit ein, so dass neue Geschichten sich um die geschriebene Geschichte herum entfalten und Verbindungslinien zur Gegenwart gezogen werden können.

Das projizierte Bild und Auffassungen vom Dokumentarfilm als physischer Aufbewahrungsform persönlicher und kollektiver Erinnerungen im Gegensatz zur Kinoerzählung stehen im Mittelpunkt vieler von Biscottis Werken. Die Multimedia-Installation *The Sun Shines in Kiev* (2006) zum Beispiel beruht auf Filmmaterial, das der ukrainische Filmemacher Wladimir Schewtschenko 1986 am Ort des Reaktorunglücks von Tschernobyl aufgenommen hat. Während die von Biscotti mitgeschnittenen Interviewaussagen von Schewtschenkos Frau und einem überlebenden Kameramann von einem schwarzen Bildschirm begleitet werden, ist der Originalfilm überbelichtet, ein Abdruck des Ereignisses selbst: Die weißen Flecken wurden durch die auf die Kamera einwirkende Strahlung erzeugt.

In letzter Zeit ist Biscottis Arbeit stärker skulptural orientiert und zeigt sich von bestimmten Orten und Denkmälern aus Vergangenheit und Gegenwart geprägt. *Il Processo* (*The Trial*, 2010–2012) setzt sich mit dem Aula-Bunker in Rom auseinander, dem Hochsicherheitsgerichtsgebäude am Foro Italico. Dort wurden die wichtigsten Prozesse abgehalten, die aus den *anni di piombo* erwuchsen, so die Verfahren gegen die Roten Brigaden im Fall Aldo Moro und des sogenannten »Processo 7 Aprile« gegen die Mitglieder der außerparlamentarischen linken Gruppierung Autonomia Operaia, unter ihnen Antonio Negri und andere Intellektuelle, die der ideologischen und moralischen Verantwortung für den italienischen Terrorismus der 1970er Jahre beschuldigt wurden. Biscotti begann mit ihren Forschungen im Rahmen eines Fotografieprojekts zur faschistischen Architektur in Italien im Jahr 2006, kurz bevor das Gerichtsgebäude durch erhebliche Umbaumaßnahmen in ein Sportmuseum verwandelt wurde. Die Installation besteht aus Betonskulpturen nach Abgüssen architektonischer Elemente des Gerichtssaals, die kurz vor dem Abriss im Rahmen des Umbaus angefertigt wurden. Begleitet wird sie von einer achtstündigen Tonaufnahme des 7.-April-Prozesses, der von Februar 1983 bis Juni 1984 in Rom stattfand und in dem die Geschichte der Bewegung im Verlauf der 1970er Jahre peinlich genau rekonstruiert wurde. Gleichzeitig übersetzt ein professioneller Simultandolmetscher die Aufnahmen, so dass die historischen Zeugenaussagen durch eine Stimme und einen Körper in der Gegenwart neu aktiviert werden.

An archaeologist of twentieth-century history, Rossella Biscotti reconstructs obscured moments from times past via found footage, objects, and extensive research, linking them to the present by examining the relevance of this recovered material from a contemporary perspective. Her work encompasses video, audio, photographs, installation and performance, questioning the idea of time in all its dimensions: historical, real, fictional. Her focus is on individual narratives and memories and their relation to more collective implications, but her research does not end in archives; rather, it is informed by personal encounters and oral interrogations, so that new stories evolve around that of written history, and connections to the present can be made.

The projected image and notions of documentary film versus cinematic narration—as the physical means of conserving personal and collective memory—have been a focus in many of Biscotti's works. The multimedia installation *The Sun Shines in Kiev* (2006), for example, is based on footage taken by the Ukrainian filmmaker Vladimir Shevchenko at the site of the nuclear-reactor accident in Chernobyl in 1986. While the oral testimonies that Biscotti recorded in the form of interviews with Shevchenko's wife and a surviving cameraman are accompanied by a black screen, the original film is overexposed, bearing the imprint of the event itself: white dots caused by radiation that soaked the camera.

Recently, Biscotti's work has become more sculptural, informed by specific places and monuments, from the historical to the present day. *Il Processo* (*The Trial*, 2010–12) focuses on the Aula Bunker in Rome, the high-security courthouse in Foro Italico. It hosted the most important trials from the *anni di piombo*, such as the various editions of the Moro trial against the Red Brigades, and those that became known as "Processo 7 Aprile" against the members of the extra-parliamentary left-wing group Autonomia Operaia, among them Antonio Negri and other intellectuals, who were accused of being ideologically and morally responsible for Italian terrorism in the 1970s. Biscotti's research started in 2006—shortly before the building underwent a major transformation from a court to a sports museum—as part of a photographic project about Fascist architecture in Italy. The installation consists of concrete sculptures made from casts of the architectural features of the courtroom, taken shortly before their demolition during the building's reconstruction. These are accompanied by an eight-hour audio recording of the April 7 Trial—lasting from February 1983 to June 1984 in Rome—which painstakingly reconstructed the history of the movement throughout the 1970s. These recordings are simultaneously live-interpreted by a professional translator, so that the historical testimony becomes reactivated through a contemporary voice and body. ES

***The Trial*, 2010–2012**
Filmstills aus Super-8-Film / Film stills from Super 8 film

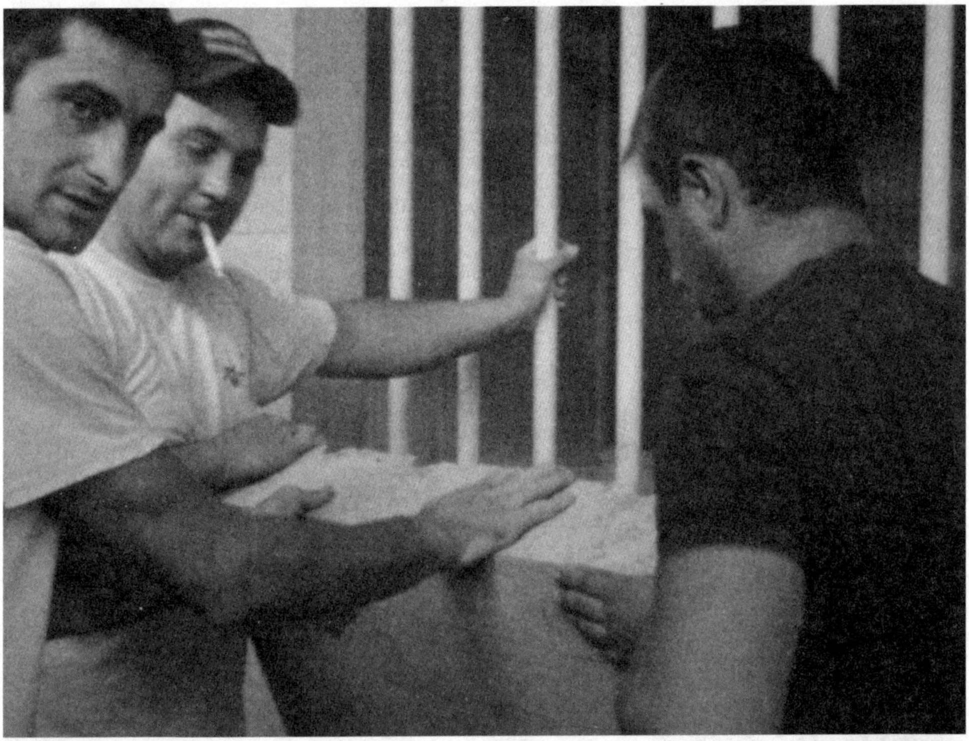

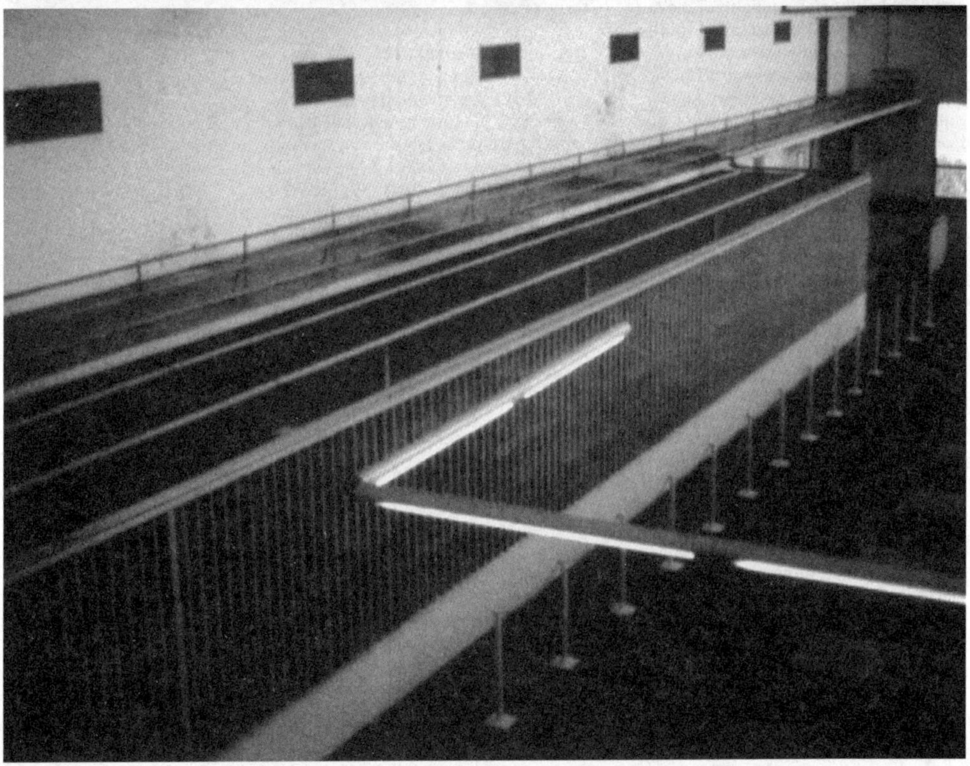

Andrea Büttner

geb. / b. 1972 in Stuttgart
lebt / lives in London und / and Frankfurt/Main

Im Zentrum von Andrea Büttners Werk steht die Kunst der Druckgrafik. Ihr ganz besonderes Verständnis dieser Sprache, die sich durch Bilder, Farben und vor allem durch Oberflächen ausdrückt, erlaubt es ihr, sich auch andere Medien zu eigen zu machen. In ihren sorgfältig konstruierten Installationen trifft man nicht selten auf Fotografien, mit Stoffen bezogene Oberflächen, Arbeiten aus Glas oder sogar Moos. Drucke jedoch sind das Medium, in dem sich ihr Denken abspielt.

Büttners Werke kreisen um eine einfache Frage: Was lässt das menschliche Leben überflüssig erscheinen, was lässt die Menschen für seinen Wert unempfindlich werden? Diese Frage ist in ihrer universellen Dimension kaum zu erfassen, weshalb die Künstlerin sich ihr in ihren Werken in bescheideneren Formen nähert. Vor allem interessiert sie sich für religiöse Orden, die sich zu Armut und Kontemplation verpflichten. Die auf der dOCUMENTA (13) gezeigten Arbeiten beziehen sich auf ihre umfangreichen Recherchen zu einem bestimmten Orden, den 1939 von Magdeleine Hutin gegründeten Kleinen Schwestern Jesu. Das Leben der Ordensschwestern wird durch Gebet bestimmt, aber auch durch ihre Zugänglichkeit für andere; sie gründen Gemeinschaften an den ungewöhnlichsten Orten, etwa in einem Vergnügungspark in Ostia bei Rom, wo sie nicht nur den Besuchern begegnen, sondern auch einen Zufluchtsort für die Familien derer schaffen, die dort arbeiten.

In der Kunst wie im Leben bietet Einfachheit der Gesten wie der Sprache eine Möglichkeit, sich aufmerksam den Dingen zu widmen und unseren Blick auf das Vertraute zu schärfen, um uns so dem Unvertrauten näherzubringen. So können wir eine Beziehung zu Menschen aufbauen, die anders sind als wir selbst, aber auch zu Tieren oder sogar zu Moosen. Eine Untersuchung dieser Elemente erlaubt es Büttner, eine facettenreiche Kritik der Moderne und ihrer Grundlagen – der Vorstellungen von fortwährender Expansion, des Kapitalbegriffs, ihrer bürokratischen Rationalität und ihrer Blindheit für die immateriellen Eigenschaften von Menschen, Tieren und Pflanzen – zu entwerfen. Die einfache farbige Verkleidung der Wände in ihrer Installation verweist auf Arbeit und das Leben in Armut. Ein Video, das aus Bildern von Moosen besteht, fügt Farbe um Farbe aneinander, gestaltet Formen auf Oberflächen, wie Moos es in der Natur tut: Wenn die Luftfeuchtigkeit stimmt, überwächst es jede stabile Unterlage. An den Wänden hängen eine neue Serie von Drucken und ein Vorschlag, die Beispiele, die der Philosoph Immanuel Kant in seiner *Kritik der Urteilskraft* (1790) gibt, zu bebildern; dazu zeigt eine Diaschau Bilder aus dem Archiv der Kleinen Schwestern zu ihren Aktivitäten in Vergnügungsparks und Zirkussen. Die Spannung zwischen unbelebter Materie und den vielen Formen, in denen sie als Ausdruck des Lebens dienen kann, bildet den Kern von Büttners Kunst.

At the core of Andrea Büttner's work is the practice of printmaking. It is her very specific understanding of this language of producing image, color, and above all surface that allows her to explore other media as well. In her carefully constructed installations, it is not uncommon to encounter photography, surfaces covered by cloth, glass works, or even moss. Printing, however, is the medium where her thinking takes place.

Büttner is preoccupied with the simple question, what is it that renders human life superfluous or desensitizes people to its value? Since it is impossible to comprehend this question in its universal dimension, she attempts to address it through her work in more modest forms, particularly through her interest in religious orders dedicated to poverty and contemplation. The works presented at dOCUMENTA (13) originate in her extensive research into a particular order, the Little Sisters of Jesus, founded in 1939 by Magdeleine Hutin. The order is defined by prayer but also by being available to others through setting up communities in the most uncommon of places, like an amusement park in Ostia near Rome, not just to encounter those who visit the park but to create a refuge for the families who run it.

In art as in life, simplicity of gesture and of language provides a way to look attentively at things, enhancing methods of seeing the familiar and therefore helping us to get closer to the unfamiliar. In this way, we can relate to people different from ourselves, as well as to animals and even to moss. An examination of these elements allows Büttner to conceive of a multifaceted critique of modernity, based on its notions of expansionism and capital, on its bureaucratic rationality, and on its obliviousness to the immaterial properties of humans, animals, and plants. The simple colored paneling of the walls in her installation refers to labor and the condition of poverty. A video consisting of images of moss adds color to color and form to surface, as moss does in nature, covering any stable surface given the proper conditions of humidity. On the walls is a new series of prints and a proposal to provide an image for the examples described by the philosopher Immanuel Kant in his *Critique of Judgment* (1790), as well as a slide show from the archive of the Little Sisters, depicting their activities in amusement parks and circuses. The tension between inanimate matter and the many ways in which it can be used to express life lies at the heart of Büttner's art. CM

***Table*, 2010**
Holzschnitt auf Papier / Woodcut on paper
147 × 142 cm

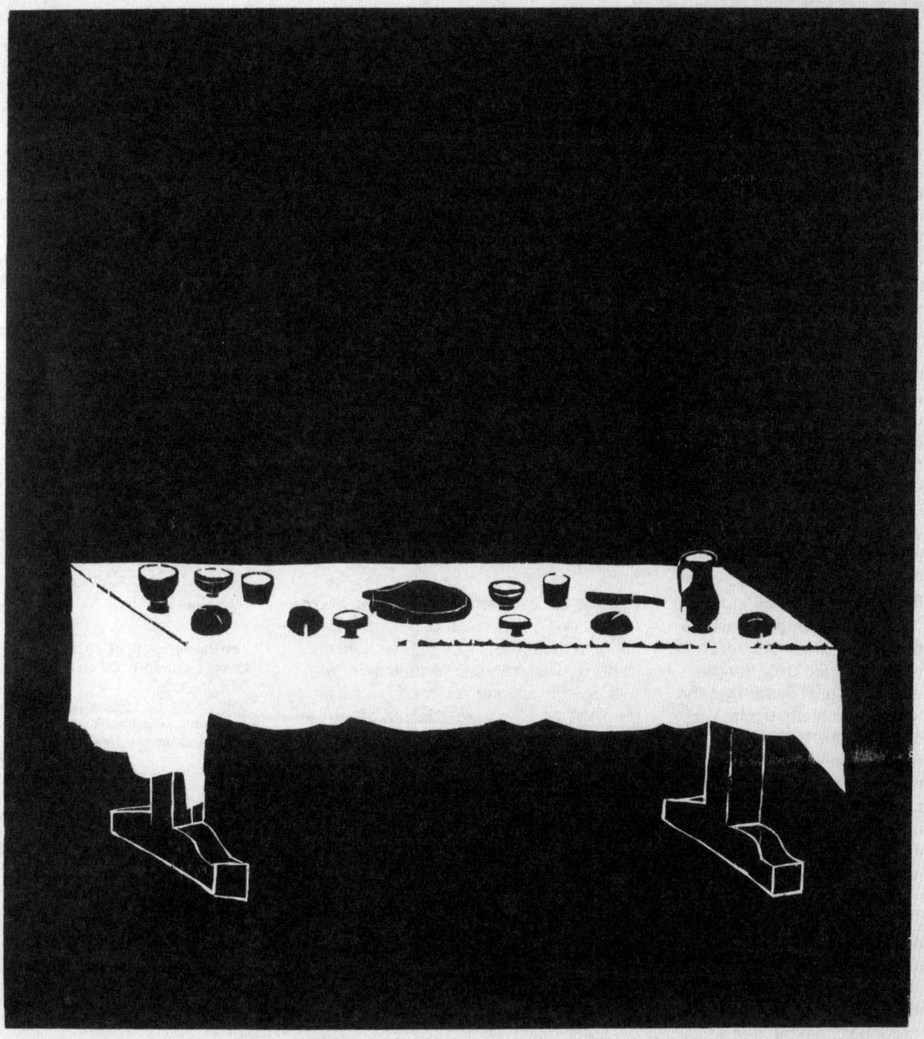

Emily Carr

geb. / b. 1871 in Victoria
(British Columbia, Kanada / Canada)
gest. / died 1945 in Victoria

Die Künstlerin und Schriftstellerin Emily Carr, eine Ikone der kanadischen Kunst, gehört zu einer Gruppe bahnbrechender Modernistinnen, die sich nicht an die typischen Kolonialerzählungen ihrer Zeit hielten. Sie studierte um die Wende des 19. zum 20. Jahrhundert in den Vereinigten Staaten, England und Frankreich. Es war zweifellos der Aufenthalt in Frankreich, der ihre Praxis am stärksten prägte, denn hier eignete sie sich eine radikalere und modernere Herangehensweise an das künstlerische Schaffen an. Zeit ihres Lebens bereiste Carr wiederholt die entlegenen Dörfer der amerikanischen Ureinwohner und ihre Stätten entlang der Pazifikküste im Nordwesten des Kontinents; sie ist berühmt für ihre zahlreichen Gemälde, die die uransässigen Kulturen der Region veranschaulichen und ihren Himmel, ihre Bäume und Wälder zeigen. Der zeitgenössische Künstler Jeff Wall, der in Vancouver zu Hause ist, hat Carr als die Gründungsfigur der modernen Kunst in der Gegend bezeichnet und als emblematische Vertreterin der Traditionen, in denen die Arbeiten der heutigen Künstler Vancouvers verwurzelt sind.

Während einer Alaskareise 1907 machte Carr eine Erfahrung, die ihr Leben tiefgreifend veränderte. Obwohl sie die damals übliche Auffassung der Kolonialherren teilte, dass die Ureinwohner der Westküste und ihre Kultur im Verschwinden begriffen seien, entschloss sich Carr, ihr Leben der Aufgabe zu widmen, die Lebensweisen und Dörfer dieser Menschen zu dokumentieren. Die Kritiker jedoch schenkten den so entstehenden Werken wenig Aufmerksamkeit; Carr bestritt ihren Lebensunterhalt in erster Linie durch den Betrieb einer Pension, die Hundezucht und den Verkauf von Teppichen und Töpferwaren mit Mustern, die sie sich von den Ureinwohnern angeeignet hatte, an Touristen. Erst 1927, nach Jahren der Nichtbeachtung, wurde eine beträchtliche Zahl ihrer Gemälde in der »Ausstellung kanadischer Kunst von der Westküste: Ureinwohner und Moderne« in der Kanadischen Nationalgalerie in Ottawa gezeigt. Die federführend von Marius Barbeau, einem am Nationalmuseum tätigen Ethnologen, gestaltete Ausstellung zeigte ihre Werke zum ersten Mal im Osten Kanadas; kurz darauf nahm Carrs Laufbahn als Malerin einen neuen Aufschwung.

Nach ihrer Rückkehr nach Victoria reiste Carr erneut entlang der Küste von British Columbia nach Norden, um sich mit neuem Interesse und frischer Kraft in ihre früheren Themen zu vertiefen. Gemälde wie *Totem Mother*, *Kitwancool*, *Kitwancool Totems*, *Skidegate* (alle 1928) und *The Raven* (ca. 1928–1929) sind beispielhafte Werke aus dieser Zeit. Die kühnen Kompositionen zeigen die Totempfähle der First Nations als stilisierte, monumentale und unheimliche Formen, die den Betrachter mitunter erschrecken. Ab 1931 wandte sich Carr beinahe ausschließlich Naturthemen zu wie dem Himmel über der Küste und den herrlichen Bäumen und Wäldern British Columbias. *Inside a Forest II* (1929–1930), *Tree Trunk* (1931) und *Forest, British Columbia* (1931–1932) stehen für diese Richtung. Carrs einzigartige malerische Vision der Kultur der Ureinwohner und der Natur des pazifischen Nordwestens ist von bis heute unerreichter Komplexität.

The iconic Canadian artist and writer Emily Carr is one of a number of pioneering women modernists who did not adhere to the typical colonialist narratives of the era. She studied in the United States, England, and France at the turn of the century. The latter undoubtedly had the most influence on her practice, for it was in France that she assimilated a more radical and modern approach to making art. During her lifetime, Carr repeatedly traveled to remote native villages and sites along the Pacific Northwest Coast and is renowned for her prolific output of paintings depicting the indigenous cultures, skies, trees, and forests of this place. The Vancouver-based contemporary artist Jeff Wall has referred to Carr as the originary figure of modern art in the region and an emblematic representative of the traditions in which contemporary Vancouver artists work.

While on a trip to Alaska in 1907, Carr had an epiphany. Despite thinking that the indigenous people of the West Coast and their culture were on the verge of disappearing, as was consistent with colonial beliefs at the time, Carr decided to devote her life to recording the lives and villages of these people. However, she received little critical attention for this body of work and supported herself mainly by taking in lodgers, breeding dogs, and making rugs and ceramics decorated with appropriated Native designs for the tourist trade. In 1927, after years of neglect, a significant number of Carr's paintings were included in the "Exhibition of Canadian West Coast Art: Native and Modern," at the National Gallery of Canada, Ottawa. Primarily organized by Marius Barbeau, an ethnologist at the National Museum, this was the first exhibition of her work in Eastern Canada, and shortly thereafter Carr's painting career was revived.

Once she returned home to Victoria, Carr again traveled up the coast of British Columbia and delved into her earlier subjects with renewed interest and energy. Paintings such as *Totem Mother*, *Kitwancool*, *Kitwancool Totems*, *Skidegate* (all 1928), and *The Raven* (c. 1928–29) are exemplary works of the period. These compositions boldly present the First Nations' totem poles as stylized, monumental, and uncanny forms that at times shock the viewer. By 1931, Carr had almost exclusively turned to the coastal sky and magnificent trees and forests of British Columbia for her subject matter. *Inside a Forest II* (1929–30), *Tree Trunk* (1931), and *Forest, British Columbia* (1931–32) are representative of this direction. Carr's unique painterly vision of the indigenous culture and nature of the Pacific Northwest Coast remains unrivaled and highly complex. KS

***The Raven*, ca. 1928–1929**
Öl auf Leinwand / Oil on canvas
61 × 45.7 cm
Sammlung der / Collection of the Vancouver Art Gallery; Geschenk von / gift of Dr. Abraham und / and Naomi Greenberg

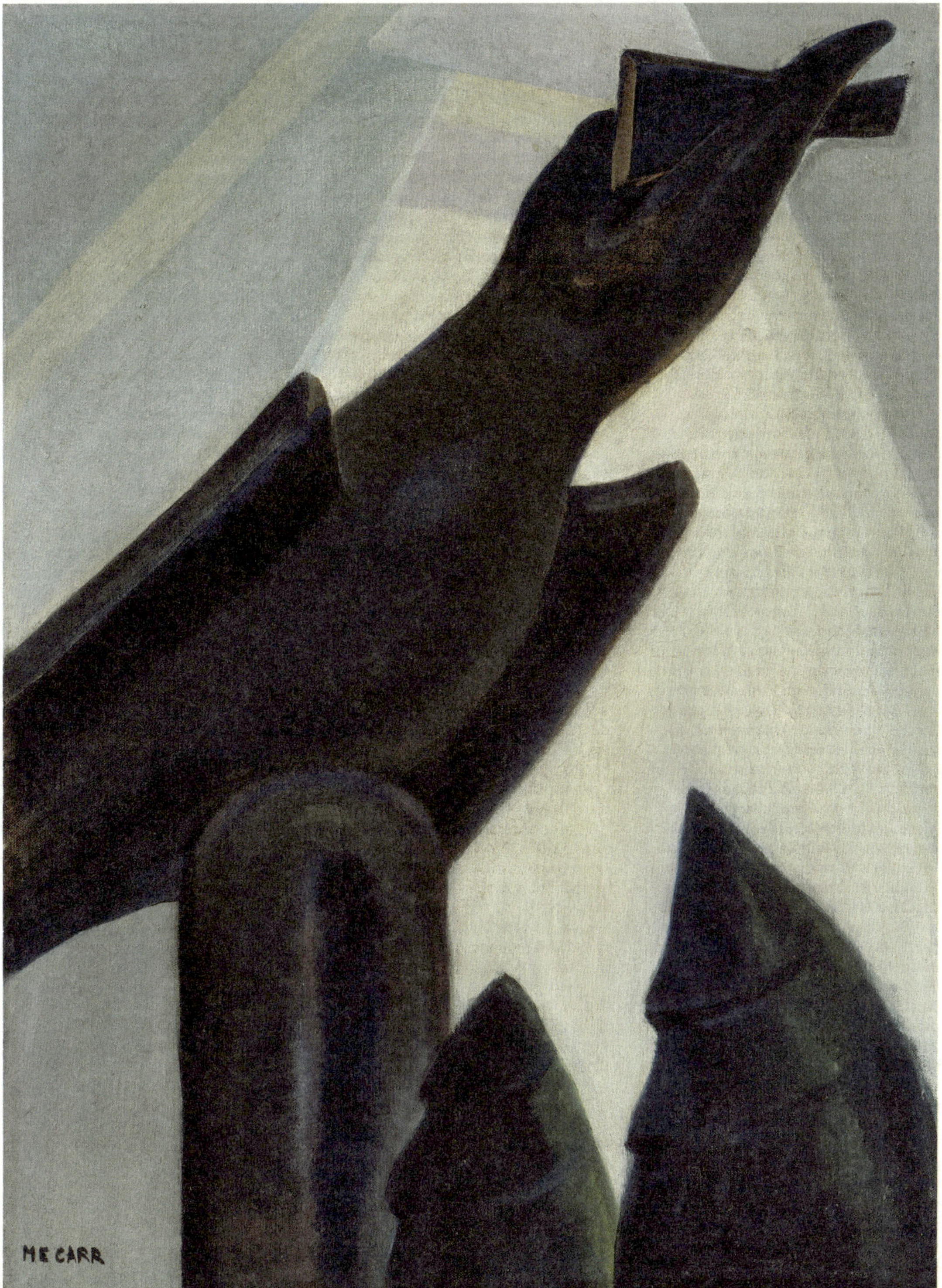
M E CARR

Geoffrey Farmer

geb. / b. 1967 in Vancouver
lebt / lives in Vancouver

Geoffrey Farmer ist mit erzählend-theatralischen Arbeiten, für die er mechanische Aufführungen mit sich stetig verändernden Licht- und Klangverhältnissen inszeniert, und mit plastischen Collagen und Tableaus aus Bildern aus verschiedenen Bildbänden und Magazinen international bekannt geworden. Doch sein Werk erstreckt sich über viele Felder, darunter Zeichnung, Video, Fotografie, Installation, Skulptur und Performance.

***Leaves of Grass* (2012), die auf der dOCUMENTA (13) gezeigte Arbeit, besteht aus Hunderten von Schattenspielpuppen aus Fotos, die der Künstler aus der klassischen amerikanischen Nachrichtenillustrierten *Life* ausgeschnitten hat. Die Bilder stammen aus fünfzig Jahrgängen des Magazins, von 1935 bis 1985, einer Zeit, in der Millionen von Amerikanern ihre Sicht der Welt aus *Life* bezogen. Farmer führt dieses mittlerweile obsolete Nachrichtenformat – Michael Morris und Vincent Trazov von der Image Bank in Vancouver stellten ihm eine Sammlung von Ausgaben von *Life* zur Verfügung – durch Fotomontage, eine Technik, die viel Handarbeit verlangt, einem neuen Zweck zu. Wie der Titel bereits andeutet, verflüchtigt die Arbeit Zeit (das fotografische Archiv des 20. Jahrhunderts) wie Raum (durch die dreidimensionale und plastische Aktivierung der Collage).**

***Leaves of Grass* ist der letzte Teil einer Trilogie von Arbeiten, zu der auch *The Last Two Million Years* (2007) und *The Surgeon and the Photographer* (2009) gehören. Für *The Last Two Million Years* zerschnitt Farmer eine Ausgabe von *Reader's Digest* mit demselben Titel aus den 1970er Jahren und führte die zweidimensionalen Bilder (Zeichnungen und Fotos) dieser weitgespannten Geschichte in eine neue dreidimensionale Welt ein, die aus einer Serie verschieden großer, vielgestaltiger Sockel bestand. Figuren und Objekte aus unterschiedlichen Kulturen und Zeiten wurden so zusammen in einem improvisierten Universalmuseum im Miniaturformat gezeigt. Während *The Last Two Million Years* ausgestellt wurde, machte Farmer in einer begleitenden, stetiger Veränderung unterworfenen Broschüre Bemerkungen zu der Vormachtstellung, die die Fotografie in der Geschichtsschreibung durch ihre Rolle als unverzichtbares Hilfsmittel errungen hat. Auch *The Surgeon and the Photographer* besteht aus Puppen – hier sind es über 300 –, deren Stoffkörper mit Accessoires wie Tieren, Hüten und einem Weinglas ausstaffiert sind, die der Künstler unter Verwendung von aus Büchern und Magazinen ausgeschnittenen Fotos gebastelt hat. Farmer setzt diese Bausteine unserer fotografisch vermittelten Welt ein, um ein Theater für eine neue Zeit zu erfinden, dessen Bühnengestalten sich in die fotografische Hülle der alten gekleidet haben.**

Farmers einprägsame Arbeiten werden niemals oder nur selten zweimal in genau derselben Form gezeigt. Jede Ausstellung, jedes Hauptwerk ist ein temporäres Ereignis, eine Theatervorstellung, die für einen bestimmten Augenblick und einen bestimmten Ort konzipiert ist; in dieser Methodik liegt eine Form des Widerstands und der Gesellschaftskritik beschlossen. Farmers so intuitive wie recherchebasierte und prozessorientierte Herangehensweise speist sich aus der Erzählkunst, Träumen, der Populärkultur, der Literatur und dem Theater.

Geoffrey Farmer has gained an international reputation for his theatrical narrative works involving staged mechanical plays that combine light and sound in continual flux and for his sculptural collages and tableaux made up of images taken from a variety of illustrated books and journals. Yet his work spans many fields, including drawing, video, photography, installation, sculpture, and performance.

Leaves of Grass (2012), the work on display at dOCUMENTA (13), consists of hundreds of shadow puppets that have been fabricated from photographs cut out from *Life*, the classic American illustrated news magazine. These images are drawn from five decades of the journal's existence, from 1935 to 1985, when millions of Americans relied on *Life* for their view of the world. Farmer repurposes this obsolete news format—making use of a collection of magazines given to him by Michael Morris and Vincent Trazov of Vancouver's Image Bank—via the manually intensive technique of photomontage. As his title suggests, both time (the photographic archive of the twentieth century) and space (with the three-dimensional, sculptural activation of collage) are volatilized in this work.

Leaves of Grass is the final part in a trilogy of works including *The Last Two Million Years* (2007) and *The Surgeon and the Photographer* (2009). In *The Last Two Million Years*, Farmer cut up a *Reader's Digest* book of the same title from the 1970s and re-introduced the two-dimensional images (drawings and photographs) of this overarching history into a three-dimensional world made up of a series of differently shaped and sized pedestals. Figures and objects from various cultures and times were displayed together in this miniature mash-up museum. During the exhibition of *The Last Two Million Years*, Farmer commented in an accompanying and constantly mutating pamphlet on the dominance of and reliance on photography in the writing of history. Similarly, *The Surgeon and the Photographer* consists of more than three hundred puppets whose fabric torsos are adorned with accoutrements—animals, hats, a glass of wine—constructed from fragments of photographs cut out of books and magazines. Farmer uses these elements of our photographically mediated world to invent a theater for this new age whose cast is costumed in the photographic skin of the old.

Farmer's memorable works are rarely, if ever, exhibited the same way twice. Each exhibition or major work is a temporal event, a theatrical performance intended for a particular time and place; embedded within this methodology is a form of resistance and social commentary. Farmer's process-oriented approach, which is both intuitive and research-based, is drawn from storytelling, dreams, popular culture, literature, and theater. KS

Der Lehrer erzeugt Silhouetten, indem er das Modell mit einem steifen Draht schnell hinter der Schattenwand bewegt. / Instructor makes silhouettes by moving model quickly across shadowgraph screen with a stiff wire. Bildausschnitt aus dem Magazin / Image detail from the magazine *Life*, Mai / May 1944

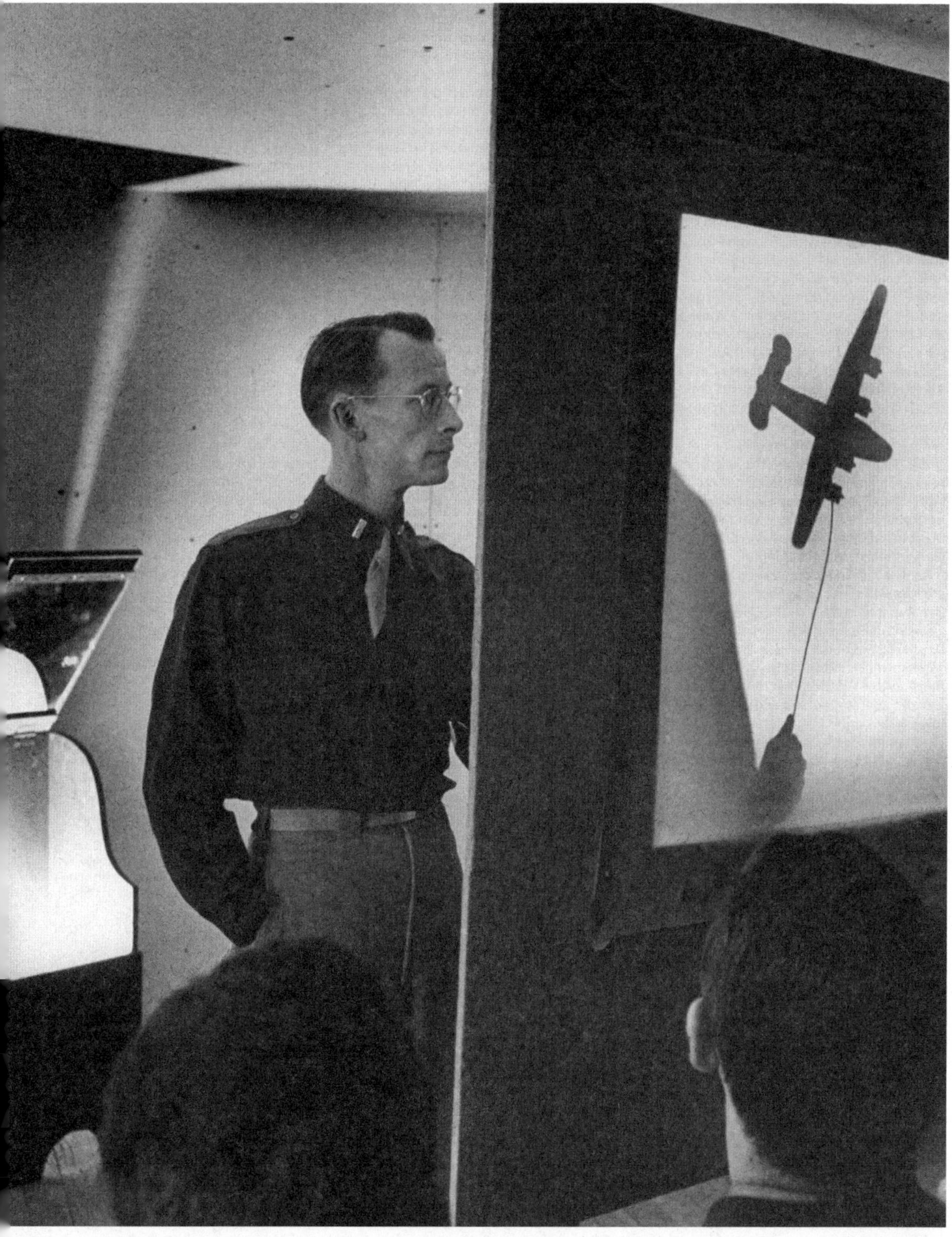

Susan Hiller

geb. / b. 1940 in den USA / in the U.S.
lebt / lives in London

Susan Hillers Klanginstallation *Die Gedanken sind frei** ist ein Soundtrack für die 100 Tage der dOCUMENTA (13). Ihre private Sammlung von 100 volkstümlichen Liedern will bei ihrem Publikum an das gesellschaftshistorische Bewusstsein rühren. Die Lieder sind Ausdrucksformen, die von ihrer Vergangenheit heimgesucht werden. Angelegt als öffentliches Forum in Gestalt eines ruhelosen und unvollständigen Archivs, das sich strategisch den anhaltenden Revisionen entgegenstellt, die die Gesellschaft an ihrer jüngsten Geschichte vornimmt, lädt die Arbeit zu Erinnerungsakten ein, die die Kraft haben, uns in der Gegenwart zuinnerst zu berühren. Als zugängliche und interaktive Arbeit stützt sich *Die Gedanken sind frei* auf die Vertrautheit und die allgemeine Verfügbarkeit des Materials, um eine Ethik des Gedächtnisses vorzuschlagen.

In den frühen 1970er Jahren beschloss Hiller, mit scheinbar unwichtigen Materialien zu arbeiten, die sie als »kulturelle Artefakte« beschreibt. Daraus ist ein bedeutendes Œuvre erwachsen aus eindringlichen Werken, die das Publikum einbeziehen und zu Zeugen der Leerstellen und Widersprüche in unserem kollektiven kulturellen Leben machen. Hillers Arbeiten bieten Strukturen an, die Zonen der Instabilität eröffnen, in denen feste Bedeutungen sich auflösen und wir unmittelbar und aktiv in die Bildung unverbrauchter Bedeutungen einbezogen werden, die durch die Arbeit und die Erfahrung, die wir an ihr machen, zutage treten. Hiller schreibt:

»Menschliche Stimmen sind die Ausgangspunkte in mehreren meiner Arbeiten, etwa *Monument* (1980–1981), *Witness* (2000) und *The Last Silent Movie* (2007). Ich interessiere mich für die uneingestandene und unheimliche Geisterhaftigkeit aufgezeichneter Klänge, die keinen Unterschied macht zwischen den Stimmen von Menschen, die lange tot sind, und denen der Lebenden. In *Die Gedanken sind frei* stellen sich Stimmen toter Sänger und Stimmen lebender Sänger als technologische Geister dar, die für eine begrenzte Zeit in einer heterogenen Sammlung von Volksliedern in einer Reihe von Sprachen erfasst sind. Indem sie 100 verschiedene Blickwinkel kritisieren, um sie trauern, sie feiern, verspotten und erzählen, stehen die Lieder evokativ für die oft unausgedrückten und ungehörten Ansichten und Erfahrungen vieler Menschen, vom Bauernkrieg bis zu den jüngsten Revolutionen in Tunesien, Ägypten und Libyen, von den Suffragetten bis zu den Partisanen des Zweiten Weltkriegs, vom Aufstand im Warschauer Ghetto bis zur amerikanischen Bürgerrechtsbewegung. Jedes Lied, das jemand auswählt, um es selbst zu hören und andere es hören zu lassen, hat das Potenzial, unerwartete Echos wachzurufen; jede Folge von Liedern, die während der dOCUMENTA (13) gewählt werden, deutet ein neues Netz von Beziehungen an, das die herkömmliche historische Chronologie durchbricht. Die verschiedenen Reaktionen und Stellungnahmen der Zuhörer stehen im Mittelpunkt der Arbeit. Ich habe diese Arbeit gemacht, damit ich mich anschließend selbst unter das Publikum begeben und all die Positionen, die sie anbietet, erleben kann.«

* »Die Gedanken sind frei« ist ein deutsches Lied, das gegen politische Unterdrückung protestiert und die Freiheit der Gedanken und damit implizit auch die Gewissensfreiheit feiert. Niedergeschrieben wurde es vielleicht während des Deutschen Bauernkriegs 1524–1526; nach den 1848er Revolutionen wurde es in weiten Teilen Europas gesungen und schließlich verboten. Auch Hitler verbot das Lied; so besaß es besondere Bedeutung für die Weiße Rose und andere Widerstandsbewegungen gegen die Nazis. Im 19. Jahrhundert brachten deutsche Einwanderer es in die USA mit, wo es weithin bekannt wurde.

Susan Hiller's audio installation *Die Gedanken sind frei** is a soundtrack for the 100 days of dOCUMENTA (13). Her personal collection of 100 popular songs searches for a social-historical consciousness in its audience. The songs are utterances haunted by their past. Constituted in a public forum as a restless and incomplete archive that strategically opposes society's constant revision of its recent history, the work invites acts of recollection that have the power to affect us deeply in the present. Accessible and interactive, *Die Gedanken sind frei* relies on familiarity and ubiquity to propose an ethics of memory.

Hiller's decision in the early 1970s to work with seemingly unimportant materials that she describes as "cultural artifacts" has produced a significant body of powerful works that involve audiences as witnesses to the lacunae and contradictions in our collective cultural life. Her works provide structures that open up areas of instability, where fixed meanings are dissolved and where we are directly implicated as agents in the emergence of fresh meanings that surface through the work and our experience of it. She writes:

"Human voices are the starting points for a number of my works, such as *Monument* (1980/81), *Witness* (2000), and *The Last Silent Movie* (2007). I'm interested in the unacknowledged, uncanny ghostliness of recorded sound that makes no distinction between the voices of people long dead and those of the living. In *Die Gedanken sind frei*, voices of dead singers and voices of living singers present themselves as technological ghosts, temporarily captured in a heterogeneous collection of popular songs in a range of languages. Criticizing, commemorating, mourning, celebrating, mocking, and narrating 100 different points of view, the songs represent and evoke the often unformulated and unheard opinions and experiences of many people, from the Peasants' Revolt to the recent revolutions in Tunisia, Egypt, and Libya, from the Suffragettes to the partisans of World War II, from the Warsaw Ghetto Uprising to the American civil rights movement. Each song that someone selects to hear and to be heard has the potential to reveal unexpected resonances; each sequence of songs selected during dOCUMENTA (13) will suggest a new set of relationships disrupting conventional historical chronology. The various responses and positions of audience members are the work's focus. I made this work so that, in turn, I could become part of its audience and experience all the positions that the work offers." SH

* "Die Gedanken sind frei" ("Thoughts Are Free") is a German song protesting against political repression, celebrating freedom of thought and by implication, freedom of conscience. Perhaps first written down during the Peasants' Revolt of 1524–26, it was widely sung throughout Europe in the aftermath of the revolutions of 1848 and eventually prohibited. Hitler also banned it, and the song acquired particular significance for the White Rose and other anti-Nazi movements. In the nineteenth century, German immigrants carried it to the U.S., where it became well known.

Die Gedanken sind frei: 100 songs for the 100 days of dOCUMENTA (13), 2011–2012
Interaktive Audio-Skulptur, verstreut über fünf Orte; Song-Etiketten aus einer von fünf Jukeboxes / Interactive audio sculpture dispersed on five sites; song labels from one of the five jukeboxes

Matilda	A Las Barricadas	AIM Song	Arbetslozer Marsh	Bella Ci
all Grow	Bourgeois Blues	Born Here	Bread and Roses	Tis Disk
s Down	Chain Gang	Civil War	Clampdown	She Works
Inside	I'm a Common Man	Corruption	The Dead Heart	Diamonds
e Joanna	Dollar Day	Equal Rights	The Eton Rifles	Die Gedan
Soldiers	Ezay?	Fight the Power	Fortunate Son	Brother C
e Queen	Gelem Gelem	Eve of Destruction	Himno Zapatista	El Pueblo
Mai Piu	Get Up Stand Up	I Am a Patriot	Immigraniada	Esta Tier
n Mutter	Justice	Ladies First	Le Bucheron	Give Peace
e You On?	Le Deserteur	Mis-Shapes	Cuatro Generales	Ich Hab K
udiantes	Makeshift Patriot	Nation once Again	Oh, Freedom	Only a Pa
Televised	Parisien du Nord	Parva Que Sou	Patriot Game	Rais Lebl
'm Proud	Rebel Girl	Red Wine	The Road to Peace	Shtil Di N
aa Hena	Treaty Now	Tunis Hurra	Strange Fruit	Three Cho
e Green	Unadikum	Vande Mataram	Warszawianka	We Shall (
e Rainbow	Zog Nit Keynol	What's Goin' On	Universal Soldier	Water No G

Sanja Iveković

geb. / b. 1949 in Zagreb
lebt / lives in Zagreb

Sanja Ivekovićs *Poppy Field* (2007) ist besonders vielen Besuchern der documenta 12 in Erinnerung geblieben. Die vorübergehende Verwandlung des Kasseler Friedrichsplatzes in ein quadratisches rotes Blütenmeer eröffnete über seine trügerische Schönheit hinaus ein dichtes Feld von Referenzen – von der Blume des Schlafes, des Todes und des Vergessens in der antiken Mythologie bis hin zu den Kriegen, die sich am Mohnanbau in Afghanistan entzündeten. Begleitet von revolutionären Liedern, die afghanische und kroatische Frauen sangen, hinterfragte die Mohnpflanzung auf dem Friedrichsplatz – die auch an die Farbe von Blut wie die der kommunistischen Fahne denken ließ – darüber hinaus auf subtile Weise die Geschichte dieses Platzes, vom Zeitalter der Aufklärung über den Nationalsozialismus bis hin zu den (mehr oder minder dauerhaften) Kunstwerken der documenta.

Iveković machte sich als Künstlerin in den frühen 1970er Jahren einen Namen, als Künstler aus den offiziellen institutionellen Zusammenhängen ausbrachen und die Grundlagen für eine neue kritische Praxis schufen. Als Mitglied der Generation der *Nova umjetnička praksa* (Neue Kunstpraxis) schuf Iveković Werke von interkultureller Resonanz, die von konzeptuellen Fotomontagen bis hin zu Videos und Performances reichten. Als erste kroatische Künstlerin, die sich selbst als Feministin beschrieb, konzentriert sie sich in vielen ihrer Arbeiten auf die Platzierung von Frauen in der Gesellschaft.

Für ihre Projekte für die dOCUMENTA (13) ließ sie sich von zwei historischen Dokumenten anregen. Das eine fand sich in den Archiven der Gedenkstätte für das »Arbeitserziehungs«- und Konzentrationslager im ehemaligen Kloster Breitenau bei Kassel, wo Tausende Zwangsarbeiter, viele von ihnen aus Osteuropa, zwischen 1940 und 1945 gefangen gehalten wurden. Eine bürokratische Aufstellung nennt den Grund der Inhaftierung – in der Mehrzahl der Fälle lautete er »arbeitsscheu«. Für *The Disobedient (Reasons for Imprisonment)* (2012) wird eine Auswahl dieser »Gründe« auf Poster gedruckt, die an öffentlichen Orten in ganz Kassel aufgehängt werden. Sie sollen an den Einsatz von Zwangsarbeit erinnern, der im nationalsozialistischen Deutschland und unter der deutschen Besatzung in ganz Europa während des Zweiten Weltkriegs zuvor ungekannte Ausmaße erreichte, und diese Vergangenheit zugleich in den Kontext der vorherrschenden Diskurse des heutigen neoliberalen Kapitalismus stellen, der ein System auf der Grundlage neuer Formen von Ausbeutung und eines nie endenden Produktionsdrucks geschaffen hat.

Ein Pressefoto, das im April 1933 in der *Hessischen Volkswacht* erschien, inspirierte Iveković zum zweiten Teil der Arbeit, *The Disobedient (The Revolutionaries)*. Das Bild zeigt einen Nazioffizier und einen von Stacheldraht umgebenen Esel vor einer Menschenmenge auf dem Kasseler Opernplatz schräg gegenüber vom Friedrichsplatz. Das symbolische »Konzentrationslager für widerspenstige Staatsbürger« wurde als Warnung errichtet, nicht bei Juden zu kaufen. Ivekovićs Installation in der Neuen Galerie stellt Vitrinen voller Spielzeugesel – der Esel ist das symbolische »Lasttier« – aus Privatsammlungen (ein Exemplar stammt aus der Zeit des Ersten Weltkriegs) neben die Namen von Menschen, die im nationalsozialistischen Deutschland und anderswo im 20. und 21. Jahrhundert Widerstand gegen Ungerechtigkeit und Unterdrückung geleistet haben.

Sanja Iveković's *Poppy Field* (2007) is one of the best-remembered artworks of documenta 12. The temporary transformation of Friedrichsplatz into a blooming red square opened up a dense field of references beyond its deceptive beauty, ranging from the flower of sleep, death, and forgetting in ancient mythology to the drug wars ignited by poppy agriculture in Afghanistan. Accompanied by revolutionary songs performed by Afghan and Croatian women, the poppy plantation on Friedrichsplatz—evoking the color of blood as well as the Communist flag—also subversively interrogated the history of that square from the time of the Enlightenment through the Nazi period to the (permanent and less permanent) artworks of documenta.

Iveković emerged as an artist in the early 1970s, when artists broke free from official institutional settings, laying the groundwork for a new critical praxis. A member of the *Nova umjetnička praksa* (New Art Practice) generation, Iveković produced works of cross-cultural resonance that range from conceptual photomontages to videos and performances. The first in Croatia to label herself a feminist artist, she has focused much of her work on the place of women in society.

Her projects for dOCUMENTA (13) were inspired by two historic documents. One was found in the archive of the memorial commemorating the "work-education" and concentration camp in the former monastery Breitenau near Kassel, where thousands of forced laborers, many Eastern European, were detained between 1940 and 1945. A bureaucratic paper lists the reasons for imprisonment—the most common being the resistance to work. *The Disobedient (Reasons for Imprisonment)* (2012) is a selection of these "reasons" printed on posters placed in public places throughout Kassel, memoralizing the use of forced labor that took place on an unprecedented scale in Nazi Germany and throughout German-occupied Europe during World War II, and contextualizing the past with the dominant discourses of today's neoliberal capitalism, which has created a system based on new forms of exploitation and the endless pressure of production.

A press photograph published in the *Hessische Volkswacht* in April 1933 inspired the second part, *The Disobedient (The Revolutionaries)*. The photo shows a Nazi officer and a donkey—fenced in with barbed wire—in front of a crowd on Kassel's Opernplatz, across the street from Friedrichsplatz. The symbolic "concentration camp for stubborn citizens" was erected as a warning not to buy from Jews. Iveković's installation in the Neue Galerie juxtaposes display cases filled with toy donkeys—the donkey being the symbol of the "beast of burden"—from private collections, one exemplar dating back to the time of World War I, with names of individuals who have resisted injustice and oppression in Nazi Germany and elsewhere in the twentieth and twenty-first centuries. ES

Fotografie aus der Installation / Photograph from the installation *The Disobedient (The Revolutionaries)*, 2012 (Detail / detail)

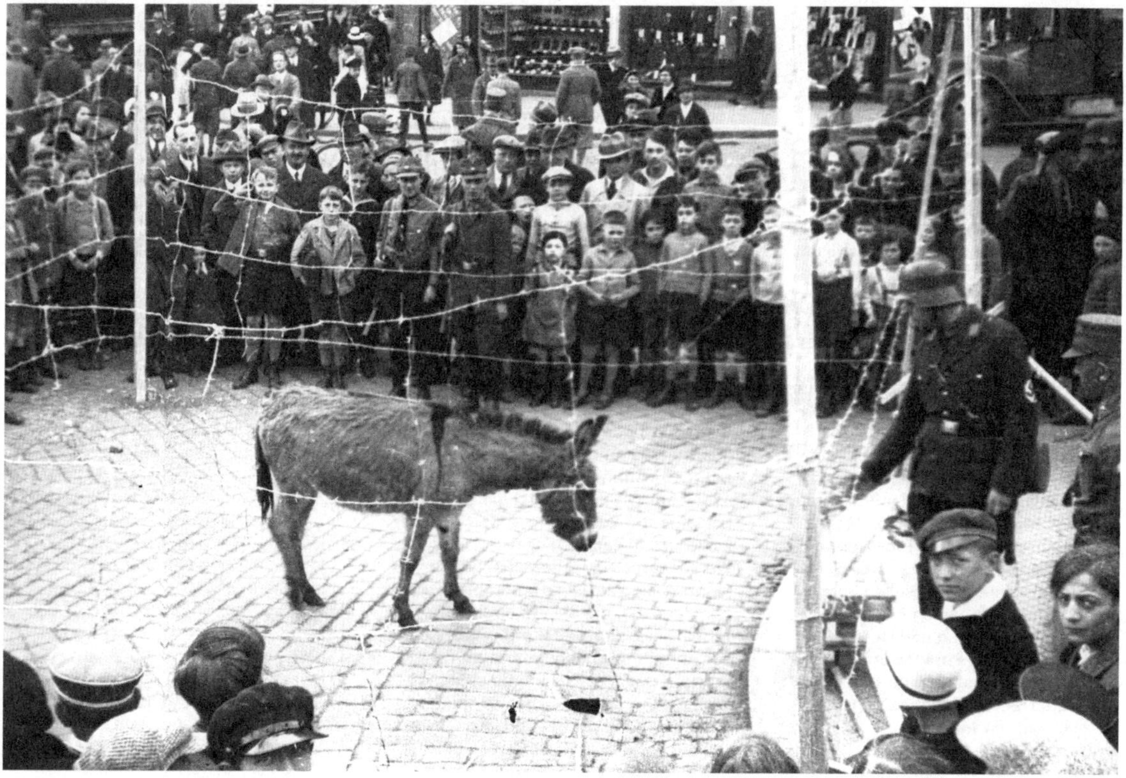

Hassan Khan

Ägypter / Egyptian, geb. / b. 1975
in London
lebt / lives in Kairo / Cairo

Hassan Khans Werk bietet sich einer offenen Begegnung mit dem Publikum durch minuziöse Auseinandersetzung mit Formen und Prozessen dar. Bei der Arbeit in einem interdisziplinären Format, in erster Linie mit Sound und Video, aber auch in Schriften, Performances, Plastiken, Installationen und Fotografien, bedient sich der Künstler einer konzeptuellen und formalen und zugleich persönlichen und emotionalen Herangehensweise. Mit seinen Untersuchungen kultureller Phänomene und der Angewohnheiten von Menschen, Orten und sogar Dingen ist er auf der Suche nach einer Logik des Gefühls, die sich mit einer universellen Sprache verbindet. In seinen Arbeiten geht es um Verständigung und Gesten, um Konzepte von Sprache und Kunst – wobei Kunst selbst als eine vom verwendeten Medium unabhängige Sprache verstanden wird.

In Werken wie *17 and in AUC* (2003), für die der Künstler sich in einem in einer Richtung schalldichten Zimmer abschottete, um über seine Studentenjahre an der American University in Cairo nachzudenken, *Conspiracy* (2005), wo zwei Schauspieler, deren Rollen den Besuchern eines beliebten Cafés nachempfunden sind, dieselbe Unterhaltung sechsmal in wechselnder Reihenfolge führen, und *Jewel* (2010), einer einzelnen durchgängigen Einstellung, die die Begegnung zweier Kairoer Männer in einem von Shaabi-Musik (die der Künstler selbst komponiert hat) begleiteten choreografierten Duett in einem eigens dafür gebauten Raum zeigt, setzt Khan die gemeinsame Alltagskultur selbst als Medium ein.

***Blind Ambition* (2012), Khans neuer Film für die dOCUMENTA (13), spielt im Laufe eines Tages in den Straßen von Kairo. Die Arbeit versucht, die Emotionen, die unter der Oberfläche des Gemeinschaftslebens brodeln, herauszukristallisieren, indem sie täglichen Gesten nachspürt, Orte betritt, Details berührt. Obwohl die Szenen an lärmerfüllten öffentlichen Plätzen stattfinden, ist der Film stumm, mit Ausnahme der kurzen Momente, in denen die Personen (es handelt sich um Schauspieler) sprechen. Aber nicht die Person, die wir auf der Leinwand sehen, spricht; die Stimme ist nachsynchronisiert, passgenau von einem anderen Schauspieler eingesprochen. Das Geheimnis der Arbeit liegt in dem subtilen Abstand, der selbst bei perfekter Synchronisierung die dargebotene Stimme vom darbietenden Körper trennt. Indem er zwei Schauspieler dieselbe Figur bewohnen lässt, sucht Khan nach der verborgenen Differenz zwischen dem Inhalt der Stimme und dem Körper. »Mein Ziel ist es, ein Porträt von Ichs zu schaffen, die von einer zerbrechlichen Absicht (die hochfliegt und abstürzt) zusammengehalten werden und die in der kollektiven Fantasie aufgehoben sind, die sie alle hergestellt haben.«**

In jüngerer Zeit hat Khan auch Skulpturen aus Materialien geschaffen, die man zumeist mit dekorativer Inneneinrichtung verbindet. *The Knot* (2012), eine Arbeit aus Glas, übersetzt die Einfachheit einer funktionalen Handlung in ein Lehrstück in Sachen Form und Medium. Werke, deren Hauptgegenstand der Mensch ist, werden zu anderen in Beziehung gesetzt, die eher abstrakt und formal sind, dabei aber indirekt auf diesen Kern menschlicher Begegnung verweisen. In der Zusammenstellung wirft jede Herangehensweise ein Schlaglicht auf die besonderen Qualitäten der anderen und schärft so die Verbindungen zwischen der Kunst und unserer eigenen Erfahrung.

Hassan Khan's work proposes an open encounter with the public through a meticulous engagement with form and process. Working in an interdisciplinary format, mostly with sound and video but also in writing, performance, sculpture, installation, and photography, the artist employs an approach that is simultaneously conceptual and formal, personal and emotional. In examining cultural phenomena and the habits of people, places, and even objects, he has been looking for an emotional logic connected to a universal language. His works are concerned with communication and gestures, with concepts of language and art—understanding art itself as a language independent of the medium used.

In works like *17 and in AUC* (2003), where the artist isolated himself in a one-way soundproofed room to meditate on his undergraduate years at the American University in Cairo, *Conspiracy* (2005), where two actors based on the visitors to a popular café repeat the same conversation six times but in a different order, and *Jewel* (2010), a single continuous shot of two Cairene men encountering each other in a choreographed duet set to shaabi music (composed by the artist) in a custom-built room, Khan takes the collective culture as a medium in itself.

Blind Ambition (2012), Khan's new film for dOCUMENTA (13), takes place over the span of a day in the streets of Cairo. It attempts to "crystallize" the emotional conditions seething under the surface of collective existence, following daily gestures, entering places, touching details. Although taking place in noisy public locations, the film is silent, except for the moments when the subjects (who are in fact actors) speak. But it is not the person we see on-screen who is speaking. The voice is dubbed, spoken seamlessly by another actor. The work's secret lies in the subtle gap that exists between the performed voice and the performing body, even if they are in perfect synchronization. With two actors inhabiting one persona, Khan seeks out the hidden disparity between the content of the voice and the body. "I aim at a portrait of selves held together by a fragile intent (that soars and falls), and embraced by the collective fantasy they have all produced."

Recently, Khan has also been producing sculptures using material mostly associated with domestic decorative objects. *The Knot* (2012), made of glass, translates the simplicity of a functional act into a lesson about form and medium. Works that take the human being as their main subject are placed in relation to works that seem more abstract and formal but that refer obliquely to this core of human engagement. When brought together, each approach highlights the inherent qualities of the other and sharpens the work's connection to our own experience. ES

***Understood*, ca. 1994**
Eine Seite aus einer Serie mit Schreibmaschine geschriebener Sätze, die die Erfahrung beschreiben, als Teenager in den frühen Neunzigern während der morgendlichen Rushhour durch das Stadtzentrum zu laufen / One page from a series of typewritten sentences describing the experience of walking through the heart of the city during the early-morning rush hour as a teenager in the early nineties

d
o
o
t
s
under

Adriana Lara

geb. / b. 1978 in Mexiko-Stadt / Mexico City
lebt / lives in Mexiko-Stadt / Mexico City

Adriana Laras *Installations* reflektieren darauf, wie Kunstinstitutionen Werken Bedeutung und Wert verleihen. Unter Ausnutzung des zunehmend ungenauen Gebrauchs, der von dem Begriff »Installationskunst« gemacht wird, heben sie auf beinahe perverse Weise den Prozess der Installierung eines Objekts hervor – also die »zeremoniellen« Handlungen und das Beiwerk rund um die Herstellung und darauffolgende Ausstellung von Kunst. Für *Installation (Banana Peel)* (2008) wurde jeden Morgen irgendwo im Ausstellungsraum eine frische Bananenschale auf den Boden geworfen und ein Wachmann in der Nähe postiert, der sie beschützen sollte – oder auch die Besucher, damit sie nicht auf ihr ausrutschten. Mit dieser Geste lenkt Lara auf humorvolle Weise unsere Aufmerksamkeit auf die Positionierung des Kunstgegenstands und seine mögliche – wiewohl unberechenbare und hypothetische – Wirkung, die Rolle desjenigen, der ihn bewacht, und die gesetzliche »Haftung« der Institution.

Bei einer Ausstellung, die vor Kurzem in Mexiko-Stadt stattfand, verwandelte Lara den Galerieraum in einen Laufsteg und einen Treffpunkt zwischen Mode- und Kunstwelt, um eine Gelegenheit zu bieten, die Unterscheidung zwischen beiden und ihre Implikationen neu zu bestimmen. Indem sie Begriffe wie Identität, Stil, Trend und Kunst nebeneinanderstellte, regte sie dazu an, Kunst anders, nämlich als Mode, zu denken. Die Pressemitteilung der Galerie erklärt: »In der Performance *Painting strikes back (Spring/Summer Collection 2012)* nimmt sich Lara der heiklen Lage der mexikanischen Modebranche an, um zu zeigen, wie schwierig es ist, der Konstruktion einer Identität, die üblicherweise der Vermarktung auf dem weltweiten Markt der ›Stile‹ unterliegt, persönlichen Inhalt zu verleihen.« Die Modelle, die Laras Entwürfe trugen (diese Entwürfe hingen später als »Gemälde« in der Ausstellung), traten aus einem Bild hervor, das einen Alien darstellt – ein Motiv, das weltweit immer wieder auf Raves zu sehen ist.

***Unpurposely with Purpose* (2012), Laras Projekt für die dOCUMENTA (13), hinterfragt den Aspekt einer Feier der Kunst, für den gerade diese Ausstellung steht, wobei die deutschen Vorläufer der Ausstellung als Ausgangspunkt dienen. Lara untersucht verschiedene Präsentationsformate und ihre jeweiligen Zwecke. Die Arbeit besteht aus zwei Teilen: einem Wandgemälde auf einer texturierten Oberfläche, die durch Ausschnitte in verschiedenen Formen strukturiert wird, die sich als Negative einer möglichen parallelen Ausstellung lesen lassen, sowie einem Video, das das Gegenstück zu diesem Gemälde bildet. Die Oberfläche des Gemäldes ist durch zeitbasierte Prozesse und mit verschiedenen Materialien verändert, die den Bildträger auf nicht abbildhafte Weise modifizieren. In Laras Installation erscheint die Ausstellung als Moment, in dem Kunst ihre Gültigkeit als Kunst erhält, als eine abstrakte Materialisierung von Zeit und Raum. Das wiederum legt den Gedanken nahe, dass Fenster zu anderen Begriffen von Kunst offenstehen, denn was man sich unter Kunst vorstellt, hängt immer vom Betrachter und seiner Idee von Alterität ab.**

Adriana Lara's *Installations* reflect on how art institutions bestow meaning and value on art. Exploiting the increasingly loose use of the term "installation art," they place an almost perverse emphasis on the process of installing an object—on the "ceremonial" actions and accoutrements that attend the making and subsequent display of art. For *Installation (Banana Peel)* (2008), a fresh banana peel was discarded each morning somewhere in the exhibition space, and a security guard was posted nearby to protect it—or to protect people from slipping on it. With this gesture, Lara humorously draws attention to the placement of the art object and its possible—though uncalculated and hypothetical—effect, the role of the person who guards it, and the institution's legal "liability."

In a recent exhibition in Mexico City, Lara turned the gallery into a catwalk and meeting point between the fashion and art worlds as a chance to restate the distinction between the two and the implications of this distinction. Juxtaposing concepts such as identity, style, trend, and art, she proposed a rethinking of art as fashion. The gallery's press release states: "In the performance *Painting strikes back (Spring/Summer Collection 2012)* Lara takes the precarious state of the Mexican fashion industry as a way of showcasing the difficulty of imparting a personal substance on the construction of an identity that tends to be subjected to marketing within the global 'style' market." The models wearing Lara's designs (which later hung as "paintings" in the exhibition) emerged out of a painting of an alien—a recurrent image in rave parties around the world.

Unpurposely with Purpose (2012), Lara's project for dOCUMENTA (13), questions the celebratory aspect of art that this particular exhibition represents, taking as a point of departure its antecedents in Germany. Lara examines different exhibition displays and their different purposes. The work consists of two parts: a wall painting on a textured surface that is structured by individually shaped cutouts, suggesting the negative form of an alternative exhibition, and a video as a counterpart to this painting. The painting's surface is altered with time-based processes and with materials that transform the support in non-figurative ways. Lara's installation takes the exhibition as a moment of the recognition of art's validity as art, representing it as an abstract materialization of time and space. This, in turn, suggests windows open to other ideas of art, notions of which will always depend on the viewer and his or her idea of the other. ES

Fonlinou in tagbâ
Synthétiseurs lè wé blô pop
Art dé gnon wé dô hô
noùgbo bâ wé
Tagbâ wé wa
Noùdôhlé mé dématin ä
kpodo noù etin kpô
Noùdîdô si în hô é mâ tin â
Gné dô hô kpèvi bâ wé ô é
non gnôn gbédé â
Noùmatin sin hô noùgbo bâ
wé non ïn tâgbâ

Aníbal López
A-1 53167

geb. / b. 1964 in Guatemala
lebt / lives in Guatemala

Seit den 1990er Jahren bewegt sich Aníbal López' Praxis immer weiter weg von der figurativen Malerei, Fotografie und Videokunst hin zu Aktionen, die Street Art, Performance, Minimalismus, Konzeptkunst und Aktivismus miteinander verbinden. A-1 53167 ist der Codename (die Nummer seines guatemaltekischen Ausweises), mit dem López seit 1997 viele seiner Kunstaktionen signiert – eine Geste, die Informationssysteme, die zur Feststellung der Identität eines Menschen verwendet werden, wie etwa den Namen, infrage stellen soll. So streicht er die damit verbundene spezifische ethnische Zugehörigkeit aus und widersetzt sich vielleicht auch dem Impuls auf Seiten der Kunstkonsumenten, ihn in vorgefertigte Kategorien wie Ureinwohner, Maya oder Guatemalteke einzuordnen.

Für seine Arbeit *30 de Junio* (2000) wurden zehn Säcke Kohle auf einer Straße ausgekippt, durch die einige Stunden später eine Militärparade verlaufen sollte. So wurden die guatemaltekischen Soldaten in unfreiwillige Teilnehmer und Zuschauer der Performance verwandelt. Fotografien von der nicht genehmigten Intervention wurden 2001 auf der Biennale von Venedig gezeigt.

Als Beitrag zur dOCUMENTA (13) hat López einen guatemaltekischen *sicario*, einen Auftragsmörder, eingeladen, mit ihm in Kassel über die gesellschaftliche und politische Situation in Zentralamerika und in bewaffneten Konflikten weltweit zu sprechen. Mit diesem Projekt möchte López »in die Psyche des Mörders eindringen«, eine subversive Strategie, die »die Beweggründe und das Denken verinnerlichen« will, »die hinter den Wirklichkeiten der Menschen und ihren Lebensweisen stehen«. Die Diskussionen zwischen Künstler und Mörder finden während der Eröffnungswoche in der Studiobühne des Dock 4 statt und sind öffentlich. Ein Video und Schwarz-Weiß-Fotografien, die López als Zeugnis der Begegnung anfertigt, werden gemeinsam mit einer Serie von Aquarellen des Künstlers in der Neuen Galerie ausgestellt.

López schreibt über sein Projekt: »Die gegenwärtige Situation in Guatemala wirft zwei Hauptprobleme auf, die in dem größeren geschichtlichen Zusammenhang, in dem sie verankert sind, verstanden werden müssen. Das erste hat mit der bewaffneten Bewegung im Inland zu tun – einem mächtigen kriminellen Kartell, das aus Militärs im Ruhestand besteht, die über gute politische Verbindungen verfügen und Kontakte zu Drogenhändlern und anderen Verbrechern pflegen –, das zweite mit der Repression, die die neue obere Mittelklasse und die Kreolen ausüben, um ihre Macht zu erhalten. [...] Zu den Konsequenzen gehört, dass die meisten Angehörigen der extremistischen und Ultrarechten sich angegriffen sehen und das Gefühl haben, sie müssten sich, ihr Eigentum und ihre Macht schützen. Diese Auseinandersetzung hat nach dem Bürgerkrieg zu einer Situation geführt, in der sie bestimmte Teile der Bevölkerung [die Mittelklasse], die sich ebenfalls der Guerillabewegung anschlossen, nicht mehr manipulieren können. Sie sehen sich Widerstand gegenüber und fühlen sich unter Druck; für diese Gruppe, die von der Elite gebildet wird, gibt es keinen anderen Ausweg, als kompetente Leute aus dem Ausland, vor allem paramilitärische Einheiten, ins Land zu holen, um die guatemaltekische Miliz zu verstärken.«

Since the 1990s, Aníbal López's practice has moved from figurative painting, photography, and video toward actions that are a combination of street art, performance, Minimalism, Conceptual art, and activism. A-1 53167 is the code name (his Guatemalan ID-card number) that López has used since 1997 to sign many of his art actions, a gesture intended to question codes of information used to establish identity, such as one's name. The effect is to erase an ethnic-specific sense of belonging and perhaps to resist the impulse of art consumers to pigeonhole him into preconceived categories such as indigenous, Mayan, and Guatemalan.

For his work *30 de Junio* (2000), ten bags of coal were dropped in the street where a military parade was due to pass a few hours later, transforming the Guatemalan army into both the involuntary actors of the performance and its audience. Photographs of the unauthorized intervention were shown at the 2001 Venice Biennale.

For dOCUMENTA (13), López has invited a Guatemalan *sicario*, a hired assassin, to come to Kassel to discuss and address the social and political circumstances in Central America and in armed conflicts everywhere. With his project, López aims to "penetrate the assassin's mind" as a subversive strategy of "internalizing the reason and thinking behind the realities of people and ways of living." The discussions between the artist and the assassin take place in the studio stage of Dock 4 during the opening week and are open to the public. A testimony in form of video and black-and-white photographs by López is on view at the Neue Galerie, accompanied by his series of watercolors.

López writes about the project: "The current situation in Guatemala presents two main problems that need to be understood in the broader historical context in which they are anchored. The first is linked to the armed internal movement—a powerful criminal cartel made up of politically connected retired military officers and linked to drug traffickers and other criminals—and the other to the repression exercised by the new bourgeoisie and the Creoles to control power. . . . One of the consequences is that most of the individuals from the extreme and ultra Right see themselves attacked and feel the need to protect themselves, their property, and their power. This conflict led to a postwar situation in which they cannot manipulate certain sections of the population [the middle class] that also became part of the guerrilla movement. They see themselves confronted and under pressure; this group, formed by the elite class, does not have any other way out than bringing in competent people from abroad, especially paramilitaries, to join the Guatemalan militia." ES

***Lacandón*, 2006**
Ausdruck auf Baumwoll-Papier / Print on cotton paper
187 × 153 cm

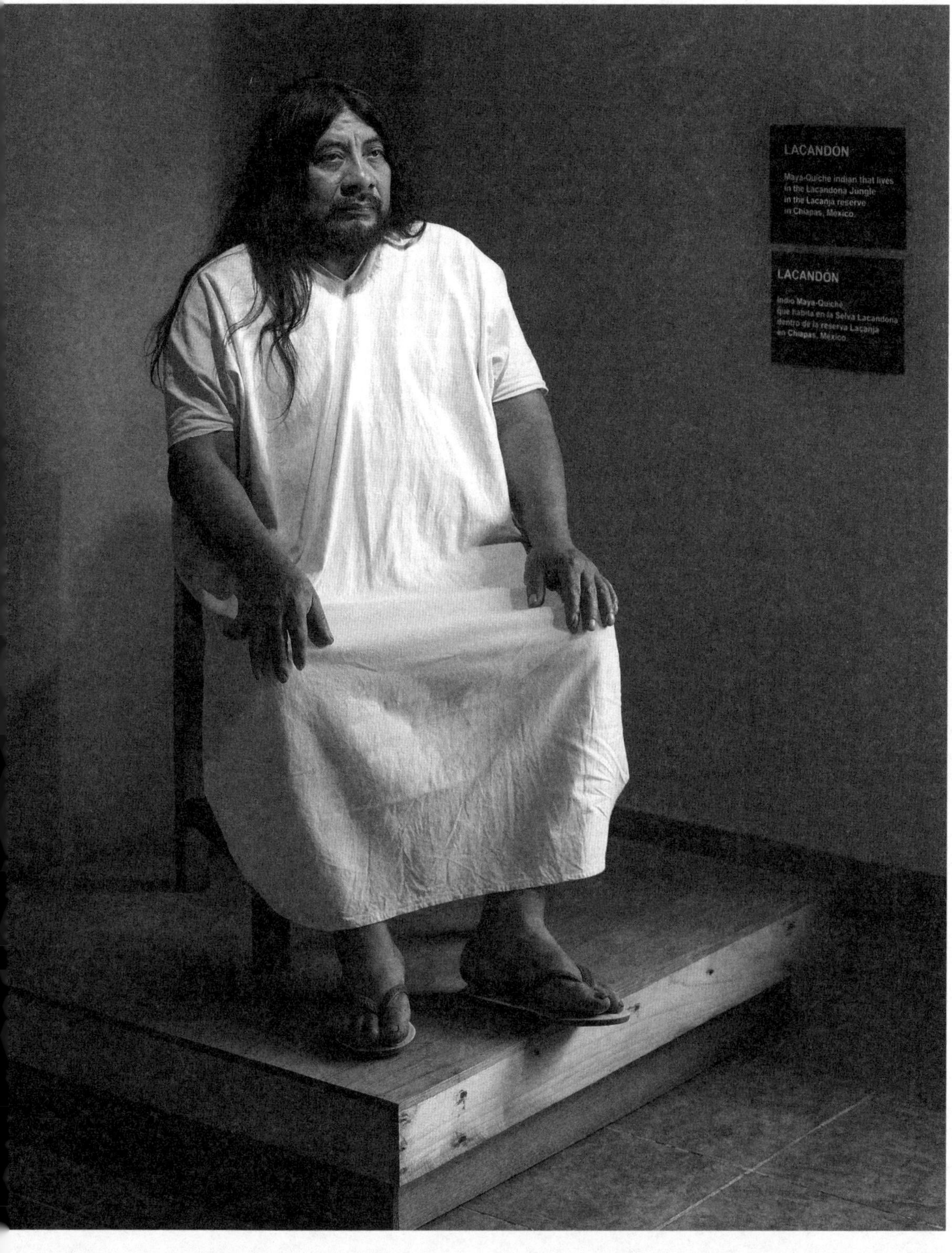
LACANDÓN
Maya-Quiche indian that lives
in the Lacandona Jungle
in the Lacanja reserve
in Chiapas, Mexico.
LACANDÓN
Indio Maya-Quiché,
que habita en la Selva Lacandona
dentro de la reserva Lacanja
en Chiapas, México.

Maria Martins

geb. / b. 1894 in Campanha (Brasilien / Brazil)
gest. / died 1973 in Rio de Janeiro

Wimmelnde Formen erblühen im Raum, im Trommelrhythmus einer Bewegung, die von Anziehung und von Furcht zugleich angetrieben scheint. Die brasilianische Künstlerin Maria Martins ließ den Formalismus herkömmlicher Plastik hinter sich, um eine fantastische Gegenständlichkeit auf Grundlage einer Neubearbeitung der traditionellen Mythologie des Amazonasgebiets zu entwickeln, in der menschliche, tierische und pflanzliche Formen sich in einem osmotischen Dialog zwischen den vielfältigen Aspekten der Natur durchdringen.

Maria – unter diesem Namen arbeitete sie als Künstlerin – heiratete den brasilianischen Diplomaten Carlos Martins Pereira e Sousa und lebte in Quito, Paris, Kopenhagen, Tokio, Brüssel, New York, Washington, D.C. und Rio de Janeiro. Sie war Bildhauerin, Kupferstecherin, Malerin und Designerin, außerdem Autorin eines Buchs über Nietzsche – den Philosophen des Dionysischen – und verschiedener Veröffentlichungen über Indien und das China der Revolution. Darüber hinaus studierte sie in Japan den Zen-Buddhismus unter Daisetz Teitaro Suzuki, der später auch den Komponisten John Cage unterrichten sollte.

Das Bildhauerhandwerk lernte Maria in Paris, Brüssel und New York, wo sie das Arbeiten mit Holz zugunsten der Bronze aufgab, eines Materials, dessen Schmelzprozess bei hohen Temperaturen sie zutiefst faszinierte. Als 1942 die bahnbrechende Ausstellung »First Papers of Surrealism« gezeigt wurde, war ihr eigener Stil deutlich erkennbar, und ihre Arbeiten waren weithin bekannt. Doch erst 1943, als sie ihre hybriden, sinnlichen Plastiken neben Piet Mondrians rationalen geometrischen Gemälden zeigte, zog ihr Werk die Aufmerksamkeit der Surrealisten auf sich. Sie wurde Mitglied dieser Gruppe und genoss die Bewunderung von Künstlern wie André Breton, Amédée Ozenfant und Marcel Duchamp, mit dem sie eine langjährige Liebschaft und intellektuelle Freundschaft verbanden, die in ihren beiden Œuvres widerhallen. Maria inspirierte Duchamp zu Werken wie dem Bucheinband von *Prière de toucher* (1947) und stand Modell für die weibliche Figur in seinem letzten Werk, *Étant donnés: 1° la chute d'eau / 2° le gaz d'éclairage* (1946–1966).

Wie die acht ausgestellten Werke (1940–1949) zeigen, ruhen Marias Plastiken niemals gänzlich in sich und entbehren jeder traditionellen Struktur; stattdessen sind sie unausgewogene Gebilde, die sich um eine leere und manchmal sogar höhlenartige Mitte gruppieren. Diese Leere – offensichtlich ist sie zum Beispiel in der Arbeit *O impossível* (1945), in der eine männliche und eine weibliche Figur einander gegenüberstehen, getrennt und verbunden zugleich durch eine zerebrale und beinahe kannibalische tentakelhafte Umarmung – verleiht einer Bewegung des Begehrens greifbare Gestalt, die zwischen Abwesenheit und Anwesenheit, zwischen Anziehung und Abstoßung gespannt ist. Das unheimliche Sprießen des *Apuiseiro* (1943) und die urtümlichen ineinander verschlungenen menschlichen und pflanzlichen Formen in *Don't forget I come from the tropics* (1942) lassen gleichermaßen eine erotische Dimension und das Bedürfnis nach einer haptischen und durchlässigeren Beziehung zur Welt erkennen. Marias Werk, das nirgends Geschlossenheit darstellt, ist ein Kraftfeld; der Betrachter ist eingeladen, sich auf einen sinnlichen und nicht immer bequemen Tanz des Auges einzulassen.

An efflorescence of teeming forms unfolds in the space, thrummed by a movement that is one simultaneously of attraction and of fear. Departing from the formalism of traditional sculpture, Brazilian artist Maria Martins developed a phantasmagoric figuration based on the re-elaboration of Amazonian traditional mythology, in which human, animal, and vegetable forms are blended together in an osmotic dialogue between the various aspects of nature.

Maria—as she chose to be known as an artist—married the Brazilian diplomat Carlos Martins Pereira e Sousa and lived in Quito, Paris, Copenhagen, Tokyo, Brussels, New York, Washington, D.C., and Rio de Janeiro. A sculptor, engraver, painter, and designer, she was also the author of a book on Nietzsche—the philosopher of the Dionysian—and of publications about India and revolutionary China, as well as studying Zen Buddhism in Japan with Daisetsu Teitaro Suzuki, who would later teach the composer John Cage.

Maria learned sculpting technique in Paris, Brussels, and New York, where she abandoned wood for bronze, a material whose high-temperature fusion process fascinated her intensely. By 1942—the year of the landmark exhibition "First Papers of Surrealism"—her style was already recognizable and her work well known. It was in 1943, however, when she exhibited her hybrid and sensual sculptures, along with Piet Mondrian's rational, geometric paintings, that the attention of the Surrealists was drawn to her work. She became a member of the group, admired by artists such as André Breton and Amédée Ozenfant, as well as Marcel Duchamp, with whom she maintained a long-lasting amorous and intellectual relationship that reverberated between their reciprocal oeuvres. The source of inspiration for Duchamp's works such as the book cover of *Prière de toucher* (1947), Maria was also the model for the female figure of his last work, *Étant donnés: 1° la chute d'eau / 2° le gaz d'éclairage* (1946–66).

As the eight exhibited works (1940–49) show, Maria's sculptures are never perfectly centered nor traditionally structured, but are unbalanced around a vacant, sometimes even cavernous center. This void, evident in a work such as *O impossível* (1945), where a masculine and a feminine figure stand in front of each other within the separating connectedness of a mental, almost anthropophagic tentacular embrace, gives tangible shape to the movement of desire, tautened between absence and presence, attraction and repulsion. At the same time, the uncanny germination in *Apuiseiro* (1943) and the primordial twist of human and vegetal forms in *Don't forget I come from the tropics* (1942) unveil an erotic dimension and the need for a tactile, more porous relation to the world. Never representing wholeness, Maria's work is a force field with which the viewer is invited to engage, through a sensual, sometimes uncomfortable dance of the eye. CV

***O impossível*, 1945**
Bronze
79.5 × 80 × 43.5 cm

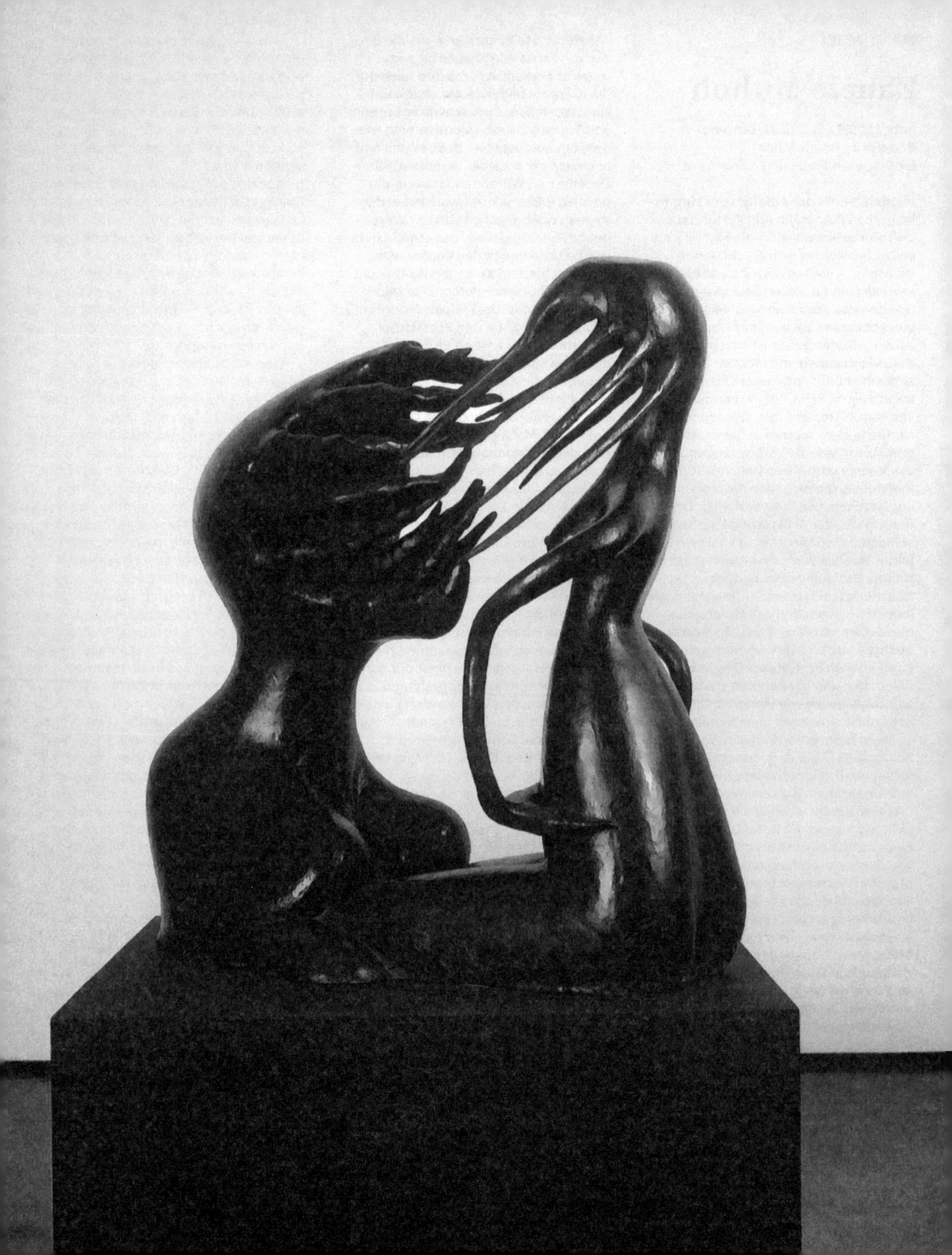

Zanele Muholi

geb. / b. 1972 in Umlazi (Durban, Südafrika / South Africa)
lebt / lives in Kapstadt / Cape Town

Im Mittelpunkt der Arbeiten der südafrikanischen Fotografin und Performance- und Videokünstlerin Zanele Muholi – sie selbst bezeichnet sich als „bildende Aktivistin" – stehen Porträts von homosexuellen und queeren Sexualitäten und Gender-Identitäten und insbesondere von schwarzen Lesben und Transmenschen in Südafrika. Es ist ein Land, in dem viele Lesben und nicht an die Geschlechtsbilder angepasste Menschen traumatische Erfahrungen kennen: von Hass – Transphobie, Queerphobie, Homophobie – motivierte Verbrechen und »korrigierende Vergewaltigungen«, die Männer vorgeblich begehen, um Individuen, die nicht den Stereotypen entsprechen, von ihrer sexuellen Orientierung und der Artikulation ihrer geschlechtlichen Identität zu »heilen«. Hier bildet Muholis Werk eine Antwort auf ein dringendes politisches Bedürfnis. Die Künstlerin lenkt unsere Aufmerksamkeit jedoch weg vom Bild des Opfers, das die Medien so oft zu einem Spektakel hochspielen, und konzentriert sich in ihren intimen Porträts von Freunden, Bekannten und Verwandten stattdessen auf Augenblicke von Liebe, Zärtlichkeit, Schönheit, Privatheit und Gemeinschaft.

Muholis Serie von Schwarz-Weiß-Fotografien *Faces and Phases* (2006–fortlaufend) zeigt schwarze queere und Transmenschen, die verschiedene Wohnorte und Berufe vertreten. Ihre Herangehensweise an die Schaffung dieser Bildnisse stellt einen Schritt dar auf dem Weg zu einem umfassenderen und komplexeren Selbstverständnis dieser Gruppe und der Darstellung einer demokratischeren und repräsentativeren Geschichte der schwulen, lesbischen, bisexuellen, Transgender- und Intersex-gemeinde in Südafrika – einer Geschichte, die weitgehend ausgeklammert blieb, als die offizielle politische Bewegung, die den schwul-lesbischen Mainstream repräsentiert, geschmiedet wurde. Muholis Porträts von stereotyp männlichen und weiblichen Lesben, von Tunten und Transmännern und -frauen geben der schwarzen queeren Identität im Wortsinne ein Gesicht; sie lassen die Bewegung sichtbar werden, indem sie sie in den Townships Südafrikas und über die Grenzen des Landes hinaus kartieren.

In einer Stellungnahme, die die Bilder von *Faces and Phases* begleitet, schreibt Muholi: »Ich machte mich auf die Reise als bildende Aktivistin, um sicherzustellen, dass schwarze Lesben und Transmenschen sichtbar sein würden, um auszustellen, dass es uns gibt und dass wir in dieser demokratischen Gesellschaft Widerstand leisten, um positive Bilder von schwarzen Lesben zu zeigen. Abgesehen von der Wörterbuchdefinition davon, was ein ›Gesicht‹ ist (die Vorderseite des Kopfes, von der Stirn bis zum Kinn), ist das Gesicht auch Ausdruck der Person. Für mich bedeutet *Faces*, dass ich als Fotografin/bildende Aktivistin und Sozialarbeiterin den vielen Lesben und Transmännern von Angesicht zu Angesicht begegne, denen, mit denen ich in verschiedenen Townships und Gegenden wie Hillbrow, Alexandra, Soweto, Vosloorus, Mafikeng, Khayelitsha, Gugulethu, Katlehong, Umlazi und Kagiso zu tun hatte, wie auch denen, die ich jenseits der Grenzen Südafrikas, zum Beispiel in London, Schweden, Botsuana und Toronto, fotografiert habe. Die Porträts ehren Freunde und Bekannte, die verschiedene Stellungen in schwarzen queeren Gemeinschaften innehaben und verschiedene Rollen spielen – unter ihnen eine Schauspielerin, Sportlerinnen, Fußballerinnen, eine Wissenschaftlerin, Kulturaktivistinnen, Tänzerinnen, Filmemacherinnen, Schriftstellerinnen, Fotografinnen, Menschenrechts- und Genderaktivistinnen, Mütter, Liebhaberinnen, Omas, Freundinnen, Schwestern, Brüder, Töchter, Tanten, Onkel, Nichten, Neffen und Söhne.«

South African photographer, performance artist, and video artist Zanele Muholi—she describes herself as a "visual activist"—focuses on the portrayal of homosexual and queer sexuality and gender identities, in particular of black lesbians and trans people in South Africa. Her work addresses a political necessity in a country where hate crimes caused by transphobia, queerphobia, and homophobia and "corrective rape"—the latter committed by men under the guise of trying to "cure" non-conforming individuals of their sexual orientation and gender expression—are traumatic experiences shared by many lesbians and gender-non-conforming people. However, Muholi shifts attention away from the image of the victim, so often sensationalized in the media. Instead, she focuses on moments of love, tenderness, beauty, domestic life, and community in intimate portraits of friends, acquaintances, and family.

Muholi's series of black-and-white photographs *Faces and Phases* (2006–ongoing) portrays black queers and trans people from different places and professions. Her visualization approach is a step toward a more comprehensive and complex self-understanding of this community and the writing of a more democratic and representative South African LGBTI history—a history that has largely been left out of the creation of the formal mainstream gay and lesbian political movement. Her portraits of butches, femmes, queens, and transgender individuals literally give a face to black queer identity, making the movement visible by mapping it throughout South Africa's townships and farther afield.

In an artist's statement about *Faces and Phases*, Muholi says: "I embarked on a journey of visual activism to ensure that there is black lesbian and trans visibility, to showcase our existence and resistance in this democratic society, to present a positive imagery of black lesbians. Aside from the dictionary definition of what a 'face' is (the front of the head, from forehead to chin), the face also expresses the person. For me, *Faces* means me, photographer/visual activist and community worker, being face to face with the many lesbians and transmen I interacted with from different townships and areas such as Hillbrow, Alexandra, Soweto, Vosloorus, Mafikeng, Khayelitsha, Gugulethu, Katlehong, Umlazi, and Kagiso, as well as those captured beyond South African borders in places such as London, Sweden, Botswana, and Toronto. The portraits celebrate friends and acquaintances who hold different positions and play different roles within black queer communities—including an actress, athletes, soccer players, a scholar, cultural activists, dancers, filmmakers, writers, photographers, human rights and gender activists, mothers, lovers, grannies, friends, sisters, brothers, daughters, aunties, uncles, nieces, nephews, and sons." ES

Von links nach rechts / From left to right:
***Tash Dowell. Harare, Zimbabwe*, 2011**
***Amanda Mahlaba. Mt. Moriah, Edgecombe, Durban*, 2012**
***Mac Ilakut. Kampala, Uganda*, 2011**
***Debora Dlamini. KwaThema Community Hall, Springs, Johannesburg*, 2011**

Bilder aus der Serie / Images from the series *Faces and Phases*, 2006–fortlaufend / ongoing jeweils / each 67.5 × 50.5 cm

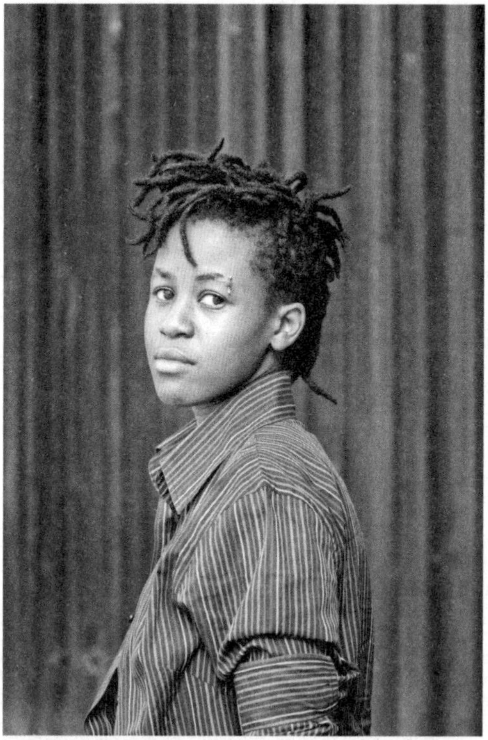
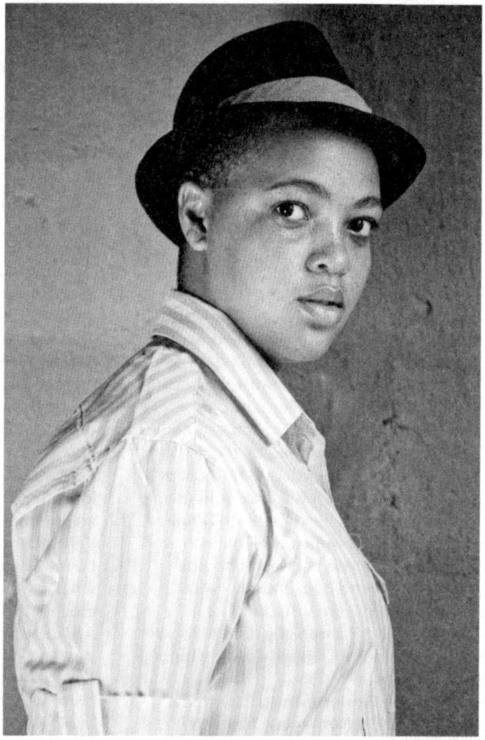
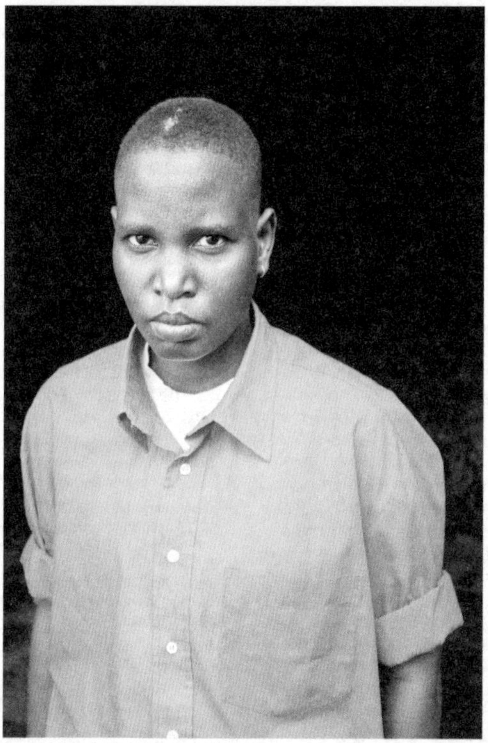
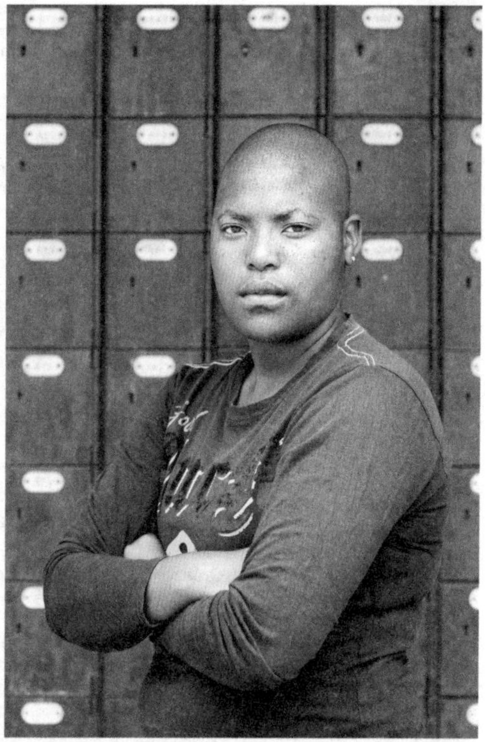

Roman Ondák

geb. / b. 1966 in Žilina (Slowakei / Slovakia)
lebt / lives in Bratislava

Roman Ondáks künstlerische Analysen gelten dem Alltagsleben in seinen stillen Details, dem Facettenreichtum des Gewöhnlichen. Unmerkliche und unsichtbare Momente oder »Nichtereignisse« treten aus dem verschwommenen Hintergrund hervor, in dem unterzugehen sie bestimmt scheinen, um dank Ondáks subtiler Eingriffe oder kleiner Lücken zwischen verschiedenen Gesichtspunkten plötzlich wahrnehmbar zu werden. Der Künstler richtet den Blick auf die unschuldigsten, geläufigsten und vertrautesten Dinge, um sie mit einer auf vielen Ebenen – ästhetisch, gesellschaftlich und politisch, visuell und konzeptuell – wirksamen imaginären Aufladung zu versehen und Szenen aus dem Alltag in unerschöpfliche Quellen des Erstaunens zu verwandeln.

In seinen Skulpturen, Installationen, Videos und Performances aktiviert Ondák unzählige Mechanismen der Desorientierung des Publikums; manchmal sind seine Kunstgriffe absurd überbetont, um die Aufmerksamkeit auf eine Sache oder Person zu lenken, die sonst unbekannt bliebe. Desorientierung gelingt durch die Vergrößerung eines Gegenstands oder Raums, der für gewöhnlich klein ist, oder umgekehrt. Ein ähnliches Gefühl der Verwirrung und Verwunderung stellt sich dank der Akzentuierung eines winzigen Details ein, die ein Alltagsobjekt anders erscheinen lässt, als »wir es erwarten würden« (eine Tür zum Beispiel, die in viele verschiedene Richtungen führt), oder dank der Isolierung von Gegenständen aus ihren Kontexten durch die Verschiebung bestimmter Elemente sowie die sich daraus ergebende Übertragung ihrer materiellen Existenz und somit auch ihrer Bedeutung. Indem er die enge Nachbarschaft gegensätzlicher Elemente (innen/außen, Natur/Kultur, Mikro-/Makrokosmos, Alltägliches/Verblüffendes) nachzeichnet, lässt Ondák die Grenzen zwischen dem begrenzten architektonischen Raum und dem unbestimmten Raum von Vorstellungskraft und Potenzialität verschwimmen und schafft so Werke, die sich in fortwährender und unvorhersehbarer Verwandlung befinden und machtvoll parallele Formen der Wirklichkeitserfahrung nahelegen.

Für die für sein Werk grundlegende Arbeit *Observations* (1995/2011) entnahm Ondák einem Buch – vielleicht einer Monografie über die Wahrnehmung – eine Reihe von Ausschnitten mit Bildern und Bildunterschriften. Einzeln oder zu Diptychen und Triptychen kombiniert an den Wänden einer Galerie präsentiert, bilden diese Segmente ein universelles Vokabular von individuellen und kollektiven Beziehungen und Wechselverhältnissen, von physischen Bewegungen, mentalen Projektionen, flüchtigen Intuitionen oder Momenten der Geistesabwesenheit, auf die sich die Forschungen des Künstlers gründen. Verschieden hoch gehängt, fangen die Bilder und ihre lakonischen Begleittexte subtil nuancierte psychologische Situationen und alltägliche Einstellungen durch genau abgewogene Verbindungen ähnlicher und gegensätzlicher Gesten, Haltungen und Blicke ein. Der Ausstellungsraum wird durch diese Intervention »redigiert«; in ihrer Artikulation im Inneren schwingt ein beständig evoziertes Draußen wie auch das in den Ausschnitten selbst offenbarte wiederkehrende »Anderswo« mit. In diesen Arbeiten, in denen das Kleinste und das Größte einander spiegeln, bietet Ondák keine Alternative zur Wirklichkeit an; vielmehr gibt er dem Betrachter einen Schlüssel an die Hand, der die Vielfalt von Beobachtungen und Deutungen, die die Wirklichkeit bereithält, zu erschließen und zu identifizieren hilft. Anlässlich der dOCUMENTA (13) wird *Observations* zum ersten Mal in seiner Gesamtheit gezeigt: eine so riesige wie bescheidene Einladung, hinzusehen.

Roman Ondák's artistic research analyzes several facets of daily life in its quiet details and ordinary aspects. These imperceptible, invisible moments, or "non-events," emerge from the blurry background to which they seem doomed, suddenly becoming discernible thanks to Ondák's subtle alterations or to small gaps between points of view. He looks at the most innocent, common, and familiar things, inserting an imaginative charge that works on many levels—aesthetic, social and political, visual, and conceptual—and transforms everyday scenarios into continuous sources of wonder.

In his sculptures, installations, videos, and performances, Ondák activates myriad mechanisms of audience disorientation, where the artifice is at times absurdly pronounced in order to attract attention to something or someone that would otherwise remain unknown. Disorientation is effected through the enlargement of an object or a space that is normally small, or vice versa. A similar sense of puzzlement and wonder is achieved through the accentuation of a tiny detail so that an everyday object does not appear "as we would expect it to" (for example, a door leading to many different directions) or through the decontextualization of objects via the displacement of certain elements and the consequent transfer of their material, and hence their meaning. Tracing the intimate contiguity between opposite elements (interior/exterior, nature/culture, micro/macro, everyday/uncanny), Ondák blurs the boundaries between finite architectural space and the indefinite space of imagination and potentiality, generating works in constant and unforeseeable transformation that have the power to suggest parallel ways of experiencing reality.

In his seminal work *Observations* (1995/2011), Ondák cut from a book—perhaps a monograph on perception—a series of details comprising images and captions. Presented on the gallery walls singly or combined in diptychs and triptychs, these cuttings form a universal vocabulary of individual and collective relationships and exchanges, of physical movements, mental projections, momentary intuitions, or suspended states of mind on which the artist's research is grounded. Hung at various levels, the images and their laconic texts capture subtle, nuanced psychological situations and ordinary attitudes through a balanced combination of similar and contrasting gestures, postures, and gazes. The exhibition space is "edited" by this intervention, and its indoor articulation reverberates with a constantly evoked outdoors, as well as in the recurrent "elsewhere" revealed in the cuttings themselves. In these works, where micro and macro mirror each other, Ondák does not provide an alternative to reality; rather, he gives the audience a key with which to access and identify the variety of observations and interpretations that reality offers. On the occasion of dOCUMENTA (13), *Observations* is on view in its entirety for the first time, as an invitation, both giant and humble, to look. AV

***Observations*, 1995/2011**
120 Ausschnitte aus einem Buch, angeordnet in 72 Rahmen / 120 cuttings from a book, grouped in 72 frames
Jeder Ausschnitt misst zwischen / Each cutting measures between 4.9 × 5.2 und / and 12.6 × 7.7 cm

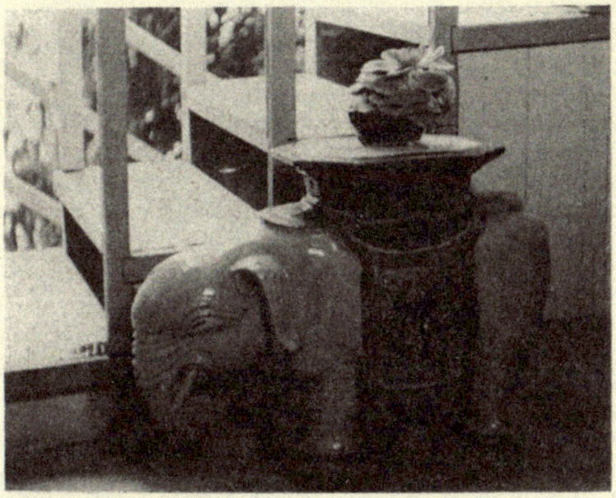
Stair theme repeated in the elephant

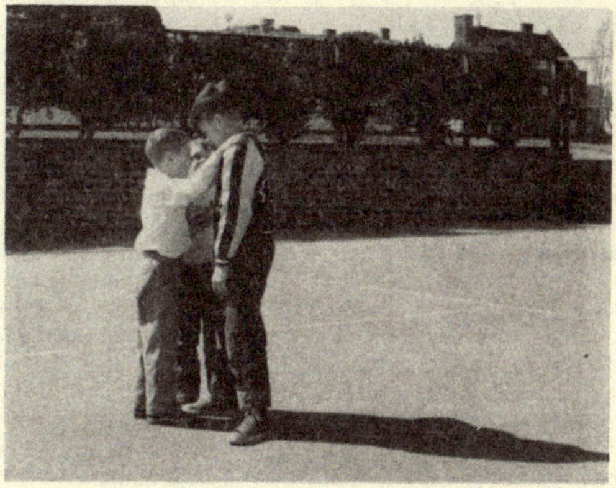
The physical embodiment of secret conversation

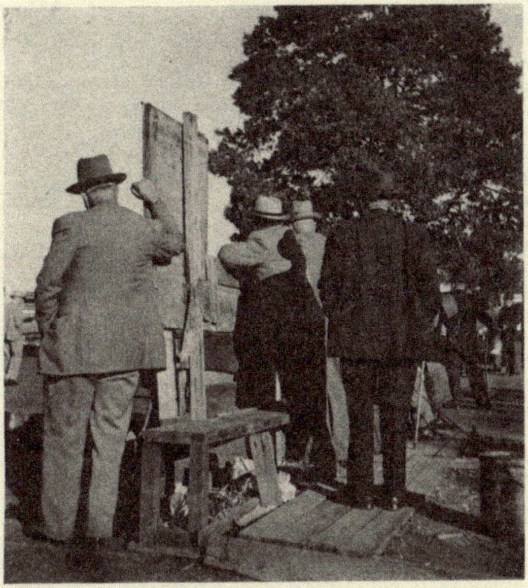
Chain of perception: Spectators watch players; passers-by watch spectators

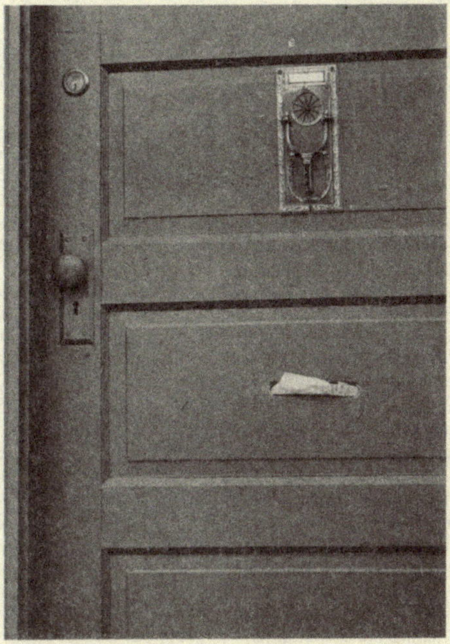
Use whatever applies

Füsun Onur

geb. / b. 1938 in Istanbul
lebt / lives in Istanbul

Füsun Onurs Werk umfasst Gemälde, Plastiken und Installationen, die eine Brücke zwischen Politik und Poetik schlagen. Onur, die als figurative Bildhauerin ausgebildet wurde, war eine der ersten Künstlerinnen in der Türkei, die in den frühen 1970er Jahren einen zeitgenössischen Dialog und Konzeptualismus in ihre Kunst integrierten. Ihre Plastiken aus dieser Zeit sind abstrakte Raumobjekte aus Holz, Gips, Gussformen, Metall und später auch Plexiglas und Spiegeln, die ihre Ideen von »trennendem« und transparentem Raum anschaulich entfalten.

Ihre Heimatstadt Istanbul spielt eine Hauptrolle in Onurs Kunst; sie verwendet oft Materialien, die sie in ihrem eigenen Haus oder in ihrem Viertel auf der asiatischen Seite des Bosporus findet, wo sie aufgewachsen ist und heute noch lebt. Aus alten Stoffen, Stickereien, Spitzen, Goldbordüren, Perlen, Möbeln (vor allem Stühlen) und Alltagsdingen wie Plastikbechern, Bällen und Spielzeug schafft sie minimalistische und doch verspielte und poetische Skulpturen, Installationen oder Objekte. Obwohl sie mit vorgefundenen Gegenständen und Materialien arbeitet, die viele Erinnerungen und Assoziationen wachrufen und oft mit »Weiblichkeit« verbunden werden, ist Onurs Blick auf sie nicht retrospektiv, ihr Ziel nicht, eine Geschichte wiederzufinden; vielmehr verändert und kombiniert sie ihre Materialien so, dass sie zu etwas anderem werden und aus dem Wechselspiel zwischen Gegenständlichkeit und Abstraktion eine neue Erzählung entsteht. Leitmotive ihrer Arbeit sind Raum, Zeit und Vergänglichkeit, aber ihr Zeitbegriff entstammt der Welt der Musik: Sie schafft durch die sorgfältige Anordnung von Formen, Farben, Texturen und Abständen einen Rhythmus, in dem Alltagsgegenstände wie Knotenpunkte erscheinen. »Manchmal«, so Onur über ihre Werke, »bilden Geschichten den Ausgangspunkt, manchmal ein Material, ein gefundenes Objekt, ein Wort oder ein Zimmer – in den letzten Jahren haben meine Arbeiten sich aus einem Wunsch heraus entwickelt, musikalische Kunstwerke zu schaffen« – eine Aussage, die auch den intuitiven Charakter ihres Vorgehens hervorhebt.

***Opus I* (1999), *Prelude* (2000) und *Opus II – Fantasia* (2001) sind räumliche Kompositionen ohne Sound, unhörbare Partituren, in denen Klang in Farbe und Textur übersetzt ist, um eine sinnliche und synästhetische Erfahrung hervorzubringen. Onur, die zumeist ortsspezifisch arbeitet, bringt den Raum in ihren Installationen zum Schwingen, um einen Dialog zwischen einem Bild und seiner Umgebung anzubahnen, der von feinem Humor geprägt ist. In *Souvenir de Dolmabahçe* (1992) ordnete sie die Gartenstühle und Sockel vor dem Dolmabahçe-Palast, dem Istanbuler Sultanspalast aus dem 19. Jahrhundert, neu an, verband sie mit Kordeln, bedeckte die Stühle mit Tüll und schmückte die Sockel mit Kürbissen, um die ornamentale Rhythmik des Gebäudes nachzuahmen und zugleich auf Klischeevorstellungen von Männlichkeit und Weiblichkeit anzuspielen.**

Für die dOCUMENTA (13) hat Onur die Fenster ihres Raums in der frisch renovierten Neuen Galerie – der nunmehr ein perfekter White Cube ist – mit Vorhängen versehen, die mit Bildern von Vögeln bestickt sind. Im Wechselspiel mit der äußeren Natur gestaltet ihr poetischer Eingriff auf subtile Weise die Lichtverhältnisse und die Atmosphäre des sonst leeren Raums um. Außerdem wird ein in Ketten gelegter Stuhl gezeigt, der mit einem Schild versehen ist, das den Namen der Künstlerin trägt (*Ohne Titel*, 1993–2012).

Füsun Onur's work encompasses painting, sculpture, and installation, the political and the poetic. Trained as a figurative sculptor, she was one of the first artists in Turkey to integrate the idea of contemporary dialogue and Conceptualism into her work in the early 1970s. Her sculptures from that time are abstract spatial objects made from wood, plaster, molds, metal, and, later, Plexiglas and mirrors, visually developing her ideas of "dividing space" and transparent space.

Preoccupied with her hometown, Istanbul, she often works with used material that she finds in the confines of her house or in the neighborhood on the Asian side of the Bosphorus, where she grew up and still lives—old fabric, embroidery, lace, gold bordures, pearls, furniture (especially chairs), and everyday objects like plastic cups, balls, and toys—to create minimalistic yet playful and poetic sculptures, installations, and objects. Even though working with found objects and materials that are full of memory, highly associative, and often have a "female" connotation, Onur doesn't look at them retrospectively to retrieve a story, but modifies and combines them so that they become something else, creating a new narrative through the interplay of figuration and abstraction. Recurring themes are space, time, and ephemerality, but her concept of time is derived from the world of music: she creates a rhythm through the careful arrangement of forms, colors, textures, and distances, using everyday objects as nodes. "Sometimes," Onur has said about her works, "stories are their point of departure, sometimes a material, a found item, a word, or a room—in recent years, my works have developed out of a wish to make musical artworks"—a statement that also emphasizes the intuitive nature of her working process.

Opus I (1999), *Prelude* (2000), and *Opus II—Fantasia* (2001) are spatial compositions without sound, inaudible musical scores in which sound translates into color and texture to create a sensual, synaesthetic experience. Working mostly site-specifically, Onur lets the space resonate in her installations to create a dialogue between an image and its environment, employing a keen sense of humor. In *Souvenir de Dolmabahçe* (1992), she rearranged the garden chairs and plinths in front of the nineteenth-century Dolmabahçe Palace in Istanbul, connected them with cords, covered the chairs with tulle, and adorned the plinths with pumpkins to mimic the ornamental rhythm of the building, as well as clichés of masculinity and femininity.

For dOCUMENTA (13), Onur furnished the windows of her room in the newly renovated Neue Galerie—now a perfectly white cube—with curtains embroidered with images of birds. Corresponding to the nature outside, her poetic intervention subtly rearranges the light and atmosphere in the otherwise empty room. Also on view is an enchained chair, equipped with a plate bearing the artist's name (*Untitled*, 1993–2012). ES

***Dance of the Crows*, 2012**
Ungebleichter und grober Baumwollstoff, Faden, Näharbeit / Unbleached and coarse calico, thread, needlework
450 × 220 cm

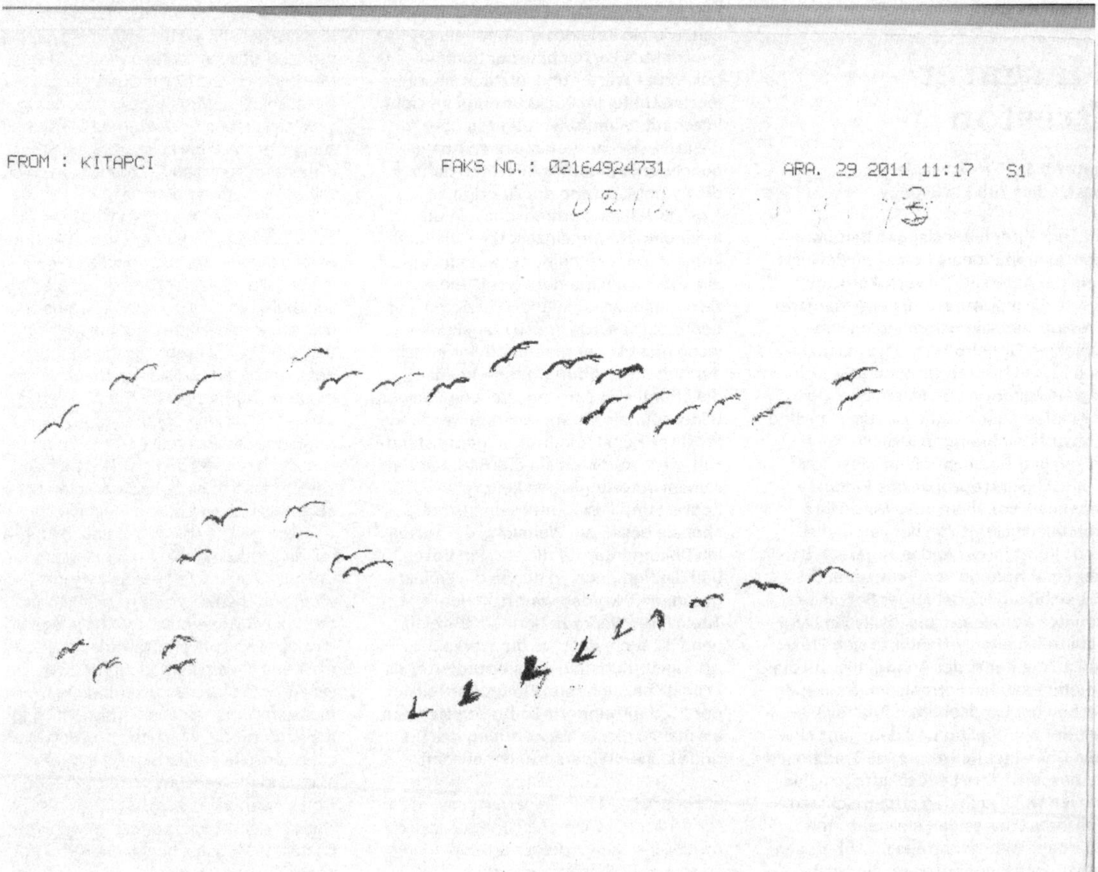

Margaret Preston

geb. / b. 1875 in Adelaide
gest. / died 1963 in Sydney

Im Zuge ihrer lebenslangen Bemühungen, eine »nationale Kunst« im Bewusstsein der Australier zu verankern, studierte die moderne Künstlerin Margaret Preston museale Sammlungen von Objekten Eingeborener; ihre ausgiebigen Reisen führten sie auch an entlegene Fundorte von Felszeichnungen. Ihr umfassendes Werk, zu dem Gemälde, Entwurfszeichnungen, Drucke, Keramiken und Textilien zählen, lässt auch asiatische und europäische Einflüsse erkennen, vor allem aber wurde ihre Vorstellungskraft von der »urwüchsigen« Kunst ihres Landes angeregt. Bei der Emanzipation von ihren unter der Bezeichnung Heidelberger Schule bekannten Vorbildern, die idyllische Landschaften malten, orientierte sich Preston an der Kunst der Aborigines, um die »monumentalen Formen und trockenen Farben der Landschaften Australiens« mit der Spiritualität und dem ganz eigenen Charakter der Aborigine-Traditionen zu beseelen. Ihre Landschaftsgemälde stellen wohl auch den erfolgreichsten Teil ihres Œuvres dar; sie malte »mit schroffer Wahrheitstreue und übernahm es von den Eingeborenen, die westlichen Vorstellungen von ›Zeit und Ort‹ aus ihren Bildern zu verbannen«.

Die auf der dOCUMENTA (13) gezeigte Serie von Entwurfszeichnungen erschien zuerst 1925 in einer Ausgabe von *Art in Australia* neben einem Essay mit dem Titel »The Indigenous Art of Australia«, in dem Preston ihre Strategie zur Entwicklung eines eigenen australischen Primitivismus darlegte. In einem ersten Schritt sollte die Bildwelt der Aborigines Eingang in die Dekoration von Privaträumen finden – »dem Handwerker«, so ihre Hoffnung, »wird gelingen, woran der Künstler bisher zweifellos gescheitert ist«. Die Baumritzungen und die Zeichnungen auf Schilden aus North Queensland bildeten Prüfsteine ihrer Kunst, auf die sie immer wieder Bezug nahm. Preston schlug vor, wie die Entwürfe umzusetzen seien, und beriet ihre Leser hinsichtlich der Farbwahl und möglicher Anordnungen und Größenmaßstäbe.

In den Augen der Künstler, von deren Werken Preston sich anregen ließ, und der australischen Aborigines im Allgemeinen ist ihre Kunst beinahe unleserlich, wie ein Kaleidoskop oder ein ungeordnetes Verzeichnis nur flüchtig bekannter Wörter und letztlich sinnentleerter Zitate. Im Rückblick und im Licht internationaler Kunstdebatten über die Ethik der modernistischen Aneignung wurde Prestons Eintreten dafür, die Symbolsprache der Aborigines als dekorativen Formenschatz in der Inneneinrichtung einzusetzen, vielfach kritisiert. So erscheint der Vorschlag, ein Sofakissen mit der Gestalt eines zeremoniellen Objekts zu verzieren, auf geradezu absurde Weise respektlos – wenn nicht sogar gefährlich: Innerhalb der Kultur der Aborigines steht auf die öffentliche Zurschaustellung heiliger Bilder oftmals die Todesstrafe. Wo Prestons Kunst unmittelbar gegenständlich wird, entnimmt sie das Bildmaterial seinem ursprünglichen kulturellen Kontext und verleugnet seine Urheber; aber sie besaß die Weitsicht, die musealen Dokumente, auf die sie sich bezog, und die Regionen, in denen die Objekte gesammelt worden waren, in den Titeln ihrer Werke zu nennen. Bezeichnend ist auch, dass sie die Werke der Aborigine-Künstler, die sie studierte, als »Kunst« bezeichnete. Ein großer Teil des 20. Jahrhunderts sollte verstreichen, bis man in dieser Verwendung des Begriffs keinen Widerspruch mehr sah.

In the course of her lifelong endeavor to instill a "national art" in the consciousness of Australians, the modernist artist Margaret Preston studied museum collections of indigenous objects, and her extensive travels included visits to remote rock-art sites. Her immense corpus of paintings, designs, prints, ceramics, and textiles also drew on influences from Asia and Europe, but it was the "homegrown" that captured her imagination. Moving beyond the nineteenth-century artistic precursor of pastoral landscape painting known as the Heidelberg School, Preston looked to Aboriginal art to imbue "the monumental form and dry color of Australian landscapes" with the spirituality and unique character of Aboriginal traditions. And it is arguably in her landscapes where she found the most success, painting them "with stark truth, copying the natives in eliminating the Western idea of 'time and place.'"

The suite of designs exhibited in dOCUMENTA (13) was first published in a 1925 edition of *Art in Australia*, accompanied by an essay titled "The Indigenous Art of Australia." In this text, Preston articulated her strategy for the adoption of an antipodean primitivism, beginning with the appropriation of Aboriginal imagery in the domestic realm, in the hope that "the craftsman will succeed where, until now, the artist has certainly failed." The tree carvings and North Queensland rainforest shield designs are touchstones to which she repeatedly returned. Preston suggested possible applications for the designs and advised her readers on color, layout, and scaling options.

To the eyes of the artists whose work inspired Preston, and for Aboriginal Australians in general, her art would be barely legible: like a kaleidoscope or jumbled vocabulary of vaguely familiar words and ultimately meaningless quotations. With the benefit of hindsight and in light of international art debates on the ethics of modernist appropriation, Preston's advocacy of the implementation of Aboriginal symbolism as decorative motifs on domestic furnishings has been widely criticized. The proposal to incorporate a ceremonial object design on a scatter cushion, for instance, seems absurdly disrespectful—if not dangerous. Within Aboriginal culture, the public exposure of sacred imagery is often punishable by death. In Preston's most directly referential art, the imagery is excised from its original cultural association and the artists disenfranchised, yet she was prescient in attributing the museum documentation and identifying the regions from which the objects were collected in her titles. Significantly, she also used the term "art" to describe the works by Aboriginal artists she studied. It was not until much later in the twentieth century that such a conjunction was not considered an oxymoron. HP

***Grey day in the ranges*, 1942**
Öl auf Hartfaserplatte / Oil on hardboard
51 × 50.7 cm
Art Gallery of New South Wales, Sydney

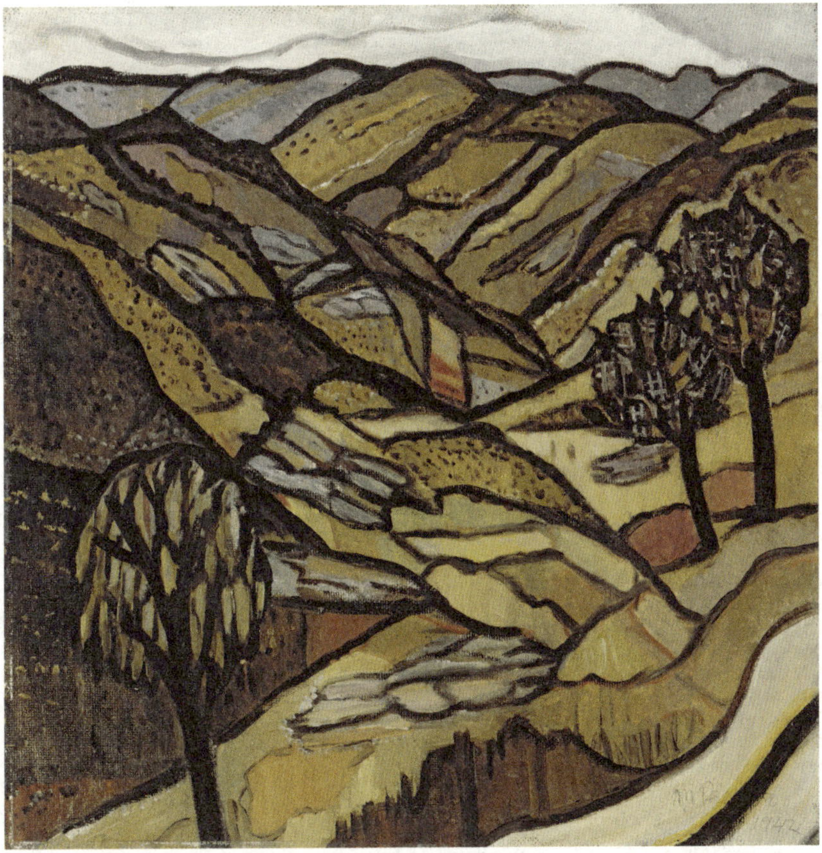

Stuart Ringholt

**geb. / b. 1971 in Perth
lebt / lives in Melbourne**

Stuart Ringholts Werk, das ausdruckslosen Ernst mit Slapstick-Humor und einer Faszination für das Absurde verbindet, nimmt viele Formen an; er schafft Performances, Videos und Skulpturen, leitet aber auch Gemeinschaftsworkshops. Durch die Ergründung der Macht der kleinen Geste setzt er erhebliche Bedeutungsverschiebungen in Gang.

Seine Videoserie *Starring William Shatner as Curator* (2010) porträtiert das Arbeitsleben eines Kurators und seine alltäglichen Abenteuer im Raum und in anderen Dimensionen; sie beruht auf Ausschnitten, die der Künstler der beliebten Fernsehserie *Star Trek* entnahm. Spock und Doctor McCoy treten hier als Shatners kuratorische Assistenten auf, während andere Schauspieler zu Künstlern, Kuratoren und Galeristen werden, deren Persönlichkeitsprofile vom gewalttätigen Psychopathen bis zum Einsiedler reichen.

Persönliche Themen wie seelische Krankheit, Angst und Peinlichkeit sprechen Ringholts Arbeiten durch absurde Situationen oder amateurhafte Selbsthilfe-Environments an, die der Künstler als »Erziehung durch Gefühle« beschreibt. Nach *Embarrassed* (2003), einer Serie von Aktionen, bei denen er sich in der Öffentlichkeit blamierte – zum Beispiel stellte er sich auf einen belebten Platz in Florenz, wobei ihm ein Stück Toilettenpapier aus der Hose hing –, organisierte Ringholt den *Funny Fear Workshop* (2004), bei dem er die Teilnehmer dazu anleitete, sich von ihrem Peinlichkeitsgefühl zu befreien. Zuletzt präsentierte er *Preceded by a tour of the show by artist Stuart Ringholt, 4–5 pm. (The artist will be naked. Those who wish to join the tour must also be naked. Adults only.)* (2011), eine Museumsführung, bei der das Publikum die Ausstellungsräume nackt erleben durfte.

Ringholts Beitrag zur dOCUMENTA (13) ist *Anger Workshops* (2008), eine partizipative Arbeit in Form einer Gruppentherapiesitzung. Die Besucher sind eingeladen, gemeinsam mit anderen Mitgliedern der Gruppe ihren Stress und Ärger und anschließend ihre Liebe zum Ausdruck zu bringen. Ringholt schreibt über diese Arbeit: »Gruppen wird die Gelegenheit gegeben, ihre Hemmungen zu verlieren und ihren Ärger mit ihrer Stimme und durch Bewegungen zu sehr lauter Housemusik auszudrücken. Diese Phase dauert fünf Minuten. In der darauffolgenden Phase vergegenwärtigen die Teilnehmer sich ›Liebe‹, die sie durch Aussagen wie ›Wenn ich dich verletzt habe, tut es mir leid‹ und ›Ich liebe und respektiere dich‹ artikulieren, während die sanften Klänge Mozarts sie leise begleiten. Dann umarmen sich die Teilnehmer zärtlich und kuscheln für drei weitere Minuten. Nach der Aktivität sitzt die Gruppe zusammen und diskutiert das Erlebte.«

Während der Workshops ist der Raum für die Öffentlichkeit geschlossen, aber die Geräusche, die produziert werden, sind jenseits der Wand zu hören. In den Pausen zwischen den Workshops stehen die Türen offen, so dass die Besucher in einen mit Teppichboden ausgelegten und im Wesentlichen leeren Raum eintreten können. Auf einem Videomonitor läuft *AUM* (2007), die gekürzte Fassung eines Films, der zeigt, wie die Workshops praktiziert werden.

Combining deadpan earnestness with slapstick humor and a fascination with the absurd, Stuart Ringholt's work takes many forms, from performance, video, and sculpture to collaborative workshops. Exploring the power of small gestures, he induces significant shifts in meaning.

His video series *Starring William Shatner as Curator* (2010) portrays the working life of a curator in his daily adventures in space and other dimensions, using footage appropriated from the popular television series *Star Trek*. Spock and Dr. McCoy are recast as Shatner's assistant curators, while other actors become artists, curators, and gallerists with a range of personalities from violent psychopath to hermit.

Personal themes such as mental illness, fear, and embarrassment are addressed in Ringholt's works through absurd situations or amateur self-help environments that he describes as "education through feeling." After *Embarrassed* (2003), a series of actions in which the artist embarrassed himself in the public realm—such as standing in a busy square in Florence with toilet paper sticking out of his pants—Ringholt organized *Funny Fear Workshop* (2004), where he led a group of people in learning how to relieve their sense of embarrassment. More recently, he presented *Preceded by a tour of the show by artist Stuart Ringholt, 4–5 pm. (The artist will be naked. Those who wish to join the tour must also be naked. Adults only.)* (2011) in museums for audiences to experience a gallery tour without clothes.

For dOCUMENTA (13) Ringholt is presenting *Anger Workshops* (2008), a participatory work in the form of group-therapy sessions. Visitors are invited to express their stress and anger, then their love, with other members of the group. Ringholt writes about the work: "Groups are offered the opportunity to lose inhibition and express their anger using voice and movement to the sound of very loud house music. This phase runs for five minutes. In the following phase participants consider 'love' and express it using statements such as 'I am sorry if I have hurt you' and 'I love and respect you' to the gentle and soft sounds of Mozart. The group then gently embrace one another and hug for three minutes. After the activity, the group sit and discusses their experience."

During the workshops the room is closed to public viewing, although the sound of the workshops can be heard outside its walls. When the workshops are not running the doors are opened and visitors can walk into a largely empty and carpeted room. A video monitor plays *AUM* (2007), an abridged version of a film showing how the workshops are practiced. ES

***Anger Workshops*, 2008
Öffentlicher Workshop / Public workshop, Art Gallery of New South Wales, Sydney**

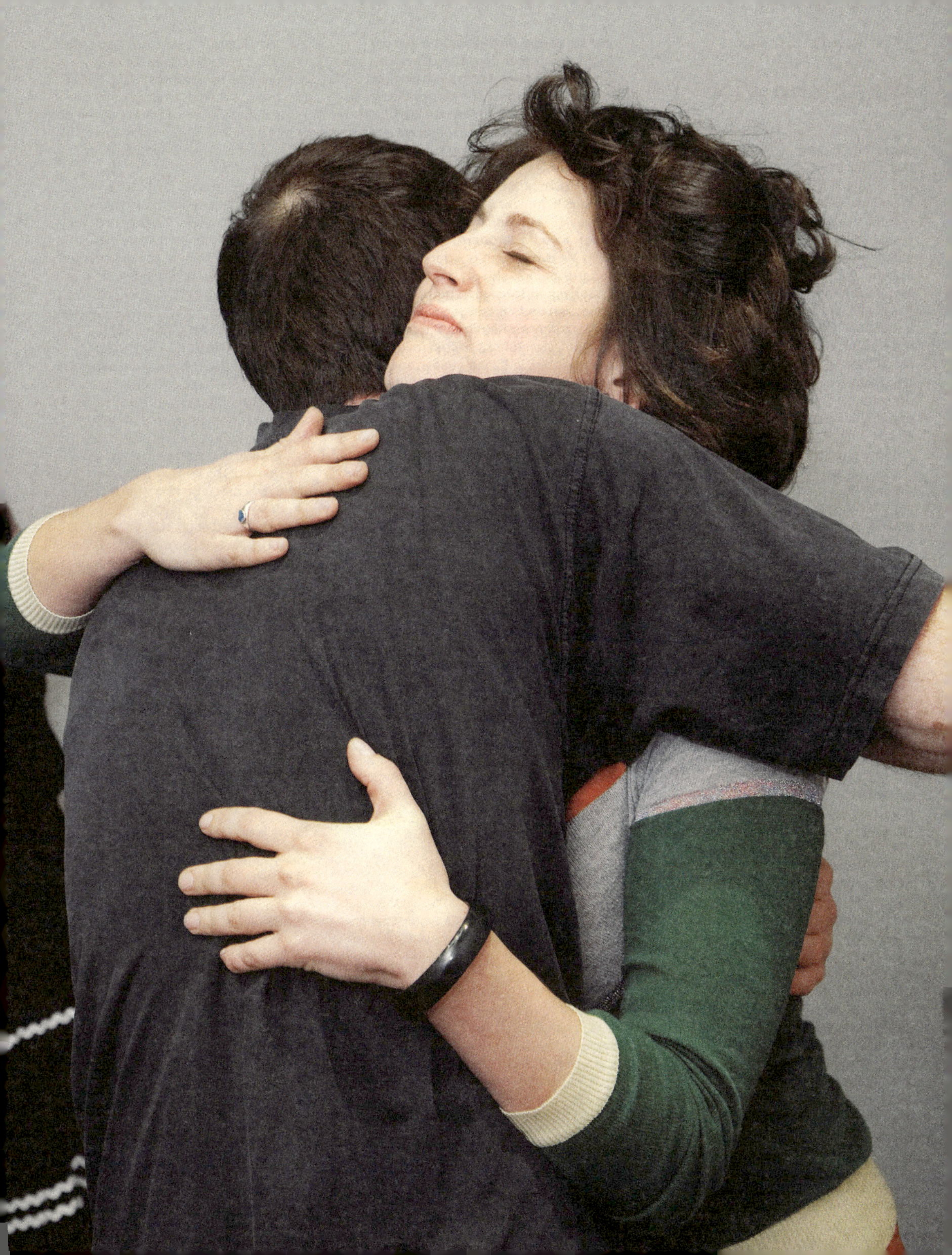

Wael Shawky

geb. / b. 1971 in Alexandria
(Ägypten / Egypt)
lebt / lives in Alexandria

Wael Shawky erkundet Räume zwischen Geschichte und Geschichtenerzählen, wobei er die vielfältigen Verwandlungen von mündlicher Tradition zur Verschriftlichung, von Übersetzung, Deutung und Vermittlung in Betracht zieht. In Performances und Videoarbeiten stellt er historische Augenblicke nach und untersucht, wie sich Bedeutungen von Medium zu Medium verschieben. Durch den Einsatz von digitaler Animation, Kinderschauspielern und Marionetten zieht er eine Ebene der Verfremdung ein, die es uns erlaubt, politische Probleme von heute aus einem neuen Blickwinkel zu sehen. Zwischen einander widerstreitenden Sphären – Unterhaltung und Konsumkultur einerseits, Geschichte, Politik und Religion andererseits – bezieht Shawky vieldeutig Stellung, so dass das Urteil dem Betrachter überlassen bleibt.

Seine Serie *Telematch* (2007–2009) bezieht sich auf eine deutsche Fernsehsendung aus den 1970er Jahren, bei der Menschen aus zwei Städten in verschiedenen Spielen gegeneinander antraten, wobei sie als zusätzliche Schwierigkeit in riesigen Kostümen steckten. Die Idee eines Kampfes zwischen zwei Lagern, dessen einziger Zweck die Belustigung einer dritten Partei ist, bildet den Ausgangspunkt für eine Reihe von Arbeiten, die komplexe Beziehungen (zwischen den Geschlechtern sowie religiöser, politischer, wirtschaftlicher, gesellschaftlicher und kultureller Natur) auf verschiedenen Ebenen untersuchen. In *Telematch Sadat* (2007) stellt eine Kolonne von Kindern auf Tretlastern zuerst die alljährliche Truppenparade nach, während deren der ägyptische Präsident Anwar Sadat 1981 von einer Gruppe von Aufständischen ermordet wurde, und dann sein Begräbnis. In Unkenntnis der politischen Dimensionen des Geschehens verhalten sich die Kinderschauspieler unvorhersehbar; teilweise sind sie in ihr unschuldiges Spiel versunken, teilweise sind sie sich der Kamera bewusst.

***Cabaret Crusades* (2010–fortlaufend) ist ein epischer Puppenanimationsfilm in vier Teilen, der die Geschichte der religiös sanktionierten Feldzüge der Christen der westlichen Welt gegen Jerusalem auf Grundlage des 1983 erschienenen Buchs *Der Heilige Krieg der Barbaren: Die Kreuzzüge aus der Sicht der Araber* des libanesischen Schriftstellers Amin Maalouf erzählt. *Cabaret Crusades: The Horror Show File* (2010) zeichnet mithilfe von 200 Jahre alten Marionetten die Ereignisse nach, die zum Ersten Kreuzzug führten, der sich über vier Jahre hinzog (1095–1099). Der Film beginnt mit dem Aufruf Papst Urbans II. bei der Synode von Clermont, Jerusalem von den muslimischen Armeen zurückzuerobern, und schließt mit dem Massaker rund um den Felsendom in Jerusalem. Während das Stück auf historischen Tatsachen beruht und die Ursachen und Wirkungen nachverfolgt, die letztlich zur heutigen Situation im Nahen Osten führen sollten, evozieren die minuziös in Szene gesetzten und dramatisch ausgeleuchteten Bühnenbauten und die sichtbar an Fäden geführten Marionetten eine surreale und albtraumhafte Atmosphäre, in der mal Rührseligkeit, mal Zynismus zu überwiegen scheint. *Cabaret Crusades: The Path to Cairo* (2012), gezeigt bei der dOCUMENTA (13), ist ein Musicalfilm; die Songtexte werden von Perlenfischerchören und Kinderchören aus Bahrain und schiitischen Erzählern religiöser Geschichten (Radouds) gesungen. Die Handlung beruht auf den Chroniken der fünfzig Jahre zwischen dem Ersten und dem Zweiten Kreuzzug (1099–1149), einer Phase der Geschichte, in der sich der Schwerpunkt politischer Macht im Nahen Osten nach Kairo verlagerte.**

Wael Shawky explores the spaces between history and storytelling, considering the manifold transformations from oral tradition to writing, translation, interpretation, and mediation. In performances and video he reenacts historic moments, examining how meaning shifts in each medium. Through the use of digital animation, child actors, and puppets, he adds a layer of alienation that introduces a fresh gaze on current political situations. Within the clash of different spheres—entertainment and consumerism versus history, politics, and religion—Shawky's position remains ambiguous, leaving judgment to the viewer.

His *Telematch* (2007–09) series refers to a German TV show from the 1970s in which residents of two cities competed in various games, handicapped by gigantic costumes. The concept of a clash between two factions that serves no purpose other than the amusement of a third party provides the starting point for a series of works that explore complex relations (gender-based, religious, political, economic, social, cultural) on various levels. In *Telematch Sadat* (2007), a convoy of children in pedal trucks reenacts first the annual military procession during which Egyptian president Anwar Sadat was assassinated by a militant group in 1981, and then his funeral. Unaware of the political dimensions of the event, the child actors perform unpredictably, hovering between innocent play and awareness of the camera.

Cabaret Crusades (2010–ongoing) is an epic marionette-animation film in four parts that retells the history of the religiously sanctioned military expeditions made by Western Christians against Jerusalem, based on the 1983 book *The Crusade through Arab Eyes* by the Lebanese writer Amin Maalouf. *Cabaret Crusades: The Horror Show File* (2010) retraces the events that led to the First Crusade, which unfolded over four years (1095–99), using 200-year-old marionettes. It starts with Pope Urban II's call to reclaim Jerusalem from the Muslim armies at the Council of Clermont and ends with the massacre around the Dome of the Rock in Jerusalem. While the play is based on historical facts, retracing the causes and effects that laid the path for the situation in Middle East as it is today, the meticulously staged and dramatically lit sets, as well as the puppets operated by visible strings, evoke a surreal, nightmarish atmosphere fluctuating between sentiment and cynicism. *Cabaret Crusades: The Path to Cairo* (2012), presented at dOCUMENTA (13), is a musical film with lyrics sung by Bahraini pearl-fishing choirs, Bahraini children's choirs, and religious Shia storytellers (Radoud). The plot is based on the chronicles of the fifty years between the First and the Second Crusade (1099–1149), the historical period when Middle Eastern political power shifted to Cairo. ES

Filmstills aus / Film stills from *Cabaret Crusades: The Horror Show File*, 2010
Video, Farbe, Ton / Video, color, sound
31.49 min.

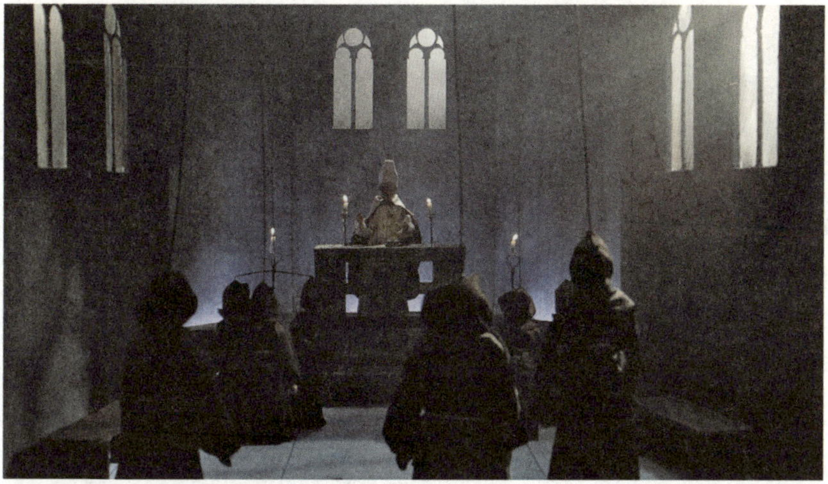

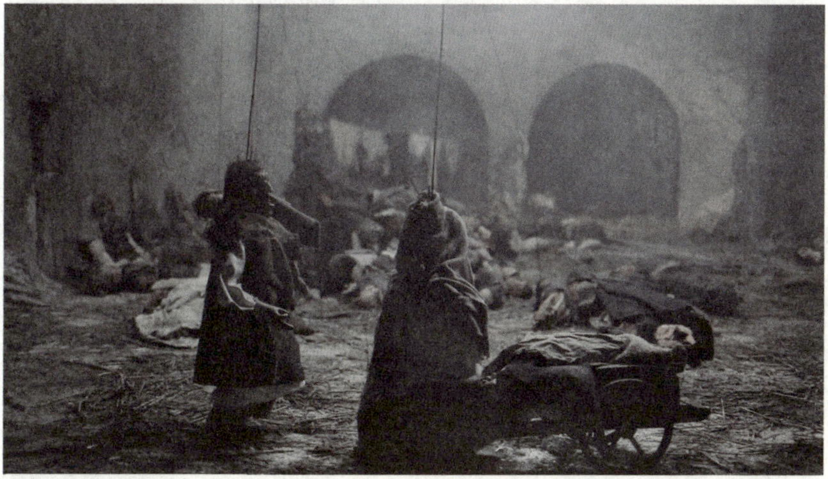

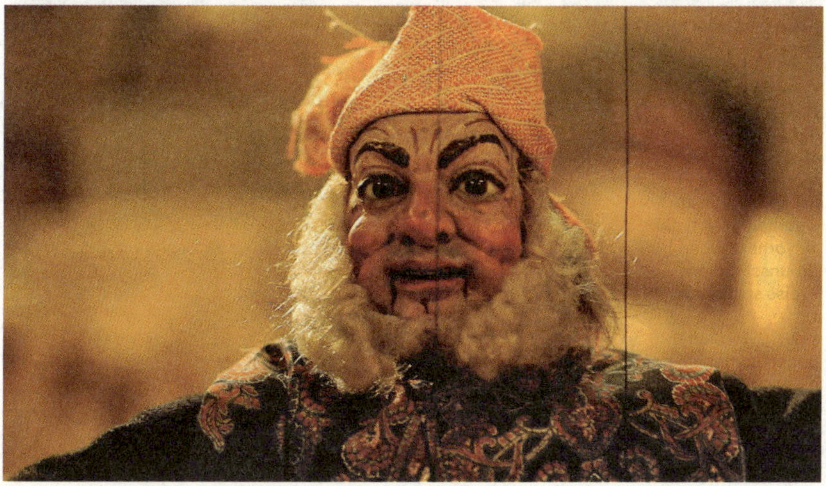

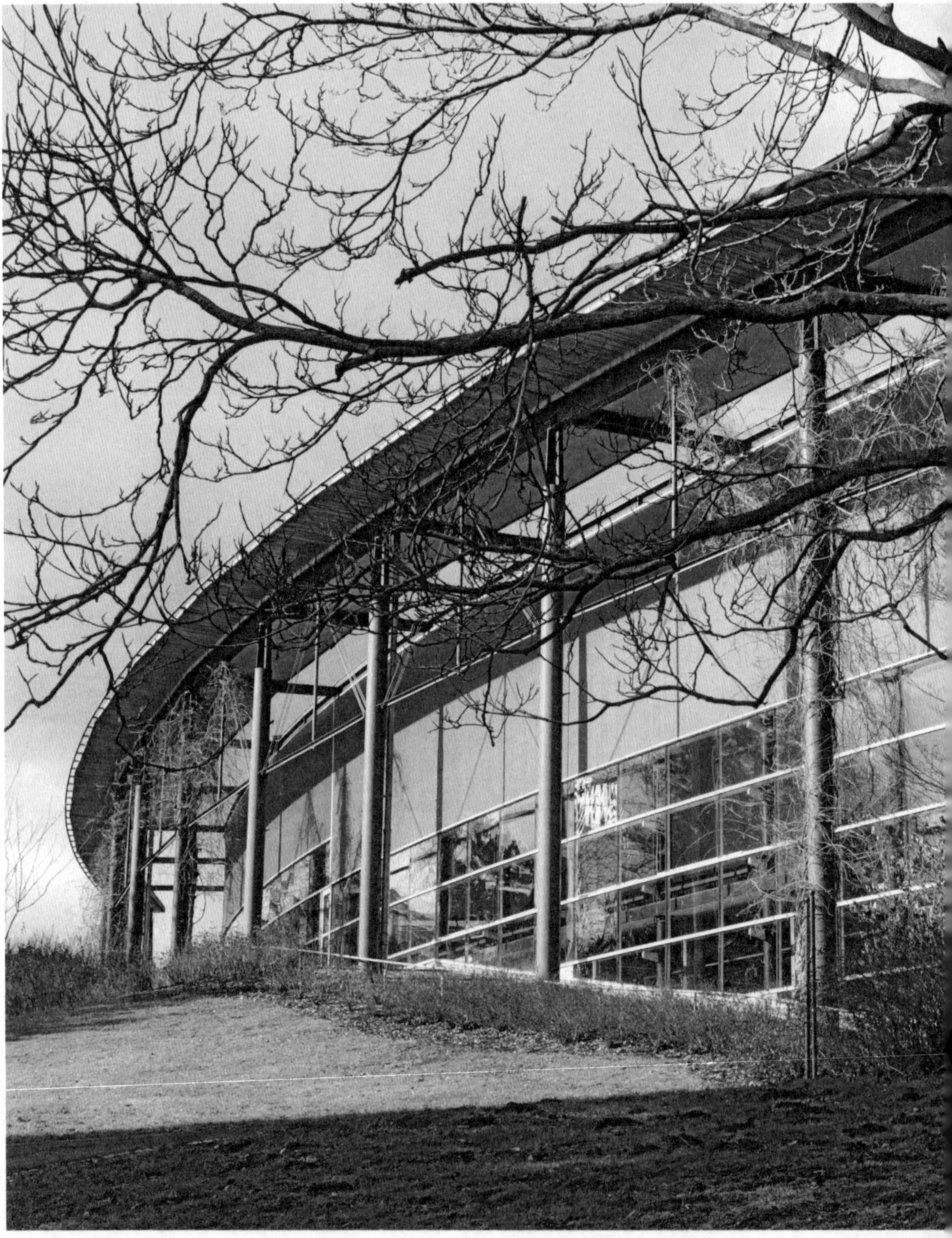

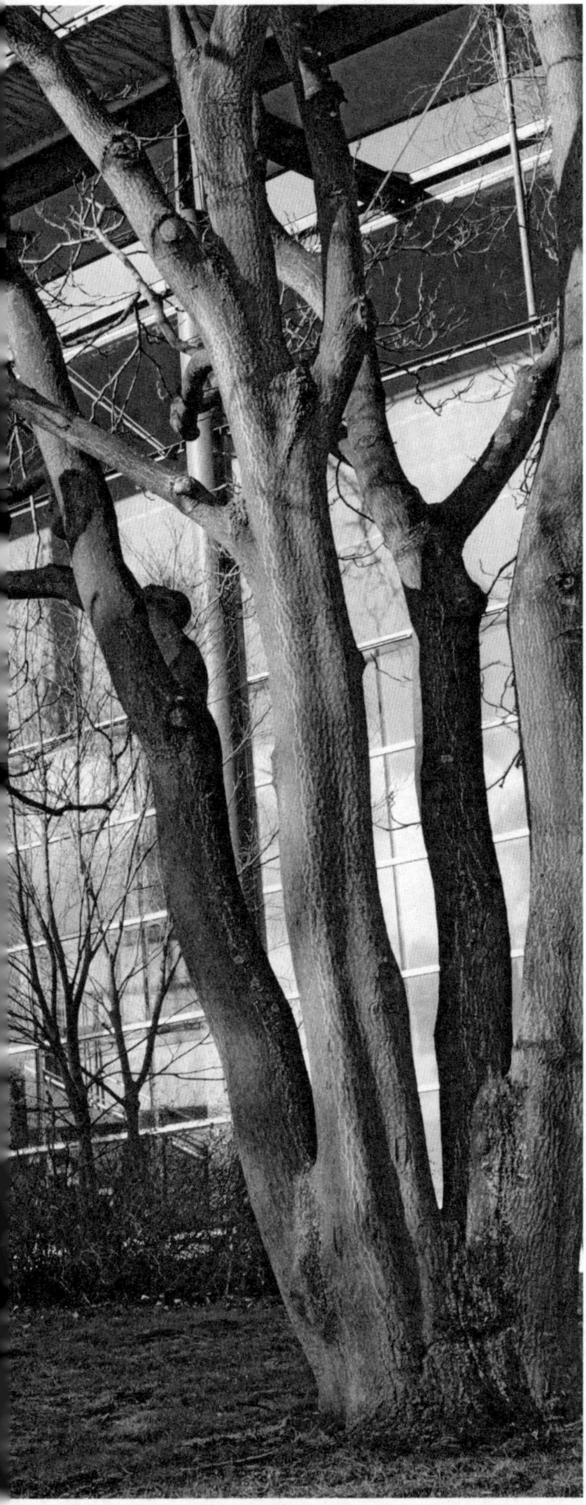

DOCUMENTA-HALLE

Die 1992 als zusätzliches Veranstaltungsgebäude für die DOCUMENTA IX errichtete documenta-Halle kann als klassischer Ausstellungsraum (Haupthalle und Nebenräume), aber auch als Multifunktionsraum für Vorträge, Konferenzen und Performances, als Buchladen oder Pressezentrum genutzt werden.

Built in 1992 as an additional venue for DOCUMENTA IX, the documenta-Halle can be used as a classic exhibition space (main hall and cabinets), as well as a multifunctional space for lectures, conferences, and performances, or as a bookshop or press center.

DOCUMENTA-HALLE

Einige Kunstwerke, die durchdenken, was Malerei heute ist.

A number of artworks thinking through what painting is today.

▼ **KÜNSTLER / ARTISTS**
ERDGESCHOSS / GROUND FLOOR

▷ **3** Etel Adnan
▷ **113** Julie Mehretu
▷ **116** Gustav Metzger
▷ **188** Yan Lei

▼ **KÜNSTLER / ARTISTS**
KELLER / BASEMENT

▷ **25** Thomas Bayrle
▷ **108** Nalini Malani
▷ **119** MOON Kyungwon & JEON Joonho

Erdgeschoss / Ground floor

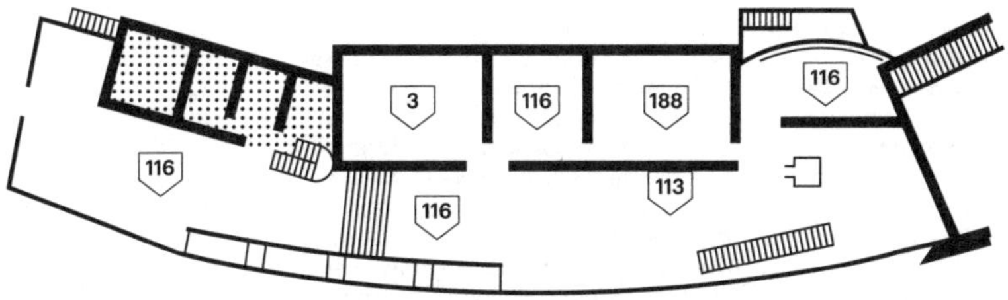

Keller / Basement

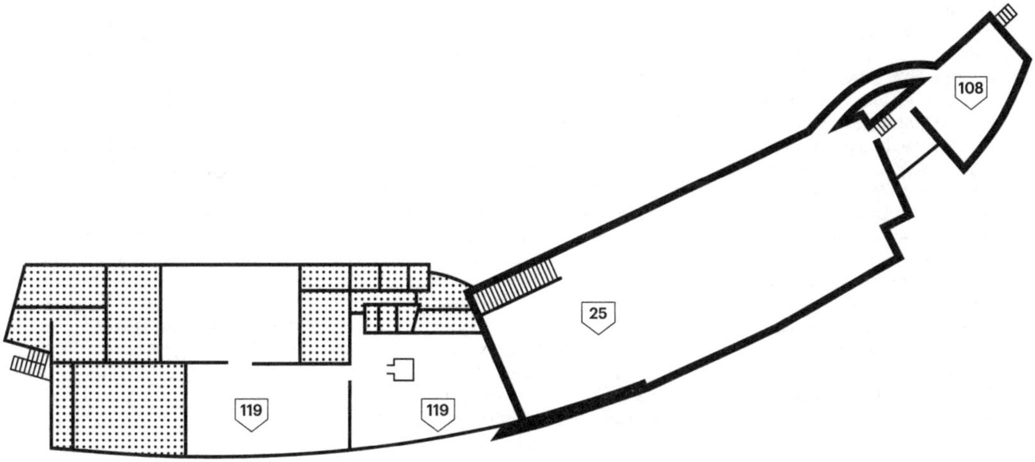

Etel Adnan

geb. / b. 1925 in Beirut
lebt / lives in Sausalito (Kalifornien / California) und / and Paris

Etel Adnan ist Schriftstellerin, Dichterin, Dramatikerin und Künstlerin. Ende 1949 verließ sie Beirut, um nach Paris zu gehen, und zog 1955 für ihr Philosophiestudium an der University of California in Berkeley nach Kalifornien, wo sie zahlreiche Autoren der Beat Generation traf. Zutiefst von der Erfahrung von Exil und dem Trauma des libanesischen Bürgerkriegs geprägt, arbeitet sie über Sprachgrenzen und Kontinente hinweg; an den kulturellen Diskursen des Nahen Ostens nimmt sie seit Langem mit unverwechselbarer Stimme teil. Die Malerei ist seit jeher ein Kernbestandteil ihres Werks; dazu zählen Zeichnungen und Ölgemälde auf Leinwand, zumeist in kleinen Formaten. Sie malt Landschaften in provokanten Farbpaletten, die sich der Abstraktion nähern, während ihre abstrakten Farbstudien – Arbeiten auf Papier wie auch auf Leinwand – an eine innere Landschaft denken lassen. In einem Essay aus dem Jahr 1996 mit dem Titel »To Write in a Foreign Language« schreibt sie: »Abstrakte Kunst entsprach dem poetischen Ausdruck; ich brauchte keine Wörter, sondern konnte Farben und Linien verwenden. Ich musste nicht einer sprachlich orientierten Kultur angehören, sondern einer offenen Ausdrucksform.«

Adnan nahm die Malerei im Zusammenhang mit ihrer jahrzehntelangen Beziehung zum Mount Tamalpaïs auf – einem 800 Meter hohen Berg nördlich von San Francisco, der seit den späten 1950er Jahren ihr steter Bezugspunkt geblieben ist. In der Tradition der Bergstudien anderer Künstler wie Hokusai oder Cézanne zeichnete und malte sie den Mount Tamalpaïs unzählige Male aus verschiedenen Richtungen und Perspektiven. Ihre in Aquarell oder Tusche, als Bleistift- oder Kugelschreiberzeichnung oder als Gouache ausgeführten Studien erinnern an japanische Tuschezeichnungen und die reduzierte poetische Sprache des Haiku und sind Naturbetrachtungen, die die leidenschaftliche Beziehung der Künstlerin zu diesem besonderen Ort bezeugen. In ihrem in der Reihe *100 Notizen – 100 Gedanken* von der dOCUMENTA (13) herausgegebenen Notizbuch *Der Preis der Liebe, den wir nicht zahlen wollen* schreibt sie über den Mount Tamalpaïs: »Ich begann mich an ihm zu orientieren, aus der Nähe ebenso wie aus der Ferne. Er wurde zu einem Gefährten. Und als ich dann irgendwann Malerin wurde, begann ich ihn zu malen, in Öl. Ich zog in ein Haus in Sausalito, aus dessen sämtlichen Fenstern er zu sehen war. Ich malte nur noch den Berg, und das ging jahrelang so, bis ich nichts anderes mehr denken konnte. Es wurde meine Hauptbeschäftigung, den Berg in seiner unaufhörlichen Veränderung zu beobachten. Ich schrieb sogar ein Buch über den Berg, um ihn und meine Gefühle in den Griff zu bekommen – doch die Erfahrung trat über die Ufer meines Schreibens. Ich war süchtig.«

Die sehr persönlichen kleinformatigen Gemälde auf Leinwand, die hier zu sehen sind, schuf Adnan zwischen den späten 1950er Jahren und 2011. Diese abstrahierten Landschaften in üppigen Farben – einige Ton in Ton mit einer hellen Pastellpalette, andere in kontrastierenden Primärfarben – sind mit kräftigen geraden Pinselstrichen gemalt. Ihre jüngsten Serien, die sie von 2010 bis 2011 in Beirut ausführte, zeigen eine noch stärkere formale Reduktion: Sie beschränken sich auf Quadrate und Kreise, die Seestücke mit Horizont und Sonne erahnen lassen. Neben ihren Gemälden zeigt Adnan auch zwei Wandteppiche, ein Leporello – ein ziehharmonikaartig ausfaltbares Büchlein mit japanischen Tuschezeichnungen und Aquarellen auf Baumwollpapier – sowie eine Video-Collage ihrer Super-8-Filme, lakonischer Studien über Orte und Augenblicke.

Etel Adnan is an author, poet, playwright, and artist. She left Beirut at the end of 1949 for Paris, then went to California in 1955 as a philosophy student at the University of California, Berkeley, where she met numerous writers of the Beat generation. Personally shaped by displacement and the trauma of the Lebanese Civil War, she works across languages and continents and has long held a unique voice in the cultural discourses of the Middle East. Painting has always been a key component of her work, which includes drawings and oil paintings on canvas, mostly in small formats. She paints landscapes in provocative palettes that verge on abstraction, while her abstract color studies, works on paper as well as on canvas, suggest an interior landscape. In her 1996 essay "To Write in a Foreign Language," she states: "Abstract art was the equivalent of poetic expression; I didn't need to use words, but colors and lines. I didn't need to belong to a language-oriented culture but to an open form of expression."

Adnan started to paint during her decades-long relationship with Mount Tamalpaïs—an eight-hundred-meter-high mountain north of San Francisco that has been her steady point of reference since the late 1950s. In the tradition of artists' studies of mountains, like those of Hokusai or Cézanne, she drew and painted Mount Tamalpaïs countless times from different angles and perspectives. Her studies in watercolor, ink, oil, pencil, ballpoint pen, or gouache, reminiscent of Japanese ink drawings and of the reduced poetic language of haiku, are meditations on nature, witnesses of the artist's passionate relationship with this particular place. In her *100 Notes – 100 Thoughts* notebook, *The Cost for Love We Are Not Willing to Pay*, published by dOCUMENTA (13), she writes of Mount Tamalpaïs: "I began to orient myself by its presence, or a view of it in the distance. It became a companion. When, at a certain time, I became a painter, I started making drawings of it, oils. I moved to Sausalito, living in a house whose windows were filled by its view. I painted nothing else but this for years, until I couldn't think of anything else. To observe its constant changes became my major preoccupation. I even wrote a book in order to come to terms with it—but the experience overflowed my writing. I was addicted."

Adnan made the intimate, small canvases shown here between the late 1950s and 2011. These abstracted landscapes in lush colors—some tone-on-tone in light pastel palettes, others in bright contrasting primary colors—are painted with bold, straightforward brushstrokes. Her latest series, executed in Beirut from 2010 to 2011, are even more formally reduced, pared down to squares and circles and suggesting seascapes with horizon and sun. In addition to her paintings, Adnan is also exhibiting two tapestries, a leporello—an accordion-fold-out booklet in Japanese ink and watercolor on cotton paper—and a video collage of her Super 8 films that are laconic studies of places and moments. ES

Der Arbeitsplatz der Künstlerin / The artist's work table

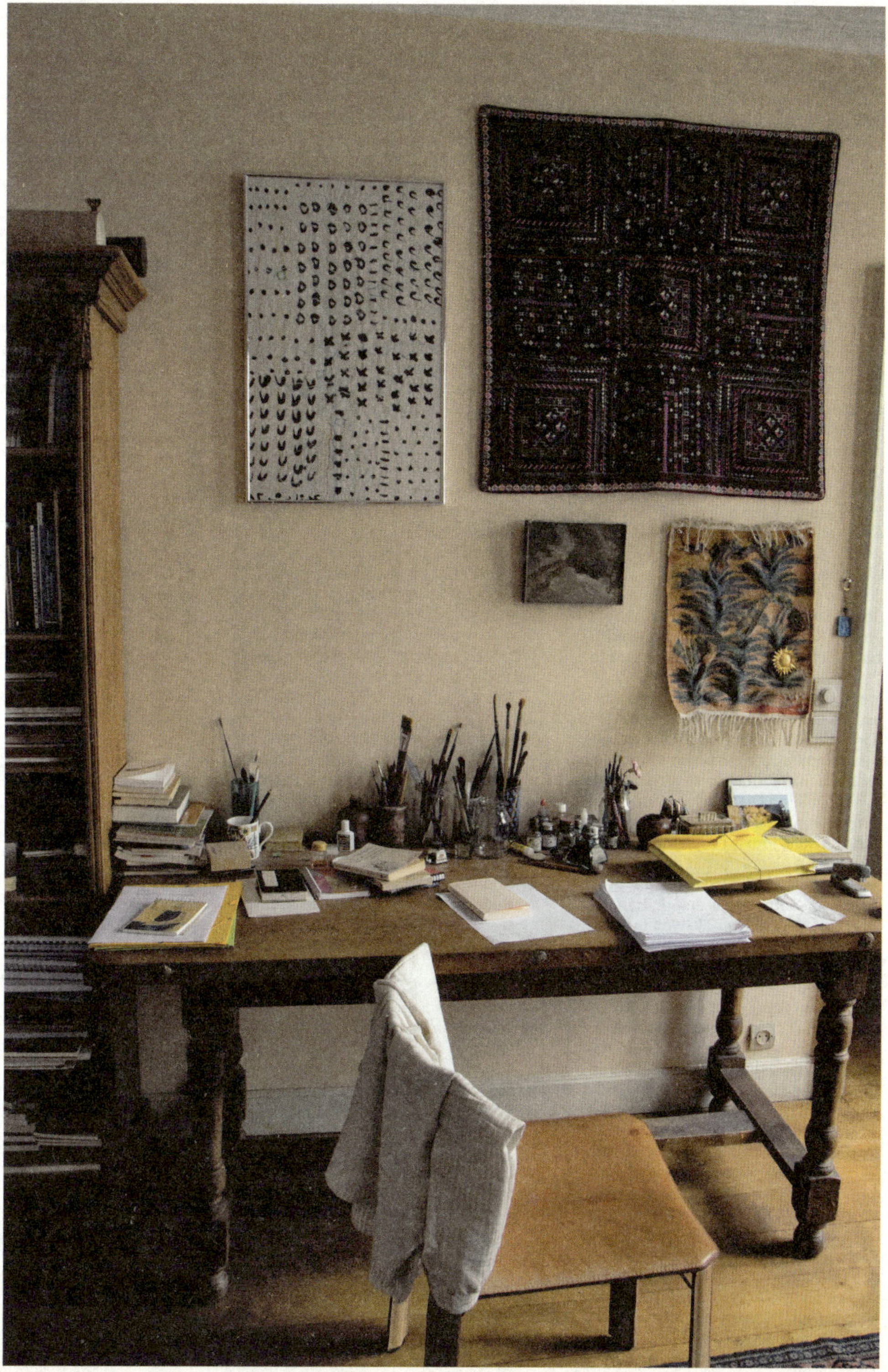

Thomas Bayrle

geb. / b. 1937 in Berlin
lebt / lives in Frankfurt/Main

Thomas Bayrles großformatige Installation für die dOCUMENTA (13) versammelt Werke aus verschiedenen Phasen seines Schaffens: ein collagiertes Flugzeug aus den Jahren 1982–1983, *Gummibaum* (1993), einen Film mit Schwarz-Weiß-Aufnahmen eines eingetopften Gummibaums, mehrere »betende« Automotoren sowie eine riesige Wandarbeit aus Karton, bei der Tausende von Autobahnfragmenten einander kreuzen, ohne irgendwo hinzuführen. Ein Thema zieht sich durch den ganzen Raum: die Maschine und ihr Verhältnis zum biologischen wie auch zum künstlichen Leben (*Carmageddon*, 2012).

Ein beständiges Anliegen in Bayrles Arbeiten ist es, die Wirklichkeit zu verstehen, die sich seit dem Zweiten Weltkrieg herausgebildet hat, in einer Zeit, da Codes der Wahrnehmung und Selbstwahrnehmung, mittels deren wir unsere Beziehungen zu anderen und zur Welt begreifen, in eine unbekannte Dimension eingetreten sind. Unsere Moral, Ästhetik und Politik, aber auch unsere Ökonomien der Bedürfnisse und Begehrlichkeiten und sogar des gesellschaftlich Gebotenen waren einem tiefgreifenden Wandel unterworfen. Bayrles Kunst hat ihren Ort in diesem Strudel der Veränderung; sie fragt, wie wir durch künstlerische Praxis Probleme angehen können, die einerseits mit der Deutung der Welt und andererseits mit der des modernen Subjekts zusammenhängen. Wie thematisieren wir die Welt in einer Zeit, die man als postmodern beschreiben könnte?

Das Flugzeug, eine Collage aus Tausenden von Fotos, verbildlicht den Traum vom Fliegen, davon, die Welt von oben zu überblicken oder den Globus durch Bewegung von einem Punkt zum anderen umspannen zu können. Gleichzeitig verwandelt Bayrle das in seiner Installation präsentierte Inventar des Rationalen in ein organisches Netz, durch das viele andere Erzählungen hindurchdringen können, die dem Mythos der Moderne widersprechen. Der Lärm der sieben im Raum gezeigten Automotoren ertönt in Gebete verwandelt, bei denen dieselben Worte immer und immer wiederholt werden. In ihrem Verweis auf die deutsche Autoindustrie bezeugen sie einen scharfen Sinn für Ironie: Nun, da es den Autos endlich gelingt, nach einem Dasein im aktiven Dienst an uns über ihre Funktion hinauszuwachsen, wirken sie wie Bühnenschauspieler, die die Bedeutung der immateriellen Welt, des Theatralischen und Absurden verkünden.

Synchronizität und Virtuosität sind Schlüsselbegriffe für ein Verständnis der hier gezeigten Arbeiten. Die aus unendlich vielen Einheiten, wie etwa Fragmenten von Fotokopien oder Autoteilen, zusammengesetzten Arbeiten verdeutlichen einen wichtigen Punkt: dass die individuellen Eigenschaften eines biologischen, chemischen, gesellschaftlichen, wirtschaftlichen, gedanklichen oder sprachlichen Systems nicht auf die Summe der Einzelteile, aus denen es besteht, zurückgeführt werden kann und folglich nichts verzichtbar ist.

Thomas Bayrle's large-scale installation for dOCUMENTA (13) reunites works from several periods of his oeuvre: a collaged airplane made in 1982–83, *Gummibaum* (1993), a mov»‹ie featuring black-and-white images of a potted rubber tree, several car engines "praying," and an enormous wall piece made of cardboard, in which thousands of highway fragments intersect, leading nowhere. The room has a theme: the machine and its relation to life, biological but also artificial (*Carmageddon*, 2012).

There is a constant concern in Bayrle's work with understanding the reality that emerged after World War II, when the codes of perception and self-perception through which we conceive our relations with others and with the world entered an unknown dimension. Our morals, aesthetics, and politics, as well as our economies of need and desire and even of social imperative, underwent a radical transformation. Bayrle's art is situated in that whirlpool of change; it asks how, through artistic practice, we can approach problems related to the interpretation of the world on the one hand and to the interpretation of the modern subject on the other. How do we address the world in a time that could be described as post-world?

The airplane, a collage made up of thousands of photos, pictures the dream of flying, of overlooking the world from above or being capable of spanning the totality of the globe, moving from point to point. At the same time, Bayrle turns this inventory of the rational presented in his installation into an organic web through which many other narratives contradicting the myth of the modern can pass. The noise of seven car engines presented in the room has been transformed into prayers, where the same words are repeated over and over again. Referring to the German car industry, they distill a sharp sense of irony: finally managing to transcend their function after a life of active duty on our behalf, they seem like actors on a stage, proclaiming the importance of the immaterial world, of being theatrical, of becoming absurd.

Synchronization and virtuosity are key to understanding the different works present here. The infinitely many units that compose the works, such as fragments of photocopies or car parts, address an important point: that the individual properties of a biological, chemical, social, economic, mental, or linguistic system cannot be reduced to the sum of its component parts, and that therefore nothing is expendable. CM

***Flugzeug* / *Airplane*, 1982–1983**
Fotomontage / Photo montage
8 × 13.4 m
Installationsansicht / Installation view, »von hier aus«, Düsseldorf, 1984

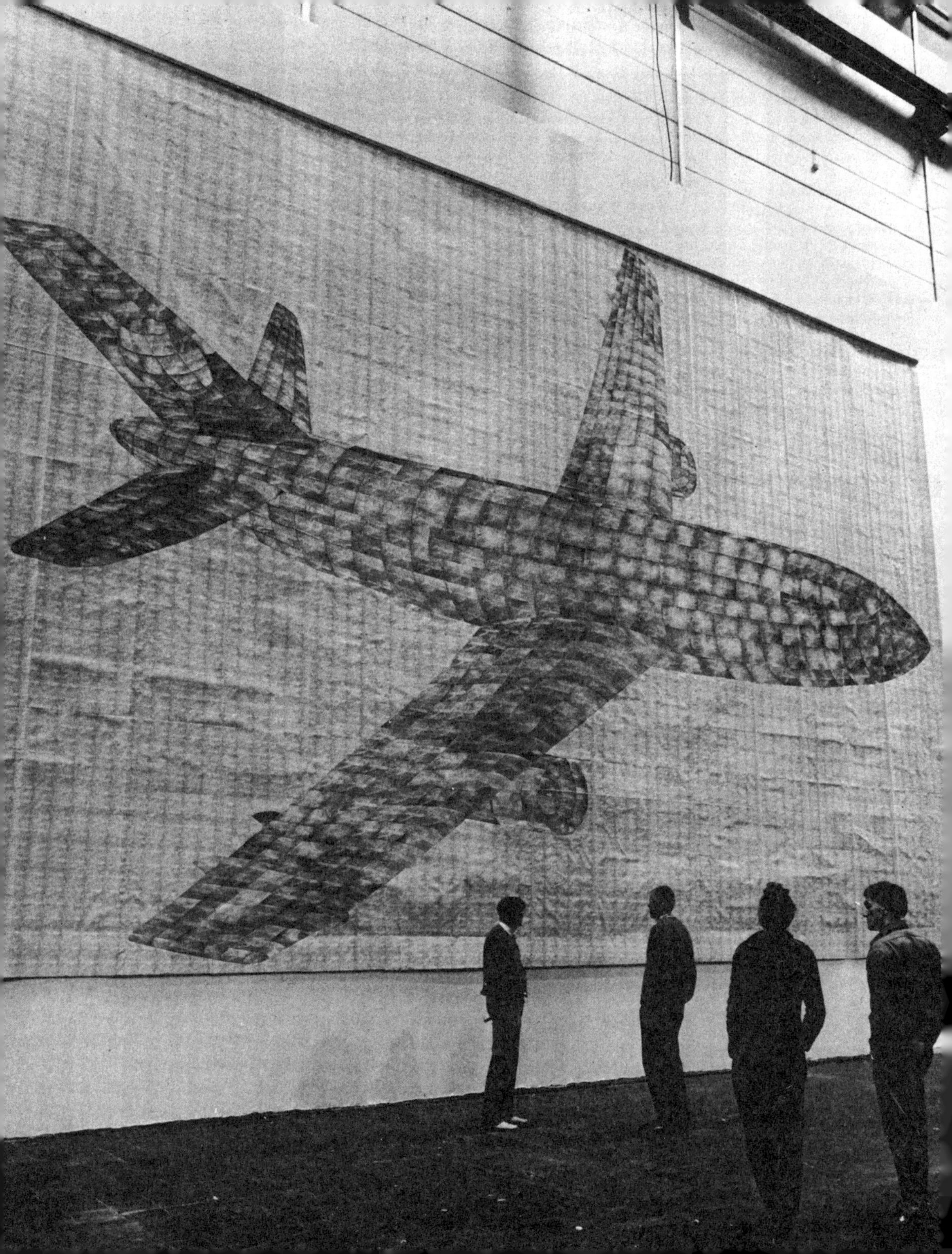

Nalini Malani

geb. / b. 1946 in Karatschi / Karachi (Indien, heute Pakistan / India, today Pakistan)
lebt / lives in Bombay

Die Zerstörung der im 16. Jahrhundert erbauten Babri-Moschee durch fundamentalistische Hindus im Jahr 1992 löste religiöse Unruhen in ganz Indien aus. Nalini Malani reagierte auf diese neue gesellschaftspolitische Situation, indem sie den Rahmen der Malerei sprengte und sich dem Theater und der Videokunst zuwandte, um eine breitere Öffentlichkeit zu erreichen. Ihr Augenmerk gilt oft weiblichen Hauptfiguren – angefangen von einer Frau, die durch eine ökologische Katastrophe zur Mutantin geworden ist, über ein Opfer religiöser Unterdrückung bis hin zu Neuinterpretationen archetypischer dramatischer Gestalten aus der Mythologie, etwa der griechischen Figuren Medea, Antigone und Kassandra und der Hindu-Göttinnen Radha und Sita, und der Literatur, wie *Alice im Wunderland*. Die Geschichten solcher Heldinnen sind schon oft neu gelesen und neu erzählt worden; man hat sie in zeitgenössische Zusammenhänge versetzt oder in den feministischen Diskurs eingeführt, etwa in den Schriften von Veena Das und Judith Butler.

Im Laufe der Jahre hat Malani ein ganz spezifisches Format entwickelt, das sie »Video/Schattenspiel« nennt. Dabei umgibt eine Collage dramatischer Projektionen den Betrachter. Die Idee kam ihr im Jahr 1996, als sie eine Requisite für ihr Theaterstück *The Job* entwarf; es folgten Schattenspiele wie *Stories Retold: The Sacred and the Profane* (1998), eine Entwicklung, die schließlich zu Video/Schattenspielen wie *Transgressions* (2001) führte. In einer verblüffenden kinematischen Erfahrung findet sich der Zuschauer rundum umfangen von einer Kombination aus auf die Wände projizierten Videos und den Schatten von Hinterglasmalereien auf einer Reihe rotierender durchsichtiger Zylinder, ein Verweis auf buddhistische Gebetsmühlen. Werden die Mühlen in Bewegung versetzt, tauchen Motive auf, verbinden sich und bilden neue Bedeutungen, um sich anschließend wieder zu trennen und weiterzuwandern; vor uns spielt sich eine unendliche Vielfalt von Begegnungen und bruchstückhaften Erzählungen ab, ein schwebender Prozess des Werdens und Vergehens.

***In Search of Vanished Blood* (2012) ist ein neues Video/Schattenspiel mit fünf Zylindern, das die Künstlerin für das rückwärtige Kabinett 4 in der documenta-Halle geschaffen hat. Der Titel zitiert eine Zeile aus dem auf Urdu verfassten Gedicht »Das Schattenbild des Rebellen« des pakistanischen Dichters Faiz Ahmed Faiz (1911–1984). Auf der Grundlage dieses Gedichts und zweier Erzähltexte – Christa Wolfs *Kassandra* mit den vier Vorlesungen, die die Autorin über die Erzählung hielt, und Rainer Maria Rilkes Roman *Die Aufzeichnungen des Malte Laurids Brigge* – gestaltet diese Arbeit aus mehreren Projektionen einen provokanten Raum, dessen Bilderwelt sich um komplexe Themen wie den Fluch der Sehergabe, die verhängnisvolle Stellung der Witwe in der indischen Gesellschaft und das Scheitern zwischenmenschlicher Verständigung rankt. Für die Klanglandschaft entlehnte Malani ausgewählte Passagen aus Heiner Müllers *Hamletmaschine*, Samuel Becketts *Das letzte Band* und aus der Kurzgeschichte »Draupadi« der indischen Sozialaktivistin und Schriftstellerin Mahasweta Devi.**

The destruction of the sixteenth-century Babri Mosque by Hindu fundamentalists in 1992 sparked violent sectarian riots across India. In response to this new sociopolitical situation, Nalini Malani broke out of the painting frame and into theater and video so as to reach a wider audience. Her focus is often on female protagonists, from a woman who has become a mutant due to ecological disaster and a victim of religious suppression to the reinterpretations of archetypal dramatic characters from mythology—such as the Greek figures Medea, Antigone, and Cassandra, and the Hindu goddesses Radha and Sita—and literature, such as *Alice's Adventures in Wonderland*. The stories of such heroines have frequently been reread and retold and brought into the contemporary arena or feminist discourse, for example in the writings of Veena Das and Judith Butler.

Over the years Malani has developed a very particular format she calls "video/shadow play," in which the viewer is surrounded by a collage of dramatic projections. This idea started in 1996 as a prop in her theater play *The Job* and was transformed into shadow plays like *Stories Retold: The Sacred and the Profane* (1998) before finally becoming video/shadow plays such as *Transgressions* (2001). In an intriguing cinematic experience, the viewer is encapsulated in a combination of wall-projected videos and shadows cast by images reverse-painted on a set of revolving transparent cylinders, a reference to Buddhist prayer wheels. As the wheels turn, motifs appear, merge, and form new meanings, then separate again as they move on, creating endless encounters and fragmented narratives in a floating process of becoming and unbecoming.

In Search of Vanished Blood (2012) is a new five-cylinder video/shadow play with sound created for the rear cabinet 4 in the documenta-Halle. The title is a line from the Urdu poem "The Rebel's Silhouette" by Pakistani poet Faiz Ahmed Faiz (1911–1984). Based on the poem and two books—Christa Wolf's *Cassandra: A Novel and Four Essays* and Rainer Maria Rilke's *The Notebooks of Malte Laurids Brigge*—this multi-projection work creates a provoking space whose imagery revolves around complex themes such as the curse of prophecy, the fatal position of the widow in Indian society, and the failure of human communication. For the soundscape, Malani borrows a selection of lines from Heiner Müller's *Hamletmachine*, Samuel Beckett's *Krapp's Last Tape*, and the short story "Draupadi" by the Indian social activist and writer Mahasweta Devi. ES

***In Search of Vanished Blood*, 2012**
6-Kanal-Video/Schattenspiel, 5 rotierende, auf der Rückseite bemalte Mylar-Zylinder, 4 Scheinwerfer, Ton / 6-channel video/shadow play, 5 rotating reverse-painted Mylar cylinders, 4 spotlights, sound
11 min.

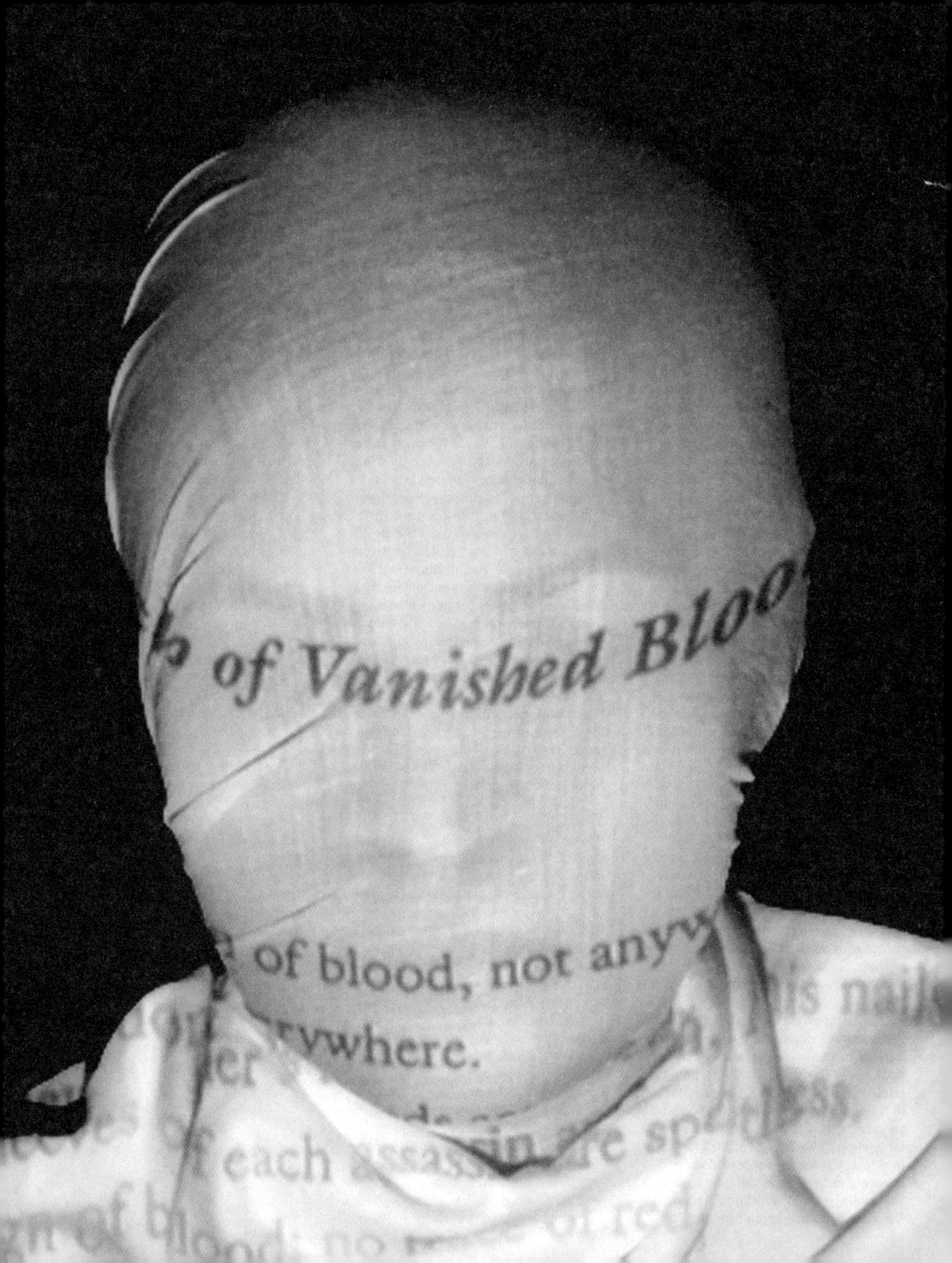
of Vanished Bloo
of blood, not any
ywhere.
each

Julie Mehretu

Amerikanerin / American,
geb. / b. 1970 in Addis Abeba / Addis Ababa (Äthiopien / Ethiopia)
lebt / lives in New York und / and Berlin

Julie Mehretus großformatige Gemälde und Zeichnungen könnte man als geistige Landschaften beschreiben, die historische, architektonische und geografische Verweise mit abstrakten Linien und Farben zu grafisch dichten und komplexen Kompositionen verweben. Auf weiß grundierten Leinwänden baut die Künstlerin mehrere Schichten Acrylfarbe auf, auf denen sie Markierungen mit Blei- und Filzstift, Tinte und dicken Farbströmen vornimmt, so dass die Arbeiten eine Schichtung und Verdichtung von Zeit, Raum und Ort sowie eine Verschmelzung kunsthistorischer Referenzen vermitteln – von der geometrischen Abstraktion des Suprematismus und der All-Over-Dynamik der italienischen Futuristen bis hin zu den überwältigenden Dimensionen der Farbfeldmalerei im abstrakten Expressionismus. Als wäre ein Wirbelsturm über eine konstruktivistische Komposition auf dem Zeichentisch eines Architekten hinweggezogen, findet man Bruchstücke von Architekturfassaden, Bauplänen und Luftaufnahmen städtischer Straßenraster, die zwischen grafische Explosionen dynamischer Linien und abstrakter farbiger Gebilde geraten sind. Mehretu, die die Hard-Edge-Formen von Computergrafik neben gestische Markierungen und Kleckse stellt und sich aus den Bildsprachen von Graffiti, barocken Stichen, Kalligrafie und japanischer Tuschezeichnung bedient, baut ihre Kompositionen über Monate in einem fortlaufenden Prozess auf, indem sie durchscheinende Mal- und Zeichenschichten übereinanderlegt, Details hinzufügt und wieder tilgt, bis die wachsartigen Oberflächen der Gemälde Leuchtkraft und räumliche Tiefe entfalten.

Nicht anders als der zeitraubende Prozess ihrer Herstellung erfordert ihre Betrachtung eine Art archäologischer Arbeit, die sich durch mehrere Bildebenen gräbt, um den Reichtum der in den Bildern kodierten Informationen zu verarbeiten. Unter den abstrakten Linien liegen konkrete architektonische und historische Verweise und veranschaulichen so die chaotische Geistesverfassung des 21. Jahrhunderts. »Um herauszufinden, wer ich bin, und um meine Arbeit zu verstehen, versuche ich, Systeme zu begreifen«, sagte Mehretu 2009. »Die Malerei hält mich am Laufen, und indem ich mich ins Malen verliere, wird eine Sprache erfunden.« Ihre Kompositionen enthalten Hinweise auf modernistische Architektur – in *Stadia II* (2004) zum Beispiel erscheinen Gebäude, die an den inneren Aufbau eines Kolosseums denken lassen –, aber auch auf entstellte Strukturen wie die zerstörten Buddha-Statuen aus dem 6. Jahrhundert im afghanischen Bamiyan, die sie zu *Vanescere* (2007) inspirierten.

In den hochformatigen Gemälden auf Leinwand, die sie in jüngerer Zeit eigens für die dOCUMENTA (13) geschaffen hat, wirft Mehretu einen Blick auf Architektur als Medium der Sozialgeschichte am Beispiel revolutionärer Plätze – öffentlicher Räume, in denen sich über das vergangene Jahr 2011 hinweg Menschen versammelt haben, um für andere Regierungsformen und politische Veränderungen zu demonstrieren, vom Tahrir-Platz bis hin zum Zuccotti Park. Indem sie Dias auf die Leinwand projiziert und Schicht um Schicht nachzeichnet, integriert sie vermittels verschiedener Zeichen- und Drucktechniken Bruchstücke von Architektur gemischt mit Gestaltungselementen aus anderen Quellen wie Science-Fiction-Bucheinbänden, revolutionären Postern, Plattenhüllen und militärischer Tarnkleidung in ihre Malerei. Auf diese Weise legt Mehretu den Glauben an Systeme, für die diese Bürgerplätze stehen, offen und hinterfragt die Bedeutungen, die die hier stattfindenden gesellschaftlichen Akte hervorbringen.

Julie Mehretu's large-scale paintings and drawings could be described as mental landscapes, interweaving historical, architectural, and geographic references with abstract lines and colors into graphically dense and complex compositions. Built up through multiple layers of acrylic on white-primed canvas overlaid with mark-making using pencil, felt pen, ink, and thick streams of paint, her work conveys a layering and compression of time, space, and place, as well as a collapse of art-historical references—from the geometric abstraction of Suprematism and the all-over dynamism of the Italian Futurists to the enveloping scale of Abstract Expressionist color-field painting. As if a cyclone had gone through a Constructivist composition by way of an architect's drawing table, one finds fragments of architectural facades, plans, and aerial views of urban grids mixed up in graphic explosions of dynamic lines and abstract shapes of color. Juxtaposing the hard edge of computer graphics with gestural marks and smudges, and drawing from the visual language of graffiti, Baroque engraving, calligraphy, and Japanese ink drawing, Mehretu builds up her compositions over months, in a constant process of superimposing thin, translucent layers of paint and drawing, adding details, and erasing them again, until the paintings' wax-like surfaces gain a luminous quality and spatial depth.

Similar to the time-consuming process of becoming, the act of viewing requires an excavation through multiple picture planes, to process the paintings' rich, coded information. Underneath the abstract lines lie concrete architectural and historical references, addressing the chaotic state of mind of the twenty-first century. "Trying to figure out who I am and my work is trying to understand systems," said Mehretu in 2009. "The thing that keeps me going is the painting, and in getting lost in doing that a language is invented." Her compositions reference modernist architecture, coliseum-like buildings such as those found in the painting *Stadia II* (2004), or defaced structures like the destroyed sixth-century Buddha statues of Bamiyan in Afghanistan, which became the inspiration for *Vanescere* (2007).

In her recent, vertical canvases made specifically for dOCUMENTA (13), Mehretu looks at architecture as a medium of social history through revolutionary squares—public spaces where people have gathered in the past year, demonstrating for governmental and political change in their country, from Tahrir Square to Zuccotti Park. Projecting and tracing layer upon layer of photographic transparencies that capture architectural fragments mixed with design elements from other resources like science-fiction book covers, revolutionary posters, album covers, and military camouflage, which she incorporates into the painting using various drawing and printing techniques, Mehretu explores and questions the belief in systems that these civic places represent, and the meanings formed by the social actions that take place within them. ES

Arbeitsskizze / Process sketch

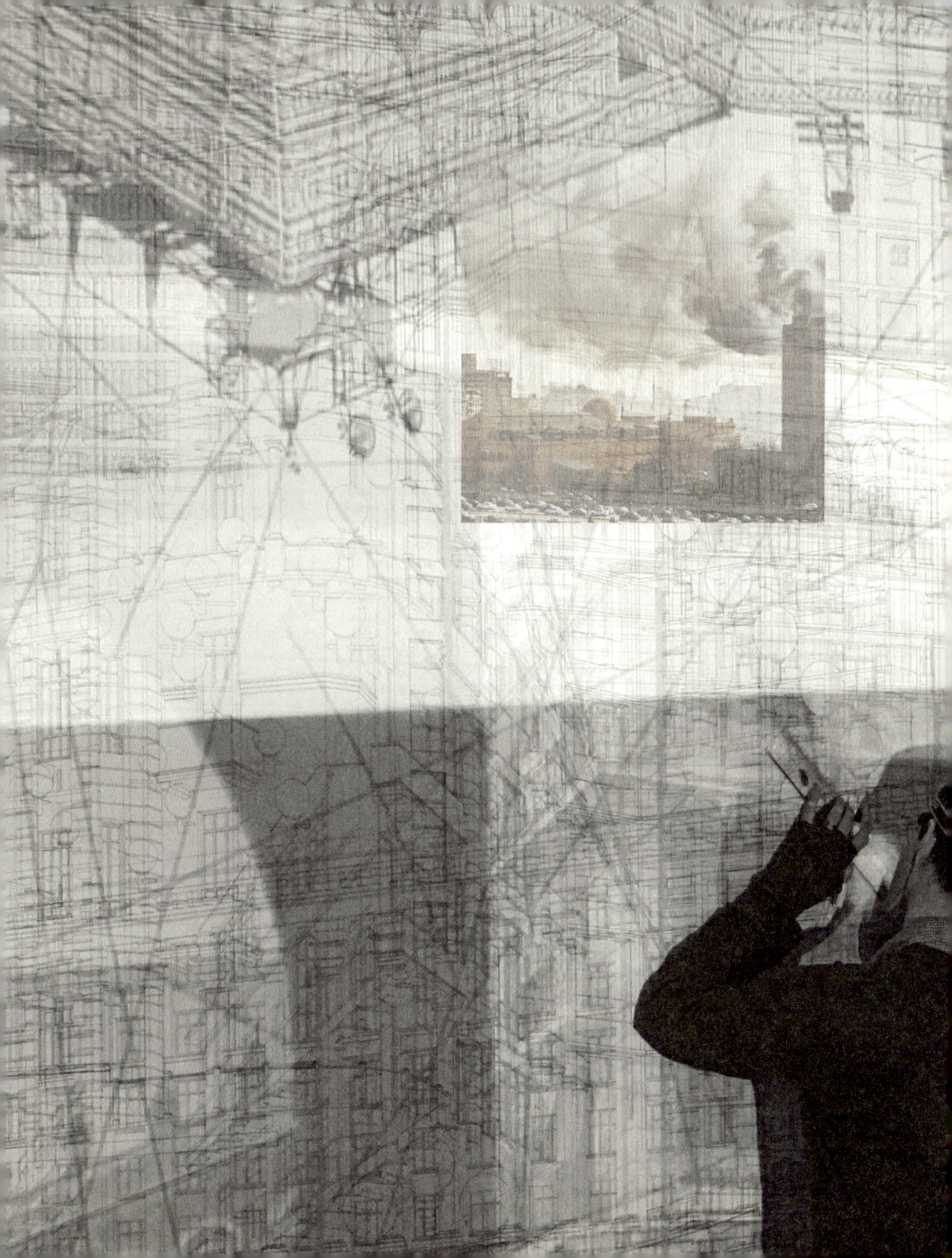

Gustav Metzger

geb. / b. 1926 in Nürnberg / Nuremberg (Germany)
lebt / lives in London

Seit Jahrzehnten sind Rückzug und schweigender Protest Hauptmerkmale von Gustav Metzgers Praxis; sein großes Ziel ist ein tiefgreifender gesellschaftlicher Wandel. Als Zeuge und Überlebender des Holocaust – er kam im Jahr 1939 mit den Kindertransporten des Refugee Children's Movement nach England – reagiert er mit wacher Aufmerksamkeit und Empfindsamkeit auf alle Formen der Zerstörung, die im 20. Jahrhundert und darüber hinaus die Unantastbarkeit von Mensch und Natur bedrohten. Er war ein Vorreiter des Kampfes gegen Atomwaffen und protestierte in den 1950er Jahren gegen Umweltverschmutzung. Noch heute verfolgt er alle Entwicklungen im Bereich Umweltpolitik und Wissenschaft genau – und reagiert auf sie.

Im Jahr 1944 entschied Metzger sich, nicht Berufsrevolutionär, sondern Künstler zu werden. Neben der Arbeit als Gärtner und Steinmetz besuchte er Kurse im Zeichnen nach dem lebenden Modell in Cambridge und studierte dann bei David Bomberg in London Zeichnung und Malerei. 1959 veröffentlichte er sein erstes Manifest der autodestruktiven Kunst – »eine Form öffentlicher Kunst für industrielle Gesellschaften« – und gab die Malerei auf. Zu den ersten Umsetzungen dieser prozessbasierten und sich selbst zersetzenden Kunst mit einer »Lebensdauer, die irgendwo zwischen wenigen Augenblicken und zwanzig Jahren liegt«, zählen die *Acid Paintings* der 1960er Jahre. Auch seine bahnbrechenden *Liquid Crystal Environments* (1965–2009) verdeutlichen sein Interesse an wissenschaftlichen Prozessen in unendlich wandelbaren malerischen Erscheinungsformen. In dem Bestreben, die Grenze zwischen Kunst und Leben aufzuheben und sich nicht vom Kunstmarkt vereinnahmen zu lassen, hielt er Vorträge und organisierte Konferenzen, Demonstrationen und Aktionen – am berühmtesten sind das Destruction in Art Symposium (DIAS), das 1966 stattfand, und sein Aufruf zu *Years without Art 1977–80* (der ungehört verhallte). Dies alles ist integraler Bestandteil seines künstlerischen Œuvres, ebenso wie die ausgiebige Verwendung von Zeitungen als Readymade-Material.

Es liegt in der Natur von Metzgers sich selbst zerstörenden/erschaffenden Werken, dass die meisten von ihnen nicht bestehen oder, ihrer Zeit voraus, noch unverwirklicht und nur in Gestalt von Konzepten oder Modellen erhalten sind. Zur documenta 5 im Jahr 1972 eingeladen, entwarf er *KARBA*, eine Arbeit, die aus vier Autos bestehen sollte, deren Abgase nach und nach einen Plastikkubus mit der Kantenlänge von drei Metern sättigen sollten. Das Projekt blieb unrealisiert; im Katalog jedoch war Metzger mit *Stockholm June* vertreten, einem Vorschlag für die erste UNO-Umweltkonferenz, die im Juni 1972 in Stockholm stattfand. 120 Autos sollten um ein großes mit transparenter perforierter Plastikfolie überzogenes Metallgerüst angeordnet werden. Während der zwei Wochen dauernden Konferenz sollten ihre Abgase durch diese Struktur geleitet werden (»Phase 1«); anschließend sollten die Autos selbst im Inneren der Struktur aufgestellt werden, wo sie womöglich heißgelaufen und spontan in Flammen aufgegangen oder explodiert wären (»Phase 2«). 35 Jahre später wurde eine Variante von »Phase 1« während der 8. Sharjah Biennale umgesetzt.

Metzger, dessen Werk seit den späten 1990er Jahren aus neuer Perspektive außergewöhnlich große Aufmerksamkeit entgegengebracht wird, ist als Künstler produktiver denn je; seine Arbeiten aus der Zeit vor 1959 dagegen sind weitgehend unbekannt. Die dOCUMENTA (13) zeigt *Too Extreme: A Selection of Drawings by Gustav Metzger Made from 1945 to 1959/60*, eine Sammlung von Arbeiten auf Papier, sowie Gemälde auf Stahl, die der Künstler unmittelbar vor dem Wechsel zur autodestruktiven Kunst fertigstellte.

For decades, Gustav Metzger's practice has been one of withdrawal and silent protest, his ultimate aim the fundamental transformation of society. A witness to and survivor of the Holocaust—he came to England with the Refugee Children Movement in 1939—he has been alert and sensitive to the destruction that threatens human and natural sanctity in the twentieth century and beyond. He was among the pioneers of the struggle against nuclear weapons, and protested pollution in the 1950s. Today, he still closely follows environmental politics and science—and responds to them.

In 1944, Metzger made the decision to become an artist instead of a professional revolutionary. Besides working as a gardener and stone carver, he attended life-drawing classes in Cambridge and then studied drawing and painting with David Bomberg in London. In 1959, he published his first Manifesto of Auto-destructive Art, "a form of public art for industrial societies," and abandoned painting. First manifestations of this process-based, self-disintegrating art with "a life-span varying from a few moments to twenty years" were the *Acid Paintings* of the 1960s. His pioneering *Liquid Crystal Environments* (1965–2009) further demonstrate his interest in scientific processes in ever-changing pictorial formations. Blurring the line between art and life, and a determination to remain outside the art market, writing and lecturing, organizing conferences, demonstrations, and actions—notoriously the Destruction in Art Symposium (DIAS) in 1966, and his (unheeded) call for *Years without Art 1977–80*—are integral to his practice, as is the extensive use of newspapers as ready-made material.

By their nature, most of Metzger's auto-destructive/auto-creative works do not exist, or, ahead of their time, remain unrealized, surviving only as concepts or models. Invited to documenta 5 in 1972, he proposed *KARBA*, consisting of four cars whose exhaust fumes would continuously saturate a three-meter plastic cube. This project was not realized, but Metzger was present in the catalog with *Stockholm June*, a proposal for the first U.N. Environmental Conference, held in Stockholm in June 1972. 120 cars were to surround a large metal framework covered with clear perforated plastic. Their exhaust fumes would pass through the structure for the two weeks of the conference ("phase 1"), then the cars would be put inside the structure, where they might overheat, self-combust, or explode ("phase 2"). A version of "phase 1" was realized, thirty-five years later, at the Sharjah Biennial 8.

Having enjoyed re-evaluation and exceptional attention since the late 1990s, Metzger has been productive as an artist as never before, but his work pre-1959 remains unknown. dOCUMENTA (13) presents *Too Extreme: A Selection of Drawings by Gustav Metzger Made from 1945 to 1959/60*, comprising works on paper, as well as paintings on steel, completed just before the auto-destructive period. ES

***Ohne Titel / Untitled*, ca. 1950**

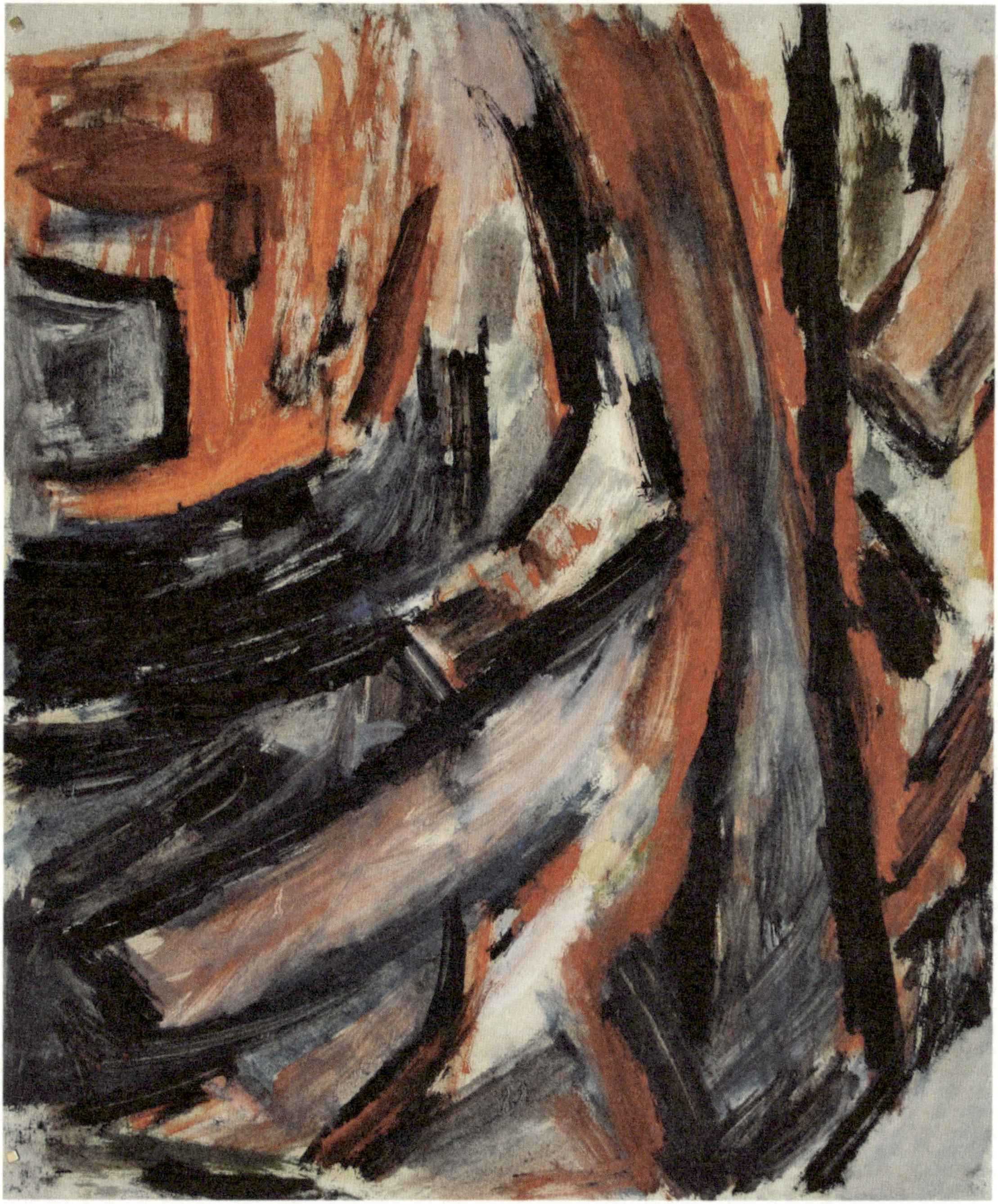

MOON Kyungwon & JEON Joonho

geb. / b. 1969 in Seoul
lebt / lives in Seoul

geb. / b. 1969 in Busan
lebt / lives in Busan

Zu ihrem gemeinsamen Projekt *News from Nowhere* (2012) wurden MOON Kyungwon und JEON Joonho von einem gleichnamigen Buch angeregt, das William Morris 1890 veröffentlichte. Die Künstler malen sich eine postapokalyptische Welt aus, in der die Menschheit beinahe vollständig ausgelöscht wurde und daher gezwungen ist, die grundlegendsten Überzeugungen, auf die sie bisher vertraut hat, zu hinterfragen. MOON und JEON zeigen nun eine »Retrospektive aus der Zukunft«, die die Funktion der Kunst in der Gesellschaft von heute in den Blick nimmt. Diese Rückschau, die in drei verschiedenen Formen präsentiert wird – als Film, als Installation und als Buchveröffentlichung –, fungiert als praktische Plattform, auf der Fachleute aus den Feldern Bildung, Architektur, Design, Religion, Musik, Kultur und Kunst eingehende Gespräche über heutige Praktiken führen und Visionen für morgen skizzieren.

MOON und JEON schrieben gemeinsam das Drehbuch und führten Regie bei *El fin del mundo* (2012), der in der documenta-Halle gezeigt wird. Die Handlung dieses Dokumentarfilms über das Überleben zweier Künstler in der neuen postapokalyptischen Umwelt findet vor allem im Dialog zwischen den beiden Figuren statt, während die Grundkonzeption durch Bilder und symbolische Metaphorik vermittelt wird. Durch die Erinnerungen der Künstler und ihre Gespräche über Fragen, die in der Welt, wie sie sie zuvor kannten, relevant waren, sowie ihren Versuch, zu klären, wie man den Begriff Ästhetik definieren könnte, wenn nichts mehr ist, wie es war, stellt der Film eine kritische Reflexion auf heutige gesellschaftliche Strukturen und ihre Irrationalität dar.

Neben dem Vorführraum bildet eine Installation mit dem Titel *Voice of Metanoia* (2011–2012) ein Archiv der neuen Lifestyle-Produkte und veranschaulicht den fiktiven multinationalen Konzern, der im Film dem neuen gesellschaftlichen System zugrunde liegt. Die Installation enthält Beiträge der Künstler takram, MVRDV, KUHO, Toyo Ito, Kosuke Tsumara, Chung Sangmoon und Jeong Jaeseung. Das Buch *News from Nowhere* stellt die Frage, was die Zukunft heute für uns bereithält, wenn alles – vom Klima und der Umwelt über gesellschaftliche und wirtschaftliche Systeme, Staaten und Religionen bis hin zur künstlerischen Praxis – in rasantem Wandel begriffen ist. Obwohl das Buch im Rahmen des Projekts entworfen wurde, stehen die darin enthaltenen Arbeiten für sich. Der erste seiner drei Teile besteht aus Beiträgen der als Berater am Projekt Beteiligten, darunter Lee Changdong, Yusaku Imamura, Kayoko Iemura, Go Eun, Toshi Ichiyanagi, Jurgen Bey, Choe Jae Chun, Chris Dobrian, Misan und Hans Ulrich Obrist. Der zweite Band enthält Materialien, die die mitwirkenden Künstler beigesteuert haben, während der letzte Teil Material und Dialoge aus dem Film wiedergibt.

Ziel des Projekts ist es weder, sich eine faszinierende zukünftige Gesellschaft auszumalen, noch soll eine utopische oder dystopische Gesellschaftsvision dargeboten werden. Vielmehr will *News from Nowhere* einen Diskurs vorschlagen, der eine Reihe von Setzungen auf Grundlage der Wirklichkeiten und der Werte, auf denen unser Leben heute beruht, einer Betrachtung unterzieht.

MOON Kyungwon and JEON Joonho's collaborative project *News from Nowhere* (2012) takes its title and inspiration from William Morris' 1890 book about a future society. Imagining a post-apocalyptic world where the human race has been nearly wiped out and is forced to examine the most basic philosophies on which it has relied, MOON and JEON present a "retrospective from the future" that reflects on the function of art in today's society. Presented in three different forms—a film, an installation, and a publication—this retrospective operates as a practical platform where experts in education, architecture, design, religion, music, culture, and art share in-depth conversations on current practices and suggest future visions.

El fin del mundo (2012), a film written and directed by MOON and JEON, is screened at documenta-Halle. Taking the form of a documentary about the survival of two artists in this new post-apocalyptic environment, the film's narrative is driven by the dialogue between these two characters, while the concept is conveyed by imagery and symbolic metaphor. Through the artists' recollections and discussion of the issues that were pertinent to the state of the world previously known to them, and their attempt to suggest what the definition and concept of aesthetics may be when all has changed, an introspective examination of current social structures and their irrationality is presented.

Adjacent to the screening room, an installation titled *Voice of Metanoia* (2011–12) presents an archive re-creating the new lifestyle products and the fictional multinational corporation that has become the new social system in the film. Collaborating artists include takram, MVRDV, KUHO, Toyo Ito, Kosuke Tsumura, Chung Sangmoon, and Jeong Jaeseung. The book *News from Nowhere* asks what the future holds for us today when everything—from climate, environment, societies, economies, countries, and religions to artistic practice—is rapidly changing. Although the book was initiated by this project, the resulting work is autonomous. The first of its three parts consists of contributions by project advisers including Lee Changdong, Yusaku Imamura, Kayoko Iemura, Go Eun, Toshi Ichiyanagi, Jurgen Bey, Choe Jae Chun, Chris Dobrian, Misan, and Hans Ulrich Obrist. The second volume includes materials contributed by the collaborating artists, and the last installment presents materials and dialogues from the film.

The aim of this project is not to envision an intriguing future society, nor is it to provide a utopian or dystopian vision of society. Rather, it proposes a discourse that contemplates a series of assertions based on the realities and values that sustain our lives today. SK

***News from Nowhere*, 2012**

Home : News from nowhere

http://www.newsfromnowhere.kr/

Newsletter	Advisers	Co-workers	Movie	About project
-00	Chiis Dobrian	MVRDV	Book	Artists
-01	Imamura and Iemura	Takram		Staff
-02	Lee Changdong	Kosuke		Subscribe
-03	Eric KHOO	Tsumura		Home
-04	Toshi Ichyanagi	Jung Kuho		
-05	Jurgen Bey	Toyo Ito		
-06	Jae Chun Chie			
-07	Go Eun			
-08	Misan			
-09				
-10				
-11				
-12				

Project by MOON Kyungwon + JEON Joonho

NEWS FROM NOWHERE begins with contemplating the social function and role of art. Initially proposed by two artists, MOON Kyungwon & JEON Joonho, the project aims to reflect upon the direction that contemporary art practices - and society as a whole - are taking, while Also envisioning the future through collaborative projects with artsts, designers, and architects. Furthermore, experts from other diverse fields - education, economics, politics, culture, and religion - will join this practical platform for an in-depth conversation that aims to examine art practices and suggest a better vision for the future.

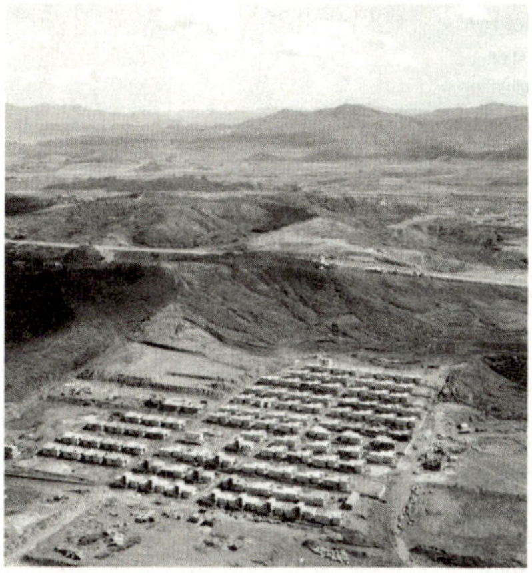

Yan Lei

geb. / b. 1965 in Hebei (China)
lebt / lives in Peking / Beijing

Heute stehen uns Bilder jederzeit per Mausklick zur Verfügung – aber ist dadurch etwas anderes, etwas Wichtiges aus unserem Horizont verschwunden? In Yan Leis *Limited Art Project* (2011–2012) für die dOCUMENTA (13), das in der documenta-Halle gezeigt wird, sind 360 Gemälde im Raum angeordnet. Manche hängen an Wänden, andere sind an der Decke befestigt, wieder andere befinden sich in Lagerregalen. Einige von ihnen sind hochglänzende monochrome Bilder, während die übrigen aus ihren Kontexten ausgeschnittene Quellbilder umgeben von leuchtend-psychedelischen Farbspritzern darstellen. Aus welchen Quellen stammen diese Bilder, und warum machen sie im Laufe der Ausstellung einen immer kleineren Anteil der gesamten Szenerie aus?

Momentanen Launen beim Surfen im Internet hingegeben, hat der Künstler jede Darstellung intuitiv einer Quelle entnommen – vielleicht einfach, weil ein bestimmtes Bild ihm ins Auge sprang – und so bei seiner Suche in den Massenmedien einen Moment lang innegehalten, um sich auf ein bestimmtes Bild zu konzentrieren, statt unersättlich direkt zum nächsten überzugehen. Um diesen eigentlich kurzen Einschnitt in die Länge zu ziehen, hat Yan Lei ein Jahr lang jeden Tag (der chinesische Kalender umfasst nur 360 Tage) ein Bild ausgesucht und auf eine eigene Leinwand übertragen. So entstand eine Art Tagebuch, das nun nach Kassel gebracht und dort über den Raum verteilt präsentiert wird, so dass die Galerie in ein sinnliches Feld lebhafter Farben umgestaltet erscheint. Statt jedoch diese Darbietung in eine weitere Datenbank griffbereiter Bilder zu verwandeln, hat der Künstler eine Unterbrechung in das Durcheinander eingebaut. Manche der Bilder sind in Lagerregalen untergebracht; wer sie ansehen will, muss sich helfen lassen, was den Konsum der Bilder durch das Publikum verlangsamt. Um so im Projekt die Idee der Dauer zu neuer Geltung zu bringen, entfernen Yan Lei und sein Team darüber hinaus während der Ausstellungsdauer eines der auf Quellen beruhenden Bilder nach dem anderen, um sie in einer Autofabrik in der Nähe von Kassel monochrom übermalen zu lassen und dann in den Ausstellungsraum zurückzubringen. So werden die Bilder eines um das andere ausgestrichen, wie man das Vergehen von Tagen auf einem Kalender vermerken würde. Auf diese Weise stellt der Künstler eine Art Endlichkeit für sein »limitiertes« Projekt her: Die Quellbilder und ihre Geschichte werden versiegelt und so für die Ewigkeit unzugänglich gemacht. Dieser letzte Bruch, der das Bild negiert, fordert zur Suche nach ästhetischer Reflexion und Erinnerung statt nach leichter Unterhaltung auf. Zudem impliziert eine solche Geste einen symbolischen Protest gegen die Alternative: das zu tun, was von einem erwartet wird.

Today, we have images constantly at our fingertips, and yet has something important moved out of reach as a consequence? In Yan Lei's *Limited Art Project* (2011–12) for dOCUMENTA (13), on view in the documenta-Halle, 360 paintings are arranged around the space. Some hang on walls, some are attached to the ceiling, and others are arranged in storage racks. A number are high-gloss monochromes, while the rest feature source images cropped out of context and set amid vibrant splashes of psychedelic color. Where have these source images come from, and why do they make up an increasingly small proportion of the overall landscape during the course of the exhibition?

Responding to various whims while surfing the Internet, the artist has sourced each image intuitively—perhaps simply because a certain picture caught his eye—pausing for a second in his mass-media search to focus on one, instead of moving on to consume more. To draw out this brief caesura longer, Yan Lei has selected one image a day for an entire year (the Chinese calendar is only 360 days long), transferring each to a single canvas. This diary of sorts is brought to Kassel and arranged throughout the space so as to transform the gallery into a sensuous field of vivacious color. Instead of turning this display into yet another ready-to-hand image bank, however, he has inserted an interruption into the mix. Some of the images have been placed in storage racks, requiring assistance to view, which slows down the audience's consumption of them. Further folding the idea of duration back into the project, Yan Lei and his team serially remove the source-image paintings throughout the run of the exhibition, getting them painted over with a monochrome finish at a car factory near Kassel, and then returning them to the space. As the show continues, each is crossed out, as one would mark a day's passing on a calendar. In this way, the artist establishes a kind of finitude to his "Limited" project, as the source images and their history are sealed up and thus denied for eternity. This final break, which negates the image, reasserts a search for aesthetic reflection and remembrance over easy entertainment. Also implicit in such a gesture is a symbolic protest against doing what is expected. AK

***Super Lights-Iceberg*, 2011**
Öl auf Leinwand / Oil on canvas
250 × 200 cm

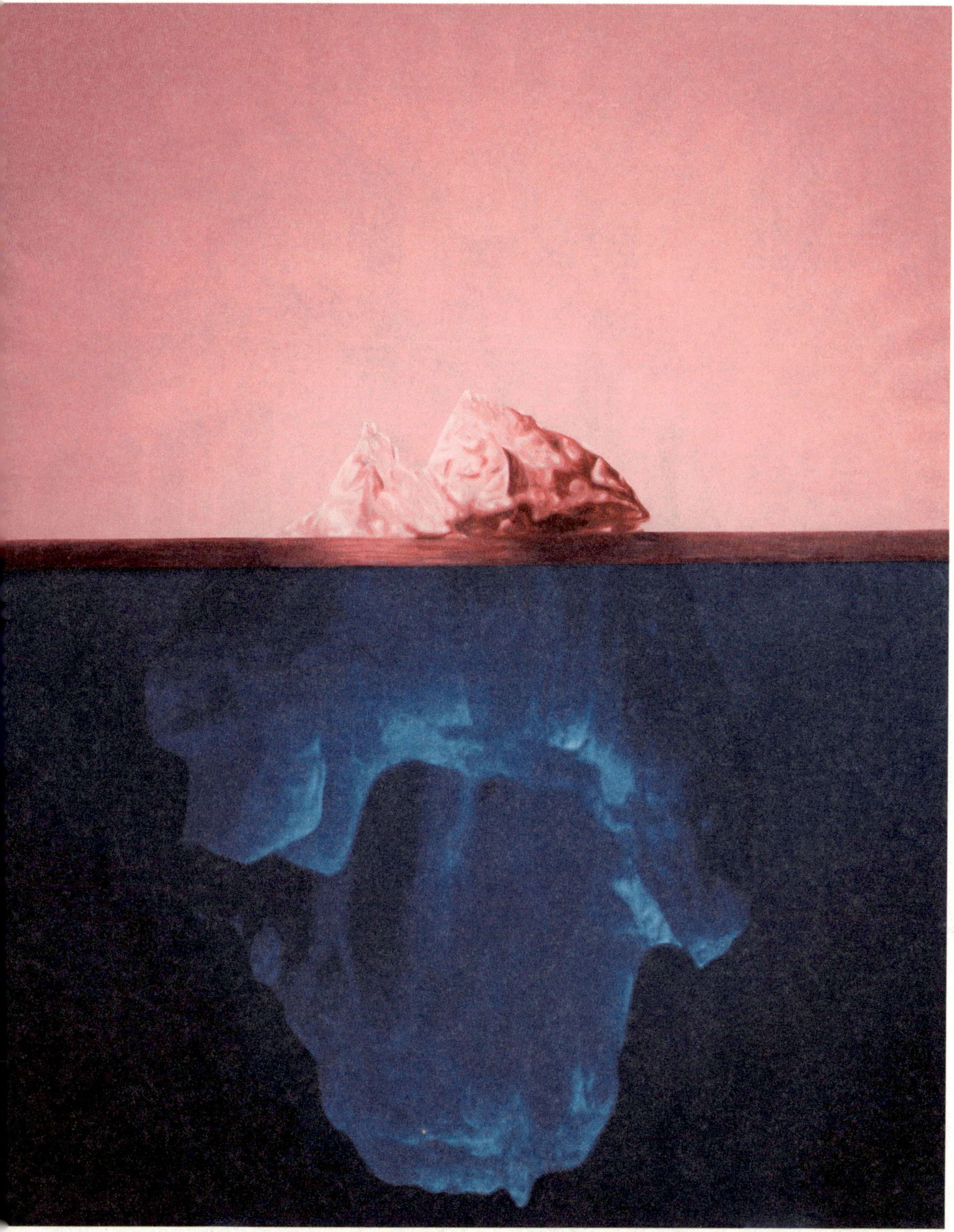

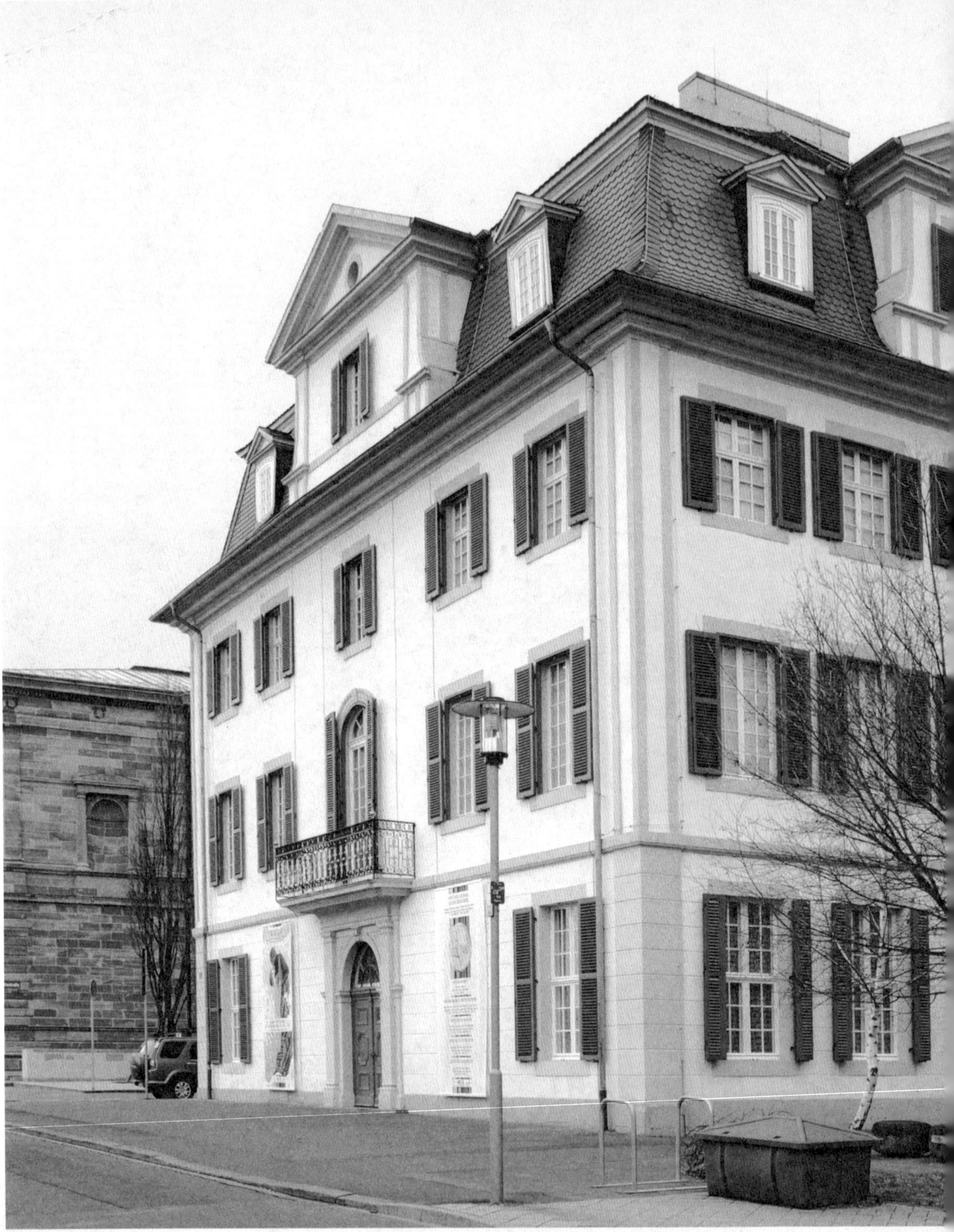

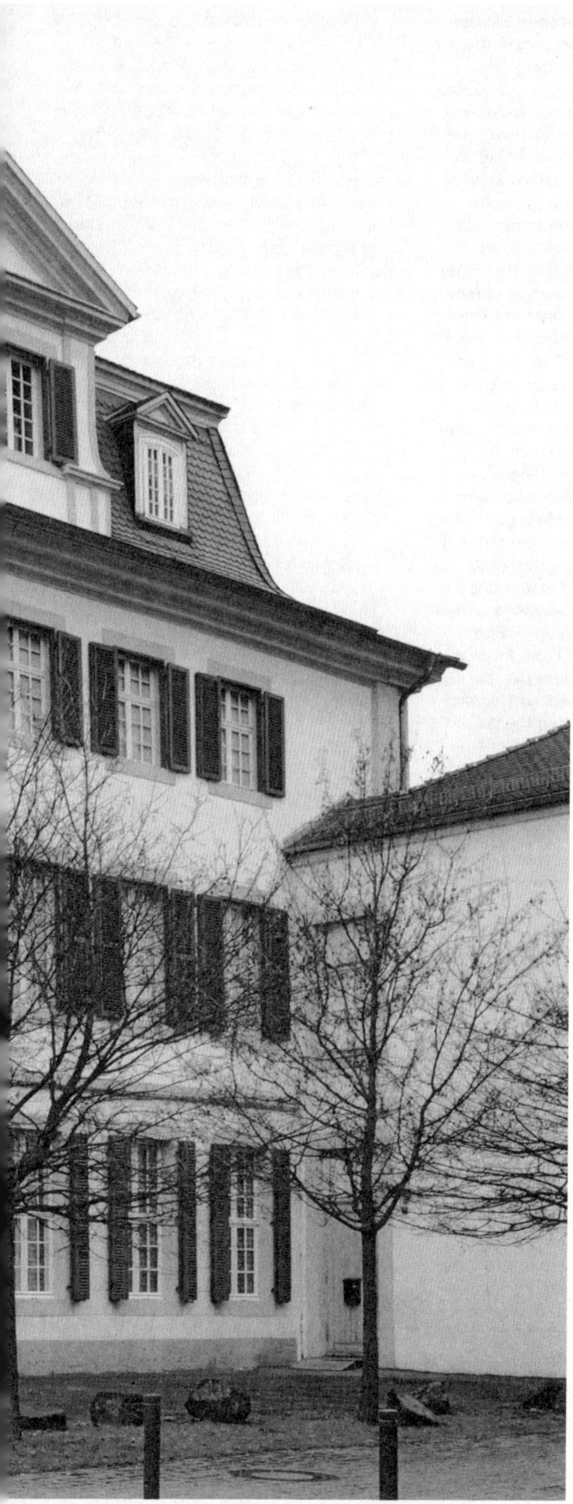

BRÜDER GRIMM-MUSEUM / BROTHERS GRIMM MUSEUM

Das Museum für die Brüder Jacob und Wilhelm Grimm befindet sich im Palais Bellevue, das 1714 von Paul du Ry errichtet wurde. Landgraf Karl ließ es als Observatorium erbauen; es wurde aber bald als Wohngebäude genutzt.

The museum of the brothers Jacob and Wilhelm Grimm is located in the Palais Bellevue, built in 1714 by Paul du Ry. It was commissioned by Landgrave Karl as an observatory, but soon was used as a residence.

Nedko Solakov

geb. / b. 1957 in Cherven Briag
(Bulgarien / Bulgaria)
lebt / lives in Sofia

Der Konzeptkünstler und Erzähler zeitloser Geschichten Nedko Solakov arbeitet mit einer grenzenlosen Palette von Medien, die von Malerei und Videos bis hin zu Skulpturen und Installationen reicht. Seine mit Texten versehenen Tusch- und Sepiazeichnungen, in denen neben anderen Kreaturen die winzigen gekleckstern Alter Egos im Vordergrund stehen, die zu seinem Markenzeichen geworden sind – so in den Serien *Fears* (2007) und *Optimistic Stories* (2008–2009) –, verbinden zeichnerisches Können und kunsthistorische Kenntnis mit spielerischer Ironie, einer Betonung des Absurden und subversivem Humor. Ob ihre Inhalte politisch brisant sind oder poetisch-fantastisch ausfallen, Solakovs Arbeiten sind stets sehr persönlich, emotional und von tiefer Menschlichkeit und ziehen aus elementaren Gedanken über das Wesen der Kunst und die Natur des Menschen entwaffnend ironische Schlüsse.

Ein Grundpfeiler seines Werks ist *A Life (Black & White)*; in der 1998 entworfenen Arbeit sind zwei Maler unaufhörlich damit beschäftigt, die Wände der Galerie zu streichen – der eine malt die Wände schwarz, der andere stellt das ursprüngliche Weiß wieder her. Ähnlich wichtig ist der Karteikartenkasten *Top Secret* (1990), in dem Solakov offenbarte, dass er in seiner Jugend mit der Staatssicherheit im sozialistischen Bulgarien kollaboriert hat. Seine winzigen Kritzeleien mit Kommentaren auf den Innenwänden von Ausstellungsräumen – *A (not so) White Cube* (2001–fortlaufend) oder *Art & Life (in my part of the world)* (2005) in einem leer stehenden Wohnhaus in Istanbul – leihen Dingen, die man sonst übersieht, wie übrig gebliebenen Nägeln, Schmutzflecken und Steckdosen, menschliche Stimmen und Persönlichkeiten, um aus den unscheinbarsten Unvollkommenheiten eine Unzahl von Geschichten heraufzubeschwören.

Für die dOCUMENTA (13) entfaltet Solakov in der aus mehreren Geschichten zusammengesetzten Arbeit *Knights (and other dreams)* (2010–2012) sein manisches Interesse am Geschichtenerzählen und an den Mechanismen von Märchen – und das Potenzial, das seinen eigenen Fantasien aus Kindheit, Jugend, der Anfangszeit seiner künstlerischen Laufbahn oder dem mittleren Lebensalter innewohnen mag. Die Anregung dazu entsprang seiner Begegnung mit einem ehemaligen bulgarischen Kinderstar, der in dem erfolgreichen Film *Ritter ohne Harnisch* (1966) den jungen Helden gespielt hatte und Solakov erzählte, dass ihn die Rolle für sein Leben gezeichnet habe. Fasziniert vom Brüder Grimm-Museum in Kassel, das er als Schauplatz für seinen Beitrag auswählte, und dem reichhaltigen Erbe der Grimms, hat der Künstler eine vielschichtige Märcheninstallation aus Texten, Gemälden, Zeichnungen, Filmen, Fotografien und einer eigens für ihn angefertigten Ritterrüstung geschaffen, die sich mit dem Mythos und der Idee des Ritterwesens, wie es im kollektiven Gedächtnis erscheint, und seinen möglichen zeitgenössischen Formen, von der Wirklichkeit über Fiktionen bis zum Fake, auseinandersetzt. Innerhalb dieses Reichs ritterlicher Ehrbarkeit – in dem die Gestalt des Ritters den Gegenpart zu Solakovs oftmals »nicht ganz so tapferen« Alter Egos darstellt, deren menschliche Ängste, Neurosen und Besorgnisse den Kern vieler seiner Arbeiten bilden – erfüllt sich der Künstler seine eigenen Fantasien: Er trägt eine Rüstung, ist der Schlagzeuger in einer Rockband, steuert einen Spielzeughubschrauber und bringt seine gesamte künstlerische Produktion aus drei Jahrzehnten in eine akribische Ordnung, was den Gedanken nahelegt, dass manche Träume vielleicht Träume bleiben sollten.

A Conceptual artist and timeless storyteller, Nedko Solakov works in a limitless range of media from painting to video to sculpture and installation. His ink and sepia drawings with text featuring, among other creatures, his trademark tiny, blobby alter egos—as in the series *Fears* (2007) and *Optimistic Stories* (2008–09)—combine skilled draftsmanship and a knowledge of art history with playful irony, an emphasis on the absurd, and a subversive sense of humor. Whether their content is cutting-edge political or poetically fantastic, Solakov's works are always deeply personal, emotional, and profoundly human, taking fundamental thoughts about the conditions of art and human nature to disarmingly ironic conclusions.

Among the keystones in his oeuvre is *A Life (Black & White)*, conceived in 1998, where two painters—one painting the walls of a gallery in black and the other following to return them to white—work relentlessly for the duration of the exhibition. Another is the index-card chest *Top Secret* (1990), in which Solakov revealed his youthful collaboration with state security in socialist Bulgaria. His miniature doodles-cum-comments on interior walls of exhibition spaces—*A (not so) White Cube* (2001–ongoing), or *Art & Life (in my part of the world)* (2005) in an abandoned residential building in Istanbul—give a human voice and personality to overlooked things such as leftover nails, stains, and electric outlets, conjuring a myriad of stories from the humblest moments of imperfection.

For dOCUMENTA (13), Solakov develops his obsession with storytelling and the mechanisms of fairy tales—and the potential of his own childhood/teenage/young artist/middle-aged fantasies—in the multi-story work *Knights (and other dreams)* (2010–12). The inspiration came from a personal encounter with a former Bulgarian child actor playing the little hero in the popular 1966 movie *A Knight without Armor*, who told Solakov how this role put a mark on his entire life. Intrigued by the Brothers Grimm Museum in Kassel, which he chose as his venue, and the Grimms' rich legacy, he has created a multilayered fairy-tale installation consisting of texts, paintings, drawings, films, photographs, and custom-made knight's armor, around the myth and idea of knighthood as present in the collective memory, and its possible contemporary forms, from real to fictional to fake. Within this realm of knightly respectability—the figure of the knight embodying a counterpart to his often "not so brave" alter egos, whose human fears, neuroses, and anxieties lie at the heart of many of his works—Solakov fulfills his own fantasies of wearing armor, being a drummer in a rock band, operating a toy helicopter, and putting all of his thirty years of artistic production in meticulous order, suggesting that some dreams should perhaps remain dreams. ES

***Knights (and other dreams)*, 2010–2012**
Verschiedene Materialien / Mixed media
Maße variabel / Dimensions variable

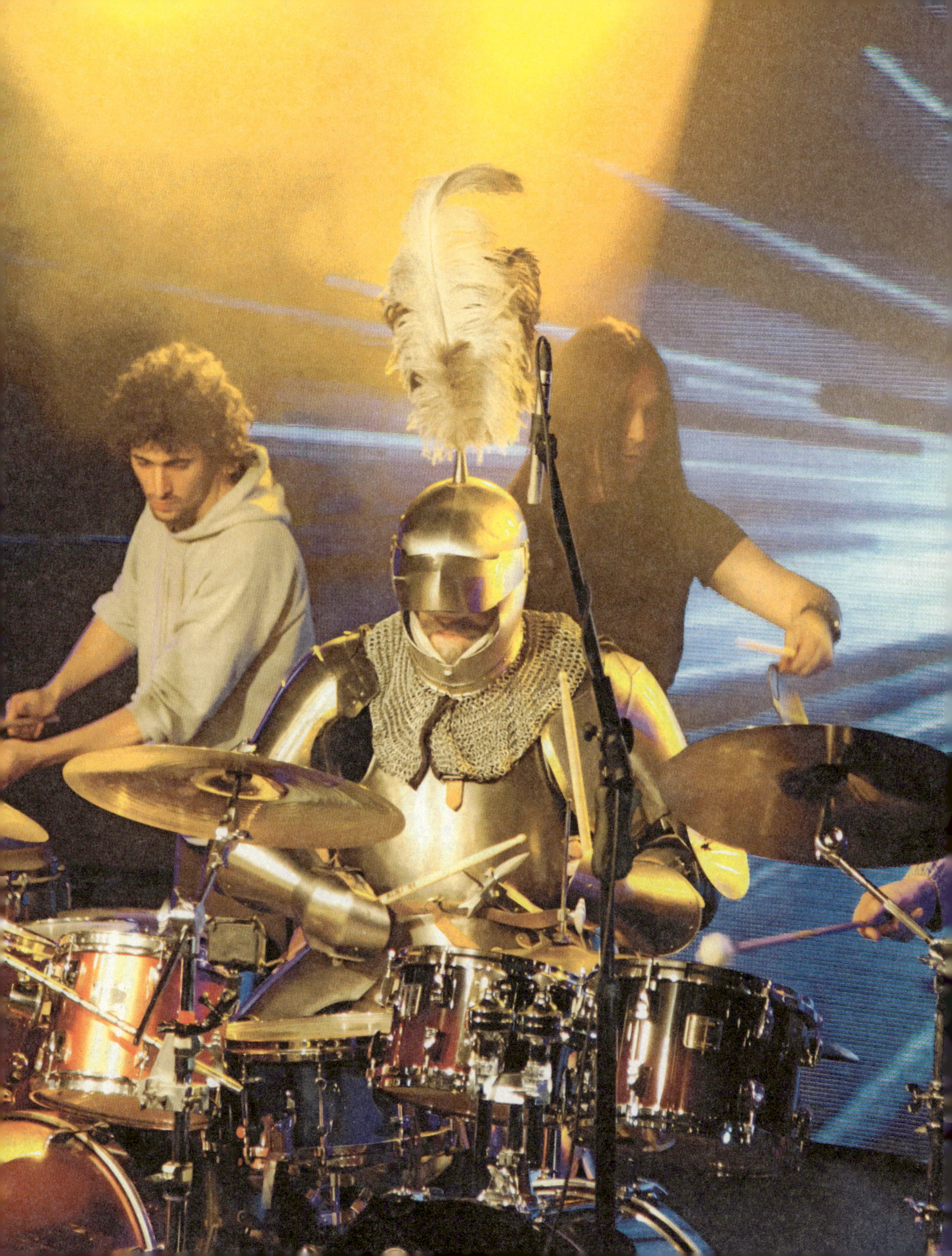

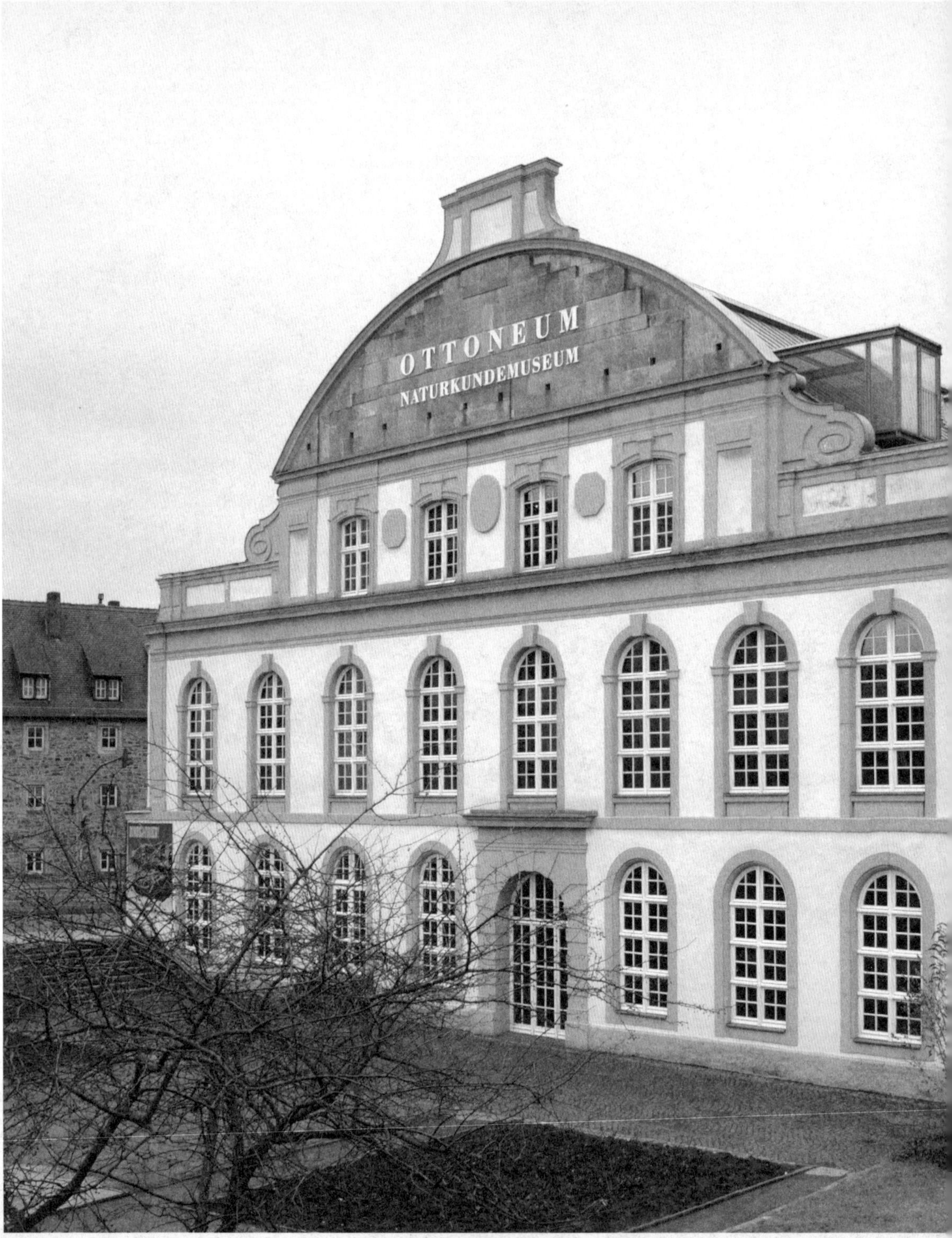
OTTONEUM
NATURKUNDEMUSEUM

OTTONEUM

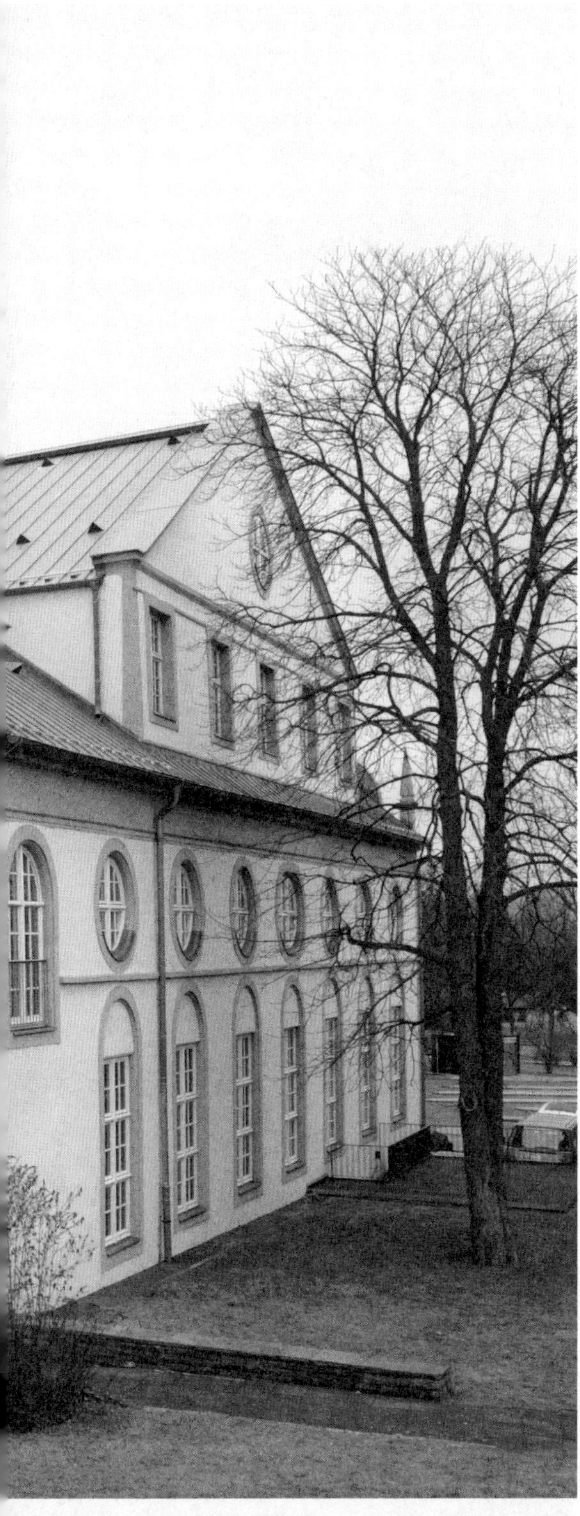

Das zwischen 1603 und 1606 als erstes feststehendes Theatergebäude in Deutschland errichtete Ottoneum diente im Laufe der Jahrhunderte als Soldatenkirche, Kanonengießerei, Aufbewahrungsort für die landgräfliche Kunstsammlung, Observatorium und anatomisches Theater. Seit 1885 beherbergt es das Naturkundemuseum.

Erected in 1603–06 as the first theater in Germany, the Ottoneum has been used over the centuries as a military chapel, a cannon foundry, the home to the landgraves' art collection, an observatory, an anatomical theater, and, since 1885, the Natural History Museum.

OTTONEUM

When you step inside you see it is filled with seeds.

Einige Kunstwerke und Projekte zu Fragen von Saatgut und der Erzeugung von Erde, Leben, Nahrungsmitteln, Kunst, Geschichten, Intra-Aktion und In-der-Welt-Sein.

Some artworks and projects around the question of seeds and the making of earth, life, food, art, stories, intra-action, and worldliness.

▼ **KÜNSTLER / ARTISTS**

Erdgeschoss / Ground floor

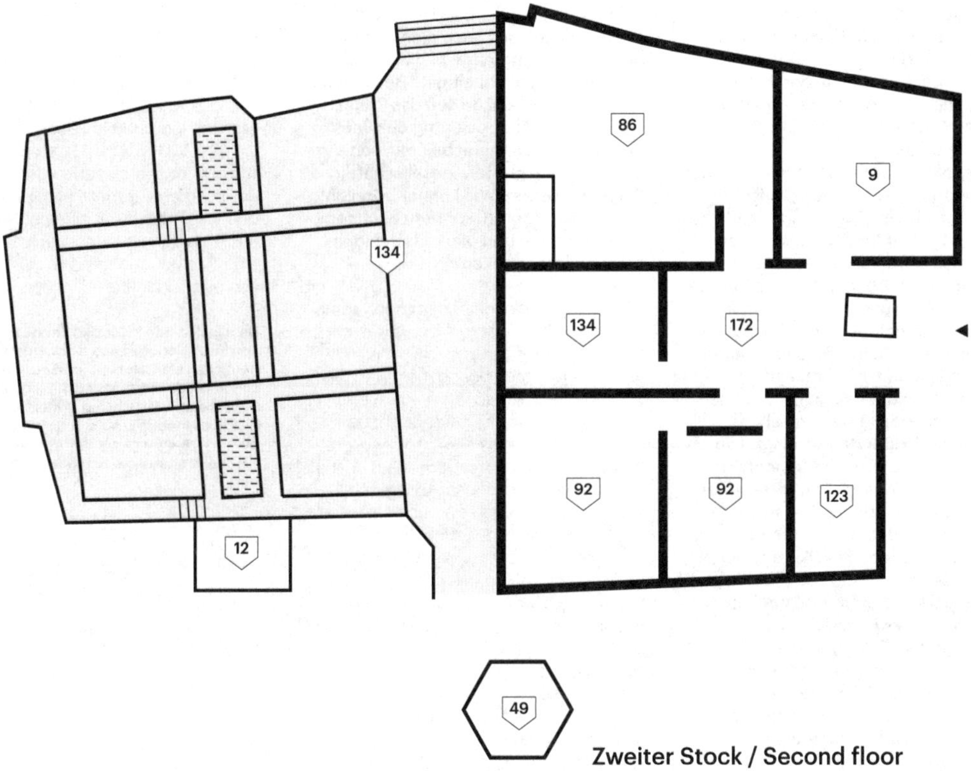

Zweiter Stock / Second floor

Maria Thereza Alves

geb. / b. 1961 in São Paulo
lebt / lives in Europe

Ein sauber abgegrenzter blauer Kreis mag normalerweise für einen See stehen, aber ein wirklicher See ist keine ganz so einfache Sache. Die Spiegel von Seen heben und senken sich und verhandeln so ihre Grenzen ständig neu. In diesem Licht betrachtet scheint es, als stünde hinter dem Wunsch, einen See als abstrakten und eingegrenzten Ort aufzuzeichnen, eine Absicht, die weniger mit bloßer Einschreibung als vielmehr mit der Erfassung von Ressourcen zu tun hat. Daher hat Maria Thereza Alves es sich zur Aufgabe gemacht, die Geschichte der Auseinandersetzungen rund um einen wirklichen See, den Chalco-See in Mexiko-Stadt, nachzuzeichnen.

In der Mitte des Sees befindet sich die Insel Xico, auf der eine vorspanische Gemeinschaft eine florierende Landwirtschaft betrieb. 1890 erwarb der spanische Unternehmer Íñigo Noriega Laso das Land – es hatte ursprünglich Hernán Cortés gehört – und errichtete einen landwirtschaftlichen Betrieb im industriellen Maßstab, um mit der Ausbeutung dieser traditionellen »Kornkammer« von Mexiko-Stadt zu beginnen. Um den Weg für sein Projekt freizumachen, brach er den Widerstand dagegen durch Terror: Dörfer wurden niedergebrannt, ihre Bewohner in die Sklaverei verkauft. Anschließend wurde der See trockengelegt, eine Maßnahme, unter deren Folgen die verbliebene Bevölkerung noch heute leidet.

Anfang des 20. Jahrhunderts führte Emiliano Zapatas Revolution zur Enteignung großer Grundbesitzungen der Kolonisten; ein Teil des Landes wurde der indigenen Bevölkerung zurückgegeben. Später wurden auf dem trockenen Seegrund Wasserhebewerke gebaut, um das darunter vorhandene Grundwasser nach Mexiko-Stadt zu leiten, woraufhin der Boden sich senkte und der See sich neu bildete. Mittlerweile jedoch ist das Wasser belastet; die Bewohner der umliegenden Gegend müssen weiterhin andernorts ihr Wasser kaufen. Da viele der Anwohner verarmt sind und daher gezwungen waren, ihr Land zu verkaufen, ihre landwirtschaftliche Lebensgrundlage aufzugeben und in Mexiko-Stadt Arbeit zu suchen, hat die mexikanische Oberschicht, die zu guten Teilen spanischstämmig ist, ein Auge auf das Land geworfen und möchte es in der Zukunft industriell entwickeln.

Eine Nachfahrin Íñigos ist nun auf den Plan getreten; als derzeitige Leiterin des Museums von Mexiko-Stadt bereitet sie eine Ausstellung über die Wasserpolitik der Stadt vor, für die, so ihre Einschätzung, Íñigo eine »Hochwassermarke« darstellt. Um gegen die Verschleierung der Tatsachen ihre Stimme zu erheben, zeigt Alves eine Installation, die sich um Artefakte dreht, die mit dieser Geschichte, einem Modellfall fortwährender Kolonisierung, in Verbindung stehen. Gemeinsam mit einer Gruppe von Ureinwohnern baut sie während der Eröffnung der dOCUMENTA (13) rund um Xico *chinampas* – mittels indigener Techniken geschaffene künstliche Inseln, die der Landwirtschaft auf der Fläche des Sees dienen und, so die übereinstimmende Meinung der Experten, die nachhaltigste Bewirtschaftung ermöglichen. So soll das Projekt nicht nur die Austrocknung des Sees und ihre Folgen thematisieren, sondern auch auf eine größere gesellschaftliche Frage hinweisen: Wie können wir nicht nur Infrastrukturen, sondern auch regionale, kulturelle und ökologische Identität wiederherstellen?

A neat blue circle might commonly represent a lake, but an actual lake is not so simplistic. Lakes rise and fall, constantly renegotiating their boundaries. With this in mind, the desire to register a lake as an abstract and finite place might be driven by an agenda closer to conscription than to mere inscription. Thus, Maria Thereza Alves has chosen to trace the history of the struggles around an actual lake, Lake Chalco in Mexico City.

In the center of the lake is Xico Island, on which a pre-Hispanic community used to farm and thrive. Íñigo Noriega Laso, a Spanish entrepreneur, purchased this land in 1890—it had been originally owned by Hernán Cortés. There, he set up an industrial farm and began to exploit this traditional "granary" of Mexico City. To clear the way, he removed resistance through terror: villages were burned and their occupants were sold into slavery. To the continued disadvantage of those who remained, the lake was then drained.

In the early twentieth century, Emiliano Zapata's revolution resulted in the confiscation of large properties from the colonists, and some land was returned to the indigenous population. Later, pumping stations were built on the dry lakebed to redirect water from its underground aquifer to Mexico City, and due to the resulting sinking of the land, the lake resurfaced. The water has become polluted, however, and the local community must still purchase water from elsewhere. Since many of the residents are impoverished and have thus been forced to sell their land, cease their agricultural livelihood, and search for work in Mexico City, the elite of Mexico, many of whom are of Spanish decent, have begun eyeing the land as a site for future industrial development.

A descendant of Íñigo has returned to the stage as the current director of the Museum of Mexico City, where she is planning an exhibition on the city's water politics, of which, in her estimation, Íñigo is a "high-water mark." In order to present a dissenting voice against such collusion, Alves presents an installation revolving around artifacts related to this tale as a model of ongoing colonization. She is working with a group of indigenous people to build *chinampas*—artificial islands developed through indigenous engineering for hydro-agriculture, which experts agree allow for the most sustainable farming—around Xico during the opening of dOCUMENTA (13). In so doing, the project not only seeks to address the desiccation of the lake and its consequences but hints at a larger social question: how can we retool not just infrastructure but also regional, cultural, and ecological identity? AK

Der Chalco-See in Mexiko, im 19. Jahrhundert von Íñigo Noriega Laso trockengelegt, entsteht heute neu als Tláhuac-Xico-See – obwohl es schon wieder erste Versuche gibt, ihn erneut zu begraben. / Lake Chalco in Mexico, desiccated by Íñigo Noriega Laso in the nineteenth century, re-emerges today as Lake Tláhuac-Xico—yet attempts are made once again to bury it.

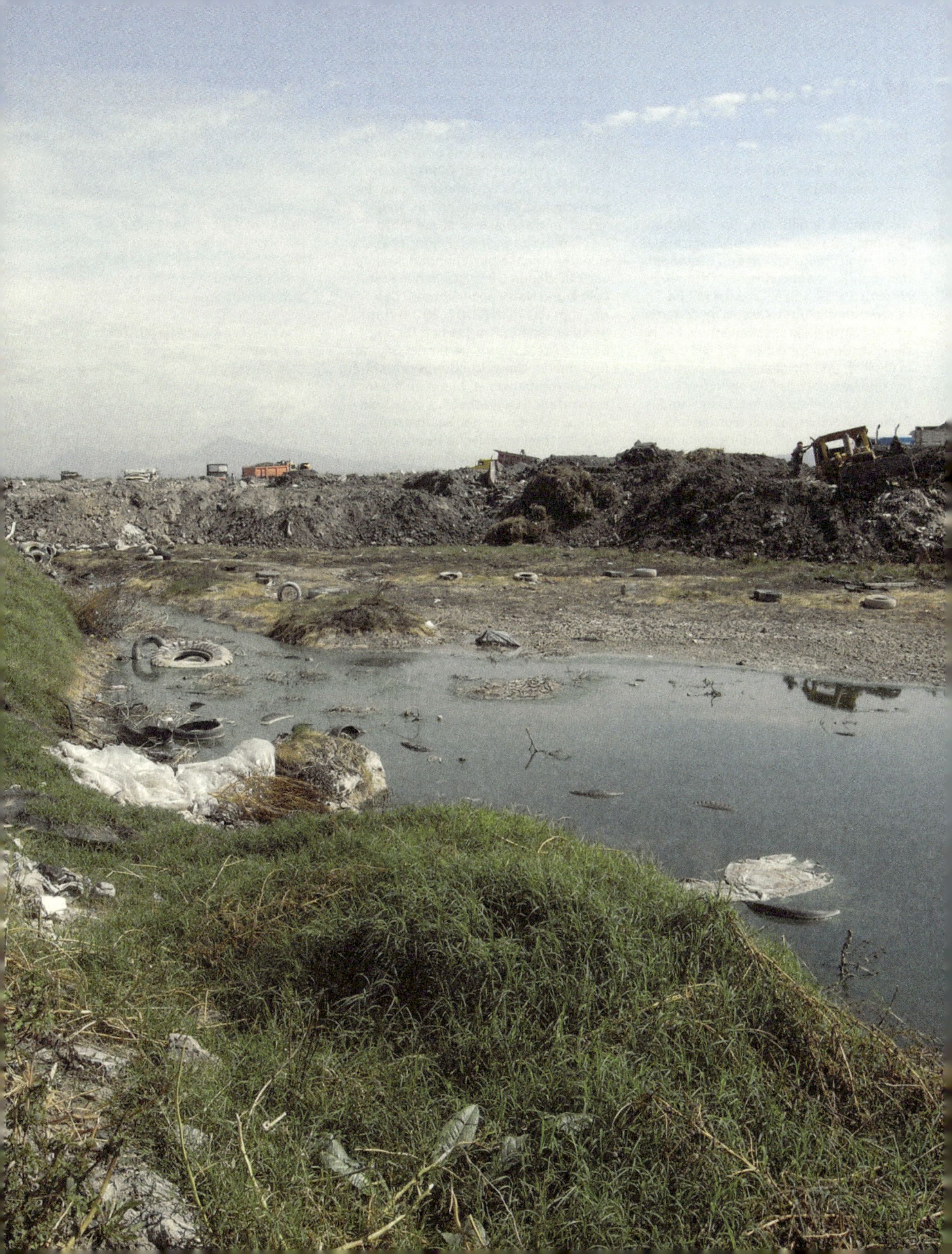

Mark Dion

geb. / b. 1961 in New Bedford (Massachusetts)
lebt / lives in New York und / and Pennsylvania

Die Xylothek Schildbach, eine zwischen 1771 und 1799 von Carl Schildbach angelegte »Holzbibliothek« in den Beständen des Naturkundemuseums im Ottoneum, zählt zu den Schätzen, die die reiche Wissenschaftskultur Kassels im Zeitalter der Aufklärung veranschaulichen. Sie ist die erste Sammlung ihrer Art, bis heute in Qualität und Originalität unübertroffen und besteht aus 530 »Büchern«, die aus 441 einheimischen Baum- und Straucharten hergestellt wurden und in Form einer Enzyklopädie angeordnet sind. Jedes Stück ist sorgfältig aus Holz gearbeitet und mit einem Buchrücken aus Rinde versehen; dahinter findet sich ein Kästchen, das eine dreidimensionale Darstellung des Lebenszyklus des Baumes aus getrockneten Pflanzenteilen und empfindlichen Wachsrepliken enthält. Die einzelnen Teile sind mit handschriftlichen Etiketten versehen, die den Aufbau des Baumes, seinen Standort und seine möglichen Verwendungen nach dem botanischen Wissen der Zeit beschreiben.

Für die dOCUMENTA (13) hat Mark Dion eine neue Präsentationsarchitektur für diese außergewöhnlichen Artefakte entworfen, die ihre Bedeutung unterstreichen und ihre visuelle Präsenz dauerhaft verbessern soll. Die Bibliothek besteht aus einem sechseckigen Eichenholzkabinett – ein Verweis auf die kunsthistorische Bedeutung, die dieser Baum durch Joseph Beuys' Anpflanzung von 7.000 Eichen für die documentas 7 und 8 in den Jahren 1982 bis 1987 für Kassel gewann –, in das eigens dafür angefertigte Regale eingebaut sind. Auf den Außenseiten befinden sich fünf Intarsientafeln, die jeweils das Bild eines Baumes zeigen; gleich heraldischen Emblemen stehen sie für Afrika, Asien, Ozeanien und Nord- und Südamerika, während Europa, Ursprungsort und Heimat der Sammlung, den Eingang bildet. Dion, der Arbeiten über und mit Lebewesen – oder ihren Überresten – herstellt, übernimmt die Xylothek als eine Art Readymade in seine eigene Installation, wobei er ihr sechs neue Bücher hinzufügt. Fünf von ihnen zeigen besonderes Holz von je einem der fünf in Schildbachs Sammlung fehlenden Kontinente und bringen so deren enzyklopädisches Unterfangen zu einem symbolischen Abschluss. Das sechste Buch ist aus Eichenholz gefertigt.

Indem sie den wissenschaftlichen Methodiken und Klassifikationssystemen der Archäologie, Biologie, Biochemie, Ethnografie, Museologie oder Ornithologie nachspürt, bleibt Dions Herangehensweise an Wissenschaft und die herrschende Kultur skeptisch, spielerisch und anti-auktorial; sie führt Methoden aus anderen Feldern ein, um sich der Wechselbeziehungen zwischen verschiedenen Ökosystemen in Kultur, Politik und Natur anzunehmen. Das *Neukom Vivarium* (2002–2004) zum Beispiel, eine Auftragsarbeit für das Seattle Art Museum, verbindet Skulptur, Architektur, Umweltbildungseinrichtung und Gartenbaukunst. In einem eigens entworfenen Gewächshaus lagert ein achtzehn Meter langer Baumstamm – eine Westamerikanische Hemlocktanne, der Baum, der in Dions Beitrag zur Xylothek Nordamerika repräsentiert – waagerecht auf einem Bett von Laubstreu und Waldmulm. Der dem Ökosystem des Waldes entnommene Baum veranschaulicht so innerhalb des Kunstsystems durch seinen fortlaufenden Zerfall und seine stetige Erneuerung die Natur als komplexes System von Kreisläufen und Prozessen. Dions Arbeiten legen das Hauptaugenmerk auf die reichen Materialqualitäten der natürlichen wie der künstlichen Welt, um zum kritischen Nachdenken über Ökologie anzuregen.

The Schildbach Xylotheque, a "wood library" crafted by Carl Schildbach from 1771 to 1799, in the collection of the Natural History Museum in the Ottoneum, is one of the treasures representing Kassel's rich scientific culture during the Enlightenment. The first of its kind and unique in its quality and originality, it consists of 530 "books" made from 441 local tree and shrub species, arranged encyclopedically. Each is carefully crafted from wood, with a bark spine, and is in fact a box containing a three-dimensional representation of the tree's life cycle composed of dried plant parts and delicate wax replicas. The individual parts are labeled with handwritten descriptions that explain each tree's structure, habitat, and potential use according to the botanical knowledge of the time.

For dOCUMENTA (13), Mark Dion has designed a new display for these extraordinary artifacts, intended to emphasize their significance and to permanently increase their visibility. The display consists of a hexagonal chamber made from oak—referring to this tree's art-historical significance for Kassel thanks to Joseph Beuys' planting of 7,000 oaks from 1982 to 1987 for documenta 7 and 8—containing custom-made bookshelves. On the outside are five intarsia plates, each bearing the image of a tree, similar to a heraldic emblem and representing Africa, Asia, Oceania, and North and South America, while Europe, the collection's origin and home, forms the entrance. Dion, who makes works about and with living things, or their remnants, adopts the Xylotheque as a kind of readymade within his own installation, to which he adds six new books. Five of these present a specific wood from one of the five continents missing from Schildbach's collection, symbolically completing its encyclopedic endeavor. The sixth book is made from oak.

Shadowing the scientific methodologies and classification systems of archaeology, biology, biochemistry, ethnography, museology, and ornithology, Dion's approach to science and dominant culture remains skeptical, playful, and anti-authorial, introducing methods from other fields to embrace the interrelatedness of various cultural, political, and natural ecologies. *Neukom Vivarium* (2002–04), for example, commissioned by the Seattle Art Museum, is a hybrid of sculpture, architecture, environmental education, and horticulture. In a custom-designed greenhouse, a sixty-foot-long log—a Western hemlock, the same tree that represents North America in Dion's contribution to the Xylotheque—is placed horizontally in a bed of leaf litter and forest duff. Removed from the forest ecosystem, its ongoing decay and constant renewal represent nature as a complex system of cycles and processes within the art system. In his work, Dion focuses on the rich materiality of both the natural and the artificial worlds to foster critical thinking about ecology. ES

Workshop in Bogotá; Projekt in Zusammenarbeit mit dem Fachbereich für bildende Kunst / project in collaboration with the Visual Art Department, Universidad de Bogotá Jorge Tadeo Lozano, Plataforma Bogotá und / and Escuela de Artes y Oficios Santo Domingo Organisation / Organization: Felipe Arturo Tischler / Carpenters: Yecid Robayo, Juan David Vásquez

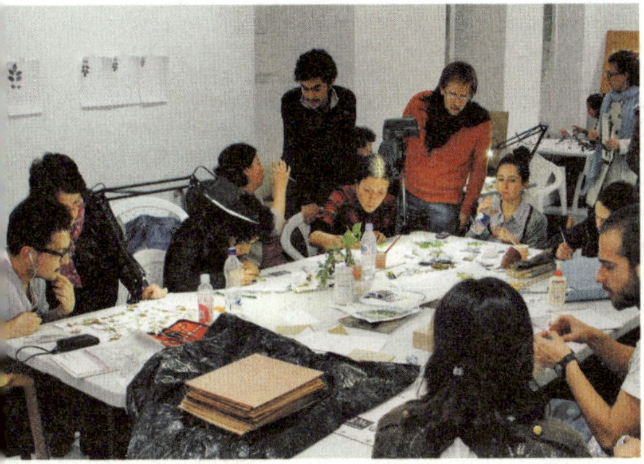

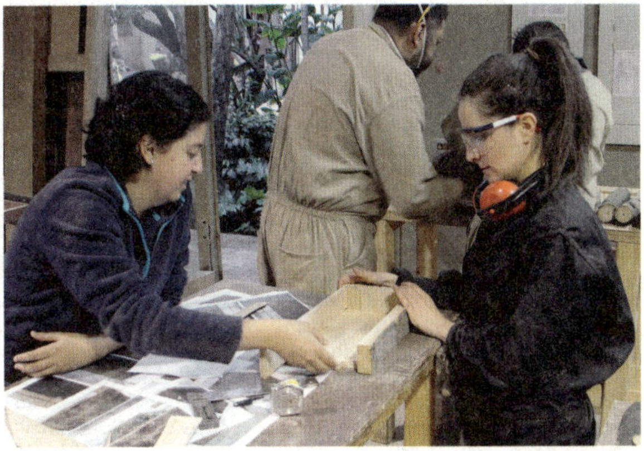

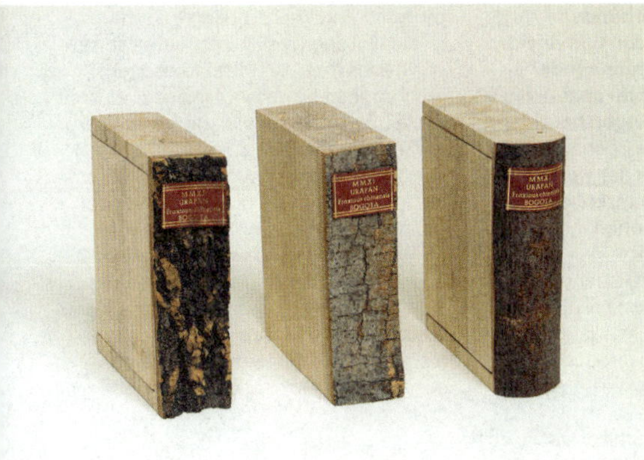
MMXI
URAPAN
BOGOTA

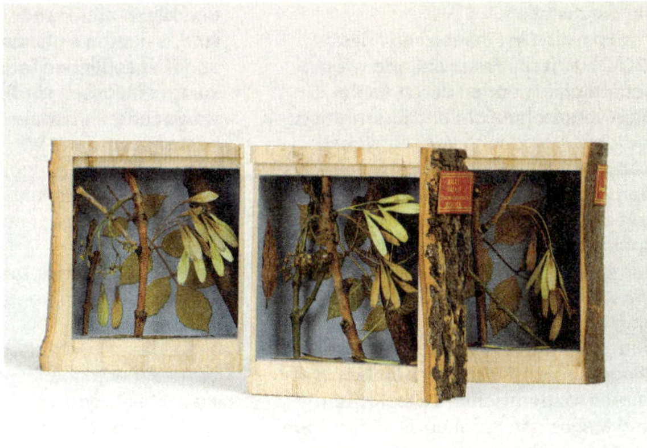

Toril Johannessen

geb. / b. 1978 in Harstad (Norwegen / Norway)
lebt / lives in Bergen (Norwegen / Norway)

Toril Johannessens Praxis – die verschiedene Medien wie Fotografie, Text, Zeichnung, Skulptur, Geschichtenerzählen und Installation umfasst – beschäftigt sich in empirischen und theoretischen Untersuchungen mit wissenschaftlichen Fragen. In einer Gegenüberstellung von wissenschaftlicher und künstlerischer Recherche beleuchtet Johannessen die schöpferischen Elemente, die den verschiedenen Verfahren der Wissensproduktion innewohnen, und zieht aus ihnen poetische Schlussfolgerungen. In Arbeiten, die sich einerseits mit Vorstellungen und Begriffen von der Zeit, andererseits mit Energie- und Wirtschaftskreisläufen befassen, erkundet sie natürliche und finanzielle Phänomene und die Arten, sie darzustellen.

***Expansion in Finance and Physics* (2010) wirft die Frage auf, wie wissenschaftliche Theorien durch Analogien veranschaulicht und interpretiert werden. Ausgehend von möglichen Korrelationen zwischen Astrophysik und den Finanzmärkten untersucht das Projekt den Begriff Expansion. Johannessen spekuliert darüber, wie die Theorien zur Ausdehnung des Universums die Vorstellung von wirtschaftlicher Expansion beeinflusst haben könnten. *Words and Years* (2010) ist eine Serie von Diagrammen, die auf Recherchen in diversen akademischen Zeitschriften und Magazinen beruhen. Die Künstlerin ging sämtliche Bände der Veröffentlichungen von der Erstausgabe bis zum jüngsten Heft durch und stellte die Häufigkeit ausgewählter Wörter wie »Logik«, »Liebe«, »Expansion«, »Hoffnung« und »Realität« statistisch dar – sie fragte sich, ob und wie sich Geschichte in der Sprache im Gebrauch dieser Wörter widerspiegelt.**

***Extraordinary Popular Delusions* (2012), ihr Beitrag zur dOCUMENTA (13), thematisiert Fragen rund um Energiekreisläufe und das Wirtschaftsleben, wobei die Sonne, Erdöl und die Produktion von Bildern den Ausgangspunkt bilden. Ein eigens angefertigter Projektor projiziert ein Bild der Sonne – der Quelle, aus der letztlich alle Energie auf der Erde stammt. Der Projektor ist einer der ältesten historischen Laternae magicae nachempfunden, der ersten Projektionsapparate, die mit offenen Flammen beleuchtet und zu so vielfältigen Zwecken wie Unterhaltung, Bildung, Propaganda und spiritistischen Sitzungen verwendet wurden. Die neuartige Erfahrung projizierter Bilder stellte ein Spektakel dar, das damals die Illusion einer Geistererscheinung wachrufen konnte. Indem Johannessen Petroleum, einen Rohstoff aus der Tiefe der Erde, verwendet, um die Laterne zu beleuchten, stellt sie eine metaphorische und materielle Beziehung zwischen der Lichtquelle und dem projizierten Bild her – Projektor und Bild werden ein selbstreferenzielles energetisches System. Durch Anspielungen auf verschiedene Zyklen, die auch wirtschaftliche Bedeutung besitzen, wie die »geheimen Zyklen« der Finanzwirtschaft, Sonnenfleckenzyklen und Aktienkurse sowie Georges Batailles Begriff der allgemeinen Ökonomie thematisiert Johannessen auf spielerische Weise die Wechselbeziehungen zwischen Natur- und Wirtschaftswissenschaften. Mit Blick auf unser Energiesystem im Ganzen stellt sie die Frage, wie Materie und Ideen miteinander verbunden sind, Systeme sich ausbilden und aneinander anschließen (oder miteinander kurzgeschlossen sind), worin unsere Illusionen und Selbsttäuschungen heute bestehen und wie wir eine poetische Sprache finden können, in der wir den Umwelt-, Energie- und Finanzkrisen unserer Zeit begegnen können.**

Toril Johannessen's practice—spanning media such as photography, text, drawing, sculpture, storytelling, and installation—engages in scientific topics through empirical and theoretical investigation. Paralleling scientific and artistic research, Johannessen sheds light on the creative elements inherent to the various methods of knowledge production and brings them to poetic conclusions. Occupied with notions and conceptions of time on the one hand, and with cycles of energy and economy on the other, she explores natural and financial phenomena and their representations.

Expansion in Finance and Physics (2010) asks how scientific theories are visualized and interpreted by way of analogies. Examining the concept of expansion, the project takes possible correlations between astrophysics and the financial markets as a starting point. Johannessen speculates on whether the theories on the expansion of the universe have affected the notion of expansion in economics. *Words and Years* (2010) is a series of graphs based on research in various academic journals and magazines. Going through the complete volumes of the publications from the first issues up until today, she has mapped the frequency of selected words like "logic," "love," "expansion," "hope," and "reality" in statistics, wondering how, or whether, history is reflected in language via the use of these words.

Extraordinary Popular Delusions (2012) for dOCUMENTA (13) addresses issues relating to energy cycles and economy, taking the sun, petroleum, and the production of images as its point of departure. A custom-built projector projects an image of the sun—Earth's ultimate source of energy. The projector is in the style of one of the oldest historical magic lanterns, the first projection apparatuses, which were lit by burning flames and used for such divergent purposes as entertainment, education, propaganda, and spiritistic séances. The novel experience of looking at projected images was a spectacle that at the time could create the illusion of an apparition. By using petroleum, an outcrop of Earth, to light the lantern, Johannessen establishes a metaphoric and material relationship between the source of light and the projected image—projector and image become a self-referential energy system. Hinting at various cycles that also relate to economy, like the "secret cycles" of finance, sunspot cycles, and stock-market prices, as well as Georges Bataille's concept of general economy, Johannessen playfully addresses the interrelatedness of natural and economic sciences. Using the larger scheme of our energy system, she asks how matter and ideas are linked and form systems and (short-)circuits, what the illusions and delusions of today are, and how to find a poetic language to address the crises of our times: of environment, energy, finance. ES

***Extraordinary Popular Delusions*, 2012**
Siebdruck / Screen print
20 × 17.5 cm

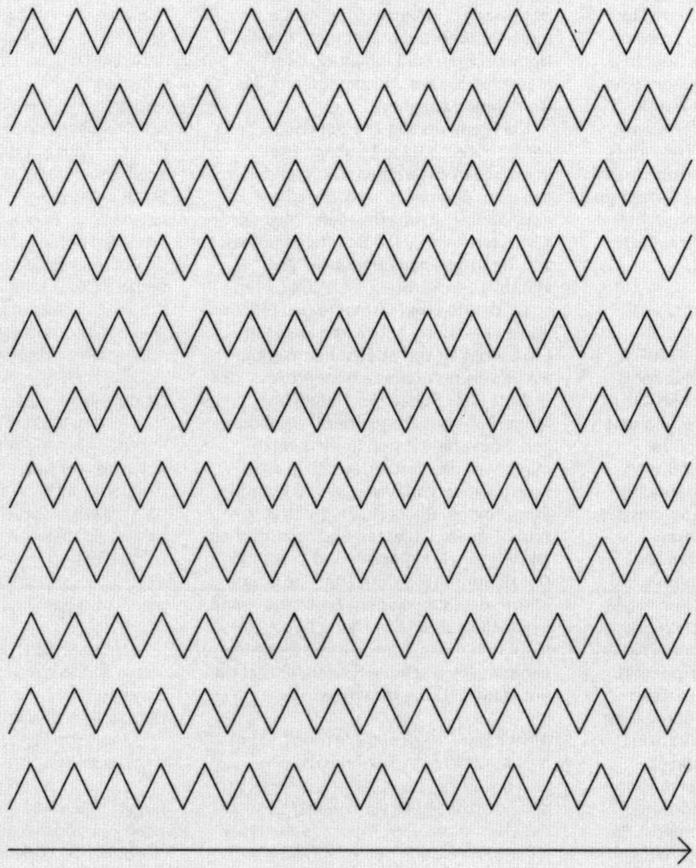

Universal 11-year cycles

Amar Kanwar

geb. / b. 1964 in Neu-Delhi / New Delhi
lebt / lives in Neu-Delhi / New Delhi

Amar Kanwar hat sich an den letzten zwei documenta-Ausstellungen mit filmbasierten Arbeiten über die gesellschaftlichen und politischen Bedingungen auf dem indischen Subkontinent beteiligt. Seine Filme haben Themen wie gewaltsame Auseinandersetzungen zwischen religiösen Gruppen und Grenzkonflikte (*A Season Outside*, 1998), die Poetik des Widerstands (*A Night of Prophecy*, 2002) oder sexuelle Gewalt (*The Lightning Testimonies*, 2007) angesprochen. Seine jüngste Installation, *The Sovereign Forest* (2012), untersucht einen weiteren Konflikt: Es geht um Landrechte, Korruption und soziale Ungleichheit.

Er selbst schreibt:

»*The Sovereign Forest* kommt aus dem Staat Orissa (kürzlich in Odisha umbenannt) im Osten Indiens. Odisha ist seit Längerem ein Herd verschiedener Auseinandersetzungen zwischen den Gemeinden vor Ort, der Regierung und Konzernen um die Herrschaft über Ackerland, Wälder, Flüsse und Bodenschätze. Die gewaltsame Umsiedlung der einheimischen Bevölkerung und der Bauern ist seit den 1950er Jahren brutaler Alltag in Odisha. In den letzten fünfzehn Jahren wurden mehrere Gebirgszüge und Wildnisgebiete sowie Ackerland an Bergbaukonsortien und andere Unternehmen zur kommerziellen Ausbeutung verkauft oder verpachtet. Eine neue Wirtschaftspolitik machte die förmliche Außerkraftsetzung gesetzlicher und bürokratischer Schranken möglich. Land zu kaufen wurde einfacher, was die verbreitete Korruption der politischen Parteien, Behörden und Gerichte noch verschlimmerte. Es kam zu einer Reihe von lokalen Widerstandsaktionen auf Seiten der Bauern, Fischer und Stammesgemeinschaften. Unter Führung autonomer Räte auf der kommunalen Ebene haben sie weitgehend gewaltfrei, aber hartnäckig und beharrlich protestiert, manchmal unterstützt von Aktivisten aus den Städten, und im Erfahrungsaustausch einen lokalen Diskurs über Entwicklung, Industrialisierung und wirtschaftliche und ökologische Sanierung angestoßen. Dieser Widerstand sah sich polizeilichen Repressalien sowie gewalttätigen Angriffen mafiöser Banden vor Ort ausgesetzt, die von Politikern oder Konzernen dafür angeheuert wurden. Beispiele sind die Bewegungen gegen Bauxitabbau und Aluminiumhütten in Kashipur und gegen die Landaufkäufe des koreanischen Stahlkonzerns POSCO und der TATA-Industriegruppe in Kalinga Nagar.

Viele Gemeinden in ganz Indien haben in den vergangenen fünfzehn Jahren ähnliche Erfahrungen gemacht. Odisha jedoch ist insofern einzigartig, als es den lokalen Bewegungen gelungen ist, Aufkäufe hinauszuzögern und so internationale Konzerne zum Abzug zu bewegen; außerdem haben sie neue Vorschriften erzwungen, die die Unternehmen zur Einhaltung der Menschenrechte und zum Schutz der Gemeinden anhalten.

Die Premiere von *The Sovereign Forest* findet 2012 in Bhubaneswar in Odisha in Zusammenarbeit mit einer örtlichen Organisation von Medienaktivisten statt; anschließend reist der Film nach Kassel. *The Sovereign Forest* soll die Diskussion über unser Verständnis von Verbrechen, Politik, Menschenrechten und Ökologie neu beleben und zu kreativen Antworten anregen. Die Gültigkeit von poetischen Werken als Beweismaterial in einem Prozess, der Diskurs über Sehen, Verstehen und Mitgefühl, über Fragen der Gerechtigkeit, Souveränität und Selbstbestimmung – all das verbindet sich in einer Konstellation von Bewegt- und Standbildern, Texten, Büchern, Flugblättern, Alben, Musik, Objekten und organischen Materialien, Ereignissen und Prozessen. Der Hauptfilm mit dem Titel *The Scene of Crime* erlaubt es dem Zuschauer, eine Landschaft zu erleben, kurz bevor sie in für den Ankauf durch Industrieunternehmen vorgesehene Reviere aufgeteilt und dadurch ausgelöscht wird.«

Amar Kanwar has contributed to the past two documenta exhibitions with film-based work on the social and political conditions of the Indian subcontinent. His films have addressed themes such as sectarian violence and border conflicts (*A Season Outside*, 1998), the poetry of resistance (*A Night of Prophecy*, 2002), or sexual violence (*The Lightning Testimonies*, 2007). His latest installation, *The Sovereign Forest* (2012), explores yet another conflict around land rights, corruption, and social inequality.

In his own words:

"*The Sovereign Forest* emerges from the state of Orissa (now renamed Odisha) in eastern India. Odisha has been the epicenter of several conflicts between local communities, the government, and corporations over the control of agricultural lands, forests, rivers, and minerals. The forcible displacement of indigenous communities and peasants has been a brutal part of life in Odisha since the 1950s. In the past fifteen years, several mountain ranges, tracts of wilderness, and agricultural lands have been sold or leased to mining cartels and other corporations for commercial use. A new economic regime allowed for the formal removal of legal and bureaucratic restrictions. The process of land acquisition became easier and exacerbated the corrupt practices indulged in by political parties, government departments, and the judiciary. A series of local resistance actions by peasants, fisherfolk, and tribal communities emerged. Powered by autonomous local leaderships, primarily nonviolent, stubbornly resilient, occasionally supported by urban activists, they have shared their experience to enable a local discourse about development, industrialization, and rehabilitation to emerge. This resistance has faced police repression and violence by local mafias hired by politicians or corporations. Examples of this include the movements resisting the bauxite and aluminum companies in Kashipur and land acquisition by the Korean steel company POSCO and the industrial group TATA in Kalinga Nagar.

"These events are similar to the experiences of various communities across India over the past fifteen years. Odisha is unique, however, in that the local movements have successfully delayed acquisitions, thus influencing the departure of international corporations and enforcing fresh regulations to be followed by corporations regarding human and community rights.

"*The Sovereign Forest* will be presented first in Bhubaneswar in Odisha in 2012 in collaboration with a local media activist organization and then travel to Kassel. *The Sovereign Forest* attempts to reopen discussion and initiate a creative response to our understanding of crime, politics, human rights, and ecology. The validity of poetry as evidence in a trial, the discourse on seeing, on understanding, on compassion, on issues of justice, sovereignty, and self-determination—all come together in a constellation of moving and still images, texts, books, pamphlets, albums, music, objects and organic materials, events and processes. The central film, titled *The Scene of Crime*, offers an experience of landscape just prior to erasure by subdivision into territories marked for acquisition by industries." MK

***The Sovereign Forest*, 2012**

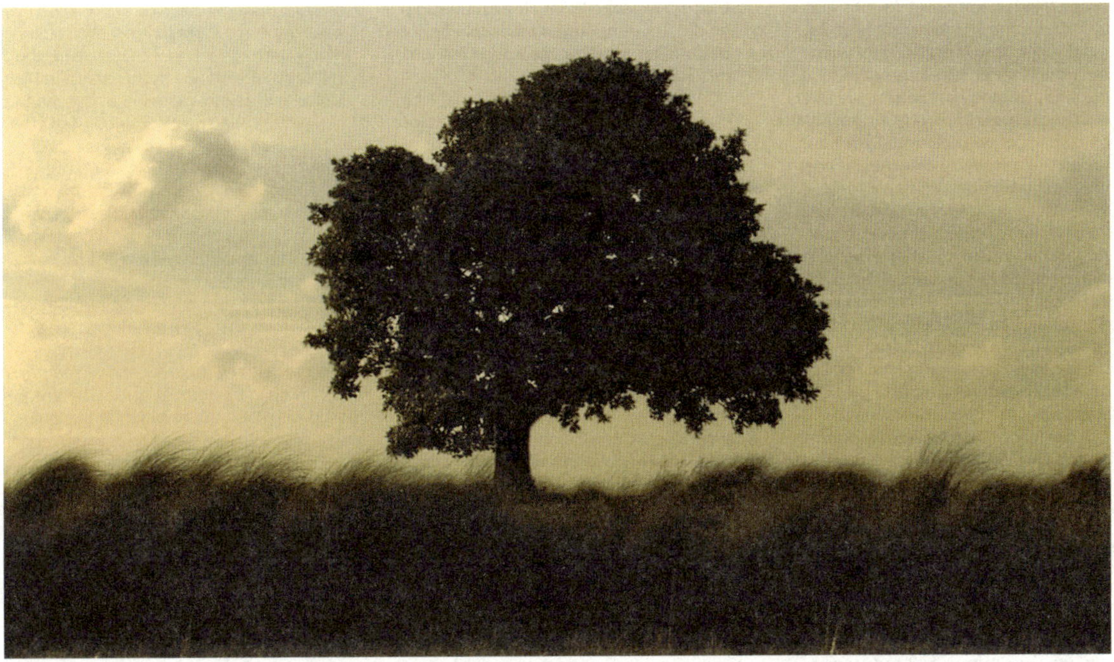

Claire Pentecost

geb. / b. 1956 in Atlanta
lebt / lives in Chicago

Claire Pentecost bedient sich einer Reihe von Strategien – Kooperationen, Forschung, Lehre, Feldstudien, Schriften, Vorträgen, Zeichnungen, Installationen und Fotografien – für eine fortlaufende Untersuchung der institutionellen Strukturen, die Wissen organisieren und kontrollieren. In ihrer zeichnerischen Praxis verarbeitet sie Informationen, Emotionen, Unbewusstes und Innerliches. Ihre Website *The Public Amateur* unterstützt Unternehmungen, die sich aus Motiven speisen, die über die Grenzen der eigenen Karriere hinausblicken – nicht um befugte Experten durch Dilettanten zu ersetzen, sondern um die Produktion und Bewertung von Wissen im größeren gesellschaftlichen Raum anzusiedeln. Nach ihrer Auffassung ist ein Künstler jemand, der sich bereiterklärt, in der Öffentlichkeit zu lernen und das Wissen selbst in der kulturellen Sphäre der Auseinandersetzung über Werte zu befragen.

Pentecost interessiert sich seit Langem für Fragen der Ernährungs- und Landwirtschaftspolitik einschließlich der Macht über unsere Nahrungsmittel, die Großkonzerne durch industrielle Verfahren und Genmanipulation gewonnen haben, aber auch für alternative Strukturen, die in jüngster Zeit wachsende Verbreitung finden. Für die dOCUMENTA (13) hat sie ein Projekt für die Gruppe von Werken unter dem Titel *When you step inside you see that it is filled with seeds* entwickelt, die im und um das Ottoneum, das Kasseler Naturkundemuseum, gezeigt wird. *Soil-erg* (2012) nimmt Saatgut als Ausgangspunkt. Pentecost schlägt vor, in ihm »das älteste quelloffene Wissenssystem der Geschichte« zu sehen, und lehnt daher den »legalisierten Diebstahl« der Privatisierung solchen Wissens durch die Patentierung von Saatgut ab. Sie weist auf die entscheidende Rolle der ökologischen Einheit hin, die »der Organismus *und* seine Umwelt« bilden, in diesem Fall also der Samen und der Boden. Ihre Installation schlägt ein neues Wertesystem und eine andere gesellschaftliche Orientierung auf Grundlage des lebendigen Ackerbodens vor, für den hier das *soil-erg* steht, eine Währung, die jedermann durch Kompostieren herstellen kann. In eine Serie von Scheiben und Barrenformen gepresst, in denen der Nutzwert die modernistische Abstraktion aufsprengt, bietet das *soil-erg* eine nachhaltige Alternative zum Petrodollar – der innigen Verbindung des einflussreichsten Handelsguts mit der mächtigsten (militärisch gestützten) Währung der Welt. Schwer und zerbrechlich zugleich, widersetzt sich lebendiger Ackerboden dem Waren- und Geldverkehr – er ist grundsätzlich ortsgebunden und verwirklicht seinen größtmöglichen Wert, wenn er in einem spezifischen Zusammenhang hergestellt und gepflegt wird. Wie alle Währungen ist das *soil-erg* eine Abstraktion; zugleich jedoch ist seine bloße physische Form eine Erinnerung an die Anstrengungen menschlicher und natürlicher Akteure, die nötig sind, um das Leben zu erhalten.

Außerhalb des Ottoneums setzt sich das Projekt in Gestalt senkrechter mit Erdreich gefüllter Pfeiler fort, die für den intensiven Gemüseanbau in dicht besiedelten Gegenden, wo Landmangel herrscht, entworfen wurden. Die Künstlerin präsentiert sie in Zusammenarbeit mit der Stiftung Can YA Love und dem Designer und Philanthropen Ben Friton. Um gute Pflanzerde herzustellen, forscht Pentecost gemeinsam mit Vertretern des Fachbereichs Ökologische Agrarwissenschaften an der Universität Kassel an Wurmkompostierungssystemen. Sie erläutert ihre Ideen darüber hinaus in einem Essay und Zeichnungen, die unter dem Titel *Notizen aus dem Untergrund* im Rahmen der Reihe *100 Notizen – 100 Gedanken* der dOCUMENTA (13) erschienen sind.

Engaging a variety of strategies—collaboration, research, teaching, fieldwork, writing, lecturing, drawing, installation, and photography—Claire Pentecost's work is an ongoing investigation into the institutional structures that organize and control knowledge. In her drawing practice, she processes information, emotion, the unconscious, and interiority. Her website *The Public Amateur* promotes efforts that are motivated outside the circle of careerism—not to replace the authorized expert but to bring the production and evaluation of knowledge into the broader social realm. According to her model, the artist is someone who consents to learn in public, interrogating knowledge itself in the cultural space where values are contested.

Pentecost has long been interested in the politics of food and agriculture, including corporate control of our food through industrial methods and genetic engineering, as well as recently expanding alternative systems. For dOCUMENTA (13), she has developed a project for the constellation of works titled *When you step inside you see that it is filled with seeds* presented in and around the Ottoneum, Kassel's museum of natural history. *Soil-erg* (2012) takes seed as a departure point. Suggesting that seeds are "the longest-running open-source knowledge system in history," Pentecost rejects the "legalized theft" that privatizes such knowledge through the patenting of seeds. She refers us to the critical ecological unit of the "organism *plus* its environment," in this case, seed plus soil. Her installation proposes a new system of value and social orientation based on living soil and represented here in the *soil-erg*, a form of currency that anyone can make by composting. Shaped into serial discs and ingot forms that trouble modernist abstraction with use-value, the *soil-erg* is offered as a sustainable alternative to the petro-dollar—that marriage of the most influential commodity and the world's most powerful (military-backed) currency. Heavy and fragile, living soil resists circulation—it is inherently territorialized, realizing its optimal value when produced and maintained within a context. Like all currency, the *soil-erg* is an abstraction, but at the same time its sheer embodiment is a reminder of the human and non-human effort that it costs to maintain life.

Outside the Ottoneum, the project continues in the form of vertical beams filled with soil and designed for the intensive production of vegetables in dense, land-poor communities. These are presented by the artist in collaboration with the Can YA Love Foundation and designer-philanthropist Ben Friton. To produce good soil, Pentecost works with the Department of Organic Agricultural Sciences of the University of Kassel on research into vermicomposting systems. She further elaborates her ideas in an essay and drawings published in *Notes from Underground* as part of dOCUMENTA (13)'s series *100 Notes – 100 Thoughts*. ES

***Proposal for A New American Agriculture*, 2009–2010**
Wurmkompostierte Baumwoll-Flagge / Vermicomposted cotton flag
152 × 274 cm

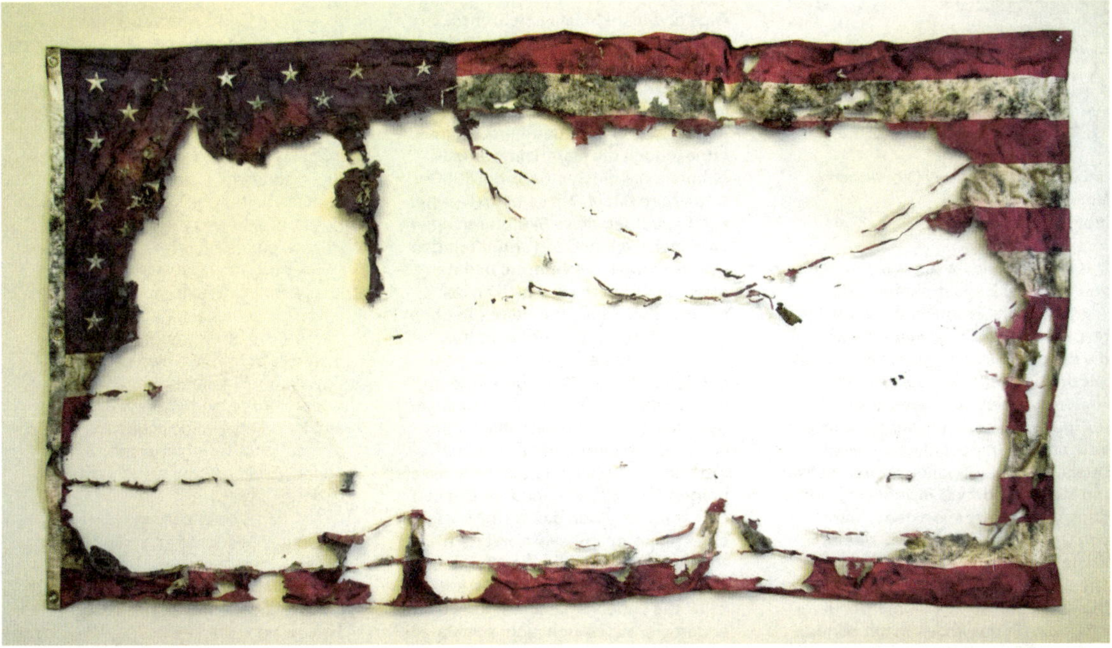

Aase Texmon Rygh

geb. / b. 1925 in Dyrøy (Norwegen / Norway)
lebt / lives in Oslo

Das Möbiusband ist seit drei Jahrzehnten von zentraler Bedeutung für Aase Texmon Ryghs Produktion von Skulpturen. Sie heben die Faszination hervor, die die paradoxe Fähigkeit des Möbiusbandes, im Gedanken sowohl ein »inneres Außen« als auch ein »äußeres Innen« zu besitzen, auf die Künstlerin ausübt. In der Reflexion dieser Dualität bringen Texmon Ryghs Skulpturen Merleau-Pontys Einsicht zur Anwendung, dass Kunst aus einem System von Gegensätzen erwächst, das eine Kristallisation von Zeit und eine mögliche Chiffre der Transzendenz moduliert. Die Künstlerin sprach einmal von ihrer »Vorliebe für das Arbeiten mit reinen, einfachen Formen mit dem Ziel, mit geringstmöglichen Mitteln den größtmöglichen Ausdruck zu erzielen«, und fügte hinzu, dass ihr ein Gleichgewicht zwischen organischem und mechanischem Ausdruck am meisten behagt.

Texmon Ryghs frühe Arbeiten zeigen den Einfluss von Henri Laurens, dessen plastische Praxis musikalische und architektonische Formprinzipien verschmolz, um vom Raum Besitz zu ergreifen und ein Objekt aus abwechselnden und kontrastierenden Höhlungen und Volumina, aus Fülle und Leere zu konstruieren. Vor diesem Hintergrund ergab sich ihre Entwicklung hin zur Abstraktion und, in Arbeiten wie *Teakpike* (1953), zu einem Stil, den die Künstlerin als »abstrakten Naturalismus« bezeichnete. Ein weiblicher Körper ist in eine dynamische eiförmige Gestalt verwandelt: *Teakpike* erinnert an Laurens' kleinen *Amphion* (1937) und ist doch in Schwere, Haltung und biomorpher Form charakteristisch für die Herausbildung der eigenen Praxis der Künstlerin.

Texmon Ryghs Orientierung an der Abstraktion stand während der gesamten 1950er Jahre wegen des konservativen Umfelds, in dem sich die modernistische Kunstpraxis im Norwegen der Nachkriegsjahre bewegte, ihrer Laufbahn im Weg. Daher verfolgte sie ihre Ziele unabhängig und im Wesentlichen auf sich gestellt. Sie machte sich eine warme organische Ästhetik natürlicher Materialien zu eigen und arbeitete vor allem mit Holz (Teak und Douglastanne), Gips und manchmal auch Bronze. Ihre Skulpturen *Piruett* (1951) und *Hvile* (1954) veranschaulichen die räumliche Komplexität des Möbiusbandes; sie lassen die Figuration ganz hinter sich und weisen in Richtung Aerodynamik, ohne jedoch die Materialien aufzunehmen, die die Synthetik der 1950er Jahre bereitstellt. Mit selbstbewusster Kraft hauchten diese Skulpturen einer zwischen Gegensätzen vermittelnden Übersetzung Leben ein; sie bildeten zugleich Maquetten für Plastiken im öffentlichen Raum, mit denen Texmon Rygh beauftragt zu werden hoffte.

Ihre Werke werden immer wieder mit denen Naum Gabos und Antoine Pevsners verglichen. Texmon Rygh jedoch findet die Arbeiten dieser Bildhauer zu raffiniert und quasi-konstruktivistisch und beharrt darauf, dass die sie prägenden Einflüsse anderen Quellen entsprangen. Auch das Werk Max Bills, eines weiteren Künstlers, mit dem sie oft verglichen wird, beschreibt sie als »absolute Vereinfachung, steril und kalt«. Die Lebendigkeit ihrer Kunst, so erklärt sie, ergibt sich nicht so sehr aus ihren physischen organischen Eigenschaften als vielmehr aus einer inneren Dynamik, die aus der mathematisch-algebraischen Schattenseite ihrer Form ausstrahlt.

The Möbius strip has been central to Aase Texmon Rygh's sculptural production for the past three decades, emphasizing the artist's fascination with its paradoxical conceptual ability to hold both an "inside exterior" and an "outside interior." In reflecting this duality, Texmon Rygh's sculptures apply Merleau-Ponty's idea that art is born out of a scheme of contrasts, modulating a crystallization of time, and a possible cipher of transcendence. The artist has stated her "preference to work with pure, simple form and to aim to achieve the maximum expression with minimal measures," adding that she is most comfortable when balancing organic and mechanical expression.

Texmon Rygh's early work was influenced by Henri Laurens, whose sculptural practice fused musical and architectonic principles of form to take possession of space, constructing an object through alternating and contrasting cavities and volumes, fullness and emptiness. This provided the foundation of her move toward abstraction and to what she referred to as "abstract naturalism" in works such as *Teakpike* (1953). A female body transfigured into a dynamic ovoid form, *Teakpike* recalls Laurens' small *Amphion* (1937), and yet its weight, poise, and biomorphic form characterized her own evolving practice.

Texmon Rygh's orientation toward abstraction amid the conservative environment for modernist art practice in postwar Norway hindered her career throughout the 1950s. So Texmon Rygh pursued her goals independently and largely in isolation. Adopting a warm, organic aesthetic of natural materials, she worked primarily with wood (teaks and Oregon pines), plaster, and sometimes bronze. Her sculptures *Piruett* (1951) and *Hvile* (1954) illustrate the spatial complexity of the Möbius strip, abandoning the figure altogether and gesturing toward the aerodynamic without adopting materials from 1950s plastics technology. With self-asserting capacity, these sculptures enabled a translation back and forth between polarities and served as maquettes for what Texmon Rygh hoped would be commissioned as public sculptures.

Dogged by comparisons to Naum Gabo and Antoine Pevsner, Texmon Rygh maintains that, finding the work of these sculptors too refined and quasi-Constructivist, her influences came from elsewhere. This opinion extended to Max Bill, another artist to whom she is often compared; she considers his work "absolute simplification, sterile and cold." The vitality of her work, she asserts, does not necessarily stem from its physical organic attributes but from an inner dynamic that emanates from the mathematical algebraic underbelly of its form. MK

**Alte Skizze, gebündelter Draht, Klebeband / Old sketch, bundled wire, tape, ca. 1980
6.5 × 6 × 8 cm**

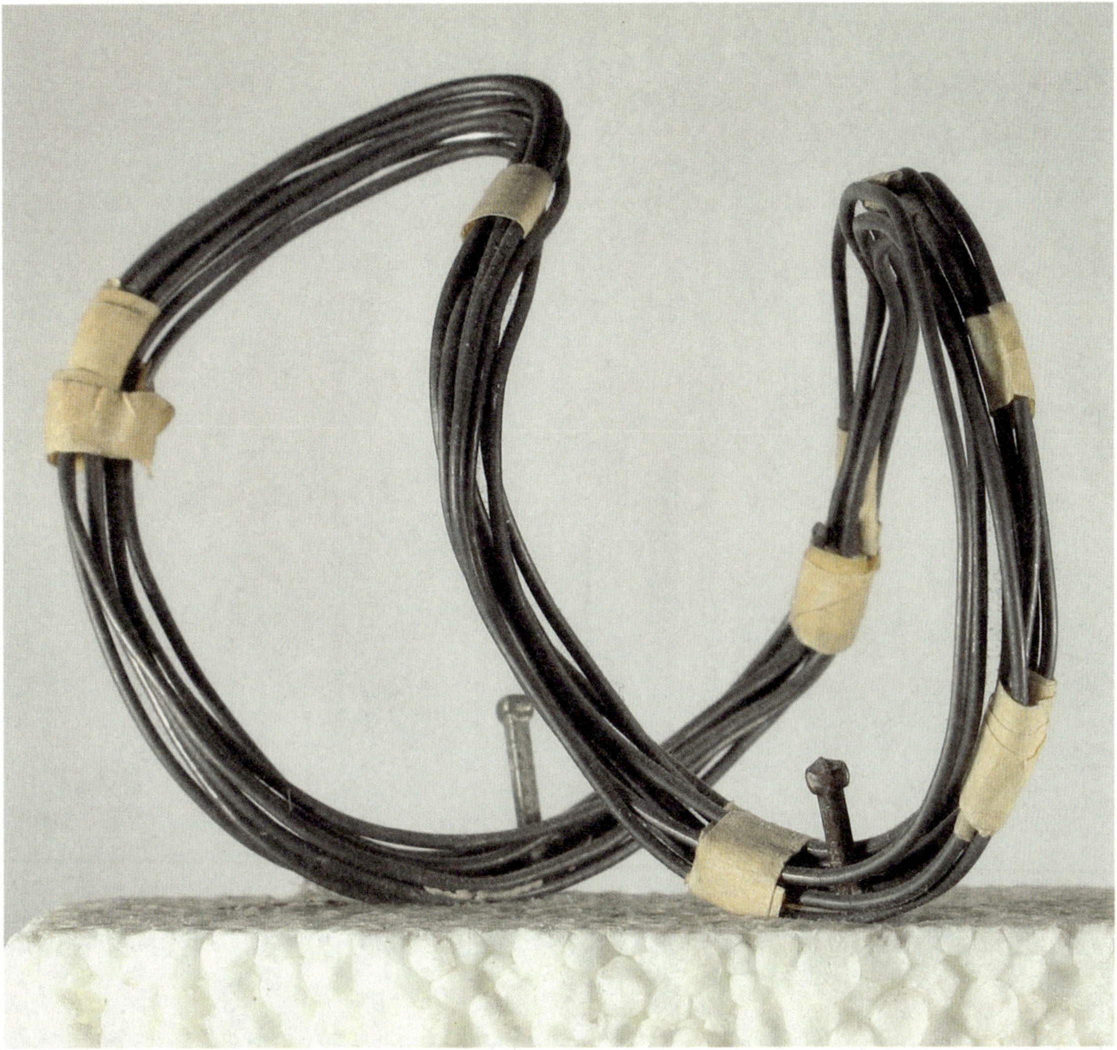

I am working with stories I cannot finish.

I start over and over again.

I don't care to find out what stories—perhaps because the result could be more a construction than a sculpture . . .

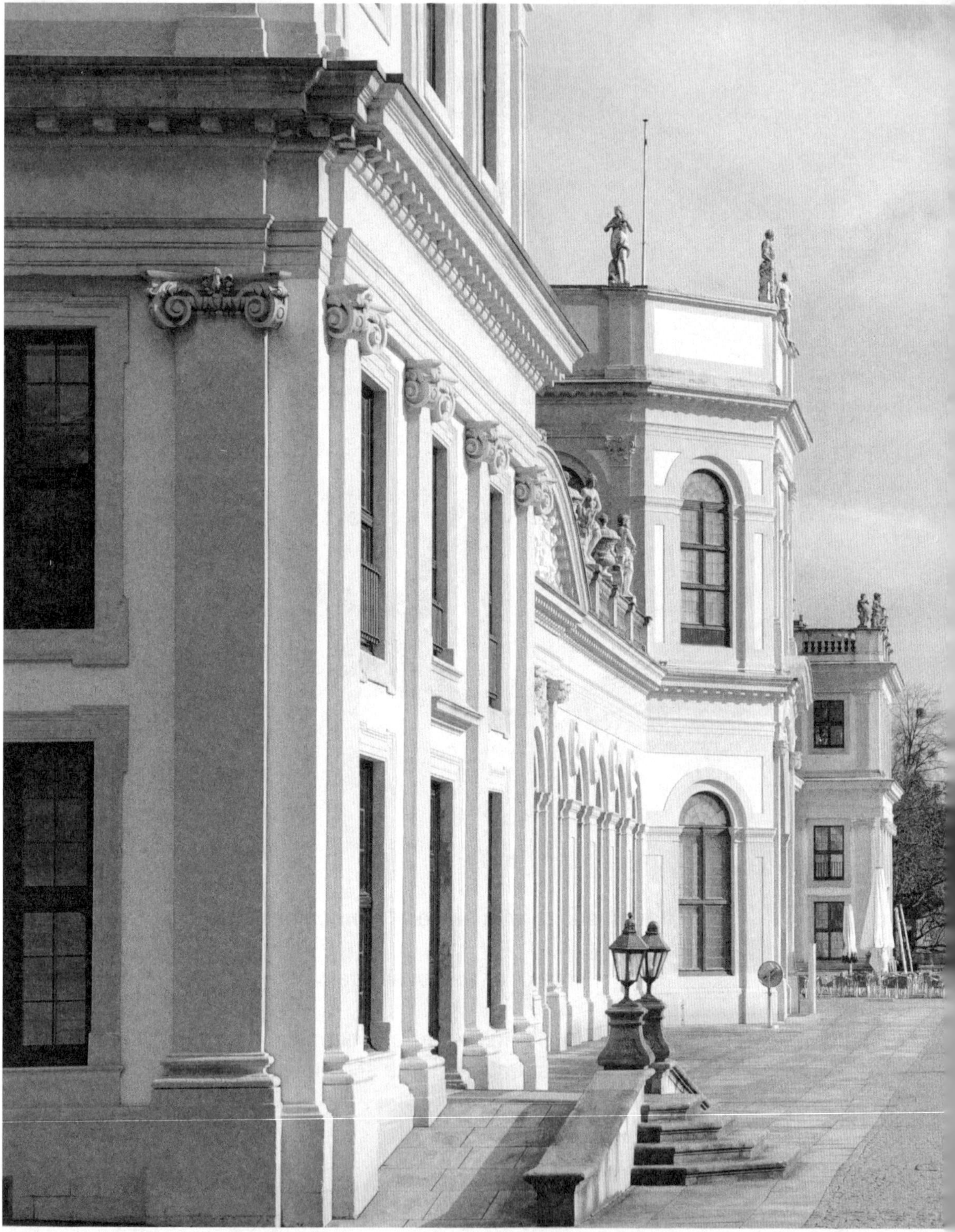

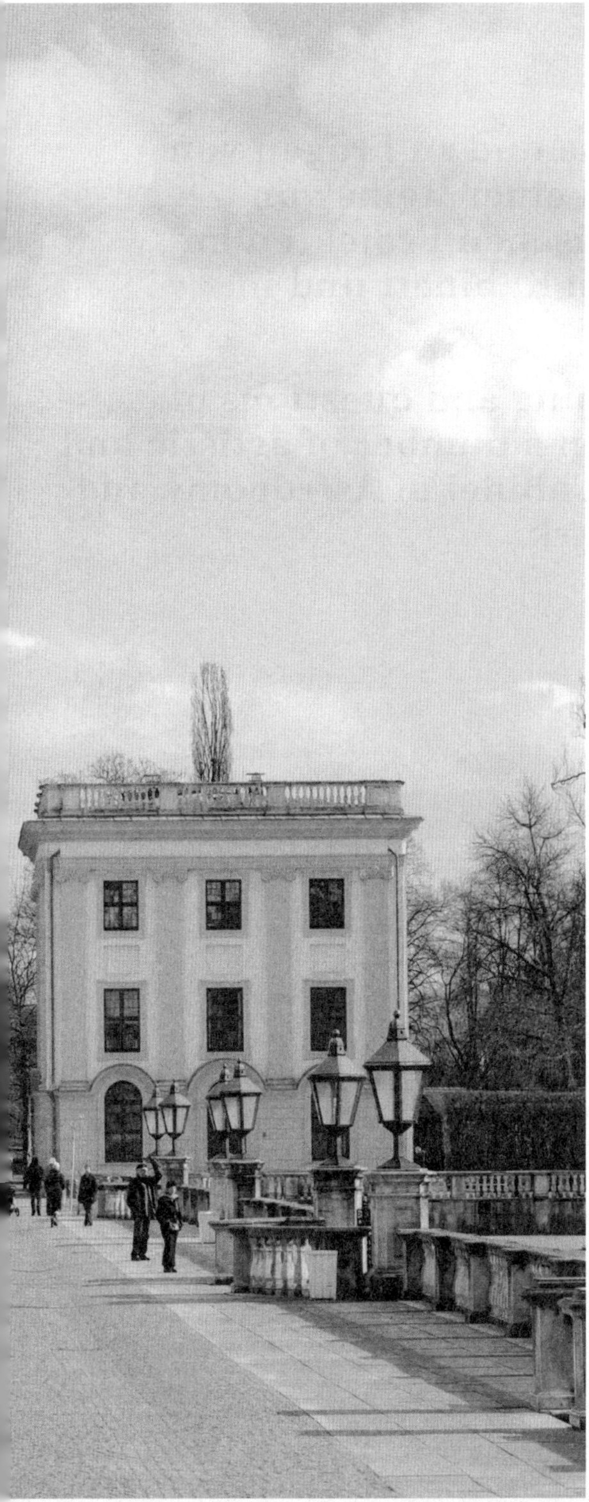

ORANGERIE

Die um 1700 als landgräfliches Sommerpalais errichtete Orangerie diente auch als Überwinterungshaus zum Schutz nicht einheimischer Pflanzenarten. Seit 1992 beherbergt sie das Astronomisch-Physikalische Kabinett, in dem bedeutende historische wissenschaftliche Instrumente zu sehen sind.

Built around 1700 as a royal summer palace, the Orangerie was also used as an indoor winter garden to protect non-native plants. Since 1992, it has been home to Kassel's Cabinet of Astronomy and Physics, which displays scientific instruments of historical importance.

ORANGERIE

Überlegungen zur Kartografie und zu Fragen von Zeit, Raum und Erfahrung in einer Reihe von künstlerischen und archivarischen Projekten im Astronomisch-Physikalischen Kabinett und im Außenraum des Parks.

Considerations around mapping and questions of time, space, and experience in a number of artistic and archival projects inside the Cabinet of Astronomy and Physics and outside in the park.

▼ **KÜNSTLER / ARTISTS**
ERSTER STOCK / FIRST FLOOR

▷ **16** Tarek Atoui
▷ **95** Erkki Kurenniemi
▷ **155** Anri Sala
▷ **180** Jeronimo Voss

▼ **KÜNSTLER / ARTISTS**
ERDGESCHOSS / GROUND FLOOR

▷ **67** Ryan Gander
▷ **79** Susan Hiller
▷ **100** David Link
▷ **168** Mika Taanila
▷ **193** Konrad Zuse

▼ **PERFORMANCES**
ERÖFFNUNGSWOCHE / OPENING WEEK

▷ **16** Tarek Atoui
▷ **95** Erkki Kurenniemi
▷ **125** M.A. Numminen

Erster Stock / First floor

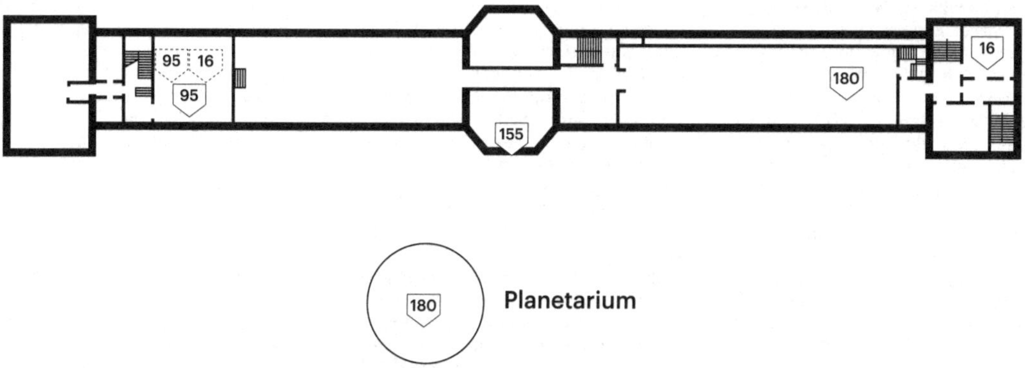

Erdgeschoss / Ground floor

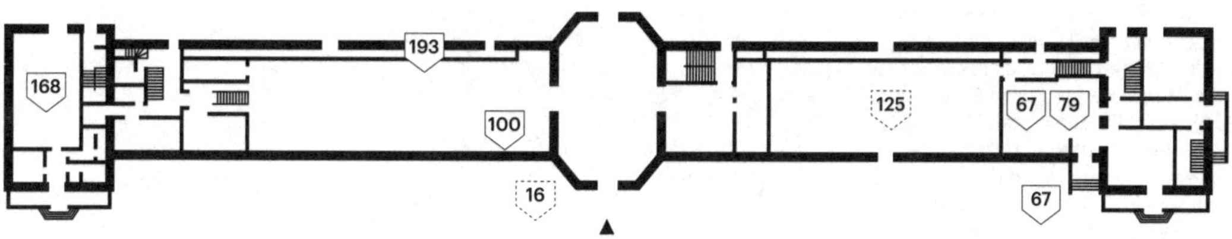

Erkki Kurenniemi

geb. / b. 1941 in Hämeenlinna (Finnland / Finland)
lebt / lives in Helsinki

Erkki Kurenniemi ist Mathematiker, Atomphysiker, Experte für digitale Technologien, Erfinder, Filmemacher und Pionier auf dem Gebiet der elektronischen Musik. Sein Werk, das die verbreitete Gleichsetzung von Technologie mit kalter Rationalität und einem Verlust an Sinnlichkeit widerlegt, dreht sich um eine Entfesselung der Vorstellungskraft, die es sich zur Aufgabe gemacht hat, das Leben selbst neu zu definieren.

Kurenniemis Beitrag zur dOCUMENTA (13) ist die erste retrospektive Gesamtschau seines Werks. In ihrem Zentrum steht das Studio für elektronische Musik, das er 1961–1962 an der Abteilung für Musikwissenschaft der Universität Helsinki einrichtete. Kurenniemis eigene Entwürfe waren von grundlegender Bedeutung für das Studio, allen voran seine selbstgebauten Synthesizer aus den 1970er Jahren, die DIMI-Serie (die Abkürzung steht für »Digital Musical Instrument«) – Ahnen moderner Tonstudiogeräte wie digitaler Mischpulte und Mikrocomputer.

Zur Feier des 50. Jahrestages des Studios für elektronische Musik, das der musikalischen Forschung wie Praxis Raum gab, zeigt die dOCUMENTA (13) einige von Kurenniemis experimentellen Musikapparaten, darunter das *Elektrische Quartett* (1967), ein kollektiv zu spielendes Instrument, das er für M.A. Numminen und seine Underground-Band Sähkokvartetti baute, sowie das *DIMI-S* (1972): ein »Gruppensexophon«, das vier Musizierende durch Elektroden, die sie in den Händen halten, verbindet und so einen transkutanen Stromkreis bildet, der Schwankungen der elektrischen Impulse in den Körpern der Spielenden misst und einen Synthesizer ansteuert. So entstehen Klänge durch kollektives Biofeedback. Die Teilnehmer machen Musik vermittels eines gemeinsamen Nervensystems und verdeutlichen so die engen Zusammenhänge zwischen Körper, Emotion und elektroakustischen Phänomenen.

Ein zweiter Teil der Ausstellung besteht aus Fotos, Tagebüchern, Kurzfilmen, generativen Computeranimationen und Aufnahmen von Monologen, die Kurenniemis lebenslangem Vorhaben, sich selbst zu archivieren, entstammen. Bis er 2005 erkrankte, protokollierte er wie besessen alles, was ihm widerfuhr, durch optische und schriftliche Aufzeichnungen seiner Wahrnehmungen und Gehirnwellen und errichtete ein Archiv seiner selbst, indem er unablässig fotografierte, Informationen auf Disketten und Festplatten speicherte und Hunderte Stunden Videomaterial und Tonbänder sowie Dutzende Notizbücher füllte. Sein Ziel war es, sein Leben zu speichern, um es letztlich übertragbar zu machen. Kurenniemis Datensammelwut erwuchs aus der Annahme, dass der Geist eines Menschen auf andere Plattformen, die nicht aus lebendem Gewebe bestehen, übertragen werden kann, wodurch die Gattung Mensch sich neu definieren lässt: Sie besteht aus Information und ist nicht an den Körper, wie wir ihn kennen, gebunden.

Kurenniemi nahm nie für sich in Anspruch, Künstler oder Wissenschaftler zu sein. Er schuf ergebnisoffene Experimente, die Kräfte und Intensitäten freisetzten, die zu viel Eigendynamik besitzen, als dass sie sich in einem einzigen Medium festhalten ließen. Sein Werk ist ein Gesamtkorpus, das sich der Endgültigkeit oder Kategorisierung entzieht.

Erkki Kurenniemi is a mathematician, nuclear physicist, expert in digital technologies, inventor, filmmaker, and pioneer of electronic music. Refuting the common equation of technology with frigid thought and loss of sensuality, his work revolves around a radical imagination that sets out to redefine life itself.

Kurenniemi's presentation at dOCUMENTA (13) is the first comprehensive retrospective exhibition of his oeuvre. It centers on the Electronic Music Studio that he established in the Department of Musicology at Helsinki University in 1961–62. Kurenniemi's own designs were fundamental to the studio, in particular his custom-built synthesizers from the 1970s, the DIMI series (short for Digital Musical Instrument)—ancestors of modern studio equipment such as digital mixers and microcomputers.

Celebrating the fiftieth anniversary of the Electronic Music Studio as a space for musical research and performance, dOCUMENTA (13) presents several of Kurenniemi's experimental musical devices. These include the *Electric Quartet* (1967), a collective instrument built for M.A. Numminen and his underground band Sähkokvartetti, as well as the *DIMI-S* (1972): a "group sexophone" that connects four performers via handheld electrodes, creating a transcutaneous circuit that activates a synthesizer by measuring fluctuations in the electric impulses of the players' bodies. Sounds are in this way generated through collective biofeedback. The players make music through a shared nervous system, manifesting the proximity of body, emotion, and electroacoustic phenomena.

A second part of the exhibition contains photos, diaries, short films, generative computer animations, and recorded monologues from Kurenniemi's lifelong project of archiving himself. Until he fell ill in 2005, he manically registered the things that happened to him through visual and written records of his perceptions and brainwaves, building an archive of the self by incessantly photographing, storing information on floppy disks and hard drives, and filling up hundreds of hours of video- and audiotapes, as well as dozens of notebooks. The aim was storage with a view to the transferability of his life: Kurenniemi's information gathering grew out of the assumption that the human mind can be transferred onto platforms other than living tissue, thereby allowing for a redefinition of the human species as information, without the body as we know it.

Kurenniemi has never claimed to be an artist or a scientist. He has produced open-ended experiments that have unleashed forces and intensities that are too restless to be captured in a single medium; his is a total body of work that refuses finality or categorization. LBL

Erkki Kurenniemi macht Notizen in Mika Taanilas Film / Erkki Kurenniemi is making notes in Mika Taanila's film *The Future Is Not What It Used to Be*, 2002

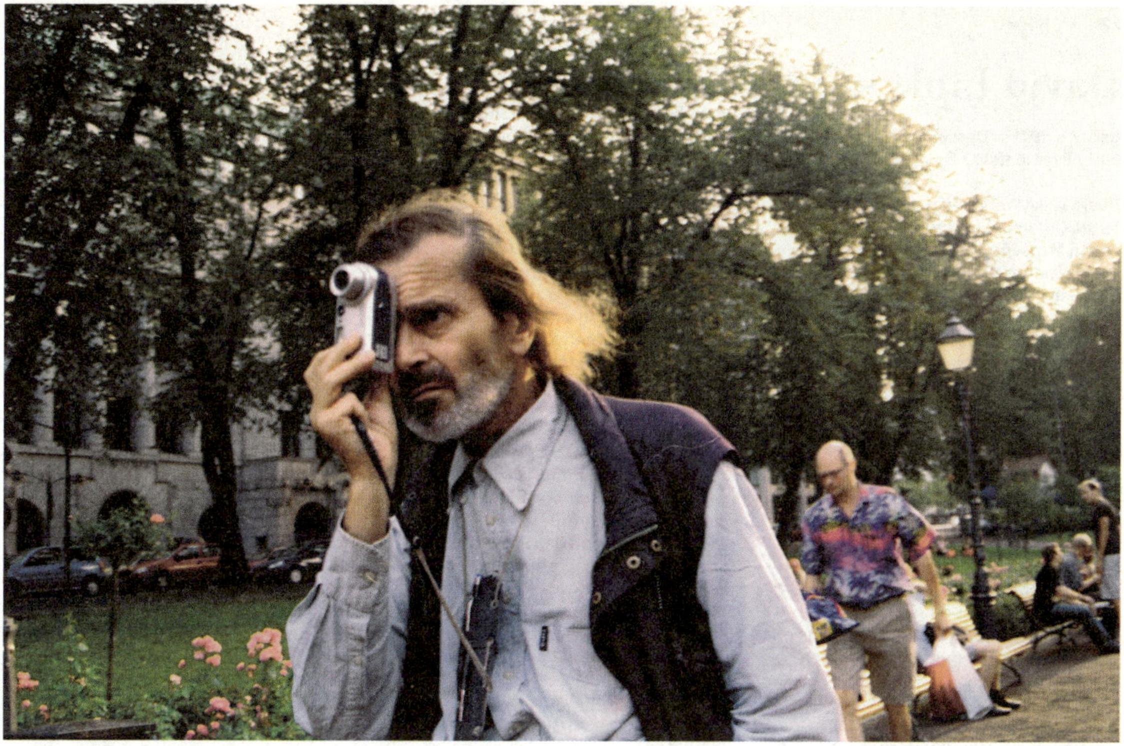

David Link

geb. / b. 1971 in Düsseldorf
lebt / lives in Köln / Cologne

David Links Werk bildet eine fortlaufende Untersuchung zum Verhältnis zwischen Menschen und Maschinen und insbesondere zu den über ihre eigentliche Funktion hinausreichenden Möglichkeiten der Rechenmaschine. In einer medienarchäologischen Herangehensweise konstruiert Link alternative Geschichten vernachlässigter und oft vergessener Technologien und schafft Szenarien, die die poetischen und affektiven Fähigkeiten von Technologie aufzeigen. Seine Installation *Poetry Machine* (2001) etwa, die zur ständigen Sammlung des ZKM Zentrum für Kunst und Medientechnologie Karlsruhe gehört, stellt eine Vision der Zusammenarbeit zwischen Menschen und Maschinen dar, durch die poetische Formen und Möglichkeiten künstlerischen Ausdrucks abseits gescripteter Realitäten entstehen können.

In jüngster Zeit verbinden Links Recherchen diese Interessen mit der Untersuchung algorithmischer Artefakte (Computerprogramme) und früher Computertechnologie. In diesem Zusammenhang rekonstruierte er den ersten programmierbaren Computer, die Ferranti Mark I, dessen Prototyp 1948 an der Universität Manchester in Betrieb ging, die polnische *bomba kryptologiczna* (kryptologische Bombe), eine Maschine, die 1938 gebaut wurde, um den deutschen Enigma-Code zu brechen, und die *zairja*, eine Vorrichtung, mit der arabische Astrologen im 13. Jahrhundert mit mechanischen Mitteln Ideen generierten.

Links Arbeit *LoveLetters_1.0* (2009) ist das Ergebnis seiner Beschäftigung mit dem Ferranti Mark I und der Geschichte der eigenartigen Liebesbriefe, die zwischen August 1953 und Mai 1954 auf dem schwarzen Brett der Informatikabteilung der Universität Manchester auftauchten. Diese Texte hatte ein 1952 von Christopher Strachey, einem der ersten Softwareentwickler und Kollegen von Alan Turing, geschriebenes Programm automatisch generiert, das auf dem Ferranti-Computer (auch Manchester University Computer genannt) lief. Auf der Grundlage sorgfältiger Recherchen baute Link eine funktionstüchtige Replika der Hardware, auf der er dann Stracheys Originalprogramm laufen ließ; in begleitenden Texten spekulierte er über die Gründe, die den Programmierer bewogen haben mochten, Liebesbriefe erzeugen zu lassen. Durch die Verbindung der Maschinenlogik mit dem Thema Liebe lässt die Arbeit in das wahre Herz der Maschine blicken.

Auf der dOCUMENTA (13) wird *Love-Letters_1.0* in der barocken Orangerie in Kassel präsentiert, die heute das Astronomisch-Physikalische Kabinett beherbergt, eine Sammlung technischer und wissenschaftlicher Instrumente zur Kartierung und Veranschaulichung von Zeit und Raum von der Antike bis zu frühen modernen Rechenmaschinen. Die Installation besteht aus einer umfangreichen Auswahl von Liebesbriefen, einer Rekonstruktion von Stracheys Algorithmus, der auf zwölf originalgetreuen Kathodenstrahlröhren läuft, sowie Forschungsmaterialien rund um das Rekonstruktionsprojekt. Außerdem kann von der Ausstellung aus eine Online-Version des Projekts angesteuert werden. Zusammen verdeutlichen sie die komplexen Überschneidungen zwischen der Logik der Maschine und der Gefühlswelt, die die menschliche Vorstellungskraft prägt.

David Link's work is an ongoing investigation into the relationship between humans and machines, and in particular the operations of the calculating machine beyond its functionality. Taking a media-archaeological approach, Link constructs alternative histories of neglected and often forgotten technologies and creates scenarios that point up the poetic and affective abilities of technology. For instance, his installation *Poetry Machine* (2001), part of the permanent collection at the ZKM Center for Art and Media in Karlsruhe, is a vision of the way in which humans and machines can act together to generate poetic forms and possibilities for artistic expression outside scripted realities.

Link's current research extends these preoccupations to the study of algorithmic artifacts (computer programs) and early computer technology. Within this context, he has reconstructed the first programmable computer, the Ferranti Mark I, whose prototype became operational at the University of Manchester in 1948; the Polish *bomba kryptologiczna* (cryptological bomb), a machine built in 1938 to break the German Enigma code; and the *zairja*, a device used by Arab astrologers in the thirteenth century to generate ideas by mechanical means.

Link's work *LoveLetters_1.0* (2009) is the result of his interest in the Ferranti Mark I and the story of strange love-letters that appeared on the notice board of Manchester University's Computer Department between August 1953 and May 1954. These were texts automated by a computer program written in 1952 by Christopher Strachey, one of the first software developers and a peer of Alan Turing's, using the Ferranti computer (otherwise known as Manchester University Computer). Following meticulous research, Link constructed a functional replica of the hardware, on which he ran Strachey's original computer program, and in accompanying texts, he speculated on the reasons why the programmer had decided to generate love-letters. Combining machine logic and the subject of love, the work reveals the true heart of the machine.

For dOCUMENTA (13), *LoveLetters_1.0* is presented in the Baroque Orangerie in Kassel, which today houses the Cabinet of Astronomy and Physics, a collection of technical and scientific instruments for mapping and visualizing time and space from antiquity to early modern computers. The installation consists of an extensive selection of love-letters; a reconstructed version of Strachey's algorithm, which runs on twelve vintage cathode ray tubes; and research materials related to the reconstruction project. In addition to this, running simultaneously is an online version of the project linked from the exhibition venue. Together, they reinforce the complex intersections of machine logic and the emotional world of human imagination. JK

Ausdruck eines Liebesbriefes / Printout of a love-letter, *LoveLetters_1.0*, 2009

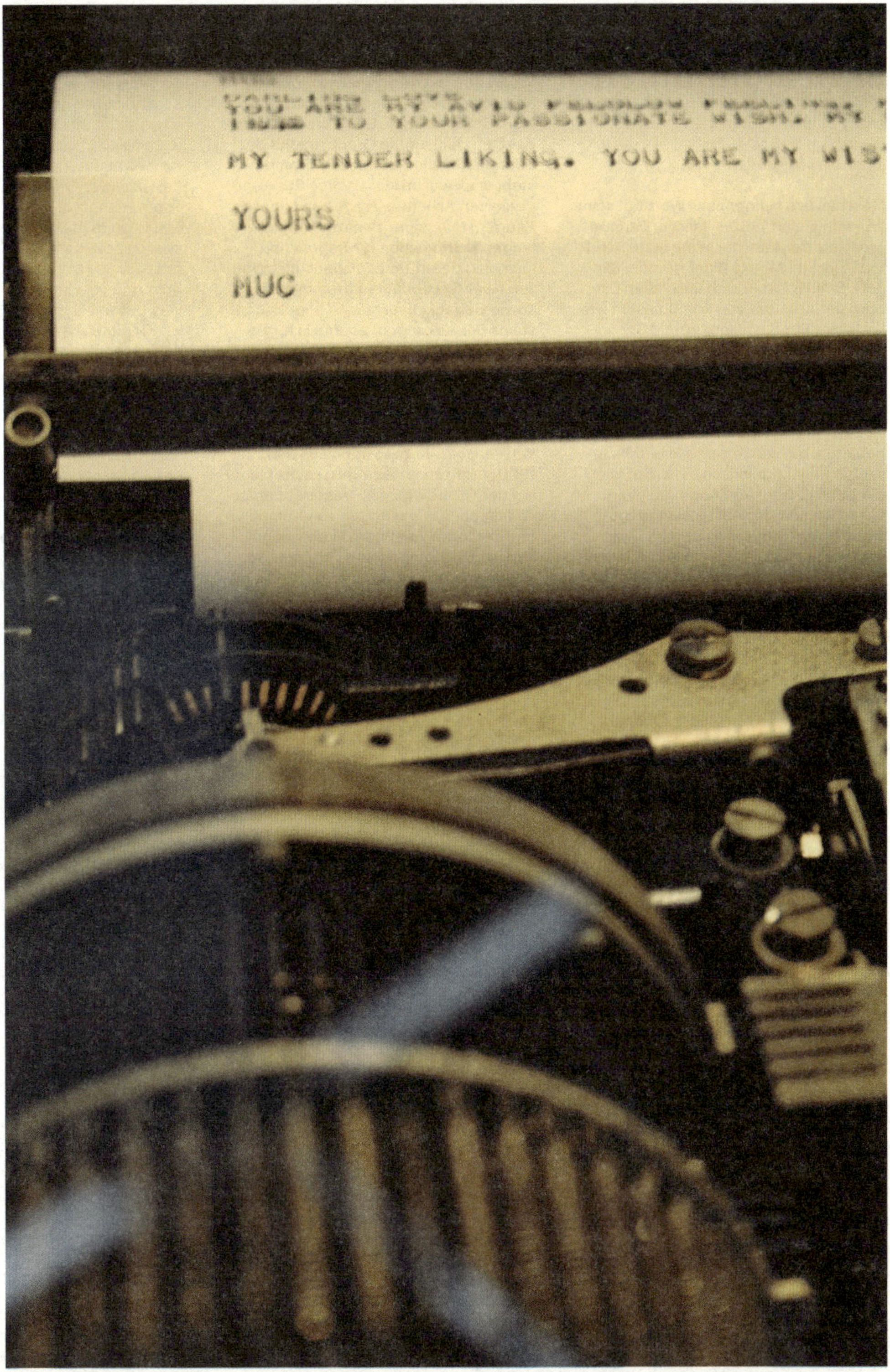
MY TENDER LIKING. YOU ARE MY
YOURS
MUC

M.A. Numminen

geb. / b. 1940 in Somero (Finnland / Finland)
lebt / lives in Helsinki

Mauri Antero Numminens Werk hat seine Wurzeln in den 1960er Jahren. Damals gründete der Künstler seine erste Band Viisi Vierasta Miestä (Fünf fremde Männer). Seither hat er sich unter dem Einfluss der Arbeiten von Komponisten wie Karlheinz Stockhausen, Arnold Schönberg und Edgar Varèse zahlreiche Musikstile angeeignet, darunter Jazz, Klassik, elektronische Musik und Neue Musik. Dazu kommt sein eklektisches Interesse an einer großen Bandbreite von Fachgebieten, die von Soziologie und Philosophie über linguistische Themen wie die Erforschung der finno-ugrischen Sprachen und des Alltagsslangs von Helsinki, die Sprachen der Inuit und Bantu und den Dialekt von Somerniemi bis zu Volksdichtung, Film, Literatur und Astronomie reicht. Seine Kompositionen schlagen eine Brücke von der Musik zur Philosophie, so etwa in der *Tractatus-Suite* (1966), die auf dem Werk Ludwig Wittgensteins beruht, und in *Aenigma Aeternum* (2003), einem zweistündigen Oratorium für sechs Sänger, Chor und Symphonieorchester, dessen Libretto ebenfalls von Numminen stammt.

Seit den 1960er Jahren tritt Numminen darüber hinaus mit eigenwilligen Darbietungen auf, bei denen er seinen eigenen Gesangsstil mit seinen Bands Orgiastic Nalle Puh Big Band (Die orgiastische Pu-der-Bär-Big-Band, mit Pekka Gronow und Jyrki Parkkinen) und später Sähkökvartetti (Das elektrische Quartett) parodierte. Das berühmteste Ergebnis seiner Zusammenarbeit mit dem finnischen Künstler Erkki Kurenniemi war die Erfindung eines bahnbrechenden elektronischen Synthesizers (der ebenfalls den Namen Elektrisches Quartett trägt), eines der ersten kollaborativen und interaktiven Musikinstrumente, der Töne produzieren konnte, die mit nichts vergleichbar waren, was man bis dahin gehört hatte: eine Verbindung aus ohrenbetäubendem elektronischem Lärm und Numminens eigenartiger Stimme. Der Titel *Kaukana väijyy ystäviä* (In der Ferne lauern Freunde) aus dem Jahr 1968 ist die einzige noch erhaltene Aufnahme dieses neuen Instruments; sie lässt erkennen, wie es Numminen seine Stimme noch dramatischer als zuvor zu verzerren erlaubte und die Entwicklung von Experimenten ermöglichte, die in Richtung dessen gingen, was später als Techno bekannt werden sollte.

Die dOCUMENTA (13) präsentiert ein Programm mit performativen Werken Numminens unter dem Titel *Wittgenstein Compositions*. Der erste Teil, den das Defunensemble Orchestra mit der Sopranistin Mia Huhta bestreitet, besteht aus zwei im klassischen Stil komponierten Arbeiten: *Fragen an Ludwig Wittgenstein*, einer zwanzig Minuten langen Komposition für Sopran und Quintett, deren Text Wittgensteins Notizen *Über Gewissheit* entnommen ist, sowie *Gedankenaustausch über Wittgensteins Bemerkungen*, ebenfalls für Sopran und Quintett, das auf Aufzeichnungen des Philosophen beruht, die unter dem Titel *Vermischte Bemerkungen* veröffentlicht wurden. Im zweiten Teil wird die *Tractatus-Suite*, Numminens Wittgenstein-Komposition aus den 1960er Jahren, präsentiert: sechs Lieder auf der Grundlage des *Tractatus Logico-Philosophicus*, gesungen von Numminen und begleitet von Pedro Hietanen am Klavier. Die Komposition verbindet verschiedene Musikstile wie Jazz, Rock, Slowfox, Punk, Klassik und Marschmusik und wurde 25 Jahre lang immer wieder in vielen europäischen Ländern aufgeführt: ein angemessenes Tribut an ein außergewöhnliches Œuvre.

Mauri Antero Numminen's work began in the 1960s, when he formed his first band, Viisi Vierasta Miestä (Five Foreign Men). Since then, influenced by the work of composers such as Karlheinz Stockhausen, Arnold Schoenberg, and Edgar Varèse, he has explored diverse musical genres including jazz, classical, electronic, and modern concert music. This is combined with an eclectic interest in a range of subjects from sociology, philosophy, and linguistics to studies of Finno-Ugric languages and everyday slang spoken in Helsinki, Inuit, and Bantu languages, the dialect of Somerniemi, as well as folk poetry, film, literature, and astronomy. His compositions operate across philosophy and music, as for instance in *The Tractacus Suite* (1966), based on the work of Ludwig Wittgenstein, and *Aenigma Aeternum* (2003), a two-hour oratorio, written for six vocalists, a choir, and a symphony orchestra, with a libretto also by Numminen.

The 1960s also marked the beginning of Numminen's idiosyncratic performances, where he parodied his own singing style in his bands Orgiastic Nalle Puh Big Band (The Orgiastic Winnie the Pooh Big Band), with Pekka Gronow and Jyrki Parkkinen Numminen, and later Sähkökvartetti (The Electric Quartet). His collaboration with the Finnish artist Erkki Kurenniemi resulted most famously in the creation of a pioneering electronic synthesizer (also called Electric Quartet), one of the first collaborative, interactive musical instruments, which could produce sounds incomparable to anything heard before: the combination of earsplitting electronic noise and Numminen's peculiar voice. The performance *Kaukana väijyy ystäviä* (Far Away Lurk Some Friends) of 1968 is the only surviving recording of the new instrument, demonstrating how Numminen was able to distort his voice more dramatically than ever before, developing experiments in what later became known as techno music.

dOCUMENTA (13) presents a program of performances by Numminen: *Wittgenstein Compositions*. The first part of the program, performed by The Defunensemble Orchestra, with the soloist Mia Huhta, comprises two works composed in a classical style: *Fragen an Ludwig Wittgenstein*, a twenty-minute piece for soprano and quintet, with the libretto based on Wittgenstein's book *On Certainty*, and *Gedankenaustausch über Wittgensteins Bemerkungen*, also for soprano and quintet, based on the philosopher's notes collected in *Culture and Value*. The second part presents Numminen's Wittgenstein composition from the 1960s, *The Tractatus Suite*, six songs based on the *Tractatus Logico-Philosophicus*, sung by Numminen and accompanied by pianist Pedro Hietanen. It combines diverse musical styles such as jazz, rock, slow fox, punk, classical, and march music and has been performed in many European countries over twenty-five years, thus making a fitting tribute to his extraordinary oeuvre. JK

Pedro Hietanen und / and M.A. Numminen

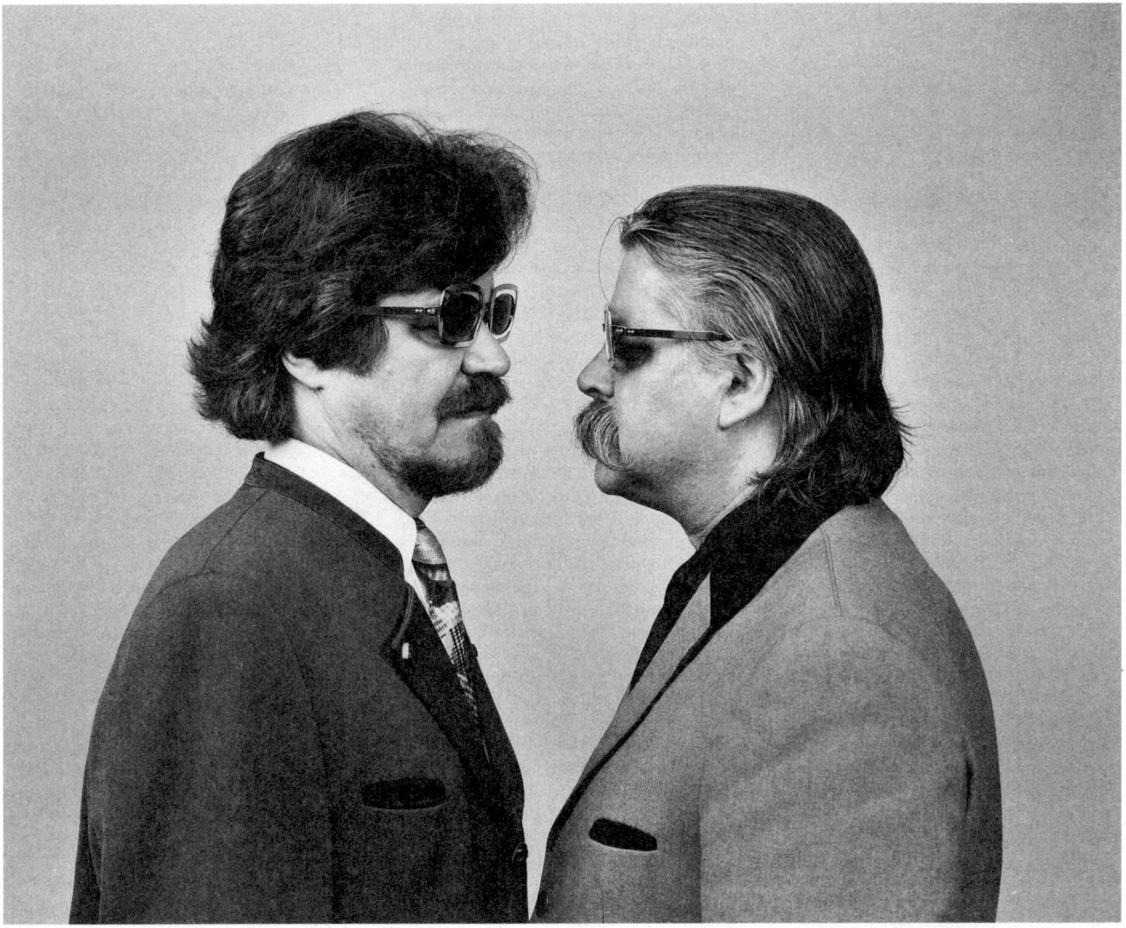

Mika Taanila

geb. / b. 1965 in Helsinki
lebt / lives in Helsinki

Mika Taanila ist ein Dokumentar- und Experimentalfilmemacher, der seine Kamera auf eine utopische Zukunft (wie sie in der Perspektive der Vergangenheit erscheint) richtet. Auf Film und Video hat er in mehr als zwei Jahrzehnten Werke geschaffen – kurze und lange, erzählende und abstrakte –, die einen neugierigen Blick auf die voranschreitende technologische Entwicklung, futuristische Visionen der Wissenschaft von heute und den Kreuzungspunkt zwischen Kunst und Wissenschaft werfen. In der Mischung von historischem Material und experimentellen Herangehensweisen halten seine Arbeiten, ob sie sich nun mit Architektur, Design oder elektronischer Musik befassen, die Schwebe zwischen Nostalgie und Fortschrittsglauben und nehmen zugleich das in der Utopie bereits implizierte Scheitern in den Blick. In *Futuro – A New Stance for Tomorrow* (1998) zum Beispiel erzählt Taanila eine klassische Geschichte von Aufstieg und Fall, in der es um Architekturtechnologie geht: Mittels vorgefundenen Filmmaterials rekonstruiert die Arbeit den kometenhaften Erfolg des von dem finnischen Architekten Matti Suuronen gestalteten Futuro-Hauses. Das gänzlich aus Plastik gefertigte Gebäude in Form einer fliegenden Untertasse verkörperte wie kein zweites Objekt den Fortschrittsglauben und die utopischen Visionen der 1960er Jahre.

Ein anderes Interesse, das in Taanilas Werk wiederholt aufscheint, gilt dem Verhältnis von Musik und modernem Leben: von dem Dokumentarfilm *Thank You for the Music – A Film about Muzak* (1997), der die tückische Wirkung von Hintergrundmusik in Supermärkten erforscht und zugleich eine Hommage an ihre Produzenten darstellt, bis hin zu dem experimentellen Meisterwerk *Optical Sound* (2005), einem sechsminütigen abstrakten Film auf der Grundlage der *Symphony #2 for Dot Matrix Printers* des kanadischen Duos [The User], in der veraltete Bürotechnik sich in die Musikinstrumente der Zukunft verwandelt. Der eindringliche Dokumentarfilm *The Future Is Not What It Used to Be* (2002) zeichnet ein intimes Porträt des Elektronik-Pioniers Erkki Kurienniemi, der – so der Medienspezialist Erkki Huhtamo – »Atomwissenschaftler, Komponist, Erfinder elektronischer Musikinstrumente, Experimentalfilmemacher, Industrieroboterspezialist, Computergrafikkünstler, Kurator wissenschaftlicher Ausstellungen und leidenschaftlicher Aufzeichner seines eigenen Lebens« war – und damit sind seine Verdienste noch nicht einmal erschöpfend genannt.

Für die dOCUMENTA (13) hat Taanila einen neuen Film geschaffen, der im Westpavillon der Orangerie, wo die technologische und wissenschaftsgeschichtliche Sammlung Kassels untergebracht ist, gezeigt wird. *The Most Electrified Town in Finland* (2004–2012) ist eine Dreikanal-Videoinstallation über den Bau des Atomkraftwerks Olkiluoto 3 in der südwestfinnischen Kleinstadt Eurajoki, des ersten, das nach der Katastrophe von Tschernobyl in der westlichen Welt errichtet wird, und des leistungsstärksten weltweit. Es sollte 2009 den Betrieb aufnehmen; dieser Termin musste jedoch wegen Planungsfehlern und technischer Schwierigkeiten verschoben werden. Bilder der riesigen Baustelle breiten sich über die drei Bildschirme aus, viele von ihnen Zeitrafferaufnahmen auf 16-mm-Film; dazwischen erscheinen Landschaften und Szenen aus dem Alltagsleben der Bewohner Eurajokis, deren allgemeiner Optimismus in Bezug auf »das Kraftwerk« aus heutiger Perspektive seltsam anachronistisch wirkt.

Mika Taanila is a documentary and experimental filmmaker who directs his camera toward a utopian future (as seen from the past). Working in both film and video for more than twenty years, he has created a body of work—short and long, narrative and abstract—that looks curiously at the progress of technological evolution, futuristic visions of contemporary science, and the intersection of art and science. Mixing historical material with experimental approaches, his works, whether engaging with architecture, design, or electronic music, hover between nostalgia and belief—despite anticipating utopia's implied failure. In *Futuro—A New Stance for Tomorrow* (1998), for example, Taanila tells the classic story of a rise and fall involving architectural technology. Using found footage, the film reconstructs the meteoric success of the Futuro house, designed by the Finnish architect Matti Suuronen. Shaped like a flying saucer and made entirely from plastic, the Futuro house became the object in which the belief in progress and the utopian vision of the 1960s were embodied.

The relation of music and modern life is also a recurring interest in Taanila's work, from a documentary about the insidious effects of supermarket background music that is at the same time an homage to its makers (*Thank You for the Music—A Film about Muzak*, 1997) to the experimental masterpiece *Optical Sound* (2005), a six-minute abstract film based on *Symphony #2 for Dot Matrix Printers* by the Canadian duo [The User], in which obsolete office technology transforms into musical instruments for the future. *The Future Is Not What It Used to Be* (2002) is an in-depth documentary and intimate portrait of electronic pioneer Erkki Kurenniemi, whose partial list of credits includes—according to media specialist Erkki Huhtamo—"nuclear scientist, composer, inventor of electronic musical instruments, experimental filmmaker, industrial-robotics specialist, computer-graphics artist, science-exhibition curator, and obsessive recorder of his own life."

For dOCUMENTA (13), Taanila has made a new film that is shown in the western pavilion of the Orangerie, which houses Kassel's collection of technology and the history of science. *The Most Electrified Town in Finland* (2004–12) is a three-channel video installation about the construction of the Olkiluoto 3 power plant in the small town Eurajoki in Southwest Finland—the first nuclear plant built in the Western world after the catastrophe of Chernobyl, and the most powerful such plant in the world. It was intended to open in 2009 but has been delayed due to bad planning and technical problems. Images of the gigantic constructions are spread over three screens, many of them time-lapse shots on 16mm film, interspersed with landscapes and scenes of everyday life in Eurajoki, whose general spirit of optimism regarding "the plant" seems oddly anachronistic from a contemporary perspective. ES

***The Most Electrified Town in Finland (Suomen sähköisin kunta)*, 2004–2012**
3-Kanal-Videoinstallation, Farbe und schwarzweiß, Ton / 3-channel video installation, color and black and white, sound
15 min.

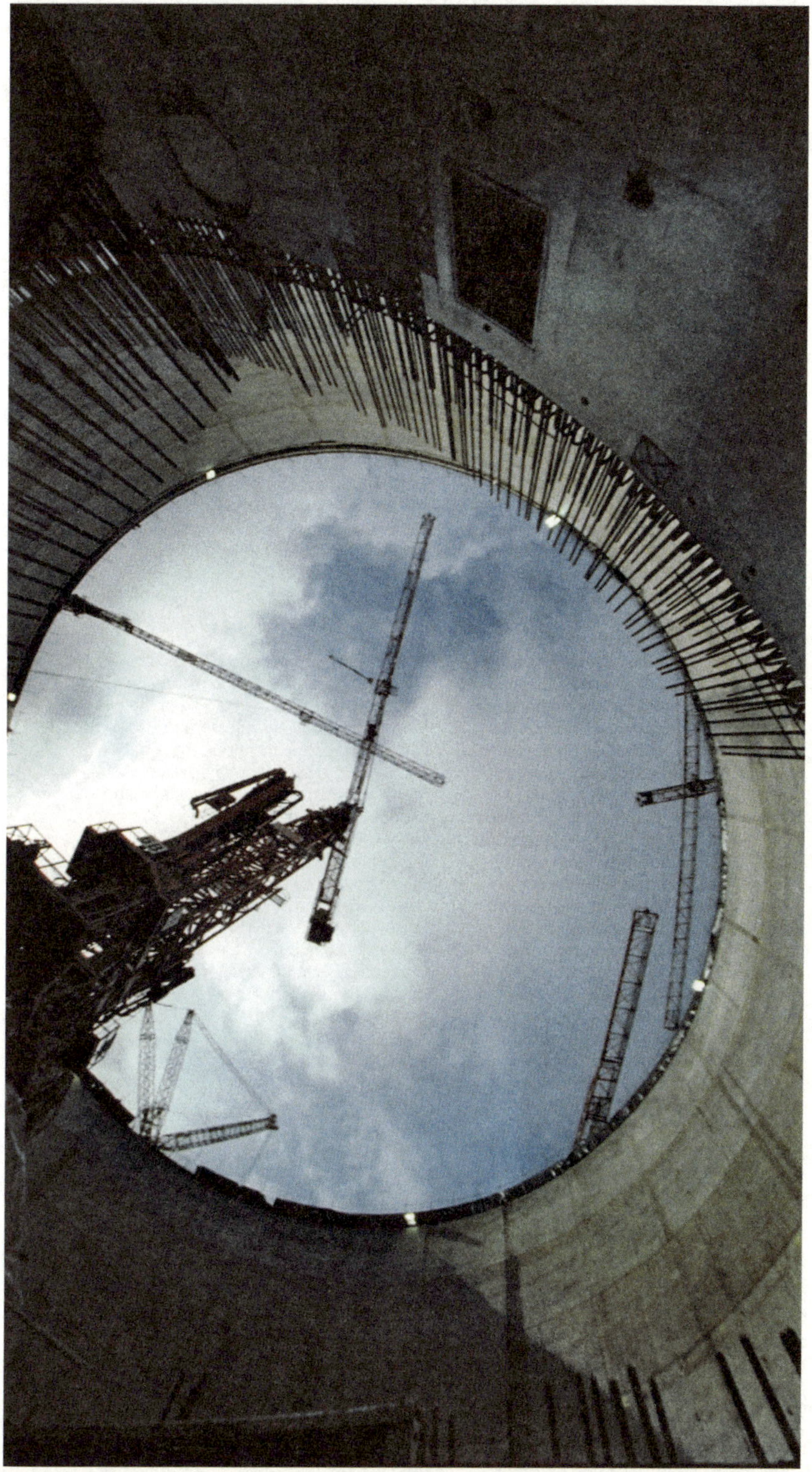

Jeronimo Voss

geb. / b. 1981 in Hamm (Germany)
lebt / lives in Frankfurt/Main

Jeronimo Voss arbeitet mit Projektionsmitteln: manipulierten Overheadprojektoren, Bühnenscheinwerfern, Laternae magicae, versteckten LED-Beamern, transparenten Fotomontagen – mit diesen Werkzeugen montiert er Geschichten zu räumlichen Konstellationen, die die dokumentarische Form ihres historischen Materials überschreiten.

Voss' Ausstellungsbeitrag für die dOCUMENTA (13) trägt den Titel *Die Ewigkeit durch die Sterne* (2012) und umfasst eine Inszenierung im Planetarium sowie in der historischen Museumsausstellung des Astronomisch-Physikalischen Kabinetts in der Orangerie in der Karlsaue in Kassel.

In der Sammlung des Museums befinden sich die ältesten noch erhaltenen Projektoren der Welt sowie eine Reihe bisher nie ausgestellter astronomischer Dias aus der Mitte des 19. Jahrhunderts. Diese seltenen mechanischen Glasbilder zeigen die Revolutionen der Planeten und Kometen des Sonnensystems. Sie wurden für *Die Ewigkeit durch die Sterne* restauriert und funktionsfähig gemacht. Voss' Installation findet sich in der ersten Etage des Kabinetts inmitten der Ausstellung astronomischer Messinstrumente. Das Projektorensystem des Planetariums im dritten Stockwerk des Museums übersetzt die mechanischen Dias in eine Fulldome-Videomontage.

Der Dramentext der Inszenierung basiert auf einer astronomischen Hypothese von Louis-Auguste Blanqui. Er gilt als einer der einflussreichsten Begründer sozialistischer Revolutionstheorie. Blanqui beteiligte sich an der Julirevolution von 1830, am Pariser Juniaufstand im Jahr 1848 und wirkte mit an der Planung des Aufstands der Pariser Kommune 1871.

Weniger bekannt ist Blanquis »L'Éternité par les astres – hypothèse astronomique«. Das Buch ist 1872 erschienen, ein Jahr nach der Niederschlagung der Pariser Kommune. Darin formuliert ist die kosmologische Annahme einer Parallelwelten-Theorie: Im unendlichen Raum bedingt die Endlichkeit der Anzahl möglicher Kombinationen chemischer Elemente die unendliche Wiederholung jedes existierenden Körpers. Die wissenschaftliche Beweisfähigkeit dieser Theorie wird bis in die Quantenphysik der Gegenwart diskutiert. Doch erschöpft sich Blanquis Astronomie nicht in spekulativen Wahrscheinlichkeitsberechnungen. *Die Ewigkeit durch die Sterne* ist ein Mittel der Intervention in bis heute vorherrschende Mythen von Natur und Geschichte, Kausalität und Fortschritt.

Jeronimo Voss works with means of light projection: manipulated overhead projectors, stage lights, magic lanterns, hidden LED projectors, translucent photo montages—with these tools he montages stories into spatial constellations and transgresses the documentary form of its historical material.

Voss' contribution to dOCUMENTA (13) carries the title *Eternity through the Stars* (2012). It involves a staging in the planetarium, as well as in the historical museum exhibition of the Cabinet of Astronomy and Physics, within the Orangerie at the Karlsaue park in Kassel.

The collection of the Cabinet's museum includes the world's oldest preserved projectors, as well as a series of never-before-exhibited astronomical slides from the mid-nineteenth century. These rare mechanical glass images show the revolutions of the planets and comets of the solar system. They were restored and made functional for the staging of *Eternity through the Stars*. Voss' installation is to be found on the first floor of the Cabinet, within the exhibition of astronomical-measuring instruments. The planetarium's projection system on the third floor of the museum translates the mechanical slides into a full-dome video montage.

The dramatic text for this staging is based on an astronomical hypothesis of Louis-Auguste Blanqui. He is known as one of the most influential founders of a socialist theory of revolution. Blanqui participated in the July Revolution of 1830, the Parisian June insurrection in 1848, and the planning of the Paris Commune uprising in 1871.

Rather less well known is Blanqui's "L'Éternité par les astres—hypothèse astronomique." It was published in 1872, one year after the crackdown on the Paris Commune. In it, he formulates the cosmological assumption of a theory of parallel worlds: in infinite space, the finite number of possible combinations of chemical elements conditions the infinite recurrence of all material bodies. The scientific provability of this theory is discussed up to present-day quantum physics. But Blanqui's astronomy is not limited to speculative calculations of probabilities. *Eternity through the Stars* rather serves as a means of intervention into myths of nature and history, causality and progress, that still prevail in the present. RP

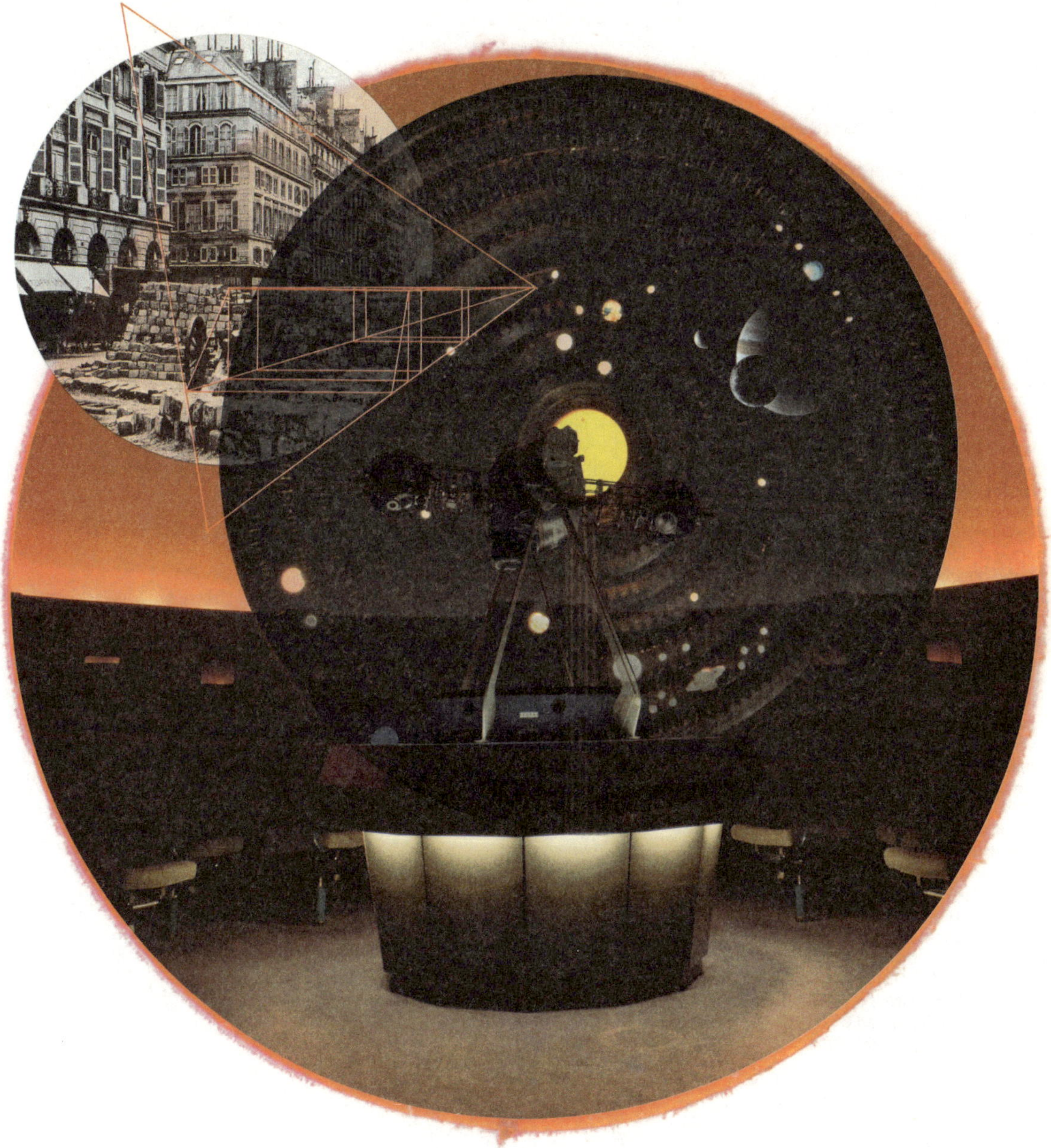

Konrad Zuse

geb. / b. 1910 in Berlin
gest. / died 1995 in Hünfeld (Germany)

Im Jahr 1936 gab der Bauingenieur Konrad Zuse seine Stellung in der deutschen Flugzeugindustrie auf und richtete in der Berliner Wohnung seiner Eltern eine »Erfinderwerkstatt« ein, um ein »mechanisches Gehirn« zu konstruieren. Zwei Jahre später hielt er in seinem Tagebuch fest: »Die Elementaroperation heißt: Vergleich zweier Sekundalziffern« – Zuses Bezeichnung für Binärziffern – »auf Gleichheit. Resultat ist zweifach variabel, also ebenfalls eine Sekundalziffer.« Diese zwei Sätze, die arithmetische und logische Verknüpfungen auf einen Nenner bringen, markieren den Auftakt zu einem bahnbrechenden Unterfangen: der Erfindung des Computers. Die erste programmierbare Maschine, deren Funktionsprinzip der binäre Umschaltmechanismus (das 0-1-Prinzip) war, wurde 1938 fertiggestellt. Das Versuchsmodell Z1 bestand aus Metallblechen und besaß eine Speicherkapazität von 64 Zellen (Wörtern). Es war jedoch nie im praktischen Einsatz, weil Probleme mit den mechanischen Bauteilen Störungen verursachten. Die Z3, der weltweit erste funktionierende programmgesteuerte Computer, wurde 1941 entwickelt. Sie wurde 1943 bei einem Bombenangriff auf Berlin zerstört. Ihr Nachfolgemodell, die Z4 (1942–1945), wurde zum Prototypen.

Als autodidaktischer Künstler schuf Zuse auch Gemälde, Zeichnungen und Linolschnitte, die er teilweise mit dem Namen »Kuno See« signierte. Die dOCUMENTA (13) präsentiert eine Auswahl von Aquarellen, Filzstift- und Kreidezeichnungen und Ölbildern, die zwischen 1926 und 1967 entstanden sind, dazu Bücher und Kataloge (aus denen der künstlerische Einfluss etwa Lyonel Feiningers ersichtlich ist) sowie ein Konstruktionsmodell der Z1. Die Ausstellung ist in der Orangerie zu sehen, wo die Z11 zur ständigen Sammlung gehört. Ein weiteres Konstruktionsmodell eines Teils der Z1 wird in der Sektion »Brain« im Fridericianum gezeigt.

In 1936, the technical engineer Konrad Zuse abandoned his job in the German aircraft industry and set up an "inventor's workshop" in his parents' Berlin apartment in order to construct a "mechanical brain." Two years later, he wrote in his diary, "The elementary operation is: Check of two binary digits for equality. Result is a variable with two values, which is once more a binary digit." These two sentences, unifying arithmetical and logical operations, mark the beginning of a groundbreaking undertaking: the invention of the computer. The first programmable machine, which worked on the principle of a binary switching mechanism (the 0-1 principle), was completed in 1938. The test model Z1 was built from metal sheets and had a sixty-four-cell (-word) memory. It never functioned for practical use, however, due to imperfections within the mechanical elements. The Z3, the first functional program-controlled computer worldwide, was developed in 1941. It was destroyed in 1943 during the bombardment of Berlin. Its follower, the Z4 (1942–45), became a prototype.

An autodidactic artist, Zuse also created paintings, drawings, and linocuts, some of which he signed "Kuno See." dOCUMENTA (13) exhibits a selection of watercolors, felt-pen and crayon drawings, and oil paintings made between 1926 and 1967, alongside books and catalogues (showing artistic influences such as Lyonel Feininger) and a construction model of Z1 in the Orangerie, where the Z11 is in the permanent collection. Another construction model of a detail of the Z1 is exhibited in the Brain at the Fridericianum. ES

***Ohne Titel / Untitled*, 1926**
Aquarell auf Papier / Watercolor on paper
31.8 × 22.8 cm

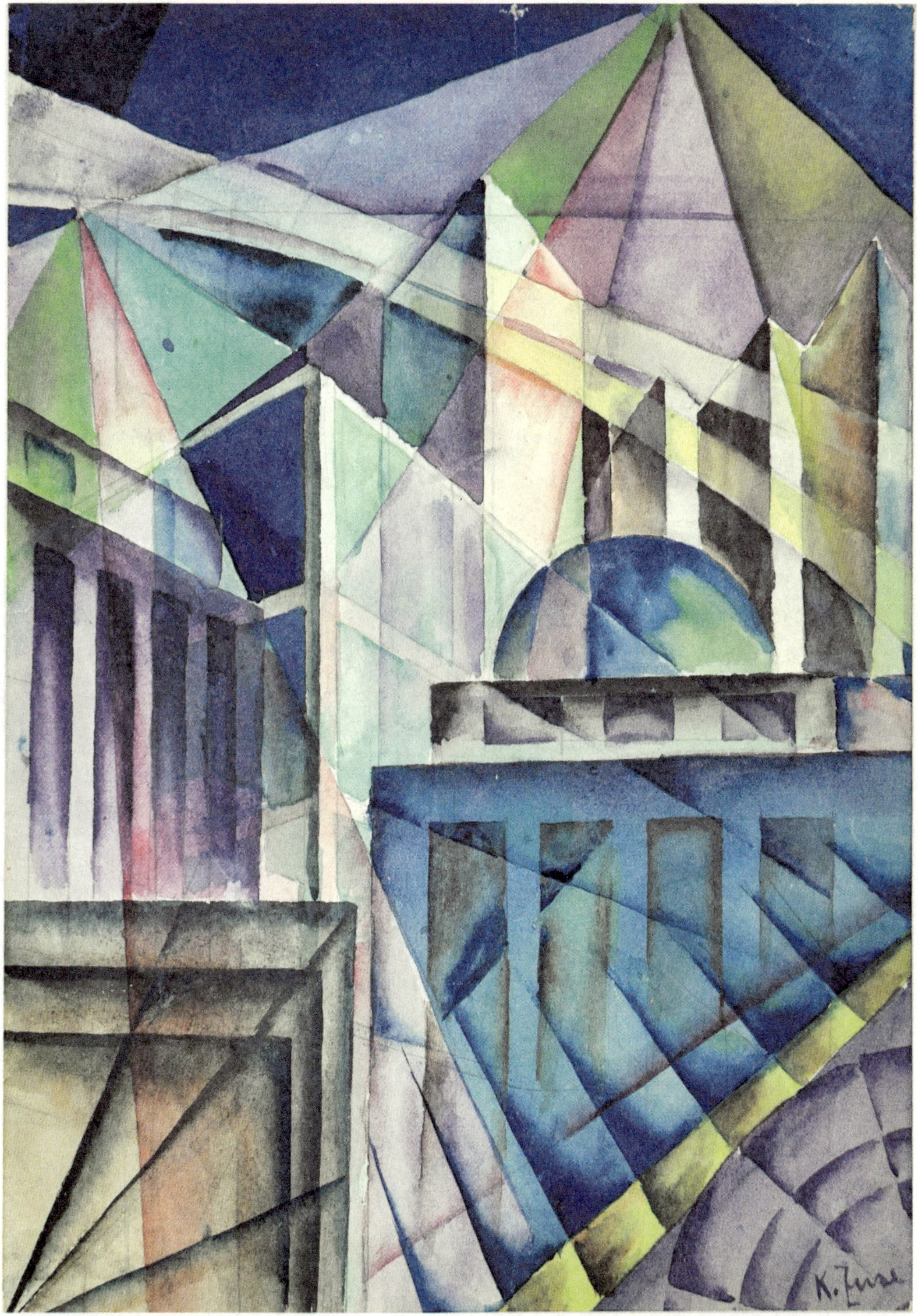
K. Zuse

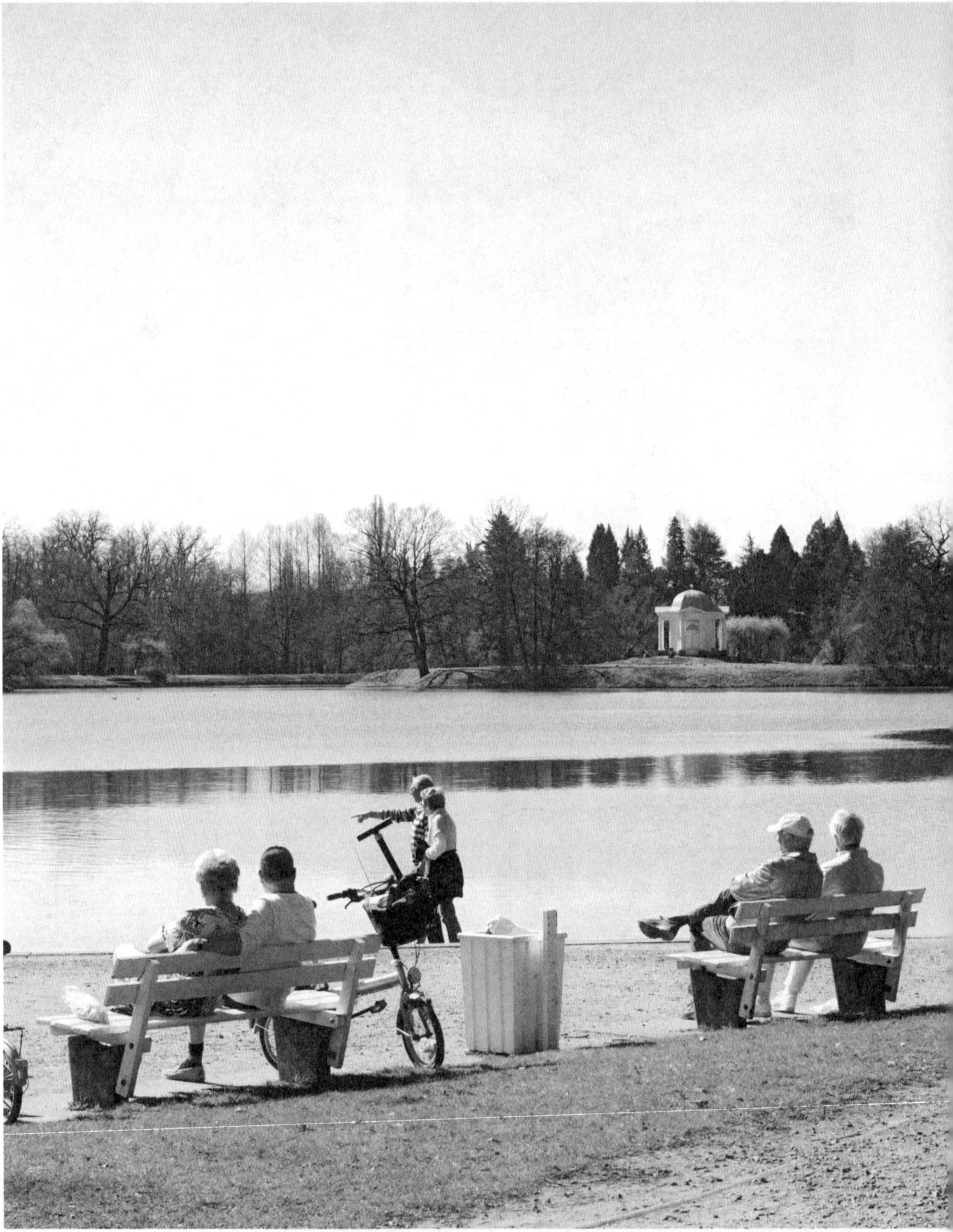

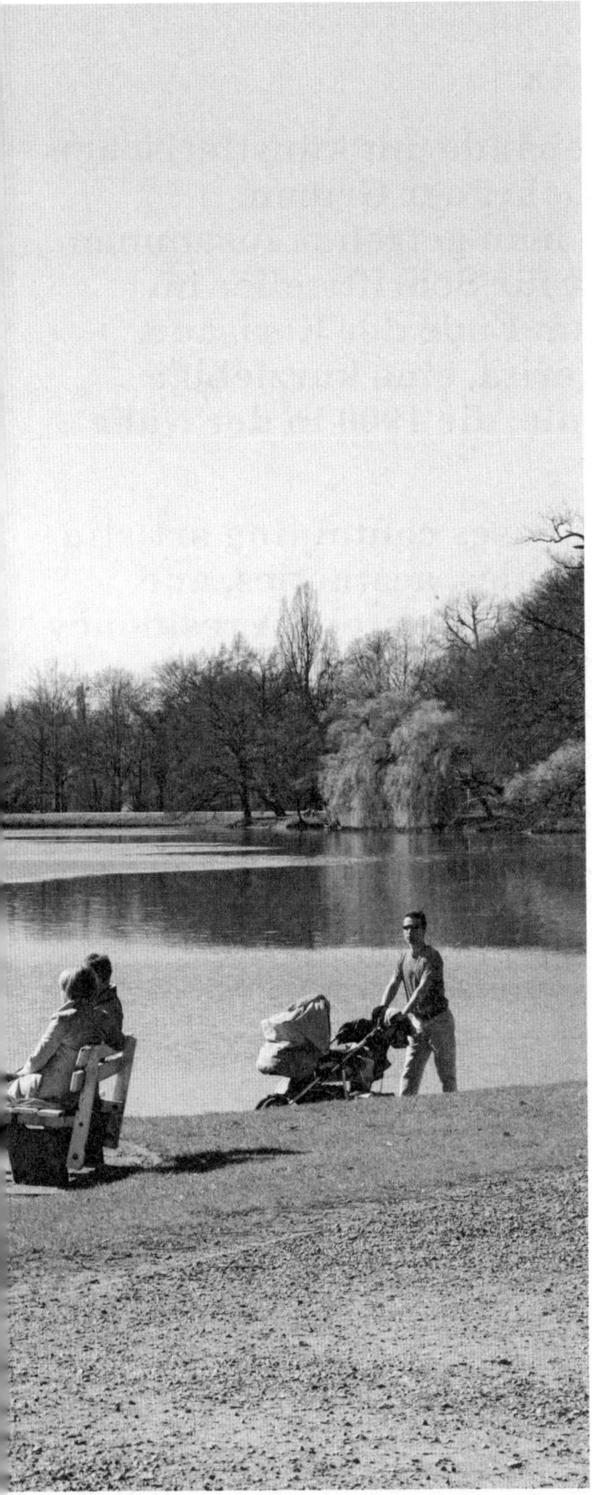

KARLSAUE / KARLSAUE PARK

Die Karlsaue entstand aus einem geometrisch angelegten Lustgarten, der um 1570 geschaffen wurde. Um 1700 wurde der barocke Park mit seiner charakteristischen symmetrischen Anlage, den Perspektivachsen und künstlichen Gräben in südöstlicher Richtung entlang der Fulda vergrößert; 1785 wurde er im englischen Stil umgestaltet und erhielt seine heutige Form. Seit 1959 diente er immer wieder als Veranstaltungsort der documenta.

The Karlsaue park originates from a geometrically ordered pleasure garden created around 1570. Around 1700, the Baroque park, featuring the characteristic symmetrical layout with perspectival axes and artificial ditches, was extended southeastward along the Fulda; in 1785, it was remodeled into its current English style. Since 1959, it has been a frequent venue of documenta.

KARLSAUE / KARLSAUE PARK

Einige kleine freistehende Gebäude mit künstlerischen Projekten, die Märchen der Gebrüder Grimm, Ästhetik und Politik und wie man getrennt zusammen sein kann. Ein Aufenthaltsort für Schriftsteller im Restaurant Dschingis Khan am Ende der Karlsaue. Ein Verweis auf den Monte Verità, eine kurzlebige experimentelle Künstlerkolonie, die 1900 in der Nähe von Ascona gegründet wurde.

A number of detached small houses containing artistic projects, the Grimm brothers' tales, aesthetics, and politics, and how to be together separately. A residency for fiction writers in the Dschingis Khan Restaurant at the back of the Karlsaue park. A reference to Monte Verità, the experimental and short-lived artistic community created near Ascona, established in 1900.

▼ **KÜNSTLER / ARTISTS**

▶ **E** Erfrischungen / Refreshments
▶ **R** Restaurant
▶ **S** Shop
▷ **4** Korbiniansapfelbaum / Korbinian Apple tree
▷ **6** Barmak Akram
▷ **12** AND AND AND
▷ **15** Doug Ashford
▷ **16** Tarek Atoui
▷ **22** Massimo Bartolini
▷ **29** Manon de Boer
▷ **32** Carol Bove
▷ **36** CAMP (Shaina Anand und / and Ashok Sukumaran)
▷ **37** Janet Cardiff & George Bures Miller
▷ **42** Critical Art Ensemble
▷ **45** Attila Csörgő
▷ **50** Thea Djordjadze
▷ **53** Sam Durant
▷ **54** Jimmie Durham
▷ **60** Omer Fast
▷ **65** Chiara Fumai
▷ **67** Ryan Gander
▷ **76** Fiona Hall
▷ **79** Susan Hiller
▷ **83** Pierre Huyghe
▷ **87** Joan Jonas
▷ **88** Brian Jungen
▷ **90** Robin Kahn & La Cooperativa Unidad Nacional Mujeres Saharauis (The National Union of Women from Western Sahara)
▷ **98** Dinh Q. Lê mit / with Vu Giang Huong, Quang Tho, Huynh Phuong Dong, Nguyen Thu, Truong Hieu, Phan Oanh, Nguyen Toan Thi, Duong Anh, Minh Phuong, Kim Tien, Quach Phong und / and Nguyen Thanh Chau
▷ **99** Gabriel Lester
▷ **101** Maria Loboda
▷ **105** Marcos Lutyens und / and Raimundas Malašauskas, featuring Sissel Tolaas
▷ **107** Anna Maria Maiolino
▷ **120** Gareth Moore
▷ **123** Christian Philipp Müller
▷ **127** Shinro Ohtake
▷ **133** Giuseppe Penone
▷ **138** Lea Porsager
▷ **145** Araya Rasdjarmrearnsook
▷ **147** Pedro Reyes
▷ **148** Gunnar Richter
▷ **150** Ruth Robbins und / and Red Vaughan Tremmel
▷ **152** Paul Ryan
▷ **154** Natascha Sadr Haghighian
▷ **155** Anri Sala
▷ **157** Issa Samb
▷ **165** Song Dong
▷ **167** Alexandra Sukhareva
▷ **168** Mika Taanila
▷ **174** Time/Bank (e-flux: Julieta Aranda & Anton Vidokle)
▷ **176** Rosemarie Trockel
▷ **183** Lori Waxman
▷ **185** Apichatpong Weerasethakul
▷ **187** The Worldly House (Ein Archiv inspiriert von Donna Haraways Schriften über Multispezies-Koevolution, zusammengestellt und präsentiert von Tue Greenfort / An Archive Inspired by Donna Haraway's Writings on Multispecies Co-Evolution, Compiled and Presented by Tue Greenfort)
▷ **190** Akram Zaatari
▷ **WR** Writers' Residency

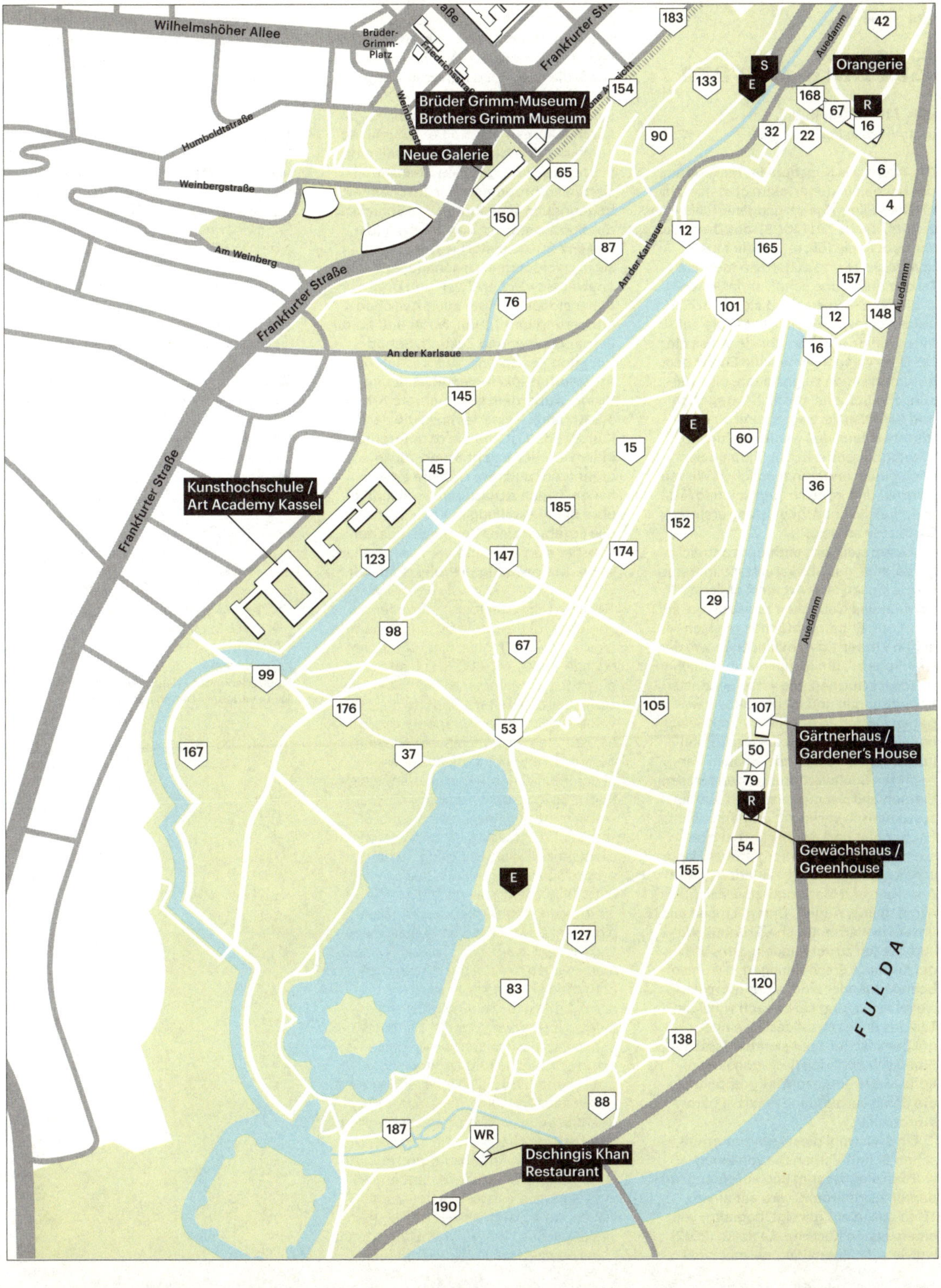

Wilhelmshöher Allee
Brüder-Grimm-Platz
Friedrichsstraße
Frankfurter Straße
Weinbergstraße
Humboldtstraße
Am Weinberg
An der Karlsaue
Auedamm
Brüder Grimm-Museum / Brothers Grimm Museum
Neue Galerie
Orangerie
Kunsthochschule / Art Academy Kassel
Gärtnerhaus / Gardener's House
Gewächshaus / Greenhouse
Dschingis Khan Restaurant
WR
FULDA
S
E
R
183
42
133
154
168
67
16
90
32
22
65
6
4
150
12
87
165
157
76
101
148
145
15
60
45
36
185
152
174
147
123
29
98
67
99
176
105
107
53
37
167
50
79
54
155
127
120
83
138
88
187
190

Barmak Akram

geb. / b. 1966 in Kabul
lebt / lives in Paris

Die Praxis des Künstlers Barmak Akram, der bei einem der erfolgreichsten afghanischen Filme des vergangenen Jahrzehnts, *Kabuli Kid* (2008), das Drehbuch schrieb, Regie führte und die Musik komponierte und außerdem mehrere Dokumentarfilme schuf, umfasst verschiedene Medien. Statt sich gänzlich auf eines festzulegen, setzt er sie auf eigenwillige und humorvolle Weise ein bei dem Versuch, eine neue Ebene der Kommunikation zu gestalten, eine persönliche Sprache, die sich Kategorien und Kriterien verweigert und so unvermutete Höhen des wechselseitigen Verständnisses erreicht. Akrams Suche nach einem anderen möglichen Wissen ist ernst und ironisch zugleich und lässt in ihm vielleicht Afghanistans ersten Dadaisten erkennen.

Akram stellt das anthropozentrische Paradigma, das uns veranlasst, in Naturphänomenen aller Art menschliche Formen und Gedanken zu erkennen, auf den Kopf: Er betrachtet den menschlichen Körper – den männlichen wie den weiblichen –, um in ihm die unendlichen Ausdrucksformen, die verschiedensten Schichtungen und ineinander verwobenen Gestalten der Natur nachzuzeichnen. Er reagiert damit auf die Darstellung der menschlichen Person in der heutigen Boulevardpresse, den Massenmedien und der digitalen Welt, wo sie systematisch verflacht, entpersönlicht, entmachtet und zu Konsumzwecken ausgebeutet wird. In sorgfältiger Handarbeit schneidet er aus Hunderten von Anzeigen und Magazintiteln Gesichter, Arme, Beine, Augen, Ohren, Lippen aus, um sie in Blätter, Bäume, Früchte, Wolken, Wellen zu verwandeln, subversiv-geisterhafte Erscheinungen, die umso beängstigender sind, als er normalerweise einen, und sei es auch winzigen, Teil des Ausgangsbildes als eine Art gespenstischer Spur sichtbar lässt. Im Sinne seiner dadaistisch-ironischen Rolle taufte er diese Werkgruppe und die damit verbundene Praxis »Phytomorphismus«.

Eine Auswahl dieser phytomorphischen Schnitte (manche von ihnen wurden eingescannt und auf Hochglanzpapier ausgedruckt) wird auf einem Tisch ausgelegt gezeigt, begleitet von einem neuen Kurzfilm. *Ka Ka Ko* (2012) wurde auf halbem Weg zwischen den afghanischen Provinzen Kabul und Bamiyan gedreht, wo der Künstler zufällig auf eine menschenähnliche Gestalt stieß, die natürliche Prozesse – Regen und Wind – aus einer Felswand herausgemeißelt hatten. In dem Video gilt Akrams Aufmerksamkeit dem nichtsahnenden Reisenden, der dieser auf eine Platte des dort typischen Steins projizierten anthropomorphen Erscheinung begegnet. In Umkehrung des Schicksals der Buddhastatuen von Bamiyan (die im März 2001 zerstört wurden) hält sie in zweideutiger Beschaffenheit die Schwebe zwischen Zwei- und Dreidimensionalität, aber auch zwischen Erinnerung und Traum, Natur und Kultur, Vergangenheit und Zukunft, Schöpfung und Zerstörung, Autorschaft und Amateurhaftigkeit, Wirklichkeit und Vision. Außerdem sind mehrere Arbeiten aus Keramik – eine Technik, die dem Künstler neu ist und die er untergräbt, indem er mit Absicht Bruchstücke brennt, um nutzlose Gebilde einem neuen Zweck zuzuführen – willkürlich über die Ausstellung in Kabul verteilt, das Ergebnis eines Seminars, das der Künstler dort während der Fertigstellung seines vielgestaltigen Projekts abhielt.

The artist, film director, screenwriter, and composer of the music for one of the most renowned Afghan films of the past decade, *Kabuli Kid* (2008), and author of various documentaries Barmak Akram combines different media in his practice. Without adopting any of them exclusively, he uses them idiosyncratically and humorously in an attempt to mold a new level of communication, a personal language that, refusing categorization or criteria, is able to attain unexpected heights of shared understanding. Akram's search for a different possible knowledge is both serious and ironic, perhaps marking him out as the first Afghan dadaist.

Reversing the anthropocentric paradigm that drives us to find human shape and thought in all kinds of natural phenomena, Akram looks at the human body, both male and female, to trace the infinite expressions, various layers, and entangled forms of natural life. He reacts to the way in which the human person is communicated in today's popular press, mass media, and digital sphere, where it is systematically leveled, depersonalized, disempowered, and exploited for consumerist reasons. Cutting carefully by hand hundreds of advertisements and magazine covers, he transforms faces, arms, legs, eyes, ears, lips, into leaves, trees, fruits, clouds, waves, subversively turning them into apparitions that are all the more frightening because he usually keeps visible (even if barely) the original image as a sort of ghost track. Speaking in his dadaist, ironic persona, he named this corpus of works and the related practice "phytomorphism."

Presented on a table, a selection of these phytomorphistic cuttings (some of them scanned and printed on glossy paper) is accompanied by a new short film. *Ka Ka Ko* (2012) was shot midway between the Afghan provinces of Kabul and Bamiyan, where the artist came upon a human figure sculpted naturally by rains and winds on a rocky cliff. In the video, Akram focuses on the casual passerby who encounters this anthropomorphic apparition projected onto a slab of local stone. Reversing the fate of the giant sculptures of the Bamiyan Buddhas (destroyed in March 2001), it maintains an ambiguous consistency, floating between two and three dimensions, as well as memory and dream, nature and culture, past and future, construction and destruction, authorship and amateurship, reality and vision. Several works in ceramic—a technique new to the artist and that he subverts by deliberately firing broken pieces to recuperate unusable forms—are also displayed randomly in the exhibition in Kabul, as the result of a seminar conducted there by the artist while completing his multiform project. AV

***Baobab*, 1995**
Scherenschnitte / Paper cuttings
Maße variabel / Dimensions variable

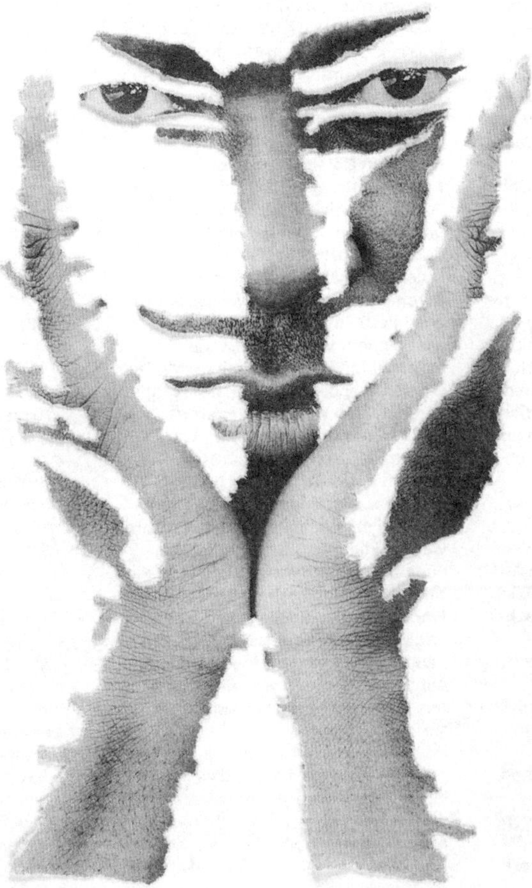

Doug Ashford

geb. / b. 1958 in Rabat
lebt / lives in New York

In der Vergangenheit war Doug Ashfords bildnerische Praxis in erster Linie mit dem Künstlerkollektiv Group Material verbunden, das zwischen 1980 und 1996 mehr als vierzig Ausstellungen und öffentliche Projekte in verschiedenen Ländern produzierte. Durch die Kombination von Sachinformation, Massenmedien und Produkten der Populärkultur mit »anerkannter Kunst« entwickelte Group Material das Ausstellungsformat zu einem künstlerischen Medium, in dem Displaygestaltung und kuratorische Gegenüberstellung als Schauplatz kritischer Verständigungsprozesse dienten und das Publikum eingeladen war, sich radikaldemokratische Formen vorzustellen. Zu den Projekten der Gruppe gehören *Education and Democracy* (1988), in dem die Arbeiten von Schülern, Aktivisten, Lehrern an öffentlichen Schulen und anerkannten Künstlern als eine einheitliche Bewegung dargestellt wurden, und *AIDS Timeline* (1989–1991), eine umfangreiche Forschungsarbeit, die nachzeichnete, wie sich die Krankheit von einer medizinischen Epidemie zu einer kulturellen Krise entwickelt hatte.

Als Lehrer, Künstler und Schriftsteller pflegt Ashford eine individuelle Praxis, die vielseitig und synkretistisch zugleich ist und sich aus einer Position utopischer Ruhe speist. Dass er eigenständige Gemälde schafft, mag im Widerspruch zum Format der diskursiv motivierten Ausstellung zu stehen scheinen; doch in der Dualität des künstlerischen Schaffens zwischen einer autonomen, in Affekt und Kontemplation verwurzelten Praxis und einem ethischen Weg hin zu gesellschaftlicher Kritik einen unversöhnlichen Gegensatz zu erkennen, so Ashford, bedeutet, sie zutiefst misszuverstehen. »Unser Bemühen ging dahin, in der Reibung zwischen den Emotionen, die Kunst hervorruft, und dem, was sie an politischer Wirkung vorschlägt, die Quelle einer Energie zu sehen, die einer Vielfalt der Perspektiven auf die Menschheit Vorschub leistet. Werden Vorschriften zur künstlerischen Bewertung deterministisch angewendet, seien sie formal oder gesellschaftlich, dann droht katastrophale ästhetische Unreife.« Innerhalb dieser Grenzen steht man dann vor dem Dilemma, zwischen Dekoration und Dogmatismus wählen zu müssen, und vergisst dabei, dass »die erleuchtungshafte Erfahrung von Form und Diskurs zugleich die Begegnung mit dem ermöglicht, was wir noch nicht als menschlich begreifen«, so Ashford in dem 2010 gehaltenen Vortrag »Group Material: Abstraction as the Onset of the Real«.

Auf der dOCUMENTA (13) zeigt Ashford in einem Fertighaus in der Karlsaue eine Reihe kleinformatiger abstrakter Gemälde, zu denen er von assoziativen historischen Konstruktionen des Modernismus wie Aby Warburgs *Bilderatlas Mnemosyne* (1924–1929) und André Malraux' *Imaginärem Museum* (1950) inspiriert wurde, in denen institutionelles Gedächtnis neu formuliert wird. Über die Jahre hat Ashford verschiedene Bilder gesammelt, die Gruppen von Figuren in Notsituationen und Momenten der Hilflosigkeit zeigen. Auf mit Tempera bemalte Holztafeln geklebt und nebeneinander gehängt, skizzieren diese halbabstrakten Gebilde einen bruchstückhaften ästhetischen Pfad durch Geschichten der Vergangenheit und hin zu Empathien, die die Gegenwart einnehmen könnten. Indem sie in Ashfords Gemälde eingearbeitet werden, wachsen den in einer Fotografie dargestellten Wahrheiten durch ihre veränderte Wiedererkennbarkeit vielfältige Geschichten zu, so dass ein Podium entsteht, auf dem Formen und Fakten im Geiste des imaginären Redners gegeneinander ausgetauscht werden können. Diese Möglichkeit einer formalen Umgestaltung lässt eine Unterscheidung erahnen zwischen den Emotionen, die die Welt der Macht und Herrschaft für uns entwirft, und neuen Gefühlen, die wir selbstbestimmt entwickeln können, um Räume zu schaffen, durch die Handeln möglich wird.

Doug Ashford's earlier visual practice was primarily connected to the artists' collective Group Material, which from 1980 to 1996 produced more than forty exhibitions and public projects internationally. Combining factual information, mass media, and artifacts from popular culture with "recognized art," Group Material developed the exhibition form into an artistic medium, using display design and curatorial juxtaposition as critical arenas for communication, inviting audiences to imagine radically democratic forms. The group's projects include *Education and Democracy* (1988), where the work of students, activists, public school teachers, and recognized artists were presented as a unified movement, and *AIDS Timeline* (1989–91), an extensive research project that mapped the development of AIDS from a medical epidemic into a cultural crisis.

As a teacher, artist, and writer, Ashford pursues an individual practice that is at once diverse and syncretic, coming from a position of utopian repose. His production of discrete paintings might seem to be at odds with the discursively motivated exhibition—but for Ashford, the duality between art-making as an autonomous occupation based in affect and contemplation, and as an ethical pathway leading to social critique, is fundamentally misunderstood if viewed as a contradiction. "Our effort was to see the friction between the emotions art produces and its proposal for political effect as creating an energy that propels multiple visions of humanity. When either formal or social directions for artistic evaluation are applied in a determinist way, puerile aesthetic disaster looms." Within those limitations, one is left with the dilemma of choosing between decoration and dogmatism, forgetting "that the epiphanic experience of both form and discourse presents encounters with what we do not yet understand as human," says Ashford in his 2010 lecture "Group Material: Abstraction as the Onset of the Real."

For dOCUMENTA (13), Ashford exhibits a series of small-scale abstract paintings in a prefabricated house in the Karlsaue park, inspired by associative modernist historical constructs that rephrase institutional memory, such as Aby Warburg's *Mnemosyne Atlas* (1924–29) and André Malraux's *Imaginary Museum* (1950). Ashford has collected multiple images over the years that depict groups of figures in states of emergency and helplessness. Pasted onto and hung alongside tempera-painted wooden panels, these semi-abstractions suggest a discontinuous aesthetic path through past histories and into empathies that could occupy the present. Incorporated into Ashford's paintings, the depicted truths of a photograph take on multiple stories through their altered recognitions—creating a rostrum where forms and facts can replace one another in the mind of the imaginary speaker. This chance for formal reorganization suggests a distinction between the emotions that are designed for us by the world of power and domination, and new feelings that can be built autonomously to provide openings for action. ES

***Ohne Titel / Untitled*, 2012**

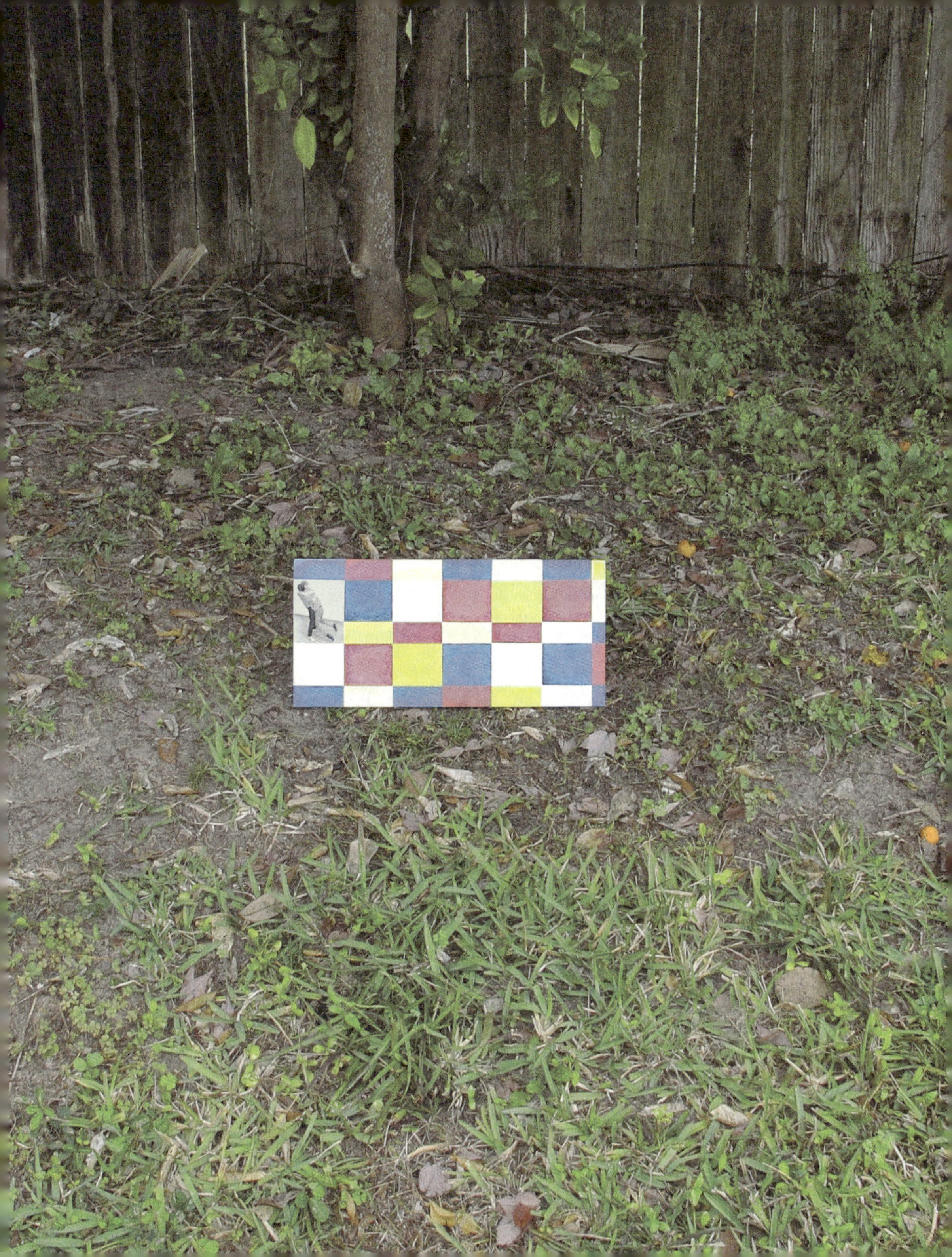

Tarek Atoui

geb. / b. 1980 in Beirut
nomadisch / nomadic

Tarek Atoui ist elektroakustischer Musiker, Klangkünstler und Programmierer. Das Herzstück seiner Arbeit bildet eine fortgesetzte Reflexion auf den Begriff des Instruments sowie auf den Akt der Performance als komplexen, offenen und dynamischen Prozess. In seinen Augen drückt das Instrument, anders als ein Werkzeug oder eine Maschine, nicht nur die Individualität und Fertigkeit des Benutzers aus, sondern zeigt darüber hinaus das Verhältnis des Instrumentalisten zu Körper und Innerlichkeit wie auch zu äußeren Kontexten an.

Atouis experimentelle Herangehensweise hat ihn im Laufe des letzten Jahrzehnts zur Entwicklung einer einzigartigen künstlerischen Methodik geführt, die die Programmierung von auf jedes einzelne Projekt zugeschnittenen Softwareanwendungen mit der Herstellung neuer computergestützter Werkzeuge für interdisziplinäre Kunstformen und pädagogische Projekte verbindet. Zu seiner Serie *Empty Cans* (2005–2007) zum Beispiel gehörte eine experimentelle Lernsoftware, mit der er in Workshops im Libanon, in Ägypten, den Niederlanden, New York und Frankreich die Produktion von elektronischer Live-Musik und Video unterrichtete. Außerdem schafft er intensive Körperperformances, die auf eigenwillige Weise musikalische Komposition, körperliche Bewegung und Software- und Hardwareentwicklung zueinander in Beziehung setzen, so zuletzt seine Performances in der Serie *Un-drum*, die als Auftragsarbeiten für die Sharjah Biennale (2009) und für La Maison Rouge in Paris (2010) entstanden.

Für die dOCUMENTA (13) geht Atoui diesen Interessen weiter nach, indem er sich in Situationen versetzt, die das gewöhnliche Verständnis von Instrument, Darbietung und Klangproduktionstechniken infrage stellen. Die drei Phasen seiner Arbeit entfalten sich als Folge miteinander verknüpfter Tätigkeiten, die vor und während der Ausstellung in Kassel stattfinden. In der ersten Phase richtet Atoui ein provisorisches Labor und eine partizipative Produktionsplattform ein. Sie dienen als Vorspiel für die zweite Phase, in der er sein neues Instrument während der Ausstellung in einer Serie von Klangperformances an verschiedenen Orten in Kassel vorstellt. Das Labor entsteht in der Orangerie, die auch das Astronomisch-Physikalische Kabinett beherbergt, eine Sammlung technischer und wissenschaftlicher Instrumente zur Kartierung und Darstellung von Zeit und Raum von der Antike bis zur Frühzeit des Computers. Es dient als Raum, in dem neue Instrumente aller Art im Austausch mit verschiedenen Hörerkreisen diskutiert, erdacht und gebaut werden sollen, sowie als Plattform für die Entwicklung von Atouis eigenem Instrument und seiner Klangperformance. Zugleich lässt er sich vom Werk des Electronica-Pioniers Erkki Kurenniemi inspirieren (das ebenfalls in der Ausstellung in der Orangerie zu sehen ist), insbesondere von dessen bahnbrechenden Musikinstrumenten, einer Reihe DIMI genannter elektronischer Synthesizer, die bei Auftritten in den 1960er und 1970er Jahren zum Einsatz kamen. In der dritten Phase tritt Atoui mit diesen wiederhergestellten Originalgeräten inmitten der Kurenniemi-Ausstellung auf, um seine kritische Befragung der Begriffe von Instrument und Performance aus heutiger Perspektive fortzusetzen.

Tarek Atoui is an electro-acoustic musician, sound artist, and computer programmer. At the core of his work is an ongoing reflection on the notion of the instrument and on the act of performance as a complex, open, and dynamic process. He sees the instrument, as distinct from the tool or the machine, not only as something that expresses the individuality and the skill of its user but also as an indicator of the instrumentalist's relation to the body and interiority, in addition to outside contexts.

As a result of Atoui's experimental approach over the past decade, he has developed a unique artistic methodology that combines writing dedicated software applications for each project and creating new computer tools for interdisciplinary art forms and educational projects. His series *Empty Cans* (2005–07), for instance, featured experimental educational software for learning live electronic music and video production in workshops in Lebanon, Egypt, the Netherlands, New York, and France. He also creates intense physical performances that articulate musical composition, body movement, and software and hardware engineering in idiosyncratic ways, such as his recent performances in the series *Un-drum* (commissioned by the Sharjah Biennial in 2009 and La Maison Rouge, Paris, in 2010).

For dOCUMENTA (13), Atoui extends these preoccupations by placing himself in situations that challenge the orthodox understanding of instrument, performance, and sound-production techniques. Three stages of his work unfold as a series of interconnected activities that take place before and during the exhibition in Kassel. In the first stage, Atoui sets up a temporary lab and a participatory production platform as a prelude to the second stage, where he presents his new instrument in a series of sound performances taking place in various locations in Kassel during the exhibition. The lab is located in the Orangerie building that hosts the Cabinet of Astronomy and Physics, a collection of technical and scientific instruments for mapping and visualizing time and space from antiquity up to early computers. It serves as a space for discussing, imagining, and building instruments of all sorts and with different publics, as well as a platform for developing his own new instrument and sound performance. Simultaneously, inspiration is derived from the work of electronic musician and artist Erkki Kurenniemi (also shown in the exhibition in the Orangerie), with particular reference to his pioneering musical instruments, a series of electronic synthesizers called DIMIs, used for performances in the 1960s and 1970s. For the third stage, Atoui performs with these original restored machines in the context of the Kurenniemi exhibition in order to question further the notion of instrument and performance now. JK

***Un-drum 1: Strategies of Surviving Noise*, 2009**

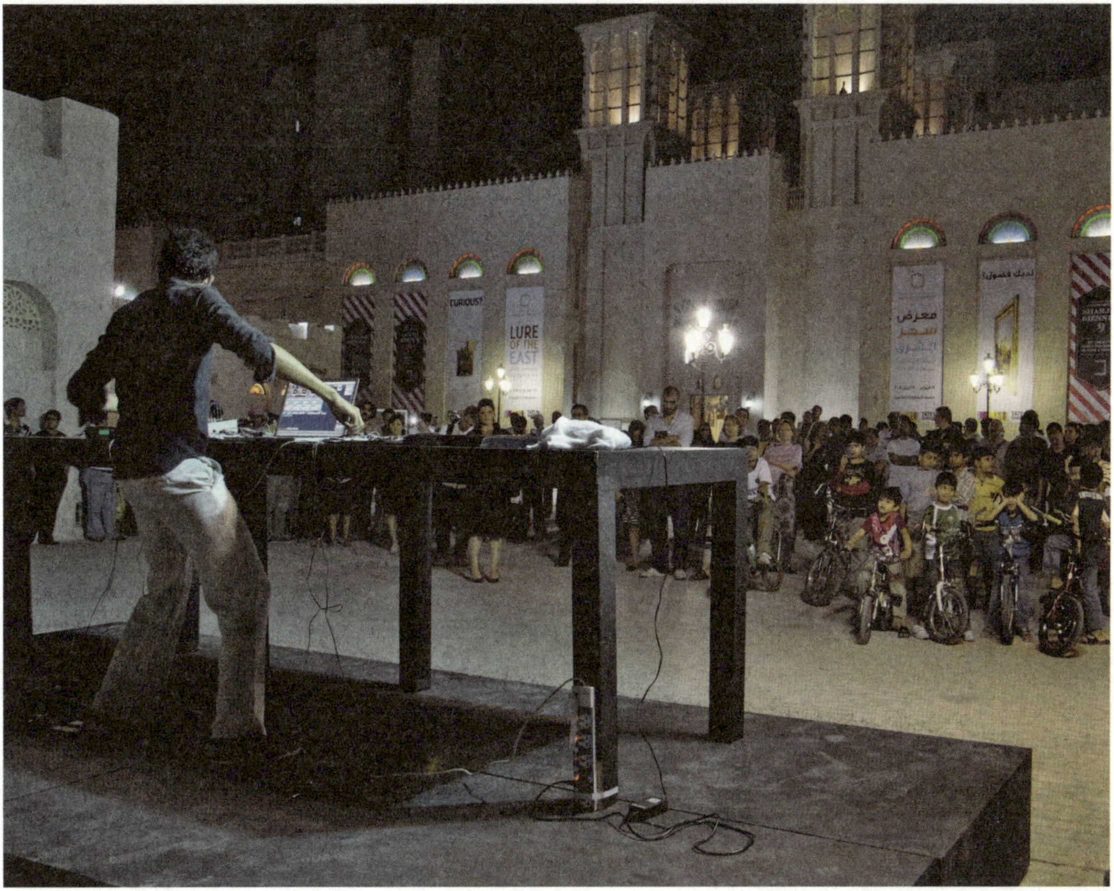
CURIOUS?
LURE OF THE EAST
معرض

Massimo Bartolini

geb. / b. 1962 in Cecina (Livorno, Italien / Italy)
lebt / lives in Cecina

Massimo Bartolinis Werk umfasst verschiedene Materialien und Techniken, die von Skulptur und Performance bis hin zu Fotografie, Video und Installationskunst reichen. Bartolini, der sich mit den vermeintlichen physischen Gegebenheiten befasst, die vertraute Umgebungen bieten, schafft höchst sinnliche räumliche Interventionen, die dem Betrachter eine individuelle Erfahrung verschaffen wollen, eine manchmal besinnliche, manchmal subtil unsere Wahrnehmung verunsichernde Empfindung. In der Verbindung von Natur und Mechanik betreiben die Arbeiten eine philosophische Reflexion unseres Verhältnisses zu unserer natürlichen und künstlichen Umgebung.

Tamburo **(2002) ist ein Beispiel für die Reihe interaktiver experimenteller Environments, mittels deren Bartolini die körperliche Raumerfahrung und die Art, wie wir die Welt um uns herum rezipieren, manipuliert. Als abgeschotteter Raum, den der Besucher allein betritt, ermöglicht die Arbeit eine reine Erfahrung von Körperlichkeit. Tritt man ein, neigt sich der Boden leicht in die Richtung, in die man sich bewegt. Die Höhenunterschiede sind äußerst gering, aber groß genug, um einen Moment des Schwebens zu erzeugen. Abgesehen vom Körper des Besuchers enthält der Raum nichts als über den Boden verstreute Walnüsse, die, einmal in Bewegung versetzt, ein prasselndes Geräusch erzeugen und so eine weitere Herausforderung der Sinneswahrnehmung von Raum, Schwere und Bewegung darstellen.**

Double Shell **(2001) besteht auf den ersten Blick nur aus einem Wandschild mit dem Titel und einer kurzen Beschreibung. Diese aber weist auf den Ort des unsichtbaren Werks hin: »Zuchtperle in der Hand eines älteren Museumswächters.« Sobald man ihn ausfindig gemacht hat, öffnet der Aufseher mit einer Geste der Vertraulichkeit und einem vielsagenden Lächeln die Hand und zeigt die darin liegende ausgehöhlte Perle vor, als sei sie ein Geheimnis; dann schließt er die Hand wieder und geht davon. Mit seinem poetisch-doppeldeutigen Titel steht das Werk einer Vielzahl von Assoziationen offen; vor allem aber schafft es einen Augenblick beinahe intimer Interaktion zwischen Wächter, Betrachter und Kunstwerk.**

Für die dOCUMENTA (13) hat Bartolini ***Ohne Titel (Wave)*****, eine Arbeit, die zum ersten Mal 2000 im Garten der Villa Medici in Rom gezeigt wurde, in die Karlsaue nach Kassel gebracht. Sie besteht aus einem in den Boden eingelassenen rechteckigen Teich, in dem eine Welle in gleichmäßigem Rhythmus hin- und herschwappt. Ihre endlose Wanderung, eine in sich bewegte Form, symbolisiert ewige Verwandlung und lässt uns zugleich innehalten – die Welle wandert nirgendwohin, läuft niemals aus. In ihrer minimalen Ästhetik und ihrer meditativen Qualität erinnert die Arbeit an einen Zen-Garten; die innere, in sich geschlossene Bewegung des Wassers, fließend und doch in sich zurückgewendet, steht für den endlosen Kreislauf des Lebens. Wie viele von Bartolinis Arbeiten regt** ***Ohne Titel (Wave)*** **uns an, über die Relativität des scheinbar Beständigen und Unwandelbaren nachzudenken.**

Massimo Bartolini's work embraces various materials and techniques, from sculpture and performance to photography, video, and installation. Concerned with the supposed physical certainty provided by familiar environments, Bartolini creates spatial and highly sensual interventions that aim to give the viewer an individual experience, a sensation that can either be contemplative or subtly disturb one's perception. Combining nature and mechanics, the works engage in philosophical considerations about our relation to our natural and artificial environment.

Tamburo (2002) is one example of the series of experimental, interactive environments through which Bartolini has altered the physical experience of space and the way we receive the world around us. An isolated room that the visitor enters alone, it involves the pure perception of physicality. When one enters, the floor shifts slightly in the direction in which the body moves. The slope is minimal, but strong enough to create an instant of suspension. Except for the body of the visitor, the only objects in the room are walnuts dispersed on the floor, which, set into motion, create a drumming sound, further challenging the sensual perception of space, weight, and movement.

Double Shell (2001) at first sight consists only of a wall label bearing a title and caption. But the latter hints at the location of the invisible work: "Cultured pearl in the hand of an elderly museum guard." Once spotted, the invigilator, with a confidential gesture and a knowing smile, opens his or her hand, briefly displaying the hollowed-out pearl like a secret, and then closes it again and walks off. With the title's poetic equivocation, the work is open to many associations, but most important, it creates a moment of intimate interaction between guard, viewer, and artwork.

For dOCUMENTA (13), Bartolini has brought *Untitled (Wave)*, first installed in 2000 in the garden of Villa Medici in Rome, to the Karlsaue park in Kassel. It consists of a rectangular pool embedded in the ground, in which a wave rhythmically sways back and forth. Its infinite movement, a shape set in motion, symbolizes eternal transformation, while at the same time it creates a pause—the wave travels nowhere; it never expires. With its minimal aesthetic and meditative nature, it is reminiscent of a Zen garden; the internal, self-contained movement of the water, fluent yet revolving, represents the endless cycle of life. Like much of Bartolini's work, *Untitled (Wave)* makes us reflect on the relativity of what is deemed stable and unchangeable. ES

Ohne Titel / Untitled (Wave)**, 1997–2012**
Edelstahl, Motor, Wasser, Gerste / Stainless steel, engine, water, barley
400 × 700 × 110 cm

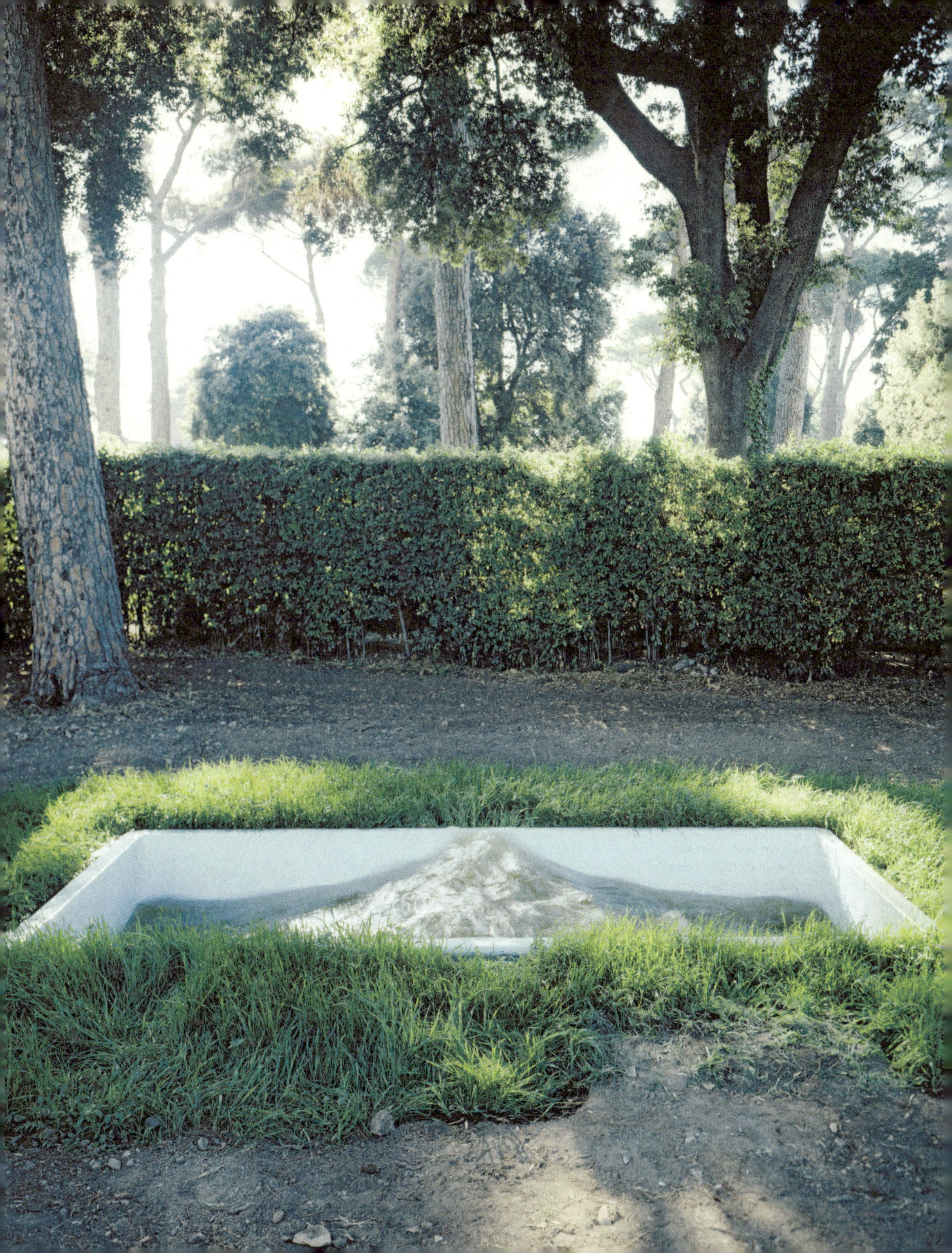

Manon de Boer

geb. / b. 1966 in Kodaikanal (Indien / India)
lebt / lives in Brüssel / Brussels

In ihren komplexen Filmarrangements hinterfragt die niederländische Künstlerin Manon de Boer auf raffinierte Weise unsere Wahrnehmungsmethoden. Ihre Filme, Kompositionen aus langsam dahinfließenden Bildern, in denen sich Klänge – gesprochene Wörter, Musik, Umgebungsgeräusche – und Stille abwechseln, dazu Wiederholungen und Verzögerungen, bauen parallele Hör- und Sehräume rund um die in ihnen auftretenden Musiker, Tänzer oder Schriftsteller auf. Sie erkunden das Wesen der Erinnerung und die Anwesenheit oder Abwesenheit von Klang und Körper und fragen, wie Kunst die Erfahrung des Daseins durchdringen kann.

Resonating Surfaces **(2005) untersucht die Erzählung von Geschichte im Verhältnis zu Zeit und Erinnerung. Der Film bildet ein intimes Porträt der brasilianischen Psychoanalytikerin Suely Rolnik, die über ihre traumatischen Erfahrungen während der Diktatur, ihre Zeit im Pariser Exil und ihr Verhältnis zu Gilles Deleuze und Félix Guattari spricht und darüber, wie sie ihre eigene brasilianische Stimme wiederentdeckt hat. Diese Erzählung wird durch Zeitverzögerungen zwischen Bild und Ton vermittelt, dazwischen erscheinen Aufnahmen der Betonlandschaft von São Paulo. Der 16-mm-Film** ***Dissonant*** **(2010) beginnt mit der** ***Sonate Nr. 2 für Solovioline*** **des Komponisten Eugène Ysaÿe, die zu einem kurzen schwarzen Vorspann erklingt, gefolgt von einer Nahaufnahme der Tänzerin Cynthia Loemij. Nach dem Ende des Stücks beginnt Loemij, aus dem Gedächtnis zu der Musik zu tanzen, wobei die Aufnahme gelegentlich durch schwarze Passagen unterbrochen wird, in denen die Filmrollen getauscht wurden, während die Tonspur, die die Bewegungsgeräusche und ihren Atem aufnahm, weiterlief.**

Die Stimme mit ihrer ganz eigenen »Idiorrhythmie« und das Problem ihrer Darstellung als eines Zwischenwesens – zwischen Körper und Sprache, Atem und Artikulation, Klang und Wort, Subjekt und anderem – sind ein wiederkehrendes Motiv in de Boers Arbeiten. ***One, Two, Many*** **(2012) ist ein neuer Film in drei Teilen, die abwechselnd auf zwei einander gegenüberstehenden Leinwänden gezeigt werden. Im ersten Teil spielt der Flötist Michaël Schmid István Matuz' neunminütiges** ***Studium 1974*** **für Soloflöte, eine Komposition, die die Technik der Zirkuläratmung verlangt. Der Film ist in Nahaufnahme und einer einzigen Einstellung aufgenommen, wobei die Kamera im Laufe des Stücks eine Dreivierteldrehung um den Flötisten vollführt, um die Aufmerksamkeit auf die durch das gleichzeitige Ein- und Ausatmen verursachte Anspannung seines Körpers zu lenken. Der zweite Teil geht der Vorstellung eines »aktiven Schweigens« durch die nicht wahrnehmbare Anwesenheit eines Zuhörers nach. Eine weibliche Stimme spricht darüber, wie die Stimme von Roland Barthes klang, als er seine Vorlesungsreihe »Wie zusammen leben« hielt; dass eine weitere Person anwesend ist, erkennen wir nur, weil wir ihre unbestimmten Bewegungen und andere Geräusche hören. Im dritten Teil lauscht eine Gruppe von Menschen einem Stück für vier Sänger an einem öffentlichen Ort. Sänger, Publikum und Kameramann bewegen sich, um den richtigen Abstand zueinander zu finden. Durch die Konzentration auf verschiedene Erscheinungsformen und Erfahrungen der Stimme erkundet** ***One, Two, Many*** **die räumlichen und psychologischen Distanzen zwischen Körpern.**

In her cinematically complex arrangements, Dutch artist Manon de Boer subtly challenges our methods of perception. Compositions of slow-moving images interjected by sound—spoken word, music, ambient—and stillness, with repetitions and time lags, her films build parallel audio and visual spaces. Featuring musicians, dancers, or writers, they explore memory, the presence or absence of sound and body, and how art can infuse the experience of being.

Resonating Surfaces (2005) examines narrated history in relation to time and memory. It is an intimate portrait of Brazilian psychoanalyst Suely Rolnik, who talks about her traumatic experiences during the dictatorship, her exile in Paris, her relationship with Gilles Deleuze and Félix Guattari, and the rediscovery of her own Brazilian voice. These narrative is conveyed through audiovisual time lags, interspersed with shots of the concrete landscape of São Paulo. The 16mm film *Dissonant* (2010) starts with the *Sonata No. 2 for Solo Violin* by composer Eugène Ysaÿe over a brief passage of black film leader, followed by a close-up of dancer Cynthia Loemij listening to the music. Once the sonata stops, Loemij starts dancing to it from memory, occasionally interrupted by passages of black, during which the film reels were changed while the audio track continued recording the sounds of movement and breathing.

The voice, its "idiorrhythmy" and the problem of its representation as something in between (body and language, breath and articulation, timbre and word, subject and other), is a recurring motif in de Boer's work. *One, Two, Many* (2012) is a new film in three parts, shown alternating on two opposing screens. In the first part, flautist Michaël Schmid performs István Matuz's nine-minute *Studium 1974* for solo flute, a composition that demands the technique of circular breathing. The film is shot close-up and in one take, making a three-quarter circle around the flautist for the duration of the piece, drawing attention to the tension inside the body caused by the simultaneous inhalation and exhalation. The second part explores the notion of "active silence" in the imperceptible presence of a listener. A female voice speaks about the voice of Roland Barthes as heard while delivering his lecture series "Comment vivre ensemble" ("How to Live Together"); the presence of another person is audible only through vague body movements and sounds. In the third part, a group of people listen to a piece for four singers in a public space. Singers, audience, and cameraman move around in order to find the right distance from one another. Directed toward different manifestations and experiences of the voice, *One, Two, Many* explores the physical and psychological distances between bodies. ES

***One, Two, Many*, 2012**
16-mm-Film übertragen auf HD-Video, Farbe, Sound / 16mm film transferred to HD video, color, sound
20 min.

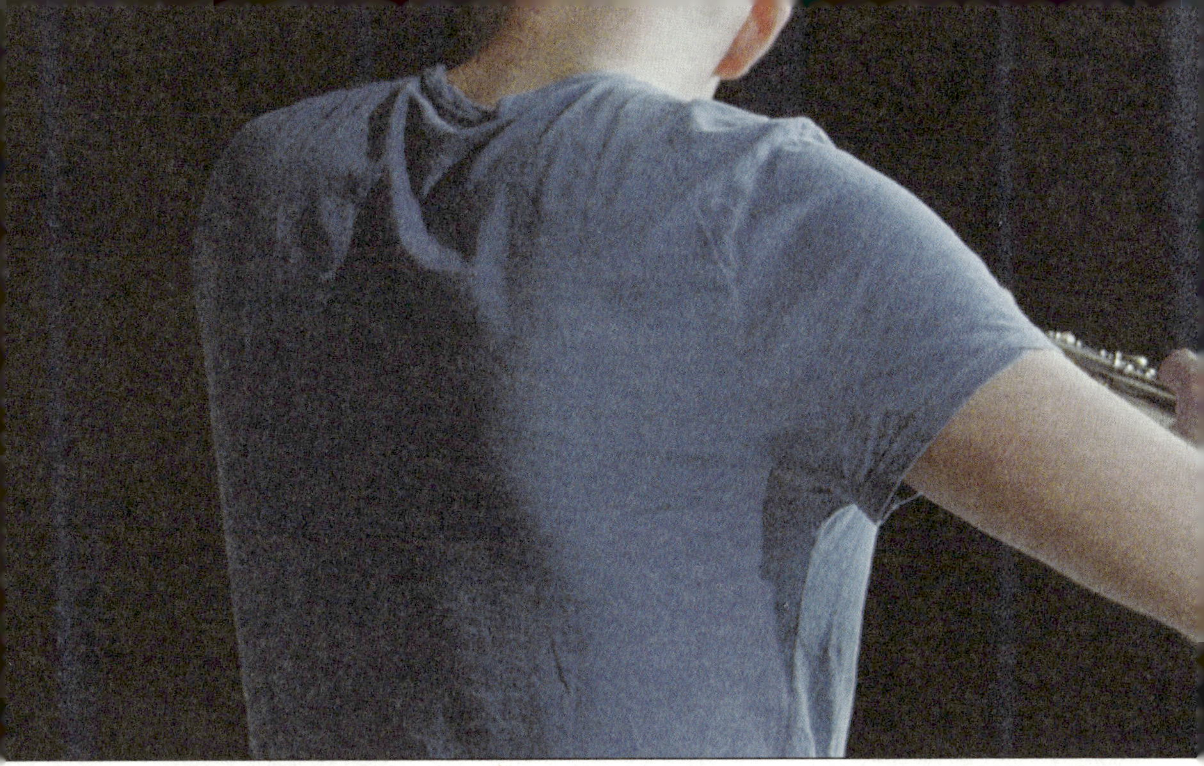

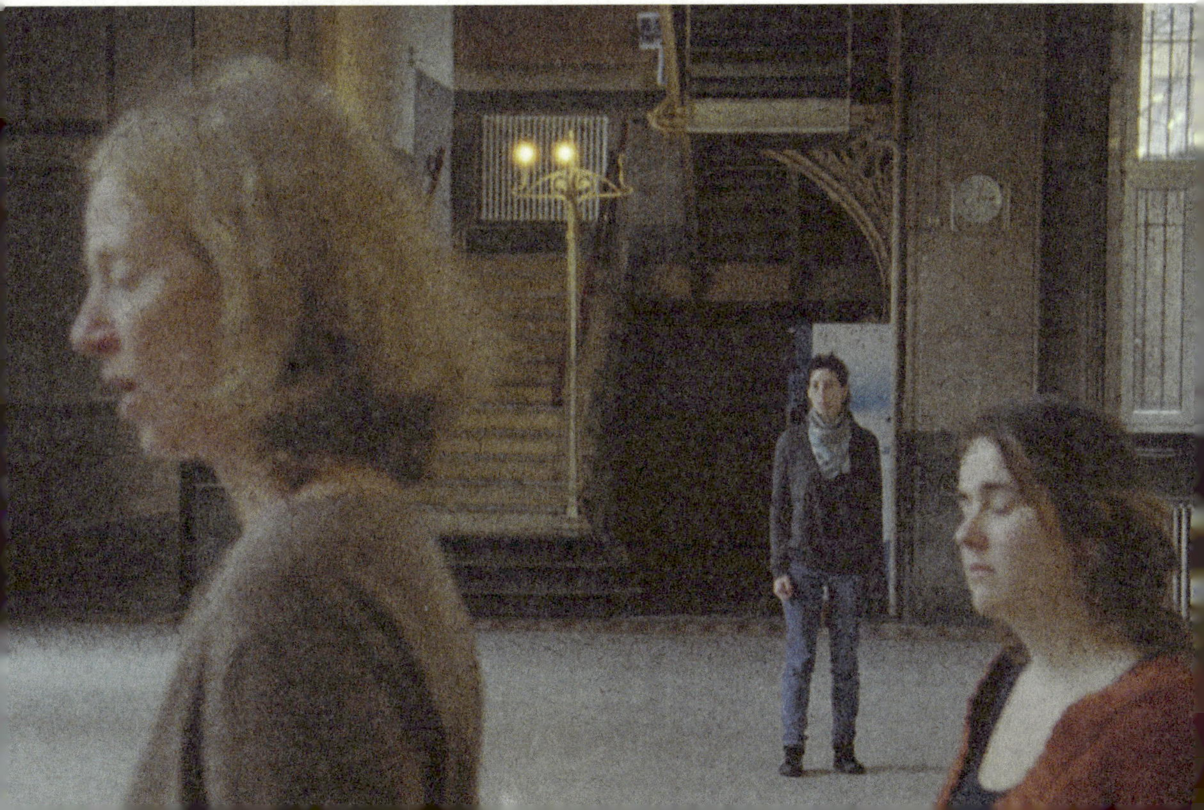

Carol Bove

geb. / b. 1971 in Genf / Geneva
lebt / lives in New York

Bei der Einrichtung eines Tableaus von Elementen im Flora-Garten der Karlsaue bedient sich Carol Bove derselben Kompositionsstrategie, die in der gesamten Orangerie eingesetzt wird. Die Anordnung besteht aus der Aneinanderreihung einer Totem-Plastik, einer Bronzeplattform, eines Elements aus Beton, Stahl und Messing, einer röhrenförmigen Glyphe aus Stahl und einer Statue der Göttin Flora, die ursprünglich im Garten zu Hause ist. Das Projekt beschränkt sich weder auf die Betrachtung jedes dieser Elemente für sich, noch wird es durch die Grenzen eingeschränkt, innerhalb deren sie als Einheit existieren. Jede Skulptur verhält sich zu jeder anderen genauso, wie sie als Teile eines Ensembles untereinander in Beziehung stehen; die Unabhängigkeit jedes Teils geht in die Idee der Gesamtheit ein.

Die Elemente, die Bove hergestellt und in diesem Garten aus dem 16. Jahrhundert angeordnet hat, bilden eine Syntax, die innerhalb eines Prozesses fortwährender und sich verschiebender Beziehungen am Werk ist. Die an einem I-Träger befestigte totemähnliche Skulptur mag auf den ersten Blick nach Treibholz aussehen; in Wirklichkeit handelt es sich um ein Stück Holz von vor etwa sechzehn Millionen Jahren, dessen Verwandlung in seine heutige Gestalt – im Prozess der Versteinerung wurde das pflanzliche Material durch Mineralien ersetzt – mit einer Langsamkeit vorangeschritten ist, die das Alltagsverständnis von der Einteilung der Zeit in kleine Einheiten übersteigt. Die rasterartige Skulptur besteht aus winzigen rechteckigen Elementen, die von Miniaturbolzen zusammengehalten werden, ein prototypischer Verbund von Ludwig-Hilberseimer-Zellen, juwelenbesetzt und von erheblichem Wert. Die Bronzeplattform, die an die Steingutskulpturen von Peter Voulkos erinnert, und das industriell geformte röhrenförmige Stahlelement stehen in der Nähe der Figur der Göttin Flora; diese Darstellung der antiken Gestalt schuf der Bildhauer Johann Georg Kotschau vor etwa vier Jahrhunderten. Im Wechselspiel zwischen den modernistischen Idealen des 20. Jahrhunderts, industriellen Materialien, barocken Überresten und vorgeschichtlichem Fundstück lassen diese Elemente an die historische Dynamik zwischen Adolf Loos' Auffassung vom Ornament als einem am Wesentlichen haftenden überflüssigen Element und Theodor W. Adornos Ansicht denken, »noch das Repräsentative, Luxurierende, Üppige, in gewissem Sinn Aufgeklatschte« möge »in manchen Kunsttypen aus ihrem eigenen Prinzip heraus notwendig, nicht aufgeklatscht sein«.

Durch die Inszenierung dieses kontemplativen Raums regt Bove dazu an, die Frage, was in einem bestimmten geschichtlichen Augenblick als originell, funktional, dekorativ oder übrigens modern gelten dürfe, aus verschiedenen Blickwinkeln zu prüfen. Die Künstlerin bemerkt dazu: »In Gestaltung kommt Ideologie zum Ausdruck; und Ideologie wird durch die historischen Umstände bestimmt.« Durch diese Sammlung von Bruchstücken schafft sie die Bedingungen für eine eingehende Reflexion; die Betrachter sind eingeladen, »über die Erotik eines abstrakten Tableaus und ihre Ambivalenz bezüglich der Lektüre der Formen nachzudenken«.

Carol Bove installs a tableau of elements in the Flora garden of the Karlsaue park using the same compositional strategy that is employed around the entire Orangerie. The arrangement consists of the alignment of a totemic sculpture, a bronze platform, an element of concrete, steel, and brass, a tubular glyph made from steel, and the garden's original resident sculpture of the goddess Flora. The project is limited neither to the consideration of these elements individually nor by the boundaries within which they exist as a unity. Each sculpture correlates with the others as equally as they correlate as an ensemble, with the independence of each figuring into the idea of the totality.

The elements produced by Bove and situated within this sixteenth-century garden offer a syntax engaged within a process of ongoing and shifting relationships. The totemic sculpture affixed to an I-beam may at first appear to be driftwood, but it is in fact a piece of wood dating from some sixteen million years ago that has petrified into an artifact formed by the gradual replacement of plant material by mineral at a pace that surpasses one's understanding of the minuteness of time. The gridded sculpture is composed of tiny rectilinear units held together with miniature bolts, a prototypical assemblage of Ludwig Hilberseimer cells, bejeweled and semi-precious. The bronze platform, evoking the stoneware sculpture of Peter Voulkos, and the tubular steel element, molded through an industrial process, stand near to the goddess Flora, a figure from antiquity sculpted by Johann Georg Kotschau some four centuries ago. Resonating between twentieth-century modernist ideals, industrial materials, Baroque vestiges, and prehistoric remains, the elements recall the historical dynamic between Adolf Loos' concept of ornament as a superfluous element to the essential and Theodor W. Adorno's view that "even representative, luxurious, pompous, and in a certain sense burlesque elements may appear in certain forms of art as necessary and not at all burlesque."

In staging this contemplative space, Bove invites shifting perspectives on what may be inferred as original, functional, decorative, or, for that matter, modern at any given point in history. As the artist notes, "design is a manifestation of ideology, and ideology is determined by historical circumstances." Through this collection of fragments, she sets up the conditions of sustained reflection necessary for viewers to "think about the eroticism of an abstract tableau and their ambivalence toward reading the forms." MK

Eine Komponente des Arrangements für den Flora-Garten in der Nähe der Orangerie / A component of the arrangement for the Flora garden near the Orangerie, 2011–2012
Messing-Würfel, Schrauben, Muttern / Brass cubes, screws, nuts
Höhe / Height: 15.2 cm

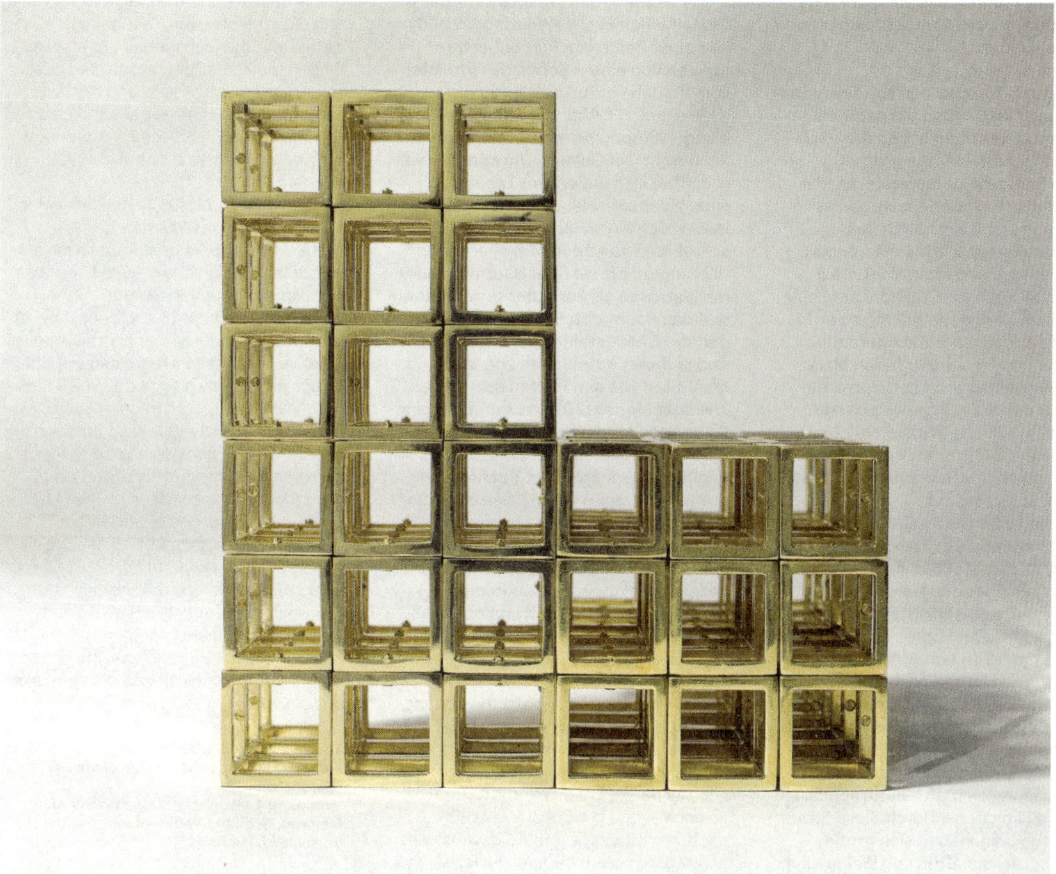

CAMP (Shaina Anand und / and Ashok Sukumaran)

gegründet / founded in 2007 von / by Ashok Sukumaran, Sanjay Bhangar und / and Shaina Anand

Die jüngsten Turbulenzen auf den globalen Finanzmärkten und die dadurch ausgelösten Unruhen haben die »freie Marktwirtschaft« infrage gestellt; diverse Konzerne und Investoren, die sich auf das Ausplündern von Unternehmen spezialisiert haben, haben die deregulierten Märkte manipuliert, um in der Weltwirtschaft dank staatlicher Wohltaten für Großkonzerne eine untragbare Vormachtstellung zu erringen. Wie aber könnte die Alternative zu diesem nur scheinbar freien Markt aussehen – eine Wirtschaftsform, die nicht auf den Staat angewiesen ist und breite Teilhabe ermöglicht? Diese Frage stellt CAMP, eine Gruppierung von Künstlern und Technologen, die in Mumbai ansässig sind.

Im Jahr 2008 wurde CAMP eingeladen, sich an der Sharjah Biennale zu beteiligen. Hier stellten die Künstler Recherchen über den Hafen der Stadt und ihre geopolitische Stellung als wichtiger Verkehrsknoten mit Verbindungen zum Horn von Afrika sowie über den Indischen Ozean nach Iran und Indien an. Seit dem 20. Jahrhundert sind die Vereinigten Arabischen Emirate dafür bekannt, dass Schiffe hier ohne Belastung durch hohe Zölle beladen werden können – man könnte sagen, sie bieten »Billighäfen«. Durch diese Strategie angelockt, haben sich große Handelsgesellschaften und kleine Kaufleute hier niedergelassen, um entlang den alten Routen Handel zu treiben. Das Wechselspiel zwischen Schiffen, Mannschaften, Gütern, Konflikten und Ökosystemen, das man hier antrifft, bildet ein weitaus komplexeres Netz als die Schifffahrt der multinationalen Handelskonzerne, die ihre für den Massenmarkt produzieren Waren abstoßen wollen. In diese zeitgenössische Form des Massenstückguthandels, die das Interesse von CAMP auf sich gezogen hat, spielen Geschichten von Piraterie, Kolonialismus, NATO-Imperialismus und dem globalen Handel rund um den Indischen Ozean hinein. Dem Wortsinn nach bedeutet »Ökonomie« eigentlich die »Führung eines Haushalts«: Daran erinnert uns dieser Handel mit praktischen Gütern und Dingen des privaten Lebens wie Nahrungsmitteln und Bekleidung, Teppichen und Betonstahl, aber auch mit Gebrauchtwagen und Kommunikations- und Krankenhausausrüstung, die nach Somalia verschifft werden – ein Bestimmungsort, den alle anderen meiden.

Nach dem Projekt in Sharjah – das die Gestalt eines Buchs (*Wharfage*, 2009) und einer Reihe von Radioübertragungen von einem Schiff, das im Hafen von Sharjah vor Anker lag, annahm – widmete sich CAMP der indischen Seite dieser Phänomene mit umfangreichen Recherchen in Gujarat. Die Künstler verschafften sich außerdem Zugang zu einem weiteren Handelsnetz: Viele Seeleute machen mit ihren Handys Videoaufnahmen von ihren täglichen Verrichtungen, die sie über Bluetooth anderen Matrosen als Form der Unterhaltung und des Nachrichtenaustauschs übermitteln. CAMP stellte aus diesen Clips und anderen Aufnahmen von Meer und Häfen aus den letzten drei Jahren *The Boat Modes* (2012) zusammen, eine Reihe von »Modalitäten« des Lebens auf See – Schiffbau, Meerestiere, Schiffsunglücke, Ladearbeiten, Buchführung, das Herumtragen einer Ziege oder die Heimkehr während der Monsunzeit. Als einzigartiges kollektives Filmtagebuch erkundet diese auf der dOCUMENTA (13) gezeigte Dokumentensammlung die Frage, worin Freiheit *von* der sogenannten freien Marktwirtschaft bestehen kann.

The recent global financial upheaval and its related civil unrest have called the "free market" into question, as various corporations and financial raiders have manipulated its deregulated systems to exert an unbalanced control of the world's economy through a form of government-assisted corporate welfare. But what would the alternative to this pseudo-free market look like—an economy that overflows state powers and invites broad participation? This is a question asked by CAMP, a group of artists and technologists based in Mumbai.

In 2008, CAMP was invited to participate in the Sharjah Biennial. Here, the artists researched the city's port and its geopolitics as a major node connecting to the Horn of Africa and across the Indian Ocean to Iran and India. Since the twentieth century, the United Arab Emirates has been a place where boats can load cargo without heavy tariffs, in what one could call "cheap ports." Traders big and small, attracted by this policy, flocked here to do business along these historical routes. The interactions between ships, crews, goods, conflicts, and ecosystems found here make up a far more intricate mesh than that of shipping led by multinationals trying to offload mass-market commodities. The contemporary form of break-bulk cargo trade that CAMP became interested in cuts across narratives of piracy, colonialism, NATO imperialism, and global trade around the Indian Ocean. In a reminder that the word "economics" literally means "the management of a house," these are transfers of practical and personal goods such as food and clothing, carpets and rebar, as well as used cars and communication and hospital equipment, to Somalia—where no one else wants to go.

Following the project in Sharjah—which resulted in a book (*Wharfage*, 2009) and a series of radio broadcasts from a ship in the Sharjah Creek—CAMP has been working extensively in Gujarat, on the Indian edge of these phenomena. The artists have also entered into another trading network: many sailors make camera-phone videos of the daily goings-on, which are passed over Bluetooth to other sailors as a form of entertainment and information exchange. CAMP has recombined these clips and other footage of the sea and ports from the past three years into *The Boat Modes* (2012), a series of "modalities" of maritime life—shipbuilding, marine wildlife, disasters at sea, loading, bookkeeping, goat carrying, or returning home in the monsoons. This unique collective film diary and document collection, presented at dOCUMENTA (13), explores the nature of freedom *from* the so-called free-market system. AK

***The Boat Modes*, 2009–2012**
Karte des Einsatzgebiets / Map of area of operations
Vereinigte Arabische Emirate / United Arab Emirates, Südiran / Southern Iran, Gujarat, Somaliland, Puntland

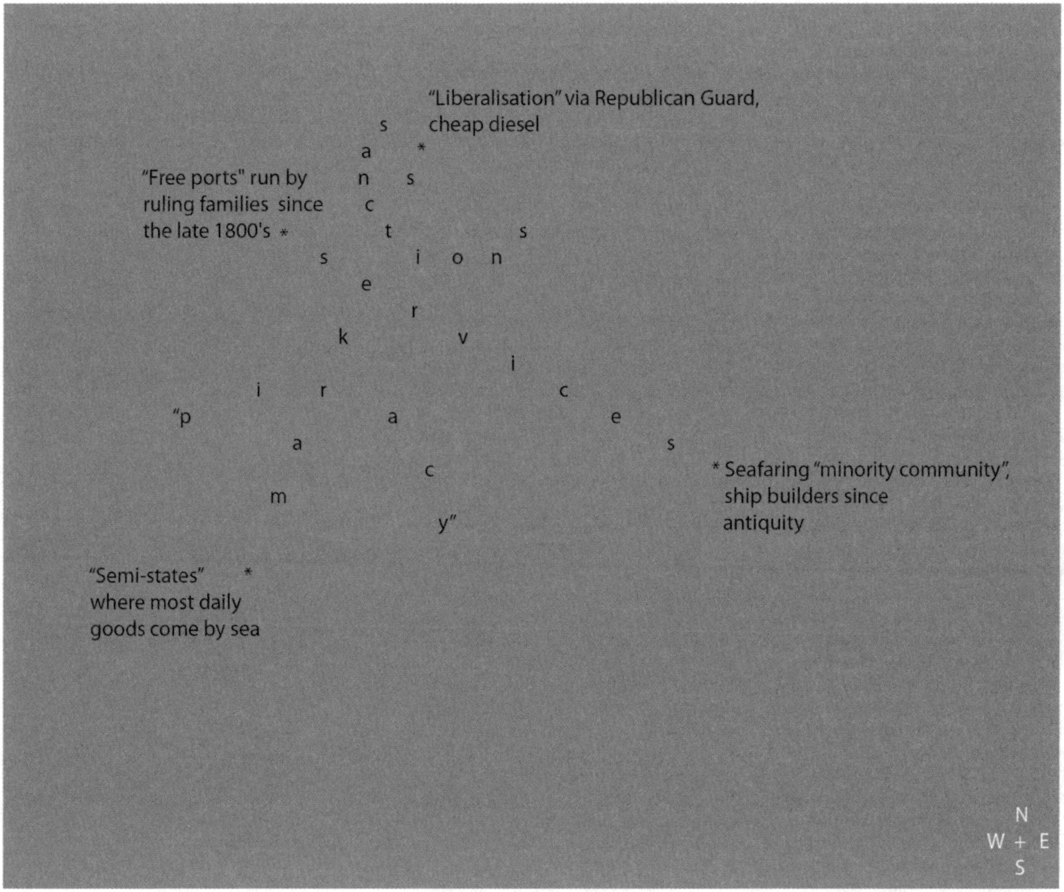
"Liberalisation" via Republican Guard,
s cheap diesel
a *
"Free ports" run by n s
ruling families since c
the late 1800's * t s
s i o n
e
r
k v
i
i r c
"p a e
a s
c * Seafaring "minority community",
m ship builders since
y" antiquity
"Semi-states" *
where most daily
goods come by sea
N
W + E
S

Attila Csörgő

geb. / b. 1965 in Budapest
lebt / lives in Budapest und / and
Warschau / Warsaw

Attila Csörgős Werk, das oft als verspielt philosophisch beschrieben wird, hält die Waage zwischen deutlich erkennbarer Manipulation und ergebnisoffener Forschung und bleibt dabei stets bewusst provisorisch. Die Arbeiten, denen meist umfangreiche Vorbereitungen und Experimente vorausgehen, drehen sich um Fragen aus Wissenschaft und Technik, das Verhältnis zwischen Ebene und dem Raum und verbinden Fotografie, plastisch-mechanische Konstruktion und Zeichnung. Csörgő baut mit einfachen Mitteln verschiedene Apparaturen und individuell gefertigte Kameras mit dem Ziel, die normale Wahrnehmung des Menschen durch die Schaffung und Erkundung neuer visueller Erfahrungen herauszufordern. Der Künstler, den simple Gesten wie das Schälen einer Frucht faszinieren, offenbart mit seinen Geräten und Fotografien auf unkonventionelle und oft poetische Weise die Komplexität sonst nicht wahrnehmbarer physikalischer Phänomene.

Seine Installationen, die auf ein funktionales Minimum reduziert sind und »einen starken Kontrast zwischen dem flüchtigen Gedanken und dem handfesten Material« setzen, veranschaulichen verschiedene mathematische (geometrische) Ideen und führen bekannte Probleme und gängige Vorstellungen in unerwarteter Form neu vor Augen. Seine kinetischen Konstruktionen, die auf den zeitlosen geometrischen Korrespondenzen zwischen den fünf platonischen Körpern beruhen (*Platonic Love*, 1997), wie auch seine Abwandlungen verschiedener räumlicher Formen (*Peeled City*, 2002) und die fotokinetische Visualisierung von Raum (*Orange Space*, 2004–2005) zielen darauf ab, unser Verständnis der physischen Welt zu verändern, und sei es auch nur vorübergehend.

Die »Quadratur des Kreises« war eines der drei Hauptprobleme der klassischen Geometrie; ihre Unlösbarkeit wurde 1882 bewiesen. Der Ausdruck ist noch heute eine Metapher für die Erfüllung einer logisch oder intuitiv unmöglichen Aufgabe. Csörgős Arbeit *Squaring the Circle* (2012) übersetzt diese Idee der Unmöglichkeit in eine kinetische Konstruktion, die verschiedene physikalische Phänomene kombiniert. Die Arbeit, die auf algebraischen Berechnungen und geometrischer Konstruktion beruht, verwandelt mittels eines eigens dafür geformten gewölbten Spiegels über einem Wasserbecken die konzentrischen Wellenkreise, die regelmäßig auftreffende Wassertropfen hervorrufen, in quadratische Formen. Die von einer Glühbirne beleuchtete Arbeit lässt den Betrachter die allmähliche Verwandlung des Bildes auf der Oberfläche beobachten: Die Kreisformen beginnen zu wachsen und werden langsam zu Quadraten. Nach einer Reihe ähnlicher Untersuchungen, die mit *Spiral Wave* (1993) beginnt und einen roten Faden in Csörgős Œuvre bildet, nimmt er in *Squaring the Circle* seine Untersuchungen zu Licht und Bewegung wieder auf und setzt sein hintergründiges Nachdenken über die Frage, wie unsere Sicht der Wirklichkeit aufgebaut ist, fort.

Often described as playfully philosophical, Attila Csörgő's works balance transparent engineering and open-ended investigation while retaining a deliberately makeshift character. Usually preceded by long-term preparation and experiments, they revolve around questions of science and technology, as well as the relationship between a plane and space, combining photography, sculptural-mechanical constructions, and drawing. Building diverse apparatuses and custom-made cameras by simple means, Csörgő aims to challenge ordinary human perception through the creation and exploration of new visual experiences. Intrigued by simple gestures like peeling a fruit, he reveals with his devices and photographs the complexity of otherwise imperceptible physical phenomena in an unconventional and often poetic manner.

Reduced to a functional minimum and creating "a strong contrast between transient thought and concrete material," his installations demonstrate diverse mathematical (geometric) ideas, reintroducing known problems and popular notions in unexpected ways. His kinetic constructions based on the timeless geometric correspondences between the five Platonic solids (*Platonic Love*, 1997), as well as his alterations of various spatial forms (*Peeled City*, 2002) and the photokinetic visualization of space (*Orange Space*, 2004–05), aim to alter, if temporarily, our comprehension of the physical world.

"Squaring the circle" was one of the three major problems of classical geometry, proved to be irresolvable in 1882. The expression has remained a metaphor for achieving something that is logically or intuitively impossible. Csörgő's work *Squaring the Circle* (2012) translates this idea of impossibility into a kinetic construction combining different physical phenomena. The piece, which involves algebraic calculations and geometric constructions, transforms the concentric ripples created by regular drops of water into quadratic shapes with the help of a uniquely shaped concave mirror placed above the water basin. Illuminated by a bulb, the work allows the viewer to observe the gradual transformation of the image on the surface, as the circular shapes begin to grow and slowly turn into squares. Following a strong line of similar explorations starting with *Spiral Wave* (1993), *Squaring the Circle* continues Csörgő's investigations into light and motion, adding to a profound meditation on how our vision of reality is constructed. LP

Konstruktionsstudie für / Construction study for *Squaring the Circle*, 2012
Bleistift auf Papier / Pencil on paper
30 × 22 cm

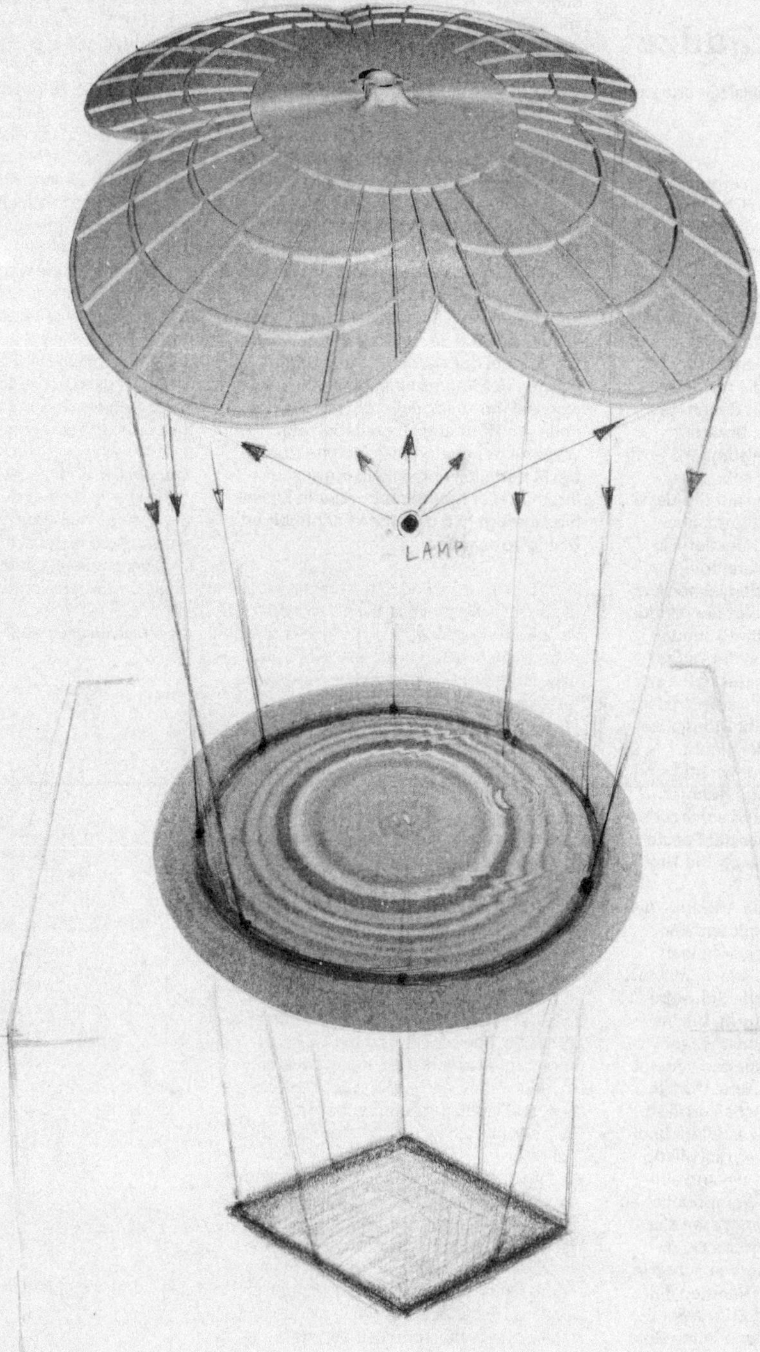
LAMP

Thea Djordjadze

geb. / b. 1971 in Tiflis / Tbilisi (Georgien / Georgia)
lebt / lives in Berlin

Thea Djordjadzes Arbeiten ergeben sich oft aus einem impulsiven Prozess. Auch wenn sie im Atelier deutlich konturierte Entwürfe entwickelt, bleibt deren materielle Verwirklichung offen und entfaltet sich ganz erst in dem architektonischen Raum, für den eine Arbeit geschaffen wird. Ihre Installationen sind lose Arrangements von Form, Oberfläche, Tiefe und Farbe; die rohen und einfachen Materialien, mit denen sie im Atelier arbeitet – Gips, Drahtnetz, Holz, Lehm, Papier, Metallstangen, Textilien und Teppiche –, sind schnell zu bearbeiten. Sie verweisen auf die klassischen Materialien der Skulptur, aber auch auf die Jugend der Künstlerin in Georgien, wo sie das Kunststudium in einem traditionellen akademischen System aufnahm. Ihr Werk zeigt den Einfluss der minimalistischen Ästhetik moderner Architektur, aber auch der Dinge des häuslichen Alltags in Georgien, wo Teppiche allgegenwärtig waren. In der Kunst wie im Leben spricht Djordjadze mehr als eine Sprache. Sie glaubt, dass Gesten nicht weniger wichtig sind als Ausdruck, zieht strenge Nüchternheit der Redundanz vor und schätzt den Reichtum in der Kürze, der der Poesie eigen ist; ihr entnimmt sie oft die Titel ihrer Werke.

Djordjadzes skulpturale Arbeiten, die das Konzept der Instabilität und Zerbrechlichkeit vorstellen, erscheinen mal elegant und minimalistisch, mal roh und amorph, seltsam in der Schwebe zwischen Form und Antiform. Die Verbindung harter Materialien und weicher gestischer Bearbeitungen verleiht ihnen eine gewisse haptische Qualität, die den Betrachter versucht sein lässt, sie zu berühren oder umzustellen. Doch ihre Anordnung folgt einem sorgfältig choreografierten Rhythmus, und eine Umgestaltung würde ihre empfindlichen Oberflächen beschädigen. Verletzlichkeit als eine charakteristische Qualität von Djordjadzes Praxis war schon in ihren frühen Arbeiten im Rahmen des Kollektivs hobbypopMUSEUM erkennbar. In der Londoner Galerie Vilma Gold posierte sie auf einem Bett und hielt dabei ein Schild mit den Worten »Ich habe keine Kraft für London« hoch. *Deaf and Dumb Universe* (2008), ihre von der Kritik gefeierte Installation für die 5. Berlin Biennale für zeitgenössische Kunst, war ein großzügig angelegtes verspieltes Arrangement kleinformatiger filigraner Objekte irgendwo zwischen den frühen Plastiken Giacomettis und einem avantgardistischen Puppenhaus – eine entwaffnende Geste in der kraftvoll-modernen Architektur von Mies van der Rohes Neuer Nationalgalerie, deren Glasfassade sie teilweise milchig-weiß anstrich.

Für die dOCUMENTA (13) arbeitet Djordjadze erneut in einem Glashaus. Diesmal handelt es sich nicht um ein ikonisches Gebäude der Moderne, sondern um ein Gewächshaus der Gartenpfleger in der Karlsaue. In mehrwöchiger Arbeit vor Ort, bei der sie sich auf die Bedingungen des Raums einließ, um ihre Antwort auf ihn zu formulieren, hat sie eine neue großformatige Installation aus vorgefundenen und plastisch bearbeiteten Materialien entwickelt, die sie aus ihrem Atelier mitgebracht oder in Kassel hinzugefügt hat, um einen nachhaltigen Dialog zu schaffen.

Thea Djordjadze's work often emerges out of an impulsive process. Even if she develops strong concepts in the studio, their material manifestation remains open and fully unfolds only in the architectural space for which it is created. Her installations are loose compositions of form, texture, depth, and color; the materials with which she works in the studio are raw, basic, and fast to handle: plaster, wire mesh, wood, clay, paper, metal rods, fabrics, and carpets. These refer to the classical materials of sculpture but also to her upbringing in Georgia, where she began to study art within an old-fashioned, academic system. Her work is influenced by the minimal aesthetics of modern architecture but also by the things of Georgian domestic life, in which carpets were ubiquitous. In art as in life, Djordjadze speaks more than one language. She considers the gestural as important as articulation, prefers austerity to redundancy, and appreciates the richness that lies in the compactness of poetry, a field from which she often selects her titles.

Introducing concepts of instability and fragility, her sculptural works appear at times elegant and minimalistic, at times rough and amorphous, strangely situated between form and anti-form. With their combination of hard materials and soft gestural renderings, they have a certain tactile quality that tempts thoughts of touching or rearranging them. But their placement follows a carefully choreographed rhythm, and rearrangement would damage their fragile surfaces. Vulnerability as a characteristic of Djordjadze's practice was already evident in her early works with the collective hobbypop-MUSEUM. In the Vilma Gold gallery in London she posed on a bed, holding up a sign saying "Ich habe keine Kraft für London" (I have no energy for London). *Deaf and Dumb Universe* (2008), her much-acclaimed installation made for the 5th Berlin Biennial for Contemporary Art, was a playful, generously spaced arrangement of small-scale, filigreed objects, somewhere between an early Giacometti sculpture and an avant-garde doll house—a disarming gesture within the heavily modern architecture of Mies van der Rohe's Neue Nationalgalerie, whose glass facade she partially rendered milky white.

For dOCUMENTA (13), Djordjadze works again in a glass house. Here it is not an icon of modernism, but a greenhouse in the gardener's compound in the Karlsaue park. Working on-site for several weeks to assimilate and react to the conditions of the space, she has developed a new large-scale installation composed of found and sculpted material that she has brought from her studio or added in Kassel, creating an ongoing dialogue. ES

***Ohne Titel / Untitled*, 2012**

Sam Durant

geb. / b. 1961 in Seattle
lebt / lives in Los Angeles

Im Mittelpunkt von Sam Durants Arbeit steht seit der Mitte der 1990er Jahre die amerikanische Geschichte – ihre Denkmäler, Nationalmythen und Abgründe wie ihre diversen Gegenkulturen und Protestbewegungen –, ein Thema, das der Künstler in Plastiken, Zeichnungen, Klangarbeiten und Mixed-Media-Installationen erkundet. Er setzt wichtige historische Ereignisse der jüngeren und ferneren Vergangenheit über die Popkultur, Kunst und Architektur des 20. Jahrhunderts zueinander in mannigfaltige Beziehung, um ihre gesellschaftspolitischen Dimensionen und ihre aktuelle kulturelle und politische Bedeutung zu analysieren. In seinen Arbeiten, die zumeist in großangelegten Serien entstehen, hat er sich Schlüsselmomenten wie den Kämpfen zwischen amerikanischen Ureinwohnern und europäischen Siedlern, der amerikanischen Bürgerrechtsbewegung, der Black Panther Party oder der Studentenrevolte von 1968 gewidmet.

Die Installation *Upside Down: Pastoral Scene* (2002) besteht aus zwölf kopfüber auf Spiegel gestellten Baumstümpfen und einer Tonspur. Während Bäume wie Spiegel unmittelbar auf Robert Smithson verweisen – Durants Interesse an diesem Künstler ist schon früh in seinem Werk erkennbar –, bietet der Soundtrack, der aus in die Baumstümpfe eingelassenen Lautsprechern zu hören ist, eine Auswahl von Titeln afroamerikanischer Interpreten aus verschiedenen Gattungen, darunter Jazz, Blues, Hip-Hop, klassische Musik, Punk und Reggae. Songs wie Billie Holidays »Strange Fruit«, John Lee Hookers »Blues for Abraham Lincoln« und »Fear of a Black Planet« von Public Enemy thematisieren ausdrücklich politische und gesellschaftliche Fragen und beziehen sich mehr oder minder direkt auf die amerikanischen Rassenkonflikte. In der Montage bilden sie eine Klanglandschaft, die eine vieldeutige Schilderung der amerikanischen Geschichte entlang zahlreichen Achsen entfaltet und die Wurzeln dieser Geschichte – die hier als Zweige erscheinen – in der »schwarzen« Kultur offenbart. Die umgestürzten Bäume wecken darüber hinaus vielfältige Assoziationen, vom Familienstammbaum über den Baum der Erkenntnis bis hin zu den Bäumen, die bei Lynchmorden als Galgen dienten.

In einer noch unabgeschlossenen Werkgruppe aus Plastiken, Grafitzeichnungen und Publikationen setzt Durant sich mit der Todesstrafe in den Vereinigten Staaten auseinander. Maßstabsgetreue Modelle historisch bedeutsamer Hinrichtungsstätten – beispielsweise der Galgen von Saddam Hussein und von den 1886 wegen der Bombe am Haymarket Square in Chicago Verurteilten – entwickeln sich zu Baueinheiten, für die Modelle verschiedener Galgen der letzten Jahrhunderte chronologisch auf- und ineinandergeschichtet sind (*Gallows Composite A–E*, 2008–2009). Für die dOCUMENTA (13) wird eine dieser Konstruktionen aus ineinander verschachtelten Galgen in ein öffentliches Kunstwerk verwandelt und an zentraler Stelle in der Karlsaue aufgebaut. Die Besucher sind eingeladen, auf das Gerüst zu klettern und es auf verschiedene Weise zu nutzen, um so den ursprünglichen Zweck der einzelnen Bauelemente zu entdecken. Was auf den ersten Blick wie ein Spielplatz oder eine Sitzgelegenheit für Picknicks aussieht, ist in Wahrheit ein beißendes Anti-Denkmal, das auf die Todesstrafe in Geschichte und Gegenwart aufmerksam machen will.

The focal point of Sam Durant's work since the mid-1990s has been American history—its monuments, national myths, and abysses, as well as various countercultural manifestations and protest movements—which he explores through sculptures, drawings, sound and mixed-media installations. By weaving relationships between the defining historical events of the recent and distant past via pop culture and twentieth-century art and architecture, he examines their sociopolitical dimensions and implications in relation to contemporary culture and politics. Mostly working in large series, he has focused on such pivotal moments as the struggle between Native Americans and European settlers, the American civil rights movement, the Black Panther Party, and the 1968 student riots.

The installation *Upside Down: Pastoral Scene* (2002) comprises twelve upended tree stumps placed on mirrors and a soundtrack. While the trees and the mirrors are both direct references to Robert Smithson—an early interest in Durant's work—the soundtrack, coming from speakers embedded in the trees, features a selection of songs by African-American artists across genres that include jazz, blues, hip-hop, classical, punk, and reggae. Ranging from Billie Holiday's "Strange Fruit" to John Lee Hooker's "Blues for Abraham Lincoln" and Public Enemy's "Fear of a Black Planet," they contain explicit political or social content, referring more or less directly to the subject of race in America. Montaged together, they create a sonic landscape forming a polyvalent and multiaxial narrative of U.S. history, exposing its cultural roots—suggesting branches—in "black" culture. The inverted trees furthermore imply multiple associations, from the family tree to the tree of knowledge to the trees of lynching.

In an ongoing body of work consisting of sculptures, graphite drawings, and publications, Durant engages with the issue of the death penalty in the United States. Scale models of historically significant gallows, ranging from the Haymarket Gallows to Saddam Hussein's scaffold, develop into units constructed from models of various gallows through the ages that have been chronologically stacked on top of and within one another (*Gallows Composite A–E*, 2008–09). For dOCUMENTA (13), one of these constructions of entangled gallows has been turned into a public artwork, installed in a central spot in the Karlsaue park. People are invited to climb on the structure and use it for various activities, and by doing so to discover the original purpose of the individual construction elements. What at first sight appears to be a playground or picnic place is in fact a caustic anti-monument to the continuing history of execution. ES

***Scaffold*, 2012**
Digitale Visualisierungen von der Arbeit in der Karlsaue / Digital renderings of the artwork in the Karlsaue park

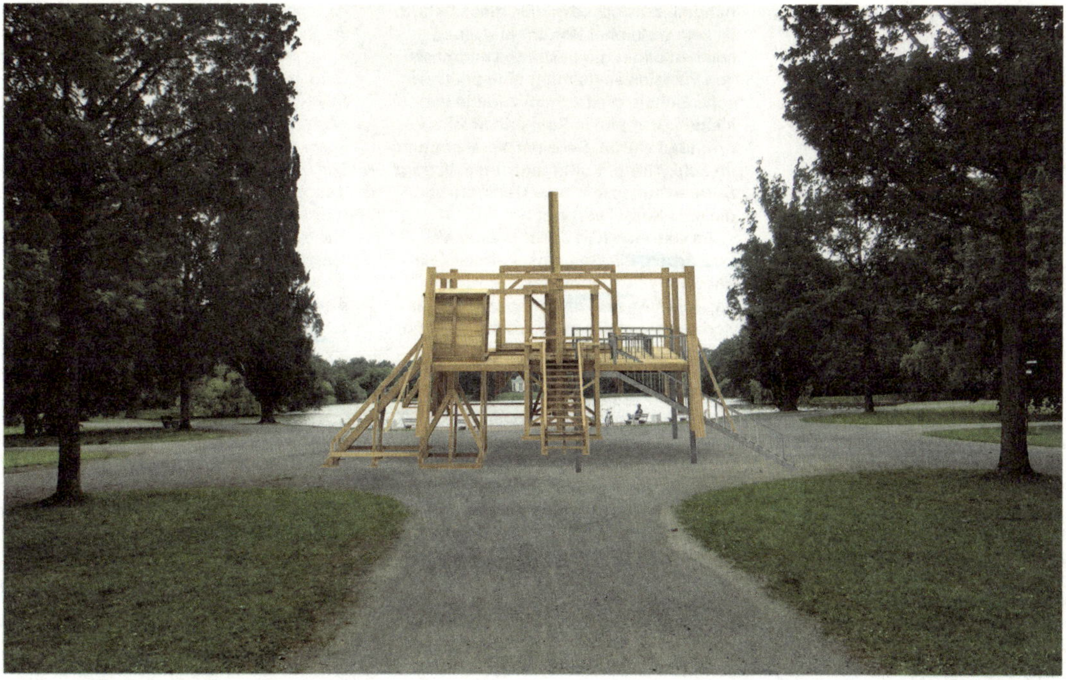

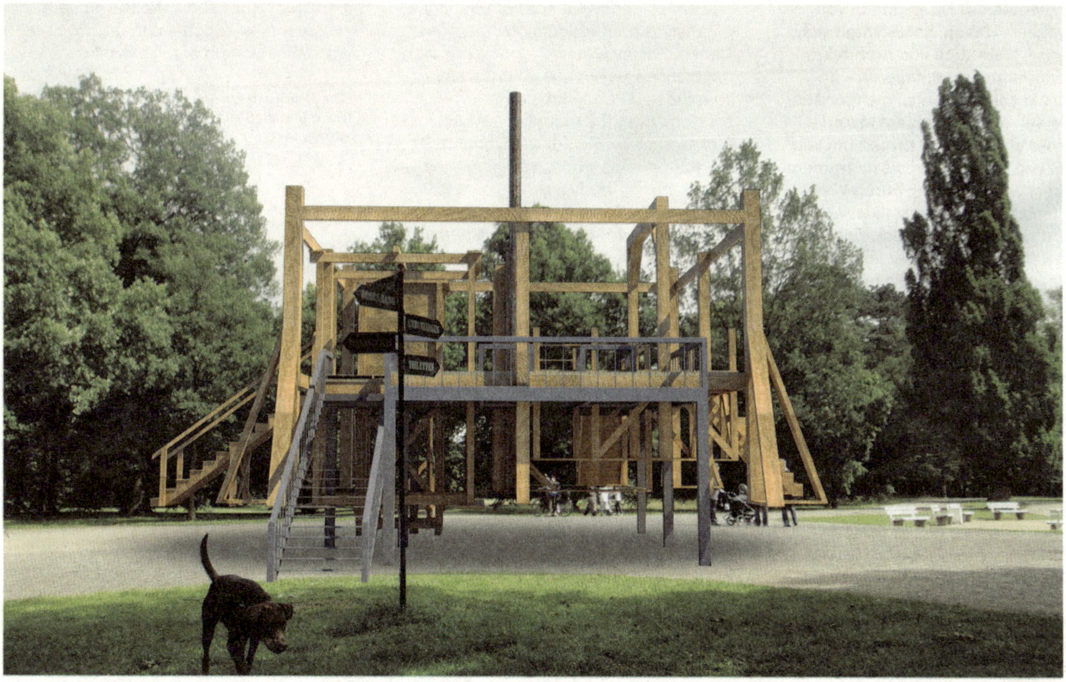
TOILETTEN

Jimmie Durham

geb. / b. 1940 in Washington (Arkansas)
lebt / lives in Berlin und / and Rom / Rome

Für die 1992 abgehaltene DOCUMENTA IX ordnete Jimmie Durham zwei Sandsteine, die zwei Hälften eines Blocks, auf den Stufen der Kasseler Gustav-Mahler-Treppe an, dazu zwei Tafeln. Auf der einen stand: »This is a stone from the Red Palace« (Dies ist ein Stein vom Roten Palast); auf der anderen: »This is a stone from the mountain« (Dies ist ein Stein vom Berg). Welcher Rote Palast und welcher Berg?, mochte man sich fragen. Aber vielleicht ist das egal – die Zwillingssteine stehen für ein einfaches Paradoxon: die Kluft zwischen Natur und Kultur. Der bildende und Performance-Künstler, Schriftsteller, Dichter und Aktivist Jimmie Durham war seit den frühen 1960er Jahren in der amerikanischen Bürgerrechtsbewegung politisch aktiv. In den 1970er Jahren engagierte er sich im American Indian Movement, das er bei den Vereinten Nationen vertrat.

1987 verließ Durham die USA und ließ sich schließlich 1994 in Europa nieder. Seither stehen Erzählungen von der »Nation« – davon, wie Staaten sich durch ihren Gebrauch von Architektur und Monumentalität definieren – im Mittelpunkt seines Werks. In enger Auseinandersetzung mit seinem Material verwendet er Stein, das Urmedium von Skulptur wie Architektur, als Instrument plastischer Schöpfungen durch Werfen, Fallenlassen und Versenken – Handlungen, die sich als Ausdruck einer kritischen Haltung gegenüber jenen zwei Disziplinen lesen lassen, die häufig religiöse Überzeugung oder politische Macht repräsentieren. In Durhams Arbeiten, die nicht etwa Zynismus, sondern im Gegenteil eine »ethische Ironie« artikulieren, durchdringen Steine Kühlschränke (*Stoning the Refrigerator*, 1996), Häuser (*Nature Morte with Stone and House*, 2007), Autos (*Still Life and Xitle*, 2007) und Flugzeuge (*Encore Tranquillité*, 2008).

In seinem Beitrag für die dOCUMENTA (13) mit dem Titel *The History of Europe* (2011) verwendet Durham eine Kugel aus dem Zweiten Weltkrieg, die nie abgefeuert wurde, weil Säure über sie verschüttet worden war, sowie ein kleines prähistorisches Steinwerkzeug, um seine Version der Geschichte Europas zu veranschaulichen; dazu kommt ein knapper Aufsatz, der die letzten drei Jahrhunderte als eher unwichtige Periode im Schnelldurchgang abhandelt. Europa, so erklärt diese Schrift, ist kein wirklicher Kontinent – einen solchen bildet die gesamte Landmasse von Eurasien –, vielmehr eine politische Einheit, die Durham zufolge von kleinen Gruppen in Rom und Moskau erfunden wurde. Bei einer Veranstaltung im Schlachthof Kulturzentrum e. V. trägt Durham außerdem zwei Gedichte vor, die er in Kassel verfasst hat.

Im Oktober 2011 schuf er eine weitere Arbeit, ein Gemeinschaftsprojekt mit Carolyn Christov-Bakargiev. Sie hatte den Anstoß dazu gegeben, einen Korbiniansapfelbaum zu pflanzen – zum Gedenken an Korbinian Aigner, einen bayerischen Pfarrer und Gärtner, der 1941 in das Konzentrationslager Dachau deportiert wurde und dort vier neue Apfelsorten züchtete, die er KZ-1, -2, -3 und -4 nannte. Dies rief Durham einen seltenen und beinahe unbekannten Baum aus seiner Kindheit ins Gedächtnis, den Arkansas Black Apple. Er und Christov-Bakargiev pflanzten die zwei Bäume in einem Teil der Karlsaue, der einmal der Obstgarten war, wo sie nach dem Ende der Ausstellung weiterwachsen werden.

For DOCUMENTA IX, in 1992, Jimmie Durham placed two pieces of sandstone (two halves of one block) on the steps of Kassel's Gustav-Mahler-Treppe along with two plaques. One reads "This is a stone from the Red Palace"; the other, "This is a stone from the mountain." Which Red Palace and which mountain?, one might ask. But perhaps it doesn't matter—the twin stones embody a simple paradox: the separation of nature and culture. A visual and performance artist, writer, poet, and activist, Durham has been politically active in the U.S. civil rights movement since the early 1960s. In the 1970s he was active in the American Indian Movement, which he represented at the United Nations.

Durham left the U.S. in 1987, arriving in Europe in 1994. Since then his work has concentrated on the narratives of "nation"—states defined through their use of architecture and monumentality. Maintaining a strong relationship with his material, he uses stone—the primeval medium of both sculpture and architecture—as a sculpting tool through throwing, dropping, and sinking: actions that can be read as critical stances on those two disciplines, which often enforce religious belief or political power. In Durham's work, which employs an "ethical irony," as opposed to cynicism, stones penetrate refrigerators (*Stoning the Refrigerator*, 1996), houses (*Nature Morte with Stone and House*, 2007), cars (*Still Life and Xitle*, 2007), and airplanes (*Encore Tranquillité*, 2008).

In his contribution to dOCUMENTA (13), Durham has used a bullet from World War II that was never fired because acid had been spilled onto it, and a small prehistoric stone tool, to illustrate his version of *The History of Europe* (2011), along with a succinct text that skims over the past three centuries as relatively unimportant. The text explains that Europe is not really a continent, the continent being the complete landmass of Eurasia, but instead a political entity invented, in Durham's terms, by small groups of people in Rome and Moscow. Durham also reads two poems, written in Kassel, at an event held in the Schlachthof Kulturzentrum e. V.

In October 2011, Durham made another work, a collaboration with Carolyn Christov-Bakargiev. Her idea to commemorate Korbinian Aigner—a Bavarian priest and gardener who was deported to Dachau concentration camp in 1941, where he grew four new sorts of apples, which he named KZ-1, -2, -3, and -4—by planting a Korbinian Apple tree reminded Durham of a rare and almost unknown tree of his childhood, the Arkansas black apple. He and Christov-Bakargiev planted the two trees in a part of the Karlsaue park that once used to be the orchard, where they will continue to grow well beyond the duration of the exhibition. ES

***The History of Europe*, 2011 (Detail / detail)**
Holz, Metall, Stein, Text / Wood, metal, stone, text

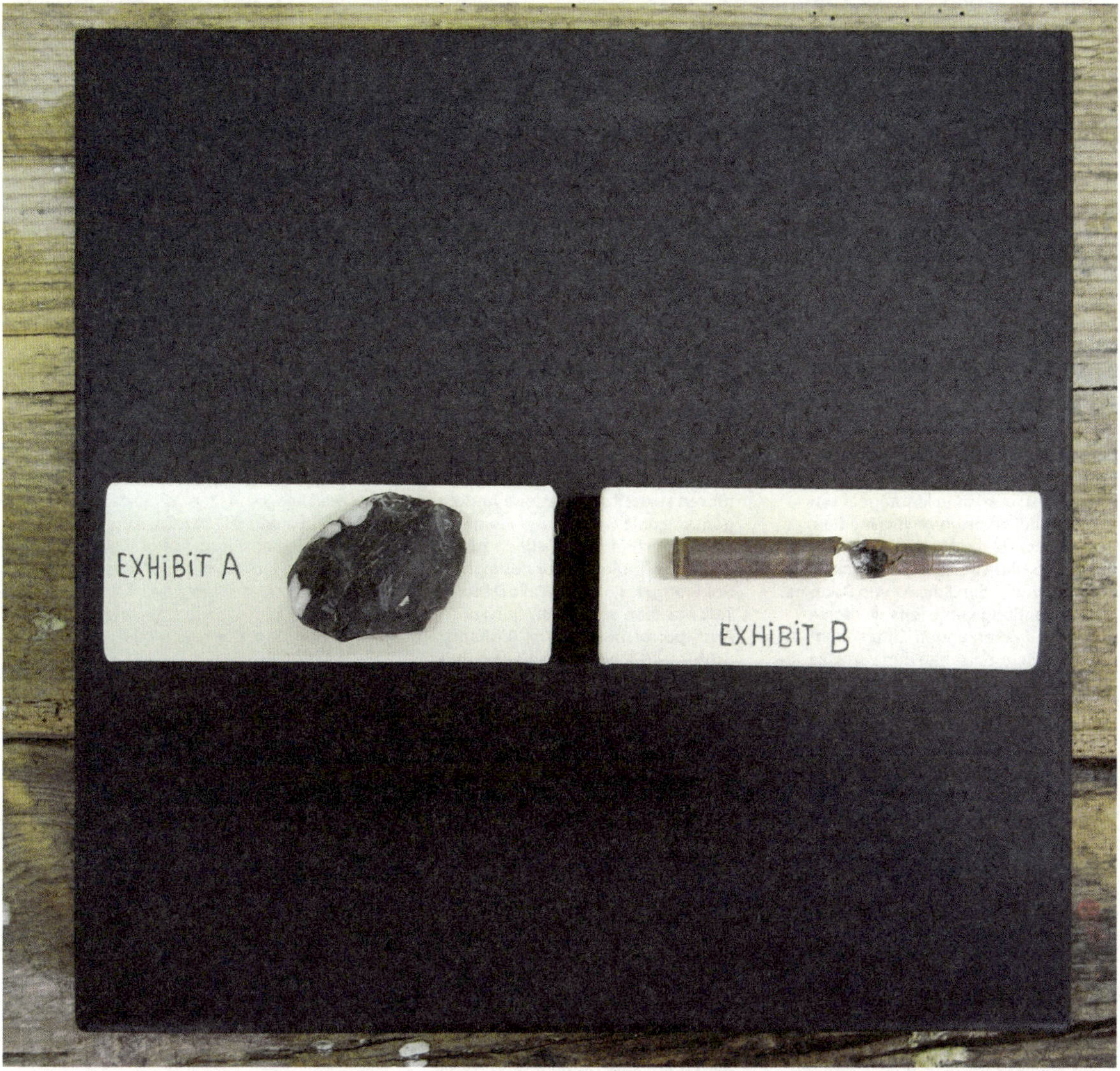
EXHIBIT A
EXHIBIT B

Omer Fast

geb. / b. 1972 in Jerusalem
lebt / lives in Berlin

In seinen Videoinstallationen untersucht Omer Fast die Dialektik zwischen Fakt und Fiktion im Film. Indem er die Logik linearer Narration untergräbt, analysiert er, wie Geschichten konstruiert und erzählt werden, und beobachtet, welchen Verwandlungsprozessen sie unterworfen sind, wenn sie weiter- und nacherzählt werden. Wie in Akira Kurosawas Filmklassiker *Rashomon* (1950) wird ein und dieselbe Geschichte durch eine Vielfalt von Stimmen interpretiert – dazu kommt eine in jeder Hinsicht exzentrische Montage. Fasts Arbeiten dekonstruieren das Medium Film, indem sie die Manipulationen, auf denen die Filme beruhen, aufdecken – die Besetzung, den Einsatz von Doubles, die Verwendung von Loops, Verschiebungen, Übersetzungen, Untertiteln –, und wechseln zwischen den verschiedenen Ebenen von Dokumentation und Fiktion, von Reportage und Nachstellung, von Augenzeugenbericht und Schauspiel hin und her. In der Zweikanal-Installation *Spielberg's List* (2003) befragt er die Komparsen in Steven Spielbergs Holocaust-Drama *Schindlers Liste* (1993) und stellt dessen Produktionsprozesse infrage. So schafft er eine vielschichtige Kreuzung zwischen fiktionalisierter Erinnerung und erinnerter Fiktion, in der die Gattungen und Wirklichkeiten ineinander verschwimmen und schließlich zusammenfallen.

Fast entwickelt seine Strategie eines Medien-*détournement* in Arbeiten wie *The Casting* (2007) und *Five Thousand Feet Is the Best* (2011) weiter, die um die persönlichen Berichte junger Soldaten in den Kriegen der jüngeren Vergangenheit herum aufgebaut sind. Der letztere Film beruht auf einem in Las Vegas geführten Interview mit einem »Piloten«, der eine unbemannte Predator-Drohne über Afghanistan steuerte. Fast stellt das Interview mit zwei Schauspielern in mehreren identischen Einstellungen nach. Ihre Aussagen werden mehrfach durch Exkurse zu Verbrechen, die in »Sin City« begangen werden, unterbrochen sowie durch die Stimme des wirklichen Interviewpartners, der die technischen Aspekte seiner Arbeit und die psychischen Folgen der Teilnahme an einem »virtuellen« Krieg schildert.

***Continuity* (2012), Fasts Beitrag zur dOCUMENTA (13), beruht auf einem fiktiven Drehbuch, in dem es um Verlust und die Macht des Verlangens geht. Ein deutsches Ehepaar mittleren Alters heuert junge Callboys an, die ihren Sohn spielen sollen, der als Soldat in Afghanistan getötet wurde. Wie bei allen Arbeiten von Fast verläuft auch diese Geschichte alles andere als geradlinig. Einen ersten Knacks bekommt die Illusion gleich zu Anfang, als der heimkehrende »Sohn« die Eltern, die zum Bahnhof gekommen sind, um ihn willkommen zu heißen, bittet, die Szene noch einmal zu spielen. Vater und Mutter stellen dieses Treffen wiederholt mit verschiedenen Bewerbern nach und bringen jedes Mal aufs Neue ihre Trauer und ihre Freude zum Ausdruck. Im weiteren Verlauf der Handlung führen sexuell aufgeladene Andeutungen, surreale Szenen und Elemente aus Horrorfilmen schließlich zu einem gefilmten Tableau toter deutscher Soldaten, das an Jeff Walls Dead *Troops Talk (A vision after an ambush of a Red Army patrol, near Moqor, Afghanistan, winter 1986)*, eine Arbeit aus dem Jahr 1992, angelehnt ist.**

In his video installations, Omer Fast examines the dialectics between fact and fiction in film. Undermining the logic of linear narrative, he studies the way in which stories are constructed and told, and the transformation processes to which they are subjected when passed along and retold. As in Akira Kurosawa's classic film *Rashomon* (1950), one story is interpreted through a multitude of voices—plus all means of off-kilter editing. Deconstructing film by exposing its inherent manipulations—casting, doubling, looping, displacing, translating, subtitling—Fast's works shift between various levels of documentation and fiction, reportage and reenactment, eyewitnessing and acting. In the double-channel installation *Spielberg's List* (2003), he interrogates both the extras and the production processes of Steven Spielberg's Holocaust drama *Schindler's List* (1993), creating a multilayered crossover of fictionalized memory and memorized fiction in which genres and realities are blurred and conflated.

Fast further has developed his strategy of media *détournement* in works like *The Casting* (2007) and *Five Thousand Feet Is the Best* (2011), which are constructed around personal testimonies of young soldiers in recent wars. The latter work is based on an interview in Las Vegas with a Predator-drone operator who "flew" an unmanned plane in Afghanistan. Fast restages the interview using two actors in several identical takes. Their statements are repeatedly interrupted by digressions into scenes of crimes committed in "Sin City," as well as the voice of the real interviewee, who describes the technical aspects of his work and the psychological repercussions of participating in "virtual" warfare.

Continuity (2012) for dOCUMENTA (13) is based on a fictional script that concerns loss and craving. A middle-aged German couple hire young male escorts to impersonate their soldier son, killed in Afghanistan. As with all of Fast's works, this is not a straight story. The first moment of disillusionment occurs right at the beginning, when the returning "son" asks the parents, who greet him at the train station, to repeat the scene. The couple reenact the meeting with several different candidates, repeatedly restaging their grief and joy. As the plot expands, sexually charged intimations, surreal scenes, and elements from horror movies end with a filmed tableau of dead German soldiers based on Jeff Wall's work of 1992, *Dead Troops Talk (A vision after an ambush of a Red Army patrol, near Moqor, Afghanistan, winter 1986)*. ES

***Continuity*, 2012**
Fotocollage aus vorgefundenem Material / Photo collage from found material
Studie für einen 1-Kanal-Digitalfilm, HD, Farbe, Ton / Study for a single-channel digital film, HD, color, sound
40 min.

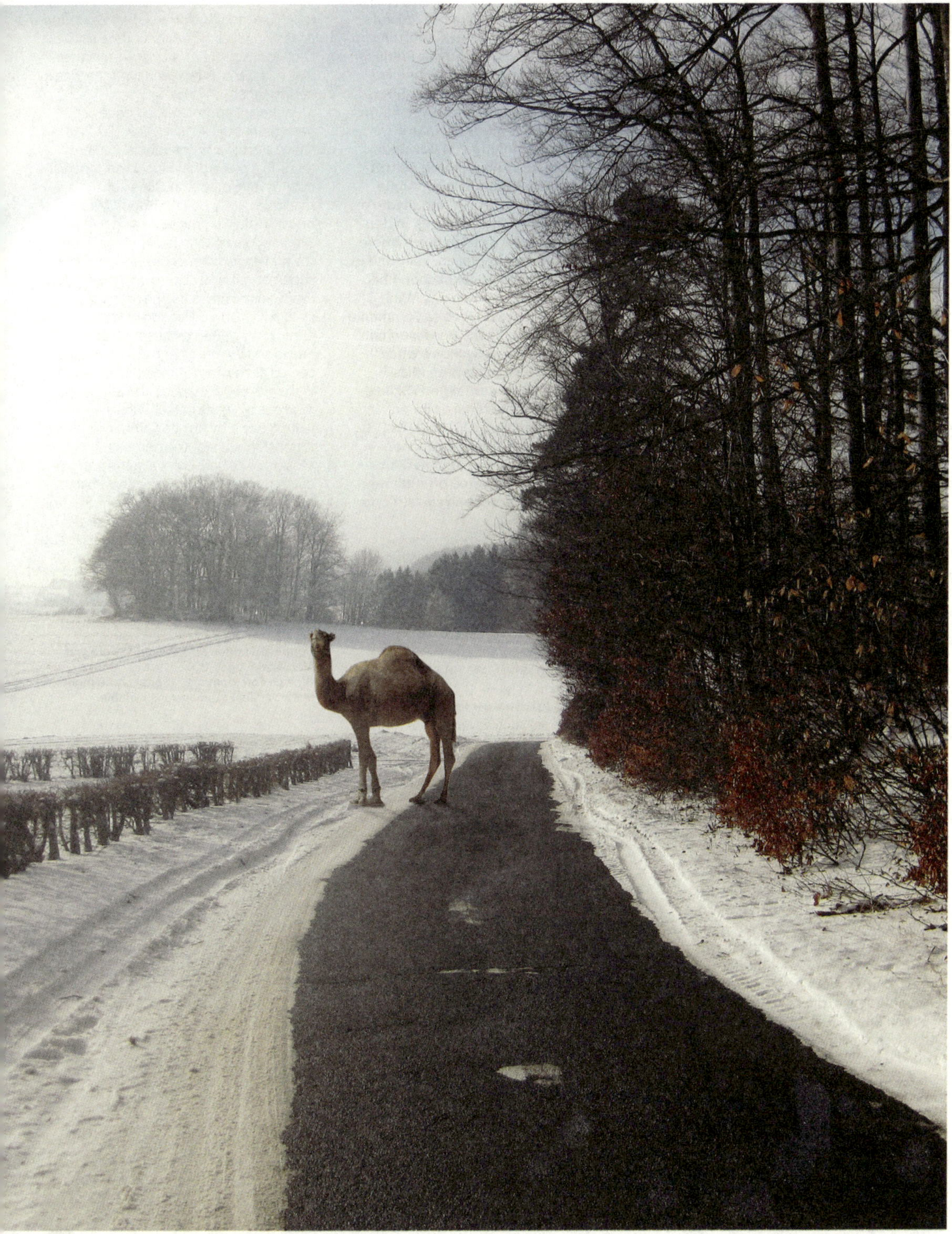

Chiara Fumai

geb. / b. 1978 in Rom / Rome
lebt / lives in Mailand / Milan

Chiara Fumais Werk stellt sich als eine Reihe fortlaufender Szenarien dar. Aus Anlass ihrer ersten Ausstellung 2008 präsentierte sie eine knappe fiktive Retrospektive ihres Vaters, den sie als »den enigmatischen Sänger und Musiker Nico Fumai« beschrieb, einen Star der Discomusik im Italien der 1980er Jahre. So legte sie die Mechanismen bloß, mittels deren das Privatfernsehen der Gegenwart seine Fiktionen aufbaut und bei denen Discomusik eine Hauptrolle spielt. 2009 erschien *The Girl with the Blanket*, ein Buch darüber, wie sie nach 31 Tagen Gefangenschaft aus einem niederländischen Gefängnis entkommen war, als Teil eines Kunstprojekts. 2010 gründete sie die S.I.S., eine esoterische Schule, die sich den Werken des Künstlers Jack Smith widmet.

Fumais neues performancebasiertes Projekt für die dOCUMENTA (13) ist ein »Moralisches Ausstellungshaus«, zu dem sie von pseudowissenschaftlichen Jahrmarktsattraktionen aus dem 19. Jahrhundert angeregt wurde. Die Arbeit verknüpft Verweise auf Hegels Dialektik, die Geschichte des modernen Spiritismus und Okkultismus, William Blakes Illustrationen zum Buch Hiob und die theosophische Interpretation des Luzifer-Mythos mit den Neudefinitionen von »WIR« und »ICH«, die Rivolta Femminile, eine 1970 in Rom gegründete radikalfeministische Gruppe, vorgenommen hat. Auf diese Weise verwickelt Fumai den Betrachter aktiv in eine zeitlose Dimension und gibt so eine feministische Antwort auf das Hexenhaus der Brüder Grimm, die in Kassel lebten. In zwei für sich bestehenden und doch miteinander verbundenen Räumen lenkt Fumai die Aufmerksamkeit auf zwei Frauen, die im 19. Jahrhundert zu P. T. Barnums American Museum gehörten: Annie Jones, die berühmteste Bärtige Frau des viktorianischen Zeitalters, und die ehemalige Sklavin Zalumma Agra, die als »Stern des Ostens« bekannt war. Jeder Raum enthält eine Installation, die zugleich als Bühnenbild für eine wöchentliche Performance dient.

Im ersten Raum werden die Zuschauer Zeugen von *Shut Up. Actually, Talk* (2012), der Unterwanderung eines philosophischen Kabinetts durch einen Akt »politischer Bauchrednerei« in drei Aufzügen auf der Grundlage von Carla Lonzis Manifest »Wir pfeifen auf Hegel« (1970) und anderer Schriften von Rivolta Femminile. Obwohl das Publikum einem Protestspektakel beiwohnt, ist die Erfahrung doch wundersam, übernatürlich und absurd. Im zweiten Raum zeigt Fumai *The Prodigy of Nature* (2010), eine Sammlung von Bewunderungsbriefen, die Künstler und Schriftsteller des 21. Jahrhunderts an Annie Jones richteten; die Künstlerin diente als Medium bei ihrer Übermittlung. In den Live-Performances werden diese Briefe von Jones selbst vorgelesen, während in dem der Modernen Dialektischen Philosophie gewidmeten Raum das Manifest »Ich sage Ich« von Rivolta Femminile (1977) in die dämonische Besessenheit der Zalumma Agra verwandelt wird. Indem sie diese sogenannten Missgeburten aus ihrer vormaligen »Sklaverei« befreit, erlaubt Fumai es ihnen, für die Eröffnung der dOCUMENTA (13) das Fridericianum als symbolischen Ort in Besitz zu nehmen, und verleiht ihnen zum ersten Mal eine öffentliche Stimme. Diesmal sprechen sie laut und vernehmlich.

Chiara Fumai's work proposes itself as a series of ongoing scenarios. On the occasion of her first exhibition in 2008, she presented a short fictional retrospective of her father, whom she described as "the enigmatic singer-songwriter Nico Fumai," a star of disco in 1980s Italy. In this way, she revealed the fictionalizing mechanisms of commercial television at the time, in which disco music played a key role. In 2009, she published *The Girl with the Blanket*, a book about her escape from a Dutch prison after thirty-one days of incarceration as part of an art project. In 2010, she founded the S.I.S., an esoteric school dedicated to the works of the artist Jack Smith.

Fumai's new performance-based project for dOCUMENTA (13) is a "Moral Exhibition House" inspired by nineteenth-century pseudoscientific fairground spectacles. Articulating references to the Hegelian dialectic, the story of modern spiritism and occultism, William Blake's illustrations for the Book of Job, and the theosophical interpretation of the Lucifer myth, as well as the redefinitions of "WE" and "I" made by Rivolta Femminile, a radical feminist group founded in Rome in 1970, Fumai actively implicates the viewer in an atemporal dimension, providing a feminist answer to the witch's house of the Kassel-based Grimm brothers. In a pair of autonomous but connected rooms, Fumai focuses on two women who belonged to P. T. Barnum's nineteenth-century American Museum: Annie Jones, the most famous bearded lady of the Victorian era, and the former slave Zalumma Agra, known as "The Star of the East." Each room contains an installation that also functions as the scenario for a weekly performance.

In the first room, the audience witnesses *Shut Up. Actually, Talk* (2012), the subversion of a philosophical cabinet through a piece of "political ventriloquism" in three acts based on Carla Lonzi's manifesto "Let's Spit on Hegel" (1970) and other Rivolta Femminile writings. Although witnessing a spectacle of protest, what the audience experiences is miraculous, supernatural, and absurd. In the second room, Fumai presents *The Prodigy of Nature* (2010), a collection of letters of admiration written by twenty-first century artists and writers to Annie Jones; the artist served as medium in their transmission. In the live performances, the letters are read out by Jones herself, while the manifesto "I Say I" by Rivolta Femminile (1977) is transformed into the demonic possession of Zalumma Agra in the room dedicated to the Modern Dialectical Philosophy. Liberating these so-called freaks from their past "slavery," for the opening act of dOCUMENTA (13) Fumai enables them to occupy the symbolic venue of the Fridericianum and gives them a public voice for the first time. This time, they will speak loudly. AV

***Double portrait of Miss Zalumma Agra and Mrs. Annie Jones*, 2012**
Digitale Fotomontage / Digital photo montage
Maße variabel / Dimensions variable

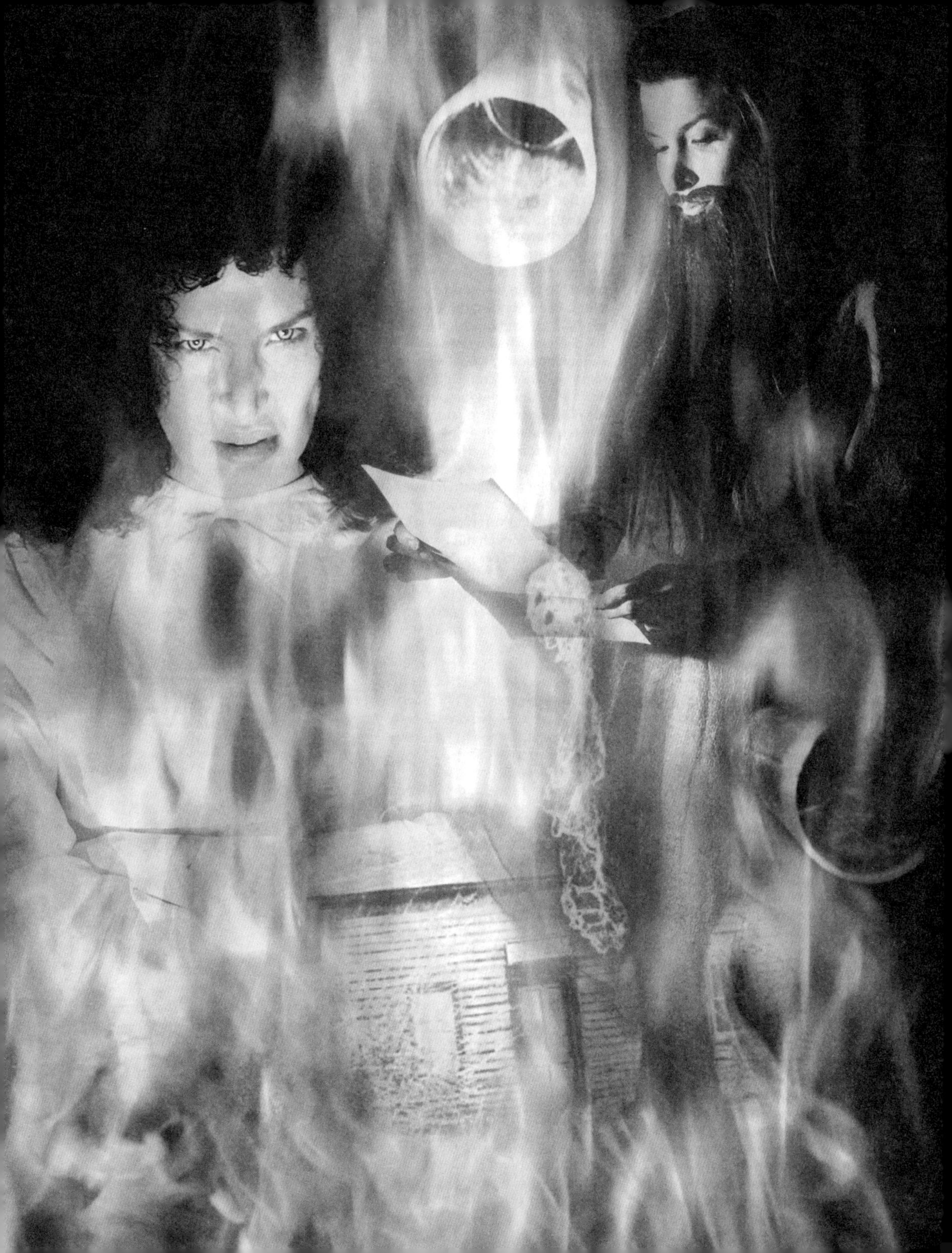

Fiona Hall

geb. / b. 1953 in Sydney
lebt / lives in Adelaide

Fiona Hall schafft Objekte, die durch ihre grazil gearbeitete und verstörende Schönheit betören und zugleich mit ökologischen und historischen Themen befrachtet sind, die tiefe Einblicke in die Auswirkungen der Globalisierung auf unsere Umwelt erlauben. Hall wurde in den 1970er Jahren in Australien zunächst als Fotografin bekannt und hat seither ein Werk von überbordender Vielfalt und Komplexität geschaffen, darunter großformatige Polaroids von konstruierten Ansichten aus Dantes *Göttlicher Komödie*, kleine skulpturale Reliefs mit erotischen Motiven in Sardinendosen, aus Seifenstücken geschnitzte Konsumartikel, aus Videobändern gestrickte amputierte Körperteile, eine Reihe von politischen Satiren in Form musikalischer Schneekugeln und einen *Fern Garden* (1998) für die Australische Nationalgalerie.

In Arbeiten, die sich am Kreuzungspunkt zwischen der Welt der Natur, dem gesellschaftlichen Leben und symbolischen Werten bewegen, stellt sie Kreisläufe von Wachstum und Zerfall neben die unentrinnbaren Kreisläufe des Welthandels – so in einer Reihe von Werken, bei denen Geldscheine als Bildträger für zarte Gouachen fungieren, die Strukturen besonderer Pflanzen aus dem Land, aus denen die jeweilige Währung stammt, darstellen (*Leaf Litter*, 1999–2003). Die Arbeit *Tender* (2006) besteht aus 89 Objekten in Gestalt von Vogelnestern, genauen Nachbildungen der Nester verschiedener Arten, nur sind sie aus Tausenden gehäckselten US-Dollarnoten geflochten – die wissenschaftliche Konnotation ornithologischer Klassifikation prallt auf die wirtschaftliche Konnotation der Banknote.

Für die dOCUMENTA (13) hat Hall ein Holzhaus in der Karlsaue in ein fantastisches Museum irgendwo zwischen Jägerhütte und Kuriositätenkabinett verwandelt. Sie bezieht sich damit auf die Zeit der Aufklärung, als in Kassel die Wissenschaften blühten – als aber auch Innenräume mit den ausgestopften »Trophäen« von Jagdgesellschaften ausgeschmückt und in Schaukästen und auf Kaminsimsen Sammlungen der merkwürdigen und schönen Dinge, die die Natur hervorbringt, ausgestellt wurden. Hall übersetzt die Stimmungswerte solcher Räume – schaurig, gespenstisch und verführerisch zugleich – in unsere Gegenwart, eine Zeit, in der die Natur in Gefahr ist.

Die Kreaturen, die die Wände von Halls »Jagdhütte« schmücken, gehören zu Arten, die auf der Roten Liste der IUCN stehen – sie gelten als »gefährdet«, »stark gefährdet«, »vom Aussterben bedroht« oder »in freier Wildbahn ausgestorben«. Ihre »Felle« bestehen aus zerrissener Militärtarnkleidung aus den Ländern, in denen die jeweiligen Arten zuhause sind. Als Metapher für die bedrohte Lage dieser an den ökologischen Rand gedrängten Geschöpfe deutet die Tarnkleidung zugleich die Ironie an, die darin steckt, dass diese militärische Verkleidung selbst sich von der Tarnung herleitet, deren sich Tiere bedienen – eine der Erfindungen der Natur, die die moderne Kriegsführung sich zu eigen gemacht hat. Begleitet werden diese auf komische Weise zugleich grimmigen und mitleiderregenden Kreaturen, die hier am seidenen Faden hängen, von anderen nicht weniger schönen, seltsamen und verstörenden Objekten – auf die der Mensch mit Bewunderung blickt, während er sie doch ausbeutet.

Fiona Hall creates objects that appeal through a delicately crafted, unsettling beauty but are loaded with ecological and historical themes delving deeply into the effects of globalization on our surroundings. Hall became known as a photographer in Australia in the 1970s and has since developed an oeuvre of exuberant variety and complexity. She has made large-scale Polaroids of constructed vistas from Dante's *Divine Comedy*, sculpted small erotic reliefs inside sardine tins, carved consumer objects from bars of soap, knitted videotape into dismembered body parts, made a series of political satires in the form of musical snow domes, and designed a *Fern Garden* (1998) for the National Gallery of Australia.

Operating in the nexus between the natural world, social life, and symbolic value, she juxtaposes cycles of growth and decay with the inescapable cycles of global trade—as in a series of works where she uses banknotes as supports for delicate gouaches of plant structures specific to the country of each currency (*Leaf Litter*, 1999–2003). The work *Tender* (2006) comprises eighty-nine objects taking the form of birds' nests, each an exact replica of that of a different species, except that the nests are woven from thousands of shredded U.S. dollar bills—the scientific connotation of an ornithological classification clashes with the economic connotation of the banknote.

For dOCUMENTA (13), Hall has turned a wooden house in the Karlsaue park into a fantastical museum, somewhere between a hunter's den and cabinet of curiosities. She is referring to the Age of Enlightenment, during which the sciences blossomed in Kassel, but when interiors were also decorated with the taxidermied "trophies" of hunting parties, and cabinets and mantles displayed collections of nature's strange and beautiful things. Hall translates the emotive qualities of such spaces—ghoulish, eerie, and seductive at once—into our contemporary time, when nature is in danger.

The creatures adorning the walls of Hall's "hunter's den" are species placed on the IUCN Red List—categorized as "vulnerable," "endangered," "critically endangered," or "extinct in the wild." Their "skins" are made of shredded military-camouflage garments from the country that each species inhabits. A metaphor for the embattled state and marginalization of these creatures, the camouflage also hints at the irony that these military disguises are derived from animal camouflage—one of nature's inventions, commandeered by modern warfare. Comically fierce and pathetic, these ambiguous creatures hanging by a thread are accompanied by other objects that are beautiful, strange, and disturbing—subjects of both man's admiration and his exploitation. ES

Kalifornischer Kondor; Gefährdungsstatus laut Weltnaturschutzorganisation (IUCN): vom Aussterben bedroht / Californian condor; International Union for Conservation of Nature (IUCN) threat status: critically endangered

Detail der Installation / from the installation *Fall Prey*, 2011, Art Gallery of South Australia, Adelaide

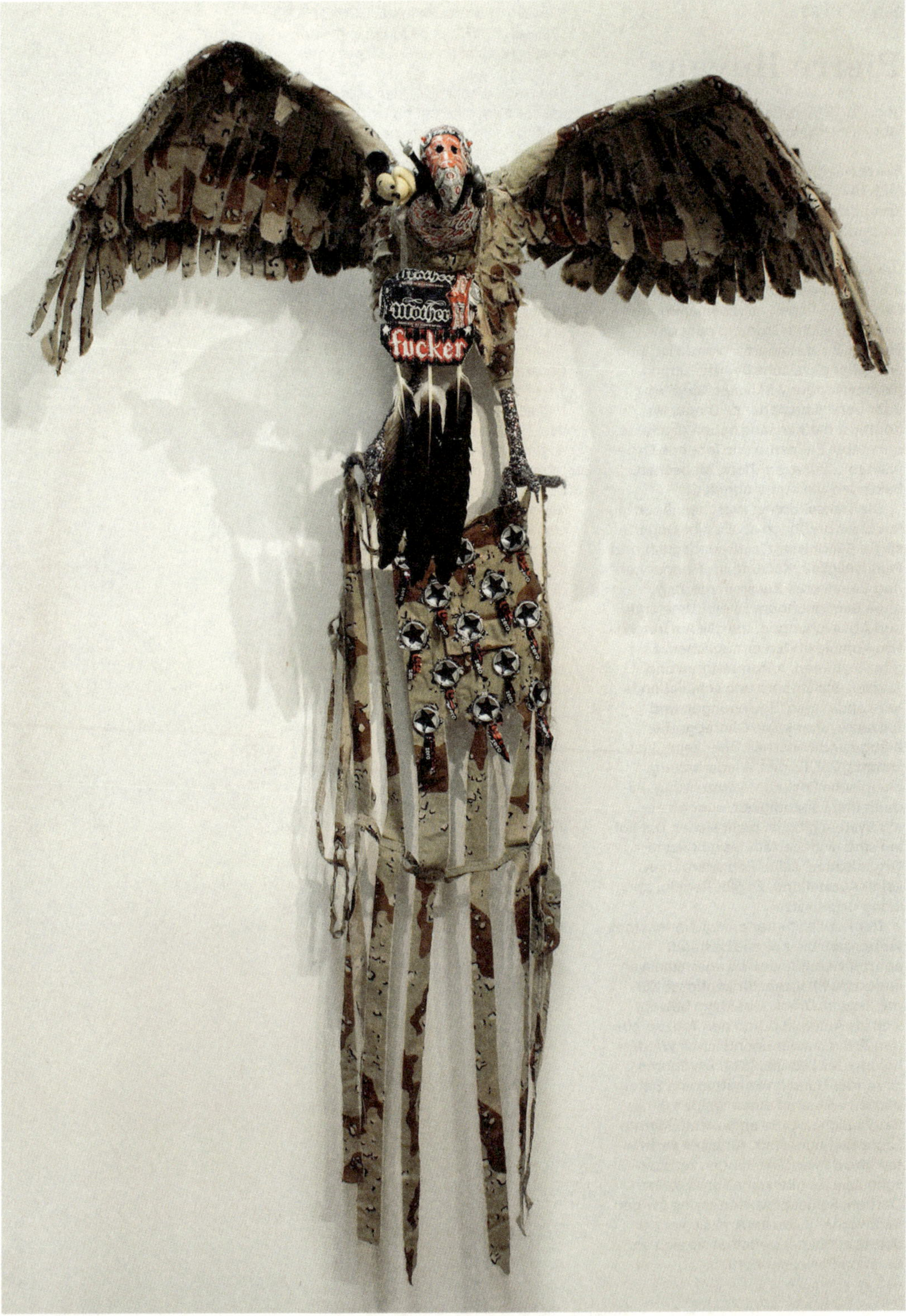
Mother
fucker

Pierre Huyghe

geb. / b. 1962 in Paris
lebt / lives in New York und / and Paris

Pierre Huyghes Beitrag zur dOCUMENTA (13), *Untilled* (2012), ist in der Kompostierungsanlage der Kasseler Karlsaue zu finden.

Der Ort ist eingezäunt. Elemente und Räume aus verschiedenen Zeiten der Geschichte liegen nebeneinander ohne chronologische Ordnung oder ein Zeichen ihrer Herkunft. Was da ist, sind entweder physische Bearbeitungen fiktionaler oder wirklicher Zeugnisse oder bereits bestehende Dinge. Im Kompost der Karlsaue haben Artefakte, unbelebte Elemente und lebende Organismen ... Pflanzen, Tiere, Menschen, Bakterien alle Kultur abgelegt.

Die Transaktionen zwischen ihnen laufen ohne Drehbuch ab. Es gibt Gegensätze, Bündnisse, Gastfreundschaft und Feindseligkeit, Korruption, Trennungen und Verfall oder Zusammenbruch ohne Begegnungen. Es gibt Umstände und Abweichungen, die das Auftreten von Komplexitäten ermöglichen. Es gibt Rhythmen, Automatismen und Zufälle, unsichtbare und schleichende Verwandlungen, Bewegungen und Prozesse, aber keine Choreografie; Klänge und Widerhall, aber keine Vielstimmigkeit. Es gibt Wiederholung, chemische Reaktion, Vermehrung, Bildung und Lebendigkeit, aber ob es ein System gibt, ist nicht sicher. Die Rollen sind nicht verteilt, es gibt keine Organisation, keine Repräsentation, keine Ausstellung. Es gibt Regeln, aber keine Grundsätze.

Der Kopf ist hinter einem Bienenstock verborgen. Die Kolonie bestäubt aphrodisierende und bewusstseinsverändernde Pflanzen. Ihr kopfloser Körper liegt im Dreck. Der Mann bewegt sich als Automat durch den Tag. Belebe den Tod mit einer unendlichen Wiederholung des Lebens, 1914. Ein fluoreszierender Hund im Schatten von Betonplatten entwöhnt einen Welpen. Eine Beuys-Eiche wurde entwurzelt. Myrmekochorie findet statt, Ameisen verbreiten ihre Samen. Die Blinden zerquetschen sie. Es gibt keine Farbe, keinen Geruch. Selbst geworfen in den ewigen Sachverhalt ... wo ihr Arm sie vor der Sonne schützte, siedelten sie sich an. Es ist endlos, unaufhörlich.

Pierre Huyghe's work for dOCUMENTA (13), *Untilled* (2012), can be found in the composting area of Kassel's Karlsaue park.

The place is enclosed. Elements and spaces from different times in history lie next to each other with no chronological order or sign of origin. What is present are either physical adaptations of fictional and factual documents or existing things. In the compost of the Karlsaue park, artifacts, inanimate elements, and living organisms . . . plants, animals, humans, bacteria are left without culture.

The set of operations that occurs between them has no script. There are antagonisms, associations, hospitality and hostility, corruption, separation and degeneration or collapse with no encounters. There are circumstances and deviations that allow the emergence of complexities. There are rhythms, automatisms and accidents, invisible and continuous transformations, movements and processes but no choreography; sonorities and resonances but no polyphony. There is repetition, chemical reaction, reproduction, formation, and vitality, but the existence of a system is uncertain. The roles are not distributed, there is no organization, no representation, no exhibition. There are rules but not a policy.

The head is obscured by a beehive. The colony pollinates aphrodisiac and psychotropic plants. Her headless body lies in the mud. The man moves through the day as an automaton. Animate the death with an infinite repetition of life, 1914.
A fluorescent dog in the shade of concrete slabs, weans a puppy. A Beuys oak has been uprooted. Myrmecochory occurs, ants disperse their seeds. The blind crush them. There is no color, no odor. Even when truly cast in the eternal circumstance . . . where her arm protected her from the sun, they settled in. It is endless, incessant. PH

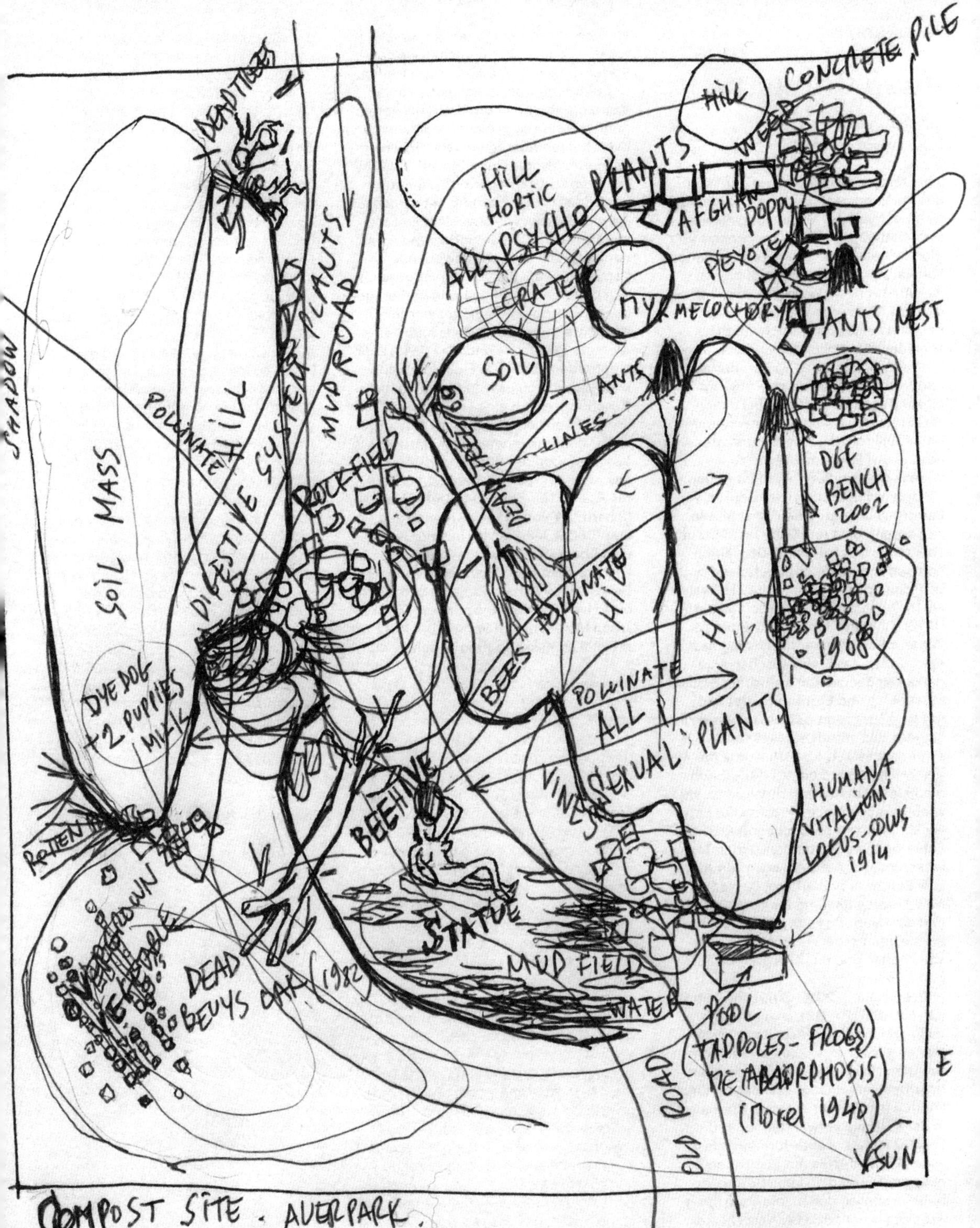

COMPOST SITE. AUERPARK.

Joan Jonas

geb. / b. 1936 in New York
lebt / lives in New York

Joan Jonas ist eine Pionierin der Video- und Performancekunst. Sie experimentierte früh mit der Verbindung dieser zwei Gattungen und baute Kameras und Monitore als Mittel einer Transformation von Raum und Zeit auf der Bühne in ihre Arbeiten ein, wobei sie immer wieder aufs Neue prüfte, wie die Wahrnehmung eines Bildes sich durch verschiedene Einstellungen änderte. Ihre Produktionen aus den späten 1960er und frühen 1970er Jahren – etwa ihre *Mirror Pieces* (1968–1971), bei denen sie in Landschaften oder Innenräumen unter Zuhilfenahme kleiner und großer Spiegel Performances darbot – waren von grundlegender Bedeutung für die Formulierung vieler Genres, von Performance- und Videokunst bis hin zu Konzeptkunst und Body Art, Tanz und Theater. In den frühen 1970er Jahren nahmen ihre Arbeiten zunehmend symbolische, spielartige und rituelle Gestalt an. In *Organic Honey's Visual Telepathy* (1972) schlüpfte Jonas in die Rolle der Organic Honey, einer teils realen, teils mythischen, teils fantastischen Frau, die die Möglichkeiten weiblicher Selbstdarstellung und Erotik erkundet und mit dem Narzissmus spielt, indem sie ihr eigenes Bild mittels eines Videobildschirms abtastet. Ab 1976 wurde der Akt des Zeichnens auf einer Tafel – durch mediale Wiederholung ritualisiert – ein wichtiges Element im Prozess der Entwicklung ihrer vielschichtigen Arbeiten. Einen weiteren Bestandteil bilden Texte verschiedener Autoren, etwa von Jorge Luis Borges, Aby Warburg, Dante (*My New Theater: Reading Dante III*, 2010) und der Dichterin H. D. (Hilda Doolittle), die sie interpretiert und in ihre bruchstückhaften und nichtlinearen Erzählungen einbaut.

Reanimation **(2010–2012), ihr Beitrag zur dOCUMENTA (13), ist eine mehrteilige Sound-Video-Arbeit mit Performance, die ansatzweise auf dem Roman *Am Gletscher* (1968) des isländischen Schriftstellers Halldór Laxness beruht. Für ihre Installation in einem Holzhaus in der Karlsaue verwandelt Jonas die Fenster mittels trichterförmiger plastischer Elemente, die mit Requisiten ausgestattet sind, in Miniaturtheaterbühnen ähnlich denen, die sie in ihren Arbeiten in der Serie *My New Theater* verwendete (mit der sie 1997 begann, um sich von ihrer eigenen körperlichen Präsenz zu lösen). Hier dienen sie der Vorführung oder Projektion von Filmen. Der Betrachter blickt von außen in die Kästen, während er um das Haus herumgeht, das sich so in ein mehrdimensionales Kastentheater verwandelt, ein umgekehrtes Panoptikum. Die auf frühere Arbeiten zurückgreifende Schichtung von Bildern in Verbindung mit manuellen Spezialeffekten wie etwa dem Einsatz von Mehrfach-Spiegelungen und Animationen schafft dichte, schwebende Kompositionen, die von der aufgezeichneten Stimme der Künstlerin und Umgebungsgeräuschen begleitet werden. Den Mittelpunkt des Videos bildet eine Albrecht Dürers *Melencolia I* (1514) nachempfundene sitzende Figur, die sich in Begleitung eines Hundes und anderer Geschöpfe durch eine Landschaft im amerikanischen Südwesten bewegt. Dazu kommen Verweise auf Warburgs Beschreibung der Rituale der Hopi aus Jonas' Video *The Shape, the Scent, the Feel of Things* (2004). Der spirituelle Scharfblick von Laxness' Roman aus den 1960er Jahren wird in eine Gegenwart übersetzt, in der die Gletscher kurz vor dem Verschwinden stehen. Den zweiten Teil des Projekts bildet eine Live-Performance mit dem Musiker Jason Moran, die im September 2012 dreimal im Kaskade-Kino zu sehen ist.**

Joan Jonas is a pioneer of video and performance art. Experimenting with the combination of the two, she incorporated cameras and monitors as a means of transforming space and time onstage, continually probing how the perception of an image changes due to its setup. Her productions in the late 1960s and early 1970s—such as her *Mirror Pieces* (1968–71), in which she performed in landscapes and interior spaces involving large and small mirrors—were essential to the formulation of many genres, from performance and video to Conceptual and body art, dance and theater. During the early 1970s, her works became increasingly symbolic, game-like, and ritualistic. In *Organic Honey's Visual Telepathy* (1972), Jonas took the role of Organic Honey, a part-real, part-mythical, part-fantastical woman who explores the possibilities of female imagery and eroticism, playing with narcissism by scanning her own image on a video monitor. From 1976, the act of drawing on a blackboard—ritualized through medial repetition—became an important part in the process of developing her multilayered works. Another component is texts by various authors, like Jorge Luis Borges, Aby Warburg, Dante (*My New Theater: Reading Dante III*, 2010), and the poet H. D. (Hilda Doolittle), which she interprets and incorporates into her fragmented, non-linear narrations.

Reanimation (2010–12) for dOCUMENTA (13) is a multi-part video-sound work with performance, loosely based on the novel *Under the Glacier* (1968) by Icelandic writer Halldór Laxness. For her installation in a wooden house in the Karlsaue park, Jonas transforms the windows through cone-shaped sculptural elements equipped with props—miniature theater stages similar to those used in her *My New Theater* works (begun in 1997 as a way to get away from her own physical presence)—in which films are screened or projected. The viewer looks into the boxes from the outside while walking around the house, so that it becomes a multidimensional box-theater, a reversed Panopticon. Reanimating earlier works, the layering of images combined with manual special effects, like the use of multiple mirrors and animation, creates dense floating compositions accompanied by her recorded voice and ambient sound. At the center of the video is a seated figure, based on Albrecht Dürer's *Melencolia I* (1514), who moves through a southwestern American landscape, attended by a dog and other creatures. This is combined with references to Warburg's description of Hopi rituals from Jonas' video *The Shape, the Scent, the Feel of Things* (2004). The spiritual wit of Laxness' novel of the 1960s is translated into a present in which glaciers are about to disappear. The second part of this project is a live performance with musician Jason Moran that is presented three times in the Kaskade Cinema during September 2012. ES

***Reanimation*, 2010–2012**

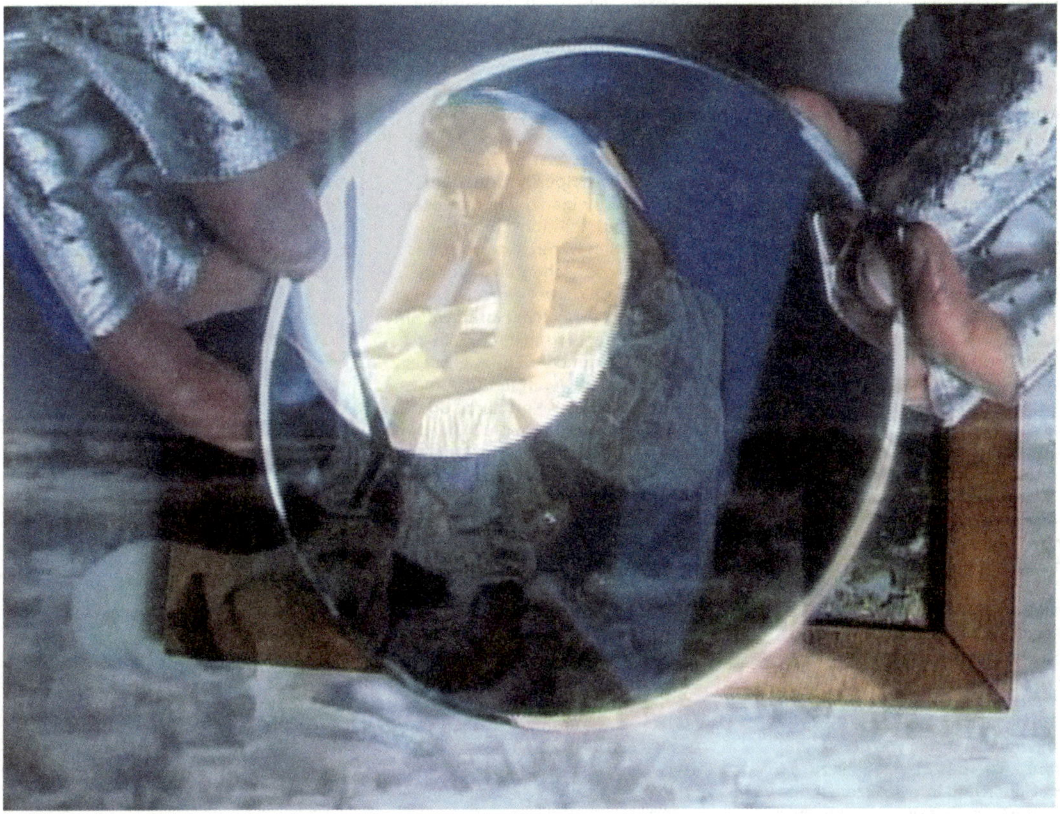

Brian Jungen

geb. / b. 1970 in Fort St. John (British Columbia, Kanada / Canada)
lebt / lives in Vancouver

Brian Jungen ist für seine frühen Skulpturen bekannt, die durch den simplen Akt, banale Konsumgüter durch Zweckentfremdung in Kunstgegenstände zu verwandeln, miteinander verbunden sind. Seine Wurzeln – er ist ein Nachfahre der Ureinwohner Amerikas – haben viele seiner Entscheidungen geprägt: Für seine frühe *Prototype*-Serie (1998–2005) zum Beispiel zerlegte er Nike-Laufschuhe und setzte die Bestandteile zu neuen Gegenständen zusammen, die Masken der First Nations von Kanadas Westküste ähneln. Seine monumentalen aufgehängten skelettartigen Skulpturen, die an Wale erinnern, darunter *Shapeshifter* (2000) und *Vienna* (2003), fertigte er aus Bruchstücken gewöhnlicher Gartenstühle aus Plastik. Mit diesen Arbeiten etablierte Jungen eine ästhetische Sprache, die im Spannungsfeld zwischen grundverschiedenen Ideen und vorgefertigten Objekten zu Hause ist. In jüngerer Zeit hat er Stühle, die als Ikonen der Moderne gelten, mit Fellen und Därmen umwickelt und so in Trommeln verwandelt.

Sein *Dog Run* (2012) für die dOCUMENTA (13), der in der Karlsaue aufgebaut ist, eignet sich ein Stück dieses formellen Gartens an und macht es zu einer Spielwiese für Hunde und ihre Besitzer. Müssen Hunde in einem Park normalerweise an der Leine bleiben, so dürfen sie hier verschiedene Skulpturen erkunden, um sich von den Beschränkungen des Stadtlebens zu erholen. Hunde und ihre Besitzer sind die einzigen Besucher dieses Ortes: Alle anderen müssen sich damit begnügen, über den Zaun zu blicken. Einige der Skulpturen beruhen auf der ikonischen Form von Ludwig Mies van der Rohes Barcelona-Stuhl, einem der großen modernistischen Entwürfe des 20. Jahrhunderts. Ging es Mies darum, eine ergonomische Form zu gestalten, die ideal an den zivilisierten menschlichen Körper im Ruhezustand angepasst sein würde, so gibt Jungen diese Form mit einer spielerischen Geste der Natur zurück, einer Tierwelt, die den sterilen und minimalistischen Interieurs des großen Bauhaus-Meisters fremd ist.

Die Idee hinter dieser Installation in der Karlsaue, in der die Freundschaft zwischen Mensch und Hund einen Skulpturenraum belebt, spiegelt Jungens langgehegtes Interesse an den Schnittstellen zwischen der gebauten Umwelt und dem Leben der Tiere wider. Die Arbeit zeigt darin klare Ähnlichkeit mit *Cats Radiant City Habitat 04* (2004), einem ortsspezifischen Projekt für eine Montrealer Galerie. Damals kämpfte der dortige Tierschutzbund mit einem starken Anwachsen der Population herrenloser Katzen. Zur Unterstützung seiner Bemühungen, die Tiere an neue Besitzer zu vermitteln, baute Jungen eine riesige Struktur, einen Hybriden aus Moshe Safdies innovativem Fertigbau-Wohnungsprojekt Habitat 67, das im Rahmen der Montrealer Expo 67 entstand, und den unter der Bezeichnung »Kratzkiste« verkauften mit Teppichboden bedeckten Sperrholzquadern. *Habitat 04* bot einigen der herrenlosen Katzen der Stadt, die sonst eingeschläfert worden wären, eine vom Tierschutzbund beaufsichtigte vorläufige Heimat. *Dog Run* richtet einen Ort ein, an dem Menschen sich mit ihren Tieren aufhalten können, um so ihre bedingungslose Liebe und ihr Zutrauen zu erleben – und selbst wenn Hunde domestizierte Tiere sind, so kehrt damit doch ein wenig Wildheit in die vom Menschen gestaltete Natur des Parks zurück.

Brian Jungen is renowned for his early sculptures, which hinge on the simple act of re-purposing banal consumer goods into art objects. His indigenous heritage has informed much of his decision making: in his early *Prototype* series (1998–2005), for example, Nike running shoes were taken apart and then reconstructed into objects similar to West Coast First Nations masks. His monumental, suspended skeletal, whale-like sculptures—such as *Shapeshifter* (2000) and *Vienna* (2003)—were fabricated from fragments of common plastic patio chairs. With these works, Jungen established an aesthetic language that resides in the tensions between disparate ideas and ready-made objects. More recently, he has wrapped iconic modernist chairs with skin and gut to transform them into drums.

His *Dog Run* (2012) for dOCUMENTA (13), installed in the Karlsaue park, appropriates a section of this formal garden and turns it into a play zone for dogs and their owners. If the park typically demands that canines remain leashed, here they will be free to explore various sculptures as a respite from the confines of urban life. Canines and their owners are the sole visitors to this space: others will only be able to peer over the fence. Several of the sculptures are based on the iconic form of Ludwig Mies van der Rohe's Barcelona chair, one of the great modernist designs of the twentieth century. If Mies sought to produce an ergonomic form ideally suited to the civilized human body at rest, Jungen playfully returns it to nature, to an animal world foreign to the antiseptic minimalist interiors of the great Bauhaus master.

The impulse at work in the Karlsaue park installation, where the bond between people and dogs animates a sculptural space, reflects Jungen's long-standing interest in the intersection of the built environment and animal life. It has a clear affinity with *Cats Radiant City Habitat 04* (2004), a site-specific project for a Montreal gallery. At the time, the local humane society was dealing with an overpopulation of stray cats. To support its adoption program, Jungen made a huge structure that was a hybrid of Moshe Safdie's innovative prefabricated social-housing project, Habitat 67—built as part of Montreal's Expo 67—and the carpeted plywood forms of a cat condo. Inhabited by some of the city's strays and overseen by the humane society, *Habitat 04* provided a temporary home for abandoned cats that would otherwise have been euthanized. *Dog Run* creates a place for people to be with their animals, to experience unconditional love and trust—and even if dogs are domesticated animals, there is nevertheless something wild reinstated within the landscaped terrain of the park. KS

***Ohne Titel / Untitled*, 2012**

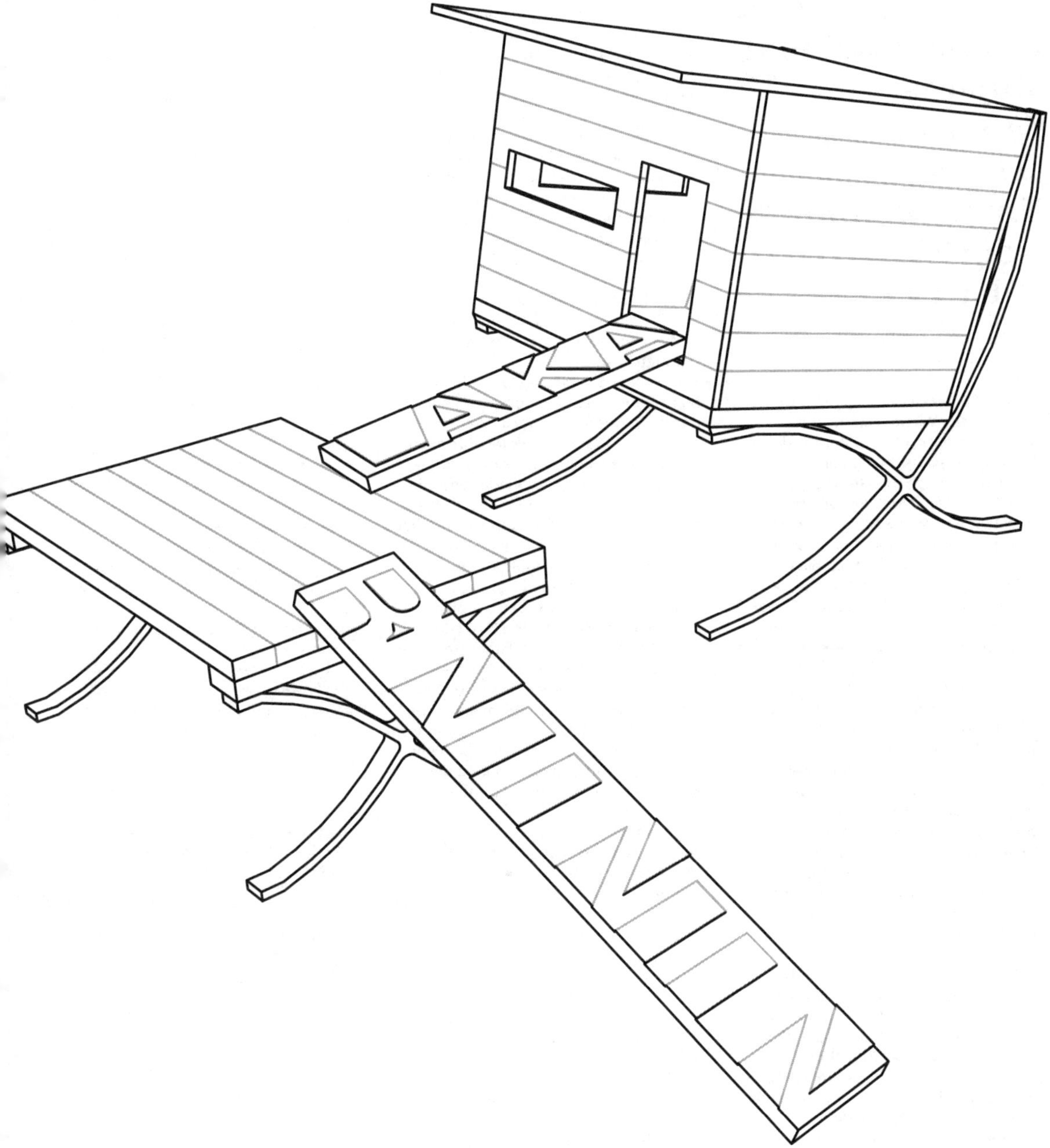

Robin Kahn & La Cooperativa Unidad Nacional Mujeres Saharauis (The National Union of Women from Western Sahara)

geb. / b. 1961 in New York
lebt / lives in New York

The Art of Sahrawi Cooking (2012) ist ein freistehendes Wüstenzelt für zeremonielle Anlässe, das Frauen aus der ehemaligen spanischen Kolonie Westsahara genäht haben – Gefangene in ihrem eigenen Land, das von Marokko annektiert wurde, nachdem Spanien das Gebiet 1976 aufgegeben hatte. Die Arbeit entstand ganz buchstäblich als Traumgebilde: Erdacht wurde sie von dem bekannten Dichter und Historiker Peter Lamborn Wilson in Zusammenarbeit mit der New Yorker Künstlerin Robin Kahn, die 2009 einen Monat lang bei Frauen in der Westsahara gelebt hatte und ein Jahr darauf das Buch *Dining in Refugee Camps: The Art of Sahrawi Cooking* (Essen in Flüchtlingslagern: Die Kunst der sahrauischen Küche) veröffentlichte. Nachdem Wilson eines Abends in Kahns Buch gelesen hatte, träumte er von einem Zelt, in dem Frauen aus der Westsahara köstlichen Couscous zubereiteten und ihn den Besuchern der documenta servierten. Er erzählte Kahn und den documenta-Organisatoren davon, und nunmehr trägt ihre große Vision Früchte und macht das Unsichtbare sichtbar.

Unsichtbarkeit ist das Schicksal der Verlierer der Geschichte. Die alteingesessenen Völker der Westsahara, die unter den grausamen Bedingungen überleben, die ihnen die marokkanische Regierung aufzwingt, sind, so kann man sagen, von der Weltkarte der Menschheit verschwunden: eine Masse von etwa 200.000 Menschen ohne Staat, vom Rest der Welt nicht anerkannt, verloren im Wüstensand, unter dem etwa drei Millionen Landminen schlummern. Verschwindenlassen, Unsichtbarkeit und Auslöschung sind Taktiken, die überall in der modernen Welt anzutreffen sind, aber normalerweise werden sie gegen Einzelne angewandt, so in den letzten drei Jahrzehnten in Lateinamerika, vor allem in Argentinien, Kolumbien und Guatemala. Im Fall der Westsahara jedoch wird das Verbrechen des Verschwindenlassens an einem ganzen Volk begangen. Sie existieren als menschliche Subjekte, als staatenlose und daher nichtexistente Nation aber sind sie ausgelöscht worden. Sie überleben dank der Nahrungsmittel- und Wasserlieferungen von Hilfsorganisationen in einem Land, das traditionell ihr eigenes ist und reich an Fisch, Öl und Phosphaten, einem Land, das durch einen beinahe 3.000 Kilometer langen in Nord-Süd-Richtung verlaufenden, von marokkanischen Soldaten bewachten und mit Landminen gesicherten Wall zweigeteilt wird.

Europa hat die Rolle staatenloser Menschen in seiner eigenen Geschichte des 20. Jahrhunderts vergessen; nach dem Ersten Weltkrieg tilgten Bürokraten zahllose Menschen von der Landkarte, indem sie die Grenzen wieder und wieder neu zogen. Der deutsche Schriftsteller B. Traven beschrieb dies eindringlich in seinem Roman *Das Totenschiff* aus dem Jahr 1926; auch Walter Benjamin machte diesen Zustand des Ausgelöschtseins zum Kern seines Werks.

Anlässlich der dOCUMENTA (13) laden die Zeltbewohner der Westsahara die Öffentlichkeit in das Herz ihrer Welt ein, wo sie Couscous essen und sich nicht nur über ihre Notlage informieren, sondern auch die Schönheit ihrer schöpferischen Arbeit bewundern und die Rolle der Kunst beim Bau einer neuen und besseren Welt kennenlernen können.

The Art of Sahrawi Cooking (2012) is a solitary ceremonial desert tent stitched by women from Western Sahara, prisoners in their own territory, which was annexed by Morocco after Spain left its Sahara colony in 1976. The piece was literally dreamed up by the well-known poet and historian Peter Lamborn Wilson, in collaboration with the New York-based artist Robin Kahn, who in 2009 lived for a month with women in Western Sahara and a year later published the book *Dining in Refugee Camps: The Art of Sahrawi Cooking*. One night, after reading Kahn's book, Wilson dreamed about a tent with women from Western Sahara cooking delicious couscous and serving it to visitors to documenta. He communicated this to Kahn and to documenta, and their great vision has now borne fruit, making visible the invisible.

Invisibility is the fate of the losers in history. Surviving under cruel conditions imposed by the Moroccan government, the indigenous people of Western Sahara can be said to have been disappeared from the map of humanity, a mass of some 200,000 people without a state, unrecognized by the rest of the world, lost in desert sands laden with some three million land mines. Disappearance, invisibility, and erasure are tactics we find throughout the modern world, but they are usually carried out against individuals, as in Latin America during the past three decades, especially in Argentina, Colombia, and Guatemala. In the case of Western Sahara, however, disappearance is perpetrated against an entire people. They exist as human subjects but have been erased as a stateless and therefore non-existent nation. They survive on food and water from relief agencies in a land that is by tradition theirs, a land rich in fish, oil, and phosphates, cut in two by a wall almost 3,000 kilometers long, running north and south and guarded by Moroccan soldiers and land mines.

Europe has forgotten its own history of stateless peoples in the twentieth century, when after World War I countless people were erased bureaucratically as the map of states was redrawn and redrawn again. The German author B. Traven described this powerfully in his 1926 novel *Das Totenschiff*, and Walter Benjamin also made this state of erasure the kernel of his work.

On the occasion of dOCUMENTA (13), the Western Sahara tent people invite the public into the heart of their world to eat couscous and not only learn about their plight but also appreciate, through the beauty of their creation, the role of art in making a new and better world. MT

***The Sahrawi Tent Cooperative*, 2012**
27 Febrero Refugee Camp, Tindouf, Algerien / Algeria
Von links nach rechts / From left to right: Azaza Mohamed Harbal, Dikala Nafaiada, Dreja Sidahma Ahmed, Nasra Salal Elhusin
Collage aus verschiedenen Materialien / Mixed-media collage
30.5 × 25.4 cm

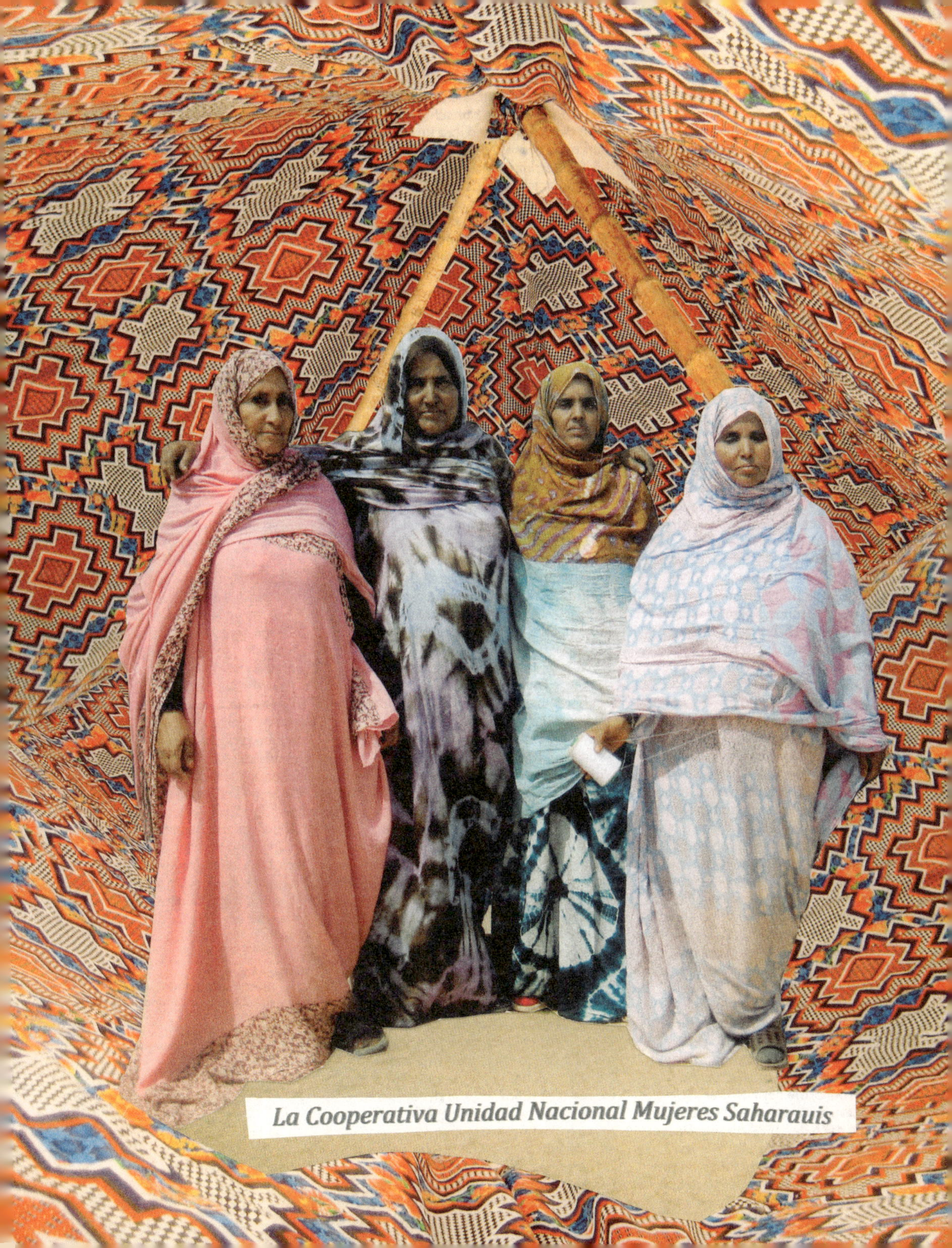
La Cooperativa Unidad Nacional Mujeres Saharauis

Dinh Q. Lê

geb. / b. 1968 in Ha Tien (Vietnam)
lebt / lives in Ho-Chi-Minh-Stadt / Ho Chi Minh City

mit / with
Vu Giang Huong, Quang Tho, Huynh Phuong Dong, Nguyen Thu, Truong Hieu, Phan Oanh, Nguyen Toan Thi, Duong Anh, Minh Phuong, Kim Tien, Quach Phong, Nguyen Thanh Chau

In vielen von Dinh Q. Lês Arbeiten geht es darum, zwischen seinen vietnamesischen Wurzeln und seiner amerikanischen Erziehung zu vermitteln. Inspiriert von einer traditionellen Technik, aus Palmwedeln Matten zu weben, begann der Künstler, dichte Kompositionen aus zerschnittenen Streifen verschiedener Fotografien – die ihn selbst wie auch historische und mythologische Motive aus der westlichen und der vietnamesischen Kultur zeigen – herzustellen, in denen sich Wirklichkeit und Fantasie, Tradition und Zeitgenössisches, Sakrales und Weltliches mischen, um die Vergangenheit zu analysieren und zu bewältigen und neue Mythologien zu schaffen. Obwohl Lês Kunst um den amerikanischen Vietnamkrieg und das Regime der Roten Khmer kreist, traumatische Ereignisse, die bis heute ihre Schatten auf die Geschichte Vietnams und sein eigenes Leben werfen (als er zehn Jahre alt war, zwangen die Roten Khmer seine Familie, das Land zu verlassen, woraufhin sie nach Kalifornien auswanderte), versucht sie, diese Bilder zu unterlaufen und die Suche nach Schönheit und Poesie an ihre Stelle zu setzen. Gleichwohl ist der Künstler sich bewusst, dass seine Vorstellung vom Krieg mehr mit den Bildern in Hollywoodfilmen wie *Apocalypse Now* und *Platoon* gemein hat als mit seinen eigenen Kindheitserinnerungen, was ihn zu einer Reihe von Webarbeiten unter dem Titel *From Vietnam to Hollywood* (2006) führte. Hier verbinden sich Filmszenen mit dokumentarischen Aufnahmen westlicher Fotoreporter und anonymen alten Bildern glücklichen Familienlebens, die der Künstler auf Flohmärkten gekauft hat, während er auf der Suche nach den 1978 zurückgelassenen Fotos seiner eigenen Familie war.

Eine Arbeit aus jüngerer Zeit mit dem Titel *The Farmers and the Helicopters* (2010) ist eine Dreikanal-Videoinstallation, die Aufnahmen von Hubschrauberstaffeln (aus Dokumentar- und Spielfilmen) mit Interviews mit Menschen in Vietnam verflicht, die sich an die starke Präsenz von Hubschraubern während des Krieges und ihre Reaktionen darauf erinnern. Zu der Installation gehört außerdem ein aus Schrott zusammengebastelter Hubschrauber in Originalgröße – die Arbeit zweier vietnamesischer Bauern, die an die Stelle des Symbols des Feindes einen friedlichen Hubschrauber setzen wollten, der guten Zwecken dienen und so das Trauma des Krieges überwinden helfen würde. Dieser subversive Wunsch, Gegenbilder zu den von den Medien produzierten zu schaffen, bildet den Kern von Lês Werk.

Seine Installation für die dOCUMENTA (13), *Light and Belief: Voices and Sketches of Life from the Vietnam War* (2012), ist in Zusammenarbeit mit vietnamesischen Künstlern entstanden, die während des amerikanischen Vietnamkriegs als Vietcong im Kriegsgebiet eingesetzt waren, zu Propagandazwecken und um das Leben der Soldaten zu dokumentieren. Neben dem »offiziellen« Bildmaterial hatten sie auch private Zeichnungen angefertigt – intime Porträts von Soldaten bei banalen Alltagsbeschäftigungen und von Frauen, die nachts bei der Ausbesserung von Bahngleisen halfen, atmosphärische Landschaftsskizzen –, die eine andere, von der Sehnsucht nach Normalität geprägte Sicht auf den Krieg darstellen. Lê zeigt eine Auswahl dieser Originalzeichnungen zusammen mit einem Wandgemälde, das er aus Repliken der Arbeiten angefertigt hat, sowie einem Video, in dem er Interviews mit den Künstler-Soldaten mit Animationen ihrer Skizzen verwebt.

Much of Dinh Q. Lê's work seeks to reconcile his American upbringing with his Vietnamese roots. Inspired by the traditional technique of weaving palm-leaf mats, he started to produce dense compositions from cut-up strips of various photographs, his own as well as historical and mythological motifs from Western and Vietnamese cultures, merging reality and fantasy, the traditional and the contemporary, the sacred and the profane, so as to analyze and come to terms with the past and to create new mythologies. Though occupied with the traumatic events—the American war in Vietnam followed by the Khmer Rouge regime—that inexorably haunt Vietnamese history and his own life (the Khmer Rouge forced his family to flee the country when he was ten, and so they relocated in California), Lê's art aims to subvert these images, and instead seeks beauty and poetry. However, his awareness that his mental image of the war is closer to that presented in Hollywood films like *Apocalypse Now* and *Platoon* than to his own childhood memories led to the series of weavings *From Vietnam to Hollywood* (2006). Here, movie scenes are combined with documentary images taken by Western photojournalists and anonymous vintage photos depicting happy family life that the artist purchased secondhand while looking for photographs of his own family, left behind in 1978.

A recent work, *The Farmers and the Helicopters* (2010) is a three-channel video installation interweaving footage of swarms of helicopters (both documentary and fictional) and interviews with Vietnamese people recalling the strong presence of helicopters during the war and their reactions to it. The installation also includes a life-size helicopter made from scratch—the work of two Vietnamese farmers who built it in order to replace the symbol of the enemy with a peaceful helicopter that would be put to good use, overcoming the trauma of war. This subversive desire to create counterimages to the ones produced by the media lies at the core of Lê's work.

His installation for dOCUMENTA (13), *Light and Belief: Voices and Sketches of Life from the Vietnam War* (2012), is a collaborative project with Vietnamese artists who were Vietcong during the American war in Vietnam and had spent time in the war zone, both for propaganda purposes and to document the soldiers' lives. Parallel to the "official" imagery, they had also produced private drawings—intimate portraits of soldiers undertaking mundane everyday activities and women who helped to repair tracks during the night, atmospheric landscape sketches—that deliver another view on the war, a longing for normality. Lê presents a selection of these original drawings alongside a mural he made from replicas of them, and a video in which he wove together artist-soldier interviews with animations of their sketches. ES

Vu Giang Huong
***Ohne Titel / Untitled*, 1965**
Aquarell auf Papier / Watercolor on paper
27.5 × 39 cm

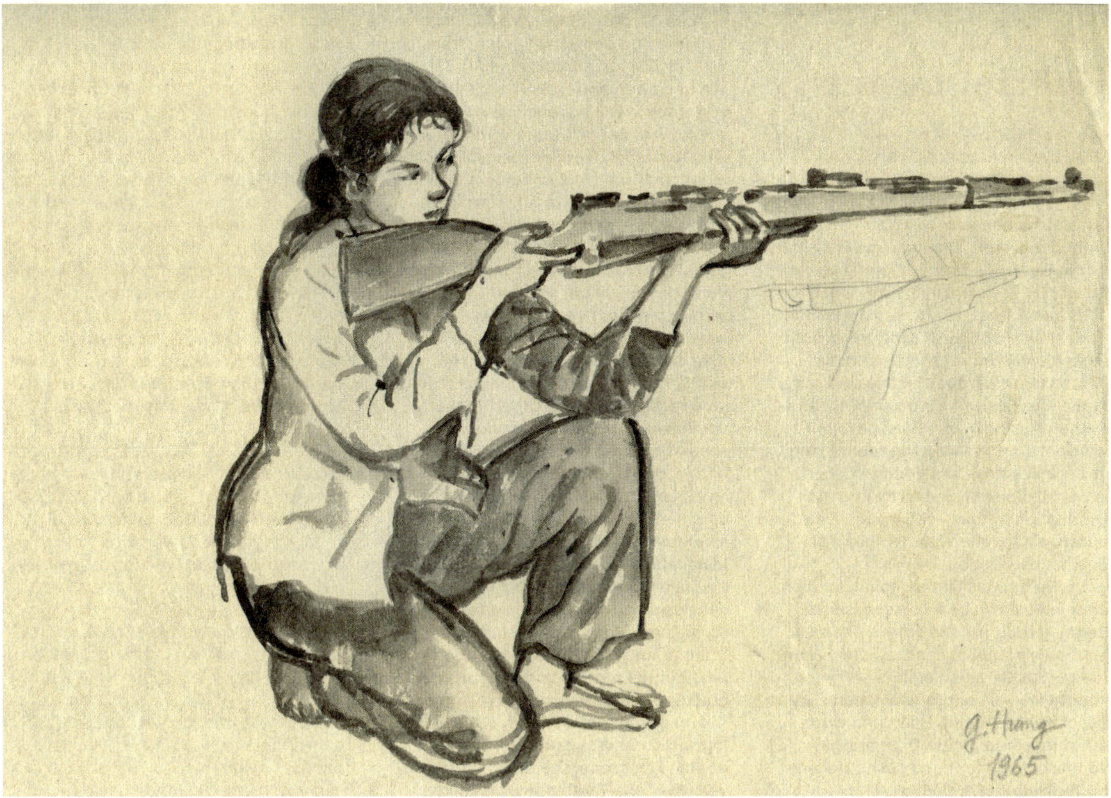
1965

Gabriel Lester

geb. / b. 1972 in Amsterdam
lebt / lives in Amsterdam und / and Schanghai / Shanghai

Das Zusammenspiel von Wahrnehmung, Einbildungskraft, Glauben und Begehren ist die treibende Kraft in Gabriel Lesters Praxis. Ob Performance, Film, Video oder Installation – seine Kunst ist immer dramatisch, wohlausbalanciert zwischen Pathos und Komik. Lester nennt die Pantomime als frühen Einfluss auf seine Kunst. Die Erfahrung, von einer theatralischen Illusion in den Bann gezogen zu werden, die nur einen Augenblick lang in der kollektiven Einbildung existiert, erweckte bei ihm eine fortwährende Faszination für die Mechanismen, die unsere alltägliche Wahrnehmung der Realität begründen.

Lester hat das Filmemachen studiert, aber schon früh beschlossen, seiner Begeisterung für das Kino in anderen Medien als im Film nachzugehen. *How to Act* (2000), seine erste Installation, könnte man als pantomimischen Film beschreiben – seine Handlung wird nur durch eine dichte Dramaturgie von farbigem Licht und gesampeltem Sound vermittelt. Collage, Montage und Schnitt sind fundamentale Bestandteile von Lesters Kunst. Sein Interesse an dem Stoff, aus dem Erzählungen gemacht sind, und ihrer inneren Form wie auch an den Codes und Bedingungen, nach denen wir die Welt um uns herum (re)konstruieren, manifestiert sich in plastischen (abstrakten) Formen, aber auch in Performances und filmischen (konkreten) Arbeiten. So können seine architektonischen Installationen auch als räumliche Montagen bezeichnet werden, die die dem Film eigene Bewegung in ansonsten statische Strukturen einführen, indem sie Architektur »schneiden« wie einen Film. Sie verwenden die Mechanismen theatralischer Illusion und legen zugleich die Strukturen offen, die diese Illusion hervorbringen. *BIG BANG* (2007) stellt das Prinzip der Bühne auf den Kopf: Der Betrachter durchschreitet nacheinander mehrere durchlöcherte Holzwände, die an die Rückseiten von Theaterkulissen erinnern. Erst wenn man auf der anderen Seite angekommen ist, erschließt sich dem rückwärtsgewandten Blick das dreidimensionale Gesamtbild einer stilisierten Explosion.

Auch Lesters Projekte für die dOCUMENTA (13) schöpfen aus dem Fundus der Möglichkeiten räumlicher Schnitte und filmischer Tricks. *Transition 2012* (2012) fungiert als eine Art Satzzeichen oder eine Live-Überblendung von einer Szene zur nächsten. Gleichzeitig wirkt der gekrümmte Tunnel wie ein fotografischer Bildausschnittsucher: Indem man sich in ihm bewegt, zoomt man auf die sichtbare Außenwelt hin und wieder von ihr weg, während in der Mitte durch die 180-Grad-Kurve ein toter Winkel entsteht, eine schlagartige Verdunklung, in der man wie in einem schwarzen Loch verschwindet – oder wie ein Kaninchen im Zylinder. Indem man hindurchgeht, erfährt man im wörtlichen wie im übertragenen Sinn eine vorübergehende Unterbrechung von Raum und Zeit; womöglich, so scheint es, erlebt man eine Veränderung und wird in einer anderen Zeit oder an einem anderen Ort wieder herauskommen. *Kaufhaus Incidentals – Music for Department Stores* (2012), eine Installation im Kasseler SinnLeffers-Kaufhaus, bedient sich musikalischer »Auslösereize« – kategorisierter und archivierter Kompositionen, die für Stummfilme geschrieben wurden, um bestimmte Emotionen hervorzurufen oder Spannung zu erzeugen –, um das Alltagsgeschehen im Kaufhaus psychologisch so zu orchestrieren, als wäre es eine Filmszene. Lester hat vierzehn verschiedene Tonfolgen zum Thema »Gedanken« ausgewählt, um so die Konsumatmosphäre zu untergraben und eine Stimmung der Besinnung zu schaffen, die das Kaufhaus für die Dauer der dOCUMENTA (13) in einen Ort verwandeln soll, in dem der Besucher zum Nachdenken angeregt wird.

The interplay between perception, imagination, belief, and desire is the driving force behind Gabriel Lester's practice. Whether his work takes the form of performance, film, video, or installation, it is always dramatic, balanced between pathos and comedy. Lester cites pantomime as an early reference. The experience of being mesmerized by a theatrical illusion, existing only for a moment in the collective imagination, laid the path for an ongoing fascination with the mechanisms that constitute our perception of reality.

Lester studied cinema, but soon decided to pursue his interest in the cinematic by means other than film. *How to Act* (2000), his first installation, could be called a film in mime—its plot is conveyed only through a dense dramaturgy of colored light and sampled sound. Composing, editing, and sequencing are crucial elements in all of Lester's works. His interest in the basic fabric and constitution of narratives, in the codes and conditions with which we (re-)construct the world around us, is manifested in sculptural (abstract) form as well as in performance and cinematographic (concrete) works. His architectural installations could be referred to as spatial edits, introducing the movement of cinema into otherwise static structures by cutting through architecture as one would cut a film. Employing the mechanisms of theatrical illusion, they simultaneously reveal the structures that create the illusion. *BIG BANG* (2007) reverses the principle of the stage: the viewer passes through a series of perforated wooden walls reminiscent of the backs of theater sets. Only upon emerging does one's backward gaze complete the three-dimensional image of a stylized explosion.

For dOCUMENTA (13), Lester further explores the possibilities of cross edits and cinematic trickery. *Transition 2012* (2012) functions like a punctuation mark, or a real-life cross-fade from one scene into another. The curved tunnel also becomes a photographic framing device: moving through it, the viewer zooms in on and out from the visible outside world, while in the middle, the U-turn creates a black-out, and one disappears as if in a black hole—or like a rabbit into a hat. The passage through it induces a lapse in time and space, literally but also metaphorically, with the potential of change and to exit at a different moment and place from those at which one had entered. *Kaufhaus Incidentals—Music for Department Stores* (2012), installed in the SinnLeffers store in Kassel, uses "musical cues"—categorized and archived compositions written for silent films to evoke a certain mood or create suspense—to psychologically orchestrate the everyday activity in the store as if it were a movie scene. Lester has selected and recorded fourteen different scores for "Thoughts" to subvert the atmosphere of consumerism, adding a layer of contemplation so that for the duration of dOCUMENTA (13), the store becomes a place in which viewers are stimulated to think. ES

***Kaufhaus Incidentals* – Music for Department Stores, 2012**

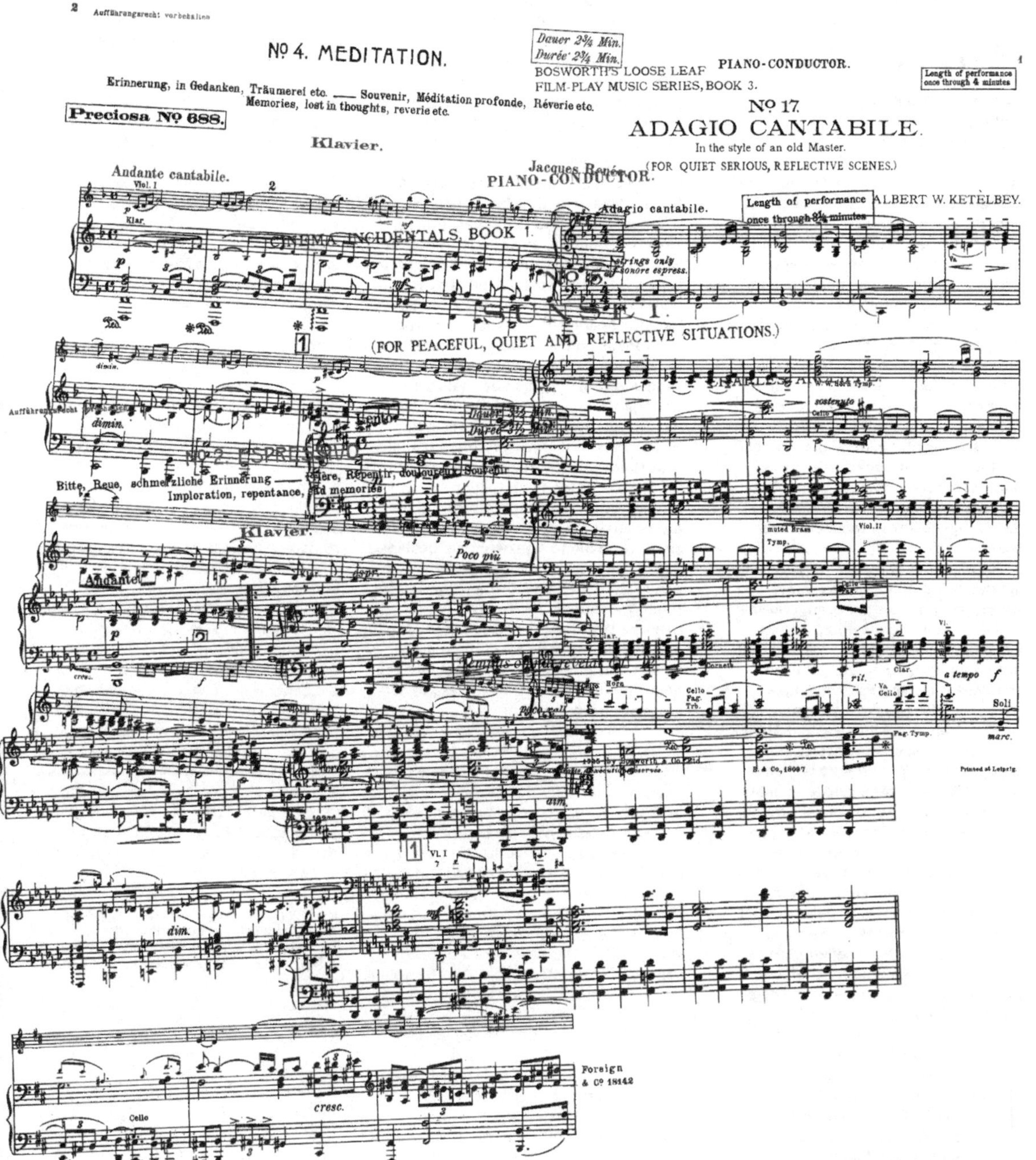

2 Aufführungsrecht vorbehalten
Nº 4. MEDITATION.
Erinnerung, in Gedanken, Träumerei etc. — Souvenir, Méditation profonde, Rêverie etc.
Memories, lost in thoughts, reverie etc.
Preciosa Nº 688.
Klavier.
Andante cantabile.
Jacques Renée
Dauer 2¾ Min.
Durée 2¾ Min.
BOSWORTH'S LOOSE LEAF
FILM-PLAY MUSIC SERIES, BOOK 3.
PIANO-CONDUCTOR.
PIANO-CONDUCTOR.
Length of performance once through 4 minutes
Nº 17.
ADAGIO CANTABILE.
In the style of an old Master.
(FOR QUIET SERIOUS, REFLECTIVE SCENES.)
ALBERT W. KETÈLBEY.
Adagio cantabile.
Length of performance once through 3½ minutes
CINEMA INCIDENTALS, BOOK 1.
(FOR PEACEFUL, QUIET AND REFLECTIVE SITUATIONS.)
Nº 2. ESPRESSIVO
Bitte, Reue, schmerzliche Erinnerung — Prière, Repentir, douloureux Souvenir
Imploration, repentance, sad memories
Klavier.
Andante
Poco più
Dauer 3½ Min.
Durée 3½ Min.
Printed at Leipzig.
Foreign
& Cº 18142
1926 by Richard Birnbach, Berlin
R. B. 1927b

Maria Loboda

geb. / b. 1979 in Krakau / Cracow (Polen / Poland)
lebt / lives in London

Ein Wald in Bewegung: So könnte man in aller Kürze die Installation beschreiben, die Maria Loboda für die dOCUMENTA (13) geschaffen hat. Über ein Dutzend Zypressen von imposanter Größe werden, in Töpfe gepflanzt, für diese »mobile Skulptur« versammelt und während der Dauer der Ausstellung durch die Landschaft bewegt. Zur Eröffnung der dOCUMENTA (13) steht die Installation am Rand einer kreuzförmigen Rasenfläche in der Kasseler Karlsaue, einem sorgfältig wiederhergestellten und instand gehaltenen Garten aus der Barockzeit. Während der 100 Ausstellungstage wandert sie langsam, bis sie schließlich die Orangerie am anderen Ende des Rasens erreicht.

Für die Festlegung der Wegstrecke, auf der die Skulptur, ähnlich einer Armee, langsam bis zur Orangerie vorrücken wird, holte die Künstlerin den Rat eines Militärstrategen ein. Auf diese Beziehung spielt der Titel der Arbeit, *The Work Is Dedicated to an Emperor*, an, der auf die anonyme Widmung von *De re militari*, einer lateinischen Abhandlung zur Kriegskunst, verweist. Über Jahrhunderte diente dieses Werk als grundlegende Referenz in der militärischen Ausbildung und bei der Strategieplanung einschließlich der Gestaltung von Täuschungsmanövern. Darüber, was den Autor bewog, den Namen des Kaisers, dem er sein Werk widmete, nicht zu nennen, ist viel spekuliert worden. Lobodas Interesse an der Widmung gilt den in ihr angedeuteten feinen Fäden von Komplizenschaft und Geheimhaltung, auf denen das Kriegshandwerk beruht.

Eine weitere Anregung zu ihrer Installation entnahm sie der Warnung der drei Hexen in *Macbeth*: »Macbeth wird nie besiegt, bis einst hinan / Der große Birnams-Wald zum Dunsinane / Feindlich emporsteigt.« Macbeth hält es für unvorstellbar, dass der Wald von Birnam zu seinem Schloss Dunsinane wandern könnte, und glaubt sich zu der Überzeugung berechtigt, er werde auf immer die Krone tragen. Plötzlich jedoch belagern Soldaten, die sich hinter Ästen verbergen, seine Burg; Shakespeares wandernder Wald ist eine Tarnung.

Loboda hat bereits in der Vergangenheit Blumen und Pflanzen als Ausgangsmaterial für ihre Skulpturen verwendet. In *A Guide to Insults and Misanthropy* (2004) gestaltete sie einen Blumenstrauß, der in der Sprache viktorianischer Symbolik beleidigende Nachrichten übermittelte. In *The Bad Boys of Harvard* (2010) platzierte sie an verschiedenen öffentlichen Orten in Frankfurt am Main eine Gruppe von Buchsbäumen, die in wöchentlichen Intervallen ihren Standort veränderte. Angeregt wurde diese Skulptur von der modernen Landschaftsarchitekturbewegung in den USA, die von einer Gruppe radikaler Harvard-Absolventen losgetreten wurde.

Lobodas nomadische Skulptur, die als Gruppe von Zierpflanzen durchgehen kann und sich doch von der natürlichen, wenngleich von Menschenhand gepflegten Umgebung der Karlsaue absetzt, ist Teil ihrer fortlaufenden Untersuchung zum Thema Schönheit und Gefahr. Ihre Arbeiten erkunden Vorstellungen von Eroberung sowohl im politischen Sinne der Besetzung eines Landes wie auch im amourösen Sinne – bezwungen, besiegt, bewegt zu werden – sowie verschiedene Funktionen und Formen von Täuschung; daher die für ihr Werk charakteristische Wandelbarkeit der Anordnung und Bedeutung ihrer Skulpturen. Dazu gehört untrennbar auch das Gefühl der Bedrohung, das durch Veränderung hervorgerufen werden kann.

A moving forest is the most succinct way to describe the installation created by Maria Loboda for dOCUMENTA (13). More than a dozen potted cypress trees, imposing in size, have been amassed for this "mobile sculpture" and are being moved through the landscape during the exhibition period. At the inauguration of dOCUMENTA (13), the installation is positioned on an edge of the cross-shaped lawn in Kassel's Karlsaue park, a beautifully restored and maintained Baroque-era garden. During the 100 days of the exhibition, the sculpture progressively moves until it reaches the Orangerie, located at a far end of the lawn.

In order to determine the path along which the sculpture will slowly advance, like an army, on the Orangerie, the artist consulted a military strategist. This relationship is hinted at by the sculpture's title, *The Work Is Dedicated to an Emperor*, referring to the anonymous dedication in the Roman warfare treatise *De re militari*. For centuries, this treatise has been a seminal reference for military training and war strategies, including tactics of deceit. Much speculation has surrounded the author's motives for leaving unnamed the emperor to whom he dedicated his work. Loboda's interest in the dedication lies in its suggestion of the tenuous lines of complicity and mystery underlying warfare.

Her installation is also inspired by the warning of the three witches in *Macbeth*: "Macbeth shall never vanquish'd be until / Great Birnam Wood to high Dunsinane Hill / Shall come against him." Deeming it unconceivable that the forest of Birnam could move to his castle in Dunsinane, Macbeth presumes he will always wear the crown. However, his castle is suddenly besieged by soldiers disguised with boughs; Shakespeare's moving forest is camouflage.

Loboda has used flowers and plants before as primary material for her sculptures. In *A Guide to Insults and Misanthropy* (2004), she sculpted a bouquet of flowers that convey astringent messages in the language of Victorian symbolism. In *The Bad Boys of Harvard* (2010), she placed a group of shrubs in public spaces throughout the city of Frankfurt/Main, changing their location at weekly intervals. The sculpture was inspired by the modern landscape movement in the U.S., ignited by a group of radical graduates of Harvard University.

Passing as a group of ornamental plants yet distinguishing itself from the natural, though groomed, environment of the Karlsaue park, Loboda's nomadic sculpture is part of her ongoing investigation into beauty and threat. Her work explores ideas of conquering, in terms of both political occupation and love—being taken, vanquished, moved—and different functions and forms of deception; hence the characteristic state of flux in the place and meaning of her sculptures. Immanent to this is the sense of threat that can be elicited by change. SHCC

***The Work is Dedicated to an Emperor*, 2012**
Vorschlag für verschiedene militärische Taktiken in der Karlsaue / Proposal for different military tactics in the Karlsaue park

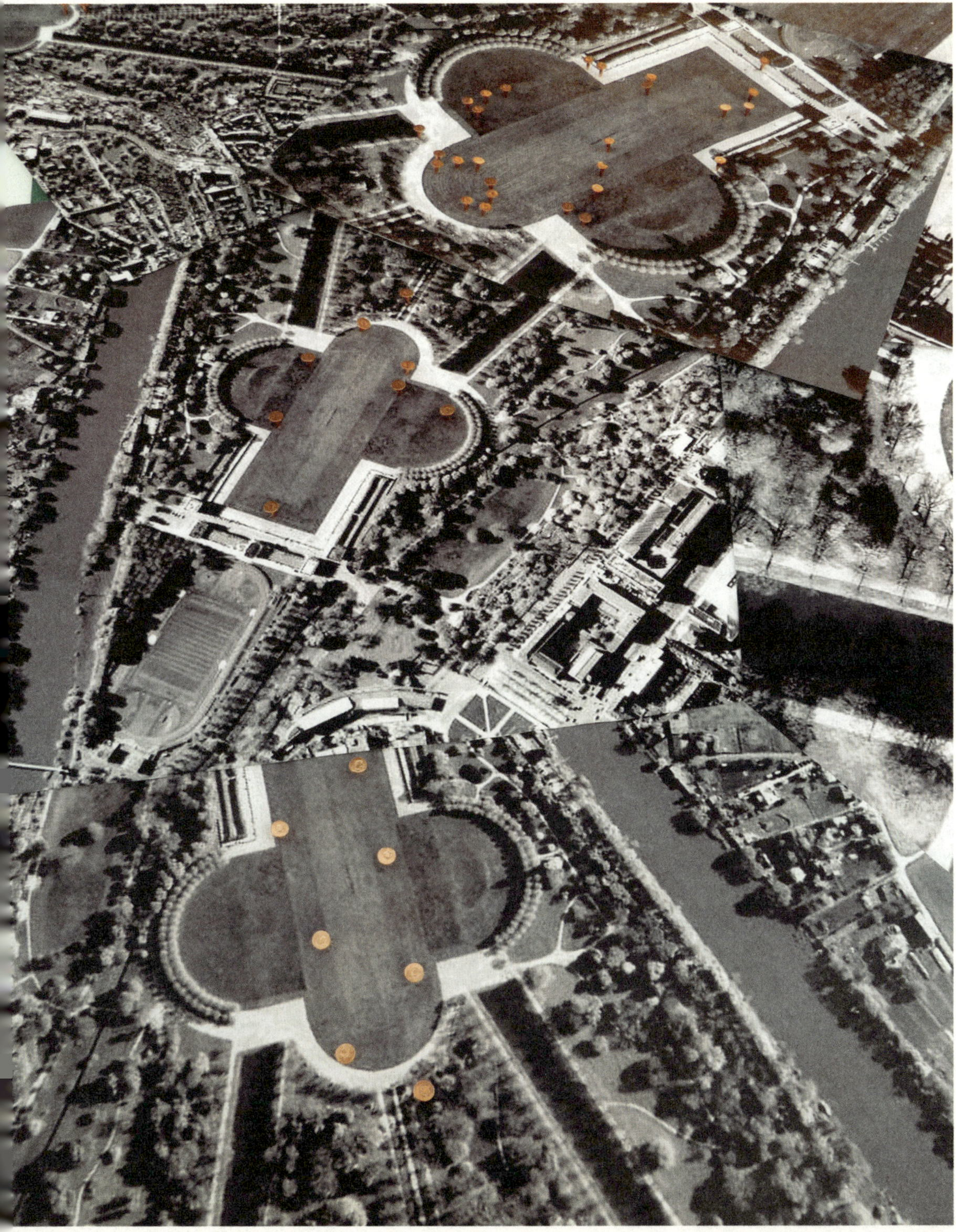

Marcos Lutyens und / and Raimundas Malašauskas, featuring Sissel Tolaas

geb. / b. 1964 in London
lebt / lives in Los Angeles

geb. / b. 1973 in Vilnius
lebt / lives in Paris

geb. / b. 1961 in Stavanger (Norwegen / Norway)
lebt / lives in Berlin

»Dreaming and drifting, träumen und sich treiben lassen …« – Sie ergeben sich Marcos Lutyens' Stimme; »dreaming and drifting, träumen und sich treiben lassen …« – und so folgen Sie ihm auf dem Pfad seiner Worte. Sie versinken in hellwacher Schläfrigkeit in diese Worte, diese schweren, durchscheinenden, gerundeten Worte, in denen vermeintliche Gegensätze einander nicht länger ausschließen. Das Scharfe ist trübe, das Schnelle langsam, das Ferne nah. Gerechtigkeit herrscht allüberall, die Wahrheit wird nirgends verfälscht, dem Leben fehlt es nie an Freude. Unsere Welt durch die Kraft der Einbildung zu erneuern, es scheint klar und machbar. Sie befinden sich in einer der Sitzungen der Hypnotischen Show, einer Ausstellung, die nur in ihrem Geist stattfindet. Hypnose versetzt sie dorthin. In der Hypnotischen Schau dient nicht das Gehirn des Künstlers als Hort der Kreativität – sondern Ihres. Und wie es sich bei hypnotischen Zuständen gehört, ist die Scheidung zwischen dem, was sich in Ihrem Denken abspielt, und dem, was draußen liegt, aufgehoben. Wie bei einem Möbiusband ist innen zugleich außen – eine Zeit der Verwandlung.

Lutyens ist der Zeremonienmeister der Hypnotischen Schau, ein *hypnoteur*, wie er im CAPC in Bordeaux genannt wurde, wo ich die Ausstellung zum ersten Mal kuratierte. Dort versammelten wir verschiedene Szenarien hypnotischer Erfahrung, wie Künstler sie darstellten. Am selben Abend hypnotisierte Lutyens über Skype neun raelistische Bischöfe in Las Vegas. Sein Ziel war es, sie dazu zu ermuntern, visuelle Schemata, die sie vor ihrem inneren Auge sahen, zu zeichnen, um sie dann durch Extrusion in Skulpturen und Installationen umzusetzen, die die Besucher von allen Seiten betrachten und betreten würden. Lutyens ist überzeugt davon, dass es Gestalten gibt, die die Grenze zwischen Bewusstsein und Unbewusstem übertreten, und hartnäckig auf der Suche nach ihnen. Diese Gestalten spielen in weniger verdrängte Formen der Wahrnehmung hinein. Kürzlich arbeitete er mit einer Gruppe von Mitgliedern eines dritten Geschlechts namens Muxhe zusammen, die zu den Zapotec-Kulturen im südlichen Mexiko gehören. Mittels eines hypnotischen Prozesses wurden Gedankengestalten, die mit Archetypen von Familie, Zuhause und Umgebung zusammenhingen, in große Feuerwerksskulpturen übersetzt, die dann als Höhepunkt eines Umzugs durch die Straßen von Oaxaca abgebrannt wurden.

Neben physischen und geistigen Feuerwerken arbeitet Lutyens an Architekturen und immersiven Ambientes am Zusammenfluss von Zeit, Geist, Körper und Erzählung. Für die dOCUMENTA (13) präsentiert er einen speziellen Pavillon in der Karlsaue, der die Untrennbarkeit von Bewusstem und Unbewusstem zum Ausdruck bringt. Dort werden Hypnosesitzungen unter vier Augen veranstaltet. Eine geruchliche Dimension, die die Duftforscherin und Künstlerin Sissel Tolaas geschaffen hat, entfaltet sich dabei.

"Dreaming and drifting, dreaming and drifting . . ."—you follow Marcos Lutyens' voice; "Dreaming and drifting, dreaming and drifting . . ."—he moves you along the path of words. You sink in lucid somnolence into these words, heavy, translucent, rounded, where supposed oppositions no longer exclude each other. Sharp is opaque, fast is slow, distant is close. Justice is everywhere, truth is never falsified, life is never short of joy. A new imagination of our world seems clear and doable. You are in one of the sessions of the Hypnotic Show, an exhibition that takes place in your mind only. Hypnosis brings you there. In the Hypnotic Show it is not the artist's brain that serves as the site of creativity—it is yours. And as hypnotic states imply, the division between what is inside your mind and what is outside it is abolished. As with a Möbius strip, inside is outside at the same time—a time of transformation.

Lutyens is the Hypnotic Show's master of ceremonies, a *hypnoteur* as he was called at the CAPC in Bordeaux, where I first curated the show. There, we brought together several scenarios of hypnotic experience suggested by artists. That same night, Lutyens hypnotized nine Raëlian bishops in Las Vegas via Skype. His aim was to encourage them to draw visual schemata that they saw in their minds, which would then be extruded into sculptures and installations that visitors could walk within and around. Convinced of the existence of forms that trespass the division between the conscious and unconscious mind, Lutyens relentlessly searches for them. These forms key into less repressed ways of sensing. Recently, he worked with a group of third-gender people known as the Muxhe, part of the Zapotec cultures of southern Mexico. Through a process of hypnosis, thought-forms relating to archetypes of family, home, and surroundings were translated into large-scale firework sculptures and set off at the culmination of a procession through the streets of Oaxaca.

Besides physical and mental fireworks, Lutyens builds architecture and immersive environments at the convergence of time, mind, body, and narrative. For dOCUMENTA (13), he presents a special pavilion in the Karlsaue park that reflects the indivisibility of the conscious and the unconscious. One-to-one Hypnotic Show sessions will be conducted there. An olfactory dimension created by the smell researcher and artist Sissel Tolaas unfolds throughout it. RM

***Hypnotic Show Score*, 2012**

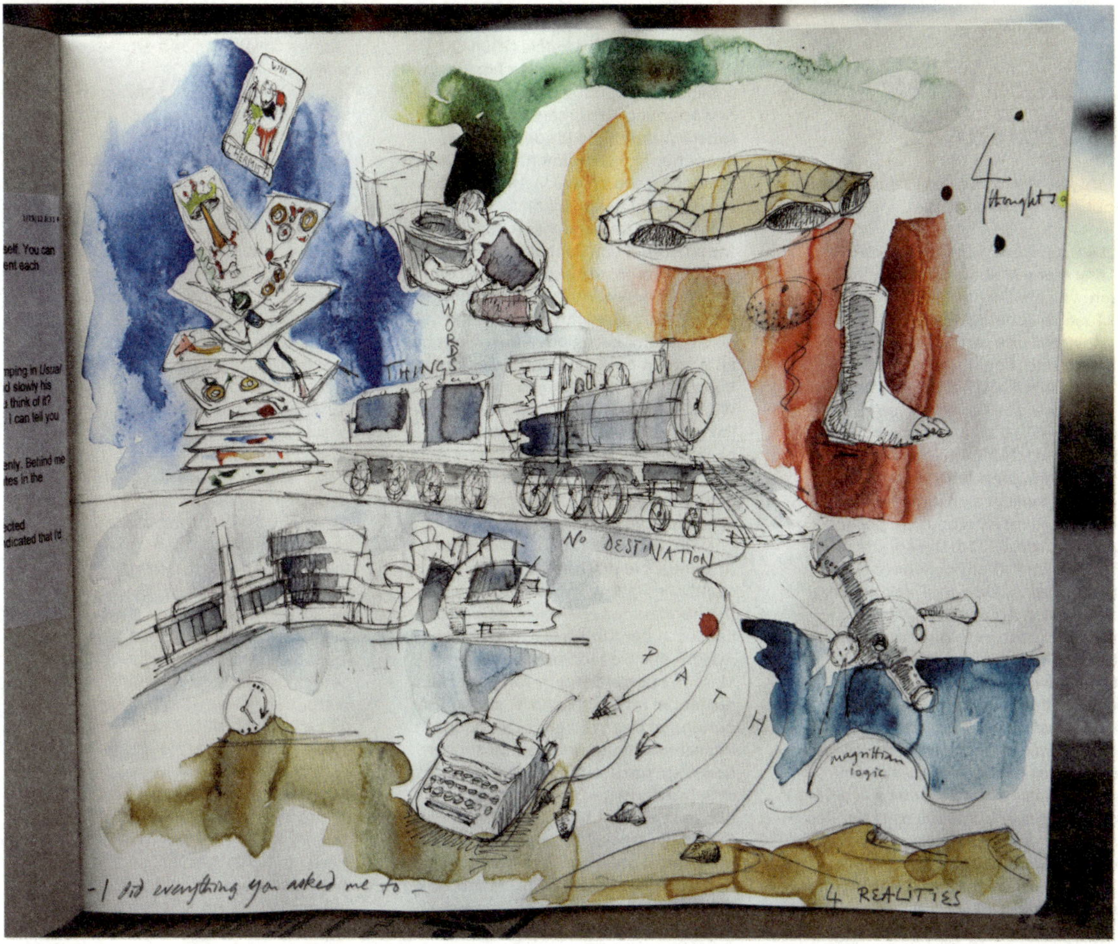

HERMIT
WORDS
THINGS
4 thoughts
NO DESTINATION
PATH
magrittan logic
- I did everything you asked me to -
4 REALITIES

Anna Maria Maiolino

geb. / b. 1942 in Scalea (Italien / Italy)
lebt / lives in São Paulo

Das Grundthema in den Werken von Anna Maria Maiolino, die in einer Vielzahl von Medien und Materialien arbeitet – Tusche, Tonerde, Film, Performance –, sind Kreisläufe von Schöpfung und Zerstörung. Seit ihrer Ankunft in Brasilien im Jahr 1960 hat die Künstlerin eine so formale wie subjektive, so körperliche wie abstrakte Sprache entwickelt. In einem fortwährend neue Verbindungen knüpfenden Verwandlungsprozess bewegt sich ihr Werk zwischen Dichotomien: innen/außen, positiv/negativ, Leben/Tod. Die Kulturanalytikerin Griselda Pollock schreibt in ihrem Essay »Being, Making, Thinking: Encounters in Art as Life« (2010): »Zutiefst politisch in seinem Verhältnis zur menschlichen und materiellen Welt, trägt Anna Maria Maiolinos Projekt zu einer zeitgenössischen Philosophie und einer postformalistischen Ästhetik bei, die die Scheidelinie zwischen Repräsentation und Abstraktion verschieben, um anzudeuten, dass Kunst *sowohl* Gedanke *als auch* Affekt *jenseits der Repräsentation* ist, dass sie also auf der Seite des Lebens, nicht des Todes steht.«

Vom 1928 verfassten *Anthropophagischen Manifest* des brasilianischen Schriftstellers und Revolutionärs Oswald de Andrade inspiriert, setzen sich viele von Maiolinos Arbeiten mit dem Begriff des »kulturellen Kannibalismus« auseinander. Ihr Film *In-Out (Anthropophagy)* (1973) besteht in einem stummen Dialog zwischen einem weiblichen und einem männlichen Mund, der eine Reihe von Themen anspricht, von der Zensur durch die brasilianische Militärdiktatur bis hin zur Stellung von Künstlerinnen. Das in *In-Out* aus dem offenen Mund herauskommende Ei, Symbol des Werdens und der Zerbrechlichkeit, ist ein in Maiolinos Filmen und Performances häufig auftretendes Motiv. In *Entrevidas* (1981) waren die Zuschauer aufgefordert, einen Hindernisparcours aus Eiern auf einer gepflasterten Straße in Rio de Janeiro zu absolvieren, um das Gefühl der Unsicherheit und Gefahr zu erleben, die diesen prekären Augenblick zwischen Diktatur und Demokratie in der Geschichte Brasiliens auszeichneten.

Ein typisches Merkmal von Maiolinos Arbeiten seit den 1990er Jahren ist der Einsatz großer Mengen von Tonerde, so in der Reihe *Terra Modela* (1994–2010). Ihre Installationen aus gleichen oder verschiedenen, durch wiederholte Handbewegungen – »primäre körperliche Arbeit«/»durch die tätigen Hände« – gekneteten und rudimentär gestalteten Formen lassen an das in Alltagsgegenständen und belanglosen Gesten pulsierende Leben denken. Riesige Ansammlungen von Tonbatzen oder länglichen Formen, die ausgestreckt, eingerollt oder wie Würmer gekrümmt zu Haufen aufgeschichtet, ordentlich auf Tischen oder dem Boden ausgelegt oder an Wänden befestigt sind, wecken die Vorstellung von Nahrungsmitteln – Würsten, Brot, Nudeln –, aber auch von Fäkalien. Die aus ungebranntem Ton hergestellten primitiven Formen richten sich eher an den Tastsinn denn an das Sehvermögen und sind zugleich zerbrechlich und vergänglich.

***HERE & THERE* (2012), Maiolinos Arbeit für die dOCUMENTA (13), nimmt sämtliche Räume vom Keller bis zum Dachboden des ehemaligen Gärtnerhauses in der Karlsaue wie auch das Äußere des Gebäudes in Beschlag. Massen aus geformtem Ton bedecken die Möbel im Erdgeschoss, in den Türöffnungen des ersten Stocks versperren Pflanzensammlungen dem Besucher den Weg; dazu verwandeln Gedichte in Schriftform und Sound das Gebäude in ein alle Sinne ansprechendes Gesamtkunstwerk. Das Haus, in sechs Abschnitte geteilt, die für verschiedene Sphären stehen – etwa *das tätige Wesen, der abwesende Körper, gefundene Erinnerungen* –, wird so zu einem Ort, an dem Vorstellungen von Verkörperung und Entkörperlichung als Bedingungen des modernen Lebens und der zeitgenössischen künstlerischen Produktion hinterfragt werden.**

Working in a multiplicity of media and materials—ink, clay, film, performance—Anna Maria Maiolino is fundamentally concerned with cycles of creation and destruction. Since 1960, when she arrived in Brazil, she has developed a language that is formal and subjective, bodily and abstract. In a constantly reconnecting process of transformation, her work moves between dichotomies: in/out, positive/negative, life/death. As cultural analyst Griselda Pollock writes in her essay "Being, Making, Thinking: Encounters in Art as Life" (2010): "Deeply political in its relation to the human and material world, Anna Maria Maiolino's project participates in contemporary philosophy and post-formalist aesthetics that displace the representational/abstraction divide, to suggest art is both thought *and* affect *beyond representation*, that is, therefore, on the side of life, not death."

Inspired by Brazilian writer and revolutionary Oswald de Andrade's *Anthropophagous Manifesto* from 1928, many of Maiolino's works deal with the concept of "cultural cannibalism." Her film *In-Out (Anthropophagy)* (1973) is a silent dialogue between a female and a male mouth, addressing issues ranging from censorship imposed by the military dictatorship in Brazil to the position of women artists. Protruding from the open mouth in *In-Out*, the egg, symbol of becoming and precariousness, is a recurring motif in Maiolino's films and performances. In *Entrevidas* (1981), spectators were asked to cross an obstacle course of eggs on a cobblestone street in Rio de Janeiro to experience the feeling of uncertainty and risk at that fragile moment between dictatorship and democracy in Brazilian history.

A trademark of Maiolino's work since the 1990s is the excessive use of clay, as in the series *Terra Modela* (1994–2010). Her installations of rudimentary, equal or differing forms kneaded and molded through repetitive hand movements—"primal physical work"/"by the doing hands"—evoke the pulse of life in everyday objects and insignificant gestures. Vast accumulations of clay chunks or elongated forms, straight, curled up, or warped like worms, piled up or neatly laid out on tables, on the floor, or attached to walls, they evoke food—sausages, bread, pasta—as well as bodily waste products. Made of unfired clay, these primitive forms appeal to the tactile rather than the visual sense, while at the same time being fragile and ephemeral.

HERE & THERE (2012) for dOCUMENTA (13) occupies all rooms from basement to attic, inside and outside, of the former gardener's house in the Karlsaue park. Masses of modeled clay covering the furniture on the ground floor, plants accumulated in the doorways of the first floor preventing the visitor from entering the rooms, as well as written poetry and sound, turn the building into a multisensory *Gesamtkunstwerk*. Divided into six sections that represent different spheres—*the operative being, the absent body, found memory*, etc.—the house becomes a place for questioning concepts of embodiment and disembodiment as conditions of contemporary life and artistic production. ES

" If no one asks me,
I know: if I wish
to explain it to one
that asketh,
I know not. "

St. Augustine

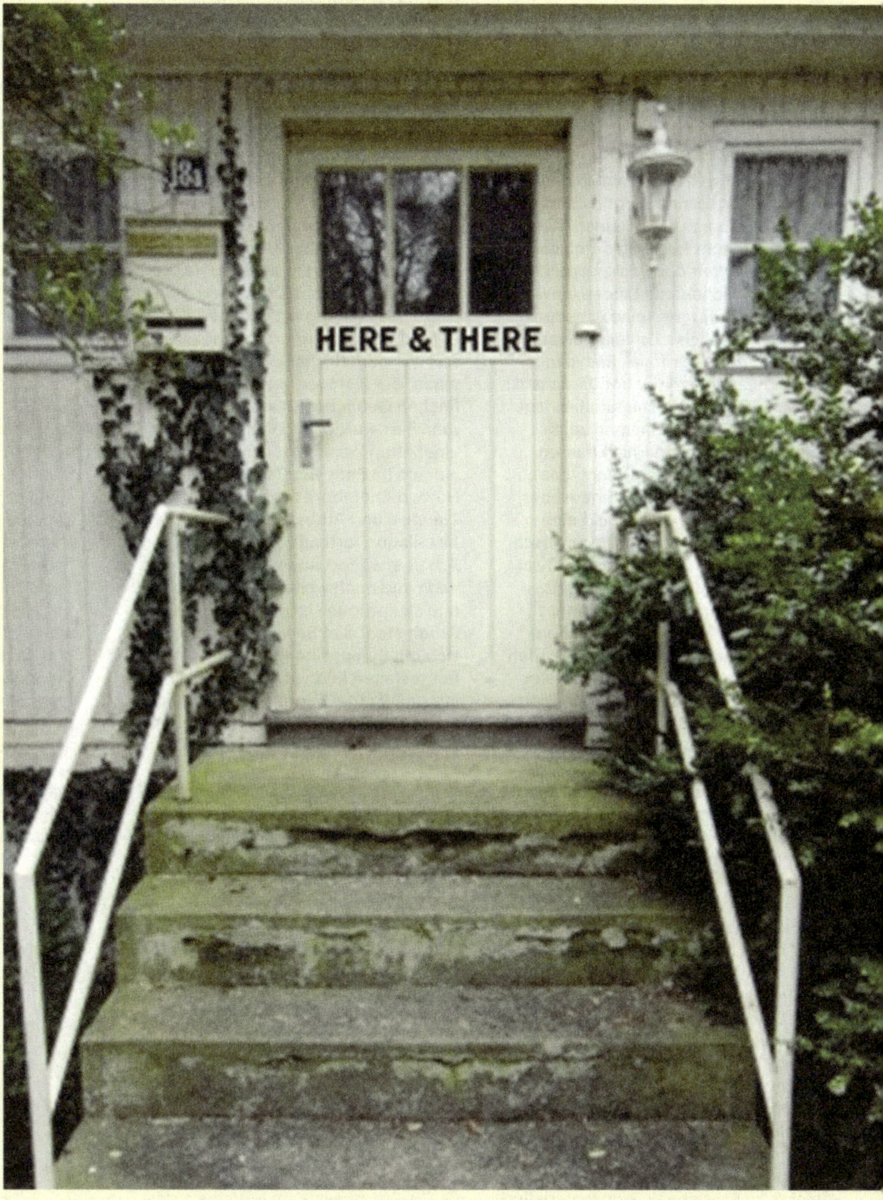

Entrance of the house where the project of the artist Anna Maria Maiolino: Here & There is presented, 2012. Address: Auedamm 18a, 34121 Kassel, Germany.

Sounds: Special guest artists Sandra Lessa and Tânia Piffer
Sound editing: Mateus Pires and Anna Maria Maiolino
Clay installation: Special guest Marc Vidal Vilaprinyó

Gareth Moore

geb. / b. 1975 in Matsqui (British Columbia, Kanada / Canada)
lebt / lives in Kassel

Das Umherschweifen, Sammeln und Wiederverwerten sind Kernbestandteile von Gareth Moores Kunst, einer Pilgerreise mit offenem Ausgang durch die wundersame Welt der wenig beachteten Dinge. Als bescheidene Etüden im Wirtschaften hinterfragen seine Arbeiten auf subversive Weise Konsumgewohnheiten und den Begriff des Recyclings. Als Geschichtenerzähler und Jäger und Sammler von visuellen Materialien legt Moore einen ungefähren raumzeitlichen Rahmen fest, innerhalb dessen er nach Weggeworfenem sucht, das er bergen, verwandeln und in poetischer Form wiederverwenden kann. Seine Methodik ist in der Regel ortsspezifisch, prozessorientiert und »bewohnt«. Zwar liegt seinen Plastiken und Installationen stets ein performatives Moment zugrunde, aber die Grenze zwischen Performance und dem wirklichen Leben verschwimmt oftmals, vor allem wenn er ein Projekt über längere Zeit fortsetzt. Für *St. George Marsh* (2005–2006) betrieb er gemeinsam mit Jake Gleeson in Vancouver einen kleinen Eckladen, der zugleich ein Museum war. Kaufen konnte man dort ein Sammelsurium von Dingen wie exotische Softdrinks, Stöcke, Steine und defekte Unterhaltungselektronik; außerdem gab es Bücher umsonst und eine Ausstellung von Sachen, die nicht zu verkaufen waren.

Für *Uncertain Pilgrimage* (2006–2007) machte sich Moore ohne festgelegte Route zu einer einjährigen Reise durch Europa und Nordamerika auf, in deren Verlauf er lose miteinander verbundene Schilderungen gelegentlicher Begegnungen sammelte. Seine Absicht war, »verschiedene Orte, Objekte und Menschen zu besuchen und die sich ergebenden Interaktionen zu untersuchen, um eine Art skulpturaler Geschichte zu schreiben«. Zum materiellen Ergebnis der Kontakte, die er unterwegs knüpfte, zählten Texte, Zeichnungen, Videos und Fotografien, aber auch Plastiken und improvisierte Werkzeuge, die er aus gefundenen Objekten und Naturdingen herstellte – manche waren benutzbar oder wurden sogar benutzt, wie der maßgeschneiderte Wollanzug, den er während der gesamten Reise trug; andere dagegen wählte er anscheinend nur wegen der Schönheit ihrer Begegnung aus, ähnlich den Gegenständen in Lautréamonts surrealistischem »zufälligem Zusammentreffen einer Nähmaschine und eines Regenschirms auf einem Seziertisch«.

Für die dOCUMENTA (13) arbeitet Moore seit dem Frühjahr 2010 an einer neuen Installation unter freiem Himmel, die er auch bewohnt. Inspiriert von den permanenten Assemblagen von Künstlern wie Noah Purifoy, Kurt Schwitters und Maud Lewis, nahm er eine abgelegene Ecke auf dem Gelände der Parkpflegeeinrichtung in der Kasseler Karlsaue in Beschlag und baute dort eine Hütte aus ausrangierten Materialien, die er fand oder kaufte – darunter zwei Fenster aus dem Brüder Grimm-Museum, einem der wenigen verbliebenen historischen Gebäude in Kassel, das gerade renoviert wurde, und das Gehäuse einer alten Waschmaschine, die jemand einfach im Park abgeladen hatte. Diese Hütte dient Moore als provisorisches Zuhause und Atelier, während er die Installation fortlaufend in eigenhändiger Arbeit erweitert und verändert, indem er nach und nach weitere Nebengebäude und skulpturale Formen hinzufügt. Die Arbeit steht den Besuchern offen, die sich mit ihr auseinandersetzen und sie mitgestalten können, und ist so ein in stetem Wandel begriffenes öffentlich-privates Environment, ein Mikrokosmos sich vermischender Erzählungen.

Wandering, collecting, and recycling are core elements in Gareth Moore's work, which is an open-ended pilgrimage to the wondrous world of disregarded things. Humble exercises in economics, his works subversively examine habits of consumerism and the concept of recycling. A visual hunter-gatherer and storyteller, Moore sets up a vague time-space frame in which to look out for discarded items that can be salvaged, transformed, and poetically reused. His methodology is often site-specific, process oriented, and "lived in." Though his sculptures and installations always have a performative aspect, the line between performance and real life often blurs, especially when a project goes on for a long time. In *St. George Marsh* (2005–06), he ran a small corner shop-*cum*-museum in Vancouver together with collaborator Jake Gleeson. It sold an eclectic mix of items, from exotic sodas to sticks and rocks and broken media equipment, while also providing free books and displaying things that were not for sale.

For *Uncertain Pilgrimage* (2006–07), Moore embarked on a one-year journey through Europe and North America without a predetermined route, during which he fabricated a loose narrative of peripheral encounters. The intention was "to visit and investigate the ensuing interactions with a number of places, objects and people in an attempt to write a kind of sculptural story." The physical outcome of the connections he made along the way included texts, drawings, videos, and photographs, as well as sculptures and makeshift tools fashioned from found objects and natural things—some of which could be used, or have been used, like the custom-made wool suit that he wore throughout the journey, others apparently picked simply for the beauty of encounter, like the objects in Lautréamont's Surrealist "chance encounter of a sewing machine and an umbrella on an operating table."

For dOCUMENTA (13), Moore has been working on and living in a new outdoor installation since spring 2010. Inspired by the durational assemblages of artists such as Noah Purifoy, Kurt Schwitters, and Maud Lewis, he claimed a remote spot in the maintenance compound of Kassel's Karlsaue park, where he has built a shed from discarded material that he found or acquired—for instance, two windows from the Brothers Grimm Museum, one of the few remaining historic buildings in Kassel, which was renovated during that time, and siding from an old washing machine dumped in the park. Using the shed as his temporary home and studio, Moore continually extends and transforms the installation with various self-sustaining activities, slowly adding outbuildings and sculptural forms. Open to visitors to engage and interact with, the work is a public-private environment in flux, a microcosmos of intermingling narratives. ES

LODGING AVAILABLE

Reasonable Rates

(Bartering Welcome)

Dry rooms,
Cooking facilities, Potable water,
Luggage storage, Outhouse, Laundry services,
Hot showers, mail services

ALSO ON PREMISES;
Bike & shoe rental, Kiosk, Local Museum,
Outdoor cinema, Apothecary, Sports facilities,
Peaceful garden, inter-spiritual temple,
Cold drinks

Maximum 3 nights stay

Auedamm 24
34121 Kassel
Deutschland

auedamm24 @
gmail.com

COUPON

Good for 1 FREE:

Hot shower OR Coffee
OR Morning Whiskey
OR Beans on toast

* Valid with minimum 1 night lodging on premises

Christian Philipp Müller

geb. / b. 1957 in Biel (Schweiz / Switzerland)
lebt / lives in Berlin und / and Kassel

In seinen Performances, Installationen und öffentlichen Kunstwerken untersucht Christian Philipp Müller kritisch die Bedingungen künstlerischer Produktion im Verhältnis zu ihren wirtschaftlichen, historischen und politischen Kontexten und zum gesellschaftlichen, kulturellen und natürlichen Umfeld. Seine recherchebasierten Projekte hinterfragen Ortsspezifik und mobilisieren geschichtliche Tatsachen, um neue Erzählungen hervorzubringen.

Müllers Arbeit für die documenta X kommentierte die Umgestaltung des Friedrichsplatzes, bei der Raum für eine Tiefgarage geschaffen wurde, ohne die Anordnung zweier dauerhaft installierter documenta-Kunstwerke zu berücksichtigen – der Sandsteinplatte, die den Ort von Walter De Marias *Vertikalem Erdkilometer* (1977) bezeichnet und jetzt wie aus der Platzmitte verrutscht wirkt, und der zuerst und der zuletzt gepflanzten der *7000 Eichen* (1982–1987) von Joseph Beuys. In seiner Installation machte Müller diese Unregelmäßigkeit sichtbar und positionierte seinen eigenen Beitrag, indem er im Wortsinn einen *Balanceakt* (1997) zwischen den Arbeiten von Beuys und De Maria vollzog.

Als er 2006 die Einladung erhielt, eine Arbeit für den Barockgarten der Benediktinerabtei Stift Melk in Österreich zu schaffen, errichtete Müller *Die neue Welt*, eine Skulptur mit Pflanzen, die Themen rund um Wandel, Austausch und Geschmack anhand verschiedener in der Klosterbibliothek gefundener Geschichten über den Ursprung und die Verwendung aus Übersee eingeführter Früchte und Gemüse erkundete. Inspiriert von den Fresken im Lustpavillon der Abtei, die eine paradiesische neue Welt zeigen, übersetzte Müller deren barocken Überfluss in eine dreidimensionale Insel, eine lebendige und sich stetig erneuernde Skulptur, die in einem Stahlbecken auf einem Betonsockel im rechteckigen Teich des Gartens installiert ist. Das Video *Die Neue Welt 18.08.2010* (2010) wird im Ottoneum in Kassel gezeigt.

Für *Mangold-Fähre (Der Russe kommt nicht mehr über die Fulda)* (2012) pflanzte Müller verschiedene Arten von farbigem Mangold (*Beta vulgaris*) in Kähnen an, die auf dem Küchengraben, einem der Kanäle in der Karlsaue nahe der Kasseler Kunstakademie, schwimmen. Diese »Kähne« sind Baueinheiten aus standardisierten Pontons, die vom Technischen Hilfswerk angemietet wurden; in ihrer unscheinbaren Ästhetik verweisen sie auf Gerätschaften, die nach Unglücken zum Einsatz kommen, wie auch auf das Boot, mit dem bis in die 1950er Jahre Besucher zur nahegelegenen Insel Siebenbergen gelangten. Als metaphorische Brücke zwischen verschiedenen Bereichen – Bildung und Vergnügen – verbindet die hybride und mobile Skulptur minimalistische Hochtechnologie mit der bunten Vielfalt eines Küchengemüses. Das in Zusammenarbeit mit dem Institut für Ökologische Agrarwirtschaften der Universität Kassel in Witzenhausen verwirklichte Projekt bezieht auch die Besucher ein, die eingeladen sind, den Mangold zu probieren sowie am 28. Juli und 15. September die Pontons als Brücke über den Kanal zu benutzen. Als ein natürliches System steht die Arbeit in Bezug zu anderen für die dOCUMENTA (13) entwickelten Projekten, die sich mit Fragen der Landwirtschaft, des Anbaus und der Ernte von Nahrungsmitteln, mit Erde und ökologischen Kreisläufen befassen.

In his performances, installations, and public artworks, Christian Philipp Müller critically examines the conditions of artistic production in relation to its economic, historical, and political context and the social, cultural, and natural environment. His research-based projects question site-specificity, bringing forward historical facts to create new narratives.

Müller's work for documenta X commented on the restructuring of the Friedrichsplatz to accommodate an underground car park without taking into account the positioning of two permanent documenta artworks—the sandstone plinth that marks Walter De Maria's *Vertical Earth Kilometer* (1977), which is now awkwardly off-center, and the first and last planting of Joseph Beuys' *7000 Oaks* (1982–87). In his installation, Müller made this irregularity visible, and positioned his own contribution by literally performing *A Balancing Act* (1997) between the works of Beuys and De Maria.

Invited to create a work for the Baroque garden of the Benedictine abbey Stift Melk in Austria in 2006, Müller erected *The New World*, a sculpture made with plants that explored themes of change, exchange, and taste according to various stories found in the monastic library about the origin and usage of fruit and vegetables imported from overseas. Inspired by the fresco paintings in the abbey's Pleasure Pavilion, depicting a paradisiacal New World, Müller translated the Baroque opulence into a three-dimensional island, a living, self-renewing sculpture installed in a steel basin placed on a concrete pedestal in the garden's rectangular pond. The video *The New World 18.08.2010* (2010) will be shown in the Ottoneum in Kassel.

For *Swiss Chard Ferry (The Russians aren't going to make it across the Fulda anymore)* (2012), Müller planted varieties of colorful chard (*Beta vulgaris*) in floating barges on the Küchengraben, one of the canals in the Karlsaue park near Kassel's art academy. The "barges" are units made of standard pontoons rented from the THW (the German technical-relief organization), their vernacular aesthetic referring to post-disaster devices, as well as to the boat that ferried visitors to nearby Siebenbergen island until the 1950s. A metaphoric bridge between different realms—education and pleasure—the hybrid mobile sculpture combines minimal high technology with a colorful array of edible vegetables. Realized in cooperation with the Department of Organic Agricultural Sciences of the University of Kassel in Witzenhausen, the project also involves the participation of visitors, who are invited to taste the chard, as well as to use the pontoons as a bridge to cross the canal on July 28 and September 15. A natural system in itself, the work relates to other projects developed for dOCUMENTA (13), which involve aspects of farming, growing, and harvesting food, soil, and ecological cycles. ES

***The New World*, 2010 (Detail / detail)**
Benediktinerabtei Stift Melk, Österreich / Benedictine abbey Stift Melk, Austria
Stahl, Zementfundament, Erde, saisonale Bepflanzung / Steel, cement base, soil, seasonal plantings
68.6 × 764.5 × 233.7 cm

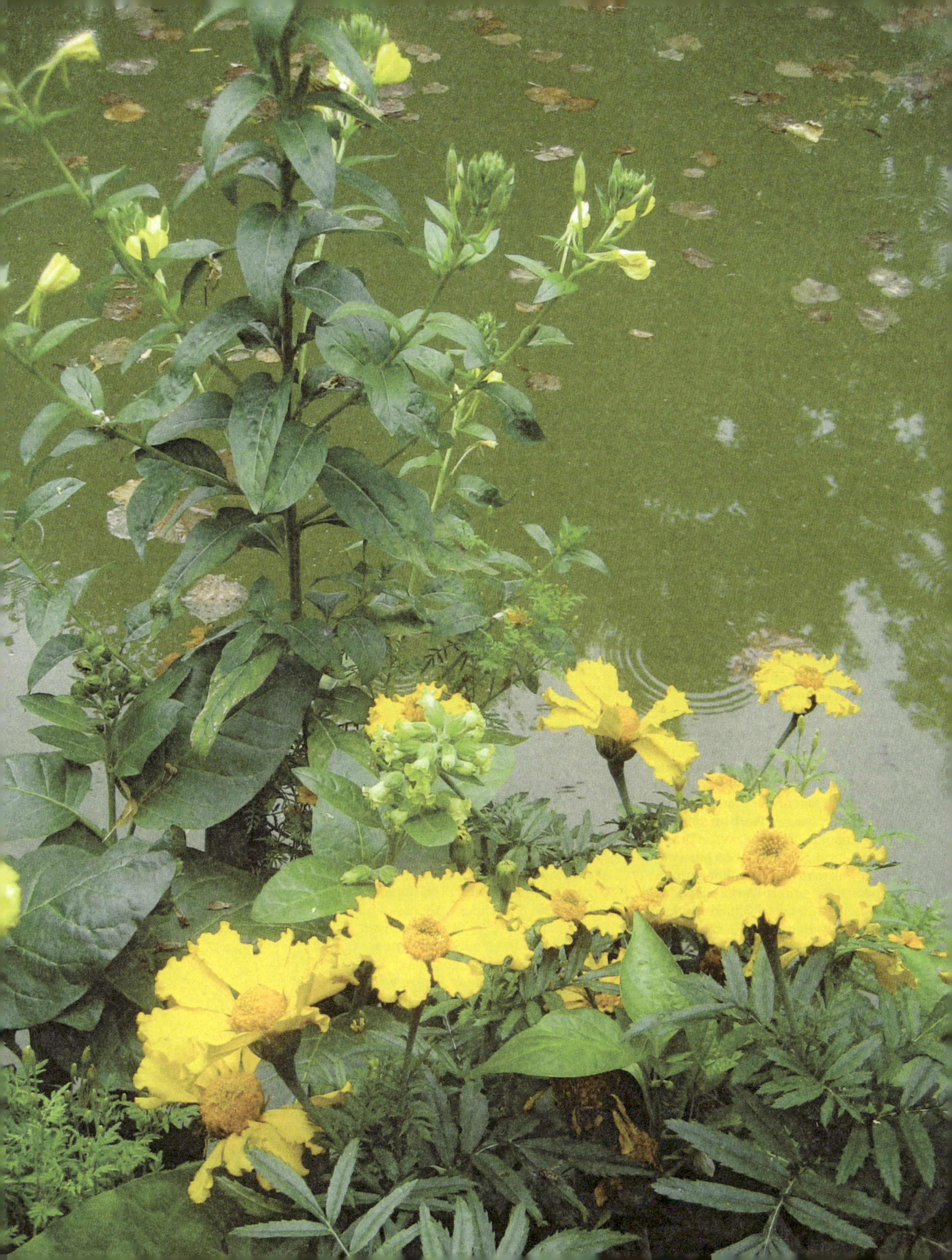

Shinro Ohtake

geb. / b. 1955 in Tokio / Tokyo
lebt / lives in Uwajima (Japan)

Shinro Ohtake hat eine neue Bildsprache in der zeitgenössischen japanischen Kunst entwickelt, die auf die Bilder der Massenmedien, die Untergrund-Musikkultur und das städtische Umfeld reagiert. Zu seinen breitgefächerten Unternehmungen gehören das Schreiben, Noise-Musik und mehrere Architekturprojekte. Er führt Alltagsmaterialien wie Neonschilder, Plakate, Fotos und Bildmaterial aus verschiedenen Veröffentlichungen, Produkten, Ländern und Zeiten sowie Weggeworfenes einer neuen Verwendung zu, indem er diese Gegenstände zu Assemblagen zusammenstellt, die die intensiven körperlichen und zeitlichen Prozesse thematisieren, die beeinflussen, wie wir Dinge wahrnehmen, verstehen und in Erinnerung behalten. Diese Herangehensweise hat ihre Wurzeln in seinen *Scrapbooks*, einer Reihe, die seit 1977 angewachsen ist auf nunmehr 67 Alben voll mit Ausschnitten aus alten Comics, Verpackungsmaterialien und anderen Ephemera, kombiniert mit Karten, Eintrittskarten, Handzetteln, CDs, Zeitungsausschnitten und Fotos. Diese Materialien arbeitet er im weiteren Verlauf in seine Zeichnungen und Gemälde ein, so dass seine Alben sich in plastische Objekte verwandeln.

Ohtake zeigte seine ersten Einzelausstellungen in den frühen 1980er Jahren in Tokio; 1985 war er der erste japanische Künstler, dessen Werk im Institute of Contemporary Arts in London präsentiert wurde. Seither haben Museen in Tokio, Fukuoka und Hiroshima große Retrospektiven seines Werks ausgerichtet. Im Jahr 2009 schuf Ohtake ein funktionstüchtiges Badehaus für die Benesse Art Site in Naoshima, ein Architekturprojekt, das seine Praxis der Verbindung von vorgefundenen Materialien, Malerei und Zeichnung in vielschichtigen, eindringlichen Kompositionen zur Erfahrung eines ganzen Environments erweitert.

Die in der Kasseler Karlsaue errichtete Arbeit *MON CHERI: A Self-Portrait as a Scrapped Shed* (2012) bezieht ihren Titel von einem wegen Geschäftsaufgabe geschlossenen Schnellimbiss in Uwajima, dessen Neonschild Ohtake vor zehn Jahren fand. Die Arbeit untersucht die Behausung als Porträt, indem eine vorgefertigte Hütte um Objekte und Materialien ergänzt wird, die der Künstler in verschiedenen Ländern aufgelesen hat. Im Mittelpunkt des Projekts stehen ein riesiges Sammelalbum, das sein Lebenswerk darstellt, und eine Reihe von Geräuschen, die er im Laufe eines Jahres aufgenommen hat und die nun durch die Bewegungen von Menschen außerhalb des Raums aktiviert werden. Als Mechanismus, der eine unmerkliche Verwandlung in mehreren Stadien durchläuft, lässt die Struktur der Hütte an den Körper denken; beide assimilieren manche Materialien und stoßen andere ab, wie wir Erinnerungen aus unserer Vergangenheit bewahren und uns von anderen trennen. Der durch seine an ein Sammelalbum erinnernde Gestalt und die verschiedenen Klangfragmente dynamisierte Raum funktioniert als lebendiges Selbstporträt nicht nur des Künstlers, sondern auch der Besucher, die ihn erleben. Die Installation spiegelt die Situation des Menschen im 21. Jahrhundert wider, indem sie die Triebe und Unsicherheiten veranschaulicht, die unsere materielle Welt prägen, wie auch die fortwährenden Aushandlungsprozesse zwischen unseren Hoffnungen für die Zukunft und den Kompromissen, die die Wirklichkeit verlangt.

Shinro Ohtake has developed a new visual language in Japanese contemporary art that responds to mass-media imagery, underground music culture, and the urban environment. His diverse activities include writing, noise music, and several architectural projects. Recycling everyday materials like neon signs, posters, photos, and images from various publications, products, countries, and eras, as well as other discarded items, he organizes them into assemblages that address the intense physical and temporal processes that affect how things are perceived, understood, and remembered. This approach is rooted in his *Scrapbooks*, a series begun in 1977 that now comprises sixty-seven books filled with cutouts from vintage comics, packaging materials, and other ephemera that he edits together with maps, ticket stubs, flyers, CDs, newspaper clippings, and photographs. He subsequently integrates these with drawings and paintings, transforming the books into sculptural objects.

Ohtake had his first solo shows in Tokyo in the early 1980s, and in 1985 was the first Japanese artist to show at the Institute of Contemporary Arts in London. He has since presented major retrospectives in Tokyo, Fukuoka, and Hiroshima. In 2009, Ohtake created a functioning bathhouse for the Benesse Art Site in Naoshima, an architectural project that expands his practice of combining found materials, painting, and drawing in multilayered, engrossing compositions into an experience of a whole environment.

Located in Kassel's Karlsaue park, *MON CHERI: A Self-Portrait as a Scrapped Shed* (2012) takes its title from an out-of-business snack bar in Uwajima, whose neon sign Ohtake found ten years ago. This piece explores habitation as a portrait by attaching onto a pre-fabricated shed objects and materials accumulated in different countries. At the core of the project are a huge scrapbook representing his life's work and a series of sounds collected over the course of a year that are activated by the movement of people outside the space. A mechanism undergoing multiple stages of imperceptible mutation, the shed structure is suggestive of the body, both accumulating and shedding diverse materials in the same way that we preserve and jettison memories from our pasts. Activated by its scrapbook-like character and the different fragments of sounds, this dynamic space operates as a living self-portrait, not only of the artist but also of the visitors who experience it. The installation reflects the conditions of humanity in the twenty-first century, making visible the drives and insecurities that shape our material world, and the constant negotiation between our hopes for the future and the compromises demanded by reality. SK

Skizze für / Sketch for *MON CHERI: A Self-Portrait as a Scrapped Shed*, 2012

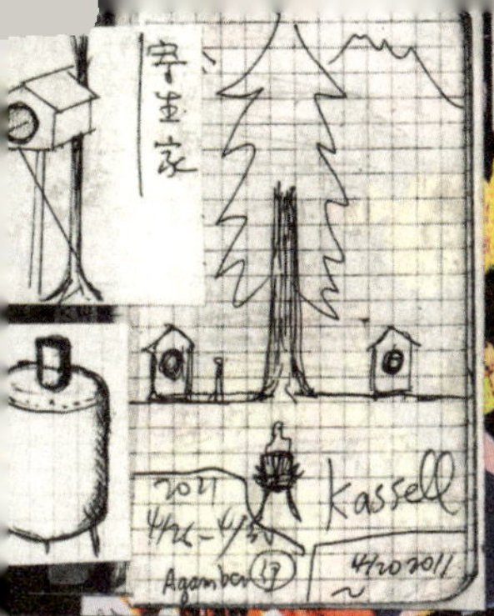

MON CHERI SHINRO OHTAKE

: A Self-portrait as a Scrapped Shed

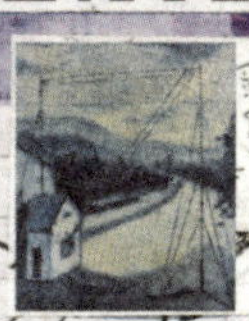

Shed: [1] A small shelter, a storage space. [2] To rid oneself of or dispose of something not wanted or needed. [3] To give off or disperse. [4] To pour out or spill, as with blood or tears. [5] To eject,slough off, discharge or expel from the body of a plant or animal, as with horns, skin, fur, feathers, etc.
All these definitions of "shed" will be tied together in a "self-portrait" of my present existing condition.

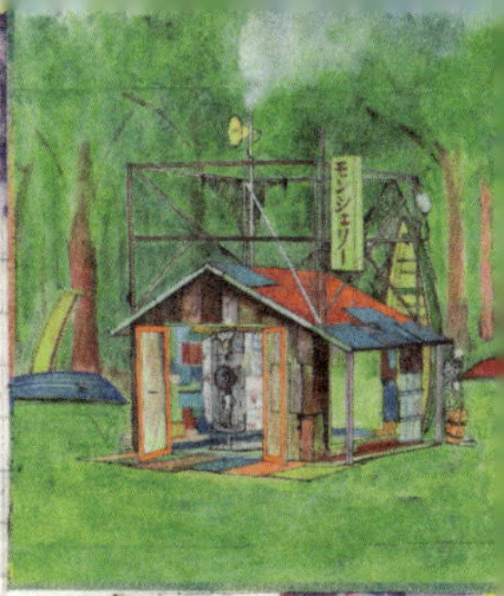

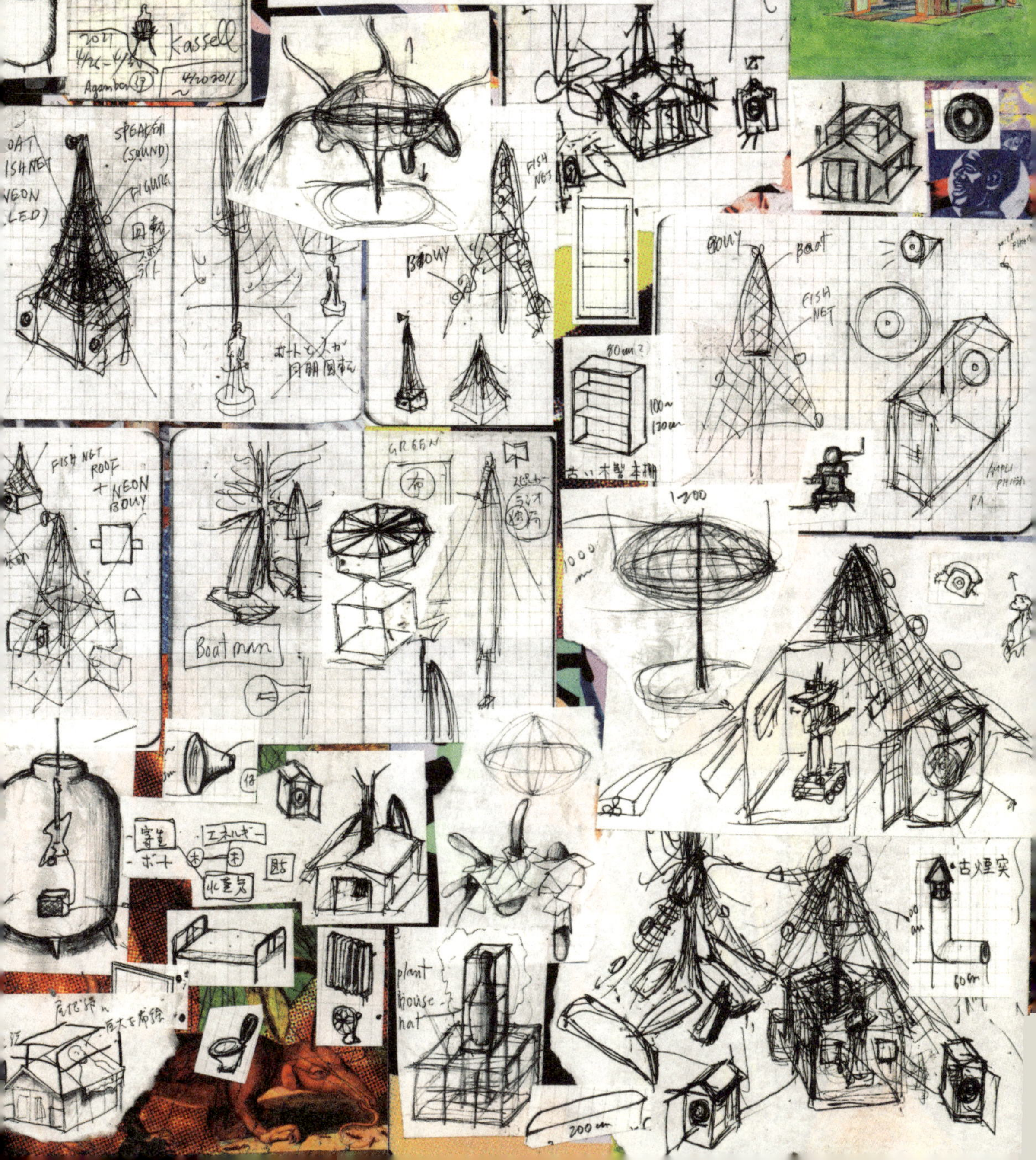

Giuseppe Penone

geb. / b. 1947 in Garessio (Italien / Italy)
lebt / lives in Turin und / and Paris

Giuseppe Penones skulpturale Praxis, die ihre Wurzeln in den Anfängen der Arte Povera hat, erkundet das Empathieverhältnis zwischen Kultur und Natur, zwischen dem Menschen und allen anderen Lebensformen. Seine Arbeiten spiegeln die oftmals verborgenen oder unsichtbaren natürlichen Prozesse von Wandel, Wachstum, Atmung, Erosion und Aufkeimen wider, die alle Formen von Leben wie auch die Schöpfungen des Menschen prägen. Seit 1969 dient der Baum als Leitmotiv in seinem Werk. Penone hält stets die fragile Balance zwischen Natürlichem und Künstlichem und nimmt sich in einer ökologischen Perspektive der Ereignisse im Leben des Baumes an, um sie mit seinem eigenen Lebensweg zu verweben. Im Alter von 22 Jahren zum Beispiel legte er die 22 Ringe im Stamm des ersten Baumes bloß, den er plastisch gestaltete.

Die Arbeit *Idee di pietra* (2003/2008/2010), die ursprünglich während der 16. Sydney Biennale in einem Park installiert war, wurde am 21. Juni 2010 mittags in der Kasseler Karlsaue neu aufgestellt; mit der Einweihung dieses ersten Kunstwerks der dOCUMENTA (13) wurde zugleich die Geschichte der Plastiken im Außenraum, die für vergangene documenta-Ausstellungen geschaffen wurden, zelebriert und ein Symbol für das kollektive Gedächtnis und den Alltag der Kasseler gesetzt. Die Skulptur, ein Bronzeguss eines Baumes, der einen großen Stein trägt, macht die sie umgebenden Naturelemente und -kräfte sichtbar: das Licht, das den Baum ständig verwandelt und das ursprünglich das Gewicht seiner Zweige bestimmte und sein Wachstum nährte; die Schwerkraft, die ihn auf immer und unausweichlich an die Erde fesselt. All diese dynamischen Elemente sind durch die Bronze in einem ewigen Augenblick aufgehoben, so dass die Skulptur zu einem festen Moment im Verlauf der Naturgeschichte wird. In einem ausbalancierten Spiel von Gegensätzen, so der Künstler, »zeigt der schwebende Stein die Erdschwere an, der das Pflanzenhafte sich entzieht. Der Bronzeguss entsteht durch die Schwerkraft und bedient sich der Struktur der pflanzlichen Welt, um die flüssige Bronze in die Gussform der Skulptur zu verteilen«.

In einer parallelen Arbeit (*Radici di pietra*, 2012), die die universellen Werte unterstreicht, die Penones Vorgehen leiten, nimmt der Künstler darüber hinaus eine Intervention im Kabuler Bagh-e Babur vor: Er zeigt dort einen dauerhaften Eingriff in die Natur, eine Arbeit, die sich in das Wachstum eines Baumes integrieren wird. Dieser zugleich natürliche und künstliche Skulpturenbaum stimmt mit der komplexen architektonischen und symbolischen Geometrie des Parks zusammen und erinnert zugleich an einen anderen Baum – den in Kassel. Als das erste und das letzte für die dOCUMENTA (13) verwirklichte Kunstwerk laden die Bäume in Kabul und Kassel uns ein, verschiedene Orte und Zeiten wie auch Kunst und Leben zusammenzudenken und unseren Blick über die Gegensätze zu erheben, um zu einem besseren Verständnis und einer tieferen Beziehung zur Welt um uns herum zu gelangen.

Rooted in the origins of Arte Povera, Giuseppe Penone's sculptural practice explores the empathetic relationship between culture and nature, between mankind and all other forms of life. His works reflect the natural processes, often hidden or invisible, of change, growth, breath, erosion, and germination that shape any form of life, as well as of human creation. Since 1969, the tree has been his recurrent motif. While maintaining a constant, delicate balance between natural and artificial through an ecological perspective, Penone embraces and integrates the events of the tree's own life with his own. When he was twenty-two years old, for instance, he revealed the twenty-two rings in the trunk of the first tree he sculpted.

Idee di pietra (2003/2008/2010), originally installed in a park during the 16th Biennale of Sydney, was reinstalled and inaugurated in Kassel's Karlsaue park on June 21, 2010, at midday, as the very first artwork of dOCUMENTA (13), standing both as a celebration of the history of outdoor sculptures realized in previous documenta exhibitions and as a symbol of the collective memory and everyday life of Kassel residents. This sculpture, a bronze cast of a tree supporting a large stone, brings to light the natural elements and forces that surround it: the light that constantly transforms the tree and that originally determined the weight of its branches and the energy of its growth, the gravity that perpetually and ineluctably fixes it to the earth. All these dynamic elements are suspended, through the bronze, in an eternal moment, so that the sculpture becomes one instant in the course of natural history. In a balanced game of oppositions, as the artist puts it, "the suspended stone indicates the force of gravity on the ground, and the vegetal escapes the force of gravity. Bronze fusion occurs by force of gravity and uses the structure of the vegetal world to distribute liquid bronze into the mold of the sculpture."

Working in parallel, and underlining the universal values of his method, Penone also intervenes in the Bagh-e Babur in Kabul, where he presents a permanent intervention into nature, a work (*Radici di pietra*, 2012) that will be integrated with the growth of a tree. Both natural and artificial, this sculptural tree concurs with the complex architectural and symbolic geometry of the park and at the same time recalls another tree—that in Kassel. As the very first and the very last artworks realized during dOCUMENTA (13), the trees in Kabul and Kassel invite us to link different places and times, as well as art and life, to look beyond oppositions and to reach a deeper understanding of and connection with the world around us. AV

***Idee di pietra*, 2003/2008/2010**
Bronze, Flussstein aus grauem Granit / Bronze, gray granite river stone
830 × 250 × 220 cm
Einweihung in der Karlsaue, 21. Juni 2010 / Inauguration at the Karlsaue park, June 21, 2010

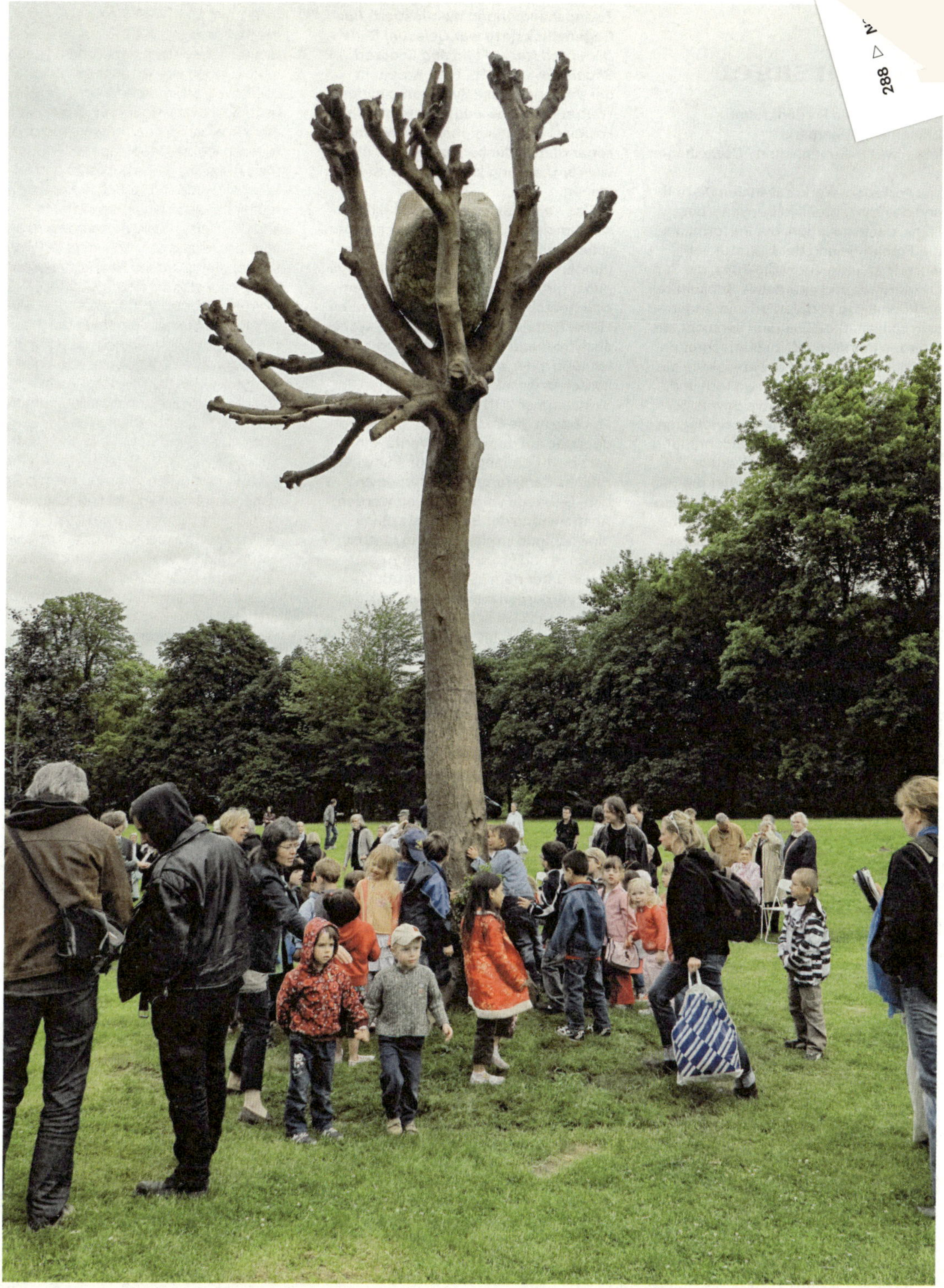

Lea Porsager

geb. / b. 1981 in Frederikssund
(Dänemark / Denmark)
lebt / lives in Kopenhagen / Copenhagen

Lea Porsagers Werk, das in den Disziplinen des konzeptuellen Denkens, des Films, der Installation, der Performance, der Fotografie und der Literatur verwurzelt ist, untersucht die Rolle, die der Okkultismus und alternative Subkulturen als Räume von Widerstand und Anderssein spielen. Die Künstlerin versucht, die Grenzen der Vernunft zu überschreiten und dabei Strategien zu entwickeln, die Wahrnehmungsformen erweitern und, soweit möglich, alternative Bewusstseinszustände und Körpertechnologien wachrufen sollen. Diese Überschreitung wird als körperliche und kollektive Erfahrung durchgeführt, bei der die Teilnehmer die streng geplanten Anordnungen für jedes Experiment auf die Probe stellen, in die Tat umsetzen, rezipieren und auf sie reagieren sollen.

Porsager, die ihr Werk im »erweiterten Feld« – einem Raum der verrückten, gewaltfreien Spekulation – ansiedelt, erforscht physische und geistige Grenzen, indem sie Verwandlungsrituale wie Trance und Hypnose einsetzt. Der Gedanke des Wachschlafs bei dem spirituellen Lehrer G. I. Gurdjieff und seine Zurückweisung des Selbst als einer einheitlichen Instanz bilden den Mittelpunkt von *LEAP – The Awakening of the Dark Muses* (2008): Porsager setzte ein Deep Trance Identification genanntes Verfahren ein, um die Identitäten von sieben Frauen in ein kollektives Ich zu verwandeln. *Mesmerized Machines* (2010) bestand in einem 24 Stunden dauernden Gruppenexperiment, bei dem die Teilnehmer mit Persönlichkeitsanteilen der frühen Avantgarde-Publizistin und Gurdjieff-Anhängerin Jane Heap (1883–1964) verschmolzen. Indem er Heaps eigenen persönlichen Aufzeichnungen und Gurdjieffs Ritualen, Bewegungen und Aktivitäten rund um dessen Begriff der Arbeit körperliche Gestalt verlieh, sondierte der Apparat Heaps innerliche Räume und persönliche Extreme. In *Magnetic Correspondence* (2008) vertiefte sich Porsager in Rudolf Steiners umstrittene Theorie des menschlichen Doppelgängers, indem sie sich dem Phänomen als einer unbekannten Instanz näherte, einer despotischen Lebensform innerhalb des Denkens, die sich in körperlichen Symptomen und Zwangshandlungen manifestiert. Das Gegenstück dazu war *Celestial Body – Disrupted Nerve Fluid and Crossed Shock Waves* (2011), eine Arbeit, in der Porsager diese Symptome in den Weltraum hinaus weiterverfolgte, ihnen kosmische Dimensionen verlieh und sogar den Gedanken nahelegte, ihr wahrer Ursprung könne in den Sternen stehen.

Das *Anatta Experiment* (2012) dreht sich um den Monte Verità im schweizerischen Ascona. Zu Beginn des 20. Jahrhunderts war dieser Hügel Anziehungspunkt für spirituelle Rebellen, an dem sich Anarchisten, Verfechter der freien Liebe, Dadaisten, Theosophen, Psychoanalytiker und Okkultisten in ihrer Ablehnung einer zunehmend materialistischen Gesellschaft vereinigten. Im Spätsommer 2011 lud Porsager sieben Freunde in die Casa Anatta, das Hauptgebäude auf dem Monte Verità, ein, kurz bevor umfangreiche und unwiderrufliche Sanierungsmaßnahmen an dem Gebäude vorgenommen wurden. Anatta wurde der Schauplatz eines einwöchigen »freien Falls« in tantrische Gesetze und Prozesse, die normalerweise unter dem Lärm der Produktivität verborgen bleiben. Die Crux der Sache fand sich schließlich in Harald Szeemanns Archiv und seiner rätselhaften *Strukturmutter*. Das *Anatta Experiment* (auch Anationaler Kongress der vielbrüstigen Monstrosität genannt) versetzt der Lebensreform-Utopie und der *Mutter* selbst einen umgekehrten Gnadenstoß. Das Experiment kann in einem kleinen Holzhaus in der Karlsaue, das an die Häuser auf dem Monte Verità erinnert, besichtigt werden.

Rooted in the disciplines of conceptual thinking, film, installation, performance, photography, and writing, Lea Porsager's work investigates the role of occultism and alternative subcultures as spaces of resistance and otherness. The artist seeks to transgress rationality and instead develop strategies to broaden modes of perception, possibly awakening alternative states of consciousness and bodily technologies. This transgression is carried out as a physical, collective experience, in which the rigorous setups for each experiment are to be tried out, acted on, received, and reacted to.

Placing the work within the "expanded field"—a space of mad, nonviolent speculation—Porsager explores physical and mental boundaries by employing rituals of transformation such as trance and hypnosis. The spiritual teacher G. I. Gurdjieff's concept of waking sleep and his rejection of the self as a single entity were the focal point for *LEAP—The Awakening of the Dark Muses* (2008). Porsager used a method called deep trance identification, turning seven women's selves into one collective I. *Mesmerized Machines* (2010) featured a twenty-four-hour group experiment in which the participants merged with aspects of Jane Heap (1883–1964), the early avant-garde publisher and follower of Gurdjieff. Through the embodiment of Heap's own personal notes and Gurdjieff's rituals, movements and activities related to his concept of "Work," the apparatus probed Heap's inner space and personal extremes. In *Magnetic Correspondence* (2008), Porsager delved into Rudolf Steiner's controversial theory of the human double, approaching the phenomenon as an unknown entity, a despotic life-form within the mind that manifests itself as physical symptoms and compulsive acts. In the companion piece *Celestial Body—Disrupted Nerve Fluid and Crossed Shock Waves* (2011), Porsager trailed the symptoms into space, giving them cosmic dimensions, even suggesting that their actual genesis might be celestial.

The *Anatta Experiment* (2012) revolves around Monte Verità in Ascona, Switzerland. In the early 1900s, this hill served as a lodestone for spiritual rebellion, attracting anarchists, free-love advocates, Dadaists, theosophists, psychoanalysts, and occultists, all rejecting an increasingly materialistic society. In the late summer of 2011, Porsager invited seven friends to Casa Anatta, Monte Verità's principal building, in its final moments before undergoing major, irrevocable restoration. Anatta became the scene of a weeklong "vertical drop" into tantric laws and processes normally obscured by the noise of productivity, ultimately finding its crux within Harald Szeemann's archive and his puzzling *Strukturmutter*. The *Anatta Experiment* (or Anational Congress of the Multi-Breasted Monstrosity) delivers a reverse coup de grâce to the utopian *Lebensreform* and to the *Mutter* herself. The experiment can be visited in a small wooden house in the Karlsaue park, reminiscent of the houses of Monte Verità. ES

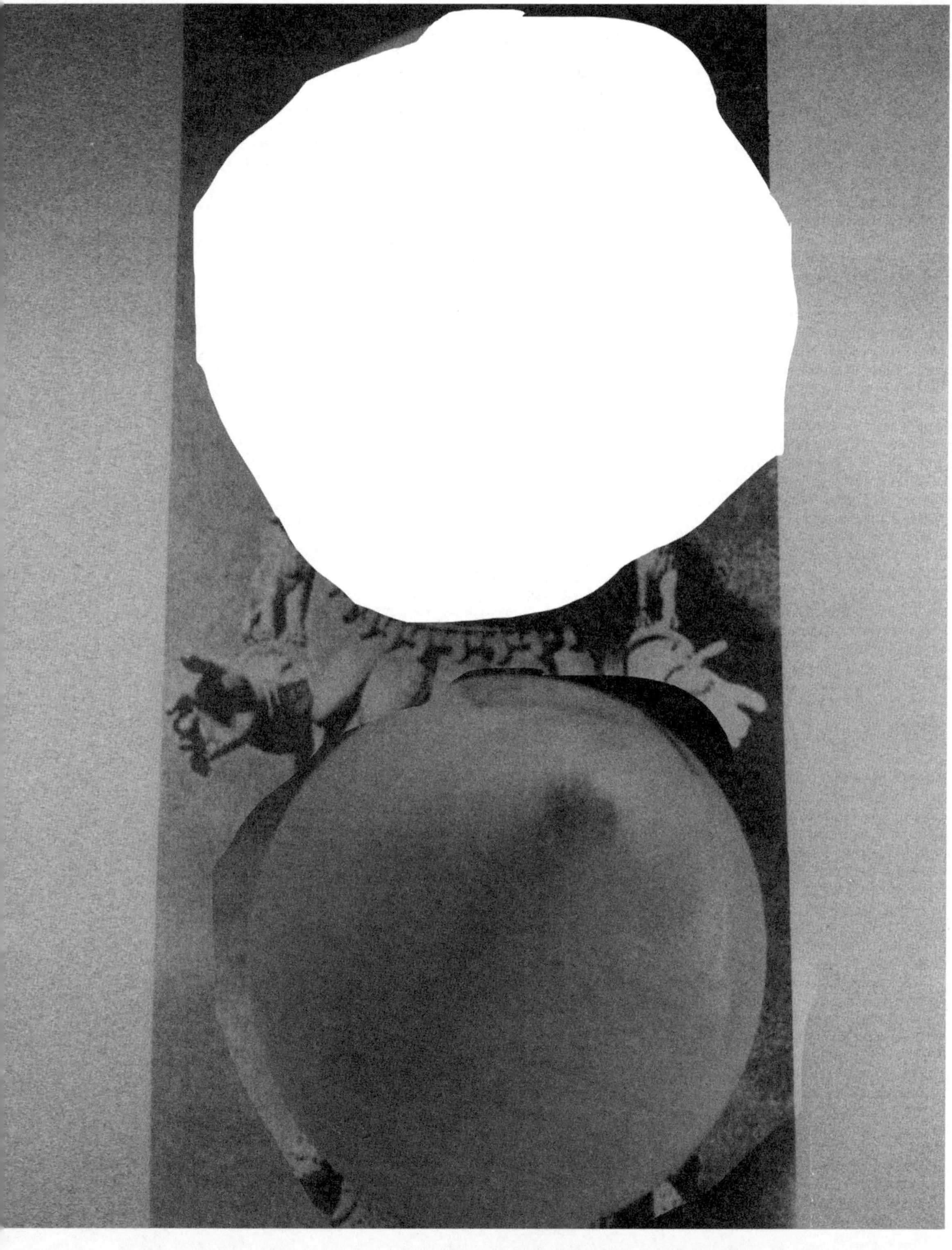

Araya Rasdjarm-rearnsook

geb. / b. 1957 in Trad (Thailand)
lebt / lives in Chiang Mai

Araya Rasdjarmrearnsooks Werk – das Performances, Videoinstallationen, Fotografie und Texte umfasst – widmet sich Fragen zum Verhältnis zwischen Leben und Tod, zwischen kulturellen Zwängen und der Sehnsucht nach Individualität sowie zwischen den persönlichen Erfahrungen von Frauen und ihrer Rolle in der Gesellschaft. Für eine Serie von Arbeiten hat sie es auf sich genommen, Menschen, die einsam starben, Lieder vorzusingen, Gedichte vorzutragen oder Geschichten zu erzählen, die Todesrituale zu vollziehen oder zu beten, um ihnen für den Übergang vom Leben zum Tod Mut zuzusprechen. All dies, so Rasdjarmrearnsook, liegt in der Macht der Kunst.

Für ihren Beitrag zur dOCUMENTA (13), der den Titel *Village and Elsewhere: In this circumstance the sole object of attention should be the treachery of the moon* (2012) trägt, lebt die Künstlerin drei Wochen lang in einem durch einen Zaun abgeschirmten Haus in der Karlsaue, einer öffentlichen Anlage in Kassel – eine Geste, die den Wert der schieren Existenz im Licht einer hochgradig medienvermittelten Gesellschaft zelebriert. Sie teilt sich das Wohnumfeld mit einem Hund als Zeichen für die Freundschaften, die uns mit anderen Spezies verbinden. Auf in den Fenstern des Hauses angebrachten Monitoren laufen Videoaufnahmen von streunenden Hunden auf den Straßen Thailands. Rasdjarmrearnsook erkennt in diesen Tieren die Hauptfiguren eines Dramas, das die derzeitige politische Lage in Thailand widerspiegelt.

Rasdjarmrearnsook schreibt über diese Arbeit:

»Eine Fabel kann einen Überschuss an Realität darstellen.

Diese Fabel begann eines Abends, da eine Kunstprofessorin dem Wahnsinn nahe war angesichts der Kunstpädagogik, der politischen Parteilichkeit und der Mediendarstellungen der Oberflächlichkeit der Menschen, die sich wie Schlamm auf sie herabsenkten.

Sie fand einen streunenden schwarzen Welpen, der gerade von einem Auto überfahren worden war. Er wand sich vor Schmerzen und war in panischer Angst.

Zunächst taufte sie den Streuner Ngap [das bedeutet Biss, denn der Hund biss die Professorin auf der Straße]. Über 50.000 [das bezieht sich auf den Preis für die Operation].

Im Laufe der Zeit stieg sein Ansehen, er wurde zu Prinz Jood [Prinz Durchfall], und jetzt führt er ein gutes Leben, wie in einem Märchen.

Die zwei reisen zur dOCUMENTA (13), um die Geschichte zu ihrem Ende zu führen.

Suchen Unterschlupf in einem Flüchtlingsschloss.

Zu der und der Zeit, an dem und dem Ort.

[...]

Ein gewöhnlicher Akt der Meditation zieht in einen Kunstraum ein, um der Öffentlichkeit seine Gastfreundschaft anzubieten und den ›anderen‹ einzuladen, dabei zu sein.«

Araya Rasdjarmrearnsook's work—embracing performance, video installation, photography, and text—approaches questions of the relationship between life and death, between cultural constraints and the desire for individuality, and between women's personal experiences and their role in society. In a series of works, she has taken it upon herself to sing songs, recite poetry, or tell stories to those who have died alone, to perform death rituals or offer prayers to comfort them in their transition from life to death. For Rasdjarmrearnsook, all this lies within the power of art.

For her contribution to dOCUMENTA (13), titled *Village and Elsewhere: In this circumstance the sole object of attention should be the treachery of the moon* (2012), the artist lives for three weeks in a fenced-off house in Kassel's public Karlsaue park, a gesture that celebrates the sheer value of existence in the light of a media-saturated society. She shares her living environment with a dog, acknowledging the friendships that we enjoy with other species. Videos featuring stray dogs on the streets of Thailand are screened on monitors installed in the windows of the house. Rasdjarmrearnsook sees the animals as protagonists in a drama that reflects on the current political situation in Thailand.

As Rasdjarmrearnsook has written about this work:

"A tale can be the overflow of reality.

"This tale started on an evening when an art professor was on the verge of insanity due to the sinking mud of art education, political partisanship, and media reflecting the shallowness of humanity.

"She encountered a stray black puppy that had just been run over by a car, squirming painfully, in panic.

"She first named the stray dog Ngap [meaning 'bite,' because the dog bit the professor on the street]. More than 50,000 [referring to the cost of the operation].

"Over time, his status was changed to Prince Jood [Running Bowels Prince], and his life is good now, like in a fairy tale.

"The two travel to dOCUMENTA (13) to complete the story.

"Seeking shelter in a refugee castle.

"At such and such a time and place.

. . .

"A common meditative act moves into an art space, offering hospitality to the public and inviting 'the other' to join in." ES

***Village and Elsewhere: In this circumstance the sole object of attention should be the treachery of the moon*, 2012**
Acryl auf Fotografie / Acrylic on photograph
37 × 30 cm

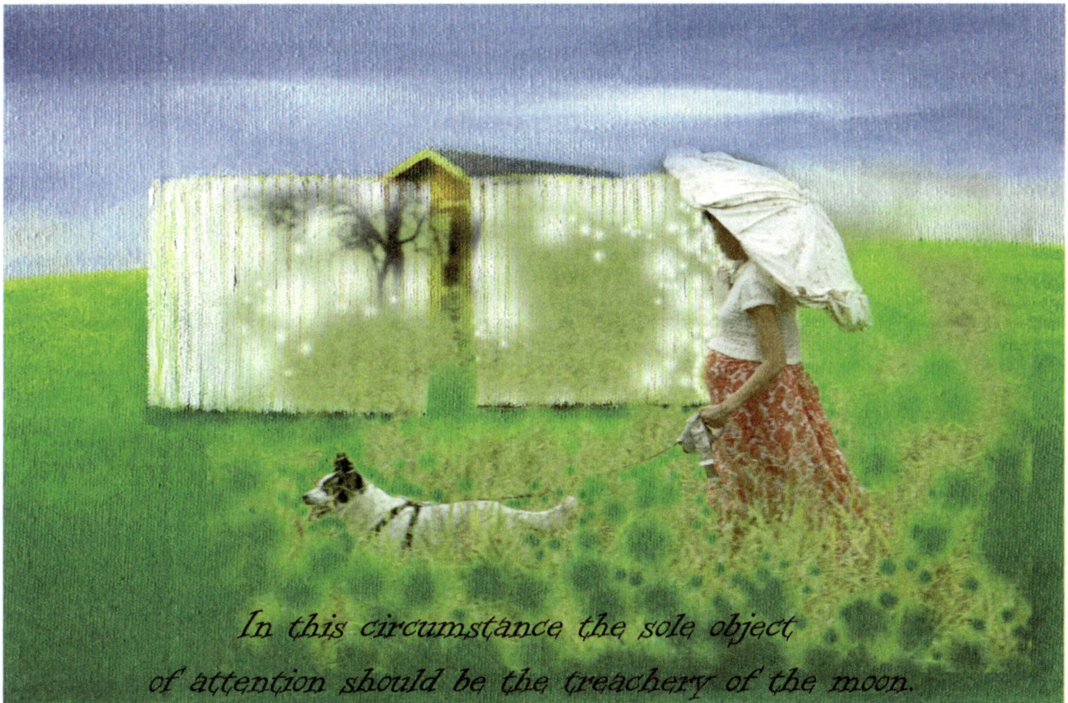
In this circumstance the sole object
of attention should be the treachery of the moon.

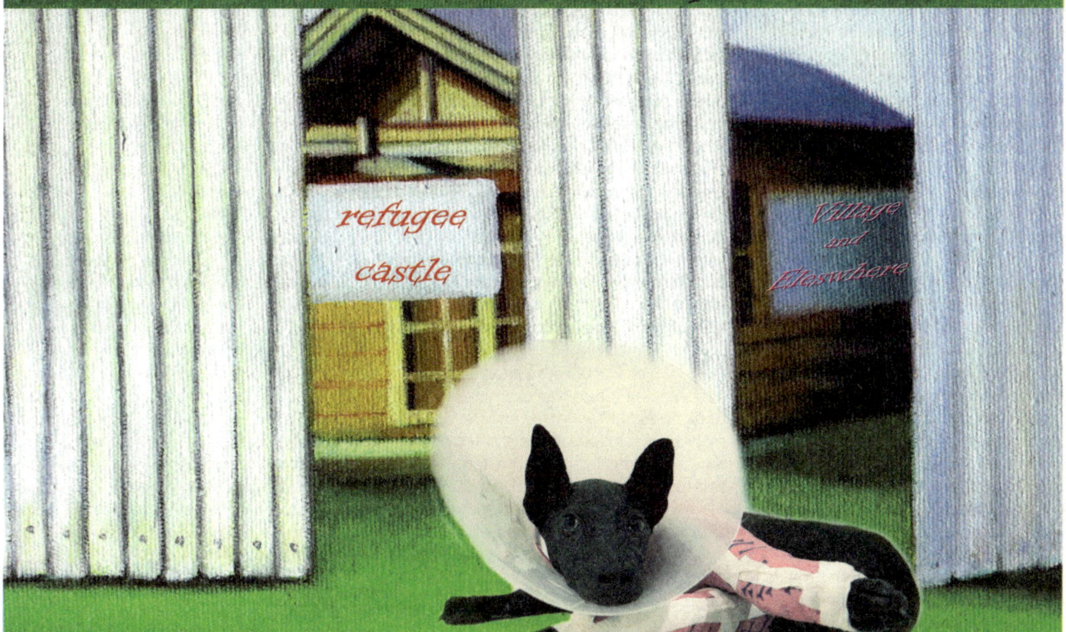
refugee
castle
Village
and
Eleswhere

Pedro Reyes

geb. / b. 1972 in Mexiko-Stadt / Mexico City
lebt / lives in Mexiko-Stadt / Mexico City

Pedro Reyes arbeitet mit einem erweiterten Skulpturbegriff, der die Widersprüche des modernen Lebens unter die Lupe nimmt und überraschende Lösungen vorschlägt, die zugleich einfach und komplex, funktional und metaphorisch sind. Seine auf eine Vielzahl von Referenzen zurückgreifenden Arbeiten thematisieren das Wechselspiel zwischen physischem und gesellschaftlichem Raum, um die unsichtbare Geometrie zwischenmenschlicher Beziehungen spürbar werden zu lassen und politische und wirtschaftliche Teilhabe einzufordern. Weniger an einer Kritik von Institutionen interessiert als daran, sie neu zu erfinden, setzt Reyes Kunst als ein Mittel ein, zu kollektivem und individuellem Handeln zu ermuntern und ein Medium der Zirkulation einzuführen, das sich im Angesicht menschlicher, politischer und ökologischer Krisen auf alltägliche Praktiken anwenden lässt. Seine zwischen Architektur, Design, Sprache und Video angesiedelten Werke nehmen eine Vielzahl von Formen an: von permeablen Vinylskulpturen, die, inspiriert von organischen oder mineralischen Gestalten, sowohl Kunstwerke als auch begehbare Gebilde darstellen, in denen man sich zurücklehnen, Kontakte knüpfen oder ein Gespräch führen kann (*Capulas*, 2002–2010), bis hin zu einem Fernsehspiel auf der Grundlage der Debatten zwischen Sozialismus und Kapitalismus im 19. Jahrhundert (*Baby Marx*, 2009).

2008 begann Reyes mit seinem fortlaufenden Projekt *Palas por Pistolas* in Culiacán, einer Stadt im Westen Mexikos, die eine hohe Rate von durch Schusswaffengebrauch verursachten Todesfällen zu verzeichnen hat. Gemeinsam mit den örtlichen Behörden startete er eine Kampagne, bei der die Bürger ihre Waffen abgaben und im Gegenzug dafür nützliche Dinge wie Haushaltsgeräte oder Elektronikprodukte bekamen. Insgesamt wurden 1.527 Waffen eingesammelt, von denen 40 Prozent automatische Gewehre mit hoher Feuerkraft waren, die ausschließlich für den militärischen Gebrauch bestimmt sind. In einer öffentlichen Aktion wurden die Waffen von einer Dampfwalze zerquetscht; anschließend wurde das Metall eingeschmolzen, um 1.527 Spaten herzustellen, mit denen in Zusammenarbeit mit dem Botanischen Garten von Culiacán 1.527 Bäume gepflanzt wurden. Die Arbeit, die an Joseph Beuys' ikonische *7000 Eichen* (1982–1987) erinnert, erweitert dessen Begriff der »Sozialen Plastik« um einen unmittelbaren Akt öffentlichen Gabentauschs und die Demilitarisierung der bürgerlichen Gemeinschaft.

Bei der dOCUMENTA (13) setzt Reyes sein seit 2011 laufendes Projekt *SANATORIUM* fort, eine utopische »provisorische Klinik«, die typische Krankheiten von Städtern wie Stress, Einsamkeit oder Angstgefühle behandeln soll. Um das Projekt, das ursprünglich für das *stillspotting-nyc*-Programm des Solomon R. Guggenheim Museum entstand, zu erleben, muss man sich als Patienten einweisen lassen. Nach einem kurzen Gespräch mit einem Therapeuten erhält man eine Diagnose und bekommt drei von sechzehn möglichen Therapien verschrieben. Diese kurzen Behandlungen schöpfen aus verschiedenen Traditionen in Psychologie und Kunst wie der Gestalttherapie, dem Psychodrama, der Hypnose, dem Theater der Unterdrückten, der Urschreitherapie, volkstümlichen Ritualen oder Fluxus-Happenings. Das Projekt, das sich auf die Idee der Übertretung institutioneller, wissenschaftlicher und disziplinärer Grenzen stützt, ist als System zur Verabreichung von Placebos, also durch den Patienten selbst vorgenommenen Korrekturen seiner Denkweise, konzipiert. Die individuelle Ausgestaltung dieser Maßnahmen und die persönliche Beteiligung des Patienten lassen den Heilungsprozess jenseits der symbolischen Ebene des Eingriffs erfahrbar werden. Als Prototyp für eine mögliche zukünftige öffentliche Einrichtung probiert *SANATORIUM* die Idee der Soziatrie wiederzubeleben – ein Begriff, den Jacob Levy Moreno in der 1930er Jahren prägte, um die Kunst der Heilung der Gesellschaft zu beschreiben.

Pedro Reyes works with an expanded notion of sculpture that examines the contradictions of modern life and proposes surprising solutions that are at the same time simple and complex, metaphoric and functional. Informed by a wide array of references, his work addresses the interplay of physical and social space, making tangible the invisible geometry of interpersonal relationships and calling for political and economic participation. Less interested in critiquing institutions and more in reimagining them, Reyes uses art as a way to encourage collective and individual agency and to establish a currency that can be applied to everyday practice in the face of human, political, and ecological crisis. Located between architecture, design, language, and video, his works take on a variety of forms, from permeable vinyl sculptures inspired by organic and mineral formations that are both artworks and usable structures for reclining, socializing, and dialogue (*Capulas*, 2002–10) to a TV production based on the nineteenth-century debate between socialism and capitalism (*Baby Marx*, 2009).

In 2008, Reyes initiated his ongoing project *Palas por Pistolas* in Culiacán, a city in western Mexico with a high rate of deaths by gunshot. Together with local authorities, he started a campaign to collect weapons from citizens in exchange for useful items such as home appliances and electronics. A total of 1,527 guns were collected, 40 percent of them high-power automatic weapons intended for exclusively military use. In a public act, the guns were crushed by a steamroller, and the metal melted to produce 1,527 shovels with which 1,527 trees were planted in collaboration with the botanical garden of Culiacán. Reminiscent of Joseph Beuys' iconic *7000 Oaks* (1982–87), the work expands his notion of *Soziale Plastik* (Social Sculpture) with a direct act of public exchange and civic demilitarization.

For dOCUMENTA (13), Reyes continues *SANATORIUM* (2011–ongoing), a utopian "temporary clinic" designed to offer treatments for urban illnesses: stress, loneliness, anxiety, etc. To experience the project, which originally was created for the Solomon R. Guggenheim Museum's *stillspotting nyc* program, it is necessary to check oneself in as a patient. After a short interview by a therapist, one is diagnosed and assigned three therapies out of a possible sixteen. These short treatments draw from different schools of psychology and art such as Gestalt therapy, psychodrama, hypnosis, the theater of the oppressed, primal-scream therapy, folk rituals, Fluxus Happenings, etc. Based on ideas of institutional, scientific, and disciplinary transgression, the project is intended as a delivery system of placebos, or self-induced adjustments of our own mind-set. The plasticity of these activities and the personal investment of the patient make the healing processes tangible beyond the symbolic level of the operation. A prototype of what could become a public service, *SANATORIUM* aims to recover the idea of Sociatry—a term coined in the 1930s by Jacob Levy Moreno to denote the art of healing society. ES

***Transmigration Express. Museum of Hypothetical Lifetimes*, 2011**

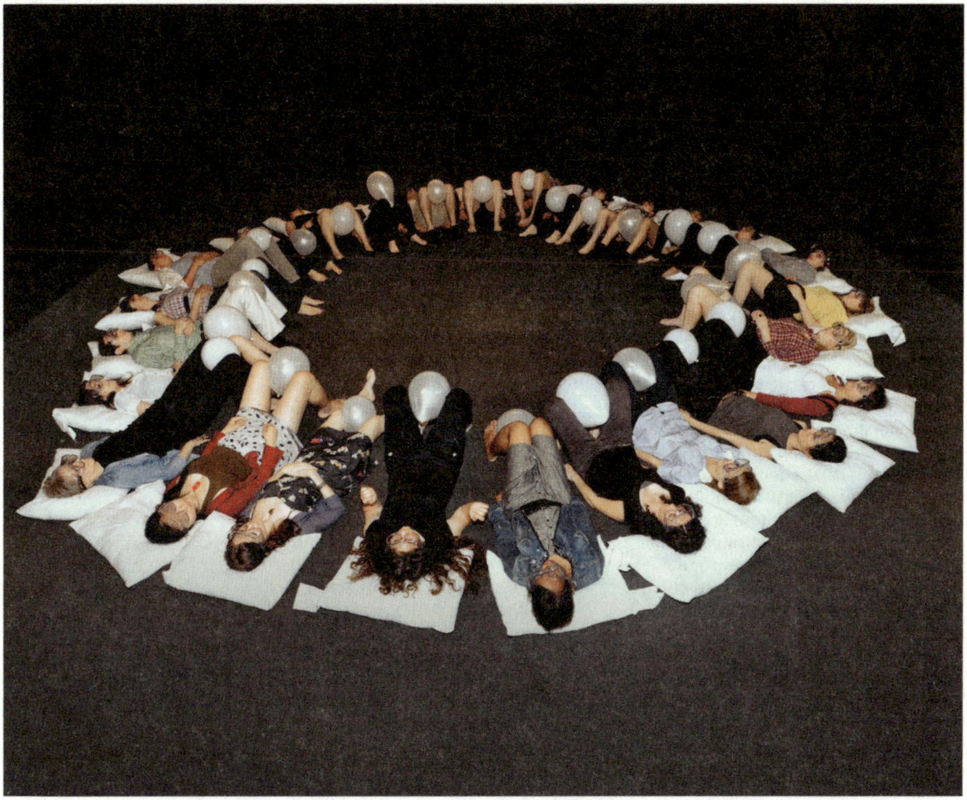

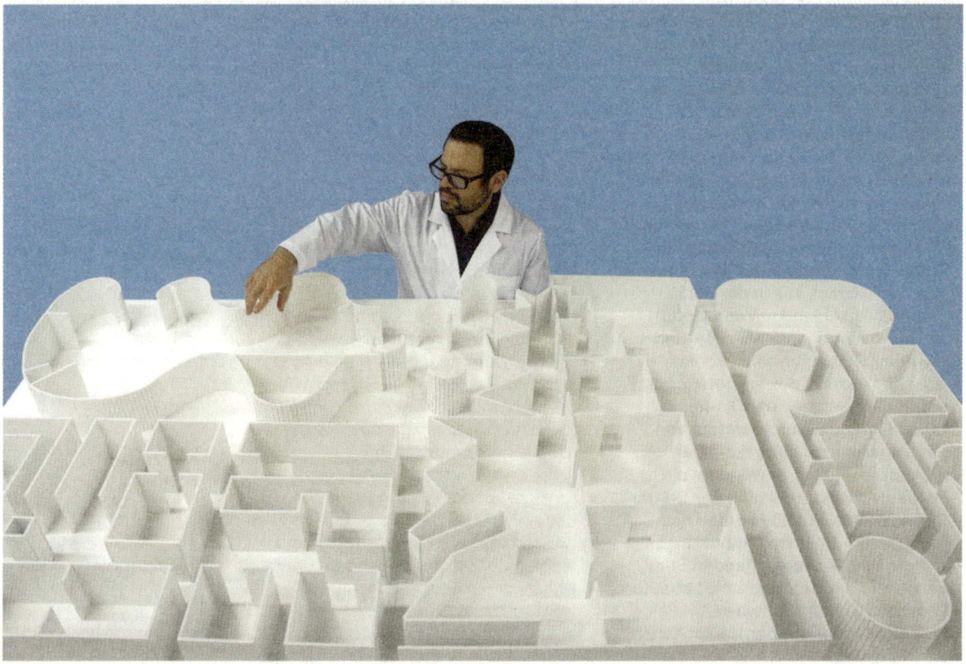

Gunnar Richter

geb. / b. 1953 in Hamburg
lebt / lives in Kassel

1981 legte Gunnar Richter, der an der Universität (Gesamthochschule) Kassel Gesellschaftslehre und Kunst studiert hat, eine lokalgeschichtliche Untersuchung zur Nazizeit vor, eine der ersten Arbeiten ihrer Art. Das Werk trug den Titel *Der Umgang mit der nationalsozialistischen Zeit* und war in Form einer Ton-Dia-Reihe erarbeitet, in der Richter seine Recherchen zu einem Massenmord darstellte, der am Ende des Zweiten Weltkriegs von der Gestapo und der SS in der Nähe von Guxhagen-Breitenau verübt worden war. Seit 1979 war Richter Mitglied der Projektgruppe Breitenau, die von Prof. Dr. Dietfrid Krause-Vilmar an der Universität Kassel gegründet worden war, um die Geschichte des ehemaligen Konzentrationslagers (1933–1934) und »Arbeitserziehungslagers« (1940–1945) in Breitenau zu erforschen. Ausgehend von wenigen vagen Informationen führte Richters Forschungsprozess über Ortsbesichtigungen, Gespräche mit älteren Anwohnern und Archivrecherchen zu wesentlichen Erkenntnissen über das Geschehen. Die Ton-Dia-Reihe ist so gestaltet, dass der Betrachter den Forschungsprozess Schritt für Schritt nachvollziehen kann, eine Vorgehensweise, die Richter als »Spurensicherung« bezeichnet.

Die ausführliche Darstellung zielte nicht nur darauf ab, ein Schlaglicht auf das verborgene Erbe der Nazivergangenheit zu werfen; sie sollte auch als Beispiel dafür dienen, ähnliche Forschungen an anderen Orten durchzuführen und eine Auseinandersetzung mit Fragen der Erinnerung anzuregen. Die Ton-Dia-Reihe warf darüber hinaus einen Blick darauf, wie in der Bundesrepublik Deutschland mit den Opfern und Tätern umgegangen wurde, und sie verdeutlicht einen sehr problematischen Prozess des Vergessens und Verdrängens. Mit der Ton-Dia-Reihe wollte Richter die Durchführung von regionalgeschichtlichen Projekten unterstützen – einer Bewegung, die in Westdeutschland zu Beginn der 1980er Jahre einsetzte. Die 35 Minuten dauernde Ton-Dia-Reihe mit hundert Dias wird von zwei sich ergänzenden Stimmen gesprochen: Ein Journalist erläutert die sachlichen Informationen, und eine Studentin beschreibt den persönlichen Forschungsprozess.

1982 wurde Richter eingeladen, seine Ton-Dia-Reihe im Rahmen des Programms von Joseph Beuys' Freier Internationaler Universität auf der documenta 7 zu präsentieren; daraus entstand für die Projektgruppe Breitenau die Anregung, eine Ausstellung über die Geschichte des Lagers zu machen. Die Dia-Reihe und die Ausstellung »Erinnern an Breitenau 1933–1945« wurden schließlich in der Kunsthochschule Kassel gezeigt, sie bildeten die Grundlage für die Dauerausstellung in Breitenau im Dezember 1982 und die Einrichtung der Gedenkstätte Breitenau im Jahre 1984. Richter ist Leiter der Gedenkstätte und in verschiedenen Netzwerken zur Gedenkstättenarbeit tätig.

In 1981, Gunnar Richter, who studied history and art at Kassel University, submitted a local historical study of the Nazi period—one of the first of its kind. The work, *Dealing with the Era of National Socialism*, takes the form of an audio slide show and summarizes Richter's inquiry into a mass murder committed by the Gestapo at the end of World War II, near Guxhagen-Breitenau. Since 1979, Richter had been a member of the university's Project Group Breitenau, supervised by Professor Dr. Dietfrid Krause-Vilmar, which was formed in order to research the history of the former concentration camp (1933–34) and "labor education camp" (1940–45) in Breitenau. Starting with only vague information, his research, which included site inspections, interviews with elderly residents, and archival research, produced some significant results. The slide show is structured in such a way that the viewer can relive the research process, which Richter describes as *Spurensicherung* (securing tracks), step by step.

The detailed presentation aimed not only to highlight the latent legacy of the Nazi past but also to serve as a model to enhance similar research and to stimulate a discussion about remembrance. It also considered how Germany dealt with the victims and the perpetrators and illustrated a very problematic process of forgetting and hiding. With the audio slide show, Richter contributed to the rise of regional historical studies—a movement emerging in West Germany at the beginning of the 1980s. Containing a hundred slides and running for thirty-five minutes, it is narrated by two complementary voices: the factual reporting of a journalist in counterpoint with the more personal account of the researcher.

In 1982, Richter was invited to present his slide show as part of Joseph Beuys' Free International University at documenta 7—an impulse for Project Group Breitenau to make an exhibition about the history of the camp. The slide show and the exhibition "Erinnern an Breitenau 1933–1945" (Remembering Breitenau 1933–1945) were presented at the Art Academy of Kassel, laying the foundations for its permanent display at Breitenau in December 1982 and the founding of the Breitenau Memorial in 1984. Richter is Director of the Breitenau Memorial and is involved in several memorial-site networks. LP

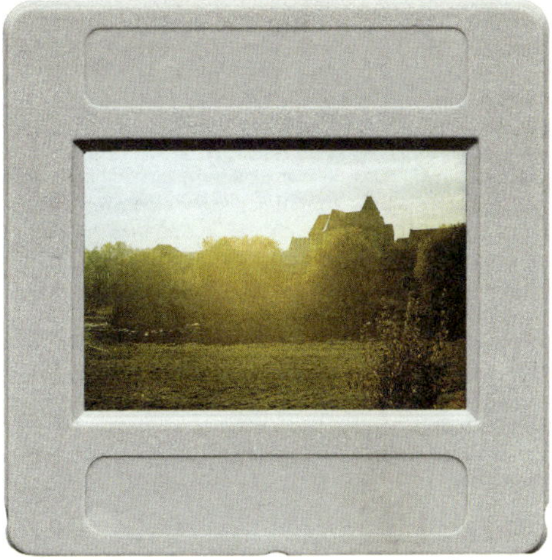

Das eindrucksvolle ehemalige Benediktinerkloster Breitenau (aus dem 12. Jahrhundert) in Guxhagen an der Fulda (Foto: G. Richter, 1981, Abb. Nr. 2 der Ton-Dia-Reihe)

The imposing former Benedictine monastery of Breitenau (from the twelfth century) at Guxhagen on the river Fulda (Photograph: G. Richter, 1981, ill. no. 2 of the audio slide show)

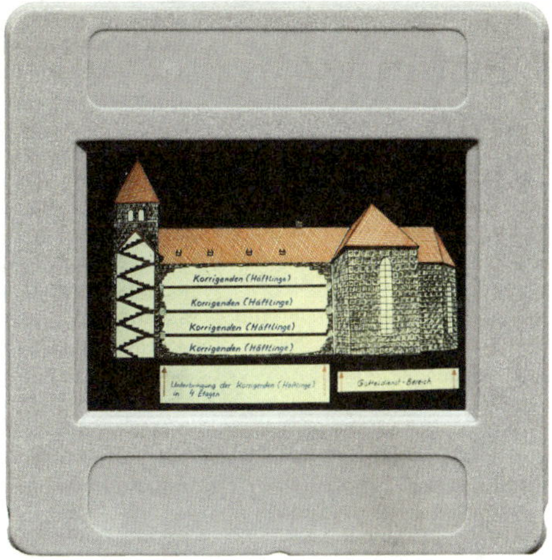

Umbau und Nutzung der Klosterkirche als Haftstätte und evangelische Gemeindekirche mit der Einrichtung des Arbeitshauses (Zeichnung: G. Richter, 1981, Abb. Nr. 95 der Ton-Dia-Reihe)

Conversion and use of the abbey as a detention center and Protestant parish church with the establishment of the workhouse (Drawing: G. Richter, 1981, ill. no. 95 of the audio slide show)

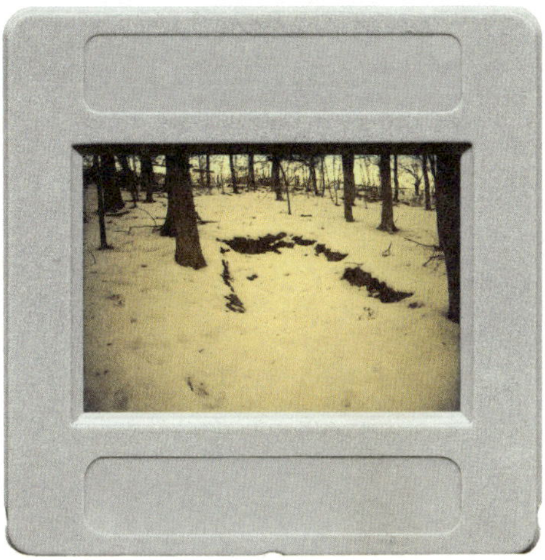

Das ehemalige Massengrab am Fuldaberg in Guxhagen (Foto: G. Richter, 1981, Abb. Nr. 91 der Ton-Dia-Reihe)

The former mass grave on Fuldaberg hill at Guxhagen (Photograph: G. Richter, 1981, ill. no. 91 of the audio slide show)

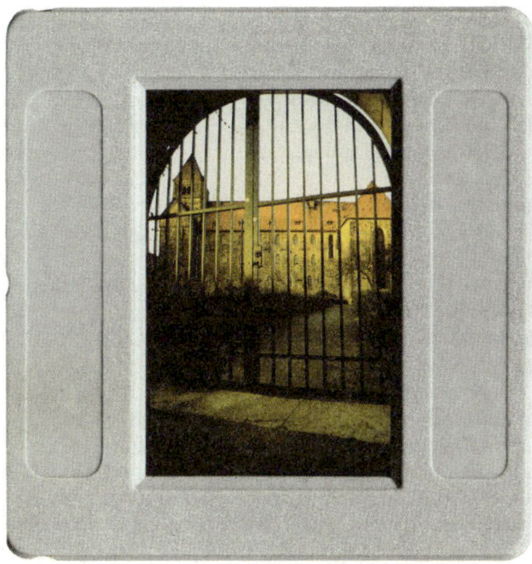

Die ehemalige Klosterkirche Breitenau als Teil einer Geschichte der Ausgrenzung und Verfolgung / (Foto: G. Richter, 1981, Abb. Nr. 100 der Ton-Dia-Reihe)

The former abbey of Breitenau as an element in a history of exclusion and persecution (Photograph: G. Richter, 1981, ill. no. 100 of the audio slide show)

Ruth Robbins und / and Red Vaughan Tremmel

geb. / b. 1974 in New York
lebt / lives in Houston

geb. / b. 1970 in Chicago
lebt / lives in New Orleans

Dem Jargon der Kunstwelt, der Künstler dafür lobt, dass sie »Grenzen überschreiten«, »vergessene Zielgruppen entdecken«, »Unterscheidungen verschwimmen lassen« oder »neue Dimensionen erfinden«, gehen die Worte aus angesichts der Werke von Ruth Robbins und Red Vaughan Tremmel. Aber was dann folgt, ist nicht das ehrfürchtige Schweigen, wie es gewaltige Architektur oder marmorne Vorhallen gebieten, sondern ein stiller Moment der Überraschung – hier darf man auf Worte verzichten, auf Bedeutungen und Modelle des Selbst, die ihren Zweck verloren haben. Hier wird man dazu ermuntert, auszuatmen und sich auszusprechen; dazu, nervös oder erregt zu sein, Luft zu holen, zu seufzen, zu lachen; das Herz schlagen, das Fleisch sich regen zu fühlen, auf den Mitmenschen zuzugehen, sich plötzlich zu erinnern und die Zukunft zu erahnen. Es gibt so vieles, das einen antörnen kann.

Die Zusammenarbeit der beiden Künstler, die aus verschiedenen Disziplinen kommen – »ich zeig dir meine Welt, wenn du mir deine zeigst« – begann 2007 bei einer Burlesque, bei der Tremmel Regie führte und Robbins für die Beleuchtung zuständig war. Als Historiker, Filmemacher, Performance-Kurator und Kulturen-Vermischer verbindet Tremmel schneidende kritische Analysen mit einer spürbaren Begeisterung dafür, sein Publikum zu bezaubern, zu entwaffnen, zu informieren und herauszufordern. Robbins' Praxis verbindet Fotografie mit der Arbeit an Installationen, Beleuchtungen, Schriften und Gelegenheitsobjekten. Sie geht oft methodisch vor, widmet dem Detail eine beinahe rituelle Aufmerksamkeit, um Werke zu schaffen, denen eine besondere ätherische Ruhe eigen ist.

Robbins und Tremmel bedienen sich freimütig aus ihren je eigenen Praktiken und Visionen, um in der Zusammenarbeit ihre Installation für die dOCUMENTA (13) mit dem Titel *Subjects of Desire: Relics of Resistance* (2012) in dem Kollektivismus zu verwurzeln, den sie in den Subkulturen der Burlesque antreffen. In einer durch das Studium von Geschichte, Pilgerreisen, Ritualen und subkulturellen Formationen geschärften kritischen Perspektive greifen sie zur Sinnlichkeit nicht, um der sozialen Sphäre zu entkommen, sondern um einen Raum zu schaffen, in der neue gesellschaftliche Möglichkeiten, Wissensformen und Öffentlichkeiten ausgebrütet werden können. Die Installation lenkt unsere Aufmerksamkeit auf Erotik und die Geschichte der Sexualität als einen wichtigen Ort radikaler Formen von Erinnerung, Heilung, verkörpertem Begehren und kollektiver Weitsicht.

Art jargon extolling artists who "push the boundaries," "discover forgotten audiences," "blur the lines," or "invent new realms" is silenced in the company of Ruth Robbins and Red Vaughan Tremmel. It is not an awed silence produced by vast architecture or marble atria, but the quiet of surprise, of permission to abandon words, meanings, and versions of the self that are no longer useful. Exhalations and utterances are encouraged here, as are nerves, arousal, breath, moans, laughter, heartbeats, flesh stirring into action, social activation, flashbacks and -forwards. There are so many ways to be turned on.

The I'll-show-you-my-world-if-you-show-me-yours collaboration of these two artists, who hail from divergent disciplines, began with a burlesque performance in 2007, with Tremmel directing and Robbins lighting. A historian, filmmaker, performance-curator, and culture-jammer, Tremmel combines blazing critical analysis with a palpable love of delighting, disarming, informing, and challenging his audiences. Robbins' hybrid practice includes photography and installation work, lighting, writing, and ephemera. She often works methodically with ritual attention to detail, producing works with a distinctive ethereal stillness.

Drawing promiscuously upon their independent practices and visions, Robbins and Tremmel use their collaboration to root their installation for dOCUMENTA (13), *Subjects of Desire: Relics of Resistance* (2012), in the collectivism found in burlesque subcultures. Looking through the critical lenses of history, pilgrimage, ritual performance, and subcultural formations, they turn toward the sensual not as an escape from the social realm, but rather as an incubation space for new social possibilities, knowledges, and public spheres. This installation focuses on the erotic and the history of sexuality as a significant site of radical forms of memory, healing, embodied desire, and collective vision. RM

Text von / by Red Vaughan Tremmel, *Striptease as Ceremony*, 2012
Bild von / Image by Ruth Robbins, *Ohne Titel / Untitled (Exotic World Gates)*, 2011

STRIPTEASE AS CEREMONY

My sex, your body, there is so much interest in us. We choose carefully what to reveal and portray, when and to whom. Becoming has had its traumas—the surveillance, the discipline, the classifications, and the violence—classic, representational, administrative. Tonight we watch the dancer emerge from behind the curtain, strapped into the corset that she just finished sewing, nipples censored in sequins, and shimmering, she floats on a wave of utterances and yeses that we offer.

All are welcome—the romantics, the scientists, the clergy, the bureaucrats, the producers, the artists, the scholars, the reformers, the police, the inspectors, the curators. She will deal in our pain tonight. In her hands, in this burlesque, the trauma of the social order becomes a playground and a site of transformation. With glitter and eight-sided sequins she captures and directs light, drawing attention to the ways in which femininity is more than weapon and medicine.

We begin here, with the given that our flesh and imaginations are at risk. My body, your sex, saturated by an ever changing variety of discourses, a site of masters' wills, fathers' expectations, husbands' desires, a site of prey and property laws, a site of fear after sundown, erotic terrors, and generations of shame, we watch her slowly strip away these unnatural states— despair, alienation, depression, self-denial, disassociation, and amnesia.

Tonight, we attend to the body and its erotics collectively. In relief, in the dark, we have no obligation to produce a predictable version of ourselves. For now, your body, my sex is not a problem but instead a site of possibility, fantasy, reverie, and theory. It is the location where new worlds will be imagined—a modality through which this trauma receives healing.

Carefully fashioned, subjected to hundreds of eyes, with an articulate and increasingly bare body, the dancer summons and re-creates "the woman" and "the queer". Bound by rope on the railroad tracks, faced with our war crimes, caricatured into this and that, we watch our dancer writhe free—articulating our prayers. Dis-membered and re-sensitized she burlesques the sexual order—its hierarchies and violence—and re-members an alternative erotic discourse where we momentarily live, momentarily thrive.

With charm, wit, carnality, and creativity, she conjures only to upset the existing order of things. As a ceremonialist, she deploys flesh, light, music, ritual, and fetish objects to counter the deadening and depressive insinuations of this oppression. Blood dripping from the flesh hooks, rope burns on her thighs, she ritualizes fantasy and practices of freedom, smiles, kisses her flexed arm muscle, winks, and bows to us.

The lights go dark and the mistress of ceremonies emerges into a spot light. She disappears behind a fan, turns it around and reveals a mirror; she holds it to my body, your sex—to the 500 burlesque dancers screaming with pleasure—and reflects boundaries dissolved, imaginations thrilled, and the beginnings of new erotic orders.

Each year these striptease dancers make a pilgrimage here. Through 25,000 square miles of Mojave Desert, in this marginal terrain of extremes, monsoon rain falls, dust storms, and nutrient poor soil—zoned for casinos, large-scale nuclear and chemical test sites, and military use—they converge on Exotic World, the only museum in the world dedicated to preserving the history of burlesque. Built by two elderly striptease dancers—Jennie Lee, the first labor union organizer of striptease artists in the 1950s, and Dixie Evans, the former Marilyn Monroe of Burlesque—Exotic World is the cultural Mecca of striptease dancers.

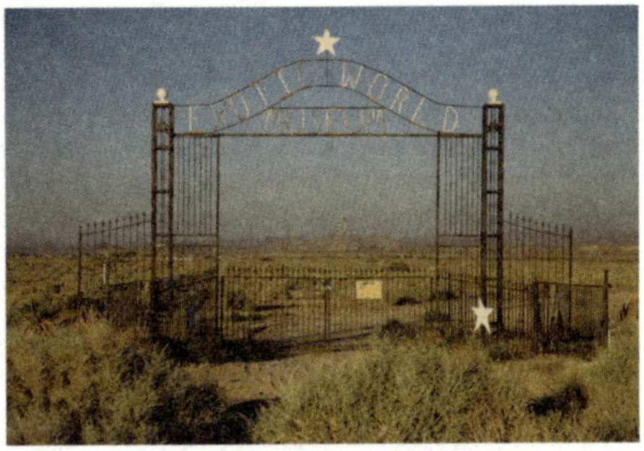

At age 75, Dixie Evans wields the eroticism of an experienced dancer. Part docent, part stripper, part historian, part Marilyn Monroe, and part champion of the working-class, she animates each dusty burlesque object in the eight-room goat-shed-turned-museum into a vibrant history of women's work and artistry. Since building the museum in the 1990's, thousands of dancers, aged 17-90, have made annual journeys to the remote location where they share history and craft and perform for one another. Feeling rooted and re-membered in this other worldly place, young burlesque performers return to their cities and towns renewed and ready to hold their own striptease ceremonies.

This installation combines the aesthetic of the proscenium and the reliquary to stimulate an embodied understanding of how alternative and countercultural erotic discourses are produced, sustained, and remembered. Objects borrowed from the archives of the Exotic World (now called the Burlesque Hall of Fame) are situated as relics that exude the sounds, energy, pleasures, and healing produced across generations within the culture of burlesque.

Paul Ryan

geb. / b. 1943 in New York
lebt / lives in New York

Threeing

Die Präsentation meiner Arbeit in Kassel ruft mir gewaltsame Auseinandersetzungen ins Gedächtnis, die meine Vorfahren erlebten. Die Familie meiner Mutter, sie war eine geborene Roggemans, wanderte vor dem Ersten Weltkrieg aus dem umstrittenen Elsass-Lothringen nach New York City aus. Der Vater meines Vaters, James Edward Ryan, kämpfte in diesem Krieg auf Seiten der Vereinigten Staaten. Man erzählte uns, dass er im Kampf eine Gasvergiftung erlitten hatte und für den Rest seines Lebens immer wieder ins Militärkrankenhaus musste. Mein Vater bekam seinen Vater nie zu Gesicht.

Mein Vater, ein New Yorker Feuerwehrmann, starb im Mai 1971 an Lungenkrebs. Ich war am damals aufkommenden Öko-Aktivismus beteiligt und nahm an turbulenten Antikriegsdemos teil; im Vergleich dazu empfand ich seine Trauermesse als mechanisch und bedeutungslos. Ich haute ab. Ich ging nach Hause und suchte Tonbänder von Mönchen, die Kirchenlieder sangen, John Lennon und Joe Cocker, eine Bibel, *Hamlet*, einen Aufsatz von Gregory Bateson über Alkoholismus sowie Videoaufnahmen von meiner untreuen Geliebten, mir selbst und meinem Vater zusammen. Mit diesen Materialien bewaffnet zog ich in ein Loft in Manhattan und heulte zwölf Stunden lang in eine Videokamera. Ich produzierte kurz entschlossen eine Video-Totenwache für meinen Vater. Ein Freund spielte das Band eine Woche lang immer wieder in meiner Wohnung ab. Ich hatte nicht die emotionale Stärke, dabei zu sein. Mehr als hundert Leute kamen.

In *Video Wake* verbinde ich den Tod meines Vaters mit dem möglichen Tod der Menschheit insgesamt. Seit 1971 konzentriere ich mich in meiner Arbeit auf zwischenmenschliche Beziehungen und das Verhältnis der Menschen zu Ökosystemen. Die Ergebnisse sind *Threeing* (1976) und *The Earthscore Notation* (1991) – beides Strategien, die das Überleben der Menschheit sichern sollten. *Threeing* schiebt der Dynamik des »Zwei gegen einen« einen Riegel vor und stabilisiert ein bisher nicht gekanntes Maß an Zusammenarbeit zwischen drei oder mehr Personen. *Earthscore* erzeugt eine gemeinsame Wahrnehmung von Umweltrealitäten.

***Earthscore* geht von der Annahme aus, dass es in der Natur »Noten« oder Leitungsbahnen gibt, die uns mit Ökosystemen verbinden. In *Earthscore* heißen diese Leitungsbahnen – die für das Leben unabdingbar sind – »Chreoden«. *Earthscore* lässt uns durch eine ästhetische Auseinandersetzung mit Chreoden eine Vielfalt von Leitungsbahnen bilden, die uns zu ökologischer Vernunft bringen können. Auf der dOCUMENTA (13) wird ein Loop der »Wasserchreoden« von der Küste von Maine (2005) und vom Rio Grande (2008) präsentiert.**

Außerdem wird ein Endlosfilm gezeigt, der den Prozess der Erfindung von *Threeing* mittels archivierten Videomaterials von Aiste Jankauskaite veranschaulicht. Wie das Video dokumentiert, arbeiteten Freunde und andere mit mir gemeinsam in einem rekursiven Prozess von Experiment, Wiederholung und Formalisierung, um schließlich zu *Threeing* (1973–1976) zu gelangen. Damit *Threeing* funktionieren kann, müssen sechs eindeutige Positionen für die Teilnehmer kodiert sein. In der Installation für die dOCUMENTA (13) sind diese sechs Positionen durch handgeknüpfte Teppiche aus Peru kodiert. Studenten von verschiedenen Kunsthochschulen und Mitarbeiter der dOCUMENTA (13) verwenden diese Teppiche, um an bestimmten Tagen *Threeing* zu lehren und aufzuführen.

Kernmitarbeiter an der Installation für *Threeing d13*: Luis-Berríos Negrón, Jean Gardner, Sevanne Kassarjian

Threeing

Presenting my work in Kassel reconnects me to conflicts experienced by my ancestors. My mother's family, the Roggemans, migrated from the contested lands of Alsace-Lorraine to New York City before the Great War. My father's father, James Edward Ryan, fought in the Great War on the side of the United States. We were told that he was gassed in combat and spent the rest of his life in and out of veterans' hospitals. My father never saw his father.

My father, a New York City fireman, died of lung cancer in May 1971. Amid emerging eco-activism and vibrant antiwar protests, his funeral mass seemed mechanical, meaningless. I bolted. I went home and gathered audio of chanting monks, John Lennon, Joe Cocker, a Bible, *Hamlet*, an essay on alcoholism by Gregory Bateson, and videotapes of my unfaithful lover, myself, and my father. Armed with these materials, I went to a loft in Manhattan and wailed into a video camera for twelve hours. I produced a spontaneous video wake for my father. A friend replayed the tape for a week in my apartment. I did not have the emotional strength to be there. More than a hundred people came.

In *Video Wake*, I connect my father's death with the possible death of the human species itself. Since 1971, I've focused my work on interpersonal relationships and the relation of humans to ecological systems. The results are *Threeing* (1976) and *The Earthscore Notation* (1991)—both strategies for human survival. *Threeing* precludes two-against-one dynamics and stabilizes an unprecedented level of collaboration among three or more people. *Earthscore* generates a shared perception of environmental realities.

Earthscore assumes there are "notes" in nature or pathways that connect us to ecosystems. *Earthscore* uses the term "chreods" to name these pathways—pathways necessary for life. *Earthscore* lets us compose multiple pathways to ecological sanity by way of aesthetic engagement with chreods. On display at dOCUMENTA (13) is a loop of "water chreods" from the coast of Maine (2005) and the Rio Grande (2008).

Also on display is a loop showing the process of *Inventing Threeing*, edited from archival video by Aiste Jankauskaite. The video documents friends and others working with me in a recursive process of experimentation, replay, and formalization to arrive at *Threeing* (1973–76). For *Threeing* to work, six unambiguous positions must be encoded for the participants. In the installation for dOCUMENTA (13) these six positions are encoded in handmade rugs from Peru. Students from different art schools and staff members of dOCUMENTA (13) use these rugs to teach and perform *Threeing* on designated days. PR

Core collaborators on the installation of *Threeing d13*: Luis-Berríos Negrón, Jean Gardner, Sevanne Kassarjian

***How to Three*, 2011**
Grafiken von / Graphic works by Ayreen Anastas, basierend auf Diagrammen von / based on diagrams by Paul Ryan, 1991

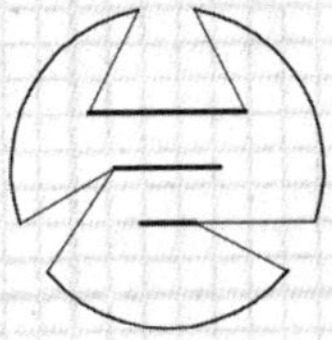

1 Preparation
Copy the circuit figure shown above onto the floor using an eight-foot diameter for the circle.

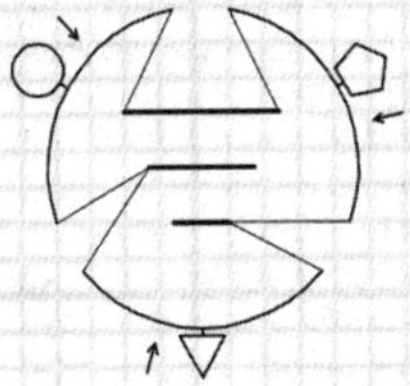

2 Beginning
Each performer stands astride an entrance marker. When all 3 are ready, they nod to each other and enter the circuit.

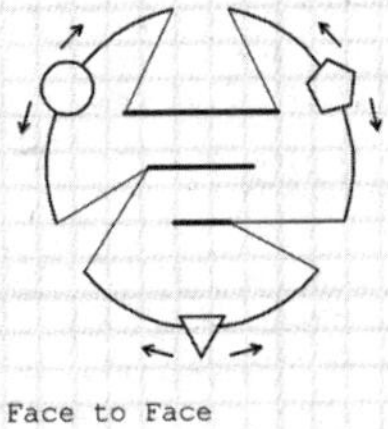

3 Face to Face
Any performer can start moving back and forth, facing each of the other two. Once a performer starts oscillating, the other two move up to face the one who is going back and forth.

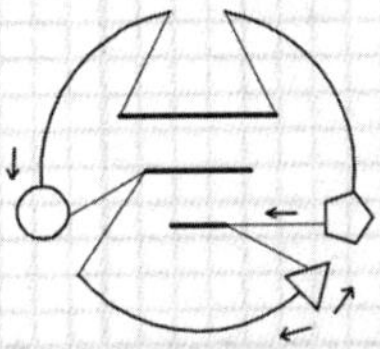

4 Face to Face
Face to face continues until a performer who is close to the shortest bar chooses to follow the thin line to the short bar.

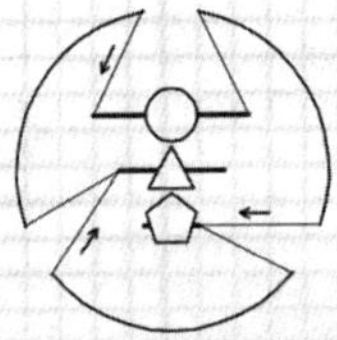

5 Front and Back
The performer on the shortest bar faces away from the other two bars. The other two performers follow the thin line to their respective bars and face in the same direction.

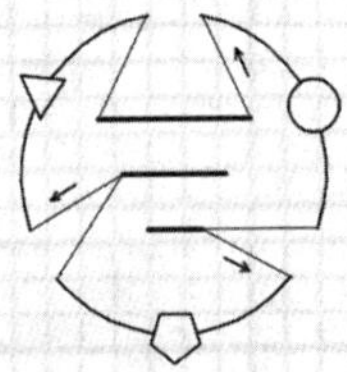

6 Front and Back
When the performer on the shortest bar is finished, all performers return to a part of the circle that is different than the part they were on before going to the bars.

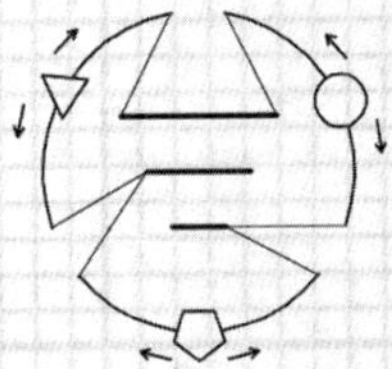

7 Face to Face again
Performers can now oscillate in Face to Face interaction again, until a performer close to the shortest bar chooses to go there and do Front and Back again.

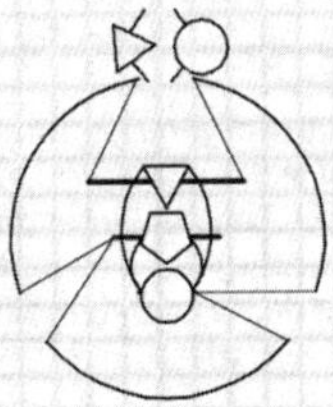

8 Flying and holding
Performers repeat Face to Face and Front and Back. While Face to Face they do a slow flying motion with their arms. While Front and Back they hold the performer in front of them.

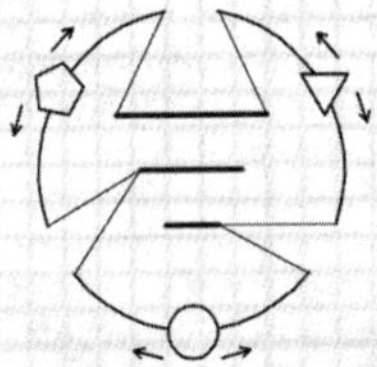

9 Soundings
In Soundings, the patterns of Face to Face and Front and Back are repeated with or without Flying and Holding. Face to Face sounds are made that express whatever feelings come up.

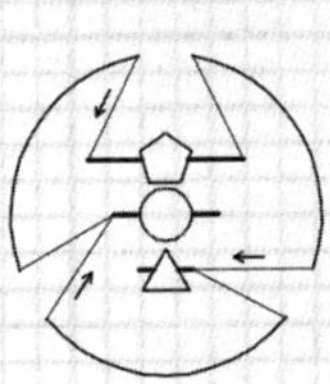

10 Soundings
When Sounding in Front and Back, performers make sounds and movements that interpret their relative positions of firstness, secondness, and thirdness.

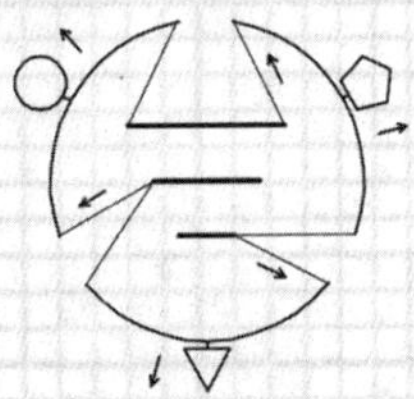

11 Completion
To signal completion, performers go to an entrance point and nod to each other that nobody wants to do more and step out. A minimum round of Threeing provides a turn in firstness for each performer

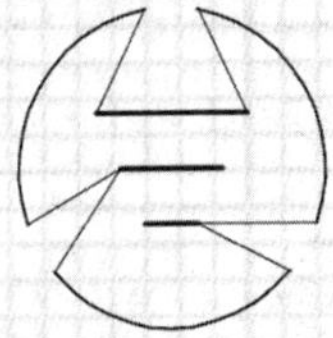

12 Advanced threeing
The same rules as above apply with one difference. The movement from the circle to the bars and back can be initiated by any performer, not just one going and coming in firstness.

Natascha Sadr Haghighian

geb. / b. 1966 in London
lebt / lives in Wimbledon (England)
diese biografischen Angaben sind bioswop.net entliehen / this biographic information is borrowed from bioswop.net

Über einen Abhang, der in Kassel die Schöne Aussicht mit der Karlsaue verbindet, verläuft ein Trampelpfad. Man ist überrascht, ihn dort zu entdecken, da es ganz in der Nähe eine Treppe gibt, eine Architektur von vertrauter Gestalt: eine großangelegte doppelläufige Treppenanlage, die uns daran erinnert, dass wir grundsätzlich unter zwei Möglichkeiten wählen können – in den Park einzutreten und ihn zu verlassen. Der monumentale Charakter der Treppe wird noch dadurch verstärkt, dass sie ein Denkmal für die im Ersten und Zweiten Weltkrieg gefallenen deutschen Soldaten bildet. Der einfache Akt, diese Stufen hinaufzugehen, wird so zu einer Gelegenheit, die Landschaft, die arkadische Natur des Parks, mit ihrem Gegenteil zu verknüpfen: den Kriegen, die das zivile Leben auf nie dagewesene Weise zum Erliegen brachten und uns seither immer wieder diejenigen Entscheidungsprozesse hinterfragen lassen, die die Geschichte der Menschheit auf immer entstellten. Die Verwüstungen, denen Männer, Frauen, Pflanzen, Bäume, Gegenstände und Gebäude ausgesetzt waren, liegen ganz buchstäblich unter diesem Abhang begraben, der aus Trümmern und Schutt besteht.

Ein Pfad ist eine einfache Sache. Er ist ein Weg, dessen Verlauf spontan erscheint. Es braucht Zeit, bis sich ein Trampelpfad herausbildet, da die Natur nicht sofort auf unsere Gegenwart reagiert, auf ein nicht förmlich geplantes Hindurchgehen. Die gewohnten Schritte derer, die ihn einschlagen, verhindern schließlich das Wachstum des Rasens; die Hände, die nach Zweigen oder Baumstämmen greifen, um nicht abzurutschen, verändern nach und nach die Landschaft. Irgendwann fügt die Gemeinschaft derer, die hier gehen, vielleicht sogar einige architektonische Elemente hinzu: ein hölzernes Geländer, Stufen oder Steine, die den schmalen Pfad bedecken und seine Erosion aufhalten.

Dieser Trampelpfad aber ist anders als andere. Er entsteht nicht aus dem Bedürfnis oder der Gewohnheit der Anwohner, sondern einfach aus der Entscheidung einer einzelnen Person, Natascha Sadr Haghighian, diesen alternativen Weg den Abhang hinunter anzulegen und den Schutt freizulegen. Der Pfad ahmt die spontane Nutzung nach, wie der Park die »freie« Natur nachahmt. Man könnte also meinen, es handelte sich um einen vorgetäuschten Pfad, aber das ist nicht der Fall, denn nun, da wir ihn sehen, können wir ihn genauso gut benutzen, was ihn zu einem echten Pfad macht. Dennoch ist dieser Weg zugleich unwirklich: Seine Funktion besteht darin, zu untersuchen, wie das Bewusstsein unsere Wahrnehmung von Wirklichkeit verändert. So erklären sich die seltsamen Stimmen, die Tierlaute nachahmen – und die wir hören, wenn wir den Pfad entlanglaufen. Diese verschiedenen Stimmen, die in den vielen in Kassel gesprochenen Sprachen die Laute von Hunden oder Katzen oder Vögeln wiedergeben, sind ebenfalls wirklich und unwirklich zugleich. So wird das Bekannte und Gesicherte – die nur wenige Meter entfernte Denkmaltreppe – mit dieser Alternative konfrontiert: dem Pfad und den Klängen, die die Vorstellung wachrufen, dass eine andere Wahrnehmung der Wirklichkeit möglich ist.

Eine virtuelle Verlängerung des Pfades befindet sich auf der Website der dOCUMENTA (13). Zugänglich ist sie über Sadr Haghighians Eintrag in der Liste der teilnehmenden Künstlerinnen und Künstler.

On a slope that connects Schöne Aussicht with the Karlsaue park in Kassel, there is a trail. It is surprising to see it there, since not far from it there is a staircase—a familiar architectural construction, a grand double set of steps reminding us of our two basic choices: entering or exiting the park. The monumental character of the staircase is reinforced by the fact that it is a memorial to the German soldiers who died in World Wars I and II. The simple act of walking up the steps becomes an opportunity to connect the landscape, the Arcadian character of the park, with its reverse: war—something that disrupted civil life in an unprecedented way, that has ever since made us question the decision-making processes that permanently distorted the history of humankind. The massive destruction suffered by men, women, plants, trees, objects, and buildings is literally buried underneath the slope, which is made up of debris and rubble.

A trail is a simple thing. It is a route with the appearance of spontaneity. A trail takes time to establish, since nature does not immediately react to our presence, to a transit that has not been formally planned. The habitual steps of those who use it eventually prevent the grass from growing; the hands that grab hold of branches or trunks to avoid sliding down slowly change the landscape. In time, the community of users may even add some architectural elements: a wooden handrail, steps, or stones covering the narrow path to avoid erosion.

This trail is different from others. It does not respond to a need or the habit of a community, but simply results from the decision of an individual, Natascha Sadr Haghighian, to create this alternative route on the slope and uncover the rubble. The trail emulates spontaneous use in the same way that the park emulates "free" nature. So one could think of it as a fake trail, but it is not, since now that we see it we may as well use it, and this makes it a real trail. However, the trail is also unreal: its function is to examine how consciousness transforms our perception of reality, which explains the strange voices of humans imitating the sounds of animals that we hear when walking along this path. These different voices, mimicking a dog or a bird or a cat in the many languages of the communities living in Kassel, are also both real and unreal. In this way, the known, the certain—the memorial staircase just a few meters away—is confronted by this alternative: the trail and the sounds propose the notion that another sense of reality is possible.

The trail has a virtual extension on dOCUMENTA (13)'s website, accessible through Sadr Haghighian's entry in the list of participants. CM

Renaturierung des Kasseler Trümmerbergs, Bauarbeiten für die Bundesgartenschau am Auehang / Greening the rubble of Kassel: construction work on the war debris heaped up along the Karlsaue for the Federal Horticulture Show (aus / from: *Kassel 1955 – Die Stadt im Jahr der ersten documenta*, Stadtmuseum Kassel, Jonas Verlag, 1992)

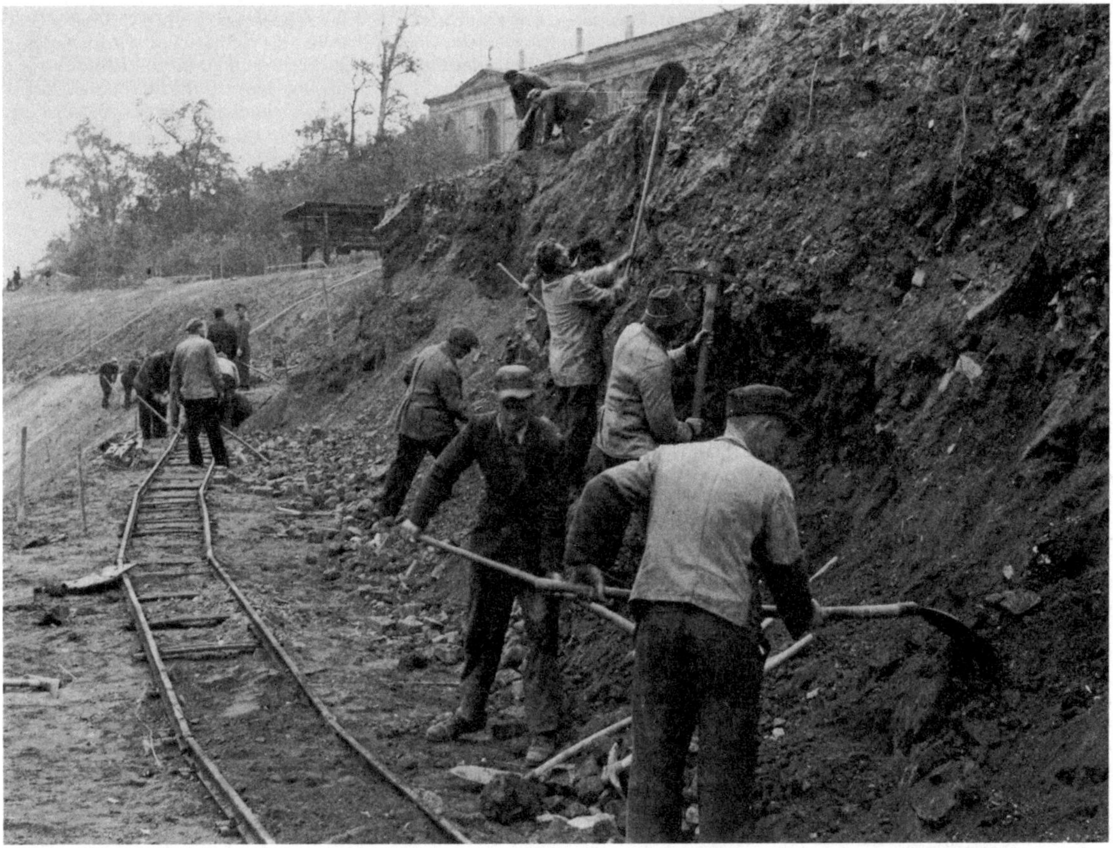

Anri Sala

geb. / b. 1974 in Tirana
lebt / lives in Berlin

Anri Sala wurde mit eindrucksvollen Filmen bekannt, in denen er zufällig wahrgenommene oder sorgfältig inszenierte marginale Augenblicke einfing und bei minimaler Handlung durch das subtile Zusammenspiel von Bild, Ton und Zeit Dichte entwickelte. Indem seine Arbeiten in Form wie Inhalt Vorstellungen von dauerhafter und rhythmisch bestimmter Zeit (statt der referenziellen Zeit des Kinos) erkunden, beschäftigen sie sich mit intimen und zugleich offenen Erzählungen. Während in seinen frühen Filmen auf persönliche Erfahrungen zurückgegriffen wurde, die die gesellschaftlichen und politischen Veränderungen in Salas Geburtsland Albanien reflektierten, bauen seine jüngeren Arbeiten auf strukturellen und zeitlichen Resonanzen zwischen Klang und Architektur auf.

***Answer Me* (2008) beruht auf einer Aufzeichnung des italienischen Filmregisseurs Michelangelo Antonioni, in der dieser erwägt, die Trennung eines Paares nicht durch die Worte der beiden, sondern durch ihr Schweigen auszudrücken. Salas Film wurde in einer der von Buckminster Fuller entworfenen geodätischen Kuppeln auf dem Teufelsberg gedreht, einem Berliner Hügel, der entstand, als nach dem Zweiten Weltkrieg über dem Rohbau der von Albert Speer gestalteten Wehrtechnischen Fakultät Kriegstrümmerschutt aufgehäuft wurde, und auf dem sich während des Kalten Krieges eine Abhörstation der amerikanischen National Security Agency befand. Ein Mann trommelt aggressiv, um die Worte einer Frau zu überdröhnen. Das durch den Raum erzeugte, außergewöhnlich lang anhaltende Echo verstärkt sein Getrommel noch und regt zugleich eine weitere kleine Trommel, die sich neben der Frau befindet, dazu an, wie von selbst Geräusche hervorzubringen, während der Mann auf das drängende Fragen der Frau mit lautem Schweigen antwortet. Durch die starke visuelle Präsenz des Raums und die körperliche Intensität des Tons stellt der Film eine architektonische Einheit her. Sala, für den »Filme Plastiken sind, bei denen die Wahrnehmung der Arbeit sequenziell geordnet erfolgt und mit einem Timecode versehen ist«, inszeniert seine Arbeiten wie Choreografien. Seine jüngsten Ausstellungen waren als Rundgänge aufgebaut, bei denen Filme, skulpturale Elemente und Livemusik abwechselten und den Raum orchestrierten.**

Salas Arbeit für die dOCUMENTA (13) ist von einem 1825 von G. Ulbricht geschaffenen Gemälde aus der Sammlung des Astronomisch-Physikalischen Kabinetts in der Orangerie angeregt – einer Landschaft mit Schloss, deren Besonderheit in einer mechanischen Uhr besteht, die in die Fassade eingelassen ist. Das Uhrwerk verbirgt sich hinter der Leinwand; die Zeiger, bewegliche skulpturale Elemente auf der Oberfläche des Gemäldes, geben die richtige Zeit an. Während man das Gebäude aus einer Seitenansicht erkennt, ist das Zifferblatt der Uhr en face gemalt, so dass ein Bruch in der Perspektive entsteht. Sala, der sich für das Verhältnis zwischen »Zeit« und »Tempo« (gleichmäßiger und ungleichmäßiger Zeit) interessiert, hat eine skulpturale »Korrektur« der Ungereimtheit des Gemäldes geschaffen: ein mechanisches Gerät in Gestalt einer Uhr, die erscheint, als erblickte man sie perspektivisch verkürzt – statt eines Kreises bildet sie eine senkrechte Ellipse –, und die ein elliptisches Getriebe hat, das die Zeiger beschleunigt und bremst, so dass die Uhr trotz der verzerrten Abstände zwischen den Stundenmarkierungen richtig läuft. Aufgestellt am hinteren Ende des Hirschgrabens, eines der zwei radialen Kanäle, die die Ausrichtung der Karlsaue auf einen zentralen Blickpunkt hin hervorheben, zeigt die Uhr die Zeit perspektivisch an und vermisst ihre eigene Gestalt.

Anri Sala became known for his compelling films capturing marginal moments—found or carefully staged—that with minimal action develop density through the subtle interplay of image, sound, and time. Exploring notions of durational and rhythmic time (as opposed to the referential time used in cinema) in both form and content, his works engage in intimate yet open narratives. While his early films mined personal experience to reflect on the social and political change taking place in his native Albania, his recent works find structural and temporal resonances between sound and architecture.

Answer Me (2008) is based on a note written by the Italian film director Michelangelo Antonioni in which he contemplates expressing a couple's break-up not through their words but through their silence. Sala's film is shot in a Buckminster Fuller-designed geodesic dome on the Teufelsberg—a hill built from the rubble of postwar Berlin, burying the frame of a military-technological college designed by Albert Speer, and site of an NSA listening station during the Cold War. A man aggressively plays a drum in order to drown out a woman's words. The exceptionally long echo created by the space both amplifies his drumming and causes another snare drum, placed next to the woman, to perform by itself, while the man answers her questions with a loud silence. Through the strong visual presence of the space and the physicality of sound, the film establishes an architectural entity. Seeing "films as sculptures in which the way you view the work is sequenced and time-coded," Sala stages them like choreographies. His recent shows have been arranged as cycles of alternating films, sculptural elements, and live musical performances that orchestrate the space.

Sala's work for dOCUMENTA (13) is inspired by an 1825 painting by G. Ulbricht in the collection of the astronomical-physical cabinet in the Orangerie—a landscape with a castle whose gimmick is a mechanical clock incorporated into the facade. Its workings are hidden behind the canvas, and its hands show the correct time as mobile sculptural elements in the painting's surface. While the building is seen from a side-on perspective, the dial of the clock is painted frontally, thus creating a rupture in the perspective. Interested in the relation between "time" and "tempo" (even and uneven time), Sala has created a sculptural "correction" of the painting's illogic: a mechanical device in the form of a clock as if seen in perspective—a vertical ellipse instead of a circle—with an elliptical gear to adjust the speed of the hands so that the clock keeps "in time" despite the distorted distances between the hour marks. Installed at the far end of the Hirschgraben, one of the two radial canals that emphasize the Karlsaue park's central-point-of-view layout, the clock tells time in perspective, measuring its own shape. ES

***Clocked Perspective*, 2012**
Gesehen durch ein Teleskop (Refraktor Linsenteleskop, Wachter, 1976) in der Orangerie / Seen through a telescope (Refraktor Linsenteleskop, Wachter, 1976) located in the Orangerie

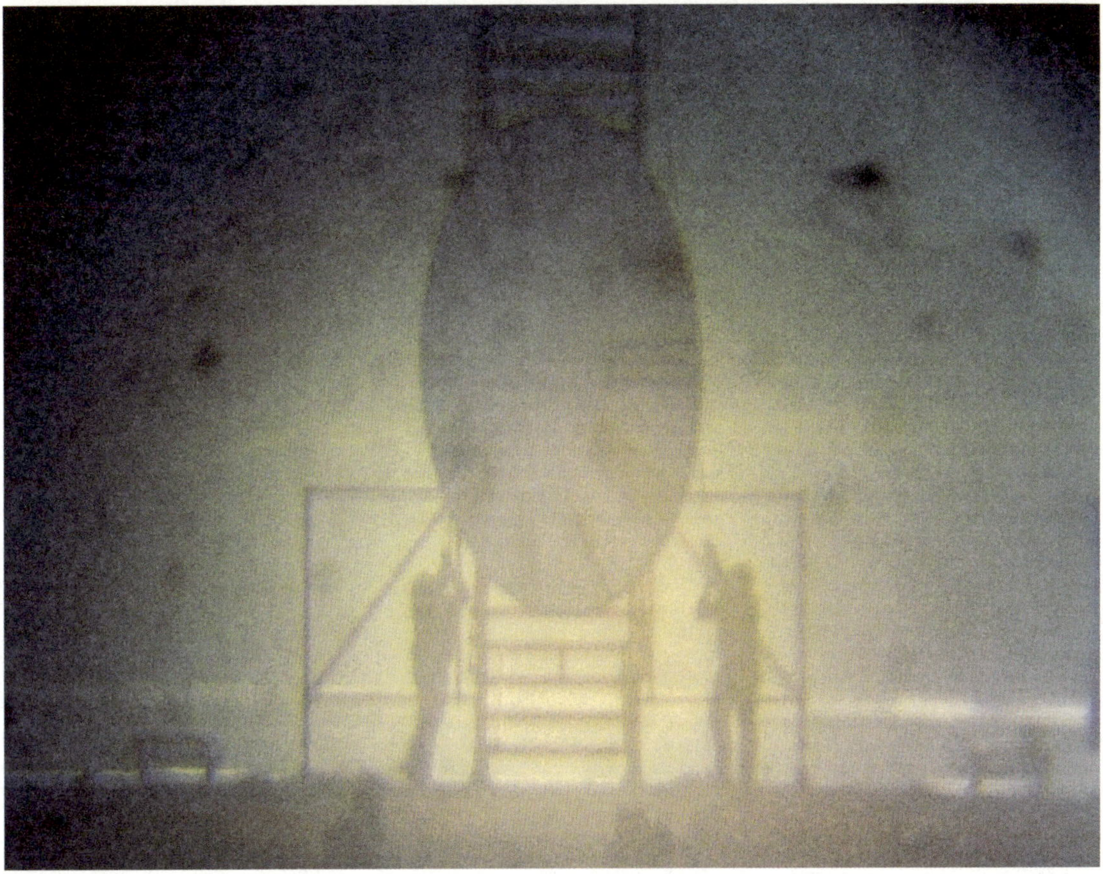

Issa Samb

geb. / b. 1945 in Dakar
lebt / lives in Dakar

Issa Samb könnte man als einen Gesamtkünstler bezeichnen. Seine Praxis reicht von der Schauspielerei – auf der Bühne wie auf der Leinwand – über das Schreiben (Gedichte, Essays und Romane), Installationen und Performances bis hin zu Malerei und Skulptur. Das einzige Medium, dessen Möglichkeiten er bisher nicht erprobt hat, ist die Fotografie, vielleicht wegen seiner hartnäckigen Abneigung gegen Technologie. Abgesehen vom Radio benutzt Samb keine modernen technischen Geräte, die, so sagt er, die Magie zwischenmenschlicher Begegnungen zerstören. Wenn Sie also mit ihm reden möchten, müssen sie ihn schon aufsuchen. Und wenn Sie wollen, dass er etwas liest, drucken Sie es aus und bringen Sie es ihm – oder, besser noch, schreiben Sie ihm von Hand.

Als Verfechter der Verantwortung, die wir füreinander tragen, verkörpert Samb das Urbild des Humanisten. Sonst aber entzieht sich seine Persönlichkeit nicht weniger als sein Werk jeder Einordnung; die Grenzen zwischen den Verfahren und Disziplinen, die er sich zu eigen macht, verschwimmen ebenso wie seine unabsehbar wechselnden Gemütszustände. Samb studierte Mitte bis Ende der 1960er Jahre Kunst an der École des Beaux-Arts und Philosophie an der Universität Cheikh Anta Diop in Dakar. Mit dem mittlerweile berühmten Filmemacher Djibril Diop Mambéty, dem Maler El Hadj Sy, dem Dramatiker Youssoufa Dione und vielen anderen gründete er 1974 das Laboratoire Agit-Art, eines der eklektischsten Künstlerkollektive in der Geschichte zeitgenössischer afrikanischer Kunst. Das Gründungsprinzip des Laboratoire Agit-Art war der Ikonoklasmus, der auf alle am kreativen Prozess beteiligten Felder angewandt wurde. Von den Mitgliedern wird ein kritischer Geist gefordert, der jede herrschende Ordnung infrage stellt; wie Samb immer wieder gerne sagt: Wer die Initiative ergriff und sich den Geist von Agit-Art zu eigen machte, der war ein Mitglied von Agit-Art. Die Bildung der Gruppe hing eng mit der Kulturpolitik Léopold Senghors im Senegal der 1970er Jahre zusammen, wo Kunst und Kultur staatlich geleitet und mit der Philosophie der Négritude befrachtet waren. Agit-Art sollte eine Gegenmacht darstellen, die die homogene Kunstwelt des Landes durch intellektuelle und künstlerische Vielfalt bereichern würde. Performances und Installationen erwiesen sich als die wichtigsten Ausdrucksformen für die politischen und gesellschaftlichen Vorstellungen der Gruppe.

Samb hat aktiv mitgewirkt an der Dekonstruktion der Senghor'schen Ästhetik und der Ansicht, Senegals künstlerische Produktion solle sich auf naive und fetischisierte Idealbilder afrikanischer Symbolik, Ornamentik und Schönheit konzentrieren. Mit seinen Aktionen – die in Bezug auf Rahmen, Kontext oder Gattung keine Grenzen kennen – hat er einen unverwechselbaren Stil der Provokation, der kollektiven und gemeinschaftlichen Arbeit und der Improvisation entwickelt, der in Formen zeitgenössischer Performancekunst ebenso wie in der gesellschaftlichen Rolle des Künstlers und der Interaktivität traditioneller afrikanischer Formen darstellender Kunst verwurzelt ist.

Issa Samb could be considered a total artist. His practice ranges from acting—for both theater and cinema—to writing (poetry, essays, novels), installation, performance, painting, and sculpture. The only medium he has not explored so far is photography, perhaps due to his persistent aversion to technology. Except for the radio, Samb does not use modern technological devices, which according to him kill the magic of human interaction. So when you want to talk to him, you have to go and see him. When you want him to read something, you print it out and take it to him or, better still, you write it out by hand.

As an advocate of our responsibility toward one another, Samb embodies the archetype of the humanist. But his personality is otherwise as unclassifiable as his work; the boundaries between the modes and disciplines he adopts are as blurred as his randomly changing states of mind. He studied fine art at the École des Beaux-Arts and philosophy at University Cheikh Anta Diop in Dakar in the mid- to late 1960s. Along with now-prominent filmmaker Djibril Diop Mambéty, painter El Hadj Sy, playwright Youssoufa Dione, and many others, in 1974 he founded Laboratoire Agit-Art, one of the most eclectic artists' collectives in the contemporary history of African art. The founding principle of Laboratoire Agit-Art was iconoclasm, and it was inclusive of all fields in the creative process. Membership was justified by a critical spirit of questioning any prevalent order; as Samb likes to repeat, anyone who took the initiative and adopted the spirit of Agit-Art was a member of Agit-Art. The establishment of the group was strongly related to the Senghorian cultural policy of the 1970s in Senegal, where arts and culture were state-run and deeply embedded in the philosophy of Négritude. Agit-Art sought a counter-power that would bring intellectual and artistic diversity into a homogeneous art environment. Performance and installation proved to be the most important forms of expression for the group's political and social ideas.

Samb has actively worked on the deconstruction of Senghor's aesthetics and views of Senegal's artistic production that promoted a naive, fetishized idea of African symbols, decoration, and beauty. With his actions—which know no limits with regard to framework, context, or genre—he has developed a signature style of provocation, collectivity, communality, and improvisation that is as much rooted in modes of contemporary performance as it is in the role of the artist in society and the interactivity of traditional African performance. KK

Issa Sambs Atelier / Issa Samb's studio, 2010

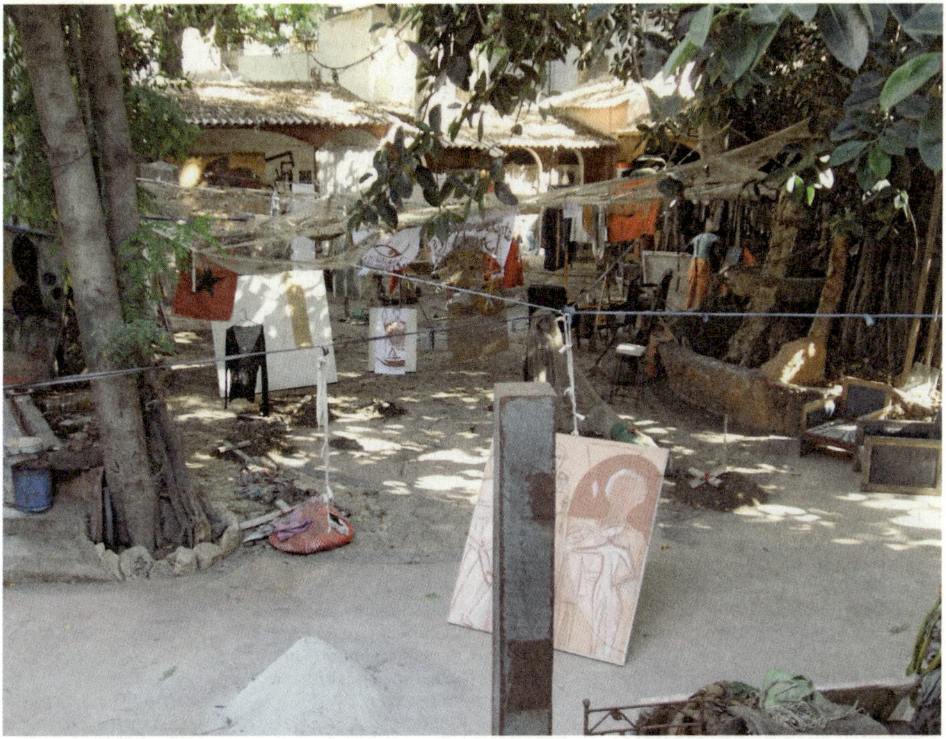

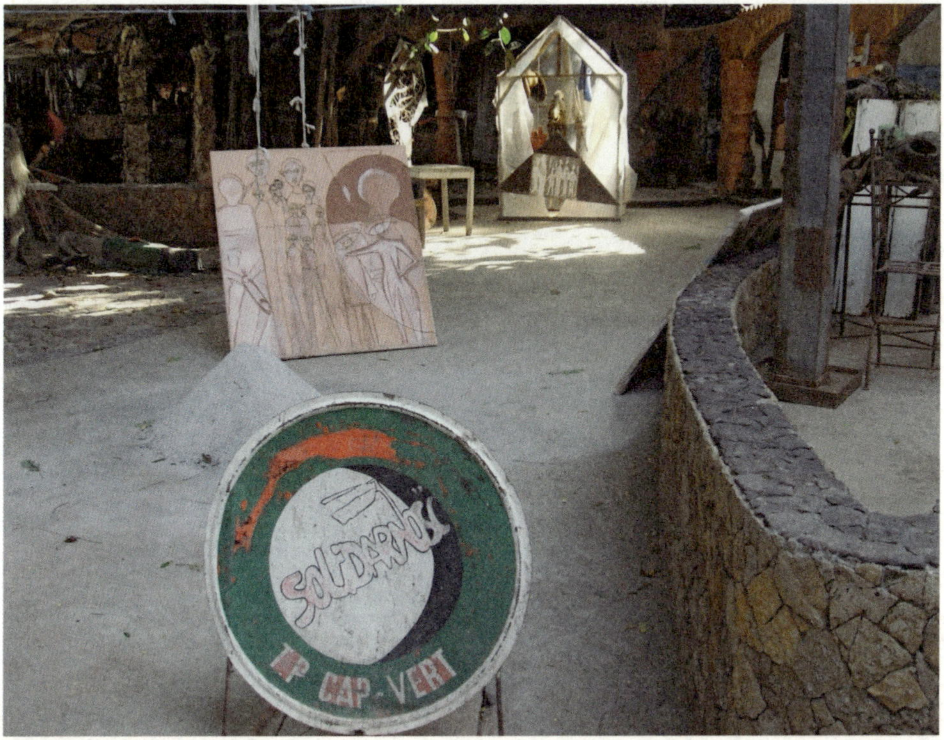

Song Dong

geb. / b. 1966 in Peking / Beijing
lebt / lives in Peking / Beijing

Vergänglichkeit und Unbeständigkeit sind grundlegende Begriffe in Song Dongs Werk, das Aspekte von Performance, Installation, Skulptur, Fotografie, Videokunst und Malerei miteinander verbindet. Als bedeutender Vertreter der chinesischen Konzeptkunst seit den frühen 1990er Jahren reagiert Song Dong auf das politische Klima in China und den Verlust des kulturellen Erbes, den der rasante Wandel der Verhältnisse in den Stadtlandschaften des Landes – insbesondere in seiner Heimatstadt Peking – auslöst, mit zutiefst persönlichen und zugleich flüchtigen Werken. Seit 1995 schreibt der Künstler mit einem Kalligrafiepinsel – einem Utensil, dessen Gebrauch er von seinem Vater gelernt hat – Tagebucheinträge mit Wasser auf einen besonderen Steinblock. Nichts bleibt übrig von diesem täglichen Ritual außer Fotografien, die das Projekt *Writing Diary with Water* (1995–fortlaufend) dokumentieren.

Die Installation *Waste Not* (2005), die er gemeinsam mit seiner inzwischen verstorbenen Mutter Zhao Xiangyuan entworfen hat, ist von monumentalen Ausmaßen, aber nicht weniger persönlich und spirituell; auch hier weigert sich der Künstler, noch mehr Dinge in unsere vom Materiellen besessene Welt zu setzen. Die Arbeit besteht aus banalen Alltagsgegenständen, die Frau Zhao in beinahe sechs Jahrzehnten in ihrem Haus angesammelt hatte. 1938 in Hebei (nahe Peking) als Tochter einer einstmals reichen Familie geboren, die alles verloren hatte, nachdem ein Mitglied wegen antikommunistischer Spionage ins Gefängnis gesperrt worden war, lebte Frau Zhao mit ihrem Ehemann und zwei Kindern in einem winzigen Haus in der Altstadt von Peking, das mit gebrauchten, wiederverwerteten und gewissenhaft angesammelten Haushaltswaren und Krimskrams vollgestopft war – Kleidung, Büchern, Küchengeräten, Hygieneartikeln, Medikamenten, Schulbedarf, Einkaufstüten, Reisschalen, Möbeln: Frau Zhao hatte nach dem Prinzip *wu jin qi yong* (Nichts verschwenden) gehandelt, das charakteristisch ist für die ältere Generation unter den Einwohnern Pekings, Menschen, deren Schicksal es gewesen war, alles, womit sie vertraut waren, zu verlieren. Nach dem Tod ihres Mannes im Jahr 2002 versuchte sie, die Leerstelle in ihrem Haus zu füllen, indem sie ihre Habseligkeiten wieder und wieder mit peinlicher Genauigkeit umsortierte, bis der Künstler sie davon überzeugen konnte, die Sammlung in ein Kunstwerk zu verwandeln und so für alle Zeiten zu erhalten – ein Schutzraum für die Banalitäten eines ganzen Lebens. Obwohl von überbordender Materialität, handelt die Arbeit doch von Verlust ebenso sehr wie vom Ansammlungstrieb.

Song Dongs *Doing Nothing Garden* (2010–2012) für die dOCUMENTA (13) besteht im Wesentlichen aus nichts als der Anhäufung und Erhaltung von Müll. Der etwa sechs Meter hohe Hügel auf der Karlswiese vor der Orangerie, aus Schichten über Schichten von Schutt und organischen Abfällen aufgehäuft, mit Gras und Blumen überwachsen und mit Neonschildern versehen, auf denen die Wörter »Doing« und »Nothing« zu lesen sind, ist ein seltsames Denkmal für die Zivilisation – ein künstlicher Bonsai-Berg in einer Kunstlandschaft. Gleichwohl ist er ein in sich lebendiger Organismus und beweist so, dass im richtigen Kontext sogar das Nichtstun schöpferische Wirkung entfalten kann.

Notions of transience and impermanence are fundamental to Song Dong's work, which combines aspects of performance, installation, sculpture, photography, video, and painting. A significant figure in the development of Chinese Conceptual art since the early 1990s, Song Dong has responded to China's political climate and to the loss of cultural heritage that comes with the rapidly changing conditions in its urban landscapes—namely in his hometown, Beijing—with deeply personal and ephemeral works. Since 1995, the artist has used a calligraphy brush—a technique he learned from his father—to write diary entries in water on a particular block of stone. All that remains from the daily ritual are photographs that document the project *Writing Diary with Water* (1995–ongoing).

The installation *Waste Not* (2005), conceived in collaboration with his now-deceased mother, Zhao Xiangyuan, is monumental in size but no less intimate in spirit, and no less a refusal to add more objects to our material-obsessed world. The work consists of banal everyday objects that Mrs. Zhao had accumulated in her house over nearly sixty years. Born in 1938 in Hebei (near Beijing), and coming from a wealthy family that lost everything after one of its members was jailed as an anti-Communist spy, Mrs. Zhao had lived in Beijing's old city with her husband and two children in a tiny house crammed with domestic odds and ends—clothes, books, kitchen utensils, toiletries, medicine, school supplies, shopping bags, rice bowls, furniture—that had been used, recycled, and painstakingly collected according to the principle of *wu jin qi yong* (waste nothing), typical of Beijing's older generation, a generation destined to lose everything they had known. After her husband's death in 2002, Mrs. Zhao attempted to fill the gap in the house with a constant and excessive reordering of her belongings, until the artist persuaded her to turn the collection into a work of art and thus preserve it eternally—a sanctuary for a lifetime's worth of banalities. Though exuberant in its materiality, the work is as much about loss as it is about accumulation.

Song Dong's *Doing Nothing Garden* (2010–12) for dOCUMENTA (13) consists in its essence of nothing more than an accumulation and preservation of waste. Built from layers and layers of rubble and biological garbage, overgrown with grass and flowers and equipped with neon signs reading "Doing" and "Nothing," the approximately six-meter-high mound on the Karlswiese in front of the Orangerie is an odd monument to civilization—an artificial bonsai mountain in an artificial landscape. Yet it is a living organism in itself, which shows that in the right context, even doing nothing can lead to the creation of something. ES

***Doing Nothing Garden* in Peking / Beijing, 2007–2012**
Müll, Erde, Ziegelsteine, Pflanzen, Neonschilder / Rubbish, soil, bricks, plants, neon signs
3 × 11 × 11 m

Plan des / Plan of *Doing Nothing Garden* in Kassel, 2010–2012
Aquarell auf Papier / Watercolor on paper
19 × 27 cm

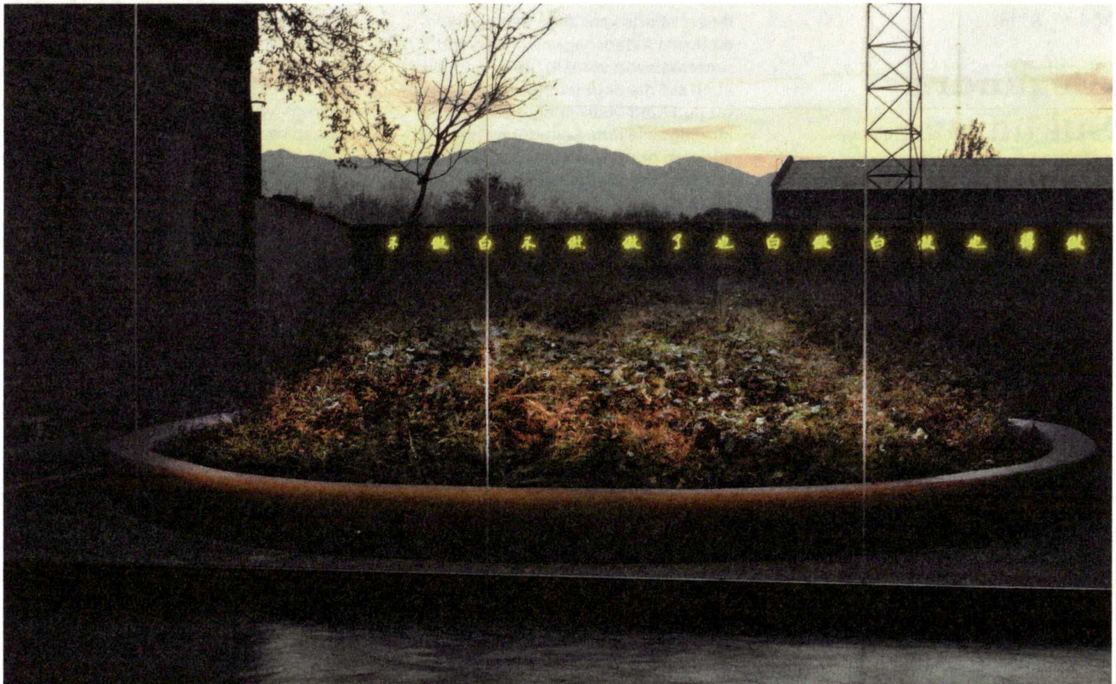
不做白不做 做了也白做 白做也得做

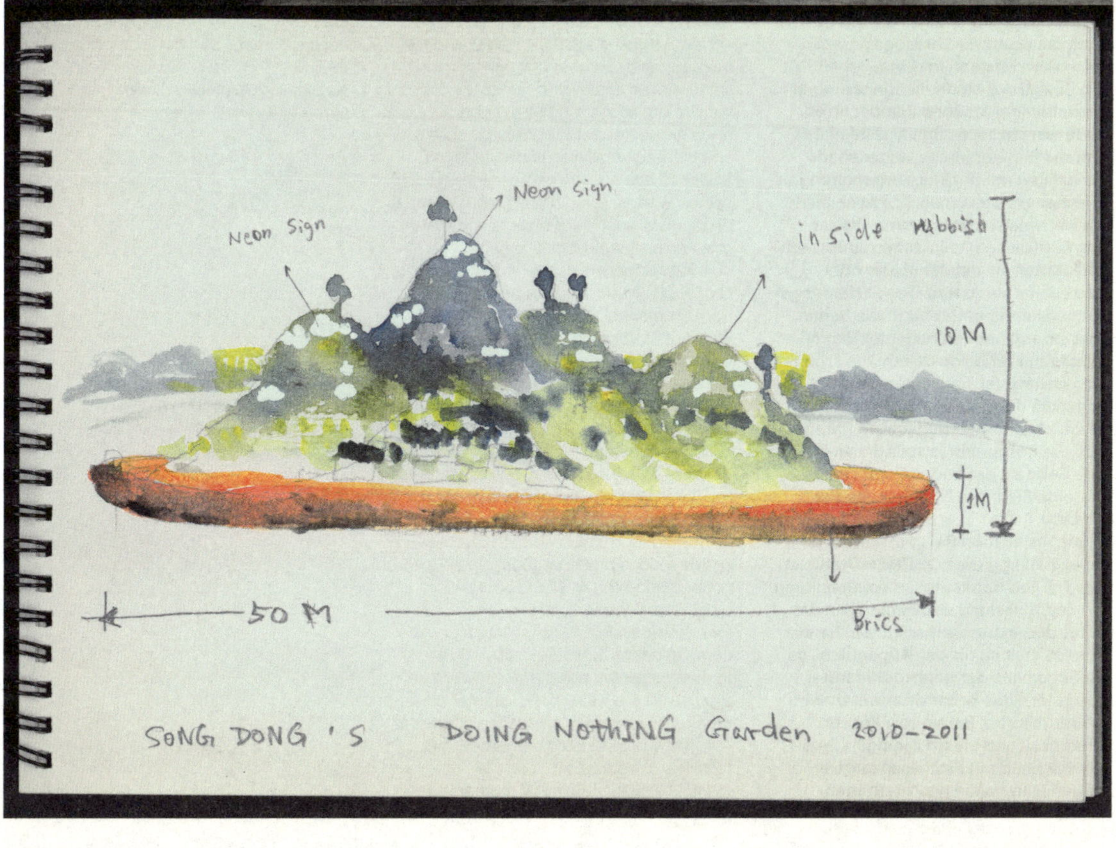
Neon Sign
Neon Sign
inside rubbish
10M
1M
50 M
Brics
SONG DONG 'S DOING NOThING Garden 2010-2011

Alexandra Sukhareva

geb. / b. 1983 in Moskau / Moscow
lebt / lives in Moskau / Moscow

Alexandra Sukhareva schafft Installationen und Plastiken. Ihre Arbeiten, die fragil und bruchstückhaft wirken und durch (im wörtlichen wie übertragenen Sinne) empfindliche Bindeglieder zusammengehalten werden, sind durch eine breite Palette historischer, spiritueller, philosophischer, abstrakter und mathematischer Verweisungen geprägt. Aufeinandergestapelt, in prekärem Gleichgewicht aneinandergelehnt, lose mit dünnen Nägeln und Fäden verbunden, spinnen die Elemente ihrer Installationen, die Objekte und Materialien aus Assoziationen feinsinnige Geschichten.

What happened Happened far away Did not **(2008–2009) – der Titel stammt aus Emmanuel Hocquards Buch *Théorie des Tables* (1992) – ist eine Installation, die aus einer freistehenden Wand, einem alten Magazin unter einer Glasplatte und einem an einem Seil herabgelassenen Holzbalken besteht. In dieser Arbeit ruft sich Sukhareva Kindheitserinnerungen an die Berliner Mauer ins Gedächtnis: »1989 war ich sechs und wusste nichts über die Berliner Mauer, abgesehen von einigen mir dunklen Unterhaltungen zwischen Erwachsenen. […] Auch jetzt kann ich mich nicht erinnern: Worum ging es in diesen Gesprächen hauptsächlich? Hatten sie mit der Mauer oder etwas anderem zu tun? Diese Erfahrungsblockade funktioniert für beide Seiten. Aber sie aufzuheben bedeutet Vervollständigung für beide Seiten: die Ergänzung getrennter Teile. Ich sehe die Blockade, die Grund für allerlei Besorgnis ist, aber ihre Vergeblichkeit garantiert. Sie beschreibt jeweils die andere Seite als das andere; und verpflichtet beide Seiten zu Beziehungen der Hingabe.«**

Ihre Installation *Being of mother is bone* (2012) für die dOCUMENTA (13) ist zum Teil von traditionellen Vorstellungen von Zerstückelung und Initiation in der Kultur der Jakuten angeregt. Sukhareva interessiert sich für den Augenblick, da der Schamane der Raubvogel-Mutter begegnet – das Schamanenwesen wird wiedergeboren, indem sein Körper zerstückelt und die beständigen Teile anschließend mit Prothesen aus fremdartigen Materialien neu zusammengesetzt werden –, und dafür, wie sich dieser Mythos zur allgemeinen Hybridität von Alltagsgegenständen und -interaktionen verhält. Sie bezieht sich auch auf die Begegnung zwischen Mutter und Kind überhaupt, die im ersten Moment wie jede Begegnung mit dem anderen etwas Unheimliches an sich hat. In den Initiationsgeschichten kann diese Begegnung in einer Höhle, einem Tal oder einem Haus stattfinden; hier ist ein modernistischer Kubus der Schauplatz. In diesem Kubus, der sich in der Karlsaue befindet, hat Sukhareva einen abgeschotteten Raum eingerichtet. Sie zeigt eine waagerecht auf zwei Stühle gelegte Leinwand, deren abstrakte Struktur vom Muster eines Teppichs aus Zentralasien abgeleitet ist. Die Künstlerin schuf das Gemälde mit Chlor, das sich dort, wo die Leinwand bloßliegt, in sie einbrennt – eine Technik, die der Bildhauerei nähersteht als der traditionellen Malerei, da es kein Bildfeld gibt und kein Material hinzugefügt, vielmehr durch Zersetzung etwas entfernt und so die Oberfläche gestaltet wird. Mit dieser rätselhaften Abstraktion schafft Sukhareva einen Raum für die Erfahrung innerlicher Begegnungen.

Alexandra Sukhareva makes installations and sculptures. Appearing fragile and fragmented, held together through delicate junctions (physically and metaphorically), her works are informed by a range of historical, spiritual, philosophical, abstract, and mathematical references. Stacked, balanced against one another, loosely connected with pins and thread, each element of her installations—of objects and materials—spins fine, associative narratives.

What happened Happened far away Did not (2008–09)—the title is derived from Emmanuel Hocquard's book *The Theory of Tables* (1994)—is an installation consisting of a freestanding wall, an old magazine underneath a glass sheet, and a wooden beam suspended from a rope. In this piece, Sukhareva recalls her childhood memories of the Berlin Wall: "I was six in 1989, and knew nothing about the Berlin Wall, except of some obscure conversations among adults. . . . Now I still cannot remember—what were these conversations primarily about? Were they connected to the wall or to something else? This block across experience works for both sides. But its cancellation brings completion for both: the completion to divided parts. I see the block, which is a cause for anxieties, but guarantor of their futility. It names always the other side as other and dedicates both sides into relations of dedication."

Her installation *Being of mother is bone* (2012) for dOCUMENTA (13) is partly inspired by ideas of dismemberment and initiation, as told in Yakut culture. Sukhareva is interested in the moment of encounter of the shaman and the bird-of-prey-mother—where, through the dismemberment of the body and the reassembling of its permanent parts with prostheses in alien materials, the shamanic creature is reborn—and how this myth relates to the general hybridity of everyday things and interactions.

She also refers to the mother-child encounter in general, which, in its initial moment, has something of the uncanny—like any encounter with the other. In the stories of initiation, the place of encounter can be a cave, a valley, or a home. Here, it is a modernist cube. Inside this cube, located in the Karlsaue park, Sukhareva has created an isolated room. She presents one canvas, placed horizontally over two chairs, whose abstract structure is derived from the pattern of a Central Asian rug. The painting is made with chlorine, which burns into the canvas where it is exposed, a technique closer to carving than to traditional painting, since there is no pictorial field, no material addition, but rather corrosion, which structures the surface. In her enigmatic abstraction, Sukhareva creates a space for the experience of internal encounters. ES

***Eurauraga*, 2011 (Detail / detail)**

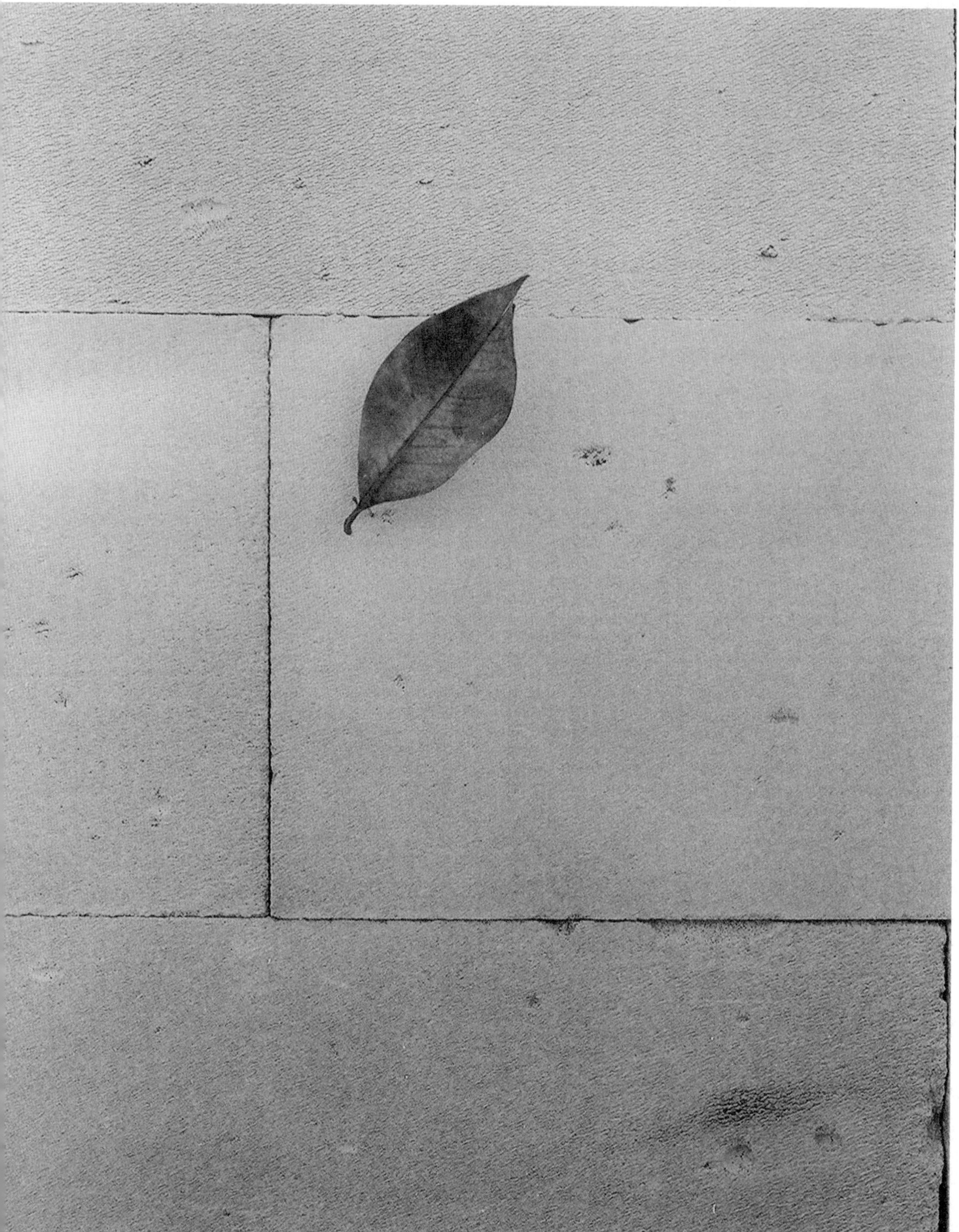

Time/Bank (e-flux: Julieta Aranda und / and Anton Vidokle)

geb. / b. 1975 in Mexiko-Stadt / Mexico City

geb. / b. 1965 in Moskau / Moscow

leben / live in Berlin und / and New York

Die Idee des Time-Banking, die auf Konzepten für Alternativwährungen, Mutualismus sowie der Marx'schen Theorie des Arbeitswerts beruht, stellt das Modell einer Tauschwirtschaft dar, bei der die Zeiteinheit als Währung für Dienstleistungen auf Gegenseitigkeit dient. Zuerst umgesetzt wurde diese utopische Idee, die während der Industriellen Revolution entstand, im Cincinnati Time Store, den der amerikanische Anarchist Josiah Warren von 1827 bis 1830 betrieb; dort wurde der Handel durch Banknoten ermöglicht, die durch das Versprechen besichert waren, eine bestimmte Zahl von Arbeitsstunden zu leisten – so konnte man zum Beispiel eine Arbeitsstunde gegen zwölf Pfund Mais eintauschen. Die erste erfolgreiche Zeitbank der Gegenwart wurde 1991 von Paul Glover in Ithaca (New York) gegründet; dort dienen »Ithaca Hours« als Währung, die von ortsansässigen Geschäften als Zahlungsmittel akzeptiert wird.

Mit *Time/Bank* (2009–fortlaufend) wollen die Künstler Julieta Aranda und Anton Vidokle eine »immaterielle Währung und eine parallele Mikroökonomie für die Kulturszene schaffen, die über geografische Grenzen hinweg operieren soll und ein Gefühl für den Wert der vielen Tauschprozesse herstellen wird, die bereits in unserem Feld stattfinden – insbesondere solcher, bei denen keine Waren produziert werden und die sich so oft den Strukturen entziehen, die nur bestimmte Formen von Tausch als bedeutsam oder profitabel anerkennen«. Das Projekt, das sich an existierenden Zeitbanken und Alternativwährungen wie etwa dem 1923 nach der Hyperinflation in Deutschland ausgegebenen »Notgeld« orientiert, besteht aus einer Online-Plattform bei e-flux (dem 1999 von Vidokle ins Leben gerufenen Informations- und Distributionsnetzwerk: http://e-flux.com/timebank/) und mehreren Zweigstellen, die temporär in verschiedenen Institutionen eingerichtet werden; dort können Transaktionen vorgenommen werden, indem man Dienste anfordert oder anbietet und mit »Hour Notes« bezahlt. Die *Time/Bank*-Installation im Portikus in Frankfurt am Main (2011) bestand aus einer Präsentation künstlerischer Entwürfe für die Gestaltung einer zeitbasierten Währung, einer Druckmaschine, einem Bankschalter, einem Archiv historischer Notgeld-Scheine und einem *Time/Shop*, in dem eine Auswahl von Artikeln, von Haushaltswaren bis hin zu Künstlereditionen, zu erstehen war.

Aranda und Vidokle, die seit 2003 zusammenarbeiten, haben mehrere fortlaufende Projekte initiiert, darunter den kostenlosen Videoverleih *e-flux video rental* (seit 2004). Im Jahr 2007 eröffneten sie den *Pawnshop*, in dem man für Kunstwerke kurzfristige Pfandkredite bekommt. All diese partizipativen Kunstwerke erkunden die Poetik von Zirkulation und Distribution und stellen die beschränkten Rollen, die Kunst innerhalb ihrer Institutionen spielt, den Wert des Geldes und den vom Markt willkürlich festgelegten Warenwert der Kunst infrage. Wie e-flux selbst und andere selbsttragende Projekte innerhalb der dOCUMENTA (13), die sich mit Nahrungsmitteln oder alternativen Energien befassen, ist *Time/Bank* ein Werkzeug, das aus persönlichen Bedürfnissen erwachsen ist und es ermöglichen soll, sich von größeren, vom Staat oder von Unternehmen kontrollierten Ökonomien unabhängig zu machen und statt ihrer eigene Formen des Wirtschaftens zu schaffen. Zusätzlich zur Einrichtung einer *Time/Bank* in einem Haus in der Karlsaue haben die Künstler im Ständehaus eine *Time/Bank*-Konferenz über verschiedene historische Naturalwirtschaften und jüngere Modelle nicht auf Geld beruhender Tauschsysteme organisiert.

Based on concepts of alternative currencies, mutualism, and the Marxian theory of labor value, time banking is a model of reciprocal service exchange that uses units of time as currency. A first implementation of this utopian idea, which emerged during the Industrial Revolution, was the Cincinnati Time Store run by American anarchist Josiah Warren from 1827 until 1830, where trade was facilitated through notes backed by a promise to perform a certain number of hours of labor—for example, one hour of labor was exchangeable for twelve pounds of corn. The first successful contemporary time bank was started in 1991 by Paul Glover in Ithaca, N.Y., using "Ithaca Hours" as a currency that is accepted by local businesses.

With *Time/Bank* (2009–ongoing), artists Julieta Aranda and Anton Vidokle aim "to create an immaterial currency and a parallel micro-economy for the cultural community, one that is not geographically bound and will create a sense of worth for many of the exchanges that already take place within our field—particularly those that do not produce commodities and often escape the structures that validate only certain forms of exchange as significant or profitable." Modeled after existing time banks and alternative currencies, such as the "Notgeld" notes that emerged in Germany in 1923 after hyperinflation, the project consists of an online platform on e-flux (the international information and distribution network initiated by Vidokle in 1999: http://e-flux.com/timebank/) and several branches installed temporarily in various institutions, where transactions can be made through requesting, offering, and paying for services with "Hour Notes." The *Time/Bank* installation at Portikus in Frankfurt/Main (2011) consisted of a presentation of artists' designs for a time-based currency, a printing machine, a bank counter, an archive of historical Notgeld, and a *Time/Shop* with a selection of items ranging from household articles to artists' editions.

Collaborating since 2003, Aranda and Vidokle have initiated several ongoing projects, such as the free *e-flux video rental* (since 2004). In 2007, they opened *Pawnshop*, a short-term loan business for artworks. All these participatory artworks explore the poetics of circulation and distribution, questioning the confined roles of art within its institutions, the worth of money, and the arbitrary commodity value of art as defined by the market. Like e-flux itself and like other self-sustaining projects in dOCUMENTA (13) dealing with food or alternative energies, *Time/Bank* is a tool, grown out of personal needs, to stay independent from larger, state- or corporate-controlled economies, and instead to create one's own economies. In addition to their *Time/Bank* installation in a house in the Karlsaue park, the artists have organized a *Time/Bank* conference at the Ständehaus that looks at barter economies throughout history and recent models of non-monetary systems of exchange. ES

***Time/Food*, 2011**
Ausstellungsansicht / Exhibition view, Abrons Art Center, New York

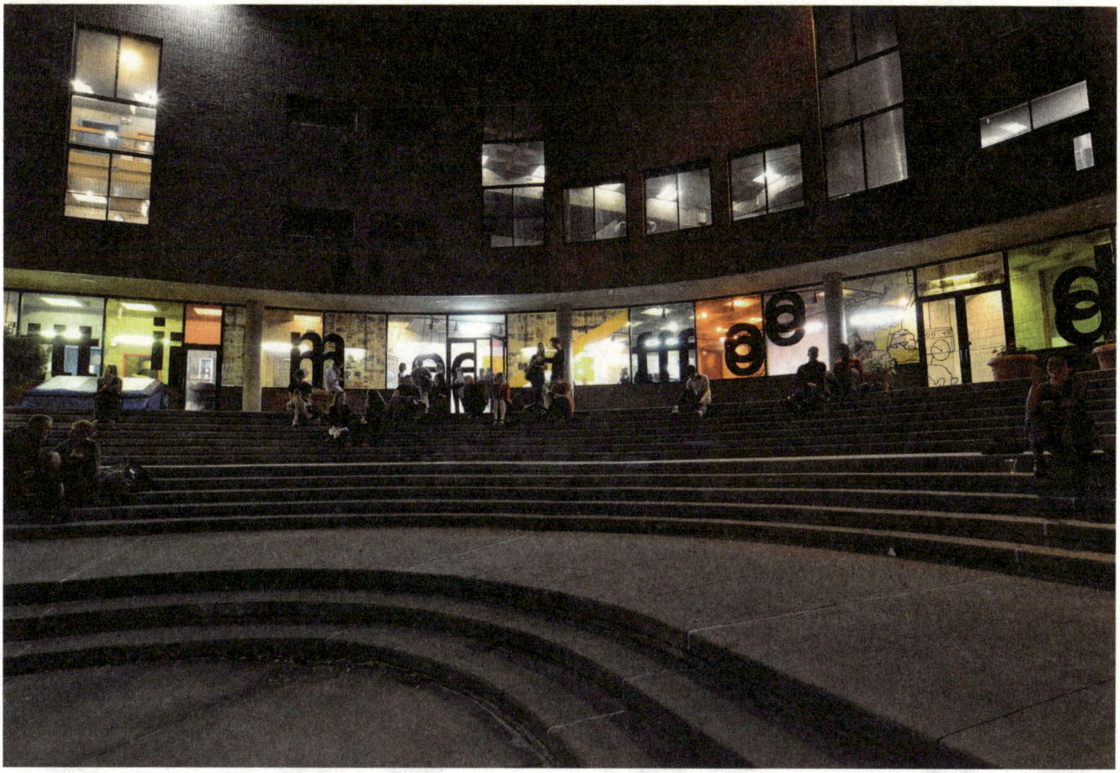

TEA

P A V I

PARTY

L L O N

Lori Waxman

geb. / b. 1976 in Montreal
lebt / lives in Chicago

Lori Waxman ist nicht Künstlerin, sondern Kunstkritikerin. Das muss man erwähnen, denn wenn sie Künstlerin und nicht Kunstkritikerin wäre, würde ihr Projekt *60 wrd/min art critic* nicht wie geplant funktionieren: Gerade weil sie Kunstkritikerin ist und für Kunstmagazine schreibt, kann ihre Arbeit für Künstler wertvoll sein, insbesondere für diejenigen, die noch nie von einem sachkundigen Kritiker in einer Kunstzeitschrift rezensiert wurden. Das soll aber nicht heißen, dass *60 wrd/min art critic* kein Kunstwerk wäre. Die Aktion findet im Rahmen einer Kunstausstellung oder in Kunstinstitutionen statt – und nicht wie die Kritik außerhalb ihrer – und ist somit auch Kunst. Waxman schreibt: »*60 wrd/min art critic* ist vieles zugleich: ein Versuch im Schreiben über Kunst in einer kurzen Form, eine für sich bestehende Kunstperformance, ein experimenteller Rollentausch zwischen Künstler und Kritikerin, eine demokratische Geste, eine Aushebelung der normalen Verfahren der Kunstkritik.«

Im Rahmen der dOCUMENTA (13) steht Waxman drei Tage pro Woche in einem Büro zur Verfügung, das in einem Fertighaus in der Karlsaue eingerichtet wurde. Interessierte Künstler sind eingeladen, mit ihrer Kunst im Original oder in Reproduktionen vorbeizukommen, um sie begutachten zu lassen; wer zuerst kommt, wird zuerst bedient. In einer Art Experiment, bei dem es sowohl um Geschwindigkeit wie auch um Ausdauer geht, betrachtet Waxman die Arbeiten 25 Minuten lang und schreibt dann eine Rezension von 100 bis 200 Wörtern – und verspricht eine wohlüberlegte und kritische, aber nicht unbedingt positive Beurteilung. Indem sie ihren Laptop an einen zweiten Bildschirm anschließt, auf dem die Besucher ihre Arbeit verfolgen können, legt sie den normalerweise vor der Öffentlichkeit verborgenen Prozess des Nachdenkens, Nachforschens, Schreibens und Überarbeitens offen. Der fertige Text wird an der Rezeption ausgedruckt und im Büro zur Ansicht ausgehängt. Die sich im Laufe der Ausstellung bildende Sammlung bleibt im Büro verfügbar; außerdem werden die Rezensionen in einer lokalen Zeitung oder Zeitschrift gedruckt oder online veröffentlicht.

Mit diesem Projekt unterwandert Waxman das oft willkürliche, durch geografische Faktoren beeinflusste und marktorientierte Diktat, das darüber entscheidet, welche Künstler rezensiert werden und welche nicht, und bietet eine wirklich demokratische und unvoreingenommene Alternative an. Die Aktion setzt sich auf belustigende Weise mit der Vorstellung auseinander, es gebe zu viele Künstler und nicht genügend Institutionen der Kritik, aber sie überdenkt auch die Arbeit der Kunstkritik und ihren intellektuellen und »realen« Wert in einer neoliberalen Gesellschaft. »Das Projekt zielt auch darauf ab, das Schreiben in einer kurzen Form an seine Grenzen zu treiben. Herauszufinden, was verlorengeht und was man gewinnt, wenn die Texte kürzer und schneller und vielleicht auch ergiebiger werden. Den Teufelskreis zu vermeiden, der Künstler außerhalb der Metropolen und den Nachwuchs oft im Abseits stehen lässt. Zu sehen, was passiert, wenn das Gesicht hinter dem Verfassernamen sichtbar wird und die einsame Autorin vor die Öffentlichkeit tritt. Zu ermitteln, was eine Rezension wem wert ist, wenn sie auf Abruf geschrieben wird. Letztlich löst *60 wrd/min art critic* die Probleme der Kritik nicht; sie macht sie auf experimentellem Wege sichtbar.«

Lori Waxman is not an artist but an art critic. This is important to mention, because if she were an artist and not an art critic her project *60 wrd/min art critic* would not function as it does: it is precisely because she is an art critic who publishes in art magazines that her writing may have value to artists, especially those who have not yet received a review written by a professional critic in an art magazine. This does not mean, however, that *60 wrd/min art critic* is not an artwork. It takes place within an art exhibition or venue—not outside it, as criticism usually does—and is therefore also art. Waxman writes: "The *60 wrd/min art critic* is many things: an exploration of short-form art writing, a work of performance art in and of itself, an experiment in role reversal between artist and critic, a democratic gesture, a circumvention of the art-review process."

For dOCUMENTA (13), Waxman makes herself available three days a week in an office set up in a prefab house in the Karlsaue park. Interested artists are invited to bring in their work or reproductions of it for consideration on a first-come, first-served basis. In what could be described as an exercise in both speed and endurance, Waxman spends twenty-five minutes looking at it and writing a 100 to 200-word review—and guarantees a thoughtful, critical, but not necessarily positive take. Hooking up her laptop to a closed-circuit monitor, she exposes the usually private process of thinking, researching, writing, and editing. Once completed, the text is printed by the receptionist and made available to read in the office. All texts remain on view and accumulate throughout the exhibition and are published in a local newspaper or magazine, in print or online.

With this project, Waxman undermines the art system's often arbitrary, geographically determined, and market-oriented dictate of which artists get reviewed and which do not, offering a truly democratic, unbiased alternative. It deals comically with the idea that there are too many artists and not enough critical institutions, but also rethinks the art critic's labor, its intellectual and "real" value in a neoliberal society. "The project also aims to push short-form writing as far as it can go. To find out what is lost and gained as texts get shorter and faster and potentially more prolific. To circumvent the Catch-22 that can leave regional and emerging artists outside the loop. To see what happens when the byline becomes a face, and the solitary writer works in public. To find out what a review is worth, and to whom, if made on demand. Ultimately, the *60 wrd/min art critic* doesn't solve criticism's problems; it makes them visible through experimentation." ES

Bei der Performance von / Performing *60 wrd/min art critic*, The Art Gallery of Knoxville, 2008

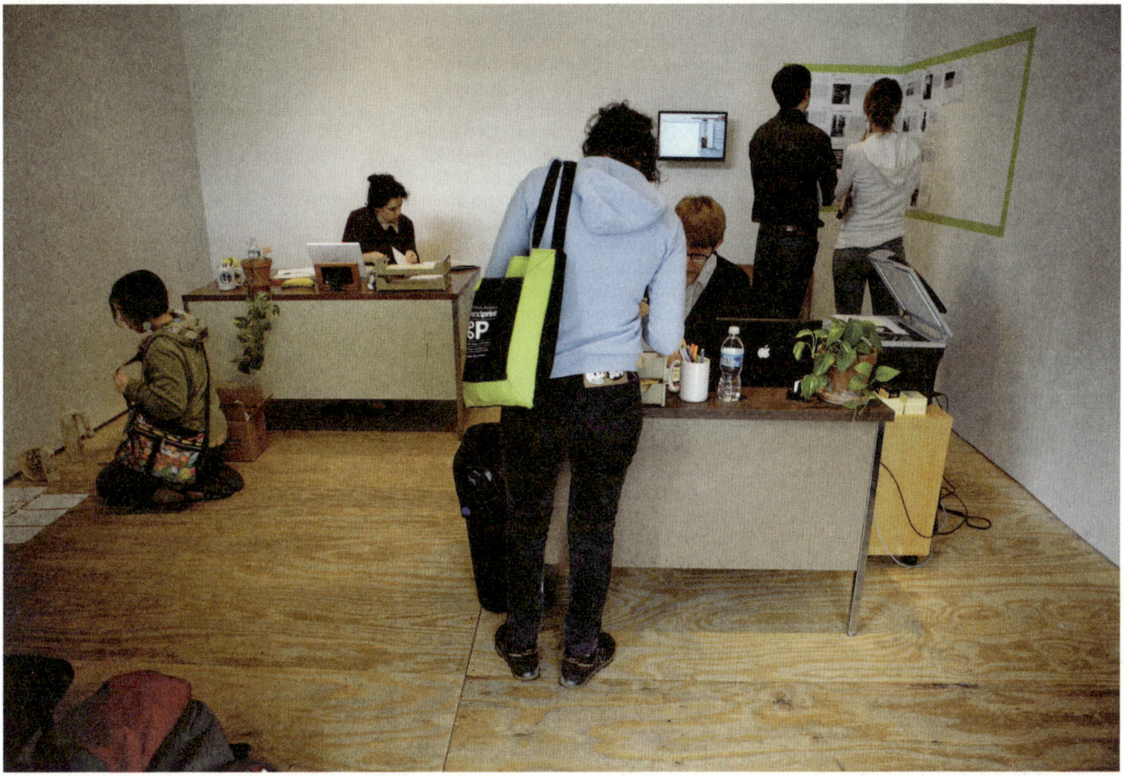

Apichatpong Weerasethakul

geb. / b. 1970 in Bangkok
lebt / lives in Bangkok und / and Chiang Mai (Thailand)

Apichatpong Weerasethakul stellte 2000 seinen ersten Spielfilm fertig; seit 1998 produziert er außerdem Videoinstallationen und Ausstellungen. 1999 gehörte er zu den Gründern von Kick the Machine Films, einer Gesellschaft, die Experimentalfilme fördert, indem sie ein Netzwerk aufbaut, mit dem thailändische Filmemacher unabhängig von der Filmindustrie des Landes im In- und Ausland für ihre Arbeiten werben können.

Weerasethakul, in dessen Werken es oft um Erinnerungen, die Politik des Persönlichen und gesellschaftliche Fragen geht, packt diese Themen mit einer raffinierten nichtlinearen Herangehensweise und feinem Gespür für Brüche an. In seinem jüngsten Spielfilm *Uncle Boonmee erinnert sich an seine früheren Leben* (2010), der im Nordosten Thailands produziert wurde, erkundete er den Begriff der Grenze mit Bezug auf politische Auseinandersetzungen, etwa die zwischen Thailand und Laos, aber auch auf die zweideutigen Grenzlinien, die diese Auseinandersetzungen zwischen den Lebenden und den Toten markieren. *Primitive* (2009) vertieft dieses Thema mit Blick auf ein kleines Dorf namens Nabua nahe der laotischen Grenze. Die thailändische Armee hielt Nabua von den 1960er bis in die 1980er Jahre besetzt, um mögliche kommunistische Sympathisanten gewaltsam zu unterdrücken. Die Männer flohen entweder in den Wald oder wurden getötet, so dass Nabua zu einer »Witwenstadt« verkam, ein Echo lokaler Sagen über den Geist einer Witwe, die die Männer, die ihr Reich betraten, entführte. *Primitive*, das ein fiktives Gebiet darstellt, in dem Energien aus dem Jenseits einer Gemeinschaft, deren jüngere Generation jeder Verbindung zur Vergangenheit beraubt wurde, verlorene Erinnerungen zurückbringen, lässt an die politischen Turbulenzen denken, die Thailand in letzter Zeit erlebt.

Für *The Importance of Telepathy* (2012) hat Weerasethakul in der Kasseler Karlsaue eine Installation gebaut. Besucher liegen in Hängematten, die hier und da zwischen alten Bäumen befestigt sind, und werden so »von der Natur verschluckt« und in einen unsichtbaren Film eingewoben. Weerasethakul beschreibt den von ihm gewählten Ort als »eine Art Amphitheater mit einem offenen Feld in der Mitte. Ich stelle mir ein Kino für diese Bäume und ihre biotischen Freunde vor. Hoch oben in den umstehenden Bäumen hängen Glocken. Für aller Augen unsichtbar, hat jede von ihnen ihren eigenen Ton. Wenn diese [...] Klangkulisse die Lüfte erfüllt, verfestigt sich im offenen Feld ein angeblich unsichtbares Wesen. Im Gras steht ein überdimensioniertes Phantom. Es ist mein Baum, ein uralter Geist, der sich weigert, aus meiner Erinnerung zu verschwinden. Er schlägt aus und nimmt an diesem Umweltkino teil. Seine Manifestation keilt sich in ein fremdes Land und terrorisiert die Erzählung. Der Geist fordert seine bevorstehende Auslöschung aus einer Kindheitserinnerung heraus. Oder vielleicht erwächst er aus einem Land, das regelmäßig seine Opfer politischer Gewalt ignoriert. Der Geist folgt mir nach Kassel. [...] In jedes Kino bringt jeder von uns die Last einer Erinnerung mit«.

Apichatpong Weerasethakul completed his first feature film in 2000, and since 1998 has also made video installations and exhibitions. In 1999, he was one of the founders of Kick the Machine Films, a company that supports experimental film by establishing a network for Thai filmmakers to promote their work outside the circuits of the Thai film industry, both nationally and abroad.

Often addressing memory, personal politics, and social issues, Weerasethakul tackles these topics with a subtle nonlinear approach and sense of dislocation. Producing his recent feature film *Uncle Boonmee Who Can Recall His Past Lives* (2010) in the northeast of Thailand, he explored the notion of borders in relation to political issues, such as those between Thailand and Laos, but also the ambiguous boundaries that these issues establish between the dead and the living. *Primitive* (2009) enlarges upon this theme by looking at a small village called Nabua, close to the Laotian border. The Thai Army occupied Nabua from the 1960s to the 1980s, violently oppressing possible Communist sympathizers. The men either fled into the forest or were killed, reducing Nabua to a "widow town," which resonated with local legends about the ghost of a widow who abducted the men who entered her domain. Constructed as a fictional territory where otherworldly energies reintroduce memories to a community whose younger generation is deprived of any connection to the past, *Primitive* evokes the political turmoil Thailand has recently experienced.

For *The Importance of Telepathy* (2012), Weerasethakul has constructed an installation in Kassel's Karlsaue park. Lying in hammocks interspersed among ancient trees, visitors are "swallowed up by nature" and woven into an invisible movie. Weerasethakul describes his chosen site as "like an amphitheater, with an open field in the middle. I imagine a cinema for these trees and their biotic friends. High up in the surrounding trees, bells hang. Invisible to everyone, each bell possesses its own tone. As this . . . soundtrack fills the air, in the open field a supposedly invisible being is solidified. Among the grass stands an oversize phantom. This is my tree, an ancient ghost that refuses to disappear from my memory. It sprouts and partakes in this environmental cinema. Its manifestation wedges into a foreign land and terrorizes the narrative. The ghost challenges its imminent extinction from a childhood recollection. Or perhaps it rises from a nation that habitually ignores its victims of political violence. The ghost follows me to Kassel. . . . To every cinema, each of us brings along a burden of remembering." SK

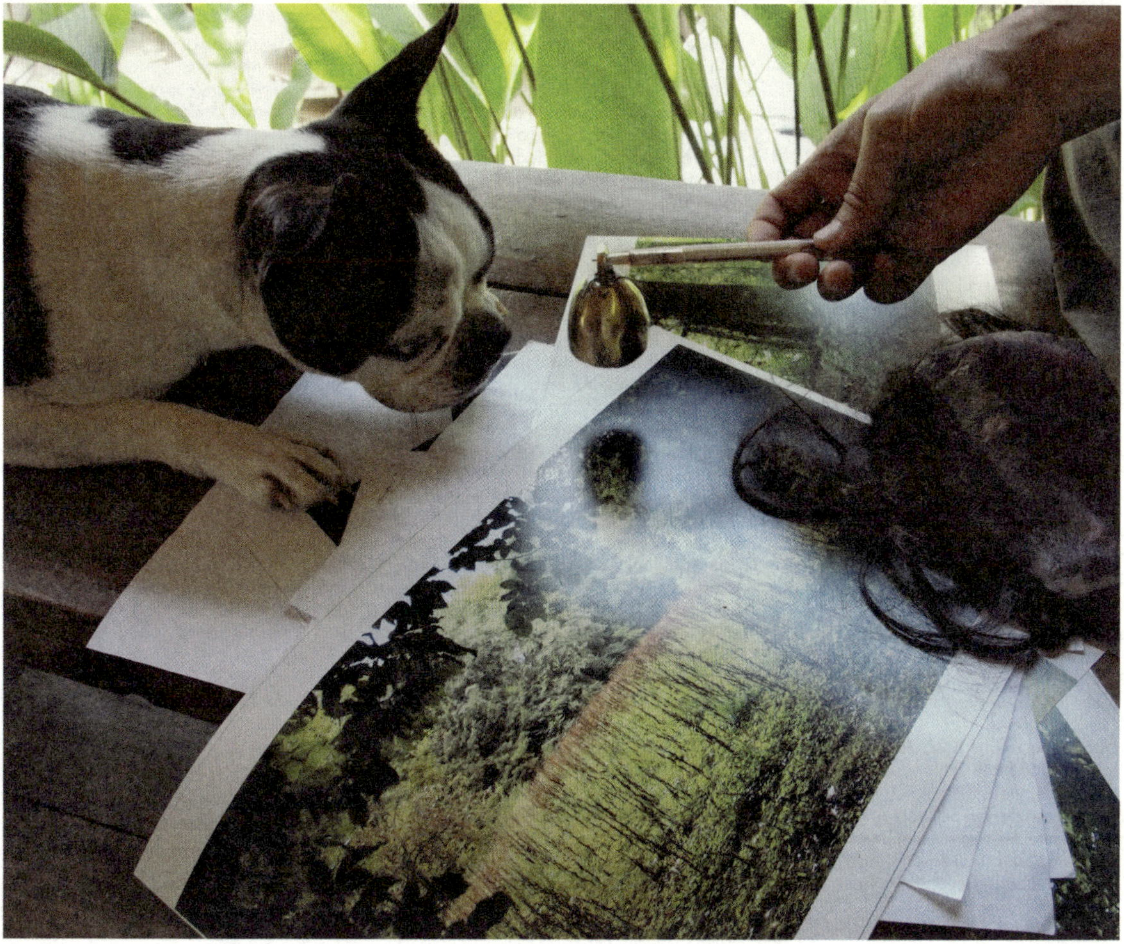

The Worldly House

Ein Archiv inspiriert von Donna Haraways Schriften über Multispezies-Koevolution, zusammengestellt und präsentiert von Tue Greenfort / An Archive Inspired by Donna Haraway's Writings on Multispecies Co-Evolution, Compiled and Presented by Tue Greenfort

Donna Haraway

geb. / b. 1944 in Denver (Colorado)
lebt / lives in Santa Cruz (Kalifornien / California)

Tue Greenfort

geb. / b. 1973 in Holbæk (Dänemark / Denmark)
lebt / lives in Berlin

Der aufmerksame Blick des durch die barocke Karlsaue schlendernden Betrachters fällt womöglich auf einen dezent platzierten schwarzen Holzschuppen, der von Wasser umgeben ist. Mit dem Park durch einen kleinen Steg verbunden, der den See überspannt, mag er an Henry David Thoreaus Blockhütte erinnern, die er in seinem bahnbrechenden 1854 erschienenen Buch *Walden* ausführlich beschrieb. Zweifellos ist er von einer traumartigen und märchenhaften Aura umgeben; er wirkt wie ein selbstgebautes Haus, in das man sich zurückzieht, um allein zu sein und nachzudenken. In Wirklichkeit jedoch wurde er in den 1950er Jahren gebaut, damit er die Schwarzschwäne (*Cygnus atratus*) des Gartens beherbergen sollte. Die Vögel sind mittlerweile verschwunden, und ihre Behausung steht seit den 1970er Jahren leer, und doch ist sie nicht nutzlos, denn Spuren in ihrem Inneren weisen auf die Regsamkeit einer anderen Spezies hin, die in die Kasseler Stadtfauna Eingang gefunden hat: die berüchtigten Waschbären.

Für die dOCUMENTA (13) ist in dem ehemaligen Vogelhaus ein Archivprojekt zu Gast, das sich der »Multispezies-Koevolution« widmet; es soll Verbindungen zwischen Lebewesen, menschlichen wie nichtmenschlichen, untersuchen und vielleicht zu ihrer Umgestaltung beitragen. Menschen haben den allergrößten Teil ihrer genetischen Information mit anderen Organismen gemein – und das ist erst der Anfang des dichten Netzwerks von Beziehungen, die sie miteinander verbinden. Um es mit den Worten der renommierten feministischen Theoretikerin Donna Haraway, Mitglied des Honorary Advisory Committee der dOCUMENTA (13), aus der Einleitung zu ihrem Buch *When Species Meet* (2008) zu sagen: »Einer zu sein, bedeutet immer, mit vielen zu werden.«

Haraways Buch untersucht philosophische, historische, kulturelle, persönliche, technisch-wissenschaftliche und biologische Aspekte der Inter- und Intra-Aktionen zwischen Tier und Mensch; in Anerkennung ihrer Arbeit und ihrer Ideen bietet *The Worldly House: Ein Archiv inspiriert von Donna Haraways Schriften über Multispezies-Koevolution, zusammengestellt und präsentiert von Tue Greenfort* Besuchern die Gelegenheit, die Schriften und Lehren dieser Philosophin zu durchdenken. Das Archiv enthält Künstlermaterialien, Texte, Bücher, Videos und Dokumentationsmaterial zu Kunstwerken und Projekten, die sich mit der Beziehung zwischen menschlichen und nichtmenschlichen Spezies befassen; bei der großen Vielfalt liegt das Hauptaugenmerk des Archivs auf der Wahrnehmung von Leben, dem In-der-Welt-Sein und dem Zusammenleben zwischen menschlichen und anderen Lebewesen.

Walking through the Baroque Karlsaue park, alert visitors might find themselves gazing at a discreetly situated black wooden shack surrounded by water. Connected to the park by a small walkway straddling the lake, it might bring to mind Henry David Thoreau's wooden hut as he meticulously described it in his seminal book *Walden* of 1854. It certainly has a dream-like, fairy-tale atmosphere, giving the impression of a self-built house in which to retreat for solitude and reflection. However, it was in fact constructed in the 1950s with the purpose of housing the park's black swans (*Cygnus atratus*). The birds are now gone, and their shack has been standing empty since the late 1970s, though it is not without use, since traces inside reveal the activity of another species introduced into Kassel's urban wild life, the notorious raccoons.

For dOCUMENTA (13), the former birdhouse hosts an archival project dedicated to "multispecies co-evolution" that will examine and perhaps help reshape links among living creatures, both human and non-human. Human beings and other organisms share the overwhelming majority of their genetic information, and that is just the beginning of their thick relationships. In other words, as dOCUMENTA (13) Honorary Advisory Committee member and renowned feminist theorist Donna Haraway has written in the introduction to her book *When Species Meet* (2008): "To be one is always to become with many."

Haraway's book examines philosophical, historical, cultural, personal, technoscientific, and biological aspects of animal/human inter- and intra-action, and in recognition of her work and ideas, *The Worldly House: An Archive Inspired by Donna Haraway's Writings on Multispecies Co-Evolution, Compiled and Presented by Tue Greenfort* offers visitors the opportunity to think through the philosopher's writings and teachings. Taking the form of artists' materials, texts, books, videos, and documentation of artworks and projects dealing with the relationship between human and non-human species, the archive is of great diversity, with an overall focus on the perception of life, worldliness, and the co-existence of human and other beings. TG

Eine Gleichung für Terrapolis / An Equation for Terrapolis

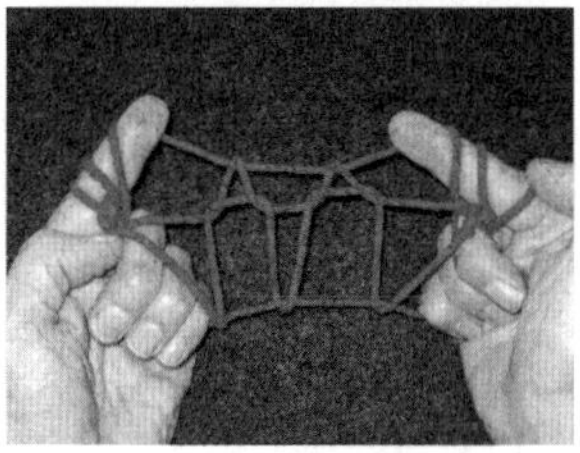

***Na'atl'o'* (Navajo-Fadenspiele / Navajo String Figures)**
***Dilyéhé* (Funkelnde Partikel, Sieben Sterne, Plejaden / Sparkling Particles, Seven Stars, Pleiades)**

$$\int_{\alpha}^{\Omega} \text{Terra}\,[X]_n = \iiiint \ldots \iint \text{Terra}(X_1,X_2,X_3,X_4,\ldots,X_n,t)\; dX_1\, dX_2\, dX_3\, dX_4 \ldots dX_n\, dt = \text{Terrapolis}$$

X_1 = Stoff/Physis, X_2 = Kapazität, X_3 = Geselligkeit, X_4 = Materialität, X_n = ??
α (Alpha) = EcoEvoDevos Multipspezies-Epigenese
Ω (Omega) = Wiederherstellen von Terras Pluriversum
t = multiskalare Zeiten, verschränkte Zeiten von Vergangenem/Gegenwärtigem/Zukünftigem

Terrapolis ist offen, nicht arm an Welt.
Terrapolis ist ein n-dimensionales Volumen, ein Nischenraum für ein Multispezies-Werden-mit.
Terrapolis ist das semiotische materielle Worlding von EcoEvoDevo in multiskalaren Zeiten und Orten.
Terrapolis spielt Fadenspiele, die durch Intra-Aktion und Intra-Geduld miteinander verknüpft sind.
Terrapolis ist vernetzte Re-Enactments, um im sterblichen terranen Leben und Sterben zu gedeihen.
Terrapolis ist Multispezies-Geschichtenerzählen.
Terrapolis ist Multispezies-Worlding in sf-Modi.

$$\int_{\alpha}^{\Omega} \text{Terra}\,[X]_n = \iiiint \ldots \iint \text{Terra}(X_1,X_2,X_3,X_4,\ldots,X_n,t)\; dX_1\, dX_2\, dX_3\, dX_4 \ldots dX_n\, dt = \text{Terrapolis}$$

X_1 = stuff/physis, X_2 = capacity, X_3 = sociality, X_4 = materiality, X_n = ??
α (alpha) = EcoEvoDevo's multispecies epigenesis
Ω (omega) = recuperating terra's pluriverse
t = multi-scalar times, entangled times of past/present/yet-to-come

Terrapolis is open, not poor in world.
Terrapolis is a n-dimensional volume, a niche space for multispecies becoming-with.
Terrapolis is the semiotic material worlding of EcoEvoDevo in multi-scalar times and places.
Terrapolis is playing string figure games tied in intra-action and intra-patience.
Terrapolis is networked re-enactments for flourishing in terran living and dying.
Terrapolis is multispecies storytelling.
Terrapolis is multispecies worlding in sf modes.

On Retreat: Chorality, A Writers' Residency

In einem chinesischen Restaurant sitzt jemand allein an einem Tisch und schreibt.

An einem Ende der Karlsaue befindet sich das Restaurant Dschingis Khan mit Blick auf den Park. Dort hat die dOCUMENTA (13) eine provisorische Schriftstellerklausur eingerichtet; einige Schriftsteller erhalten ein Stipendium und sind eingeladen, eine Zeit lang in Kassel einfach das zu tun, was sie sowieso meistens tun: schreiben. Soweit der Plan; was dann geschieht, ist unvorhersagbar: Es könnte ja sein, dass Besucher der dOCUMENTA (13) hierherkommen, um Mittag zu essen. Wird es sich ergeben, dass sie an einem Tisch neben dem Schriftsteller oder der Schriftstellerin sitzen? Wird man sich kennenlernen? Wird dieser vorübergehende Aufenthalt im selben Raum zu einem Ideenaustausch führen, werden Texte weitergegeben werden, werden Besucher womöglich zu Lesern oder zu Romanfiguren?

Stipendiaten sind unter anderem:

Etel Adnan (geb. 1925),
eine libanesisch-amerikanische Künstlerin, Dichterin und Essayistin, die derzeit zwischen dem Libanon, Frankreich und den USA pendelt.
Mario Bellatin (geb. 1960),
ein mexikanischer Romancier, der in Mexiko-Stadt lebt.
Marie Darrieussecq (geb. 1969),
eine französisch-baskische Schriftstellerin, die in Frankreich lebt.
Aaron Peck (geb. 1979),
ein kanadischer Schriftsteller, der in Vancouver lebt.
Atiq Rahimi (geb. 1962),
ein französisch-afghanischer Schriftsteller und Filmemacher, der in Paris lebt.
Adania Shibli (geb. 1974),
eine palästinensische Schriftstellerin, die in Berlin und London lebt.
Enrique Vila-Matas (geb. 1948),
ein spanischer Autor, der in Barcelona lebt.
Alejandro Zambra (geb. 1975),
ein chilenischer Dichter, Belletrist und Literaturkritiker, der in Santiago lebt.

Sitting alone at a table in a Chinese restaurant, someone is writing.

At one end of the Karlsaue park in Kassel is Dschingis Khan Restaurant, which faces onto the park. There, dOCUMENTA (13) has established a provisional writers' retreat, where a small number of writers-in-residence individually work for a period of time. They are simply invited to do what they usually do: write. After this, the intentional gives way to the unpredictable: by mere chance, visitors to dOCUMENTA (13) might come to the restaurant for lunch. Will they happen to sit at a table next to the writer? Will the two parties meet? Could visitors become readers, or characters, through momentary acts of the sharing of space, texts, ideas? LP

Residents include:

Etel Adnan (b. 1925),
a Lebanese-American artist, poet, and essayist who currently divides her time between Lebanon, France, and the U.S.
Mario Bellatin (b. 1960),
a Mexican novelist living in Mexico City.
Marie Darrieussecq (b. 1969),
a French Basque writer living in France.
Aaron Peck (b. 1979),
a Canadian writer based in Vancouver.
Atiq Rahimi (b. 1962),
a French-Afghan writer and filmmaker living in Paris.
Adania Shibli (b. 1974),
a Palestinian writer living in Berlin and London.
Enrique Vila-Matas (b. 1948),
a Spanish author living in Barcelona.
Alejandro Zambra (b. 1975),
a Chilean poet, fiction writer, and literary critic living in Santiago.

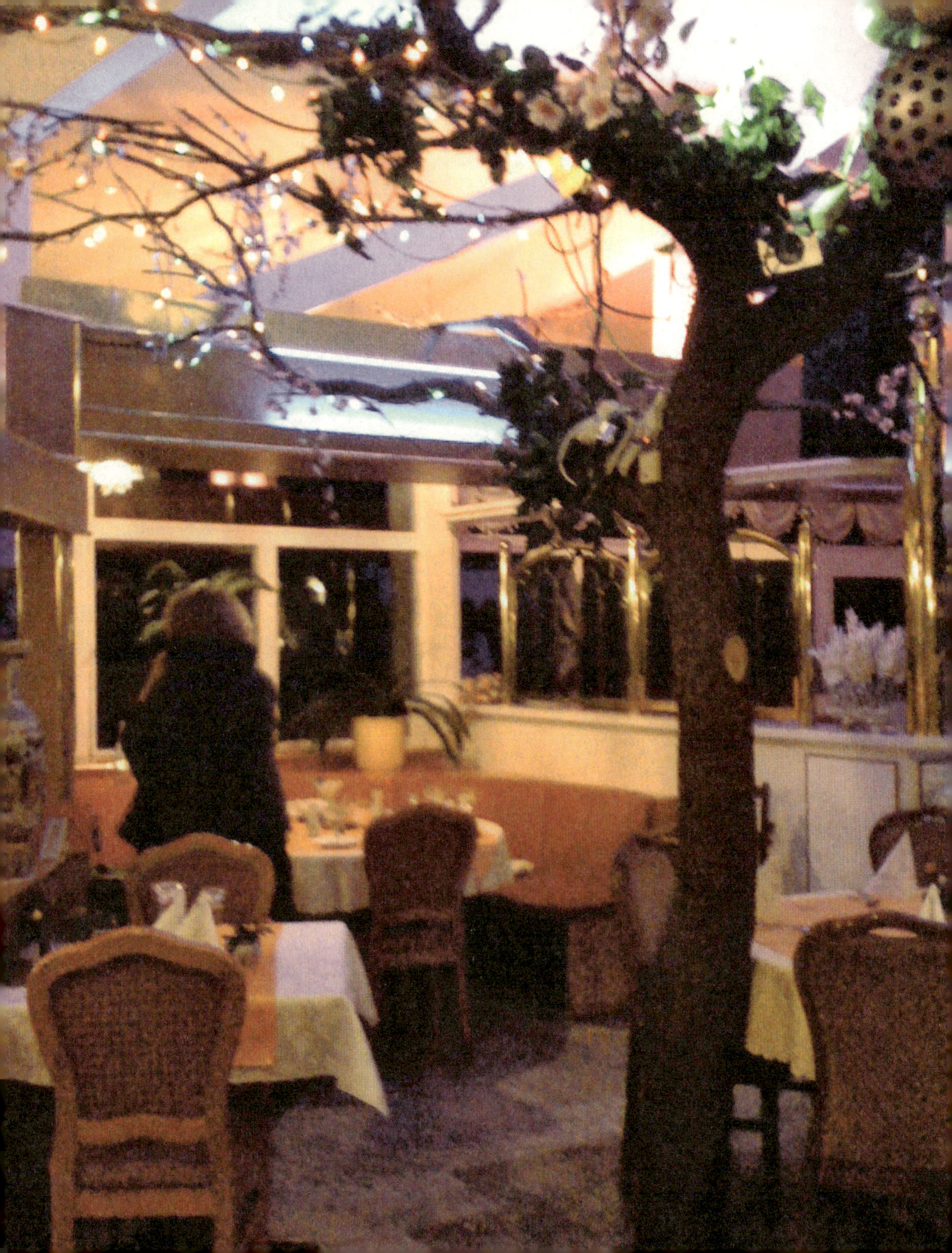

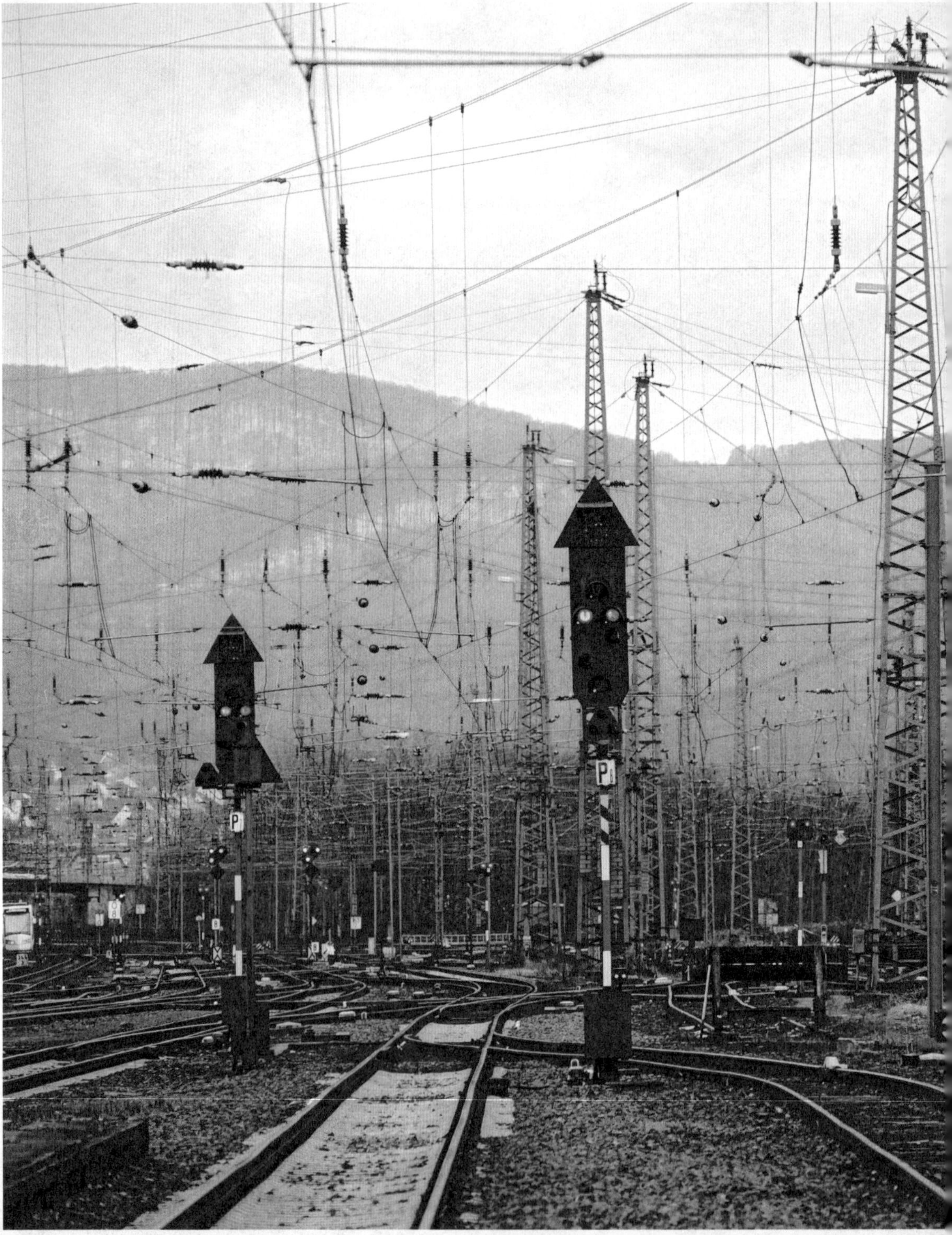
P
P

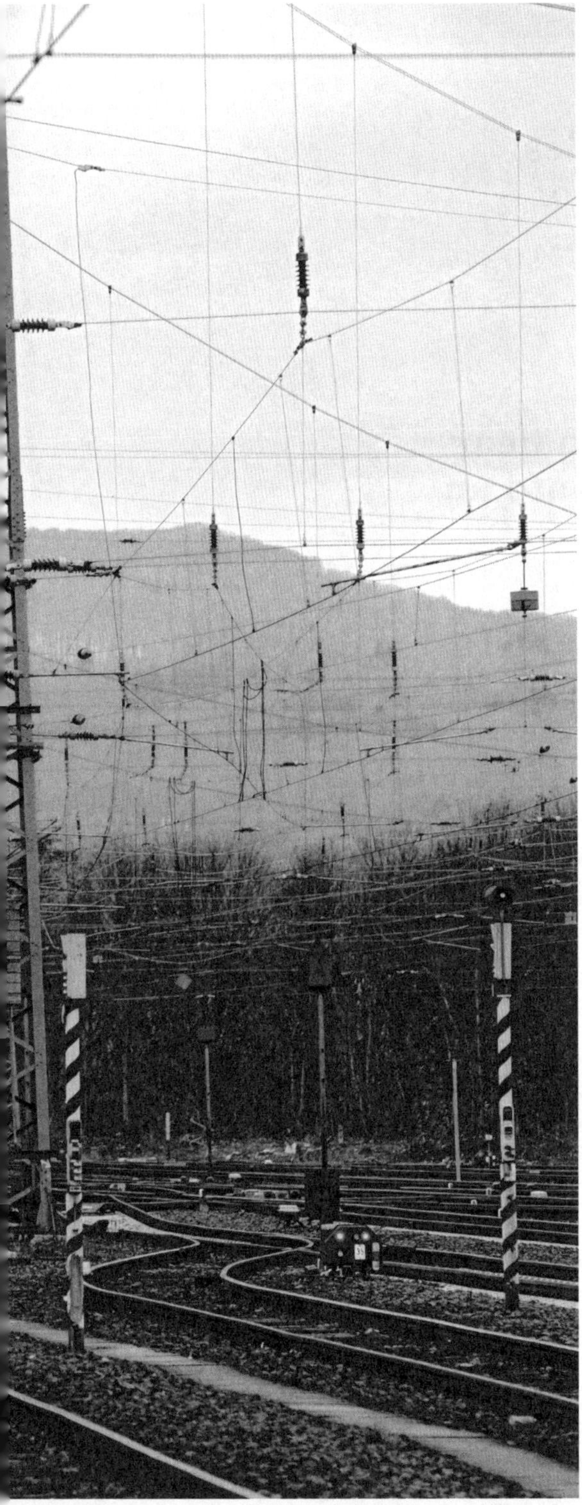

HAUPTBAHNHOF

Der von 1851 bis 1856 erbaute Hauptbahnhof war der wichtigste Bahnhof Kassels, bis 1991 der gesamte Fernverkehr auf den neuerrichteten Bahnhof Kassel-Wilhelmshöhe umgeleitet wurde. Heute dient er nur noch als Haltepunkt für Pendlerzüge; große Teile stehen leer oder dienen neuen Zwecken.

The Hauptbahnhof (built in 1851–56) was Kassel's main central station until all long-distance train traffic was rerouted to the newly built Bahnhof Kassel-Wilhelmshöhe in 1991. Today, it is only a local commuter station, and large parts stand empty or are used for new purposes.

HAUPTBAHNHOF

Eine Form von Archäologie des 20. Jahrhunderts: der Bahnhof in der Nähe der Waffenfabrik, umfunktioniert zu einem Ausstellungsort.

A form of twentieth-century archaeology: the train station near the arms factory, converted into an exhibition venue.

▼ **KÜNSTLER / ARTISTS**
ÜBERSICHTSPLAN / OVERVIEW

▶ **R** Restaurant
▶ **S** Shop
▷ **19** Nanni Balestrini
▷ **37** Janet Cardiff & George Bures Miller
▷ **42** Critical Art Ensemble
▷ **55** Haris Epaminonda und / and Daniel Gustav Cramer
▷ **61** Lara Favaretto
▷ **79** Susan Hiller
▷ **131** The Otolith Group
▷ **135** Susan Philipsz
▷ **142** Ana Prvacki
▷ **160** Albert Serra
▷ **171** Javier Téllez
▷ **189** Haegue Yang

▼ **KÜNSTLER / ARTISTS**
NACHRICHTENMEISTEREI

▷ **12** AND AND AND
▷ **51** Willie Doherty
▷ **132** Christodoulos Panayiotou

▼ **PERFORMANCES**
ERÖFFNUNGSWOCHE / OPENING WEEK

▷ **112** Fabio Mauri

Übersichtsplan / Overview

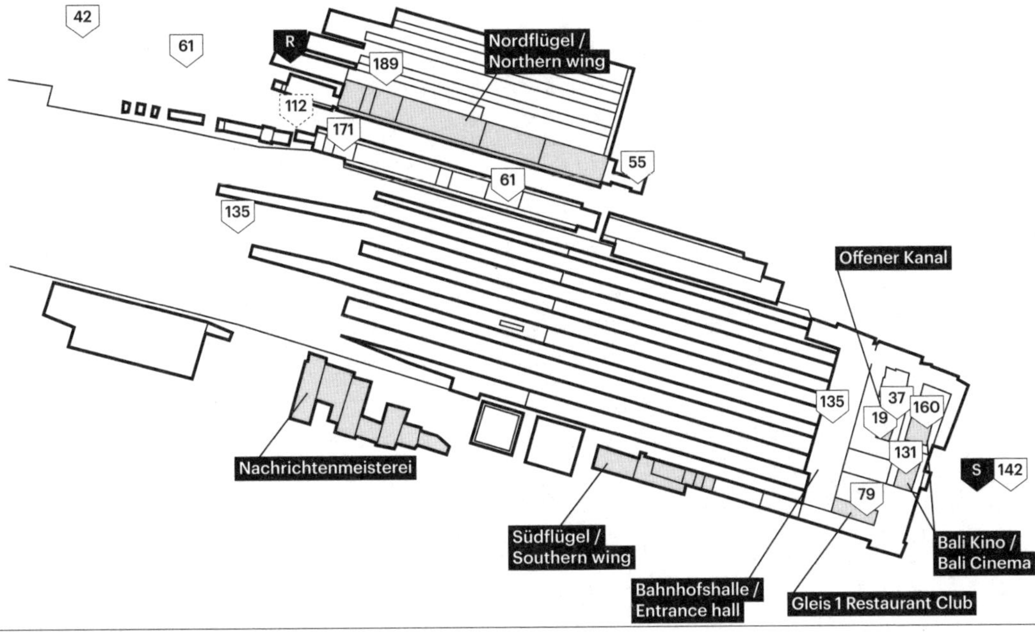

Nachrichtenmeisterei

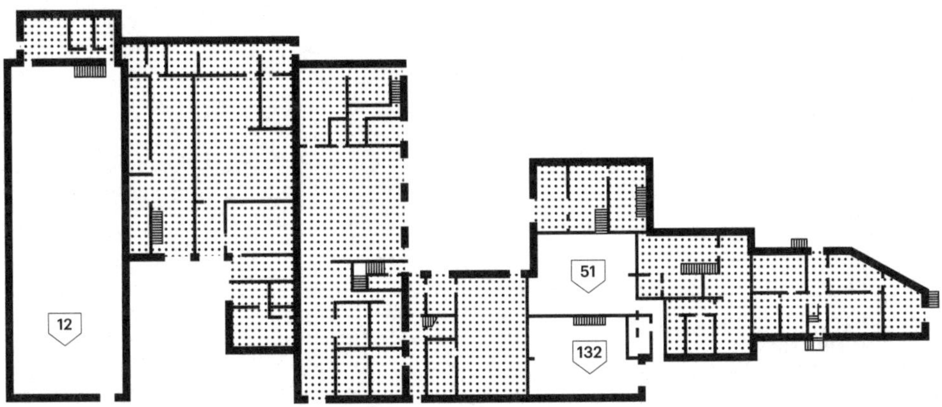

HAUPTBAHNHOF

▼ **KÜNSTLER / ARTISTS**
NORDFLÜGEL / NORTHERN WING

▼ **KÜNSTLER / ARTISTS**
SÜDFLÜGEL / SOUTHERN WING
UND / AND SPOHRMUSEUM

Nordflügel / Northern wing

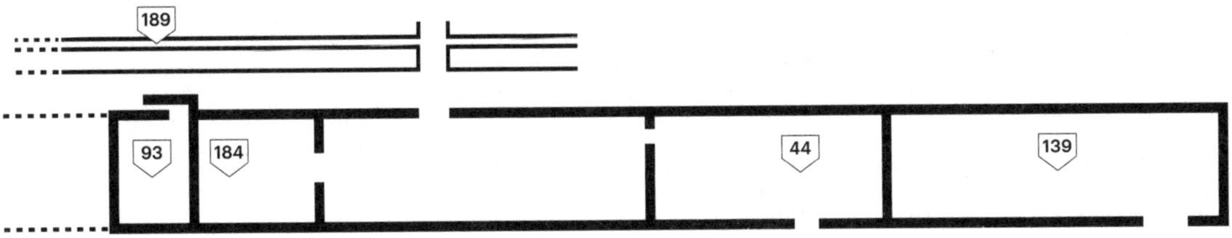

Südflügel / Southern wing und / and Spohrmuseum

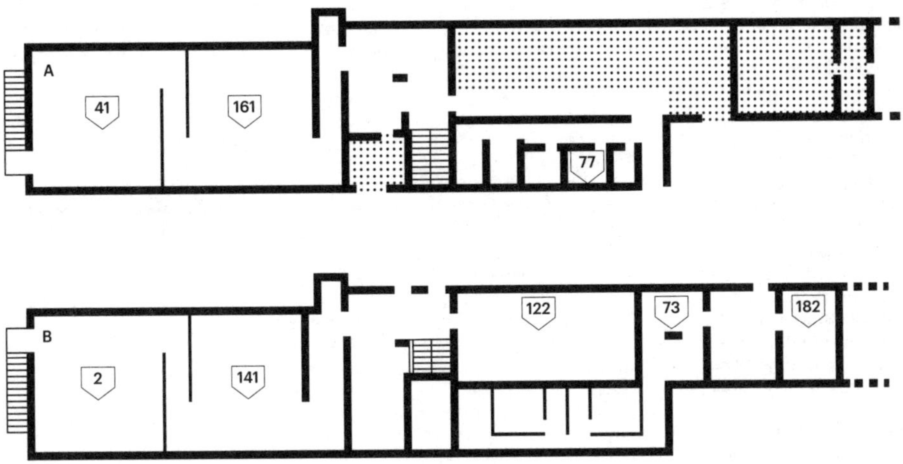

A | Erster Stock / First floor
B | Erdgeschoss / Ground floor

Bani Abidi

geb. / b. 1971 in Karatschi / Karachi (Pakistan)
lebt / lives in Karatschi / Karachi und / and Neu-Delhi / New Delhi

In Videos, Fotografien und Installationen analysiert Bani Abidi die an Absurditäten reiche Bildsprache und Rhetorik von Herrschaft und Macht aus amüsierter Distanz. Sowohl in Pakistan als auch in Indien ansässig, ist die Künstlerin mit den verschiedenen Kräften von Klasse, Kaste und Feudalherrschaft genauestens vertraut. In ihren Arbeiten geht sie auf die gesellschaftlichen, politischen und historischen Eigenheiten beider Länder ein. Mittels inszenierter Szenarios ergänzt Abidi pseudodokumentarische und poetisch-atmosphärische Bilder und die in ihnen enthaltenen gesellschaftspolitischen Erzählungen um eine satirische Ebene. In *The Ghost of Mohammad bin Qasim* (2006), einer Serie von Schwarz-Weiß-Fotografien, stellt sie den mythenumwobenen arabischen Feldherrn dar, der als erster Muslim im Jahr 712 n. Chr. Nordindien eroberte. Seine Gestalt, deren Darstellung außerdem von General Mohammed Zia-ul-Haq inspiriert ist, der in den 1980er Jahren Pakistan zu »islamisieren« versuchte, posiert in traditioneller arabischer Tracht zu Pferde vor historischen und zeitgenössischen »islamischen« Denkmälern. Die bewusst sichtbar gelassenen Spuren digitaler Bearbeitung geben nicht nur die Pose der Lächerlichkeit preis, sondern auch den Versuch, eine falsche Geschichte zu konstruieren, und lassen die Schwächen der Fotografie als Dokumentation erkennen.

***Section Yellow* (2010) besteht aus dem Video *The Distance from Here* und Anmerkungen dazu in Form von Fotografien. Der Film spielt an einem »ungenannten Ort in Südasien« und handelt von Menschen, die darauf warten, woanders hinzugelangen – eine choreografierte Studie über die Vorbereitungen, Reglementierungen, Demütigungen und hoffnungsvollen Erwartungen, die sich mit dem Übertreten von Grenzen verbinden. *The Distance from Here* entfaltet sich in zwei Bereichen: einem Außenareal, das durch gelbe Linien und Sicherheitspforten abgegrenzt ist, und einem mit Stühlen möblierten Warteraum. Beide füllen sich schnell mit Darstellern, die die Abläufe des Wartens und Schlangestehens vollziehen.**

***Death at a 30 Degree Angle* (2012), Abidis Projekt für die dOCUMENTA (13), ist eine Reflexion auf Selbstbilder, Größenwahn und Monumentalität. Wie eine in Stücke zerlegte Plastik, die zu groß für den Raum ist, wird der Film, auf drei getrennte Projektionen aufgeteilt, auf frei an die Wand gelehnten Brettern gezeigt. Er erzählt die fiktive Geschichte einer Monumentalstatue, die ein drittrangiger Politiker irgendwo im heutigen Südasien von sich in Auftrag gibt. Im Atelier eines Bildhauers setzt sich der Mann mit verschiedenen Auffassungen von Selbstdarstellung auseinander, während er versucht, sich zwischen den vielen offiziellen Porträts zu entscheiden, die ihm der Künstler anbietet, und sinniert darüber, was nach seinem Tod mit der Statue passieren könnte. In der Arbeit, die von Ryszard Kapuścińskis Buch *König der Könige* über den Aufstieg und Sturz von Haile Selassie angeregt wurde, untersucht Abidi kritisch, aber nicht ohne Humor die Begleiterscheinungen der Macht – Selbstverherrlichung, Kriecherei und Paranoia –, wie sie sich hier im Verlauf der Bestellung der Statue abzeichnen. An den schieren Ausmaßen menschlicher Ehrsucht interessiert, entlarvt sie die zwanghafte Sorge um das Urteil der Nachwelt, das Bedürfnis nach spektakulärer Geschichtsinszenierung und die absurde Monstrosität egozentrischer politischer Macht – die Erkennungszeichen der Alleinherrscher in Geschichte wie Gegenwart.**

In videos, photographs, and installations, Bani Abidi studies the visual and rhetorical language of authority and power—rich in absurdity—with amused detachment. Living in Pakistan and in India, she is familiar with the various forces of class, caste, and feudalism. In her work, she responds to the social, political, and historical peculiarities of both countries. Through staged scenarios, Abidi adds a layer of satire to pseudodocumentary, poetically atmospheric images and their socio-political narratives. In the series of black-and-white photographs *The Ghost of Mohammad bin Qasim* (2006), she depicts the mythical Arab general who is said to have been the first Muslim to conquer northern India, in A.D. 712. Further inspired by General Mohammad Zia-ul-Haq, who attempted to "Islamize" Pakistan in the 1980s, the man, wearing traditional Arab costume, poses on a horse in front of historical and contemporary "Muslim" monuments. The deliberately visible digital manipulation exposes not only the ridiculousness of the pose but also the attempt to falsely construct history and the shortcomings of photography as document.

Section Yellow (2010) consists of the video *The Distance from Here* and photographic works that annotate it. Set in "an unidentified location in South Asia," it is about people who are waiting to go elsewhere—a choreographed study of the preparations, regimentation, anxieties, humiliations, and anticipations of border crossing. *The Distance from Here* unfolds over two areas: an outdoor ground defined by yellow lines and security portals, and a waiting room equipped with chairs. Both quickly fill up with actors, who execute the procedures of waiting and queuing.

Death at a 30 Degree Angle (2012), Abidi's project for dOCUMENTA (13), is a reflection on self-portraiture, megalomania, and monumentality. A film broken up into three separate projections screened on freestanding planks leaning against the wall (like a dissected sculpture that does not fit into the space), it tells the fictitious story of the commissioning of a monumental statue by a small-time politician somewhere in contemporary South Asia. In a sculptor's studio, the man struggles with ideas of self-representation, attempting to decide between the many official portraits that are offered to him by the artist; he even ponders what might happen to the statue after his death. Inspired by Ryszard Kapuściński's 1978 book *The Emperor*, about the rise and fall of Haile Selassie, Abidi examines critically but not without humor the supplements of power—self-aggrandizement, sycophancy, and paranoia—that unfold throughout the portrait commission. Interested in the sheer scale of human ambition, she unmasks the obsession with posterity, the need to stage history as spectacle, and the absurd monstrosity of egocentric political power that characterize autocracy past and present. ES

Bildhauer-Atelier / Sculptor's Studio, Uttaranchal Pradesh, Indien / India, 2011

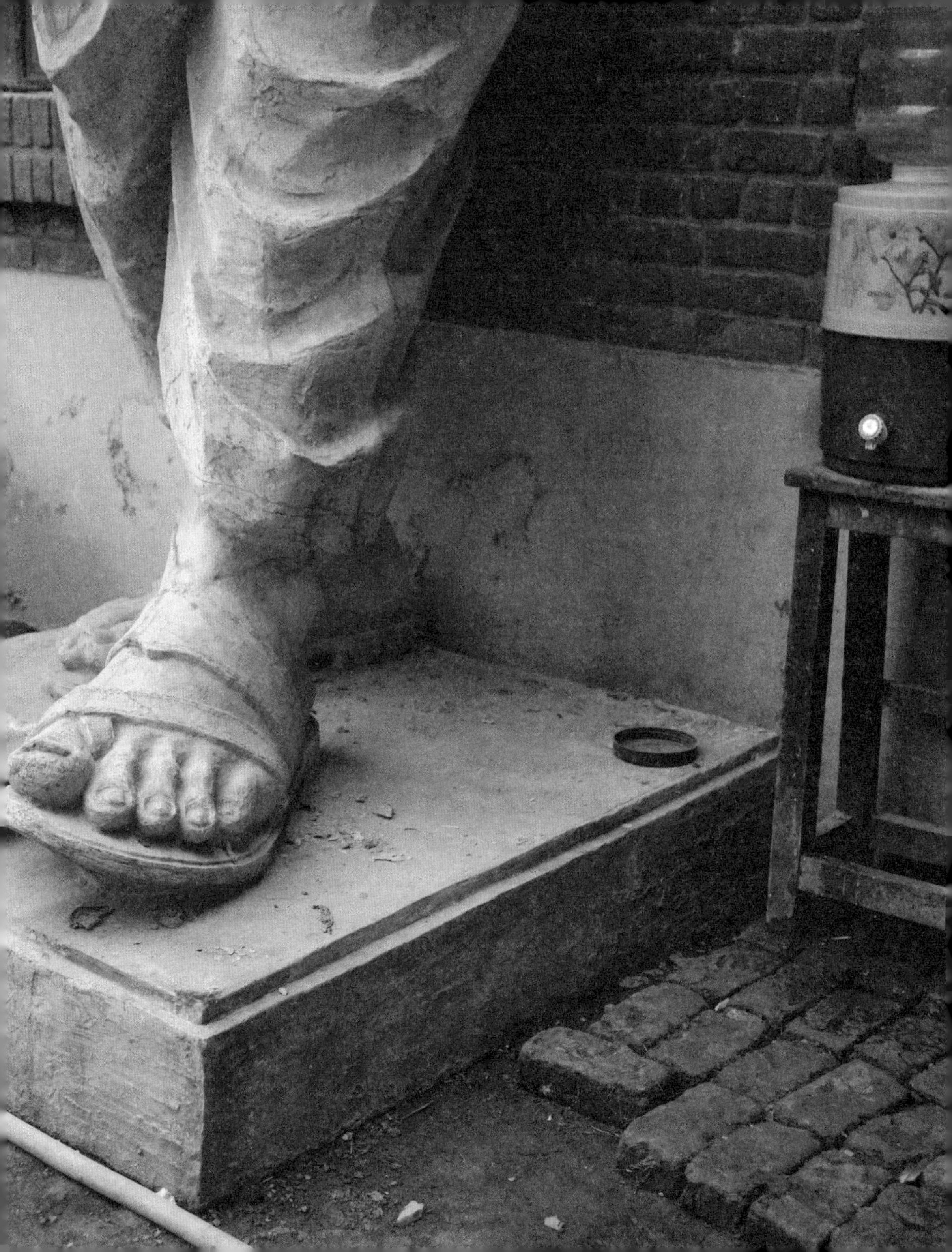

AND AND AND

mit Beiträgen von / including contributions by 16 Beaver Group, Rheim Alkadhi, Ayreen Anastas, Raed Atoui, Bik Van der Pol und / and Jan Van De Pavert, The Compass of the Midwest Radical Culture Corridor, Rene Gabri, Loreto Garin Guzmán, Emma Hedditch, Ashley Hunt, Jakob Jakobsen, Lamia Joreige, Commoning in Kassel Initiative, Oumayma Khaled, Pedro Lasch & Twin Towers Go Global, Lu Cafausu, Taisha Paggett, Vladimir Volnovik, Federico Zukerfeld und vielen anderen / and many others

AND AND AND ist eine Künstlerinitiative, die den Vorlauf der dOCUMENTA (13) genutzt hat, um mit Einzelpersonen und Gruppen auf der ganzen Welt darüber nachzudenken, welche Plätze Kunst und Kultur heute einzunehmen imstande sind und welche Publikumsgruppen oder Gemeinschaften sie ansprechen oder für sich interessieren können. Über das Gewinnen eines Überblicks über aktuelle Positionen und Anliegen und mögliche Anknüpfungspunkte für Solidarität hinaus bildet die Reihe von Interventionen, Situationen und Ereignissen einen Teil der dOCUMENTA (13), der sich über die Grenzen Kassels hinaus erstreckt.*

Am Anfang steht der Scherbenhaufen, den der Finanzkollaps des Jahres 2008 hinterlassen hat; er war, so stellte sich schnell heraus, weit mehr als eine Wirtschaftskrise. Die »Krise« verdeutlichte die Unfähigkeit eines globalen wirtschaftlichen Paradigmas/Regimes (das alle Erwägungen bezüglich gesellschaftlicher, kultureller, politischer, ökologischer oder biologischer Nachhaltigkeit den Gesetzen des Profits unterwirft), der komplexen Aufgabe gerecht zu werden, eine gemeinsame Welt zu bewahren und ihren Fortbestand sicherzustellen.

Ohne dass diese Perspektive in den Vordergrund gerückt worden wäre, haben die Ereignisse und Situationen von AND AND AND eine implizite Reflexion dieser Komplexität angestoßen und verschiedene Fragen formuliert. Jede der Positionen, die in den Arbeiten von Künstlern hervortreten, bildet zugleich eine Überlegung dazu, in welches Verhältnis AND AND AND sich zu Kassel und der weiteren Region setzen kann und wie es Prozesse und Untersuchungen aktivieren kann, die während der 100 Tage der dOCUMENTA (13) manifest werden könnten.

Am Anfang steht auch der Wunsch, Verknüpfungen offenzulegen und Probleme, die sich weltweit stellen, mit Versuchen oder Vorschlägen, wie sie auf der lokalen und regionalen Ebene zu lösen wären, kurzzuschließen. Daraus ergeben sich verschiedene Initiativen; zu den ambitioniertesten gehört eine Zusammenarbeit von Studenten und Forschern verschiedener Fakultäten an der Universität Kassel (darunter Teilnehmer vom Fachbereich Ökologische Agrarwissenschaften in Witzenhausen) mit Bürgern der Stadt, weniger stark in formelle Kontexte eingebundenen Forschern und örtlichen und regionalen Vereinigungen.

So möchte AND AND AND während der 100 Tage der dOCUMENTA (13) als ein Ort fungieren, an dem eine Synthese von Überlegungen und alternativen Praktiken von nah und fern entstehen soll.

In kollaborativen Projekten in Kassel und anderen Städten vor der dOCUMENTA (13) und der Beteiligung von Künstlern, Denkern und Besuchern wird sich im Laufe der 100 Tage gleich einem Möbiusband ein experimentelles öffentliches Programm entfalten, das die Grenzen zwischen Innen und Außen, Lernen und Spiel, Handeln und Denken verwischt und zu Nahrungsmittelinitiativen, der Schaffung städtischer Gärten, therapeutischen Prozessen, Workshops (und Faulenzshops), Filmdarbietungen, Diskussionen, Experimenten und Situationen führt, die ästhetische oder politische Vorstellungskräfte beflügeln sollen.

Anzuerkennen, dass wir nicht einfach so weitermachen können, ist ein Anfang; aber tatsächlich genauer herausfinden zu wollen, wie man ererbte Werte und Normen widerruft, zu Kulturen der Gemeinschaft und des Gemeinguts ermutigt und mit einem nichtkapitalistischen Leben experimentiert, erfordert Orte, an denen Praktiken erprobt und eingeübt werden können.

*** Unter anderem auf Detroit, Marcahuasi, Jerewan, Tiflis, San Cesario di Lecce, Istanbul, Tunis, New York, Houston, Buenos Aires, Carbondale, Beirut, London, Rotterdam und Amman.**

AND AND AND is an artist-run initiative that has used the period leading up to dOCUMENTA (13) to consider with individuals and groups across the world the places that art and culture can occupy today and the constituent publics or communities that can be addressed or engaged. In addition to composing a map of emergent positions, concerns, and potential points of solidarity, the series of interventions, situations, and occurrences has formed a part of dOCUMENTA (13) beyond the limits of Kassel.*

It begins in the wreckage of the 2008 financial collapse, which quickly revealed itself to be more than an economic crisis. The "crisis" signaled the failure of a global economic paradigm/regime (which subjects all considerations of sustainability—whether social, cultural, political, ecological, or biological—to the laws of profit) to respond to the complexity of sustaining and reproducing a world in common.

Thus, without foregrounding this perspective, the AND AND AND events and situations have implicitly reflected upon this complexity and formulated different questions. Each of the positions, emerging through the work of artists, has also constituted a consideration of how AND AND AND may relate to Kassel and the wider region, and how it can activate processes and inquiries that might manifest themselves in the 100 days of dOCUMENTA (13).

It also begins with a desire to open up conjunctions and create short circuits between problems confronted globally and attempts or proposals to answer them locally and regionally. It results in various initiatives, one of the most ambitious being a collaboration linking students and researchers from various faculties at the University of Kassel (including those in the Department of Organic Agricultural Sciences in Witzenhausen) with city residents, less formal researchers, and local and regional associations.

Thus, during the 100 days of dOCUMENTA (13), AND AND AND would like to act as a site to bring together a composition of considerations and alternative practices from near and far.

Through the collaborations in Kassel and other cities prior to dOCUMENTA (13), as well as the involvement of artists, thinkers, and visitors, a Möbius strip-like experimental public program will emerge over the 100 days, blurring lines between inside and outside, learning and play, and acting and thinking, and resulting in food initiatives, urban gardening, therapeutic processes, (un)workshops, screenings, discussions, experiments, and situations inspiring aesthetic or political imaginaries.

Acknowledging that we cannot continue as before is a beginning, but the actual inquiry into revoking inherited values and norms, emboldening cultures of the common(s), and experimenting with non-capitalist life calls for places of rehearsal and practice. AA/RG

*** Among them Detroit, Marcahuasi, Yerevan, Tbilisi, San Cesario di Lecce, Istanbul, Tunis, New York, Houston, Buenos Aires, Carbondale, Beirut, London, Rotterdam, and Amman.**

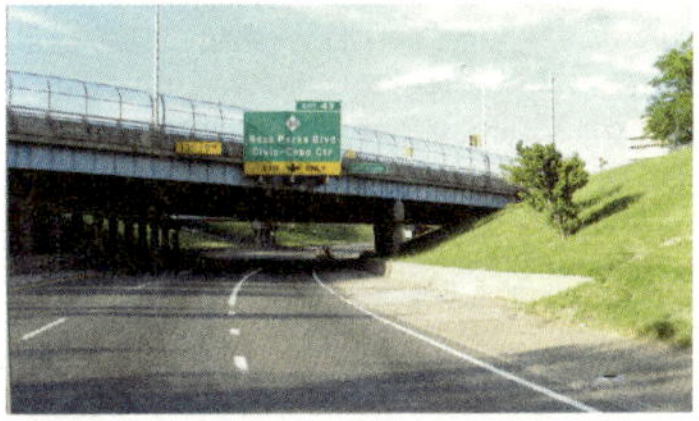

Event 1 / 16 Beaver Group / Workshop at the US Social Forum in Detroit, Michigan / June 24, 2010

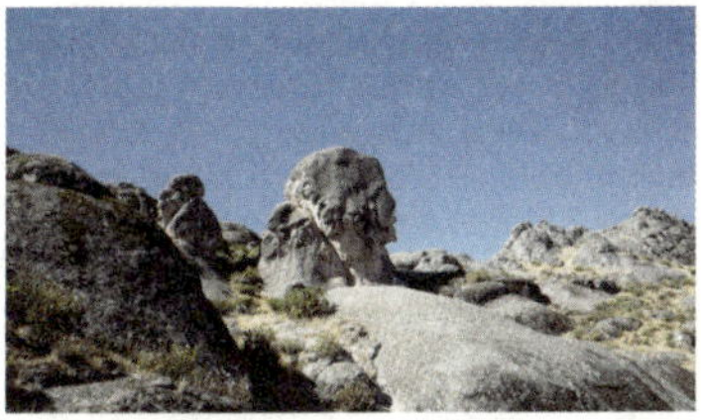

Event 2 / François Bucher / Expedition to the Photographic Plateau in Marcahuasi, Peru / August 11, 2010

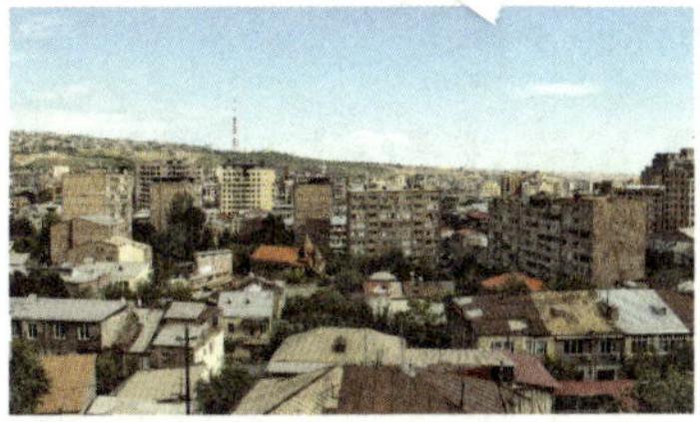

Event 3 / Considering Contemporary Art Institutions in a Post-Soviet Context in Yerevan, Armenia / August 17, 2010

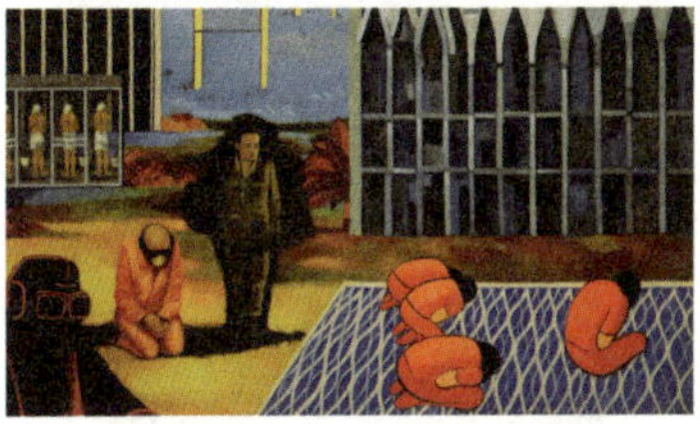

Event 4 / Twin Towers Go Global and Pedro Lasch / Three Anniversary Reports / September 11, 2010

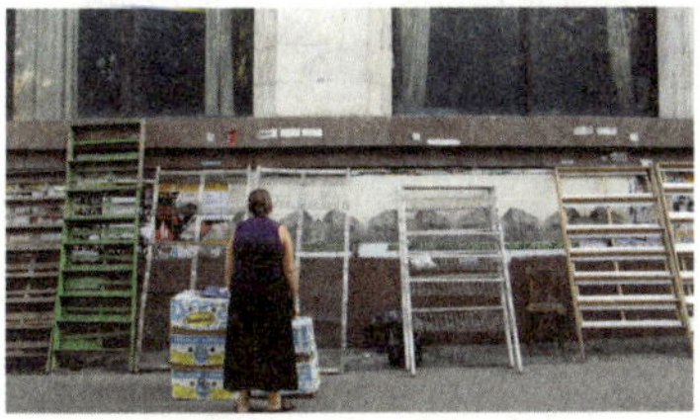

Event 5 / Vladimir Volnovik / An Address to the city of Tbilisi / Summer 2010

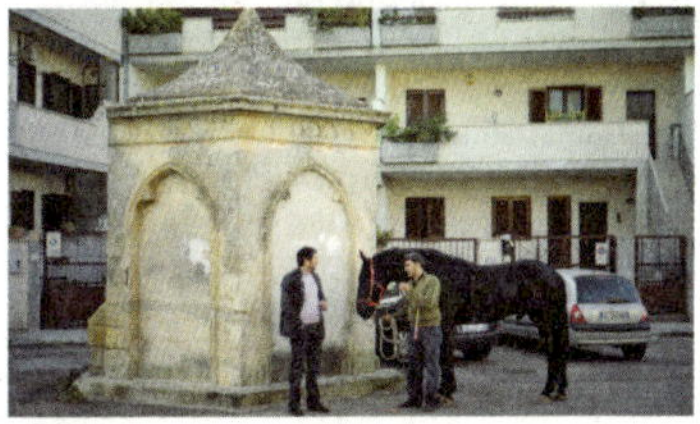

Event 6 / Lu Cafausu / Pilgrimage to San Cesario di Lecce / November 2, 2010

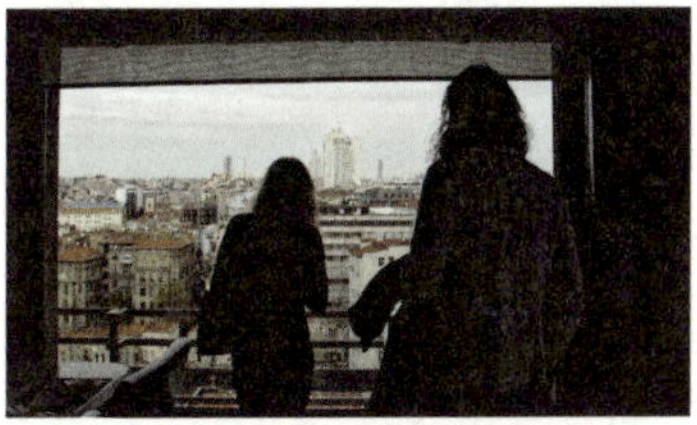

Event 7 / The Meta-Device / Political Aporias of Large Scale Exhibitions / Istanbul, Turkey / November 25, 2010

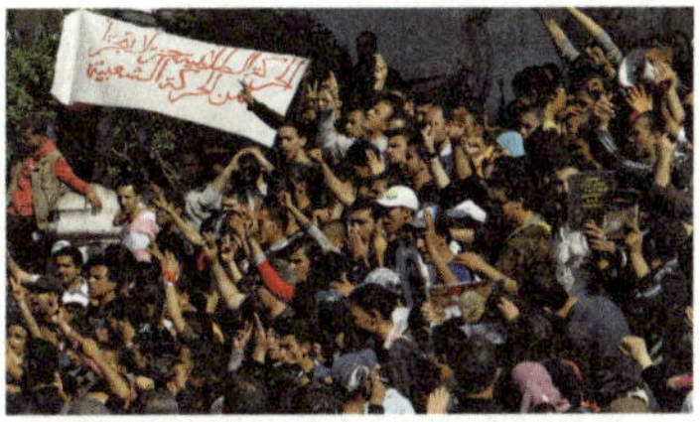

Event 8 / Oumayma Khaled / Considering Art and Culture in Post-Revolutionary Tunisia / Tunis / May 24, 2011

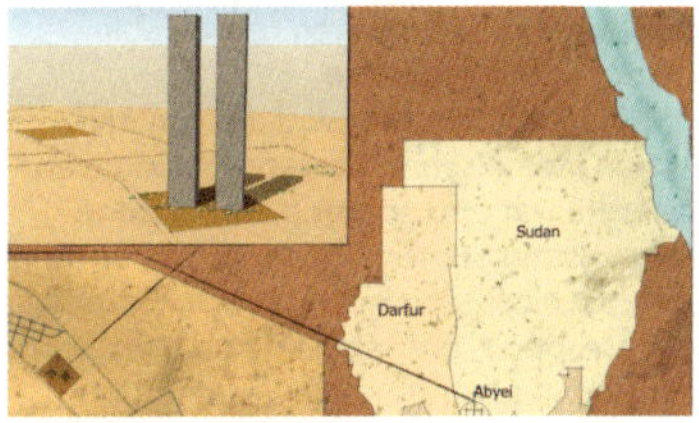

Event 9 / Twin Towers Go Global and Pedro Lasch / Second Anniversary Report: The Open Call / September 11, 2011

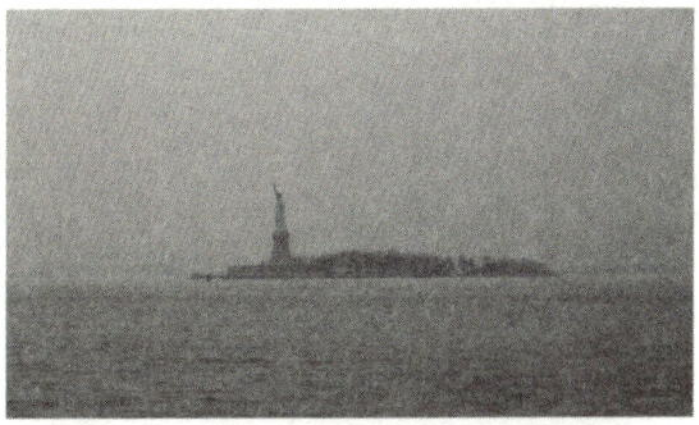

Event 10 / Solidarity with Occupy Wall Street / New York / Occupation began at Liberty Square / September 17, 2011–ongoing

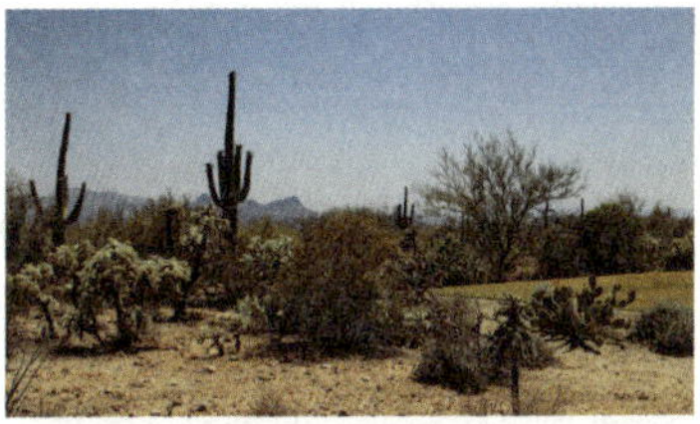

Event 11 / Taisha Paggett and Ashley Hunt / Safety Words / Houston / June 27–30, 2011

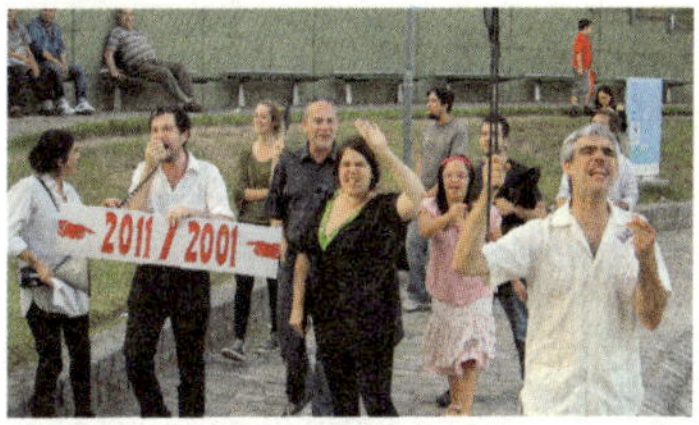

Event 12 / Federico Zukerfeld and Loreto Garin Guzmán / Crisis & Representation / Buenos Aires / December 19 and 20, 2011

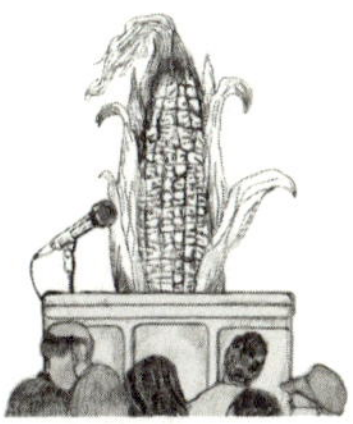

Event 13 / The Compass of the Midwest Radical Culture Corridor / The Monsanto Hearings / Carbondale IL, Chicago IL, Iowa City IA, ... / January 28, 2012

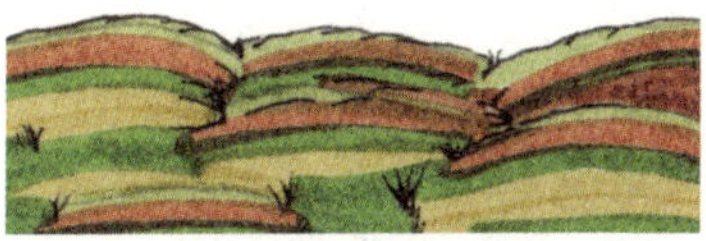

Event 14 / Commoning in Kassel / On the Necessity of Sustainable Food Cultures and Practices / Heidrun Hubenthal and Jürgen Heß / February 28, 2012

Additional events and projects by:*

Rheim Alkadhi / Amman

Bik Van der Pol & Jan Van De Pavert / Rotterdam

Emma Hedditch / London

Jakob Jakobsen / Copenhagen

Lamia Joreige / Beirut

And other contributors during the 100 days in Kassel

*At the time of publication these events had not yet been realized

Nanni Balestrini

geb. / b. 1935 in Mailand / Milan
lebt / lives in Paris und / and Rom / Rome

Der Künstler, experimentelle Dichter und Schriftsteller Nanni Balestrini arbeitet an der Schwelle zwischen Text und Bild, indem er sprachliche Bruchstücke ins Visuelle einbringt und auf der anderen Seite seine Schriften nach dessen dreidimensionaler Logik behandelt. Bestehen Balestrinis Collagen aus Buchstaben und Wörtern, denen man die Spannung ansehen soll, die ihre Verschiebung von der ursprünglichen Bedeutung in neue imaginäre Landschaften erzeugt, so durchbrechen seine Texte die Linearität des Erzählens, um eine kollektive Stimme und all die möglichen Erzählungen, die sich der Leser in einer Auseinandersetzung mit der fortwährenden Verschiebung und dem Entzug von Bedeutungen vor Augen führen soll, hervortreten zu lassen.

Balestrini, der Mitglied der italienischen literarischen Bewegung Neoavanguardia war und später die politische Organisation Potere Operaio mitbegründete, schloss sich in den 1960er Jahren der Gruppe I Novissimi an und trug zum Aufbau der literarischen Vereinigung Gruppo 63 bei, die, angeregt von der deutschen Gruppe 47, durch eine unangepasste Herangehensweise an Sprache eine kulturelle Erneuerung herbeiführen wollte.

Balestrinis Interesse an der Möglichkeit, Verfahren, die Bestandteil der poetischen Technik sind, mit äußerster Schnelligkeit auszuführen, sowie an kontrolliertem Zufall, Zerschneidungen und Kombinatorik führte 1961 zur Abfassung der Anweisungen für die Realisierung von »Tape Mark I«, dem ersten Gedicht, das von einem kartenprogrammierten elektronischen Rechner von IBM automatisch zusammengestellt wurde. Im Jahr darauf erschien Umberto Ecos bahnbrechende Schrift *Das offene Kunstwerk* – ein berühmtes Foto zeigt Eco mit Balestrini am IBM-Rechner –, und 1966 veröffentlichte Balestrini *Tristano*, das durch die Kombination von Bruchstücken bestehender Texte entstand, die wiederholt auf verschiedene Weise zusammengesetzt werden sollten, so dass kein Exemplar des Buchs einem anderen gleichen würde. Da damals jedoch keine Drucktechnik zur Verfügung stand, mit der dieses Buch entsprechend hätte hergestellt werden können, wurde nur eine einzige der zahllosen möglichen Assemblagen gedruckt. Erst 2007 ermöglichte eine von Xerox entwickelte neue Drucktechnologie die Veröffentlichung der ersten 2.500 je einzigartigen Exemplare von *Tristano*. Statt sich lediglich den verschiedenen Interpretationen durch den Leser zu öffnen und dadurch mehrere Lesarten anzubieten, ging *Tristano* beim Verwischen der Trennlinie zwischen Autor und Leser einen Schritt weiter: Indem es sich auf der *materiellen* Ebene von sich selbst unterschied, legte es seinen inneren Aufbau bloß.

2012 präsentiert Balestrini anlässlich der dOCUMENTA (13) *Tristanoil*, einen 2.400 Stunden langen Film, der 100 Tage lang täglich 24 Stunden, also während der gesamten Dauer der Ausstellung, laufen wird. Als Übersetzung nicht so sehr des Inhalts als vielmehr der Struktur von *Tristano* in die Sprache des Kinos ist der Film eine Collage aus vorgefundenen Bewegtbildern, die kontinuierlich auf Grundlage eines eigens formulierten Algorithmus rekombiniert werden, was als sich wiederholendes und doch stets neues fragmentarisches Denkmal für das zeitgenössische visuelle Erleben verstanden werden kann.

An artist, experimental poet, and author, Nanni Balestrini works on the threshold between text and image, bringing snippets of language to the heart of the visual, and treating his writings according to the three-dimensional logic of the latter. If Balestrini's collages made up of letters and words are to be looked at in terms of the tension created by the diversion of their original meaning into new imaginary landscapes, his texts break the linearity of narration in favor of the emergence of a collective voice and of all the potential narratives that the reader, engaged in continuous shifts and subtractions of sense, is asked to envisage.

A member of the Italian Neoavanguardia literary movement who would later be a founding member of the political group Potere Operaio, Balestrini joined the group I Novissimi during the 1960s and contributed to the creation of the literary group Gruppo 63, inspired by the German Gruppe 47 and aiming to renew culture by means of a non-conformist approach to language.

Interested in the possibility of executing with extreme rapidity procedures that are inherent to the poetic technique, as well as in controlled randomness, the cut-up, and combinatorics, in 1961 Balestrini composed the instructions for the realization of "Tape Mark I," the first poem automatically assembled by an IBM card-programmed electronic calculator. The landmark book *The Open Work* by Umberto Eco, who was famously photographed with Balestrini at the IBM calculator, was published the next year, and in 1966, Balestrini released *Tristano*, a book resulting from the combination of fragments taken from preexisting texts, repeated and differently assembled so that each exemplar of the book would differ from all others. However, since at the time no printing technique could generate such a result, just one of all the possible assemblages was printed. It was only in 2007 that new Xerox printing techniques allowed for the publication of the first 2,500 unique copies of *Tristano*. Not simply open to the various interpretations of the reader and therefore susceptible to different readings, *Tristano* went further in blurring the distinction between author and reader: by *materially* differing from itself, it opened up its very structure.

In 2012, on the occasion of dOCUMENTA (13), Balestrini presents *Tristanoil*, a 2,400-hour-long film lasting the entire duration of the exhibition, running 24 hours a day for 100 days. A cinematic translation of *Tristano's* structure rather than its content, the film is a collage of pre-existing moving images, continuously recombined on the basis of a specific algorithm, in what can be seen as a recurrent but ever-changing fragmented monument to our contemporary visual experience. CV

***Alfabetica*, 2009**
Acryl auf Leinwand / Acrylic on canvas
54 × 46 cm

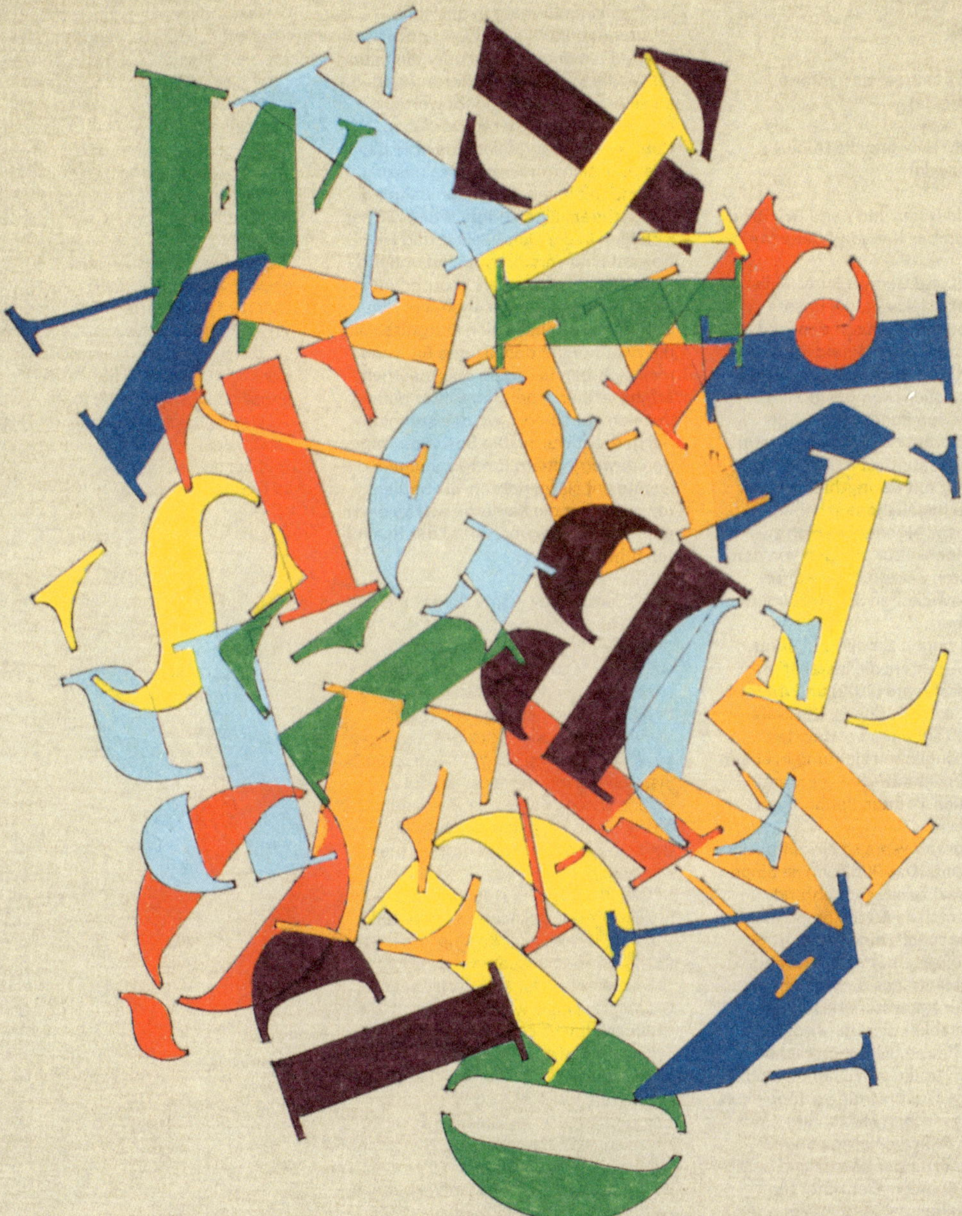

Janet Cardiff & George Bures Miller

geb. / b. 1957 in Brussels (Ontario, Kanada / Canada)

geb. / b. 1960 in Vegreville (Alberta, Kanada / Canada)

leben / live in Berlin und / and Grindrod (British Columbia, Kanada / Canada)

Janet Cardiff und George Bures Miller sind für Werke bekannt, die unsere Raumwahrnehmung durch den innovativen Einsatz von Sound- und Bildtechnologien grundlegend verändern. Ihre Arbeiten, vor allem Kompositionen aus einer großen Bandbreite aufgezeichneter Geräusche, oft in Form von Hörführungen, aber auch Geräusche in Verbindung mit Bewegtbildern oder skulpturalen Installationen, haben sich einen ganz eigenen Bereich zwischen der Hochkultur und den von den avanciertesten Sektoren der Kulturindustrie entwickelten Spektakelmechanismen erobert.

In Kassel zeigen Cardiff und Bures Miller zwei Arbeiten: die Installation *for a thousand years* (2012) und *Alter Bahnhof Video Walk* (2012). Die erste befindet sich auf einer versteckten kathedralenähnlichen Lichtung in einem Waldstück in der Karlsaue, während die zweite sich im alten Bahnhof der Stadt abspielt.

***for a thousand years* ist ein zeitbasiertes Hörerlebnis. Das Publikum ist eingeladen, im Wald zu sitzen, während sich eine komplexe Audiokomposition entfaltet; sie schafft eine einzigartige Erfahrung, die in einem sphärischen Klangfeld abläuft, das durch mehr als dreißig in der Naturszenerie angeordnete Lautsprecher erzeugt wird. Die Geräusche führen die Zuhörerschaft wie in einem Traum von einer Szene zur nächsten; es sind die intimen Töne eines Gesprächs zwischen Mutter und Kind dabei, aber auch die heftige Soundkulisse umstürzender Bäume und herabstürzender Bomben. Der Hörer fühlt die Anwesenheit der aufgenommenen Menschen oder Maschinen, als würde er tatsächlich Zeuge solcher Ereignisse. Das Scheppern von Metall auf Metall erklingt erst zur Rechten, dann in der Ferne. Ein Schwertkampf? Links atmet jemand schwer: Männer, die kämpfen, oder Liebhaber im Gebüsch? Eine Gruppe von Sängern nähert sich, umringt den Zuhörer, entfernt sich wieder. Jahre scheinen zu vergehen, und der Wald verändert sich; manche Bäume sterben, neue werden ausgesät, andere wachsen immer mehr in die Höhe.**

***Alter Bahnhof Video Walk* kann man sich auf ein Smartphone oder ein anderes Medienabspielgerät herunterladen; an einem Kiosk im Bahnhof werden außerdem Abspielgeräte verliehen. Cardiff und Bures Miller laden die Besucher ein, sich mit Kopfhörern auszustatten und mit ihnen durch den Bahnhof zu spazieren. Eine andere Welt eröffnet sich hier, in der sich Realität und Fiktion auf eine verstörende und unheimliche Weise, die man als »Körperkino« bezeichnet hat, vermischen. Vor den Teilnehmern spielen sich Ereignisse ab, die zwar nur auf den kleinen Bildschirmen sichtbar, trotzdem aber hautnah erfahrbar sind – der Betrachter befindet sich genau dort, wo das Bildmaterial gedreht wurde. Die Besucher folgen den Bewegtbildern (und versuchen, die Geräte auf sie zu richten, als bedienten sie selbst die Kamera), was zu einer eigenartigen Verwechslung der Realitäten führt.**

Janet Cardiff and George Bures Miller are known for their works that transform our perception of space through the innovative use of sound and image technologies. Working primarily with compositions of highly varied recorded sound, often in the form of audio tours, or sound combined with moving images or sculptural installations, they have carved out a unique space between high art and those mechanisms of spectacle developed by the most advanced sectors of the culture industry.

Cardiff and Bures Miller have two works in Kassel: the installation *for a thousand years* (2012) and *Alter Bahnhof Video Walk* (2012). The first is located in a discreet cathedral-like clearing in a forested area of the Karlsaue park, while the second is set within the town's old train station.

for a thousand years is a time-based aural experience. The audience is invited to sit in the forest as a complex audio composition unfolds, creating a unique experience that progresses within a spherical sound field created by more than thirty speakers positioned in the natural setting. The sounds move the audience from one scene to another as if in a dream, ranging from the intimate noises of a mother and child talking to intense audioscapes of crashing trees and bombs falling. The listener feels the presence of the recorded people or machines as if actually witnessing these events. The clanging of metal on metal is heard to the right and then in the distance. A sword fight? Heavy breathing to the left: men fighting, or lovers in the bushes? A group of singers approaches, surrounds the viewer, and then departs. Years appear to pass and the forest changes; some trees die, new ones are seeded, others grow taller and taller.

Alter Bahnhof Video Walk may be downloaded onto a smartphone or media player, or visitors can borrow players from the booth in the train station. Having donned headsets, they are invited by Cardiff and Bures Miller to walk with them through the station. An alternative world opens up where reality and fiction meld in a disturbing and uncanny way that has been referred to as "physical cinema." Participants watch events unfold on the small screen but experience them deeply because they are situated in the exact location where the footage was shot. As visitors follow the moving images (and try to frame them as if they were the camera operator), a strange confusion of realities occurs. KS

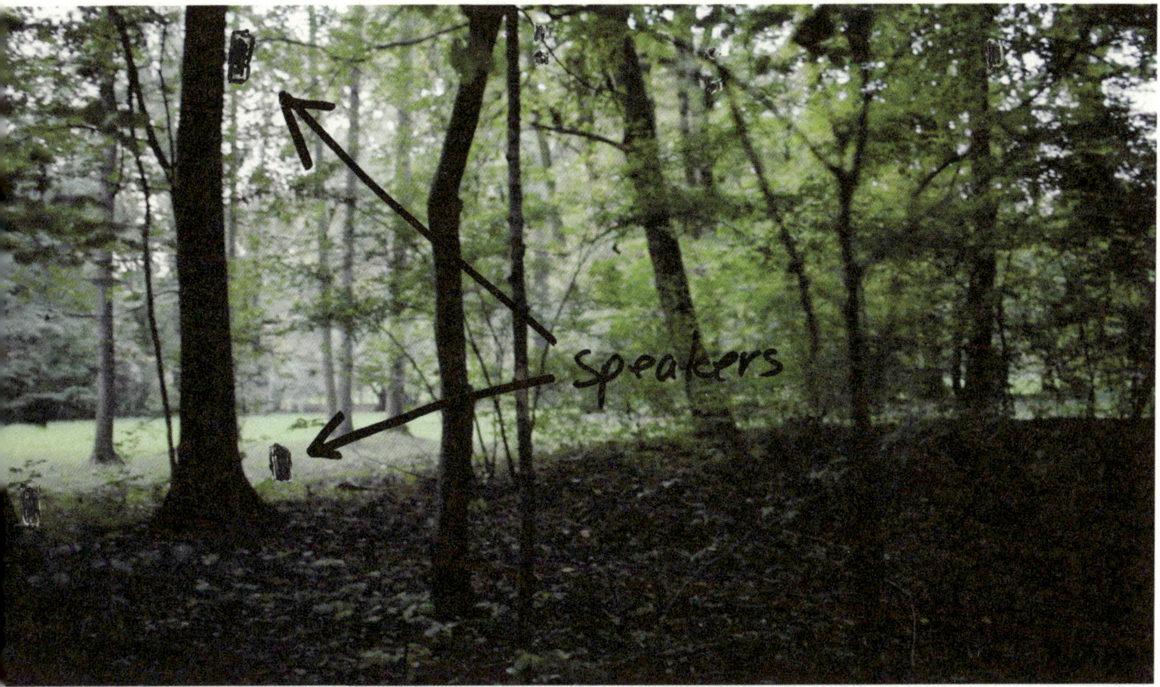

Audio installation in Aue Park

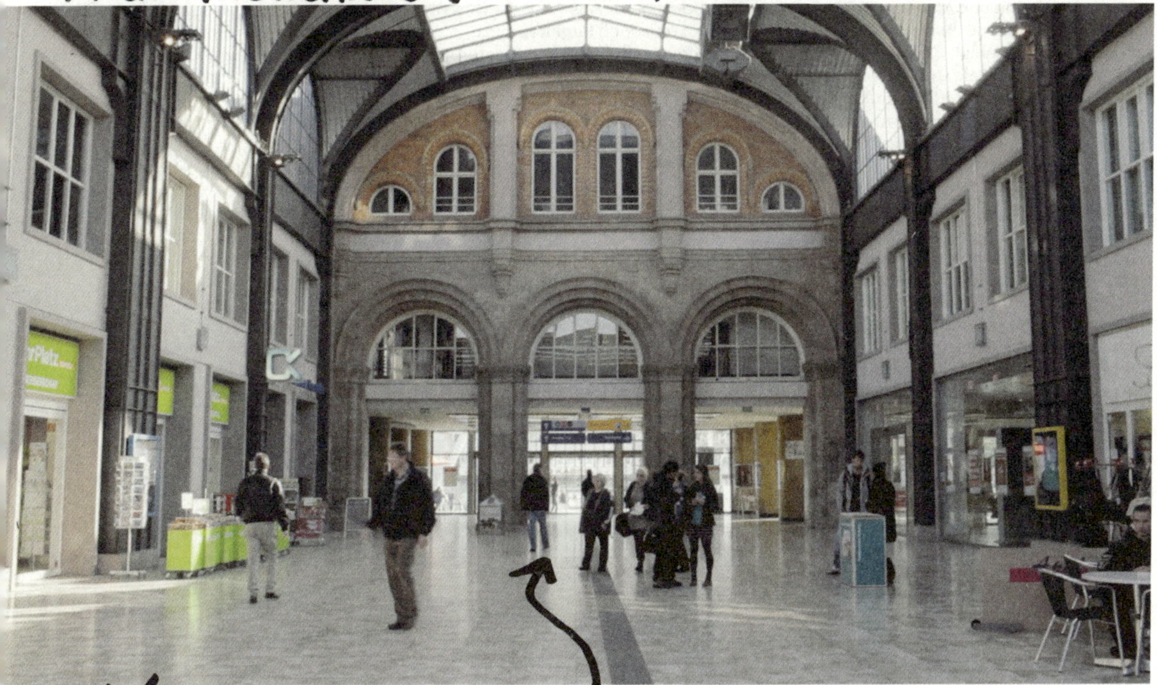

~~[illegible]~~ old train station Kassel - video walk

Kudzanai Chiurai

geb. / b. 1981 in Harare (Simbabwe / Zimbabwe)
lebt / lives in Johannesburg

Kudzanai Chiurai gehört zu den »frei Geborenen«: Simbabwern, die nach der Unabhängigkeit des Landes 1980 auf die Welt gekommen sind. In den letzten Jahrzehnten ist seine Heimat zum Gegenstand heftiger Auseinandersetzungen geworden; der nach der Unabhängigkeit an die Macht gekommenen Führung werden ethnische Gewalt, Vetternwirtschaft und Korruption vorgeworfen. Chiurai lebt derzeit im Exil im benachbarten Südafrika, weil er Robert Mugabe, den ersten gewählten Präsidenten des neuen Staates, mit schonungsloser Satire behandelt hatte.

Chiurais Werk ist von überschäumender bildnerischer Kreativität und wilder politischer Energie. In jüngster Vergangenheit widmete sich *State of the Nation* (2011) dem Schnittpunkt zwischen heutigen Vorstellungen von staatlicher Souveränität und Ideen der Nation aus der Hochmoderne. Beeinflusst von bildender (Basquiat, Banksy) und Performancekunst (Fela, Tricky), verwendet Chiurai verschiedene Medien, von Malerei über Fotografie bis hin zu Schablonen, in einer virtuosen Improvisation zwischen hoch- und popkulturellen Idiomen. In seinen Arbeiten finden sich Stadtbilder, die Formen gedruckter Massenkultur feiern, wie auch von Hand hergestellte Persiflagen industrieller Stile, wie sie in den Townships in Erscheinung treten. Seine Porträts modellieren experimentelle Subjektivitäten durch Rollenspiel. Deutlichen Einfluss auf seine bildende Kunst hat die kommerzielle Porträtfotografie, wie sie in vielen Kolonialkontexten praktiziert wird, wo Bürger sich in einer Fotokabine »stylen« und verschiedene utopische Kostümierungen und ikonografische Habits anlegen (der Fotograf hat die notwendigen Requisiten vorrätig): Man kann dort zum Beispiel ein Staatsoberhaupt, ein Filmsternchen oder einen Gangster darstellen. Im Einsatz dekorativer Hintergründe für diese Bilder, die oftmals pompöse Tapeten nachahmen, ist Chiurais Vergnügen an der Parodie unverkennbar. Seine Porträtreihe *Dying to Be Men* (2009) erkundet das widersprüchliche Bild von »afrikanischen Männern«, wie es zeitgenössische Diskurse zeichnen, vom Gelehrten bis zum Medienstar, vom Staatsmann über den Guerillakämpfer bis zum Zuhälter. Einen weiteren Angriff auf geheiligte Ikonen bildet Chiurais satirischer »Thron«, ein Sitzmöbel, das aus zwei Abgüssen seines Körpers besteht. Die makabre Arbeit verweist auf ein grässliches Stück kolonialer und postkolonialer Geschichte: Menschen machen Jagd aufeinander. Der Künstler nimmt kein Blatt vor den Mund, wenn es um den Widerstreit zwischen Archaismus und Moderne in der Politik Afrikas geht, in der rituelle und abergläubische Praktiken ausgenutzt und Körperteile als Potenzsteigerungsmittel und zu sexuellen und wirtschaftlichen Zwecken »geerntet« werden. So lenkt er unsere Aufmerksamkeit zum Beispiel auf Berichte über eine anhaltende Praxis rücksichtsloser Opportunisten in Malawi und Uganda, bei der die Körper von Albinos zerstückelt werden.

In Chiurais Bildern gibt es immer reichlich nackte Haut zu sehen: durchtrainierte schwarze Männer- und Frauenkörper, die eine verführerische Anziehungskraft ausstrahlen. Das Politische ist offensichtlich sexuell. Chiurai setzt sich entschieden für eine stärkere Beteiligung von Afrikanerinnen im politischen Geschäft ein als Weg, die Gewalt der phallokratischen Regimes einzudämmen, die viele der neuen Staaten verheert hat, und bei seiner jüngsten Ausstellungseröffnung in Johannesburg spielte eine Sängerin die Rolle des Staatsoberhaupts.

Kudzanai Chiurai is one of the "born frees" (Zimbabweans born after Zimbabwe achieved independence in 1980). In recent decades, his country has become a much-contested state, with charges of ethnic violence, nepotism, and corruption leveled against the post-independence leadership. Chiurai is currently living in neighboring South Africa, exiled because of his blunt satiric treatment of Robert Mugabe, the first elected president of the emergent state.

Chiurai's work is marked by graphic exuberance and political ferocity. His recent *State of the Nation* (2011) looks at the intersection of contemporary conceptions of statehood and high-modernist ideas of nation. With influences drawn from visual art (Basquiat, Banksy) as well as performance (Fela, Tricky), he deploys various media, from painting to photography and stencils, riffing between high-art idioms and pop culture. His works include cityscapes celebrating forms of print mass culture as well as handmade pastiches of industrial styles as made in the townships. Experimental subjectivities are modeled in his portraits, using role play. A strong visual influence is the commercial photographic portraiture that marks many colonial contexts, where citizens "style" themselves in a photo booth, adopting various utopian costumes and iconographic habits based on props that the photographer has on hand. Here one might act out being a head of state, movie starlet, or gangster. Chiurai's parodic delight is manifested in his use of decorative grounds for the images, often mimicking ostentatious wallpapers. His series of portraits *Dying to Be Men* (2009) explores the contradictory image of "African men" presented in contemporary African discourses, from scholar to media celebrity, statesman to guerrilla and pimp. Another assault on sacred icons is Chiurai's satiric "throne," a seat made from two casts of his body. The grim work gestures to a hideous colonial and post-colonial past, with human beings preying on one another. The artist is explicit about the conflict between archaism and modernity in African politics, where ritualistic and superstitious practices are exploited, and body parts "harvested" to increase potency and for sexual and economic gain. He directs attention, for instance, to the ongoing reports about the dismembering of albinos by ruthless opportunists in Malawi and Uganda.

There is always plenty of flesh on display in Chiurai's images: toned black bodies, male and female, gleam with seductive allure. Politics is clearly sexual. Chiurai has been an outspoken advocate for African women in the political arena as a way of containing the violence of the phallocratic regimes that have ravaged many emergent states, and at his recent exhibition opening in Johannesburg, a female singer performed the role of head of state. JT

***Ohne Titel VII / Untitled VII*, 2011**
UltraChrome-Tinte auf Innova-Fotopapier / UltraChrome ink on Innova photo paper
120 × 230 cm
Text von / by Kudzanai Chiurai

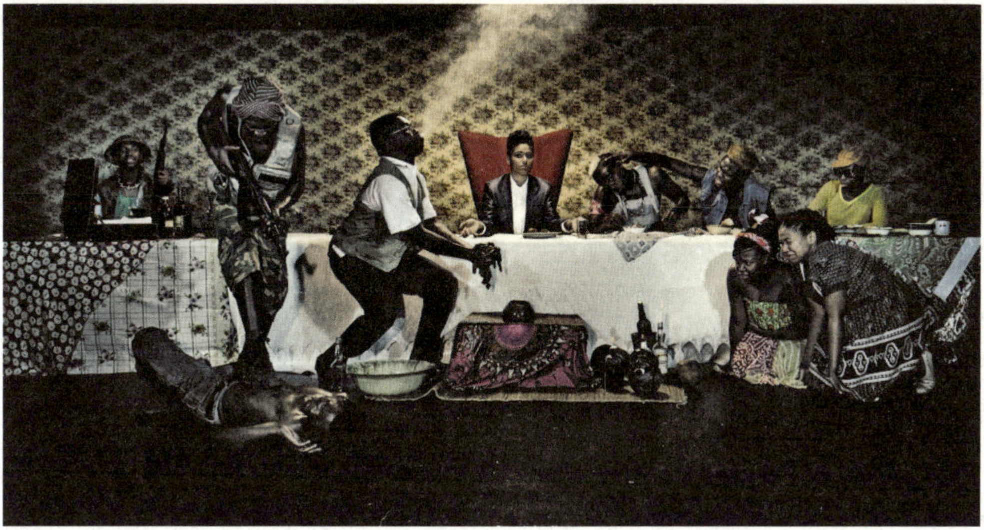

The state and the nation have a precarious relationship in African politics: the challenge has been for them to co-exist in balance. But this has not often been possible on a continent that has experienced more violent conflict than any other. Since the 1960s, when some African countries first gained colonial independence, with others soon to follow suit, nation and state have been perpetually locked in a circle of re-creation and destruction, birth and death, as societies have attempted to adapt. This narrative of life and death, of transition and evolution, has determined the continent.

In more recent times, the nation has overthrown the state, as in the spring revolution in North Africa, attaining balance between state and nation. In other states, those who have ruled authoritatively continue to do so. In these cases, a section of the state has overthrown those who govern through coups, and sectarian violence has erupted. The power and greed of the state, and its control of national resources, have resulted in the imbalance of state and nation, and that imbalance has far-reaching implications for the nation—its family structures, environment, communities, and spiritual practices and beliefs.

Spiritual and ritual practices are still an integral part of African communities and family life. They are the principle by which balance is achieved, emphasizing harmony, righteousness, and the one not existing in isolation, but being a part of the whole. This is exemplified as a guiding principle in creation myths across Africa. Man and nature should be seen as a whole, a life force that comes from God. Therefore when the state and nation are in conflict, and an imbalance occurs, it has a negative effect on the individual, the family, community, nature, and the life force of all beings.

Critical Art Ensemble

gegründet / founded 1987 in Tallahassee (Florida)

In Zeiten wachsender Arbeitslosigkeit und eines breiter werdenden Grabens zwischen den Boni, die Führungskräfte kassieren, und normalen Einkommen gleicht die Verteilung des Zugangs zu Wohlstand und finanzieller Selbstbestimmung immer mehr einem Glücksspiel, bei dem die, die von ihrer Arbeit leben, am globalen Spieltisch der niedrigen Wahrscheinlichkeiten ihren Einsatz erhöhen. Das Critical Art Ensemble (CAE) zeigt auf der dOCUMENTA (13) zwei aufeinander Bezug nehmende Projekte, die ein Schlaglicht auf diese wachsende Kluft werfen.

Eine normale Eintrittskarte ermöglicht es dem Besucher zwar, alle Kunstwerke der dOCUMENTA (13) zu sehen, aber um einen privilegierten Blick auf die Ausstellung werfen zu können, bedarf es eines besonderen Tickets. Diese herausgehobene Perspektive, die man aus einem über der Karlsaue schwebenden Hubschrauber genießt, wird nur an einem einzigen Tag geboten; dafür muss man für 150 Euro eine aus einem begrenzten Vorrat von exklusiven VIP-Karten kaufen – oder mit einem Rubbellos gewinnen, das man für eine beliebige Münze in einer beliebigen Währung bekommt. Diese Strategie ist Teil des temporären Denkmals, das CAE der globalen wirtschaftlichen Ungleichheit setzt.

CAE hat eine vierzehn Meter hohe Flagge hergestellt, die den relativen Wohlstand der Weltbevölkerung veranschaulicht. Das durchschnittliche Vermögen (Aktiva minus Schulden) jedes Quintils (Fünftels) der Bevölkerung wird auf einer Skala dargestellt, auf der jeweils ein Zentimeter hundert US-Dollar entspricht. Da das oberste Prozent über fünfzehn Mal mehr Reichtum verfügt als die übrige Welt zusammengenommen, müsste die Flagge eigentlich 225 Meter hoch sein, um seinen Abstand vom Rest der Welt zu veranschaulichen. Diese Stellung wird stattdessen durch den Hubschrauberflug symbolisiert, der den Passagieren so eine körperliche Erfahrung dieser Ungleichheit verschafft.

Passend zur Ungerechtigkeit des kurzlebigen Denkmals stellt das Critical Art Ensemble außerdem einen partizipativen »offenen Raum« innerhalb der Ausstellung zur Verfügung, der es allen ermöglicht, im Rahmen der dOCUMENTA (13) Kunst zu zeigen, eine Rede zu halten oder eine Vorstellung darzubieten, wenngleich keine offiziellen Einladungen ausgesprochen und keine finanzielle oder sonstige Unterstützung geleistet wird. Um zu verdeutlichen, dass diese Einbeziehung potenziell aller eine Beteiligung zweiter Klasse darstellt, ist der Raum mit Verkehrshindernissen aus Beton ausstaffiert und am Rand des Kunstfestivals angeordnet – typische Merkmale der »Free Speech Zones« in den USA, eigens eingerichteter Bereiche, in denen Bürger ihr Recht auf freie Rede ausüben dürfen. Im Dialog mit dem temporären Denkmal für die weltweite wirtschaftliche Ungleichheit spricht dieses Projekt die verbreitete Verknüpfung zwischen einer globalen Oligarchie und unechter Demokratie an. Dennoch bestreitet CAE nicht, dass selbst unter diesen ungünstigen Bedingungen aktiver Widerstand und Momente des Utopischen stattfinden können.

As unemployment rises and the gap between executive bonuses and standard wages widens, access to wealth and financial empowerment has become analogous to gambling, as laborers ante up at the global low-probability table. Critical Art Ensemble (CAE) presents two interrelated projects during dOCUMENTA (13) that highlight this growing disparity.

Although standard admission will allow a visitor to see all of the artworks of dOCUMENTA (13), a special ticket is required to gain a privileged view of the exhibition. This vantage point, gained from the window of a helicopter hovering above the Karlsaue park, will be offered for one day only through the purchase of a limited number of exclusive VIP tickets for 150 euros—or by winning a place with a scratchcard at the cost of any coin from any currency. This strategy is part of CAE's temporary monument to global economic inequality.

CAE has produced a fourteen-meter-high banner that stands for the relative economic wealth of the global population. The average wealth (assets minus debt) of each quintile (every 20 percent of the population) is represented at a scale of 1 cm = 100 USD. Since the top 1 percent owns more than 15 times more wealth than the rest of the world combined, the banner would need to be 225 meters high in order to visualize its distance from the rest. This position is therefore represented by the helicopter flight, which will offer an embodied experience of this inequality.

In keeping with the inequity of the temporary monument, Critical Art Ensemble also provides a participatory "open space" within the exhibition in which anyone can present an artwork, make a speech, or perform within the context of dOCUMENTA (13), even though no official invitation, budget, or promotion is extended to them. To highlight the second-class quality of this inclusion of potentially everyone, the space is outfitted with concrete traffic barriers and located at the margins of the festival, in imitation of the makeshift architecture found at "Free Speech Zones"—designated areas to exercise the right of free speech—across the U.S. In dialogue with the temporary monument to global economic inequality, this project speaks to the common linkage of global oligarchy with false democracy. However, CAE does not deny that even under these unfortunate conditions, active resistance and utopian moments can occur. AK

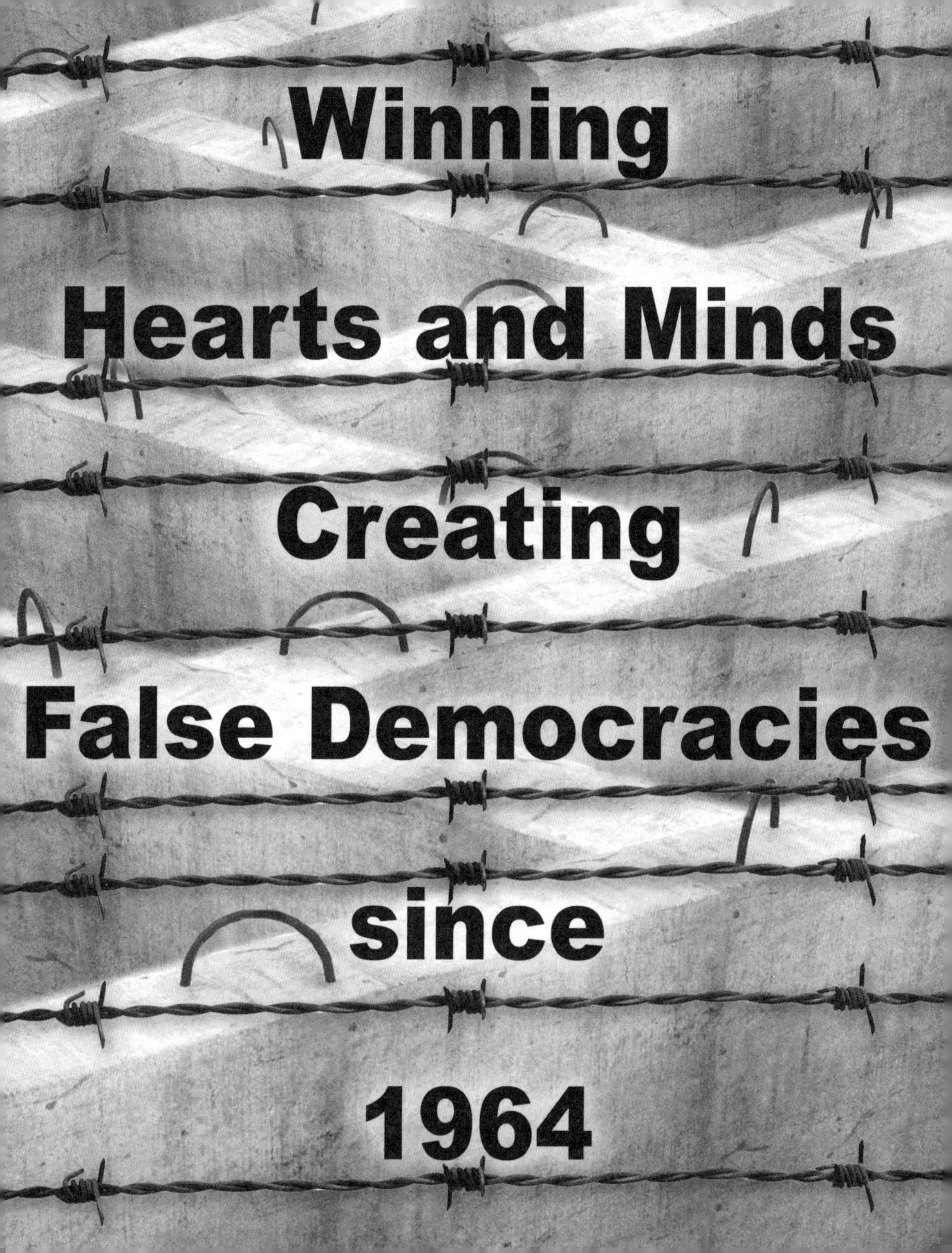
Winning
Hearts and Minds
Creating
False Democracies
since
1964

István Csákány

geb. / b. 1978 in Sepsiszentgyörgy (Rumänien / Romania)
lebt / lives in Budapest

Hinter einem Schaufenster sind in zwei Reihen aufgestellte Nähmaschinen, Bügelmaschinen und Gegenstände, wie sie typischerweise in Nähwerkstätten verwendet werden, zu sehen, allesamt kunstvoll aus Holz geschnitzt. Die etwas über lebensgroßen Maschinen und Werkzeuge beschwören das Bild eines stillgelegten Betriebs herauf, dessen Gerätschaften, Kabel und Neonröhren sämtlich unversehrt sind: Alles ist genau, wie es war, als die Produktion eingestellt wurde.

Das Material und die Technik von *The Sewing Room* (2012) wie auch der an eine Zeitkapsel erinnernde Charakter der Arbeit lassen an das *Bernsteinzimmer* denken, das der Künstler István Csákány 2010 schuf, eine vollständig aus Holz geschnitzte Heimwerkstatt – der Titel ist ein ironischer Verweis auf das wertvolle und seit Langem verlorene Zimmer aus Bernstein, das für den Preußenkönig Friedrich I. gestaltet wurde. Anders aber als im menschenleeren Raum von *Bernsteinzimmer* findet sich vorn in *The Sewing Room* eine Gruppe elegant gekleideter Figuren. Ihre schönen maßgeschneiderten Nadelstreifenblaumänner mögen den Artikeln ähneln, die in diesem einstmals betriebsamen Arbeitsraum hergestellt wurden, aber wie die nunmehr stillstehenden Maschinen sind die Figuren leblos, bloße Schaufensterpuppen.

Diese Installation stellt Arbeit und ihre Produkte dar wie auch den Begriff der Abwesenheit, der im Mittelpunkt von Csákánys Plastik *The Worker of Tomorrow* (2009) und seinen Plänen für einen *Marcel Breuer Memorial Room* (2010) steht. Jene Arbeit, die auf einem Pressefoto beruht, ist ein Betonguss der Jacke eines Feuerwehrmanns, die mit dem Futter nach außen über einer Stuhllehne hängt, während die heruntergerollten Hosenbeine in den Stiefeln auf dem Boden stecken, so dass der Arbeiter von morgen in Windeseile hineinschlüpfen kann. Der Erinnerungsraum für den Architekten und Designer, der sein Heimatland für immer verließ, bringt Abwesenheit als solche zur Anschauung: Die Nachbildung eines Lastwagencontainers in Originalgröße aus einem lichtdurchlässigen Beton bleibt unzugänglich; Licht fällt durch einen Türspalt nach außen, und im Dunkeln schimmert der Quader.

Wie Csákánys *Monument for a Monument* (2008), eine Figur, die auf zwanzig Metern Höhe in Žilina, Slowakei, angebracht ist und ein Solarmodul nach oben hält, mittels dessen sie sich selbst beleuchtet, setzt *The Sewing Room* dem zugleich sichtbaren und unsichtbaren Arbeiter ein Denkmal, ersetzt dabei jedoch den öffentlichen Raum durch einen Innenraum, der dem Auge der Öffentlichkeit durch das Schaufenster erschlossen wird: Der Besucher beobachtet den Arbeitsplatz von außen. Die von Hand gearbeiteten Maschinen und Anzüge rücken die einstmals enge Beziehung zwischen Kunst und Handwerk in den Vordergrund, die mittlerweile höchst vielgestaltig und widersprüchlich geworden ist. Die gewissenhaft nachgebildeten Details der aus Holz gefertigten Maschinen und die menschlichen Gestalten mit ihrer sorgsam gearbeiteten Kleidung lassen die vielen Stunden erahnen, die auf ihre Herstellung verwendet wurden. So ist hier wie zuvor im *Bernsteinzimmer* Zeit wie eingefroren und zugleich eine greifbare und materielle Größe.

Behind a shopwindow, sewing machines aligned in two rows, ironing machines, and objects typically used in sewing workshops are on display, all elaborately carved from wood. Slightly larger than life-size, these machines and tools together conjure a defunct workshop, with all its devices, cables, and neon tubes still intact, frozen in time after production has ended.

The material and technique of *The Sewing Room* (2012), as well as its time-capsule character, are reminiscent of the artist István Csákány's 2010 work *Bernsteinzimmer* (Amber Room), a complete DIY workshop carved from wood—the title is an ironic reference to the precious, long-lost chamber crafted out of amber for Prussian king Frederick I. Unlike in the unpopulated space of *Bernsteinzimmer*, however, at the forefront of *The Sewing Room* is a group of elegantly dressed figures. Their beautifully tailored pin-striped boiler suits may resemble the products of the once-lively workshop, but just like the machines that have come to a standstill, the figures are lifeless, mere mannequins.

This installation represents work, the products of work, as well as absence, a concept that was also the focus of Csákány's 2009 sculpture *The Worker of Tomorrow* and of his 2010 plans for a *Marcel Breuer Memorial Room*. The former, based on a press photograph, is a concrete cast of a firefighter's jacket laid inside out on the back of a chair, with the rolled-down trousers tucked into the boots on the floor, ready for rapid occupation by the worker of tomorrow. The memorial room for the architect-designer, who left his homeland for good, manifests absence itself: the full-size reproduction of a trucking container, cast in light-transmitting concrete, remains inaccessible, emitting light through a crack in the door and glowing in the dark.

Like Csákány's 2008 *Monument for a Monument*, a figure mounted at a twenty-meter height in Žilina, Slovakia, and holding a solar panel with which it casts light on itself, *The Sewing Room* erects a monument to the worker, who is visible and invisible at the same time. In the case of the latter work, however, public space is replaced by an interior exposed to the public eye through the shopwindow: the visitor observes the workplace from the outside. The handmade machines and suits foreground the once-close relationship between art and craft that has now become multifarious and contradictory. The meticulous detail, the objects transposed into wood, the human figures, and their carefully crafted clothes convey the many hours that were spent preparing them. Thus here, as in *Bernsteinzimmer*, time is simultaneously a frozen state and a tangible, materialized quantity. CSI

Ansicht des Künstlerateliers / View of the artist's studio, 2012

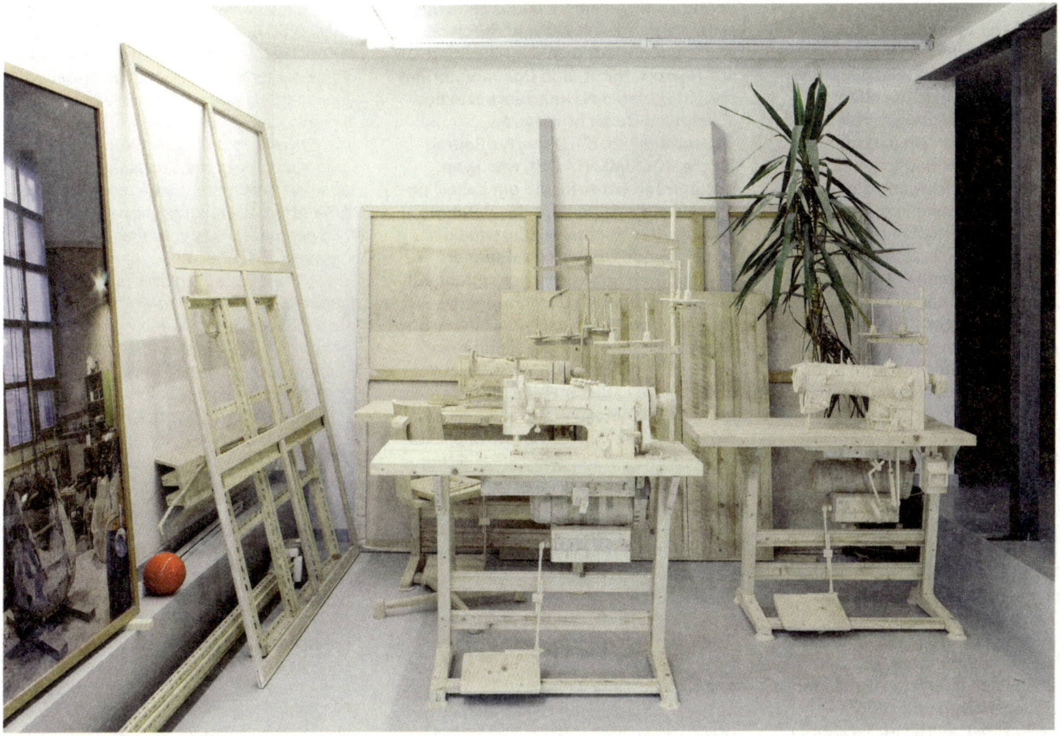

Willie Doherty

geb. / b. 1959 in Derry (Nordirland / Northern Ireland)
lebt / lives in Donegal (Irland / Ireland)

Willie Doherty wurde in den 1980er und 1990er Jahren mit ein- und mehrkanaligen Dia- und Videoinstallationen bekannt, die sich konsequent mit Problemen von Repräsentation, Territorialität und Überwachung sowie der Politik und Rhetorik der Identität auseinandersetzten – insbesondere im Bezug auf seine nordirische Heimat, die den Hintergrund vieler seiner Arbeiten bildet. Er setzt Mittel des Dokumentarfilms und andere Kinostrategien ein und untergräbt zugleich in eindringlichen Erzählungen mit offenem Ausgang die Grenzen zwischen Wahrnehmung und Erinnerung, zwischen Wahrheit und Fiktion.

Die Menschen, die in Dohertys Videos auftreten, sind ernsthafte und einsame Gestalten, tätig und passiv zugleich und in Loops gefangen: ein Mann, der endlos über eine Brücke läuft, ohne je die andere Seite zu erreichen (*Re-Run*, 2002); eine schwarz gekleidete Frau, die die engen Grenzen des eingezäunten Sicherheitsbereichs in einer ehemaligen Polizeistation abschreitet, wobei ihre Gefühlslage schwankt zwischen Verzweiflung und dem Versuch, sich Mut zuzusprechen (*Closure*, 2005). Die Texte sind als Monolog angelegt, deuten aber zwei entgegengesetzte Ansichten an – manchmal lässt eine Stimme aus dem Off eine Geschichte erkennen. Zunehmend aber werden die Landschaften selbst zu Protagonisten. Mit ihren verlassenen oder zerstörten Gebäuden, ihren Straßensperren und anderen Hinterlassenschaften zeigen sie subtile und auf unheimliche Weise zweideutige Spuren bewaffneter Auseinandersetzungen – die jedoch nie durch direkte Verweise auf ein bestimmtes Ereignis klar benannt werden. Dohertys Interesse gilt dem Verhältnis von Landschaft und Erinnerung und den psychologischen Folgeerscheinungen von Konflikten: Wie sind Traumata am Schauplatz einer Auseinandersetzung in der Vergangenheit sichtbar oder gerade nicht sichtbar, wie geraten sie in Vergessenheit oder werden erinnert, und wie begräbt die Natur die Spuren solcher Konflikte oder fördert sie zutage?

***Buried* (2009) ist das visuelle Gegenstück zu der früheren Videoinstallation *Ghost Story* (2007), in der eine Kamerafahrt entlang einer Landstraße von der Stimme eines Mannes begleitet wird, der sich an Szenen des Schreckens erinnert und die Gegenwart der in ebendieser Landschaft gewaltsam zu Tode Gekommenen ahnt. In *Buried* führt die Kamera gleichmäßig durch einen dunklen Wald. Wir stoßen auf die Überreste eines Lagerplatzes, ein Pullover liegt auf dem Boden, von der Asche eines Lagerfeuers steigt Rauch auf. Die von der Kamera eingefangenen Spuren sind unaufdringlich, aber in ihrer Gesamtheit zunehmend unheimlich: ein Seil, Latexhandschuhe, Drähte oder Schnüre, die an einem Baum befestigt sind, während sich Würmer durch den Waldboden winden. In der Mischung aus Horror-, Natur- und Dokumentarfilm spricht *Buried* das Unterbewusste des kollektiven Gedächtnisses an.**

***Secretion* (2012), Dohertys Beitrag für die dOCUMENTA (13), wurde an bestimmten Orten in und um Kassel gedreht, wo die Schönheit der Natur die Last der Geschichte verbirgt und das schleichende Gift verschwiegener Geschichten und verborgener Schande Kulturlandschaften durchdringt. Der sogenannte »Märchenwald«, ein besonders malerischer Teil des Reinhardswaldes in der Nähe von Kassel; der verschlungene Lauf der Fulda, der in einem Industriegebiet am Stadtrand von einer Autobahn überquert wird; ein verfallenes altes Stadthaus – sie alle tragen ihre Geheimnisse in sich. Dohertys Videoinstallation ist eine Meditation über das sichtbare und das unsichtbare Gedächtnis der Landschaft.**

Willie Doherty became known in the 1980s and '90s for single- and multi-channel video and slide installations that have consistently addressed problems of representation, territoriality, and surveillance, as well as the politics and rhetoric of identity—especially in relation to his native Northern Ireland, which has provided the context for many of his works. Adopting documentary codes and other cinematic strategies, he undermines the boundaries between perception and memory, truth and fiction, in poignant, open-ended narratives.

The people appearing in Doherty's videos are solemn, isolated figures, simultaneously active and reactive, caught in a loop: a man endlessly running over a bridge without ever reaching the other side (*Re-Run*, 2002); a woman in black pacing out the confines of a security enclosure in a former police station, her state of mind split between despair and self-encouragement (*Closure*, 2005). Sometimes a voice-over—conceived as a monologue, but evoking two opposite points of view—indicates a story. But more and more, the landscapes themselves become protagonists. With their deserted or wrecked buildings, roadblocks, and other leftovers, they bear subtle and eerily ambivalent traces of conflict—a conflict that is however never named through direct reference to a specific event. Doherty is interested in the relation of landscape and memory, in the psychological aftermath of conflict, in how trauma is or is not visible in a post-conflict place, in how it is forgotten or memorized, and in how nature buries or disgorges the traces of conflict.

In *Buried* (2009)—the visual counterpart to the earlier video installation *Ghost Story* (2007), where a tracking shot down a country road is accompanied by a man's voice, remembering scenes of terror and feeling the presence of those who found violent death in that same landscape—the camera pans steadily through dark woodland. We come across the remains of an encampment, a sweater lies on the ground, smoke emerges from the ashes of a campfire. The traces that the camera captures are subtle but cumulatively creepy: a rope, latex gloves, wire or string attached to a tree, while worms writhe through the forest soil. Mixing the genres of horror movie, nature film, and documentary, *Buried* speaks to the subconscious of collective memory.

Secretion (2012) for dOCUMENTA (13) was filmed at specific sites in and around Kassel, where a charged history is obscured by the beauty of nature, and cultivated landscapes are contaminated by untold stories and hidden shame. The so-called Märchenwald (enchanted forest), a particularly picturesque part of the Reinhardswald near Kassel; a meandering section of the river Fulda in an industrial periphery, trespassed on by a motorway; an old, dilapidated city house—all carry their own secrets. Doherty's video installation is a meditation on the visible and invisible memory of landscape. ES

Videostills aus / Video stills from *Secretion*, 2012

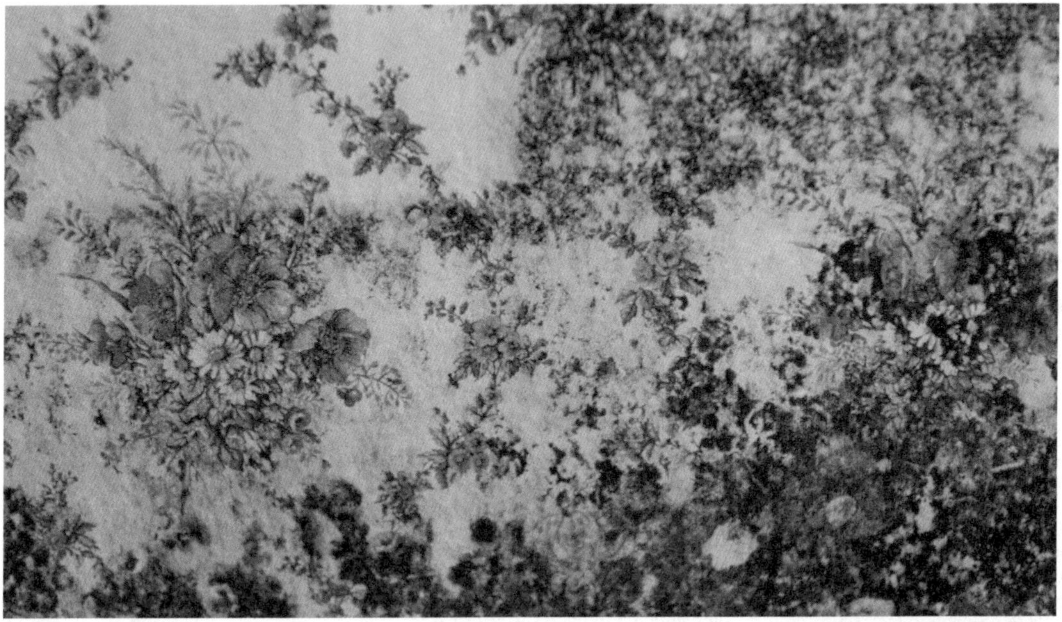

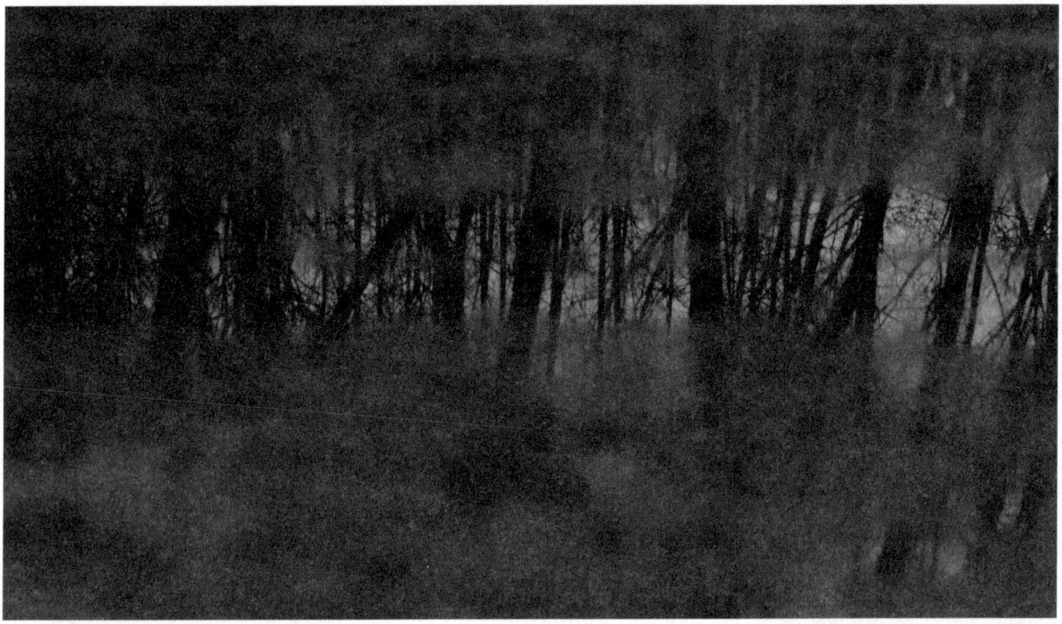

Haris Epaminonda und / and Daniel Gustav Cramer

geb. / b. 1980 in Nicosia (Zypern / Cyprus)

geb. / b. 1975 in Neuss (Germany)

leben / live in Berlin

Haris Epaminonda und Daniel Gustav Cramer arbeiten sowohl zusammen als auch einzeln und stellen auch so aus; bei ihren kollaborativen Arbeiten gestalten sie in einem Raum eine Erzählung, die ihre verschiedenen Werke durch lose Assoziationen und visuelle Verknüpfungen miteinander verbindet. Das ihnen gemeinsame Interesse an der Poetik von Mikro-Universen artikulieren sie auch im Format des Künstlerbuchs, so in *The Infinite Library* (2007–fortlaufend), einem Langzeitprojekt, das sich als ein wachsendes Archiv entfaltet, zu dem sie von den Schriften Jorge Luis Borges' angeregt wurden.

Epaminondas Praxis erstreckt sich in erster Linie über Installationen, Filme, Fotografien und Collagen. Sie arbeitet oft mit gefundenen Stand- und Bewegtbildern aus den letzten Jahrzehnten, die sie schneidet, manipuliert, überlagert und neu rahmt. Ihren Materialien – verblassten Reisefotografien, Seiten aus alten Naturzeitschriften, ethnografischen Artefakten oder Filmmaterial aus vergessenen Fernsehsendungen – ist eine besondere Qualität eigen, eine Neugier auf natürliche und kulturelle Phänomene, über die die Künstlerin noch hinausgeht, indem sie sie in ihren Collagen in einem Akt visueller Alchemie verwandelt: »Kunstgegenstände aus der ägyptischen und griechischen Antike strahlen plötzlich farbige Auren aus, Gebäude werden von architektonischer und räumlicher Schizophrenie erfasst, und brave Wohnzimmer werden von Bruchstücken durchbrochen, die eigentlich an weit entfernte Orte und in ganz andere Zeiten gehören.«

Cramers Werk, das Fotografien, Bücher, Texte, Filme und Skulpturen umfasst, stellt ein geschlossenes System visueller und poetischer Querverbindungen dar. In dieser Praxis stehen Bruchstücke von Geschichten und abstrakte Formen in unmittelbarem Dialog miteinander, um eine vage umrissene Erzählung zu eröffnen und eine teils wissenschaftliche, teils emotionale Kartografie zu erkunden. Cramers Arbeiten bilden oft offene Reihen und Gruppen; *Trilogy* etwa besteht aus den Serien *Woodland, Underwater* und *Mountain* (2003–fortlaufend) und stellt einen fotografischen Atlas archetypischer Landschaftsstudien dar, die an entlegenen Orten in aller Welt aufgenommen wurden.

Für die dOCUMENTA (13) haben Epaminonda und Cramer eine Ausstellung entwickelt, die sich über die zwei Geschosse und den Dachboden eines ehemaligen Bürogebäudes (ZNL) hinter dem Kasseler Hauptbahnhof ausbreitet. Die Künstler haben diesen Raum in eine durchorganisierte labyrinthische Bühne verwandelt, indem sie ihn gegen die Außenwelt abgeschottet und einige Bereiche abgesperrt haben, die unzugänglich und doch auf die eine oder andere Weise anwesend sind. Ein leerer Flur zwischen dem Erdgeschoss und dem Dachboden – »er beschreibt den Abstand zwischen den Dingen und formuliert Distanz als eine für die Überwindung von Blindheit nötige Kraft« – verbindet und trennt zwei Sphären und schafft so eine Pause, einen Übergangsbereich. In ihrem imaginären Museum zeigen Epaminonda und Cramer fotografische Dokumente, vorgefundene Bilder, Gegenstände und Artefakte aus verschiedenen Kulturen; in Gruppen zusammengestellt oder über die Räume verstreut bilden sie durch formale, ästhetische und konzeptuelle Assoziationen eine suggestiv mäandernde Erzählung. Die Anordnung aller Elemente im Raum ist Teil eines schöpferischen Prozesses, in dessen Verlauf Spannung sich in einen kontinuierlich Verbindungen wieder aufnehmenden Rhythmus transformiert.

Haris Epaminonda and Daniel Gustav Cramer work and exhibit both individually and together; in their collaborations they form a narrative within a space, merging their individual works through loose associations and visual connections. Their shared interest in the poetics of micro-universes also manifests itself in the format of artists' books, such as *The Infinite Library* (2007–ongoing), a long-term collaborative project that unfolds as an expanding archive inspired by the writings of Jorge Luis Borges.

Epaminonda's practice mainly consists of installation, film, photography, and collage. She often works with found images from decades past, both still and moving, which she cuts, edits, layers, and reframes. There is a peculiar quality to her material—faded travel photographs, pages of old nature magazines, ethnographic artifacts, footage from forgotten television programs—a curiosity regarding natural and cultural phenomena that the artist exceeds and transforms in her collages through an act of visual alchemy: "Ancient Egyptian and Greek artifacts begin to radiate colored auras, buildings are gripped by architectural and spatial schizophrenia, and polite living rooms are fractured by shards belonging to far-off locales and disparate temporal registers."

Cramer works with photography, books, text, film, and sculpture, proposing a closed system of visual and poetic interconnectivity. In this practice, fragments of stories and abstract forms stand in direct dialogue and open up a vague narrative, mapping a partly scientific, partly emotional cartography. Cramer often works in ongoing series and groups, among them *Trilogy*, consisting of the series *Woodland, Underwater*, and *Mountain* (2003–ongoing)—a photographic atlas of archetypal landscape studies taken in remote locations around the world.

For dOCUMENTA (13), Epaminonda and Cramer have developed an exhibition that unfolds over the two floors and attic of a former office building (ZNL) behind Kassel's Hauptbahnhof. The artists have turned the space into an orchestrated, mazelike stage by shutting out the outside world and closing off some areas, making them inaccessible yet still present in one way or another. An empty corridor between the ground floor and the attic—"describing the distance between things and formulating distance as a necessary virtue to overcome blindness"—connects and separates two spheres, creating a pause, a transitional passage. Inside their imaginary museum, Epaminonda and Cramer have installed photographic documents and found images, as well as objects and artifacts from different cultures, grouped together or dispersed throughout the rooms, constituting a suggestive, meandering narrative through formal, aesthetic, and conceptual associations. The placement of all elements in the space is part of a creative process during which tension transforms into a continually reconnecting rhythm. ES

Fotografie aus dem historischen Bildband / Photograph found in the historic photo book *Views of the U.S.S.R.*, Foreign Languages Publishing House, Moskau / Moscow, 1955

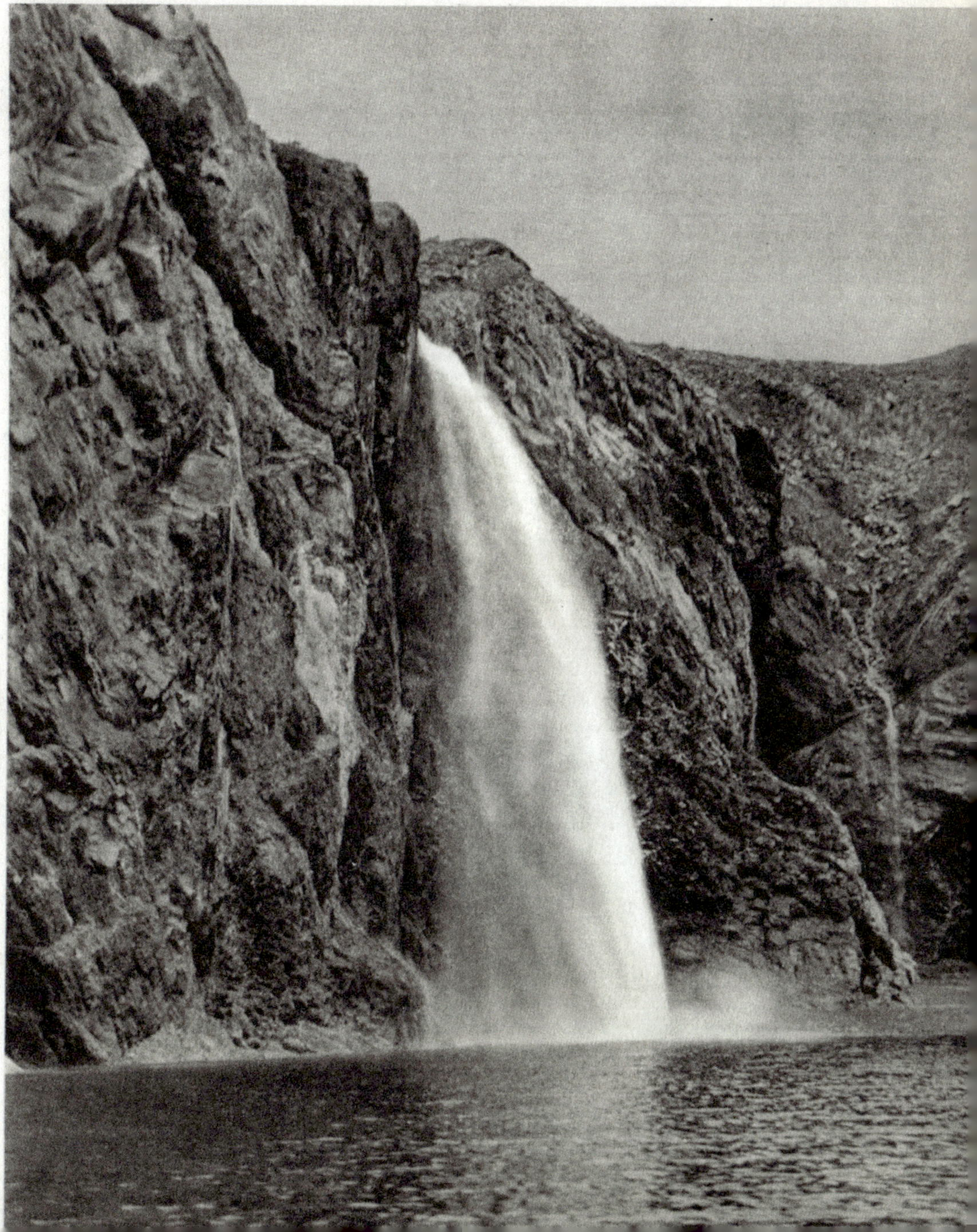

Lara Favaretto

geb. / b. 1973 in Treviso (Italien / Italy)
lebt / lives in Turin

Lara Favarettos Installationen, Videos, Plastiken, Zeichnungen, Aktionen und archivbasierte Projekte analysieren das Potenzial unserer Glaubenssysteme und experimentieren mit Möglichkeiten revolutionären Verhaltens durch den unkonventionellen Einsatz der Vorstellungskraft. Indem die Künstlerin eine große Spannbreite von Referenzen zu Gesellschaft, Philosophie, erzählender Literatur und Folklore wiederbelebt und umdeutet, verwandelt sie sie in politische und ästhetische Alternativen und Formen des Widerstands. Als eine Art fantastisch-utopischer Werkzeuge verleihen ihre Arbeiten unerfüllt gebliebenen seelischen Zuständen konkrete Gestalt.

Für die dOCUMENTA (13) hat Favaretto das zweiteilige Projekt *Momentary Monument IV* (2012) entworfen, das Parallelen zwischen zwei Städten (Kassel und Kabul) durch eine doppelte temporäre und skulpturale Geste im öffentlichen Raum hervorhebt, die Städte porträtiert und zugleich, so die Künstlerin, »ein unbehagliches Gleichgewicht zwischen ihrer Zerstörung und ihrem Wiederaufbau« hält. In Kassel wird aus einer Mülldeponie und Recycling-Betrieben zurückgewonnenes Metallmaterial auf einem ungenutzten Platz gewaltsam ausgekippt. Beim Ergebnis wird auf die Schaffung jeder ästhetischen Form verzichtet zugunsten einer amorphen dramatischen Masse, die als Grundlage einer zweideutigen Erscheinung dient, einer instabilen Erfahrung, die zwischen Dauer und Vergänglichkeit, zwischen etwas und nichts oszilliert.

Favaretto entnimmt nun dem Haufen verschiedene Gegenstände, die sie wegen der ihnen innewohnenden Ausdruckskraft auswählt; an ihre Stelle setzt sie Elemente aus rohem Zement, deren Farbe, Dichte und Form in erster Linie von ihrer Funktion als provisorische Füllung diktiert werden. Die entnommenen Fundstücke werden im Ausstellungsraum installiert, in einem Kontext, der die Schlüsselbegriffe musealer Präsentation vermittelt: Wert und Erhaltung. Die visuelle Ähnlichkeit zwischen den Lückenfüllern und den ausgestellten Objekten, die aufeinander bezogenen Provisorien des Haufens und der Ausstellung und die Verschränkung dieser miteinander verwandten und doch deutlich unterschiedenen Erfahrungen lassen den Betrachter zu keinem klaren Verständnis der Fragen gelangen, worin genau die Arbeit wirklich besteht und wann und wo sie stattfindet.

Parallel dazu erkundet Favaretto auch Kabul. Durch das Recherchieren der verworrenen Erzählungen, die die verschiedenen Schichten der Stadt, ihre kulturellen, historischen und gesellschaftlichen Spuren ausmachen, entwirft sie ein weiteres flüchtiges »Porträt«. Das Ergebnis ist ein fragiles und surreales Bild, ein paradoxer Zugang zur Realität und zu Favarettos Wunsch, ihre Kenntnis dieser Realität zu erweitern und anderen mitzuteilen. Nachdem sie die Geschichte Kabuls aus schriftlichen Quellen und mündlichen Überlieferungen rekonstruiert hatte, identifizierte sie Gegenden in der Stadt, die eine gemeinsame Grundlage bilden, aber vielleicht auch dem kollektiven Bewusstsein entglitten waren. Dort entnahm sie Bodenkerne, die, gewissermaßen als archäologische oder geologische Fundstücke, die kollektive Identität und Selbstwahrnehmung der Stadt greifbar werden ließen. Die zylindrischen Bohrkerne, die diese von vielen Autoren verfasste Geschichte zu Tage fördern, wurden schließlich parallel angeordnet im Bagh-e Babur installiert.

Lara Favaretto's installations, videos, sculptures, drawings, actions, and archive-based projects analyze the potential of our belief systems and experiment with possibilities of revolutionary behavior through the unconventional use of the imagination. Recuperating and redefining a wide range of social, philosophical, narrative, and folkloristic references, she turns them into political and aesthetic alternatives and forms of resistance. Like fantastic utopian tools, her works give concrete shape to unfulfilled states of mind.

For dOCUMENTA (13), the parallels between two cities (Kassel and Kabul) are underlined through the two-part project *Momentary Monument IV* (2012), a double, temporary sculptural gesture that rises up in the public sphere, both portraying it and striking, in the artist's words, "an uncomfortable balance between its destruction and reconstruction." In Kassel, metallic material recuperated from landfill and recycling centers is violently unloaded onto a disused square. The result eschews the creation of any aesthetic form in favor of an amorphous, dramatic mass that provides the basis for an ambiguous apparition, an unstable experience oscillating between permanence and impermanence, something and nothing.

Favaretto then retrieves several objects from the pile, choosing them for their intrinsic expressive force, and places in the empty spaces they leave behind elements made out of rough cement, whose color, density, and shape are largely dictated by this provisional function of filling. The removed findings are installed in the exhibition space, within a context that conveys the key concepts of museum display: value and conservation. The visual similarity between the fillers and the displayed objects, the mutual temporary quality of the pile and the exhibition, and the reciprocal implication of these two interrelated yet distinct experiences prevent the viewer from understanding exactly what the actual work is and where and when it is located.

In parallel, Favaretto also explores Kabul. Through researching the entangled stories that constitute the city's different layers, its cultural, historical, and social traces, she drafts another momentary "portrait." The result is a frail and surreal image, a paradoxical approach to reality, to the desire to increase her knowledge of it and to share this knowledge with others. After researching the history of Kabul through written texts and oral histories, she identified areas of the city that might constitute a common ground but had perhaps also disappeared from collective awareness. There, she conducted soil-core extractions that made tangible, like an archaeological or geologic find, the city's collective identity and self-perception. The cylindrical extractions that bring to the surface this multi-authored history were finally installed parallel to one another in the Bagh-e Babur. AV

Digitale Collage für / Digital collage for *Momentary Monument IV (Kassel)*, 2012

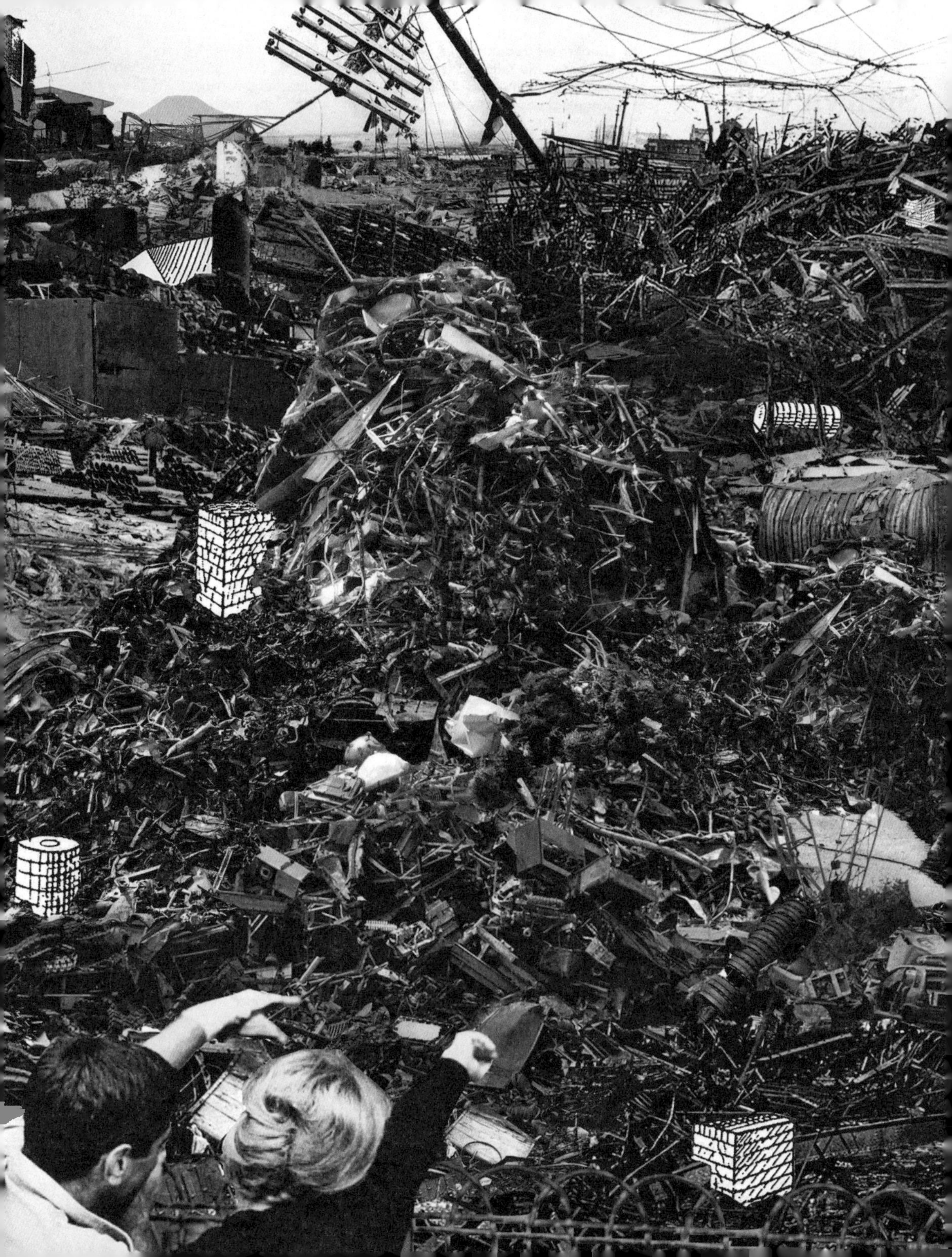

Simryn Gill

geb. / b. 1959 in Singapur / Singapore
lebt / lives in Sydney und / and
Port Dickson (Malaysia)

Mittels verschiedener Techniken wie Sammeln, Herstellen, Schreiben, Zeichnen und Fotografie schafft Simryn Gill Werke, die über Ort und Geschichte als erst in persönlicher Erfahrung greifbare Kategorien nachdenken. Ihr scharfer Blick für die materielle Kultur teilt sich in für bestimmte Orte typischen vorgefundenen Objekten oder Dingen aus der Natur mit, die sie an einen neuen Ort versetzt und transformiert, um zu erproben, wie sich Bedeutungen im Laufe der Zeit und in Abhängigkeit von Kontexten und geografischen Grenzen wandeln. Ihr nachhaltiges Interesse an Büchern als Medien des Wissens wie als Objekten gewinnt in *Pearls* (1999–fortlaufend) auf schöne Weise Gestalt: Gill fädelte von Hand gerollte Kügelchen auf, die sie aus ganzen Büchern, Geschenken von Freunden, anfertigte, deren Inhalt dadurch unlesbar wurde. Diese Halsketten – je nach dem dafür gewählten Buch sind sie von anderer Farbe, Länge und Schwere – gab sie dann in einem Akt des persönlichen Gabentauschs als Geschenk an die Stifter zurück.

Die plastische Installation *Throwback* (2007), die bei der documenta 12 gezeigt wurde, bestand aus einer Nachbildung der Antriebswelle und des Getriebes eines Lastwagens, der in Indien von dem Autobauer TATA auf der Grundlage einer von dem deutschen Unternehmen Mercedes-Benz entworfenen Mechanik produziert worden und auf den Straßen Malaysias unterwegs gewesen war. Um dieses Fahrzeug zu seinen kulturellen Wurzeln zurückzuführen, schuf Gill genaue Reproduktionen der Metallelemente (die dazu bestimmt sind, dem weltweiten Markt für Altmetall zuzufließen) aus tropischen Materialien – Erde aus einem Termitenbau, Auelehm, Laterit, Muschelschalen, Obstschalen –, die dann die Rückreise nach Deutschland antraten, um sich so in funktionslose und unbestimmte Objekte zu verwandeln, denen die Spuren vieler Kontexte anhaften: Sie sind europäisch und asiatisch, industriell und dekorativ, natürlich und vom Menschen gemacht. (Beim Grenzübertritt machten sie sich damit verdächtig, ähnlich wie Brancusis Skulptur *Vogel im Raum* aus dem Jahr 1923, die das US-amerikanische Zollamt damals nicht als Kunstwerk, sondern als Gebrauchsgegenstand einstufte.) Die Teile wurden wie archäologische Fundstücke auf einem Tisch ausgelegt und provozierten das Nachdenken über den Wert materieller Gegenstände und Ökonomien des Warenverkehrs, über Zerbrechlichkeit und Beständigkeit, über Ursprung und Rückkehr.

***Where to Draw the Line* (2012), Gills Projekt für die dOCUMENTA (13), besteht aus sieben Essays, die sie im Laufe des vergangenen Jahres verfasste. Die in Melbourne redigierten Texte wurden in Port Dickson mit einer Schreibmaschine auf lange Papierrollen getippt, wobei jeder Abstand zwischen Buchstaben, Wörtern oder Zeilen fehlt, so dass sie jetzt wie Schrift-Tapeten wirken, ein Zeichenstau. »Ich mache mir Gedanken darüber, was sich an der Oberfläche von Arbeiten befindet und was in ihrem Inneren«, erklärt Gill; »was im sichtbaren Äußeren vermittelt werden kann und was in einem Prozess, im Tun, enthalten ist. Ich will in Erfahrung bringen, was wir einander sagen können und wirklich sagen, wie wir sprechen und hören und uns verhören, lesen und uns verlesen, wenn es um Zeichen, Absichten, Handlungen, Formen, Muster, Texte geht.«**

Simryn Gill uses different methods, including collecting, making, writing, drawing, and photography, in works that think about place and history made tangible through personal experience. Her strong sense of material culture is conveyed through found objects specific to places, or things from the natural world, which she moves and transforms, testing the shifting meanings of forms and matter over time, contexts, and geographic borders. Her sustained interest in books, as both vehicles of knowledge and objects, beautifully materializes in *Pearls* (1999–ongoing), for which Gill created strands of hand-rolled beads out of entire volumes—their content rendered illegible—that were given to her by friends. The necklaces—their color, length, and heaviness depending on the book chosen—were then returned as gifts to the donators in a reciprocal act of personal exchange.

The sculptural installation *Throwback* (2007), shown at documenta 12, remakes the drive shaft and gears of a truck operating in Malaysia, manufactured in India by the car maker TATA, with a mechanism designed by the German company Mercedes-Benz. Aiming at returning the truck to its cultural origins, Gill made meticulous copies of these metal elements (destined to feed the large global market for scrap metal) from tropical materials—termite-mound soil, river clay, laterite, seashells, fruit skins—for their journey back to Germany, turning them into non-functional and indeterminate objects that carry many contexts: European, Asian, industrial, decorative, natural, manmade. (Thus they became objects of suspicion when crossing the border, like Brancusi's sculpture *Bird in Space*, 1923, which was taxed as a functional object rather than an artwork by U.S. customs officials.) The pieces were laid out on a table like archaeological specimens, provoking thoughts about material value and economies of circulation, fragility and permanence, origin and return.

Where to Draw the Line (2012), her project for dOCUMENTA (13), consists of seven essays written by Gill over the past year. Edited in Melbourne and typed in Port Dickson onto long scrolls of paper, with no spaces between letters, words, and lines, the texts resemble a tapestry, a congestion of signs. "I wonder about what is on the surface of works, and what is inside," Gill explains; "what can be conveyed in a visible crust, and what is contained in a process, the doing. I am curious about what we can and do say to each other, how we speak and hear and mishear, read and misread, signs, intentions, actions, forms, patterns, texts." ES

***Ohne Titel / Untitled*, 2011**
Rotring- und Parker-Quink-Tinte auf Buchhaltungspapier / Rotring and Parker Quink ink on ledger-book paper
34 × 21 cm

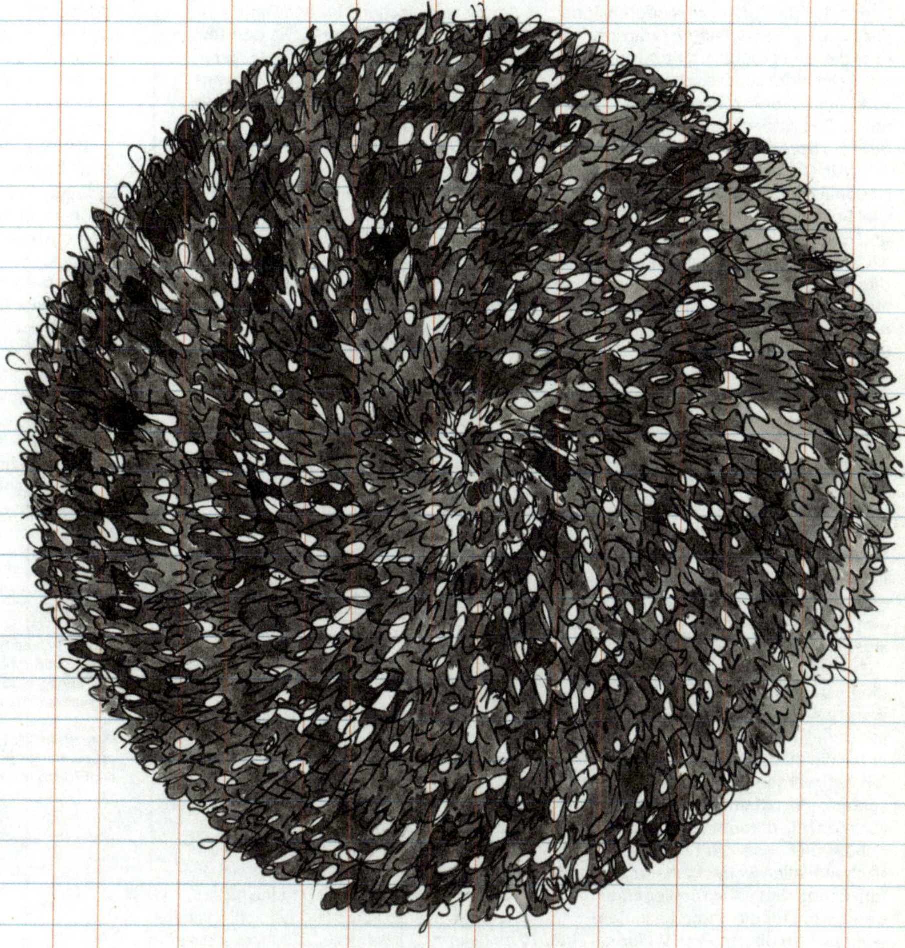

Florian Hecker

geb. / b. 1975 in Augsburg (Germany)
lebt / lives in Kissing und / and Wien / Vienna

Haben Sie schon einmal am Telefon ihre eigene Stimme wie ein Echo widerhallen hören? Das wirkt merkwürdig; Sie werden sich wahrscheinlich unwohl fühlen, bis die Person am anderen Ende der Leitung die Lautstärke reduziert oder die Freisprecheinrichtung ausschaltet. Es ist nicht so, dass es *wehtäte* – es wirkt nur auf unerklärliche Weise ... lähmend. Das ist der Grundgedanke, auf dem die Sprechblockaden-Kanone beruht, ein Gerät, das von Forschern des National Institute of Advanced Industrial Science and Technology in Tsukuba und der Ochanomizu University entwickelt wurde. Es soll die Leute am Reden hindern, und zwar durch Erzeugung einer »verzögerten akustischen Rückmeldung«: Die Stimme des Sprechers wird mittels eines Richtmikrofons aufgenommen und, sobald der Laserpointer auf ihn ausgerichtet ist und der Abzug gezogen wird, mit einer Verzögerung von 0,2 Sekunden wieder abgespielt. In einer normalen Sprechsituation initiiert und produziert das Gehirn den Redefluss und beurteilt ihn zugleich auf der Grundlage der Laute, die ihm durch das Gehör zurückgespiegelt werden. Wenn der Klang der eigenen Stimme zu einem anderen als dem erwarteten Zeitpunkt eintrifft, wird die normale Sequenz flüssiger Rede unterbrochen.

Der Künstler Florian Hecker erkundet die Beziehungen zwischen Klängen und Wahrnehmung. Teile der Soundarbeit mit dem Titel *Chimärisation* (2012), die er für die dOCUMENTA (13) geschaffen hat, wurden in echofreien und schallschluckenden Kammern aufgenommen – Räumen, die darauf ausgelegt sind, die Echos von Schall- oder elektromagnetischen Wellen weitestgehend zu dämpfen. Echos sind von grundlegender Bedeutung für die Kommunikation; während ein Übermaß an Widerhall eine desorientierende Wirkung auf den Sprecher haben kann, erzeugt sein völliges Fehlen ein Gefühl, im Nichts zu reden, den Boden unter den Füßen verloren zu haben, in einem grenzenlosen Nirgendwo verloren zu sein.

Hecker hat den iranischen Schriftsteller und Denker Reza Negarastani eingeladen, ein Libretto für *Chimärisation* zu schreiben, das er dann von verschiedenen Sprechern vortragen ließ. Der Text existiert in drei Fassungen – auf Farsi, der Muttersprache des Autors, außerdem liegen Übersetzungen ins Englische und Deutsche, die Muttersprache des Künstlers, vor. Ausgangspunkte sind topologische Begriffe der Klangumformung sowie eine modernisierte Fassung des Leiterspiels, eines Brettspiels, dessen Ursprünge in Indien liegen. Negarastanis Text ist sowohl als logisches Lemma als auch als Dialog zwischen den Bestandteilen des Spiels, der Schlange und der Leiter, formuliert: zwischen Tier und Ding, zwischen Erde und Materie. Die den Text vortragenden Stimmen hat Hecker in ein Gemisch vieler Stimmen verwandelt, dazu kommen elektroakustische Klänge, wobei die besonderen Eigenschaften der einzelnen Klänge und Stimmen zwischen ihnen übertragen wurden. Diesen Chimären aus Stimme und Klang zuzuhören ist eine Herausforderung an unsere Hörgewohnheiten. Man muss sehr bewusst lauschen und die Aufnahme immer wieder hören, um den Text zu verstehen – sonst verwandelt sich das Ganze in eine Komposition, ein spekulatives Spiel mit Klang und Stimme, eine Chimäre aus Wahrnehmung und Verständnis.

Die Arbeit kann gehört und heruntergeladen werden unter: http://d13.documenta.de.

Have you ever heard your voice echo back at you when speaking over the phone? It's a strange feeling, and you probably won't feel comfortable until the person on the other end turns down their volume or takes you off speakerphone. It isn't a painful sensation—it's just inexplicably . . . paralyzing. That's the idea behind the speech-jamming gun, a device developed by researchers at the National Institute of Advanced Industrial Science and Technology, Tsukuba, and Ochanomizu University. Intended to prevent people from talking, it works through "delayed auditory feedback": a person's voice is recorded as he or she speaks via a directional mic, and when the laser pointer is aimed at the speaker and the trigger pulled, the recording is played back with a delay of 0.2 seconds. In normal speaking circumstances, the brain simultaneously initiates, generates, and judges its own flow of speech based on the sound that is fed back. When the sound of one's voice does not arrive at the expected moment, this normally fluid speech sequence is interrupted.

Florian Hecker is an artist who explores the relationship between cognition and sound. Parts of the sound work he has produced for dOCUMENTA (13), entitled *Chimerization* (2012), were recorded in anechoic and sound-attenuated chambers—rooms designed to minimize the echoing of either sound or electromagnetic waves. Echo is primordial for communication, and while an excess of reverberation can disorient the speaker, its total absence provokes the feeling of talking in a void, of not being grounded, of being lost in a boundless nowhere.

For *Chimerization*, Hecker invited the Iranian writer and thinker Reza Negarastani to produce a script, which the artist then had recited by different speakers. The text has three versions, Farsi, the original language of the writer, English, and German, the mother tongue of the artist. Its points of departure are topological concepts of sound deformation and a modernization of Snakes and Ladders, originally an ancient Indian board game. Negarastani's text is composed both as logical lemma and as a dialogue between the Snake and the Ladder: between the animal and the object, earth and matter. The voices that recite the text have been processed by Hecker into a composite of many voices, as well as electroacoustic sounds, the particularities of the individual sounds and voices having been transferred among them. Listening to these voice-sound chimeras challenges one's habits. One needs to be highly attentive and listen time and again in order to understand the text, or the whole turns into a composition, a speculative play with sound and voice, a chimera of perception and understanding.

The work can be heard and downloaded at: http://d13.documenta.de. CM

Bei der Produktion von *Chimärisation* / At the production of *Chimerization*, 2012, RLE Sensory Communication Group, Massachusetts Institute of Technology

Über einen SIFT-Flow-Algorithmus prozessiertes Bild / Image processed with a SIFT flow algorithm

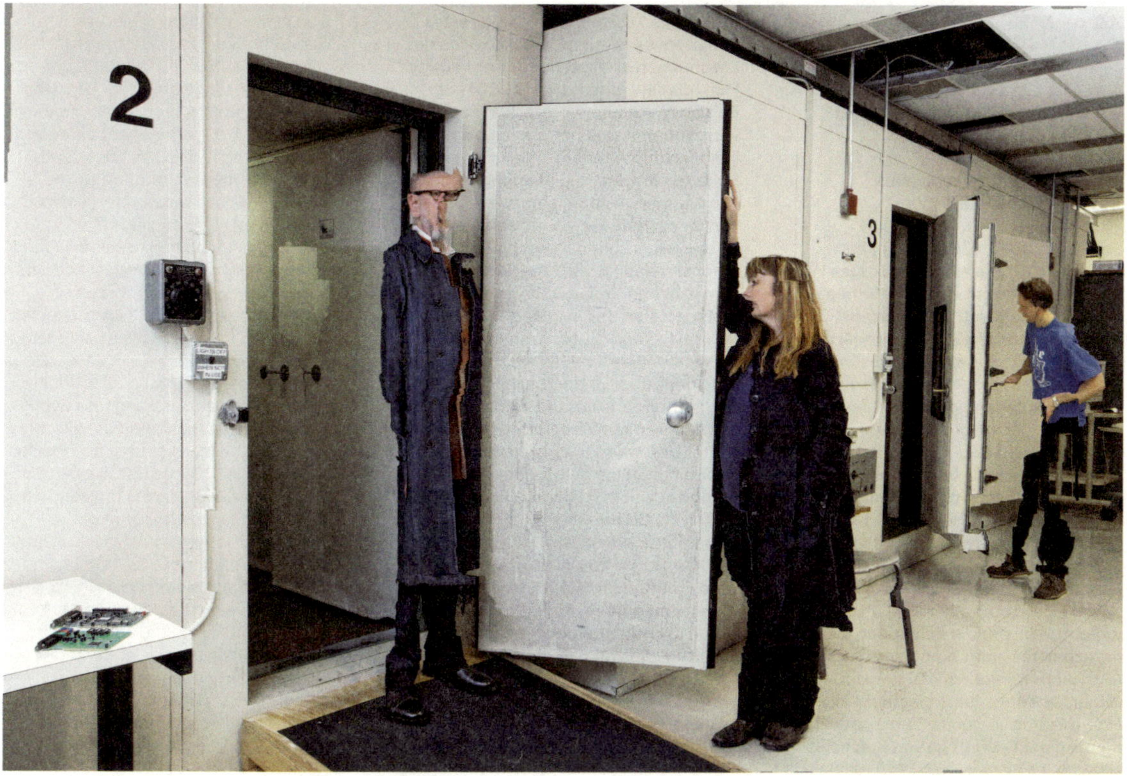
2
3

William Kentridge

geb. / b. 1955 in Johannesburg
lebt / lives in Johannesburg

Seit den späten 1970er Jahren hat William Kentridge ein einzigartiges Werk geschaffen, das im Avantgardetheater und in den politisch engagierten Kunstformen des frühen 20. Jahrhunderts verwurzelt ist – einer Traditionslinie der Moderne, die an der Figuration als Mittel der Widerspiegelung der Welt festhält. Kentridge, der in Johannesburg unter dem Apartheid-Regime aufwuchs und 1994 Zeuge seines Zusammenbruchs wurde, ist zutiefst von der politischen und gesellschaftlichen Wirklichkeit Südafrikas geprägt. Über ihren besonderen Kontext hinaus jedoch stellen seine Beobachtungen Allegorien der menschlichen Existenz und der Welt an sich dar.

Kentridge, der die Zeichnung als unmittelbarstes Instrument künstlerischen Ausdrucks wählte, wurde zuerst mit seinen *Drawings for Projection* bekannt, einem Zyklus von neun Zeichentrickfilmen auf der Grundlage von Kohlestiftskizzen, die er zwischen 1989 (damals entstand *Johannesburg, 2nd Greatest City After Paris*) und 2003 schuf. Für Kentridge ist die Kohlezeichnung nicht nur ein physisches Medium, sondern eine Weise zu denken; sie eröffnet ein Feld der Transformation, das die Welt als Prozess und nicht als feststehende Tatsache widerspiegelt. In seinen Animationsfilmen stellen die sichtbaren Spuren fortwährender Löschungen und Überzeichnungen eine gebrochene und unvollständige Geschichte dar. Die Schicksale der zwei Hauptfiguren – und gegensätzlichen Alter Egos – in diesen Filmen, des Unternehmers und Kapitalisten Soho Eckstein und des Dichters und Liebhabers Felix Teitelbaum, spielen sich während des Aufstiegs und Falls von Johannesburg ab, einer Stadt, die von Minen durchsetzt und von Jahrzehnten der Unterdrückung und Gewalt gezeichnet ist.

Im Laufe der Jahre hat Kentridge, der stets auch seine eigene Position hinterfragt, sein Themen- und Medienspektrum erweitert und eine Reihe von Techniken wie Schattenspiel, Bronzeskulptur, Realfilm, Performance, Theater und Oper eingesetzt. Wenngleich er immer wieder auf das Medium Zeichnung zurückkommt, haben animierte Skulpturen aus zerrissenen und zerbrochenen rotierenden Formen, die die Idee des Schattenwurfs erkunden, zeitweise die Löschungen ersetzt. Der neunminütige Film *Shadow Procession* (2000) zum Beispiel zeigt einen grotesken Festzug verkrüppelter und beladener aus Karton ausgeschnittener Gestalten, denen ihre Schatten folgen – ein gespenstischer Exodus, der in einem absurden Tanz von Menschen, Tieren, Maschinen und Hybriden zwischen ihnen gipfelt.

Im Mittelpunkt von Kentridges jüngsten Arbeiten für die Bühne stehen die Ideen der Zeit und der Moderne. *The Refusal of Time* (2012) widmet sich der Entwicklung von Verfahren zur Normierung der Zeit im Industriezeitalter des 19. Jahrhunderts, als die moderne Gesellschaft durch die Vernetzung standardisierter Uhren Gestalt gewann. Newtons Maßzeit und Einsteins Relativitätstheorie aus dem frühen 20. Jahrhundert treffen als Gegensätze aufeinander in diesem Stück, in dem auch zahlreiche aus Kentridges Werk vertraute Motive wieder auftauchen: die Espressokanne, Zylindermegafone, Räder, pneumatische Uhren und andere mechanische Gerätschaften, die von riesigen projizierten Metronomen dirigiert werden.

Since the late 1970s, William Kentridge has developed an outstanding oeuvre that is rooted in avant-garde theater and the politically engaged art forms of the early twentieth century—a trajectory of modernism that holds on to the figurative as a way to reflect the world. Growing up in Johannesburg during the apartheid regime and witnessing its collapse in 1994, Kentridge has been strongly informed by the political and social realities of South Africa. But beyond their specific context, his observations serve as allegories for the human condition and the world at large.

Choosing drawing as the most immediate means of artistic expression, Kentridge became known through his *Drawings for Projection*, a cycle of nine animated films based on charcoal sketches, created from 1989 (with *Johannesburg, 2nd Greatest City after Paris*) through 2003. For Kentridge, charcoal drawing is not just a physical medium but a way of thinking, opening up a field for transformation that reflects the world as process rather than fixed fact. In his animations, the visible traces of constant erasure and redrawing depict a fractured, unfinished history. The two main characters—and opposing alter egos—in these films, the entrepreneur/capitalist Soho Eckstein and the poet/lover Felix Teitelbaum, interact during the rise and fall of Johannesburg, a city penetrated by mines and marked by decades of suppression and violence.

Constantly questioning his own position, Kentridge has over the years expanded his subjects and media, employing a wide range of techniques such as shadow puppetry, bronze sculpture, live-action film, performance, theater, and opera productions. Though he regularly returns to the medium of drawing, the erasures have been temporarily replaced by animated sculptures made from torn, fragmented, and rotating forms, exploring the idea of shadows. The nine-minute film *Shadow Procession* (2000), for example, depicts a grotesque procession of crippled and burdened figures cut from cardboard, followed by their shadows—an eerie exodus that culminates in an absurd dance of humans, animals, machines, and their hybrids.

Kentridge's recent stage-based work is centered on the ideas of time and modernity. *The Refusal of Time* (2012) looks at the development of modes for standardizing time in the industrial age of the 1800s, when modern society was shaped through the interconnectedness of standardized clocks. Newton's measured time and Einstein's early-twentieth-century theory of relativity are the antipodes in this play, in which a range of Kentridge's familiar motifs reappear: espresso cans, cylindrical megaphones, wheels, pneumatic clocks, and other mechanical instruments, orchestrated by gigantic projected metronomes. ES

***The Refusal of Time*, 2012**
Probeaufführung für / Rehearsal for *Dancing with Dada*
Dada Masilo und / and William Kentridge, Market Theatre, Johannesburg, September 2011

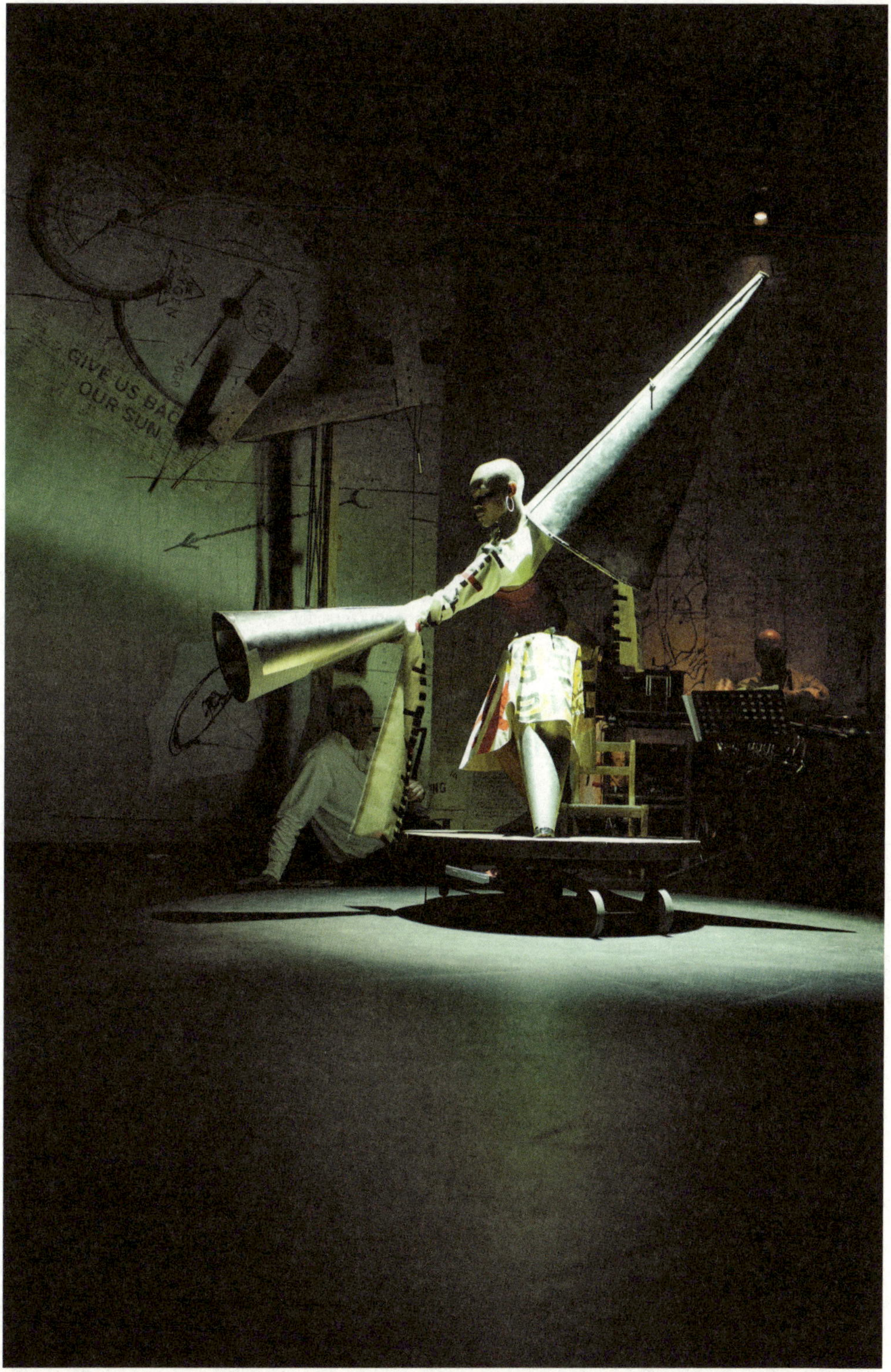
GIVE US BACK
OUR SUN

Rabih Mroué

geb. / b. 1967 in Beirut
lebt / lives in Beirut

Rabih Mroué gehört zu einer Generation von Künstlern, die seit dem offiziellen Ende des libanesischen Bürgerkriegs im Jahr 1990 eine eigene Sprache entwickelt haben, um die komplexe Geschichte und die heutige Situation des Nachkriegslibanon und des Nahen Ostens zu analysieren und aufzuarbeiten. Mroué, der als Schauspieler, Regisseur, Dramatiker und bildender Künstler vor allem im Bereich von Theater und Performancekunst arbeitet, aber auch Videos und Installationen schafft, wendet sich Schlüsselfragen rund um die Formulierung von Geschichtserzählungen und die Praxis des Aufzeichnens und Archivierens zu. In der Tradition des klassischen griechischen Theaters verwurzelt, schöpfen seine unakademischen Vorträge aus einem umfassenden Archiv; aus politischen Ereignissen und kulturellen Phänomenen zieht er seine persönlichen Schlüsse und verwebt dabei biografische und historische Tatsachen mit Erdichtungen. Wie ein roter Faden zieht sich die aufmerksame Besinnung auf seine eigene Verantwortung als Künstler und auf die Rolle, die die Wahrheit und das Geschichtenerzählen in der Konstruktion von Geschichte spielen, durch seine Praxis.

Obwohl sie wie Geschichten mit offenem Ausgang wirken, sind seine Performances – viele von ihnen entwickelt er mit seiner Partnerin Lina Saneh oder mit Künstlern und Schriftstellern wie Elias Khoury – minuziös geplant und sorgfältig inszeniert, um den Zuschauer an der strukturellen Entfaltung der Ideen teilhaben zu lassen. Mroué legt den schöpferischen Prozess offen und betont zugleich die Dringlichkeit der Themen, die er anspricht. Der Körper auf der Bühne wird zu einer unmittelbaren Metapher für die Handlungsfähigkeit des Einzelnen in Gesellschaft und Kultur, in einem politischen System oder Staat. *Who's Afraid of Representation* (2004) zieht Parallelen zwischen radikalen Formen der Body Art und dem realen Attentat auf einen Regierungsbeamten im Libanon, weswegen das Stück dort zensiert wurde. In der neunzigminütigen *Photo Romance* (2009), die im Beirut des Jahres 2006 kurz nach dem israelischen Angriff spielt, nimmt Mroué selbst die Rolle eines Zensurbeauftragten ein, der mit einer Filmregisseurin (Saneh) ein mögliches Remake von Ettore Scolas 1977 entstandenem Film *Ein besonderer Tag* bespricht.

Für die dOCUMENTA (13) hat Mroué einen neuen Arbeitszyklus geschaffen, der aus der Vortragsperformance *The Pixelated Revolution* (2012) im Staatstheater Kassel und einer mehrteiligen Installation über eine außergewöhnliche Form der Dokumentation des Sterbens in der syrischen Revolution besteht: Die Opfer selbst filmen die Schüsse, die sie treffen, mit ihren Mobiltelefonen. Der Wandtext »Instructions and Advice How to Shoot Today« verwebt praktische Anweisungen zum Gebrauch von Handys bei Demonstrationen mit den Regeln von Dogma 95, dem kinoästhetischen Manifest des dänischen Filmkollektivs, um so ein neues Manifest entstehen zu lassen. Der Gedanke, dass das Handy zur Verlängerung des eigenen Körpers wird – als Ersatz für das Auge, das sich dem Gewehrlauf gegenübersieht –, die Art und Weise, wie solche Begegnungen »von Angesicht zu Angesicht« in Film und Wirklichkeit eingefangen werden, die Bewegungen des Mobiltelefonbenutzers, das vergrößerte und verpixelte Gesicht des Mörders: Das alles wird in aus dem Internet heruntergeladenen Videos in Verbindung mit Spielfilmmaterial sowie in Daumenkinos und einem von Hand abgespielten 8-mm-Film untersucht.

Rabih Mroué belongs to a generation of artists who, since the official end of the Lebanese Civil War in 1990, have developed a distinct language to analyze and come to terms with the complex history and current situation of postwar Lebanon and the Middle East. Working as an actor, director, playwright, and visual artist primarily in theater and performance but also with video and installation, he addresses key questions surrounding the formulation of historical narratives and the practice of recording or archiving. Rooted in the tradition of classical Greek theater, Mroué's non-academic lectures draw from an extended archive of political events and cultural phenomena, which he takes to a personal conclusion, interweaving biographical and historical fact with fiction. Running through his practice is a keenly introspective reflection on the artist's responsibility and the roles of truth and storytelling in the construction of history.

Though they appear as open-ended inquiries, his performances—often developed in collaboration with his partner, Lina Saneh, or with artists and writers such as Elias Khoury—are meticulously scripted and carefully staged, engaging the viewer in a structural development of thought. Disclosing the creative process, he emphasizes the urgency of his issues. The body onstage becomes an immediate metaphor for the agency of an individual in society, culture, a political system or state. *Who's Afraid of Representation* (2004) draws parallels between radical forms of body art and the real assassination of a Lebanese civil servant, which led to censorship of the piece in Lebanon. In the ninety-minute *Photo Romance* (2009), set in Beirut in 2006, shortly after the Israeli attack, Mroué himself takes the role of a censorship official, who discusses with a female film director (Saneh) the possible remake of Ettore Scola's 1977 film *A Special Day*.

For dOCUMENTA (13), Mroué has developed a new body of work consisting of the lecture performance *The Pixelated Revolution* (2012) at the Staatstheater Kassel, and an installation in multiple parts about the extraordinary documentation of deaths in the Syrian Revolution, made by the victims themselves by filming the act of shooting with their mobile phones. The wall text "Instructions and Advice How to Shoot Today" interweaves practical information on how to use cell phones during protest with the Dogme 95 rules, the cinematographic manifesto of the Danish film collective, thus creating a new manifesto. The notion of the cell phone becoming an extension of the body—a replacement of the eye, facing the muzzle—the way in which such "eye-to-eye" encounters are captured in film and reality, the movement of the cell-phone user, and the pixelated, blown-up face of the killer are explored via video footage downloaded from the Internet, juxtaposed with fictional material, as well as flip-books and a hand-operated 8mm film. ES

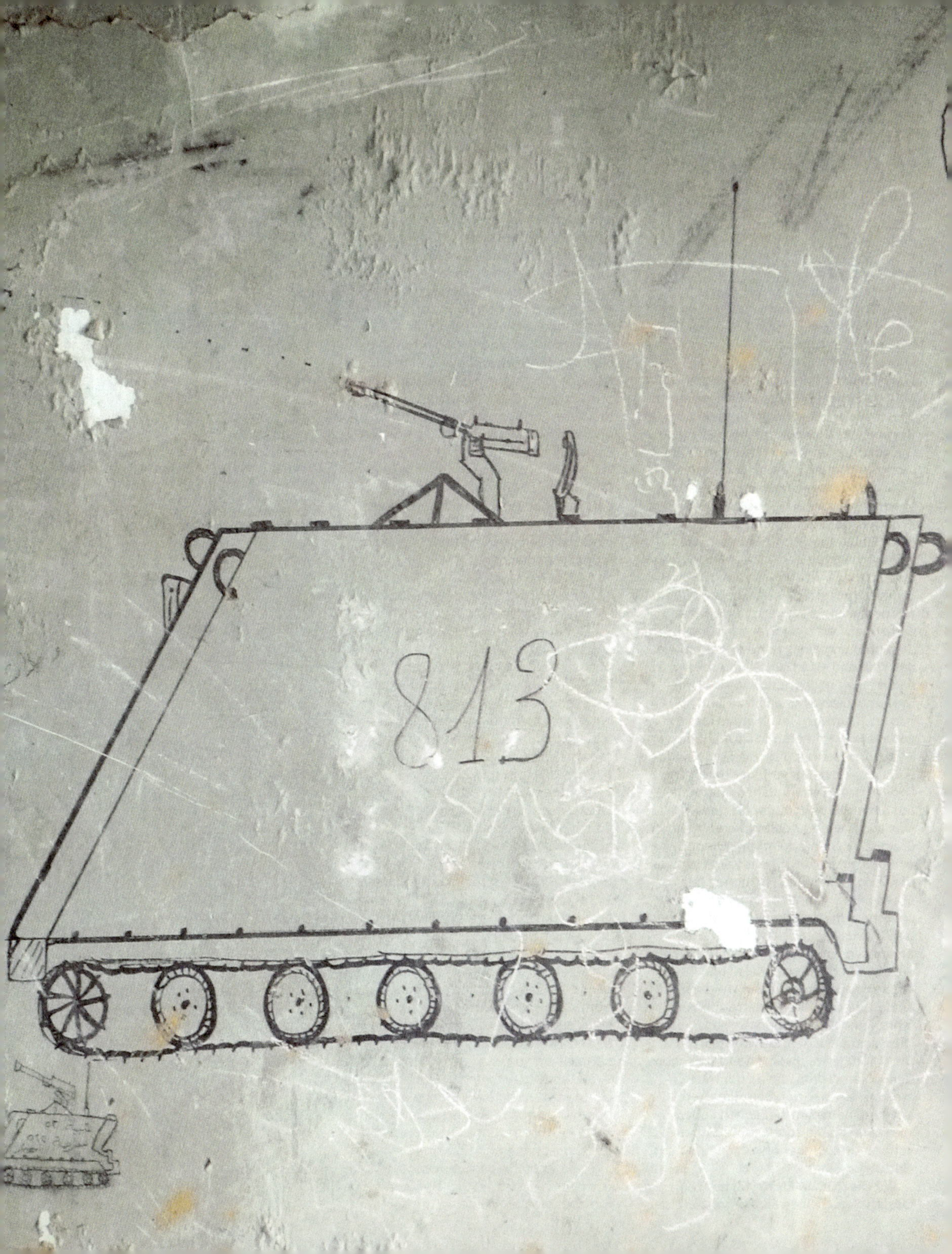
813

The Otolith Group (Anjalika Sagar und / and Kodwo Eshun)

geb. / b. 1968 in London

geb. / b. 1967 in London

leben / live in London

The Otolith Group wurde 2002 von Anjalika Sagar und Kodwo Eshun gegründet. Die künstlerische Produktion der Gruppe, die auf Recherchen zu den Geschichten und Potenzialen von Film, Video, kritischer Theorie, Science-Fiction und Befreiungskämpfen beruht, besteht in erster Linie aus essayistischen Arbeiten, deren Bildmaterial sich aus einer Einbindung von Zukunftsfragen in die Arbeitsmethoden der visuellen Erforschung von Kulturen ergibt.

Trotz ihrer erheblichen inneren Spannungen gelingen in dieser programmatischen Verbindung von Perspektiven die Schaffung eines ganz eigenen Bildes der Welt und eine Darstellung spezifischer historischer und ideologischer Systeme. Dichtung, Literatur und das Erzählen von Geschichten lassen andere Bilder entstehen als die der Geschichtsschreibung; die Kombination und Redaktion dieser Bilder durch The Otolith Group ermöglichen uns nicht nur ein anderes Verständnis dessen, was wir Tradition nennen, sondern auch, Ereignisse anders zu erleben. Jeder von uns hat seinen eigenen Ort, und von diesen persönlichen Positionen aus erkennen wir die Welt; Filme dagegen sprechen uns auf allen Wahrnehmungs- und Bewusstseinsebenen an und ziehen uns in ihren Bann. The Otolith Group untersucht diese wechselseitige Belebung auf verschiedenen Wegen unter Einsatz einer breiten Palette von Verfahren und Herangehensweisen. Die Künstler zeigen zum Beispiel, dass die ständige Wechselwirkung zwischen den vielen Welten, die an der Herstellung eines fiktionalen Films beteiligt sind, näher am wirklichen Leben sein kann als die sogenannte ästhetische Neutralität der dokumentarischen Gattung.

Für die dOCUMENTA (13) hat The Otolith Group einen Film produziert, der in Tokio nach der Nuklearkatastrophe von Fukushima gedreht wurde. Strahlung ist Energie im Prozess ihrer Übertragung; ihre Unsichtbarkeit ist das Thema dieses filmischen Essays. Welche Auswirkungen hat die abstrakte Kraft der Radioaktivität auf das Leben? Wie können wir die Erfahrung verstehen, die darin besteht, eine Katastrophe zu durchleben, die von ihr verursacht wird – von einer Kraft, die unsichtbar ist und doch das Leben in Gegenwart und Zukunft beeinflusst und verändert? Der Film versammelt Bilder, Klänge, Stimmen und Empfindungen, die dem Wesen der Reflexion im historischen Kampf gegen die Atomenergie gelten, und gelangt zu einer eloquenten Darstellung der Notwendigkeit, eine Bildsprache zu finden, in der die von dieser unsichtbaren Bedrohung hervorgebrachten Formen des Wissens ihren angemessenen Ausdruck finden können. Es geht nicht nur darum, die Auswirkungen der Atomkraft zu verhindern oder ihnen zu entgehen, sondern auch darum, einen Weg zu finden, die Kernenergie »real« werden zu lassen, um einen wirksamen Einspruch gegen sie möglich zu machen.

The Otolith Group was founded in 2002 by Anjalika Sagar and Kodwo Eshun. Resulting from research into the histories and potentialities of film, video, critical theory, science fiction, and liberation struggles, The Otolith Group's artistic production consists mainly of essayistic works whose imagery derives from integrating questions of futurity into the working methods of visual studies.

Despite its disparity, this programmatic combination of points of view is able to create a very particular image of the world and to give an account of very specific historical and ideological systems. Poetry, literature, and storytelling produce images that are different from those produced by historiography, and through The Otolith Group's combination and editing of these images, we gain not only a different understanding of what we call tradition but also a different experience of events. Every one of us is situated differently, and it is from our own individual position that we know about the world, while film addresses us and involves us on all levels of perception and consciousness. The Otolith Group studies this inter-animation in a variety of ways, using a wide range of methods and approaches. The group shows, for instance, that the constant interplay between the many worlds involved in making a fictional film can be closer to real life than the so-called aesthetic neutrality of the documentary genre.

For dOCUMENTA (13), The Otolith Group has produced a film realized in Tokyo in the aftermath of the nuclear catastrophe of Fukushima. Radiation is energy in the process of being transmitted. Its invisibility is the subject of this film essay. How does the abstract force of radiation affect life? How can we understand the experience of living through a catastrophe caused by this power that, while invisible, is affecting and transforming present and future life? The film brings together images, sounds, voices, and sensations that address the nature of reflexivity in the historical struggle against nuclear power, eloquently stating the need for an appropriate visual language to express the forms of knowing produced by this invisible threat. It is a matter not only of preventing or escaping the effects of nuclear power but also of finding a way to make it "real," so that it can be properly contested. CM

Textausschnitt aus / Text excerpt from »Fangs Hiding in the Green: Between Revolution and Disaster, The World and the Earth« von / by Sabu Kohso, aus / from *Fukushima Mon Amour*, 2011, herausgegeben von / published by Autonomedia, New York

capital, to prevent that from happening. In this manner, what might be called the global nuclear regime is being organized at the moment.

After my trip to Japan, I feel strongly that the anti-nuke slogan after 3/11 can no longer be just for a preventative call, though I acknowledge that this continues to have an important role. Or if the focus was put just there, that would be misleading. There is an irreversibility in 3/11. It has already happened. Now a massive population, including the residents of Tokyo metropolis, is exposed to radioactivity. From here on no matter what we do – even if we do accomplish our important tasks of ousting nuclear plants and finding alternative energy — we will still have to live with various forms and degrees of radiation whose effects are varied temporally and spatially. The extent of its influence may be yet to be experienced, but that it has happened is a matter of fact.

In these senses, what 3/11 signifies — now in a global context — is not just an unprecedented nuclear disaster that we must not repeat. Most crucially it also indicates a new front of the global class struggle, where global capitalism and the people are confronting each other in a most severe and nasty manner. The front, as epitomized in post 3/11 Japan, is the post-nuclear-disaster management vis-à-vis human survival that involves all aspects of life and everyday living. This is the domain where the global nuclear regime is now seeking to discover a

new and more inclusive way to control human lives by reorganizing the urban space and the astronomical (or radioactive) continuation of time, granting that a certain portion of the populace is continuously exposed to radiation in varied degrees. It is but a necropolitics of radiation. What can we do to destroy this? That is what the anti-authoritarian movements in Japan are striving to find out. And we too must do so globally.

Therefore, if 3/11 is significant, it should not be just as an opportunity to encourage another single-issue anti-nuke movement. While we are well aware that Fukushima 3/11 is not the only disastrous or dystopian occasion, it should be evident that at least its irreversibility and magnitude shed an intense light on collapses and disasters of all kinds that have already happened and are happening everywhere on the planet. It is an index of the climate and environmental injustices wrought by the apparatuses of capitalism, and of their ultimate horizon: the total management of our life-world by way of dystopian control. If so, for us it must be an occasion to connect anti-capitalist movements, climate and environmental justice movements, indigenous movements and innumerable movements that fight against the control of our everyday life and life forms.

The political and social situations in Japan have been and will be changing, while the problems of the reactors have not been solved. It is said that

Christodoulos Panayiotou

geb. / b. 1978 in Limassol (Zypern / Cyprus)
lebt / lives in Paris und / and Limassol

Christodoulos Panayiotou, der sich für die Geschichtserzählungen interessiert, die man in Archiven findet, für ihre Rolle in der Gedenkkultur und ihre Strukturen, reflektiert auf »kulturelle Darbietungen« wie Rituale und Zeremonien und darauf, wie Mythen, Bilder und Gegenstände unsere Wahrnehmung dieser Ereignisse prägen und dadurch identitätsstiftend wirken. Panayiotou, der sich den Stil von anthropologischen und historischen Feldstudien zu eigen macht, ist mit poetischen Arbeiten bekannt geworden, die Bilder von Ereignissen der jüngeren Vergangenheit in seiner Heimat Zypern exzerpieren – insbesondere aus der Zeit zwischen 1960 und 1977, nachdem Zypern unabhängig geworden war (ein Thema, dem er zum Beispiel in *I Land*, 2008, nachgeht) –, um so die umfassenderen Mechanismen sichtbar zu machen, die an der modernen Konstruktion eines Nationalstaates beteiligt sind. So hat er den jährlichen Karneval in Limassol (*Wonder Land*, 2007) und den Weg Zyperns zur Mitgliedschaft in der Europäischen Union (*Never Land*, 2008) unter die Lupe genommen, wobei seine Arbeiten oszillieren zwischen einer analytisch-kritischen und einer eher romantischen Sicht auf die Umstände, die er untersucht.

Den Ausgangspunkt seiner zweiteiligen Arbeit für die dOCUMENTA (13) bildet das heruntergekommene Stromnetz in Zypern. Panayiotou hat Strommasten nach Kassel gebracht, die kürzlich im Rahmen der allgemeinen Maßnahmen zur Aufwertung und »Stadtentwicklung« Limassols von der Odos Anexartisias (Straße der Unabhängigkeit), der wichtigsten Geschäftsmeile der Stadt, entfernt wurden. Er zeigt diese Holzmasten ohne Kabel flach auf den Boden gelegt (*Independence Street*, 2012). Diese deplatzierten, funktionslos und fremd gewordenen Objekte sind aufgeladen mit Bedeutungen auf ganz verschiedenen Ebenen. So bezeichnen sie das Ende eines Kapitels in der Geschichte der modernen Stadtbeleuchtung; gespickt mit Nägeln, die noch immer Papierfetzen festhalten, verweisen sie zudem auf eine lokale Besonderheit: den Gebrauch hölzerner Masten zur Übermittlung von Informationen. Jahrzehntelang wurden diese Masten im allgemeinen Einvernehmen als Schwarze Bretter genutzt, auf denen man Botschaften aller Arten verbreiten konnte, von politischen Ideen über Werbung für populäre Veranstaltungen bis hin zu persönlichen Anzeigen.

Für *The Sea* (2012) hat Panayiotou den Ausstellungsraum mit Keramikkacheln ausgekleidet, die in Limassol unter Verwendung von Mittelmeerwasser hergestellt wurden. Das metaphorische Bild der ausrangierten Masten, die beinahe wie die Überreste eines Schiffbruchs auf dem Ozean liegen, spielt rückblickend auf geschichtliche Tatsachen an, die der Künstler dem persönlichen Tagebuch des italienischen Technikers Bruno Cannoni entnommen hat; Cannoni hatte 1931–1932 unter den britischen Kolonialherren die Elektrifizierung Limassols durchgeführt und es so zur ersten Stadt Zyperns gemacht, die eine Stromversorgung bekam. Nach einer Reihe technischer Abbildungen und einem Foto von einer beleuchteten Mole endet Cannonis Tagebuch mit einem dramatischen Bild der aufgewühlten See und der Angabe, dass die bereits fertiggestellten Anlagen während eines schrecklichen Unwetters durch die Wucht der Wellen beinahe vollständig wieder zerstört worden seien.

Interested in the historical narratives one finds in archives, in their function of memorialization, and in their structures, Christodoulos Panayiotou reflects on "cultural performances" such as rituals and ceremonies, on how myths, images, and objects inform our perception of these events and thus formulate identities. Adapting the style of field studies in anthropology and history, Panayiotou has become known for poetic works that extract images from relatively recent events in his homeland, Cyprus, especially from the time between 1960 and 1977 when it became independent (explored in *I Land*, 2008, for example), as a way to reveal the wider mechanisms involved in the modern construction of nation-states. He has focused, for instance, on the annual carnival in Limassol (*Wonder Land*, 2007) and the process of Cyprus becoming a member of the European Union (*Never Land*, 2008), oscillating between an analytic and critical and a somewhat romantic point of view of the circumstances he explores.

His two-part work for dOCUMENTA (13) takes as its point of departure the dilapidated electricity-supply system in Cyprus. Panayiotou has brought to Kassel the utility poles that were recently removed from Odos Anexartisias (*Independence Street*), the central commercial street of Limassol, as part of the general gentrification and "urban development" plans for the city. He presents these wooden poles with the cables removed, lying horizontally on the floor (*Independence Street*, 2012). Displaced, dysfunctional and disaffected, these objects summarize a series of charged layers. They indicate, among other strata, the end of a chapter in the illumination of the modern city, and the specific use of wooden poles for the communication of information. Pierced by nails still securing snippets of paper, these poles have been used for decades by collective accord as boards to communicate all sorts of messages, from political ideas to advertisements for popular events and personal ads.

For *The Sea* (2012), Panayiotou has lined the exhibition space with ceramic tiles produced in Limassol, using the water of the Mediterranean Sea. The metaphoric image of the discarded poles lying on the ocean, almost like a shipwreck, alludes retrospectively to historical facts that the artist sourced from the personal diary of Bruno Cannoni, the technician who undertook the electrification in Limassol (making it the first electrified city in Cyprus) in 1931–32 during British colonial rule. After a series of technical images and a photo of an illuminated jetty, Cannoni's diary ends with a dramatic image of the agitated sea and the information that, once the installation was finished, it was almost entirely destroyed by heavy waves in a terrible storm. ES

Bild vom aufgewühlten Meer nach dem Sturm, der einen wichtigen Teil des gerade fertiggestellten Systems der Elektrifizierung der Stadt Limassol zerstörte. Letzter Tagebucheintrag von Bruno Cannoni, 1932 / Image of the agitated sea after the tempest that destroyed an important part of the just-finished electrification system in the city of Limassol. Last entry in the diary of Bruno Cannoni, 1932

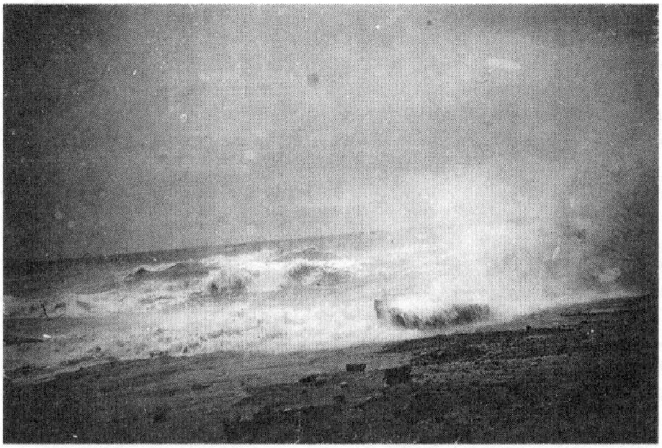

Susan Philipsz

geb. / b. 1965 in Glasgow
lebt / lives in Berlin

Susan Philipsz' künstlerisches Material ist der Klang; sie gestaltet Räume mithilfe von Aufnahmen ihrer eigenen Stimme, A-cappella-Gesang oder instrumentalen Kompositionen, um evokative Lautskulpturen zu schaffen, die in einem gegebenen Umfeld widerklingen. Ihr Interesse gilt dem Wechselspiel zwischen Klang und Architektur, den psychologischen Wirkungen von Liedern und ihrer Fähigkeit, unmittelbare Gefühle und Erinnerungen wachzurufen und dadurch unsere Raumwahrnehmung zu beeinflussen. Ihre Klanginstallationen, für die sie sich aus einem Fundus von Populär-, Film- und anderer Musik bedient, die das kollektive Gedächtnis anspricht, erzeugen Augenblicke des Innehaltens; sie erfassen den Hörer mit sanfter Gewalt und steigern doch zugleich sein Bewusstsein für den Ort, an dem er sich in einem bestimmten Moment befindet.

You Are Not Alone **(2009/2011) entstand ursprünglich als Auftragsarbeit für Modern Art Oxford und war für das Radcliffe Observatory bestimmt. Es handelt sich um eine Komposition aus Pausenzeichen, die Radiosender verschiedener Länder über die Jahrzehnte verwendeten; sie wurden mit einem Vibrafon aufgezeichnet und per Funk an die Lautsprecher übertragen. Für die 2011 im Haus des Rundfunks in Berlin, einer Architekturikone der deutschen Radiogeschichte, die 1931 eingeweiht wurde, installierte Fassung wählte Philipsz Signale, deren politische Bedeutung einen Bezug zur Geschichte des Hauses hat. Die Komposition begann mit dem letzten Signal des DDR-Senders Radio Berlin International aus dem Jahr 1990.**

Für ihren Beitrag zur dOCUMENTA (13) ließ die Künstlerin sich von der Atmosphäre des ehemaligen Kasseler Hauptbahnhofs anregen, der nunmehr nur noch von wenigen Zügen angefahren wird. Geht man die Bahnsteige bis ans hintere Ende hinunter, um die von Bergen gesäumte Landschaft zu betrachten, nimmt man den fernen Ton von Streichern wahr, der sich langsam zu einer Klanginstallation auf der Grundlage der ***Studie für Streichorchester*** **(1943) von Pavel Haas verdichtet, die zerlegt und auf sieben in einem Halbkreis über den Gleisen angebrachte Lautsprecher verteilt ist. Die Beschaulichkeit des Ortes ist zwiespältig: Unmittelbar nördlich des Bahnhofs befinden sich die Fertigungshallen der Maschinenfabrik Henschel & Sohn, die während des Zweiten Weltkriegs zu den wichtigsten Rüstungsherstellern zählte. Außerdem wurden hier in den Jahren 1941 und 1942 drei große Transportaktionen organisiert, bei denen die im Bezirk Kassel verbliebenen jüdischen Familien in Konzentrationslager, darunter Theresienstadt und Auschwitz, verschleppt wurden. Die Familien wurden mit Zügen zum Hauptbahnhof gefahren und dort registriert und durchsucht, um dann ihrer Deportation zu harren. Auch Haas wurde nach Theresienstadt gebracht, wo er im Sommer 1943 die** ***Studie für Streichorchester*** **schrieb. Das Stück wurde am 1. September 1944 vom Theresienstädter Streichorchester während der Dreharbeiten für den Propagandafilm** ***Theresienstadt. Ein Dokumentarfilm aus dem jüdischen Siedlungsgebiet*** **vor den Insassen des Lagers gespielt. Haas kam 1944 in Auschwitz ums Leben. Die Originalpartitur ging im Konzentrationslager verloren, wurde aber anschließend rekonstruiert und kehrt nun als bruchstückhaftes Zusammenspiel getrennter Streichinstrumente zurück.**

Susan Philipsz's artistic material is sound; she shapes space using recordings of her voice, a cappella vocals, or instrumental compositions, to create evocative sound sculptures that resonate with a given environment. She is interested in the reverberations between sound and architecture, in the psychological effects of songs and the way in which they evoke immediate emotions and memories, altering one's spatial perception. Drawing from a repertoire of popular songs, film themes, and other music that addresses collective memory, her sound installations create a moment of pause, softly carrying the listener away, but at the same time raising an awareness of the place in which one stands at that particular moment.

You Are Not Alone (2009/2011) was originally commissioned by Modern Art Oxford for the Radcliffe Observatory. It is a composition of radio-interval signals from different countries and decades, recorded with vibraphone and transmitted by radio to the speakers. For the version installed in 2011 in the Haus des Rundfunks in Berlin, an architectonic icon of German radiohistory that opened in 1931, Philipsz chose signals that have a political significance related to this history. The composition began with the last signal of the GDR transmitter Radio Berlin International from 1990.

The work for dOCUMENTA (13) was inspired by the atmosphere of Kassel's former Hauptbahnhof, which is today only in marginal use. When walking down the platforms to the far end, looking out at the landscape surrounded by mountains, one encounters the distant sound of strings, which gradually accumulates into a sound installation based on Pavel Haas' *Study for Strings* (1943), disassembled and spread across seven speakers installed in a half circle above the tracks. The tranquillity of this place is ambivalent: just north of the station are the manufacturing halls of the engineering company Henschel & Sohn, which was one of the most important suppliers of armaments during World War II. Also on this spot, three major transports were organized between 1941 and 1942 to deport the remaining Jewish families in the district of Kassel to concentration camps, among them Terezín (Theresienstadt) and Auschwitz. The families were brought by train to the Hauptbahnhof, where they were registered, searched, and made to wait for their deportation. Haas was also deported to Terezín, where he wrote *Study for Strings* in the summer of 1943. Study was performed by the Terezín String Orchestra on September 1, 1944, to a captive audience during the shooting of the propaganda film *Theresienstadt. Ein Dokumentarfilm aus dem jüdischen Siedlungsgebiet* (Terezín. A Documentary Film from the Jewish Settlement Area). Haas died in Auschwitz in 1944. The original scores were lost in the camp but reconstructed afterward and returned here as a fragmented accord of separated strings. ES

Klangtest / Sound test, Hauptbahnhof Kassel, Oktober / October 2011

Filmstill aus / Film still from Kurt Gerron, ***Theresienstadt. Ein Dokumentarfilm aus dem jüdischen Siedlungsgebiet*****, 1944**

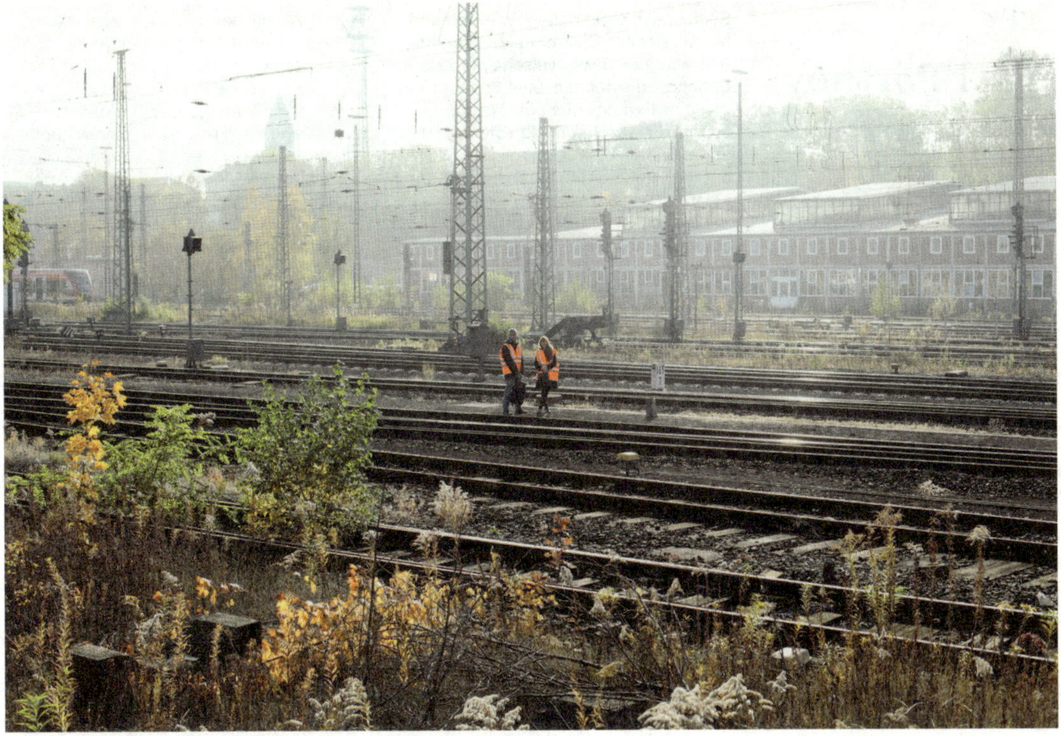

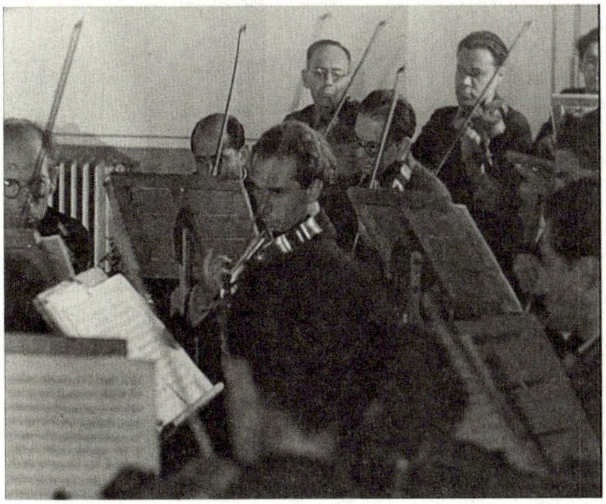

Michael Portnoy

geb. / b. 1971 in Washington, D.C.
lebt / lives in New York

Zuletzt gehorchte ich seinen Anweisungen in Amsterdam, bei einem Workshop für Pornodrehbuchautoren namens »Human Intwist Group«, den er im Besprechungsraum eines Fünf-Sterne-Hotels organisiert hatte. Er spielte so einen aufgedrehten zurückgeschleimten Werbemagier, und als die Teilnehmer hereinkamen – alle trugen Schildchen mit Namen wie »Bill«, »Bob«, »Barb« oder »Bell« –, begrüßte er uns als Mitarbeiter seiner Agentur. Er kannte allerlei intime Details aus Aufträgen, an denen wir nicht beteiligt waren, und Projekten, mit denen wir nie angefangen hatten. Er servierte uns Armagnac und sagte, dass wir jetzt richtig viel Spaß haben würden, ein wichtiger neuer Kunde sei gerade gewonnen worden, eine Fluggesellschaft, für die wir eine Serie von Pornos entwickeln sollten, die samt und sonders in den Flugzeugen spielen und dort auch gedreht werden würden. Er teilte uns in Zweiergruppen ein, und wir dachten uns Pornos in bestimmten Genres aus, wie Fehlerporno, Unklar- oder »Nebel«-Porno, Pädagogenporno, Trockenporno, Abfallporno, Kreolenporno und Krypto-absurd-Porno, wobei die Gattung unseres Films durch die Kombination unserer neuen Namen in einem Raster bestimmt wurde. Nach zwanzig Minuten standen wir alle auf und stellten unsere Konzepte vor, und wer bei einer Abstimmung die meisten Stimmen bekam, durfte dann Portnoys Frau mit nach Hause nehmen.

Ich gehörte nicht zu den Besten, hatte dafür aber Gelegenheit, mit dem Meister selbst zu sprechen. Er kommt vom Theater und erklärte mir, was es heutzutage bedeutet, ein Verhaltensregisseur zu sein – jemand, der sich mit einer Art Eugenik des Umgangs der Menschen untereinander befasst. Es gehe darum, »durch Blasen-Aufstechen, Gelenke-Ausrenken, Boden-unter-den-Füßen-Wegziehen, Auf-den-Kopf-Stellen Unwahrscheinlichkeiten zu züchten«, sagte er. »Heuristik, Alter! Parakonsistente Logik! Aber Plauderei allein kann die Last dieser Umbildungen nicht tragen, sie in Holz und Stahl, in Perlmutt und Karotte zum Singen bringen – Witze schaffen Welten!« Er hörte sich an wie Lenin »Scratch« Perry: eine einzigartige Mischung aus veränderten Seinszuständen, technowissenschaftlichem Rationalismus und Kommunismus auf der Suche nach einer neuen Welt. Jemand hat mir erzählt, dass er Kakerlaken beigebracht hat, das Litauische der Zwanzigerjahre zu sprechen, eine Behauptung, die ich allerdings nicht überprüfen konnte. Er ist sehr dialektisch, das ist mir aufgefallen, und legt großen Wert auf das evolutionäre Potenzial im Kampf einander widerstreitender Kräfte.

Für die dOCUMENTA (13) hat Portnoy einen spekulativen Fiktionsgenerator gebaut, in dem seine Feindseligkeit als Experimentalkomiker gegen das Talent kämpft, das Sie als Mitglied der Experimentalöffentlichkeit mitbringen. Das Spiel ist nicht einfach, und leicht ist es auch nicht.

The last time I followed his commands was in Amsterdam, at a porno-script writing workshop called the Human Intwist Group that he set up in the meeting room of a five-star hotel. He played a kind of hyped-up, slicked-back advertising whiz, and as the participants walked in, all wearing nametags, such as "Bill," "Bob," "Barb," or "Bell," he greeted us as members of his firm. He knew all sorts of intimate details about accounts we weren't working on and projects we'd never started. He served us Armagnac and told us that we should have a nice time, but that we'd just got a big new client, an airline, that wanted us to come up with a series of porn films that would be set and shot completely inside their airplanes. He divided us into groups of two, and we devised porn films in specific genres such as mistake porn, ambiguous or "fog" porn, pedagogical porn, dry porn, waste porn, Creole porn, and crypto-absurdist porn, the genre of our film determined by the combination of our new names on a grid. After twenty minutes we all stood up and presented our concepts, and the one voted the best got to take home Portnoy's wife.

I wasn't among the best but had an opportunity to talk to the master himself instead. Hailing from theater, he explained what it means to be a director of behavior nowadays—one who's concerned with a kind of eugenics of human exchange. It is about "breeding improbabilities through lancing, dislocation, rug-pulling, inversion," he said. "Heuristics, ole boy! Paraconsistent logics! But conversation alone can't bear the load of these transmutations, make them sing in wood and steel, nacre and carrot—jokes create worlds!" He sounded like Lenin "Scratch" Perry: a unique composition of altered states of being, techno-scientific rationalism, and communist will in search of a new world. Someone told me he taught cockroaches to speak the Lithuanian of the 1920s. I couldn't verify it, though. He's very dialectical, I've noticed, placing a great value on the evolutionary potential of the struggle of opposing forces.

For dOCUMENTA (13), Portnoy has constructed a speculative-fiction generator, where his animus as experimental comedian fights your talent as a member of the experimental public. It is not a simple game, or an easy one. RM

Studien für / Studies for *27 Gnosis*, 2011

#3 KNOWLEDGE THRU PRESSURE

(11)

BAROGNOSIS

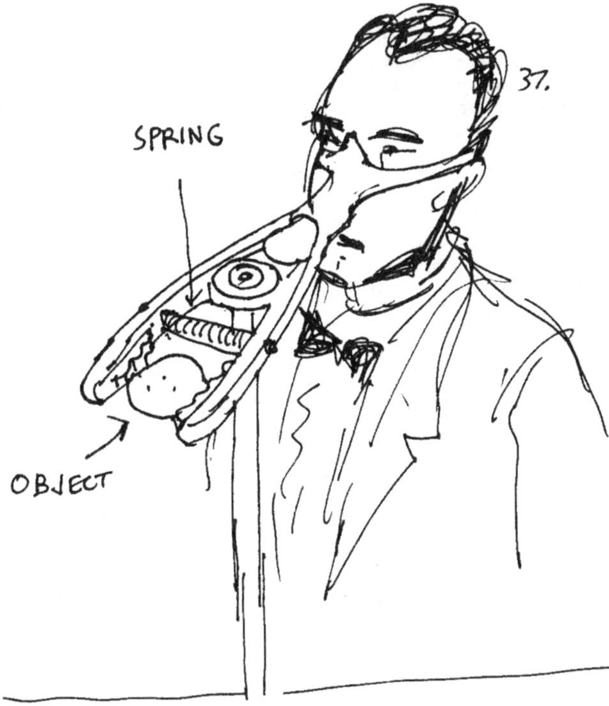

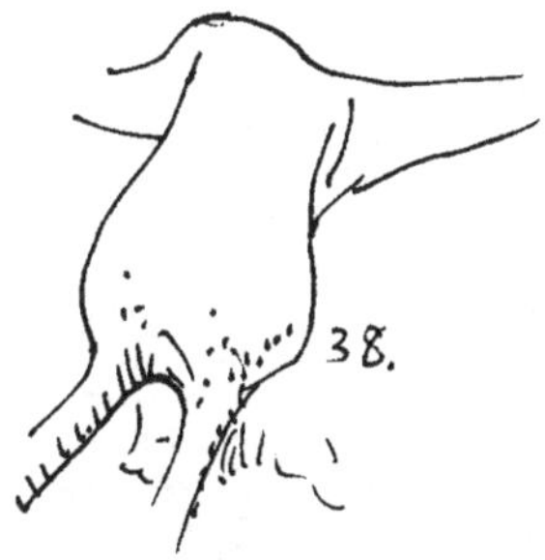

DETAIL

#4 KNOWLEDGE THRU ROT

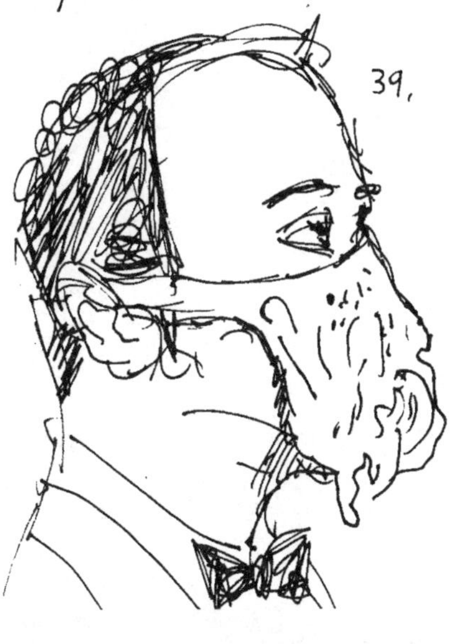

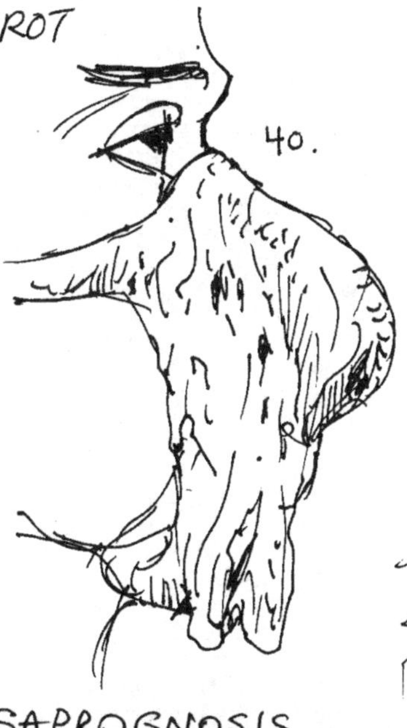

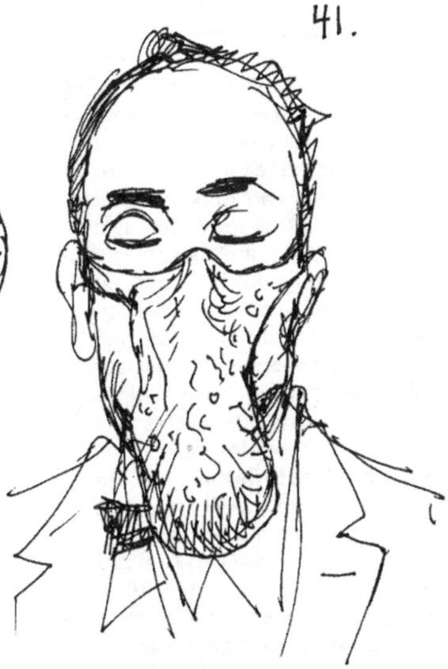

SAPROGNOSIS

Seth Price

Amerikaner / American, geb. / b. 1973
in Ostjerusalem / East Jerusalem
lebt / lives in New York

Ein Kleidungsstück ist wie ein Briefumschlag: Beide werden mithilfe einer flachen Schablone ausgeschnitten, zusammengefaltet und sicher versiegelt. Beide sind leere Verpackungen, die auf einen Inhalt warten, mit dem sie dann auf Reisen gehen.

Im Jahr 2011 gestaltete Seth Price in Zusammenarbeit mit dem New Yorker Modeschöpfer Tim Hamilton eine Kleiderkollektion aus leichten Stoffen. Die an Soldatenuniformen angelehnte Linie umfasst unter anderem eine Bomberjacke, einen Fliegeranzug und einen Trenchcoat. Die Außenseiten sind aus grobem Leinenstoff, einem Gewebe, das traditionell für Militärkleidung und in der Kunst eingesetzt wird. Die Innenfutter sind mit Sicherheitsmustern aus Umschlägen für Geschäftsbriefe bedruckt; solche Muster bestehen typischerweise aus einem stetig wiederholten Banklogo oder einer abstrakten Darstellung, die die versendeten persönlichen oder finanziellen Daten verdecken sollen. Dem Kalender der Modeindustrie entsprechend stellten Hamilton und Price die Linie auf Hamiltons Modenschau im Herbst 2011 in New York vor, um die Kleidung dann über den Winter für die Frühling/Sommer-Saison 2012 herzustellen. Zusätzlich zu den Geschäften, die zu Hamiltons üblichen Vertriebspartnern zählen, sind die Kleidungsstücke während der dOCUMENTA (13) im Kasseler Kaufhaus SinnLeffers direkt neben dem Fridericianum zu erwerben.

Zwischenzeitlich hat Price eine zweite Gruppe von Werken vorbereitet, die in den Ausstellungsräumen der dOCUMENTA (13) im Kasseler Hauptbahnhof gezeigt wird. Die parallel zur Modelinie entwickelten riesigen Geschäftsbriefumschläge, die hier an den Wänden hängen, sind aus denselben Materialien – außen Leinen, mit Logos bedruckte Innenfutter, Taschen, Reißverschlüsse, Ärmel und Beinteile – und in der Modeindustrie gefertigt; Price konnte auf Hamiltons professionelles Netzwerk von Näherinnen, Musterdruckern und Fabriken zurückgreifen. Bei den Skulpturen jedoch sind die Größenverhältnisse zwischen den Einzelteilen aus der Balance geraten: Sie ähneln eher aufgerissenen Umschlägen als Kleidungsstücken und sind kaum tragbar. Die menschliche Gestalt erscheint hier als missliche Zugabe; Gliedmaßen hängen herab wie die von Tierfellen.

Auf der dOCUMENTA (13) werden die beiden Werkgruppen nebeneinander gezeigt, die eine in den Ausstellungsräumen, die andere im öffentlichen Verkauf. Während der Eröffnungswoche unterstreicht eine Modenschau in der Parkgarage des Fridericianums diese getrennten und doch aufeinander bezogenen Kollektionen: die Wandarbeiten aus Leinen und die Designer-Oberbekleidung. Auf die Einladung von SinnLeffers hin, das Schaufenster des Kaufhauses zu gestalten, hat Price die zwei Gesten zu einer kompakten Außen-Installation verdichtet, die auf dem Friedrichsplatz zu besichtigen ist.

A piece of clothing is similar to an envelope: both are cut from a flat template, folded, and secured shut. Each is an empty package, awaiting content and subsequent travel.

In 2011, Seth Price designed a group of clothing in collaboration with New York fashion designer Tim Hamilton. Based on military tailoring, the collection of lightweight garments includes a bomber jacket, flight suit, and trench coat, among other items. Outer shells are raw canvas, a fabric with traditional military and artistic uses. The interior lining is printed with security patterns taken from the inside of business envelopes; such patterns typically feature a repeating bank logo or abstraction meant to obscure the personal or financial data within. In accordance with the fashion industry's calendar, Hamilton and Price presented samples of the clothing during Hamilton's Fall 2011 show in New York, then spent the winter fabricating the collection for the Spring/Summer 2012 season. In addition to distribution through Hamilton's usual outlets, the clothes are available for sale during dOCUMENTA (13) at Kassel's SinnLeffers department store, located directly beside the Fridericianum.

Meanwhile, Price prepared a second group of works for dOCUMENTA (13)'s exhibition space at Kassel's Hauptbahnhof. Developed in parallel to the clothing line, these huge, wall-mounted business envelopes are fabricated from the same materials—canvas shells, logo-patterned liners, pockets, zippers, arms and legs—and within the fashion industry, using Hamilton's professional network of seamstresses, pattern makers, and factories. In the sculptures, however, the ratios between the ideas are skewed differently: more ripped-open envelope than garment, they are hardly wearable. Here the human form is tacked on awkwardly, limbs dangling as from animal pelts.

At dOCUMENTA (13) the two groups of work are juxtaposed, one in the exhibition halls, the other available for sale to the public. During opening week, a fashion show in the Fridericianum's parking garage highlights these two separate but related collections: the canvas wall works and the designer outerwear. Invited by SinnLeffers to decorate the store's shopwindow, Price has compressed the two gestures into a compact outdoor installation, viewable on Friedrichsplatz. IT

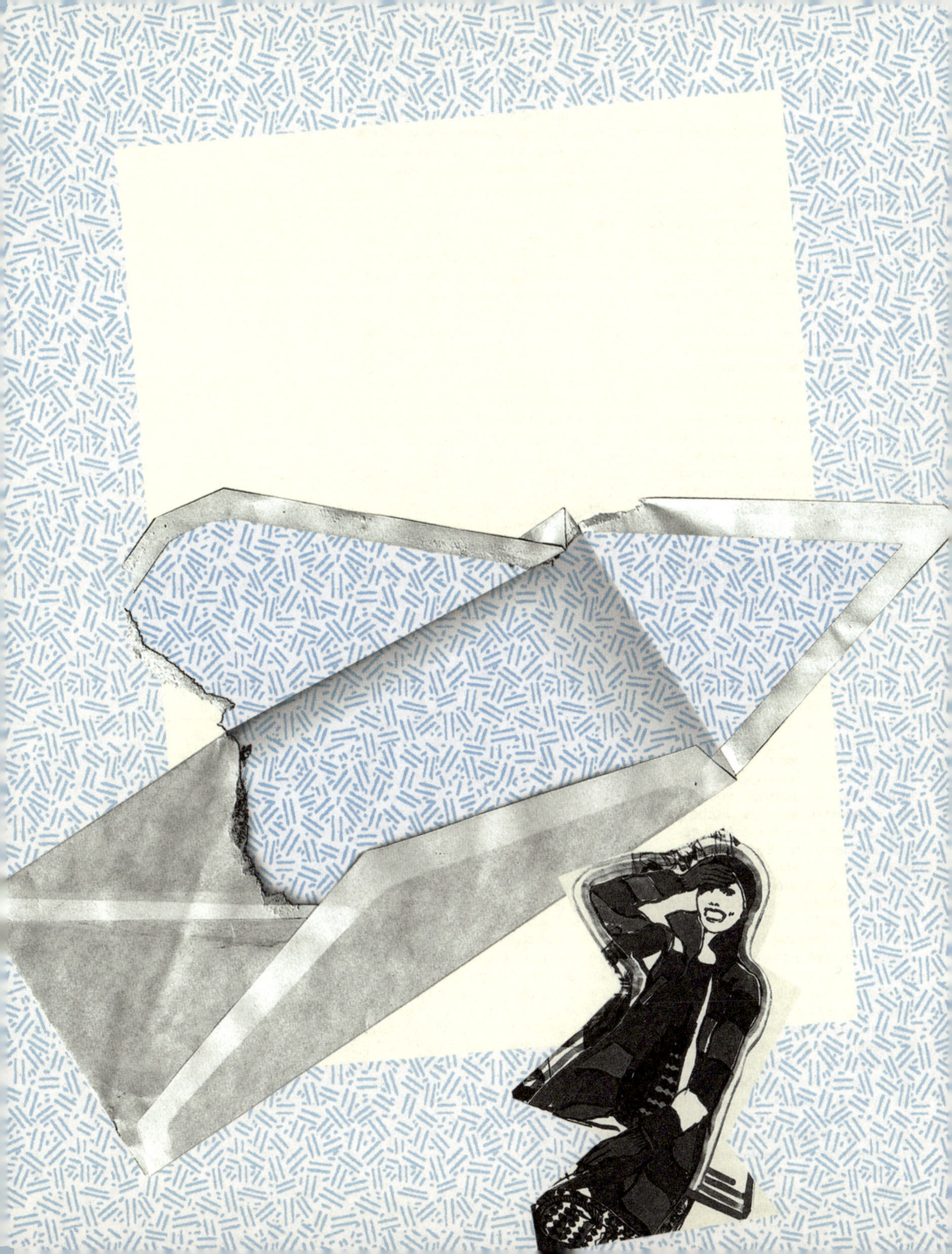

Albert Serra

geb. / b. 1975 in Banyoles (Spanien / Spain)
lebt / lives in Barcelona

Albert Serras Vorschlag für die dOCUMENTA (13) ist es, in Kassel einen Film zu machen, der an jedem der 100 Ausstellungstage gedreht wird. Jeden Nachmittag wird geschnitten, und abends werden die Aufnahmen des Tages sowie Ausschnitte vom Vortag gezeigt. Der Titel des Films ist *The Three Little Pigs*, ein Verweis auf das bekannte Märchen von den drei kleinen Schweinchen, das zuerst im 19. Jahrhundert im Druck erschien, in der mündlichen Überlieferung aber wahrscheinlich wesentlich älter ist. Nicht ohne Ironie bezieht sich der Titel auch auf drei Augenblicke in der Geschichte Europas und seiner Konstruktion einer kulturellen Identität, für die die Gestalten Johann Wolfgang Goethes, Adolf Hitlers und Rainer Werner Fassbinders stehen. Der Text ist drei Vorlagen entnommen: den Gesprächen Goethes mit seinem Assistenten, dem Schriftsteller Johann Peter Eckermann; Hitlers »Tischgesprächen«, einer Reihe von Monologen und Unterhaltungen im Führerhauptquartier zwischen Hitler und Mitgliedern seines inneren Kreises während der Jahre 1941 bis 1944; sowie verschiedenen Interviews mit dem Filmemacher Fassbinder und Artikeln von ihm.

Es war Fassbinder, der im Gespräch mit dem Dramaturgen Horst Laube sagte: »Über den Sinn des Lebens kann man gar nicht reden, ohne falsche Worte zu gebrauchen. Ungenaue. Aber es gibt keine anderen. Also los!« Damit beginnt der Film. Schauspieler und Laien proben die drei Texte, aber der Film ist ohne ein letztes Ziel: Er ist beständig im Werden und jeden Tag ein anderer. Die Überlagerung von Text und Figuren verleiht dem Projekt seinen ganz eigenen Charakter, der aus dem Gespräch als einer Form gesellschaftlicher Erkundung wie auch als einer für das Unendliche offenen Gattung erwächst. Ein Gespräch braucht den Zuhörer, wie ein Film den Zuschauer braucht, und hier stellt sich eine aberwitzige Art Banalität ein, die uns auf das Alltägliche sehen lässt, als blickten wir in die fernsten Winkel einer Science-Fiction-Fantasie: die Fantasie der Identität zu einer bestimmten Zeit – im Sommer 2012 – an einem bestimmten Ort – Kassel, Deutschland ...

Das Märchen von den drei kleinen Schweinchen beruht auf der Dreierregel als einer Methode, eine Lösung zu finden, mit der man die Katastrophe – den Wolf – meiden kann. Hier wiederum ist es die dritte kulturelle Herangehensweise, die sich als erfolgreich erweist: nicht Literatur, nicht Geschichte, sondern Film.

Albert Serra's proposal for dOCUMENTA (13) is to make a movie in Kassel that will be filmed every day for the 100 days of the exhibition. Edited each afternoon, it will be shown in the evening, together with excerpts from the previous day. The title of the movie is *The Three Little Pigs* (2012), referring to the well-known fairy tale, whose written version dates from the mid-nineteenth century but which probably existed in oral form much earlier. Not without irony, the title also refers to three moments in the history of Europe and its construction of a cultural identity, represented by the figures of Johann Wolfgang Goethe, Adolf Hitler, and Rainer Werner Fassbinder. Three scripts provide the text: the conversations of Goethe with his fellow writer and assistant Johann Peter Eckermann; Hitler's "Table Talk," a series of monologues and conversations that took place at the Führerhauptquartier between Hitler and his inner circle from 1941 to 1944; and a series of interviews with and articles by the filmmaker Fassbinder.

It was Fassbinder who said in a conversation with the dramaturge Horst Laube, "It is impossible to talk about the meaning of life without using the wrong words. Imprecise words. But these are the only words we have. So let's start!" And so begins the movie. Actors and non-actors rehearse the three texts, but the movie has no final goal: it is constantly in the making, changing from day to day. The superimposition of text and personas gives the project its very particular character, rooted in the conversation as both a form of social inquiry and a genre that is open to infinitude. A conversation relies on the listener, as a movie relies on the viewer, and here a ludicrous kind of banality emerges that makes us gaze at everyday life as if into the furthest reaches of a science-fiction fantasy: the fantasy of identity in a certain place—Kassel, Germany—at a certain time—the summer of 2012 . . .

The Three Little Pigs is based on the rule of three as a method to arrive at a solution that will avoid the disaster: the wolf. Here, it is also the third cultural approach that proves successful—not literature, or history, but film. CM

***The Three Little Pigs* (working title) 09/10/2011**
Project proposal by Albert Serra Juanola

The Three Little Pigs is an audiovisual piece created especially for dOCUMENTA (13) to be realized and exhibited in Kassel in summer 2012.

The piece is a literal and complete adaption, with actors and in a historic setting, of two texts: Johann Peter Eckermanns *Conversations with Goethe* and *Hitler's Table Talk 1941–1944. His Pivate Conversations.* A third book, a compilation of interviews with the German cineaste Rainer Werner Fassbinder, *Fassbinder über Fassbinder: Die ungekürzten Interviews,* will serve as a support to the first two.

As no kind of dramatization of either of the first two texts exists, their structure as diaries, their chronologies and all dialogues will be meticulously staged. In the case of Goethe, the descriptions of the situations will serve as a help for the mis-en-scène, which will be precise and true to the text; some dialogues in third person will have to be re-written in first person. In case of *The Private Conversations of Hitler*, the dialogues will remain unaltered, the mis-en-scène will be developed directly from the text and completed with an investigation of historic studies.

The character Fassbinder and some of his opinions on the German society and its past, cinema, arts, as well as personal and intimate questions, will be inserted at random and in its own freedom as well as mine to use it the way I like to. It will serve as a counterpoint to the conceptual and expressive stringency of the first two parts. In opposition to those, which will be shot entirely in German, the part dedicated to Fassbinder will be shot in Catalan and small parts in German.

The volume of text to adapt is obviously considerable. The total duration of the piece will be around two hundred hours. It will all be shot in the hundred days of dOCUMENTA, in an interval of about two hours of final montage per day. From the first day on, the output of three days before will be screened, which is the necessary interval for cutting image and sound and digital post-production. The daily screenings will take place in Gloria cinema in Friedrich-Ebert-Strasse in DCP format (it could eventually also be projected in Apple ProRes).
By now four locations in Kassel have been fixed and approved: the reunion hall of Salzmannfabrik where the part dedicated to Hitler will be shot; Auepark for the parts dedicated to Goethe; Ekstase Bar for the parts with Rainer Werner Fassbinder, and finally the ballroom of Heinrich-Schütz-Schule, where fragments of all three books will be filmed. A fifth location is being looked for, indoor but communicating with outdoor where some parts of Goethe's book will be shot. According to what is manageable, in some of these locations will be worked every day, so that the final cut of the day can be projected some days later with fragments of different books intermingled. The structure will be conserved, previously determined by motives of expression. This structure will also be kept in the final piece, i.e. the final film with all the work of the hundred days projected non-stop in the last days of dOCUMENTA (13). This final version is the only one which can be considered as the artistic work. Due to its great length, the screening of the work will start four days before the closing of dOCUMENTA, twenty-four hours a day in Gloria cinema and will continue five days longer than the exhibition. Symbolically, these five days represent two contradictory wishes: the unseasonable wish to go beyond the boundaries of the exhibition which cannot include in its limits the force of this work, and the nostalgic wish of physically staying forever, like so many other works in the past, in the small town of Kassel.

Tejal Shah

**geb. / b. 1979 in Bhilai (Indien / India)
lebt / lives in Bombay**

Tejal Shah, die sich einer großen Bandbreite von Medien wie Video, Fotografie, Performance, Klang und Installationskunst bedient, verortet sich und ihre Kunst im Bereich feministischer und queerer Politik. Ihre Arbeiten, die verschiedene Vorstellungen von »trans-« erkunden – in Bezug auf Geschlecht und Sexualität, aber auch auf nationale und kulturelle Identität –, beziehen eine Position des Dazwischen, um die Selbstzufriedenheit des Patriarchats und die »normativen Phantasmen einer verbindlichen Heterosexualität« (Judith Butler) zu destabilisieren. Der Körper als geschlechtliches und sexualisiertes Gebilde ist Medium wie Gegenstand ihres Werks, das zwar in höchstem Maße theoretisch informiert ist, aber doch auf einer äußerst körperlichen und performativen Ebene operiert und Begriffe der Vielheit statt der Dualität oder Einmaligkeit betont.

In der *Encounter(s)* (2006) betitelten Serie von Performances und Fotografien, einer Gemeinschaftsarbeit von Shah und Varsha Nair, interagieren die beiden Künstlerinnen in verschiedenen Umgebungen; beide tragen Ganzkörperkostüme, deren Ärmel zu einer Zwillings-Zwangsjacke verbunden sind, die die beiden voneinander abgeschotteten Körper in einsamer wechselseitiger Abhängigkeit verbindet. In *Pentimento* (2007–2009), einer Gruppe von Arbeiten, zu der Shah von Besuchen im Pariser Hôpital de la Salpêtrière und Quellen wie George Didi-Hubermans *Erfindung der Hysterie: Die photographische Klinik von Jean-Martin Charcot* (1982) und Michel Foucaults *Wahnsinn und Gesellschaft: Eine Geschichte des Wahns im Zeitalter der Vernunft* (1961) angeregt wurde, wendet sich Shah der »weiblichen Geschichte« der Hysterie zu und der Frage, wie sie im späten 19. Jahrhundert und insbesondere von Jean-Martin Charcot, der als Begründer der Neurologie gilt, bildlich dargestellt, untersucht, analysiert und behandelt wurde. Shahs *Hysteria – Iconography from the Salpêtrière Series* (2007–2009) ist eine zehnteilige Folge von Nachstellungen von Szenen aus der umfangreichen fotografischen Ikonografie der Salpêtrière; die Originalbilder selbst stellen wirkliche klinische Vorfälle nach, wobei die Symptome durch Hypnose, Elektroschocks und andere Behandlungen im Fotostudio herbeigeführt wurden. In Shahs Arbeit erscheint der Körper der Künstlerin in gewundenen Posen erstarrt und neugierigen Blicken ausgeliefert in einem Akt der Identifikation mit der als wahnsinnig Ausgegrenzten. Indem sie jedoch die Rollen der Darstellerin und der Fotografin in sich vereint, stellt Shah die Machtverhältnisse, die die ursprünglichen Bilder hervorbrachten, auf den Kopf.

Ihre neue recherchebasierte Mehrkanal-Videoinstallation *Between the Waves* (2012) wurde von jüngsten Forschungen in Physik und Biologie angeregt und entfaltet den Begriff des »biologischen Überschwangs« – der Schriftsteller Hakim Bey sprach von der »prachtvollen Überfülle der Wirklichkeit«. Der Begriff erkennt die Bedeutung des ungewöhnlichen, statistisch seltenen, scheinbar widersprüchlichen oder »unproduktiven« Phänomens an: die Abweichung von der Norm als integralen Bestandteil der Natur. Mit diesem Projekt artikuliert Shah ihre eigene und eigenwillige Auffassung der Beziehungen zwischen Tier, Mensch, Maschine und dem Göttlichen, in die buddhistische Philosophie, Studien zur Kommunikation zwischen verschiedenen Spezies und Post-Porn-Theorien eingeflossen sind: »Wenn man die vier Kategorien als endlos mimetische Doubles der jeweils anderen betrachtet, dann sind alle mit je eigenen Sinnes-Apparaten ausgestattet, die sich teilweise überschneiden, um bestimmte Zonen von Kontaktontologien zu bilden.«

Working in diverse media such as video, photography, performance, sound, and installation, Tejal Shah positions herself and her work within feminist and queer politics. Exploring the notions of "trans-"—with regard to gender and sexuality but also to national and cultural identity—Shah's work inhabits the position of the in-between as a means to destabilize the complacency of patriarchy and the "normative phantasms of a compulsory heterosexuality" (Judith Butler). The body as a gendered and sexualized entity is both medium and subject of her work, which, though highly theoretically informed, operates on a very physical, performative level, stressing concepts of multiplicity as opposed to duality or singularity.

In the series of performances and photographs entitled *Encounter(s)* (2006), Shah interacts with co-artist Varsha Nair in different environments, both wearing allover costumes whose sleeves are joined into a twin straitjacket, connecting the two isolated bodies in solitary interdependence. In *Pentimento* (2007–09), a body of work inspired by visits to the Hôpital de la Salpêtrière in Paris and sources like George Didi-Huberman's *Invention of Hysteria: Charcot and the Photographic Iconography of the Salpêtrière* (1982) and Michel Foucault's *Madness and Civilization: A History of Insanity in the Age of Reason* (1961), Shah addresses the "herstory" of hysteria, and how it was pictured, studied, analyzed, and treated as a typical female disease in the late nineteenth century, namely by Jean-Martin Charcot, known as the founder of neurology. In Shah's suite of ten reenactments of the Salpêtrière's extensive photographic iconography, titled *Hysteria—Iconography from the Salpêtrière Series* (2007–09)—the pictures themselves reenact real clinical incidents by artificially inducing symptoms through hypnosis, electric shocks, and other treatment in the studio—the artist's isolated body is frozen in a pose, contorted, paralyzed, exposed to the curious gaze, and identifying with the marginalized madwoman. Yet as performer and photographer in one person, Shah reverses the power relations that created the original images.

Her new research-based, multi-channel video installation, *Between the Waves* (2012), is inspired by recent studies in physics and biology and evolves from the concept of "Biological Exuberance"—what author Hakim Bey has called "the magnificent over-abundance of reality"—which recognizes the importance of the exceptional, statistically rare, apparently paradoxical or "unproductive" phenomenon: a deviation from the norm as an integral part of nature. With this project, Shah enunciates her own idiosyncratic versions of the relationships between animal, human, machine, and divine, informed by Buddhist philosophy, interspecies studies, and post-porn theories: "If viewed as endless mimetic doubles of one another, all four categories come with different sensory 'apparati' that partially overlap to produce certain zones of contact ontologies." ES

Collage für den Projektvorschlag von / Propositional collage for *Between the Waves*, 2012

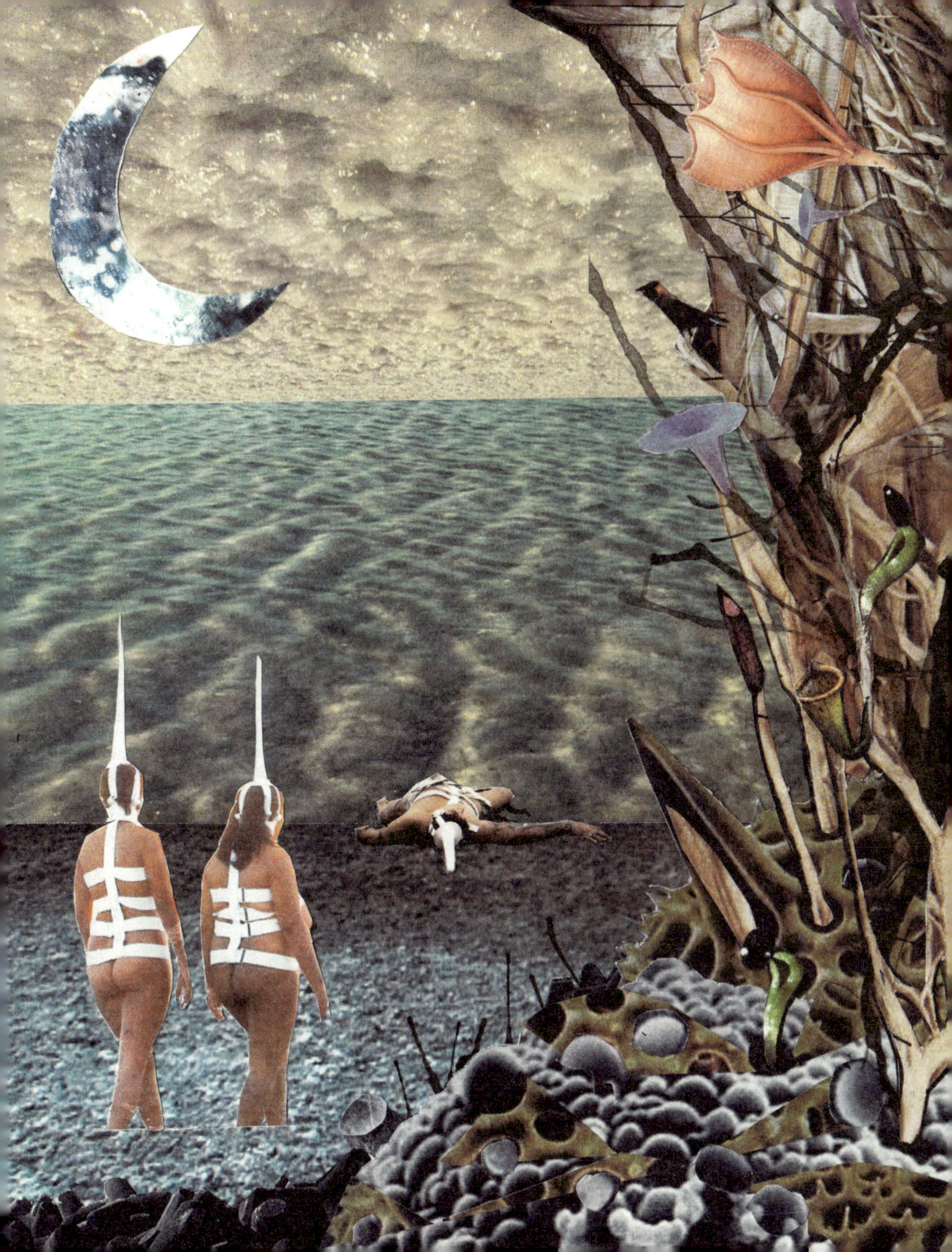

Javier Téllez

geb. / b. 1969 in Valencia (Venezuela)
lebt / lives in New York und / and Berlin

In seinen Arbeiten hinterfragt Javier Téllez unsere Vorstellungen davon, was Normalität oder Gesundheit ausmacht – und was dagegen pathologisch oder geisteskrank ist. Sein Fokus auf diese Fragestellung ist wie auch die künstlerische Umsetzung eng mit seiner Biografie verknüpft. Als Sohn eines Psychiaterpaares wuchs der Künstler in engem Kontakt mit psychisch kranken Menschen auf, während sein Großvater eines der ersten Kinos in Venezuela betrieb. Patienten aus psychiatrischen Anstalten sind sowohl Thema wie auch Protagonisten von Téllez' kinematografischen Installationen, die sich zudem komplexer Verweise auf Filmgeschichte, Literatur, Philosophie, Mythologie und rituelle Feierlichkeiten wie den Karneval bedienen. Indem Téllez von der Gesellschaft ausgegrenzte Menschen ins Museum bringt, holt er sie ins Rampenlicht, aber ohne sie zur Schau zu stellen. In seinen Filmen wirken sie aktiv mit: als Mitregisseure und Mitautoren, in der Rolle, die sie spielen, und letztendlich als sie selbst. Ihre Würde und ihr Selbstbewusstsein erschüttern nicht nur unsere Vorurteile, sondern legen auch nahe, dass es in Wirklichkeit unsere »normale« Gesellschaft ist, die der Heilung bedarf.

***La Passion de Jeanne d'Arc (Rozelle Hospital, Sydney)* (2004) besteht aus zwei Projektionen unterschiedlicher Länge auf einander gegenüberstehenden Leinwänden in einer durch Vorhänge eingegrenzten Struktur, über die in loser Ordnung Stühle verteilt sind. Eine der Projektionen zeigt Carl Theodor Dreyers Stummfilmklassiker gleichen Titels aus dem Jahr 1928 (in dem Antonin Artaud auftritt) in einer neunzigminütigen Fassung. Die Einschaltung von 174 neuen Zwischentiteln verlängert die Verhörszenen mit ihren extremen Nahaufnahmen, interpretiert sie subtil um und versetzt das Geschehen aus dem Mittelalter in die heutige Psychiatrie. Bei der jungen Frau, die darauf besteht, Jeanne d'Arc zu sein, wird Schizophrenie diagnostiziert. Die Texteinschübe, auf Kreidetafeln gekritzelt, sind das Ergebnis eines einmonatigen Workshops, den Téllez mit zwölf Patientinnen des Rozelle Hospital in Sydney abhielt. Die zweite Projektion zeigt diese Frauen, die offen und bewegend von ihren Diagnosen und ihrer gesellschaftlichen Stigmatisierung erzählen. Weitere Filme, die der Künstler gemeinsam mit Patienten entwickelte, sind *Caligari and the Sleepwalker* (2008) und *Dürer's Rhinoceros* (2010) – Letzterer wurde im Panoptikum der Miguel-Bombarda-Klinik in Lissabon gedreht, die 1895 als Gefängnis für geisteskranke Straftäter nach Originalplänen von Jeremy Bentham erbaut wurde.**

***Artaud's Cave* (2012), Téllez' Beitrag zur dOCUMENTA (13), ist eine Filminstallation auf der Grundlage von Antonin Artauds legendärer Mexikoreise im Jahr 1936 und seinem Stück *Die Eroberung von Mexiko* (1934), dem ersten Text, den er für sein Theater der Grausamkeit schrieb. Dieser Film wurde in der psychiatrischen Klinik Fray Bernardino Alvarez in Mexiko-Stadt in Zusammenarbeit mit Patienten sowie an anderen Schauplätzen gedreht, die mit Artauds Schriften in Verbindung stehen. Gezeigt wird er in einer künstlichen Grotte, deren Gestaltung Artauds Ideen für sein Theater der Grausamkeit aufnimmt. Im Zusammenspiel von Form und Inhalt wird der Film im Grottenkino ein »versöhnlicher Raum nicht-passiver Zuschauerschaft« – Artauds eher denn Platos Höhle.**

Javier Téllez's work is an ongoing interrogation of what constitutes normal or sane—as opposed to pathological or insane. His focus on those questions, and their artistic articulation, are inextricably interconnected with his biography. A son of two psychiatrists, Téllez grew up in proximity with people diagnosed as mentally ill, while his grandfather ran one of the first cinemas in Venezuela. Patients of mental institutions are both the subject and the protagonists of his cinematic installations, which are further informed by a complex set of references ranging from film history, literature, philosophy, and mythology to pageant rituals such as carnival. By bringing them into the museum, Téllez sheds light on those marginalized by society, but he doesn't simply exhibit them. In his films, they act—as co-directors and script writers—in the roles they play and as themselves. Their dignity and self-reflection call our preconceptions into question and propose that it is in fact our "normal" society that needs to be cured.

La Passion de Jeanne d'Arc (Rozelle Hospital, Sydney) (2004) consists of two projections of different lengths on opposite screens inside a structure of curtains with randomly placed chairs. On one side, a ninety-minute rendition of Carl Theodor Dreyer's homonymous silent classic of 1928 (starring Antonin Artaud) is screened. The film's interrogation scenes, featuring extreme close-ups, are extended through the insertion of 174 new intertitles, which subtly reinterpret the scenes, shifting their context from the Middle Ages to contemporary psychiatry. The young woman, insisting she is Joan of Arc, is diagnosed with schizophrenia. The textual interventions, scribbled on a blackboard, are the result of a one-month workshop that Téllez held with twelve female inmates of Rozelle Hospital in Sydney. The juxtaposed film shows these women, who talk openly about their diagnoses and stigmatization by society. Other films conceived in collaboration with patients include *Caligari and the Sleepwalker* (2008) and *Dürer's Rhinoceros* (2010)—filmed in the panopticon of the Miguel Bombarda Hospital in Lisbon, which was built in 1895 as a prison for the criminally insane after original plans by Jeremy Bentham.

Artaud's Cave (2012) for dOCUMENTA (13) is a film installation based on Antonin Artaud's legendary 1936 trip to Mexico and his text *The Conquest of Mexico* (1934)—the first play proposed for his Theater of Cruelty. The film was shot at the Fray Bernardino Alvarez Psychiatric Hospital, Mexico City, in collaboration with patients, as well as in other locations related to Artaud's writings. It is installed in an artificial grotto that incorporates Artaud's ideas of his Theater of Cruelty. In its interrelation of form and content, the film within the grotto cinema becomes a "propitiating space of non-passive spectatorship"—Artaud's Cave rather than Plato's. ES

***Artaud's Cave*, 2012**
Installation, 1-Kanal-Digital-Film-Projektion, Farbe, Ton / Installation, single-channel digital film projection, color, sound

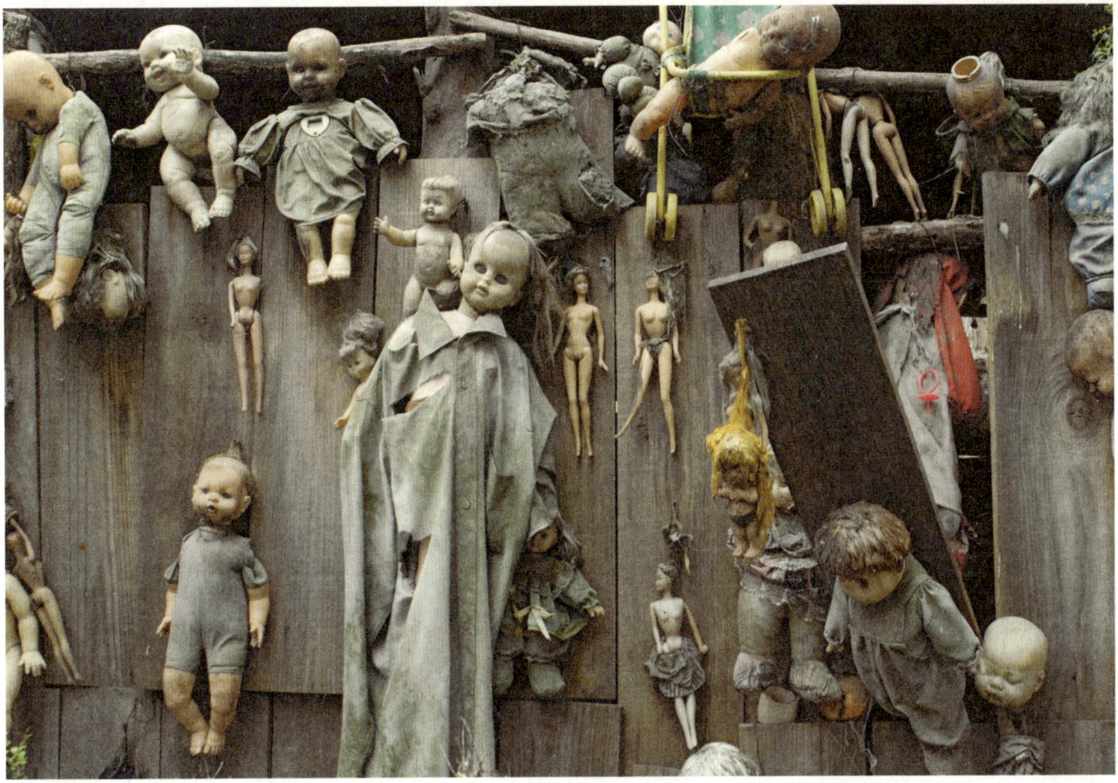

Jessica Warboys

geb. / b. 1977 in Newport (Wales)
lebt / lives in London und / and Paris

In ihren Filmen, Gemälden, Performances und plastischen Arbeiten verwebt Jessica Warboys Physisches und Psychologisches, Gesten und Metaphern. Indem sie Figuren aus Literatur und Geschichte in ihr eigenes Rollenrepertoire aufnimmt, collagiert Warboys Objekte, Formen, Klänge und Bewegungen, um Bild- und Illusionsräume zu schaffen, in denen rätselhafte Erzählungen sich aus einem Medium in das nächste fortspinnen.

Die Installation *Ballad of the Green Hoop* (2010) ist beispielhaft für ihre Verfahrensweise; sie besteht aus verschiedenen Teilen, darunter die Performance *L'Alouette*, eine persönliche Interpretation von Jean Anouilhs Stück mit demselben Titel, in dem es um den Prozess gegen Jeanne d'Arc geht. In dieser Nacherzählung der Geschichte von ihrer Kindheit an ist jede Episode provisorisch durch einen verstärkten Klang bezeichnet – ein Hörspiel ohne Worte. Als Kulisse dient eine Serie von *Sea Paintings* mit dem Titel *La Cavea* (2010), die unmittelbar performative Qualitäten und die Elemente integrieren: Warboys' *Sea Paintings* entstehen an der Küste, wo Sand, Wind und die rhythmische Bewegung der Wellen Pigmente in die von der See gepeitschte Leinwand hineinarbeiten und so fließende abstrakte Strukturen schaffen, die an die atmosphärischen Eindrücke bei Turner oder Monet erinnern. Eine Projektion in der Installation präsentiert den Film *Les Arènes de Lutèce* (2010), der die Künstlerin im Lutèce-Amphitheater in Paris zeigt: Sie trägt eine indische Maske und choreografiert verschiedene symbolträchtige Gegenstände – einen vorgefundenen Teppich, einen Spiegel, ein x-förmiges Gemälde mit dem Titel *Ladder Ladder* (1977–2009) und einen Hula-Hoop-Reifen. Während Objekte im Film aktiviert werden, werden Gesten durch Klänge hervorgehoben; Schatten und Bewegungen entfalten eine eigene Erzählung in plastischen Anordnungen.

Als die Künstlerin 2011 zufällig auf Fotografien von der Tänzerin Hélène Vanel stieß, darunter inszenierte Porträts und dokumentarische Aufnahmen von Auftritten, die in den bis dahin nicht katalogisierten Beständen der Bibliothek Smith-Lesouëf in Nogent-sur-Marne gefunden worden waren, inspirierte sie das dazu, Nachforschungen zu dieser wenig bekannten Künstlerin anzustellen. In der Kunstgeschichtsschreibung taucht Vanel wegen ihrer vorübergehenden Verbindung mit den Surrealisten auf, insbesondere mit ihrer Performance *L'Acte manqué* am Eröffnungsabend der »Exposition Internationale du Surréalisme« 1938, bei der sie eine skandalumwitterte Darbietung hinlegte: Barbusig und mit hysterieähnlichen Symptomen erschien sie in einem von Marcel Duchamp gestalteten mit modrigen Blättern übersäten Raum. Fasziniert von Vanels Persönlichkeit, entwickelte Warboys aus ihren Recherchen die vielschichtige Arbeit *Pageant Roll Thunderclap* (2012). Ein neuer Film, *Pageant Roll* (2012), bildet den Kern ihrer Installation im Kasseler Hauptbahnhof, zu der auch eine Reihe neuer Gemälde gehört, darunter ein *Sea Painting* von theatralischen Proportionen mit dem Titel *Minack* (2012). *Thunderclap*, eine Performance mit Musik, Tanz, Requisiten und Poesie, kommt während der ersten Tage der dOCUMENTA (13), am 9. und 10. Juni, zweimal unter der Trauerweide in der Karlsaue zur Aufführung.

In her films, paintings, performances, and sculptural works, Jessica Warboys interweaves the physical and the psychological, gesture and metaphor. Incorporating literary and historical personae in her own cast of characters, Warboys collages objects, shape, sound, and movement to create pictorial and illusory spaces in which enigmatic narratives evolve from one medium to the next.

Ballad of the Green Hoop (2010) is an installation exemplary of her method, consisting of various parts that include the performance *L'Alouette*, a personal interpretation of Jean Anouilh's homonymous play focusing on the trial of Joan of Arc. Retelling her story from childhood on, each episode is symbolized through a makeshift amplified sound—a *Hörspiel* (radio play) without words. The setting is a series of "Sea Paintings" titled *La Cavea* (2010), which directly incorporate performativity and the elements: Warboys' *Sea Paintings* are made on the seashore, where sand, wind, and the rhythmic movement of waves work pigments into the sea-beaten canvas to create free-floating abstract structures reminiscent of the atmospheric impressions of Turner or Monet. Projected within the installation is the film *Les Arènes de Lutèce* (2010), in which the artist, standing in the Lutèce Amphitheatre, Paris, wearing an Indian mask, choreographs various symbolic objects: a found carpet, a mirror, an X-shaped painting titled *Ladder Ladder* (1977–2009), and a hula hoop. Objects are activated in the film, while gestures are accentuated through sound; shadows and movements unfold a narrative of their own in sculptural arrangements.

A chance encounter during 2011 with photographs of the dancer Hélène Vanel, including staged portraits and documentation of performances found in the previously un-archived collection of the Smith-Lesouëf Library, Nogent-sur-Marne, led to research on this little-known artist. Vanel appears in art-historical texts due to her brief connection with Surrealism, in particular her performance *L'Acte manqué* on the opening night of the 1938 "Exposition Internationale du Surréalisme," where she executed a scandalous hysteria-inspired act, bare-breasted, within a room strewn with decaying leaves designed by Marcel Duchamp. Intrigued by Vanel's character, Warboys developed her research into the multi-layered work *Pageant Roll Thunderclap* (2012). A new film, *Pageant Roll* (2012), forms the crux of her installation at Kassel's Hauptbahnhof, together with a series of new paintings including the theatrically proportioned Sea Painting *Minack* (2012). *Thunderclap*, a performance with music, dance, props, and poetry, is performed twice during the first days (June 9 and 10) of dOCUMENTA (13) under the weeping willow in the Karlsaue park. ES

Fotografien der Tänzerin Hélène Vanel, gefunden in der Bibliothek Smith-Lesouëf / Photographs of dancer Hélène Vanel, found in the Smith-Lesouëf Library, Maison d'Art Bernard Anthonioz, Nogent-sur-Marne

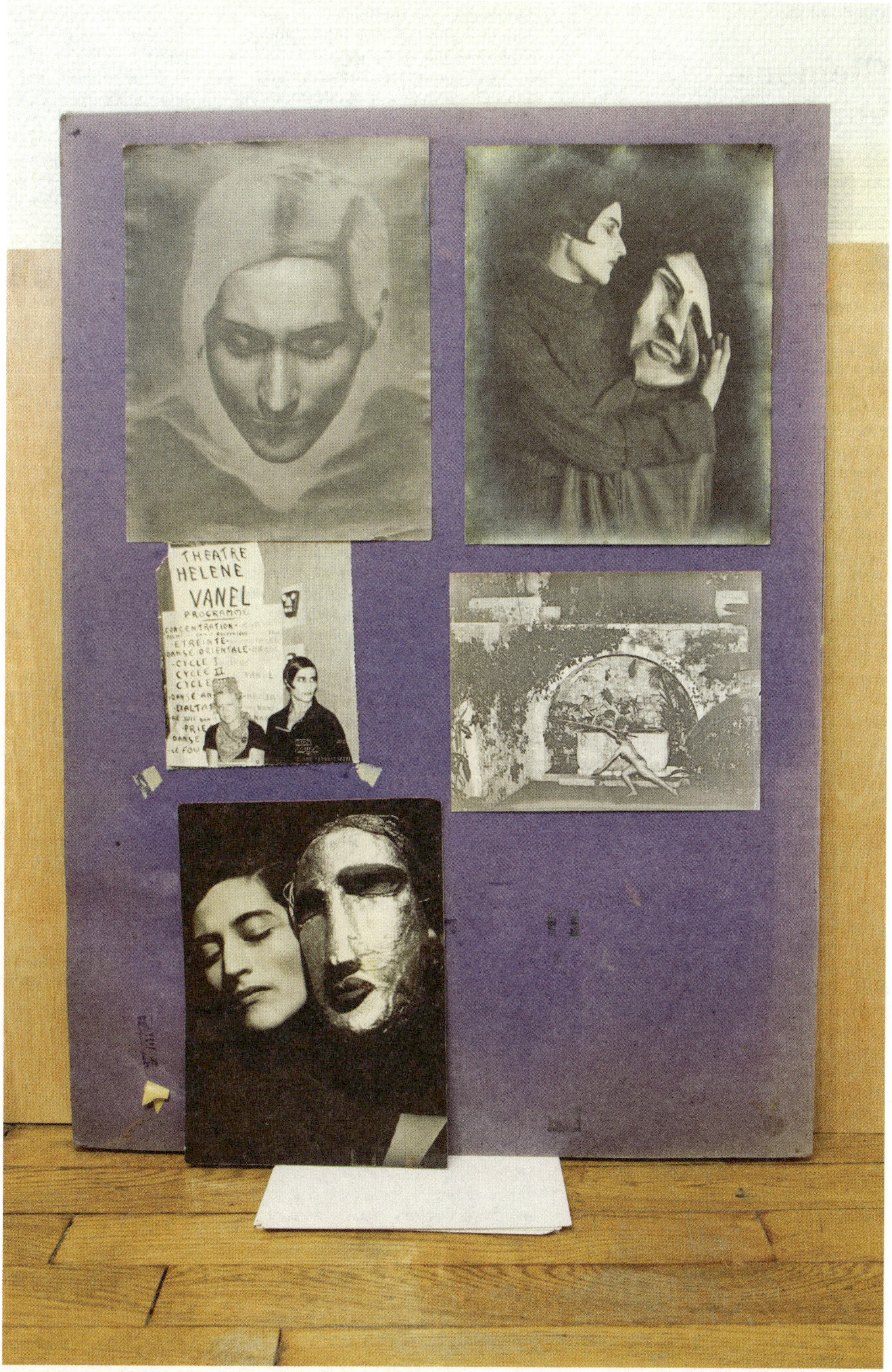
THEATRE
HELENE
VANEL
PROGRAMME
CONCENTRATION
ETREINTE
DANSE ORIENTALE
CYCLE I
CYCLE II

Clemens von Wedemeyer

geb. / b. 1974 in Göttingen (Germany)
lebt / lives in Berlin

Clemens von Wedemeyers Film *Muster (Rushes)* (2012) ist ein experimentelles Werk in drei Akten, dessen Schauplatz das ehemalige Benedektinerkloster Breitenau bei Kassel ist – ein Ort, der in den letzten 150 Jahren tiefgreifenden institutionellen und architektonischen Veränderungen unterlag: Das Kloster wurde zunächst in ein Gefängnis umgebaut, dann in ein Konzentrations- und Arbeitslager, später in ein Mädchenerziehungsheim und schließlich in eine offene psychiatrische Einrichtung. *Muster (Rushes)* existiert in zwei Versionen: als Film für das Fernsehen und als Installation, die auf drei im Dreieck angeordneten Projektionsflächen gezeigt wird, so dass Ansichten desselben Ortes parallel zueinander laufen – ein Versuch, die Komplexität des Gegenstands durch drei verschiedene Zeitebenen zugänglich und begreifbar zu machen. Wedemeyer erzielt diese Wirkung, indem er seine drei Hauptfiguren auf eine Zeitreise durch drei Jahrzehnte des 20. Jahrhunderts schickt. Der Titel ist also doppeldeutig: Er bezieht sich auf die Arbeitskopien, die am Ende eines Drehtages angefertigt werden, aber auch auf verschiedene Muster aus der Geschichte des 20. Jahrhunderts, die an diesem Ort erkennbar sind.

Im Jahr 1990 besichtigen die Freunde August und Amelie mit ihrem Klassenlehrer die Gedenkstätte Breitenau und erfahren von den unvorstellbaren Geschehnissen, die sich hier in der Vergangenheit zugetragen haben; in ihren eigenen Leben dagegen sind Lethargie, Musik und Drogen die beherrschenden Themen. Währenddessen rücken auf der zweiten Leinwand amerikanische Soldaten im Jahr 1945 während der »Schlacht um Kassel« in das Arbeitslager Breitenau ein, verhaften die Wächter und befreien die Häftlinge mithilfe eines Dolmetschers, der dem Lehrer ähnelt. Auf der dritten Leinwand erscheint Amelie in den 1970er Jahren als Insassin des Mädchenerziehungsheims und zugleich als Hauptdarstellerin bei den Dreharbeiten für einen Film, der frei an Ulrike Meinhofs *Bambule* angelehnt ist. Meinhof, deren beredte Kritik an rückschrittlichen und gefängnisähnlichen Mädchenheimen zur Schließung der Einrichtung im Jahr 1973 führte, kommt in dem Film nur als Gegenstand von Gerüchten unter den Darstellern und Mitarbeitern vor, die spekulieren, ob sie noch am Drehort auftauchen wird. Die Wirklichkeitsebenen vermischen sich, als die Freunde nach dem Besuch eines Punkkonzerts *Bambule* ansehen, wobei der Film als Widerschein in Augusts Augen flackert. Die drei getrennten Filmschleifen greifen an vielen Stellen ineinander, so dass die Zeitebenen zusammenfallen. Darüber hinaus dienen im Studio produzierte optische Verfremdungseffekte – Schatten, Rückprojektionen und Doppelbelichtungen – dazu, die Grenzen zwischen den Zeitstufen zu verwischen.

Die drei Akte von *Muster (Rushes)* umkreisen drei Motive – Musik, Körper und Sprache – und setzen sich mit Vorstellungen von Gefangenschaft und Befreiung zu verschiedenen Zeiten auseinander. Wie in früheren Arbeiten Wedemeyers, etwa *Von Gegenüber* (2007), die für die Skulptur Projekte Münster entstand, und der Multimedia-Multiscreen-Installation *The Fourth Wall* (2009–2010), untersucht der Künstler auch hier Begriffe des Kinos wie den subjektiven Blick, das Verhältnis zwischen historischer Wahrheit und Geschichtenerzählen und die unsichtbare Anwesenheit der »vierten Wand«, die die Zuschauer von den Ereignissen auf Bühne oder Leinwand trennt, um Illusion möglich zu machen.

Clemens von Wedemeyer's film *Muster (Rushes)* (2012) is an experimental work in three acts set at the former Benedictine monastery of Breitenau, near Kassel—a site that has undergone fundamental institutional and architectural changes over the past 150 years: the monastery was first converted into a prison and then into a concentration and work camp before becoming a girls' reformatory and, finally, an open psychiatric clinic. *Muster (Rushes)* exists in two versions: as a film for television and as an installation shown on three screens in a triangular formation; each gives a parallel view of the same place—an attempt to approach and comprehend the complexity of its subject through three different time frames. Wedemeyer achieves this by making his three main characters time-travel through three decades of the twentieth century. The German title's double meaning refers to cinematic "rushes," the film's raw material, but also to different patterns in twentieth-century history that are recognizable at this site.

In 1990, the friends August and Amelie visit the Breitenau memorial with their schoolteacher, learning about the inconceivable events that happened there in the past, while their own lives are dominated by lethargy, music, and drugs. In the meantime, on the second screen, American soldiers enter the work camp Breitenau in 1945 during the "battle of Kassel," arrest the guards, and liberate the inmates, helped by a translator who resembles the schoolteacher. On the third screen, Amelie appears both as a reformatory girl during the 1970s and as the leading actress in the making of a film reminiscent of Ulrike Meinhof's *Bambule*. Meinhof, whose eloquent critique of unprogressive and prisonlike girls' reformatories led to the institution's closure in 1973, is present in the film only as a rumor among cast and crew, who wonder whether she will make an appearance. Realities blur when, having been to a punk concert, the friends watch *Bambule*, which is shown reflected in August's eyes. The three separate film loops frequently interdigitate, and time levels collapse. Studio-made visual alienation effects—shadows, back projections, and double exposure—are also employed to blend one time into the next.

The three acts of *Muster (Rushes)* circle around three motifs—music, the body, and language—while exploring notions of imprisonment and liberation in different times. As in previous works, such as *Von Gegenüber* (*From the Opposite Side*, 2007) for Skulptur Projekte Münster and the multimedia and multiple-screen installation *The Fourth Wall* (2009–10), Wedemeyer investigates cinematic notions like the subjective gaze, the relation between historical truth and storytelling, and the invisible presence of the "fourth wall" that distances the audience from the events onstage or on-screen to make the illusion possible. ES

***Muster (Rushes)*, 2012**
3-Kanal-HD-Filminstallation, Farbe, Ton /
3-channel HD-film installation, color, sound
30 min.

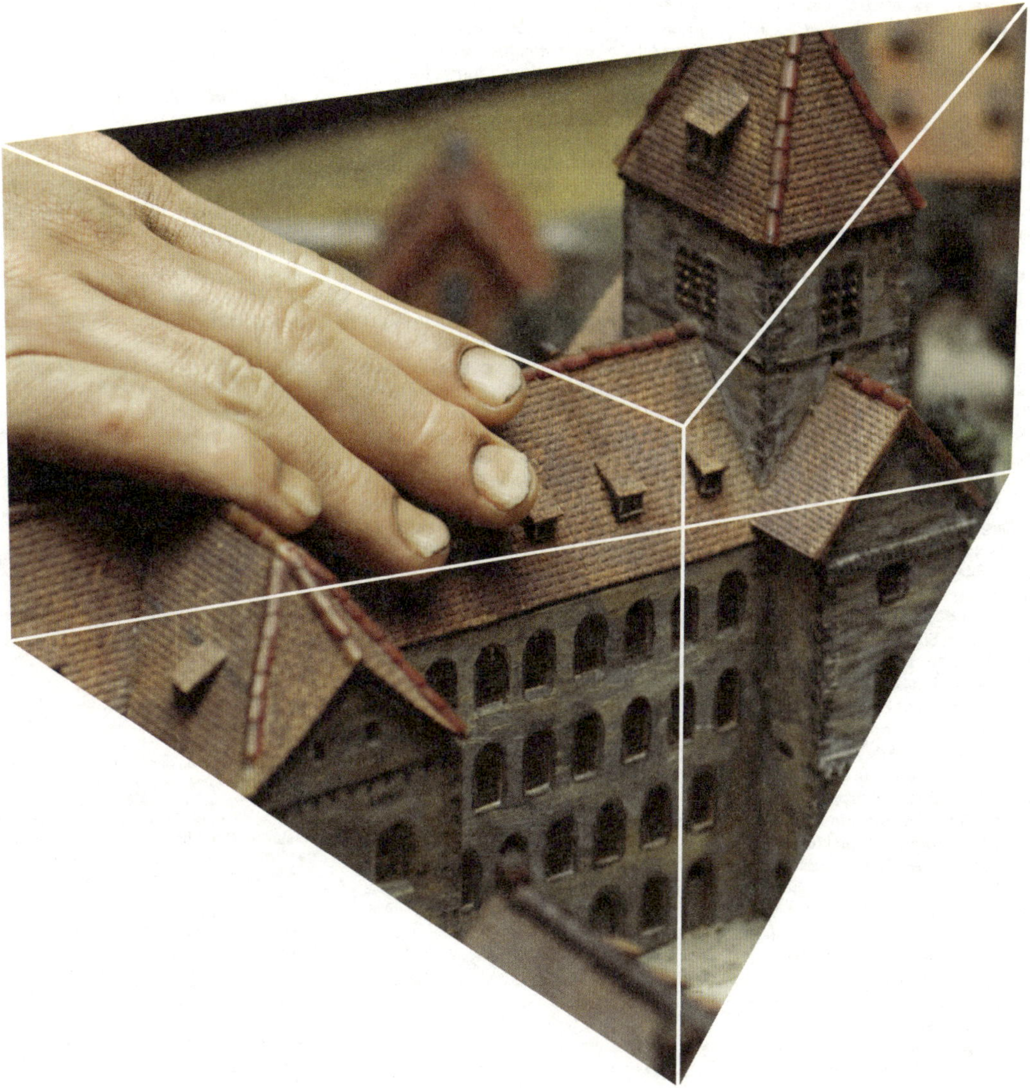

Haegue Yang

geb. / b. 1971 in Seoul
lebt / lives in Berlin und / and Seoul

Überzeugt von der Koexistenz von Formalismus und Emotion, wählt Haegue Yang die Sprache der Abstraktion, um innere und äußere Narrationen zu artikulieren. In ihren sinnlich-hybriden Kombinationen entwickeln gewöhnliche Haushaltsgegenstände und Industrieprodukte wie Jalousien, Kleider- und Wäscheständer, Textilien und Lebensmittelverpackungen, die unauffällig unsere Alltagswelt bewohnen, ein stilles Eigenleben, das Assoziationen hervorruft, aber sich der Eindeutigkeit verwehrt. Mobilität und Fluidität im konzeptuellen eher denn im wörtlichen Sinne bilden entscheidende Momente ihrer Arbeiten – darunter Skulpturen, Installationen, Videos, Fotografien und grafische Werke –, die in einem ständigen Prozess der Verwandlung sind, sich falten und entfalten und eine feste Basis – im wörtlichen wie im metaphorischen Sinne – meiden.

Die Vorstellung des privaten Raums (Zuhause, Haushalt, Intimität, Liebe) fällt für Yang mit dem Begriff des politischen und gesellschaftlichen Raums zusammen. Seit *Series of Vulnerable Arrangements – Version Utrecht* (2006) tauchen maßangefertigte Jalousien als vorherrschendes Element in ihren Arbeiten auf. Diese halbdurchlässigen Strukturen simulieren den Lebensraum, Habitat, kontrollierte Mikro-Environments, die von Sensorenvorrichtungen und elektrischen Geräten aktiviert werden: Glühbirnen, Scheinwerfern, Spiegeln, Ventilatoren, Infrarotheizkörpern, Luftbefeuchtern, Geruchsmaschinen und Tonanlagen. Oft laden farbige Lichter und Bewegungen den Raum psychologisch auf, so dass der Besucher buchstäblich in ihnen versinkt. Die Jalousie-Installationen ziehen Grenzen und artikulieren den Raum, um ein Narrativ zu entfalten oder zu verbergen; ihr wechselndes Spiel von Transparenz, Undurchsichtigkeit und Positionalität verortet den Blick zwischen Innen- und Außenraum und eröffnet eine Vielzahl von Assoziationen. Diese abstrakten visuellen Szenerien sind Betrachtungen über das Zusammenleben von Individuen in Gemeinschaften und verweben persönliche Erfahrungen mit Begegnungen von Figuren aus Geschichte, Literatur und Politik wie der zwischen dem koreanischen Freiheitskämpfer Kim San und seiner Biografin, der amerikanischen Journalistin Nym Wales (*Mountains of Encounter*, 2008) oder der französischen Schriftstellerin Marguerite Duras und ihrem Mann und Mitkämpfer in der Résistance Robert Antelme (*5, Rue Saint-Benoît*, 2008).

Inspiriert von der Architektur einer Lagerhalle neben dem Kasseler Hauptbahnhof, der mittlerweile nur noch ein Regionalbahnhof ist, und Kassels industrieller Vergangenheit, konzipiert Yang eine neue Installation für die dOCUMENTA (13). Diese räumliche Auseinandersetzung besteht aus motorisierten Jalousien, die eine mechanische Bewegung vorführen – eine geisterhafte industrielle Choreografie, die die Bewegungsmechanismen der Züge auf dem nun verlassenen Bahnsteig impliziert sowie die Geschichte der Stadt, in der die Schwerindustrie eine zentrale Rolle spielte.

Darüber hinaus präsentiert Yang ein Theaterstück, eine Bearbeitung von Marguerite Duras' *Die Krankheit Tod* (1982), deren Theaterskript dem Original treu ist. Eine einzige Schauspielerin, die sowohl Mann als auch Frau darstellt, verkörpert die Unmöglichkeit der Liebe. Allein in einem minimal ausgestatteten Raum, in dem sonst Stille herrscht, personifiziert sie die abwesende Andere, indem sie auf der Bühne einen Dialog zwischen »ihr« und »dir« verliest.

Believing in the coexistence of formalism and emotion, Haegue Yang chooses the language of abstraction to articulate inner and outer narratives. In her sensual, hybrid combinations, the ordinary domestic objects and industrial products such as blinds, clothing and drying racks, textiles, and food packaging that inconspicuously inhabit our daily environment develop a silent life of their own, evocative yet open-ended. Mobility and fluidity, in a conceptual rather than a literal sense, are crucial aspects of her works—including sculptures, installation, video, photography, and graphics—which seem to be in a constant process of transformation, folding and unfolding, and avoiding a fixed base.

For Yang, private space (home, household, intimacy, love) equals political and social space. Since 2006, with her *Series of Vulnerable Arrangements—Version Utrecht*, she has used customized venetian blinds as one of the predominant elements in her works. Semi-permeable structures, they simulate spaces of habitat, controlled microenvironments that are activated by sensory devices and electric appliances: lightbulbs, floodlights, mirrors, fans, infrared heaters, humidifiers, scent emitters, and sound systems. Often, colored lights and movement charge the space psychologically, absorbing the viewer. The blind installations draw boundaries and articulate the space to unfold or bury a narrative; their shifting transparency, opacity, and position locate the gaze between inside and outside and allow for a multiplicity of associations. These abstract visual settings are contemplations of how communities and individuals live together, interweaving personal experience with encounters between historical, literary, and political figures such as Korean freedom fighter Kim San and American journalist Nym Wales, who wrote his biography (*Mountains of Encounter*, 2008), or French novelist Marguerite Duras and her husband, Robert Antelme, a fellow Resistance fighter (*5, Rue Saint-Benoît*, 2008).

For dOCUMENTA (13), Yang has developed a new installation inspired by the architecture of a depot next to the Hauptbahnhof, Kassel's former central train station, and Kassel's industrial past. Her spatial engagement consists of motorized venetian blinds performing a mechanical action—a ghostly, industrial choreography evoking the movement of trains on the abandoned platform, as well as the city's history, in which its heavy industry played a crucial part.

Second, Yang presents a theater piece, an adaption of Marguerite Duras' *The Malady of Death* (1982), whose script is loyal to the original. A single actress playing both man and woman embodies the impossibility of love. Alone in a minimal space dominated by silence, she impersonates the absent other by reading onstage a dialogue between "her" and "you." ES

***Series of Vulnerable Arrangements – Shadowless Voice over Three*, 2008 (Detail / detail)**
Installation, Aluminium-Jalousien (schwarz, weiß und verschiedene Farbverläufe), bewegliche Scheinwerfer, Spiegel, Infrarotstrahler, Ventilator, Tonanlage, Mikrofon, Lautsprecher, Verstärker, Geruchsmaschinen (*Frischluft, frisch gemähter Rasen, Erde, Dinosaurierkot, Buddha-Tempel, Baguette, Coffee Shop, Knoblauchbutter*) / Installation, aluminum venetian blinds (black, white, and multiple color gradiants), moving spotlights, mirror, infrared heater, fan, sound system, microphone, speaker, amplifier, scent emitters (*Fresh Air, Fresh Cut Grass, Earth, Dinosaur Dung, Buddha Temple, French Bread, Coffee Shop, Garlic Butter*)
Installationsansicht / Installation view, »Symmetric Inequality«, Sala Rekalde, Bilbao, 2008

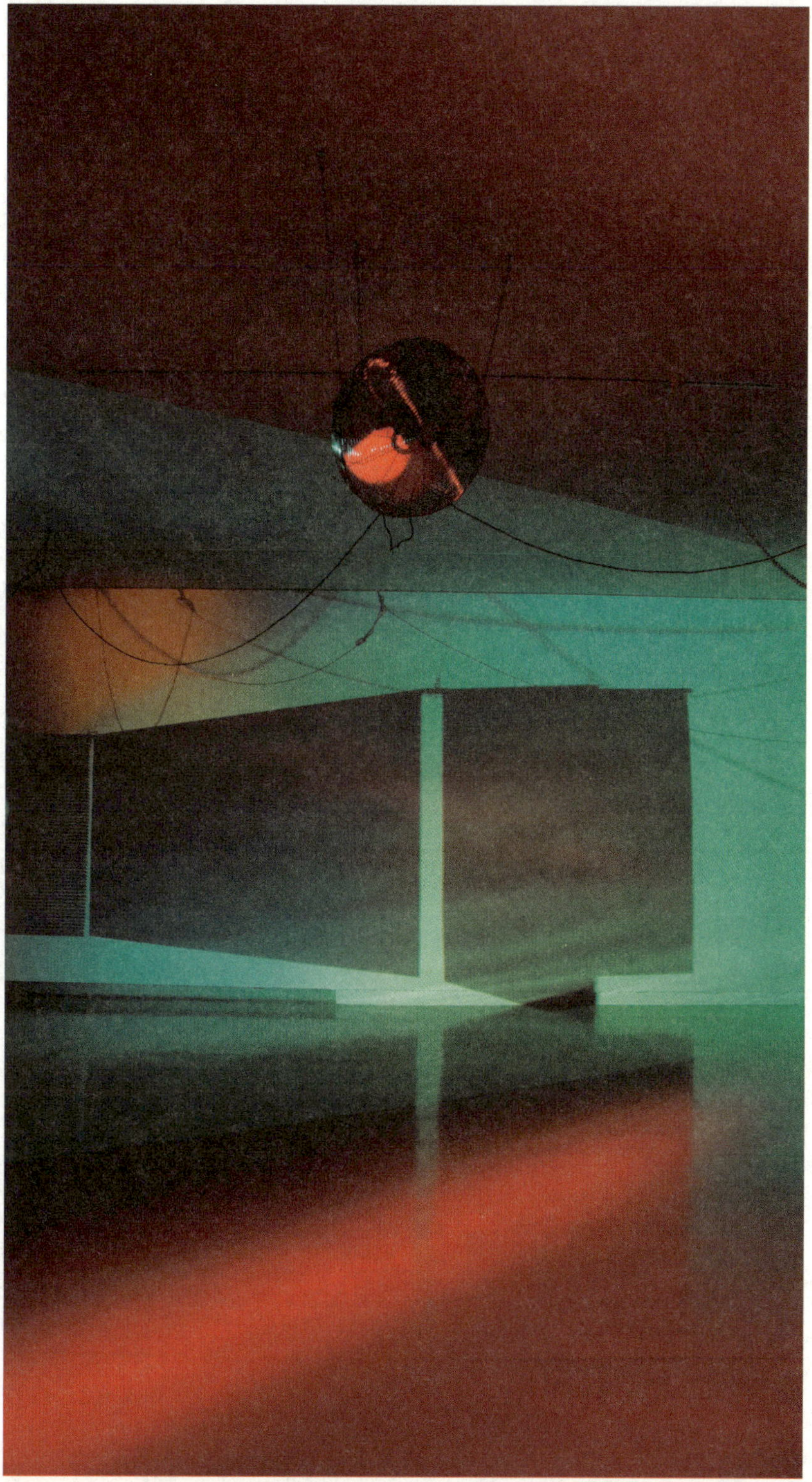

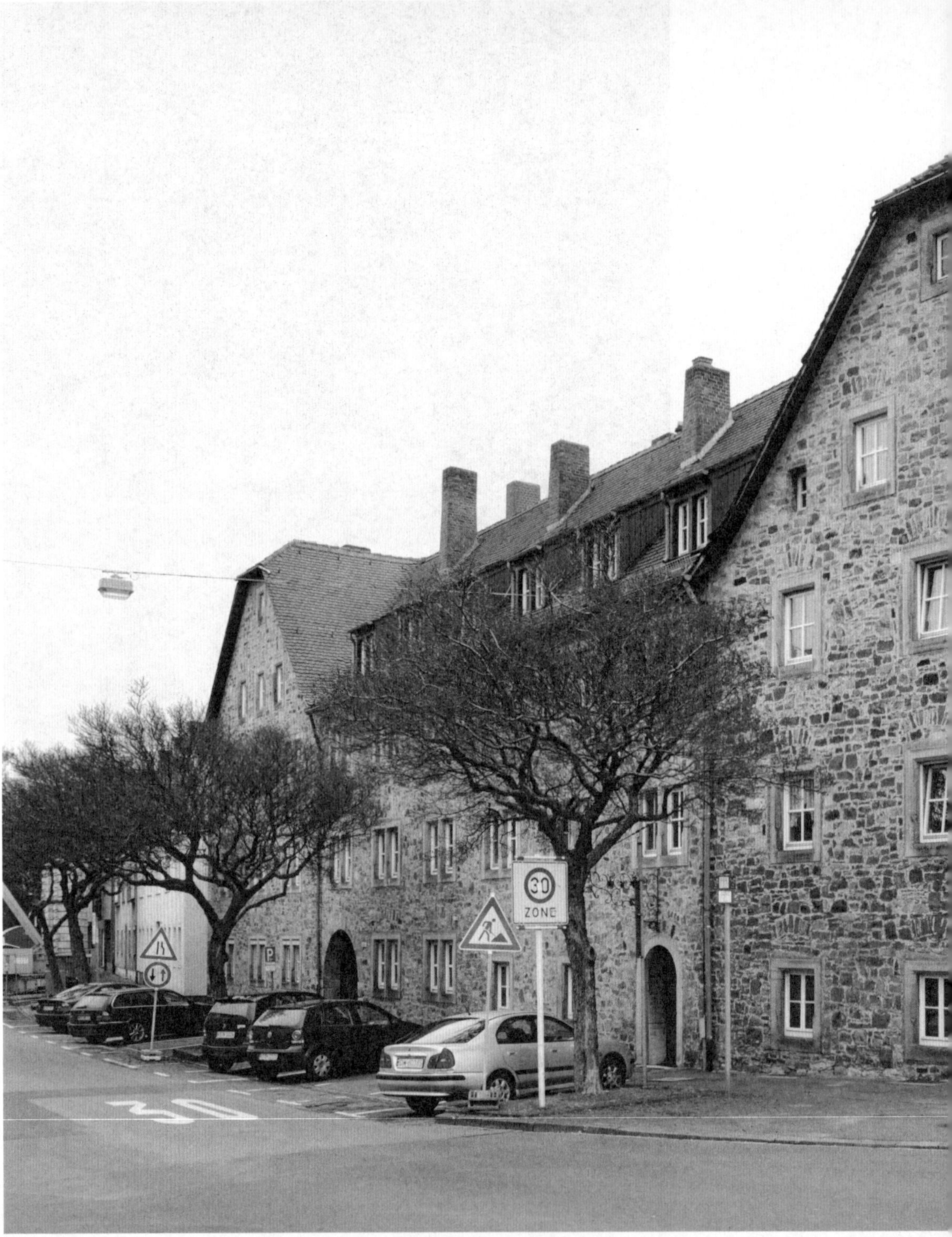
30
ZONE
30

OBERSTE GASSE 4 (EHEMALIGES ELISABETH KRANKENHAUS / EX-ELISABETH HOSPITAL)

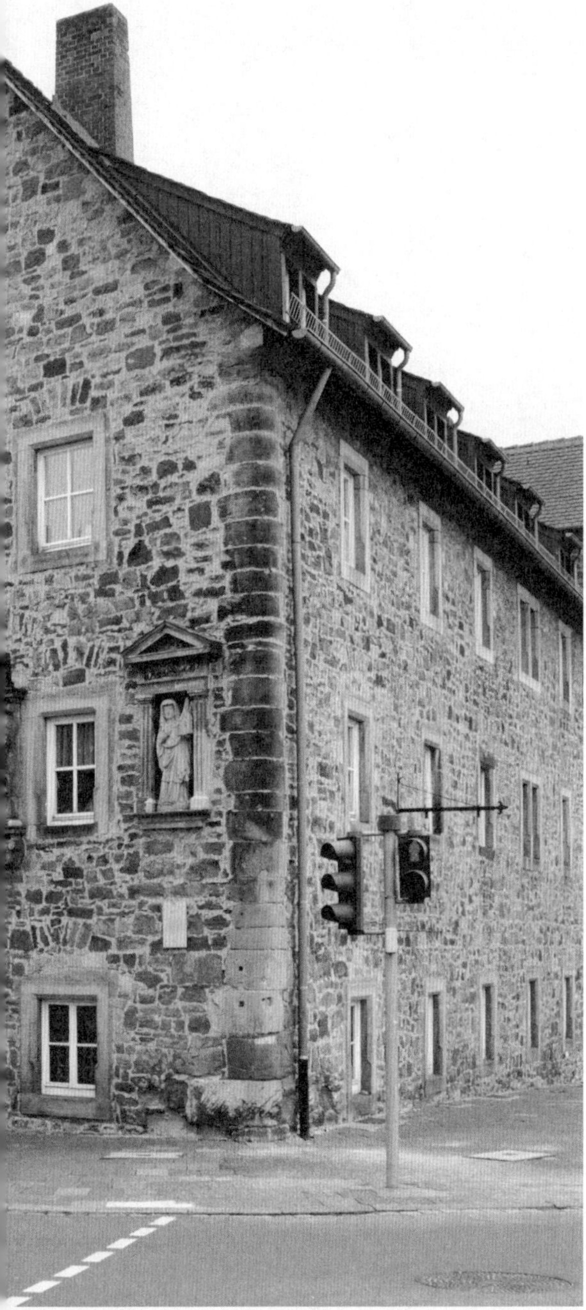

Das Elisabeth Krankenhaus wurde 1297 von Mechthild von Kleve, der Gemahlin Landgraf Heinrichs I. von Hessen, gegründet. Es diente als Leprakrankenhaus und später als Altenheim und wurde im Zweiten Weltkrieg zerstört. Seit dem Wiederaufbau befinden sich in dem Gebäude Wohnungen und ein Restaurant.

The Elisabeth Hospital was founded in 1297 by Mechthild of Cleves, the wife of Landgrave Heinrich I of Hesse. It was used as a leprosarium and later as a home for the elderly, but was destroyed in World War II. Since then, following renovation, the building has housed apartments and a restaurant.

OBERSTE GASSE 4 (EHEMALIGES ELISABETH KRANKENHAUS / EX-ELISABETH HOSPITAL)

▼ **KÜNSTLER / ARTISTS EHEMALIGES ELISABETH KRANKENHAUS / EX-ELISABETH HOSPITAL**

▷ **1** Lida Abdul

▼ **Seminars in Kabul**, darunter Keramik mit Barmak Akram und Afghan Film mit Mariam Ghani und Ashok Sukumaran und Shaina Anand (CAMP und Pad.ma) / including ceramics with Barmak Akram and Afghan Film with Mariam Ghani and Ashok Sukumaran and Shaina Anand (CAMP and Pad.ma)

▷ **64** Abul Qasem Foushanji
▷ **71** Jeanno Gaussi
▷ **75** Zainab Haidary
▷ **91** Masood Kamandy
▷ **128** Rahraw Omarzad
▷ **169** Mohsen Taasha
▷ **191** Zalmaï

Erdgeschoss / Ground floor

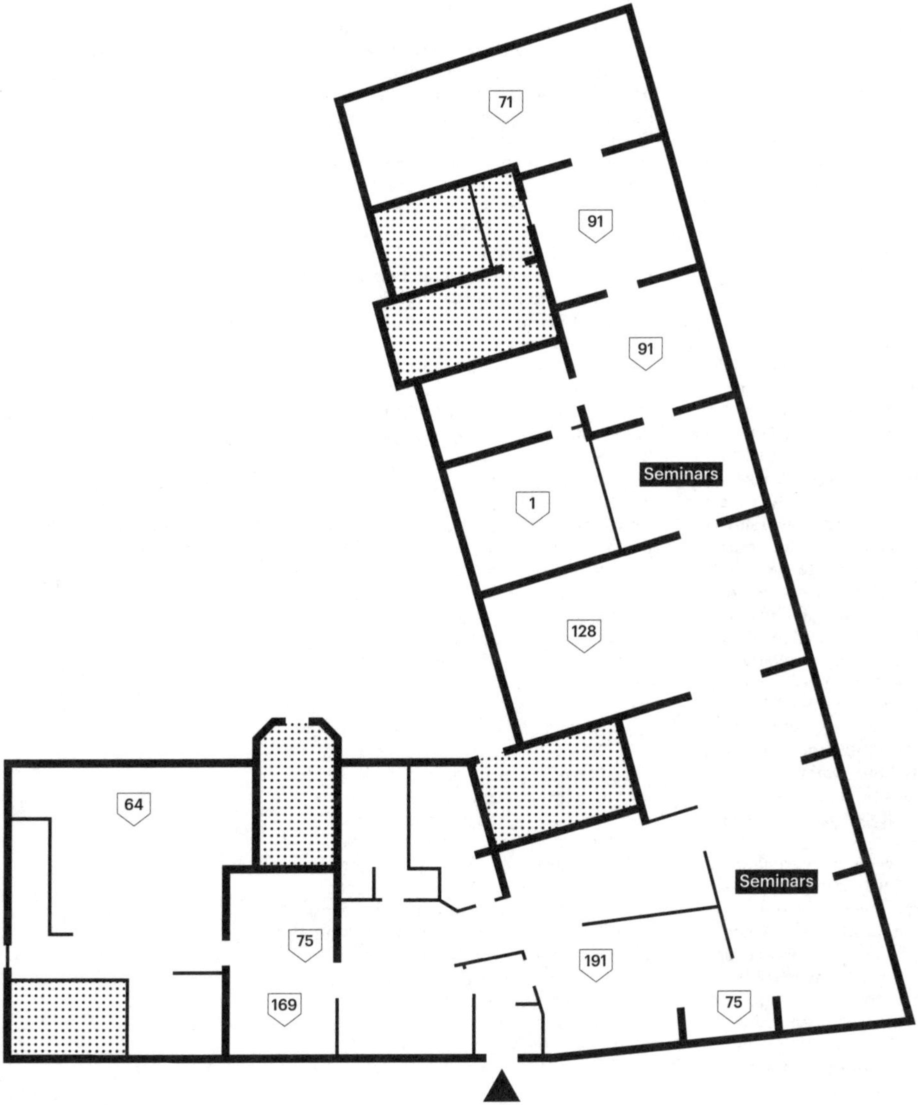

Lida Abdul

geb. / b. 1973 in Kabul
lebt / lives in Los Angeles und / and Kabul

Lida Abdul, die in den Gattungen Performance- und Videokunst arbeitet, schafft poetische Bildräume, die den Betrachter einladen, das Vertraute und Persönliche zu hinterfragen. Ihr Werk verbindet westliche Vorstellungen mit ästhetischen Traditionen aus Islam, Buddhismus und Hinduismus, die die Kunst und Kultur Afghanistans geprägt haben, und wird von einem ritualisierten Formalismus geleitet, der die Nähe des Mythischen erkennen lässt und die Verspieltheit eines Denkens, das die Welt ringsumher zu verstehen sucht.

Architektonische Umbrüche und die zerstörerische Kraft des Menschen sind Hauptmotive in vielen ihrer Filme, die als Betrachtungen zu den Nachwirkungen von Krieg und als Metaphern für den heutigen Zustand ihres Heimatlandes Afghanistan lesbar sind. Abdul schreibt: »In meinen Arbeiten versuche ich, den Raum des Politischen neben den der Träumerei, den Zufluchtsraum neben den der Wüste zu stellen: Ich versuche, die ›Leerstellen‹, die entstehen, wenn Menschen alles genommen wird, performativ darzustellen. Wie können wir dem ›Nichts‹ von Angesicht zu Angesicht begegnen, der ›Leere‹ die sich dort auftut, wo zuvor etwas war [...] Die Welt des Flüchtlings ist transportabel, um schnelle Bewegung zwischen Grenzen zu ermöglichen.«

***In What We Saw upon Awakening* (2006) hat die Künstlerin die surreale Vision der Dekonstruktion einer Ruine geschaffen. In sechs Minuten zeigen klassisch komponierte Aufnahmen einer Zeitlupenkamera afghanische Männer, die mit vereinten Kräften an langen weißen Seilen ziehen, die an den steinernen Überresten eines kurz zuvor bei einem Bombenangriff zerstörten Hauses bei Kabul festgebunden sind. Männer, Seile und Ruine verschmelzen zu einem einzigen Organismus, der einer ihre zahlreichen Tentakel ausstreckenden Krake gleicht. Gegen Ende des Videos bestatten die Darsteller einen Stein des Gebäudes in der Erde – eine rituelle Geste, die im Islam mit Auferstehung und Wiederaufbau verbunden wird. Abdul, die meistens mit Gruppen arbeitet, führt bei den Erzählungen ihrer Videos einerseits Regie, lässt sie sich andererseits aber auch natürlich entwickeln, insbesondere wenn ihre Darsteller Kinder sind, so bei *In Transit* (2008), einer Arbeit wie aus einer Fantasiewelt, die eine Gruppe afghanischer Kinder beim unschuldigen Spiel mit dem Skelett eines russischen Flugzeugs zeigt.**

Der an einem See in der Nähe Kabuls gedrehte neue Film *What We Have Overlooked* (2011) setzt sich mit dem Kontrast zwischen den Versprechungen nationalistischer Ideologien und ihrem letztlich unausweichlichen Scheitern in unserem Zeitalter der Kollision auseinander. Ein Mann hält einen Fahnenmast, während er in den See hineinwatet und dann schwimmt. Von Zeit zu Zeit verliert er das Gleichgewicht und taucht unter. Über das Arbeiten mit Bildern von Nähe und Distanz und das Schwanken zwischen Gefühlen von Stolz und Besorgnis untersucht Abdul die Beziehung zwischen dem Einzelnen und den abstrakten Symbolen einer Nation (für die der Fahnenmast steht), die Frage der Identität und die Rituale, die diese Beziehung erfordert.

Working in performance and video art, Lida Abdul creates poetic visual spaces that allow the viewer to interrogate the familiar and the personal. Fusing Western concepts with aesthetic traditions from Islam, Buddhism, and Hinduism that have influenced Afghan art and culture, her work is guided by a ritualized formalism that hints at the immediacy of myth and the playfulness of a mind seeking to understand the surrounding world.

Architectural mutations and the forces of human destruction are central motifs in many of her films, which can be read as meditations on the aftermath of war and metaphors on the current condition of her home country, Afghanistan. Abdul writes: "In my work, I try to juxtapose the space of politics with the space of reverie; the space of shelter with that of the desert: I try to perform the 'blank spaces' that are formed when everything is taken away from people. How do we come face to face with 'nothing,' with 'emptiness' where there was previously something. . . . The refugee's world is a portable one, allowing for easy movement between borders."

In *What We Saw upon Awakening* (2006), the artist has created a surreal vision of the deconstruction of a ruin. Six minutes of classically framed slow-motion camera shots present a group of Afghan men pulling in a united effort on long white ropes that are tied to the stone remnants of a house destroyed by a recent bombing near Kabul. The men, the ropes, and the ruin become one organism, like an octopus reaching out with its many tentacles. Toward the end of the video, the performers bury a stone from the building in the ground—a ritual gesture that is associated in Islam with resurrection and recovery. Usually working with groups of people, Abdul partly directs the narratives of her videos and partly allows them to evolve naturally, especially when her actors are children, as in the fantasy-like *In Transit* (2008), where a group of Afghan kids innocently play on the skeleton of a Russian plane.

Shot by a lake near Kabul, her new film *What We Have Overlooked* (2011) deals with the contrast between the promises of nationalistic ideology and its ultimate futility in this age of collision. A man holds up a flagpole as he wades into and then swims in the lake. Every now and then he loses his balance and becomes submerged. Working with images of proximity and distance, shifting between feelings of pride and anxiety, Abdul examines the relationship between the individual and the abstract symbols of a nation (represented by the flagpole), the question of identity, and the rituals that this relationship demands. ES

***What We Have Overlooked*, 2011**
2-Kanal-Videoinstallation, 16-mm-Film übertragen auf Blu-ray / 2-channel video installation, 16mm film transferred to Blu-ray
3.44 min.

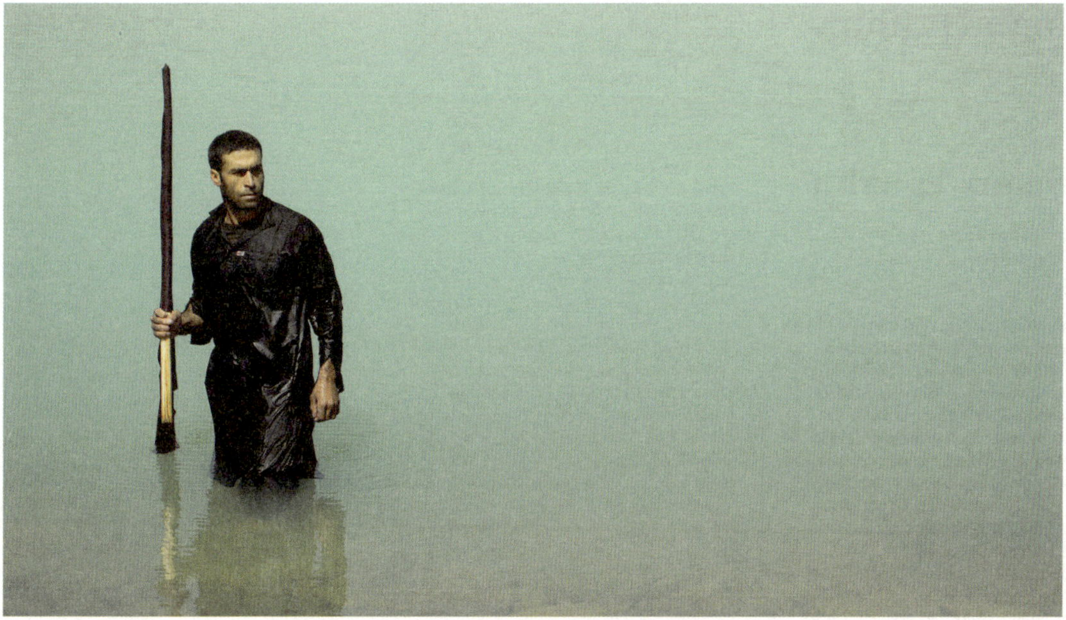

 ▷ N° 64
▷ N° 75
▷ N° 169

Abul Qasem Foushanji

**geb. / b. 1987 in Herat (Afghanistan)
lebt / lives in Kabul**

Zainab Haidary

**geb. / b. 1990 in Kabul
lebt / lives in Kabul**

Mohsen Taasha

**geb. / b. 1991 in Kabul
lebt / lives in Kabul**

Die afghanischen Künstler, die die Afghanischen Seminare absolviert haben, zeigen bei ihrem Versuch, zu erfahren und auszudrücken, was es in unserer heutigen Gesellschaft bedeutet, ein Mensch zu sein, eine ganz eigene Herangehensweise an die Praktiken zeitgenössischer Kunst. Abul Qasem Foushanji, der im Iran gelebt hat und dort eine kurze Ausbildung in realistischer Malerei erhielt, entdeckte später die Musik und betrachtet nun seine Mixed-Media-Arbeiten durch die Linse von psychedelischem Heavy Metal; er schafft Werke, die die dunklere Seite der menschlichen Natur heraufbeschwören und untersuchen. Zainab Haidary, die im dritten Jahr ihres Studiums an der Fakultät für bildende Kunst der Universität Kabul ist, analysiert in ihren Gemälden und Fotografien das sich wandelnde Verhältnis zwischen bewaffneter Auseinandersetzung und Hilfeleistung und versetzt innere Emotionen durch einen oft intimen Blickwinkel auf die Realität des Alltags in »Bewegung«. Mohsen Taasha, der ebenfalls an der Fakultät für bildende Künste der Universität Kabul seinen Abschluss gemacht hat, interpretiert die Tradition der Miniaturmalerei mit einer beinahe natürlichen surrealistischen Herangehensweise neu – er sieht in ihr den einzigen Ort in einer natürlichen und künstlichen Welt, der die Antworten, die man sucht, nicht schon bereithält und an dem man zu einem Verständnis seiner selbst gelangen kann. In der je eigenen Herangehensweise dieser Künstler an die zeitgenössische Kunstproduktion, die sich auf ein Verständnis der menschlichen Natur und ihre beinahe esoterischen Geheimnisse und inneren Widersprüche konzentrieren, klingt schließlich auch die zeitlose Suche nach Antworten nach, die Mystiker nicht nur in Afghanistan, sondern in aller Welt bewegt hat.

The Afghan artists coming out of the Afghan Seminars display a unique approach to contemporary art practices, as they attempt to experience and express what it means to be human in our contemporary society. Abul Qasem Foushanji, having briefly studied realist painting while living in Iran, later discovered music and subsequently views his mixed-media work through the lens of psychedelic heavy metal, creating works that evoke and explore the darker sides of human nature. In her paintings and photographs, Zainab Haidary, in her third year at the Faculty of Fine Arts, Kabul University, analyzes the shifting relation between conflict and rescue, bringing inner emotions into "motion" through an often intimate point of view on everyday reality. Mohsen Taasha, also a graduate of the Faculty of Fine Arts in Kabul, reinterprets the tradition of miniature painting with an almost natural surrealistic approach, seeing it as the only place in a natural and artificial world that does not provide the answers being sought, where one can reach an understanding of self. Ultimately, by focusing their distinct approaches to contemporary artistic production on the understanding of human nature and the almost esoteric mysteries and contradictions inherent within it, these artists echo the timeless search for answers by mystics not only in Afghanistan but around the world. AM/AV

**Von links nach rechts / From left to right:
Abul Qasem Foushanji, *Melting Words*, 2011
Zainab Haidary, *Ohne Titel / Untitled*, 2010
Mohsen Taasha, *Ohne Titel / Untitled*, 2012**

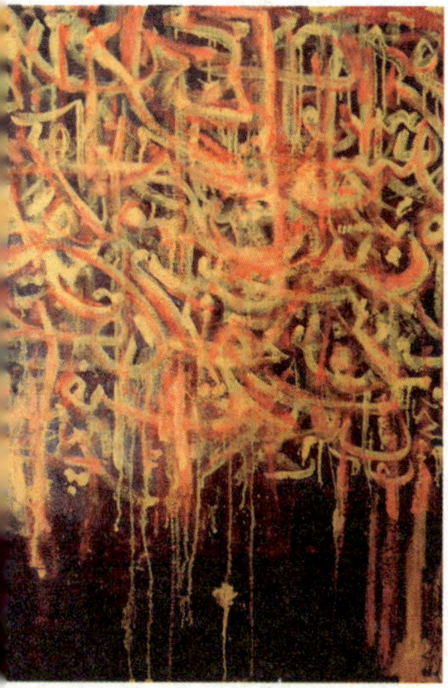
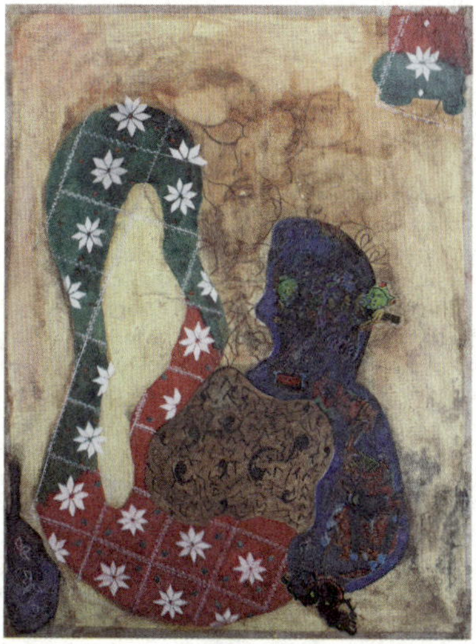
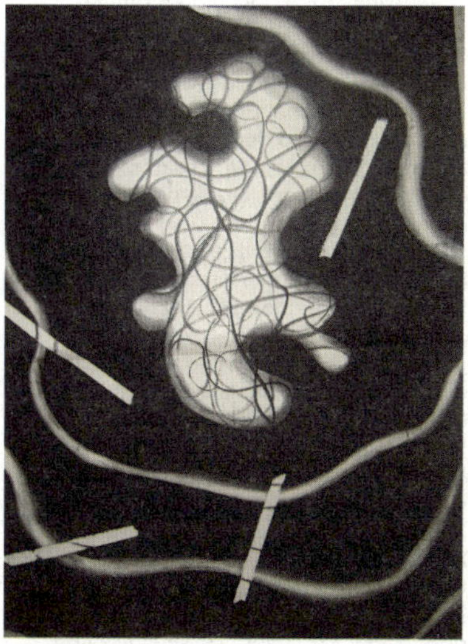

Jeanno Gaussi

geb. / b. 1973 in Kabul
lebt / lives in Berlin und / and Kabul

Jeanno Gaussis Filme, Videos, fotografische Arbeiten und Installationen erkunden unbestimmte Räume und Zeiten und verkörpern so die persönlichen wie gesellschaftlichen Dynamiken der Diaspora. Die Künstlerin, die in Kabul, Delhi und Berlin aufwuchs, versucht, eine mögliche Identität zu retten und sie aus einer Vielzahl von Bruchstücken und einander widerstreitenden Erinnerungen wiederherzustellen. Sie möchte »über die Melancholie der Zugehörigkeit« hinausgelangen, indem sie Prozesse aktiviert, die auf Verhandlungen zwischen der Verortung und der Entortung des Selbst beruhen oder der Zusammenarbeit mit anderen, die sie »die Insider« nennt.

In Kassel und Kabul zeigt sie zwei Projekte, die erkennen lassen, wie ihre Untersuchungen Schicht um Schicht aus ihrer zerrissenen Familiengeschichte erwuchsen und schließlich eine größere Gemeinschaft in den Blick nahmen. Als Gaussi 2008 zum ersten Mal seit 1978 nach Kabul reiste – sie hatte die Stadt damals ohne ihre Eltern verlassen, die ihr erst einige Jahre später folgten –, lernte sie Ustad Sharif Amin kennen, einen Maler von Schildern, Werbetafeln und Auftragsarbeiten, der sein Geschäft in der Nähe ihrer Wohnung hatte. Er erzählte ihr, dass er den Zusammenbruch und das Trauma des Krieges nur dank der Malerei überlebt habe. Gaussi, die schon immer das Gefühl gehabt hatte, dass ihr die Geschichte ihrer Familie fremd geworden sei, entschloss sich, ihm die dreißig Bilder zu geben, die ihre Eltern als einzige aus vielen Alben hatten mitnehmen können, als sie Afghanistan verlassen hatten; ihr waren sie immer unklar und zusammenhanglos erschienen. Sie bat ihn, von der Hälfte dieser Originalbilder Repliken zu malen. In *Family Stories* (2011–2012), einem Werk, das aus Sharifs Bildern und Gaussis Aufnahmen ihrer Gespräche mit dem Maler nach der Vollendung der einzelnen Arbeiten besteht, wird Sharif zum Vermittler und Entschlüsselungshelfer, zu einem Forscher, der mögliche Spuren der Wahrheit ans Licht bringen und so eine Art objektives Wissen herstellen kann. Doch stellt sich die Frage, ob sich aus diesen vermittelten Erinnerungen und Informationsbruchstücken eine persönliche Vergangenheit zusammensetzen lässt: Handelt es sich nicht doch lediglich um eine konstruierte Wirklichkeit, eine Fiktion?

Das Gegenstück zu dieser Arbeit ist *Peraan-e-Tombaan (Hose und Hemd)* (2012), eine performancebasierte Videoinstallation, in der eine Gruppe von Tänzern zunächst die traditionelle Kleidung afghanischer Männer zu tragen scheint: weite Hosen in Verbindung mit einem lockeren, auf der Brust bestickten Hemd, das bis zu den Knien hinabreicht. In Wirklichkeit sind die Kostüme aus Stoffen zusammengenäht, die für Soldaten- und Polizistenuniformen verwendet werden; die Stickerei ist aus militärischen Abzeichen zusammengesetzt. Durch die Gegenüberstellung der Vergangenheit (für die symbolisch der Volkstanz Attan steht, der mittlerweile als Afghanistans Nationaltanz gilt) und der Gegenwart (symbolisch vertreten durch die Stoffe und Abzeichen, die die tiefgreifenden Veränderungen im Stadtbild Kabuls und im gesellschaftlichen Umgang seiner Bewohner wegen der Militarisierung, durch Sicherheitsreglements und die Narben des Krieges widerspiegeln) setzt sich Gaussi wiederum mit ihrem eigenen getrübten Verständnis einer Realität auseinander, die sich ihr entzieht und zu der sie doch eine Verbindung herzustellen versucht.

Jeanno Gaussi's films, videos, photographic works, and installations explore undefined spaces and times, embodying the dynamics of the diaspora, both personal and social. Brought up in Kabul, Delhi, and Berlin, she has attempted to recuperate and reconstitute a possible identity, made up of multiple fragments and colliding memories. She tries to go "beyond the melancholia of belonging" by activating processes based on negotiations between self-location and delocation or collaborations with others, whom she calls "the insiders."

In Kassel and Kabul, she presents two projects that acknowledge the layered growth of her research from her disjointed familial background to a wider collective scope. In 2008, during her first trip back to Kabul since 1978, when she left the country without her parents (with whom she reunited some years later), Gaussi met Ustad Sharif Amin, a painter of signs, billboards, and commissioned pieces, whose shop was near her home. He told her that he had managed to survive the collapse and trauma of war through painting. Having always felt estranged from her family history, Gaussi decided to give him the thirty images that, out of many albums, her parents had been able to take with them when they left Afghanistan and that, for her, had always lacked clarity or continuity. She asked him to replicate half of these original images in paintings. In *Family Stories* (2011–12), made up of Sharif's paintings and Gaussi's recordings of her conversations with him after he had finished each work, Sharif becomes a mediator, a decoder, an investigator able to bring to the surface possible traces of the truth, to reach a sort of objective knowledge. But the question that arises is, can these mediated memories and information fragments build a personal past, or are they simply a constructed reality, a fiction?

As a counterpart to this work, *Peraan-e-Tombaan (Pant and Shirt)* (2012) is a performance-based video installation where a group of dancers appear to be dressed in traditional Afghan men's clothing, a combination of loose pants and a wide, knee-length shirt with an embroidered yoke. The costumes are in fact stitched from fabric used for military and police uniforms, and the embroidered pattern is made up of a combination of military insignias. Confronting past (represented by the folk dance *attan*, now considered Afghanistan's national dance) and present (symbolized by the fabric and insignias, which reflect the massive change in Kabul's urban landscape and social behavior, militarized by security rules and the scars of war), Gaussi again faces her own blurred understanding of a reality that escapes her, but with which she nevertheless attempts to connect. AV

***Family Stories*, 2011–2012**
10 Gemälde, Öl auf Leinwand / 10 paintings, oil on canvas
jeweils / each 60 × 45 cm
Afghanischer Auftragsmaler / Commissioned Afghan painter: Ustad Sharif Amin

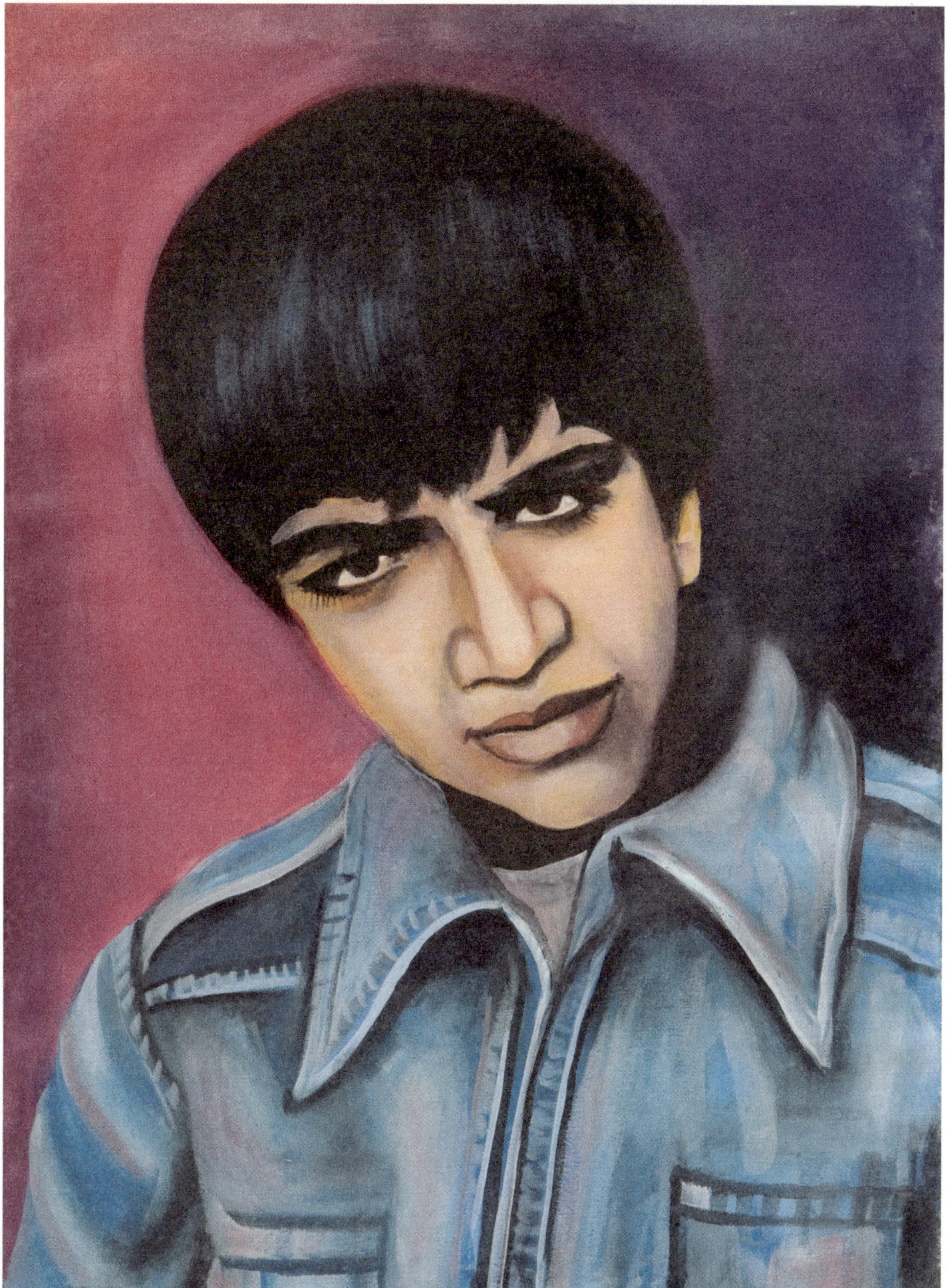

Masood Kamandy

geb. / b. 1981 in Fort Collins (Colorado)
lebt / lives in Los Angeles

Der Künstler Masood Kamandy arbeitet interdisziplinär in den Bereichen Fotografie, Computerprogrammierung und Video. Sein Werk begann als Dokumentation, in der er der Geschichte seiner Familie in Afghanistan nachforschte, und entwickelte sich schließlich zu einer Auseinandersetzung mit der Nachbearbeitung von Video- und Fotomaterial.

2005 beteiligte sich Kamandy an der Einwerbung von Geldern für die Einrichtung einer Dunkelkammer an der Universität Kabul und unterrichtete dort Fotografie. Er kuratierte eine Ausstellung studentischer Arbeiten in der Visual Arts Gallery der School of Visual Arts in New York mit dem Titel »First Light: Teaching Photography in Kabul«. Für die dOCUMENTA (13) hat er ein zweites Seminar in Kabul unter dem Stichwort »Photographic Information« organisiert, das den Status der Fotografie im digitalen Zeitalter hinterfragt. Seine Zusammenarbeit mit den Studenten umfasst den Einsatz von digitaler Fotografie, Programmierung und Archivbildern in Afghanistan. Sowohl in Kassel als auch in Kabul präsentiert Kamandy eine neue Serie von Fotografien und ein Online-Projekt, das eigens für die Website der dOCUMENTA (13) entworfen wurde.

In dieser Ausstellung hat Kamandy die gerahmten Abzüge auf eigenwillige Art zu Gruppen zusammengestellt: Sie bilden Haufen oder »Rhizome«, um einen Standpunkt der Gleichzeitigkeit zu unterstreichen, der mit der Hierarchie des einzelnen Bildes in der modernistischen Fotografie bricht. Der Titel seiner Reihe, *Superpositional* (2012), stammt aus der Quantenmechanik, wo »ein Teilchen in allen möglichen Zuständen zugleich existiert, bis es gemessen wird«. So bietet sich die Serie als Brücke zwischen Bewegt- und Standbildern an, auf der Zeit und Raum als ein Multiversum gleichzeitiger Möglichkeiten veranschaulicht werden.

Außerdem wird ein von Kamandy geschriebenes Computerprogramm gezeigt, das er bei der Herstellung dieser Fotografien und beim Unterricht in seinem Kabuler Seminar verwendet hat. Das Programm setzt Algorithmen ein, um mehrere Aufnahmen zu übersetzen und zu kombinieren und so ein neues Einzelbild zu produzieren. Ein Monitor, auf dem Arbeiten von Studenten zu sehen sind, die mit diesem Prozess geschaffen wurden, hebt seine pädagogische Herangehensweise hervor, bei der er andere Künstler dazu einlädt, sich an seinem Werkprozess zu beteiligen. Über die Webseite kann sich auch das Publikum mit diesem mehrschichtigen fotografischen Verfahren auseinandersetzen. Der Prozess, so Kamandy, erzeugt »ungemein verschiedene Ergebnisse, die manchmal surreal wirken, aber im Grunde dokumentarisch sind. Es handelt sich um eine Erkundung der modernen Erfahrung, die ihrer Natur nach synthetisch ist«, und um eine vieldeutige Verschmelzung des »surrealen« (digitalen) und des »objektiven« Registers.

Masood Kamandy is an interdisciplinary artist working in photography, computer programming, and video. His work began as a documentary exploration of his family history in Afghanistan and has evolved into an examination of post-processing in video and photography.

In 2005, Kamandy helped raise funds to build a darkroom and teach photography at Kabul University. He curated a group show of student work at the Visual Arts Gallery (the School of Visual Arts) in New York entitled "First Light: Teaching Photography in Kabul." For dOCUMENTA (13), he has organized a second seminar in Kabul called "Photographic Information," examining the status of photography in the digital age. His project with the students involves the use of digital photography, programming, and archival images of Afghanistan. Both in Kassel and Kabul, Kamandy presents a new series of photographs and a Web project specifically conceived for the dOCUMENTA (13) website.

In this exhibit, Kamandy has grouped framed prints unconventionally in clusters or "rhizomes," underlining a stance of simultaneity that breaks from the hierarchy of the single image in modernist photography. The title of his series, *Superpositional* (2012), is derived from quantum mechanics, where "a particle exists in all possible states at the same time until it is measured." In this way, the series offers itself as a bridge between moving and still images, where time and space are depicted as a multiverse of simultaneous possibilities.

Also on display is a computer program written by Kamandy that he used to create these photographs and to teach his seminar at Kabul University. The program utilizes algorithms to translate and combine multiple exposures to form a new single image. A monitor showing student works created with this process underlines his pedagogical approach, in which he invites other artists into his process. The website also allows the public to interact with this layered photographic procedure. In Kamandy's words, the process generates a "wildly diverse set of outcomes that can seem surreal but are essentially documentary. It is an exploration of modern experience being synthetic in nature," and an ambiguous merging between the "surreal" (digital) and the "objective." AV

***Hologram*, 2012**
Pigmentdruck / Pigment print
144.8 × 111.8 cm

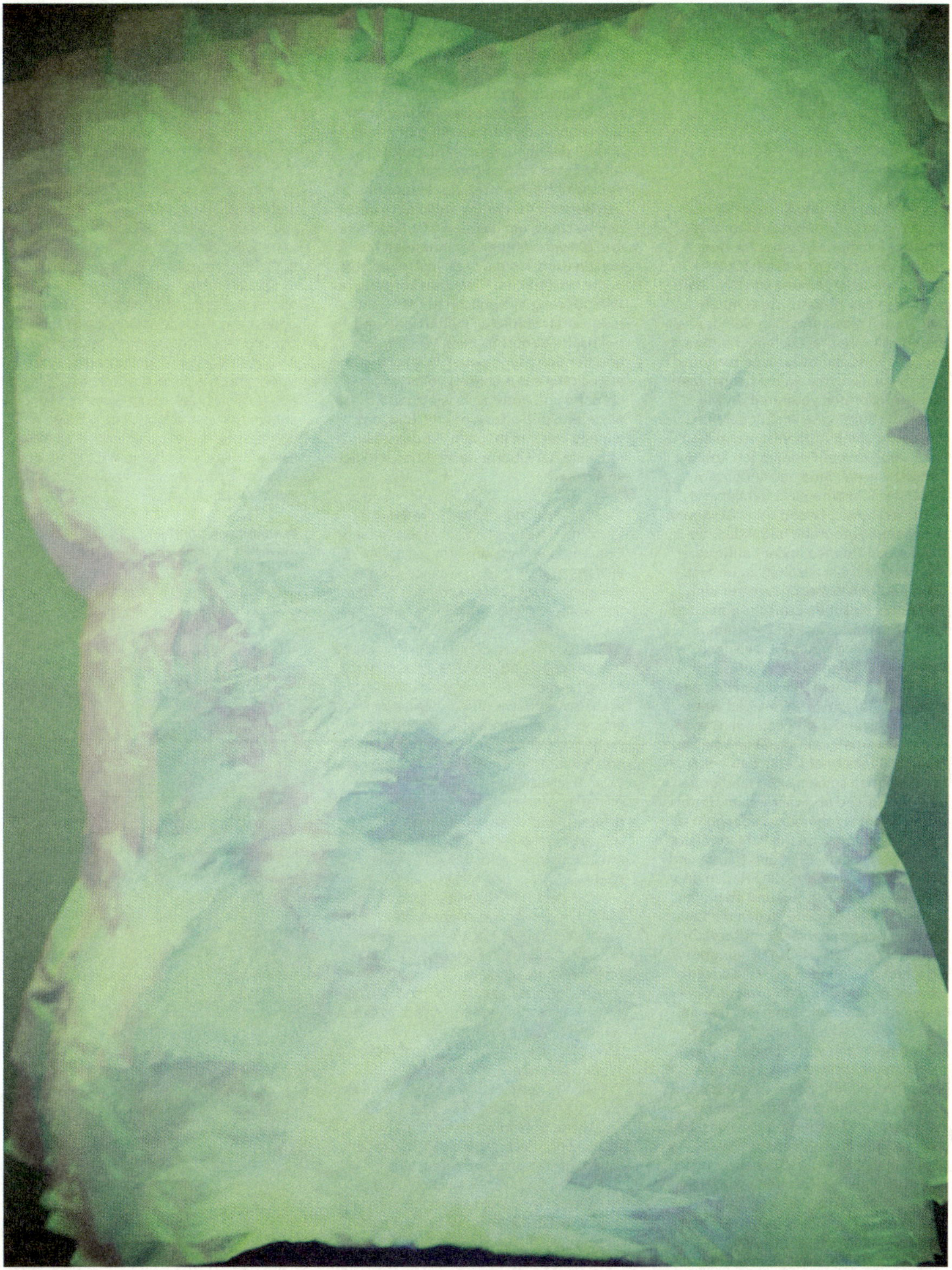

Rahraw Omarzad

geb. / b. 1964 in Kabul
lebt / lives in Kabul

Der Schriftsteller und Künstler Rahraw Omarzad ist Gründungsdirektor des 2004 geschaffenen Center for Contemporary Arts Afghanistan (CCAA), einer unabhängigen und von Künstlern geführten Einrichtung, die Männern und Frauen gleichermaßen Gelegenheit bieten soll, ihre praktischen und theoretischen Kunstkenntnisse zu erweitern, und so vor allem die Suche nach neuen Ausdrucksformen vorantreiben will, durch die Kunst eine wichtige Rolle bei der Entwicklung Afghanistans spielen kann. Als Exponent der jungen Kabuler Kunstszene rief Omarzad außerdem 2000 das Kunstmagazin *Gahnama-e-Hunar* ins Leben. Er und seine Studenten verwenden Fotografie und Video, um Motive und Themen in der heutigen afghanischen Gesellschaft zu untersuchen und sich insbesondere mit dem Verhältnis zwischen Ermächtigung und Entmachtung, zwischen Zusammenbruch und Wiederaufbau, zwischen Krieg und Frieden zu befassen.

In seinem neuen Video (*Gaining and Losing*, 2012) entwirft Omarzad eine kurze Erzählung in vier Episoden, in denen sich Vergangenheit, Gegenwart und Zukunft überschneiden. In den ersten drei Episoden spielen sich Handlungen im Vordergrund ab, während im Hintergrund Bilder erscheinen. Dabei geht es in der ersten Episode um Personen, die offizielle und zivile Kleidung tragen und in Zeitlupe vor Bildern, die Frieden und Ruhe symbolisieren, auf und ab gehen. In der zweiten Episode stellen die Bilder ein vom Krieg zerrissenes und zerstörtes Land dar (ein Verweis auf die jüngere Geschichte Afghanistans – die sowjetische Invasion und die Herrschaft der Mudschaheddin und dann der Taliban); davor gehen Behinderte auf Krücken, die ein Bein oder sogar beide verloren haben. In der dritten Episode zeigen die Hintergrundbilder neue hohe Gebäude (die die ausgebeutete Wirtschaft im heutigen Kabul unter Kontrolle der ISAF widerspiegeln). Nunmehr gehen die Personen nicht mehr auf Krücken, sondern auf künstlichen Gliedmaßen vorbei. In der letzten Episode, der einzigen mit Ton, besucht eine Gruppe von Kindern in Schuluniformen ein Museum; in einer Ausstellung sind Krücken und Beinprothesen zu sehen. Der Museumsleiter erläutert den Schülern diese Überreste. Damit endet das Video. Mit dem Hinweis auf die massive Zerstörung archäologischer Kunstschätze im Kabuler Nationalmuseum im Laufe des vergangenen Jahrzehnts und den derzeitigen Wiederaufbau der kulturellen Infrastruktur Afghanistans stürzt Omarzad uns in eine aufgewühlte Raumzeit der Furcht und des Begehrens, der Enttäuschung und des Wartens, um die merkwürdige Stille und die verdrängten Spannungen hervorzuheben, die die Lage in Afghanistan heute bestimmen. Hier steht körperliche Behinderung symbolisch für das kulturelle, wirtschaftliche, militärische und politische Bedürfnis nach Verständnis und der Schaffung neuer Möglichkeiten angesichts eines Landes voller Widersprüche und Potenziale wie auch für das einseitige und allzu einfache Bild, das wir uns von ihm machen. Ist das absurde Museum der Überreste am Ende wirklich so surreal?

Rahraw Omarzad is an artist, writer, and founding director in 2004 of the Center for Contemporary Arts Afghanistan (CCAA), an independent artist-run space in Kabul that provides equal opportunities for men and women to improve their practical and theoretical knowledge of the arts, particularly in a search for new expressions that will enable art to play a significant role in the development of Afghanistan. One of the protagonists of the young Kabul art scene, Omarzad also launched the art magazine *Gahnama-e-Hunar* in 2000. With his students, he employs photography and video to investigate motifs and themes related to contemporary Afghan society, dealing in particular with the relation between empowerment and disempowerment, collapse and recovery, war and peace.

In his new video (*Gaining and Losing*, 2012), Omarzad conceives a short narrative in four episodes in which past, present, and future overlap. In the first three episodes, actions play out in the foreground against a background of images. Episode 1 foregrounds individuals wearing official and non-official clothes, walking in slow motion in front of pictures symbolizing peace and tranquillity. In the second episode, the pictures represent a war-torn and destroyed country (referring to the Soviet invasion and to the mujahid and Taliban periods in the recent history of Afghanistan), before which disabled individuals walk with the aid of crutches, having lost one or both legs. In the third episode, the background pictures show tall new buildings (reflecting Kabul's current exploited economy, under ISAF control). Now the individuals pass by on artificial legs, no longer on crutches. In the final episode, the only one without a soundtrack, a group of uniformed schoolchildren visit a museum, one exhibition of which features crutches and artificial legs. The museum manager gives information about these relics to the students. The video ends. Referring to the massive destruction of archaeological artifacts at the Kabul National Museum of Afghanistan during the past decade and to the current reconstruction of the Afghan cultural infrastructure, Omarzad plunges us into a troubled space-time of fear and desire, disappointment and waiting, underlining the incongruous calm and suspended tension of the present condition in Afghanistan. Here, physical disability symbolizes the cultural, economic, military, and political need for understanding and enablement in the face of a country full of contradictions and potentialities, as well as our unilateral and simplistic perception of it. Is the final absurd museum of relics really so surreal? AV

***The Third One*, 2005**
Videostills / Video stills

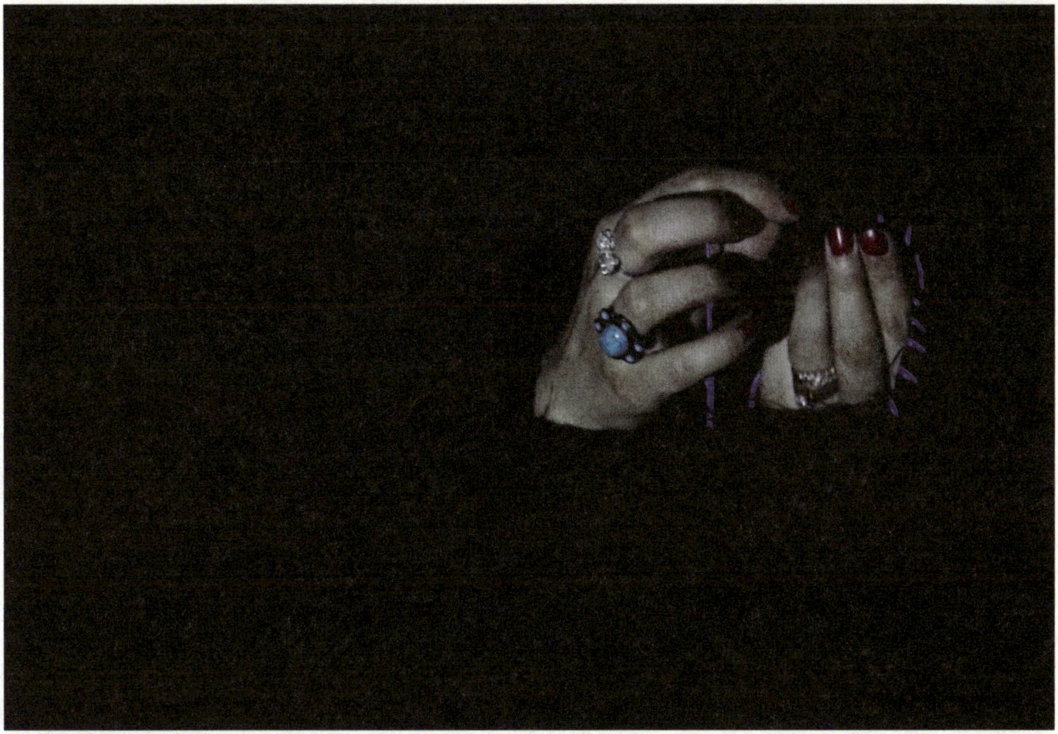

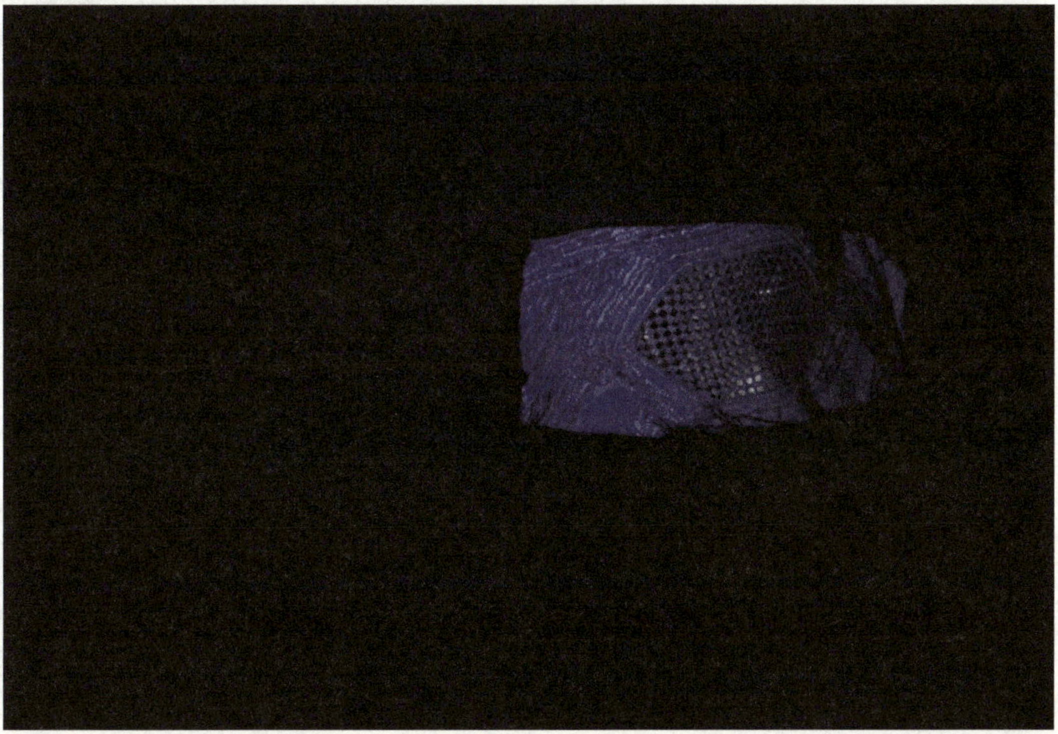

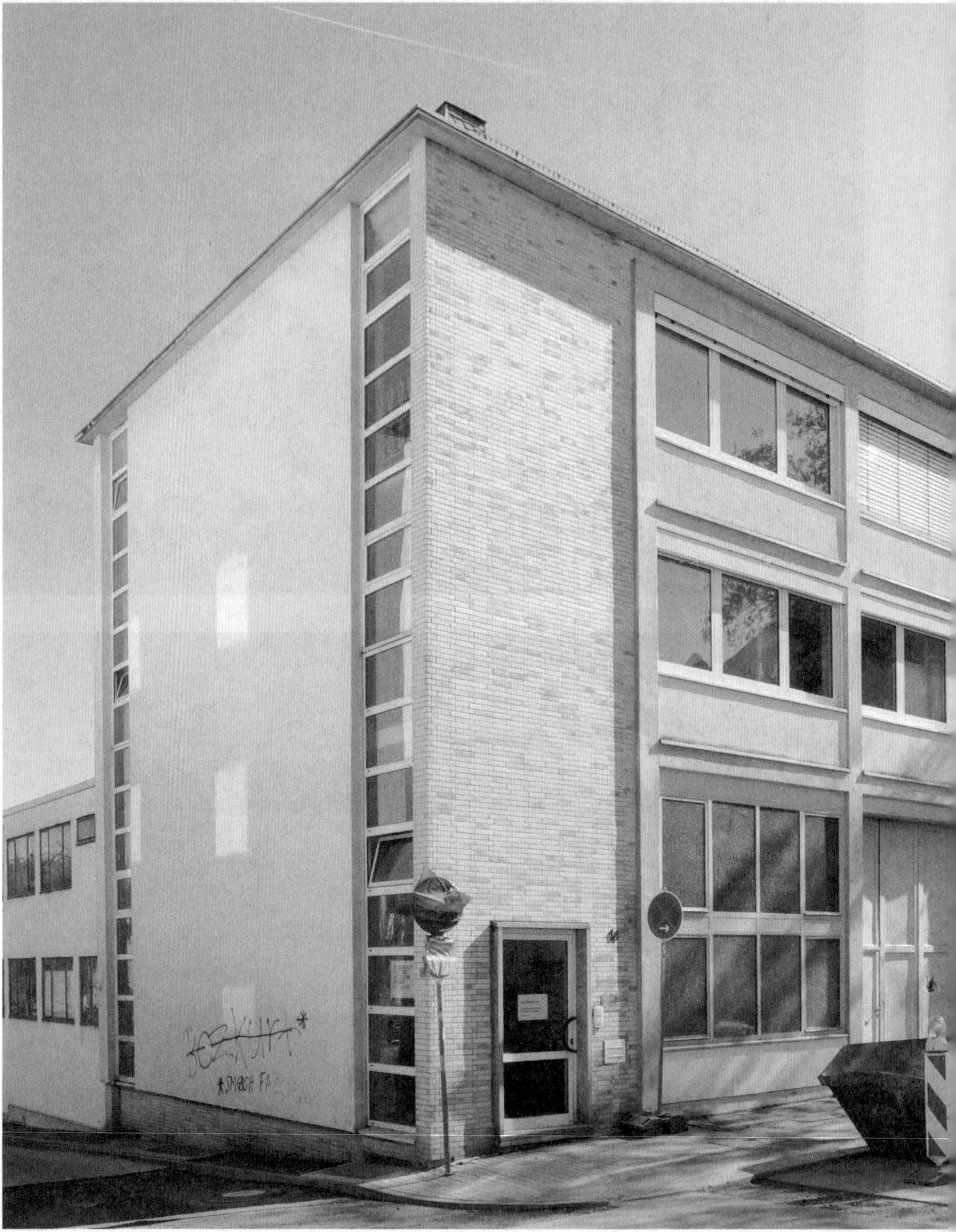

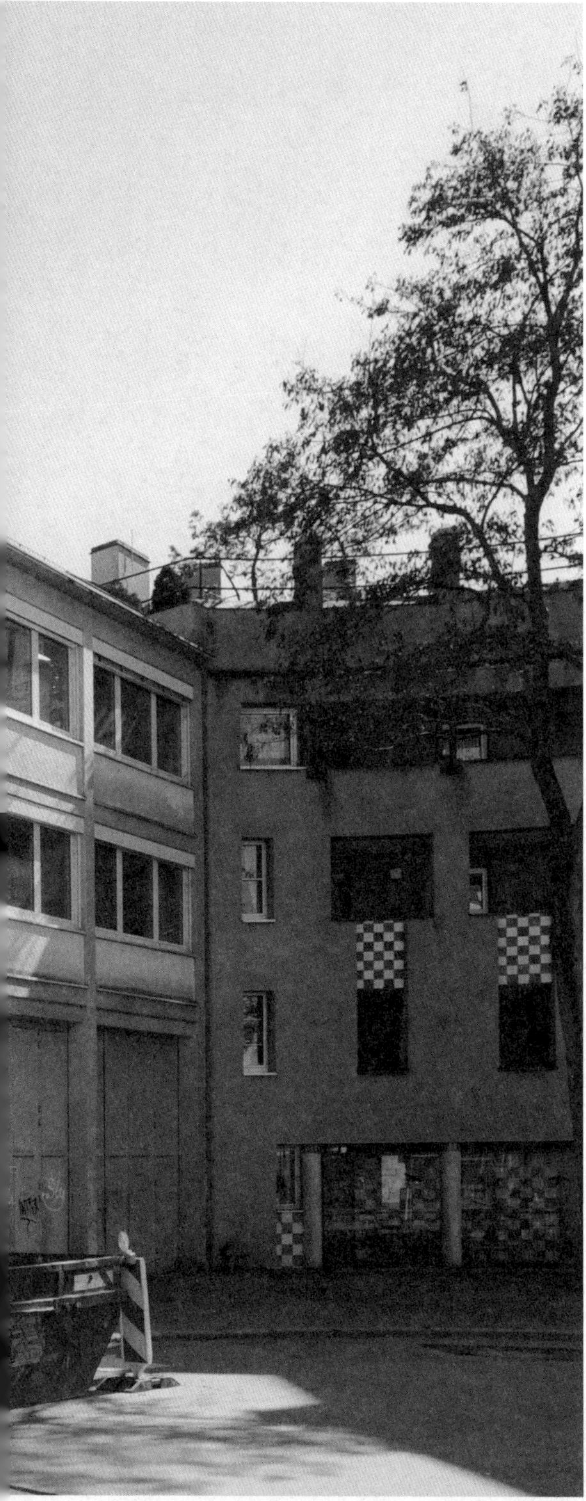

UNTERE KARLSSTR. 14 (NIE REALISIERTE MOSCHEE / NEVER-MOSQUE)

Die Lagerhalle in der Unteren Karlsstr. 14 sollte vor einigen Jahren in eine Moschee umbebaut werden, die Bauarbeiten blieben jedoch unvollendet und das Projekt unrealisiert.

In recent years, the storage building on Untere Karlsstr. 14 was partly rebuilt to become a mosque, but the project was never finished.

UNTERE KARLSSTR. 14 (NIE REALISIERTE MOSCHEE / NEVER-MOSQUE)

▼ **KÜNSTLER / ARTIST**
ERSTER STOCK / FIRST FLOOR

▷ **190** Akram Zaatari

▼ **KÜNSTLER / ARTISTS**
ERDGESCHOSS / GROUND FLOOR

▷ **11** Ayreen Anastas
▷ **66** Rene Gabri
▷ **143** Walid Raad

Erster Stock / First floor

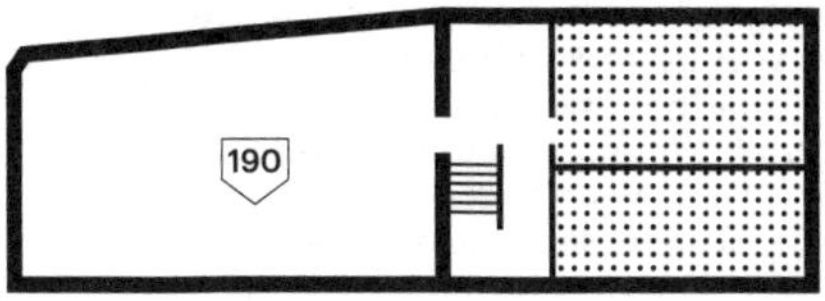

Erdgeschoss / Ground floor

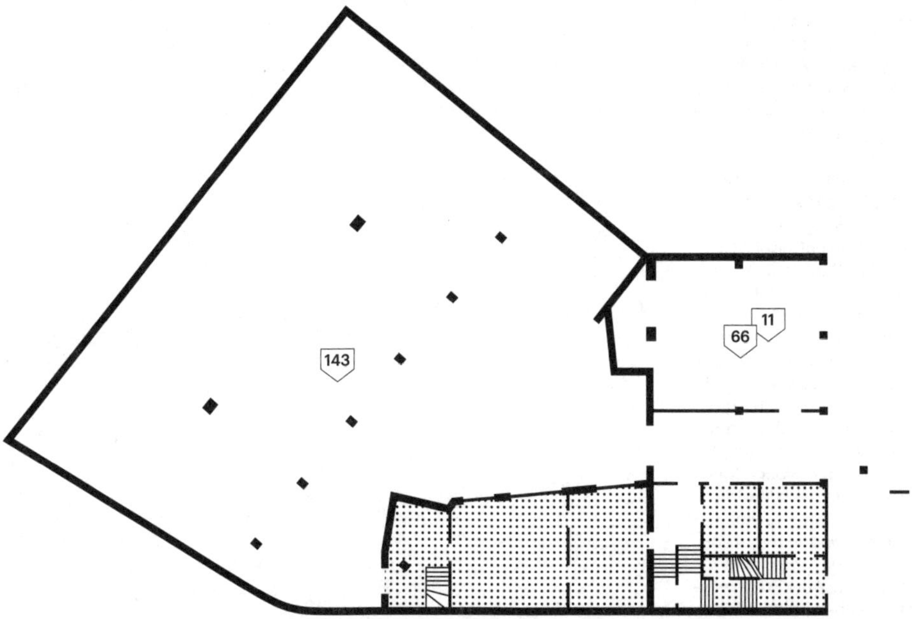

Ayreen Anastas

geb. / b. in Bethlehem
lebt / lives in New York

Alle außer mir sind ... alle, in der Sprache waren wir empfindlich sind wir eins mit uns selbst, bis wir brachen, brechen in Splitter, sind wir Reflexionen, Absichten. In der Sprache sind wir Kompositionen, und ergänzen ... und ergänz alle Adjektive, die du hast. Ich laufe vor mir selbst davon, bis ich es finde. Schreib uns etwas über dich, deine Kunst, deine Arbeit. Etwas Klares. Etwas was dich nahe sein lässt. Kannst du präzis sein kannst du konzis sein. Nein kann ich nicht, ein kohärentes Ich gibt es nicht. Ich bin nicht Verneinung – ich bin Verknüpfung. Nicht eine Idee. Erfinde dich selbst durch Wiederholung. In der Sprache wiederhole ich immer mich und ein anderes. Dich selbst du selbst yourself Yousef Yusef use of.

Der Rahmen bestimmt das Bild. Noch ein Adjektiv das Bild. Mein Bild, wie es gerahmt ist durch eben diesen Text. Meine Arbeit wie beschrieben wie vorgeschrieben wie umschrieben. In ein Meer von Adjektiven gezwungen. Am Ertrinken. Zur Morgendämmerung gibt es keinen Sonnenuntergang. Meine Arbeit meine Kunst mein Leben meine Liebe meine Sprache, eine Arbeit eine Kunst ein Leben eine Liebe eine Sprache, einladend nicht trennend, das erfordert Mühe, das schafft einen Weg keine Tugend. Einen Weg einer Mit-warte-Arbeit, an jeder Ecke eine Welt, die darauf aus ist, in Entfaltung begriffen zu sein.

Was ist der Sinn von Entfaltung? Wenn du die Karte aufschlägst, entfaltet sie sich, alles auf ihr entfaltet sich. Sagen wir, die Karte von Ägypten, wie es entfällt ich meine sich entfaltet, das bedeutet, seine Geschichte wirklich Wirklichkeit Verwirklichung. Sie kann auch ein Bruch durch Sprache sein. Wie das? Ich brauche dich nicht länger zu hören, du verschwindest in tausend Jahren, die wir gewartet diesen Augenblick erwartet haben, einen wiederkehrenden Augenblick. Den Augenblick auf vielen möglichen Wegen entfalten. Im Sinne von f. Von Damaskus nach Kairo nach Tunis nach Athen nach Madrid nach Barcelona und weiter südlich und weiter nördlich gerade und ungerade.

Fahre ich fort? Kein Fragezeichen bitte, das ist eine klare eine Frage eine klare Frage. Wie geht es Ihnen. Was tun. Ich tue du tust sie tut sie tut sie tut wir tun ihr tut sie tun.

Alle einschließlich meiner sind ... alle. Nur falls nötig zu übersetzen.

A. Darf ich etwas sagen

B. Klar bitte nur zu.

A. Wenn man etwas für eine große Öffentlichkeit schreibt, weiß man nicht, mit wem man spricht, man erfindet und erschafft Umrisse, aber sie gehören uns nicht mehr. All diese Gesten, ob gesprochen oder geschrieben, verlassen uns: Sie fangen an, unabhängig von uns zu handeln, wie Maschinen oder im besten Fall wie Puppen. In dem Augenblick, da ich etwas zur Veröffentlichung freigebe, beginne ich zu erscheinen-und-verschwinden, wie ein unbelehrbarer Geist, der nie gelernt hat zu leben. Man enteignet sich – man gibt sich weg –, ohne zu wissen, wem man das anvertraut, was man hinterlässt. Wer wird es jetzt erben und wie? Wird es überhaupt Erben geben? AA

EVERYONE BUT MYSELF IS EVERYONE, IN LANGUAGE WE WERE SENSIBLE WE ARE ONE WITH OURSELVES
UNTIL WE BROKE
WE BREAK
IN SPLINTERS
WE ARE — REFLECTIONS
— INTENTIONS
IN LANGUAGE WE ARE COMPOSITIONS, AND ADD
AND ADD ALL THE ADJECTIVES YOU HAVE.

I AM RUNNING AWAY FROM MYSELF UNTIL I FIND IT. WRITE US SOMETHING ABOUT YOURSELF,
YOUR WORK, ← SOMETHING CLEAR
YOUR ART.
SOMETHING THAT MAKES YOU NEAR
CAN YOU BE PRECISE
CAN YOU BE CONCISE
NO I CAN'T, A COHERENT I THERE IS NOT
I AM NOT NEGATION — I AM ASSOCIATION
NOT ONE IDEA. FABRICATE YOURSELF IN REPETITION.
IN LANGUAGE I AM ALWAYS REPEATING MYSELF
AND ANOTHER

YOURSELF YOU SELF YOUSEF ~~YO~~ YUSEF USE OF.

THE FRAME DEFINES THE PICTURE.
ANOTHER ADJECTIVE THE IMAGE. MY IMAGE AS FRAMED BY THIS TEXT. MY WORK AS DESCRIBED
AS PRECRIBED
AS CIRCUMSCRIBED.
MY WORK MY ART MY LIFE MY LOVE MY LANGUAGE INCLUSIVE
A WORK AN ART A LIFE A LOVE A LANGUAGE NOT
SEPARATING
THAT TAKES AN EFFORT
THAT MAKES A WAY
NOT A VIRTUE
↓
A WAY
OF A CO-LABOR-WAITING.
FORCED INTO
A SEA OF ADJECTIVES
DROWN-~~DROWING~~ ING
AT DAWN THERE IS NO SUNSET.

WHAT IS THE MEANING OF UNFOLDING?
WHEN YOU OPEN THE MAP IT'S UNFOLDING,
EVERYTHING IN IT IS UNFOLDING. LET'S SAY THE MAP OF EGYPT
FALLING
I MEAN UNFOLD-ING.
AT EVERY CORNER A WORLD WANTING TO BE UNFOLDING.
THIS MEANS ITS HISTORY ACTUALLY ACTUALITY ACTUALIZING.
IT CAN ALSO BE A BREAK THROUGH LANGUAGE. HOW SO?
I NEED NO MORE TO HEAR YOU
YOU DISAPPEAR IN A THOUSAND YEARS WE WAITED
AWAITED
THIS
MOMENT,
A RECURRING MOMENT
UNFOLDING THE MOMENT IN MANY WAYS POSSIBLE.
ALONG THE LINES OF F.
FROM DAMASCUS TO CAIRO TO TUNIS TO ATHENS TO MADRID TO BARCELONA AND FURTHER SOUTH — EVEN & UNEVEN
AND FURTHER NORTH
DO I CONTINUE? NO QUESTION MARK PLEASE IT IS A CLEAR A QUESTION A CLEAR QUESTION.
HOW DO YOU DO. WHAT IS TO BE DONE.
I DO YOU DO SHE DOES SHE DOES SHE DOES WE DO YOU DO THEY DO.

EVERYONE INCLUDING MYSELF IS EVERYONE.

NOT TO BE TRANSLATED UNLESS NEEDED.

A. CAN I SAY SOMETHING
B. SURE PLEASE GO AHEAD.
A. WHEN ONE WRITES FOR A LARGE PUBLIC, ONE DOESN'T KNOW TO WHOM ONE SPEAKS,
ONE INVENTS AND CREATES OUTLINES, BUT THEY NO LONGER BELONG TO US.
SPOKEN OR WRITTEN
ALL THESE GESTURES LEAVE US: THEY START TO ACT INDEPENDENTLY OF US, LIKE MACHINES, OR AT BEST, LIKE PUPPETS.
AT THE MOMENT THAT I ALLOW SOMETHING TO BE PUBLISHED,
I BEGIN TO
APPEAR - AND - DISAPPEAR
LIKE SOME UNTEACHABLE GHOST
WHO NEVER LEARNED HOW TO LIVE.

ONE EXPROPRIATES ONESELF - ONE GIVES ONESELF AWAY - WITHOUT KNOWING
TO WHOM ONE CONFIDES THE THING ONE LEAVES

WHO WILL INHERIT IT NOW AND HOW?
WILL THERE EVEN BE INHERITORS?

Rene Gabri

geb. / b. in Teheran / Tehran
lebt / lives in New York

A. Wir schreiben den 25. Januar 2012. Heute vor einem Jahr brach der revolutionäre Kampf in Ägypten aus. Bis dato dieses Schreibens wurde eine spezifische »Arbeit« noch nicht fertiggestellt, und der Raum, in dem sie »veranstaltet« oder »gezeigt« werden soll, steht noch nicht fest.

B. In Darlegungen wie dieser findet eine Art Gymnastik oder gar Magie statt. Die Termine für Veröffentlichungen liegen oft vor dem, was man eine Arbeit nennen könnte. Man lehnt sich aus dem Fenster, um eine Arbeit zu beschreiben oder heraufzubeschwören, die noch im Werden ist.

C. Weitere und allgemeinere Beschränkungen treten zutage. Zunächst einmal verweigert der benannte Künstler sich standardisierten Biografien oder Darstellungen wie: Der Künstler ist an A interessiert und verfügt über ein Verfahren, A zu nehmen und x oder y darauf anzuwenden, was normalerweise z ergibt.

D. Obwohl der benannte Künstler fortfährt, es fortführt, Überreste Spuren Dinge zu hinterlassen, die man »Arbeiten« nennen könnte, möchte sie oder er lieber nicht diese Darlegung als möglichen Ort »einer Arbeit« oder »der Arbeit« ausschließen. Ein Kunstwerk verfügt über viele mögliche Orte der Begegnung, ein Titel oder eine Darlegung, der oder die sie beschreibt, bildet keine Ausnahme.

E. Man könnte sagen: Der Geist der Arbeit spukt im Kunstwerk. Jedes Kunstwerk modelliert eine bestimmte Idee von Arbeit überhaupt, führt sie vor, macht sie öffentlich, bringt sie ins Spiel, hinterfragt sie. So ist in jedem Kunstwerk eine parallele Reflexion der Arbeit der Menschen-Tiere enthalten.

Welche Arten von Figuren oder Bilder von »Arbeit« bringen zeitgenössische Künstler ins Spiel? Was steht bei einer Position auf dem Spiel, die nahezulegen scheint, dass selbst dieser Text einer der Orte (möglicherweise?) der »Arbeit« ist?

F. Erschwerend kommt hinzu, dass der benannte Künstler Argwohn gegenüber einer Position (Lesart) hegt, die aus der folgenden Aussage auf eine von zwei möglichen Thesen schließt: »Die Kommunikation der Arbeit ist nicht von der Arbeit getrennt.«

These 1. »Die Kommunikation der Arbeit *ist* die Arbeit.«
These 2. »Kommunikation ist Arbeit.«

Die erste These stellt eine in der heutigen Zeit alles durchdringende Logik dar, wonach verschiedenartige Prozesse und Phänomene – Politik, einfache Haushaltswaren, Dienstleistungen, Kunst – durch eine instrumentelle Sprache gleichgemacht werden, die dem, was über eine Sache gesagt wird, den Vorrang vor der Sache selbst einräumt. An dem einen Pol wird jede mögliche Kommunikation darauf reduziert, jemandem etwas zu verkaufen, ihn für irgendeine Sache oder Position zu begeistern und von ihrem Wert zu überzeugen, ganz gleich, um welche Sache oder Position es sich handelt. An dem anderen wird Sprache systematisch auf eine Bezeichnungsfunktion reduziert; Wörter werden an Dingen festgemacht und sind nur mehr ein Mittel zu einem angestrebten Zweck.

Die zweite These ist mit anderen Risiken verbunden. Kommunikation (die das Hauptbindeglied zwischen Denken, Sprache, Sprechen, Gestik?, Einbildungskraft und unseren Beziehungsfähigkeiten darstellt) bildet seit Langem das Herz des politischen Lebens und Handelns. Da aber Kommunikation in den postfordistischen Gesellschaften eine immer zentralere Rolle in der Arbeit spielt, besteht das Risiko, dass die Unterscheidung zwischen Kommunikation und Arbeit und dadurch auch der Raum der Politik zusammenbricht.

G. Man könnte behaupten: dass es keinen Künstler keinen Künstler keinen Künstler und kein Werk (als solches) gibt, sondern ein Feld von Spannungen und Energien. Wenn man versucht, es aufzuhalten oder einzudämmen, wirft es einen entweder um, oder aber man macht ein Objekt aus ihm und hindert es daran, in Tätigkeit zu sein, am Werk zu sein. Wir könnten dann fragen: Wie kann man mit diesem Feld in Beziehung treten (gemeinsamen Gebrauch von ihm machen?), ohne es sich anzueignen, es zu enteignen oder zu zerstören?

H. Das Wort Energie selbst geht auf Aristoteles' Umbildung der griechischen Wörter *ergon* (Arbeit, Werk) und *energos* (an der Arbeit, Tätigkeit) (*argos*: nicht tätig, *argon*: Untätigkeit) in *energeia* zurück, ein Wort, das In-Tätigkeit-Sein oder Am-Werk-Sein bedeuten könnte.

Der Vorschlag, unser Augenmerk von Subjekten und Objekten, Künstlern und Dingen auf ein Feld von Energien, Kräften, Prozessen des Am-Werk-Seins zu verlagern, die auch ein Potenzial der Untätigkeit offenbaren und sich sogar dem Einstellen der Arbeit öffnen, bedeutet also, Bewegungslinien anzuerkennen, die sich unablässig verändernde Anordnungen von Subjekten und Objekten verbinden – eine Bewegung, die manche Leben (ein Leben) nennen (und die, während sie diese Subjekte und Objekte belebt, sich ihnen immer wieder erfolgreich entzieht).

I. Kann man Sinn finden außerhalb der Konventionen, die wir als wahr, normal, verständlich akzeptieren, und muss unser Versuch, die Konventionen infrage zu stellen, zu ihrer Zerstörung führen?

J. Muss ein Gegenstand, ein Prozess, eine Energie beständig sein, um weiter so genannt zu werden?

K. Muss, was wir, selbst (insbesondere) als Künstler, machen, immer als Kunstwerk bezeichnet werden?

L. Wenn das, was wir Kunst nennen, die Fähigkeit besitzt, unsere Vermitteltheit zu offenbaren oder das »In-ein-Mittel-Sein als irreduziblen Teil des Menschseins«, ist dieses Feld von Energien, Experimenten, Untersuchungen, Gesten (Kunst?) vermittelbar? Mit anderen Worten, wie vermittelt man Vermitteltheit? Kann die »Beschreibung« dieses Prozesses außerhalb des Prozesses oder getrennt von ihm existieren?

M. Wo in all diesen Bemühungen, Bewegungen oder Fragen kann man damit anfangen, die Umrisse einer Lebensform nachzuzeichnen? RG

A. IT IS JAN. 25, 2012 → ONE YEAR AGO TODAY THE REVOLUTIONARY STRUGGLE IN EGYPT MANIFESTED.
→ AS OF THE WRITING OF THIS TEXT
→ A SPECIFIC 'WORK' HAS NOT YET BEEN COMPLETED.
A SPACE TO 'HOST' OR 'DISPLAY' REMAINS TO BE DETERMINED.

B. THERE IS A KIND OF GYMNASTICS
OR EVEN MAGIC
BEING PERFORMED
IN STATEMENTS SUCH AS THIS → THE DEADLINES ^OFTEN PRECEDE – WHAT COULD BE CALLED A WORK. { ONE STRETCHES TO DESCRIBE OR CONSURE A WORK THAT IS STILL BECOMING
↓ OF PUBLICATIONS

C. ADDITIONAL
AND MORE GENERAL LIMITS PRESENT THEMSELVES.

TO BEGIN – THE NAMED ARTIST RESISTS STANDARD BIOGRAPHIES OR ACCOUNTS SUCH AS: Arstist is interested in A & has a method of taking A
applying x or y
which usually results in z

D. ALTHOUGH THE NAMED
ARTIST ~~CONTINUSE~~
CONTINUES TO LEAVE BEHIND REMNANTS
TRACES THINGS THAT COULD BE CALLED 'WORKS'

SHE OR HE PREFERS NOT TO } EXCLUDE THIS STATEMENT AS A POTENTIAL SITE OF 'A WORK' OR 'THE WORK'
A WORK OF ART HAS MANY POTENTIAL SITES OF ENCOUNTER
A TITLE OR STATEMENT
DESCRIBING IT
ARE NO EXCEPTION.

E. ONE COULD SAY:
THE GHOST OF WORK
HAUNTS THE WORK OF ART

EACH WORK OF ART
IN SOME WAY MODELS
MAKES PUBLIC
PUTS INTO PLAY
QUESTIONS } A CERTAIN IDEA OF WORK ITSELF. THUS CONTAINED WITH-IN ANY WORK OF ART IS A PARALLEL REFLECTION ON THE WORK OF HUMAN ANIMALS

WHAT KINDS OF FIGURES OR TROPES OF 'WORK' DO CONTEMPORARY ARTISTS PUT INTO PLAY?
↓
WHAT IS AT STAKE, IN A POSITION THAT WOULD SUGGEST THAT EVEN THIS TEXT IS ONE OF THE SITES (POTENTIALLY?) OF THE 'WORK'?

F. THERE IS A FURTHER
COMPLICATION
BECAUSE THE NAMED ARTIST IS SUSPICIOUS OF A POSITION (READING)
THAT WOULD
EXTRAPOLATE
EITHER OF THE TWO PROPOSITIONS FROM
THE FOLLOWING STATEMENT:

"The communication of the work
is not separate
from the work."

PROPOSITION **2** 'COMMUNICATION IS WORK.' ← THIS SECOND PROPOSITION HAS OTHER RISKS ASSOCIATED WITH IT.

PROPOSITION **1** 'THE COMMUNICATION OF THE WORK IS THE WORK.'

THE FIRST PROPOSITION HAS BECOME A PERVASIVE LOGIC OF OUR TIME. IN WHICH DISPARATE PROCESSES & PHENOMENA
POLITICS / ART / SERVICES / SIMPLE HOUSEHOLD PRODUCTS
ARE ALL EQUALIZED BY AN INSTRUMENTAL LANGUAGE WHICH ~~PRIVELEGES~~ PRIVILEGES WHAT IS SAID ABOUT A THING FROM THE THING ITSELF.

COMMUNICATION { WHICH IS AT THE NEXUS OF THOUGHT, LANGUAGE, SPEECH, ^GESTURE? IMAGINATION AND OUR RELATIONAL CAPACITIES { HISTORICALLY HAS BEEN AT THE HEART OF POLITICAL LIFE & ACTION

G. ONE COULD ASSERT:
THAT THERE
IS NO ARTIST
IS NO ARTIST
IS NO ARTIST OR WORK
(AS SUCH)
BUT RATHER A
FIELD OF TENSIONS
& ENERGIES.

BUT AS COMMUNICATION PLAYS ^A MORE AND MORE CENTRAL ROLE IN WORK IN POST-FORDIST SOCIETIES

THE RISK IS THAT A COLLAPSE OF COMMUNICATION INTO WORK

W^COM^MUN R^ICATIO^N

SIGNALS A POTENTIAL COLLAPSE OF THE SPACE OF POL – TICS

IF YOU TRY TO STOP IT
CONTAIN IT EITHER → IT WILL ~~KNOCK~~ KNOCK YOU DOWN.
↓
YOU WILL MAKE OF IT, AN ^OR OBJECT
& THUS
STOP IT FROM ~~WORKING~~ BEING IN ACT BEING AT WORK.
(UNWORKING)

ON ONE POLE
ANY POTENTIAL COMMUNICATION
IS REDUCED TO AN ACT OF SELLING & CONVINCING SOMEONE ABOUT THE VALUE OF SOME THING OR SOME POSITION – IRRESPECTIVE OF THE THING OR POSITION

ON ANOTHER
LANGUAGE IS SYSTEMATICALLY REDUCED TO
A DENOTATIVE FUNCTION
FIXING WORDS TO THINGS
AND BECOMING ONLY A
MEANS TO A DESIRED END.

WE THE COULD ASK:
HOW CAN ONE COME INTO RELATION WITH THIS FIELD
(MAKE COMMON USE OF?)
WITHOUT – APPROPRIATING / EXPROPRIATING / DESTROYING IT?

H. THE WORD ENERGY
ITSELF TRACES BACK TO ARISTOTLE'S TRANSFORMATION
OF THE GREEK WORDS { Ergon LABOR WORK (ARGOS NOT WORKING ARGON INACTIVITY)
Energos WORKING ACTIVE
INTO ENERGEIA → A WORD WHICH COULD MEAN BEING-IN-ACT BEING-AT-WORK

THUS ~~THE PROPOSAL~~ TO PROPOSE TO SHIFT OUR ATTENTION FROM
SUBJECTS AND OBJECTS
ARTISTS AND THINGS
TOWARD
A FIELD OF ENERGIES OF
FORCES
PROCESSES OF – ~~PUTTING TO WORK~~ BEING AT WORK – WHICH ALSO EXPOSE A POTENTIAL FOR INACTIVITY
EVEN OPENING TO THE STOPPAGE OF WORK.

IS TO ACKNOWLEDGE
LINES OF MOVEMENT THAT CONNECT
~~AN~~ EVER CHANGING ARRANGEMENTS
OF SUBJECTS AND OBJECTS
→ A MOVEMENT THAT SOME REFER TO AS LIFE (A LIFE) (WHICH WHILE ANIMATING THESE SUBJECTS AND OBJECTS ALWAYS MANAGES TO ESCAPE THEM.)

I.
CAN SENSE BE FOUND
OUTSIDE THE CONVENTIONS WE ACCEPT AS TRUE
NORMAL
UNDERSTANDABLE & → IN ATTEMPTING TO QUESTION THE CONVENTIONS MUST WE DESTROY THEM?

J. MUST A THING BE CONSISTENT
PROCESS TO BE CALLED
ENERGY BY THE SAME NAME?

K. MUST WHAT WE DO AS ARTISTS – ^EVEN (PARTICULARLY) ALWAYS BE CALLED A WORK OR ART?

L. IF WHAT WE CALL ART HAS THE CAPACITY TO REVEAL OUR MEDIATEDNESS
OR THE BEING INTO A MEAN AS AN IRREDUCIBLE CONDITION OF HUMAN BEINGS – CAN THIS FIELD OF { ENERGIES / EXPERIMENTS / INQUIRIES / GESTURES } (ART?) BE MEDIATED? / HOW DOES ONE MEDIATE MEDIALITY? CAN THE 'DESCRIPTION' OF THIS PROCESS BE OUTSIDE OR SEPARATE FROM THE PROCESS?

M. WHERE IN ALL OF THESE EFFORTS, MOVEMENTS, OR QUESTIONS CAN ONE BEGIN TO TRACE THE OUTLINES
OF A FORM OF LIFE.

Walid Raad

geb. / b. 1967 in Chbanieh (Libanon / Lebanon)
lebt / lives in New York

In seiner Vortragsperformance *The Loudest Muttering Is Over* (1999) erzählt Walid Raad unter anderem die Geschichte des libanesischen Historikers Dr. Fadl Fakhouri, der von 1975 bis 1991 zwei 8-mm-Kameras überallhin mitnahm. Mit der einen Kamera belichtete er jedes Mal ein Einzelbild, wenn er meinte, jetzt wäre der libanesische Bürgerkrieg vorbei; mit der anderen nahm er von jeder Arzt- oder Zahnarztpraxis, auf die er stieß, ein Bild auf. Die zwei Filmrollen, die den poetischen Titel *Miraculous Beginnings* und *No, Illness Is Neither Here Nor There* tragen, gehören zu einem aus Notizbüchern, Fotos, Videos, Filmen und anderen Unterlagen bestehenden »Nachlass«, der in die Archive der Atlas Group einging, die »1999 gegründet wurde, um die libanesische Zeitgeschichte« – und insbesondere das Trauma des libanesischen Bürgerkriegs – »mithilfe von Ton- und Bildmaterial, Werken der Literatur und anderen Kunstgegenständen zu erforschen und zu dokumentieren«. Dr. Fakhouri jedoch ist eine Kunstfigur, die Atlas Group eine erfundene Stiftung. Seit dem Start seines Projekts *The Atlas Group 1989–2004* hat Raad selbst als Künstler eine dezidiert vieldeutige Stellung behauptet. In Performances, Schriften, Installationen und Arbeiten auf Papier, die die Ästhetik und Akribie der Konzeptkunst und die Genauigkeit einer imaginären Enzyklopädie gegen die Vergeblichkeit aller Dokumentation in Stellung bringen, erkundet er die verschiedenen – möglichen, vorstellbaren, metaphorischen – Wahrheiten einer Geschichte, statt die strengen Maßstäbe von Wahrheit oder Fiktion an die Geschichte anzulegen.

***Scratching on Things I Could Disavow* (2008–fortlaufend) ist ein Forschungsprojekt in mehreren Teilen (die in verschiedene Unterkapitel gegliedert sind), das sich eingehend mit der Kunstgeschichte der arabischen Welt auseinandersetzt. Das Projekt verfolgt drei Interessengebiete. Zum einen geht es um technologische Neuerungen im Bereich von Statistik und Finanzwesen sowie darum, wie sie sich auf Datenbanken und Kunstfördermittel auswirken. Zum anderen untersucht Raad die Rahmenbedingungen für zeitgenössische Kunst in der Golfregion und setzt sich kritisch mit der rasanten Entwicklung in Städten wie Abu Dhabi, Doha oder Sharjah auseinander. Der dritte Teil beruht auf den Fragen, die Jalal Toufic in seinem Buch *Vom Rückzug der Tradition nach einem unermesslichen Desaster* (2009) aufgeworfen hat, in dem er untersucht, ob bestimmte Kriege womöglich nicht nur zur materiellen Verwüstung von Kultur (der Zerstörung von Kunstwerken, der Verbrennung von Büchern, der Plünderung von Museen und anderen Kulturinstitutionen) führen, sondern auch immaterielle Auswirkungen auf Kultur und Tradition haben. Toufics Analyse beschreibt eine solche immaterielle Wirkung als den »Rückzug« von Kunstwerken – nicht in dem Sinne, dass diese unsichtbar geworden wären, sondern vielmehr so, dass dafür sensible Künstler sie als zerstört betrachten, obwohl sie weiterhin vorhanden sind.**

Raads Arbeit für die dOCUMENTA (13) besteht aus einer Ausstellung von Gegenständen, Geschichten und Dokumenten – von auf Tatsachen beruhender Forschung bis hin zu poetischen Reflexionen über Farben, Linien, Gestalten und Formen –, die von einer Reihe von Begehungen mit dem Künstler und von Dozenten geführten Rundgängen begleitet wird.

In his lecture-performance *The Loudest Muttering Is Over* (1999), Walid Raad tells the story of, among others, the Lebanese historian Dr. Fadl Fakhouri, who from 1975 to 1991 carried around two 8mm cameras wherever he went. With one camera he exposed a frame of film each time he thought the Lebanese Civil War were over; with the other he took a picture whenever he came across a doctor's or dentist's office. Poetically entitled *Miraculous Beginnings* and *No, Illness Is Neither Here nor There*, the two rolls of film are part of a "legacy" of notebooks, photographs, videotapes, films, and other documents that went into the archives of the Atlas Group, "established in 1999 to research and document the contemporary history of Lebanon with audio, visual, literary, and other artifacts"—in particular, the trauma of the Lebanese Civil War. However, Dr. Fakhouri is a fictional character, and the Atlas Group is an imaginary foundation. Since his founding of the project *The Atlas Group 1989–2004*, Raad has maintained a decidedly ambiguous position as an artist. In performances, texts, installations, and works on paper that pit the aesthetics and meticulousness of Conceptual art and the precision of an imaginary encyclopedia against the futility of documentation, he explores the various—possible, imaginable, metaphoric—truths of a story, rather than dealing with history in strict measures of truth or fiction.

Scratching on Things I Could Disavow (2008–ongoing) is a research project in multiple parts (including various subchapters) that engages in depth with the history of art in the Arab world. The project follows three areas of concern. The first looks at technological innovations in statistics and finance as well as their manifestations in databases and art funds. The second examines the conditions for contemporary art in the Gulf region and engages critically with rapid developments in cities such as Abu Dhabi, Doha, and Sharjah. The third is based on the questions asked by Jalal Toufic in his book *The Withdrawal of Tradition Past a Surpassing Disaster* (2009), where he considers whether certain wars may not only lead to the material destruction of culture (the destroying of artworks, the burning of books, the looting of museums and other cultural institutions) but also affect culture and tradition immaterially. Toufic's analysis describes one such immaterial effect as the "withdrawal" of artworks, in the sense not of their being hidden from view but of their being regarded by sensitive artists as if destroyed even as they remain extant.

Raad's work for dOCUMENTA (13) consists of an exhibition of objects, stories, and documents—from fact-based research to poetic reflections on colors, lines, shapes, and forms—accompanied by a series of walk-throughs by the artist and docent-led tours. ES

***Lobed Bowl with Crowned Heads*, 2012**
Verschiedene Materialien / Mixed media
Maße variabel / Dimensions variable

Akram Zaatari

geb. / b. 1966 in Sidon (Libanon / Lebanon)
lebt / lives in Beirut

Akram Zaataris Werk beruht auf umfassenden Ausgrabungen, in denen der Künstler die Bilderkultur eines Landes untersucht, dessen jüngere Geschichte von bewaffneten Auseinandersetzungen und Instabilität geprägt ist. Zaatari, der mehr als vierzig Videos geschaffen hat, darunter *All Is Well on the Border* (1997), *This Day* (2003), *In This House* (2005) und *Nature Morte* (2008), hat sich in die Sammlung und Untersuchung von Materialien vertieft, die von der gesellschaftspolitischen Situation im Libanon Zeugnis ablegen und die gegenwärtige geografische Unterteilung des Nahen Ostens dokumentieren. In seinen Arbeiten denkt er über wechselnde Grenzziehungen, Vertreibung, Überwachung, Angst und die allgemeine Verschlossenheit in Kriegszeiten nach.

1997 gründete Zaatari mit anderen die Arab Image Foundation (AIF) und legte den Schwerpunkt seiner Arbeit auf die Erforschung von Formen der Gebrauchsfotografie, während er eine Sammlung aufbaute, die sich insbesondere aus Familien- und Atelierfotografien aus dem Nahen Osten und Nordafrika zusammensetzt. 2004 beschloss er, sich ganz auf das Archiv des Studio Shehrazade in Saida (Libanon) und das Werk des Fotografen Hashem El Madani zu konzentrieren. Von 2004 bis 2011 produzierte er Arbeiten mit und zu ausgewählten Bildsätzen, die in diesem Atelier hergestellt worden waren. Am Anfang standen Projekte wie *Studio Practices* (2004–2007), bei dem er Fotografien zeigte, auf denen Einzelpersonen, Paare und Gruppen Madanis Atelier als Bühne nutzten, um verschiedene Identitäten auszuagieren; zuletzt folgte *Twenty-Eight Nights and a Poem* (2009–2011), eine Arbeit, in der Zaatari als Bemerkung zu fünfzig Jahren Herstellung und Verbreitung von Bildern den Blick auf die Werkzeuge und Geräte des Fotografen lenkt.

Seit 2011 lässt Zaatari seine Mitgliedschaft im AIF ruhen; er trat vom Vorstand der Stiftung zurück in der Hoffnung, dass dieser Schritt eine eingehende Debatte über das Archiv auslösen würde: Was muss erhalten werden und wann? Seine Entscheidung spiegelt eine im Wandel begriffene Welt und sich verändernde Technologien wider wie auch den Entschluss, seine Mitarbeit an der Sammlung von Originalfotografien zum Zweck ihrer Untersuchung und Konservierung auszusetzen. Die Vorstellung, dass man ein Dokument der Zirkulation entzieht, um es zu erhalten, thematisierte Zaatari in *Letter to Samir* (2008): Nabih Awada, ein Widerstandskämpfer aus dem Libanon, der in israelischer Kriegsgefangenschaft gesessen hat, schreibt einen Brief an den libanesischen Fatah-Kämpfer Samir al-Qintar, den am längsten in Israel festgehaltenen Häftling, um ihn dann sorgfältig zu falten und zu versiegeln – eine Kapsel mit Worten, die geheim bleiben, um für die Zukunft bewahrt zu werden.

***Time Capsule* (2012) für die dOCUMENTA (13) besteht aus einer Struktur, die Duplikate ausgewählter Fotografien aus der Sammlung der AIF enthält. Sie sind in eine Art Zementstein eingegossen und am Fulda-Ufer vergraben. Angeregt wurde Zaatari zu dieser Arbeit von einem Schritt, den das Nationalmuseum in Beirut während des libanesischen Bürgerkriegs (1975–1990) unternahm: Sammlungsgegenstände wurden in Betonblöcke eingegossen, um sie zu erhalten. Zaataris Kapsel wird für die Ausstellungsdauer und darüber hinaus unter der Erde verbleiben. Ihre Herstellung, ihr Inhalt und ihre Versenkung werden Gegenstand einer filmischen Arbeit sein.**

Akram Zaatari's work is grounded in extensive excavations of the visual culture of a country whose recent history has been marked by conflict and instability. The author of more than forty videos, including *All Is Well on the Border* (1997), *This Day* (2003), *In This House* (2005), and *Nature Morte* (2008), Zaatari is preoccupied with the collection and study of documents that testify to the sociopolitical context of Lebanon and the current geographic division of the Middle East. His works reflect on shifting borders, displacement, surveillance, fear, and the state of closure related to times of war.

In 1997, Zaatari co-founded the Arab Image Foundation (AIF) and focused on studying vernacular photography while building a collection mainly constituted from family and studio photographs from the Middle East and North Africa. In 2004, he decided to concentrate on the archive of Studio Shehrazade in Saida (Lebanon) and the work of the photographer Hashem El Madani. Between 2004 and 2011, he produced works with and around selected bodies of images made in that studio, starting with projects like *Studio Practices* (2004–07), in which he presented photographs depicting individuals, couples, and groups, who used Madani's studio as a theater to act out identities—and arriving at *Twenty-Eight Nights and a Poem* (2009–11), in which Zaatari studies the photographer's tools and equipment to comment on fifty years of image-making and dissemination.

In 2011, Zaatari suspended his membership in AIF and resigned from its board, in hopes that it would trigger serious discussions about the archive—what needs to be preserved, and when. His decision reflects a changing world and changing technology, as well as a suspension of his earlier engagement in collecting original photographs for the sake of studying and preserving them. The concept of withdrawing a document to preserve it was the subject of Zaatari's *Letter to Samir* (2008), in which Nabih Awada, a Lebanese resistance fighter and former POW in Israel, writes a letter to the prisoner longest incarcerated in Israel, the Lebanese Fatah fighter Samir al-Qintar, which he carefully folds and seals—a capsule of words to remain secret, preserved for a future time.

Time Capsule (2012) for dOCUMENTA (13) consists of a structure that includes duplicates of selected photographs from the AIF collection, encased within what looks like a concrete foundation block and buried near the river Fulda. It is inspired by an act of preservation carried out by the National Museum of Beirut during the Lebanese Civil War (1975–90), when it cast its collection of artifacts inside concrete blocks. Zaatari's capsule will stay underground for the duration of the exhibition and beyond. Its making, content, and burial will be the subject of a film work. ES

***Time Capsule*, 2012**
Zeichnung nach einer Fotografie von der Haupthalle des Nationalmuseums in Beirut / Drawing based on a photograph of the main hall of the National Museum of Beirut, 1991

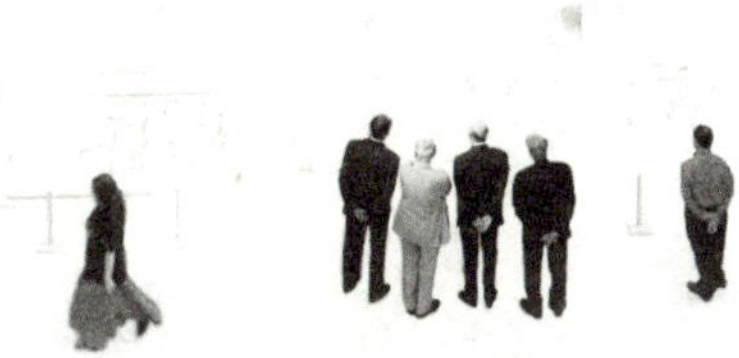

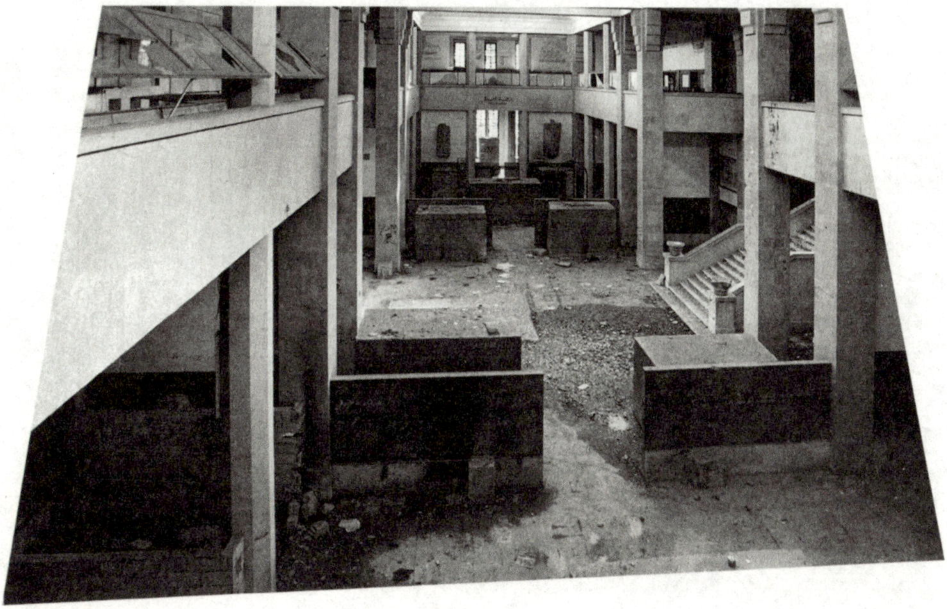

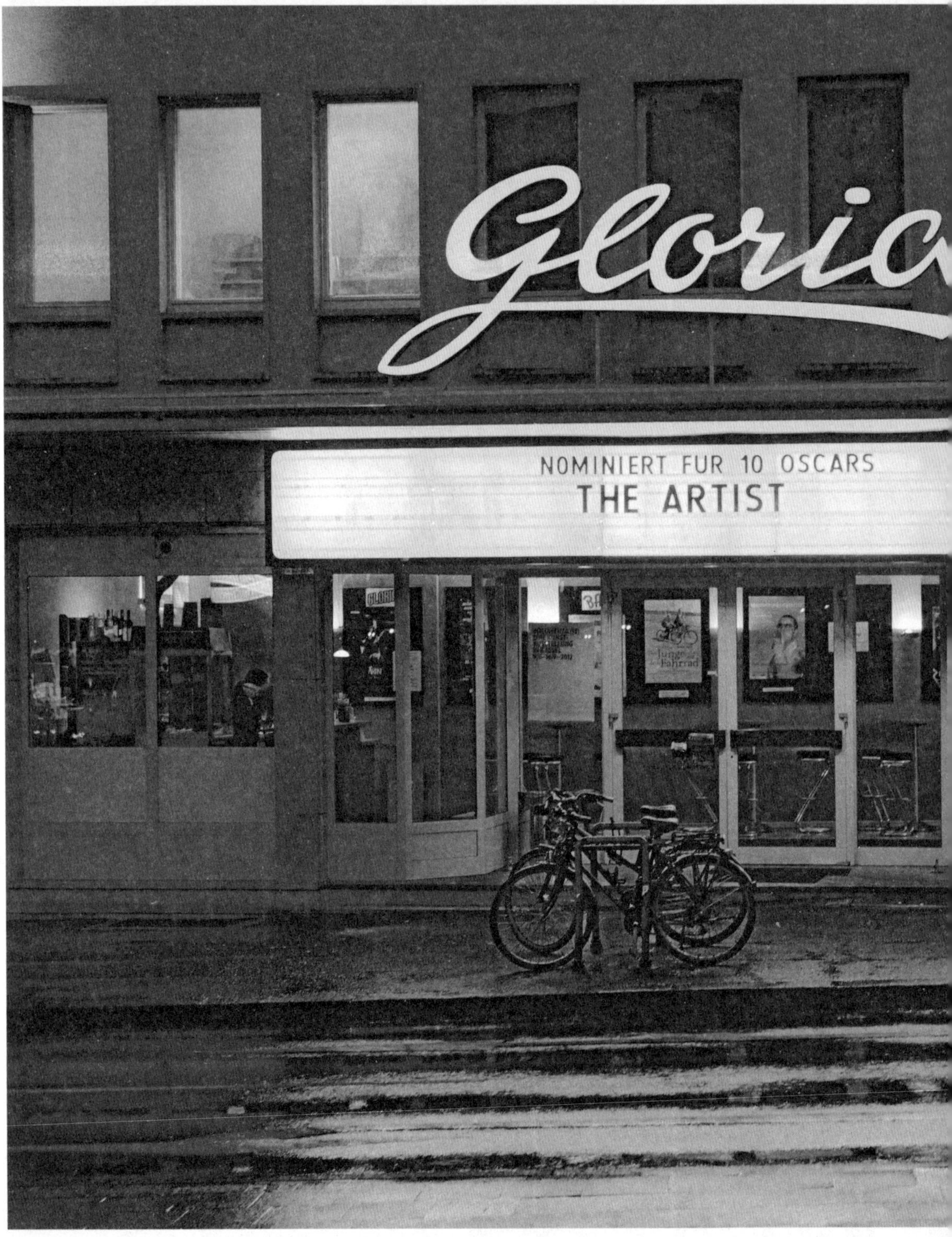
Gloria
NOMINIERT FUR 10 OSCARS
THE ARTIST

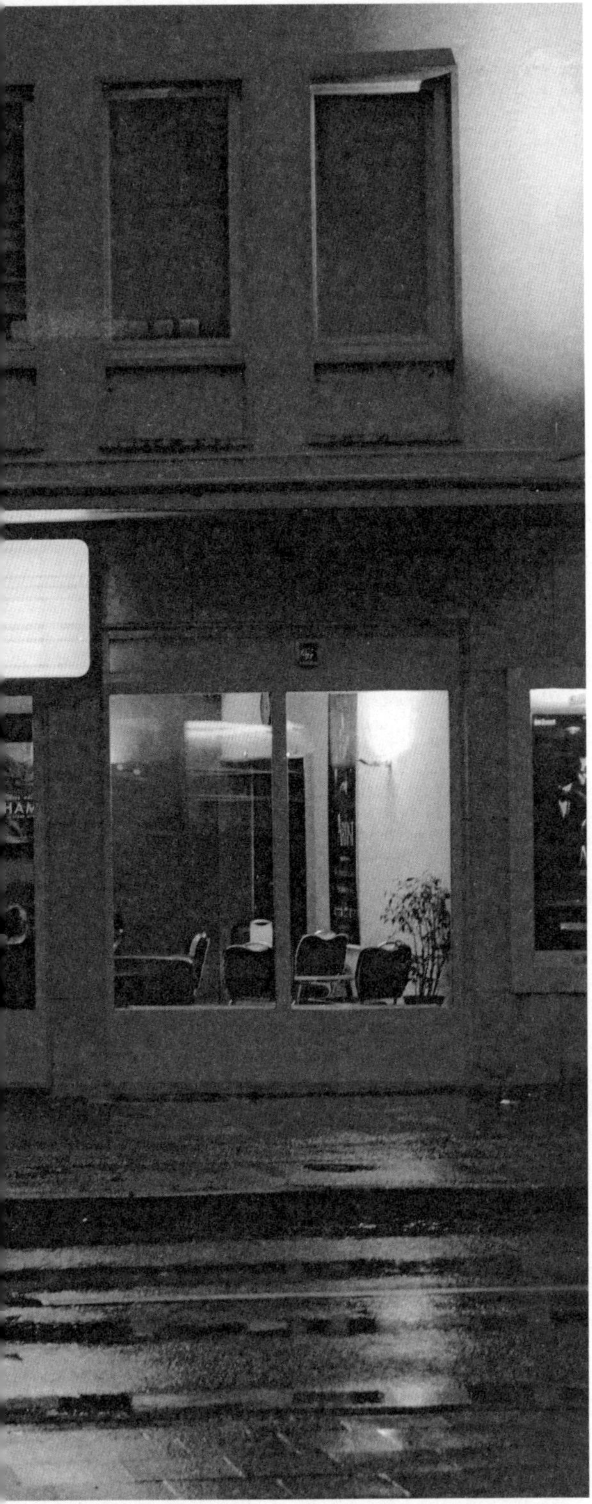

ABSEITS DER HAUPTSCHAUPLÄTZE / OFF THE MAIN SITES

Das Gloria Kino wurde 1953–1954 nach Plänen des Architekten Ernst Flemming errichtet. Seit 2007 dient es als offizieller Veranstaltungsort der documenta.

The Gloria Cinema was built in 1953–54 by architect Ernst Flemming. Since 2007 it has been used as an official venue of documenta.

ABSEITS DER HAUPTSCHAUPLÄTZE

Abseits der Hauptschauplätze findet die dOCUMENTA (13) in einer Vielzahl von Zwischenräumen im Zentrum von Kassel statt, die durch eine nichtlineare Erzählung miteinander verbunden sind. Sie bilden einen »Dritten Raum« – eine Reihe von Orten zwischen Publikum und Bühne, die jeweils eine Kombination aus physischen und psychologischen Merkmalen darstellen.

Diese »bürgerlichen Räume« sind Vergnügungsstätten wie Ballsäle oder Kinos, die nach dem Zweiten Weltkrieg entstanden, häusliche Räume, Räume des alltäglichen Konsums oder Büroräume. Sie sind weder utopisch noch dystopisch und haben viele Geschichten, Strukturen und Konnotationen. Mit jedem Raum setzt eine bestimmte Zeit und eine Reihe von Assoziationen ein. Es handelt sich zudem um Räume im Wandel, die heute oftmals leer stehen. Einige von ihnen dienten vor dem Zweiten Weltkrieg städtischen Repräsentationszwecken, erinnern aber auch an die Wiederaufbauphase der Nachkriegszeit. Heute sind sie oft ungenutzt, vergessen oder im Verfall begriffen.

Einige dieser Räume stehen in Zusammenhang mit Arnold (1900–1977) und Paul Bode (1903–1978), zwei bedeutenden Figuren für die Stadtentwicklung der Nachkriegszeit. Paul, der Bruder des documenta-Gründers Arnold, war ein Architekt, dem in den 1950er Jahren eine wichtige Rolle bei der Gestaltung des modernen Erscheinungsbildes von Kassel zukam. Er erbaute und gestaltete das Hotel Hessenland, das 1953 auf dem Gelände eines 1943 durch Bomben zerstörten Stadtpalais (1805–1806) eröffnete und damals das modernste Hotel Kassels war. Der Ballsaal des Hotels war von seiner Eröffnung bis in die späten 1970er Jahre der wichtigste Schauplatz des gesellschaftlichen Lebens und des Nachtlebens der Stadt (Gerald Byrne). Das Verbindungsstück zwischen dem Ballsaal und dem angrenzenden älteren Teil des Hotels ist ein kleinerer Saal, der von Arnold Bode gestaltet wurde (Tino Sehgal). Das vierstöckige Gebäude in der Friedrichsstraße 25, das sogenannte Hugenottenhaus, wurde 1826 im Hugenottenstil erbaut, der für die Kasseler Oberneustadt charakteristisch ist. Durch den Wiederaufbau des Hotels Hessenland wurde es zu einem Nebengebäude, in dem sich auch ein Restaurant und eine Bar befanden, doch es wurde nur bis in die späten 1960er Jahre als Hotel genutzt. Das Baudenkmal ist stark verfallen und steht inzwischen – abgesehen von seiner zeitweiligen Besetzung – seit fast fünfzig Jahren leer (Theaster Gates).

Weiter die Straße hinunter, an der Ecke Obere Karlsstraße, liegt ein leeres Ladenlokal, eine ehemalige Bäckerei, die nach dem Krieg als eines der ersten Geschäfte in dieser Gegend wiedereröffnete (Francis Alÿs). Gehen Sie von hier aus zurück, hinauf zum Henschelgarten an den Weinbergterrassen, wo früher die beiden Villen der Familie Henschel standen. Diese Familie spielte zur Zeit des Nationalsozialismus eine wichtige Rolle in der Kasseler Rüstungsindustrie und der Zwangsarbeit. Henschel & Sohn, Deutschlands größter Lokomotivenhersteller, wurde während des Zweiten Weltkriegs zu einem der wichtigsten Rüstungslieferanten der deutschen Armee. Die große (1904 von Karl Henschel erbaute) Villa »Haus Henschel« wurde 1932 abgerissen, da sie aufgrund ihrer enormen Dimensionen und der hohen Besteuerung während der Weltwirtschaftskrise nicht mehr finanzierbar war; die kleinere »Villa Henschel« (1868–1870 im klassizistischen Stil von dem Architekten Richard Lucae für Oskar und Sophie Henschel erbaut) wurde, wie der Großteil der Kasseler Innenstadt, im Krieg zerstört (Adrián Villar Rojas). Unter dem Park erstreckt sich eine weitläufige Stollenanlage, der Bunker im Weinberg. Diese unterirdischen Räume wurden früher zur Lagerung von Eis und Bier genutzt und während des Zweiten Weltkriegs zu Luftschutzbunkern umgerüstet. Sie waren für 7.500 Personen angelegt, beherbergten während der letzten Phase der Bombardierungen jedoch bis zu 10.000 Zivilisten sowie das letzte funktionierende NS-Militärkommando in Kassel (Aman Mojadidi und Allora & Calzadilla). Zurück auf der Friedrichsstraße, gegenüber dem Hotel Hessenland, liegt das Haus Nr. 28, das als Depot des Brüder Grimm-Museums diente (Paul Chan). Vor dem Rathaus an der Königsstraße sieht man das umgekehrte Gegenmonument des Aschrottbrunnens, der 1939 von den Nationalsozialisten zerstört wurde (Horst Hoheisel). Folgen Sie von hier aus der Fünffensterstraße bis zum Gloria Kino, das 1954 an der neu erbauten Friedrich-Ebert-Straße eröffnete (Trisha Donnelly). Wenn man die Friedrich-Ebert-Straße überquert, gelangt man zum Ständeplatz mit dem Ständehaus, dem früheren Parlamentsgebäude Kassels, das 1834–1836 im Neorenaissance-Stil errichtet wurde. Die Beschädigungen des Zweiten Weltkriegs wurden in der Nachkriegszeit restauriert und der Sitzungssaal Anfang der 1950er Jahre von Arnold Bode neu eingerichtet (Dora García und das Maybe Center for Conviviality). Auf der anderen Straßenseite befindet sich der Ausstellungsraum der Handwerkskammer, der 1970 eingeweiht wurde (Ines Schaber mit Avery F. Gordon). Geht man die Treppenstraße hinunter, gelangt man zum Kaufhaus Sinn-Leffers (Gabriel Lester und Seth Price). Schräg gegenüber auf dem Opernplatz befindet sich das Kaufhaus C&A (Cevdet Erek).

Biegt man nach links auf die Königsstraße ab, gelangt man zum Königsplatz, an dessen Ecke das alte, vom Platz aus kaum sichtbare Kaskade-Kino liegt; es wurde 1952 von Paul Bode erbaut und liegt heute versteckt hinter einem Bekleidungsgeschäft, einer Bäckereifiliale und einem leer stehenden Eiscafé. Das dreieckige Filmtheater mit seinen roten Samtsitzen und einer goldenen Decke mit Prismastruktur war berühmt für seine beleuchteten Wasserspiele. Es steht seit dem Jahr 2000 leer (Jérôme Bel). Nördlich des Königsplatzes, in der Spohrstraße, befindet sich das ehemalige städtische Finanzamt (Tacita Dean).

OFF THE MAIN SITES

Off the main sites, dOCUMENTA (13) takes place in a variety of in-between spaces in Kassel's city center that are connected through a non-linear narration. They are a "Third Space"—a series of places between viewers and stage, each a combination of physical and psychological characteristics.

These "bourgeois spaces" are places of entertainment created in the post-World War II era, like ballrooms, cinemas, domestic spaces, spaces of daily commerce, and office spaces. Neither utopian nor dystopian, they have many stories, textures, and connotations. Each space opens up a period in time and a set of associations. They are also places in transition, often empty today. Some of them used to represent Kassel before World War II but also recall the postwar period of reconstruction. They are often unused today, forgotten, and decaying.

Some of these spaces are connected to Arnold (1900–1977) and Paul Bode (1903–1978), who were key figures in postwar development. Paul, the brother of documenta's founder, Arnold, was an architect who played an important role in shaping the modern appearance of Kassel during the 1950s. He built and designed the Hotel Hessenland, which opened in 1953 in the area of a bombed city palace (built 1805–06), and at that time it was the most modern hotel in Kassel. The hotel's ballroom was a main location of the city's social and night life from the 1950s to the late 1970s (Gerald Byrne). Connecting the ballroom and the adjunct older part of the hotel is a room designed by Arnold Bode (Tino Sehgal). The four-story building on Friedrichsstraße 25, the so-called Huguenot House, was built in 1826 in Huguenot style typical for Kassel's Oberneustadt. With the rebuilding of Hotel Hessenland it became an annex also housing a restaurant and bar, but it was only in use as a hotel until the late 1960s. The heritage building was severely dilapidated and has remained empty for almost fifty years now, except for episodes of temporary squatting (Theaster Gates).

Down the street, on the corner of Obere Karlsstraße, is an empty shop, a former bakery that reopened after the war as one of the first businesses in the area (Francis Alÿs). From here, walk back and go up to the Henschel garden on the Weinberg Terraces, where formerly the two villas of the Henschel family stood. That family played an important role in Kassel's weapon and forced-labor industry during the Nationalist Socialist period. The largest locomotive manufacturer in Germany, Henschel & Sohn, became one of the most important suppliers of armaments to the German army during World War II. The big villa Haus Henschel (built in 1904 by Karl Henschel) was torn down in 1932, as it became unmanageable during the financial repression due to its size and the high taxes it incurred. The smaller Villa Henschel (built in 1868–70 in classicist style by architect Richard Lucae for Oskar and Sophie Henschel) was destroyed, as was most of central Kassel, during the war (Adrián Villar Rojas). Underneath the park lies a vast labyrinth of tunnels, the Weinberg Bunker. These cellars were once used for the storage of ice and beer and were rebuilt into air-raid shelters during World War II. Designed for 7,500 people, they housed up to 10,000 civilians during the last period of the bombing, as well as the last operating Nazi military command section in Kassel (Aman Mojadidi and Allora & Calzadilla). Back on Friedrichsstraße, across the street from Hotel Hessenland, is house No. 28, which used to be a storage space of the Brothers Grimm Museum (Paul Chan). In front of the City Hall on Königsstraße one sees the inverted counter-monument to the Aschrott Fountain, which was demolished by the Nazis in 1939 (Horst Hoheisel). From here, walk up Fünffensterstraße to the Gloria Cinema, which opened in 1954 on the newly constructed Friedrich-Ebert-Straße (Trisha Donnelly). Crossing Friedrich-Ebert-Straße one comes to Ständeplatz with the Ständehaus, the former Parliament building of Kassel, built 1834–36 in neo-Renaissance style. Following its destruction in the postwar period, the new chamber interior was redesigned by Arnold Bode in the early 1950s (Dora García and Maybe Center for Conviviality). Across the street is the exhibition space of the Handwerkskammer, inaugurated in 1970 (Ines Schaber with Avery F. Gordon). Continuing down Treppenstraße one reaches the Department Store SinnLeffers (Gabriel Lester and Seth Price), and across the street, on Opernplatz, is the Department Store C&A (Cevdet Erek).

Turning left on Königsstraße one comes to Königsplatz, on the corner of which is the old Kaskade Cinema, barely visible from the square, built by Paul Bode in 1952, today hidden behind a clothing store, a bakery chain, and an out-of-business ice-cream café. The triangular movie theater, with its red velvet seats and golden ceiling with a prism structure, was famous for its illuminated trick fountains. It has stood empty since 2000 (Jérôme Bel). North of Königsplatz on Spohrstraße is the former local tax office (Tacita Dean).

ABSEITS DER HAUPTSCHAUPLÄTZE / OFF THE MAIN SITES

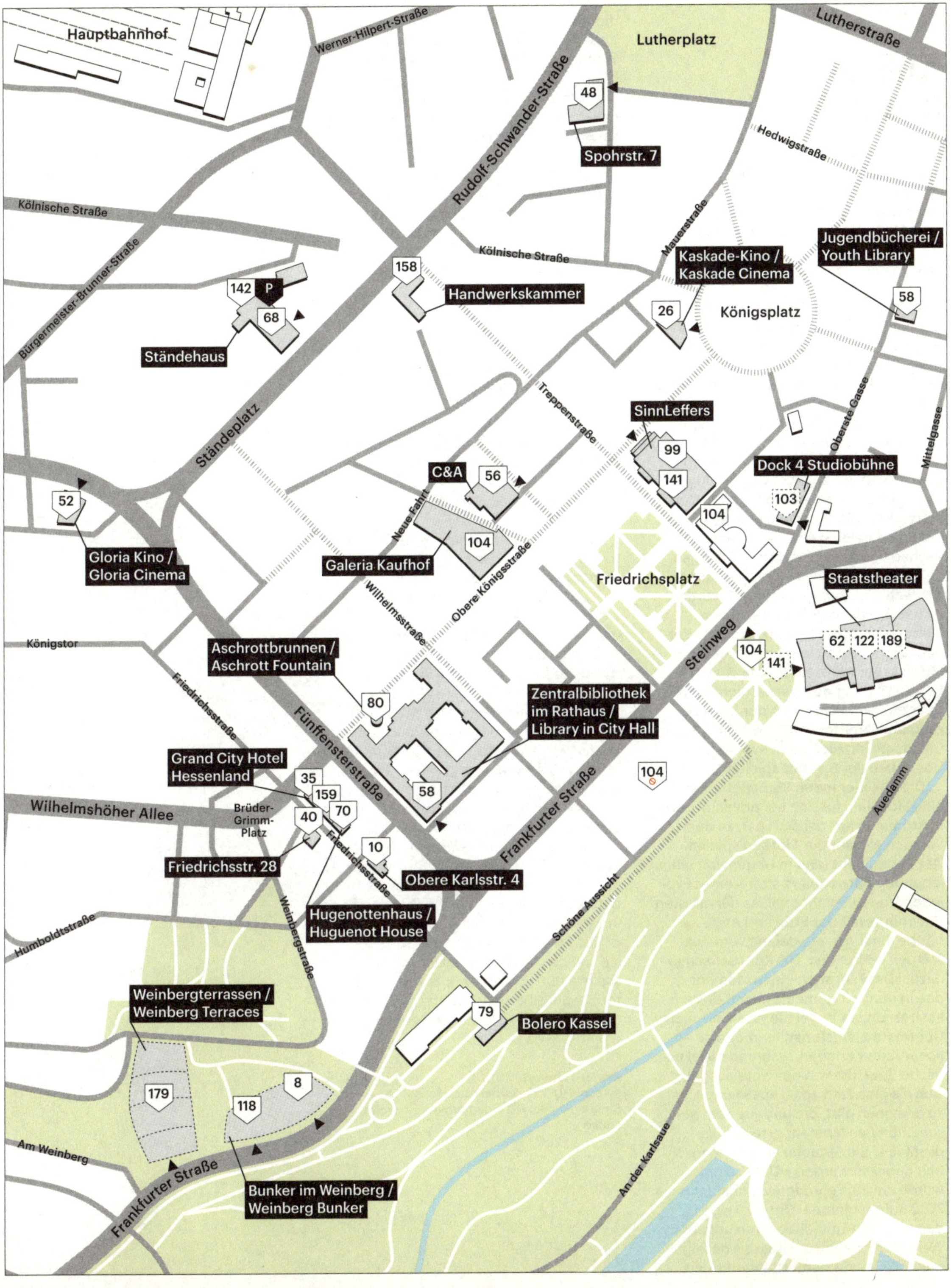

Hauptbahnhof
Werner-Hilpert-Straße
Lutherplatz
Lutherstraße
Rudolf-Schwander-Straße
48
Spohrstr. 7
Hedwigstraße
Kölnische Straße
Kölnische Straße
Mauerstraße
Kaskade-Kino /
Kaskade Cinema
Jugendbücherei /
Youth Library
58
Bürgermeister-Brunner-Straße
158
Handwerkskammer
142
P
68
26
Königsplatz
Ständehaus
Treppenstraße
Ständeplatz
SinnLeffers
99
141
Oberste Gasse
Mittelgasse
Dock 4 Studiobühne
103
C&A
56
52
Neue Fahrt
104
104
Galeria Kaufhof
Gloria Kino /
Gloria Cinema
Obere Königsstraße
Wilhelmsstraße
Friedrichsplatz
Staatstheater
Königstor
Steinweg
62
122
189
104
141
Aschrottbrunnen /
Aschrott Fountain
80
Zentralbibliothek
im Rathaus /
Library in City Hall
Friedrichsstraße
Fünffensterstraße
Grand City Hotel
Hessenland
35
159
58
104
Wilhelmshöher Allee
Brüder-
Grimm-
Platz
40
70
Frankfurter Straße
Auedamm
10
Friedrichsstr. 28
Friedrichsstraße
Obere Karlsstr. 4
Weinbergstraße
Schöne Aussicht
Humboldtstraße
Hugenottenhaus /
Huguenot House
Weinbergterrassen /
Weinberg Terraces
79
Bolero Kassel
179
8
118
Am Weinberg
Frankfurter Straße
Bunker im Weinberg /
Weinberg Bunker
An der Karlsaue

Allora & Calzadilla

Jennifer Allora
geb. / b. 1974 in Philadelphia

Guillermo Calzadilla
geb. / b. 1971 in Havanna / Havana

leben / live in San Juan

Jennifer Allora und Guillermo Calzadilla, die seit 1995 zusammenarbeiten, haben ein experimentelles und interdisziplinäres Werk geschaffen, das die Gattungen Performance, Skulptur, Video und Sound miteinander verbindet.

***Raptor's Rapture* (2012) ist ein neuer Film, in dem es um eine Flöte geht, die ein *Homo sapiens* vor 35.000 Jahren aus dem Speichenknochen des Flügels eines Gänsegeiers geschnitzt hat. Die Flöte, die 2009 von einer von Nicholas J. Conard geleiteten Gruppe von Archäologen der Universität Tübingen im Hohlen Fels, einer Höhle in Süddeutschland, zutage gefördert wurde, ist das älteste je gefundene Musikinstrument. Diese bemerkenswerte Entdeckung ist ein Beleg für die Rolle, die Musik in der Frühzeit des Menschen bei der Bildung gesellschaftlicher Bindungen, dem Wachstum der Bevölkerung und ihrer territorialen Ausdehnung und damit letztlich beim evolutionären Überleben der Spezies spielte.**

Die Künstler luden Bernadette Käfer, eine Flötistin, die sich auf prähistorische Instrumente spezialisiert hat, zu dem Versuch ein, auf der Flöte zu spielen. Das Experiment fand in Gegenwart eines lebenden Gänsegeiers statt – eines evolutionären Nachfahren eines der ältesten Geschöpfe auf der Erde und Angehörige einer Art, die derzeit vom Aussterben bedroht ist. Die Künstler sagen dazu: »Der Film stellt einen Moment dar, in dem wir gemeinsam mit diesem aasfressenden Vogel die musikalischen Überreste prähistorischer menschlicher Kultur erleben, während die akustische Spur, die von der Flöte ausgeht, sich als eine Zeitkapsel aus Klang zu erkennen gibt, die uns aus dem geschichtlichen Moment erreicht, da die Musik, die Sprache und die Menschheit geboren wurden.« Das Ereignis wurde am 29. Februar des Schaltjahres 2012 aufgenommen. Der Film wird in dem riesigen Tunnellabyrinth unter dem Weinberg im Zentrum Kassels gezeigt. Diese Keller aus dem 19. Jahrhundert dienten zunächst als Lagerplatz für Eis und Bier und wurden im Zweiten Weltkrieg zu Luftschutzkellern umgebaut. Die prähistorischen Klänge, die der Film zu neuem Leben erweckt, hallen in den unterirdischen, von Menschen gemachten Höhlen wider.

Collaborating since 1995, Jennifer Allora and Guillermo Calzadilla have produced an experimental and interdisciplinary body of work, combining performance, sculpture, video, and sound.

Raptor's Rapture (2012) is a new film involving a flute that was carved by *Homo sapiens* 35,000 years ago from the wing bone of a griffon vulture. Unearthed at the Hohle Fels cave in southern Germany in 2009 by a team of archaeologists led by Nicholas J. Conard from the University of Tübingen, Germany, it is the oldest musical instrument found to date. This remarkable discovery brings further evidence of the role of music in early humans' social-network development, demographic and territorial expansion, and ultimately evolutionary survival.

The artists invited Bernadette Kafer, a flautist specializing in prehistoric instruments, to attempt to play the flute. This action takes place in the presence of a living griffon vulture—an evolutionary descendant of one of the oldest creatures to have inhabited the earth, and currently threatened with extinction. In the artists' words: "The film constitutes a moment of sharing with this scavenging bird of prey the musical remains of prehistoric human culture while the acoustic trace, emitted from the flute, presents itself as a time capsule of sound from the moment in history when the birth of music, the birth of speech, and the birth of humanity took place." The event was filmed on Wednesday, February 29, 2012, a leap day. The film is exhibited in the vast labyrinth of tunnels underneath the Weinberg in central Kassel. These nineteenth-century cellars were once used for the storage of ice and beer and were rebuilt into air-raid shelters during World War II. The prehistoric sounds brought into the present in the film echo throughout this subterranean man-made cave. ES

***Raptor's Rapture*, 2012**
1-Kanal-HD-Videoprojektion, Farbe, Ton / Single-channel HD video projection, color, sound

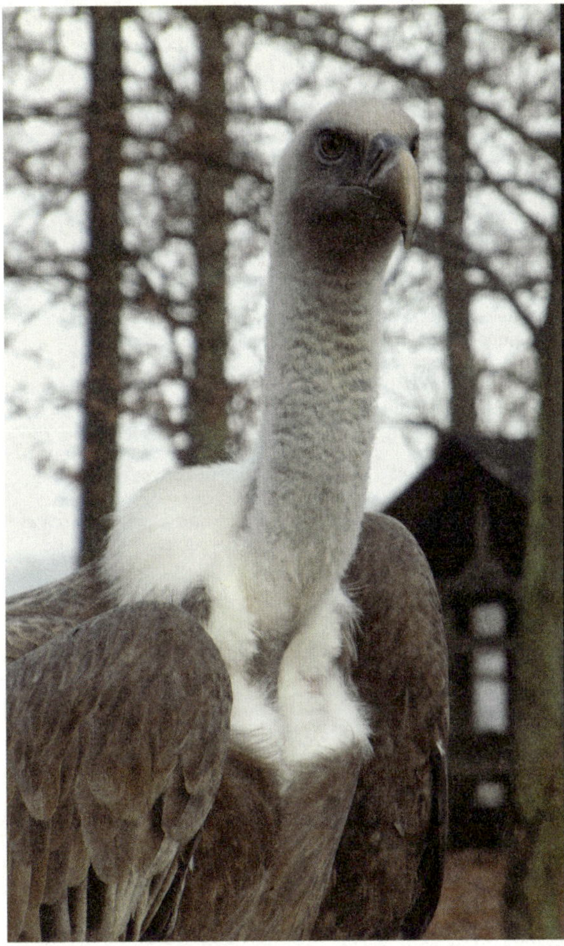
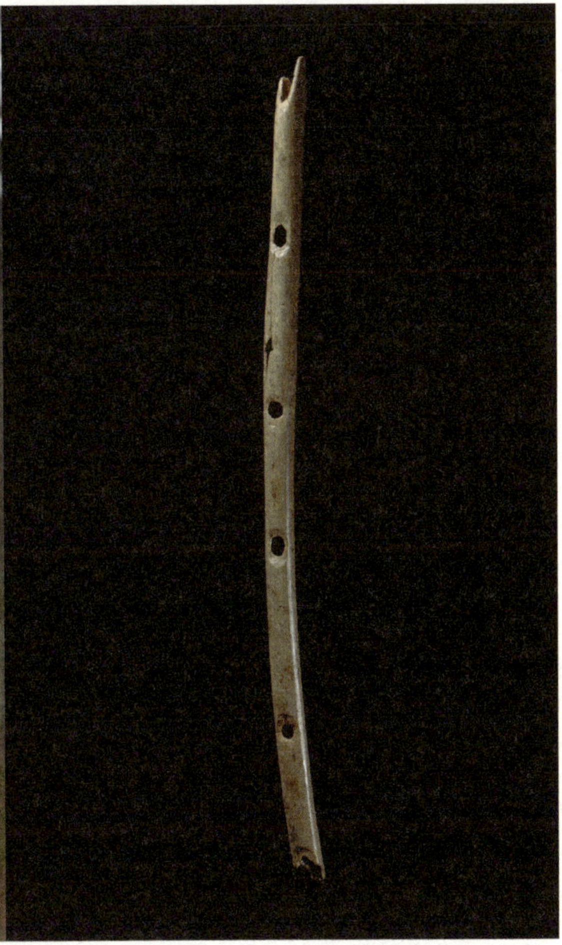

Francis Alÿs

geb. / b. 1959 in Antwerpen / Antwerp (Belgien / Belgium)
lebt / lives in Mexiko-Stadt / Mexico City

Francis Alÿs begann 1990, künstlerisch tätig zu sein, indem er durch die Straßen von Mexiko-Stadt lief und die Eigenheiten des Alltagslebens in Diaprojektionen, Videos und Postkarten dokumentierte. Seine Beobachtungen verwandelte er in so einfache wie poetische und komplexe performative Eingriffe. Das Gehen oder Schlendern selbst ist auch das Hauptmotiv vieler seiner Zeichnungen, seiner kleinformatigen und auf lakonische Weise selbstreferenziellen Gemälde und seiner Zeichentrickfilme.

Alÿs' Werke, die die Entwicklungspolitik in Lateinamerika und den »Modernismus ohne Moderne« der Region thematisieren, lassen sich als Episoden einer größeren Erzählung lesen. Manche sind monumental dimensioniert wie die Arbeit *When Faith Moves Mountains* (2002), für die 500 Freiwillige eine Sanddüne am Stadtrand von Lima um etwa siebeneinhalb Zentimeter versetzten. Die politische und wirtschaftliche Krise, in der Peru damals steckte, veranlasste Alÿs zu dieser »sinnlosen und heldenhaften, absurden und eindringlichen« Geste. In der Mehrzahl jedoch sind seine Eingriffe unauffällig und von bescheidenem Umfang, wie etwa *The Green Line* (2004); hier zog er eine Linie aus grüner Farbe hinter sich her, während er zwei Tage lang die Waffenstillstandslinie von 1948 abschritt, auf die sich Israel und die Arabische Legion geeinigt hatten. Zehn Jahre lang jagte der Künstler in der Wüste Mexikos Tornados hinterher in der Hoffnung, mit seiner Videokamera in das friedliche Auge des Sturms vorzudringen (*Tornado*, 2000–2010). So vergeblich solche Projekte auch scheinen, sie setzen beharrlich auf das kreative Potenzial des Scheiterns und auf den Aberwitz des poetischen Akts als Mittel dazu, bestehende Grenzen wie Möglichkeiten ihrer Übertretung sichtbar zu machen.

Für die dOCUMENTA (13) hat Alÿs einen Film mit dem Titel *REEL–UNREEL* (2011) gedreht. Die in Afghanistan in Kollaboration mit Ajmal Maiwandi und Julien Devaux geschaffene Arbeit erwuchs aus dem Interesse des Künstlers an den Straßenspielen von Kindern; im Falle Kabuls galt es der Kunst, einen Reifen mit einem Stab vor sich herzutreiben. Der Titel des Films spielt auf das reale/unreale Bild Afghanistans an, das die westlichen Medien vermitteln: darauf, wie die afghanische Lebensweise und das Volk selbst nach und nach entmenschlicht wurden und sich nach Jahrzehnten des Krieges schließlich in eine Fiktion des Westens verwandelt haben. In dieser Nachstellung des Kinderspiels jedoch wird das »Reale« zum »Reel«: Das Vehikel oder Requisit, das durch die Straßen Kabuls gerollt wird, ist tatsächlich eine Filmrolle.

Die Studien auf Papier und Leinwand im Postkartenformat, die viele von Alÿs' Filmen begleiten, können in dieser Arbeit als Spiegelungen der Tradition der Kriegskünstler vergangener Jahrhunderte gesehen werden. Alÿs' Absicht ist es, zu erkunden, wie für Kriegszeiten typische Erfahrungen wie die, belagert zu werden oder zwischen die Fronten bewaffneter Auseinandersetzungen zu geraten, die Wahrnehmungen von Künstlern und dadurch auch ihre Werke verändern können.

Francis Alÿs began to make art in 1990 by walking the streets of Mexico City, documenting the particularities of everyday life through slide projections, videos, and postcards, and by turning his observations into performative interventions that are as simple as they are poetic and complex. The act of walking or strolling is also the central motif in many of his drawings, his small, laconically self-referential paintings, and his animated films.

Addressing Latin America's politics of development and its "Modernism without Modernity," Alÿs' works can be seen as episodes within a larger narrative. They sometimes take on epic dimensions, like the iconic *When Faith Moves Mountains* (2002), for which five hundred volunteers moved a sand dune on the outskirts of Lima about three inches. The political and economic crisis in Peru at that time prompted Alÿs to stage this "futile and heroic, absurd and urgent" gesture. But more often, his interventions are discreet and on a modest scale, like *The Green Line* (2004), for which he trailed a line of green paint while walking for two days along the 1948 cease-fire line agreed upon by Israel and the Arab Legion. For ten years, the artist chased tornados in the Mexican desert, hoping to penetrate the peaceful eye of the storm with his video camera (*Tornado*, 2000–10). However futile such projects appear, they persistently invest in the creative potential of failure and in the absurdity of the poetic act as a means to reveal both existing boundaries and possibilities of transgression.

For dOCUMENTA (13), Alÿs has made a film titled *REEL–UNREEL* (2011). Produced in Afghanistan in collaboration with Ajmal Maiwandi and Julien Devaux, it derives from the artist's interest in street games played by children; in the case of Kabul, the art of rolling a wheel with a stick. The film's title alludes to the real/unreal image of Afghanistan conveyed by the media in the West: how the Afghan way of life, along with the country's people, has gradually been dehumanized and, after decades of war, turned into a Western fiction. Yet in this re-creation of the children's game, "real" turns into "reel," since the vehicle or prop being rolled around the streets of Kabul is literally a reel of film.

Alÿs' films are often accompanied by postcard-size studies on paper and canvas, which in the present work can be seen to mirror the tradition of war artists in past centuries. Alÿs' intention is to explore how wartime conditions such as being under siege or otherwise exposed to armed conflict may alter artists' perceptions and their resulting output. ES

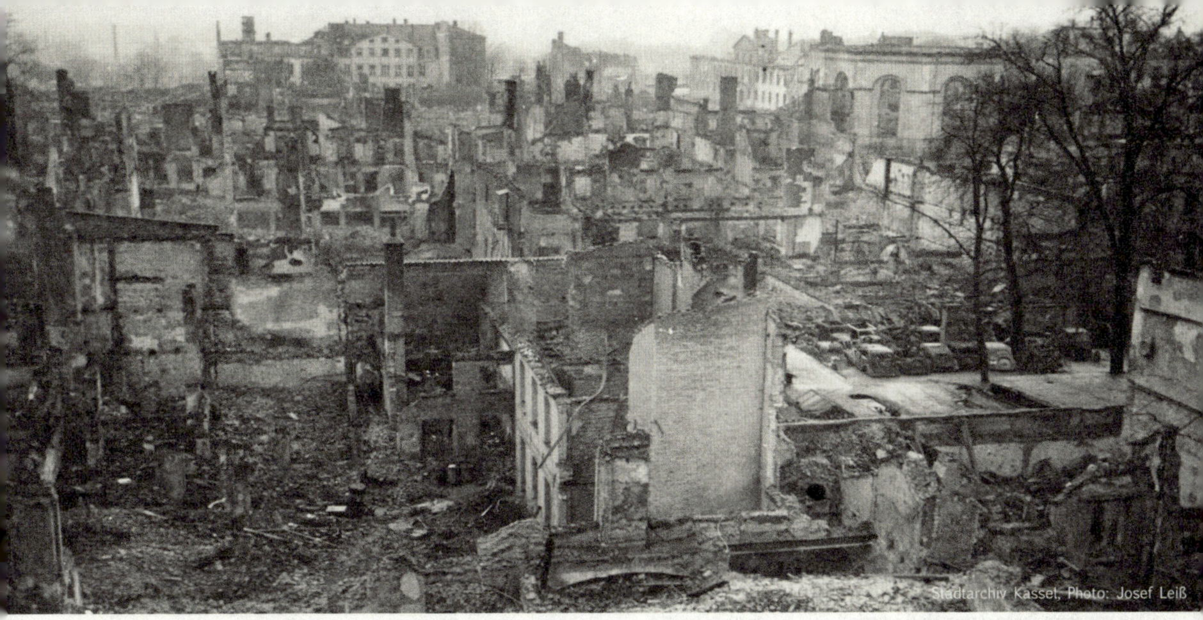

Stadtarchiv Kassel, Photo: Josef Leiß

1943, I think about Morandi painting on top of a hill surrounded by fascism,
I think about Picabia finding inspiration in soft porn magazines on the Côte d'Azur,
I think about Marinetti returning sick from the Russian Front,
I think about Duchamp playing chess in his New York apartment,
I think about Ronald Searle P.O.W. in the Kwai jungle,
I think about Ensor sitting at home in bombarded Ostend,
I think about Otto Dix watching his works being destroyed by the Nazis,
I think about Beckmann under siege in Amsterdam,
I think about Dali, Ernst and Breton re-united in their New York exiles,
I think about Magritte painting *Fantômas* stepping over Paris,
I think about Mondrian painting *Broadway BoogieWoogie*,
I think about Derain much courted by the Nazis in Paris,
I think about Tatlin observing bird flights from his garden in Moscow,
I think about Beuys flying his Stuka dive-bomber over Crimea,
I think about de Chirico copying himself in a corner of his studio,
I think about Matisse *"painting with scissors"* on the French Riviera,
I think about Soutine dying from an ulcer in Paris while escaping Gestapo,
I think about Grosz repudiating his past from his new home in Long Island,
I think about Lee Miller photographing English women driving tractors,
I think about Kandinsky in the suburbs of Paris ceasing to write,
I think about Paul Nash once again War Artist for the British Army,
I think about Leni Riefenstahl filming *Tiefland* with extras from concentration camps,
I think about Schlemmer forbidden to paint and dying in an hospital of Baden-Baden,
I think about Picasso making a sculpture out of a bicycle in occupied Paris,
I think about Hannah Höch painting the *Totentanz* triptych in Nazi Germany,
I think about Camille Claudel dying forgotten in the asylum of Montdevergues,
I think about Siqueiros publishing *In War, Art of War* from his Cuban exile,
I think about Emil Nolde painting *"unpainted pictures"* in Seebüll,
I think about Schwitters learning from Norway that his Merzbau had been destroyed,
I think about Cartier-Bresson escaping from a German labor camp,
I think about Blinky Palermo born in the rubbles of Leipzig,
I think about George Brecht changing name and enlisting in the German Army

Jérôme Bel

geb. / b. 1964 in Paris
lebt / lives in Paris

Der Choreograf Jérôme Bel interessiert sich seit seinen frühesten Arbeiten für das, was außerhalb der Repräsentation steht. In seinen Choreografien werden die Regeln von Tanz und Theater wie die Syntax einer Sprache behandelt, die analysiert und schließlich ins Spiel gebracht wird. Seine von professionellen wie auch Amateur-Interpreten getanzten und gesprochenen Choreografien lassen sich auch als Stellungnahmen zugunsten einer Demokratisierung des Tanzes auffassen, die er durch eine nicht-virtuose Herangehensweise zu verwirklichen sucht.

Auf der dOCUMENTA (13) präsentiert Bel im ehemaligen Kaskade-Kino, das 1952 von Paul Bode entworfen wurde und sich im Stadtzentrum von Kassel befindet, die Performance *Disabled Theatre* sowie eine Kinofassung mit dem Titel *2 Dances* (beide 2012). Für diese beiden Projekte arbeitete er mit den geistig behinderten Schauspielern des Zürcher Theater HORA zusammen.

In einer Gesellschaft, die sich selbst als zutiefst normal definiert, bildet Behinderung eine Grenze, gegen die die Kategorie der Normalität anrennt. Ihre intellektuelle Spielart, also geistige Behinderung, gilt weithin als das radikale Gegenteil der intellektuellen Schärfe und Kultiviertheit des an zeitgenössischer Kunst interessierten Publikums. Auf die Einladung zur dOCUMENTA (13) antwortet Bel mit dem Versuch, diese Form von Behinderung in den Mittelpunkt der Aufmerksamkeit ebendieses Publikums zu rücken, um aus ihr einen Schlüssel zu machen, der uns eine Sichtweise erlaubt, durch die wir eine gemeinsame Dimension denken können.

Bei der Arbeit mit den Schauspielern des Theater HORA geht es Bel um die Eröffnung eines Raums, in dem Behinderung weder aus künstlerischen und diskursiven Praktiken ausgeschlossen noch hinter dem Schutzschirm politischer Korrektheit versteckt, sondern als Bestandteil eines Diskurses anerkannt wird, der für die ästhetische wie die politische Dimension von Bedeutung ist.

Mit *Disabled Theatre* und *2 Dances* wirft Bel ein Schlaglicht auf die Dynamik der Ausgrenzung, durch die diejenigen an den Rand gedrängt werden, die als unproduktiv gelten. Er zeigt auf, wie sie ganz im Gegenteil auch die Mechanismen dieser Repräsentation hinterfragen und auf die Existenz als eine ungeteilte Form der Präsenz hindeuten können.

A choreographer, Jérôme Bel has been interested since his early works in what stands beyond representation. In his choreographies, the rules of dance and theater are treated like the syntax of a language that is analyzed and eventually put into play. Danced and spoken by professional as well as amateur performers, his choreographies could also be seen as statements in favor of the democratization of dance, which he pursues by way of a non-virtuosic approach.

For dOCUMENTA (13), in the former Kaskade Cinema designed by Paul Bode in 1952 and located in the center of Kassel, Bel presents the performance *Disabled Theatre* and a cinematic version of the piece, *2 Dances* (both 2012). For these two projects, he has worked with the mentally disabled actors of the Theater HORA, based in Zurich.

A source of distress for a society defining itself as essentially normal, disability constitutes the limit against which the category of normality runs up. Its intellectual declension—i.e., mental disability—is generally thought of in terms of complete otherness to the condition of the intellectually keen and cultivated public of contemporary art. Invited to dOCUMENTA (13), Bel chooses to put this handicap at the center of this public's attention, adopting it as a key to the reading of what enables us to think of a common dimension.

What is at stake for Bel in working with the actors of the Theater HORA is the opening up of a space where disability is not expelled from visual and discursive practices, or hidden behind the screen of political correctness, but is instead internal to a discourse that has a bearing on both the aesthetic and the political dimensions.

With *Disabled Theatre* and *2 Dances*, Bel sheds light on the dynamics of exclusion that leads to the marginalization of those considered unable to produce, exposing how, on the contrary, they are able to question the very mechanisms of representation, and to hint at existence as a non-partitioned mode of presence. CV

Julia Häusermann und / and Remo Beuggert in *Disabled Theatre*, Zürich / Zurich, 2011

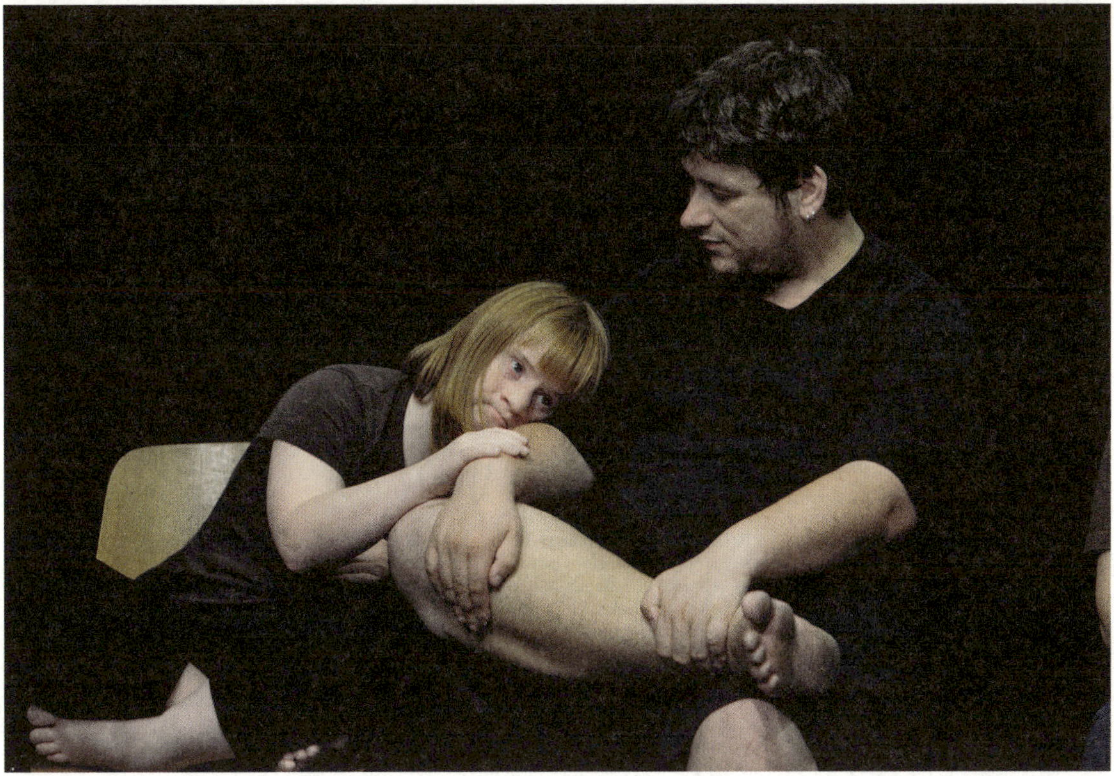

Gerard Byrne

geb. / b. 1969 in Dublin
lebt / lives in Dublin

Gerard Byrne schafft Videos, fotografische Arbeiten und Installationen, die für bestimmte Augenblicke der Geschichte bezeichnende Gespräche rekonstruieren. Mit Bezug auf eine Vielzahl von Quellen, die vom Theater, der Kunst und der Architektur der Moderne über Artikel im *Playboy* bis zum Mythos von Loch Ness reichen, befragt er die Geschichten hinter dem kulturellen Konsens, der sich um seine Themen aufbaut. Durch Nachstellungen in einer anderen Zeit und in einem anderen Medium wirft er ein Schlaglicht auf die materiellen Qualitäten eines Textes, um die Abweichungen des Bildes, das wir uns von einem geschichtlichen Moment gemacht haben, herauszustellen. Er wurde bekannt mit Filmen, deren Faszination in ihrer trockenen, sachlichen Herangehensweise an die Quellen lag; *Why it's time for Imperial, again* (2002) zum Beispiel beruht auf einer Printwerbung für Chrysler aus dem Jahr 1981, die Frank Sinatra und Lee Iacocca, den Vorstandsvorsitzenden von Chrysler, beim Gespräch über die Vorzüge des neuen Chrysler Imperial zeigte. Byrne ließ zwei Schauspieler den väterlich-belehrenden Werbeton des Originals nachspielen, während sie durch die schmuddeligen Straßen des New Yorker Stadtteils Queens spazierten.

Byrnes Video *1984 and Beyond* (2005–2007), das in Gerrit Rietvelds Sonsbeek-Skulpturenpavillon (1955) spielt, stellt eine Diskussionsrunde nach, deren Verlauf 1963 im *Playboy* abgedruckt wurde. Zwölf bekannte Science-Fiction-Autoren unterhalten sich über die Vorstellungen, die sie sich von der zukünftigen Welt des Jahres 1984 machen. Heute fällt an diesem Gespräch, das in einer Zeit der Unruhen auf globaler wie nationaler Ebene stattfand, vor allem die Zuversicht auf, der beinahe komische Optimismus, mit dem die Teilnehmer die Vision einer Welt entwerfen, in der Weltraumreisen zum Alltag gehören, der Mond besiedelt wird und wirtschaftliche Bequemlichkeit und gesellschaftliche und sexuelle Freiheit herrschen; Bedrohungen wie die Gefahr einer nuklearen oder ökologischen Katastrophe scheinen unbekannt zu sein.

Aus einem konzeptuellen Interesse am Theater heraus hat Byrne gemeinsam mit Schauspielern an einer Reihe von Projekten gearbeitet, die die historischen Unterscheidungen zwischen Plastik und Bühnenbild, zwischen Schauspielerei und ernst gemeinter Handlung sowie zwischen Spektakel und Zuschauer auf die Probe stellen. Bei *A thing is a hole in a thing it is not* (2010) bringt er nicht nur einen Text, sondern eine ganze diskursive Konstellation auf der Grundlage von Michael Frieds Essay über »Kunst und Objekthaftigkeit« (1967) auf die Video-Bühne. Fünf auf freistehende Bildschirme projizierte Videos beziehen sich auf bestimmte Momente, Werke oder Akteure im Streit über den Minimalismus und das besondere Verhältnis zwischen Werk und Betrachter. In dieser vielschichtigen Inszenierung dramatisiert Byrne Frieds Text und veranschaulicht dessen Kritik der Theatralisierung gerade durch eine theatralische Darbietung.

Die neue Installation für die dOCUMENTA (13) bedient sich einer Anzahl sehr verschiedener Textquellen, die jeweils vorgeben, mündliche Rede wiederzugeben. Kern der Arbeit ist eine transhistorische Untersuchung des Sprechakts und seines Wirklichkeitsanspruchs. Die Videopräsentation, die eine Bandbreite verschiedener historisch determinierter dramatischer und filmischer Typologien zum Einsatz bringt, nimmt die Form einer fragmentarischen Collage an. Mehrere Bildschirme und speziell angepasste Projektionen sind sorgfältig darauf angelegt, auf der materiellen Ebene auf ihre eigene Form zu reflektieren. Die Bilder erscheinen in synchronisierten Kompositionen aus Projektion und Dunkelheit, ermöglicht durch ein eigens entwickeltes Verschlussgerät, das den Akt der Projektion durch seine physische Unterbrechung zu materieller Geltung bringt.

Gerard Byrne makes videos, photographic works, and installations that reconstruct conversations specific to historic moments. Referencing diverse sources from modernist theater, art, and architecture to *Playboy* magazine articles to the myth of Loch Ness, he questions the history of cultural consensus that grows around these subjects. Through reenactments in another time and medium, he highlights the materiality of a text, exposing the anomalies of how we have come to understand a historical moment. He became known with films that fascinated through a deadpan approach to their sources, like the 2002 *Why it's time for Imperial, again*, which is based on a 1981 Chrysler print advertisement featuring Frank Sinatra and Chrysler CEO Lee Iacocca, discussing the advantages of the new Chrysler Imperial. Byrne had two actors iterate the original's patriarchal advertorial tone as they wandered the scruffy streets of Queens, New York.

Set in Gerrit Rietveld's Sonsbeek Sculpture Pavilion (1955), Byrne's video *1984 and Beyond* (2005–07) reenacts a discussion published in a 1963 issue of *Playboy* magazine in which twelve well-known science-fiction writers discuss how they envision the future world of 1984. What is striking about this conversation, which took place in a time of global and national unrest, is the confident and almost comically optimistic vision of a future of routine space travel, lunar colonies, economic ease, and social and sexual freedom, impervious to threats such as nuclear and ecological disaster.

Conceptually interested in theater, Byrne has worked with actors on a number of projects that test the historical distinctions between sculpture and set design, acting and non-acting, and spectacle and spectator. In *A thing is a hole in a thing it is not* (2010), he restages not only a text in video but an entire discursive constellation based on Michael Fried's essay "Art and Objecthood" (1967). Five videos projected on freestanding screens refer to specific moments, works, or actors in the dispute about Minimalism and the specific relation of the work and its beholder. In his multilayered staging, Byrne dramatizes Fried's text, illustrating his very critique of theatricalization through a theatrical display.

The new installation for dOCUMENTA (13) makes use of a number of disparate textual sources, each of which purports to transcribe oral speech. The core is a transhistorical investigation of the speech act and its claims to reality. Deploying a range of historically determined dramatic and cinematic typologies, the video presentation takes the format of a fragmented collage. Multiple screens and specially adapted projections are devised to reflect materially on their own form. The images are presented in synchronized compositions of projection and darkness, using a specially developed shutter device that materializes the act of projection through its physical interruption. ES

Entwurfszeichnungen für ein Projekt / Preliminary drawings for a project, 2012

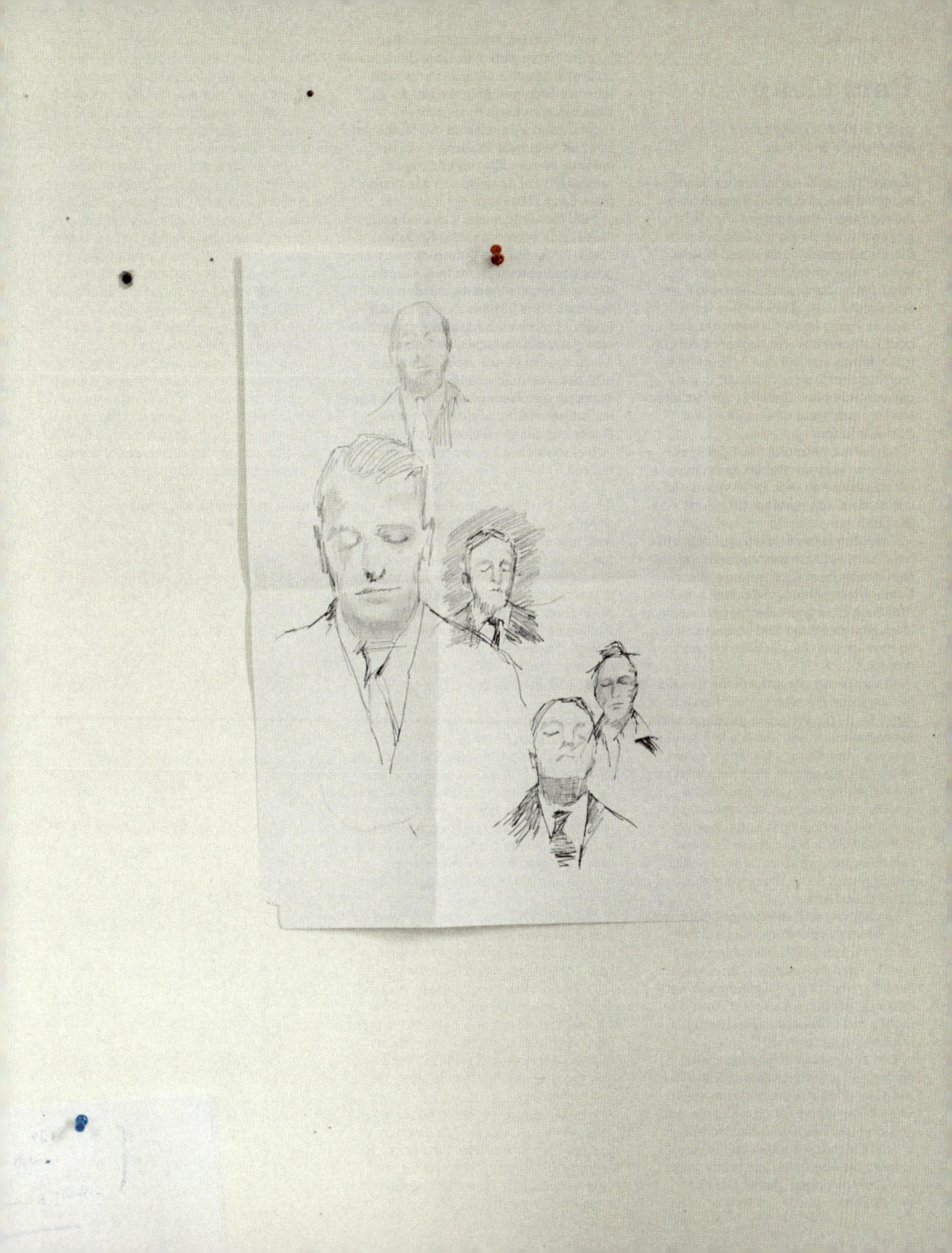

Paul Chan

geb. / b. 1973 in Hongkong / Hong Kong
lebt / lives in New York

»Eines Tages hob ich im Atelier meine gebundene Ausgabe von Schopenhauers *Parerga und Paralipomena* vom Fußboden auf. Ich zerrte die Seiten aus der Bindung und zerriss die losen Blätter. Schon hätte ich beinahe auch den verstaubten Einband aus Leinen und Karton entzweigerissen, da bemerkte ich, dass er – ganz flach ausgebreitet und hochkant gedreht – mir bekannt vorkam. Irgendetwas war mit den Proportionen des Rechtecks, oder vielleicht war es der verschlissene Einbandstoff, der sich wie trockene Haut und beinahe wie Asche anfühlte.

Ich leimte Holzstücke auf die Rückseite, um sie zu versteifen. Dann hängte ich das Ganze an eine kahle Wand und ließ es dort. Zeit verging. Nicht viel geschah.

Eines Tages begann ich, auf dem Einband zu malen. Ich malte drei Berge, da sein Hochformat nach einer Landschaft zu verlangen schien. In der Nähe meines Ateliers gibt es keine Berge, und meine Internetverbindung funktionierte nicht, so dass ich aus dem Gedächtnis malen musste.

Als ich fertig war, sah ich mir den Einband an, und mir wurde klar, dass ich diese Berge nie im Leben gesehen hatte. Sie waren mir fremd. Ich bin auf Bergen gewesen, auf einigen für längere Zeit, aber nicht auf diesen. Und wie sie da so um ein Weniges vor der Oberfläche des Buchs schwebten, schienen sie mir nur umso fremdartiger und roher. Aber das missfiel mir nicht. Keine Zeit war verschwendet worden. Und schließlich war Sonntag. Sie wirkten spöttisch, göttlich und heiter.

Ich fing an, an den Wochenenden weitere Bücher zu zerstören, um auf ihnen zu malen. Jeder Einband schien nach etwas anderem zu verlangen; dieser nach Expressionismus, jener nach Naturalismus, wieder ein anderer nach einfachen Monochromen. Nie las ich die Bücher, die ich zerriss.

Erst später begriff ich, dass, wonach die Oberflächen dieser in Auflösung begriffenen Bücher riefen, gar keine Bilder waren (auch wenn sie materiell sind und das Auge ansprechen), sondern Manifestationen von Vorstellungen, die ebenfalls (und immer) an ihre Ziele gelangen, nämlich Natur und Malerei.

Ich bin in der Stadt aufgewachsen, so dass Natur nichts ist, über das ich viel zu wissen glaube. Über Malerei weiß ich noch weniger. Beinahe das Einzige, dessen ich sicher bin, sind meine Lichtempfindlichkeit und das Vergehen der Zeit. Was gibt es sonst noch zu wissen? Warum alles zu Ende geht, nehme ich an. Aber warum das Warum?« (Paul Chan, 2012)

Paul Chans *Volumes – inncompleteset* (2012) sind verführerische Gegensätze: Einbände von gebrauchten (wenngleich zumeist ungelesenen) Büchern, die ihres Inhalts beraubt wurden – *Volumes* ohne Volumen – und zu Bildträgern für die Einbildungskraft werden; eine gewaltsame Geste, in etwas Sanftmütiges verwandelt. Chan zeigt 600 der über tausend *Volumes*, die er bisher geschaffen hat, in einem abgeschotteten Raum, und schafft so eine Erfahrung, die ein Gefühl »intensiver und ekstatischer Einsamkeit« wachrufen soll.

"One day in the studio, I picked up my hardcover edition of Schopenhauer's *Parerga and Paralipomena* off the floor. I ripped the pages from the binding and tore the loose sheets apart. I was about to tear the dusty canvas and cardboard cover in two when I noticed that—when completely flattened and turned vertically—it looked familiar. There was something about the proportion of the rectangle, or maybe it was the worn cover fabric that felt like ashy dry skin.

"I glued pieces of wood onto the back side of the book cover to stiffen it up. I then hung it on a bare wall and left it there. Time passed. Nothing much happened.

"One day, I began to paint on the cover. I painted three mountains, because its vertical dimensions seemed to call for a landscape. There are no mountains anywhere near my studio, and my Internet connection was down, so I had to paint from memory.

"When I'd finished, I looked at it and realized I had never seen these mountains in my life. They were foreign to me. I have been on mountains and have passed the time on a few, but not these. And the way they floated ever so slightly off the surface of the book only made them seem more alien and crude. But I was not displeased. Time was not wasted. And it was Sunday, after all. They felt mocking, divine, and serene.

"I began destroying more books to paint on them, on weekends. Each cover seemed to call for different things; some expressionistic, others naturalistic, still others plainly monochrome. I never read the books I tore apart.

"Only later on did I realize that what was being called for on the surface of these books-in-dissolution weren't images at all (although they are visual and material) but manifestations of notions that are also (and always) coming to their ends; namely, Nature and Painting.

"I grew up in the city so Nature is not something I feel I know a great deal about. I know even less about Painting. About the only thing I know is my sensitivity to light, and time passing. What more is there to know? Why it all ends, I suppose. But why the why?" (Paul Chan, 2012)

"Paul Chan's *Volumes—inncompleteset* (2012) are seductive antagonisms; covers of used (though mostly unread) books, bereft of content—volumes without volume—that become picture planes for the imagination, a violent gesture turned gentle. Chan exhibits six hundred of the more than one thousand *Volumes* he has made so far, in an isolated space—an experience intended to evoke "intense, ecstatic solitude." ES

***Wht Is Wht? Why the Why?*, 2012**

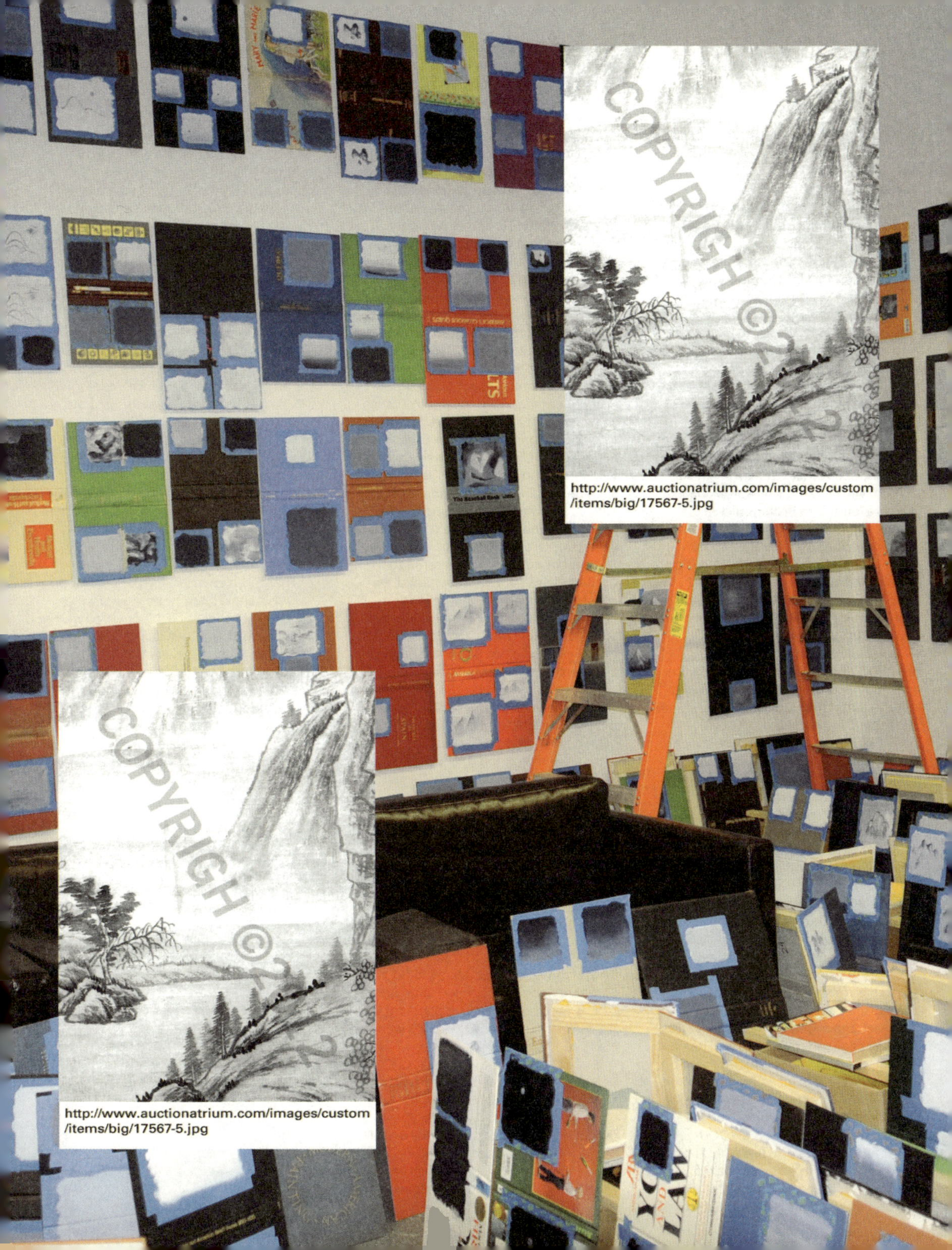
COPYRIGH
http://www.auctionatrium.com/images/custom
/items/big/17567-5.jpg
COPYRIGH
http://www.auctionatrium.com/images/custom
/items/big/17567-5.jpg

Tacita Dean

geb. / b. 1965 in Canterbury (England)
lebt / lives in Berlin

Tacita Dean arbeitet zwar auch mit Zeichnung und Fotografie, doch bekannt wurde sie vor allem mit ihrem unverwechselbaren Einsatz des Mediums Film. Ihre eindringlichen 16-mm-Filme sind malerische, aus Licht komponierte Studien zu Zeit, Ort und Geschichte. Der fotochemische Film, ein beinahe ausgestorbenes Material, ist nicht nur das wichtigste Medium, sondern auch ein Thema ihrer Arbeiten – so in ihrem monumentalen 35-mm-Film *FILM* (2011) für die Turbinenhalle der Tate Modern, bei dem sie ein vertikal gedrehtes CinemaScope-Objektiv, Kameraeffekte und Studiotechniken aus der Blütezeit des Kinos einsetzte, um »Film zu zeigen, wie nur Film sein kann«. Deans Kamera fängt ihre Protagonisten oftmals kurz vor ihrem Verschwinden ein – ihre Filme über den Künstler Mario Merz (2002), den Übersetzer und Dichter Michael Hamburger (2007) und den Tänzer und Choreografen Merce Cunningham (2007, 2009) entstanden jeweils kurz vor deren Tod.

Seit ihrem Umzug nach Berlin im Jahr 2000 hat Dean mehrere Arbeiten geschaffen, die sich auf subtile Weise mit der deutschen Geschichte auseinandersetzen. In *Fernsehturm* (2001) und *Palast* (2004) porträtiert sie zwei ikonische Gebäude der ehemaligen DDR mit ruhiger Kamera, wobei sie den Verlauf der Zeit im sich langsam verändernden Tageslicht einfängt. *Darmstädter Werkblock* (2007) erhielt seinen Titel von Joseph Beuys' Installation Block Beuys im Hessischen Landesmuseum in Darmstadt, an der der Künstler von 1970 bis zu seinem Tod im Jahr 1986 gearbeitet hat. Da es Dean nicht gestattet wurde, die Beuys-Arbeit selbst zu filmen, konzentrierte sie sich stattdessen auf alles um sie herum und dokumentierte die vielen Flicken und Flecken, die sich im Laufe der Jahre auf den Jutebespannungen der Wände und des Bodens angesammelt hatten – Elemente, die wegen der umstrittenen Entscheidung des Museums, die historischen Räume zu renovieren, ebenfalls zum Verschwinden verurteilt waren.

Die zwei Projekte für die dOCUMENTA (13), die Kassel und Kabul verbinden und jeweils in einer der beiden Städte gezeigt werden, befassen sich mit den Geschichten und der Sichtbarkeit zerstörter, unzugänglicher oder verborgener Räume und bringen sie in Zusammenhang mit persönlichen Erfahrungen. *c/o Jolyon* (2012) besteht aus hundert vorgefundenen antiquarischen Postkarten mit Vorkriegsansichten des alten Kassels, die die Künstlerin mit Details heutiger Ansichten derselben Orte übermalt und an Jolyon Leslie in Kabul gesandt hat. Leslie, der ehemalige Geschäftsführer des Aga Khan Trust for Culture, hat den Vornamen Jolyon mit Deans Vater gemeinsam, der ihn zur Erinnerung an die Freundschaft seines Vaters – Deans Großvaters – mit dem Schriftsteller John Galsworthy als zweiten Vornamen erhalten hatte und damit, so heißt es, nach der Figur in Galsworthys *Die Forsyte-Saga* die erste reale Person mit diesem Namen war.

Im ehemaligen Finanzamt in Kassel zeigt Dean ihr neues Projekt, Schiefertafel-Zeichnungen mit dem Titel *Fatigues* (2012). Sie gab einen »blinden« Film in Afghanistan in Auftrag, indem sie einen afghanischen Kameramann einlud, verschiedene Schauplätze in Kabul aufzunehmen, ohne dass sie dabei selbst vor Ort war. Letztendlich konnte Dean nicht auf das Filmmaterial zugreifen, da es sich als beschädigt herausstellte. Sie entnahm ihm jedoch einige Ideen für die Zeichnungen, beispielsweise das Motiv der Sturzflut und des jährlich von der Schneeschmelze anschwellenden Kabul-Flusses.

Though also working in mediums such as drawing and photography, Tacita Dean gained recognition for her unique use of film. Her haunting 16mm films are painterly studies of time, place, and history, composed of light. The nearly extinct photochemical film is not only the main medium but also a subject of her work—as in her monumental 35mm *FILM* (2011) for Tate Modern's Turbine Hall, employing a CinemaScope lens vertically and in-camera and studio techniques from cinema's heyday to "show film as film can be." Dean's camera often captures her subjects just as they are about to disappear—her films of the artist Mario Merz (2002), the translator and poet Michael Hamburger (2007), and the dancer and choreographer Merce Cunningham (2007, 2009) were made shortly before they died.

Since she moved to Berlin in 2000, Dean has created various works that subtly address German history. In *Fernsehturm* (2001) and *Palast* (2004), she portrays two architectural icons of the former GDR with a still camera, picturing time in the slowly changing daylight. *Darmstädter Werkblock* (2007) is named after Joseph Beuys' installation Block Beuys in Darmstadt's Hessisches Landesmuseum, on which he worked from 1970 until his death in 1986. Since she wasn't allowed to film the work itself, Dean concentrated on everything else besides it, documenting the many little patches and stains that had appeared on the jute walls and carpet over the years—elements that were also doomed to disappear due to the museum's controversial decision to renovate the historical rooms.

The two projects for dOCUMENTA (13), connecting Kassel and Kabul and shown in both cities, are concerned with the histories and visibility of spaces destroyed, inaccessible, or hidden, linked with personal experience. *c/o Jolyon* (2012) consists of a hundred found vintage postcards with prewar views of old Kassel, which the artist has painted over with contemporary details from the same sites and mailed to Jolyon Leslie in Kabul. The former CEO of the Aga Khan Trust for Culture, Leslie shares the name Jolyon with Dean's father, who, due to her grandfather's friendship with writer John Galsworthy, was given it as his middle name after the character in Galsworthy's *The Forsyte Saga* and is said to have been the first non-fictional person with that name.

The work shown in a former tax office in Kassel is a new blackboard-drawing project entitled *Fatigues* (2012). Dean commissioned a "blind" film in Afghanistan, inviting an Afghan cameraman to film in various locations in Kabul without going there herself. In the end, Dean was unable to use the footage, which was irredeemably flawed, but she took several ideas for drawings from the sequences, such as the motif of the flash flood and the annual rise of the Kabul River's waters, caused by melting snow. ES

***c/o Jolyon*, 2012**
Gouache auf vorgefundenen Postkarten / Gouache on found postcards
jeweils / each 13.9 × 8.9 cm

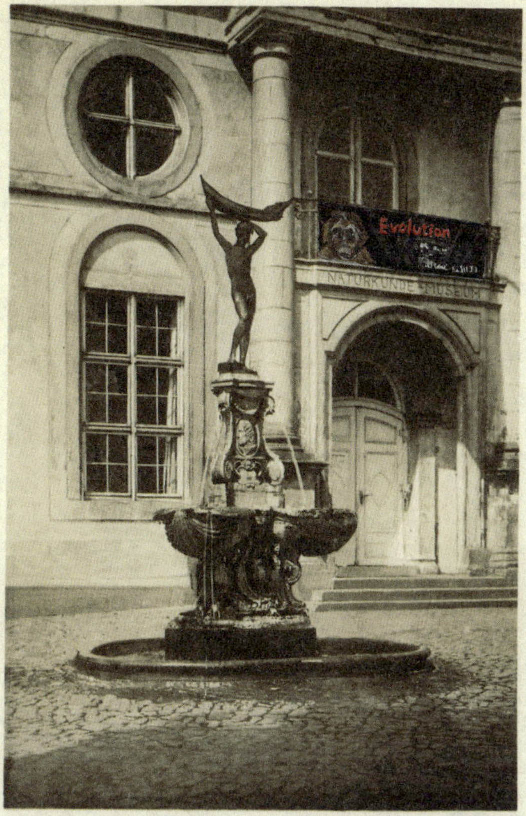

Kassel. Papinbrunnen vor dem Naturalien-Museum.

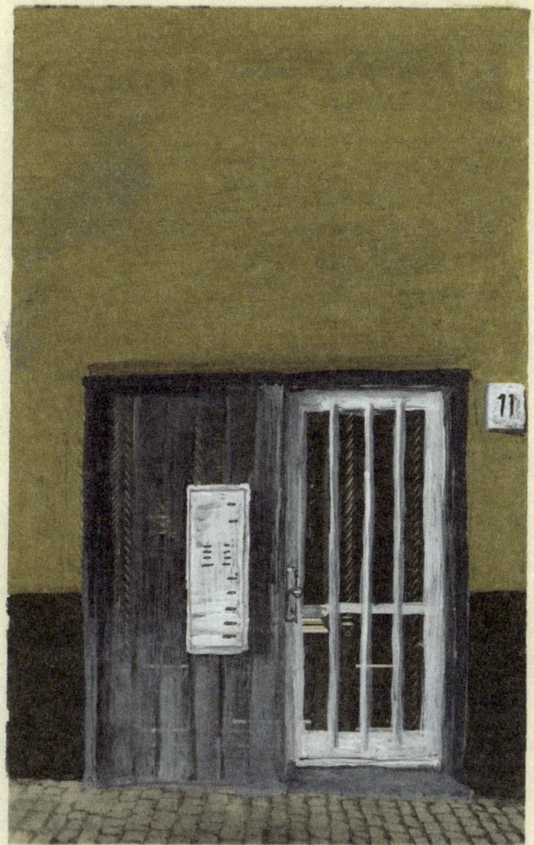

Alt-Kassel. Portal am Haus Graben

N° 52

Trisha Donnelly

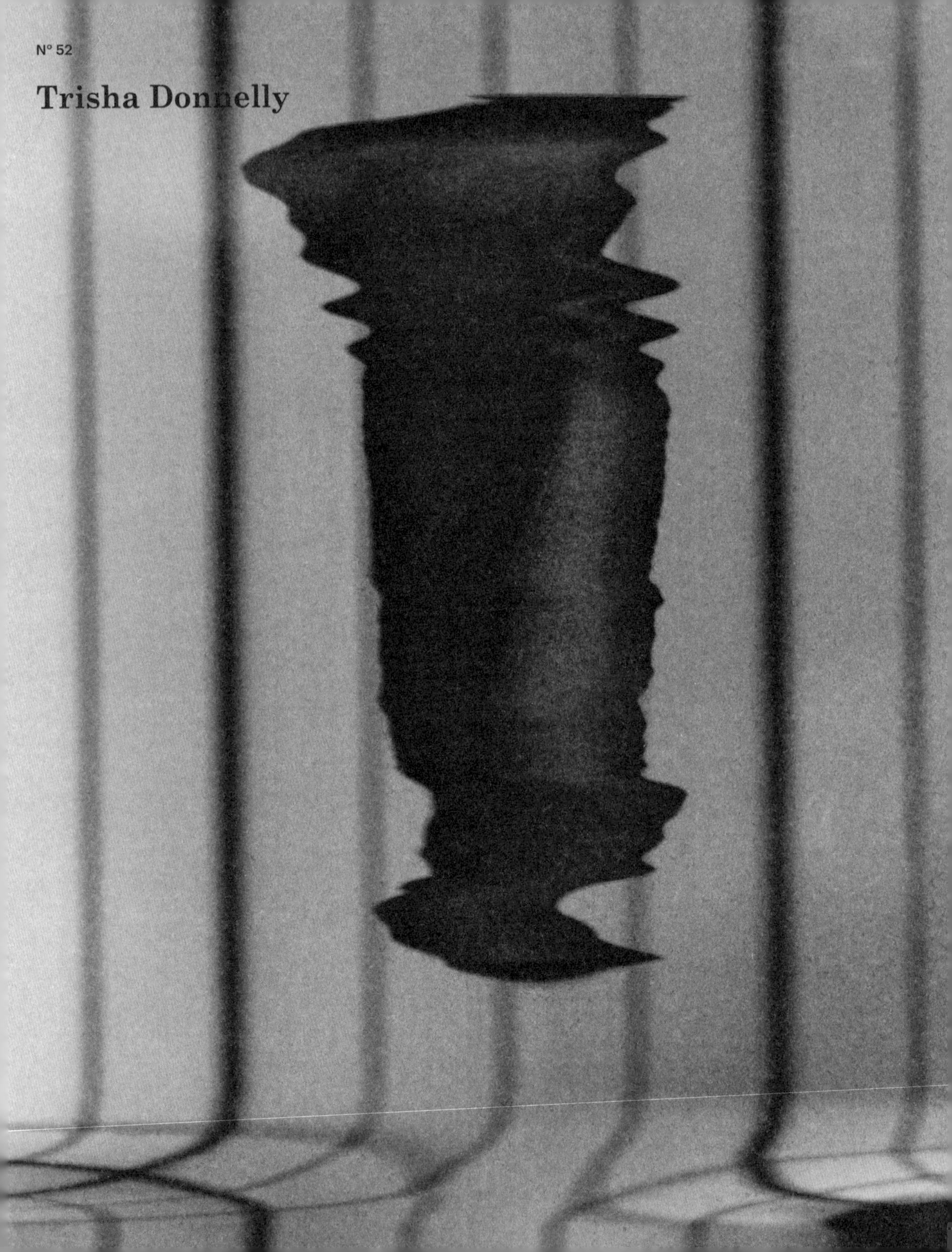

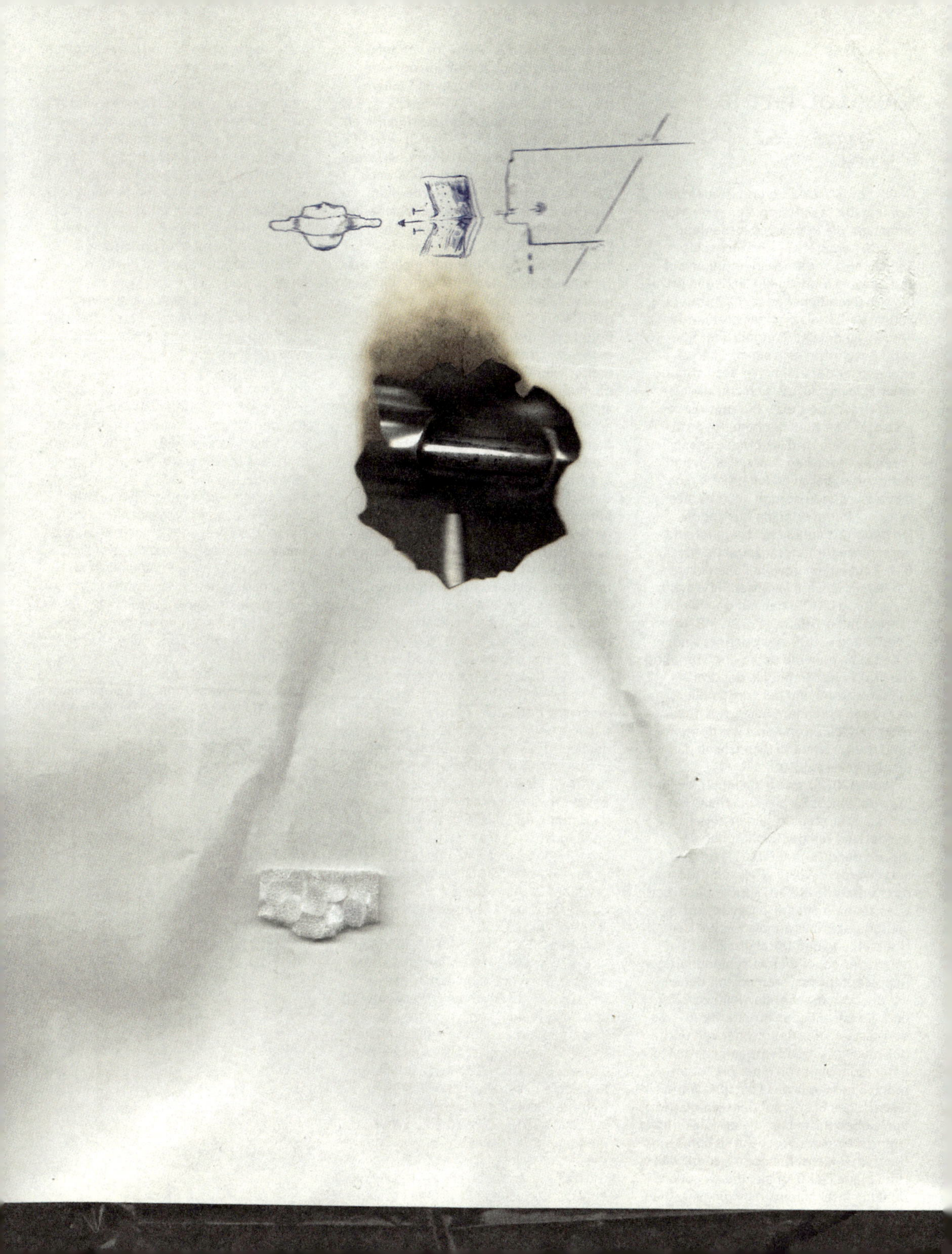

Cevdet Erek

geb. / b. 1974 in Istanbul
lebt / lives in Istanbul

Cevdet Erek artikuliert und sequenziert Zeit und Raum mittels bestimmter Maßeinheiten. Die *Rulers*, die fortlaufend seit 2007 entstehen, sind nicht selbst Zeitleisten, sondern Markierungen auf Zeitleisten – individuelle Einheiten privater, geschichtlicher oder zukünftiger Zeit im Verhältnis zu einer bestimmten Person, einem Ort, Ereignis oder Konzept. Beschriftet sind sie mit Jahreszahlen oder der einfachen Bezeichnung einer Zeitspanne, die sich von »0« bis »jetzt« oder von »jetzt« bis zum »Ende« erstreckt. Der Künstler bemerkt dazu: »Diese Lineale sind als Zeichenutensilien (oder als Utensilien zum Ansehen und Betrachten) gemeint. Ich erhebe nicht den absurden Anspruch, ›Zeit zu messen‹. [...] Daten oder Markierungen jedweder Art auf diesen Linealen sind Vorschläge für Referenzpunkte, wie die 0, 1, 2 auf einem gewöhnlichen Lineal.« Ein Schlüsselwerk in dieser Serie stellt *Ruler Coup* (2009) dar, auf dem die Jahreszahlen »1923«, »1960«, »1971«, »1980« und »2009« verzeichnet sind; in ihnen kann man die Daten der Gründung der Türkischen Republik, der drei Militärputsche und der Fertigstellung der Arbeit erkennen: Ausfertigungen einer verkleinerten Kopie wurden während der 12. Istanbul Biennale an die Besucher verteilt.

Week **(2012), eine Installation, die der Künstler jüngst für die Kunsthalle Basel produzierte, stellt in seinen Augen den letzten Teil der Recherchen dar, die auf der dOCUMENTA (13) umgesetzt werden. Wie die Pressemitteilung der Kunsthalle erklärt, spricht die Arbeit »das zentrale Thema in Cevdet Ereks vielfältiger Praxis an: die wechselseitige Übersetzung und Durchlässigkeit zwischen den scheinbar verschiedenartigen Repräsentationssystemen, mit denen wir die uns umgebende Welt begreifen und die unser Leben strukturieren – die Vermessung des Raums, der Zeit und des musikalischen Tempos«. Im Ausstellungsraum geht von einer Art Totempfahl, einer Säule aus Lautsprechern, ein akustisches Raster auf der Grundlage von sieben Beats aus, die die willkürliche Unterteilung der Woche in sieben Tage durch den Menschen aufmischen, während blaue Lichtsignale, die zwischen dunklen Intervallen auf einem einzelnen LED-Modul entlangwandern, die sich verändernde Tageslänge im Verlauf der Ausstellung durch Reduktion auf eine bestimmte Zahl von Pixeln darstellen (*Day*, 2011).**

Ereks Installation *Raum der Rhythmen* (2012) für die dOCUMENTA (13) setzt zwei Linien fort, die sich durch sein Werk ziehen: Ortsspezifik und die Übersetzung von Zeitbegriffen in körperliche Erfahrung. Klangsysteme verschiedener Art verstärken Kompositionen, die Erek als »akustische Zeitleisten« beschreibt; das Vokabular minimalistischer Tanzmusik dient der Vertonung üblicher Intervalle (etwa der 100 Tage der dOCUMENTA, die alle fünf Jahre stattfindet), die durch Skalierung zu einfachen Mustern werden, sowie gesammelter wichtiger Daten der Geschichte, die durch akustische Symbole dargestellt werden. Die Tontechnik ist zu einer architektonischen Konfiguration zusammengestellt, die sich an die improvisierten Räume von Techno-Partys anlehnt und visuelle Aspekte architektonischer Akustik in den Blick nimmt. Mit *Raum der Rhythmen* fordert Erek unsere Seh- und Hörwahrnehmung heraus, indem er die Bewegung des Körpers in den Raum als Weg zur körperlichen Erfahrung abstrakter Ideen integriert.

Cevdet Erek articulates and sequences time and space according to certain measures. *Rulers*, which he has produced since 2007, are not time lines themselves, but time line markers—individual units of private, historical, or future time in relation to a certain person, place, event, or concept. They bear inscriptions of years, or they simply mark a time span from "0" to "now" or from "now" to "end." The artist notes: "These rulers are meant to be tools for drawing (or tools to be looked at and contemplated). I am not making an absurd proposition to 'measure time.' . . . Dates or any kind of marks on these rulers are proposed as reference points like 0, 1, 2 on a usual ruler." A key piece in this series is *Ruler Coup* (2009), upon which he has inscribed "1923," "1960," "1971," "1980," and "2009," which may be understood as the dates of the foundation of the Turkish Republic and of the three military interventions, and the date on which the piece was made: a mini version was distributed to the public at the 12th Istanbul Biennale.

Week (2012) is a recent installation for Kunsthalle Basel, which the artist sees as the last station of the research realized in dOCUMENTA (13). As the Kunsthalle's press release explains, the work "addresses the central issue of Cevdet Erek's practice: the mutual translation and permeability between the seemingly different systems of representation through which we apprehend the world around us and organize our lives: measurements of space, time, and musical tempo." Inside the gallery, a totemic column formed from a sound system creates an aural grid based on seven beats, which remix the arbitrary, man-made division of a week into seven days, while units of blue light interspersed by dark intervals traveling along a single LED module represent the changing durations of all the days of the exhibition, reduced to a specific number of pixels (*Day*, 2011).

His installation *Room of Rhythms* (2012) for dOCUMENTA (13) continues the lines that run through Erek's oeuvre, namely site-specificity and concepts of time translated into physical experience. Sound systems of varying types amplify what Erek describes as "sonic time lines," using the vocabulary of minimal dance music to sonify common intervals (e.g., the 100 days of documenta, which takes place every five years) scaled to simple patterns, as well as collections of historically important dates represented by audio icons. The architectural configuration in which they are placed borrows elements from the temporary spaces of techno parties and investigates visual aspects of architectural acoustics. With *Room of Rhythms*, Erek challenges the visual and aural by adding the movement of the body into the space as a means of physically experiencing abstract ideas. ES

***Circular Week Ruler*, 2011**
Laser und schwarze Farbe auf transparentem Acrylglas / Laser and black paint on transparent Perspex
12 × 12 × 0.3 cm

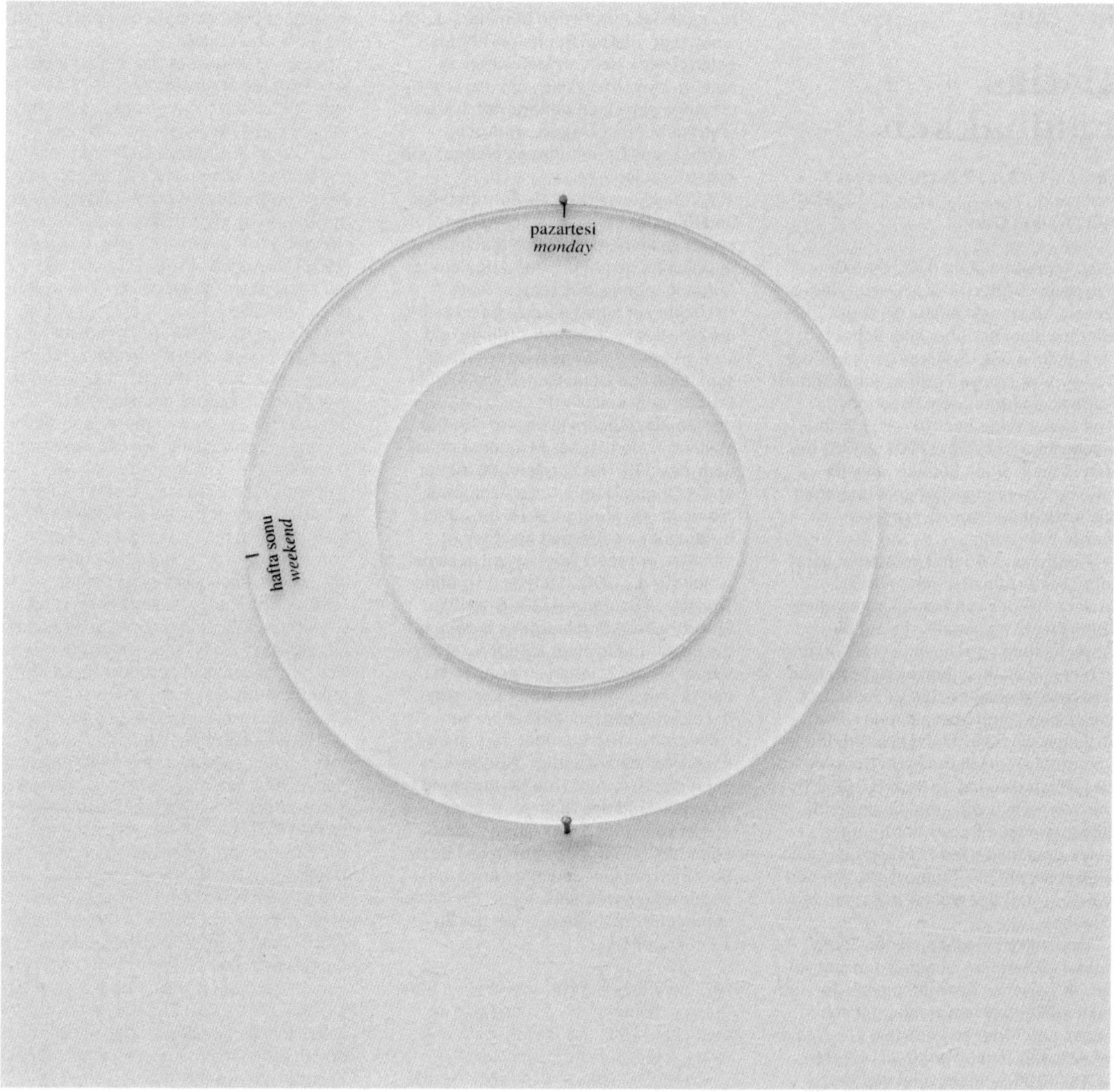
pazartesi
monday
hafta sonu
weekend

Matias Faldbakken

geb. / b. 1973 in Hobro (Dänemark / Denmark)
lebt / lives in Oslo

»Das Schreiben stellt die größte Gewalt dar, denn es übertritt das Gesetz, jedes Gesetz, sogar sein eigenes«, sagte Maurice Blanchot über sein Schreibverfahren in *Das Unzerstörbare*. In einer Reflexion auf diese Position schuf Matias Faldbakken (unter dem Pseudonym Abo Rasul) seine Buchtrilogie »Skandinavische Misanthropie« (2001–2008), die den Leser in einen Bereich jenseits linearer Erzählung lenkt und ihn gegen die Absicht des Autors, »gelesen« zu werden, aufbringt.

Faldbakkens Bücher entstehen parallel zu seiner künstlerischen Praxis, in der er Felder von Signifikanten einer Unterbrechung schafft, die auf die Ausschaltung von Ursache und Wirkung in einer mechanischen, warenförmigen und hypermedialisierten Gesellschaft verweisen. Darin übernehmen seine Arbeiten die begriffliche Musterbildung von Stéphane Mallarmés *Un Coup de dés jamais n'abolira le hasard* (1897), in der Wörter in unzusammenhängende Bilder und räumliche Anordnungen versetzt werden, die jede Lesbarkeit aufgeben, um die Räume zwischen den Wörtern statt der Wörter selbst hervorzuheben.

Faldbakken macht sich den Tonfall seiner Generation zu eigen, um sich im Bruch zwischen der Metaphysik der Subjektivität und einem Heidegger'schen »Sein zum Tode« zu verorten. *The Name of a Person That I Want Dead, Written in X's* (2006) zum Beispiel tilgt den Protagonisten durch den gewaltsamen Einsatz von x, die seinen Namen unleserlich machen. In einer anderen Reihe mit dem Titel *Ohne Titel (Suicide)* (2006) wird der Modus des Selbstmords aus abstrakten Bildern erschlossen, die eine Handlung voller Zusammenhänge erahnen lassen.

In seinem Notizbuch für die dOCUMENTA (13) veröffentlicht Faldbakken die Ergebnisse seiner Google-Suchen als die leistungsfähigen »Werkzeuge« einer Sprache, um ein »Notizbuch« zusammenzustellen, das dem Leser die voyeuristische Erfahrung ermöglicht, sich in die privaten Suchpraktiken des Künstlers zu vertiefen. Die Lektüre des Materials wird dadurch kompliziert, dass die Neugier des Autors und Künstlers durch einen patentierten Suchalgorithmus gelenkt wird, der von Menschen gemachte Links analysiert, um das Ergebnis jedes einzelnen generierten Listeneintrags vorzuschlagen, wodurch Faldbakkens Untersuchung weitgehend konstruiert ist.

Faldbakkens Praxis als Schriftsteller und Künstler bejaht das Schreiben als Abwesenheit, um seine Macht zu verdeutlichen, das Anonyme, Abgelenkte, Aufgeschobene, aus seinem Platz Gerückte auf eine Weise zu beschreiben, die eine zugleich fortschrittliche und konservative zeitgenössische Gesellschaft infrage stellt. Genau wie Marcel Broodthaers einst in *Un Coup de dés jamais n'abolira le hasard* (1969) Mallarmés poetisches Meisterwerk aus dem Jahr 1897 verwandelt hat, indem er die Originalsequenz des Gedichts räumlich neu konfigurierte, um seine Gegenwart als Artefakt sichtbar zu machen, erneuert Faldbakken in seiner Arbeit für die dOCUMENTA (13), *Ohne Titel (Book Sculpture)* (2008/2012), Broodthaers' Verschiebung, indem er die Bestandteile einer kategorisierten Bibliothek als Zeichen einer Abwesenheit in räumliche Unordnung versetzt, die einen breiteren und schlau verschlüsselten Diskurs über Verlust und Katastrophen ankündigt. Faldbakken dient diese gewaltsame Neuordnung dazu, ein Feld des Nichtseins und, das ist wesentlich, des Ohne-Arbeit-Seins einzurichten, wodurch das Buch über sich hinaus- und einer anderen Bedeutung entgegenwächst, die als verständliche und lesbare noch der Zukunft angehört.

"Writing is the greatest violence as it transgresses the law, every law and also its own," stated Maurice Blanchot about his writing procedure in *The Infinite Conversation*. Reflecting this position, Matias Faldbakken (under the alias Abo Rasul) produced his "Scandinavian Misanthropy" trilogy of books (2001–08), which steers the reader outside a linear narrative and against the author's intention to be "read."

Faldbakken's books run parallel to his artistic practice, in which he creates a field of signifiers of interruption that point to the eradication of cause and effect in a mechanical, commodified, hypermediated society. In doing so, his works adopt the conceptual patterning of Stéphane Mallarmé's *Un Coup de dés jamais n'abolira le hasard* (1897), whereby words are transposed into incoherent image and spatial arrangements that abandon any legibility in order to highlight the spaces between the words rather than the words themselves.

Adopting the vernacular of his generation, Faldbakken situates himself in the rupture between the metaphysics of subjectivity and a Heideggerian "being toward death." *The Name of a Person That I Want Dead, Written in X's* (2006), for example, obliterates the protagonist through the violent use of x's that obscure his name. In another series, *Untitled (Suicide)* (2006), the mode of suicide is inferred from abstracted images that hint at a plot of correlations.

For his dOCUMENTA (13) notebook, Faldbakken publishes the results of his Google searches as the effective "tools" of a language to build a "notebook" that provides the reader with the voyeuristic experience of delving into his private search practices. The reading of the material is complicated by the fact that the author-artist's curiosity is guided by a patented search algorithm that analyzes human-generated links to propose the outcome of any one generated listing, rendering Faldbakken's inquiry largely constructed.

Faldbakken's practice as an author-artist affirms writing as an absence in order to illustrate its power to describe the anonymous, the distracted, the deferred, and the displaced in a way that calls into question an affirmative contemporary society that is both progressive and conservative. Just as in *Un Coup de dés jamais n'abolira le hasard* (1969) Marcel Broodthaers transformed Mallarmé's 1897 poetic achievement by spatially reconfiguring the poem's original sequence to make visible its presence as artifact, Faldbakken in his work for dOCUMENTA (13), *Untitled (Book Sculpture)* (2008/2012), updates Broodthaers' transposition by putting into spatial disarray the components of a categorized library as a sign of absence that announces a broader, cannily coded discourse on loss and catastrophe. Faldbakken uses this violent rearrangement to set up a field of nothingness and, essentially, of worklessness, whereby the book extends beyond itself toward another meaning that has yet to arrive as comprehensible and legible. MK

***Ohne Titel / Untitled (Book Sculpture)*, 2008**

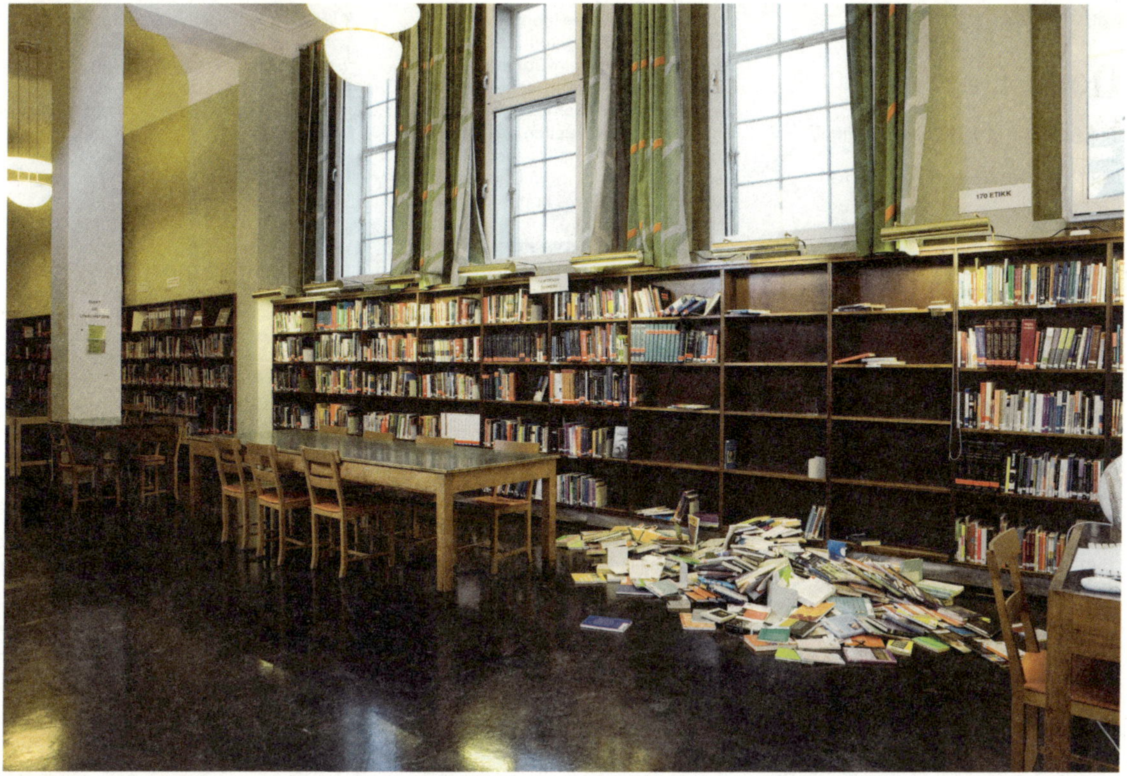
170 ETIKK

Dora García

geb. / b. 1965 in Valladolid (Spanien / Spain)
lebt / lives in Barcelona

Bei ihrer Untersuchung des Verhältnisses zwischen Betrachter, Kunstwerk und Ort greift Dora García oft zu interaktiven und Performance-Formaten. Seit 2009 erforscht sie Randständigkeit als künstlerische Position in Projekten wie *The Deviant Majority* (2010) und *The Inadequate* (2011). Über ihre Arbeit *KLAU MICH: Radicalism in Society Meets Experiment on TV*, die ein Fernsehprogramm mit einer Theatervorstellung verbindet – das Projekt wurde für die dOCUMENTA (13) in Zusammenarbeit mit Ellen Blumenstein, dem Theater Chaosium, Kassel, Jan Mech, Samir Kandil, Carmen Roll, Gunnar Richter und Rose Ostermann entwickelt –, schreibt sie:

»Autorität, die Institution, ist in vielen Kämpfen in zahlreichen Feldern herausgefordert worden, vor allem aber dort, wo sie den Menschen am stärksten die Luft zum Atmen raubt: im Gerichtssaal, im Museum, im Gefängnis, im Irrenhaus; in der Schule, der Regierung, der Armee, der Familie.

In der ehemaligen psychiatrischen Anstalt San Giovanni in Triest, in der der venezianische Nervenarzt Franco Basaglia seine – in so vieler Hinsicht erfolgreiche – Kampagne zur Ent-Institutionalisierung der Psychiatrie durchgeführt hatte, entdeckte ich ein altes Graffiti auf der Mauer des Irrenhauses (in französischer Sprache – einen Moment lang sah ich Félix Guattari mit einer Sprühdose vor mir): ›Caserne = Asile = Prison = Famille. Le Feu Partout‹ (Kaserne = Irrenhaus = Gefängnis = Familie. Feuer an alle). Radikalismus (Feuer) gegen die Institution. Was ist eine Institution? Mit Basaglias Worten: Das, was sich nicht verändern kann. Was ist Radikalismus? Die Eigenschaft, ganz anders als das Übliche oder Herkömmliche zu sein; an die Grundlagen zu rühren; drastische Veränderungen zu befürworten.

Den Titel *KLAU MICH* hat die Arbeit von einem Buch, das die Kommune-I-Mitglieder Rainer Langhans und Fritz Teufel verfassten, nachdem sie 1967 in Berlin im ›Brandstifter-Prozess‹ vor Gericht gestanden hatten. Die Kommune I war seit 1967 die erste politisch motivierte Wohngemeinschaft Deutschlands gewesen und hatte Flugblätter verteilt, in denen die Menschen dazu ermuntert wurden, Kaufhäuser anzuzünden, um das ›Vietnam-Gefühl‹ zu erleben. Nach einer bahnbrechenden Debatte und nachdem Langhans und Teufel von Intellektuellen viel Unterstützung erfahren hatten, entschied das Gericht letztlich zu ihren Gunsten: Die Flugblätter galten als Kunst, die beiden daher als unschuldig.

Nach 1968 breiteten sich anti-institutionelle Bewegungen über die ganze Welt aus. In Deutschland waren sie wegen der starken autoritären Tradition in Politik und Gesellschaft besonders bedeutsam. Mit Mut und Sarkasmus präsentierte der ›Klau-mich‹-Fall eine neue Form des Widerspruchs im Gerichtssaal.

***KLAU MICH: Radicalism in Society Meets Experiment on TV* besteht aus einer Fernseh-Talkshow, die jeden Freitag im Offenen Kanal Kassel aus dem Kasseler Ständehaus übertragen wird, sowie fortlaufenden Theaterproben, denen man jeden Tag live unter www.dieklaumichshow.org zusehen kann. Das Projekt will die Atmosphäre echter öffentlicher Debatte sowie neue Formen eines experimentellen Erzähltheaters und Wege, das Publikum herauszufordern, wiedergewinnen, die einmal im öffentlich-rechtlichen Fernsehen zuhause waren.«**

Dora García investigates the relationship between the visitor, the artwork, and the site, often drawing on interactivity and performance. Since 2009, she has researched marginality as an artistic position through projects such as *The Deviant Majority* (2010) and *The Inadequate* (2011). Of her television program and theater performance *KLAU MICH: Radicalism in Society Meets Experiment on TV*, developed for dOCUMENTA (13) in collaboration with Ellen Blumenstein, Theater Chaosium, Kassel, Jan Mech, Samir Kandil, Carmen Roll, Gunnar Richter, and Rose Ostermann, she writes:

"Authority, the Institution, has been challenged in many battles across numerous fields, but especially in those where it chokes the most: the courtroom, the school, the museum, the government, the army, the prison, the asylum, the family.

"When I was in Trieste, at the ex-psychiatric hospital of San Giovanni, where Venetian psychiatrist Franco Basaglia carried out his process of de-institutionalization of the mental hospital—successful in so many ways—I saw this old graffiti on the walls of the asylum (it's written in French: for a brief moment I had a vision of Félix Guattari with a spray can): 'Caserne = Asile = Prison = Famille. Le Feu Partout' (Barrack = Asylum = Prison = Family. Fire to it all). Radicalism (fire) against the institution. What is an institution? In Basaglia's words: that which cannot change. What is radicalism? The quality of being very different from the usual or traditional; fundamental; favoring extreme change.

"*KLAU MICH* (Steal Me) takes its title from a book the Kommune I members Rainer Langhans and Fritz Teufel wrote after their 1967 trial in Berlin, known as the Arsonists' Lawsuit. Kommune I was the first politically motivated commune in Germany, created in 1967, and had distributed flyers encouraging people to burn down department stores so as to experience that 'Vietnam feeling.' After groundbreaking debate and strong support for Langhans and Teufel from intellectuals, the court ultimately ruled in their favor: the flyers were defined as art, and therefore innocent.

"Anti-institutional movements spread all over the world in the aftermath of 1968. In Germany, they had a special significance because of the strong authoritarian tradition in politics and society. The 'Klau mich' case presented a new form of dissent in the courtroom, full of sarcasm and nerve.

"*KLAU MICH: Radicalism in Society Meets Experiment on TV* is a television talk show broadcast every Friday from the Ständehaus in Kassel through Offener Kanal Kassel, and a permanent theater rehearsal that can be followed in real time every day online at www.dieklaumichshow.org. The project aims to recover the atmosphere of true public debate and new forms of narrative, experimental theater and means of challenging the audience that were once to be found on public-access television." DG

***KLAU MICH (die Klau Mich Show)* ist eine Performance und ein TV-Projekt von Dora García in Zusammenarbeit mit Ellen Blumenstein, Carmen Roll, Gunnar Richter, Rose Ostermann, dem Theater Chaosium, Samir Kandil und Jan Mech. / *KLAU MICH (die Klau Mich Show)* is a performance and TV project by Dora García in collaboration with Ellen Blumenstein, Carmen Roll, Gunnar Richter, Rose Ostermann, Theater Chaosium, Samir Kandil, and Jan Mech.**

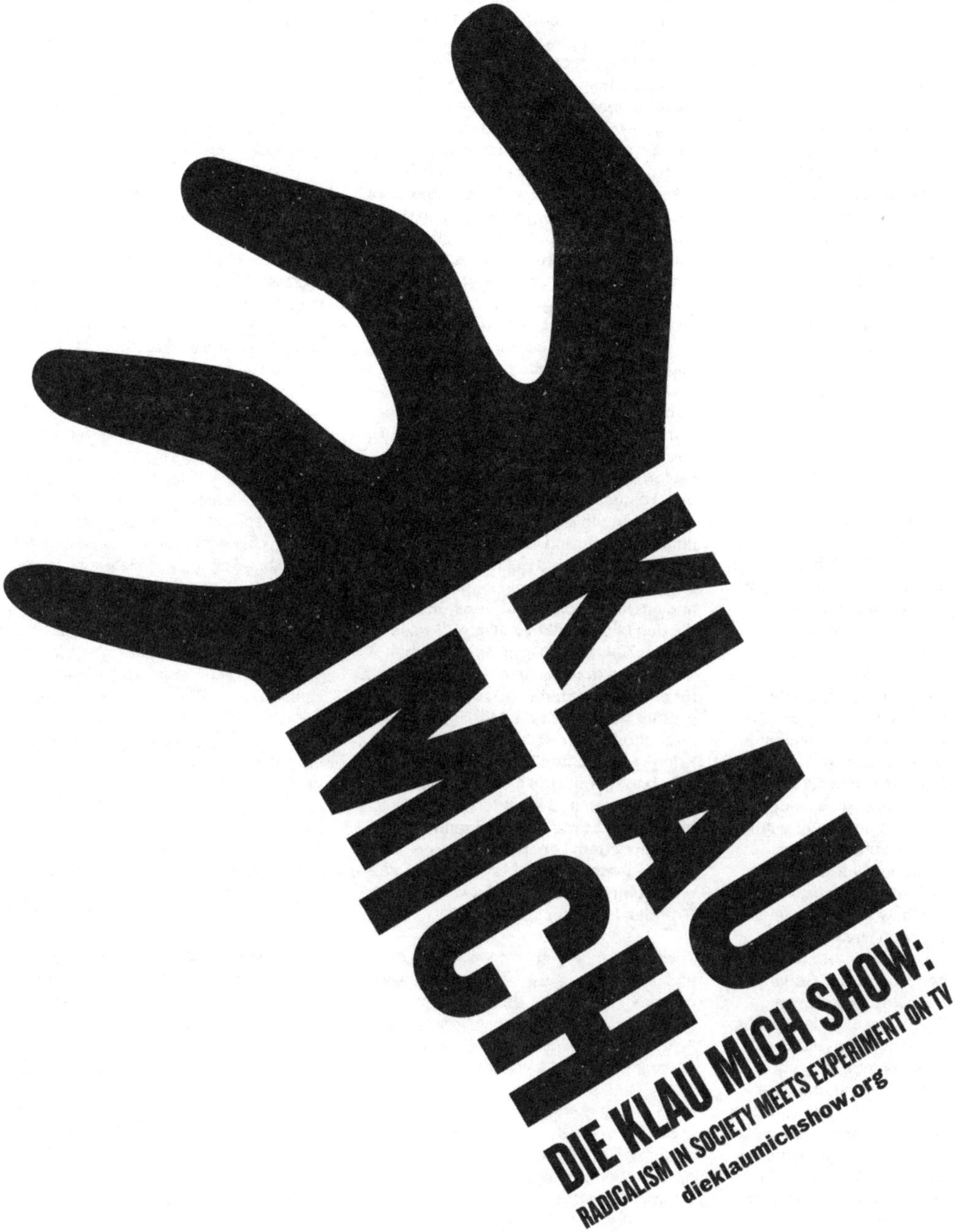
KLAU
MICH
DIE KLAU MICH SHOW:
RADICALISM IN SOCIETY MEETS EXPERIMENT ON TV
dieklaumichshow.org

Theaster Gates

geb. / b. 1973 in Chicago
lebt / lives in Chicago

Theaster Gates ist in vielen Praktiken und Berufen zu Hause: Er ist Künstler, Aktivist, Hauswart, Anstifter von Bürgerinitiativen, Kulturplaner, Designer, Lehrer, Musiker, Leiter von Projekten zur Instandsetzung von Stadtvierteln, Arbeitsvermittler, Fachmann für Reparaturen und Transformator. Als ausgebildeter Stadtplaner und Bildhauer interessiert sich Gates für Vorstellungen von bürokratischen Systemen und urbanen Ökonomien. Er untersucht verschiedene Modelle des gemeinschaftlichen Raums – vom kulturellen über den gastronomischen bis hin zum spirituellen – und insbesondere die Art und Weise, wie die »black church« und andere religiöse Praktiken mit afrikanischem Ursprung durch Körpererfahrung Raum für ein spirituelles und emotionales Bewusstsein schaffen. Über die Organisation von Musikveranstaltungen und die Schöpfung spirituell aufgeladener Totems sowie seine ungebrochene Leidenschaft für Modellierton hinaus ist er auch als Artist-in-Residence und Director of Arts and Public Life an der University of Chicago tätig, während er seine künstlerische Praxis unmittelbar in das städtische Gefüge einbringt.

Im Jahr 2009 kaufte Gates ein leer stehendes zweistöckiges Haus an der Ecke Sixty-Ninth Street und Dorchester Avenue in Chicagos South Side, das er anschließend mit der Hilfe diverser Partner – namentlich John Preus, Tony McWhyte und Matthew Metzger – unter Einsatz großer Mengen wiederverwerteter Baumaterialien renovierte und umbaute. Seither beherbergt das Gebäude die Sammlung von Glasdiapositiven der Bibliothek der University of Chicago, das gesamte Inventar des mittlerweile geschlossenen Prairie Avenue Bookshop, eine Schallplattensammlung und eine »Soul Food«-Volksküche. Das Haus mit der Adresse 6916 Dorchester Avenue, in dem Anwohner forschen, gemeinsam essen und an kulturellen Veranstaltungen und Workshops teilnehmen können, ist erst der Anfang eines größeren Projekts, das die heruntergekommene Gegend in ein kulturelles Epizentrum verwandeln soll. Als informelles Labor für das Experimentieren mit gesellschaftlichen und lokalen Organisationsformen ist Dorchester Projects kein gemeinnütziger Verein, sondern ein Unternehmen, das ein neues Modell für fortschrittliche Investitionen schaffen, dem üblichen Verlauf der Gentrifizierung entgegenwirken und stattdessen durch Kooperation und den gemeinschaftlichen Einsatz von Fähigkeiten, Ressourcen und Ideen das Leben vor Ort entscheidend verbessern soll.

Für die dOCUMENTA (13) hat Gates das verfallende Hugenottenhaus – 1826 erbaut, diente es einmal als bürgerliches Wohnhaus und Hotel, bevor es im Zweiten Weltkrieg von Truppen der Alliierten beschädigt wurde; seit den frühen 1970er Jahren stand es leer – als Veranstaltungsort und permanente Skulptur für Kassel aktiviert. Mithilfe von Teilnehmern an Arbeitsförderungsmaßnahmen aus Chicago und Kassel, die in Bauberufen ausgebildet werden, und unter Einsatz von Materialien, die aus Abbruchhäusern in beiden Städten gewonnen werden, schafft der Wiederaufbau ein bewohnbares Labor für Objekte, Performances, Diskussionsveranstaltungen, Festessen und Installationen. Über das materielle Ergebnis des Projekts hinaus jedoch sind es die kulturellen, bürokratischen und politischen Gespräche mit den geringfügig beschäftigten und am Rande operierenden Künstlern, die den Mittelpunkt von Gates' Praxis bilden. Ziel ist, die Grenzen von Arbeit und Produktion zu verschieben, um Platz für andere zu schaffen. Darüber hinaus erprobt das Projekt die Möglichkeit einer metaphorischen Heilung der durch den Krieg verursachten Verletzungen durch eine bunt gemischte Gemeinschaft von Arbeitern und Künstlern, die diese historische Stätte in Kassel renovieren und mit neuem Leben füllen – eine Stätte, deren Geschichte wiederum auf eine Gemeinde aus religiös-kulturellen Gründen Exilierter zurückgeht.

Theaster Gates inhabits many practices and professions: artist, activist, caretaker, community instigator, cultural planner, designer, educator, musician, neighborhood restorer, placement officer, repairman, transformer. Trained as both an urban planner and a sculptor, Gates is interested in notions of bureaucratic systems and urban economies, investigating various models of communal space from cultural to gastronomic to spiritual—in particular, the way in which the black church and other African-derived religious practices make space for spiritual and emotional awareness that happens through the body. Besides organizing musical gatherings, creating spiritually charged totems, and maintaining a love for clay, he also works as artist-in-residence and Director of Arts and Public Life at the University of Chicago while implementing his artistic practice directly within the urban fabric.

In 2009, Gates purchased an abandoned two-story property on the corner of Sixty-Ninth Street and Dorchester Avenue on Chicago's South Side, which he renovated and rebuilt with the help of various partners—namely John Preus, Tony McWhyte, and Matthew Metzger—and truckloads of repurposed building materials. Since then, the property has been home to the University of Chicago Library's collection of glass lantern slides, the entire inventory of the closing Prairie Avenue Bookshop, a record collection, and a soul-food kitchen. Used by local people for research, shared meals, cultural gatherings, and workshops, the house at 6916 Dorchester Avenue is just the beginning of a larger project that aims to transform the run-down neighborhood into a cultural epicenter. An informal lab for social and community experiment, Dorchester Projects is not a nonprofit organization, but a corporation, whose aim is to set up a new model of progressive investment that works against the usual stream of gentrification, instead making a significant impact on a local level through collaboration and the sharing of skills, resources, and ideas.

For dOCUMENTA (13), Gates has activated as a venue and permanent sculpture for Kassel the dilapidated Huguenot House, built in 1826, a former bourgeois home and hotel, which was damaged in World War II by Allied forces and has stood empty since the early 1970s. Employing workforce-development teams of builders-in-training from Chicago and Kassel, and using materials reclaimed from abandoned buildings in both cities, the reconstruction has resulted in a lived-in laboratory for objects, performances, talks, dinners, and installations. But besides the material outcome of the project, it is the cultural, bureaucratic, and political conversations around the marginally employed and marginalized artists that stand at the core of Gates' practice. The aim is to push the boundaries of labor and production to create space for others. Furthermore, the project explores the possibility of metaphorically mending the damage done by war through a diverse delegation of workers and artists renovating and reviving this historic site in Kassel, which itself goes back to a community of religious and cultural exiles. ES

Tony McWhyte fertigt ein Objekt an für die Installation / fabricates an object for the installation *12 Ballads for the Huguenot House*, 2012

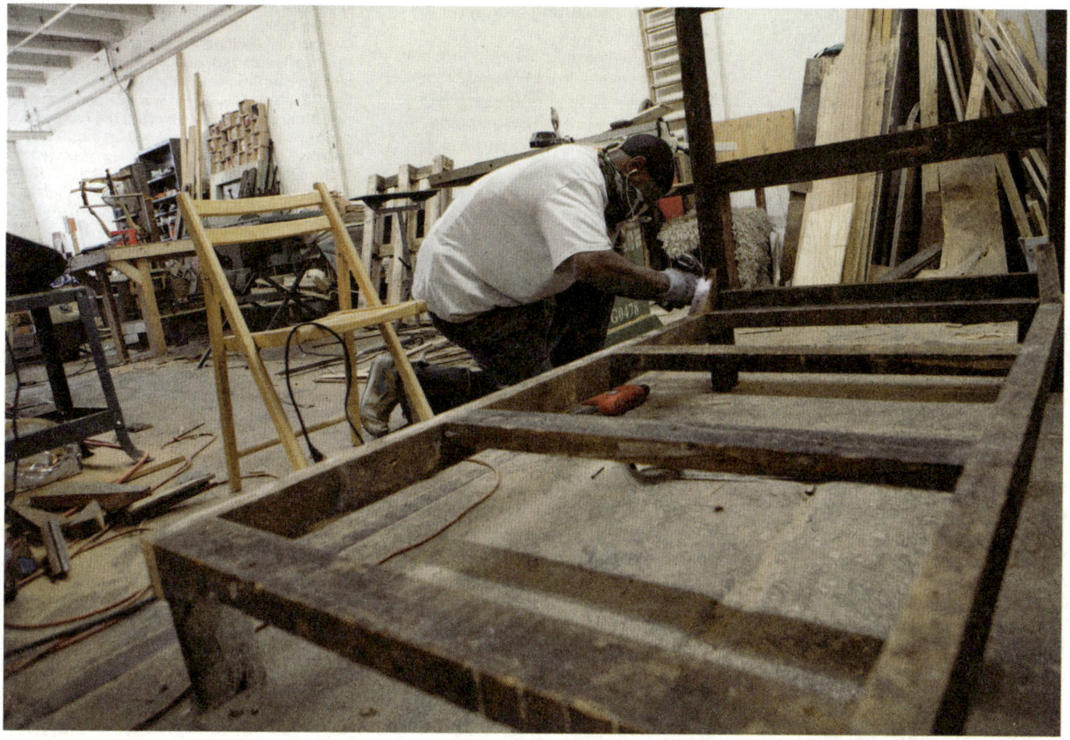

Horst Hoheisel

geb. / b. 1944 in Posen / Poznań (Polen / Poland)
lebt / lives in Kassel

Im April 1939 demolierten nationalsozialistische Aktivisten den Aschrottbrunnen vor dem Kasseler Rathaus. Wenige Wochen später ordnete der Oberbürgermeister an, die Brunnenskulptur ganz abzutragen. Der Brunnen mit einem zwölf Meter hohen schmalen Sandsteinobelisken war nach seinem Stifter Sigmund Aschrott benannt, einem jüdischen Unternehmer. Dieser schenkte ihn 1908 der Stadt Kassel zur Einweihung des neuen Rathauses. Der Brunnen wurde von dem Architekten des Rathauses Karl Roth entworfen.

Während des Zweiten Weltkriegs diente das Becken des zerstörten Brunnens als Blumenbeet. 1963 wurde es wieder als Brunnen gestaltet. Viele Bürger glaubten mittlerweile, der Brunnen wäre von Bomben der Alliierten zerstört worden. 1986 wurde schließlich ein Wettbewerb zur Neugestaltung des Aschrottbrunnens ausgelobt. Doch keiner der eingereichten Entwürfe wurde realisiert.

Stattdessen fertigte Horst Hoheisel 1987 eine Replik des zerstörten Brunnenobelisken als hohle Betonskulptur an und versenkte sie kopfüber in den Boden genau an dem Ort, an dem einst der Obelisk stand. Als Negativ der ursprünglichen Skulptur weist nun die leere Form zwölf Meter in die Tiefe des Rathausplatzes hinunter. Das Negativ markiert den Verlust und verweigert symbolische Wiedergutmachung und ästhetische Entschädigung für den Sinnverlust, den der Holocaust in der westlichen Moderne erzeugt hat.

Das in den Platz gesenkte Negativ ist mit Gittern abgedeckt. Der Besucher kann über die abwesende Skulptur gehen, hinunterschauen in die Leere und das Geräusch des unter seinen Füßen in die Tiefe stürzenden Wassers hören.

Seit der Einweihung des Brunnens vor 25 Jahren reinigt Hoheisel den Brunnen von März bis November monatlich vom Müll der Passanten. Die monatliche Reinigung ist ein öffentliches Ritual; ein Ritual fern jedes Mythos. Auf der dOCUMENTA (13) zeigt Hoheisel Zeichnungen, Fotos und seine Verträge mit der Stadt Kassel über die Wartung des Brunnens sowie Arbeitshandschuhe, die er und Carolyn Christov-Bakargiev trugen, als sie im März 2011 den Brunnen reinigten, und Glücksmünzen, die sie bei dieser Gelegenheit dort fanden.

Während der dOCUMENTA (13) wird Hoheisel den Aschrottbrunnen am 11. Juni, Juli, August und September 2012 jeweils um 14 Uhr reinigen.

Die *Negative Form* ist ein Gegen-Denkmal, eine öffentliche Plastik, die durch ihre Abwesenheit anwesend ist. Der Künstler sagt dazu: „Das ist kein Ort, an dem man Blumen niederlegt." Stattdessen ist es ein Denkmal, das zum Nachdenken über Verlust auffordert und die kollektive Erinnerung befragt.

In April 1939, Nazi activists demolished the Aschrott Fountain in front of Kassel's City Hall. A few weeks later, the city's mayor ordered the removal of what remained of the fountain sculpture. The fountain with its narrow sandstone obelisk, which rose to a height of twelve meters, was named after its donor, Sigmund Aschrott, a Jewish entrepreneur. He had given it to the city to celebrate the inauguration of the new City Hall. The architect of that building, Karl Roth, had also designed the fountain.

During World War II, the basin of the destroyed fountain served as a flowerbed. In 1963, it became a fountain once more. By then, it was commonly assumed that Allied bombing had leveled it during the war. In 1986, a competition was launched for the redesign of the Aschrott Fountain, but none of the submitted proposals were implemented.

In 1987, Horst Hoheisel instead created a replica of the destroyed obelisk as a hollow concrete shell that was embedded upside down in the ground in the place where the obelisk once stood. This negative of the original shape now points twelve meters into the deep. The negative marks the loss and refuses to serve as a symbolic reparation or aesthetic compensation for the fundamental loss of meaning that the Holocaust created in Western modernity.

The negative gaping beneath the square is covered by grating. Visitors may walk across the absent sculpture, look down into the void, and listen to the sound of the water falling below.

Since its inauguration twenty-five years ago, Hoheisel has cleaned the work every month from March to November, removing the trash passersby drop into it. The monthly cleansing is a public ritual; a ritual without a myth. At dOCUMENTA (13), Hoheisel presents drawings, photos, and his maintenance contracts with the City of Kassel, along with gloves that he and Carolyn Christov-Bakargiev used when they cleaned the pit of *Negative Form* in March 2011, and the coins tossed for good luck that they found there on the occasion.

During dOCUMENTA (13), Hoheisel performs public cleanings of his work on June 11, July 11, August 11, and September 11, 2012, at 2 pm.

Negative Form is an anti-monument, a public sculpture that is present by virtue of its absence. As the artist puts it: "It is not a place to put flowers." Instead, it is a memorial that calls for reflection about loss and questions our collective recollection. LBL

Entwurfsskizze zum Aschrottbrunnen / Design sketch for the Aschrott Fountain, Rathausplatz, Kassel, 1987
Der von den Nationalsozialisten 1939 zerstörte Brunnen wurde 1987 als Negativform spiegelbildlich zum Original im Rathausplatz versenkt. Seit 25 Jahren reinigt und wartet Horst Hoheisel den Brunnen selbst. / Replacing the fountain destroyed by the National Socialists in 1939, a negative copy of the original was embedded in the square outside Kassel's City Hall in 1987. For the past twenty-five years, Horst Hoheisel has personally cleaned and maintained the fountain.

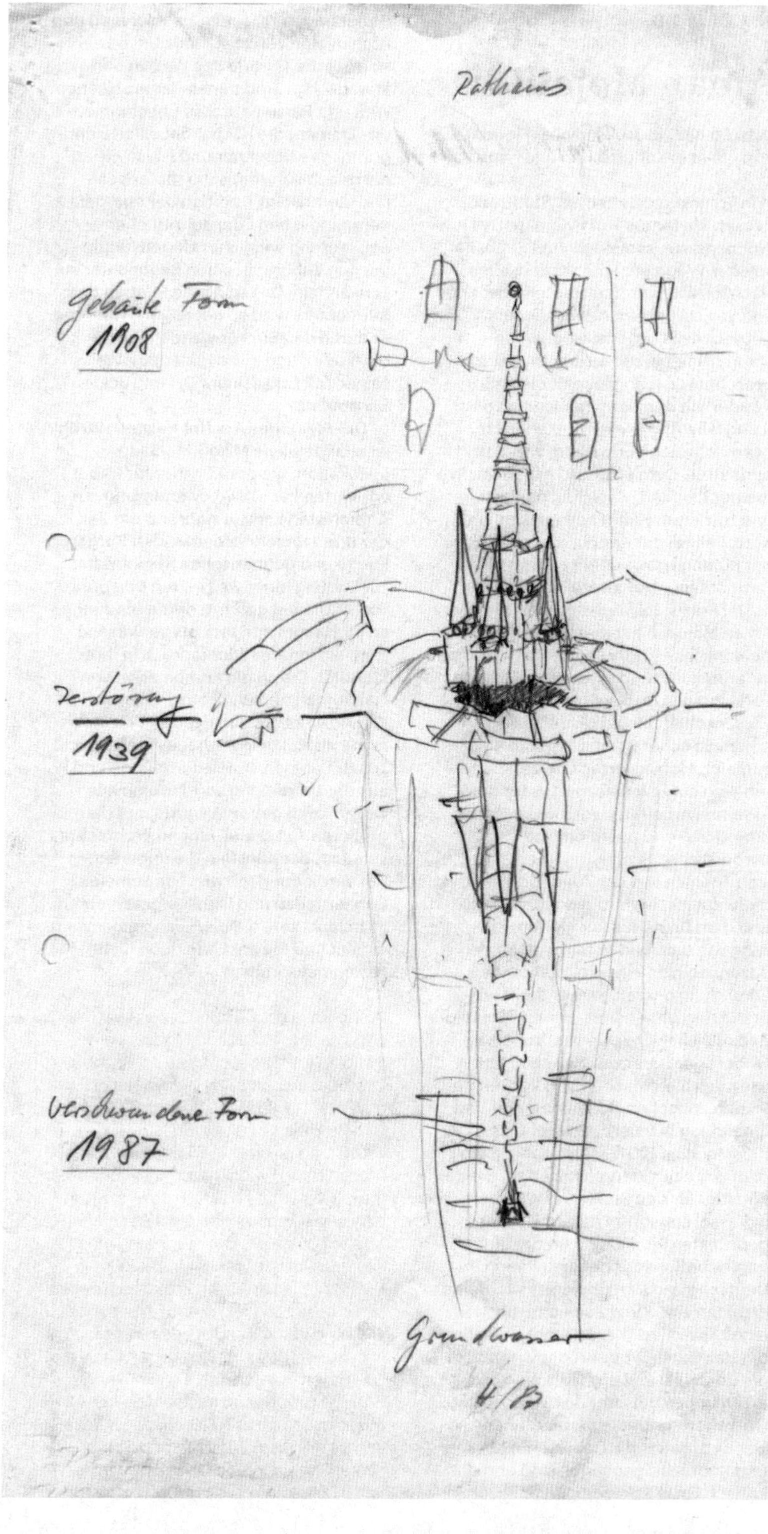
Rathaus
gebaute Form
1908
Zerstörung
1939
verschwundene Form
1987
Grundwasser

Aman Mojadidi

geb. / b. 1971 in Jacksonville (Florida)
lebt / lives in Kabul, Dubai und / and Paris

»Ein Traum vom Leben am Stadtrand, dessen Rhythmus von Pyjamapartys am Wochenende, samstäglichen Fußballspielen, Prügeleien mit rassistischen Nachkommen der Südstaatenbewohner und von religiösem Nationalismus getriebenen Demonstrationen bestimmt war, bei denen ich ›Nieder mit Breschnew!‹, ›Lang lebe der Islam!‹, ›Nieder mit dem Kommunismus!‹ und ›Lang lebe Afghanistan!‹ skandierte, bevor ich auch nur wusste, was das bedeutete. Damit fütterte man mich in meiner Kindheit, zwischen panierten und frittierten Hähnchenstücken und Kartoffelbrei mit Knoblauch, zwischen mit Kümmel gewürztem Fleisch und Basmatireis.« (Aman Mojadidi)

Die Praxis des afghanischen Künstlers Aman Mojadidi hat ihre Wurzeln in persönlichen Erfahrungen und in seinen kuratorischen und wissenschaftlichen Forschungen im Bereich der Kulturwissenschaft. Mojadidi, der als US-amerikanischer Staatsbürger in einer zugleich globalisierten und zersplitterten Welt aufgewachsen ist, verbindet in seinen Arbeiten traditionelle Handlungslinien und postmoderne und oft parodistische Erzählstrategien, um sich Themen wie der Zugehörigkeit des Individuums, Identitätspolitik, Konflikten und dem Drang hin zur Modernisierung wie dem Widerstand gegen sie anzunähern. In einer fortwährenden Erkundung dessen, was er die »Geografie des Ichs« nennt, bereist Mojadidi gedankliche wie reale Landschaften, wobei er die Grenzen zwischen ihnen wie auch die zwischen Wirklichkeit und Fiktion, zwischen Dokumentation und Einbildung bewusst verwischt.

***Resolution* (2012) setzt sich zusammen aus einer Klanginstallation, die der Künstler für den Bunker im Weinberg in Kassel entworfen hat, sowie einer gedruckten Publikation (in der die englische Tonspur der Installation ins Deutsche und Dari übersetzt ist). Beide erzählen eine Kurzgeschichte nach Art eines Märchens (Kassel war schließlich die Heimatstadt der Brüder Grimm), in die deutsche und afghanische Volkserzählungen mitsamt den in ihnen verwurzelten kulturellen Auffassungen sowie Bezüge auf die Geschichte Kassels und Kabuls eingegangen sind und die kritisch auf die derzeitigen politischen Beziehungen zwischen Deutschland und Afghanistan verweist. Mojadidi bezieht sich auf die Theorie des *Wasf* in den literarischen Traditionen der arabischen Welt und Persiens, dessen bestimmendes Element die höchst detaillierte und gründliche Beschreibung ist, sowie auf die griechisch-römische rhetorische und literarische Tradition der *enargeia* – der mündlichen oder schriftlichen Schilderung wirklicher Gegenstände –, um den Zuhörer in einen Beobachter zu verwandeln. Das sinnliche Erleben des Betrachters wird so gesteigert, während er durch den Bunker wandelt, einen belasteten und auf zweideutige Weise seiner Zeit und seinem Ort entrückten Schauplatz.**

***Our Memories Are Not Related* (2012) ist eine parallele Mixed-Media-Installation, die der Künstler für Kabul entworfen hat. Die Auswanderung aus Afghanistan vor wie während der Zeit der drei Jahrzehnte dauernden Bürgerkriege und gegnerischen Regimes hat zur Bildung einer weltweiten Diaspora von Afghanen geführt, deren Bindungen an ihr Heimatland oftmals verwirrend sind, ein innerer Widerspruch in ihrer Identität. Durch die Kombination von Filmaufnahmen und Fotografien der Wände einer Familienfestung, die noch heute als Ruine in Alghouey steht, mit Tonaufnahmen von den Stränden und aus der Umgebung von Jacksonville, wo Mojadidi geboren wurde und den größeren Teil seiner Jugend verbrachte, versucht der Künstler, die ungereimten Verbindungen zwischen seinen Erinnerungen und Familiengeschichten zu beleuchten, die man sich gemeinsam erzählt und die am Ende doch nicht zusammenstimmen.**

"A suburban dream punctuated by weekend sleepovers, Saturday soccer games, fistfights with racist children of the Confederate South, and religio-nationalist driven demonstrations chanting 'Down with Brezhnev!,' 'Long live Islam!,' 'Down with Communism!,' and 'Long live Afghanistan!,' before I even knew what that meant. It is what I was fed growing up, in between southern-fried chicken and garlic mashed potatoes, cumin-scented meat and basmati rice." (Aman Mojadidi)

The Afghan artist Aman Mojadidi's practice is based on his personal experiences and his curatorial and academic research in cultural studies. Having grown up as a U.S. citizen in a world that is simultaneously globalized and fractured, in his work Mojadidi combines traditional story lines and postmodern, often parodic, narrative strategies to approach themes such as belonging, identity politics, conflict, and the push to and resistance against modernization. Continually exploring what he calls the "geography of self," Mojadidi travels through both mental and physical landscapes, intentionally blurring the lines between them, as well as between fact and fiction, documentation and imagination.

Resolution (2012) is a sound installation conceived for the Weinberg Bunker, Kassel, and a print publication (which translates the installation's English soundtrack into German and Dari). Both tell a short story written in the vein of a fairy tale (Kassel having been the hometown of the Brothers Grimm) that draws on both German and Afghan folk stories and the cultural understandings rooted within them, referencing the history of Kassel and Kabul and confronting the current political relationship between Germany and Afghanistan. Mojadidi refers to the theory of *wasf* in Arabic and Persian literary traditions, characterized by their minute, thorough descriptions, as well as the Greco-Roman oratorical and literary tradition of *enargeia*—the verbal or written representation of real objects—in order to transform the listener into an observer. The viewer's sensory experience is thus heightened while walking through the Bunker, a loaded, ambiguously de-temporalized, and dislocated place.

Our Memories Are Not Related (2012) is a parallel mixed-media installation conceived for Kabul. Migration out of Afghanistan, both before and during the thirty years of civil wars and opposing regimes, has created a global diaspora of Afghans, whose connections with their home country are often confusing, an internal contradiction of their own identity. By filming and photographing the walls of a family fort still standing as a ruin in Alghouey, and juxtaposing those images with audio recordings made on the beaches and environs of Jacksonville, where Mojadidi was born and spent the majority of his youth, he seeks a way to highlight the incongruous connections between his memories and familial narratives, which are shared but ultimately incompatible. AV

Textauszug aus / Excerpt from *Resolution*, 2012

"I am The Shaman, a King without a Kingdom, cursed by The Bearded Ones to sit atop this mountain with nothing to do but look down upon the sad future of my past failures. Who are you little girl? And why have you come here?"

"I am The Cigarette Seller of Friedrichsplatz," she replied, "and the last thing I remember is running into an antiques store to hide while the Dragons set fire to the city in their battle against the Red-Eyed Ogres."

Hindu Kush Mountains
Friday October 22, 1943

»Ich bin der Schamane, ein König ohne Königreich, von den Bärtigen dazu verdammt, auf diesem Berg zu sitzen und nichts zu tun zu haben, als auf die traurige Zukunft meiner früheren Misserfolge zurückzuschauen. Wer bist du, kleines Mädchen? Und warum bist du hierhergekommen?

»Ich bin die Zigarettenverkäuferin vom Friedrichsplatz«, antwortete sie, »und das Letzte, woran ich mich erinnern kann, ist, dass ich in einen Antiquitätenladen lief, um mich zu verstecken, während die Drachen in ihrem Kampf gegen die Rotäugigen Monster die Stadt in Brand setzten.«

Hindukusch
Freitag, 22. Oktober 1943

Ines Schaber mit / with Avery F. Gordon

geb. / b. 1969 in Reutlingen (Germany)
lebt / lives in Berlin

geb. / b. 1958 in Florida
lebt / lives in Kalifornien / California

Ines Schabers Arbeiten befassen sich mit der Komplexität des Bildermachens, indem sie verborgene Schichten historischer Evidenzen erforschen. Seit 2005 arbeitet Schaber an *the working archive*, einer Reihe von Fallstudien, Texten und künstlerischen Projekten, mittels deren sie Vorstellungen vom Archiv untersucht und erprobt. Ihre oft kollaborativen Projekte, deren erster Anlass zumeist eine fotografische Aufnahme ist, erkunden, wie Erinnerungen gebildet und im Laufe der Zeit neue Lesarten hervorgebracht werden. Ihre Installationen, die vielfach die Gestalt von Mixed-Media-Environments annehmen, bieten verschiedene Positionen an, aus denen man ein Bild betrachten und als bildnerisches und gesellschaftliches Dokument analysieren kann.

Zu ihren früheren Arbeiten zählt *Picture Mining* (2006), in der sie sich mit Lewis Hines dokumentarischen Fotografien von Kinderarbeit auseinandersetzt und sie im Zusammenhang mit dem Corbis-Bildarchiv betrachtet, das die Rechte an den digitalen Abzügen besitzt und sein unterirdisches Lager in einer ehemaligen Kalksteinmine in Pennsylvania hat. Die Installation verbindet Hines Bilder mit einer Serie von fotografischen Landschaften und einem Videovortrag, der eine spekulative Geschichte von der Mine und ihrer heutigen Nutzung erzählt. Die in Zusammenarbeit mit Stefan Pente geschaffene *Unnamed Series* (2008–2013) befasst sich damit, wie Bilder auf Reisen gehen und Erfahrungen auf ihrem Weg von einem Ort zum anderen übersetzt werden. Die Arbeiten, die von Aby Warburgs Vortrag über den »Schlangentanz« und vorgefundenen Bildern von seiner Begegnung mit dem Hopi-Priester Cleo Jurino in Santa Fe angeregt wurden, erörtern das Bild als Dokument, als Erinnerungsstück und als symbolische Praxis der Selbstermächtigung.

***The Workhouse* (2010) ist eine Reihe von fortlaufenden Projekten, die sich mit Lebens- und Arbeitsformen beschäftigen, die abseits oder im Gegensatz zu vorherrschenden Begriffen gesellschaftlicher Ordnung stehen. Die Künstlerin organisiert die Projekte gemeinsam mit der Soziologin Avery F. Gordon, deren Arbeitsschwerpunkt auf dem Verhältnis zwischen Macht und Wissen und dessen Auswirkungen liegt.**

Schabers und Gordons Beitrag zur dOCUMENTA (13) unter dem Titel *The Workhouse: Room 2* (2012) setzt sich mit der Geschichte des ehemaligen Benediktinerklosters, Arbeitshauses und Umerziehungslagers Breitenau auseinander. Die Arbeit, die im modernistischen Gebäude der Kasseler Handwerkskammer gezeigt wird, schafft einen Raum, in dem die Ideen, die zum Anlass für Umerziehungsmaßnahmen wurden, eine vorübergehende, dafür aber gastfreundlichere Behausung finden können. Sich zwischen verschiedenen historischen Episoden bewegend, ruft die Arbeit die kritischen und imaginären Erfahrungen und Erkenntnisse Thomas Müntzers, Ludwig Pappenheims, Ernst R.s, Ulrike Meinhofs und anderer »schlechter« Arbeiter, Ausreißer, Häretiker, aufsässiger Frauen und Unangepasster in Erinnerung, die sich weigerten, gehorsam zu sein. Angeleitet von der Stimme des Tagträumers, werden die Vergangenheit und die Gegenwart sowie das Noch-Nicht des Arbeitshauses erneut imaginiert.

Ines Schaber's work addresses the complexity of image-making by investigating the hidden layers of historical evidence. Since 2005 she has been engaged in *the working archive*, a series of case studies, texts, and artistic works through which she examines and tests notions of the archive. Usually triggered by a photographic record, her often collaborative projects explore the construction of memory and how new readings are generated over time. Often constructed as mixed-media environments, her installations are designed to offer different positions from which an image can be viewed and analyzed as a visual and social document.

Among previous works, *Picture Mining* (2006) explores Lewis Hine's documentary photographs of child labor in the context of the Corbis image archive, which owns the rights to the digital prints and whose storage space is located underground in a former limestone mine in Pennsylvania. The installation combines Hine's images with a series of landscape photographs and a video-lecture that tells a speculative story about the mine and its contemporary use. *Unnamed Series* (2008–13), made with Stefan Pente, addresses how images travel and experiences are translated from one place to another. Inspired by Aby Warburg's "serpent dance" lecture and found images of his 1898 encounter with the Hopi Priest Cleo Jurino in Santa Fe, the works discuss the image as document, as souvenir, and as a symbolic practice of self-empowerment.

The Workhouse (2010) is a series of ongoing projects concerned with the cultivation of ways of living and working outside of or in opposition to the dominant terms of social order. It is organized in collaboration with the sociologist Avery F. Gordon, whose work focuses on the relationship between power and knowledge and their haunting remains.

The Workhouse: Room 2 (2012), for dOCUMENTA (13), engages with the history of the former monastery, workhouse, and correctional facility at Breitenau. Installed in the Handwerkskammer's modernist building in Kassel, *Room 2* creates a space in which ideas that have been subject to correction might find a temporary but more hospitable place in which to dwell. Moving between various historical episodes, the work conjures up the critical and imaginative experiences and knowledge of Thomas Müntzer, Ludwig Pappenheim, Ernst R., Ulrike Meinhof, and other "bad" workers, runaways, heretics, troublesome women, and nonconformists who refuse to be obedient subjects. Guided by the voice of the daydreamer, the past, present, and not-yet of the workhouse are reimagined. LP

Detail von Ines Schabers Studiowand für / Detail of Ines Schaber's studio wall for *The Workhouse*, 2012

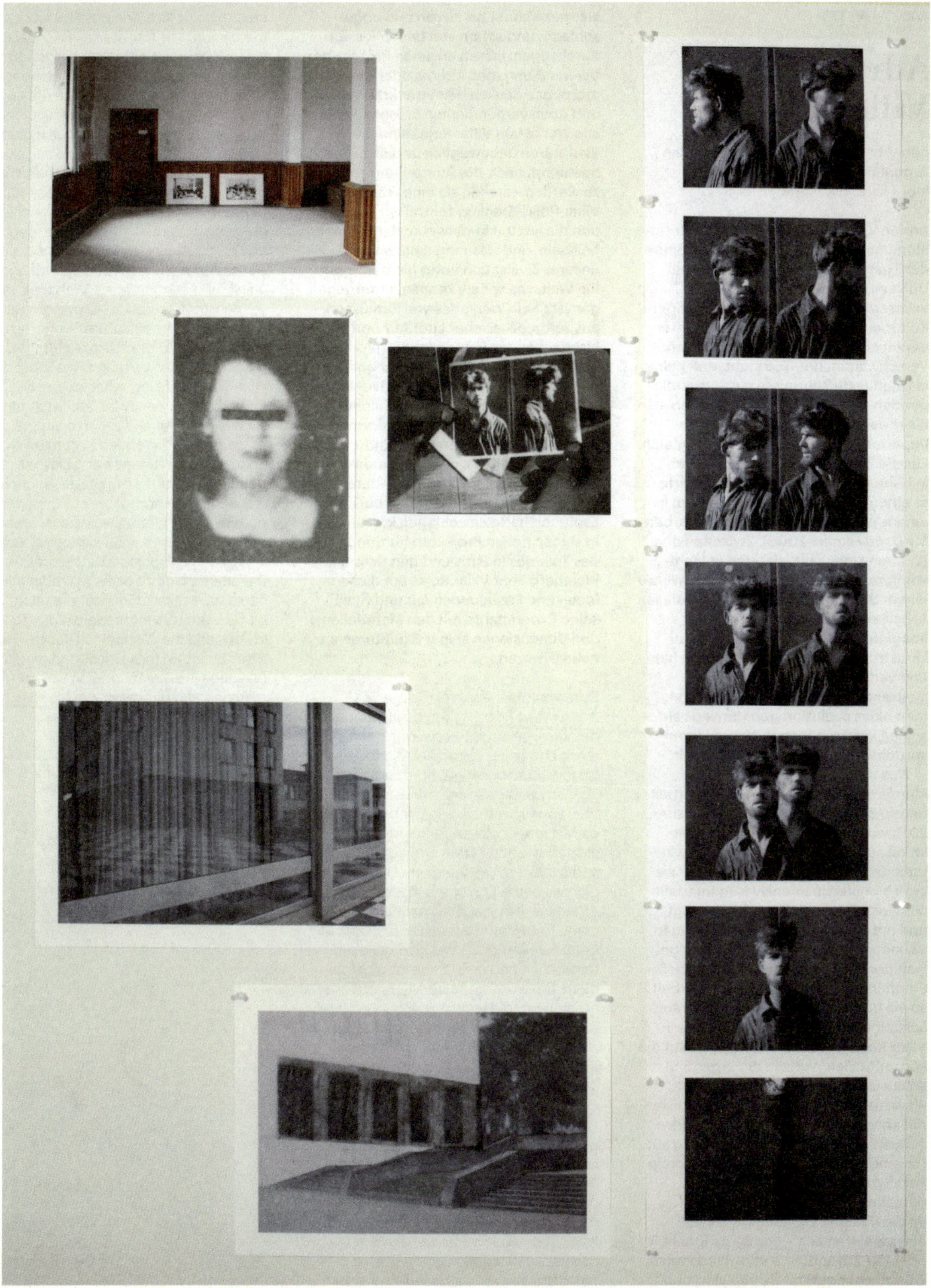

Adrián Villar Rojas

geb. / b. 1980 in Rosario (Argentinien / Argentina)
lebt / lives in Rosario

Adrián Villar Rojas' exzentrisch geformte Monumentalskulpturen lassen im Sinne der Theorie der »Multiversen« an ein Universum denken, das parallel zu unserem existiert: eine untergegangene Kultur oder Natur. Die Arbeiten, hinter denen ein tiefgehendes Interesse an Verschwinden und Tod steht, erscheinen als manifeste Zeugnisse eines grundlegenden Verlusts – riesenhafte Überreste eines verwüsteten Science-Fiction-Imperiums, avanciert und uralt zugleich. Für die 2. Biennale am Ende der Welt in Ushuaia (Argentinien) positionierte er einen gigantischen tönernen Wal in einem Waldstück und nannte die Arbeit *My Dead Family* (2009). Zwischen den Bäumen eingekeilt, als wäre er lange vor ihnen da gewesen, wurde der Wal zu einem Denkmal für den Verfall. In dieser Arbeit entwirft Villar Rojas eine imaginäre Zukunft, in der eine Naturkatastrophe bereits stattgefunden hat, und verleiht seiner Trauer in dem gestrandeten Riesen – den er im Rahmen eines evolutionären Umwegs als seinen verstorbenen Vorfahren in Anspruch nimmt – körperliche Gestalt.

***Now I Will Be with My Son, the Murderer of Your Heritage*, seine Arbeit für die Biennale von Venedig des Jahres 2011, war eine ortsspezifische Installation stehender Figuren von überwältigender Größe. Im Laufe von mehr als zwei Monaten in intensiver Teamarbeit aus Holz, Stein und Zement gefertigt und mit ungebranntem Ton überzogen, vermittelten die Figuren trotz ihrer gewaltigen Maße den Eindruck materieller Empfindlichkeit. Die körperliche Arbeit sowie das Material und seine Zerbrechlichkeit sind wesentliche Aspekte von Villar Rojas' Praxis, die in Antwort auf die konzeptuellen Wurzeln der argentinischen Gegenwartskunst darauf zielt, einen neuen Weg zu weisen, indem sie mit knappen Ressourcen die Verwirklichung eines großen Entwurfs anstrebt. Als amorphe Hybridgestalten zwischen floralen und industriellen Formen gemahnen die monumentalen Säulen an die Ruinen einer Zivilisation aus einer anderen Zeit – der Vergangenheit oder der Zukunft. Ihre verschiedenen Oberflächenqualitäten, von glatt und klar gezeichnet bis zu roh und ungeschlacht und schon von feinen Rissen durchzogen, lassen an einen Prozess der Verwandlung, des Alterns oder der Metamorphose denken. Mit ihrer kraftvollen und doch vergänglichen Präsenz – wie alle Werke von Villar Rojas sind die Skulpturen unbeweglich und dazu bestimmt, nach der Ausstellung zerstört zu werden – stellen sie eine Frage, die für Villar Rojas' Denken zentral ist: Was werden die letzten Kunstwerke der Menschheit sein, und was mag einmal von unserer Zivilisation übrig bleiben, wenn die Welt, wie wir sie kennen, untergegangen ist? Sein Werk, das von Einflüssen aus zeitgenössischer Literatur und klassischer wie Populärkultur geprägt ist, bedient sich einer fiktiven Archäologie, um die Möglichkeiten alternativer Welten zu erkunden, in denen menschliche und nichtmenschliche Lebensformen in neuen und wandelbaren Verbindungen gemeinschaftlich existieren, und so unsere Aufmerksamkeit auf andere Wege zu lenken, die die Menschheit bei ihrer Evolution hätte einschlagen können.**
In seinen neuen Projekten für den Jardin des Tuileries in Paris und den Kasseler Weinberg baut Villar Rojas auf diesen Ideen und Erzählungen auf und führt seine Experimente mit den Materialien und Dimensionen seiner Skulpturen an neue Grenzen.

Based on the theory of "multiverses," Adrián Villar Rojas' eccentrically shaped, monumental sculptures suggest the existence of a universe parallel to ours: a vanished culture or nature. Born out of a deep concern with disappearance and death, they appear as manifestations of a fundamental loss—colossal remnants of a devastated science-fiction empire, advanced and ancient at the same time. For the 2nd Biennial of the End of the World in Ushuaia, Argentina, he placed a gigantic whale made from clay in a forest and titled it *My Dead Family* (2009). Wedged between the trees as if it had been there long before them, the work, quite literally, became a monument to decay. With this work, Villar Rojas imagined a future scenario in which a natural catastrophe had taken place, embodying his mourning in the stranded giant, which, in an evolutionary detour, he claimed as a deceased ancestor.

Now I Will Be with My Son, the Murderer of Your Heritage for the Venice Biennale in 2011 was a site-specific installation of standing figures with overwhelming dimensions. Handmade on-site during more than two months of intensive team labor from wood, rock, and cement, covered with unfired clay, they communicated a delicate materiality despite their gigantic size. The physical labor, the material, and its fragility are essential to Villar Rojas' practice, which, responding to the conceptual roots of contemporary art in Argentina, aimed to open up a new path by applying scarce resources to large-scale ends. Amorphous hybrids between floral and industrial forms, the monumental columns evoked the ruins of a civilization from another time—past or future. Their differing surface qualities, from smooth and hard-edged to rough and cloddish, already bearing fine fissures, suggested a process of transformation, aging, or metamorphosis. With their strong yet perishing presence—like all of Villar Rojas' works, the sculptures were immobile and destined to be destroyed after exhibition—they raised questions that occupy Villar Rojas' thinking: what will the last artworks of humanity be, and what might survive from our civilization once the world as we know it has ended? Informed by contemporary literature and classical and popular culture, his work takes a fictional archaeological approach, exploring the possibilities of alternative worlds in which human and non-human life-forms coexist in new and morphing alliances, calling to our attention other paths that humankind could have taken during its evolution. With his new projects for the Jardin des Tuileries in Paris and the Weinberg in Kassel, Villar Rojas builds on these ideas and narratives, pushing his experimentation with the materials and dimensions of his sculptures to new limits. ES

***Return the World*, 2012**
Fotografie / Photograph
Maße variabel / Dimensions variable

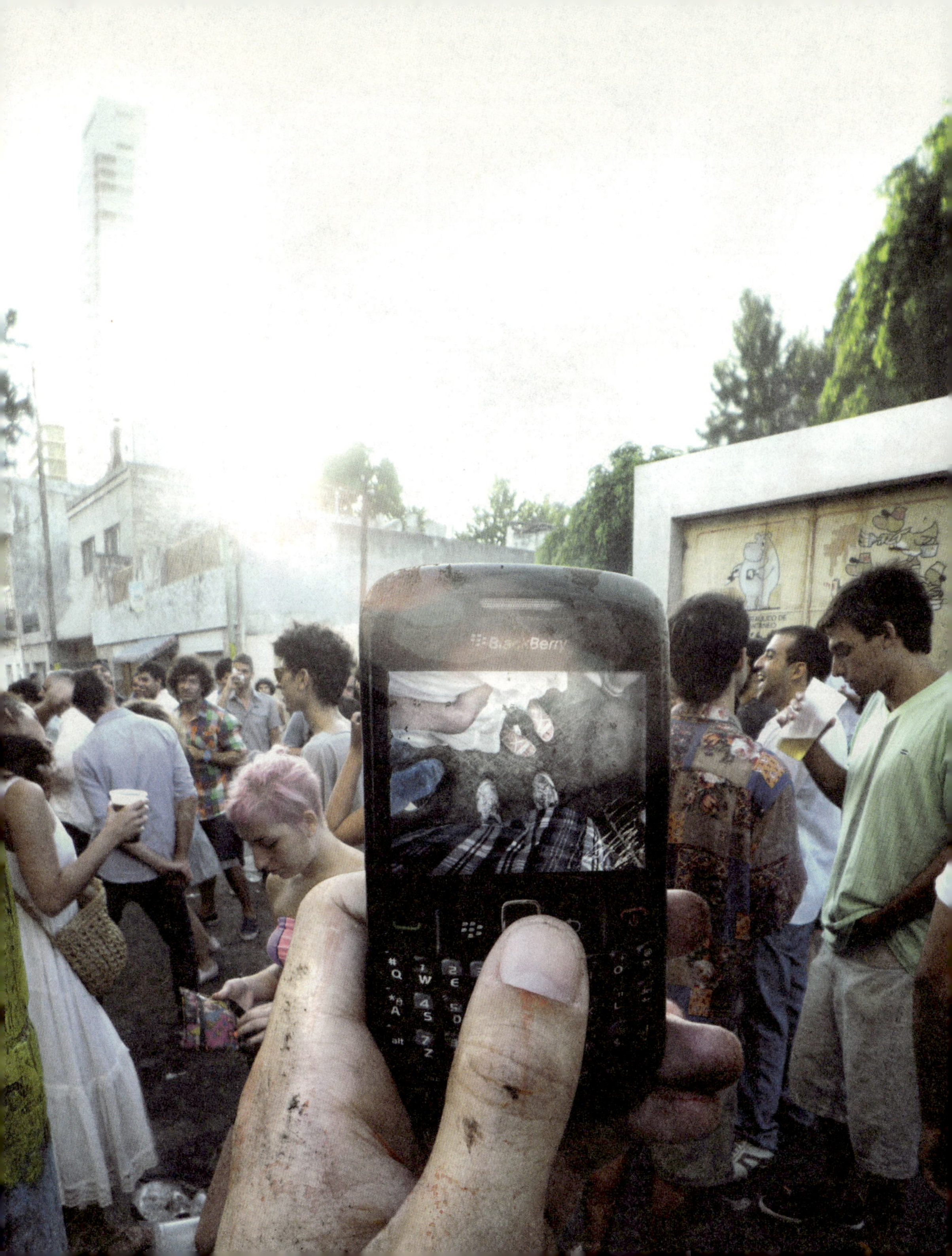
BlackBerry

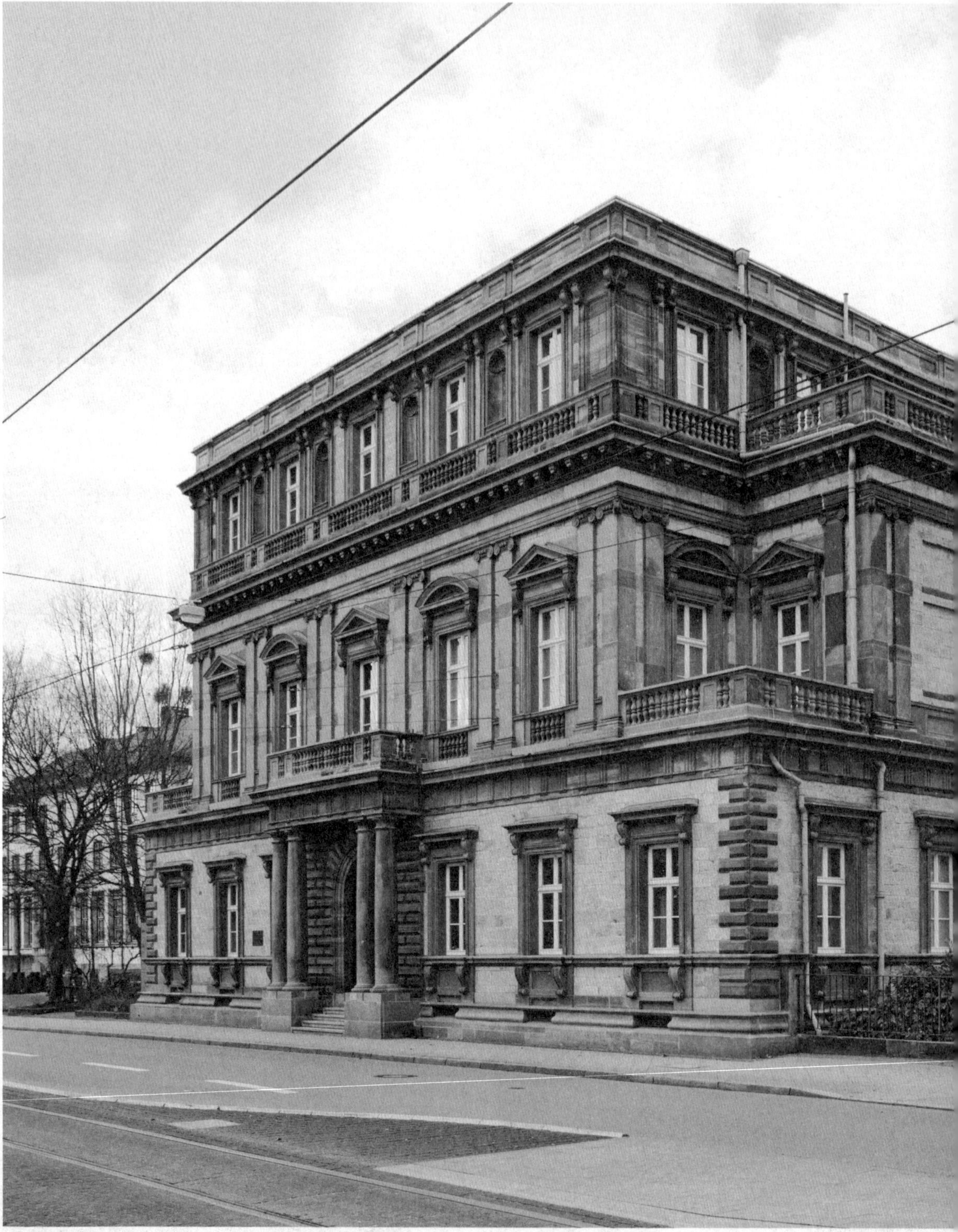

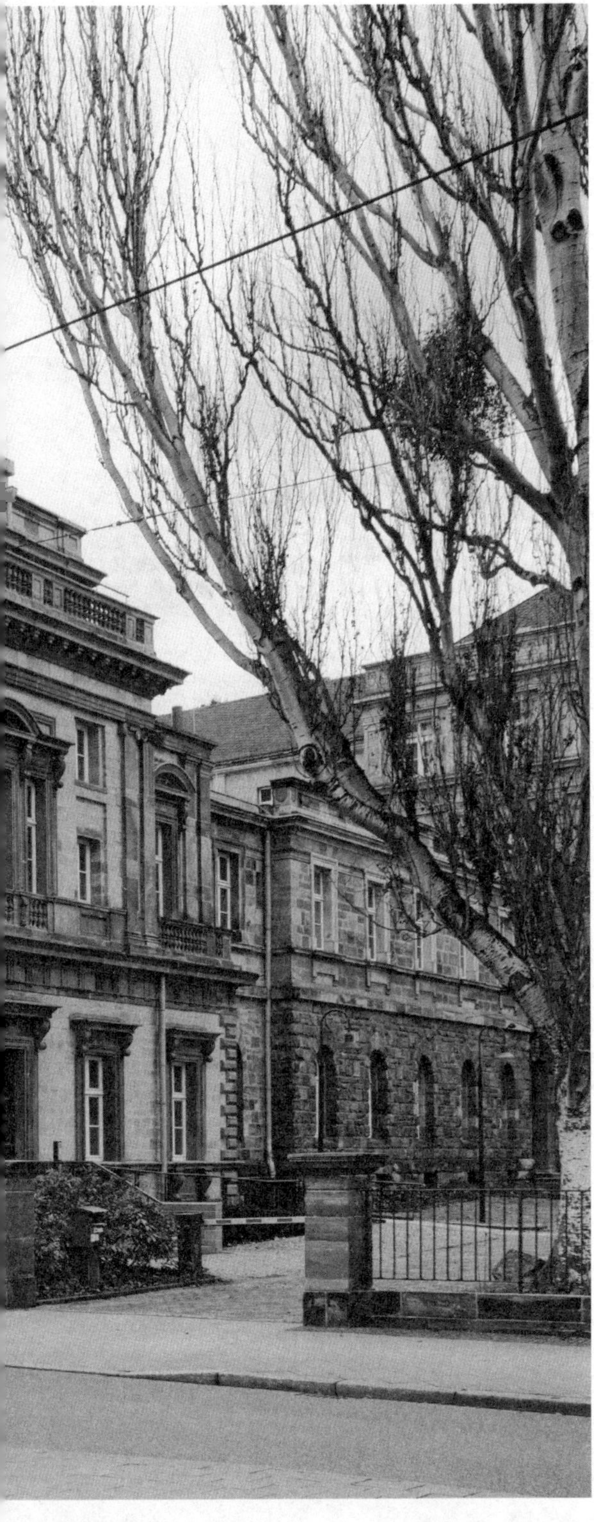

VIELLEICHT VERMITTLUNG UND ANDERE PROGRAMME DER dOCUMENTA (13) / THE MAYBE EDUCATION AND PUBLIC PROGRAMS OF dOCUMENTA (13)

Das Ständehaus entstand von 1834 bis 1836 im Stil der Neorenaissance und diente als Sitz des hessischen Parlaments. Das neue Interieur des Sitzungssaals wurde in den 1950er Jahren vom documenta-Gründer Arnold Bode (1900–1977) gestaltet.

The Ständehaus was built in 1834–36 in neo-Renaissance style and was the Parliament building of Hesse. The new chamber interior was designed in the 1950s by the founding director of documenta, Arnold Bode (1900–1977).

Vielleicht Vermittlung und andere Programme der dOCUMENTA (13)

Die Verwendung des Wortes »vielleicht« in Bezug auf Vermittlung und öffentliche Veranstaltungsprogramme möchte eine gewisse Flexibilität zum Ausdruck bringen und die vielen verschiedenen Formen, in denen sich Wissen manifestieren kann: in Materie, in Worten, in Erfahrung und im Leben. »Vielleicht« bedeutet keinen Mangel, auch keine Ernüchterung, sondern Widerstand gegen eine sich weiterhin verbreitende Ideologie, die nach effizienter Produktion von Gewissheit und Verwaltung des Wissens strebt. Mit der Vielleicht Vermittlung und andere Programme hoffen wir, die Spannungen zu verstärken, die den Zustand der Einbildungskraft erhalten, der das Reich des Möglichen bewohnbar macht; Spannungen, die zwischen den Gravitationskräften der radikalen Bejahung und den Energiefeldern des *Nicht*wissens entstehen. »Vielleicht« steht für eine Haltung der Skepsis, eine Form der Befragung, die sich einstweilen des Urteils enthält, um so Wege zu bahnen, auf denen sich unerwartete Erfahrungen zu Bedeutung entfalten.

Die Vielleicht Vermittlung und andere Programme der dOCUMENTA (13) sind in mehrere Bereiche organisiert:

– »dTOURS« sind Rundgänge durch die Ausstellung in der Gesellschaft »Weltgewandter Begleiterinnen und Begleiter«: Menschen aus verschiedenen Berufsgruppen und mit unterschiedlichen Hintergründen, die ihr je eigenes Wissen einbringen und die an der Schule für Weltgewandte Begleiterinnen und Begleiter in Kunst, Ästhetik und Politik ausgebildet worden sind.

– »Studio d(13) für Kids und Teens« sind kreative Workshops für Kinder und Jugendliche, in denen spielerisch Materialien erforscht werden.

– Zu den »Vorträgen und Gesprächen« gehören Leseaktionen, Vorlesungen, ein einwöchiger Kongress über die Geschichte des künstlerischen Denkens und der öffentlichen Rede, Künstlergespräche mit Agenten der dOCUMENTA (13) und Seminare und Podiumsdiskussionen über Philosophie, künstlerische Forschung, Zeit und Uhren sowie Fragen zu Samen und der Multispezies-Intra-Aktion. Sie finden im Maybe Center for Conviviality der dOCUMENTA (13) statt.

– »Besondere Veranstaltungen und Aktivitäten« beinhalten Präsentationen nicht identifizierter Objekte aus einer wissenschaftlichen Sammlung, ein Hörspiel zur Frage von kollektivem Trauma, eine Klausur für Schriftsteller in einem chinesischen Restaurant am Ende der Karlsaue (siehe S. 320), Performances wie die der Künstlerin Alexandra Bachzetsis und ein Filmprogramm mit Doppelvorstellungen, die einen verbotenen Film mit dem am selben Ort und zur selben Zeit erfolgreichsten Film kombinieren.

– Alle Kunstprojekte, die das Publikum zur Teilnahme einladen und die auf anderen Seiten dieses *Begleitbuchs* dargestellt sind, sind ebenfalls Teil der Vielleicht Vermittlung und andere Programme, darunter Ida Applebroog, S. 36, Tarek Atoui, S. 238, Janet Cardiff und George Bures Miller, S. 334, Critical Art Ensemble, S. 338, Abraham Cruzvillegas, S. 54, Dora García, S. 428, Theaster Gates, S. 430, Brian Jungen, S. 266, 506, Robin Kahn & La Cooperativa Unidad Nacional Mujeres Saharauis [Nationale Vereinigung der Sahraui-Frauen], S. 268, Marcos Lutyens, S. 276, Gareth Moore, S. 280, Christian Philipp Müller, S. 282, Claire Pentecost, S. 210, Lea Porsager, S. 288, Michael Portnoy, S. 362, Ana Prvacki, S. 108, Walid Raad, S. 400, 485, Pedro Reyes, S. 292, Gunnar Richter, S. 294, Stuart Ringholt, S. 172, Paul Ryan, S. 298, Alexander Tarakhovsky, S. 122, Lori Waxman, S. 314, Yan Lei, S. 192. Viele dieser Projekte werden durch das Kunstakademienetzwerk der dOCUMENTA (13) unterstützt. Sie experimentieren mit einem Bündnis zwischen Bildungseinrichtungen und der Organisation einer Kunstausstellung.

– Ein besonderer Teil der Vielleicht Vermittlung und andere Programme sind die Aktivitäten von AND AND AND (siehe S. 330), darunter *Commoning in Kassel*, die von den initiierenden Künstlern in Eigenregie organisiert werden.

Die dOCUMENTA (13) zu besuchen, zuzuhören und zu antworten, zu verstehen und sich zu wundern: All das erfordert Aufmerksamkeit für die Verbindungen, die die Teilnehmer an diesen Programmen – Künstler wie Nichtkünstler – herzustellen suchen. Aus diesem Grund wurde die Vielleicht Vermittlung und andere Programme rund um die vielen Formen angelegt, die Forschung innerhalb von Kunst, Sprache, Materie und Erfahrung annehmen kann. Wir laden das Publikum ein, sich am gemeinsamen Entwurf einer politischen und kulturellen Zukunft zu beteiligen, die die einzelnen Disziplinen überwindet, in der nichts geschlossen oder abgeschlossen ist und in der alle Teile miteinander im Austausch stehen. Wir wollen uns selbst und andere der wiederholten produktiven Unterbrechung unserer Denkgewohnheiten aussetzen. Wir wollen diese Bündnisse vervielfältigen, um auf Grundlage der mikroskopisch kleinen Bande einer gemeinsamen Suche den Raum für Großzügigkeit zu erweitern. JM

Der Besuch: Wie fühlt es sich an, hier zu sein?

Die dTOURS

Da es keine Standard-Ausstellungsbesucher gibt, sollte es auch keine Standard-Führungen geben. Deshalb sind die begleiteten Besuche der dOCUMENTA (13) als »dTOURS«, als Umwege, angelegt.

Die dTOURS werden von ausgebildeten Mitarbeitern, den »Weltgewandten Begleiterinnen und Begleitern«, gestaltet; die meisten kommen aus Kassel, aus den verschiedensten Berufs- und Altersgruppen, und bringen ihr je eigenes Wissen mit. Zur Vorbereitung auf die dTOURS haben sie an der Schule für Weltgewandte Begleiterinnen und Begleiter teilgenommen, einer Reihe von sieben Seminaren, die von Januar bis Juni 2012 unter der Leitung von Jakob Schillinger an der Kunsthochschule Kassel stattfanden.

Jede dTOUR dauert zwei Stunden. Sie beginnt an einem bestimmten Ausstellungsort und widmet sich – aus der Perspektive der einzelnen Weltgewandten Begleiterinnen und Begleiter – den Kernthemen der dort gezeigten Werke. Ein Gärtner der Karlsaue zum Beispiel könnte eine dTOUR zu den vielen im Park ausgestellten Kunstwerken führen und so das Wissen der Kunst mit Einblicken in den Gartenbau verbinden. Täglich von 10 bis 20 Uhr; die letzte dTOUR beginnt um 18 Uhr. Buchung unter www.documenta.de.

Studio d(13) für Kids und Teens

Die Teilnehmer der dOCUMENTA (13) wurden eingeladen, Materialien – Dinge, Gedanken, Anweisungen und Vorschläge – bereitzustellen, aus denen sich Situationen – greifbar und ungreifbar, bleibend und flüchtig – ergeben, um die sich Workshops für Kinder und Jugendliche drehen. Diese Materialien bilden eine Sammlung von Lernmitteln, die als Ausgangspunkte für eine aktive Erkundung der Werke und Themen der dOCUMENTA (13) dienen.

Ziel ist es, junge Menschen einzuladen, ihre ganz eigenen Wege zu finden, das Projekt zu begreifen. Die Studiopraxis und Workshops bieten jungen Menschen die Gelegenheit mitzumachen und möglicherweise einen alternativen Lehrplan rund um eine Ausstellung dieser Art zu formulieren.

Die Workshops – die von Weltgewandten Begleiterinnen und Begleitern geleitet werden, die besonderes Interesse an und Erfahrung in der Arbeit mit jungen Menschen haben – wenden sich an Schüler aller Altersstufen und Schultypen. Die Wochenendworkshops sind ohne Voranmeldung offen und die Besucher der dOCUMENTA (13) dazu eingeladen, mit ihren Familien anzureisen und das Projekt gemeinsam zu erleben. Siehe www.documenta.de.

Die Gespräche: Die Teile und das Ganze im Maybe Center for Conviviality supported by Absolut

Das Ständehaus, das Julius Eugen Ruhl zwischen 1834 und 1836 als erstes hessisches Parlamentsgebäude entwarf, dient als Hauptveranstaltungsort für die Vorträge, Seminare und Konferenzen der dOCUMENTA (13). Nach der Beschädigung im Zweiten Weltkrieg wurde der Sitzungssaal von 1949 bis 1952 durch Arnold Bode neu gestaltet. Heute hat hier der Landeswohlfahrtsverband seinen Hauptsitz. Während der dOCUMENTA (13) beherbergt das Ständehaus das Maybe Center for Conviviality.

Die Künstlerkongresse: Ein Kongress

Wir fragen uns, welche Art von Veranstaltungen zu einer Ausstellung wie der dOCUMENTA (13) passen kann, und werfen einen Blick auf die Geschichte der Künstlerkongresse vor und nach dem Zweiten Weltkrieg – die öffentliche Sichtbarkeit und Stimme des Künstlers. Von den freien Akademien, die Künstler seit den späten 1960er Jahren ins Leben riefen, bis hin zu den vielfältigen kurzlebigen Strukturen, die sie heute erfinden, um ihre Arbeiten und Ideen vorzustellen und zu diskutieren – in welchem Verhältnis stehen diese verschiedenen Morphologien zueinander? Und welche Auswirkungen hat die Konzeption von Vorträgen und Konferenzen im Kontext einer Ausstellung, wie die documenta sie seit ihrer ersten Auflage im Jahr 1955 veranstaltet, auf das institutionelle Leben der Kunst?

Eine Reihe von eintägigen Kongressen stellt Forschungen zu verschiedenen von Künstlern organisierten Versammlungen und die bei diesen geführten Debatten vor.

Mit Vorträgen von: Dawn Ades, Søren Andreasen, Ayreen Anastas, Julie Ault, Carolyn Christov-Bakargiev, Ekaterina Degot, Manthia Diawara, Georges Didi-Huberman, Rene Gabri, Khwezi Gule, Salah M. Hassan, Ines Katzenstein, Maria Lind, Renate Lorenz, Dominique Malaquais, Chus Martínez, Tom McDonough, Rafal Niemojewski, Lia Perjovschi, Hetti Perkins, Cesare Pietroiusti, Khalil Rabah, Juliane Rebentisch, Avinoam Shalem, Akira Tatehata, Nora Annesley Taylor, Cedric Vincent, Tang Da Wu und June Yap. 11. bis 15. Juni 2012, 11–20 Uhr. Ort: Ständehaus

Das Vortragsprogramm

Anders als eine Rede oder eine Predigt ist ein Vortrag eine mündliche Darbietung, die Forschungsergebnisse darstellen und Wissen in die Öffentlichkeit bringen will. Die dOCUMENTA (13) veranstaltet eine Reihe von Vorträgen, die diese klassische Form der Ideenvermittlung aufnimmt und erprobt. Das Programm versammelt Künstler, Quantenphysiker, Biologen, Dichter, Philosophen und viele andere; die Vorträge verstehen sich als Fortsetzung der Notizbuchserie *100 Notizen – 100 Gedanken*, die im Rahmen der dOCUMENTA (13) erschienen ist.

Wie die Ausstellung selbst widmet sich das Vortragsprogramm nicht einem einzigen Thema, sondern den Wegen, auf denen verschiedene Welten in Verbindung treten und Bündnisse schließen. Die Vorträge stellen eine große Bandbreite von Herangehensweisen an das Verhältnis von Frage und Antwort, an Möglichkeiten der Vermittlung von Hypothesen und an verschiedene rhetorische Gattungen vom lyrischen bis zum akademischen Fach vor.

Vorträge von: Kwame Anthony Appiah (8. Juni), Albrecht Wellmer (9. Juni), W. J. T. Mitchell (10. Juni), Michael Taussig (10. Juni), Salah M. Hassan (12. Juni), Lydia Davis (16. Juni), Eduardo Viveiros de Castro (22. Juni), Jane Taylor (13. Juli), Dario Gamboni (20. Juli), Griselda Pollock (27. Juli), Ali Brivanlou mit Pierre Huyghe (28. Juli), Anton Zeilinger mit Graham Harman (17. August), Alexander Tarakhovsky (7. September), Carla Harryman (12. September) und Vandana Shiva (15. September). Alle Vorträge beginnen um 18 Uhr. Ort: Ständehaus

Um die Themen der Vorlesungen aufzunehmen und die auf dem Künstlerkongress entsponnenen Gespräche fortzusetzen, findet im Verlauf der dOCUMENTA (13) eine Reihe von Seminaren und anderen Konferenzen statt. Diese Konstellationen befassen sich mit verschiedenen Themen der Ausstellung und bilden eine Plattform für Debatten, die zum Nachdenken anregen und zu einem tieferen Verständnis der ästhetischen, politischen, philosophischen, wissenschaftlichen und methodologischen Aspekte des Projekts führen sollen.

SCEPSI

SCEPSI (Scuola Europea di Immaginazione Sociale – Europäische Schule der gesellschaftlichen Einbildungskraft) ist ein politisch-pädagogisches Experiment: eine von dem Medienaktivisten und Autor Bifo – Franco Berardi ins Leben gerufene freie Universität in San Marino. Auf der dOCUMENTA (13) präsentiert SCEPSI *RUN Morphogenesis*, vier skeptische Vorlesungen über die Zukunft Europas »nach dem Zusammenbruch der Union und der Auflösung des Finanzkapitalismus«. Bifo präsentiert diese Veranstaltungen mit anderen führenden Denkern: *Morphe* mit der Filmemacherin und bildenden Künstlerin Hito Steyerl (7. Juni); *Bios* mit dem Wissenschaftler Alessandro Sarti (7. Juli); *Polis* mit dem Medienanthropologen und Netzwerktheoretiker Geert Lovink (28. August); und *Mantra* mit dem Autor und Aktivisten Federico Campagna (11. September). Vortrag 7. Juli um 20 Uhr. Alle anderen Vorträge beginnen um 18 Uhr. Ort: Ständehaus

Über Zeit und Uhren

Nach der Erfindung der Räderuhr im 14. Jahrhundert wurde es zunehmend wichtiger, die Zeit zu messen. Die Einrichtung von Kirchturmuhren führte zu einer Neuordnung des städtischen Lebens. In der Frühmoderne wandelte sich die Rolle der Uhren, als sie für den Hausgebrauch gekauft wurden. Das Bemühen um Genauigkeit bei der Zeitmessung führte weiter zur Erfindung der Pendeluhr, die in vielen Naturwissenschaften einen festen Platz fand. Mitte des 19. Jahrhunderts erfuhren die Begriffe von Raum und Zeit tiefgreifende Veränderungen durch die Festlegung von Einheitszeiten; seit dem späten 19. Jahrhundert klagen die Menschen über das sich immer weiter beschleunigende Tempo des Lebens und die durch die Beherrschung der Zeit ermöglichte politische Herrschaft über das Leben. Albert Einstein zeigte, dass der Parameter Zeit von Faktoren abhängt, die ihr Voranschreiten beeinflussen können. Aus der Sicht von Quantenphysik, Kunst, Geschichte und Philosophie wirft dieses Seminar, das in zwei Teilen während der Eröffnungs- und der Abschlusswoche der dOCUMENTA (13) stattfindet, einen Blick auf die Interpretation von Raum und Zeit wie auch ihre Verweigerung. Teil 1: Peter L. Galison und William Kentridge, 8. Juni 2012, 10:30 Uhr. Ort: Ständehaus. Teil 2: Hans Ulrich Obrist, Anri Sala, Hans Siebeneicher und Anton Zeilinger, 13. September 2012, 15 Uhr. Ort: Ständehaus

Was ist Denken?

Christoph Menke, Professor der Philosophie an der Goethe-Universität in Frankfurt am Main, hat gemeinsam mit Chus Martínez, Mitglied der Agenten-Kerngruppe und Leiterin der Abteilung der dOCUMENTA (13), Experten aus verschiedenen Bereichen eingeladen, einzelne Sitzungen dieser philosophischen Seminarreihe zu leiten. Zwölf zweitägige Sitzungen im Verlauf der 100 Tage der dOCUMENTA (13) nutzen die Ausstellung als Grundlage für ein Gespräch über ein Denken, das über pragmatische Sinnfragen hinausgehen und zu Fragen des Un-Sinns gelangen kann – zu dem, was den Bereich der Absichten übersteigt und sich nicht der Wahrheit einer Aussage, sondern den Aufgaben eines Denkens in Begriffen des Fiktiven verschreibt. Auf öffentliche Sitzungen, die jeweils montags um 18 Uhr im Ständehaus stattfinden, folgen geschlossene Seminarsitzungen im Zwehrenturm des Fridericianums jeweils dienstags um 11 Uhr. Das Programm beginnt mit einem Grundsatzvortrag des Philosophen Albrecht Wellmer (9. Juni), der Theodor W. Adornos »Musik und neue Musik« – eine Vorlesung, die Adorno am 28. September 1959 in Kassel hielt – wiederaufführt. Die Reihe schließt mit einer Präsentation der Language-Dichterin Carla Harryman (12. September), die die englische Übersetzung des Vortrags gemeinsam mit der Pianistin Magda Mayas zur Aufführung bringen wird. Die Doppelsitzungen an Montagen und Dienstagen finden vom 18. Juni bis zum 4. September 2012 statt.

Teilnehmer u. a.: Emmanuel Alloa, Bruno Bosteels, Alexander Düttmann, Felix Ensslin, Patricia Falguières, Chus Martínez, Christoph Menke, Maria Muhle, Alexei Penzin, Frank Ruda und Christiane Voss.

Ich bin mein eigenes Geld

Die Konferenz *I Am My Own Money* wurde für die dOCUMENTA (13) im Zusammenhang mit dem von den Künstlern Julieta Aranda und Anton Vidokle initiierten Projekt *Time/Bank* entworfen. Im Jahr 2009 beschlossen Aranda und Vidokle, eine Zeitbank für die internationale Kunstgemeinde ins Leben zu rufen. Inzwischen ist die Zahl der Teilnehmer an dem Projekt weltweit auf mehr als dreitausend angewachsen; während der dOCUMENTA (13) wird *Time/Bank* in der Karlsaue vertreten sein (siehe S. 310). Die *Time/Bank*-Konferenz beschäftigt sich mit dem aktuellen Aufschwung von Lokal- und Alternativwährungen und deren gesellschaftlichen Implikationen im Zeitalter erdrückender Verschuldung. Zur Konferenz haben die Künstler einige führende Stimmen in der heutigen Alternativwährungsbewegung eingeladen. 9. Juni 2012, 10–15 Uhr. Ort: Ständehaus

Über Geselligkeit

Diese Konferenz und Veranstaltungs- und Performancereihe ist inspiriert von Ivan Illichs Text *Tools for Conviviality* (1973), übersetzt als *Selbstbegrenzung. Eine politische Kritik der Technik* (1980), und widmet sich dem Thema der Geselligkeit und des zwischenmenschlichen Austausches. In *Mille Plateaux* (1980) beschreiben Deleuze und Guattari den Alkoholgenuss als »triumphalen *Einbruch* der Pflanze in uns«. Diese Worte regen zum Nachdenken über die schöpferischen und Heilwirkungen psychotropischer Substanzen an. Die Veranstaltungen zielen auf eine holistische Sicht auf den Körper sowie auf die die verkörperte Psyche und ihre fortwährende Verwandlung durch Geselligkeit. Teilnehmer: Diedrich Diederichsen, Boris Groys, Suely Rolnik und Iacopo Seri. 29. Juni 2012, 15:30–21 Uhr, anschließend »Der Morgen danach«-Frühstück, 30. Juni 2012, 10–11:30 Uhr. Ort: Ständehaus

To Be Corrected – Kurzdarstellungen für ein Hörspiel

Das von Lívia Páldi, einer Agentin der dOCUMENTA (13), gestaltete Hörspiel *To Be Corrected – Kurzdarstellungen für ein Hörspiel* besteht aus einer Reihe von nachgestellten und dokumentarischen Tonaufzeichnungen, Reflexionen und Gesprächen, die verschiedene Herangehensweisen an Breitenau skizzieren. Dieses im Kasseler Umland gelegene Benediktinerkloster aus dem 12. Jahrhundert wurde im Laufe seiner Geschichte u. a. als Gefängnis genutzt und bildet als wichtiger Subtext und geisterhafter Ort eine Inspirationsquelle für die dOCUMENTA (13). Breitenau ist eine Gedenkstätte, ein Museum und Archiv, eine Klinik und eine Institution, die über 100 Jahre lang verschiedene Straf- und Besserungsanstalten beherbergt hat. Das Projekt versucht die einander überlagernden Geschichten Breitenaus zu erkunden und den Wandel der gesellschaftlichen, politischen, moralischen, emotionalen und ideologischen Kontexte des Ortes zu reflektieren. Das Hörspiel bezieht sich auf eine Auswahl verfügbarer historischer Dokumente, fotografischer, schriftlicher oder literarischer Materialien, Filme und Kunstwerke, darunter ein Hörspiel von Ulrike Meinhof (1969 für den Hessischen Rundfunk entstanden), das als Anregung für diese experimentelle Auseinandersetzung mit dem Format diente. *To Be Corrected – Kurzdarstellungen für ein Hörspiel* wird am 22. Juli 2012 um 22:05 Uhr auf HR2 gesendet und im Anschluss auf der Website der dOCUMENTA (13) verfügbar sein.

Über künstlerische Forschung

Während der Planung der dOCUMENTA (13) entwickelte sich eine Reihe von Projekten, die als Kunstwerke in der Ausstellung zu sehen sind und zugleich die Besucher zu Erfahrungen und Auseinandersetzungen einladen, die üblicherweise unter die Rubrik »öffentliche Bildungsprogramme« fallen würden. Eine solche Form aktivierter künstlerischer Praxis auf Grundlage von Lern- und therapeutischen Prozessen wirft neue Fragen im Feld »künstlerischer Forschung« auf. Die zweitägige Konferenz während der Abschlusswoche der dOCUMENTA (13) versammelt Künstler, Kunstforscher und Theoretiker, die sich mit Fragen künstlerischer Forschung auseinandersetzen, darunter insbesondere unsere Ansprechpartner an verschiedenen europäischen Kunstakademien. Die Akademien haben die Beteiligung ihrer Studenten an einer Reihe aktivierter Projekte für die dOCUMENTA (13) unterstützt, die so zu einem wesentlichen Bestandteil der Ausstellung und der Vielleicht Vermittlung und andere Programme der dOCUMENTA (13) geworden sind.

Teilnehmende Kunstakademien u. a.: ADERA (Les écoles supérieures d'art de Rhône-Alpes), Lyon; Finnische Akademie der bildenden Künste, Helsinki; GradCAM Dublin; HEAD (Haute école d'art et de design), Genf; Universität Leeds; Kunsthochschule Mainz; MaHKU (Utrecht Graduate School of Visual Art and Design); Kunstakademie Malmö, Universität Lund; NABA (Nuova Accademia di Belle Arti), Mailand; Kunstakademie Oslo; Fakultät für angewandte, bildende und darstellende Künste, Universität Göteborg; Università Iuav, Venedig; Slade School of Fine Arts, University College, London. 8. September 2012, 10–19 Uhr. Ort: Ständehaus

Forschung zu Kunst und Künstlern: Eine Untersuchung des Quasi-Unendlichen

Diese von Klaus Biesenbach, Carolyn Christov-Bakargiev und Chus Martínez organisierte und von Nicola Setari moderierte Konferenz befasst sich mit der Frage, wie Forschung zu Kunst und Künstlern betrieben wird – was sind ihre Werkzeuge und Methodiken? Jede Methodenfrage ist auch eine Zeitfrage. Kunstforschung setzt ein Verständnis von Zeit voraus – nicht nur der gegenwärtigen, sondern auch der vergangenen wie der noch verbleibenden Zeit. Ein Verständnis von Kunst bezeichnet eine Situation, in der ein Wissenschaftler, Historiker oder Agent künstlerischer Aktion – wie man den »Kurator« auch nennen könnte – sich Materie, Erfahrung und Raum zuwendet, aber auch Vorstellungen von »Absicht« und »Bedeutung«, von »Qualität« und »Ausdruck«, von dem, was einen sehenswerten Beitrag darstellt. Diese Konferenz fragt, für wen, warum, und wo ein Kunstwerk existiert, und untersucht die Frage der Sprache und der Disziplinen, die diese Forschung an Worte fesseln wollen. Forschen bedeutet nicht lediglich, sich einen Überblick zu verschaffen oder eine Auswahl zu treffen. Der Charakter der Forschung ist seit längerer Zeit im Wandel begriffen. Forschen bezeichnet ein fortgesetztes Bemühen darum, eine Syntax herzustellen, in der verschiedenartige kulturelle Phänomene die traditionellen Formen, in denen Kunst präsentiert und über sie geschrieben und gesprochen wird, bereichern und erweitern können. 9. September 2012, 15 Uhr. Ort: Ständehaus

Die Enteignung von Leben: Eine Konferenz über Samen und Multispezies-Intra-Aktion

Fragen rund um Nahrungsmittel und Saatgut, um Wasser und Land, um Energie und die Abkehr vom Wachstum sowie um den menschlichen Körper, der aus ökologischer Perspektive nur eine Form tierischen Lebens darstellt, bilden einen Komplex, der einen tiefgreifenden Wandel in der Kunst und ihren Diskursen anstoßen kann und im Mittelpunkt dieser öffentlichen Diskussionsveranstaltung und Konferenz steht. Die Entwicklung eines erweiterten Bewusstseins, das es uns erlaubt, uns auf weltgewandte Weise allen möglichen Formen mineralischen, pflanzlichen und tierischen Lebens verbunden zu denken und zu fühlen, ermöglicht die Herausbildung einer neuen Erzählung. Vorstellungen rund um das Sähen und die Idee von Multispezies-Koevolution eröffnen neue Perspektiven im Ökofeminismus, die das Problem der Differenz oder des »Othering« über den Begriff Gender hinausführen. Ausgehend von und aufbauend auf die miteinander verbundenen Ansätze zweier führender Denkerinnen auf diesem Feld – der Saatgutaktivistin Vandana Shiva und der Multispezies-Biologin und Kulturtheoretikerin Donna Haraway – versammelt diese Abschlusskonferenz der dOCUMENTA (13) einige der bekanntesten Wissenschaftler, Künstler und Aktivisten in diesen Feldern sowie eine Bandbreite vielversprechender junger Stimmen.

Teilnehmer u. a.: Maria Thereza Alves, Ayreen Anastas, Vinciane Despret, Jimmie Durham, Rene Gabri, Tue Greenfort, Donna Haraway, Florian Hecker, Josefina Hepp, Jürgen Hess, Salima Ikram, Karel Jezek, Toril Johannessen, Amar Kanwar, George McKay, Christian Philipp Müller, Lissette Olivares, Claire Pentecost, Beatriz Preciado, Andrew Scalon, Vandana Shiva und Tron Frede Thingstad. Teil 1: 10. September 2012, 10–19 Uhr. Teil 2: 15. September 2012, 10–19 Uhr. Ort: Ständehaus

Black Box

Mit dem Begriff »Black Box« bezeichnet man einerseits ein Aufzeichnungsgerät, das in Flugzeugen eingesetzt wird, damit man nach einem Absturz die Ereignisse rekonstruieren kann, andererseits die Praxis, den Mechanismus eines Geräts in einer schwarzen Kiste aus Plastik oder Metall zu verstecken – er erinnert also daran, dass die Funktionsweise einer Technologie ihren Benutzern oft verborgen bleibt. Eine Reihe von Künstlervorträgen konzentriert sich auf verlorenes wissenschaftliches und historisches Wissen. Seit der sogenannten wissenschaftlichen Revolution im 17. Jahrhundert verlassen sich die »Natur«-Wissenschaften auf Instrumente. Da jedoch diese Werkzeuge durch neue Technologien obsolet gemacht werden, verlieren wir das Wissen darum, wie man sie gebraucht. Solche *amnestischen* Objekte könnte man als »Black Boxes« betrachten – Dinge, bei denen nicht klar ist, welchem Zweck sie dienen und wie sie verwendet werden. Im Lauf der 100 Tage der dOCUMENTA (13) wird eine Auswahl historischer Instrumente in der mathematischen Abteilung des Astronomisch-Physikalischen Kabinetts in der Orangerie versammelt. Auf Einladung von Raimundas Malašauskas, Mitglied der Agenten-Kerngruppe der dOCUMENTA (13), stellen sich diverse Künstler und Teilnehmer an der Ausstellung der Herausforderung, sich diese »Black Boxes« des Vergessens auf paradoxe und persönliche Weise zu vergegenwärtigen und sie zu beschreiben – sich vorzustellen, was sie einmal gemacht haben und warum.

Dichtung oder Medien: Sprache im Belagerungszustand

Wie denkt man, wenn die eigenen Gedanken sich im Rahmen der Regeln einer vorgegebenen und standardisierten Sprache bewegen? Das ist das wichtigste Anliegen dieser Dichterlesungen am Freitagabend, die eine gemeinsame Untersuchung zur Stilisierung der Sprache und der Fähigkeit, sich andere Formen des Wortgebrauchs vorzustellen, vorschlagen. In einer von einer Medienkultur, die ständig abgepackte Rhetorik produziert, bedrängten Welt will diese Veranstaltungsreihe die Unvorhersagbarkeit von Rede und Text sichtbar machen, um Dinge anders hören und sehen zu können. Gegen Ende dieser Abende, die in der kleinen Mitarbeiterbar des Kasseler Offenen Kanals stattfinden, kann jedermann eigene Texte vortragen und so der Überhandnahme der Medien und ihrer Macht über unseren Sprachschatz, unser Vorstellungsvermögen und unser Denken etwas entgegensetzen. Jeden Freitagabend um 23 Uhr. Die Reihe beginnt mit einer Lesung von Nanni Balestrini am Freitag, den 8. Juni 2012 um 23 Uhr. Ort: Hauptbahnhof: Offener Kanal

Lesekreis: 100 Notizen – 100 Gedanken

Der *Lesekreis* umschreibt den Raum des Lesens statt den des Sprechens. Was bedeutet es zu lesen? Jeden Tag um 19 Uhr liest ein Gast eines der Notizbücher aus der Reihe *100 Notizen – 100 Gedanken* der dOCUMENTA (13) dem Publikum vor. Diese Hefte enthalten Essays, Faksimiles handschriftlicher Notizen, Gemeinschaftsarbeiten von Autoren und Künstlern und andere Formen, die einen Raum des Schreibens im Reich des Vorschlagshaften bilden. Sie sind veröffentlichte Formen vorläufigen Schreibens – die Autoren reichen von Michael Taussig bis zu Judith Butler, von Dario Gamboni bis zu Mariana Castillo Deball. Täglich um 19 Uhr. Ort: Fridericianum, Erdgeschoss

Buch-Brunch

Eine Reihe von Büchern wird von der dOCUMENTA (13), in Zusammenarbeit mit und in Beziehung zu ihr veröffentlicht. In Anwesenheit der Autoren und anderer an der Veröffentlichung Beteiligter werden einige der Bücher bei dieser Veranstaltungsreihe am Sonntagmorgen bei einem kleinen Brunch im Ständehaus vorgestellt. Was bedeutet es, in Form eines Buchs zu schreiben, zu gestalten, zu produzieren? Wie verhalten sich Kunst, der Aufbau und die Pflege eines Archivs, Ästhetik und gesellschaftliche Praxis zueinander? Die Veranstaltungsreihe beginnt am 10. Juni um 11 Uhr mit der Vorstellung von *Housing the Social*, dem neuen Buch von Fulya Erdemci, Leiterin der Istanbul Biennale, und Andrea Phillips, das von SKOR | Foundation for Art and Public Domain veröffentlicht wird. Ort: Ständehaus

Das Filmprogramm der dOCUMENTA (13)

Das Filmprogramm der dOCUMENTA (13) findet in den Kinos Bali und Gloria statt. Die Filmauswahl stammt von Ayreen Anastas, Rene Gabri, Pierre Huyghe, Adam Kleinman, Chus Martínez und Gerhard Wissner.

Künstlerfilme

In den ersten vier Tagen der Filmreihe, vom 6. bis zum 9. Juni 2012, haben Filme der Künstler Etel Adnan, Mario Garcia Torres, Khaled Hourani/Rashid Masharawi und John Menick im Bali Kino Premiere. Das daran anschließende Programm läuft vom 10. Juni bis zum 7. September 2012 im Gloria Kino. Es endet mit einer zweiten Vorstellung der Künstlerfilme und der Premiere von Albert Serras 200-stündigem Filmkunstwerk: Der nicht-narrative Film wird während der 100 Tage der Ausstellung gedreht und vom 8. bis zum 16. September 2012 jeweils von 12 bis 20 Uhr im Bali Kino gezeigt.

Verbotenes versus populäres Kino

Jede Woche wird von Mittwoch bis Samstag eine Doppelvorstellung gezeigt, die einen verbotenen Film mit einem besonders beliebten Film aus demselben Land und Jahr kombiniert. Durch die Gegenüberstellung der sichtbarsten Aspekte einer Kultur und eines Werks, das unter Zwang zurückgehalten wurde, zeichnet sich eine Archäologie ihrer gesellschaftlichen Beschränkungen ab.

Fokus

Die Sonntage und Montage sind insbesondere den Filmvorstellungen von Filmemachern gewidmet, deren Werke eine Brücke von der Alltagserfahrung zu den größeren gesellschaftlichen, politischen und wissenschaftlichen Veränderungen schlagen, die ständig unsere Welt gestalten, zerstören und neu gestalten. Mit Filmen u. a. von Natalia Almada, Michel Auder, Chen Chieh-Jen, Jim Finn, Danièle Huillet und Jean-Marie Straub, Lucrecia Martel, Raya Martin, Anand Patwardhan, Anri Sala, Rirkrit Tiravanija und Athina Rachel Tsangari. Zudem wird eine Auswahl von Filmen aus und über Afghanistan gezeigt. Die Dienstage sind einer Reihe von Filmen von und mit Salvador Dalí gewidmet.

The Maybe Education and Public Programs of dOCUMENTA (13)

The use of the word "maybe" in relation to education and public programs expresses flexibility and the many ways in which knowledge can manifest itself: in matter, in words, in experience, and in life. "Maybe" does not indicate a lack or a disenchantment, but a resistance to the growing ideology that seeks the efficient production of certainty, the management of knowledge. The Maybe Education and Public Programs hope to foster the tension needed to maintain an imaginative state capable of inhabiting the realm of the possible; a tension produced between the gravitational forces of radical affirmation and the energetic fields of *not* knowing. "Maybe" denotes a position of skepticism, a mode of inquiry based on the suspension of judgment, creating ways for unexpected experience to unfold as meaning.

The Maybe Education and Public Programs of dOCUMENTA (13) are organized in several areas:

- "dTOURS" are walks through the exhibition accompanied by "Worldly Companions," people from different non-art backgrounds and with different kinds of knowledge who have been trained at the School for Worldly Companions in art, aesthetics, and politics.

- "Studio d(13) for Kids and Teens" are creative workshops for children and young people to explore materials.

- "Talks and conversations" include reading activities, lectures, a weeklong congress on the history of artistic thinking and public speech, artist talks involving dOCUMENTA (13) Agents, and seminars and panel discussions on philosophy, artistic research, time and clocks, seeds and multispecies. They are held at the Maybe Center for Conviviality of dOCUMENTA (13).

- "Special events and activities," including presentations of unidentified objects from a scientific collection, an audio play on the question of collective trauma, a residency program in a Chinese restaurant for fiction writers (see p. 320), performances by artists such as Alexandra Bachzetsis on June 6 at Hotel Reiss, and a program of films on double bills that juxtapose a banned film from a certain year and region with the most popular movie of the same time and place.

- All the art projects that involve audience participation listed on other pages of this *Guidebook* also form part of the Maybe Education and Public Programs. These are by: Ida Applebroog, p. 36, Tarek Atoui, p. 238, Janet Cardiff and George Bures Miller, p. 334, Critical Art Ensemble, p. 338, Abraham Cruzvillegas, p. 54, Dora García, p. 428, Theaster Gates, p. 430, Brian Jungen, pp. 266, 506, Robin Kahn & La Cooperativa Unidad Nacional Mujeres Saharauis (The National Union of Women from Western Sahara), p. 268, Marcos Lutyens, p. 276, Gareth Moore, p. 280, Christian Philipp Müller, p. 282, Claire Pentecost, p. 210, Lea Porsager, p. 288, Michael Portnoy, p. 362, Ana Prvacki, p. 108, Walid Raad, pp. 400, 485, Pedro Reyes, p. 292, Gunnar Richter, p. 294, Stuart Ringholt, p. 172, Paul Ryan, p. 298, Alexander Tarakhovsky, p. 122, Lori Waxman, p. 314, Yan Lei, p. 192. Many of these projects have been supported by the Art Academies Network of dOCUMENTA (13). They constitute an experiment in an alliance between educational institutions and art exhibition making.

- The AND AND AND activities (see p. 330), including *Commoning in Kassel*, also constitute part of the Maybe Education and Public Programs, although they are self-organized by the artists who initiated them.

To visit dOCUMENTA (13), to listen and respond, to understand and wonder, requires attention to the connections that the participants in these programs, both artists and non-artists, seek to establish. Therefore the Maybe Education and Public Programs are conceived around the forms that research assumes inside art, language, matter, and experience. We invite audiences to engage in the joint imagination of a political and cultural future that surpasses disciplines, where nothing is closed or complete, and all parts talk to one another. We seek to expose ourselves and others to a series of productive interruptions of our habitual thinking. We aim to multiply these alliances in order to create a greater space for generosity, built upon the microscopic bonds of a shared search. JM

The Visit: What does it feel like to be there?

dTOURS

Since there are no standard visitors to an exhibition, there should be no standard tours. This is why the accompanied visits to dOCUMENTA (13) are conceived as "dTOURS."

The dTOURS are led by trained personnel called "Worldly Companions," mainly from Kassel but with different backgrounds, knowledge, and ages. To prepare for the dTOURS, they have participated in the School for Worldly Companions, a series of seven seminars held between January and June 2012 at the School of Art and Design, Kassel, and led by Jakob Schillinger.

Each dTOUR lasts two hours. Departing from a particular exhibition venue, they address, from the perspective of each Worldly Companion, the key subjects of the artworks. For example, a gardener of the Karlsaue park might conduct a dTOUR to the many artworks in the park, joining knowledge of art with an understanding of gardening. Every day from 10 am to 8 pm. Last tour at 6 pm. Book at www.documenta.de.

Studio d(13) for Kids and Teens

Participants in dOCUMENTA (13) have been invited to provide materials (things, thoughts, instructions, and suggestions) that would provoke situations (tangible and non-tangible, lasting and ephemeral) around which workshops for children and teenagers could revolve. These materials form a collection of learning devices that serve as starting points for an active exploration of the artworks and topics of dOCUMENTA (13).

The aim is to invite young people to create their own special means for grasping the project. These studio practices and workshops are occasions in which young people can participate and where one might formulate the beginning of an alternative curriculum around such an exhibition.

Led by Worldly Companions with a specific interest and experience in working with young people, the workshops are keyed toward pupils of all ages and from all types of schools. Workshops held on weekends are available without registration, since dOCUMENTA (13) particularly encourages visitors to travel with their families and experience the project together. See www.documenta.de.

The Talks:
The Fragments and the Whole at the Maybe Center for Conviviality supported by Absolut

The Ständehaus, designed by Julius Eugen Ruhl between 1834 and 1836 as the first Parliament building of Hesse, serves as the main venue for the dOCUMENTA (13) lectures, seminars, and conferences. After having been damaged during World War II, the chamber interior was redesigned between 1949 and 1952 by Arnold Bode. Today, it houses the conference hall of the Landeswohlfahrtsverband. For dOCUMENTA (13), it hosts the Maybe Center for Conviviality.

The Artists' Congresses: A Congress

We ask ourselves what kind of public program might correspond to an exhibition like dOCUMENTA (13) and look at the history of artists' congresses before and after World War II—the public presence and voice of the artist. From the free academies that were initiated by artists in the late 1960s onward to the many temporary structures they are inventing in order to present and discuss their artworks and ideas today, how do these morphologies relate to one another? And how does the programming of talks and conferences as part of an exhibition context (something documenta has done from its inception in 1955) affect the institutional life of art?

A series of daylong congresses present research on different examples of and debates within artist-organized gatherings.

Presenters include: Dawn Ades, Søren Andreasen, Ayreen Anastas, Julie Ault, Carolyn Christov-Bakargiev, Ekaterina Degot, Manthia Diawara, Georges Didi-Huberman, Rene Gabri, Khwezi Gule, Salah M. Hassan, Ines Katzenstein, Maria Lind, Renate Lorenz, Dominique Malaquais, Chus Martínez, Tom McDonough, Rafal Niemojewski, Lia Perjovschi, Hetti Perkins, Cesare Pietroiusti, Khalil Rabah, Juliane Rebentisch, Avinoam Shalem, Akira Tatehata, Nora Annesley Taylor, Cedric Vincent, Tang Da Wu, and June Yap. June 11–15, 2012, 11 am–8 pm. Location: Ständehaus

Keynote Lectures

Different from a speech or a sermon, a lecture is an oral performance intended to present research and introduce knowledge into the public sphere. dOCUMENTA (13) offers a series of talks rehearsing this classic form of presenting ideas. Gathering artists, quantum physicists, biologists, poets, and philosophers, among many others, these talks are a continuation of the *100 Notes – 100 Thoughts* series of notebooks published as part of dOCUMENTA (13).

Like the exhibition itself, the lecture program does not explore a single subject, but the way in which different worlds connect and form alliances. The lectures present the diverse approaches to the relationship between question and answer, ways of conveying hypotheses, and different genres of speech, from the lyrical to the academic.

Lecturers include: Kwame Anthony Appiah (June 8), Albrecht Wellmer (June 9), W.J.T. Mitchell (June 10), Michael Taussig (June 10), Salah M. Hassan (June 12), Lydia Davis (June 16), Eduardo Viveiros de Castro (June 22), Jane Taylor (July 13), Dario Gamboni (July 20), Griselda Pollock (July 27), Ali Brivanlou with Pierre Huyghe (July 28), Anton Zeilinger with Graham Harman (August 17), Alexander Tarakhovsky (September 7), Carla Harryman (September 12), and Vandana Shiva (September 15). All lectures commence at 6 pm. Location: Ständehaus

Extending the keynote lectures and drawing on the conversations initiated in the *Artists' Congresses*, a series of seminars and other conferences takes place over the course of dOCUMENTA (13). These are constellations that relate to the different themes in the exhibition, and they provide a platform for thought-provoking debate intended to foster a deeper understanding of the aesthetic, political, philosophical, scientific, and methodological aspects of the project.

SCEPSI

SCEPSI (Scuola Europea di Immaginazione Sociale—European School of Social Imagination) is an experiment in politics and pedagogy, initiated as a free university in San Marino by media activist and writer Bifo – Franco Berardi. For dOCUMENTA (13), SCEPSI presents *RUN Morphogenesis*, four skeptical lectures on the future of Europe "after the collapse of the Union and the dissolution of financial capitalism." They are presented by Bifo together with other leading thinkers: *Morphe* with filmmaker and visual artist Hito Steyerl (June 7); *Bios* with scientist Alessandro Sarti (July 7); *Polis* with the media anthropologist and Net theorist Geert Lovink (August 28); and *Mantra* with the writer and activist Federico Campagna (September 11). June 7 lecture at 8 pm. All other lectures commence at 6 pm. Location: Ständehaus

On Time and Clocks

Following the advent of wheel clocks in the fourteenth century, measuring time became increasingly important. The installation of clock towers in churches restructured life in the cities. In early modern times, the role of clocks changed as they were bought for household use. The pursuit of precision in timekeeping continued with the invention of pendulum clocks, which found their place in many natural sciences. Space and time as concepts underwent fundamental changes in the mid-nineteenth century, with standardized time, and since the late nineteenth century people have complained about the ever-accelerating pace of life and the political control over it through the control of time. Albert Einstein showed that time as a parameter depends on factors that can alter its progress. From the viewpoints of quantum physics, art, history, and philosophy, this seminar—held partly during the opening week and partly during the closing week of dOCUMENTA (13)—takes a look at the interpretation of space and time, as well as its refusal. Part 1: Peter L. Galison and William Kentridge, June 8, 2012, 10:30 am. Location: Ständehaus. Part 2: Hans Ulrich Obrist, Anri Sala, Hans Siebeneicher, and Anton Zeilinger, September 13, 2012, 3 pm. Location: Ständehaus

What Is Thinking?

Christoph Menke, Professor of Philosophy at the Goethe University in Frankfurt/Main, assisted by Chus Martínez, member of the Core Agent group and Head of Department for dOCUMENTA (13), has invited a range of experts to conduct specific sessions for this series of philosophy seminars. Twelve two-day sessions across the 100 days of dOCUMENTA (13) use the exhibition as a foundation for a discussion of thinking that is able to go beyond pragmatic issues of sense to those of nonsense—that which surpasses the realm of the intentional and is not committed to the truth of a proposition, but to the function of thinking in fictional terms. Public sessions, held in the Ständehaus every Monday at 6 pm, are followed by closed seminars held in the Fridericianum Zwehrenturm tower every Tuesday at 11 am. The program is opened by a keynote lecture by philosopher Albrecht Wellmer (June 9), reperforming Theodor W. Adorno's "Music and New Music," a lecture that Adorno gave on September 28, 1959, in Kassel. The series will conclude with a presentation by language poet Carla Harryman (September 12), who will perform the English translation of the text, together with pianist Magda Mayas. Monday and Tuesday sessions run between June 18 and September 4, 2012.

Participants include: Emmanuel Alloa, Bruno Bosteels, Alexander Düttmann, Felix Ensslin, Patricia Falguières, Chus Martínez, Christoph Menke, Maria Muhle, Alexei Penzin, Frank Ruda, and Christiane Voss.

I Am My Own Money

The *I Am My Own Money* conference was conceived in connection with the *Time/Bank* project initiated by the artists Julieta Aranda and Anton Vidokle for dOCUMENTA (13). In 2009, Aranda and Vidokle decided to start a time bank for the international artistic community. Now with a growing pool of more than three thousand participants around the world, *Time/Bank* can be found in the Karlsaue park during dOCUMENTA (13) (see p. 310). The *Time/Bank* conference will look at the recent rise of local and alternative currencies and the implications this has for societies in the age of crushing debt. Joining the artists for this conference are some leading voices in alternative-currency systems today. June 9, 2012, 10 am–3 pm. Location: Ständehaus

On Conviviality

This conference and set of events and performances is inspired by Ivan Illich's text *Tools for Conviviality* (1973), and reflects on conviviality and human exchange. In *Mille Plateaux* (1980), Deleuze and Guattari wrote about alcohol use as a "triumphant *irruption* of the plant in us." These words point to the creative and healing effects of psychotropic influences through a holistic view of the body and the embodied mind in constant transformation through conviviality. Participants include Diedrich Diederichsen, Boris Groys, Suely Rolnik, and Iacopo Seri. June 29, 2012, 3:30–9 pm, followed by a "morning after" breakfast, June 30, 2012, 10–11:30 am. Location: Ständehaus

To Be Corrected—Abstracts for a Hörspiel

Conceived by dOCUMENTA (13) Agent Lívia Páldi, *To Be Corrected—Abstracts for a Hörspiel* (radio play) presents a set of audio notes, reflections, and conversations, both dramatized and documentary, that suggest a number of approaches to Breitenau. This twelfth-century Benedictine monastery outside Kassel was converted in later centuries into a correctional facility and inspired, as a crucial subtext and ghost venue, dOCUMENTA (13). Breitenau is a memorial, museum and archive, clinic, and institution that has housed correctional facilities for more than hundred years. The project aims to explore the layered histories of Breitenau, reflecting on the changing social, political, moral, emotional, and ideological contexts of the site. This radio play references a selection of available historical documents, objects, photographic and textual or literary materials, films, and artworks. Among them is a radio play by Ulrike Meinhof (made for Hessian Broadcasting in 1969) that served as an inspiration to experiment with the format. *To Be Corrected—Abstracts for a Hörspiel* is broadcast by HR 2 on July 22, 2012, at 10:05 pm. After July 22, it will be available on the dOCUMENTA (13) website.

On Artistic Research

While conceiving dOCUMENTA (13), a number of projects emerged that are artworks in the exhibition while also engaging visitors in experiences usually defined under the rubric of "educational public programs." This form of activated artistic practice, based on the processes of learning and therapy, poses new questions in the field of "artistic research." This two-day conference, held during the final week of dOCUMENTA (13), brings together artists, art researchers, and theoreticians engaged in the question of artistic research, particularly our partners in various European art academies. The academies have supported the involvement of their students in a series of activated projects for dOCUMENTA (13), thus becoming a vital part of the exhibition and the Maybe Education and Public Programs.

Participating art academies include: ADERA (Les écoles supérieures d'art de Rhône-Alpes), Lyon; Finnish Academy of Fine Art, Helsinki; GradCAM Dublin; HEAD (Haute école d'art et de design), Geneva; Kunsthochschule Mainz; MaHKU (Utrecht Graduate School of Visual Art and Design); Malmö Art Academy, Lund University; NABA (Nuova Accademia di Belle Arti a Milano); Oslo

Academy of Art (Kunstakademiet); Faculty of Fine, Applied and Performing Arts, University of Gothenburg; University of Leeds; Università luav di Venezia; Slade School of Fine Art, University College London; September 9, 2012, 10 am–7 pm. Location: Ständehaus

Research on Art and Artists: An Inquiry into the Quasi Infinite

This conference, organized by Klaus Biesenbach, Carolyn Christov-Bakargiev, and Chus Martínez and moderated by Nicola Setari, looks at how research on art and artists is undertaken—what are its tools and methodologies? Any question of method is also a question of time. To research art implies an understanding of time—not only the time being but the time past as well as the time that is left. An understanding of art designates a situation where a scholar, a historian, or an agent of artistic action—as we could rename the "curator"—confronts matter, experience, and space but also the notions of "intention" and "meaning," of "quality" and "expression," of what constitutes a contribution worth looking at. This conference considers for whom, why, and where an artwork exists, and it considers the question of language and the disciplines that wish to bind this research in words. To research is different than to simply survey or select. The nature of research has been changing. Research refers to a continuous effort of producing a syntax in which disparate cultural phenomena might enrich and expand the traditional way of presenting, writing, and talking about art. September 8, 2012, 3 pm. Location: Ständehaus

Disowning Life: A Conference on Seeds and Multispecies Intra-action

Having a related transformative role within art and its discourses, the questions around food and seeds, water and land, energy and de-growth, as well as around the human as only one form of animal life in an ecological perspective, serve as a focus for this public discussion and conference. The development of an expanded consciousness that allows us to think and feel in worldly ways with all variations of mineral, vegetal, and animal life is allowing a new narrative to emerge. Notions revolving around seeding and the idea of multispecies co-evolution are introducing new perspectives in eco-feminism that place the problem of difference or "othering" beyond gender. Setting out and building on the interrelated horizons of two main thinkers in these fields, seeds activist Vandana Shiva and multispecies biologist and cultural theorist Donna Haraway, this final conference of dOCUMENTA (13) gathers some of the most acclaimed scholars, artists, and activists in these fields together with a range of promising new voices.

Participants include: Maria Thereza Alves, Ayreen Anastas, Vinciane Despret, Jimmie Durham, Rene Gabri, Tue Greenfort, Donna Haraway, Florian Hecker, Josefina Hepp, Jürgen Hess, Salima Ikram, Karel Jezek, Toril Johannessen, Amar Kanwar, George McKay, Christian Philipp Müller, Lissette Olivares, Claire Pentecost, Beatriz Preciado, Andrew Scalon, Vandana Shiva, and Tron Frede Thingstad. Part 1: September 10, 2012, 10 am–7 pm. Part 2: September 15, 2012, 10 am–7 pm. Location: Ständehaus

Black Box

"Black box" is a term for a recording device used to understand the circumstances of a plane crash, as well a term used to define the hiding of the mechanisms of a machine inside plastic or metal—thus suggesting how the workings of technology are often hidden from their users. This series of artists' talks focuses on the lost knowledge of science and history. Ever since the so-called Scientific Revolution of the seventeenth century, the "natural" sciences have relied on instruments. However, as these tools become obsolete due to new technologies, we lose the knowledge of how to use them. Such *amnesiac* objects could be considered black boxes—things of uncertain purposes and usages. Over the 100 days of dOCUMENTA (13), a selection of historical instruments is brought together in the Mathematical Section of the Cabinet of Astronomy and Physics at the Orangerie. Invited by dOCUMENTA (13), member of Core Agent Group Raimundas Malašauskas, artists and participants in the exhibition respond to the challenges of imagining and describing in paradoxical and personal ways these black boxes of forgetfulness—imagining what they did and why they did it.

Poetry or Media: Language under Siege

How does one think when one's thoughts are framed by the rules of a given or normalized language? Such is the key concern of these Friday-night poetry readings, which propose a shared inquiry into the stylization of language and the imagination of other usages of words. In a world beset by a media culture that constantly produces packaged rhetoric, this program presents the unpredictability of speech and text so that we hear and see things differently. Set within the tiny workers' bar of Offener Kanal, Kassel's open broadcasting channel, each evening concludes with an open-mic session, rubbing up against the encroachment of media sound bites and their hold on our vocabularies, imaginaries, and thoughts. Every Friday evening at 11 pm. The series begins with a reading by Nanni Balestrini on Friday, June 8, 2012, 11 pm. Location: Hauptbahnhof: Offener Kanal

Readers Circle: 100 Notes – 100 Thoughts

The *Readers Circle* traces the space of reading rather than talking. What does it mean to read? A guest reads one of the *100 Notes – 100 Thoughts* notebooks of dOCUMENTA (13) to the audience, every day at 7 pm. These notebooks are essays, facsimiles of real notebooks, artist-writer collaborations, and other formats that constitute a space of writing in the realm of the propositional. They are published forms of preliminary writing with authors ranging from Michael Taussig to Judith Butler, from Dario Gamboni to Mariana Castillo Deball. Every day at 7 pm. Location: Fridericianum, ground floor

Book Brunches

A number of books are being made by, in collaboration with, or in relation to dOCUMENTA (13). In the presence of the authors and others involved in these publications, a series of books are launched over a light brunch at the Ständehaus on Sunday mornings. What does it mean to write, create, and make in book form? What is the relation between art and archiving, aesthetics and social practice? This program begins on June 10 at 11 am, with the presentation by SKOR | Foundation for Art and Public Domain of their new book *Housing the Social* by Istanbul Biennial Artistic Director Fulya Erdemci and Andrea Phillips. Location: Ständehaus

The Film Program of dOCUMENTA (13)

The film program of dOCUMENTA (13) takes place at the Bali and Gloria Cinemas and has been selected by Ayreen Anastas, Rene Gabri, Pierre Huyghe, Adam Kleinman, Chus Martínez, and Gerhard Wissner.

Artists' Films

The first four days of the program, from June 6 to June 9, 2012, take place at the Bali Cinema and feature the premieres of films by the artists Etel Adnan, Mario Garcia Torres, Khaled Hourani/Rashid Masharawi, and John Menick. The subsequent program runs from June 10 to September 7, 2012, at the Gloria Cinema. The film program concludes with a second screening of these films followed by the premiere of Albert Serra's 200-hour-long non-narrative filmic art work, shot during the 100 days of the exhibition, and presented at the Bali Cinema from September 8 to 16, 2012, 12–8 pm.

The Banned versus the Popular

Each week from Wednesday through Saturday, a double feature is screened, pairing a banned film with a popular movie from the same year and origin. By juxtaposing one of the most visible aspects of a culture with one that has been forcibly withdrawn, an archaeology of its social confines begins to emerge.

Focus

Sundays and Mondays are devoted to focus screenings by filmmakers whose works provide a bridge between everyday experience and the broader social, political, and scientific changes that are constantly making, unmaking, and remaking the world. Filmmakers include: Natalia Almada, Michel Auder, Chen Chieh-Jen, Jim Finn, Danièle Huillet and Jean-Marie Straub, Lucrecia Martel, Raya Martin, Anand Patwardhan, Anri Sala, Rirkrit Tiravanija, and Athina Rachel Tsangari. A selection of films from and relating to Afghanistan will also be screened. Tuesdays are dedicated to a series of films made by and with Salvador Dalí.

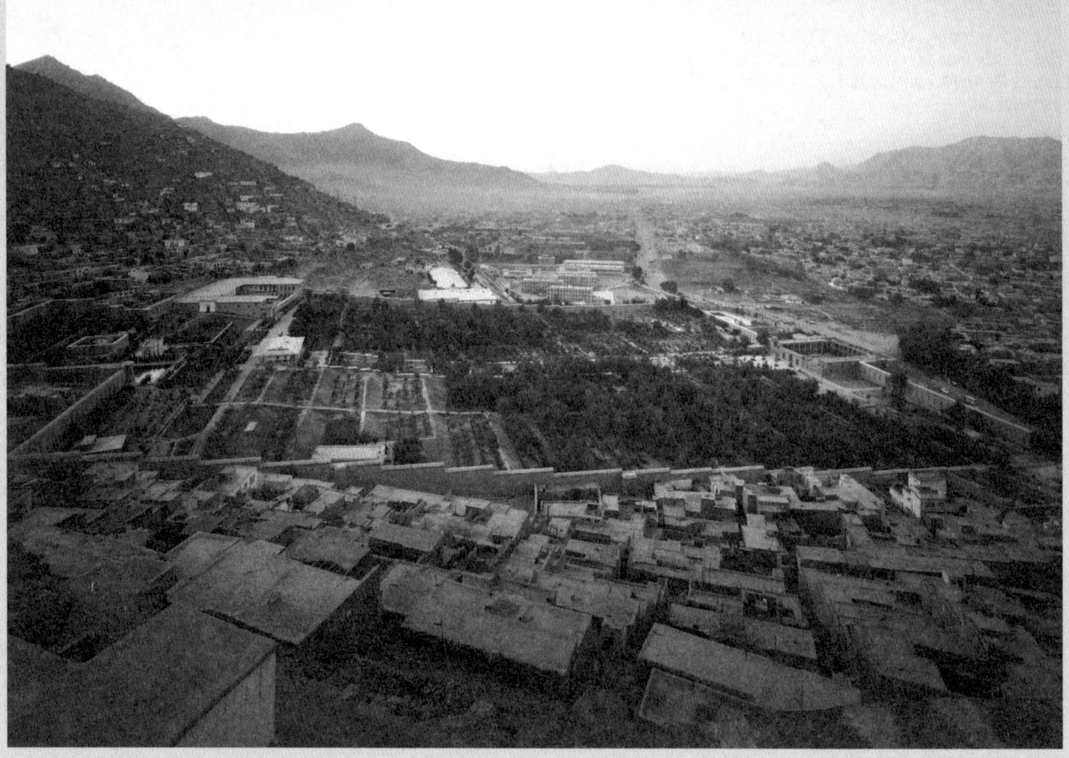

Bagh-e Babur, Kabul, 2009

II.
KABUL—BAMIYAN

KABUL—BAMIYAN

Seminare und Ausstellung: Eine Position der dOCUMENTA (13) / Kabul, Bamiyan 2012 7. Juni 2010 bis 19. Juli 2012

Belagerungszustand, Hoffnung, Rückzug und Bühne in Afghanistan

Die vier wichtigsten Positionen, um die sich die dOCUMENTA (13) dreht – Belagerungszustand, Hoffnung, Rückzug und Bühne –, entsprechen vier möglichen Bedingungen, unter denen Künstler und Denker in der Gegenwart agieren. Diese Positionen sind nicht allumfassend, und ihre Bedeutung entsteht durch ihre Wechselbeziehungen und Resonanzen. Kabul und Bamiyan bilden zusammen eine Kreuzung dieser Bedingungen. Hier erleben Künstler, zeitgleich zum Zustand der Hoffnung, oftmals auch den Belagerungszustand, wie auch den des Rückzugs und der Exponierung. Die Seminare fanden, nach einem ersten Treffen im Juni 2010, im Frühjahr und Sommer 2012 statt und münden in eine dazugehörende Ausstellung im Königinnenpalast und im umliegenden Bagh-e Babur, die kuratorisch von dem Mitglied der Agenten-Kerngruppe der dOCUMENTA (13) Andrea Viliani und dem Künstler Aman Mojadidi organisiert wird. Die Seminare wurden als Teil einer Veranstaltungsreihe mit einer Gruppe von mehr als fünfundzwanzig afghanischen Kunststudenten abgehalten, um Diskussionen über zentrale Fragen und Themen anzuregen; sie wurden von internationalen und afghanischen Teilnehmern geleitet. Ziel der Seminare und der Ausstellung ist, künstlerische Praktiken mit der lokalen Gemeinschaft zu teilen und diese Praktiken in einem partizipatorischen Prozess der Kreation, der Auseinandersetzung und des Lernens vorzustellen.

Die Seminare, in die Künstler, Autoren aus dem Kunstbereich und Denker einbezogen waren, wurden gemeinsam mit mehreren öffentlichen afghanischen Kunstinstitutionen organisiert, die auf verschiedenen Gebieten wie bildende Kunst, Musik, Theater und Film aktiv sind. In dem Seminar *Art Histories in the Form of Notes*, das im Februar 2012 stattfand, wurden Begriffe wie Kunst, Geschichte, Tradition, das Zeitgenössische, Experiment, Leben und Imagination unter verschieden Gesichtspunkten analysiert; dabei diente die schriftliche Notiz als Instrument, um eine Lage darzustellen, in der Konzepte, Ideen und Berichte auf eine provisorische Weise festgehalten werden, die ihre Potenziale und ihren hypothetischen Wert unterstreicht. Die darauffolgenden Seminare beschäftigten sich mit unterschiedlichen, aber miteinander zusammenhängenden Gebieten künstlerischer Reflexion und Intervention:

— wie man mit Sprache, Übersetzung und Vermittlung als hypothetischen Weichen zwischen Verstehen und Missverstehen und als kritischen Handlungen umgeht, bei denen die Wahrheit ständig verhandelt wird (*seeing studies/translation as artistic practice*, ein neues Projekt des instituts für inkongruente übersetzung, das von der Künstlerin Natascha Sadr Haghighian und dem Schriftsteller Ashkan Sepahvand in enger Zusammenarbeit mit der National Gallery in Kabul konzipiert wurde; *Creating an Art Magazine: Testing the Grounds/Finding the Language*, ein Seminar, in dessen Mittelpunkt eine Kooperation zwischen dem Mailänder Verlag Mousse Publishing und der Zeitschrift *Sepida* stand, die in den 1980er Jahren in Pakistan erschien und kürzlich von The Killid Group, Kabul, wieder aufgelegt wurde).

— wie man die geopolitischen Kategorien von Inklusion und Exklusion überwindet; wie man, im Zeitalter einer verbreiteten Remigration und hoch entwickelter digitaler Praktiken, den Anschluss an einen umfassenderen Diskurs bewahrt und die Kriterien von Zugehörigkeit und Wandel im Gleichgewicht hält (*Perspectives on the Art of Today*, veranstaltet vom CCAA – Center for Contemporary Arts Afghanistan).

— wie man Archive als öffentliche Orte untersucht; wie man Archivmaterial mit einem gemeinsamen öffentlichen Gedächtnis verbindet; wie man die Zirkulation von weniger bekannten Geschichten fördert, indem man das Archiv als Operationsbasis nutzt (*Archive Practicum*, Seminar unter der Leitung von Mariam Ghani und Pad.ma bei Afghan Film); wie man Fotografien archiviert, organisiert und erhält; wie man die Beziehung zwischen Sprache und Bildern in bewegten und unbewegten Bildern erforscht; wie man digitale Bilder aufzeichnet, manipuliert, speichert und vermittelt (*Photographic Information*, Seminar unter der Leitung von Masood Kamandy an der Fakultät für bildende Kunst der Universität Kabul).

— wie einfache Materialien aus der alltäglichen Umgebung oder der Körper eine Herangehensweise erhellen können, die einen unerwarteten Raum radikaler Freiheit schafft, die Zustände der Emanzipation und des Mitspracherechts verbessert und die Vorstellungen von Transformation und Verkörperung erforscht; wie man das Zeitgenössische wieder mit dem Traditionellen verknüpfen kann, indem man überkommende Dichotomien sowie Vorstellungen von Haltbarkeit und des »Handgemachten« herausfordert und die lokalen Bedeutungen traditioneller Materialien und Objekte betont; wie theatralische oder choreografische Praktiken das Persönliche und das Politische zum Vorschein bringen; wie die Ästhetik der Bühne mit historischen Momenten zusammenhängt; wie die Biografie des Schauspielers an die Geschichte des Theaters, aber auch an Geschichte im weiteren Sinne gebunden ist; wie man ein Kunstwerk schafft, das darauf beruht, die verborgene, aber geteilte Geschichte einer Gemeinschaft aufzudecken; wie man mit Grenzen umgeht; wie man aus beinahe nichts eine monumentale, visionäre Erfahrung hervorbringt (*Acts, Gestures, Things and Processes: Material and Performance*, ein mehrteiliges Seminar unter der Leitung des Künstlers und Filmemachers Barmak Akram, des Künstlers und Choreografen Jérôme Bel sowie der Künstler Lara Favaretto und Adrián Villar Rojas, das im Bagh-e Babur, am Institut Français d'Afghanistan, in Istalif, am Nationaltheater und an der Fakultät für bildende Kunst der Univeristät Kabul abgehalten wurde).

Parallel dazu wurden zwei Seminare in Bamiyan organisiert. *What Dust Will Rise?*, das unter der Leitung von Michael Rakowitz in einer Höhle inmitten der Felsformation stattfindet, in der einst auch die Buddha-Statuen von Bamiyan standen, nutzt die Imagination, um die schwindenden Fertigkeiten der Bildhauerei wiederzubeleben und ein mögliches zukünftiges Erbe wiederherzustellen. *Rereading Shahnameh* von Khadim Ali reinszeniert die traditionellen Praktiken des Geschichtenerzählens und der Miniaturmalerei, um mehrere Generation miteinander zu verbinden und zu begreifen, wie unsere Vergangenheit jahrhundertelang erzählt und zu unserer Gegenwart wurde.

Ausgehend von diesen Seminaren, umfasst die Ausstellung überwiegend Arbeiten, die in Afghanistan entstanden sind, und verwickelt das Publikum in einen Dialog voller Entsprechungen – zwischen Belagerung und Diaspora, Zusammenbruch und Wiederaufbau, Erinnerung und Fantasie, Vergangenheit und Zukunft – und wechselseitiger Evokationen beider Städte, Kabul und Kassel, die beide Zeugen der Zerstörung durch Krieg und der Notwendigkeit eines materiellen Wiederaufbaus und der geistigen Wiederherstellung sind. Auf diese Weise werden sie zu Bühnen, auf denen unsere Gegenwart zur Darstellung kommt (wie in den Arbeiten von Tacita Dean und Goshka Macuga) oder transzendiert wird (wie in den beiden Baum-Skulpturen von Giuseppe Penone in der Kasseler Karlsaue und im Bagh-e Babur in Kabul). Die dOCUMENTA (13) evoziert eine Lage, in der Krieg und Frieden koexistieren (wie in den Fotografien von Zalmaï und in der Malerei von Francis Alÿs) und in der Formen der weltlichen Imagination Engagement, Materie, Dinge, Verkörperung und aktives Leben erforschen. So verortet die dOCUMENTA (13) die künstlerische Forschung an einem unsicheren und zugleich einnehmenden Punkt – dem der poetischen Erkundung und der gewagten Konzentration, der einsichtsvollen Motivation und des meditativen Strebens.

Wie Mariam und Ashraf Ghani in ihrem dOCUMENTA (13)-Notizbuch *Afghanistan: A Lexicon* uns ins Gedächtnis rufen, können sich Mythen, Spekulationen, Gerüchte und Fakten überlagern. Prototypen der Zukunft und Symbole der Vergangenheit, Pläne und Fehlschläge können auf »selektive, assoziative Weise« koexistieren, wie in Ghanis eigenem Video, das den königlichen Palast in Kabul, Darulaman, der in den zurückliegenden dreißig Jahren des Bürgerkriegs in Afghanistan zerstört wurde, in das 1941 und 1943 bombardierte Kasseler Fridericianum transformiert. Auch andere Projekte, wie etwa das des mexikanischen Künstlers Mario Garcia Torres, sollten in diesem Licht betrachtet werden. Garcia Torres hat das One Hotel wiederbelebt, eine Initiative, die der italienische Künstler Alighiero Boetti von 1971 bis 1977 in Kabul entwickelt hatte. Boetti war nach Afghanistan gegangen, um seine Identität als Künstler und seine eigene Kunstauffassung neu zu erfinden, indem er zusammen mit Gholam Dastaghir im Shar-e Naw-Distrikt eine Unterkunft namens One Hotel betrieb, wobei er die Eröffnung eines Hotels wahrscheinlich nicht als Kunstwerk betrachtete. Auch Garcia Torres – der die verlassenen und vergessenen Räumlichkeiten wiederherstellt und aktiviert, indem er Rosen anpflanzt und Gästen im Garten Tee serviert – schafft nicht das, was wir üblicherweise als Kunstwerk bezeichnen würden; vielmehr handelt es sich um ein imaginäres – teils reales, teils fiktives – Raum-Zeit-Kontinuum, das man erleben und mit anderen teilen kann; eine Gelegenheit, unsere eigene Handlungsfähigkeit durch die Wahrnehmung von Kunst neu auszurichten. Diese nicht präzise, erzählerische Herangehensweise an das, was Kunst ist, ermöglicht es, die konventionellen Unterscheidungen zwischen Gast und Gastgeber oder zwischen damals und heute abzumildern, und bildet ein Echo auf das einladende Multiversum künstlerischer Gesten, die im Mittelpunkt der dOCUMENTA (13) in Afghanistan stehen. AV

KABUL—BAMIYAN

Seminars and Exhibition: A Position of dOCUMENTA (13) / Kabul, Bamiyan, 2012 7/6/2010–19/7/2012

Siege, Hope, Retreat, and Stage in Afghanistan

The four main positions around which dOCUMENTA (13) is articulated—Siege, Hope, Retreat, and Stage—correspond to four possible conditions in which artists and thinkers find themselves acting in the present. These positions are not comprehensive and acquire their significance through their mutual interrelation and resonance. Kabul and Bamiyan together constitute a crossroad of these conditions. Here, simultaneously with the state of hope, artists frequently experience the condition of being under siege, as well as that of withdrawal and exposure. The Seminars ran throughout spring and summer 2012, with a first meeting in June 2010, and conclude with a related exhibition at the Queen's Palace and the surrounding Bagh-e Babur, organized curatorially by dOCUMENTA (13) member of Core Agent Group Andrea Viliani and artist Aman Mojadidi. As part of a constellation of events, the seminars were held with a group of more than twenty-five Afghan art students to foster discussions of key questions and subjects; they were led by international and Afghan participants. The aim of both the seminars and the exhibition is to share artistic practices with the local community and to present artistic practice through a participatory process of creation, confrontation, and learning.

Involving artists, art writers, and thinkers, the seminars are organized in partnership with several Afghan public cultural institutions active in different fields, such as visual arts, music, theater, and film. In the seminar *Art Histories in the Form of Notes*, held in February 2012, notions such as art, history, tradition, the contemporary, experiment, life, and imagination were examined from different points of view, taking the device of the written note to represent a condition in which concepts, ideas, and memoranda are jotted down in a provisional way, which underlines their potentiality and hypothetical value. Subsequent seminars focused on different, entangled areas of artistic reflection and intervention:

— how to deal with language, translation, and mediation as hypothetical switches between understanding and misunderstanding, and as critical actions where truth is constantly negotiated (*seeing studies/translation as artistic practice*, a new project by the institute for incongruous translation, conceived by artist Natascha Sadr Haghighian and writer Ashkan Sepahvand in close collaboration with the National Gallery of Kabul; *Creating an Art Magazine: Testing the Grounds/Finding the Language*, a seminar centering on a collaboration between Mousse Publishing, Milan, and the Pakistan-based magazine *Sepida*, published in the 1980s and recently republished by The Killid Group, Kabul).

— how to transcend geopolitical categories of inclusion and exclusion; how to connect, in an age of frequent counter-diaspora and advanced digital practices, to a broader discourse, keeping in balance the criteria of belonging and change (*Perspectives on the Art of Today*, hosted at the CCAA—Center for Contemporary Arts Afghanistan).

— how to explore archives as a public site; how to connect archival material to shared public memory; how to increase the circulation of lesser-known histories, taking the archive as an operative base (*Archive Practicum*, a seminar led by Mariam Ghani and Pad.ma at Afghan Film); how photographs are archived, organized, and their conservation; how to look at the relationship between language and images, both in still and moving images; how digital images are captured, manipulated, stored, and mediated (*Photographic Information*, a seminar led by Masood Kamandy at the Faculty of Fine Arts, Kabul University).

— how simple material taken from the everyday environment, or the body, can enlighten an approach that provides an unexpected space of radical freedom, increasing states of emancipation and empowerment and exploring notions of transformation and embodiment; how to reconnect the contemporary with the traditional in ways that challenge old dichotomies, notions of durability and the "handmade" and that emphasize topical meanings found in traditional materials and objects; how theatrical or choreographic practices reveal the personal as well as the political; how theatrical aesthetics are intertwined with historical moments; how the actor's biography is linked to theater history but also to history more generally; how to create an artwork that is based on revealing the hidden but shared history of a community; how to deal with limits; how to create a monumental, visionary experience from almost nothing (*Acts, Gestures, Things and Processes: Material and Performance*, a multiple seminar led by artist and filmmaker Barmak Akram, artist and choreographer Jérôme Bel, and artists Lara Favaretto and Adrián Villar Rojas, held at the Bagh-e Babur, Institut Français d'Afghanistan, in Istalif, at the National Theatre, and the Faculty of Fine Arts, Kabul University).

In parallel, two seminars are held in Bamiyan. *What Dust Will Rise?* led by Michael Rakowitz in a cave on the mountainside where the Bamiyan Buddhas once stood, works in an imaginative way to recuperate fading stone-carving skills and restore a possible heritage for the future. *Re-reading Shahnameh* by Khadim Ali re-enacts the traditional practices of storytelling and miniature painting to connect different generations, and to understand how our past was told for centuries and became our present.

Stemming from these seminars, the exhibition comprises works mainly produced in Afghanistan, engaging the audience in a dialogue full of correspondences—between siege and diaspora, collapse and recovery, memory and fantasy, past and future—as well mutual evocations of the history of two cities, Kabul and Kassel, both of which have witnessed destruction through war and the need for physical reconstruction and mental retrieval, becoming stages where our present is represented (as in the works by Tacita Dean and Goshka Macuga) or transcended (as in the two tree sculptures of Giuseppe Penone installed in Kassel's Karlsaue park and in Kabul's Bagh-e Babur). Evoking a condition where war and peace co-exist (as in Zalmaï's photographs and Francis Alÿs' paintings) and forms of worldly imagination explore commitment, matter, things, embodiment, and active life, dOCUMENTA (13) locates artistic research at a precarious and at the same time engaging point—one of poetic exploration and adventurous concentration, insightful motivation, and meditative ambition.

As Mariam and Ashraf Ghani remind us in their dOCUMENTA (13) notebook, *Afghanistan: A Lexicon*, myths, speculation, rumors, and facts can overlap. Prototypes for the future and symbols of the past, plans and failures, can coexist, in a "selective, associative way," as in Ghani's own video, which turns Dar ul-Aman, the royal palace destroyed in Kabul during the recent thirty years of civil war in Afghanistan, to the Fridericianum in Kassel, bombed in 1941 and 1943. Other projects, such as that developed by Mexican artist Mario Garcia Torres, for example, should be viewed in this light. Garcia Torres has reactivated the One Hotel, an initiative developed in Kabul from 1971 to 1977 by Italian artist Alighiero Boetti, who moved to Afghanistan to reinvent his own identity as artist and his own notion of art by running a hotel called One Hotel on Shar-e Naw with Gholam Dastaghir, but probably never conceived of opening a hotel as an artwork. Nor does Garcia Torres—restoring and reactivating these abandoned and forgotten premises, planting roses and offering tea to guests in the garden—create what we would usually call an artwork; it is more an imaginary space-time continuum—partly real, partly fictional—to be experienced and shared; an occasion to reposition our agency through a perception of art. This blurred, narrative approach to what art is allows conventional distinctions between guest and host, or now and then, to soften, echoing the welcoming multiverse of artistic gestures that is at the heart of dOCUMENTA (13) in Afghanistan. AV

SEMINARS AND LECTURES IN KABUL

7/6/2010

On documenta and Its History

Timur Shah Mausoleum

Public lecture by Carolyn Christov-Bakargiev, followed by presentations by Michael Taussig, Francis Alÿs, and Mario Garcia Torres

5/2–8/2/2012

The launch of the lecture series and seminars in 2012 is accompanied by a public reception organized by artist Goshka Macuga on February 5, 2012, at the Bagh-e Babur, where members from Afghan civil society informally meet and talk. Photographs are taken to produce the tapestry that the artist exhibits in the Fridericianum in Kassel for dOCUMENTA (13). Students participating in the seminars (first group): Abdul Momen Hamidy, Abul Qasem Foushanji, Ahmad Wali Akbar, Amin, Arzoo Waseeq, Asadullah Bromand, Ayaatullah Ahmady, Farzana Maani, Ghulam Reza, Gull Bida, Jahan Ara, Karima Hasanzada, Liza Hasanzadah, Mariam Nabilkamal, Mehdi Amini, Mohammad Ameen, Mohammad Juma, Mohd Reza, Mohammad Tamim Sahebzada, Mehdi Hassanzadeh, Ali Aklaqi, Mohsen Wahidi, Nabila Horakhsh, Najibullah, Sayed Dawood, Shahla Rashidi, Shamsia Ommalbanin Hassani, Tamanna Barekzai, Yalda Noori, Zahra Mohabatzada, and Zainab Haidary.

Art Histories in the Form of Notes

Held at Queen's Palace and Pavilion at the Bagh-e Babur, Faculty of Fine Arts, Kabul University, One Hotel

5/2/2012

Public lectures **Art, Imagination, Experiment, Life** (Christoph Menke) and **The Art of Goshka Macuga** (Carolyn Christov-Bakargiev), followed by a seminar led by Christoph Menke

6/2/2012

Public lecture **Interpreting Art: Keys and Positions** (Carolyn Christov-Bakargiev), followed by a seminar led by Goshka Macuga

7/2/2012

Public lecture **The Introduction of Western Styles of Art in Afghanistan from the Late Nineteenth to the Early Twentieth Century and Their Impact** (Hameed Naweed), followed by a seminar led by Hameed Naweed

8/2/2012

Public lecture **When Is It Art? When It Makes the Heart Grow** (Chus Martínez), followed by a seminar led by Chus Martínez and Mario Garcia Torres and a visit to the former One Hotel of Alighiero Boetti

11/2–18/2/2012

Creating an Art Magazine: Testing the Grounds/Finding the Language

Held at ACKU—Afghan Centre at Kabul University, CCAA—Center for Contemporary Arts Afghanistan, and The Killid Group

Seminars with *Mousse* magazine staff (Edoardo Bonaspetti, Stefano Cernuschi, Francesco Valtolina), dOCUMENTA (13) Agent Leeza Ahmady, artist Jeanno Gaussi, dOCUMENTA (13) member of Core Agent Group Raimundas Malašauskas, artist Aman Mojadidi, artist Rahraw Omarzad, and The Killid Group

This seminar revolves around the collective effort of making an art magazine in Kabul, aiming to understand the words and the materials that could be part of its content. Seeking the active involvement of local students, this editorial initiative is conceived as multi-platform: as printed monthly bulletins, as a blog where it is possible to find selected and edited information on dOCUMENTA (13) activities in Afghanistan, and as a final magazine prototype, which incorporates the previous bulletins and also documents the exhibition in Kabul.

19/2–26/2/2012

Perspectives on the Art of Today

Held at CCAA—Center of Contemporary Arts Afghanistan, and Faculty of Fine Arts, Kabul University

Seminars led by Leeza Ahmady, Aman Mojadidi, and Andrea Viliani

These seminars focus on reasons for and means of connectivity, on the conditions for contemporary culture in relation to the nature of space and time, linking Afghanistan and the world at large today, through the lens of dOCUMENTA (13). During the seminars, various art practices are presented that feature contemporary art discourse beyond the logic of geopolitics by screening a large variety of materials.

1/4–10/4/2012

seeing studies/translation as artistic practice

Held at the National Gallery (including visits to the National Museum of Afghanistan and AKTC—Aga Khan Trust for Culture)
Seminar led by Natascha Sadr Haghighian and Ashkan Sepahvand (for the institute for incongruous translation)

What happens when we want to translate an image into an object, or a miniature painting into a sound, or an event from a long time ago into the now? Sadr Haghighian and Sepahvand look at translation—radical, incongruous, disharmonious translations—as a way of relating different languages, concrete ones such as images, sounds, words, but also abstract notions such as history and the contemporary, tradition, heritage, modernity, and their representations. Images are not words, sounds are not objects, tradition is not memory. This seminar refers to *seeing studies*, a bilingual Farsi/English publication produced by dOCUMENTA (13) in 2011. The book is an artistic research project departing from the translation of a schoolbook published by the Iranian Ministry of Education and used to teach the subject of art in public middle schools.

11/4–14/4/2012

Archive Practicum

Held at Afghan Film, Kabul

Seminar led by artist Mariam Ghani with Ashok Sukumaran and Shaina Anand (CAMP and Pad.ma)

The seminar is situated within the theoretical context of open-source media-archive initiatives represented by Pad.ma and the historical context of the Afghan Film archive, which includes thousands of reels of film that cover much of Afghanistan's twentieth-century history. The seminar leaders work with the Afghan Film archive team to choose and digitize selected reels from the archive, primarily from the rich stock of documentary and newsreel shorts, and to organize both newly and previously digitized files within the open-source database architecture developed by Pad.ma. The seminar then opens up to include additional Afghan Film staffers and participating students from the dOCUMENTA (13) student group with interesting insights into or perspectives on the archival footage. This group is trained in and begins the open-ended process of annotating digitized footage with information that gives it a richer context and meaning, including subtitles, production notes, personal reminiscences or responses, and standardized tags that can help people find particular films or clips in online databases.

15/4–21/4/2012 and various dates—June 2012

Acts, Gestures, Things, and Processes: Material and Performance

Held at the Bagh-e Babur, Institut Français d'Afghanistan, in Istalif, at the National Theatre, and the Faculty of Fine Arts, Kabul University

Seminars and public lectures by artists Barmak Akram, Jérôme Bel, Lara Favaretto, Giuseppe Penone, and Adrián Villar Rojas

The seminars focus on performance and sculptural materials taken from the everyday environment and refer also to recent performance-based practice in post-traumatic contexts. The first seminar is conceived as a collective improvisation, driven by the artist and filmmaker Barmak Akram, who for the first time is working with ceramics, exploring notions of transformation and embodiment. Additionally, artist and choreographer Jérôme Bel works with actors in Kabul starting, as a reference point, from his piece made in 2004 for a ballerina of the Paris Opera, called *Véronique Doisneau*, linking the personal and the historical, the theatrical and the political, the role of the dancer and the one of the spectator. Artists Lara Favaretto and Adrián Villar Rojas share the conception and production process of their works with the participants in their seminars, transforming them into a material and a component of the work itself. Giuseppe Penone presents his own intervention in the Bagh-e Babur and refers to his parallel intervention in Kassel's Karlsaue park.

12/5–17/5/2012

Photographic Information

Held at the Faculty of Fine Arts, Kabul University

Seminar led by artist Masood Kamandy

The seminar is a reprise of and follow-up to a previous seminar on analog photography held by the artist at the Faculty of Fine Arts in 2005. Kamandy approaches the seminar with a self-inquiry and an analytic rather than technical lens, utilizing institutions in Kabul such as the National Archives to address issues of image production and appropriation.

SEMINARS IN BAMIYAN

1/5–7/5/2012

What Dust Will Rise?

Archaeological area and UNESCO/MoIC Training Centre in Bamiyan

Open-call seminar led by artist Michael Rakowitz, co-organized by Bert Praxenthaler

This seminar focuses on re-enacting the old tradition of stone carving, using the stone of the Bamiyan area as well as lime tuff stone from Dragon Valley nearby and Band-e Amir. The title is derived from a proverb on cooperation, *What dust will rise from one horseman?* / څهه خاوورریی پوورتهه کیږیی؟. The seminar takes place in the archaeological area of Bamiyan, inside a large upper "cave" close to one of the two niches on the Bamiyan cliff where the renowned giant Bamiyan Buddha sculptures stood for centuries. The final results of the seminar are presented in the dOCUMENTA (13) exhibition in Kabul, together with a small stone book carved by the artist himself.

12/6–19/6/2012

Re-reading Shahnameh

UNESCO/MoIC Training Centre in Bamiyan

Closed seminar led by artist Khadim Ali

The seminar reflects on the vanished culture of storytelling of Shahnameh. In Khadim Ali's words: "The Shahnameh's sweeping epic tells of kings, kingdoms and demons, darkness and light. The epic poem was written in the court of Sultan Mehmood Gaznavi in the province of Ghazni in Afghanistan around A.D. 1010 by the poet Hakim Abol-Qasem Ferdowsi. The Shahnameh is the unifying cultural narrative of Central Asia and Afghanistan and crosses ethnic and religious boundaries. . . . The illustrations were my first lessons in art history and beginnings as an artist. I want to conduct a seminar in the schools to revive the lost culture of storytelling."

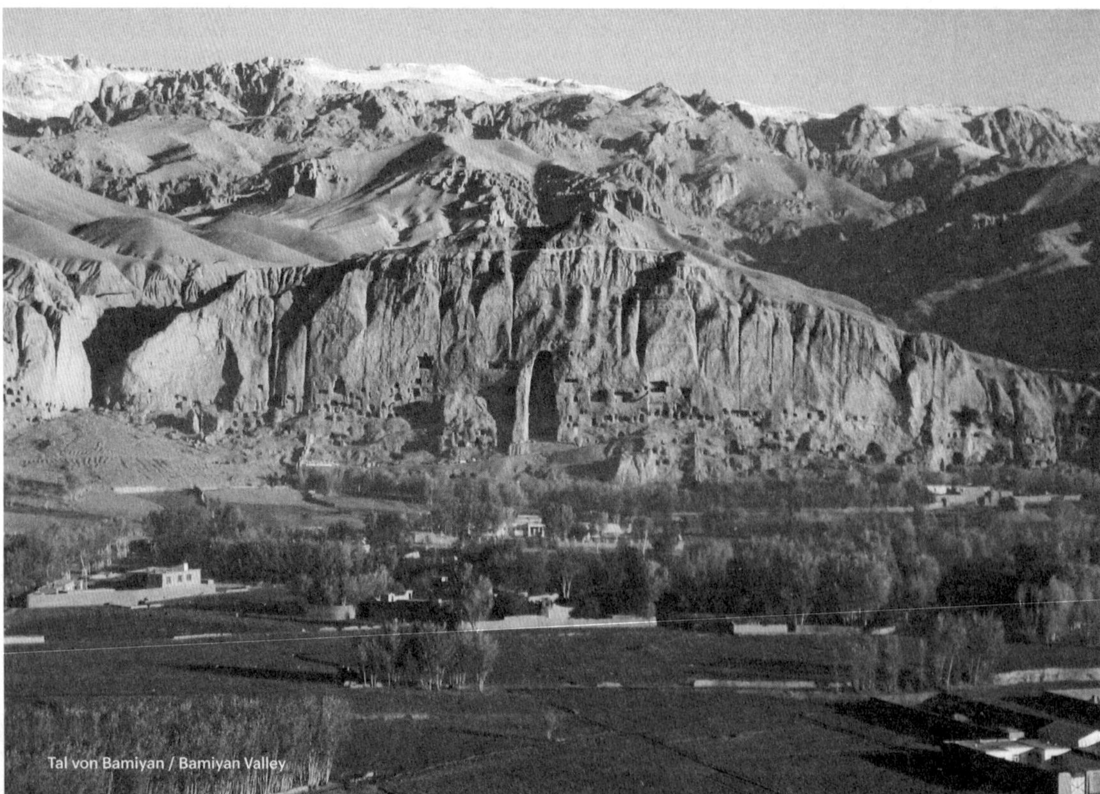

Tal von Bamiyan / Bamiyan Valley

STADTPLAN / MAP, KABUL

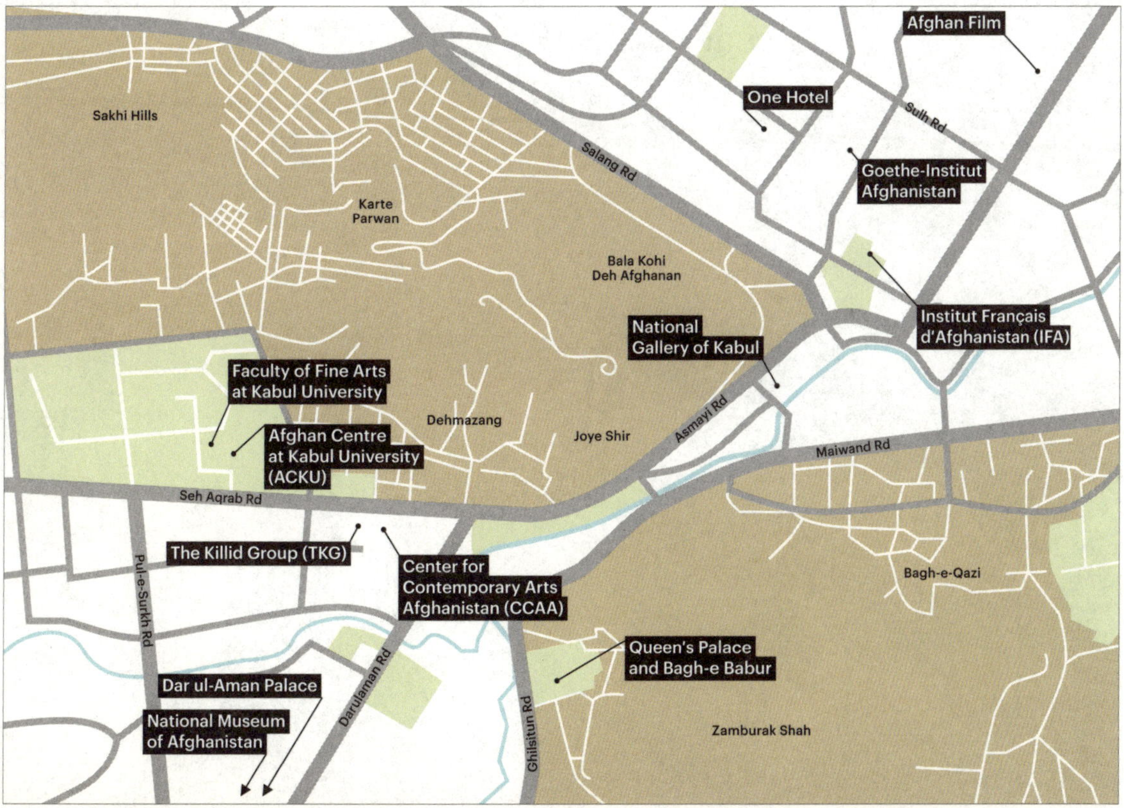

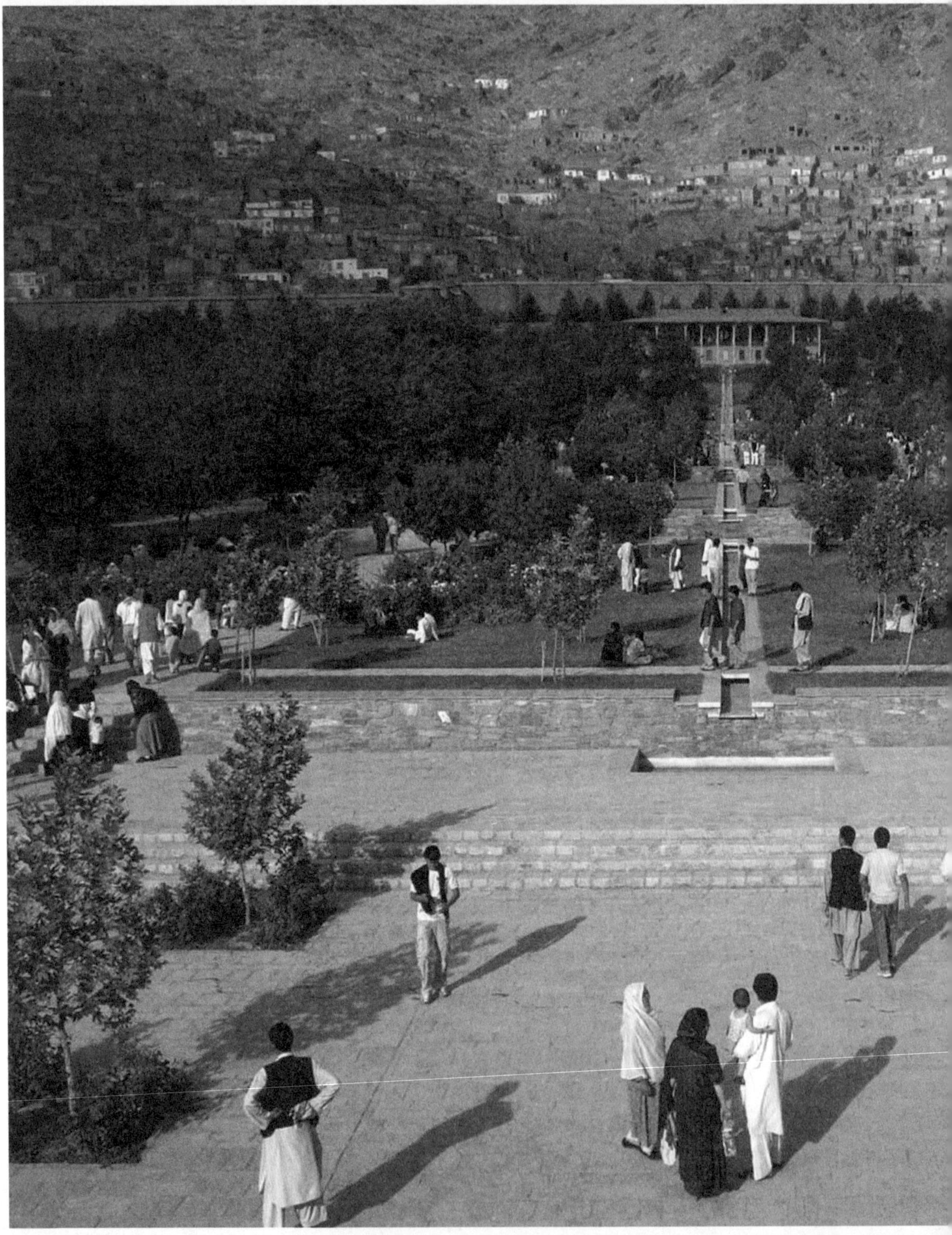

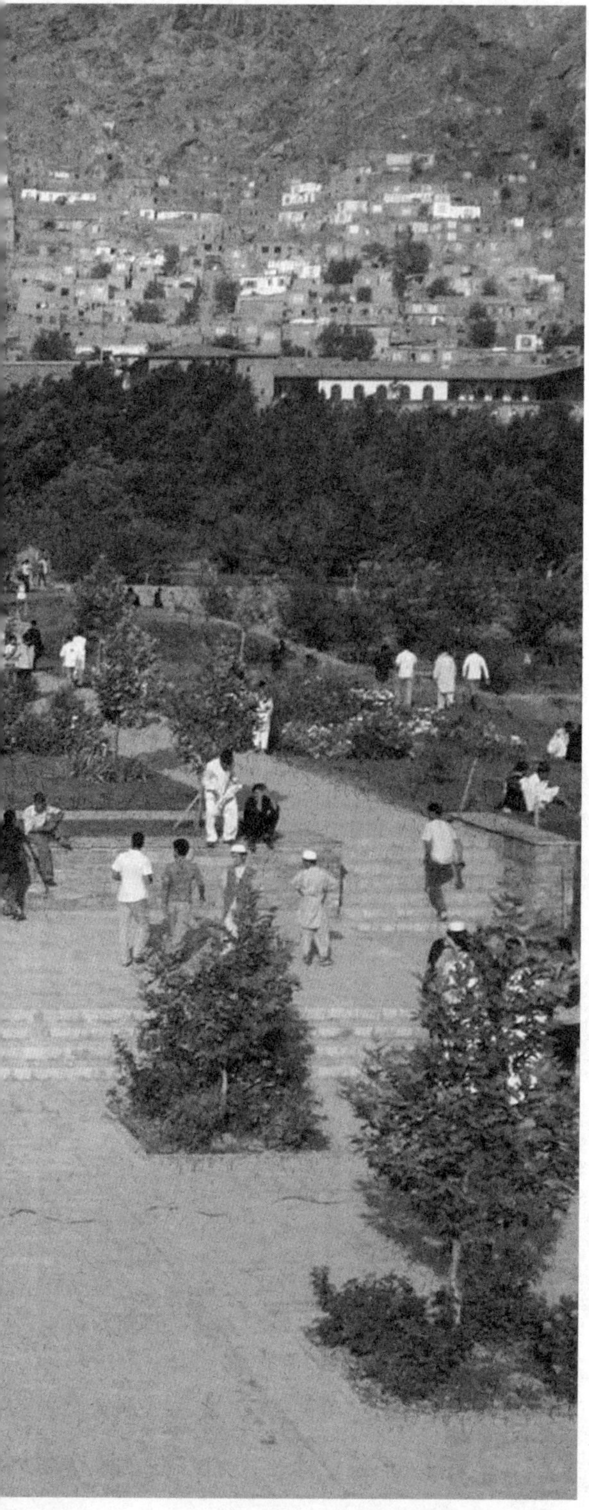

AUSSTELLUNG KABUL / EXHIBITION KABUL

dOCUMENTA (13) 20/6–19/7/2012

Bagh-e Babur Queen's Palace

Bagh-e Babur, Kabul, 2011

QUEEN'S PALACE BAGH-E BABUR PAVILLON / PAVILION

▼ KÜNSTLER / ARTISTS ERDGESCHOSS / GROUND FLOOR

- ▷ **69** Mario Garcia Torres
- ▷ **71** Jeanno Gaussi
- ▷ **72** Mariam Ghani
- ▷ **91** Masood Kamandy
- ▷ **118** Aman Mojadidi
- ▷ **143** Walid Raad
- ▷ **184** Clemens von Wedemeyer
- ▷ **AF** Afghan Film

▼ KÜNSTLER / ARTIST INNENHOF / COURTYARD

- ▷ **179** Adrián Villar Rojas

▼ KÜNSTLER / ARTIST KELLER / BASEMENT

- ▷ **162** Wael Shawky

▼ KÜNSTLER / ARTISTS ERSTER STOCK / FIRST FLOOR

- ▷ **1** Lida Abdul
- ▷ **6** Barmak Akram
- ▷ **7** Khadim Ali
- ▷ **10** Francis Alÿs
- ▷ **26** Jérôme Bel
- ▷ **34** Andrea Büttner
- ▷ **48** Tacita Dean
- ▷ **61** Lara Favaretto
- ▷ **106** Goshka Macuga
- ▷ **128** Rahraw Omarzad
- ▷ **144** Michael Rakowitz
- ▷ **163** Zolaykha Sherzad
- ▷ **191** Zalmaï
- ▷ **CS** Ceramics Seminar Studenten / Students

▼ SEMINAR KÜNSTLER / ARTISTS

- ▷ **64** Abul Qasem Foushanji
- ▷ **75** Zainab Haidary
- ▷ **169** Mohsen Taasha

▼ KÜNSTLER / ARTISTS BAGH-E BABUR UND PAVILLON / AND PAVILION

- ▷ **93** William Kentridge
- ▷ **133** Giuseppe Penone

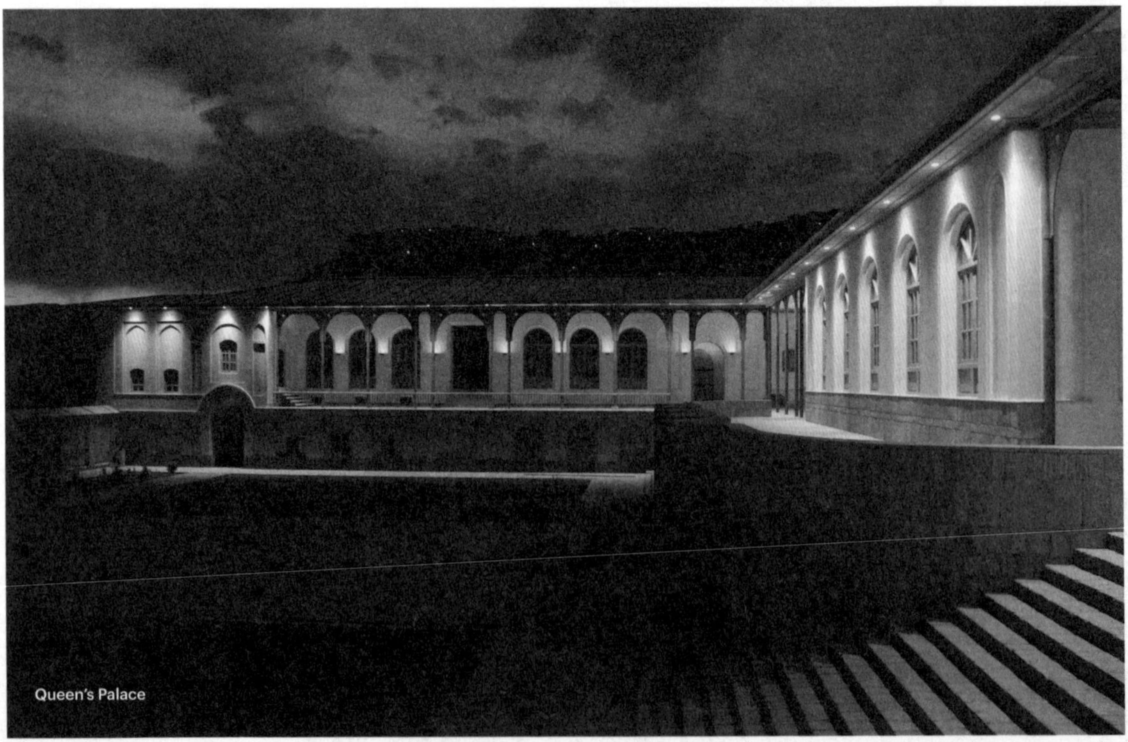

Queen's Palace

Erster Stock / First floor

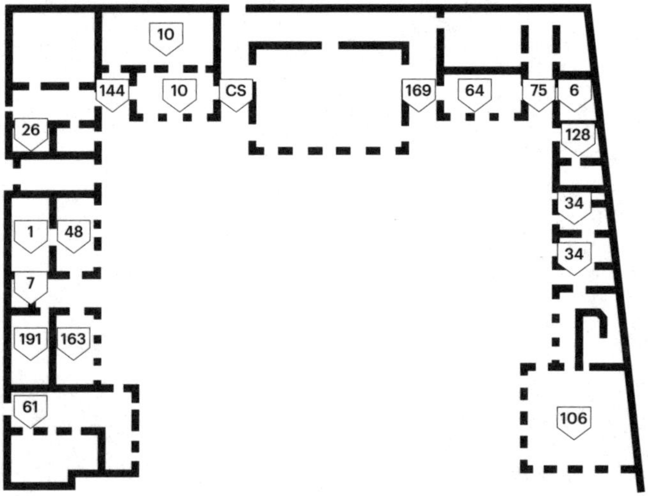

Erdgeschoss und Keller / Ground floor and basement
Bagh-e Babur und Pavillon / and Pavilion

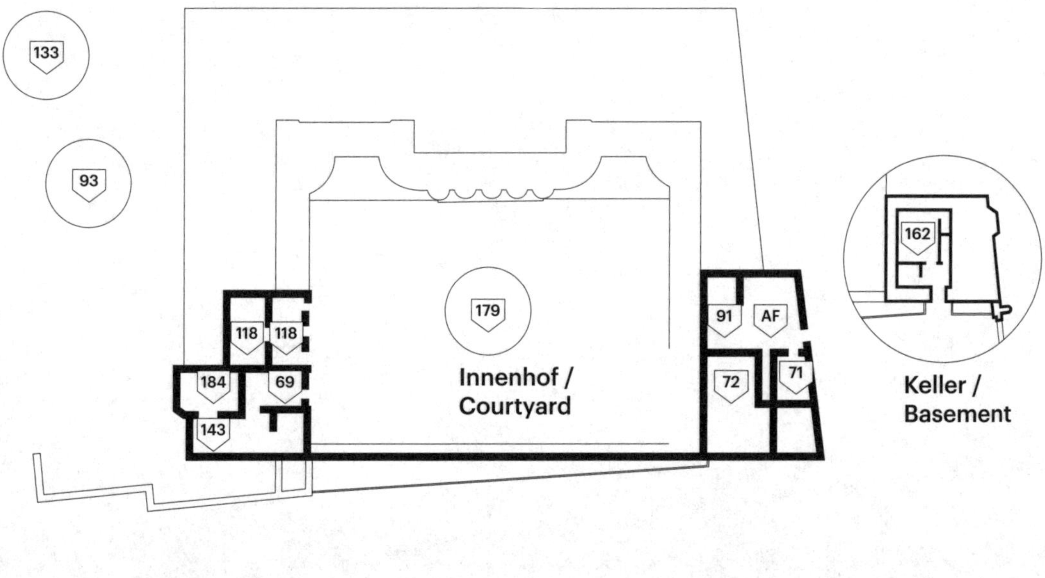

Lida Abdul

b. 1973 in Kabul
lives in Los Angeles and Kabul

Lida Abdul's poetic videos and performances fuse Western concepts with aesthetic traditions from Islam, Buddhism, and Hinduism that have influenced Afghan art and culture. Architectural mutations and human destruction are central motifs in many of her films, meditations on the aftermath of war and the current condition of her home country, Afghanistan.

What We Saw upon Awakening (2006) presents a group of men pulling on long white ropes tied to the remnants of a house destroyed by a recent bombing near Kabul. They then bury a stone from the building—a ritualistic gesture associated in Islam with resurrection. Often working with groups of people, Abdul allows the narratives of her videos to evolve naturally, as in *In Transit* (2008), where Afghan children innocently play on the skeleton of a Russian plane.

Filmed by a lake near Kabul, *What We Have Overlooked* (2011) deals with the contrast between the promises of nationalistic ideology and its ultimate futility. A man holds up a flagpole as he wades into the lake. Every now and then, he loses his balance and becomes submerged. Working with images of proximity and distance, shifting between feelings of pride and anxiety, Abdul examines the relationship between the individual and the abstract symbols of a nation, the question of identity and the rituals that this relationship demands. ES

***What We Have Overlooked*, 2011**
2-Kanal-Videoinstallation, 16-mm-Film übertragen auf Blu-ray / 2-channel video installation, 16mm film transferred to Blu-ray
3.44 min.

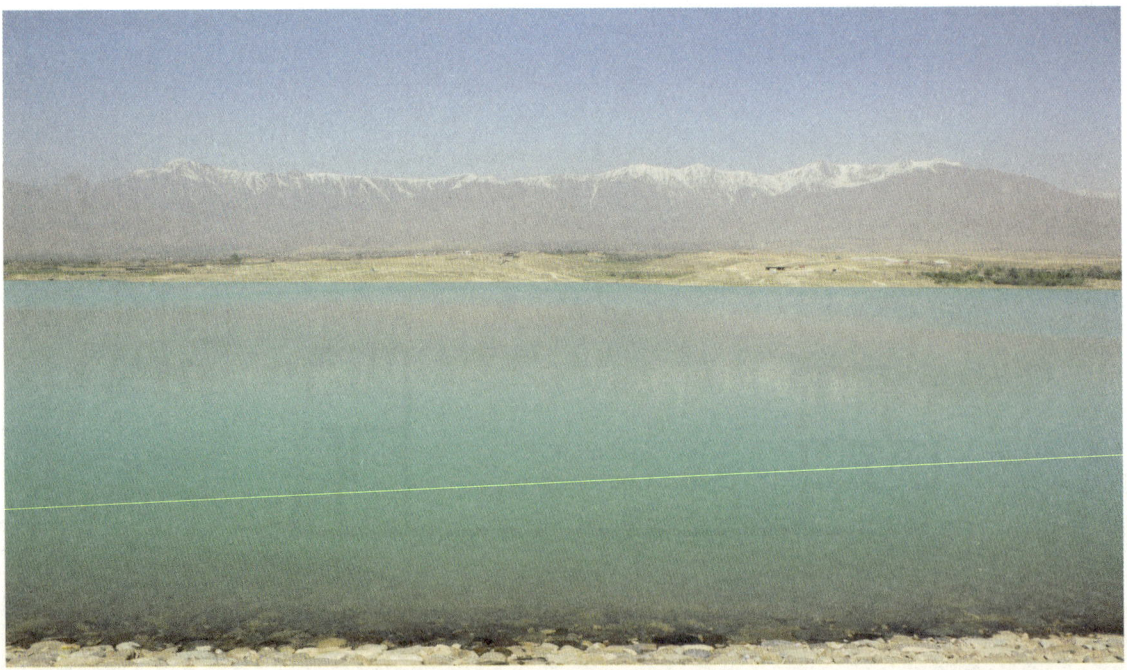

Barmak Akram

b. 1966 in Kabul
lives in Paris

The artist, film director, screenwriter, and composer of the music for one of the most renowned Afghan films of the past decade, *Kabuli Kid* (2008), and author of various documentaries, Barmak Akram combines different media in his practice.

In what he calls his "phytomorphistic" works, he reacts to the way in which the human persona is systematically depersonalized, disempowered, and exploited in the mass media. Cutting carefully by hand hundreds of advertisements and magazine covers, he transforms faces, arms, legs, eyes, ears, lips, into leaves, trees, fruits, clouds, waves. Presented on a table, a selection of these cuttings is accompanied by a new short film. *Ka Ka Ko* (2012), which was shot midway between the provinces of Kabul and Bamiyan, where the artist came upon a human figure sculpted naturally by rains and winds on a rocky cliff. In the video, Akram focuses on the casual passerby who encounters this anthropomorphic apparition projected onto a slab of local stone. Reversing the fate of the giant sculptures of the Bamiyan Buddhas, it maintains an ambiguous consistency. Several works in ceramic are also displayed randomly in the exhibition, as the result of a seminar conducted in Kabul by the artist while completing his multiform project. AV

***Ka Ka Ko*, 2012**
Videoprojektion auf Stein /
Video projection on stone
10 min., Loop / loop

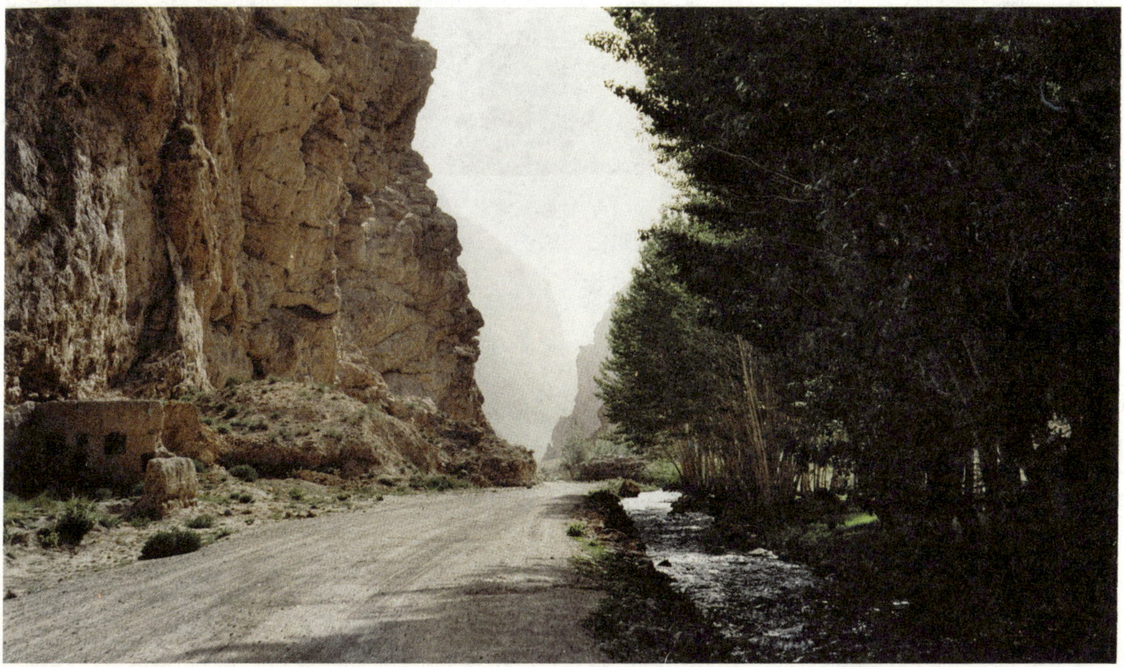

Khadim Ali

b. 1978 in Quetta (Pakistan)
lives in Sydney and Bamiyan

Having grown up in Pakistan as a refugee, Afghan artist Khadim Ali was trained in classical miniature painting at the National College of Arts in Lahore and in mural painting and calligraphy in Tehran. His family came from Bamiyan (Hazarajat region) where in 2001 the colossal sixth-century Buddha statues were destroyed.

As the unifying cultural narrative of central Asia, the Shahnameh (Book of Kings), was read to Ali by his grandfather, and its illustrations were his first lessons in art. Its hero Rostam is a mighty warrior who upholds honor through glorious deeds; ironically, his name became appropriated by the Taliban. In Ali's series of delicate, gilded miniatures in the style of Indian Mogul painting, begun in 2007, he explores and updates the poem; Rostam turns into a horned demon, with a long beard reminiscent of those worn by Taliban fighters.

Ali's project for dOCUMENTA (13) is in two parts. In Kassel, four miniature paintings further explore the mythic tales of the Shahnameh in a contemporary context. The second part is a seminar for children, conceived as a prototype for an art school, that takes place in Bamiyan during summer 2012. It focuses on the lost culture of storytelling through the Shahnameh. ES/AV

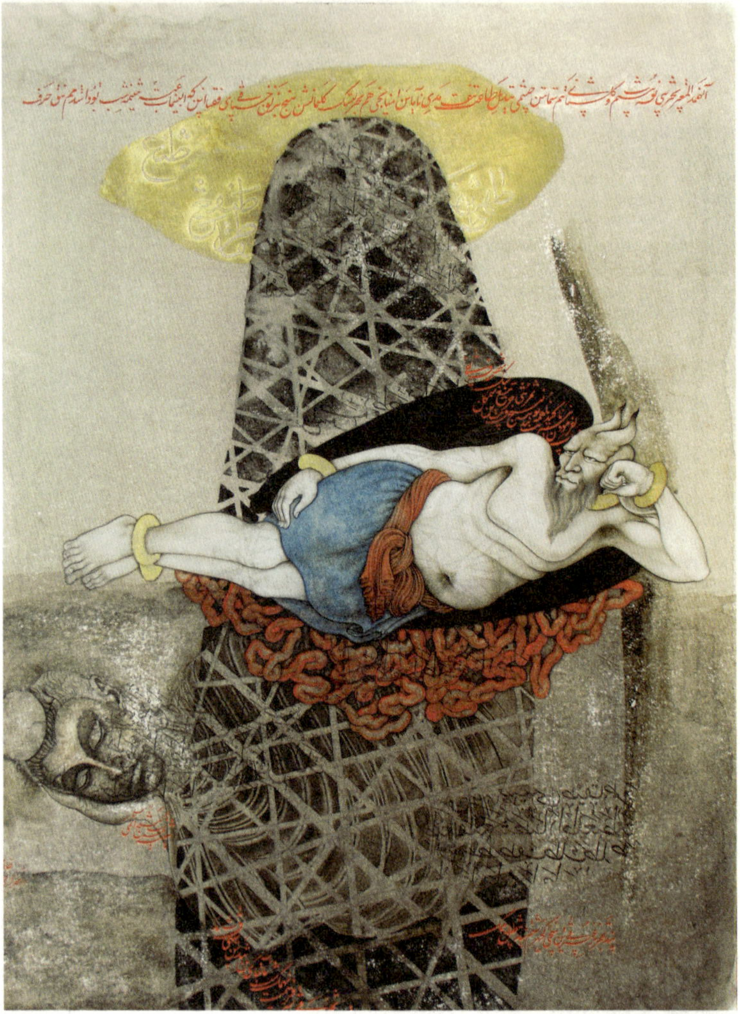

***The Haunted Lotus*, 2011–2012**
Gouache, Tinte und Blattgold auf Wasli-Papier /
Gouache, ink, and gold leaf on wasli paper
70 × 54 cm

Francis Alÿs

**b. 1959 in Antwerp (Belgium)
lives in Mexico City**

Francis Alÿs began to make art in 1990 by walking the streets of Mexico City, documenting everyday life through slide projections, videos, and postcards and by turning his observations into performative interventions that are as simple as they are poetic. The act of walking is also the central motif in many of his drawings, laconic paintings, and animated films.

Produced in Afghanistan for dOCUMENTA (13), Alÿs' film *REEL–UNREEL* (2011) derives from his interest in children's street games, such as the art of rolling a wheel with a stick, which he witnessed in Bamiyan and Kabul. The title alludes to the real/unreal image of Afghanistan conveyed by the media in the West: how the Afghan way of life, along with its people, has gradually been dehumanized and, after decades of war, turned into a Western fiction. Yet "real" turns into "reel," since the object being rolled around the undulating streets of Kabul's old town is a reel of film.

Alÿs' films are often accompanied by postcard-size studies on paper and canvas, which in this work mirrors the tradition of war artists, drawing on his several journeys to enchanted, mountainous areas of Afghanistan that are at the same time war zones. His intention is to explore how wartime conditions may alter artists' perceptions and output. ES/AV

***REEL–UNREEL*, 2011**
Video, Farbe, Stereoton /
Video, color, stereo sound, 16:9
ca. 20 min.
In Zusammenarbeit mit / In collaboration with
Julien Devaux und / and Ajmal Maiwandi

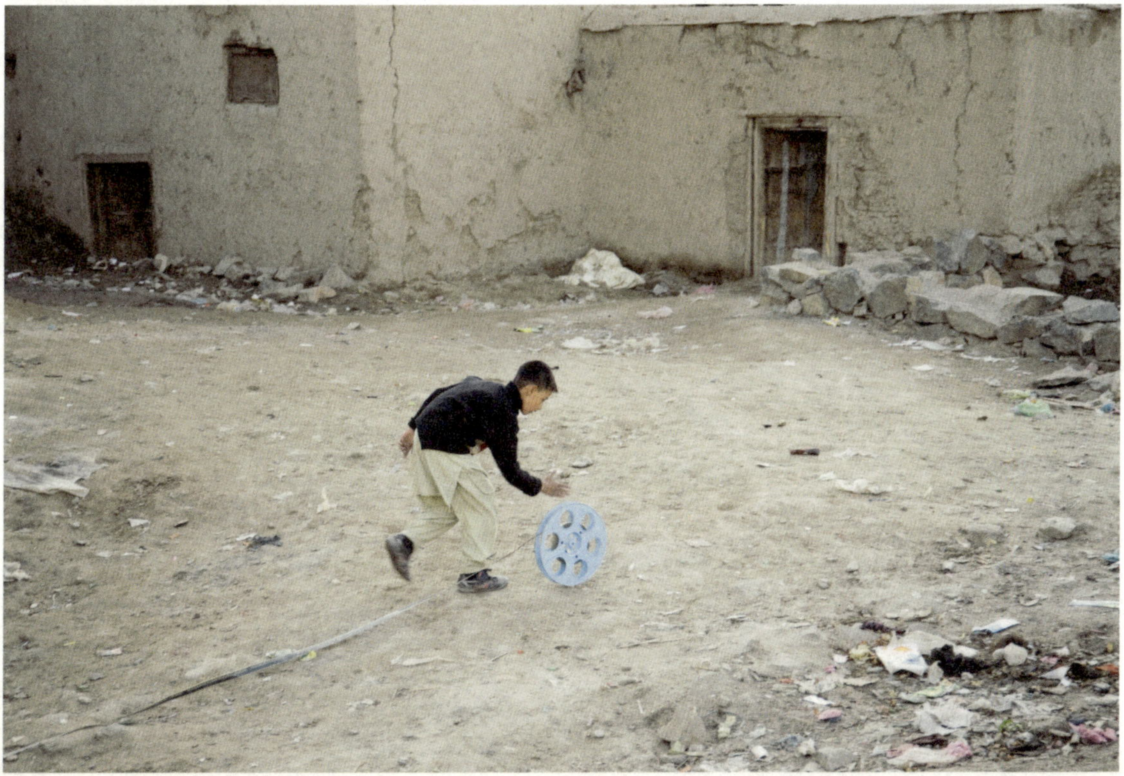

Jérôme Bel

b. 1964 in Paris
lives in Paris

Jérôme Bel is interested in what stands beyond representation. In his choreographies, the rules of dance and theater are treated like the syntax of a language. Danced and spoken by professional as well as by amateur performers, they can be seen as statements in favor of the democratization of dance.

In Kassel, Bel presents the performance *Disabled Theatre* and a cinematic version of the piece, *2 Dances* (both 2012), working with the mentally disabled actors of the Theatre HORA, based in Zurich. Mental disability is generally thought of in terms of complete otherness to the condition of the intellectually keen public of contemporary art. Bel chooses to bring this handicap to the attention of this audience, opening up a space where disability is not expelled from visual and discursive practices or hidden behind the screen of political correctness.

In parallel, Bel has developed a seminar in Kabul based on a piece he made in 2004 for Véronique Doisneau, a ballerina of the Paris Opera. Unfolding "how theatrical and choreographic practices reveal the personal but also the political, how theatrical aesthetics are intertwined with historical moments, how the actor's biography is linked to theater history but also History alone," Bel questions his own aesthetic in relation to the knowledge and the reality of the actors, while exploring problematic notions such as Eurocentrism, inter-culturalism, and cultural globalization. CV/AV

***Cédric Andrieux*, 2009**
Performance, Teatro Comunale di Ferrara, Italien / Italy, 2010

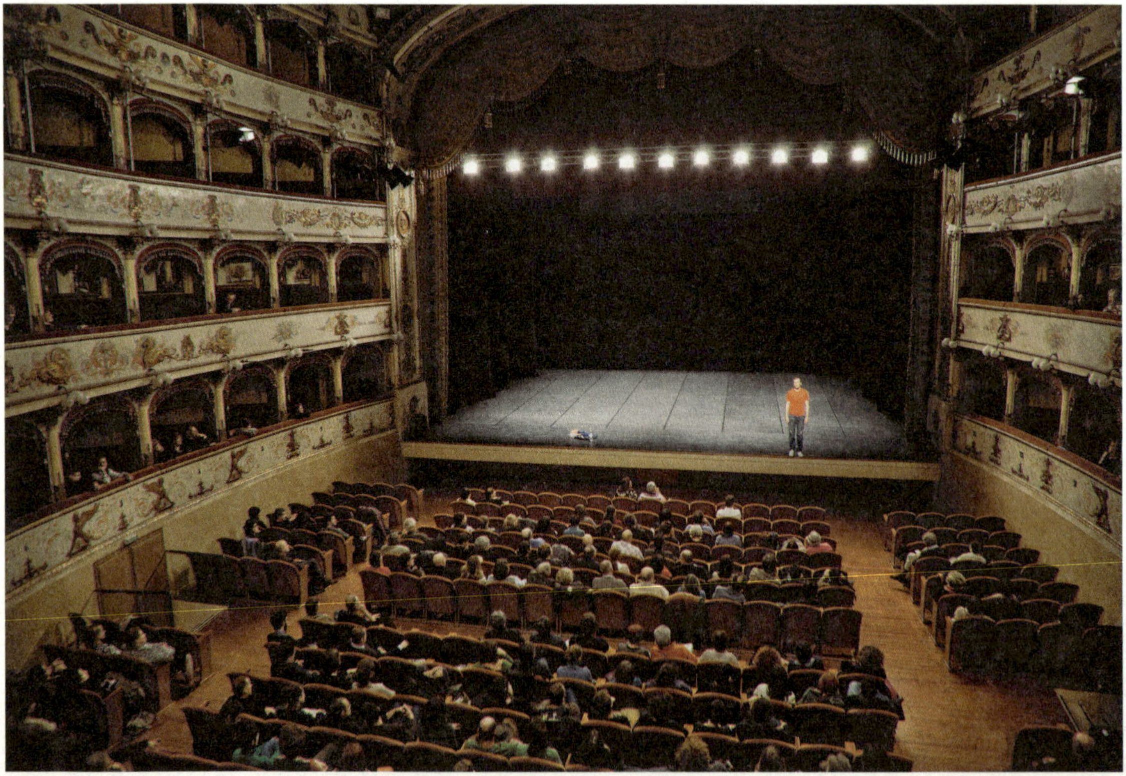

Andrea Büttner

b. 1972 in Stuttgart (Germany)
lives in London and Frankfurt/Main

At the core of Andrea Büttner's work is the practice of printmaking. It is her very specific understanding of this language of producing image, color, and above all surface that allows her to explore other media as well, such as photography, surfaces covered by cloth, glass works, and even moss.

Büttner is preoccupied with the question, what is it that renders human life superfluous or desensitizes people to its value? She attempts to address this question through her interest in the simplicity of gesture and of language, which, in art as in life, provides a way to look attentively at things, enhancing methods of seeing the familiar and therefore helping us to get closer to the unfamiliar. An examination of these elements allows Büttner to conceive of a multifaceted critique of modernity, based on its notions of expansionism and capital, its bureaucratic rationality, and its obliviousness to the immaterial properties of humans, animals, and plants.

In Kabul, Büttner presents a selection from a new series of twenty woodcuts, titled *Kabul Portfolio* (2012). The set is conceived as an index of the fields in which the artist is currently working: "donkeys, tents, circuses, art and shame, notions of poverty, community, *Fallenlassen* (letting fall), moss and sensuality, the images in Immanuel Kant's *Critique of Judgment*." CM/AV

A stone Schwitters painted in the Lake District,
2005
Holzschnitt auf Papier / Woodcut on paper
95 × 140 cm

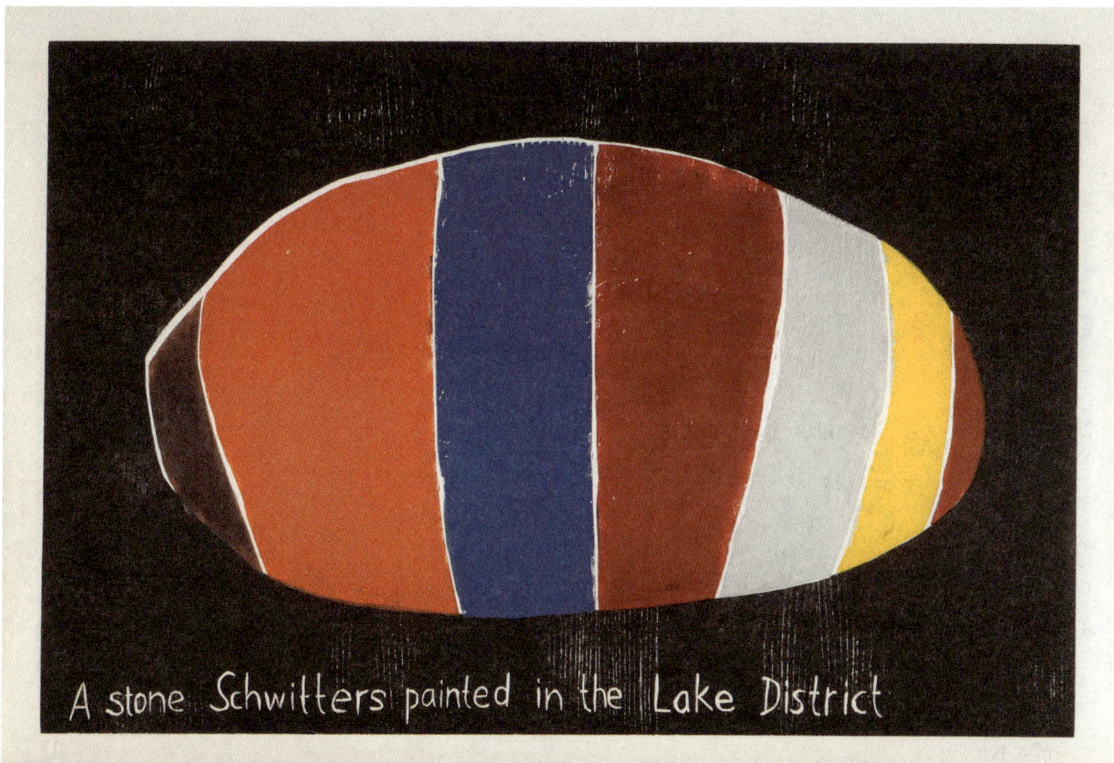

Tacita Dean

b. 1965 in Canterbury (England)
lives in Berlin

Though also working in mediums such as drawing and photography, Tacita Dean gained recognition for her unique use of film. Her hauntingly beautiful 16mm films are painterly studies in time, place, and history.

Dean's two projects for dOCUMENTA (13), connecting Kassel and Kabul and shown in both cities, are concerned with the histories and visibility of spaces destroyed, inaccessible, or hidden, linked with personal experience. *c/o Jolyon* (2012) consists of 100 found postcards of prewar Kassel, which the artist has painted over with contemporary views of the same sites and mailed to Kabul's Jolyon Leslie, former CEO of the Aga Khan Trust for Culture, whose name Jolyon has a significance for Dean. On show in a former tax office in Kassel is a blackboard-drawing project entitled *Fatigues* (2012). Dean commissioned a "blind" film in Afghanistan, inviting an Afghan cameraman to film in various Kabul locations. In the end, Dean was unable to use the footage, which was irredeemably flawed, but she took several ideas for drawings from the sequences, such as the motif of the flash flood and the annual rise of the Kabul River's waters, caused by melting snow. ES/AV

***c/o Jolyon*, 2012**
Gouache auf vorgefundener Postkarte /
Gouache on found postcard
8.9 × 13.9 cm

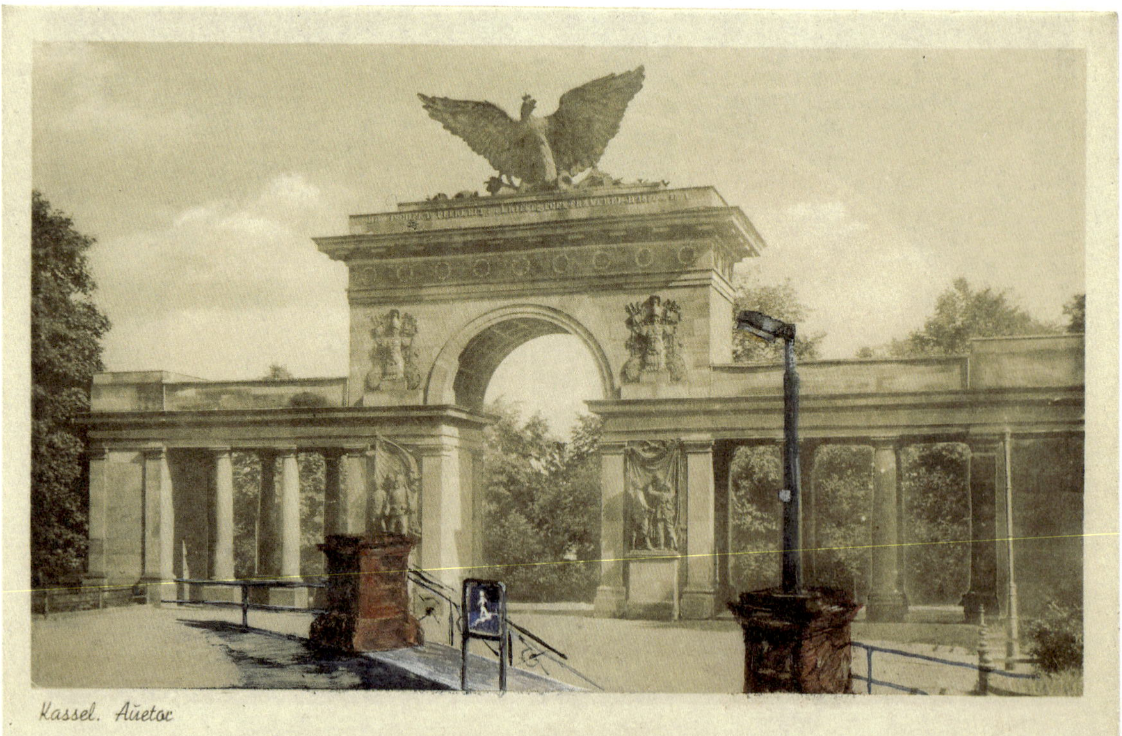

Lara Favaretto

b. 1973 in Treviso (Italy)
lives in Turin

Lara Favaretto's installations, videos, sculptures, drawings, actions, and archive-based projects analyze our belief systems. Recuperating a wide range of social, philosophical, narrative, and folkloristic references, she turns them into political and aesthetic alternatives and forms of resistance.

For dOCUMENTA (13), the parallels between Kassel and Kabul are underlined through the two-part project *Momentary Monument IV* (2012). In Kassel, metallic material recuperated from landfill and recycling centers is violently unloaded onto a disused square. She then retrieves several objects from the pile and places in the empty spaces elements made out of rough cement. The removed findings are installed within a context that conveys the key concepts of museum display: value and conservation.

In Kabul, Favaretto drafts another momentary "portrait" through researching the stories that constitute the city's cultural, historical, and social layers. The result is a frail and surreal image, a paradoxical approach to reality. After researching the history of Kabul through written texts and oral stories, she identified areas of the city that might highlight a common ground, but had perhaps disappeared from collective awareness. There, she conducted soil-core extractions that make tangible, like an archaeological find, the city's collective memory and self-perception. The cylindrical extractions are installed parallel to one another in the Bagh-e Babur. AV

Fotografie für / Photograph for *Momentary Monument IV (Kabul)*, 2012

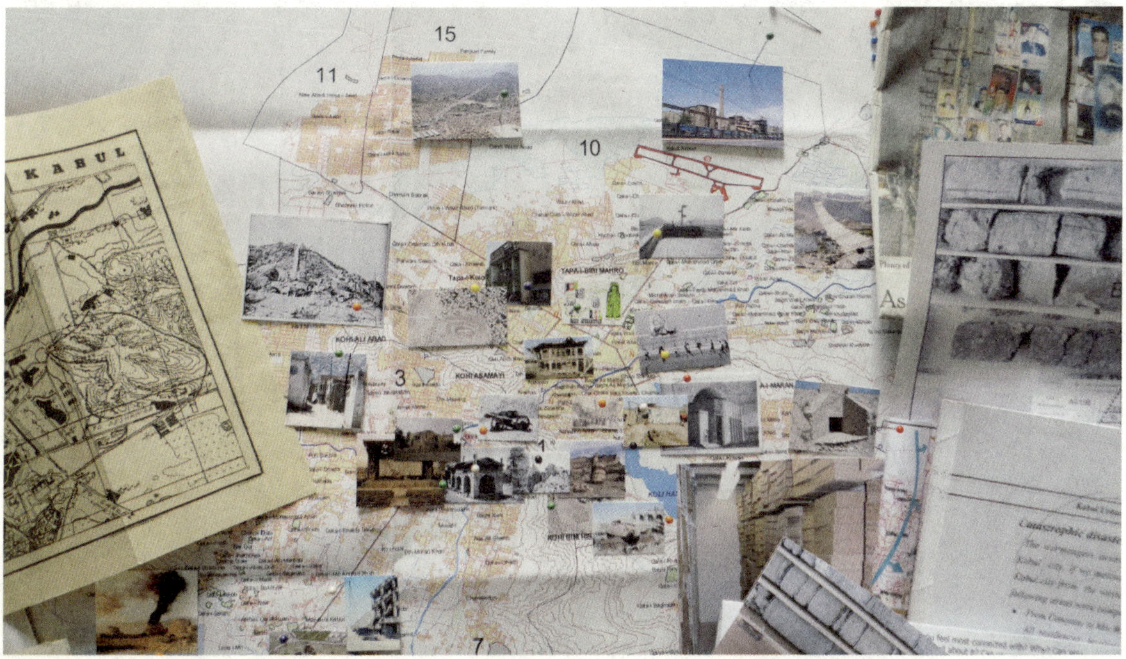

Mario Garcia Torres

b. 1975 in Monclova (Mexico)
lives in Mexico City

Mario Garcia Torres investigates the blind spots in recent art history. By reactivating lost threads associated with other artists, he opens up spaces for reflection about the nature of art and its relation to life.

Ever since he came across Alighiero Boetti's One Hotel, which the Italian artist ran in Kabul between 1971 and 1977, Garcia Torres has repeatedly returned to this place. It was here that, in 1971, Boetti conceived his first *Mappa*, an embroidered world map that was meant to become his contribution to documenta 5 but was replaced by another work. More than thirty years later, after the Soviet occupation, Boetti's death, the Taliban regime, and the U.S. invasion, suspecting that One Hotel had disappeared, Garcia Torres wrote a series of fictional faxes in which he informed the deceased artist about an imaginary journey to Kabul, during which he went in search of the building. The actual quest, via archives and the Internet, continued over four years and gave birth in 2010 to an audio-visual essay. That year, Garcia Torres finally visited the building that once housed One Hotel, which he has since temporarily taken over, making repairs, welcoming guests, and hosting a rock concert, seminars, and meetings. In Kassel, Garcia Torres exhibits his One Hotel works and finally brings *Mappa* (1971) to the Fridericianum. ES/AV

Tea*, 1391
Videoprojektion, Ton / Video projection, sound
57 min.

* (Iranischer Kalender / Iranian calendar)

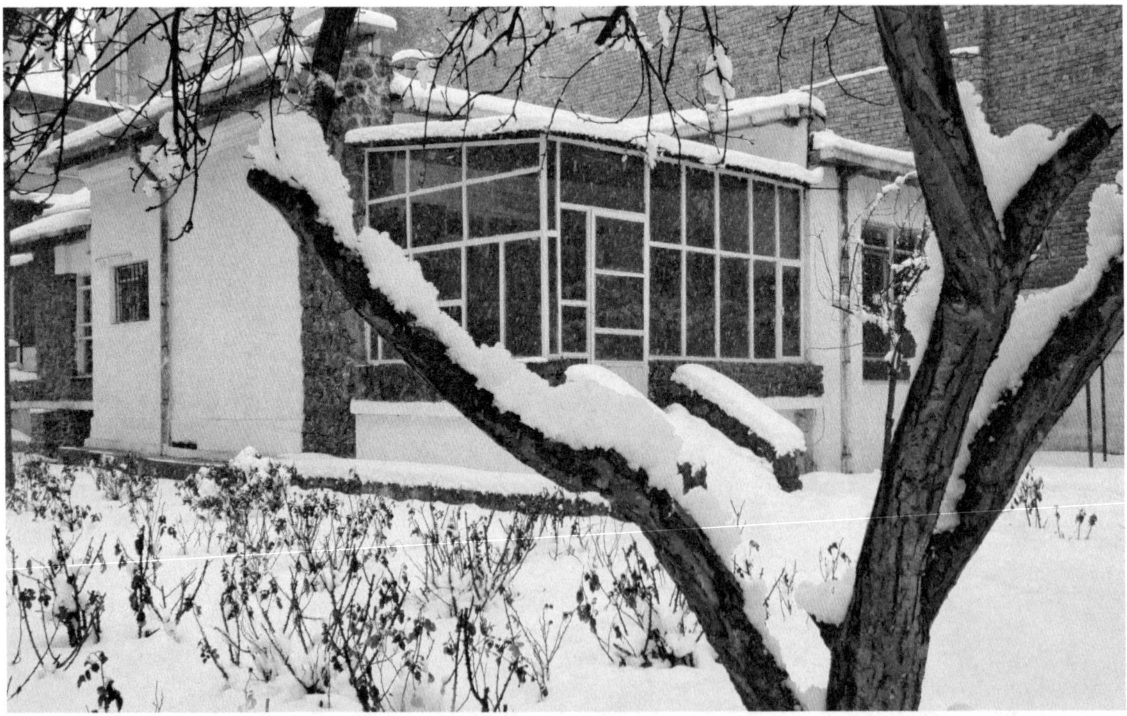

Jeanno Gaussi

b. 1973 in Kabul
lives in Berlin and Kabul

Jeanno Gaussi's films, videos, photographs, and installations explore undefined spaces and times, embodying the dynamics of the diaspora, both personal and social. Brought up in Kabul, Delhi, and Berlin, Gaussi attempts to reconstitute a possible identity made up of multiple fragments and colliding memories.

Gaussi presents two projects in Kassel and Kabul. In *Family Stories* (2011–12), she asked Kabul-based painter Ustad Sharif Amin, whom she met in 2008 during her first trip back to Afghanistan since 1978, to re-create a number of her family photographs in an attempt to reconstruct her disjointed background. A counterpart to this work, *Peraan-e-Tombaan (Pant and Shirt)* (2012) is a video installation where a group of dancers appear to be dressed in traditional Afghan men's clothing, a combination of loose pants and a wide, knee-length shirt with an embroidered yoke. The costumes are in fact stitched from fabric used for military and police uniforms, and the embroidered pattern is made up of a combination of military insignias. Confronting past (represented by the folk dance *attan*, now considered Afghanistan's national dance) and present (symbolized by the fabric and insignias, which reflects the massive change in Kabul's urban landscape and social behavior, militarized by security rules and the scars of war), Gaussi again faces her own blurred understanding of a reality that escapes her, but with which she nevertheless attempts to connect. AV

***Peraan-e-Tombaan (Pant and Shirt)*, 2012**
Performance-basierte Videoinstallation / Performance-based video installation
Traditionelles afghanisches Männergewand mit einem Muster aus militärischen Abzeichen / Traditional Afghan men's clothing with military-insignia pattern

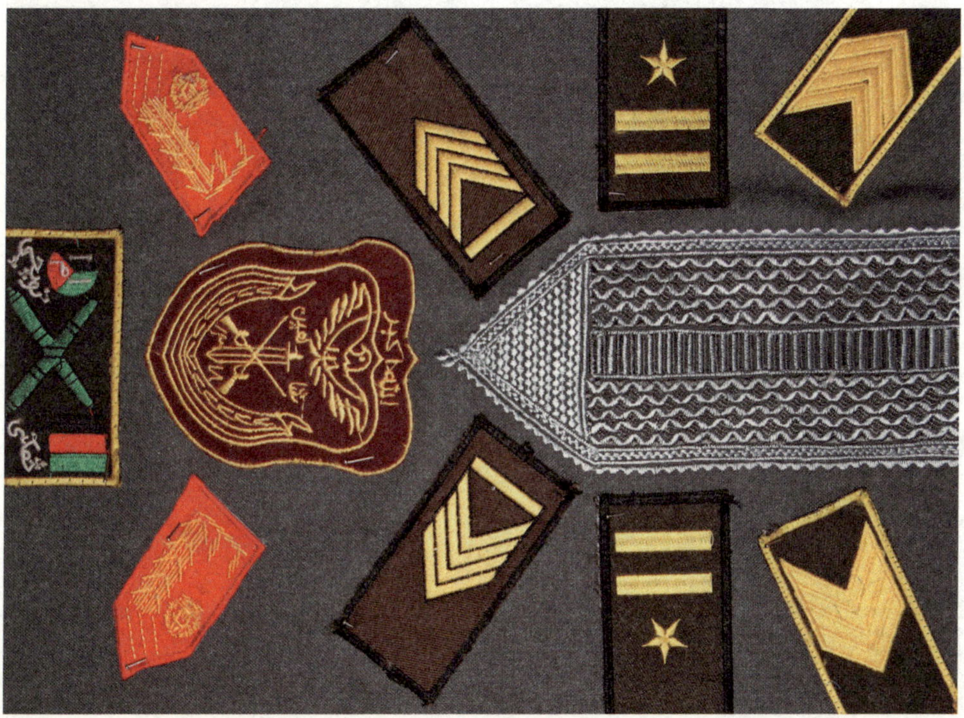

Mariam Ghani

b. 1978 in New York
lives in Brooklyn and Kabul

Mariam Ghani's often collaborative work encompassing videos, photographs, installations, publications, performances, and conversations investigates the border zones where disparate phenomena intersect, from post-conflict interventions to immigration laws to the increasingly fine line between natural and constructed landscapes.

A Brief History of Collapses (2011–12) portrays two buildings that, though constructed in different centuries and on different continents, share significant parallels not only in their architectural style but also in their symbolic roles within their historical and contemporary contexts: landmarks for modernity and enlightenment when built, they became monuments to the fall of civilization through the destruction of war and revolt. While the Fridericianum in Kassel is now a symbol for postwar recovery through the reintroduction of avant-garde culture, the Dar ul Aman Palace in Kabul is still a ruin. Ghani's two-channel video installation stages parallel journeys through their interiors. In long, carefully choreographed tracking shots, a person seems to flee from the camera, escaping the frame of image or architecture. The subtle staging of objects refers to former uses of the buildings, while a voice-over narration loops from place to place, interweaving historical fact with myth and speculation and creating a dialogue between the films. ES

Filmstill aus / Film still from *A Brief History of Collapses*, 2011–2012
2-Kanal-HD-Videoinstallation, Farbe, Ton / 2-channel HD-video installation, color, sound
24 min.

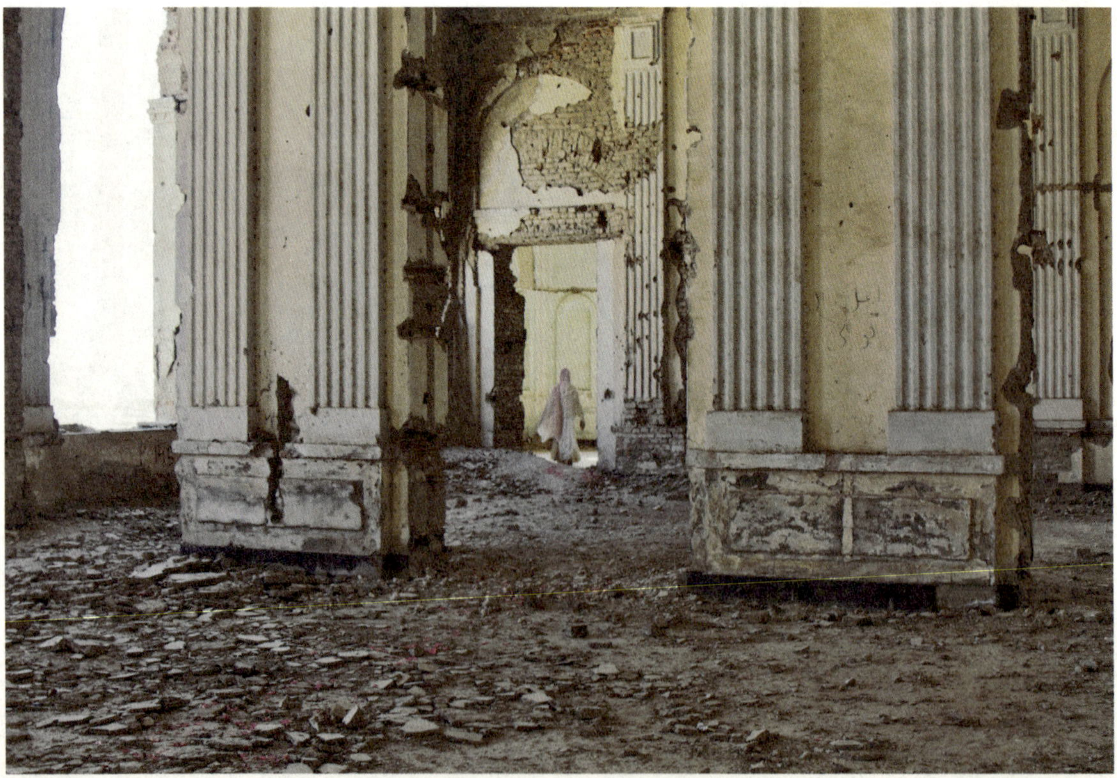

Masood Kamandy

b. 1981 in Fort Collins (Colorado)
lives in Los Angeles

Masood Kamandy is an interdisciplinary artist working in photography, computer programming, and video. His work began as a documentary exploration of his family history in Afghanistan and has evolved into an examination of post-processing video and photography.

In series such as *Kabul Diary* (2002–05), *Ariana Graveyard* (2002), *My Grandfather's Factory* (2002), *Kabul Zoo* (2004), and *Kabul Bodybuilders* (2004), the photographs he takes—often of sites in Kabul, from where his family comes—function as a diary, capturing the daily life of the place as well as his own relation to it. In 2005, Kamandy helped raise funds to build a darkroom and teach photography to the students of the Kabul University's Faculty of Fine Arts, and subsequently curated at the Visual Arts Gallery (the School of Visual Arts) in New York a group show of some of their work entitled "First Light: Teaching Photography in Kabul." For dOCUMENTA (13), Kamandy has organized a second seminar, titled "Photographic Information," examining the status of photography in the digital age, as well as involving the use of digital photography, programming, and the appropriation of archival images. Kamandy also presents a new series of photographs and a project specifically conceived for the dOCUMENTA (13) website. AV

***Botanical*, 2012**
Pigmentdruck / Pigment print
111.8 × 167.6 cm

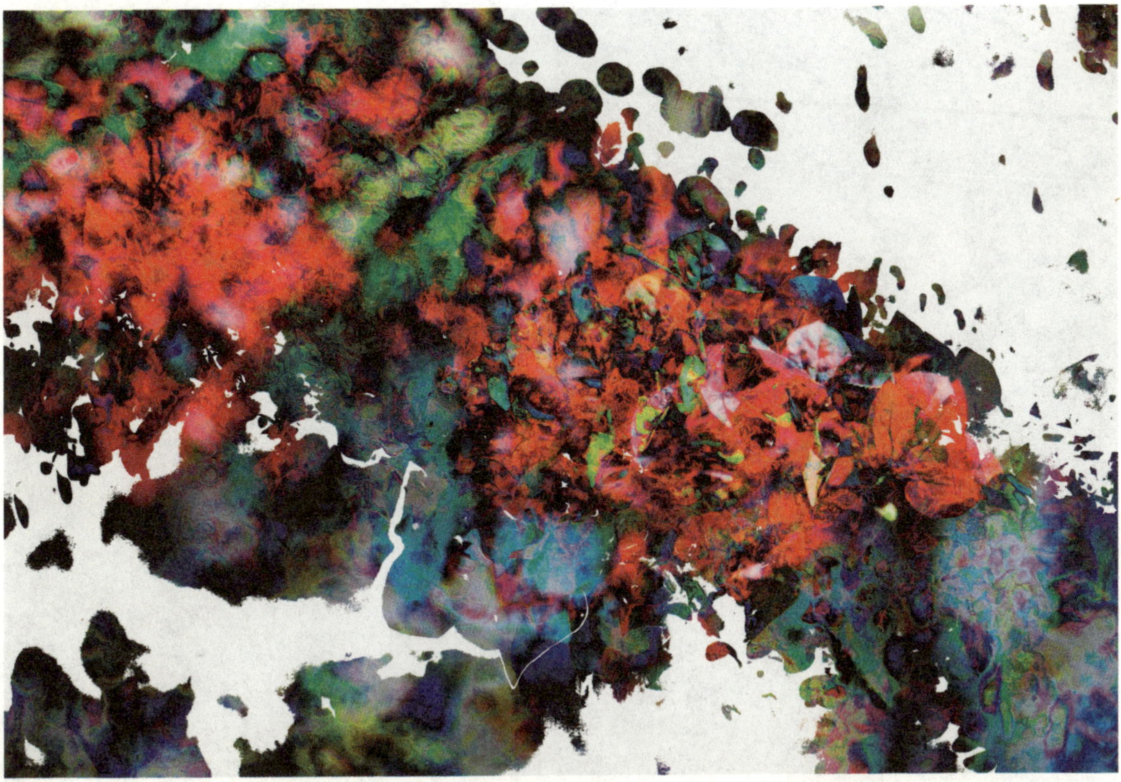

William Kentridge

b. 1955 in Johannesburg
lives in Johannesburg

Since the late 1970s, William Kentridge has developed an outstanding oeuvre that is rooted in avant-garde theater and the politically engaged art forms of the early twentieth century. Growing up in Johannesburg during the apartheid regime and witnessing its collapse in 1994, he has been strongly informed by the social realities of South Africa, but his observations serve as allegories for the human condition and the world at large.

Kentridge became known through his *Drawings for Projection* (1989–2003), nine animated films based on charcoal sketches. For Kentridge, charcoal drawing reflects the world as process rather than fixed fact. In his animations, the visible traces of constant erasure and redrawing depict a fractured, unfinished history. The opposing alter egos in these films, the entrepreneur/capitalist Soho Eckstein and the poet/lover Felix Teitelbaum, interact during the rise and fall of Johannesburg, a city penetrated by mines and marked by decades of suppression and violence.

Constantly questioning his own position, Kentridge has over the years expanded his media, employing a wide range of techniques such as shadow puppetry, sculpture, live-action film, and opera productions. In Kabul, his animated video *Shadow Procession* (1999) will be screened outdoors. A dreamlike procession of black puppets, made from cardboard cutouts, slowly makes a collective exodus, a ghostly reminder of the violence of a land plagued by oppositions but exorcized by a need for reconciliation and change. ES/AV

***Shadow Procession*, 1999**
Animation, 35-mm-Film übertragen auf Video / Animation, 35mm film transferred to video
7 min.

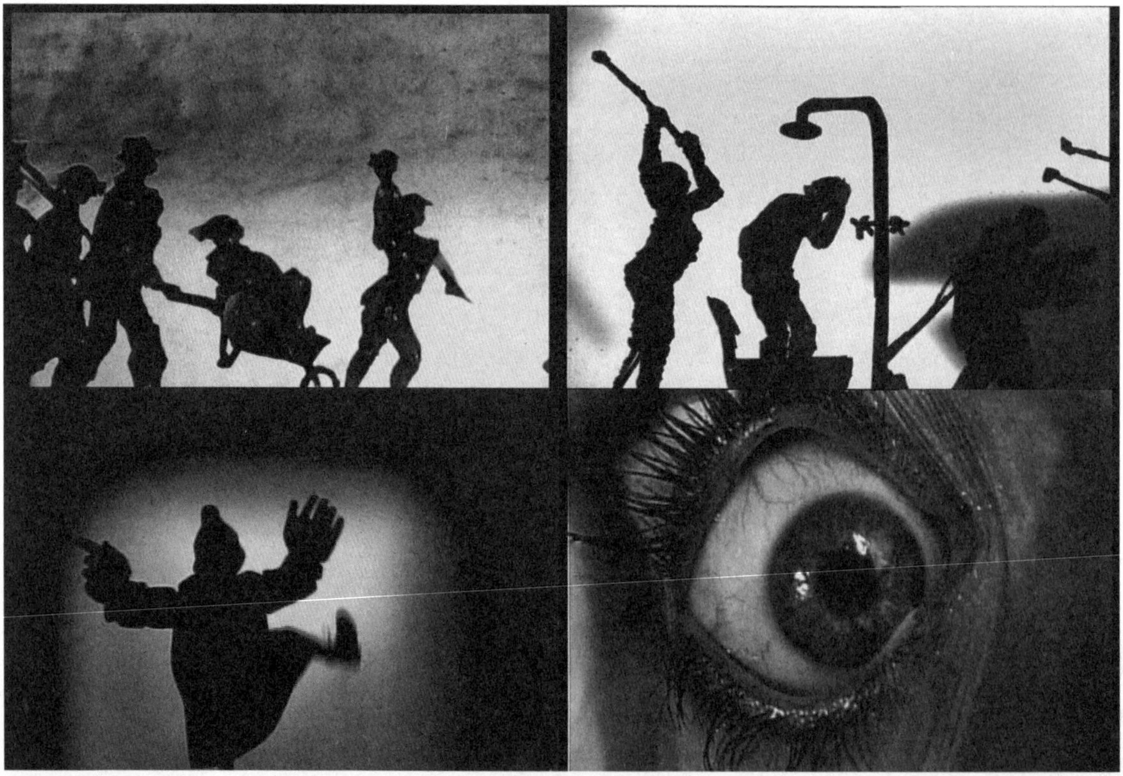

Goshka Macuga

b. in Warsaw
lives in London

Working in an unlimited array of media, Goshka Macuga re-contextualizes historic events in a subjective way, suggesting that history is never written objectively and that truth is defined by context. For her contribution to dOCUMENTA (13), the Rotunda in the Fridericianum inspired the idea of creating a twin space—another semicircle representing a possible half truth. The work consists of two tapestries on whose panoramic backgrounds many historical references are superimposed as coexisting realities. The image for the first tapestry was photographed in Kassel during the award ceremony of the Arnold-Bode-Preis in October 2011. Macuga montaged this meeting into the grass of the Karlsaue park to create a semi-fictional event in an idyllic setting, to be installed on a curved wall in a pavilion in the Bagh-e Babur in Kabul. The second tapestry is a parallel portrait of people attending a banquet in the Bagh-e Babur, ranging from workers and representatives of institutions like the Afghan Ministry of Information and Culture to UNESCO archaeologists, journalists, and intellectuals. This peaceful garden reception becomes an ambiguous background for dealing with political and economic issues of collapse and recovery, fake and truth, in the complex context of contemporary Afghanistan. Covering the entire wall of the Rotunda, it mirrors the other semicircle in Kabul—a double and skeptical attempt to represent the unrepresentable. ES/AV

Digitale Collage für / Digital collage for
***Of what is, that it is; of what is not, that is not 2*, 2012**
Wandteppich / Tapestry
3.2 × 11.6 m

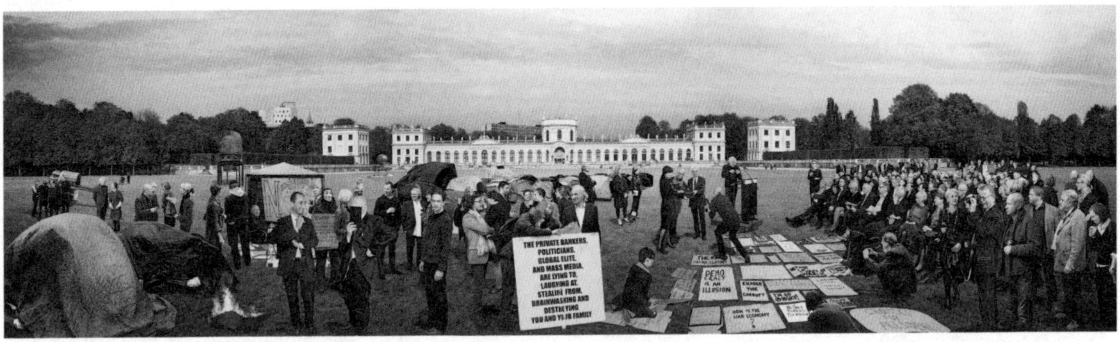

Aman Mojadidi

**b. 1971 in Jacksonville (Florida)
lives in Kabul, Dubai, and Paris**

Aman Mojadidi's practice is based on his personal experiences and his research into cultural studies. Having grown up as a U.S. citizen in a world that is simultaneously globalized and fractured, Mojadidi combines traditional story lines and post-modern strategies to approach themes such as belonging, identity politics, and conflict.

Resolution (2012) is a sound installation conceived for the Weinberg Bunker, Kassel, and a print publication in German and Dari. Both tell a story that draws upon German and Afghan folk stories and the cultural understandings and histories rooted within them, confronting the current political relationship between Germany and Afghanistan. Mojadidi refers to theories of *wasf* in Arabic and Persian literary traditions, as well as Greco-Roman oratorical traditions, in order to heighten the viewer's sensory experience while walking through the Bunker, a loaded and dislocated place.

Our Memories Are Not Related (2012) is a parallel mixed-media installation conceived for Kabul. Migration out of Afghanistan has created a global diaspora of Afghans, whose connections with their home country are often confusing. By juxtaposing images of a ruined fort in Alghouey with audio recordings made on the beaches and environs of Jacksonville, where Mojadidi spent his youth, he seeks a way to highlight the connections between his memories and familial narratives that are shared but ultimately incompatible. AV

***Our Memories Are Not Related*, 2012**
Installation, verschiedene Materialien, Video, Fotografie, Ton / Mixed-media installation, video, photograph, sound
Maße variabel / Dimensions variable

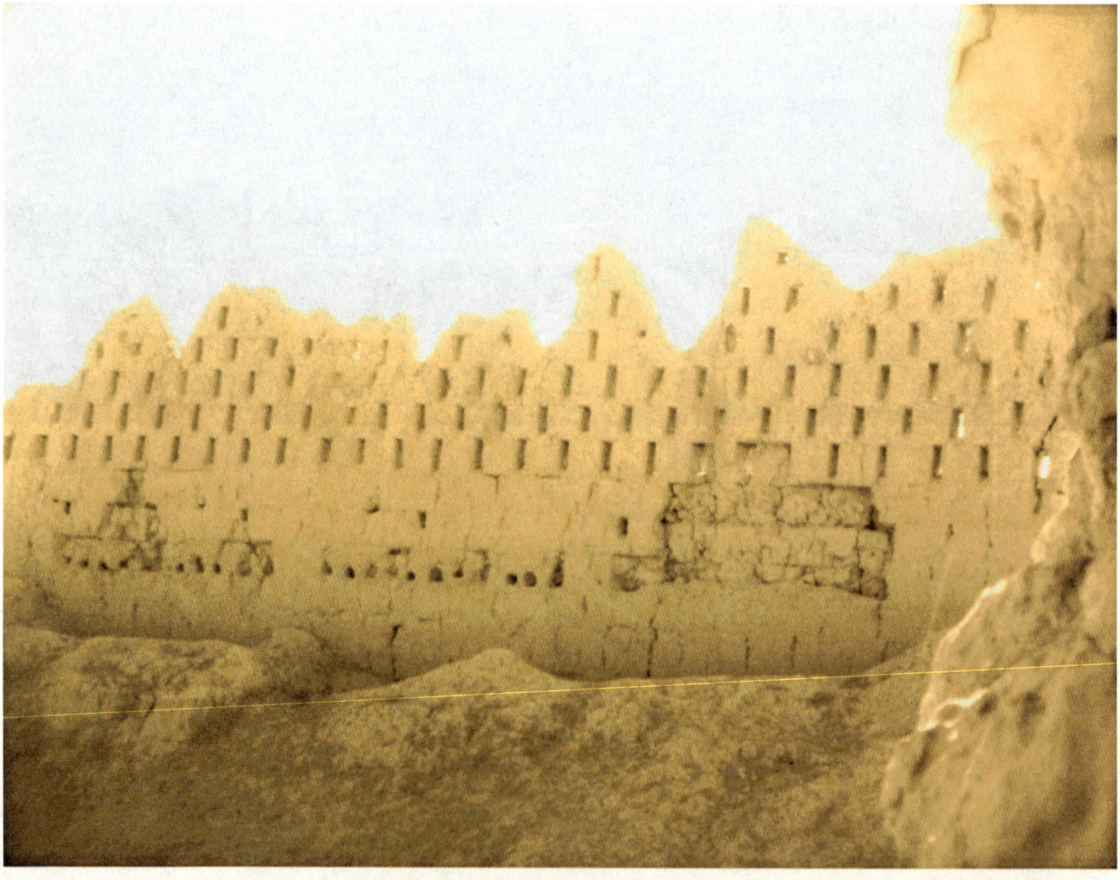

Rahraw Omarzad

b. 1964 in Kabul
lives in Kabul

Artist and writer Rahraw Omarzad is Founding Director of the Centre for Contemporary Arts Afghanistan, an independent artist-run space in Kabul that provides equal opportunities for men and women to improve their knowledge of the arts, particularly in a search for new expressions that will enable art to play a significant role in the development of Afghanistan. Omarzad also launched the art magazine *Gahnama-e-Hunar* in 2000. With his students, he employs photography and video to investigate themes related to contemporary Afghan society, dealing in particular with the relation between empowerment and disempowerment, collapse and recovery, war and peace.

In his new video (*Gaining and Losing*, 2012), a short narrative in four episodes overlaps past, present, and future. Referring to the massive destruction of archaeological artifacts at the Kabul National Museum of Afghanistan during the past decade, and to the current reconstruction of Afghan cultural infrastructures, Omarzad plunges us in a troubled space-time of fear and desire, disappointment and waiting, underlining the incongruous calm and suspended tension of the present condition in Afghanistan. Here, physical disability symbolizes the cultural, economic, military, and political need for understanding and enablement in the face of a country full of contradictions and potentialities, as well as the West's unilateral and simplistic perception of it. AV

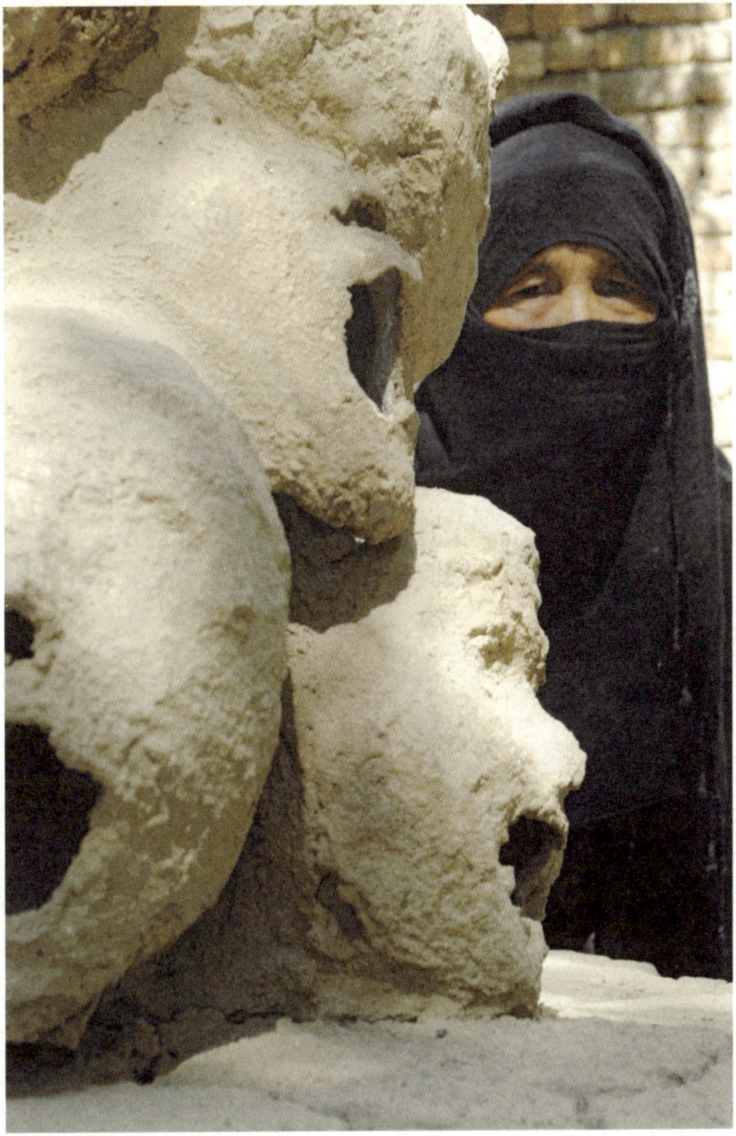

***Inside*, 2011**

Giuseppe Penone

b. 1947 in Garessio (Italy)
lives in Turin and Paris

Giuseppe Penone's sculptural practice explores the relationship between culture and nature, between mankind and all other forms of life. His works reflect the natural processes of change, growth, breath, erosion, and germination that shape any form of life, as well as of human creation. Since 1969, the tree has been his recurrent motif.

Idee di pietra (2003/2008/2010), a bronze cast of a tree supporting a large stone, was installed in Kassel's Karlsaue park on June 21, 2010, as the very first artwork of dOCUMENTA (13), standing as both a celebration of documenta's history of outdoor sculptures and a symbol of the everyday life of Kassel residents. Underlining the universal values of his method, Penone also intervenes in the Bagh-e Babur in Kabul, where he presents a permanent intervention, a work that will be integrated with the growth of a tree (*Radici di pietra*, 2012). Both natural and artificial, this work concurs with the complex architectural and symbolic geometry of the gardens and at the same time recalls the tree in Kassel. As the first and last artworks realized during dOCUMENTA (13), the trees invite us to link different places and times, as well as art and life, to look beyond oppositions and to reach a deeper understanding of and connection with the world around us. AV

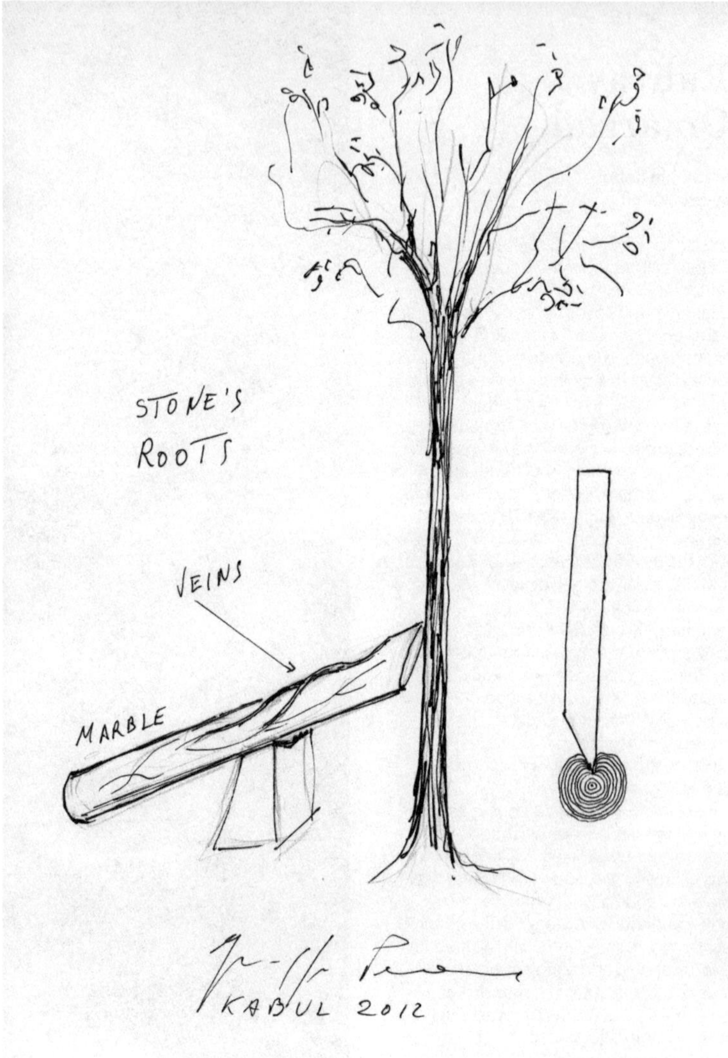

***Kabul 2012*, 2012**
Tinte auf Papier / Ink on paper
29.7 × 21 cm

Walid Raad

b. 1967 in Chbanieh (Lebanon)
lives in New York

In his lecture-performance *The Loudest Muttering Is Over* (1999), Walid Raad tells the story of the Lebanese historian Dr. Fadl Fakhouri, who from 1975 to 1991 carried around two 8mm cameras wherever he went. With one camera he exposed a frame of film each time he thought the Lebanese Civil War were over; with the other he took a picture whenever he came across a doctor's or dentist's office. The films are part of a "legacy" of documents in the archives of the Atlas Group, "established in 1999 to research and document the contemporary history of Lebanon with audio, visual, literary, and other artifacts." It is important to note here that Dr. Fakhouri exists in fiction, and the Atlas Group is an imaginary foundation.

Since his founding of the project *The Atlas Group (1989–2004)*, Raad has maintained a decidedly ambiguous position as an artist. In performances, texts, installations, and works on paper, he explores the historical, emotional, and aesthetic facts of a story, rather than dealing with history as a chronology of contested events. In Kabul, the video projection *Views from Outer to Inner Compartments* (2011) evokes a ghostly, empty, potential museum, which in this context resonates with the recent destruction of Afghan cultural heritage and the subsequent reconstruction of its institutional infrastructures. ES/AV

***Views from Outer to Inner Compartments*, 2011**
HD-Videoprojektion, Farbe, kein Ton / HD-video projection, color, silent
14.36 min.

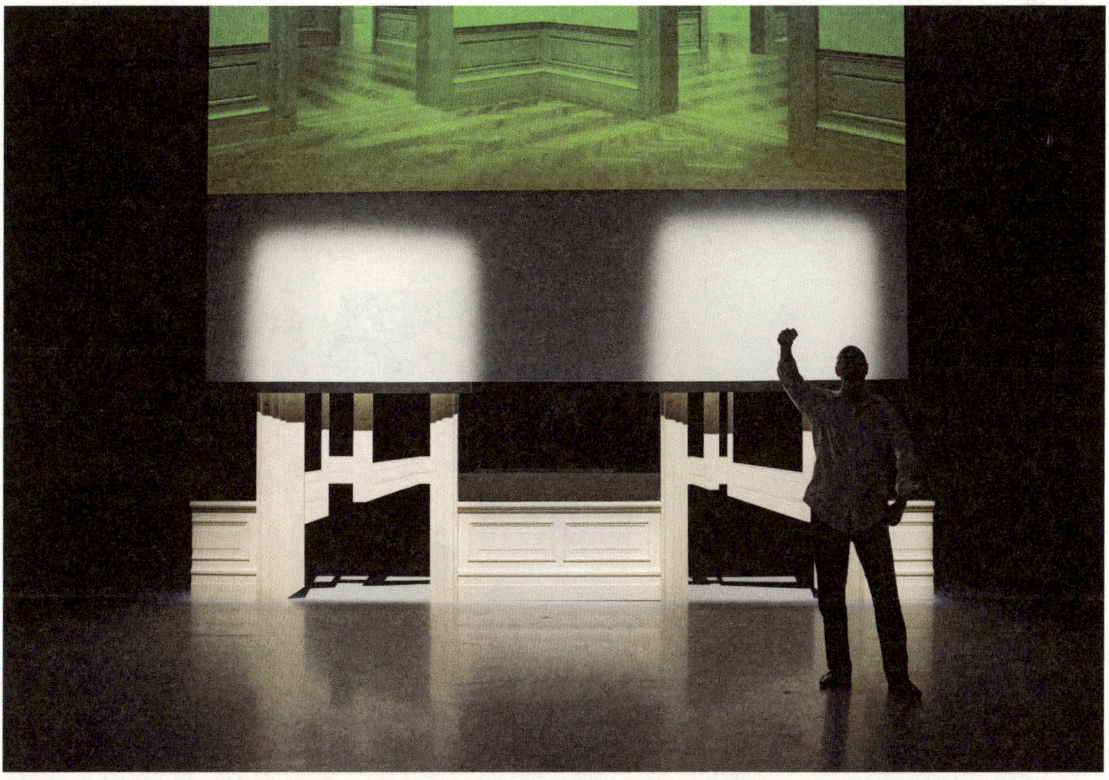

Michael Rakowitz

b. 1973 in New York
lives in Chicago

From interventions in urban space to sculptural works like *The Invisible Enemy Should Not Exist* (2007)—an intricate narrative based on extensive research into artifacts looted from the National Museum in Baghdad in the aftermath of the 2003 U.S. invasion—Michael Rakowitz's art remains committed to what is marginalized, gone, or in danger of loss.

For his dOCUMENTA (13) exhibitions in Kabul and Kassel, Rakowitz responds to the devastation of cultural heritage that took place in World War II Germany and recent Afghanistan. In the spring of 2012, he collaborated on a workshop with local students in Bamiyan, where the destroyed sixth-century Buddha statues once stood, aiming at recuperating the traditional skill of calligraphy and stone carving intrinsic to Afghanistan's Hazara region. The results are shown in Kabul. *What Dust Will Rise?* (2012), for Kassel, re-creates from Bamiyan stone a number of the books that were destroyed in a fire in the Fridericianum during the bombing of 1941. Some of these have been donated to the Kabul National Museum of Afghanistan, severely damaged in the past years. Rakowitz also refers to the Edict of Ashoka, a rock inscription by the Mauryan emperor (269–231 B.C.) installed at the entrance of the Museum that features a text pleading for a more peaceful coexistence, like a message from the past to overcome the traumas of today. ES/AV

Links / Left:
Historisches Amulett, das in der rechten Hand des zerstörten östlichen Buddhas von Bamiyan gefunden wurde. Es sollte die Statue schützen und ihr Macht verleihen. / Ancient amulet found inside the right hand of the destroyed eastern Buddha of Bamiyan. It was intended to give the statue protection and power.

Rechts / Right:
Zerstörtes Manuskript, geborgen aus dem Fridericianum nach dem Luftangriff der Alliierten 1941 / Damaged manuscript rescued from the Fridericianum after it was bombed by Allied aircraft in 1941

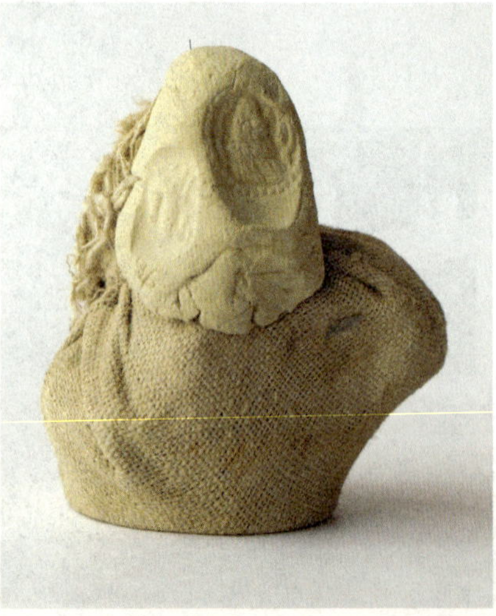

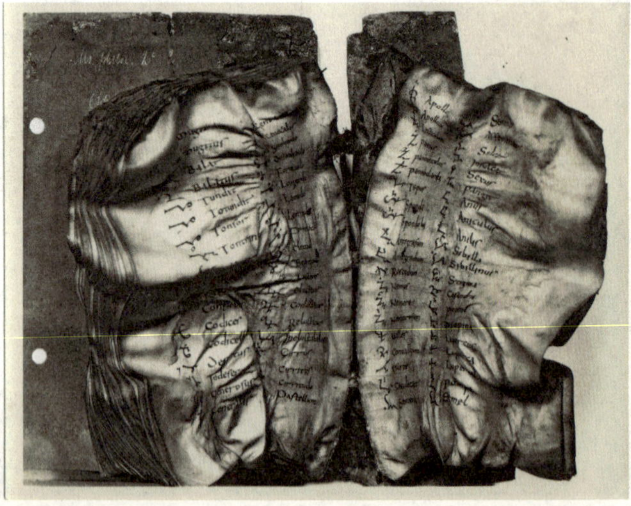

Wael Shawky

b. 1971 in Alexandria (Egypt)
lives in Alexandria

Wael Shawky explores the spaces between history and storytelling, considering the manifold transformations from oral tradition to writing, translation, interpretation, and mediation. In performances and video he reenacts historic moments using digital animation, child actors, or puppets, examining how meaning shifts in each medium. Within the clash of different spheres, Shawky's position remains ambiguous, leaving judgment to the viewer.

His *Telematch* (2007–09) series refers to a German TV show from the 1970s in which residents of two cities competed in various games, handicapped by gigantic costumes. The concept of a clash between two factions that serves no purpose other than the amusement of a third party provides the starting point for a series of works that explore complex relations (gender-based, religious, political, economic, social, cultural) on various levels. In *Telematch Sadat* (2007), a convoy of children in pedal trucks reenacts first the annual military procession during which Egyptian president Anwar Sadat was assassinated by a militant group in 1981, and then his funeral. Unaware of the political dimensions of the event, the child actors perform unpredictably, hovering between innocent play and awareness of the camera. ES

***Telematch Sadat*, 2007**
Video, Farbe, Ton / Video, color, sound
14 min.

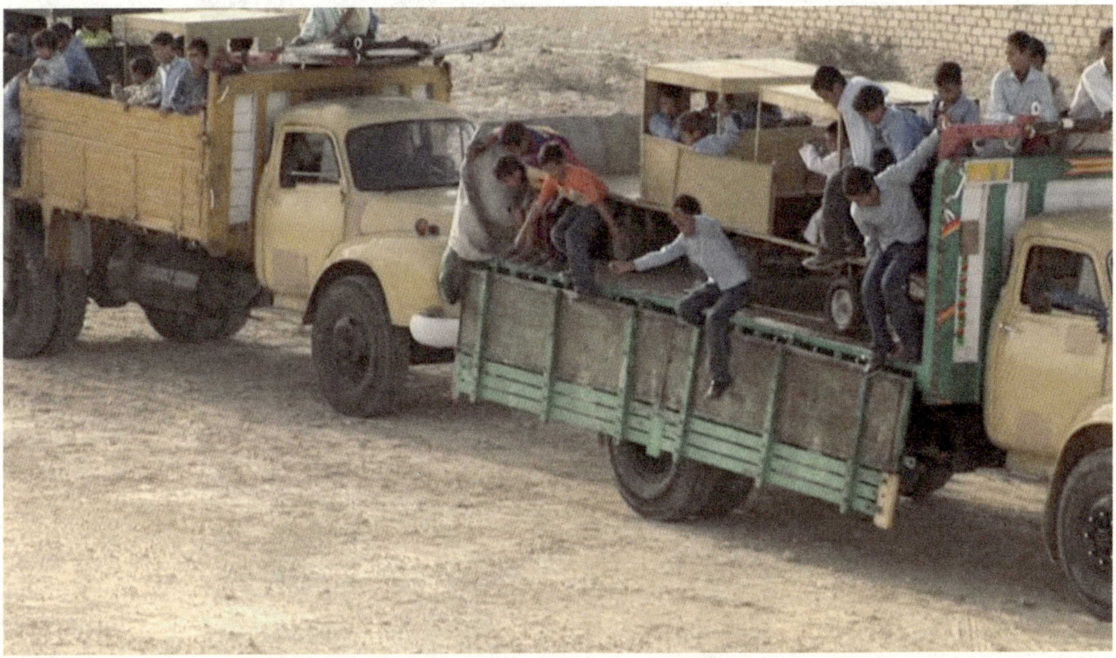

Zolaykha Sherzad

b. 1967 in Kabul
lives in New York and Kabul

During the Soviet occupation of Afghanistan, Zolaykha Sherzad moved to Switzerland. Trained as an architect, in 2000 she founded School of Hope, a non-profit organization that has supported school-development projects in Afghanistan and programs to raise cross-cultural understanding. In 2004, she started Zarif Design, with the aim of reviving Afghan artistic culture, training women in tailoring.

For dOCUMENTA (13), Sherzad's installation utilizes iconic and traditional elements of Afghan clothing—the *chaderi*, the turban, and the *chapan* (coat). Trying to disentangle these basic symbols for self-identification and societal placement from their stereotypical connotations, she invites the viewer to explore different interpretations of forms and functions that are usually codified within a rigid system of values. Juxtaposing the human scale of her materials with the large scale of the exhibition site, she merges the public and the intimate, the collective and the spiritual, as well as weaving past and present, tradition and modern technology. A series of turbans from different regions, sewn together and loosely unraveled across the space, distinguish themselves from the tightly twisted turbans worn each day. A group of *chapans* is assembled to from a single large *chapan*, decorated with charms and other small items, becoming a canvas to inscribe, hide, or reveal memories, stories, and dreams. Scarves designed by Sherzad are worn by the exhibition guards, both in Kassel and in Kabul. AV

***Hawa-e-Azad (Esprit Libre)*, 2009**
Installationsansichten / Installation views, Biennale di Venezia, 2009; French Cultural Center, Kabul, 2010; Valentina Bonomo Gallery, Rom / Rome, 2010

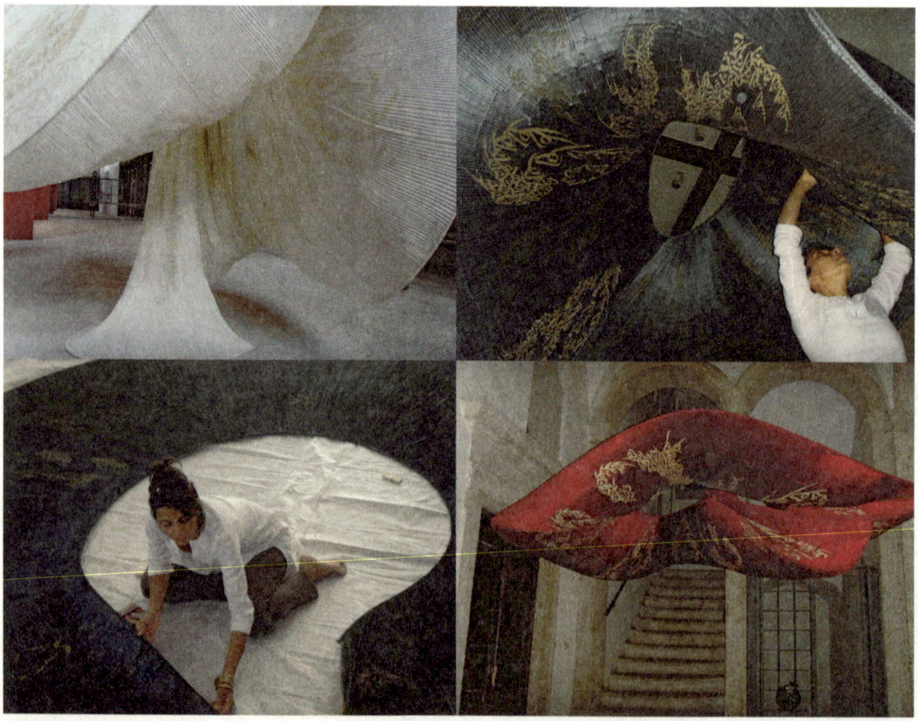

Adrián Villar Rojas

b. 1980 in Rosario (Argentina)
lives in Rosario

Adrián Villar Rojas' monumental sculptures suggest the existence of a parallel universe: a vanished culture or nature. Born out of a deep concern with disappearance and death, they appear as colossal remnants of a devastated science-fiction empire, advanced and ancient at the same time.

In Ushuaia, Argentina, in 2009, he placed a gigantic whale made from clay in a forest. Wedged between the trees as if it had been there long before them, the work became a monument to decay. *Now I Will Be with My Son, the Murderer of Your Heritage* (2011) for the Venice Biennale was an installation of standing figures with overwhelming dimensions, handmade on-site during more than two months of intensive team labor from wood, rock, and cement, covered with unfired clay. With their strong yet perishing presence—like all of Villar Rojas' works, the sculptures were destined to be destroyed after exhibition—the monumental columns evoked the ruins of a civilization from another time, raising a question that preoccupies the artist: what might survive once the world as we know it has ended?

With his new projects for the Bagh-e Babur, Kabul, Villar Rojas builds on these ideas, basing his new sculptures on the results of a seminar held in Kabul during the spring that asked the questions, how to deal with limits? How can one create a monumental experience of a work from almost nothing—from everyday materials? ES/AV

***Return the World*, 2012**
Fotografie / Photograph
Maße variabel / Dimensions variable

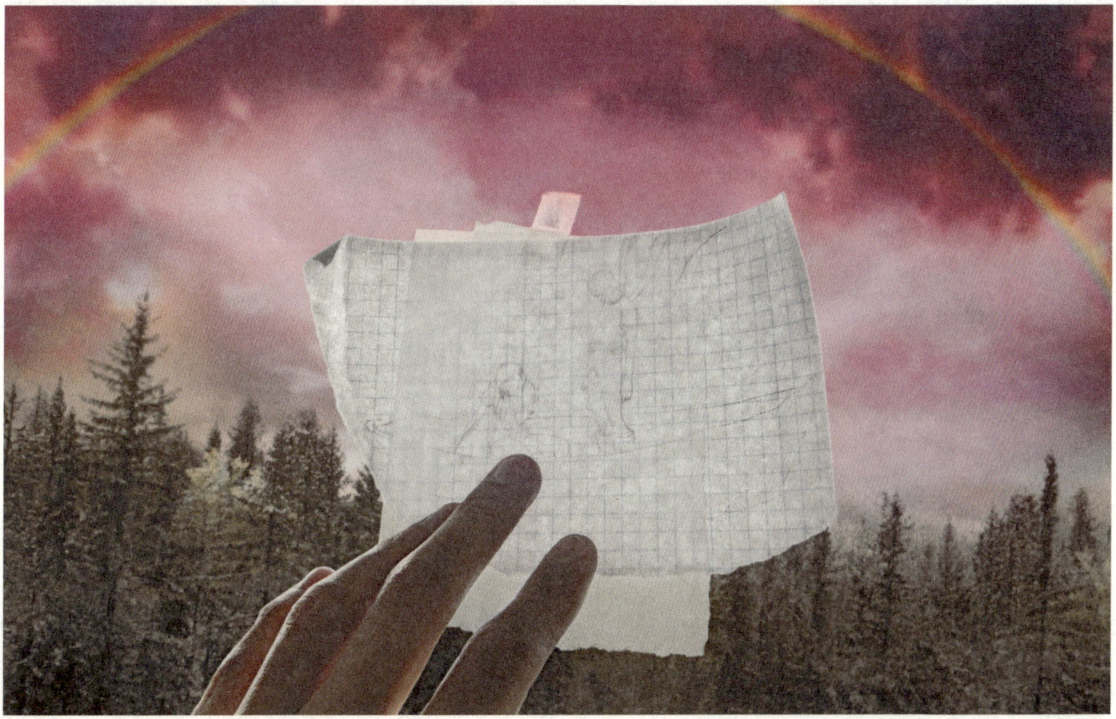

Clemens von Wedemeyer

b. 1974 in Göttingen (Germany)
lives in Berlin

Clemens von Wedemeyer investigates cinematic notions like the subjective gaze, the relation between historical truth and storytelling, and the invisible presence of the "fourth wall" that distances the audience from events onstage or on-screen to make the illusion possible.

His latest film, *Muster (Rushes)* (2012), is an experimental work set at the former Benedictine monastery of Breitenau, near Kassel, which has undergone fundamental institutional and architectural transformations from monastery to prison and concentration camp to girls' reformatory to psychiatric institution. The three acts of *Rushes* circle around three motifs—music, the body, and language—while exploring notions of imprisonment and liberation in different times.

The film presented in Kabul, *Untitled (Reconstruction)* (2005), focuses on similar motifs from a different, individual perspective. It is based on original footage recording the rehearsals of dancer and choreographer Alexandre Roccoli, altered, processed, and set to music. The result is a black-and-white shadow play of gestures and movements made by a body in a vaguely defined space, where the dancer vanishes and reappears over and over again, to the point of exhaustion. The work explores the human struggle to achieve balance on both a personal and a collective level. ES/AV

***Ohne Titel / Untitled (Reconstruction)*, 2005**
Videostills, 16-mm-Film übertragen auf DVD, schwarz-weiß / Video stills, 16mm film transferred to DVD, black and white
3 min., Loop / loop

Aufgenommen während der Proben für ein Solostück von Tänzer und Choreograf / Shot during rehearsals for a solo piece by dancer and choreographer Alexandre Roccoli, Villa Gillet, Lyon, 2005
Ton / Sound: Thomas Wallmann

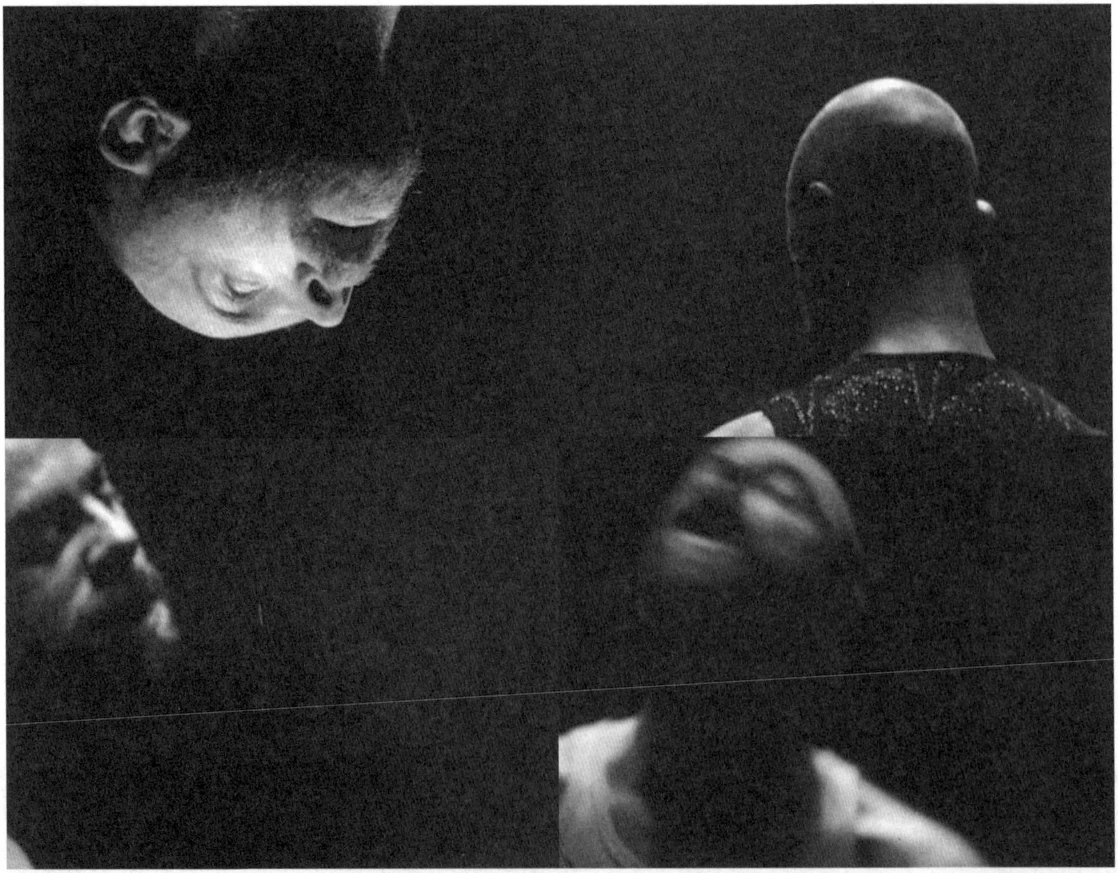

Zalmaï

b. 1964 in Kabul
lives in Lausanne (Switzerland)

Born in 1964 in Kabul, the photographer Zalmaï left Afghanistan after the Soviet invasion in 1980. Educated at the Lausanne School of Photography and the Professional Photography Training Center of Yverdon, Switzerland, Zalmaï began to work as a freelance photographer in 1989, traveling the world and returning frequently to Afghanistan.

For dOCUMENTA (13), Zalmaï presents an installation combining photographic images and sound that looks at the relationship between people and the changing landscape surrounding them. The people of Kabul have had to lead their everyday lives throughout thirty years of war. Destruction and instability have meant that their city has been perpetually re-shaped. The familiar objects of war such as blown-up vehicles, barricades, weapons, and battle equipment no longer retain their initial identities; they are being re-invented and re-identified, constituting a new imaginary landscape. Containers for transporting humanitarian aid have been transformed into workshops, houses, and police facilities, thus breaching and transcending the imaginary siege imposed by the long-standing conflict. AV

Ein Rote-Armee-Fahrzeug aus der ehemaligen Sowjetunion wird in West-Kabul als Brücke verwendet. / A Red Army vehicle from the former Soviet Union is being used as a bridge in the West of Kabul.

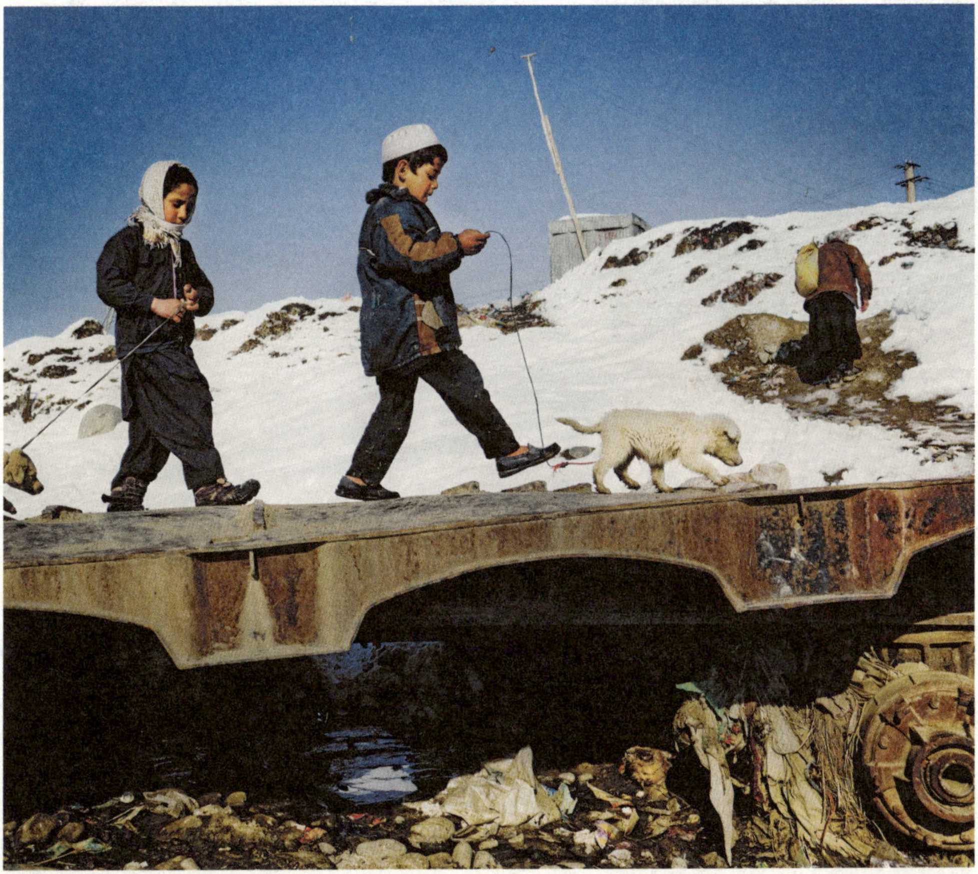

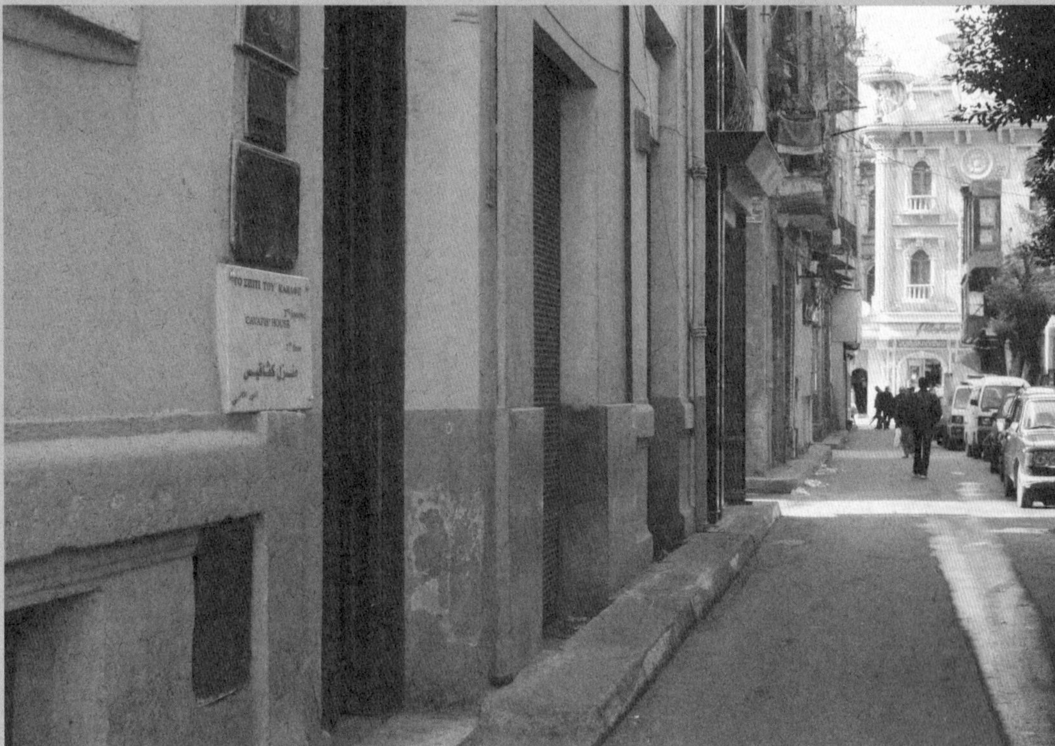

Die Lepsius Street in Alexandria, in der der Dichter Konstantinos Kavafis wohnte. / Lepsius Street in Alexandria, where the poet Constantine Cavafy lived.

III.
ALEXANDRIA—KAIRO

ALEXANDRIA—KAIRO

Das Kairoer Seminar: Eine Position für die dOCUMENTA (13) / Alexandria, Kairo 1. bis 8. Juli 2012

Das Kairoer Seminar

Das Kairoer Seminar ist eine zweiteilige Veranstaltungsreihe und ein Austauschprogramm, das Menschen aus Kassel und Alexandria verbindet. Es entstand aus dem Nachdenken über Hoffnung, Schlaf, Lernprozesse und das Handeln und wurde vom Arabischen Frühling des Jahres 2011 angeregt.

Tagsüber handelt der tätige Mensch; er begehrt Dinge, arbeitet, produziert – und manchmal verschreibt er sich der Revolution. Nachts, da der Mensch schläft, fesselt seine Seele ihn mit einer Art Streik und verwickelt ihn in das Spiel der Einbildungskraft. Beim Kairoer Seminar geht es um Hoffnung und Schlaf als Quellen für ein neues Verständnis des Handelns, das sich mit dem Bereich des Rationalen auseinandersetzt, zugleich aber über ihn hinausreicht.

Teil 1: Das Kairoer Seminar. Studium

Das Kairoer Seminar. Studium stellt eine Herangehensweise an das Lernen und die Praxis dar. Es bietet zehn Studierenden des MASS Alexandria Studio and Study Program 2012 die Gelegenheit, im Rahmen von Voruntersuchungen Anfang des Jahres 2012 in Alexandria die documenta zu diskutieren. Anschließend arbeiten dieselben Studierenden einen Monat lang, vom 9. Mai bis zum 9. Juni, bei der Vorbereitung der Ausstellung mit Künstlern der dOCUMENTA (13) zusammen. *Das Kairoer Seminar. Studium* ist eine gemeinsame Veranstaltung von MASS Alexandria und der dOCUMENTA (13). Im Juli 2012 wirken die Studierenden nach ihrer Rückkehr nach Alexandria als musikalische »Begleitung« an *Das Kairoer Seminar. Das Seminar* mit.

Teil 2: Das Kairoer Seminar. Das Seminar

Bei einem Seminar geht es oft darum, dass ein Professor oder eine Professorin und eine Gruppe von Studierenden zusammen nachdenken und Ideen in einem gemeinsamen Kontext diskutieren. Aber das Wort Seminar lässt auch an das Pflanzen oder Kultivieren einer Saat denken. Mit Blick auf diese beiden Bilder schlägt *Das Seminar*, der zweite Teil des *Kairoer Seminars*, eine Untersuchung der Frage vor, wie künstlerische und intellektuelle Beiträge durch Praxis zum Entwurf einer zukünftigen Gesellschaft führen können, um so politische Auflehnung, Teilnahme, die Praxis der alltäglichen Lebensführung und Hoffnung und die Praxis des Künstlers neu zu überdenken. *Das Seminar* ist ein Vorwand für eine organische Begegnung, die im Wesentlichen in Alexandria und zum kleineren Teil in Kairo stattfindet, als nuancierte Neueinschreibung einer Stadt in die heutige Realzeit sowie in ihre historische Rolle und in Erinnerung an die beinahe gleichzeitige Eröffnung der ersten documenta am 16. Juli 1955 in Kassel und der ersten Biennale für die Kunst der Mittelmeerländer – der Alexandria Biennale –, die ihre Pforten zum ersten Mal am 26. Juli 1955 öffnete.

Das Seminar ist ein temporärer Ort, der Ereignisse, Begegnungen und Handlungen nach Art der Aussaat von Samen auffasst. Es findet an verschiedenen Orten statt. Was kann man tun; und wie können wir es tun; und welche Formen von Teilnahme und Kreativität stehen uns zur Verfügung: All dies sind Fragen, die unsere Untersuchungen leiten. Diese Begegnungen zielen darauf, durch Gespräch und Spiel einen gemeinsamen Erfahrungsraum zu eröffnen. *Das Seminar* ist eine musikalische Performance, die vermittels eingeladener »Grundtöne«, einer Zahl von »Instrumenten«, einiger studentischer »Begleitungen« und des »Chors« der Anwesenden erklingt. Veranstaltungsorte sind unter anderem: MASS Alexandria; ACAF, Alexandria; Konstantinos Kavafis' Haus, Alexandria; die Goethe-Institute in Alexandria und Kairo. SR

Das Kairoer Seminar. Das Seminar ist eine von CIRCA (Cairo International Resource Center for Art) gemeinsam mit der dOCUMENTA (13) ins Leben gerufene Veranstaltung, die auf Einladung von MASS Alexandria und dem ACAF in Alexandria stattfindet. Die Veranstaltung wird durch die Goethe-Institute in Kairo und Alexandria unterstützt. Angestoßen wurde das Projekt durch Sarah Rifky, Leiterin von CIRCA; an der Planung wirkten außerdem Chus Martínez, Mitglied der Agenten-Kerngruppe und Leiterin der Abteilung der dOCUMENTA (13), Raimundas Malašauskas, Mitglied der Agenten-Kerngruppe, Bassam El Baroni, Leiter von ACAF, und der Künstler Wael Shawky, Leiter von MASS Alexandria, mit.

ALEXANDRIA—CAIRO

The Cairo Seminar: A Position of dOCUMENTA (13) / Alexandria, Cairo 1/7–8/7/2012

The Cairo Seminar

The Cairo Seminar is a two-part program and exchange between people in Kassel and Alexandria. It stems from thinking about hope, sleep, learning, and agency and was inspired by the Arab Spring of 2011.

During the day, the working person acts, desires, works, produces, and, sometimes, is committed to revolution. At night, the mind engages the sleeping person in a form of strike and imaginative play. The Cairo Seminar focuses on hope and sleep as sources for a new understanding of agency that engages with but also surpasses the rational.

Part 1: The Cairo Seminar. Studium

The Cairo Seminar. Studium is a way of approaching learning and practice. It provides an opportunity for ten students enrolled in the MASS Alexandria Studio and Study Program 2012 to discuss documenta through preliminary studies in Alexandria in early 2012, and is followed by these same students working alongside artists of dOCUMENTA (13) in Kassel for one month from May 9 to June 9, in the lead-up to the exhibition. *The Cairo Seminar. Studium* is a joint program between MASS Alexandria and dOCUMENTA (13). The students will join *The Cairo Seminar. The Seminar* by participating as the musical "accompaniments" back in Alexandria in July 2012.

Part 2: The Cairo Seminar. The Seminar

A seminar often involves a professor, and a group of students thinking together, so as to discuss ideas in a common setting. However, the word "seminar" also suggests the action of planting or cultivating seeds. In consideration of both these images, *The Seminar* is the second part of *The Cairo Seminar* and proposes an inquiry into how artistic and intellectual contributions, through practice, can lead toward imagining a future society, in order to rethink political insurrection, participation, the practice of everyday life and hope, and artistic practice. *The Seminar* is a pretext for an organic encounter, which takes place mainly in Alexandria and partly in Cairo, as a subtle re-inscription of a city, in real time today, as well as in its historical role and in memory of the simultaneous inauguration of the first documenta on July 16, 1955, in Kassel, coinciding with the first biennial for arts of Mediterranean countries—the Alexandria Biennale—which opened to the public on July 26, 1955.

The Seminar is a temporary place, which construes events, encounters, and actions in the manner of sowing seeds. It takes place at various sites. What can be done, how can we do it, and what forms of participation and creativity are available are all questions that will lead our inquiries. These encounters are aimed at opening a shared space of exchange through talk and play. *The Seminar* is a musical performance sounded through invited "key notes," a number of "instruments," and some student "accompaniments," and "the chorus" of attendees. Locations include: MASS Alexandria; ACAF, Alexandria; Constantine Cavafy's House, Alexandria; Goethe-Institut Alexandria; Goethe-Institut Cairo. SR

The Cairo Seminar: The Seminar is a jointly initiated program between CIRCA (Cairo International Resource Center for Arts) and dOCUMENTA (13) and is hosted by MASS Alexandria and ACAF in Alexandria. It is supported by the Goethe-Institut Cairo and the Goethe-Institut Alexandria. Initiated by Sarah Rifky, Director of CIRCA; the project is also conceived with Chus Martínez, member of Core Agent Group and Head of Department for dOCUMENTA (13); Raimundas Malašauskas, member of dOCUMENTA (13)'s Core Agent Group; Bassam El Baroni, Director of ACAF; and Wael Shawky, artist and Director of MASS Alexandria.

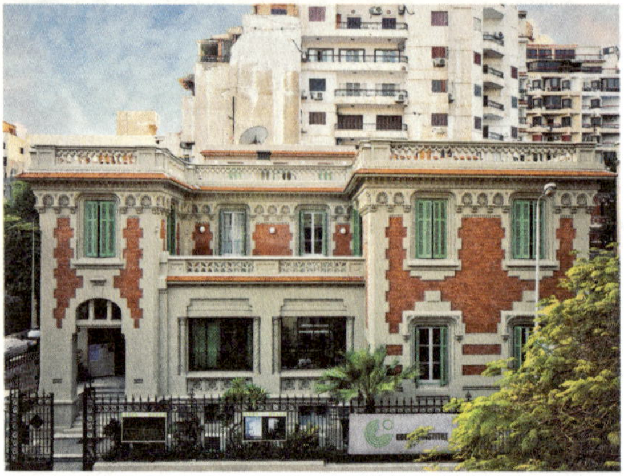

1

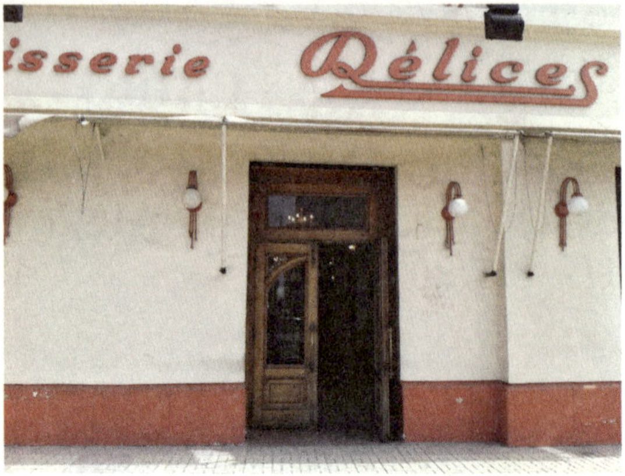

2

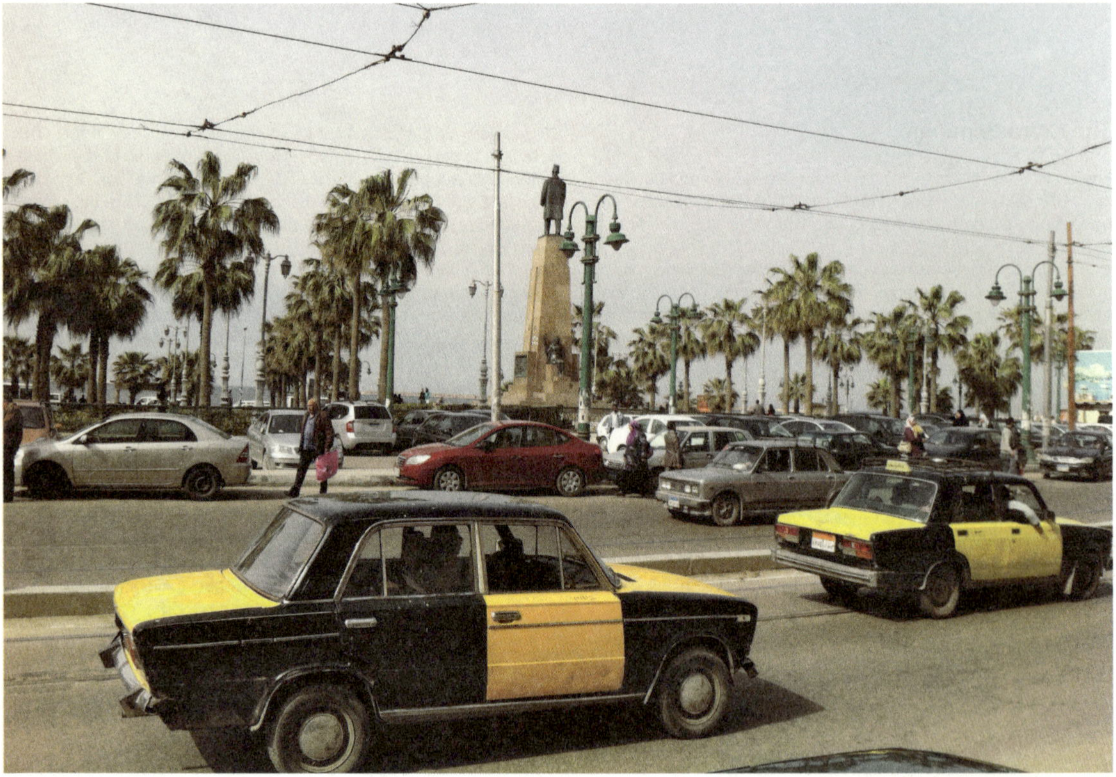

3

1 | Goethe-Institut Alexandria

2 | Délices Pâtisserie, Alexandria

3 | Midan Saad Zaghloul, Alexandria

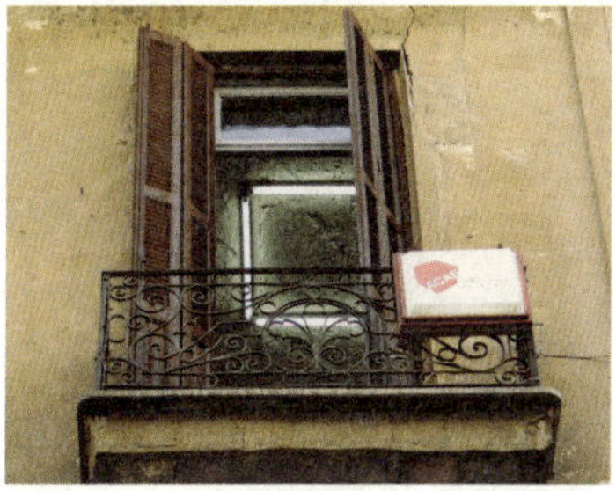

4

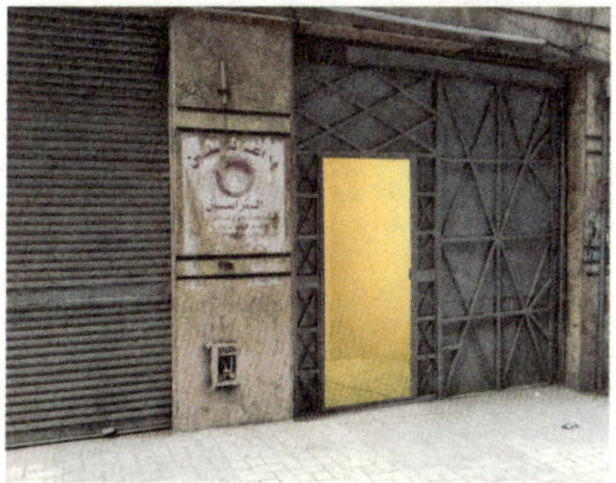

5

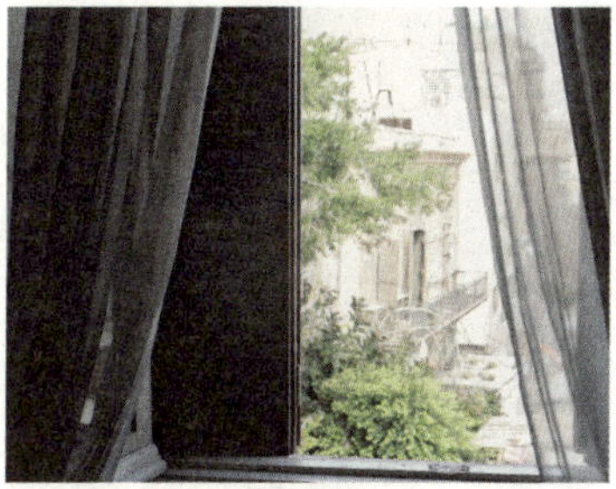

6

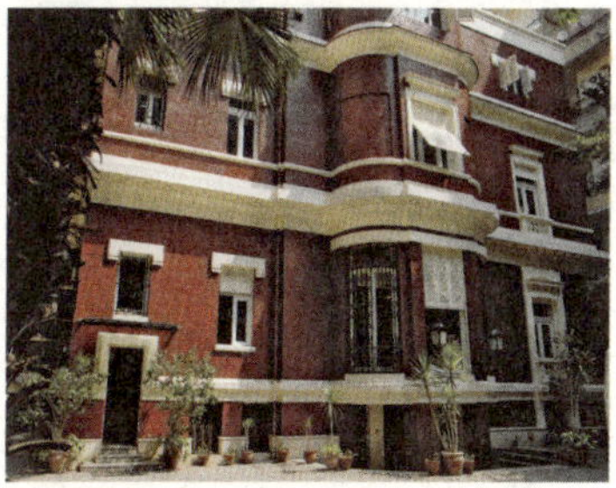

7

4 | Alexandria Contemporary Arts Forum (ACAF)

5 | MASS Alexandria

6 | Konstantinos Kavafis' Haus / Constantine Cavafy's House

7 | Goethe-Institut Kairo / Cairo

TEILNEHMER / PARTICIPANTS

Grundtöne / Key Notes

Bassam El Baroni
Carolyn Christov-Bakargiev
Chus Martínez
Julie Mehretu
Alexei Penzin
Suely Rolnik

Die Instrumente / The Instruments

Yazid Anani
Motaz Attalla
Mai Abu ElDahab
Clare Davies
Angela Harutyunya
Malak Helmy
Shahira Issa
Hassan Khan
Adam Kleinman
Mariam Mekiwi
Sarah Rifky
Wael Shawky
Athina Rachel Tsangari

Alexandria Contemporary Arts Forum (ACAF)

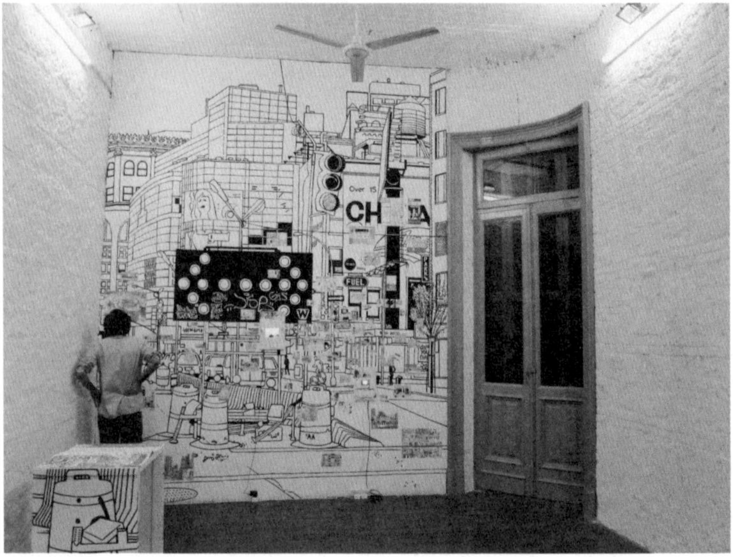

GRRRR, Einzelausstellung / solo exhibition, ACAF, 2010
Wandzeichnung von / Wall drawing by Ingo Giezendanner

Das Alexandria Contemporary Arts Forum (ACAF) ist ein gemeinnütziger Kunstraum in Alexandria, den Bassam El Baroni und Mona Marzouk Ende 2005 ins Leben gerufen haben. Das ACAF veranstaltet Workshops, internationale Symposien und Gruppen- und Einzelausstellungen, produziert Projekte für junge Künstler in Ägypten und veröffentlicht kostenlose Schriften. In den vergangenen sechs Jahren hat sich das ACAF darauf konzentriert, junge Künstler und Studierende mit zeitgenössischer Kunst und ihrem Diskurs in Berührung zu bringen. Das ACAF entwickelt Projekte, die pragmatische Auseinandersetzung mit seinem unmittelbaren Kontext mit einer kritischen diskursiven Herangehensweise verbinden.

Alexandria Contemporary Arts Forum (ACAF) is a non-profit art space founded by Bassam El Baroni and Mona Marzouk in late 2005 and based in Alexandria. ACAF programs workshops, international symposia, and group and solo exhibitions, produces projects for young artists based in Egypt, and publishes free publications. Its focus in the past six years has been to engage young artists and university students with contemporary art and its discourse. ACAF develops projects that balance a pragmatic engagement with its direct context and a critical discursive approach. BEB

www.acafspace.org

MASS Alexandria

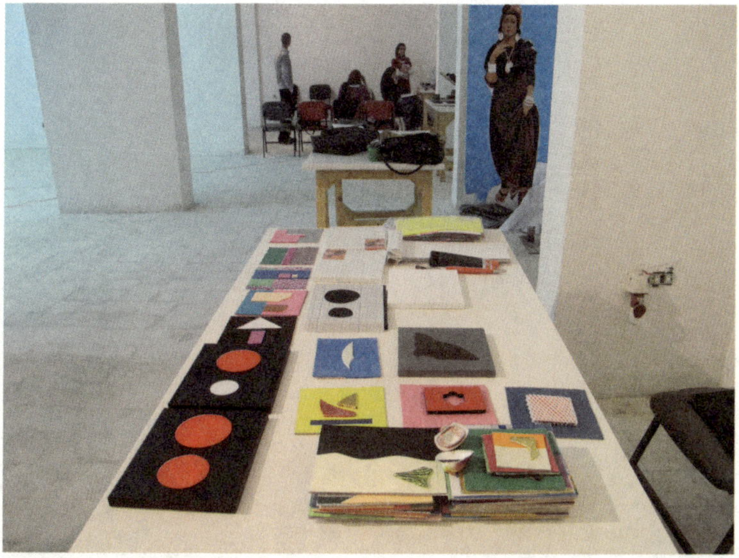

Amna Badawy, *Ohne Titel / Untitled*, 2010–2011
Collagen aus verschiedenen Materialien / Mixed-media collages
Installationsansicht / Installation view, MASS Alexandria

MASS Alexandria ist eine Einrichtung, die der Künstler Wael Shawky 2010 gegründet hat mit dem Ziel, Nachwuchskünstlern in Ägypten wirkliche Chancen zu eröffnen, indem er Veranstaltungsprogramme und eine Plattform für ihre Kunst und ihre Studien anbietet. MASS Alexandria ist ansässig in Miami, einem Viertel im Osten Alexandrias. Der 440 Quadratmeter große Raum befindet sich im Keller eines Wohnhauses. Dieser Keller dient als gemeinsames Atelier, Treffpunkt, Ausstellungsraum, Kino und Performancebühne. Durch seine Veranstaltungen will MASS Alexandria die bestehenden Künstlerausbildungsprogramme ergänzen, wobei besonderer Wert auf die konzeptuellen Aspekte der Kunstproduktion gelegt wird. Künstler, Kunsterzieher und Kuratoren leiten monatliche Workshops und Seminare und halten Vorträge. Mit seinem Schwerpunkt auf zeitgenössischen künstlerischen Praktiken regt das Programm die Studierenden außerdem dazu an, sich intensiv mit kulturellen, künstlerischen und wissenschaftlichen Ideen aus den Gebieten Kunstgeschichte und -theorie und interdisziplinären Forschungsbereichen auseinanderzusetzen.

MASS Alexandria is a space founded by artist Wael Shawky in 2010 with the aspiration to create a real opportunity for emerging artists in Egypt by providing them with a program and platform for their art practice and study. MASS Alexandria is located in the eastern Alexandria neighborhood Miami. The 440-square-meter space is housed in the basement of a residential building. The basement is a shared studio, meeting, exhibition, screening, and performance space. Through its program, MASS Alexandria aims to supplement existing art-education programs, with a focus on the conceptual aspects of artistic production. Monthly workshops, seminars, and lectures are led by artists, art educators, and curators. Focusing on contemporary artistic practices, the program also encourages students to work closely with cultural, artistic, and scientific ideas in the fields of art history and theory and inter-disciplinary studies. WS

www.massalexandria.org

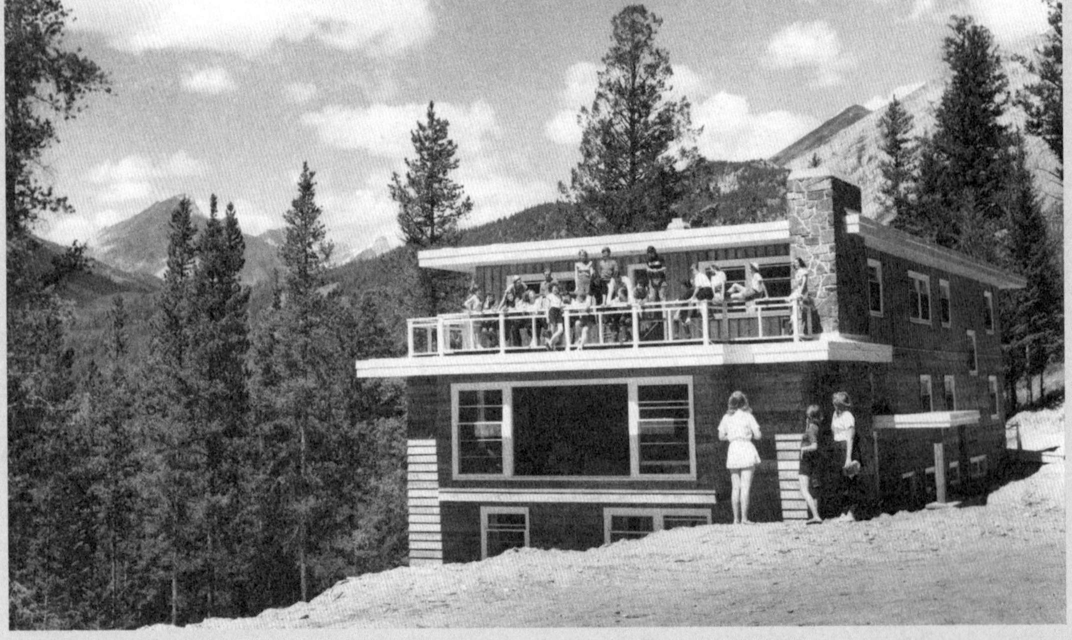

Studenten auf der Sonnenterrasse des Chalet III
(Farrally Hall), The Banff Centre, 1956 /
Students on deck of Chalet III (Farrally Hall),
The Banff Centre, 1956

IV.
BANFF

BANFF

The Retreat – Die Klausur: Eine Position der dOCUMENTA (13) / Banffer Forschungen zur Kultur 2012

Organisiert von der dOCUMENTA (13), der University of Alberta und dem Banff Centre 2. bis 15. August 2012

Im Rahmen der dOCUMENTA (13) findet während der Ausstellung in Kassel (9. Juni bis 16. September 2012) vom 2. bis zum 15. August 2012 *The Retreat* im Banff Centre, Alberta, Kanada, statt.

Mit anderen in Klausur zu gehen bedeutet, sich an einen Schutzort, in die Abgeschiedenheit und Abgetrenntheit zurückzuziehen (von lat. *re-trahere*, sich zurückziehen, stammt das englische *retreat* ab) – nicht mit der Absicht, das tätige Zusammenleben mit anderen hinter sich zu lassen, sondern um gemeinsam mit anderen über Dinge nachzudenken. Die Entscheidung, sich an einen Ort, der weit weg von der Welt und doch in ihr ist, zurückzuziehen, kann die Möglichkeit eröffnen, Missverhältnissen entgegenzuwirken und Machtverhältnisse aufzustören, auch wenn der Rückzug selbst scheinbar mit einem Schwinden der Mittel, sogar ihrem Fehlen verbunden ist. Klausur ist nicht Verzicht auf die Auseinandersetzung mit gesellschaftlichen Herausforderungen, politischen Gegensätzen oder kulturellen Sackgassen, sondern ist ein temporärer Zustand, der dauerhaften Wandel hervorbringen will.

Ein Grund für die Entscheidung, sich in Klausur zu begeben, könnte der Wunsch sein, sich dem Informationsfluss, der für uns heute Fluch wie Segen ist, zu entziehen. Der Rückzug könnte die Ablehnung des politischen Status quo anzeigen, an dessen Stelle die Entfaltung radikalerer Möglichkeiten menschlicher Gemeinschaft treten soll. Man kann aus der breiteren Öffentlichkeit und dem Umgang mit Menschen heraustreten, um einer religiösen oder spirituellen Berufung zu folgen, und einen Raum der konzentrierten Stille und Meditation aufsuchen, um dem Prozess des Lebens und Sterbens seine Mitte wiederzugeben. Der Rückzug in Klausur kann einen Ausbruch auf Zeit aus dem vorherrschenden sozioökonomischen Paradigma ermöglichen mit dem Ziel, alternative Wirtschaftsformen auf der Grundlage von Schenken, Naturalien und Tauschhandel anstelle von Geld zu entwickeln. All diese Formen des Rückzugs bieten die Chance zur Stärkung und Wiederbelebung von Körper und Geist, um dann in das Durcheinander des gesellschaftlichen Lebens und alltäglicher Wahrnehmung zurückzukehren, die von der Geschwindigkeit der heutigen Existenz mitgerissenen werden. In *Die Lust am Text* (1973) schrieb Roland Barthes: »Nur ein Weg bleibt, der Entfremdung der heutigen Gesellschaft zu entkommen: sich ihr nach vorne zu entziehen.« In diesem Sinne wird *The Retreat* neue Wege eröffnen, sich den Einschränkungen, Ausweglosigkeiten, Problemen und Krisen eines zwischen imaginativer und konzeptueller Fruchtbarkeit und der Sterilität gefangenen Jahrhunderts »nach vorne zu entziehen« – nicht um eine fragwürdige Flucht zu arrangieren, sondern um neue Räume der Offenheit, Freiheit und Möglichkeit zu erschließen. KS

The Retreat ist eine Klausurtagung von Banff Research in Culture (BRiC). Sie wurde konzipiert von Carolyn Christov-Bakargiev, künstlerische Leiterin der dOCUMENTA (13), Kitty Scott, Mitglied der Agenten-Kerngruppe der dOCUMENTA (13) und Director of Visual Arts am Banff Centre, Imre Szeman, Canada Research Chair für Kulturwissenschaften an der University of Alberta, und Chus Martínez, Mitglied der Agenten-Kerngruppe und Leiterin der Abteilung der dOCUMENTA (13).

Das Banff Centre ist eine weltweit bekannte Einrichtung, die die Realisation und Präsentation neuer Werke der bildenden Kunst und der Musik sowie tänzerischer, dramatischer und literarischer Arbeiten fördert. *The Retreat* wird durch die großzügige Unterstützung des Banff Centre, des Canada Council for the Arts, der dOCUMENTA (13), der Kahanoff Foundation und der University of Alberta ermöglicht.

BANFF

The Retreat: A Position of dOCUMENTA (13) / Banff Research in Culture 2012

Organized by dOCUMENTA (13), the University of Alberta, and The Banff Centre 2/8–15/8/2012

Part of dOCUMENTA (13), *The Retreat* takes place at The Banff Centre, Canada, August 2–15, 2012, during the course of the exhibition in Kassel, Germany (June 9–September 16, 2012).

To enter or enact a retreat (*re-trahere* = with-draw) is to draw together in refuge, seclusion, separation, and sharing—not in order to abandon active life with others, but to reflect on matters in the company of others. The choice to retreat, to move to a space away yet in the world, can open up the possibility of redressing forms of disparity and can disturb relations of power, even if the act itself may seem to imply a reduction, or even a lack, of means. Retreat is not abandonment of social challenges, political antinomies, or cultural dead ends, but a temporary condition whose intention is to generate permanent change.

By choosing to retreat, one may be seeking an opportunity to withdraw from the excess of information with which we are blessed and cursed today. To retreat might constitute a rejection of the political status quo in order to nurture more radical possibilities of human commonality. One may step away from mainstream society and human interaction by following a religious or spiritual vocation to retreat, entering a concentrated space of silence and meditation in order to re-center living and dying. Another example of a retreat from the dominant socio-economic paradigm would be to devise alternative economies based on gifting, barter, and exchange rather than on money. All these modes of retreat point to opportunities for the strengthening and revitalization of body and spirit in order to return to that mess of social life and everyday consciousness that is caught up in the speed of contemporary existence. In *The Pleasure of the Text* (1973), Roland Barthes stated, "There is only one way left to escape the alienation of present day society: to retreat ahead of it." *The Retreat* will generate new ways of "retreating ahead" of the limits, aporias, problems, and crises of a century caught between imaginative and conceptual fertility and sterility—not to effect some questionable escape, but to allow for the generation of new spaces of openness, freedom, and possibility. KS

The Retreat is a Banff Research in Culture (BRiC) residency conceived by Carolyn Christov-Bakargiev, Artistic Director of dOCUMENTA (13), and Kitty Scott, a member of dOCUMENTA (13)'s Core Agent Group and Director of Visual Arts at The Banff Centre; Imre Szeman, Canada Research Chair in Cultural Studies at the University of Alberta; and Chus Martínez, member of the Core Agent Group and Head of Department for dOCUMENTA (13).

The Banff Centre is a world-renowned facility supporting the creation and performance of new works of visual art, music, dance, theater, and literature. *The Retreat* is generously supported by The Banff Centre, the Canada Council for the Arts, dOCUMENTA (13), the Kahanoff Foundation, and the University of Alberta.

TEILNEHMER / PARTICIPANTS

Lars Bang Larsen
Bifo – Franco Berardi
Bruno Bosteels
Andrea Büttner
Carolyn Christov-Bakargiev
Brian Holmes
Pierre Huyghe
Brian Jungen
Catherine Malabou
Raimundas Malašauskas
Chus Martínez
Francesco Matarrese
Claire Pentecost
Cesare Pietroiusti
Lea Porsager
Kitty Scott
Imre Szeman
G. M. Tamás

Außerdem nehmen zwanzig Doktoranden, Postdoktoranden, Juniorprofessoren, Schriftsteller und aktive Künstler aus aller Welt an *The Retreat* teil.

In addition, twenty graduate students, post-doctoral fellows, junior faculty, writers, and practicing artists from around the world will participate in *The Retreat*.

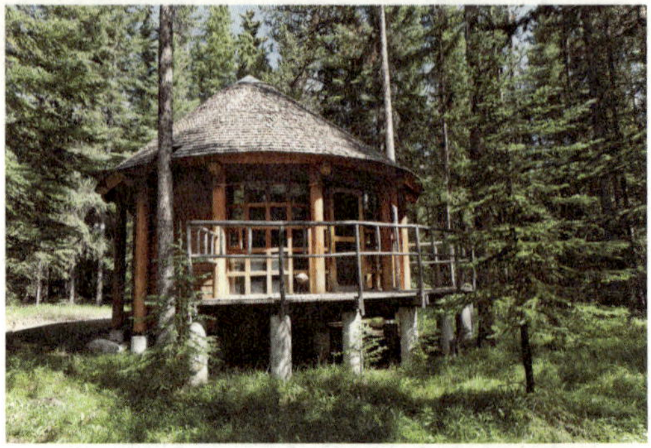

1

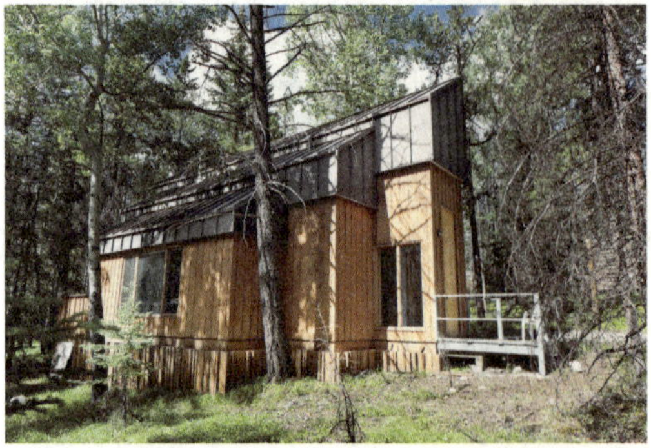

2

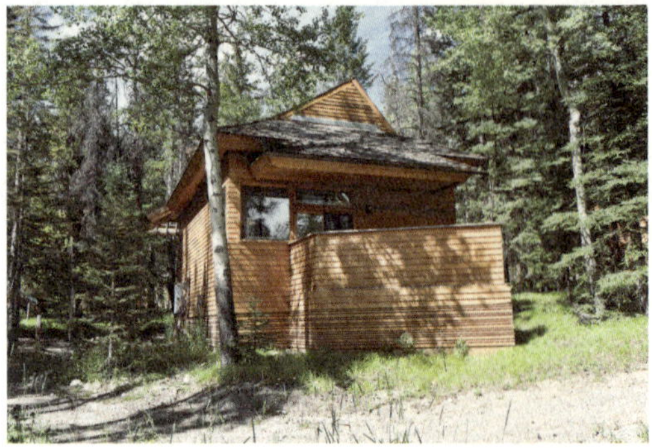

3

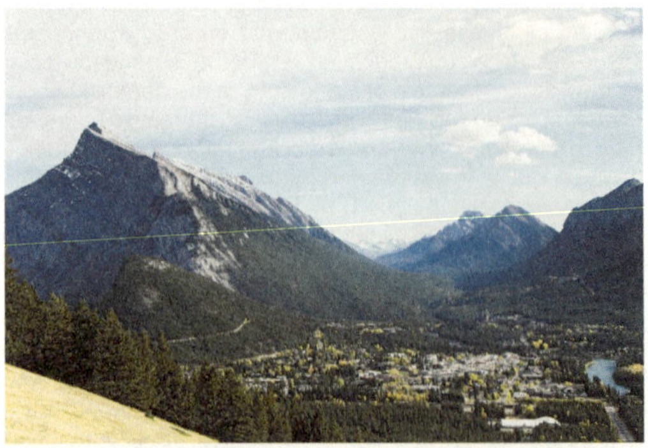

4

1 | Hemingway Studio

2 | Gerin-Lajoie Studio

3 | Thom Studio

4 | 5 | Der Campus des Banff Centre mit dem Mount Rundle / The Banff Centre Campus with Mount Rundle

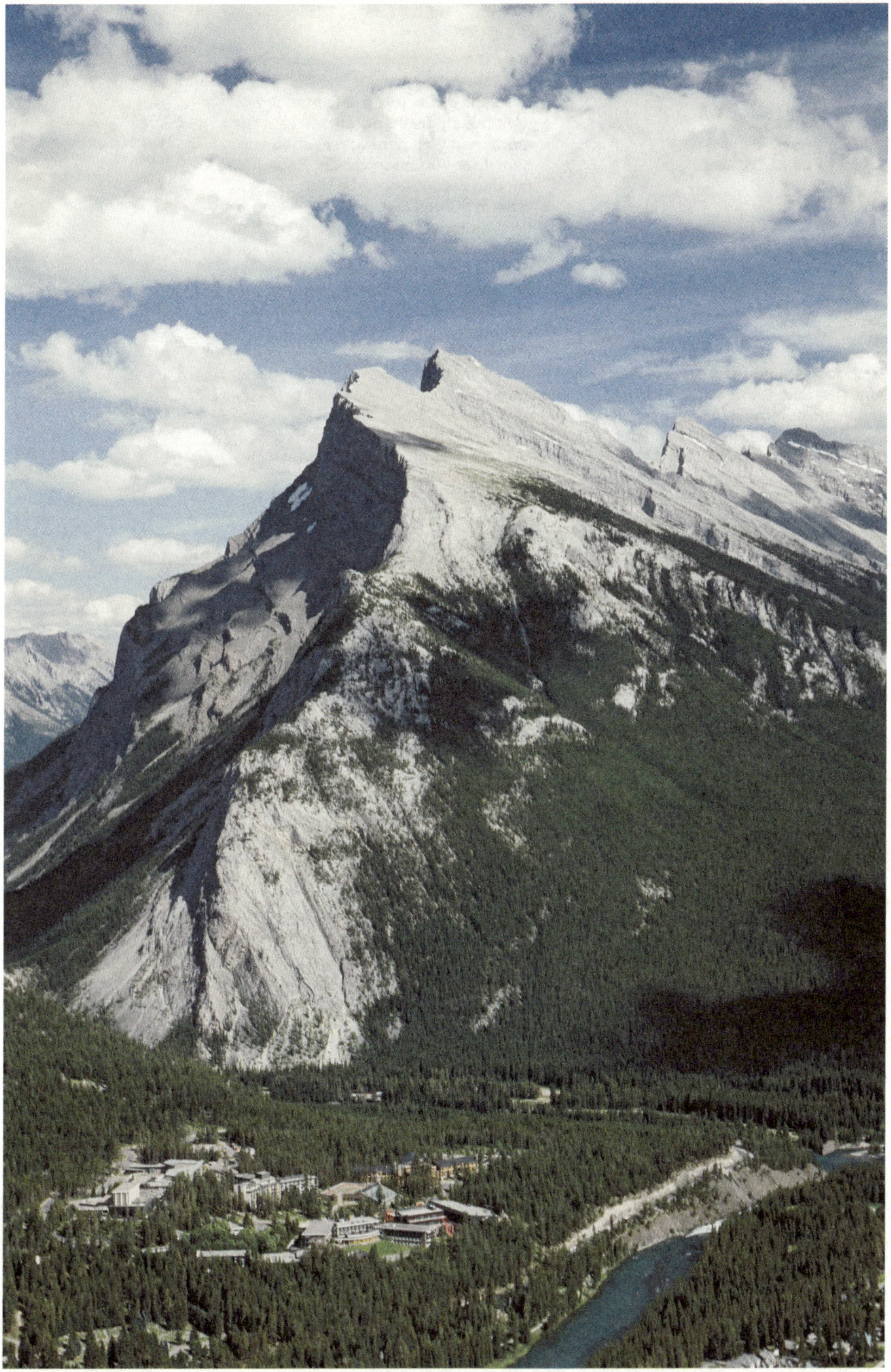

Brian Jungen & Duane Linklater, *Modest Livelihood*

**Walter Phillips Gallery, The Banff Centre
3. August bis 28. Oktober 2012 /
3/8–28/10/2012**

Brian Jungen und Duane Linklater präsentieren eine Gemeinschaftsarbeit, den Videostummfilm *Modest Livelihood* (2012), in dem die Nutzung und der selbstbestimmte Besitz des angestammten Heimatlandes zentrale Themen sind. Beide Künstler sind amerikanische Ureinwohner (Jungen gehört den DaneZaa an, Linklater den Omaskêko-Cree) und arbeiten das erste Mal zusammen. Zu Beginn ihres kollaborativen Projekts jagten sie gemeinsam im nördlichen Ontario Elche; *Modest Livelihood*, bei dem Jungen und Linklater als Protagonisten und zugleich als Regisseure fungieren, hat seinen Ursprung in dieser Unternehmung.

Das Video folgt den Künstlern, als sie von Fort St. John mehrmals zur Elchjagd aufbrechen. Erst im Geländewagen, dann deutlich langsamer zu Fuß unterwegs, erkunden sie die überwältigenden Landschaften des hohen Nordens wie auch kahlere, von der Industrialisierung gezeichnete Gegenden, bis sie schließlich die gesuchten Wildtiere finden. Ein Großteil von *Modest Livelihood* wurde im Laufe eines Tages im Peace Country auf dem Land der DaneZaa im Norden von British Columbia gedreht. Jungens Onkel, der Stammesälteste Jack Askoty, hat ebenfalls einen Auftritt in der Erzählung; er ist mit der Gegend gründlich vertraut und erzählt Linklater und Jungen die Geschichte des Landes aus der Perspektive seiner alteingesessenen Bewohner.

Das Video wurde mit geringem Budget und einem kleinen Team geschaffen. Von einem professionellen Kameramann mit einer Super-16-Kamera gedreht, verbindet *Modest Livelihood* die Genres Dokumentation und erzählender Film und erweist dabei den anthropologischen Dokumentarfilmen, die das National Film Board of Canada produziert, seine Reverenz.

Jungens und Linklaters Ausflug geht den Klischees von Heldentum aus dem Weg, die manchmal mit dem Jagdsport verbunden werden. Für die Künstler bezeichnet das Töten eine markante Kontinuität, die ihr durch den Lauf der modernen Welt geprägtes Leben mit dem ihrer Vorfahren vor der Begegnung mit den Europäern verbindet. Die Einsicht in die von Generation zu Generation tradierten Praktiken führt zu einer Veranschaulichung der indigenen Pädagogik. Durch aufeinander aufbauende Beobachtungen und Erfahrungen wird das Wissen rund um diese Verfahren weitergegeben und für jede neue Generation bekräftigt.

Brian Jungen and Duane Linklater present their collaborative silent video *Modest Livelihood* (2012), which takes the use and self-determination of native land as its central concern. Both are indigenous artists (Jungen is DaneZaa, while Linklater is Omaskêko Cree). This is the first time the two artists have worked together. In the early stages of this collaboration they unsuccessfully hunted together for a moose in Northern Ontario; *Modest Livelihood*, in which Jungen and Linklater are both protagonists and directors, originates in this venture.

The video follows the artists as they set out from Fort St. John on a series of moose-hunting trips. Traveling first by backcountry vehicle and then more slowly on foot, they encounter stunning northern landscapes along with starker regions marred by industrialization before eventually finding the wildlife they seek. Much of *Modest Livelihood* is shot over the course of a day in Peace Country on the territories of the DaneZaa in northern British Columbia. Jungen's uncle the elder Jack Askoty also appears in the narrative, sharing with Linklater and Jungen his intimate knowledge and a local history of the land.

The video was made in an economical way by a small team. Shot by a professional cameraman with a Super 16mm camera, *Modest Livelihood* collapses documentary and narrative genres and nods to the anthropological documentary films produced by the National Film Board of Canada.

The excursion of Jungen and Linklater avoids the heroic clichés sometimes associated with the sport of hunting. For the artists, killing marks a distinctive continuum that links their lives, influenced by the course of modernity, to those of their ancestors before contact. The understanding of how to carry out these traditions, transferred between generations, introduces a visualization of native pedagogy. Through a progressive form of observation and experience, the knowledge of these methods is passed on and reaffirmed for each succeeding generation. KS

***Modest Livelihood*, 2012**
Super-16-mm-Film übertragen auf Blu-ray /
Super 16mm film transferred to Blu-ray
50 min.

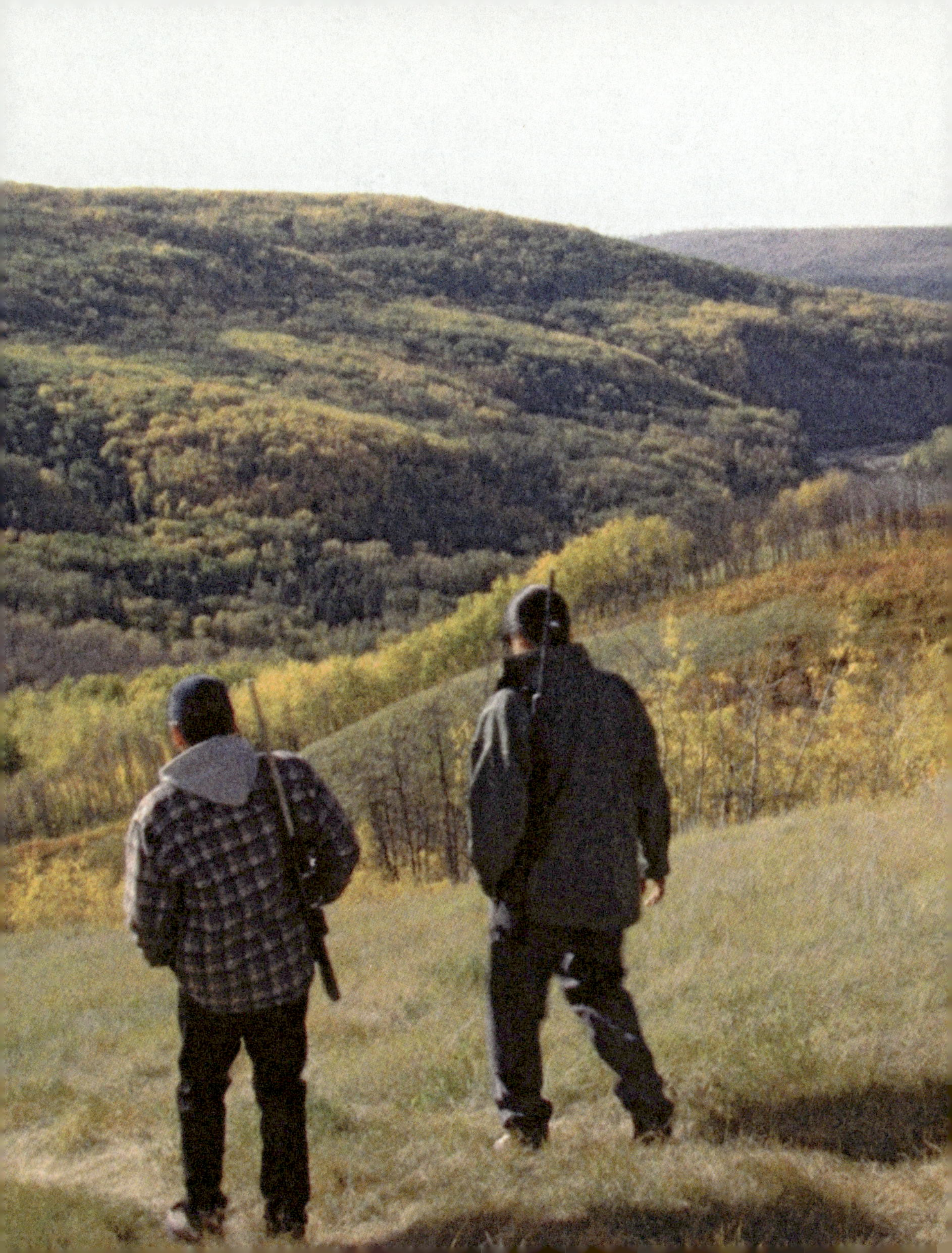

APPENDIX

TRÄGER / ORGANIZERS

documenta und
Museum Fridericianum
Veranstaltungs-GmbH
Friedrichsplatz 18
D-34117 Kassel
T +49 561 70 72 70
F +49 561 70 72 739
office@documenta.de
www.documenta.de

Gesellschafter / Stockholders
Land Hessen
Stadt Kassel

Geschäftsführer / Chief Executive Officer
Bernd Leifeld

Prokurist / Authorized Signatory
Frank Petri

AUFSICHTSRAT / SUPERVISORY BOARD

Bertram Hilgen
Oberbürgermeister, Kassel
Vorsitzender
Eva Kühne-Hörmann
Staatsministerin, Wiesbaden, stellv. Vorsitzende
Alexander Farenholtz
Vorstand Kulturstiftung des Bundes, Halle
Dr. Rainer Hanemann
Stadtverordneter, Kassel
Prof. Dr. Luise Hölscher
Staatssekretärin, Wiesbaden
Marcus Leitschuh
Stadtverordneter, Kassel
Christof Nolda
Stadtverordneter, Kassel
Dieter Posch
Staatsminister, Wiesbaden
Prof. Dr. Rolf-Dieter Postlep
Präsident der Universität Kassel
Oda Scheibelhuber
Ministerialdirektorin, Berlin
Hortensia Völckers
Vorstand Kulturstiftung des Bundes, Halle
Axel Wintermeyer
Staatsminister, Wiesbaden

Die documenta und Museum Fridericianum Veranstaltungs-GmbH ist eine gemeinnützige Gesellschaft, die von der Stadt Kassel und dem Land Hessen als Gesellschaftern getragen und finanziert und zudem von der Kulturstiftung des Bundes unterstützt wird.

The documenta and Museum Fridericianum Veranstaltungs-GmbH is a nonprofit company supported and financed jointly by the City of Kassel and the State of Hessen as partners, with support from the Federal Cultural Foundation.

STADT KASSEL
documenta-Stadt

HESSEN
Hessisches Ministerium
für Wissenschaft und Kunst

KULTURSTIFTUNG
DES
BUNDES

dOCUMENTA (13)
dankt ihren Sponsoren und Unterstützern.

dOCUMENTA (13)
thanks its sponsors and supporters.

Deutsche Post

SMA

SOLAR TECHNOLOGY

ABSOLUT
Country of Sweden
VODKA

B|BRAUN
SHARING EXPERTISE

DUALES SYSTEM HOLDING

GREEN
BUILDING
GROUP

K+S
Wachstum erleben.

Auswärtiges Amt

GOETHE-INSTITUT

Australian Government

Australia Council for the Arts

NORSK KULTURRÅD

institut ramon llull

Katalanische Sprache und Kultur

GOBIERNO DE ESPAÑA

AC/E ACCIÓN CULTURAL ESPAÑOLA

Ministry of Education and Culture

REPUBLIC OF CYPRUS

Ministry of Education and Culture

Canada Council for the Arts

Conseil des arts du Canada

M mondriaan fund

mhk museumslandschaft hessen kassel

swiss arts council

prohelvetia

Brasilien Brasil

INSTITUT FRANÇAIS

STATENS KUNSTRÅD

OCA

Office for Contemporary Art Norway

KOREA FOUNDATION KF

BRITISH COLUMBIA ARTS COUNCIL

An agency of the Province of British Columbia

AFAC آفاق

Instituto Nacional de Bellas Artes

The Henry Moore Foundation

OFFICE OF CONTEMPORARY ART AND CULTURE

KUNSTSTIFTUNG NRW

Culture Ireland

Cultúr Éireann

INSTITUT FRANÇAIS AFGHANISTAN

JAPANFOUNDATION

UNIKASSEL VERSITÄT

NATURE ADDICTS N.A! FUND

CIAC Colección Isabel y Agustín Coppel

Burger COLLECTION

LVMH MOËT HENNESSY • LOUIS VUITTON

T-B A21 Thyssen-Bornemisza Art Contemporary

SAHA

Groupe Galeries Lafayette

Galeries Lafayette

papc patronato de arte contemporáneo a.c.

victoria – the art of being contemporary

виктория – искусство быть современным

v—a–c

SIEMENS | Stiftung

FAT FIORUCCI ART TRUST

STELLA ART FOUNDATION

outset.

FUNDACIÓN/COLECCIÓN JUMEX

DENA FOUNDATION FOR CONTEMPORARY ART

DEUTSCHER KNIGGE RAT

SENNHEISER

Sherman Contemporary Art Foundation

a ahlers

RENNIE COLLECTION AT WING SANG

THE | AUDAIN FOUNDATION

FONDAZIONE SANDRETTO RE REBAUDENGO

H. M. A.

FUNDACIÓN CISNEROS COLECCIÓN PATRICIA PHELPS DE CISNEROS

財団法人 直島福武美術館財団

Naoshima Fukutake Art Museum Foundation

Carolyn Christov-Bakargiev
Künstlerische Leiterin /
Artistic Director

Leiterin der Abteilung /
Head of Department
Chus Martínez

Agenten-Kerngruppe /
Core Agent Group
Ayreen Anastas
Rene Gabri
Marta Kuzma
Raimundas Malašauskas
Chus Martínez
Kitty Scott
Andrea Viliani

Agentinnen und Agenten /
Agents
Leeza Ahmady
Tue Greenfort
Sofía Hernández Chong Cuy
Sunjung Kim
Adam Kleinman
Koyo Kouoh
Joasia Krysa
Lívia Páldi
Hetti Perkins
Sarah Rifky
Eva Scharrer
Nicola Setari

Honorary Advisory Committee
Mario Bellatin
Iwona Blazwick
Ali Brivanlou
Donna Haraway
Salah M. Hassan
Pierre Huyghe
Michael Petzet
Alexander Tarakhovsky
Michael Taussig
Jane Taylor
Anton Zeilinger

Persönliche Assistentin der Künstlerischen Leiterin /
Personal Assistant to the Artistic Director
Melissa Ratliff

Assistentin der Künstlerischen Leiterin und wissenschaftliche Mitarbeiterin / Assistant to the Artistic Director and Curatorial Researcher
Chiara Vecchiarelli

ALEXANDRIA—KAIRO

Ko-Organisatorin und Agentin für das Kairoer Seminar und Direktorin von / Co-organizer and Agent for the Cairo Seminar and Director of CIRCA (Cairo International Resource Center for Art)
Sarah Rifky

Koordinatorin des Kairoer Seminars in Alexandria und Programmkoordinatorin, Assoziierte Kuratorin, MASS Alexandria / Coordinator of The Cairo Seminar in Alexandria and Program Coordinator, Associate Curator, MASS Alexandria
Daniella Rose King

Alexandria Contemporary Arts Forum (ACAF)
Direktor / Director
Bassam El Baroni

MASS Alexandria
Gründer, Direktor /
Founder, Director
Wael Shawky

Das Kairoer Seminar wurde ermöglicht durch die Unterstützung des Goethe-Instituts Kairo und des Goethe-Instituts Alexandria. / The Cairo Seminar has been made possible thanks to the support of the Goethe-Institut Cairo and the Goethe-Institut Alexandria. dOCUMENTA (13) dankt / thanks MASS Alexandria und / and Alexandria Contemporary Arts Forum (ACAF).

Assistentin der Leiterin der Abteilung / Assistant to the Head of Department
Ana Ara

Assistentin Büro der Künstlerischen Leiterin /
Assistant Artistic Director's Office
Christina Pantazou

KABUL—BAMIYAN

Goethe-Institut Afghanistan
Direktorin / Director
Anne Eberhard
Leiter der Verwaltung /
Head of Administration
Frozan Siddiqi
Kulturabteilung / Culture Department
Ibrahim Hotak

dOCUMENTA (13)
Kuratorium / Curatorium
Andrea Viliani
Aman Mojadidi
Projektmanager /
Project Manager
Abassin Nessar
Verwaltungs- und Medienkoordination / Administrative and Media Officer
Nazima Naween
Projektassistenz /
Project Assistants
Nabila Horakhsh
Hosham Maroofi
Arzoo Waseeq

Baghe Babur Trust
Board Members
Khogman Ulomi
Sakhi Muneer
Ajmal Maiwandi
Garden Manager
Amanullah Sahibzada
Head Gardener
Abdul Latif Mehrdel
Installation
Afghan Handicraft Workshop
Ghulam Mohammad Sakhizada

Die dOCUMENTA (13)/Goethe-Institut-Programme in Afghanistan finden statt unter der Schirmherrschaft des Ministeriums für Information und Kultur, Afghanistan, und mit Unterstützung des Auswärtigen Amtes der Bundesrepublik Deutschland. / The dOCUMENTA (13)/Goethe-Institut programs in Afghanistan are realized under the auspices of the Ministry of Information and Culture of Afghanistan (MoiC), with the support of the Federal Foreign Office of Germany. dOCUMENTA (13) dankt dem / thanks the Aga Khan Trust for Culture (AKTC), The Killid Group (TKG), Institut Français d'Afghanistan (IFA), the Italian Government.

BANFF

Ko-Organisatorin, Mitglied der Agenten-Kerngruppe und Direktorin für bildende Kunst am Banff Centre / Co-organizer, member of Core Agent Group and Director of Visual Arts at The Banff Centre
Kitty Scott

Ko-Organisatorin, Canada Research Chair in Cultural Studies, Universität von Alberta / Co-organizer, Canada Research Chair in Cultural Studies at the University of Alberta
Imre Szeman

PROJEKTMANAGEMENT /
PROJECT MANAGEMENT

Leiterin Projektmanagement / Head of Project Management
Christine Litz

Assistentin der Leiterin / Assistant to the Head
Jenny Dirksen

Kuratorische Assistentinnen und Assistenten / Curatorial Assistants
Johanna Adam
Imke Itzen
Jasper Kettner
Gerd Mörsch
Anna Nowak
Christoph Platz
Melanie Roumiguière
Julia Stoff

Assistent Architektur / Assistant Architecture
Peer Frantzen

Studentische Mitarbeiterinnen und Mitarbeiter / Student Assistants
Clemens Alban
Tomke Braun
Hanna Frauenkron
Camilla Geier
Simon Grosspietsch
Feodora Pallas
Malte Roloff
Rosa Maria Rühling
Carolin Schulz
Nefeli Skarmea

Stipendiatin / Fellow Erasmus Programme
Chiara Ianeselli

Stipendiatin / Fellow Robert Bosch Stiftung
Virág Major

Stipendiat / Fellow Leonardo da Vinci Programme
Iacopo Seri

Praktikantinnen und Praktikanten / Interns
Desirée Hennecke
Tom Korth
Carolina Rehrmann
Tina Strippel

Installation Kunst / Art Installation
Abrell & van den Berg Ausstellungsservice GbR
Joachim Abrell, Oliver van den Berg

Installation Medientechnik / Media Installation
Eidotech GmbH

Technische Leitung / Heads of Installation
Oliver van den Berg
Rob Feigel

Leitung Medientechnik / Heads of Media Installation
Rolf Schmidt
Ben Geiselhart

Lichtplanung / Heads of Light Installation
50 Lux
Victor Kegli
Martin Lange

Management Büro Installation / Management Installation Office
Florian Wachinger

Personalplanung Installation / Human Resource Management Installation
Kascha Lemke

Projektleitung Medientechnik / Project Manager Media Installation
Ivana Lovrekovic

Assistenten Technische Leitung / Assistants to the Heads of Installation
Chris Bierl
Danny Krebs

Assistentin Management Büro Installation / Assistant Management Installation Office
Annelies Bakker

Assistent Projektleitung Medientechnik / Assistant Project Manager Media Installation
Przemek Czekalski

Projektplanung und Teamleitung Installation / Project Planning and Heads of House Installation
Knut Kruppa
Nils Eichberg
Martin Conrath
Kristiane Krüger
Volker Andresen
Andrea Linnenkohl
Ralf Mahr
Benjamin Koziol
Dieter Fuchs
Hanni Tewes
Marc Backhausen
Herwig Thol

Projektplanung und Teamleitung Medientechnik / Project Planning and Heads of House Media
Vincent Schwarzinger
Bela Letto
Burkart Ellinghaus
Paul Kirschner
Ron Knape
Radek Pater

Registrarin / Registrar
Beatrix Schopp

Sekretariat Installation / Secretary Installation
Tanja Rosenberger

Restauratoren / Conservators
Tilmann Daiber
Ekkehard Kneer

Assistentin Restaurierung / Assistant Conservation
Simone Miller

Praktikantinnen Restaurierung / Interns Conservation
Nicola Diels
Marlies Peller
Julia Steves

Praktikant/in Installation / Interns Installation
Elisabeth Krämer
Maria Montesi
Jacques Toussaint

Veranstaltungstechnik / Event Technology
Ton Direkt Medientechnik GmbH

Leitung Veranstaltungstechnik / Head of Event Technology
Jan Buermeyer

Transporte / Shipping
Hasenkamp Internationale Transporte GmbH

Versicherungen / Insurance
Fine Art Business Partner, Makler
Mund & Fester Assecuradeur GmbH & Co. KG

Internet und Netzwerktechnik / Internet and Network
basis 5, Kassel
Lars Möller
Matthias Zipp

VIELLEICHT VERMITTLUNG UND ANDERE PROGRAMME / MAYBE EDUCATION AND PUBLIC PROGRAMS

Leiterin der Vielleicht Vermittlung und andere Programme / Head of Maybe Education and Public Programs
Julia Moritz

Projektmanagerin / Project Manager
Magdalena Magiera

Assistentin der Leiterin / Assistant to the Head
Friederike Schäfer

Konzept / Concept Studio d(13) for Kids and Teens
Claudia Hummel
Sandra Ortmann
Ayşe Güleç
Projektassistentin / Project Assistant Studio d(13) for Kids and Teens
Friederike Siebert

Koordinatorin Filmprogramm / Coordinator Film Program
Beatrix Schubert
Recherche Filmprogramm / Research Film Program
Ayreen Anastas
Rene Gabri
Pierre Huyghe
Adam Kleinman
Chus Martínez
Gerhard Wissner

Wissenschaftlicher Mitarbeiter / Research Assistant Science
Bjoern Schirmeier

Projektassistentin / Project Assistant AND AND AND
Greta Hoheisel

Koodinatorin / Coordinator Chorality
Lucia Pietroiusti

Projektassistentin Chorality, Gedichtlesungen / Project Assistant Chorality, Poetry Readings
Didem Yazıcı

Rektor der Schule für Weltgewandte Begleiterinnen und Begleiter / Dean of School for Worldly Companions
Jakob Schillinger

Projektassistentin dTours und Schule für Weltgewandte Begleiterinnen und Begleiter / Project Assistent dTours and School for Worldly Companions
Nele Wulff

Tutorinnen und Tutoren der Schule für Weltgewandte Begleiterinnen und Begleiter / Tutors, School for Worldly Companions
Mechthild Bereswill
Ayşe Güleç
Jürgen Heß
Greta Hoheisel
Julia Moritz
Sandra Ortmann
Lena Reisner
Gunnar Richter
Friederike Schäfer
Eva Scharrer
Bjoern Schirmeier
Dirk Schwarze
Nicola Setari
Friederike Siebert
Julian Timm
Karen Wagels
Susanne Weihermann
Nele Wulff

Koordinatorin des Akademiennetzwerks / Coordinator Academies Network
Marion Theus

Die Arbeitsgruppe für Vielleicht Vermittlung / The Maybe Education Group
Ayreen Anastas
Mechthild Bereswill
Friedhelm Fischer
Rene Gabri
Karsten Gaulke
Janna Graham
Ayşe Güleç
Jürgen Heß
Claudia Hummel
Pierre Huyghe
Adam Kleinman
Raimundas Malašauskas
Chus Martínez
Julia Moritz
Christian Philipp Müller
Sandra Ortmann
Cesare Pietroiusti
Gunnar Richter
Gerhard Wissner

Stipendiat / Fellow Colección Patricia Phelps de Cisneros
Emiliano Valdés

Stipendiatin / Fellow V-A-C Foundation
Anastasia Marukhina

Stipendiat / Fellow Nature Addicts! Fund
Stéphane Verlet-Bottéro

Trainees Goethe-Institut
Noor Abed
Jude Anogwih
Maria Chehonadskih
Övül Durmusoglu
Marcio Harum
Asta Vaičiulytė

Stipendiatin / Fellow Leonardo da Vinci Programme
Roberta Bernasconi

Praktikantinnen und Praktikanten / Interns
Anne Biehl
Sara Feretti
Cristina Losada
Sarah Niedergesäß
Lena Reisner
Julian Timm

PUBLIKATIONEN /
PUBLICATIONS

Leiterin der Publikationsabteilung / Head of Publications
Bettina Funcke

Redaktionsleiterin / Managing Editor
Katrin Sauerländer

Redaktionsassistentin / Assistant Editor
Cordelia Marten

Assistentin Publikationen / Assistant Publications
Stefanie Drobnik

Bildredakteur / Picture Editor
Jonas Raam

Assistentin Bildredaktion / Assistant Picture Editor
Frauke Schnoor

Grafische Gestaltung / Graphic Design
Leftloft

Junior Graphic Designer
Daniela Weirich

Praktikantinnen / Interns
Rachel Cook
Ulrike Gerhardt

Autorin, wissenschaftliche Mitarbeiterin / Author, Curatorial Researcher
Eva Scharrer

Redaktion Logbuch / Editors Logbook
Bettina Funcke
Nicola Setari

Recherche Logbuch / Research Logbook
Dirk Schwarze

KOMMUNIKATION UND INTERNATIONALE BEZIEHUNGEN /
COMMUNICATIONS AND INTERNATIONAL RELATIONS

Leiter der Kommunikation und Internationale Beziehungen / Head of Communications and International Relations
Terry Harding

Pressesprecherin / Press Officer
Henriette Gallus

Berater Medienarbeit für Internationale Medien / Consultant Media Relations for International Media
Rhiannon Pickles PR

Project Funding – Project Patronage, International Friends of documenta
Peter Allmann

Design
Leftloft

Redakteur dMAPS / Editor dMAPS
Nicola Setari

Koordination Kommunikation / Coordinator Communications
Virgilio Pelayo jr.

Web Consultant
Fritz Weber

Assistent/in des Leiters / Assistants to the Head
Markus Aulehla
Sarah Seyedan

Assistentinnen der Pressesprecherin / Assistants to the Press Officer
Lena Pralle
Melanie Räuschel

Assistenten Medienarbeit / Assistants Media Relations
Nicolas Smirnoff
Juan Sanchez
Gair Burton

Praktikantinnen / Interns
Louise Bürmann
Anna Jehle
Linda Sandrock

VERWALTUNG /
ADMINISTRATION

Geschäftsführer / CEO
Bernd Leifeld

Prokurist / Authorized Signatory
Frank Petri

Assistentinnen des Geschäftsführers / Personal Assistants to the CEO
Nele Abendroth
Joanne Eberlein
Bettina Volk-Kopplin

Leiter Infrastruktur / Head of Infrastructure
Matthias Sauer

Personal- und Finanzwesen / Human and Financial Resources
Brigitte Kraußer

Buchhalterin / Book Keeper
Karin Balzer-Meyer

Assistentinnen Personal- und Finanzwesen / Assistants Human and Financial Resources
Carmen Glahn
Katharina Krzywon

Informationszentrale / Operator
Barbara Toopeekoff

Haustechnik / Facility Managers
Klaus Dunckel
Uwe Leifheit
Mike Schöffel
Wolfgang Schulze

Vertragsmanagement / Contract Management
Biljana Gligoric

Logistik / Logistics
Christoph Huntzinger

Assistentin Infrastruktur, Druckmaterialien / Assistant Infrastructure, Print materials
Mai-Jana Krech

Reiseorganisation / Travel Organization
Iris Günther

Assistent/in Reiseorganisation / Assistants Travel Organization
Lisa Katharina Jehn
Christian Koch

Leiterin der Kunstprojekte-Aufsichten / Head of Art Project Attendants
Frauke Stehl

Assistenz Kunstprojekte-Aufsichten / Assistants Art Project Attendants
Juliane Friedrich
Nathalie Ludolph
Stefan Schreier

Leiter des Ticketverkaufs / Head of Ticket Offices
Ullrich Franke

Assistenz Ticketverkauf / Assistants Ticket Offices
Katja Jaeckel
Günter Niemeyer

Sicherheitsberater / Security Advisor
Karl Heinz Wolf

LEIHGEBER / LENDERS

Archiv des Landeswohlfahrtsverbandes Hessen
Art Gallery of New South Wales, Sydney
Bendigo Art Gallery, Bendigo
Central Art Archives, Finnish National Gallery, Helsinki
Centre Pompidou, Paris. Musée national d'art moderne/Centre de création industrielle
Colección Familia Cumella, La Rocca del Vallès
Collection Gilberto Chateaubriand, Museu de Arte Moderna, Rio de Janeiro
Collection Giuseppe Penone
Collezione La Gaia, Busca-Italy
documenta Archiv, Kassel
Ev. Petrus-Kirchengemeinde Kassel
Geneviève and Jean Boghici Collection, Rio de Janeiro
Hammer Museum, Los Angeles
Hecilda and Sérgio Fadel Collection, Rio de Janeiro
Henie Onstad Kunstsenter, Hovikodden
Historisches Archiv der Technischen Universität München, Munich
IVAM, Institut Valencià d'Art Modern, Generalitat, Valencia
Jewish Historical Museum, Amsterdam
Kistefos Museum, Oslo
Kunstmuseum Basel
Lee Miller Archives, East Sussex
Musée Cantini, Marseille
Museo Morandi, Bologna
Museu de Arte Moderna, Rio de Janeiro
Museum Boijmans Van Beuningen, Rotterdam
Museum Ludwig Köln, Cologne
Museum of Contemporary Art Kiasma, Helsinki
The Museum of Modern Art, New York
Nasjonalmuseet for kunst, arkitektur og design / The National Museum of Art, Architecture and Design, Oslo
National Gallery of Australia, Canberra
National Museum of Lebanon, Beirut
Nordenfjeldske Kunstindustrimuseum / National Museum of Decorative Arts, Trondheim
Papunya Tula Artists Pty Ltd, Alice Springs
The Paul Eliadis Collection of Contemporary Art, Brisbane
Ruprecht-Karls-Universität Heidelberg
Sammlung Ludwig, Ludwig Museum im Deutschherrenhaus, Koblenz
Stadtarchiv Kassel
State Art Collection, Art Gallery of Western Australia, Perth
Sutton Gallery, Melbourne
TEWRR Collection, Brisbane/London
Universitätsbibliothek Kassel, Landes- und Murhardsche Bibliothek der Stadt Kassel
Vancouver Art Gallery
Vehbi Koç Foundation Contemporary Art Collection, Istanbul
Whitney Museum of American Art, New York

Die Künstler und alle, die ungenannt bleiben möchten. / The artists and all those who wish to remain anonymous.

PROJEKT-MÄZENE UND INTERNATIONALE FREUNDE DER DOCUMENTA / PROJECT PATRONS AND INTERNATIONAL FRIENDS OF DOCUMENTA

dOCUMENTA (13) dankt den Projekt-Mäzenen und den Internationalen Freunden. / dOCUMENTA (13) thanks its Project Patrons and International Friends.

Ehrenvorsitzende / Honorary Chairs
Brigitte & Arend Oetker, Berlin

MÄZENE / PATRONS

Ahlers AG, Herford
Michael Andreae-Jäckering, Münster
ArtVest Ltd., Leeds
Audain Foundation for the Visual Arts, Vancouver
The Daniel and Estrellita Brodsky Family Foundation, New York
Burger Collection, Hong Kong
Francesca & Angelo Chianale, Turin
Colección CIAC A.C., Mexico City
Dena Foundation for Contemporary Art, Paris
Der Deutsche Knigge-Rat
Fiorucci Art Trust, London
Fondation Louis Vuitton pour la création, Paris
Fondazione Sandretto Re Rebaudengo, Turin
Fundación/Colección Jumex, A.C., Mexico City
Groupe Galeries Lafayette, Paris
Ingvild Goetz, Munich
Horvath Art Foundation, Budapest
Kadist Art Foundation, Paris
Phillip Keir & Sarah Benjamin, London
Andrew & Amanda Love, Sydney
Naomi Milgrom & John Kaldor, Sydney
Shabin & Nadir Mohamed, Toronto
Naoshima Fukutake Art Museum Foundation, Kagawa
Brigitte & Arend Oetker, Berlin
Outset Contemporary Art Fund
Gonzalo Parodi, Miami
Patronato de Arte Contemporáneo A.C., Mexico City
José Olympio & Andrea Pereira, São Paulo
Laura Rapp and Jay Smith, Toronto
Rennie Collection, Vancouver
Enea Righi & Lorenzo Paini, Sacerno-Bologna
SAHA, Istanbul
Sherman Contemporary Art Foundation, Sydney
Dr. Uli Sigg, Mauensee
Stella Art Foundation, Moscow
Thyssen-Bornemisza Art Contemporary, Vienna
V-A-C Foundation, Moscow
Juan Carlos Verme, Lima
Viglietta Matteo SpA, Fossano

FREUNDE / FRIENDS

Karin Berger, Munich
Estrellita B. Brodsky, New York
Andrés von Buch, Buenos Aires
Monique & Max Burger, Hong Kong
César Cervantes, Mexico City
Joseph Dalle Nogare, Bolzano
Sabine & Christian DuMont Schütte, Cologne
Füsun & Faruk Eczacıbaşı, Istanbul
Giorgio Fasol, Verona
D.ssa Carla Ferraris, Turin
Nicoletta Fiorucci, London
Dr. Friedrich Christian Flick, Zurich
Carey Fouks & Bob Rennie, Vancouver
Francesca von Habsburg, Vienna
Nanette Hagstotz & Thomas Grässlin, Stuttgart
Dr. Ydessa Hendeles & David Alan Goldberg, Toronto
Guillaume Houzé, Paris
Bertrand Jacoberger, Paris
Dr. Annette & Dr. Christian Jacobs, Hamburg
Erling Kagge, Oslo
Stella Kesaeva, Moscow
Renate Kuchler, Munich
Andra Lauffs-Wegner, Bad Honnef
Victoria & Leonid Mikhelson, Moscow
Renata Novarese, Moransengo
Patrizia Sandretto Re Rebaudengo, Turin
Michael Ringier, Zurich
Mera & Don Rubell, Miami
Ulrich Sauerwein, Berlin
Giuliana Setari Carusi & Tommaso Setari, Paris
Dr. Gene Sherman AM & Brian Sherman AM, Sydney
Bina & Philippe von Stauffenberg, London
Julia Stoschek, Düsseldorf
Siebe Tettero, Amsterdam
Bruna Girodengo & Matteo Viglietta, Busca

PROJEKTFÖRDERUNG / PROJECT SUPPORT

»When you step inside you see that it is filled with seeds«, eine Konstellation von Kunstwerken und Diskussionen, die im und um das Naturkundemuseum im Ottoneum gezeigt wird, wurde ermöglicht durch die Unterstützung von **The Nature Addicts! Fund**, Paris, **Arts Council Norway** und **Office for Contemporary Art Norway (OCA)**. / "When you step inside you see that it is filled with seeds," a constellation of artworks and discussions presented in and around the Natural History Museum Ottoneum, has been made possible thanks to the support of **The Nature Addicts! Fund**, Paris, the **Arts Council Norway**, and the **Office for Contemporary Art Norway (OCA)**.

Tino Sehgal, *This Variation*, wird unterstützt von / is supported by
Brigitte & Arend Oetker, Berlin
All Art Initiatives, Amsterdam
Karin Berger, Munich
Dena Foundation for Contemporary Art, Paris
Sabine & Christian DuMont Schütte, Cologne
Giorgio Fasol, Verona
Fiorucci Art Trust, London
Nanette Hagstotz & Thomas Grässlin, Stuttgart
Hollweg-Stiftung, Bremen
Dr. Annette & Dr. Christian Jacobs, Hamburg
John Kaldor, Sydney
Andra Lauffs-Wegner, Bad Honnef
Fondation La Maison Rouge, Paris
Elisabeth von Reden, Wendlinghausen
Ulrich Sauerwein, Berlin
Siemens Stiftung
Julia Stoschek, Düsseldorf
Sylvie Winckler, Brussels

Das Maybe Center for Conviviality der Vielleicht Vermittlung und andere Programme wurde ermöglicht durch die Unterstützung von **Absolut Vodka**. / The Maybe Center for Conviviality of the Maybe Education and Public Programs has been made possible thanks to the support of **Absolut Vodka**.

INSTITUTIONELLE FÖRDERUNG / INSTITUTIONAL FUNDING

ACAX | Agency for Contemporary Art Exchange, Budapest
Acción Cultural Espanola (AC/E)
Adam Mickiewicz Institute, Poland
Aktion Mensch, Germany
Algerian Ministry of Culture (ARC)
The American Academy in Berlin
The Arab Fund for Arts & Culture (ACAC)
Art Institute of Chicago
Artists' Association of Finland
Arts Council England
Arts Council Korea
Arts Council Norway
Australia Council for the Arts
Australian Centre for the Moving Image
Austrian Academy of Sciences
Austrian Science Fund
Auswärtiges Amt / Federal Foreign Office of Germany
The Banff Centre, Alberta
Bildmuseet Umeå University, Sweden
Brighton Festival and University of Brighton, Faculty of Arts
British Columbia Arts Council
Canada Council for the Arts
CENQUATRE, France
The Center for Curating the Archive, Michaelis Art School, University of Cape Town
Centre Chorégraphique National de Bretagne
Centre Pompidou, Paris
Centro Atlantico Arte Moderno (CAAM), Spain
Centro José Guerrero, Spain
City of Bergen
Culture Ireland
The Danish Arts Council
Berliner Künstlerprogramm des DAAD / DAAD Artists-in-Berlin Program
deBuren, Belgium
Embajada de Chile en Alemania / Botschaft der Republik Chile
Embassy of the Federal Republic of Brazil
Festival AUAWIRLEBEN, Switzerland
Festival d'Automne a Paris
Festival d'Avignon
Fondation nationale des arts graphiques et plastiques, France
Fonds Cantonal d'art contemporain République et canton de Genève
Foundation of the Museum of Contemporary Art Barcelona (MACBA)
Goethe-Institut
Hammer Museum's Public Engagement Program, Los Angeles
Hebbel am Ufer (HAU), Berlin
The Henry Moore Foundation
Hessische Filmförderung HR
India Foundation for the Arts
Institut Français
Institut Français d'Afghanistan
Institut Ramon Llull
Instituto Nacional de Bellas Artes y Literatura, Mexico
Istanbul Technical University, Centre for Advanced Studies in Music (ITU MIAM)
Italian Government
Japan Foundation
Kampnagel – International Center for Finer Arts / Internationales Sommerfestival Hamburg
Korea Foundation
Kulturamt der Landeshauptstadt Düsseldorf
Kulturamt der Stadt Neuss
Kulturverwaltung des Berliner Senats
Kunstenfestivaldesarts and Les Halles
Kunststiftung NRW
La Bâtie, Festival de Genève
Laboratoire AstroParticule et Cosmologie (APC), Université Paris
Marseille-Provence 2013, European Capital of Culture
Massachusetts Institute of Technology (MIT)
Medienboard Berlin-Brandenburg GmbH
Ministerium für Familie, Kinder, Jugend, Kultur und Sport des Landes Nordrhein-Westfalen
Ministry of Culture and National Heritage of the Republic of Poland
Ministry of Culture of the Republic of Croatia
Ministry of Culture, Sports and Tourism South Korea
Ministry of Education & Culture Cyprus
Ministry of Education & Culture Finland
Mondriaan Fund, The Netherlands
Museum of Contemporary Art Chicago (MCA)
Museumslandschaft Hessen Kassel
National Arts Council Singapore
National Museum of Contemporary Art, Seoul
Niedersächsisches Ministerium für Wissenschaft und Kultur
Offenes Kulturhaus Oberösterreich (OK)
Office for Contemporary Art Norway (OCA)
Office of Contemporary Art and Culture (OCAC), Ministry of Culture Thailand
Ontario Arts Council
Open Art Projects, Poland
Organic Agricultural Sciences, University of Kassel
Presentation House Gallery, Vancouver
Pro Helvetia, Schweizer Kulturstiftung / Pro Helvetia, Swiss Arts Council
Ruhrtriennale
Rumänisches Kulturinstitut Berlin
Siemens Stiftung, Germany
SKOR | Foundation for Art and Public Domain, The Netherlands
Stadt Zürich Kultur
Studierende Projektrat, Universität Kassel
Universität Kassel
Universität Wien
Vlaams Audiovisueel Fonds (VAF)
Wiener Festwochen
Young Arab Theater Fund (YATF), France
Zukunftsstiftung Landwirtschaft, Germany

SPONSOREN / SPONSORS

HAUPTSPONSOREN /
MAIN SPONSORS
Deutsche Bahn AG
Sparkassen-Finanzgruppe
VW

SPONSOREN /
SPONSORS
Deutsche Post
SMA Solar Technology AG
Ströer Deutsche Städte Medien GmbH

MEDIENPARTNER /
MEDIA PARTNERS
3sat
hr2-kultur

FÖRDERNDE UNTERNEHMEN /
CORPORATE BENEFACTORS
Absolut Vodka
B. Braun Melsungen AG
Der Grüne Punkt – Duales System Deutschland GmbH
Green Building Group
K + S (Kali und Salz)

UNTERSTÜTZENDE UNTERNEHMEN /
CORPORATE SUPPORTERS
AOK, Kassel
Baureka Baustoff Recycling GmbH, Kassel
F. W. Breithaupt & Sohn GmbH & Co. KG, Kassel
Deutsche Wurlitzer GmbH
Dinkhauser Kartonagen, Innsbruck
Kasseler Verkehrs-gesellschaft AG
Kunstgiesserei St. Gallen, Sitterwerk
Offener Kanal Kassel
Radeberger Gruppe KG
Sennheiser (Canada) Inc.
Trillhof Handelsgesellschaft GmbH, Kassel
VerTerra, Ltd., New York

Autorenbiografien
Das Begleitbuch
Katalog 3/3

ES: Eva Scharrer, geb. 1971 in Nürnberg, ist Kunsthistorikerin, Kuratorin, Kritikerin und Agentin der dOCUMENTA (13); sie lebt in Kassel.

AA: Ayreen Anastas, geb. in Bethlehem, ist Künstlerin und Mitglied der Agenten-Kerngruppe der dOCUMENTA (13); sie lebt in New York.

LBL: Lars Bang Larsen, geb. 1972 in Silkeborg, Dänemark, ist Kunsthistoriker, Kurator und Kritiker; er lebt in Kassel.

BEB: Bassam El Baroni, geb. 1974 in Alexandria, ist Mitbegründer und Direktor des Alexandria Contemporary Arts Forum (ACAF); er lebt in Alexandria.

AC: Abraham Cruzvillegas, geb. 1968 in Mexiko-Stadt, ist Künstler und lebt in Mexiko-Stadt.

CSI: István Csákány, geb. 1978 in Sepsiszentgyörgy, Rumänien, ist Künstler und lebt in Budapest.

RG: Rene Gabri, geb. in Tehran, ist Künstler und Mitglied der Agenten-Kerngruppe der dOCUMENTA (13); er lebt in New York.

DG: Dora García, geb. 1965 in Valladolid, Spanien, ist Künstlerin und lebt in Barcelona.

EG: Erin Gleeson, geb. 1979 in Minneapolis, ist Kuratorin und Gründungsdirektorin von SA SA BASSAC, Phnom Penh; sie lebt in Phnom Penh

TG: Tue Greenfort, geb. 1973 Holbæk, Dänemark, ist Künstler und Agent des Worldly House der dOCUMENTA (13); er lebt in Berlin.

SHCC: Sofía Hernández Chong Cuy, geb. 1975 in Mexicali, Mexiko, ist Kuratorin für zeitgenössische Kunst der Colección Patricia Phelps de Cisneros und Agentin der dOCUMENTA (13); sie lebt in New York.

SH: Susan Hiller, geb. 1940 in den USA, ist Künstlerin und lebt in London.

PH: Pierre Huyghe, geb. 1962 in Paris, ist Künstler und Mitglied des Honorary Advisory Committee der dOCUMENTA (13); er lebt in New York und Paris.

SK: Sunjung Kim, geb. 1965 in Seoul, ist freie Kuratorin, Professorin an der Korea National University of Arts in Seoul und Agentin der dOCUMENTA (13); sie lebt in Seoul.

AK: Adam Kleinman, geb. 1978 in New York, ist Autor, Kurator und Agent der dOCUMENTA (13); er lebt in New York und Istanbul.

KK: Koyo Kouoh, geb. 1967 in Kamerun, ist Kuratorin, Kulturproduzentin und Agentin der dOCUMENTA (13); sie lebt in Dakar.

JK: Joasia Krysa, geb. 1969 in Lublin, Polen, ist Kuratorin, Visiting Associate Professor in Art and Technology an der Plymouth University, U.K., und Agentin der dOCUMENTA (13); sie lebt in Großbritannien, Polen und Dänemark.

MK: Marta Kuzma, geb. 1964, ist Kuratorin, Dozentin und Direktorin des Office for Contemporary Art Norway; sie ist Mitglied der Agenten-Kerngruppe der dOCUMENTA (13) und lebt in Oslo.

RM: Raimundas Malašauskas, geb. 1973 in Vilnius, ist Kurator, Autor und Mitglied der Agenten-Kerngruppe der dOCUMENTA (13); er lebt in Brüssel.

CM: Chus Martínez, geb. 1972 in Pontecesco, Spanien, ist Kuratorin und Mitglied der Agenten-Kerngruppe sowie Leiterin der Abteilung der dOCUMENTA (13); sie lebt in Kassel.

CME: Christoph Menke, geb. 1958 in Köln, ist Professor für Praktische Philosophie an der Goethe-Universität Frankfurt a. M; er lebt in Berlin.

AM: Aman Mojadidi, geb. 1971 in Jacksonville, Fl., ist Lehrer, Kulturproduzent und Künstler; er lebt in Kabul, Dubai und Paris.

JM: Julia Moritz, geb. 1981 in Leipzig, ist Kunsthistorikerin, Kulturwissenschaftlerin und Leiterin der Abteilung Vielleicht Vermittlung und andere Programme der dOCUMENTA (13); sie lebt in Kassel und Berlin.

RP: Rebekka Palmieri née Gerczikow, ist Dramaturgin, Musikerin und Soziologin; sie lebt in Frankfurt a. M.

HP: Hetti Perkins, geb. 1964 in Sydney, ist Kuratorin und Agentin der dOCUMENTA (13); sie lebt in Sydney.

SP: Sopheap Pich, geb. 1971 in Battambang, Kambodscha, ist Künstler und lebt in Phnom Penh.

CP: Cesare Pietroiusti, geb. 1955 in Rom, ist Künstler und lebt in Rom.

LP: Lucia Pietroiusti, geb. 1985 in Rom, ist Lektorin, Kuratorin und Wissenschaftlerin; sie lebt in London.

GP: Griselda Pollock, geb. 1949 in Südafrika, ist Professorin für Social and Critical Histories of Art sowie Direktorin des Centre for Cultural Analysis, Theory and History an der Universität von Leeds.

SR: Sarah Rifky, geb. 1981 in Kairo, ist Autorin, Kuratorin und Agentin der dOCUMENTA (13); sie lebt in Kairo.

PR: Paul Ryan, geb. 1943 in New York, ist Künstler und lebt in New York.

KS: Kitty Scott, geb. 1963 in Neufundland, Kanada, ist Director of Visual Arts am Banff Centre for the Arts und Mitglied der Agenten-Kerngruppe der dOCUMENTA (13).

WS: Wael Shawky, geb. 1971 in Alexandria, ist Künstler und lebt in Alexandria.

MT: Michael Taussig, geb. 1940 in Sydney, ist Professor der Anthropologie an der Columbia University, New York, und Mitglied des Honorary Advisory Committee der dOCUMENTA (13).

JT: Jane Taylor, geb. 1956 in Kapstadt, ist Wissenschaftlerin, Kuratorin, Kulturtheoretikerin und Autorin; sie ist Mitglied des Honorary Advisory Committee der dOCUMENTA (13) und lebt in Simonstown, Südafrika.

IT: Izzy Tuason, geb. 1985 in Manila, ist Berater für Tim Hamilton und freier Modejournalist; er lebt in New York.

CV: Chiara Vecchiarelli, geb. 1978 in Namur, Belgien, ist Autorin und Kuratorin; sie lebt in Kassel und Rom.

AV: Andrea Viliani, geb. 1973 in Casale Monferrato, Italien, war von 2009 bis 2012 Direktor der Fondazione Galleria Civica – Centro di Ricerca sulla Contemporaneità di Trento und Mitglied der Agenten-Kerngruppe der dOCUMENTA (13); er lebt in Mailand und Kabul.

Authors' Biographies
The Guidebook
Catalog 3/3

ES: Eva Scharrer, born in Nuremberg, Germany, in 1971, is an art historian, curator, critic, and Agent for dOCUMENTA (13); she lives in Kassel.

AA: Ayreen Anastas, born in Bethlehem, is an artist and a member of dOCUMENTA (13)'s Core Agent Group; she lives in New York.

LBL: Lars Bang Larsen, born in Silkeborg, Denmark, in 1972, is an art historian, curator, and critic; he lives in Kassel.

BEB: Bassam El Baroni, born in Alexandria in 1974, is co-founder and Director of the Alexandria Contemporary Arts Forum (ACAF); he lives in Alexandria.

AC: Abraham Cruzvillegas, born in Mexico City in 1968, is an artist living in Mexico City.

CSI: István Csákány, born in Sepsiszentgyörgy, Romania, in 1978, is an artist living in Budapest.

RG: Rene Gabri, born in Tehran, is an artist and a member of dOCUMENTA (13)'s Core Agent Group; he lives in New York.

DG: Dora García, born in Valladolid, Spain, in 1965, is an artist living in Barcelona.

EG: Erin Gleeson, born in Minneapolis in 1979, is a curator and Founding Director of SA SA BASSAC, Phnom Penh; she lives in Phnom Penh.

TG: Tue Greenfort, born in Holbæk, Denmark, in 1973, is an artist and Agent of The Worldly House for dOCUMENTA (13); he lives in Berlin.

SHCC: Sofía Hernández Chong Cuy, born in Mexicali, Mexico, in 1975, is the Curator of Contemporary Art at the Colección Patricia Phelps de Cisneros and Agent for dOCUMENTA (13); she lives in New York.

SH: Susan Hiller, born in the U.S. in 1940, is an artist living in London.

PH: Pierre Huyghe, born in Paris in 1962, is an artist and a member of the Honorary Advisory Committee for dOCUMENTA (13); he lives in New York and Paris.

SK: Sunjung Kim, born in Seoul in 1965, is a curator and Professor at the Korea National University of Arts in Seoul, and Agent for dOCUMENTA (13); she lives in Seoul.

AK: Adam Kleinman, born in New York in 1978, is an author, curator, and Agent for dOCUMENTA (13); he lives in New York and Istanbul.

KK: Koyo Kouoh, born in Cameroon in 1967, is a curator, cultural producer, and Agent for dOCUMENTA (13); she lives in Dakar.

JK: Joasia Krysa, born in Lublin, Poland, in 1969, is a curator and Visiting Associate Professor in Art and Technology at Plymouth University, U.K., and Agent for dOCUMENTA (13); she lives between U.K., Poland, and Denmark.

MK: Marta Kuzma, born in 1964, is a curator and lecturer, and Director of the Office for Contemporary Art Norway; she is a member of dOCUMENTA (13)'s Core Agent Group and lives in Oslo.

RM: Raimundas Malašauskas, born in Vilnius in 1973, is a curator and writer, and a member of dOCUMENTA (13)'s Core Agent Group; he lives in Brussels.

CM: Chus Martínez, born in Pontecesco, Spain, in 1972, is a curator, a member of the Core Agent Group, and Head of Department for dOCUMENTA (13); she lives in Kassel.

CME: Christoph Menke, born in Cologne in 1958, is Professor of Practical Philosophy at the Goethe University Frankfurt/Main; he lives in Berlin.

AM: Aman Mojadidi, born in Jacksonville, Fl., in 1971, is a teacher, cultural practitioner, and an artist living in Kabul, Dubai, and Paris.

JM: Julia Moritz, born in Leipzig in 1981, is an art historian and cultural theorist as well as Head of Maybe Education and Public Programs for dOCUMENTA (13); she lives in Kassel and Berlin.

RP: Rebekka Palmieri née Gerczikow, is a dramaturg, musician, and sociologist; she lives in Frankfurt/Main.

HP: Hetti Perkins, born in Sydney in 1964, is a curator and Agent for dOCUMENTA (13); she lives in Sydney.

SP: Sopheap Pich, born in Battambang, Cambodia, in 1971, is an artist living in Phnom Penh.

CP: Cesare Pietroiusti, born in Rome in 1955, is an artist living in Rome.

LP: Lucia Pietroiusti, born in Rome in 1985, is an editor, curator, and researcher; she lives in London.

GP: Griselda Pollock, born in South Africa in 1949, is Professor of the Social and Critical Histories of Art and Director of the Centre for Cultural Analysis, Theory and History at the University of Leeds.

SR: Sarah Rifky, born in Cairo in 1981, is a writer and curator, and Agent for dOCUMENTA (13); she lives in Cairo.

PR: Paul Ryan, born in New York in 1943, is an artist living in New York.

KS: Kitty Scott, born in Newfoundland, Canada, in 1963, is Director of Visual Arts at The Banff Centre, and a member of dOCUMENTA (13)'s Core Agent Group.

WS: Wael Shawky, born in Alexandria in 1971, is an artist living in Alexandria.

MT: Michael Taussig, born in Sydney in 1940, is Professor of Anthropology at Columbia University, New York, and a member of the Honorary Advisory Committee for dOCUMENTA (13).

JT: Jane Taylor, born in Cape Town in 1956, is a researcher, curator, cultural theorist, author, and a member of the Honorary Advisory Committee for dOCUMENTA (13); she lives in Simonstown, South Africa.

IT: Izzy Tuason, born in Manila in 1985, is a consultant for Tim Hamilton and freelance fashion writer; he lives in New York.

CV: Chiara Vecchiarelli, born in Namur, Belgium, in 1978, is a writer and curator, she lives in Kassel and Rome.

AV: Andrea Viliani, born in Casale Monferrato, Italy, in 1973, was the Director of the Fondazione Galleria Civica – Centro di Ricerca sulla Contemporaneità di Trento (2009–12) and a member of dOCUMENTA (13)'s Core Agent Group; he lives in Milan and Kabul.

ROTUNDE IM FRIDERICIANUM: DAS »BRAIN« /
ROTUNDA IN THE FRIDERICIANUM: THE BRAIN
BILDLEGENDEN, S. 24–33 /
IMAGE CAPTIONS, pp. 24–33

Etel Adnan
Ein Palettmesser, das Etnel Adnan von 1970 bis 2011 verwendete, um die Bilder in der documenta-Halle zu malen / A palette knife used by Etel Adnan from 1970 to 2011 to paint the paintings in the documenta-Halle

Vyacheslav Akhunov
The fallen meteor, 1979
Bleistift auf Papier / Pencil on paper
14.5 × 20 cm

Mohammad Yusuf Asefi
Dare Shamali, 2011
Öl auf Leinwand / Oil on canvas
38 × 62 cm

Baktrische Prinzessin / Bactrian Princess
Ohne Titel / Untitled (Auf der Seite sitzende Prinzessin / Princess Sitting on the Side), ca. 2500–1500 v. Chr. / B.C.
Chlorit und Calzit / Chlorite and calcite
10.7 × 12.5 × 7 cm

Judith Barry
For when all that was read was so as not to be unknown Codex, 2012
Polyeder-Modellskizze / Polyhedron model sketch
Verschiedene Materialien / Mixed media
Maße variabel / Dimensions variable

Gianfranco Baruchello
Hypothalamic Brainstorming, 1962
Bleistift, Kugelschreiber und industrielle Lackfarbe auf Papier und Leinwand / Pencil, ballpoint pen, and industrial enamel on paper and canvas
110 × 220 cm

Ahmed Basiony
Videodokumentation von Ahmed Basiony, Kairo, 25. Januar 2011 / Video documentation by Ahmed Basiony, Cairo, January 25, 2011

Antonio Cumella
Ohne Titel / Untitled, 1957
Steingut / Stoneware
Höhe / Height: 42 cm; ø 8 cm

Sam Durant
Calcium Carbonate (ideas spring from deeds and not the other way around), 2011
Carrara-Mamor, bearbeitet am Telara Studio d'Arte von Adriano Gerbi und Mauro Tonazzini, Sara Atzeni (Assistenz) und Produktionsleiterin Maria Teresa Telara / Carrara marble carved at Telara Studio d'Arte by Adriano Gerbi and Mauro Tonazzini, Sara Atzeni (assistant), and production manager Maria Teresa Telara
15 × 61 × 31 cm

Tamara Henderson
Sloshed Ballot & Anonymous Loan, 2011
16-mm-Film übertragen auf Video, Farbe, Ton / 16mm film transferred to video, color, sound
3.55 min.

Horst Hoheisel
Ideenskizzen zum Aschrott-brunnen / Idea sketches for the Aschrott Fountain, Rathausplatz, Kassel, 1986

Judith Hopf
Zeichnung / Drawing, 2012

Rudolf Kaesbach
Die Ausschauende, 1936
Rosenthal Edition No. 1603
Porzellan, mattweiße Glasur, signierter Sockel / Porcelain, matt white enamel, signed socle
Höhe / Height: 25.5 cm

Horacio Larrain Barros
Nebelfänger am Gebirgskamm El Tofo, Atacama-Region, Chile / Fog catcher installed at the mountain crest El Tofo, Atacama Region, Chile

Man Ray
Lee Miller porträtiert von Man Ray / Portrait of Lee Miller by Man Ray, ca. 1930

Man Ray
Objet indestructible / Indestructible Object, 1923–1965 (Sammlung / Collection 65, Ed. 91/100)
Hölzernes Metronom, Fotografie, Büroklammer / Wooden metronome, photograph, paper clip
22.5 × 11 × 11.6 cm

Francesco Matarrese
Telegram of Refusal of Abstract Labor in Art, 1978

Gustav Metzger
Ohne Titel / Untitled, 1945–1959
Pastellkreide auf Papier / Chalk pastels on paper
46 × 51 cm

Lee Miller
Parfümflasche von Eva Braun / Eva Braun's perfume bottle, 1945

Lee Miller
Selbstporträt von / Self-portrait of Lee Miller, Paris, ca. 1930

Giorgio Morandi
Öllampe aus Giorgio Morandis Atelier / Oil lamp from Giorgio Morandi's studio

Objekte, die im libanesischen Bürgerkrieg beschädigt wurden / Objects damaged during the Lebanese Civil War
Verbindung zweier Bronze-figurinen (eine menschlich, die andere in Tiergestalt) aus der Mittleren Bronzezeit, gefunden bei den Ausgrabungen in Byblos / Combination of two bronze figurines (one human and one zoomorphic) from the Byblos excavation, dating back to the Middle Bronze Age

Giuseppe Penone
Essere fiume 6, 1998
Flussstein, Bruchstein aus weißem Carrara-Marmor / River stone, quarry stone of white Carrara marble
jeweils / each 36 × 50 × 63 cm

Juana Marta Rodas und / and Julia Isidrez
Ohne Titel / Untitled, 2011
Keramik / Ceramics
40 × 26 × 35 cm

Tamás St.Turba
IPUT (International Parallel Union of Telecommunications – Trustee in bankruptcy: Tamás St.Turba): *Czechoslovak Radio 1968*, 1969–2011
Ziegelstein, Schwefel / Brick, sulfur
Maße variabel / Dimensions variable

Vandy Rattana
Takeo, 2009
Fotografie / Photograph
51 × 58.5 cm

Vu Giang Huong
Ohne Titel / Untitled, 1967
Aquarell auf Papier / Watercolor on paper
27 × 39.5 cm

Konrad Zuse
Funktionsmodell / Function model, ca. 1985
Plexiglas und Aluminium / Plexiglas and aluminum
9 × 12 × 2.4 cm

BILDNACHWEIS / IMAGE CREDITS

6–7 © Mario Garcia Torres; **18–19** © Nils Klinger; **25** Baktrische Prinzessin / Bactrian Princess: courtesy Privatsammlung / private collection; Photo: Philippe de Formanoir, Paso Doble Sprl, Brussels; Giorgio Morandi: © Giorgio Morandi/VG Bild-Kunst, Bonn 2012; courtesy Museo Morandi, Bologna; Photo: Matteo Monti; Mohammad Yusuf Asefi: courtesy Privatsammlung, Rom / private collection, Rome; Photo: Nils Klinger; **26** Julia Isidrez und / and Juana Martha Rodas: courtesy Privatsammlung, Kopenhagen / private collection, Copenhagen; Photo: Nils Klinger; Antoni Cumella: courtesy Toni Cumella; Rudolf Kaesbach: © 2012 documenta und Museum Fridericianum Veranstaltungs-GmbH; Photo: Rosa Maria Rühling; **27** Eva Brauns Parfümflasche / Eva Braun's perfume bottle: © Lee Miller Archives, England 2012/ all rights reserved; Photo: Tony Tree; Lee Miller porträtiert von Man Ray / Man Ray portrait of Lee Miller: © Man Ray Trust, Paris/ VG Bild-Kunst, Bonn 2012; courtesy bpk, Paris; Centre Pompidou-CNAC-MNAM; Lee Miller: © Lee Miller Archives, England 2012/ all rights reserved; Man Ray: © Man Ray Trust, Paris/VG Bild-Kunst, Bonn 2012; courtesy Privatsammlung / private collection, Berlin; Photo: Anne Jüster; Konrad Zuse: courtesy Privatsammlung / private collection, Düsseldorf; **28** Gustav Metzger: courtesy Gustav Metzger; Photo: Carolyn Christov-Bakargiev; Horst Hoheisel: © Horst Hoheisel/VG Bildkunst, Bonn 2012; courtesy Horst Hoheisel; **29** Giuseppe Penone: © Giuseppe Penone/VG Bild-Kunst, Bonn 2012; Photo: © und / and courtesy Archivio Penone; Sam Durant: courtesy Sam Durant; Galleria Franco Soffiantino, Turin; Photo: Stefano Monti, Dario Muzzarini; Tamara Henderson: courtesy Tamara Henderson; **30** Judith Hopf: © Judith Hopf/ VG Bild-Kunst, Bonn 2012; courtesy Judith Hopf; Gianfranco Baruchello: © und / and courtesy Fondazione Baruchello, Roma; Horacio Larrain Barros: courtesy Horacio Larrain Barros; **31** Tamás St.Turba: courtesy of Tranzitdisplay, Prague; Photo: IPUT-Archive; Etel Adnan: courtesy Etel Adnan; Vyacheslav Akhunov: courtesy Vyacheslav Akhunov; **32** Vu Giang Huong: courtesy Privatsammlung, Rom / private collection, Rome; Photo: Nils Klinger; Vandy Rattana: courtesy Vandy Rattana; SA SA BASSAC, Phnom Penh; **33** Ahmed Basiony: courtesy die Familie von / the family of Ahmed Basiony; Objekte, die im libanesischen Bürgerkrieg beschädigt wurden / objects damaged during the Lebanese Civil War: © Ministry of Culture/Directorate General of Antiquities, Lebanon; Francesco Matarrese: courtesy Sammlung von / collection of Francesco Matarrese; Judith Barry: courtesy Judith Barry; Rosamund Felsen Gallery, Los Angeles; Galerie Karin Sachs, München / Munich; **35** courtesy Historisches Archiv der Technischen Universität München; **37** courtesy Ida Applebroog; Hauser & Wirth, New York; **39** © Kader Attia/VG Bild-Kunst, Bonn 2012; Objekte aus dem / objects from the Royal Museum for Central Africa, Tervuren: courtesy Musée du Service de Santé des Armées, Paris; Photo: Kader Attia; **41** 1, 2, 4, 8: courtesy Privatsammlung / private collection; Photos: Philippe de Formanoir, Paso Doble Sprl, Brussels; 3, 5: courtesy Privatsammlung / private collection; 6, 7: Photo: © Archivio Penone; **43** © (L) 2011 Libre Commons Res Communes License; courtesy Amy Balkin; **45** courtesy Judith Barry; Rosamund Felsen Gallery, Los Angeles; Galerie Karin Sachs, München / Munich; **47** © Alighiero Boetti/ VG Bild-Kunst, Bonn 2012; courtesy Privatsammlung / private collection; Photo: Paolo Vandrash; **49** courtesy Anna Boghiguian; Photo: Nils Klinger; **51** courtesy Kristina Buch; Text redaktionell bearbeitet von / edited by Piers Gee; Layout: Johannes Buch; **53** courtesy Mariana Castillo Deball; Lukatsch, Berlin; pinksummer, Genova; **55** courtesy Abraham Cruzvillegas; Photo: Alejandra Carrillo; **57** courtesy Toni Cumella; **59** © Salvador Dalí, Fundació Gala-Salvador Dalí; Photo: Museum Boijmans Van Beuningen, Rotterdam, 2989 (MK); **61** courtesy Faivovich & Goldberg; **63** © Ceal Floyer/VG Bild-Kunst, Bonn 2012; courtesy Ceal Floyer; Photo: Nils Klinger; **65** courtesy Hammer Museum, Los Angeles; **67** courtesy Ryan Gander; **69** courtesy Mario Garcia Torres; Jan Mot, Brussels; Proyectos Monclova, Mexico City; Taka Ishii, Tokyo; **71** courtesy Mariam Ghani; **73** © Julio González/VG Bild-Kunst Bonn, 2012; Photo: Nachlass / Estate Arnold Bode; © documenta Archiv, Kassel; courtesy documenta Archiv, Kassel; **75** courtesy Tamara Henderson; **77** © Judith Hopf/VG Bild-Kunst, Bonn 2012; courtesy Judith Hopf; Photo: Rainer Iglar; **79** courtesy Khaled Hourani; Photo: Khaled Jarar; **81** courtesy Emily Jacir; Alexander and Bonin, New York; Alberto Peola, Artecontemporanea, Turin; **83** courtesy Horacio Larrain Barros; **85** courtesy Whitney Museum of American Art, New York; purchase with funds from the Drawing Committee and the Contemporary Painting and Sculpture Committee 2000.250.1; **87** courtesy Galeria Luisa Strina, São Paulo; Galeria A Gentil Carioca, Rio de Janeiro; **89** courtesy Andrew Kreps Gallery, New York; Kate MacGarry Gallery, London; Galerie Rüdiger Schöttle, München / Munich; **91** courtesy Francesco Matarrese; **93** courtesy Studio Fabio Mauri; **95** gefundene Fotografie aus dem / found photograph from the Archivo General de la Nación, Mexico City, courtesy John Menick; Stuart Easterling; **97** courtesy Christoph Menke; Photo: © 2012 documenta und Museum Fridericianum Veranstaltungs-GmbH; **99** alle Abbildungen / all images: © Lee Miller Archives, England 2012/all rights reserved; Photos: Lee Miller und / and David E. Scherman; **101** © Giorgio Morandi/VG Bildkunst, Bonn 2012; courtesy Museo Morandi, Bologna; Photo: © Matteo Monti; **103** © Ministry of Culture/ Directorate General of Antiquities, Lebanon; **105** courtesy Pratchaya Phinthong; gb agency, Paris; **107** courtesy Sopheap Pich; **109** courtesy Ana Prvacki; **111** courtesy Michael Rakowitz; Lombard-Freid Projects, New York; alle Zeichnungen / all drawings: Michael Rakowitz; Photos: Privatsammlung des Künstlers / personal collection of the artist (Michael Rakowitz mit 16 Jahren / age 16: Peter Defilippo, 1990; Familie Daoud auf dem Boot aus dem Irak / Daoud family on boat from Iraq: Nissim Isaac Daoud bin Aziz, 1946; Ton-Modell / clay maquette: Frederic Rakowitz); **113** © Estate of Doreen Reid Nakamarra, 2012; lizenziert durch / licensed by Aboriginal Artists Agency Ltd, Sydney; **115** left / links: courtesy Privatsammlung, Rom / private collection, Rome; rechts / right: courtesy Privatsammlung, Kopenhagen / private collection, Copenhagen; Photo: Nils Klinger; **117** © Hannah Ryggen/VG Bild-Kunst, Bonn 2012; Photo © Nordenfjeldske Kunstindustrimuseum/ National Museum of Decorative Arts; **119** © Charlotte Salomon Foundation; Sammlung / collection Jewish Historical Museum, Amsterdam; **121** Photo: IPUT-Archive; **123** courtesy Alexander Tarakhovsky; Design: ImaginalDisc; **125** courtesy Sam Wilde; Warwick Thornton; **127** © Warlimpirrnga Tjapaltjarri/Aboriginal Artists Agency Ltd, Sydney; courtesy Warlimpirrnga Tjapaltjarri; Papunya Tula Artists, Alice Springs; **129** courtesy Vandy Rattana; SA SA BASSAC, Phnom Penh; **131** © The Estate of Vann Nath;

courtesy Sopheap Pich; Photo: Jim Mizerski; **133** © Lawrence Weiner/VG Bild-Kunst, Bonn 2012; courtesy Lawrence Weiner; **135** oben / top: © Jacqueline Godany; unten / bottom: © Marc Steinmetz/VISUM; **136–137** © Nils Klinger; **141** courtesy Khadim Ali; **143** © Gordon Bennett/VG Bild-Kunst, Bonn 2012; The James C. Sourris AM Collection; courtesy Milani Gallery, Brisbane; **145** courtesy Rossella Biscotti; **147** © Andrea Büttner/VG Bild-Kunst, Bonn 2012; courtesy Andrea Büttner; Hollybush Gardens, London; Photo: Andy Keate; **149** Photo: © Vancouver Art Gallery; Teresa Healy; **151** © Time & Life Pictures/Getty Images; Photo: Andreas Feininger; **153** courtesy Susan Hiller; Timothy Taylor Gallery, London; **155** © Stadtarchiv Kassel, 0.516.396; Photo: Carl Eberth; **157** courtesy Hassan Khan; **159** courtesy Adriana Lara; **161** courtesy Prometeogallery di Ida Pisani, Milan/Lucca; **163** courtesy MAM RJ Collection; gift of the artist; Photo: Vicente de Mello; **165** courtesy of Stevenson, Cape Town/Johannesburg; **167** courtesy Roman Ondák; **169** courtesy Füsun Onur; **171** © Margaret Rose Preston Estate/Viscopy, Sydney; **173** courtesy Stuart Ringholt; Milani Gallery, Brisbane; Photo: Christian Capurro; **175** courtesy Wael Shawky; **176–177** © Nils Klinger; **181** courtesy Etel Adnan; **183** © Thomas Bayrle/VG Bild-Kunst, Bonn 2012; courtesy Helke Bayrle; Photo-Assistenz / assistance: Karl Martin Hartmann; **185** courtesy Nalini Malani; Galerie Lelong, Paris; Arario Gallery, Cheonan/Beijing/Seoul/New York; **187** courtesy Julie Mehretu; Marian Goodman Gallery, New York; Design: Tracey Shiffman; **189** courtesy Gustav Metzger; Photo: Atelier Strube, München / Munich; **191** courtesy MOON Kyungwon & JEON Joonho; **193** courtesy Galleria Continua, San Gimignano/Beijing/Le Moulin; Tang Contemporary Art, Beijing; **194–195** © Nils Klinger; **197** courtesy Nedko Solakov; Galleria Continua, San Gimignano/ Beijing/Le Moulin; Photo: Dimitar Solakov; **198–199** © Nils Klinger; **203** © Maria Thereza Alves; courtesy Galerie Michel Rein, Paris; **205** Photo: Alberto Baraya und / and Felipe Arturo; **207** courtesy Toril Johannessen; Lautom Contemporary, Oslo; **209** courtesy Amar Kanwar; Marian Goodman Gallery, New York; **211** veröffentlicht als / published as creative commons (cc by-nc-nd); courtesy Claire Pentecost; **213** courtesy Aase Texmon Rygh; Text: Aase Texmon Rygh; Photo: Jørgen Rygh; **214–215** © Nils Klinger; **219** © und / and courtesy Kinotar; Photo: Jussi Eerola; **221** courtesy David Link; **223** courtesy M.A. Numminen; Photo: Pertti Mannelin; **225** courtesy Mika Taanila; Kinotar; **227** courtesy Jeronimo Voss; **229** courtesy Privatsammlung / private collection, Düsseldorf; **230–231** © Nils Klinger; **235** courtesy Barmak Akram; **237** courtesy Doug Ashford; **239** courtesy Tarek Atoui; Photo: Sharjah Biennial 9/ Alfredo Rubio; **241** courtesy Massimo De Carlo Gallery, Milan; Frith Street Gallery, London; Magazzino, Rome; D'Amelio Gallery, New York; Photo: Accademia di Francia/Villa Medici Roma/Claudio Abate; **243** courtesy Jan Mot, Brussels; **245** courtesy Maccarone, New York; David Zwirner, New York; **247** courtesy CAMP; **249** © Attila Csörgő/VG Bild-Kunst Bonn 2012; courtesy Galerija Gregor Podnar, Berlin; Photo: Attila Csörgő; **251** © Thea Djordjadze/ VG Bild-Kunst, Bonn 2012; courtesy Thea Djordjadze; **253** courtesy Sam Durant; Blum & Poe, Los Angeles; Paula Cooper Gallery, New York; Praz-Delavallade, Paris; Sadie Coles HQ, London; digitale Visualisierung der Arbeit im Auepark von / digital renderings of the artwork in the Karlsaue park by Sebastian Clough und / and Molly Sullivan; 3-D-Visualisierung von / 3-D rendering by Sebastian Clough; **255** © Jimmie Durham; courtesy kurimanzutto, Mexico City; **257** courtesy gb agency, Paris; Arratia Beer, Berlin; **259** courtesy Chiara Fumai; Photo: Blerta Hocia; **261** courtesy Fiona Hall; Roslyn Oxley9 Gallery, Sydney; **263** © Pierre Huyghe/ VG Bild-Kunst Bonn 2012; courtesy Pierre Huyghe; **265** © und / and courtesy Joan Jonas; **267** courtesy Brian Jungen Studio; **269** courtesy Robin Kahn; **271** courtesy Sammlung / collection Dinh Q. Lê; **273** courtesy Gabriel Lester; Galerie Fons Welters, Amsterdam; Leo Xu Projects, Shanghai; **275** courtesy Maria Loboda; galerie schleicher+lange, Paris/Berlin; Krome Gallery, Berlin; Maisterravalbuena Galería, Madrid; **277** courtesy Raimundas Malašauskas; Marcos Lutyens; **279** courtesy Anna Maria Maiolino; **281** courtesy Catriona Jeffries Gallery, Vancouver; Lüttgenmeijer, Berlin; **283** courtesy Christian Philipp Müller; **285** courtesy Shinro Ohtake; Take Ninagawa, Tokyo; **287** © Giuseppe Penone/ VG Bild-Kunst, Bonn 2012; Photo: © und / and courtesy Archivio Penone; **289** courtesy Lea Porsager; **291** courtesy Araya Rasdjarmrearnsook; Jua Nao Foundation; Photo: Ismael Madae; **293** oben / top: © und / and courtesy Pedro Reyes; unten / bottom: © Solomon R. Guggenheim Foundation, New York; **295** courtesy Gunnar Richter; **297** Text: © Red Vaughan Tremmel; Photo: © Ruth Robbins; courtesy Ruth Robbins; **299** courtesy Paul Ryan; **301** historisches Bild aus / historical image from: *Kassel 1955 – Die Stadt im Jahr der ersten documenta*, Stadtmuseum Kassel, Jonas Verlag 1992; **303** courtesy Marian Goodman Gallery, New York; Hauser & Wirth, Zurich/London; **305** courtesy Raw Material Company, Dakar; **307** courtesy The Pace Gallery, Beijing; **309** courtesy Alexandra Sukhareva; Photo: Petr Zhukov; **311** courtesy Time/Bank; Photo: Raymond Anastas; **313** © Rosemarie Trockel/VG Bild-Kunst, Bonn 2012; courtesy Sprüth Magers Berlin London; **315** courtesy Lori Waxman; Photo: Chris Molinski; **317** courtesy Apichatpong Weerasethakul; Kick the Machine Films; **319** courtesy Donna Haraway; **321** © Pierre Huyghe/VG Bild-Kunst Bonn 2012; courtesy Pierre Huyghe; **322–323** © Nils Klinger; **329** courtesy Bani Abidi; **331** courtesy AND AND AND; **333** courtesy Nanni Balestrini; **335** courtesy Janet Cardiff; George Bures Miller; **337** courtesy Kudzanai Chiurai; **341** courtesy István Csákány; Photo: Miklós Surányi; **343** courtesy Willie Doherty; **345** Fotografie aus dem historischen Bildband / photograph found in the historic photo book *Views of the U.S.S.R.*, Foreign Languages Publishing House, Moscow, 1955; **347** courtesy Lara Favaretto; Galleria Franco Noero, Turin; **349** courtesy Simryn Gill; **351** courtesy Florian Hecker; Sadie Coles HQ, London; Galerie Neu, Berlin; Photo: Jared Kuzia; **353** courtesy Marian Goodman Gallery, New York/Paris; Goodman Gallery, Johannesburg/ Cape Town; Lia Rumma Gallery, Naples/Milan; Photo: John Hodgkiss; **355** courtesy Galerie Sfeir-Semler, Hamburg/Beirut; **357** © Autonomedia, New York; courtesy The Otolith Group; **359** courtesy Municipal Archives of the City of Limassol, Cyprus; **361** oben / top: courtesy Susan Philipsz; Galerie Isabella Bortolozzi, Berlin; Tanya Bonakdar Gallery, New York; Photo: Eoghan McTigue; unten / bottom: © Bundesarchiv/Transit Film GmbH; **363** © Michael Portnoy; Steven M. Johnson; courtesy Michael Portnoy; **365** courtesy Seth Price; **367** courtesy Albert Serra; **369** courtesy Tejal Shah; **371** courtesy Javier Téllez; Galerie Arratia Beer, Berlin; Figge von Rosen Galerie, Köln / Cologne; Galerie Peter Kilchmann, Zurich; **373** courtesy Maison d'art Bernard Anthonioz,

Nogent-sur-Marne, France; Photo: Morten Norbye Halvorsen; **375** © Clemens von Wedemeyer/VG Bild-Kunst, Bonn 2012; courtesy private Sammlung / personal collection Clemens von Wedemeyer; Illustration: Till Gathmann; Photo: Eiko Grimberg; **377** courtesy Haegue Yang; Sammlung von / Collection of Leeum, Samsung Museum of Art, Seoul; Photo: Begoña Zubero; **378–379** © Nils Klinger; **383** courtesy Lida Abdul; **385** von links nach rechts / from left to right: courtesy Abul Qasem Foushanji; courtesy Zainab Haidary; courtesy Mohsen Taasha; **387** courtesy Jeanno Gaussi; **389** courtesy Masood Kamandy; **391** courtesy Rahraw Omarzad; **392–393** © Nils Klinger; **397** courtesy Ayreen Anastas; **399** courtesy Rene Gabri; **401** courtesy Galerie Sfeir-Semler, Hamburg/Beirut; **403** courtesy Akram Zaatari; Photo: courtesy As-Safir; **404–405** © Nils Klinger; **411** courtesy Jennifer Allora; Guillermo Calzadilla; rechts / right: © Universität Tübingen; Photo: H. Jensen; **413** historisches Foto / historical image: © Stadtarchiv Kassel, 0.004.043; Photo: Josef Leiß; courtesy Francis Alÿs; **415** courtesy Jérôme Bel; Photo: Michael Bause; **417** courtesy Lisson Gallery, London; Green on Red Gallery, Dublin; Galerie Nordenhake, Stockholm; **419** courtesy Paul Chan; Greene Naftali Gallery, New York; **421** courtesy Tacita Dean; Frith Street Gallery, London; Marian Goodman Gallery, New York/Paris; **422–423** courtesy Trisha Donnelly; **425** courtesy Cevdet Erek; AKINCI, Amsterdam; Photo: Peter Cox; **427** courtesy Matias Faldbakken; STANDARD (OSLO); Photo: Vegard Kleven; **429** courtesy Dora García; Logo: Alex Gifreu; KLAU MICH TV-Bühne / stage: Olga Subirós und / and Dora García; **431** courtesy Theaster Gates; Photo: Mejay Gula; **433** © Horst Hoheisel/VG Bild-Kunst, Bonn 2012; courtesy Horst Hoheisel; **435** courtesy Aman Mojadidi; **437** courtesy Ines Schaber; **441** courtesy Adrián Villar Rojas; kurimanzutto, Mexico City; **442–443** © Nils Klinger; **454** courtesy Aga Khan Trust for Culture; Photo: Christian Richters; **462** courtesy ICOMOS Deutsches Nationalkomitee, 2002; Photo: Prof. Edwin Fecker; **464–465** courtesy Aga Khan Trust for Culture; **466** courtesy Aga Khan Trust for Culture; **468** courtesy Lida Abdul; **469** courtesy Barmak Akram; **470** courtesy Khadim Ali; **471** courtesy Francis Alÿs; Photo: Ajmal Maiwandi; **472** courtesy Jérôme Bel; Photo: Marco Caselli Nirmal; **473** © Andrea Büttner/VG Bild-Kunst, Bonn 2012; courtesy Andrea Büttner; Hollybush Gardens, London; Photo: Peter Haslund; **474** courtesy Tacita Dean; Frith Street Gallery, London; Marian Goodman Gallery, New York/Paris; **475** courtesy Lara Favaretto; Galleria Franco Noero, Turin; **476** courtesy Mario Garcia Torres; Jan Mot, Brussels; Proyectos Monclova, Mexico City; Taka Ishii, Tokyo; **477** courtesy Jeanno Gaussi; **478** courtesy Mariam Ghani; **479** courtesy Masood Kamandy; **480** courtesy William Kentridge; Photos: John Hodgkiss; **481** courtesy Andrew Kreps Gallery, New York; Kate MacGarry Gallery, London; Galerie Rüdiger Schöttle, München / Munich; **482** courtesy Aman Mojadidi; **483** courtesy Rahraw Omarzad; **484** © Giuseppe Penone/VG Bild-Kunst, Bonn 2012; Photo: © und / and courtesy Archivio Penone; **485** courtesy Galerie Sfeir-Semler, Hamburg/Beirut; Paula Cooper Gallery, New York; Photo: Piet Janssen; **486** links / left: courtesy Bert Praxenthaler; rechts / right: courtesy Landes- und Murhardsche Bibliothek der Stadt Kassel; **487** courtesy Wael Shawky; Galerie Sfeir-Semler, Hamburg/Beirut; **488** courtesy Zolaykha Sherzad; **489** courtesy Adrián Villar Rojas; kurimanzutto, Mexico City; **490** © Clemens von Wedemeyer/VG Bild-Kunst, Bonn 2012; courtesy Galerie Jocelyn Wolff, Paris; KOW Berlin; **491** courtesy Zalmaï; **492** © Daniella Rose King; **496** 1: © und / and courtesy Goethe-Institut Alexandria; Photo: Mahmoud Yakout; 2, 3: © Daniella Rose King; **497** 4: courtesy Alexandria Contemporary Arts Forum (ACAF); 5, 6: © Daniella Rose King; 7: © und / and courtesy Goethe-Institut Kairo; Photo: Claudia Wiens; **498** courtesy Alexandria Contemporary Arts Forum (ACAF); **499** courtesy MASS Alexandria; Photo: Wael Shawky; **500** courtesy Paul D. Fleck Library & Archives at The Banff Centre; **504** 1, 2, 3: Photo: Don Lee; 4: courtesy The Banff Centre; **505** courtesy The Banff Centre; **507** courtesy Brian Jungen und / and Duane Linklater

Der dOCUMENTA (13)-Katalog 3/3 – *Das Begleitbuch* – ging am 5. April 2012 in Druck; alle Angaben beruhen auf dem zu diesem Zeitpunkt aktuellen Stand. Mögliche spätere Änderungen in der künstlerischen Umsetzung der Projekte kann diese Veröffentlichung nicht widerspiegeln.

The dOCUMENTA (13) Catalog 3/3—*The Guidebook*—went to print on April 5, 2012, therefore the content found herein is based on information up to this date. Changes in artistic projects and their realization may have occurred since then and could not be reflected in this publication.

IMPRESSUM /
IMPRINT

dOCUMENTA (13)
Das Begleitbuch / The Guidebook
Katalog / Catalog 3/3

Künstlerische Leiterin / Artistic Director
Carolyn Christov-Bakargiev

Leiterin der Publikationsabteilung / Head of Publications
Bettina Funcke

Hauptautorin / Main Author
Eva Scharrer

Redaktionsleitung / Managing Editor
Katrin Sauerländer

Redaktion und Koordination, Lektorat / Editing and Coordination, Copyediting
Cordelia Marten

Englisches Lektorat / English Copyediting
Melissa Larner

Korrektorat / Proofreading
Stefanie Drobnik, Sam Frank, Rea Triyandafilidis

Übersetzungen / Translations
Gerrit Jackson sowie / and
Johanna Bishop (Francesco Matarrese)
Barbara Hess (Einführung / Introduction, Das »Brain« / The Brain, Abseits der Hauptschauplätze / Off the Main Sites, Seminare und Ausstellung / Seminars and Exhibition, Kabul)
Christopher Jenkin-Jones (Christoph Menke)
Michael v. Killisch-Horn (Francesco Matarrese)

Bildredakteur / Picture Editor
Jonas Raam

Assistentin Bildredaktion / Assistant Picture Editor
Frauke Schnoor

Grafische Gestaltung / Graphic Design
Leftloft

Junior Graphic Designer
Daniela Weirich

Schrift / Typeface
Century Schoolbook, Graphik

Verlagsherstellung / Production
Maren Katrin Poppe

Reproduktionen / Reproductions
Weyhing digital, Ostfildern

Papier / Paper
Munken Print Cream 15, 80 g/m²

Druck / Printing
aprinta druck, Wemding

Buchbinderei / Binding
m. appl, Wemding

documenta und Museum Fridericianum Veranstaltungs-GmbH
Friedrichsplatz 18
34117 Kassel
Deutschland / Germany
Tel. +49 561 70 72 70
Fax +49 561 70 72 739
www.documenta.de
Geschäftsführer / Chief Executive Officer: Bernd Leifeld

Erschienen im / Published by
Hatje Cantz Verlag
Zeppelinstrasse 32
73760 Ostfildern
Deutschland / Germany
Tel. +49 711 4405-200
Fax +49 711 4405-220
www.hatjecantz.com

Printed in Germany

ISBN 978-3-7757-2954-3

dOCUMENTA (13)

Das Begleitbuch / The Guidebook

Katalog / Catalog 3/3

Das Begleitbuch, Band 3/3 des dOCUMENTA (13)-Katalogs, bietet Einführungen zu allen Künstlern der Ausstellung und enthält Abbildungen der Ausstellungsorte, der künstlerischen Arbeiten und Karten aller Standorte sowie einen Rundgang über die dOCUMENTA (13).

This guidebook, volume 3/3 of the dOCUMENTA (13) catalog, provides an introduction to every artist in the exhibition. It includes images of locations and of the artworks, as well as maps and a journey through dOCUMENTA (13).

ISBN 978-3-7757-2954-3

Das Buch der Bücher / The Book of Books

Katalog / Catalog 1/3

Band 1/3 des dOCUMENTA (13)-Katalogs enthält Essays der Künstlerischen Leiterin Carolyn Christov-Bakargiev und der Leiterin der Abteilung Chus Martínez sowie Informationen zur Ausstellung und ihren Teilnehmern. Die Publikationsreihe der *100 Notizen – 100 Gedanken* ist in dieser einzigartigen Zusammenstellung von Texten, Bildern, Künstlerzeichnungen und Notizbuchseiten versammelt.

Volume 1/3 of the dOCUMENTA (13) catalog includes essays by Artistic Director Carolyn Christov-Bakargiev and Head of Department Chus Martínez, as well as information on the exhibition and its participants. The *100 Notes – 100 Thoughts* publication series is brought together in this unique collection of texts, images, artists' drawings, and notebook pages.

ISBN 978-3-7757-2950-5 (Deutsch) / ISBN 978-3-7757-2951-2 (English)

Das Logbuch / The Logbook

Katalog / Catalog 2/3

Band 2/3 des dOCUMENTA (13)-Katalogs dokumentiert anhand von Bildern, Korrespondenzen und Interviews den Entstehungsprozess der dOCUMENTA (13) von 2009 bis 2012.

Volume 2/3 of the dOCUMENTA (13) catalog traces the making of dOCUMENTA (13) from 2009 to 2012 through images, correspondence, and interviews.

ISBN 978-3-7757-2952-9

www.hatjecantz.de